»Worüber reden wir eigentlich?«
Festgabe für Rosemarie Will

Foto: Sven Lüders

»Worüber reden wir eigentlich?«

Festgabe für Rosemarie Will

herausgegeben von
Michael Plöse Thomas Fritsche
Michael Kuhn Sven Lüders

**Gedruckt mit freundlicher
Unterstützung von**

Hans-Böckler-Stiftung

*Historische Kommission der
Verfassten Studierendenschaft
in Berlin. Kommission des
StudentInnenparlaments der
Humboldt-Universität zu Berlin*

**Bibliografische Information der
Deutschen Nationalbibliothek**
Die Deutsche Nationalbibliothek
verzeichnet diese Publikation in
der Deutschen Nationalbibliografie;
detaillierte bibliografische Daten sind
im Internet über http://dnb.dnb.de
abrufbar.

1. Auflage 2016
Humanistische Union, Berlin
www.humanistische-union.de

Alle Rechte vorbehalten.
Das Copyright für die Texte liegt bei
den Autorinnen und Autoren.

Lektorat   Herbert Mandelartz
Carola Otte Jörg Pache
Dagmar Schnürer Jana Schütze
Jan Wernicke

Einband
Phillip Hofmeister unter Verwendung
zweier Fotos von Sven Lüders

Gestaltung und Satz
Phillip Hofmeister

Herstellung
Hofmeister Stauder. Büchermacher,
Berlin

Druck und Bindung
CPI buchbücher.de GmbH, Birkach

ISBN   978-3-930416-34-9 (Print)
ISBN   978-3-930416-35-6 (PDF)

Inhalt

Vorwort 17

Prolog

Christian Waldhoff
Geleitwort 23

Person
Revolution
Transformation

Inga Markovits
»Still Rosi after all these years.« 35
(with a nod to Paul Simon)

Antonio López-Pina
Rosemarie Will 42
Eine Antwort auf die Deutsche Frage in weltbürgerlicher Absicht

Dietlind Baumann
Studentenjahre 48

Frank Eveslage
Zwei Gesellschaftsordnungen und vier Karrieren 55

Jörg Arnold
Wohin sind wir unterwegs? 62
Nachdenken über Christa Wolfs »Stadt der Engel«

Ján Gronský
Staatstheoretische Überlegungen zwischen Moldau und Spree 87
Als DDR und ČSSR noch existierten

INHALT

Dieter Segert
Im Narrenschiff zu neuen Ufern 91
*Von der Vergeblichkeit der Suche nach politischen Alternativen
und der Nutzlosigkeit sozialwissenschaftlicher Debatten*

Andrea De Petris
Der zentrale Runde Tisch der DDR 1989/90 101
Auf der Suche nach der verlorenen Verfassung

Volkmar Schöneburg
Vom Ludergeruch der Basisdemokratie 114
*Geschichte und Schicksal des Verfassungs-
entwurfes des Runden Tisches*

Enno Hinz
»... bis es nicht mehr ging.« 128
*Die Grenzen des Staatskapitalismus, das Ende der
DDR und warum nichts blieb wie es war*

Rainer Land
Es hätte auch gut werden können! 138
*Überlegungen zur Revision des »Verhältnisses von bürgerlicher
Gesellschaft und Staat« im Konzept des »Modernen Sozialismus«*

Hubert Rottleuthner
Erinnerungspolitik 156

Helmut Kramer
War die DDR ein Unrechtsstaat? 175
*Die »Wende« als verpasste Chance bei der
Aufarbeitung der Vergangenheit*

Herbert Mandelartz
Kein Recht auf Vergessen 183
§ 37a Stasi-Unterlagen-Gesetz

Anke Gimbal, Marion Röwekamp
Juristinnen in der DDR 202
Rosemarie Will als Konzeptorin einer Ausstellung

Anna-Bettina Kaiser
Blühende Rechtslandschaften? 208
Ein Tagungsbericht aus Slowenien

INHALT

Universität als politischer Raum

Susanne Baer
Haltung, nicht Haltungsnote — 221
Kleine Bemerkung zur Mitwirkung der Forschenden in der Universität

Tatjana Ansbach
Wissenschaft und Verantwortung — 225

Hans Meyer
Rosemarie Will: Dekanin in wilder Zeit — 231
Erinnerungssplitter

Mechthild Küpper
Die Dekanin — 239
Ausnahme und Vorbild: Die Rechtswissenschaft

Hasso Hofmann
»Empfänger hier unbekannt« — 247
Kleine Geschichten aus der Zeit des Umbruchs, als Rosemarie Will die juristische Fakultät der Humboldt-Universität aus der Vergangenheit in die Zukunft führte

Sven Vollrath
Vom Engagement in Umbruchzeiten — 252
Frau Professor Will und ihr Beitrag zur Umgestaltung der Humboldt-Universität am Beginn der 1990er Jahre

akj-berlin
»In meinem Trabant mit den Westwagen um die Wette gefahren« — 264
Eine juristische Fakultät in den Mühlen der Zeit

Charlotte Thieme
Die Dialektik des studentischen Protestes — 275
Zum Verhältnis von Studierendenschaft und Geschichte

INHALT

Matthias Peitsch
Die Selbstverwaltung des studentischen Antisemitismus ⋯⋯⋯ 283
Zu den Hintergründen des »Verfassungskonfliktes« von 1927

Ralf Oberndörfer
Vom Kulturkampf zum Massenmord ⋯⋯⋯ 293
*Die Berliner Bücherverbrennung vom 10. Mai 1933 und die
Juristische Fakultät der Friedrich-Wilhelms-Universität bis 1938*

H. Barashed, M. Melior, L. Redmer, C. Thieme
Demokratie und Zensur ⋯⋯⋯ 309
(k)Ein Recht zu Kritik!

Heinz-Elmar Tenorth
Gremienpolitik – Manifeste Fronten, latente Bündnisse ⋯⋯⋯ 319
Eine Reminiszenz, mit eher anekdotischer Evidenz

Eva Fuchslocher, Michael Plöse, Bernd Schilfert
»Jede Universität hat die Verfassung, die sie verdient« ⋯⋯⋯ 326
Das Verfassungswesen der Humboldt-Universität zu Berlin

Martin Heger
In guter Verfassung? ⋯⋯⋯ 346
Bemerkungen zu Recht und Ordnung an der HU

Verfassung und Verfassungsgericht

Ignacio Gutiérrez Gutiérrez
Menschenwürde im Verfassungsrecht ⋯⋯⋯ 359
Zwölf Jahre Dialog

Martin Kutscha
Die Würde des Menschen ist antastbar ⋯⋯⋯ 364
Massenüberwachung, Freiheit und staatliche Schutzpflicht

Fredrik Roggan
Die Menschenwürde im Alltag der Strafverfolgung ⋯⋯⋯ 371

INHALT

Michael Kuhn
Im Zweifel für die Freiheit? 380
*Entscheidungen über den eigenen Körper
und der Mythos der Autonomie*

Till Müller-Heidelberg
Selbstbestimmtes Lebensende 399

Elke Steven
Mein Wille gilt, aber was werde ich wollen? 408
*Ein nicht-juristischer Blick auf die Möglichkeiten einer
Patientenverfügung und die enthaltenen Schwierigkeiten*

Jakub Brukwicki
Zum sozial engagierten Denken und Handeln von Jurist/innen 416
Am Beispiel der Debatte um die Legalität der Sterbehilfe

Thomas Flint
**Wieviel Sozialstaat braucht die Gesellschaft im
Kapitalismus mit menschlichem Antlitz?** 422

Klaus Lederer
Flucht ins Privatrecht 429
*Technokratisierung, Ökonomisierung und Entdemokratisierung
als Herausforderung für die progressive Rechtswissenschaft*

Jan Freigang
Flucht ins Öffentliche Recht 438
*Rekommunalisierung der Wasserversorgung als Fluch oder
Segen für eine sichere und effiziente Daseinsvorsorge*

Leonardo Martins
»Eigentum verpflichtet« auf Portugiesisch 445
*Was kann die brasilianische Verfassungsrechtswissenschaft
vom angewandten Art. 14 Absatz 2 Grundgesetz lernen?*

Thomas Fritsche
Kulturelle Präferenzen im Religionsverfassungsrecht? 462
*Die Auswirkungen der Entscheidung des Bundesverfassungs-
gerichts zum pauschalen Kopftuchverbot an Schulen für
den Kulturbegriff des Religionsverfassungsrechts*

INHALT

Hans-Ernst Böttcher
Selbstverwaltung der Justiz 469
Oder: Die Vollendung der Gewaltenteilung

Dieter Grimm
Rosi Will in Karlsruhe 481

Wolfgang Knippel
**Wahl zum Mitglied des Verfassungsgerichts des
Landes Brandenburg** 485
Rechtsgrundlagen und Praxis

Florian Havemann
Nachgeholte Rechtsbelehrung 491

Eberhard Schultz
**Prof. Dr. Rosemarie Will als Gutachterin vor dem
Bundesverfassungsgericht** 494
*Das Verfahren des ReferentInnenrats der HU in Sachen
politisches Mandat der Studierendenschaft*

Bürgerrechte und Bewegung

Sven Lüders
Rolemodel Rosi 503
Persönliche Bemerkungen zu einer langen Zusammenarbeit

Helga und Wolfgang Killinger
Und plötzlich warst Du da 511
Rosi – Humanistische Union – wir

Horst Groschopp
Wie der Humanismus in die »säkulare Szene« kam 518

Ulrich Finckh
Die Wehrpflicht und ihre Lügen 528

INHALT

Wolfgang Kaleck
Terrorismusbekämpfungsgesetzgebung – »Der falsche Weg« 534
*Die Sicherheitspolitik und der Bürgerrechts-
schutz nach dem 11. September 2001*

Doris Liebscher
Extrem undemokratisch 544
*Extremismus-Konzept und autoritärer
Verfassungsschutz gefährden die Demokratie*

Franz-Josef Hanke
Rechte Bürger und Bürgerrechte – im Osten nichts Neues 553
*Die Lücken im kollektiven Gedächtnis und die
im Gedächtnis des Hans Filbinger*

Hartmut Aden
**Die Beteiligung von Bürgerrechtsverbänden
an Gerichtsverfahren** 556
*Politisierung von Rechtsfragen oder
Entpolitisierung durch Verrechtlichung?*

Jürgen Roth
Die Informationsfreiheit auf der Buckelpiste 566

Kai von Lewinski
Datenschutzrecht in der DDR 576

Udo Kauß
**Zur Unabhängigkeit der staatlichen Datenschutz-
kontrollinstanzen** 591
Ein Lehrstück aus der Pharma-Industrie

Jörg Pohle
**Die kategoriale Trennung zwischen »öffentlich« und
»privat« ist durch die Digitalisierung aller Lebensbereiche überholt** 612
*Über einen bislang ignorierten Paradigmen-
wechsel in der Datenschutzdebatte*

INHALT

Recht und Politik

Heribert Prantl
Vom Widerstand in der Demokratie 631

Dieter Deiseroth
Whistleblowing als rechtfertigende Notwehrhilfe zur Verteidigung von Menschenrechten 640

Theodora Antoniou
Die Wirtschafts- und Währungsunion als Rechtsgemeinschaft in der Eurokrise 651
Die Menschenwürde in der Eurokrise als leerer Begriff?

Julian Zado
Ein kleiner Stups in die richtige Richtung? 675
Nudging: Entscheidungsarchitektur statt Regulierung

Hans-Peter Schwintowski
Der illegale Mensch 679
Ein virtuelles Streitgespräch

Volker Gerloff
Von der Abwägbarkeit der Menschenwürde 691
Kann das Abschiebungsinteresse das Grundrecht auf menschenwürdiges Existenzminimum beschränken?

Alexander Klose
»Aber es steht doch schon im Grundgesetz« 698
Warum wir trotzdem einen starken einfachgesetzlichen Diskriminierungsschutz brauchen

Silvan Schuster
Menschlichkeit – ein (ethisch-moralischer) Grundsatz neben Recht und Gesetz 717
Der Hörsaal 2002 an der Humboldt-Universität zu Berlin

INHALT

Volker Eick, Michael Plöse
Re-Monopolisierung des polizeilichen Blicks? 724
Zu BodyCams an Polizeiuniformen in den USA und der BRD

Kurt Graulich
Elemente der sogenannten Neuen Sicherheitsarchitektur der Bundesrepublik 738

Martin Plohmann
Individualsanktionen des UN-Sicherheitsrates auf dem Prüfstand der EMRK 780
Das Kammer-Urteil des EGMR im Fall Al-Dulimi ./. Schweiz

Dominik Düsterhaus
Der EuGH und die Vorratsdatenspeicherung 802
Eine späte Genugtuung

Eric Töpfer
Verheddert im Netz der DNA-Datenbanken 809
Prüm und die Mythen der Interoperabilität

Forschung und Lehre

Hermann Klenner
Nach-Denken über Frankreichs Menschenrechte der Bürger von 1789 samt deren Folgen 833

Karl Georg Zinn
Vom 18. zum 21. Jahrhundert 844
Über Verdrängung im nationalökonomischen Denken

Gerhard Stuby
Mit dem Bruch der belgischen Neutralität begann der Erste Weltkrieg 852

Tobias Herbst
Warum Kelsen so oft missverstanden wird 863

INHALT

Rainer Schröder
Ich und Karl Marx 869

Helmut Glück
**Philologische Bemerkungen zum Reisen und einigen
Verben auf *-eln* und *-ern*** 888

Elena Gricenko
Zwischen zwei Systemen 896
Ein Beitrag zum deutsch-russischen Rechtsvergleich

Michael Kämper-van den Boogaart
Vom Beruf des Brotgelehrten in unserer Zeit 914
Employability als Studiendoktrin

Ulrich Brand
Bedingungen und Möglichkeiten kritischer Wissenschaft 928

Stefan Martini
Angriff auf das System 940
*Wie Blogs die deutschsprachige Rechts-
wissenschaft verändern können*

Sophie Baumann
Plädoyer für ein demokratisches Jurastudium 949

Hans Lühmann
**Rechtswirklichkeit und Rechtsetzung in
der Juristenausbildung** 954
*Das Beispiel der Gewährleistung des Existenzminimums
in der Grundsicherung für Arbeitsuchende*

Julja Altermann
Was wäre, wenn? 961
Auszug aus einer ungeschriebenen Dissertation

Dagmar Schnürer
»Das Demokratieproblem, das wir haben« 966
*Deutschland seit der Wiedervereinigung –
Analysen und Perspektiven*

Bernhard Schlink
Deutschland, Deutschland 975

INHALT

Epilog

Rosemarie Will
Zwischen Himmel und Erde — 991
Karl Marx über die Grundrechte in seiner Schrift »Zur Judenfrage«

Anhang

Lebenslauf von Rosemarie Will — 1025
Bibliographie von Rosemarie Will — 1027
Mitwirkendenverzeichnis — 1044
Über die Fotografien — 1062

Vorwort der Herausgeber

Der Anlass für dieses Buch ist ebenso bemerkenswert wie irritierend: Zum Ende des Sommersemesters 2014 wurde Rosemarie Will als Universitätsprofessorin für öffentliches Recht, Staatslehre und Rechtstheorie in den Ruhestand versetzt. Damit verlässt die letzte Hochschullehrerin aus der DDR ihren Lehrstuhl an der Juristischen Fakultät. 45 Jahre hat sie seit Beginn ihres Studiums an der Humboldt-Universität zu Berlin verbracht. Kaum vorstellbar, dass sie hier in Zukunft nicht mehr regelmäßig anzutreffen sein wird.

»Worüber reden wir eigentlich?« – Diese Fragerichtung kennzeichnet das Denken von Rosemarie Will, die auf Theoretisierungen im Vagen und metaphysische Überhöhungen zugunsten eines klaren, strukturierten Analysierens und konsequenten Zu-Ende-Denkens verzichtet. Aus diesem Grund betitelt diese so wichtige und von Rosemarie Will oft, manchmal unvermittelt gegenüber ihren Gesprächspartnern gestellte Frage diese Festgabe.

Das Staatsrecht und die Staatstheorie als grundlegender Gegenstand ihrer Tätigkeit bot und bietet Rosemarie Will die Möglichkeit sowohl wissenschaftlich als auch praktisch-juristisch zu arbeiten und sich einzumischen: Themen wie die rechtsstaatliche Transformation Ostdeutschlands, das Verhältnis von Religion und Religionsgemeinschaften zum Staat, das Wissenschaftsrecht, die juristischen Möglichkeiten des Datenschutzes und die Frage der Würde des Menschen im Rahmen der Sterbehilfe sind nur einige Beispiele ihrer wissenschaftlichen Befassung. Die an sie gestellten rechtspolitischen Fragen behandelte Rosemarie Will daher auch immer aus ihrer vertieften wissenschaftlichen Erkenntnis heraus: Etwa in der Zeit des Runden Tisches, aber auch während ihrer Mitarbeit am Bundesverfassungsgericht oder als Richterin am Verfassungsgericht des Landes Brandenburg sowie als Gutachterin in zahlreichen Anhörungen im Deutschen Bundestag und in Landtagen. So verbinden sich die Themen ihrer permanenten wissenschaftlichen Arbeit mit der gesellschaftlichen Verantwortung, wie sie Rosemarie Will unter anderem als langjährige Bundesvorsitzende der Humanistischen Union getragen hat.

Wer wie Rosemarie Will ihre Türen öffnet und eine Fußmatte davor legt, statt exklusiver Empfänge im Fakultätsclub im Anschluss an ihre Abschiedsvorlesung ein Grillfest im Innenhof veranstaltet, das Gespräch sucht, sich einmischt, mitmacht und zuhört, sogar regelmäßig Hochschulsport treibt, wird viele Weggefährten haben.

Es fiel uns daher nicht schwer, neben Mitarbeiterinnen und Kollegen von Rosemarie Will, auch Studierende und Promovierende, ihre Mitstreiterinnen und Freunde in der akademischen Selbstverwaltung, der Humanistischen Union und anderen Organisationen, Hochschullehrer, Richterinnen und Anwälte, Journalistinnen und Publizisten sowie Kolleginnen und Weggefährten aus der Zeit ihres Wirkens in der DDR als Autorinnen und Autoren zu gewinnen. Wir haben sie gebeten, von Begegnungen, Erlebnissen und Erfahrungen mit »R. W.« zu berichten, den Einfluss ihrer Positionen auf das Wirken, Forschen, Lehren, Lernen und Kämpfen der Autorinnen zu beschreiben oder wissenschaftliche Einzelaspekte gemeinsamer bzw. kontroverser Überlegungen darzulegen. Sie sind in dieser überwiegend sehr persönlichen Festgabe versammelt.

Um den »anderen« Charakter des Werkes zu betonen, haben wir angeregt, auf Fußnoten weitgehend zu verzichten. Den einzelnen Kapiteln sind zudem Fotografien von Claudia Haarmann vorangestellt, die unter anderem Wasserspiegelungen des ehemaligen Staatsratsgebäudes der DDR am Kupfergraben und des früheren Standortes des Bundesinnenministeriums an der Spree in Moabit zeigen.

Wir danken den Autorinnen, die diesen Band möglich gemacht haben, den Lektoren und zahlreichen weiteren Helferinnen. Ein besonderes Dankeschön gilt Friederike Schmidt und Herbert Mandelartz, die das Vorhaben in einer schwierigen Phase aufgefangen und uns beim Endspurt behilflich waren. Das Buch ist an erster Stelle jedoch unser Dank an Sie, liebe Frau Will.

Berlin, im November 2016
Thomas Fritsche Michael Kuhn
Sven Lüders Michael Plöse

P. S.: Besondere Werke entstehen durch besondere Menschen. Das gilt für dieses Buch in doppelter Hinsicht – nicht nur für die Geehrte, sondern auch für seinen Spiritus rector, Michael Plöse. Angefangen von der Idee einer Festgabe, über das Format der Beiträge und Zugaben, über die Technik und Organisation, die für ein derartiges Mammutvorhaben nötig sind, bis hin zur Gestaltung des Buches – all das hat Micha Plöse initiiert, maßgeblich beeinflusst und die Fäden in den Händen gehalten. Sein Mut zu einem derart ambitionierten Vorhaben, seine Kreativität gepaart mit einer breiten Expertise über die hier verhandelten Themen und Personen, nicht zuletzt sein nahezu grenzenloses Engagement waren unverzichtbar und eine große Bereicherung in der Zusammenarbeit mit ihm. Es ist keine Übertreibung, wenn wir feststellen: Dieses Buches ist vor allem sein Verdienst.

Thomas Fritsche, Michael Kuhn und Sven Lüders
für die Herausgeber und Unterstützerinnen der Festgabe

Prolog

Verwandlung IV C. Haarmann

Christian Waldhoff

Geleitwort*

Meine sehr verehrten Damen und Herren, liebe Kolleginnen und Kollegen, liebe Studierende unserer Fakultät, liebe Gäste, vor allem jedoch: verehrte, liebe Frau Will,

ich darf sie als Dekan der Juristischen Fakultät der Humboldt-Universität zu Berlin hier im Hauptgebäude herzlich begrüßen. Wir haben uns heute versammelt, um – gutem akademischem Brauch entsprechend – der Abschiedsvorlesung von Frau Will zuzuhören und ihr dadurch Anerkennung und Dank zuzusprechen. Das allein wäre Grund genug innezuhalten und zurückzublicken: Das Ausscheiden einer Fakultätskollegin aus dem aktiven Dienst gibt dieser die Möglichkeit, mit einer Abschiedsvorlesung – in den USA als »last lecture« bekannt – noch einmal einen Akzent zu setzen[1]. Selten dürften einem so viele Kolleginnen und Kollegen zuhören, selten dürfte man ein aus Kollegen, Schülern, Freunden und Wegbegleitern derart zusammengesetztes öffentliches Auditorium erreichen. Heute geht es jedoch um mehr. Frau Will ist nicht irgendeine Kollegin, Rosemarie Will gehörte zu den drei Juraprofessoren, die nach der Wende an unserer Fakultät weiter lehrten – und sie war Dekanin in dieser Zeit, worauf ich zurückkommen werde. Man kann ohne Übertreibung sagen: Frau Will verkörpert die Transformation der Fakultät im Zuge der deutschen Wiedervereinigung. »Transformation« war dann auch der Leitbegriff ihrer Antrittsvorlesung »Eigentumstransformation unter dem Grundgesetz«[2], in der sie die die Wiedervereinigung begleitende Transformation gegenüber denjenigen nach 1945 oder in den 1970er Jahren in bestimmten Ländern Südeuropas stattgefundenen Transformationen dadurch kennzeichnet, dass nicht nur ein politisches System, sondern zugleich eine Eigentums- und damit Gesellschaftsordnung »transformiert« werden musste, dass im Unterschied zu den Parallelfällen in Mittel- und Osteuropa nach Kollabieren des real existierenden Sozialismus freilich eine ausgefeilte Rechtsordnung – die der Bundesrepublik – anschlussfähig zur Verfügung stand. Einen zentralen Abschnitt in dieser Antrittsvorlesung vom 29. Juni 1995 darf ich zitieren: »›Wo es kein Eigentum gibt, gibt es keine Ungerechtigkeit.‹ Dieser Satz ist von John Locke. Niklas Luhmann schreibt, das könnte auch Karl Marx gesagt haben. Ich denke, daß die Erfahrungen mit dem realen Sozialismus lehren, daß der Satz falsch ist. Er müßte richtig heißen, wo es kein Eigentum gibt, gibt es kein Recht.«

Eine Abschiedsvorlesung kann programmatisch sein, sie kann sich in Beziehung zur Antrittsvorlesung setzen; ich kenne den Text natürlich nicht und wir sind schon sehr gespannt.

Lassen sie mich in der gebotenen Kürze zuvor jedoch wichtige berufliche Lebensstationen unserer Kollegin in Erinnerung rufen:

Geboren und erster Schulbesuch in Bernsdorf, Kreis Hoyerswerda, Erweiterte Oberschule in Kamenz, Abschluss – das ist sehr interessant, womöglich aber nicht untypisch – mit dem Abitur *und* dem Facharbeiterbrief als Betriebsschlosser! 1968/69 schloss sich ein Jahr als Aushilfslehrerin in Kamenz an. Rosemarie Will studierte dann von 1969 bis 1973 Rechtswissenschaft an der Humboldt-Universität zu Berlin mit Staatsexamens- und Diplomabschluss. Für ihre Diplomarbeit erhielt sie den nach Arthur Baumgarten benannten Sektionspreis. Für sechs Jahre schlossen sich Assistentenzeit und ein Forschungsstipendium an, während dieser Zeit erfolgte die Promotion mit der Arbeit »Studien zum Kampf der Arbeiterklasse um soziale Grundrechte im Kapitalismus«. 1979/80 absolvierte Rosemarie Will einen Studienaufenthalt in der Sowjetunion, dem eine mehrjährige Tätigkeit am Institut für Staats- und Rechtstheorie an der Akademie der Wissenschaften der DDR folgte. 1983 erfolgte die der Habilitation entsprechende Promotion B mit einer »Studie über die Rolle des Staates in der politischen Organisation der sozialistischen Gesellschaft«, nachdem bereits zwei Jahre zuvor die Facultas docendi erteilt worden war. Seit 1984 war Frau Will dann Hochschuldozentin, seit September 1989 ordentliche Professorin für Staatsrecht an unserer Fakultät. Von Mai 1990 bis Februar 1993 war Rosemarie Will Dekanin. Zwischen April 1993 und April 1995 war sie die erste wissenschaftliche Mitarbeiterin am Bundesverfassungsgericht mit einer juristischen Ausbildung in der DDR im Dezernat von Herrn Grimm (bei dieser Gelegenheit durfte ich sie – damals Rechtsreferendar in Karlsruhe – erstmals kennenlernen). 1995 kehrte sie an die Fakultät zurück. Im September 1996 wurde Rosemarie Will zur Verfassungsrichterin des Landes Brandenburg gewählt. Auch in der Nachwendezeit sind Forschungsaufenthalte an ausländischen Universitäten zu verzeichnen, so etwa in Basel und in St. Petersburg. Das überaus große Engagement in der universitären Selbstverwaltung verdient besondere Hervorhebung: 2000 bis 2002 stellvertretendes, 2002 bis 2004 ordentliches und 2004 bis 2008 wiederum stellvertretendes Mitglied im Akademischen Senat, 2000 bis 2008 ordentliches Mitglied des Konzils der Humboldt-Universität. Für die Juristische Fakultät war und ist es wichtig, in diesen zentralen Entscheidungsgremien unserer Universität sachkundig und tatkräftig und vor allem mit lauterem Herzen für die eigene Institution vertreten zu sein – einmal um die Interessen der Fakultät zu wahren, aber auch um die Ernsthaftigkeit des Selbstverwaltungsgedankens zu unterstreichen. Ich persönlich habe schon nach kurzer Zeit an der Fakultät erfahren dürfen, dass sich Frau Will niemals Pflichten oder Erwartungen entzieht, dass sie stets da ist und tatkräftig mithilft. Auch außeruniversitäres Engagement wäre zu würdigen (etwa die Mitgliedschaft in der Grundwertekommission der SPD oder der Bundesvorsitz der Humanistischen Union) – dazu sind jedoch andere berufen.

Meine sehr verehrten Damen und Herren, lassen sie mich nicht bei dieser Lebenslaufroutine stehen bleiben – auch wenn es sich wahrlich nicht um einen Routinelebenslauf handelt. Lassen Sie mich versuchen, der Person näher zu kommen. Dabei werden sich eigene – freilich eher neuere Eindrücke – mit publizierten Charakterisierungen vermischen. Rosemarie Will verkörpert wie kaum jemand anderes den Übergang der Juristischen Fakultät der Humboldt-Universität in den Zeiten der Wende. Es ist kaum Zufall, dass sich ihre Antrittsvorlesung mit Transformationsproblemen befasst hat. Ihr Wirken als Dekanin in dieser Transformationszeit war so prägend, dass darüber ausführlich in zwei Büchern berichtet wird. (Mir ist der Roman »Der Dekan« des schwedisch-amerikanischen Schriftstellers Lars Gustafsson bekannt[3], der spielt jedoch nicht im juristischen Milieu und ist zudem natürlich fiktiv. Das heißt: die literarische Verewigung einer Dekanin einer juristischen Fakultät ist einmalig und wird es bleiben!) Die seinerzeitige taz-Journalistin Mechthild Küpper widmet Rosemarie Will in ihrem Bericht über die Wende an der Humboldt-Universität[4] ein eigenes mit »Die Dekanin« überschriebenes Kapitel[5]. Die Rechtswissenschaft wird dort als Vorbild im Vergleich zu den meisten anderen Sektionen oder Fakultäten der HU herausgestellt. Frau Will wird als mutige und durchsetzungsstarke Moderatorin eines Umbruchs und Umdenkens in Würde dargestellt, als quasi singuläre Erscheinung in dieser unübersichtlichen Zeit. Gestatten sie mir ein längeres Zitat, das dem Nichtzeitzeugen ein – hoffentlich richtiges – Bild Rosemarie Wills in der Situation des Umbruchs aus dem Blickwinkel einer Westberliner Journalistin vermittelt:

> »Die Dekanin trug Arbeitskleidung. Die bestand in einem schwarz-weißen Tweedkostüm mit langem Rock, oft ergänzt durch einen roten Rollkragenpullover. Wenn es nicht auf Repräsentieren ankam, wurden die schwarzen Jeans benutzt. Die Dekanin trug diese Uniform so, wie Bertolt Brecht sich

seiner Arbeiteranzüge aus feinem englischen Tuch bediente: als Signal dafür, daß sie es ernst meinte [...]. Die Dekanin war oft herrisch. ›Selters‹ bellt sie ins Sekretariat hinein, während sie schon in ihr Zimmer stob. Gästen bot sie immer etwas an, eine Geste bürgerlicher Höflichkeit, die sie von allen anderen Hochschulpolitikern auf dem Territorium der DDR bis heute unterschied. Sie war brüsk. Es konnte einem passieren, daß man mitgeschleppt wurde ins Dekanat, plaziert wurde, zu trinken und gleich noch dazu eine Abreibung bekam. Sie verbat es sich, an den abstrakten Ansprüchen von frustrierten Westlern gemessen zu werden, die den Daumen senkten und ihr mitteilten, daß wieder einmal alles nicht gut genug war [...]. Die Dekanin ist ein politisches Tier und war es wohl immer.«[6]

Die Schwierigkeiten dieser Zeit kann ich nur erahnen. Küpper und auch Inga Markovits in ihrer Studie »Die Abwicklung«[7] beschreiben die Situation mit zahlreichen Altabsolventen, die ihr Studium noch beenden müssen, 500 Erstsemestern (wir stöhnen heute unter sehr viel besseren Bedingungen über 480 Studienanfänger!), 18 Gastprofessoren aus dem Westen, fehlender Literatur usw. usf. plastisch. Hervorgehoben wird die Etablierung eines neuen Tons, der als »damals aufregend ungewohnt« beschrieben wird: Selbstkritik, Nachfragen, Neugier, Bereitschaft zu hören, was andere zu sagen haben prägten den Prozess der Umstrukturierung[8], für den Rosemarie Will als Dekanin keinen geringen Teil der Verantwortung trug. Das war gepaart mit ihrer berühmten Fähigkeit »Tacheles« zu reden und die Probleme deutlich anzusprechen. Diese Phase war im Frühjahr 1993 abgeschlossen, Rosi Will gab ihr Dekanat ab, um nach Karlsruhe zu gehen. Mechthild Küpper schreibt:»Verglichen mit den Hymnen für die Gründungsdekane in Dresden und Leipzig, mit der Lobpreisung ihres heiligenmäßigen Einsatzes und ihrer unbeirrbaren Fürsorge waren die Tränen, die Hans Meyer[9] [nachdem er die

Dekanin als außerordentlich engagiert, temperamentvoll, pflichtbewusst und fair charakterisiert hatte, Anm. C. W.] weinte, eine sehr preußische Art, Rosi Wills Werk zu rühmen. Am 11. Februar 1993 begann die Normalität des Fachbereichs Rechtswissenschaft; die Dekanin gab ihr Amt an Detlef Krauß ab.«[10] Nicht das geringste Verdienst ist für uns auch heute noch, dass Sie – liebe Frau Will – es im Zusammenwirken mit Hans Meyer geschafft haben, uns die wunderbaren Räumlichkeiten zu sichern, in denen es Freude macht, zu studieren, zu forschen und zu arbeiten. Ich übertreibe nicht, die »Kommode« mit dem »Alten Palais« als vielleicht repräsentativste Unterbringung einer juristischen Fakultät in Deutschland zu kennzeichnen.

Nun sind wir gespannt auf Ihre Abschiedsvorlesung »Zwischen Himmel und Erde. Karl Marx zu den Grundrechten in seiner Schrift ›Zur Judenfrage‹«.

---

[*] Bei diesem Beitrag handelt es sich um die Begrüßungsrede, die der Autor in seiner Eigenschaft als Dekan der Juristischen Fakultät der Humboldt-Universität zu Berlin am 10. Juli 2014 im Hörsaal 2002 des Universitätshauptgebäudes gehalten hat.

[1] Unter der Herausgeberschaft von Peter Häberle hat das Jahrbuch des öffentlichen Rechts – nachdem schon länger in einer eigenen Rubrik Antrittsvorlesungen publiziert worden waren – auch Abschiedsvorlesungen veröffentlicht: *Daniel Thürer*, JöR 60 (2012), S. 281 ff.; *Albrecht Weber*, ebd., S. 307 ff.; *Paul Kirchhof*, JöR 62 (2014), S. 459 ff.. Eine genauere Analyse dieser Gattung fehlt freilich – soweit ersichtlich – bisher. Der einschlägige Wikipedia-Eintrag berichtet nur über die spektakuläre Abschiedsvorlesung des bereits todkranken amerikanischen Professor Jeffrey Pausch.

[2] *Rosemarie Will*, Eigentumstransformation unter dem Grundgesetz. Antrittsvorlesung 29. 6. 1995 (= Öffentliche Vorlesungen Humboldt-Universität zu Berlin, Heft 70); Humboldt-Universität, Juristische Fakultät, Berlin 1996.

[3] Ebd, S. 11 f.

[4] *Lars Gustafsson,* Der Dekan. Aus Spencer C. Spencers hinterlassenen Papieren. Gesammelt und herausgegeben von Dr. Elizabeth Ney, Bibliothekarin am Humanties Research Center, The University of Texas in Austin, München/Wien 2004.

[5] *Mechthild Küpper*, Die Humboldt-Universität. Einheitsschmerzen zwischen Abwicklung und Selbstreform, Berlin 1993.

[6] Ebd., S. 65–73.

[7] Ebd., S. 66.

[8] *Inga Markovits*, Die Abwicklung. Ein Tagebuch zum Ende der DDR-Justiz, München 1993, v. a. S. 130 ff.

[9] *Küpper*, Humboldt-Universität (Fn. 5), S. 67.

[10] Der Vorsitzende der Berufungs- und Strukturkommission zur Reorganisation der Fakultät nach 1990.

Person
   Revolution
      Transformation

Verwandlung XI   C. Haarmann

»Nach 1990 hörte ich, dass man in der DDR nicht vernünftig Jura studieren konnte (stimmt ein bisschen), dass von dort deshalb keine guten Juristinnen und Juristen kämen. Rosemarie Will hat den zweiten Teil dieser These überzeugend widerlegt. Sie ist eine ausgezeichnete Juristin und konnte mit jeder anderen Juristin und jedem anderen Juristen in jeder Hinsicht mithalten, war den meisten sogar eindeutig überlegen. An ihrem bescheidenen Wesen hat dies nichts geändert, schon das schätze ich besonders an ihr.«

Dr. Gregor Gysi,
Rechtsanwalt, Mitglied des Deutschen Bundestages und dort von 2005–2015 Fraktionsvorsitzender der Partei DIE LINKE.

»Eine Ostgeschichte Deutschlands gibt es so wenig wie eine Westgeschichte. Es gibt nur eine deutsche (Nachkriegs-)Geschichte. Sie erzählt von der Teilung Deutschlands und ihrer Überwindung. Rosemarie Will steht genau in ihrem Schnittpunkt, vorwärts- wie zurückgewandt. Wer diese Geschichte, die ihre und unsere ist, verstehen will, sollte ihr zuhören.«

Prof. Dr. Jan-Hendrik Olbertz,
Erziehungswissenschaftler, 2002–2010 Kultusminister des Landes Sachsen-Anhalt, 2010–2016 Präsident der Humboldt-Universität zu Berlin.

Inga Markovits

»Still Rosi after all these years.«

(with a nod to Paul Simon)

Ich lernte Rosi Will im Frühjahr 1990 kennen, als sie als erste Post-Wende-Dekanin der Juristen an der Humboldt-Universität zu Berlin (damals noch HUB abgekürzt) ihre Fakultät mit Zielstrebigkeit und Standkraft aus dem Debakel des Zusammenbruchs der DDR in einen Rechtsstaat führte, dem viele ihrer Kollegen misstrauten und dessen westliche Vertreter ihrerseits die Neuankömmlinge nicht willkommen hießen. Eigentlich hatte Kurt Wünsche Dekan bei den Juristen werden sollen. Aber dann übernahm Wünsche im Kabinett von Hans Modrow das Ministerium der Justiz und Rosi Will, erst kurz vor der Wende zur Professorin avanciert und gerade 40 Jahre alt, das Dekanat.

Es war ein Glücksfall für die Juristen. Kurt Wünsche – gewandt, erfahren, routiniert, als Vorstandsmitglied der Liberaldemokratischen Partei Deutschlands (LDPD) sozusagen schon politisch aufs Lavieren ausgerichtet – hätte wahrscheinlich in normalen Zeiten einen erfolgreichen Dekan abgegeben. Aber dies waren keine normalen Zeiten. Es ging um existentielle Fragen, die mit vernünftigen und effizienten Verwaltungsmethoden nicht zu bewältigen waren. Würde die Fakultät die Wende überhaupt überleben? Die Berliner Senatsverwaltung hätte die HUB am liebsten umorganisiert und in den Westberliner Universitätsbetrieb eingegliedert. Die Freie Universität hoffte, in dem Prozess Studenten abgeben zu können und Einfluss zu gewinnen. Im Dezember 1990 erließ die Berliner Landesregierung einen »Abwicklungsbeschluss«, nach dem fünf ideologisch besonders belastete Fachbereiche der HUB geschlossen und durch drei neu konstituierte Fachbereiche ersetzt werden sollten. Natürlich gehörten die Juristen (neben Wirtschaftswissenschaft, Erziehungswissenschaft, Geschichte und dem dem Marxismus-Leninismus verpflichteten Institut für Philosophie) zu den zur Abwicklung bestimmten Bereichen. Waren sie nicht besonders »ideologieanfällig«[1] gewesen und hatten sich der Partei noch bereitwilliger als andere Wissenschaftsbereiche unterworfen? Was sollte man im Rechtsstaat noch mit sozialistischen Juraprofessoren anfangen? Im Februar 1991 wies das Verwaltungsgericht Berlin die Klage der HUB auf Aufschub der Abwicklung bis zur Entscheidung einer Klage, die die Universität schon kurz nach Weihnachten 1990 gegen den Abwicklungsbescheid selbst erhoben hatte, zurück. Damit operierte Dekanin Will im Ungewissen: was sie auch tat, konnte jederzeit durch die Senatsverwaltung aufgehoben werden.

Das war das Praktische. Aber die geistigen Probleme, die die HUB-Juristen zu bewältigen hatten, waren nicht weniger existenziell: Was sollte aus der Rechtswissenschaft werden, die sie bis jetzt betrieben hatten? Waren sie nicht selbst Komplizen eines politischen Systems gewesen, das die Wessis jetzt als »Unrechtsstaat« abtaten? Was hatte sich jeder Einzelne von ihnen vorzuwerfen? Gab es Kollegen unter ihnen, die so eilfertige Diener der Partei gewesen waren, dass sie im Rechtsstaat jede Glaubwürdigkeit verloren hatten? Welches Wissen hatten sie in ihren Köpfen angesammelt, das in der neuen Zeit noch nützlich war? Wer unter ihnen konnte noch umlernen? Was hatten sie geleistet, das bewahrenswert erschien und nach welchen Kriterien konnte man die Spreu vom Weizen scheiden?

Schon im Dezember 1990 hatte das Konzil der HUB beschlossen, dass jeder Fachbereich der Universität eine Kommission aus Ost- und Westvertretern seines Wissenschaftszweigs bilden sollte, die jeden einzelnen Kollegen auf seine weitere Verwendbarkeit im Rechtsstaat überprüfen sollte. Was würde der Berliner Senat zu diesen Überprüfungen durch eine rechtlich schon delegitimierte Universitätsverwaltung sagen? Warf man mit derartigen

Anstrengungen nicht Spreu in einen Wind, der schon bald auch einen selbst beiseite fegen würde?

Gerade die Tatsache, dass Rosi Will keine Verwaltungskarriere hinter sich hatte, machte sie, so scheint mir, für den Job als erste Post-Wende-Dekanin der Juristen besonders geeignet. Sie war jung und mutig – sonst hätte sie den Posten gar nicht angenommen. Sie brauchte keine Routine-Erwartungen abzuschütteln, die unter den Umständen doch nicht zu erfüllen gewesen wären. Sie war selbst im System gefangen gewesen (»ach, ich habe ja selber mitgemacht,« sagte sie einmal bedrückt zu mir), aber hatte schon vor der Wende begonnen, sich vorsichtig von ihm zu lösen, als sie Mitarbeiterin des von Prorektor Dieter Klein inspirierten »Sozialismus-Projekts« geworden war, in dem eine Grupper junger Wissenschaftler über die demokratische Auflockerung der DDR-Gesellschaft nachdachte. Sie war ehrlich, unverstellt, uneitel und von den aristokratischen Sitten und Gebräuchen des westlichen Wissenschaftsbetriebs unbelastet: auch ihre Gegner, denke ich mir, werden ihr immer geglaubt haben. Und sie war optimistisch, was unter den Umständen unrealistisch, aber nützlich war, denn es erlaubte ihr, auch bockig zu sein und Westberliner Querschüssen zum Trotz weiter auf ihre eigenen Ziele zuzusteuern.

So arbeitete Rosi Will von früh bis spät an der Unkrempelung der Juristischen Fakultät und der Juristen an der HUB. Der Lehrbetrieb wurde auf den Übergang vom sozialistischen Recht aufs Recht der Bundesrepublik ausgerichtet: Eine Gruppe von Gastprofessoren aus der Bundesrepublik – alles von Frau Will zusammengesuchte kluge, liberale und hilfsbereite Leute – machten die Studenten mit dem kapitalistischen Recht bekannt, mit dem sie in Zukunft operieren mussten. Schon Anfang März 1990 hatte die Personalstrukturkommission der Juristen 106 Mitarbeiter des Fachbereichs auf ihre Eignung zur Weiterbeschäftigung im Kapitalismus überprüft. Von 28 Hochschullehrern wurden 10 als persönlich für die Übernahme nicht geeignet eingestuft; 18 sollten also als Juraprofessoren überleben dürfen. Es war höchst zweifelhaft, ob die Berliner Senatsverwaltung diese Überprüfungen auch anerkennen würde.

Aber bis zur endgültigen Entscheidung der Verwaltungsgerichte über den Abwicklungsbeschluss des Senats lief unter der Leitung Rosi Wills das Leben im Fachbereich Rechtswissenschaft weiter: juristisch im luftleeren Raum, aber praktisch voller Vitalität und Zukunftshoffnung, mit Vorlesungen in neuen Grundlagen- und »Orchideen«-Fächern, mit Veranstaltungen und Studententreffen, anregenden Begegnungen zwischen Ost- und Westkollegen, immer geschäftig vollen Korridoren, gelegentlichen Fernsehkameras, die registrieren wollten, was im rote Osten los war – ein bisschen Ferienstimmung, weil die alten Schul-Regeln nicht mehr galten, ein bisschen Tanz auf dem Vulkan. Viel spannender, als ich es je als Studentin an der Freien Universität erlebt hatte.

Natürlich beobachtet man dies alles im Senat mit Irritation und auch mit Sorge. Westberliner erregten sich über Rosi Will: Was fiel ihr ein? Wer dachte sie, dass sie sei? Am meisten nahmen Wessis der Dekanin übel, dass sie die Überprüfung und Selbstbesinnung der Juristen in eigener Regie in Angriff nahm: hatten Humboldt-Professoren nicht das Recht verwirkt, die sie betreffenden Entscheidungen selbst in die Hand zu nehmen? Und warum hatte Rosi Will sich bei der Auswahl ihrer Gastprofessoren aus dem Westen nicht hilfesuchend an die Freie Universität gewandt? Auch manche von Frau Wills Kollegen waren besorgt: sollte man wirklich so unbekümmert mit den Wessis umgehen? Einmal drohte eine Berliner Senatsvertreterin ihr mit der Stasi: »Wir werden ja Ihre Akte noch zu sehen kriegen.« Es war das einzige Mal, dass ich Frau Will wirklich zornig sah, als sie mir davon erzählte. Aber Universitätsverwaltung und Studenten waren auf ihrer Seite und die neuen Westkollegen an der HUB sahen mit Bewunderung und wachsender Solidarität ihren Bemühungen zu. Die meisten von uns Wessis waren einer Juraprofessorin wie Frau Will – mehr Feuerwehrbrigade als Elfenbeinturm – in unseren eigenen Fakultäten noch nicht begegnet. Sie imponierte uns; lies uns auch ein bisschen an unserem eigenen akademischen Stil zweifeln. (Übrigens gab das Bundesverfassungsgericht ihr am Ende Recht: es erklärte am 24. April 1991 in seinem »Warteschleifenurteil« die Abwicklung eines Fachbereichs ohne dessen gleichzeitige Auflösung als mit dem Einigungsvertrag nicht vereinbar.)

Woher nahm Frau Will ihren Mut und ihre Chuzpe? Die DDR war ein Staat gewesen, in dem es Abhängigen in der Regel besser ging als Unabhängigen. Widerspruch war theoretisch gelegentlich erlaubt, aber wurde praktisch eher bestraft als belohnt. Worte wie »Individualismus« oder »Spontaneität« hatten negative Bedeutungen. »Fehlerdiskussionen« waren unerwünscht. Dies war keine Schule, die intellektuelle Unabhängigkeit in ihr Lehrprogramm geschrieben hatte. Trotzdem produzierte sie, wie mit Rosi Will, gelegentlich erstaunlich selbstständige und tatkräftige Männer und Frauen (ich kenne mehr Frauen, aber das mag Zufall sein). Eine ihrer Stärken im akademischen Leben (auch, wie mir scheint, im Leben von Rosi Will) ist das Fehlen einer Art von Eitelkeit, die unter westlichen Eliten eine so große Rolle spielt. Sie vergleichen ihre eigene Wichtigkeit nicht dauernd mit der Wichtigkeit von anderen. *They don't rank themselves.* Die DDR war keine Leistungsgesellschaft, was es tatkräftigen Leuten möglich machte, auch ohne viel Fanfare ihre Arbeit zu tun (und was bequemen Leuten ihren Müßiggang erleichterte).

Ich bin derselben Rosi Will, die ich 1990/91 in Berlin erlebte, in späteren Jahren noch in vielen anderen Rollen begegnet: als Zeitzeugin, die mir Umstände und Ereignisse ihrer DDR-Vergangenheit erklärte; als Kollegin, die mich an andere Kollegen weiterreichte, wenn ich Hilfe brauchte; als Theater-Enthusiastin, die mich in Vorstellungen mitnahm oder mich zu ihnen überredete, in die ich selbst, zu lahm für dramatische Experimente, nicht gegangen wäre; als Köchin mit weit mehr Mut und Erfindungslust, als ich selbst besitze. Alle diese Rosi Wills sehen der Rosi Will, die mir noch aus der Wendezeit bekannt ist, zum Verwechseln ähnlich. Sie haben dieselbe Art, einem Fragen so ohne Umschweife zu beantworten, dass man der Antwort immer glaubt. Sie haben den selben Gang wie die Dekanin Rosi Will: wie jemand, der weiss, wo sie hin will und was sie, einmal angekommen, dort tun möchte. Sie haben dieselbe Energie: spielen schon früh am Morgen Tennis oder radeln zu Arbeit. Ich habe keine Rosi Will je schlendern sehen und kann sie mir auch kaum im Liegestuhl vorstellen.

Wahrscheinlich waren auch die Vorgängerinnen der mir bekannten Rosi Will der jetzigen sehr ähnlich: die Sekretärin der Freien Deutschen Jugend (FDJ) brachte träge Studenten auf Trab (hätte sie es damals tun sollen?) und die Mitarbeiterin des von Dieter Klein in Gang gesetzten Reform-Projekts der letzten DDR-Jahre redete sich und den Genossen bei ihrer vorsichtigen demokratischen Wühlarbeit den nötigen Mut zu. Es fällt mir nicht schwer, mit ein bisschen Phantasie auch Rosi Will als Kind zu sehen: die schwarzen Haare kurz geschnitten, in Gummistiefeln und im roten Regenmantel (den es damals in der DDR bestimmt nicht gab) glücklich in einer Regenpfütze stampfend.

Von den meisten meiner Kollegen kann ich mir auch bei angestrengter Phantasie kein Bild davon machen, was für ein Kind sie einmal waren. Was ist anders im Falle Will? Es gibt einen wichtigen Streit unter den Philosophen darüber, ob man überhaupt davon sprechen kann, dass ein Mensch im Laufe seines Lebens derselbe bleibt. Wieso ist man mit siebzig Jahren noch derselbe, der man als Siebenjähriger war? Und sollte jemand, die bislang so viele gegensätzliche Stationen in ihrem Leben durchlaufen hat (FDJ-Sekretärin, Eintritt in und Austritt aus der SED, A- und B-Promotion zu Themen des sozialistischen Staatsrechts, Dekanin, als es dieses Staatsrecht nicht mehr gab, Runder Tisch, wissenschaftliche Mitarbeiterin am Bundesverfassungsgericht, Verfassungsrichterin in Brandenburg, Lehrtstuhlinhaberin an der HUB (wieder für Staats- und Rechtstheorie) und jetzt – wer's glaubt, wird selig – Professorin emerita), nach all den vielen Biegungen im Weg nicht eine andere geworden sein?

Die meisten Philosophen, die über »personal identity« schreiben, gehen davon aus, dass wir von einer Lebensphase in die andere, von einer Wende bis zur nächsten, Eigenschaften, Überzeugungen, Erinnerungen und dergleichen gewissermassen erben, die uns im nächsten Abschnitt immer noch dieselben sein lassen.[2] Wir überlappen, wie Dachziegel, sozusagen mit unserem vorherigen Selbst und bleiben so Dieselben, auch wenn inzwischen neue und dramatische Ereignisse hinzugekommen sind.

Ich sollte mich lieber nicht auf das Gebiet der Philosophie wagen. Aber als ich von diesen Theorien las, kam mir Rosi Will als Musterbeispiel in den Sinn. Mir scheint, sie ist durch die Jahrzehnte mehr sie selbst geblieben als viele andere Menschen, denen ich begegnet bin. Darum scheint jede neue Begegnung mit ihr nur eine natürliche Fortsetzung der vorigen. Und darum kann ich in ihrer bockigen Beharrlichkeit als Dekanin in der Wendezeit auch noch das Kind erkennen, das sagt: ich will es selber machen. Ich bin neugierig, zu sehen, was sie als nächstes selber machen wird. Wir müssen nicht befürchten, dass ihr »Ruhestand« besonders ruhig werden wird.

---

1 So Bernd Rüthers in *Ideologie und Recht im Systemwechsel. Ein Beitrag zur Ideologieanfälligkeit geistiger Berufe*, 1992.

2 Siehe z. B. Harold Noonan, *Personal Identity*, London (2003); Derek Parfit, ›Personal Identity‹, 80 *Philosophical Review* S. 3–27 (1971).

Antonio López-Pina

Rosemarie Will

Eine Antwort auf die Deutsche Frage in weltbürgerlicher Absicht

Obwohl es einen Widerspruch in sich darstellt, eine aufgeklärte Naturkraft wie Rosemarie Will emeritieren zu wollen, nehme ich die Festgabe gern zum Anlass, ein wenig über unsere inzwischen in die Jahre gekommene stetige Freundschaft nachzudenken.

Dabei möchte ich meine Erinnerungen in den zeitgeschichtlichen Zusammenhang stellen, der unsere Gespräche von Anfang an geprägt hat. Mit der Wiedervereinigung Deutschlands wurde die seit dem Ende des zweiten Weltkriegs auf Eis gelegte »Deutsche Frage« wieder virulent, das heißt die Frage, die sich jede neue deutsche Generation stellt: Wer sind wir, welcher ist unser Ort in Europa und welche Mission für die Welt ist uns bestimmt?

Das ist an sich nichts Neues. Für die Beschäftigung der Deutschen mit dieser Frage legen viele Schriftsteller Zeugnis ab, wie zum Beispiel Heinrich Mann mit seiner Beschreibung von Servilismus und vom Mangel an innerer Freiheit im *Untertan* oder Thomas Mann, der 1945 in seiner *Rede über Deutschland und die Deutschen* scharfe Kritik an der Neigung der Deutschen zu Romantik und Pflege der Innerlichkeit übt.

So schonungslos diese Analysen sind, scheinen sie mir noch eher unzulänglich, wenn man den Provinzialismus des deutschen Durchschnittsbürgers betrachtet, seine individuelle und kollektive Unsicherheit und seine Philister-Mentalität, wie sie H. M. Enzensberger (*Mittelmaß und Wahn*, 1988; *Die deutschen Mittelschichten*, 1986), H. Glaser (*Spießer-Ideologie*, 1985) oder G. Stein (*Philister Kleinbürger Spießer*, 1985) als typisch deutsch beschreiben.

Auch das Ausland geht in seinem Urteil nicht gerade schonend mit den Deutschen um. Noch 1990 sparten die Teilnehmer einer Sitzung, die Mrs. Thatcher in Chequers einberufen hatte, in ihrer Analyse der »Deutschen Frage« nicht mit archetypischen disqualifizierenden Eigenschaften der Deutschen: »ohne Einfühlungsvermögen, obsessiv auf sich selbst bezogen, von Ängsten und Sorgen beherrscht, sentimental, die eigenen Kräfte überschätzend und geneigt, über die Stränge zu schlagen, ...«.

Was die Europapolitik betrifft, so haben leider diese Eigenschaften im Spektrum der deutschen Gesellschaft in der egozentrischen, kurzsichtigen und arroganten deutschnationalen Mehrheit unter Merkels Regierung eine gewisse Verbreitung gefunden und sogar auf die Rechtsprechung des Bundesverfassungsgerichts ausgestrahlt (*Maastricht-Entscheidung*, Oktober 1993; *Lissabon-Entscheidung*, Juni 2009; *Finanzhilfe zu Griechenland-Entscheidung*, September 2011; *ESM – Vertrag und Fiskalpakt – Entscheidung*, September 2012; *Vorabentscheidung an den Europäischen Gerichtshof*, 18. März 2014).

Zweifellos existieren diese Züge in breiten Schichten der Bevölkerung, unabhängig von der sozialen Schichtung. Aber wie es immer bei Stereotypen der Fall ist, bilden sie nur einen Teil der Wahrheit ab. Gleichzeitig hat sich in der Auffassung und täglichen Praxis von Freiheit unter den Deutschen sehr viel geändert, wenn man mindestens seit den 1980er Jahren schwerlich eine westliche Gesellschaft finden kann, die so frei, wach, pluralistisch, multikulturell, tolerant, offen und streitlustig (*Streitkultur*) ist. Wie Habermas 1990 (*Der DM-Nationalismus*, Die Zeit, 30. März) feststellt: »Auf die spirituellen Funken einer in der Emigration bewahrten deutsch-jüdischen Kultur ist es zurückzuführen, dass die Bundesrepublik nicht nur wirtschaftlich, sondern auch kulturell Anschluss an den Westen gefunden hat. Mit anderen Worten, ihre Stärke beruht gerade darauf, dass sich hier eine international geprägte Kultur hat entwickeln können, die dennoch von Deutschen gestaltet wird.«

Diese kulturelle Vielfalt zwischen Rhein und Elbe war ein Korrelat zu einer Sozialordnung, die von produktiver Leistung und wirtschaftlichem Aufschwung geprägt war. Die Möglichkeit, Millionen von Ausländern Arbeit und Asyl zu gewähren, das öffentliche Bemühen, materielle Ungleichheiten – als Folge der Ausübung der Wirtschaftsfreiheit – abzuschwächen, das Wachsen des ökologischen Bewusstseins und die Garantie der Grundrechte mit dem Ziel, öffentlichen und privaten Gewalten mittels ihrer Verrechtlichung Grenzen zu setzen, sind Ecksteine dieser kulturellen Ausprägung. Als besonders erwähnenswert hebt Enzensberger 1986 (Der Spiegel, 4. Januar) »das beträchtliche Ausmaß [hervor], in dem sich die Gesellschaft vom Staat emanzipiert hat«. Alle diese Prozesse haben im Rahmen des sozialen Rechtsstaates und der sozialen Marktwirtschaft, den beiden Patenten der Bonner Demokratie, Gestalt angenommen.

Dies ist der szenische Hintergrund für die beispielhafte Amtsausübung von Rosemarie Will.

Wer kämpft, kann verlieren, wer nicht kämpft, hat schon verloren. (Bertolt Brecht)

Wir lernten uns 1990 kennen, als Ulrich K. Preuß mich einlud, als Gast an der konstitutiven Sitzung des *Kuratoriums für einen demokratisch verfassten Bund deutscher Länder* im Reichstag (16. Juni) teilzunehmen. Thema war der *Verfassungsentwurf des Runden Tisches* vom April 1990. Das Besondere an diesem Projekt bestand darin, »dass es konsequenter als das Grundgesetz als eine Verfassung der Gesellschaft konzipiert war. Es handelte sich nicht um einen bloßen Kodex der öffentlichen Gewalten und auch nicht um den abstrakt formulierten Willen des Volkes, sondern um ein gegenseitiges Versprechen von Bürgerinnen und Bürgern, sich als Zivilgesellschaft zu konstituieren und sich eine Verfassung als existenzielle Form zu geben«. (Ulrich K. Preuß, *Auf der Suche nach der Zivilgesellschaft. Der Verfassungsentwurf des Runden Tisches*, Frankfurter Allgemeine Zeitung, 28. April). Neben Christa Wolf, Günter Grass, Michael Benjamin, Hans-Peter Schneider, Stefan Heym, Helmut Simon, Wolfgang Ullmann, Lea Rosh und vielen anderen gehörte Rosemarie Will zu der Avantgarde der deutschen konstituierenden Gewalt. Zwei feierliche Sitzungen des *Kuratoriums* sollten im Nationaltheater in Weimar und in der Paulskirche in Frankfurt folgen. Aber schließlich setzte sich die politische Mehrheit »nicht ohne Züge der Selbstgerechtigkeit« (Michael Stolleis, *Geschichte des öffentlichen Rechts in Deutschland*, 4. Band, 2012) durch, die Wiedervereinigung wurde über Art. 23 GG als Beitritt der ostdeutschen Länder zur Bundesrepublik vollzogen – und dem *Kuratorium* blieb keine andere Wahl, als sich aufzulösen.

Anstelle eines ehrgeizigen nationalen Projekts sozialer Integration begann nun ab 1991 die sogenannte Abwicklung der Vergangenheit bei Verwaltung, Justiz und Bildung der ehemaligen Deutschen Demokratischen Republik. Im Juli 1992 hielt ich auf Einladung von Rosemarie Will im Dekanat der juristischen Fakultät einen Vortrag über *Die Aufarbeitung der Geschichte in Spanien. Straf- und prozessrechtliche Reformen zur Zeit der Verfassungsgebung*. Alle Professoren, Rosemarie Will eingeschlossen, sahen ihre Arbeitsplätze in Gefahr. Nun ist die Situation im wiedervereinten Deutschland mit den Reformen der Postfranco-Zeit in Spanien schwerlich zu vergleichen – unter anderem, weil es in Spanien die Linke war, die um eines gemeinsamen Neuanfangs willen den General-Pardon gewährte, während es im wiedervereinten Deutschland geboten schien, sich der ehemaligen SED-Mitglieder im Staatsdienst insgesamt, das heißt ohne Differenzierungen, zu entledigen. Ich erinnere mich noch gut an die vibrierende Atmosphäre an der Humboldt-Universität, in der die spanische Formel »*verzeihen, aber nicht vergessen*« als eine großzügigere Alternative zum Geist der Abwicklungspolitik aufgenommen wurde.

Jetzt im Rückblick scheint es mir, als ob die glückliche Zusammenarbeit von Hans Meyer als Gründungs-Kommissar und Rosemarie Will als Dekanin die Fakultät vor allzu schmerzlichen Erfahrungen bewahrt hat. Gleichzeitig haben aber auch Neu-Berufungen dazu beigetragen, dass die Juristische Fakultät in den letzten zwanzig Jahren anerkanntermaßen zu den besten der Bundesrepublik zählt. Zu diesem Ruf dürfte die nunmehr »Emeritierte« ihr nicht geringes Scherflein beigetragen haben!

Für die, deren Zeit gekommen ist,
ist es nicht zu spät. (Bertolt Brecht)

Zu meiner großen Freude hat sich unser in dieser dramatischen Übergangszeit gebildete Konsens im Urteil über die Verfehlung einer historischen Chance für Ost und West in den folgenden Jahren zu einer beständigen Freundschaft entwickelt. Das gab mir die Gelegenheit, in Rosemarie Will den verlorenen Charme der europäischen Linken immer wieder neu zu entdecken. Ich erinnere mich an einen Ausflug zum Müggelsee, Theaterbesuche im Brecht-Ensemble, auch an ein Treffen in Karlsruhe, wo sie sich als Mitarbeiterin des Verfassungsrichters Dieter Grimm auf ihre spätere Arbeit am Brandenburger Verfassungsgericht vorbereitete. 1994 nahm sie an einer von mir in Madrid organisierten Tagung über repräsentative Demokratie und Parlamentarismus teil, und später trafen wir uns, sei es in Madrid, an der kantabrischen Küste oder in Berlin auch auf privaten Reisen, in denen ihre Entdeckungslust als *viaggiatore* voll zum Zuge kam.

Hauptthemen waren das Panorama der Grundrechte, die föderale Gesetzgebung und das Verfassungsrecht. Aber in nicht geringem Maße haben sich unsere Gespräche auch um die Positionen der Staatsrechtslehrer in Deutschland und speziell an der Juristischen Fakultät der Humboldt-Universität zu Berlin gedreht, wobei ich bewunderte, mit welch treffenden und subtilen Bemerkungen Rosemarie Will fähig ist, einen Außenstehenden ins Bild zu setzen. Sie zeigt dabei Sicherheit, Empathie, Ausgewogenheit im Urteil und auch Distanz, immer unter der Voraussetzung, zu keinem Fremden, sondern zu einem Vertrauten zu sprechen, selbst wenn er ein Spanier ist. Referenzen über Belletristik und Theater fehlten dabei nicht, den Schlüssel zu Fontane und Brecht verdanke ich ihr.

Wer nicht fähig ist, über andern getanes Unrecht zornig zu werden, der wird nicht für große Ordnung kämpfen können. (Bertolt Brecht)

Mit einer so beispielhaften Biographie im Hintergrund, in der die Wechselfälle der Wiedervereinigung und der Regierungen von Schröder und Merkel mit all ihren Miseren und auch glücklichen Entscheidungen immer von Neuem Herausforderungen für sie darstellten, wäre es heute Rosemarie Wills gutes Recht, sich zur Ruhe zu setzen. Aber ihr Pflichten-Kreis ist mit der Emeritierung keineswegs eingeschränkt. Es verlagert sich lediglich der Akzent, der von heute an mehr auf ihrer politischen Tätigkeit als *spiritus rector* der Humanistischen Union liegt. Und da gibt es alle Hände voll zu tun: Gewährleistung der Menschen- und Bürgerrechte, Datenschutz, Geheimdienstkontrolle, Asylsuche und Ausländerrechte, Kommunikationsüberwachung, Verfassungsschutz, Polizeikontrolle, Suizidhilfe, Kriminalpolitik, Abbau von Diskriminierung, ...

Wenn sie sich nun – von den akademischen Pflichten befreit – mit ihren Mitstreitern intensiv den genannten Themen zuwenden kann, so bin ich sicher, dass kaum jemand so geeignet ist wie Rosemarie Will, die Behandlung dieser ernsten Probleme über die nationalen Interessen hinaus in den Rahmen einer universellen Emanzipation zu stellen. Für diese Arbeit im Dienste der Menschenrechte – soziale Rechte und Umweltschutz eingeschlossen – im Zeichen der *weltbürgerlichen Absicht* wünsche ich ihr Zorn, Mut, Freude und Erfolg.

Dietlind Baumann

Studentenjahre

Wie faszinierend es ist, fast 45 Jahre Rückschau zu halten; ein Zeitensprung. Erinnerung ... Bilder.

Rosemarie Flick. So habe ich sie kennengelernt am 1. September 1969.

Mein Bild aus dem Jahr 1969: Berlin, Unter den Linden. Die Staatsoper, gegenüber die Humboldt-Universität. Ich war allein aus einem kleinen Dorf im Kreis Stralsund mit der Bahn angereist. Um in ein ganz neues Leben einzutauchen ...

Ich durfte an der Sektion Rechtswissenschaft der Humboldt-Universität studieren. Sollte mich im Raum 2002 einfinden. Zur feierlichen Immatrikulation!

Da stand ich nun vor diesem Gebäude. Vor mir der schmiedeeiserne Zaun. Die Säule, auf der Wilhelm von Humboldt thront. Ich war sehr angespannt und unsicher. In meiner Erinnerung stand ich ganz allein da. In Wirklichkeit wimmelte es sicher vor Studenten und Touristen.

Wie es so ist mit Erinnerungen; sie können nur bedingt objektiv sein.

Rosi kam mit einem leicht wiegenden Gang auf mich zu. Schwarzer Bubikopf, großes offenes Gesicht, das alle Emotionen preisgibt, dunkle wache Augen. Wir stellten fest: wir wollten beide in den Raum 2002.

Ich war erleichtert, musste nicht allein in dieses Gebäude mit den vielen Räumen gehen. Und fühlte mich gut aufgehoben an ihrer Seite bei der Bewältigung der vielen kleinen organisatorischen Probleme. Wir zogen gemeinsam in die erste Unterkunft, eine Baracke für Studenten in Berlin-Biesdorf.

Der Komfort war gering. Das störte mich nicht, kannte ich doch das Internatsleben aus meiner Zeit an der Erweiterten Oberschule von der 8. bis zur 12. Klasse in Richtenberg.

STUDENTENJAHRE

Jetzt wollten wir studieren.

Das Studienjahr zählte über 200 Studenten. Ein Ergebnis der III. Hochschulreform. In den Jahrgängen davor waren es nur um die 50 Studenten. Im letzten Jahrgang vor uns studierte zum Beispiel Gregor Gysi. Die Zeit des Studiums war von fünf auf vier Jahre reduziert worden. Das Ausbildungssystem wurde optimiert. Vorlesungen begannen morgens um 7 Uhr c. t. Eine Anwesenheitsliste wurde geführt. Es schlossen sich Seminare an und innerhalb der Seminargruppen bildeten sich drei bis vier Studiengruppen. Die Abläufe erinnerten mich sehr an meine Schulzeit.

Unser Seminarleiter war Dr. Fritz Tech und zur Studiengruppe um Rosi gehörten u. a. Georg Zucker, der damals schon Ende 30 war und von der Armee aus zum Studium gelangte, Hans-Jürgen Will und ich.

Es war spannend für mich, Rosi begegnet zu sein, einem Menschen, der alles, aber auch alles in Frage stellte. Durch Rosi lernte ich, dass jede Behauptung hinterfragt werden muss. Hans-Jürgen Will, ein junger Mann mit lockigem Haarschopf, Brillenträger, erwies sich in den Zusammenkünften des Seminars und der Studiengruppe als sehr wissend und argumentationsstark. Er wohnte auch in der Studentenbaracke. Im Dezember 1969 kamen sich Rosi und Hans-Jügen sehr nah. Sie waren sehr verliebt ineinander. Hans-Jürgen wich nicht mehr von Rosis Seite.

Ich fand das zuerst schade. Gerade hatte ich mich daran gewöhnt, mit Rosi Gedanken auszutauschen, gemeinsam nach Kino- und Theaterbesuchen zu diskutieren. Und was waren das für Theatererlebnisse.

Am Deutschen Theater spielten so große Schauspieler wie Inge Keller, Fred Düren, Rolf Ludwig, Eberhard Esche. Historisch die Aufführung »Der Drache« von Jewgeni Schwarz unter der Regie von Benno Besson, spannend die Aufführungen am Berliner Ensemble, furios die Konzerte in der Staatsoper und Opernaufführungen unter Walter von Felsenstein an der Komischen Oper. Karten waren ja auch für Studenten erschwinglich und das Niveau war an diesen Häusern in den siebziger Jahren des 20. Jahrhunderts anerkanntermaßen sehr hoch.

Einige Monate nach Studienbeginn zogen wir 1970 aus der Baracke in das Hans-Loch-Viertel. Ein neues Studentenheim war inmitten eines riesigen Neubauviertels eröffnet worden. Zusammen mit zehn weiteren Studentinnen bezogen wir eine Dreiraumwohnung mit einer Küche und einem Bad. Rosi und ich teilten das Zimmer mit zwei weiteren Studentinnen.

Die beiden Doppelstockbetten, Kleiderschränke, ein Tisch und vier Stühle wurden erst einmal so hin-und hergerückt, dass der Raum wohnlicher wurde. Die Doppelstockbetten standen sich links und rechts neben dem großen Fenster gegenüber. An die Fußenden rückten wir jeweils einen Kleiderschrank und links fanden der Tisch mit den vier Stühlen Platz. Von der Tür aus fiel zunächst der Blick auf die Schranktüren und die Essecke. Ich kaufte vier Decken und ordnete, in Erinnerung an meine Internatszeit, die Bettengestaltung so, dass das Federbett als Rolle an der Wand lag.

Die kleine Küche und das Bad teilten wir uns also. Ich sehe noch heute die Galerie der Waschtaschen auf dem Flur vor mir. So regelten wir die Reihenfolge der Möglichkeit, sich morgens für den Tag zurecht zu machen. Die Zeit wurde morgens eng. Schließlich wollten fast alle zur ersten Vorlesung um 7:00 Uhr pünktlich sein. Die S-Bahn vom Betriebsbahnhof Rummelsburg war nur über einen Fußmarsch von mehreren Minuten zu erreichen und die Fahrzeit des Zuges auch noch einzukalkulieren. Also standen wir sehr früh auf.

Wie war das noch mit der III. Hochschulreform: Der Student sollte sich dem Rhythmus des normalen Arbeitslebens anpassen, sich verantwortungsvoll der Weiterbildung widmen, um schnell für das Berufsleben gewappnet und verfügbar zu sein. Der Student wurde später gebraucht. Ein neues ökonomisches System sollte die sozialistische Gesellschaftsordnung wirtschaftlich stärken. Arbeitslosigkeit war für uns kein Thema. Jeder wußte, dass er eine Anstellung bekommen würde. Das war eingeplant. Im dritten Studienjahr wurden im Ministerium der Justiz Berufslenkungsgespräche geführt, bis hin zur Vermittlung eines Arbeitsvertrages.

Das Grundlagenstudium bestand aus dem Studium des Marxismus-Leninismus, der Politischen Ökonomie, Sprachen nach Wahl und Sport. Berufspraktika fanden im zweiten (Familienrecht) und dritten (Strafrecht) Studienjahr an Gerichten statt. Und im Studentensommer standen zunächst Arbeitseinsätze in Betrieben und auf Baustellen an, bevor Ferien gemacht werden konnten.

So weiß ich noch, dass unsere Seminargruppe den Lagerplatz eines großen Baubetriebes irgendwo in Berlin zu ordnen hatte. Wir stapelten Steine usw. usf., hatten aber auch Spaß, wenngleich sich der Sinn dieser Aktion nur so erschließen ließ, dass man dankbar dafür war, das nicht Zeit seines Lebens tun zu müssen. Also hieß es fleißig weiter zu studieren, damit sich andere Wege eröffnen konnten.

Die Geschichte von Rosi und Hans-Jürgen entwickelte sich weiter. Großes Ereignis: Sohn Thomas wurde im Dezember 1970 geboren, vorher aber noch eine sehr schöne Hochzeit in Rosis Elternhaus in Bernsdorf gefeiert. An einem wunderbaren Sommertag, mit einer Braut in einem langen weißen Kleid und Schleier.

Wir haben auf dem Hof an festlich gedeckten Tischen gespeist, u. a. Zunge, eine Delikatesse, wie ich heute weiß. Man konnte auf einem Ruderboot die Umgebung erkunden und feststellen, dass das Brautpaar die richtige Entscheidung getroffen hatte.

Rosi und Hans-Jürgen suchten und fanden für ihre kleine Familie, zu der nun auch Thomas, ein zart gebauter temperamentvoller kleiner Junge gehörte, ein neues Domizil. Es war ein kleines Gartenhaus, nahe der S-Bahnstation. Im Sommer war es schön, dort zu wohnen, im Winter wohl beschwerlicher.

Wir haben oft in dem neuen Zuhause zusammen gegessen, getrunken, über dies und das geredet, auch schon mal Pfeife paffend, was ich damals von Rosi lernte. Sie hatte eine kleine Pfeifen-Galerie. Das Familienbudget wurde durch Arbeitslohn aufgebessert. Zwei mal ging ich mit, in Nachtschichten bei der Deutschen Post Päckchen und Pakete in der Vorweihnachtszeit zu sortieren oder in einer Glasbrennerei Container mit Flaschen zu transportieren. Eine körperlich anstrengende und ermüdende Tätigkeit.

Rosi hatte sich inzwischen kraft ihrer Persönlichkeit eine Spitzenposition in der Seminargruppe erarbeitet. Geprägt auch durch ihre Zeit als Leistungssportlerin im Turnen, durch die sie gelernt hat, konzentriert und diszipliniert zu sein, und kraft ihrer Intelligenz und ihres Fleißes.

Hans-Jürgen, ein fürsorglicher Lebenspartner, stand ihr zur Seite und leistungsmäßig nicht nach. Mit Dr. Fritz Tech verband beide eine sehr persönliche und inspirierende Beziehung. Er war sicher wegweisend für die weitere fachliche Orientierung und Entwicklung beider.

Rosi und Hans-Jürgen entschieden sich für ein Forschungsstudium im Anschluss an die reguläre Studienzeit von vier Jahren.

Mein Weg führte mich in die Praxis. Ich wurde Notarassistentin im Staatlichen Notariat in Grevesmühlen. Beruflich und privat in dieser Kleinstadt angekommen, riss der Kontakt zu Wills in Berlin nicht ab. Inzwischen bewohnten sie eine Altbauwohnung in der Reinhardtstraße, die sie mit vielen Ideen, eigenen Arbeitsleistungen und ihrem Geld sehr wohnlich gestalteten. Es dominierten Bücherwände, eine große Küche, ein Wohn-und Esszimmer mit viel Platz, Gäste zu bewirten.

Rosi und Hans-Jürgen lebten nicht isoliert. Sie pflegten einen ausgesuchten, großen Bekanntenkreis. In meiner Grevesmühlener Zeit, so Ende der siebziger Jahre, fragte Rosi mal an, ob ich in der näheren Umgebung Urlaubsmöglichkeiten ausfindig machen könnte für die kleine Familie und Freunde. Feriendomizile an der Ostsee waren in dem begrenzten Land etwas schwierig zu bekommen. Ich schaffte es, eine Hütte im Wald ausfindig zu machen. Rosi und Hans-Jürgen mit Thomas und dazu einige Freunde mit Kindern fanden sich ein. Sie entrümpelten zunächst das vermüllte Quartier und richteten sich ein.

Einige Tage später bekam ich einen Anruf vom Abteilungsleiter Inneres beim Rat des Kreises Grevesmühlen. Ich wurde gefragt, wer denn da im Wald so viel Unruhe verbreiten würde.

Dazu muss man wissen, dass das Urlaubsquartier im grenznahen Bereich lag. Es wurde also aufmerksam beobachtet, wer da was veranstaltete. Rosi versicherte mir, dass sich alle ganz normal verhalten würden. Na ja, natürlich wurde viel gekocht und auch gefeiert, geredet und gelacht.

Einige Jahre später vergrößerte sich die Familie um das Mädchen Franziska. Es kam auch ein neurotischer kleiner Hund dazu, eine undefinierbare bräunliche Promenadenmischung. Franziska mischte das Familienleben noch einmal richtig auf. Die Kleine fand das Schlafengehen gar nicht gut. Oft funktionierte das im Kleinkindalter nur, wenn der Papa sich zunächst mit ihr hinlegte. Eines Morgens, ich war zu Besuch, hatte ich die Aufgabe übernommen, Franziska in den Kindergarten zu bringen. Das Mädchen war fest davon überzeugt, im Hochsommer eine Strumpfhose und einen warmen Strickrock anziehen zu müssen. Ich musste ihr die Kleiderwahl überlassen, sonst wären wir nie in die Kindereinrichtung gekommen. Der Hund hat keine Regeln eingehalten. Ich kannte von meinem Schäferhund in Grevesmühlen, dass man bei Fuß geht und auf Kommandos wie »Sitz« oder »Platz« hört.

Mit dem Hund der Familie Will war es ganz anders. Er tat, was er wollte. Ich glaube, dass Rosi das damals auch wollte: Ein Wesen, das seine Selbständigkeit ohne Regeln behauptete.

Rosi war ständig unter Anspannung. Sie verausgabte sich nicht selten.

Die Hände in die Taschen vergraben, ging sie mit ihrem wiegenden Schritt hin und her, wenn Gedanken sie nicht zur Ruhe kommen ließen. Manchmal wurden diese Schritte schwer und es ging nichts mehr vor Erschöpfung. Es war noch nie Rosis Sache, ihre Kräfte einzuteilen.

Man musste auf sie aufpassen.

Rosi hat schon immer polarisiert. Bewunderer und Kritiker zog und zieht sie gleichermaßen an.

Frank Eveslage

Zwei Gesellschaftsordnungen und vier Karrieren

Während meiner fast dreizehn Jahre dauernden Tätigkeit als Vizepräsident für Haushalt, Personal und Technik der Humboldt-Universität zu Berlin hatte ich über 600 Berufungs- und Bleibeverhandlungen geführt, und mir kam sofort der Gedanke, mir die Berufungsakte von Frau Will anzusehen, um mir die nötigen Daten ihrer Entwicklung an unserer Universität zu beschaffen. Ich muss dazu sagen, dass ich Frau Will nach meiner Rückkehr an die Humboldt-Universität im Herbst 1991 kennen lernte und demzufolge über sie und die langen Jahre davor nichts wusste.

Meinem Wunsch nach Akteneinsicht konnte nicht entsprochen werden, da die Akte, entgegen aller Gepflogenheiten im eigentlich sehr ordentlichen Verwaltungshandeln der Universität, nicht auffindbar war. Ziemlich verärgert über diesen Umstand bat ich dann das »Beamtenreferat« der Personalabteilung um einen tabellarischen Lebenslauf von Frau Will und bekam folgende Daten zur Verfügung gestellt:

Rosemarie Will
Juristische Fakultät
Geboren am 25. 8. 1949 in Bernsdorf
Abgeschlossene Berufsausbildung als Betriebsschlosser
Diplom-Jurist   1973
Dr. jur.   1977
Dr. sc. jur.   1983
Wissenschaftliche Assistentin an der Sektion Rechtswissenschaft der Humboldt-Universität zu Berlin von 1974 bis 1978
Wissenschaftliche Oberassistentin ab 1978

Delegation an die Akademie der Wissenschaften von
   1980 bis 1982
Hochschuldozentin an der Humboldt-Universität zu
   Berlin seit 1984
Ordentliche Professorin an der Humboldt-Universität
   zu Berlin ab dem 1.9.1989

An dieser Stelle unterbreche ich die Aufzählung der Daten, um hervorzuheben, dass es sich bei dieser Entwicklung von Frau Will um eine wahrliche Bilderbuchkarriere einer Frau im Wissenschaftssystem der ehemaligen DDR handelte.

Das ist die erste Karriere von den vier Karrieren, um die es in diesem Beitrag gehen soll.

Wie ich bereits erwähnte, kannte ich Frau Will während der DDR-Zeit nicht persönlich, die Parallelen zu meiner Entwicklung drängten sich mir jedoch deutlich auf:

Frank Eveslage
Geboren am 21.2.1950 in Berlin
Abgeschlossene Berufsausbildung als Maschinenbauer
Diplom-Wirtschaftler   1974
Dr. oec.   1977
Wissenschaftlicher Assistent an der Sektion Wirtschaftswissenschaften der Humboldt-Universität
   zu Berlin von 1974 bis 1977
Stadtbezirksrat für Finanzen und Preise in Berlin-Marzahn von 1978 bis 1983
Leiter der Abteilung Finanzen des Ministeriums für Hoch-und Fachschulwesen der ehemaligen DDR
   von 1984 bis 1989
Stellvertreter des Ministers für Bildung und
   Wissenschaft der ehemaligen DDR bis zur
   Auflösung des Ministeriums im Zusammenhang
   mit der Wiedervereinigung beider deutscher
   Staaten zur heutigen Bundesrepublik
Danach dann drei Monate arbeitslos.

ZWEI GESELLSCHAFTSORDNUNGEN UND VIER KARRIEREN

Auch hier unterbreche ich die Aufzählung der Daten der zweiten Karriere, um mich den Gemeinsamkeiten der Entwicklungen von Frau Will und mir zu widmen.

Frau Will und ich sind fast gleichaltrig und um die Gründung der damaligen DDR am 7. Oktober 1949 herum geboren. Wir haben beide die Grundschule und die erweiterte Oberschule im sozialistischen Schulbildungssystem besucht und auch eine Facharbeiterausbildung abgeschlossen. Dem in der Geschichte der DDR nicht so bewanderten Leser sei an dieser Stelle mitgeteilt, dass es in unseren Jahrgängen das Abitur mit gleichzeitiger Facharbeiterausbildung gab. Man besuchte dementsprechend in den letzten vier Schuljahren vor der Ablegung des Abiturs zwei Tage in der Woche eine Berufsschule, erlernte einen Beruf, dessen Abschlussprüfung kurz vor der Abiturprüfung erfolgte. Somit verließ man die Schule mit dem Abitur und einem Facharbeiterbrief. Ziel dieser Unternehmung war, damit eine Zugehörigkeit zur angeblich herrschenden Arbeiterklasse zu dokumentieren, was für spätere Entwicklungswege durchaus nicht von Nachteil war.

Wenn man die Entwicklung von Frau Will und mir so an sich vorüberziehen lässt, entsteht zwangsläufig der Eindruck, dass es sich bei uns beiden um überzeugte DDR-Bürger handelte, die sich in diesem System gut eingerichtet hatten und dementsprechend auch an der Existenz dieser selbsternannten »Diktatur des Proletariats« einen ziemlichen Anteil hatten.

Zum Teil stimmt dieser Eindruck, und jetzt kann ich nur über mich reden, da ich die Empfindungen von Frau Will zu dieser Problematik nicht einschätzen kann, da ich sie ja, wie bereits mehrfach erwähnt, erst im Jahr 1991 persönlich kennen lernte.

Wenn ich heute meine bewusstseinsmäßige Entwicklung in der damaligen DDR resümiere, dann gab es einige einschneidende Erlebnisse, die mir vor Augen führten, dass die Staatspropaganda, der wir ja täglich ausgesetzt waren, und die reale Entwicklung zum Teil sehr heftig voneinander abwichen.

Von diesen vielen Ereignissen wähle ich aus Platzgründen im Folgenden drei der gravierendsten aus.

Das erste Ereignis war der 13. August 1961, an dem die Mauer errichtet wurde. Ich war mal gerade elf Jahre alt, als in der Nacht von 12. zum 13. August 1961, so gegen drei Uhr früh, Panzer durch die Damerowstraße in Pankow, in der ich mit meinen Eltern und zwei Geschwistern wohnte, fuhren. Diese Panzer machten solch einen Höllenlärm, dass wir förmlich aus den Betten geworfen wurden. Mein Vater glaubte, dass das der Beginn des dritten Weltkrieges war, denn die Spannungen des kalten Krieges waren ja täglich, sowohl aus den Medien der DDR als auch aus den westlichen Medien, die wir in Ost-Berlin ja empfangen konnten, zu entnehmen. Das war glücklicherweise ein Irrtum meines Vaters und es stellte sich ganz kurz danach heraus, dass man doch die Absicht hatte, eine Mauer zu bauen, um den Massenexodus der Bevölkerung der DDR gen West-Berlin und der Bundesrepublik zu unterbinden.

Ich verstand das damals alles nicht so recht, musste aber feststellen, dass ich auf einmal meinen Großvater, der in West-Berlin wohnte, nicht mehr besuchen konnte und umgekehrt.

Der Bau der Mauer quer durch Berlin und die damit vollzogene Teilung Deutschlands für die kommenden 28 Jahre ließen schon in meinem damaligen zarten Alter den Verdacht aufkommen, dass Worte und Taten der führenden Politiker in der DDR nicht ganz übereinstimmen konnten.

Das zweite ausgewählte Ereignis waren die 18 Monate meines »Ehrendienstes« in einem motorisierten Schützenregiment der Nationalen Volksarmee in Oranienburg bei Berlin. Was ich in dieser Zeit erleben musste, kann ich an dieser Stelle nicht ausführen, da es den Rahmen dieses Beitrages sprengen würde. Unter dem Strich blieb jedoch bis heute bei mir hängen, dass es deutliche Parallelen zum Dienst in der deutschen Wehrmacht in den Jahren von

1933 bis 1945 gab, was zu den sozialistischen Idealen, die uns jeden Tag eingetrichtert wurden, so gar nicht passte.

Das dritte Ereignis, das mir endgültig den Glauben an diese DDR nahm, war meine Mitwirkung bei der Fälschung einer Kommunalwahl im Jahre 1978. Nach meiner Promotion zum Dr. oec. 1977 ging ich am 1. Januar 1978 in den in Gründung befindlichen neunten Stadtbezirk Ost-Berlins, Berlin-Marzahn. Die Umstände, die mich dorthin führten, kann ich im Rahmen dieses Beitrages nicht schildern; das würde zu lange dauern. Ich war jedenfalls auserkoren, dort als Stadtbezirksrat für Finanzen und Preise zu arbeiten. Heute wäre die Bezeichnung Stadtrat für Finanzen. Parallel zur Gründung dieses neuen Stadtbezirks standen gleichzeitig Kommunalwahlen in der gesamten DDR an und es war üblich, dass der »Finanzrat« die sogenannte Rechengruppe, also eine Arbeitsgruppe zur Ermittlung der Wahlbeteiligung und des Wahlergebnisses, leitete. Dies tat ich in der Annahme, eine ehrenvolle Aufgabe zugeteilt bekommen zu haben. Als ich ca. eine Stunde nach Schließung der Wahllokale das Wahlergebnis fertig hatte und damit zu meinem dienstvorgesetzten Bürgermeister ging, damit er es weitermelden konnte, sagte dieser zu mir »Junge, du hast wohl noch keine Wahl in der DDR gemacht«, legte mein echt ermitteltes Ergebnis zur Seite und öffnete eine versiegelte Tasche, die auf seinem Schreibtisch lag. Dieser Tasche entnahm er ein Schriftstück, das zu meinem Entsetzen ein komplett anderes Wahlergebnis enthielt. Dann griff er zum Telefon, rief den Oberbürgermeister von Ost-Berlin an und las ihm genau das vor, was auf dem Dokument aus dieser Tasche stand. Ich stand daneben und es zog mir fast den Boden unter den Füßen weg. Ich war damit Zeuge, wenn nicht sogar Mittäter, einer Wahlfälschung geworden und mein Bürgermeister, der mir mein Unwohlsein wohl ansah, sagte dann nur noch zu mir, dass ich darüber natürlich mit Niemandem reden dürfe, was ich im Sinne der Selbsterhaltung dann auch nicht tat. Hätte ich darüber geredet, wäre ich mit Sicherheit in einer Psychiatrie gelandet und nie wieder aufgetaucht.

Um auf Frau Will zurück zu kommen. Ich gehe davon aus, dass sie ähnliche Ereignisse erlebt hat und entschuldige mich prophylaktisch bei ihr, wenn ich mich irren sollte. Bei ihrer Intelligenz und ihrem wissenschaftlich fundierten analytischen Denkvermögen kann es ihr kaum anders ergangen sein als mir.

Es kam der 9. November 1989 und die Mauer fiel zwar folgerichtig, aber allseits unerwartet. Für mich war es das größte Erlebnis meines Lebens.

Die »Ostkarrieren« von Frau Will und mir endeten abrupt. Sie konnte an der Humboldt-Universität weiterarbeiten und ich wurde drei Monate lang arbeitslos. Eine einmalige Erfahrung, glücklicherweise.

Es folgten dann die beiden »Westkarrieren«, die beide an der Humboldt-Universität zu Berlin stattfanden und bei weitem nicht den Normalfall darstellten. Viele ähnlich gelagerte Karrieren endeten in der dauerhaften Arbeitslosigkeit oder gar dem Ableben.

Frau Will wurde am 20. April 2000 zur Universitätsprofessorin (C3) ernannt. Sie wurde im Jahr 1992 Dekanin des Fachbereiches Rechtswissenschaft und sie hat in dieser Zeit und Funktion einen wesentlichen Beitrag zur Erneuerung und Stabilisierung des Fachbereiches geleistet. Sie trat mir und der gesamten Universitätsleitung immer sehr konsequent im Sinne des Fachbereiches gegenüber und überzeugte in der Regel mit ihren Argumenten. Wenn die heutige Fakultät für Rechtswissenschaft zu den besten ihrer Art in der Bundesrepublik zählt, dann ist das zum großen Teil Frau Will zu verdanken.

Von 1993 bis 1995 wurde sie unter Fortfall der Bezüge zur Wahrnehmung einer Tätigkeit als wissenschaftliche Mitarbeiterin am Bundesverfassungsgericht beurlaubt.

Ihre Abschiedsvorlesung hielt sie am 10. Juli 2014. Der Vorlesungssaal war brechend voll, was auch von der hohen Anerkennung ihrer Leistungen als Universitätsprofessorin zeugte.

Ich durfte ab November 1991 wieder an der Humboldt-Universität arbeiten. Zunächst war ich Referatsleiter in der Haushaltsabteilung, dann Leiter der Haushaltsabteilung. 1999 wurde ich dann amtierender Kanzler und im Jahre 2000 Vizepräsident für Haushalt, Personal und Technik. Dieses Amt übte ich bis Ende des Jahres 2012 aus und befinde mich seit dem 1. März 2014 im Ruhestand.

Ich wünsche Frau Will von Herzen alles Gute für ihren Ruhestand, der, soweit ich sie jetzt kenne, sicherlich von weiterer schöpferischer Unruhe gekennzeichnet sein wird.

Jörg Arnold

Wohin sind wir unterwegs?*

Nachdenken über Christa Wolfs »Stadt der Engel«

>»Wohin sind wir unterwegs?« fragt in der Schlussszene die Romanheldin in Christa Wolfs »Stadt der Engel« (SdE) den Engel Angelina, der mit ihr über Los Angeles fliegt. »Das weiß ich nicht«, antwortet Angelina. (SdE S. 415) Danach endet der Roman.[1]

Für Christa W., so soll die im Roman namenlos bleibende Hauptakteurin hier heißen, stellt sich die Frage, wohin wir unterwegs sind, aufgrund ihres Lebens als Schriftstellerin und zugleich politischer Mensch sowohl in der DDR als auch nach deren Untergang. Die Frage entstand am Ende eines längeren Aufenthaltes von Christa W. in den Jahren 1992/93 in Los Angeles. Dieser Aufenthalt war bestimmt von einer Auseinandersetzung, die Christa W. mit ihrer Vergangenheit in der DDR führte, nachdem in deutschen Medien ein sogenannter Literaturstreit ausgebrochen war, dessen Initiatoren sich vor allem gegen Christa W. richteten.

Den Aufenthalt von Christa W. in Los Angeles prägten dort jedoch auch die Eindrücke vom Leben in dieser anderen Welt, den Begegnungen mit deren Menschen, Völkern und ihren so unterschiedlichen Lebensverhältnissen, dem intensiven Austausch mit den Künstlern aus anderen Nationen, die im »CENTER« zu einem Forschungsaufenthalt als Stipendiaten weilten und hier zusammenfanden, dem Nachspüren der Wege bedeutender Künstler, die während des Faschismus in Los Angeles im Exil waren.

»Nachdenken über Christa Wolfs ›Stadt der Engel‹« – dieser Untertitel meines Beitrages beinhaltet zugleich mehr als eine Reminiszenz an Christa Wolfs früheren Roman »Nachdenken über Christa T.« (NüChrT).² Viele Themen Christa Wolfs in diesem Roman sind zugleich Themen in »Stadt der Engel«, zeichnen eine Lebenslinie zu Christa W., obwohl Christa T. durch Leukämie verstorben ist. Aber Christa T. lebte in Christa W. weiter. »Fast wäre sie wirklich gestorben. Aber sie soll bleiben. Dies ist der Augenblick, sie weiterzudenken, sie leben und altern zu lassen, wie es jedermann zukommt.« (NüChrT S. 8) Dies sagt die Erzählerin des Lebens von Christa T., ihre im Roman namenlos bleibende Freundin, die auch anhand von Tagebuchaufzeichnungen und Skizzen von Christa T. nach ihrem Tod über sie nachdenkt, sowohl zeitlich als Nach-Denken wie auch als Nach-Fragen, bei denen sie Christa T. erst wirklich richtig kennen lernt. Ein Kennenlernen danach, für das es spät, aber nicht zu spät zu sein scheint.

Christa T. hat trotz schwerer Erkrankung und des unabwendbaren Todes Hoffnung auf eine bessere, gerechtere und humanere Welt, wollte diese in den frühen Jahren der DDR in diesem Land als Studentin, Lehrerin, Mutter und Ehefrau aktiv mitgestalten, auch dann noch, als sich schon bald abzeichnete, dass die realen gesellschaftlichen Strukturen für die Verwirklichung von persönlicher Individualität, für die Erfüllung persönlicher Glücksansprüche, für den »Versuch, man selbst zu sein«, kaum Raum gelassen haben. (NüChrT S. 7)

Christa W. kennt am Ende des Aufenthaltes in Los Angeles ihren weiteren Weg nicht. Es wird danach zu fragen sein, ob damit auch die Hoffnungen, die sie und Christa T. verbunden hatten, verloren gegangen sind. Zuvor soll das Nachdenken von Christa W. über Christa T. ebenso nachgezeichnet werden, wie ihr eigenes Nachdenken über sich, über Christa W., so wie es in der »Stadt der Engel« erfolgt. Nachdenken über Christa T. und Christa W. als Voraussetzung für die Fortführung eigenen Nach-Denkens und Nach-Fragens, für das *»Erkenne Dich selbst«*.

JÖRG ARNOLD

»Nachdenken über Christa T.«

»Wann, wenn nicht jetzt?« war eine Lebensmaxime von Christa T., ein Bekenntnis vor allem auch dafür, sich selbst zu erkennen, und dies mittels Schreiben, hoffend, die gesellschaftliche und politische Enge dabei zu überwinden, dabei zu sich selbst zu finden, schreibend »sich gegen die Übermacht der Dinge zu wehren«. (NüChrT S. 40) Schon als Kind hat sie ICH gedacht, ICH bin anders. Schlimme Bilder aus erlebter Kindheit und als Jugendliche in der Nazizeit, gepaart mit Irrtümern der »Treue zum Führer«, waren von beträchtlichem Einfluss (NüChrT S. 24 f.). In einem Neulehrerkurs in der jungen DDR den Weg zu uns selber zu finden.

Christa T. war anders als andere in ihrer Zeit. Fast wie Albert Camus es formuliert hatte, empfindet sie, das Leben erleben zu wollen als freies großes Leben.[3] Dazu gehörte, sich nicht zu früh anzupassen an jene Erwartungen, die ihre Umwelt und die Gesellschaft an sie stellten. Christa T. entschwand als Studentin ihren Kommilitonen, kam wieder und erhielt Hilfe, war auf der Suche und in ständiger Unruhe, mitunter distanziert, eine Schutzhaut umlegend, auch der Liebe gegenüber. Keine Anpassung, keine Fremdbestimmung zulassen, sich nicht ein- und unterordnen.

Die Erzählerin spricht im Roman auch davon, dass ihre Freundin zunächst nie gleichmäßig gearbeitet habe, dass sie das nicht konnte, es nicht fertiggebracht hat, die Grenzen anzuerkennen, die jedem nun einmal gesetzt sind, dass sie eigensinnig war. Christa T. konnte nicht so sein, wie ihre Mitmenschen sie gesehen haben, sie sehen wollten.[4] Aber das bedeutete in der weiteren Entwicklung auch Zerrissenheit zwischen Schauen, Träumen, Geschehenlassen einerseits und sich selbst Grenzen setzen durch Übernahme von Verantwortung andererseits. Eine Verantwortung für die Idee der Vollkommenheit durch das Paradies. Es war ein Glaube an Unmögliches, aber dass es sich um Unmögliches handelte, stellte sich erst später heraus. Der Glaube selbst war darauf gerichtet, dass das Paradies möglich wird.

Doch über die Fähigkeit, sich dabei an staats- und parteitragenden Ritualen zu berauschen, hat sie nicht verfügt. Wir erfahren, dass Christa T. gefühlt hat, »wie die Worte sich zu verwandeln beginnen, wenn nicht mehr guter Glaube und Ungeschick und Übereifer sie hervorschleudern, sondern Berechnung, Schläue, Anpassungstrieb« (NüChrT S. 63). Schräubchen im Getriebe zu sein, um den Apparat zu perfektionieren, diese den »neuen Menschen« zugedachte und von diesen auch oftmals angenommene Funktion – dem wollte sich Christa T. entziehen. Ihre Kindheitsbilder dem entgegensetzen, »Schmerz empfinden, Sehnsucht, etwas wie eine zweite Geburt. Und am Ende ›ich‹ sagen: Ich bin anders.« (NüChrT S. 65)

Und wie schön ist die Schilderung, dass Christa T. vor einem Blumenladen sich zu jenen Menschen gesellte, die schweigend warteten, »daß um Mitternacht eine seltene, hell angeleuchtete Orchidee für wenige Stunden ihre Blüte entfalten sollte. [...] Dann ging sie getröstet und zerrissen nach Hause.« (NüChrT S. 66) Trost und Zerrissenheit, beides zugleich entwächst der Kraft eines schönen Augenblicks, der festgehalten werden will, auch um dem Alltag in all seinen persönlichen und gesellschaftlichen Facetten zu entfliehen, und sei es auch nur im Unbewussten. In diesem Gefühl verschlief Christa T. eine Klausurarbeit, aber ihr war nicht bange, singend und ein Vollbad nehmend sann sie nach der richtigen Entschuldigung für den nächsten Tag, den Augenblick in die Worte der Poesie gekleidet:

»Ich stehe, möchte leise für mich singen.
Der Abendwind bringt süße Lindendüfte.
Es wäre schön, die Nacht hier zu verbringen. –
Ich steig hinab in dunkle Stubengrüfte.«
(NüChrT S. 67)

Christa T. hat sich treiben lassen, schreibt die Erzählerin. »Noch dreizehn Jahre. Vier Wohnorte. Zwei Berufe. Ein Mann, drei Kinder. Eine Reise. Krankheiten, Landschaften. Ein paar Menschen bleiben, ein paar kommen hinzu. Dafür reichte die Zeit. Was ihr fehlte, war Zeit.« (NüChrT S. 68) Doch wie war es mit der Liebe? Der Welt fehlt zu ihrer Vollkommenheit die vollkommene Liebe, so die Erzählerin. Christa T.'s Verhältnis zur Liebe war ein zwiespältiges. Es sei ein Missverständnis, dass wir zum Glück gemacht sein sollen. Das gelte auch für die Liebe: »Wenn ich dich liebe, was geht's dich an. Halt du nur still, sitz du nur neben mir, laß dich nur anschaun, dreh du nur den Kopf nicht weg. Wir wollen nebeneinanderher gehen.« (NüChrT S. 69) Ein »Spiel«, das auch vor einer Beziehung zu dritt nicht Halt macht, das die weitere Frau an der Seite ihres geliebten Kostjas toleriert, der Liebe wegen.

Ist es Kritik, wenn die Erzählerin schreibt, dass Christa T. »niemals hat auseinanderhalten können, was nicht zusammengehört: den Menschen und die Sache, für die er eintritt, die nächtlichen unbegrenzten Träume und die begrenzten Taten im Tageslicht, Gedanken und Gefühle«? (NüChrT S. 66) Ist es Kritik, wenn zu lesen ist, dass Christa T. als naiv bezeichnet wird? Wie ist zu verstehen, dass auch Christa T. den Vorwurf des Subjektivismus gegenüber einem angehenden Lehrer an ihrer zukünftigen Schule bejahte, der in seiner Liebe den persönlichen Motiven den Vorrang vor den gesellschaftlichen gab und damit gegen das Thema seiner eigenen Prüfungsunterrichtsstunde über Schillers »Kabale und Liebe« gehandelt hatte, was ihm zum Verhängnis wurde? Es sind wohl insbesondere die eigenen, inneren Widersprüche, die darüber Aufschluss zu geben vermögen.

Christa T.'s Freundin findet nach ihrem Tod einen bestürzenden Brief an ihre Schwester. Von der Lust zu sterben ist darin die Rede, davon, dass die Zeit schnell geht, aber an uns vorbei, von der Atemlosigkeit und der Unfähigkeit, tief einzuatmen, dass es vermessen sei, sich aus dem eigenen Sumpf zu ziehen, dass man bleibt, was man war: »lebensuntüchtig. Intelligent, nun ja. Zu empfindsam, unfruchtbar grübelnd, ein skrupolvoller Kleinbürger ...« (NüChrT S. 80). Christa T. erinnert ihre Schwester an die gemeinsame Losung »Wann, wenn nicht jetzt?«, die Losung, die den in bestimmten Situationen hängenden Kopf wieder aufrichten sollte.

Christa T. war nicht geschaffen sich aufzugeben, schreibt die Erzählerin, wenn sie auch die Fähigkeit hatte, geschlagen zu werden. »Sie hatte auch eine zähe Kraft, wieder hochzukommen. Boden gewinnen, zentimeterweis.« (NüChrT S. 83) Spürte aber auch, dass sie vielleicht lernen müsste, sich mehr anzupassen. Oder sind es nicht vielleicht die anderen, die sich ihr anzupassen hätten?

Heißt Anpassung schon, am geliebten Meer wohnen zu wollen und eine Familie zu gründen? Für den Astrologen, den sie ihr Sternbild lesen lässt, wird sie über ihre Altersgenossen dann hinausragen, wenn sie Zutrauen zu sich selbst fassen könnte, zielbewusst ist, sich aber hütet, die Kräfte zu überanstrengen, die Extreme meidet, »ein kleines bißchen Lebenskunst« lernt. (NüChrT S. 92) Und auch ein frühes Ende wird ihr vorausgesagt.

Doch Christa T. lernt vor allem zu sehen und erkennt, dass ihre Sehnsucht »mit den wirklichen Dingen auf einfache, aber unleugbare Art übereinstimmte«. (NüChrT S. 99) Schreibend und fragend, so ist ihre Examensarbeit über Theodor Storm, fragend dabei nach der Selbstverwirklichung durch Kunst und der Interpretation der Kunst.

Und immer wieder die Frage nach der Anpassung, unausgesprochen oder ausgesprochen, durch die Erzählerin selbst oder wiedergegeben als Selbstbefragung von Christa T. Eindrucksvoll an ihrem Verhalten als Lehrerin geschildert. Eine Lehrerin, die will, dass ihre Schülerinnen und Schüler das Gute, das Große des Menschen, so wie es in Büchern steht und wie es von ihr gelehrt wird, ernst nehmen und dabei aufrichtig sind. »Bin ich zu jung, meinen Beitrag für die Entwicklung der sozialistischen Gesellschaft zu leisten?« – so lautete das Thema eines Klassenaufsatzes bei einem Schulwettbewerb. Christa T. müsste viele dieser Aufsätze mit einer schlechten Note bewerten, denn Wort und Tat ihrer Schülerinnen und Schüler stimmten nicht überein, allerdings würde sie so zu keinem guten Abschneiden der Schule beitragen. Wir erfahren durch die

Erzählung ihrer Freundin von einem möglicherweise stattgefundenen Gespräch zwischen Christa T. und dem Schuldirektor, aber wir erfahren nicht, wie sich Christa T. danach beim Zensieren der Aufsätze verhalten hat. (NüChrT S. 113 ff.) Was wir erfahren, ist die »Krötengeschichte«, die Anpassung für Christa T. unmöglich machte. Die »Krötengeschichte« spielt auf einer Klassenfahrt, bei einem Kartoffelernteeinsatz. Die Geschichte ist schnell erzählt. Ein Schüler beißt im Ergebnis einer Wette vor den Augen der anderen einer Kröte den Kopf ab. Auch Christa T. ist dabei und kann dies nicht verhindern. Stattdessen tauchen in ihr schlimme, gewaltvolle Bilder der Kindheit wieder auf und reproduzieren ein Trauma, das sie von weiterer Anpassung abhält.[5]

Nein, nicht Christa T. hatte sich anzupassen, die anderen hätten sich ihr anzupassen gehabt. Offenbar denkt die Erzählerin darüber anders. Denn sie distanziert sich nicht von der geschilderten Beschwerde der Eltern des Schülers, dass Christa T. ihre Aufsichtspflicht verletzt habe. Auch die Wiedergabe eines Gesprächs des Schuldirektors mit Christa T. ist keine Parteinahme für ihre Freundin. Überhaupt fällt auf, dass die Erzählerin im gesamten Buch fast nüchtern über Christa T. nachdenkt. Oder handelt es sich dabei um ihren eigenen Schutz, den sie braucht, um über Christa T. in jener Tiefe nachzusinnen, die der Roman widerspiegelt? Ist ein nachholendes Nach-Denken vielleicht nur auf eine solche Weise möglich? Verbergen sich hinter dieser Nüchternheit vielleicht auch Traurigkeit und Schmerz über das versäumte Kennenlernen von Christa T. zu ihren Lebzeiten? Distanz, um erkennen zu können? Versteckte Identifizierungen?[6]

Das »Anpassungsthema« begleitete Christa T. auch noch Jahre später bei einer Begegnung mit einem früheren Schüler, der mittlerweile Medizin studierte. Dieser belehrte sie über den Widerspruch zwischen Ideal und Wirklichkeit. In Worten lebte Christa T. für ihn in einer »phantastischen Existenz«, er jedoch habe die Entdeckung gemacht, dass der Kern der Gesundheit die Anpassung sei. Überleben, sei ihm klar geworden, sei das Ziel der Menschheit immer gewesen und werde es bleiben. Das bedeute Anpassung um jeden Preis. (NüChrT S. 123 f.) Und der Schüler holte auch gleich noch weiter aus und meinte, dass die deutschen Erzieher schon immer an den Realitäten hätten rütteln wollen, immer vergebens. Anstatt dass sie mal darangegangen seien, die Realität zum Maßstab zu nehmen und ihren Erfolg daran zu messen, ob es ihnen gelungen ist, ihren Schülern seelische Robustheit mit auf den Weg zu geben. Was Dringenderes benötigten die nicht, das stehe fest. (NüChrT S. 124) Zu ihrem Mann Justus wird Christa T. nach der Begegnung mit ihrem ehemaligen Schüler sagen, dass sie mit »phantastischer Existenz des Menschen« unsere moralische Existenz meint. Ihr Schüler sei ein bisschen zu freudig erregt gewesen von seiner Entdeckung, dass er nicht verantwortlich ist für irgendetwas, was es auch sei. Moralische Existenz des Menschen ist bei Christa T. also zuallererst mit Verantwortung verbunden.

Doch was bedeutete für Christa T. Verantwortung? Sich verantwortlich fühlen, verantwortlich sein. Gibt es Verantwortung ohne Anpassung? Verantwortungslinien von Christa T. schimmern hervor: Für ihre eigenen Kinder, für die Familie, für den Alltag, für die Liebe, für das von ihr gewünschte Haus, für die »Utopie«, die in Ungarn 1956 gescheitert ist, wodurch die Welt als verdunkelt wahrgenommen wurde, für

»die Hinwendung zu den Dingen, wie sie wirklich sind, zu den Ereignissen, wie sie wirklich passieren, wenn man ihrer lange entwöhnt war und ihren Abglanz in Wünschen, Glaubenssätzen und Urteilen für sie selbst genommen hat. Christa T. verstand, daß sie, daß wir alle unseren Anteil an unseren Irrtümern annehmen mußten, weil wir sonst auch an unseren Wahrheiten keinen Anteil hätten. Übrigens hatte sie nie aufgehört, den Leuten in die Gesichter und in die Augen zu sehen, so wurde sie jetzt nicht von manchen Blicken überrumpelt. Die Tränen in den Augen, die

sonst nie geweint hatten, erschütterten sie mehr.«
(NüChrT S. 148)

Die unheilbare Krankheit frisst sich in ihr langsam fest und breitet sich aus. Gegen unendliche Müdigkeit kämpft Christa T. an, ohne die Ursache wirklich zu kennen. Doch da ist mehr denn je auch die Suche nach bisher nicht Erlebtem, die Suche danach, etwas Neues über sich zu erfahren, erleben wollen, auch in der Liebe zu einem anderen Mann,

> »dass noch Sinn in ihren Sinnen war, daß sie nicht umsonst immer noch sah und hörte und schmeckte und roch. [...] Wenn sie am Leben geblieben wäre, hätte dies nicht der letzte Beweis dessen bleiben können, daß sie sich mit den Gegebenheiten nicht abfand.« (NüChrT S. 175)

Diese Gegebenheiten sind aber nicht allein das langsam stärker werdende Empfinden zunehmender Erkrankung, sondern ihr »Selbst« mit seinen Lebensumständen und -gewohnheiten, mit seinen Gefühlen, sowohl »unzureichend« wie auch »zureichend«, manchmal sogar überlegen zu sein. (NüChrT S. 153) Am Ende der Erzählung aber ist die Erkrankung immer zentraler, auch das Verhältnis der Erzählerin zu ihrer Freundin, auch die verpassten Möglichkeiten, dieses Verhältnis enger werden zu lassen, die Einsicht, dass Christa T. durch Schreiben versucht hat, die Schwierigkeit, ich zu sagen, zu überwinden, zugleich die Erkenntnis, dass der Wunsch unpassend ist, Christa T. irgendwo für immer ankommen zu sehen. Nach dem Satz von der Schwierigkeit, ich zu sagen, las die Erzählerin in den Aufzeichnungen von Christa T., das Wort »Tatsachen!«. »An Tatsachen halten. Und darunter in einer Klammer: Aber was sind Tatsachen? Die Spuren, die die Ereignisse in unserem Innern hinterlassen.« (NüChrT S. 191) Das wurde Christa T. als Einseitigkeit ausgelegt:

»Wie könnte denn alles, was passiert, für jeden Menschen zur Tatsache werden? Sie hat sich die Tatsachen herausgesucht, die zu ihr paßten ...« (NüChrT S. 192)

Aber für Christa T. waren damit die Begriffe von Aufrichtigkeit, Gewissen und Phantasie verbunden. »Ihren Schülern wollte sie beibringen, sich selbst wertvoll zu werden« und geriet aus der Fassung, als sie von einem Adressaten ihres Ziels nach dem »Warum?« gefragt wurde. (NüChrT S. 193)
In sehr aufwühlenden und tiefgehenden Worten schildert die Erzählerin schließlich von der »letzten Aufrichtigkeit« Christa T.'s, auf einmal zu wissen, was das »Ich« ist. »Ich will leben und muß sterben. Ich. Das kann nicht nur, es *wird* verlorengehen. Nicht irgendwann, in Jahren, Jahrzehnten – also niemals –, sondern bald. Morgen schon. Jetzt.« (NüChrT S. 198) Christa T. empfindet, dass sie zu früh geboren ist, denn sie weiß, dass in nicht allzu ferner Zukunft die Medizin den zwangsläufig zum Tode führenden Verlauf von Leukämie stoppen wird.
Folgt man der Einschätzung von Mittenzwei, dass Christa T. bei dem Versuch gescheitert ist, sie selbst sein zu wollen,[7] dann ist ihre tödliche Erkrankung als Metapher für dieses Scheitern zu lesen, ein Scheitern an den realen gesellschaftlichen Verhältnissen, die in letzter Konsequenz die individuelle Selbstverwirklichung von Christa T. nicht zugelassen haben. Die Erzählerin knüpfte daran die Forderung, dass die Gesellschaft dieser Zeit ihre Zweifel gegenüber der Individualität verstummen lassen und Christa T. sichtbar werden lassen muss. »*Wann, wenn nicht jetzt?*« (NüChrT S. 205)[8]
Gedanklich ist Christa T. so, wie sie war, für ihre Freundin nicht gestorben und lebte weiter in Christa W., der Hauptfigur in »Stadt der Engel«. Und möglicherweise war Christa W. ja die Erzählerin des Lebens von Christa T., jene, die Christa T. nach-dachte und die sich ihr im eigenen Leben immer mehr annäherte, sich mit ihr mehr als noch in der Rolle der Erzählerin sukzessive identifiziert

hat. Das freilich kann hier offen bleiben, ist es doch ohnehin keine Frage von Tatsachen. Entscheidend sind die Ähnlichkeiten und Kontinuitäten zwischen Christa T. und Christa W., wie sie in dem Roman »Stadt der Engel« von Christa Wolf sichtbar werden, die für sich sprechen und deshalb im Folgenden nicht immer explizit benannt werden müssen.

»Nachdenken über Christa W.«

Vor dem Hintergrund des Untergangs der DDR, ihres Verhältnisses zu diesem Land und der dortigen Macht und Herrschaft will Christa W. in Los Angeles herausfinden, wer sie ist, warum sie sich in bestimmten Situationen so und nicht anders verhalten hat, warum sie vergessen hat, was nicht hätte vergessen werden sollen. Nach Selbsterkenntnis suchen, das ist ihr wichtiges Leitmotiv ebenso, wie es jenes bei Christa T. war. Selbsterkenntnis auch als Voraussetzung für das Recht, andere zu beurteilen. Es sind immer wieder die Begegnungen mit einer buddhistischen Nonne sowie psychologische Selbstbefragungen mittels des »Mantels von Dr. Freud«, die Christa W. den Weg der Selbsterkenntnis in Los Angeles intensivieren lassen. Am Ende ihres Aufenthaltes findet sie dabei Hilfe bei dem Engel Angelina.

Bei ihrem Nachdenken über sich und andere hat Christa W. kaum Gewissheiten, kaum fertige Urteile. Vielleicht war gerade das bei Christa T. noch anders, zu einer Zeit nämlich, als es fern der realen gesellschaftlichen Wirklichkeit noch Hoffnungen *und* Utopien gab, Hoffnungen und Utopien, die durch Glaube zur Gewissheit wurden, dass die DDR zum Besseren veränderbar ist. Die Christa T. in Christa W. hatte diesen Glauben nun nicht mehr, sondern hatte schon sehr bald lernen müssen, ohne Alternative zu leben. (SdE S. 78)

Christa W. erzählt von ihren Erfahrungen in der DDR, Erfahrungen des Aneckens, der Disziplinierung und Maßregelung schon als Studentin, dann als junge Schriftstellerin. Genauso wenig wie Christa T. wollte sie sich anpassen, sich nicht bedingungslos einem höheren Prinzip unterordnen, das durch die neuen Machthaber unter Berufung auf ihre leidvollen Erfahrungen in der Zeit des Faschismus nicht zuletzt auch unter Verbannung von Gefühlen durchgesetzt werden sollte. (SdE S. 42 f.) Bei Christa W. gelang ihnen das nicht, obwohl Christa W. heute sagt, dass sie herausgefunden habe, »daß meine Gefühlslage häufig nicht den historischen Ereignissen angemessen ist« (SdE S. 74), und danach von ihrem Gesprächspartner, der Peter Gutman genannt wird, den Satz hört: »nicht immer sind die Tatsachen gegenüber den Gefühlen im Recht.« (SdE S. 76)

Müssen wir hier nicht an Christa T. erinnern? Tatsachen sind die Spuren, die die Ereignisse in unserem Innern hinterlassen, so formuliert hatte es die Erzählerin in den Aufzeichnungen von Christa T. gefunden. (NüChrT S. 191) Das war Christa T. so ausgelegt worden, als habe sie sich die Tatsachen herausgesucht, die zu ihr passten, mit anderen Worten, als habe sie sich die Tatsachen so zurecht gelegt, wie sie diese gebraucht hat. Will Christa W. nun einlenken und sagen, dass ihre Gefühle den historischen Ereignissen hätten angemessener sein müssen? Doch was heißt für Christa W. »angemessen«? Dass sie beim Fall der Mauer nicht »Wahnsinn« geschrien hat und nicht in Freudentränen ausgebrochen ist, wie sie heute meint? Oder ist das die Ironie, der Sarkasmus, der aus Gründen des Selbstschutzes notwendig ist? Die Antwort darauf verhindert Peter Gutman durch die schon zitierte Feststellung, dass die Tatsachen gegenüber den Gefühlen nicht immer im Recht sind. Wahr und richtig können durchaus die Gefühle sein, während die Tatsachen falsch sind, – das könnte es doch auch heißen, und würden beide, Christa T. wie Christa W., dem zustimmen können? Und hat dies nicht auch etwas mit dem Gefühlsgedächtnis zu tun, von dem Christa W. schreibt, davon, dass das Gefühlsgedächtnis das dauerhafteste und zuverlässigste sei? (SdE S. 43) Doch die Gefühle bleiben zwiespältig, das war in der Vergangenheit so und ist in der Gegenwart nicht anders.

Zwiespältigkeit der Gefühle vor allem bei vorhandenen Selbstzweifeln, die Christa W. auch dann befielen, als amerikanische Bekannte ihr von deren eigenen Hoffnungen berichteten, dass auch die Widersprüche des kapitalistischen Systems aufbrechen würden, auch wenn dies noch lange dauern werde, man bis dahin noch damit klar kommen müsse, dass »der Alltag Amerikas als Norm für die ganze Welt gelte. Daß es als normal gelte, für Profit und Erfolg zu leben. Daß der Präsident nur von einem Drittel der Bürger gewählt werde und man sich für die vorbildlichste aller Demokratien halte. Das alles gelte nach dem Zusammenbruch des Kommunismus als gesichert in alle Ewigkeit.« (SdE S. 79) Doch viele Jahre später, beim Schreiben ihrer Erinnerungen, auch das Eingeständnis von Christa W., »daß unsere Phantasie damals nicht ausreichte, um uns vorzustellen, daß einmal über zweitausend Särge mit toten amerikanischen Soldaten aus dem Irak in die USA transportiert werden würden, ohne daß die Amerikaner dagegen aufbegehrten.« (SdE S. 79)

Am Anfang hat Christa W. ihr Land geliebt (SdE S. 73), hat es als Entgegnung auf die faschistischen Verbrechen gesehen, sich an die Versprechen für die neue Zeit geklammert, »das ganz Andere zu sein, der reine Gegensatz zu diesen Verbrechen, eine menschengemäße Gesellschaft, Kommunismus« (SdE S. 82). Hat daran *geglaubt,* aber nicht so überzeugt, wie der Dichter KuBa, der zusammengebrochen war, »als sein unverrückbarer Glaube ihm mit Hohn und Spott vergolten wurde.« (SdE S. 82 f.) Sie, Christa W., konnte in den Hohn weder damals noch heute einstimmen. Vielmehr lernte sie daraus, lernte auch aus dem Verschweigen der stalinistischen Verbrechen durch jene, die diese überlebten und meinten, dass sie eines größeren Ziels wegen vielleicht zum Opfer ausersehen gewesen seien und deshalb schweigen mussten. (SdE S. 86) Glauben und Hoffnung aufrechterhalten, selbst unter Bedingungen der Unterdrückung, die sich gegen einen selbst richten durch das System, das das Bessere, Menschlichere sein wollte? (SdE S. 188) Glauben an den Kommunismus, weil er nach Brecht vernünftig ist, jeder ihn versteht, man ihn begreifen kann, er gut für dich ist. So dachte zunächst auch Christa W. (S. 105 f.) Doch die persönlichen Erfahrungen mit der Realität machten es ihr zunehmend unmöglich, ihren Glauben zu behalten.

Szenenschilderungen von den Versuchen der Herrschenden, eine Buchveröffentlichung zu verhindern, von Repressalien und Observationen nach der protestierenden Unterschrift gegen die Ausbürgerung von Biermann, die Christa W. als Wendepunkt in ihrem Leben betrachtete, weil sie erkannte, dass sie nunmehr als Gegnerin galt »und dass es keine gemeinsame Sprache und keine gemeinsame Zukunft mehr gab.« (SdE S. 161) Christa W. hat – wie sie bekennt – lange gebraucht, um zu erkennen, dass eine Moral, die Menschen in Konflikte bringt wie in jene, von ihnen abzuverlangen, dass sie im Interesse der höheren und besseren Sache auch zu töten bereit sind, ihnen etwas von ihrem Menschsein nimmt: »Der neue Mensch als der reduzierte Mensch.« (SdE S. 150)

Christa W. war klar geworden, dass die DDR wie jeder Staat ein Herrschaftsinstrument ist, dessen Ideologie wie jede Ideologie falsches Bewusstsein ist. Darüber könne es keine Illusionen mehr geben. (SdE S. 121) Und doch ist Christa W. in diesem Land geblieben und wurde oft – verbunden mit Vorwürfen – nach dem Warum gefragt, von ihr Gleichgesinnten indes danach, warum sie »bei der Fahne« geblieben sei.[9] Sie verweigert sich auch dem von vielen gesetzten Gleichheitszeichen zwischen Faschismus und Kommunismus. (SdE S. 234) Zu dem seit dem Ende der DDR bis heute bestehenden medialen und politischen Trommelwirbel von der DDR als »Unrechtsstaat« hält sie Distanz (SdE S. 197), sich jedoch erinnernd an die im Zusammenhang mit der gesellschaftspolitischen Wende im Jahre 1989, dem Prozess der Überwindung der alten Machtverhältnisse, gesehene Chance auf eine Reformierung der DDR zu einem wahrhaftigen, menschlichen, zivilisatorischen, emanzipierten sozialistischen Staat, ein Staat »der Fahne der Humanität«. (SdE S. 269) Davon zeugte die Rede von Christa W. am 4.11.1989 auf dem Berliner Alexanderplatz ebenso wie der von ihr mitverfasste Aufruf »Für unser Land«, der schon veraltet gewesen sei, als er erschien, aber sie wisse seitdem, dass eine Volksbewegung ohne diese Hoffnungen, ohne Illusionen nicht auskomme. (SdE S. 266) Aber warum dann die späteren Gefühle bei Christa W., dass es »so wirklichkeitsfremd, so peinlich, so lächerlich war, […] worauf wir gehofft hatten«? (SdE S. 337)

Sozusagen vor dem Hintergrund »der Fahne der Humanität« sucht Christa W. fast quälend aber auch nach dem »Warum« dafür, dass sie vergessen hatte, dass sie sich vor langer Zeit und für kurze Dauer mit dem Ministerium für Staatssicherheit der DDR (MfS) eingelassen hatte, und die Erinnerung daran erst durch persönlich diffamierende und stigmatisierende Veröffentlichungen ihrer Kontakte in den Medien zurückkam, überlagert von der Tatsache, dass Christa W. als »feindlich-negativ« eingestuft worden und jahrelanger Observierung durch eben dieses Ministerium ausgesetzt war. Gemessen an der Aktenlage von über 42 Bänden, die darüber Auskunft gab, war die »Informelle Mitarbeit« von Christa W. sowohl im Umfang wie im Ausmaß verschwindend gering. Doch in der öffentlichen Diskussion spielte das zunächst so gut wie keine Rolle, stattdessen habe es für »große Teile der deutschen Presse keinen interessanteren Gegenstand« als ihr Verhalten gegeben. (SdE S. 195, 248)

Den Grund, dass sie sich in jungen Jahren Gesprächen mit dem MfS nicht verweigerte, sieht Christa W. darin, wie sie ihren Künstlerkollegen im CENTER in Los Angeles erklärt, dass sie damals der Meinung war, die Staatssicherheit würde für die Verwirklichung der Utopie einer menschenfreundlichen DDR vielleicht gebraucht. (SdE S. 257 f.)

Ihre Freunde gaben zu bedenken, dass möglicherweise noch andere Gründe eine Rolle spielten, beispielsweise gewollt zu haben, auch von Autoritäten geliebt zu werden, wodurch bei Christa W. Kindheitserinnerungen wach wurden an Ängste und Erwartungen, an den Hang und

Zwang, untadlig und vollkommen zu sein, in Übereinstimmung mit den Autoritäten, auch und gerade mit der Mutter. (SdE S. 263)

Die immerwährende Suche nach Selbsterkenntnis und das Verspüren von Leid angesichts realer Verhältnisse führte bei Christa W. immer auch zu körperlich empfundenem Schmerz und zu erheblichen Erkrankungen. Das war in der Vergangenheit so und betraf auch die Auseinandersetzungen, die sie mit sich selbst in Los Angeles führte. Sie schildert ihre körperlichen Reaktionen auf emotionale Ausnahmesituationen wie nach ihrer Rede auf dem Berliner Alexanderplatz am 4. November 1989 oder im Zusammenhang mit den erniedrigenden Auseinandersetzungen um eine ihrer Buchveröffentlichungen, aber ihr Körper war per se ein Seismograph für ihre Gefühlslage, für ihre geistige und seelische Verfasstheit, für ihre Empfindungen von Leid und Freude an den gesellschaftlichen und persönlichen Zuständen. Insbesondere durch Begegnungen mit alternativen Therapien und Gesprächen in Los Angeles wurde die ganzheitliche Bedeutung dieser Vorgänge für Christa W. wohl noch deutlicher als bisher, ohne dass aufgrund der aktuellen Ereignisse aber eine wirkliche Schmerzlinderung spürbar gewesen wäre.

Ohne Schmerz- und Schlafmittel war die Situation für Christa W. kaum zu ertragen, trotz der Einsichten, dass es ein weitverbreitetes Missverständnis unter den Menschen gebe, das darin liege, den Schmerz möglichst zu vermeiden, stattdessen bestehe eine freudvollere Annäherung an das Leben darin, sich klar zu machen, eine Menge Schmerz und Freude ertragen zu können, um herauszufinden, wer man ist und wie die Welt ist. (SdE S. 55) Oder trotz der Sätze einer Nonne aus einem Buch, das Christa W. von einer Freundin in Los Angeles bekommen hatte, die dazu aufforderten, trotz Leiden und Schmerzen, Grenzen, Begierden und Ängsten den eigenen Geist zu öffnen für die Schönheit des Lebens. (SdE S. 145)[10]

Dies lernte Christa W. schließlich mit Hilfe des »Mantels von Dr. Freud«, wusste und spürte aber zugleich nur zu gut, dass dieser Mantel nicht undurchlässig ist, dass die Vorgänge des Selbst zu diffizil, zu vielschichtig und komplex sind, als dass dieser Mantel eine zuverlässige Garantie zur Selbsterhaltung, zu Selbstschutz und Selbstbeherrschung in Situationen von Selbstzweifeln, Selbsttäuschungen, Selbstzerstörungen, drohender Selbstaufgabe, von Zwiespältigkeiten und Zerrissenheiten bieten könnte. Deshalb sucht und findet sie mit dem ihr eigenen starken Selbstbehauptungswillen Zuflucht, Trost und Stärke auch in dem wunderschönen Gedicht des Barockdichters Paul Fleming »An sich« mit der Eingangszeile »Sei dennoch unverzagt, gib dennoch unverloren«. (SdE S. 156, 249, 368)[11]

Mit dem »Mantel von Dr. Freud«, dem Gedicht von Paul Fleming, mit buddhistischen Weisheiten und der Feldenkrais-Therapie versuchen zu wollen, sich selbst zu erkennen, ersetzte Christa W. jedoch nicht, sich dabei zugleich auch immer wieder selbst zu prüfen, ihren inneren Gefühlen zu folgen und sich zu befragen, warum sie diesen Weg in Los Angeles überhaupt eingeschlagen hat und wie sie ihn in der ihr angemessenen Weise weitergehen soll. Wie soll die eigene Auseinandersetzung geführt, an welchen Fragen abgearbeitet werden? Etwa, ob es ein richtiges Leben im falschen gibt?

Christa W. will dabei bleiben, wirklichkeitstreu zu schreiben, denn den schreibenden Selbstversuch abzubrechen, sich bis auf den Grund selbst kennenlernen zu wollen, »hätte ähnliche Folgen wie der Abbruch einer lebenserhaltenden Therapie bei einer schweren Krankheit« (SdE S. 233); sie will sich davor hüten, in einen Rechtfertigungszwang zu geraten (S. 187), sie fühlt keine Schuld und auch kein schlechtes Gewissen – wie ihre Freunde dies aber bei ihr zu erkennen glauben und sie dafür kritisieren –, sondern sieht sich selbst in einem tiefen Prozess des Nachdenkens und Nachfragens, der nach außen für andere durchaus Anlass für Fehlinterpretationen geben könnte; sie will aber aufhören, unduldsam gegen sich selbst zu sein, will, dass die Zeit der Klagen und Anklagen überwunden wird, will versuchen, sich keine Angst anmerken zu lassen, und fragt, warum sie sich immer nach dem richten soll, was andere wollen; sie selbst jedenfalls wolle sich nicht richten, aber was war und was ist richtig? In einem kritischen weit ausgreifenden Rückblick sieht sie sich als ein Mensch, der sich in Besitz der Wahrheit wähnte. Immer wieder sind ihr die eigenen Träume Anlass zu Deutungen und Symbolisierungen, hilfreichen und weniger hilfreichen; ein Todestraum führt dazu, keine Angst mehr vor dem Tod zu empfinden. (SdE S. 237)

Wohin sind wir unterwegs? Ich weiß es nicht.
Auf der Flugreise mit dem Engel Angelina am Ende ihres Aufenthaltes in Los Angeles bewegen Christa W. noch einmal die Fragen nach ihrer Herkunft, mehr noch aber jene nach der Zukunft. Doch dahinter steht auch ein zwiespältiges Gefühl. Abschied nehmen von Los Angeles heißt auch, geistig endgültig Abschied nehmen von der DDR, mit allem, was sie für das Leben von Christa W. bedeutete, von den damit zusammenhängenden Auseinandersetzungen, hieß aber zugleich auch zu fragen, was noch kommen würde:

> »Ich lebte zwischen zwei Wirklichkeiten, von denen die eine versunken war und meines Eingriffs nicht mehr bedurfte, die andere, angeblich zukünftige, immer weiter von mir wegzurücken schien und mich nicht betraf.« (SdE S. 367)

Und weiter:

> »Das Gefühl, aus der Zeit zu fahren – wie man aus seiner Haut fahren kann –, wurde immer stärker.« (S. 385)

Christa W. wird von Angelina immer wieder besänftigt: Dass eine vorläufige Arbeit zu einem vorläufigen Schluss gekommen ist, sei immer so, dass das Gefühl von Vollendung ausbleibt, nicht wichtig. Heißt das, so fragt Christa W., dass die DDR zu unbedeutend war, um Anteilnahme zu verdienen? Stand über ihr von Anfang an nicht das Menetekel des Untergangs? »Wäre es möglich, daß ich um einen banalen Irrtum so sollte gelitten haben?« (SdE S. 413) Angelina erklärt, dass das keine Rolle spiele. »Gemessen würden nur Gefühle, keine Tatsachen.« (SdE S. 413) Christa W. fragte sich aber: »Gemessen von wem? Mit welchem Maß?« (SdE S. 413)

Doch lässt sich dem nicht auch hinzufügen, dass das, was bleibt, gerade das Unvollendete bzw. Unerfüllte ist? Ist nicht gerade darin auch Trost zu finden?

Und dann auf einmal die Ahnung von Christa W.,

> »worum es wirklich gehen müsste. Hätte gehen müssen. Die Erde ist in Gefahr, Angelina, und unsereins macht sich Sorgen, daß er an seiner Seele Schaden nimmt. Das seien die einzigen Sorgen, um die es sich lohne, fand Angelina, weil alles andere Unheil sich aus diesen ergebe.« (SdE S. 414)

Aber welches ist die Gefahr für die Erde? Würde man Christa W. Unrecht tun, ihr nicht entsprechen damit, in der Gefahr für die Erde eine Gesamtheit jener Mosaiksteine, jener Phänomene, die Christa W. während ihres Aufenthaltes in Los Angeles thematisiert hatte, zu erblicken? Eine Gefahr und Bedrohung mithin, die sich zusammensetzt aus Kriegen; aus der Verantwortungslosigkeit jener, die meinen, die Vorherrschaft in der Welt (Christa W. spricht von »Weltherrschaft«) zu besitzen, und damit automatisch bei jeder militärischen oder geheimdienstlichen Intervention Recht zu haben glauben; aus Wachstum und Verschwendung auf der einen Seite, bedrückender Armut auf der anderen; aus unersättlicher Geldgier der Manager und Wirtschaftsbosse?

Seitdem Christa W. dies fragte, sind mehr als 20 Jahre vergangen, und seitdem ließe sich eine Liste der Gefährdungssteine für die Gefahr der Erde und der Menschheit noch erweitern, treten weitere Gefährdungen deutlicher und schärfer denn je hervor: Aufrüstungen und reale Zunahme der Kriege verschiedenster Art, Umweltzerstörungen, der Ausbau eines globalen Überwachungssystems, Seuchen, der weitere Anstieg weltweiter Armut und Hunger. Sind dies nicht Tatsachen, über die die Gefühle nicht zu täuschen vermögen?[12]

Wohin sind wir unterwegs?
Wohin geht die Menschheit? – könnte diese Frage auch lauten, so wie sie Christa W. in einem Brief von L. an ihre Freundin Emma gelesen hatte. (SdE S. 244)

Und die Antwort von Angelina? Wie ist dieses *»Das weiß ich nicht«* zu verstehen? Ist es für Christa W. eine Antwort aus der erdachten, vielleicht wirklich selbst-erlösenden, aus der Zeit gefahrenen transzendierenden, metaphysischen oder gar mystischen Unwirklichkeit? Entspringt ihrem Wunsch nach Spiritualität? Erfüllt der Engel nicht vielleicht jenen Schutz, nach dem so lange gesucht wurde? Verkörpert Kraft und Stärke, Furchtlosigkeit, Sehnsucht nach Barmherzigkeit, Metapher für den »guten Geist«, für Erleuchtung,[13] ist zugleich Ausdruck für gewünschte Zweideutigkeit? Ist es mit dem Glaube leichter, die Zuversicht zu erlangen, Berge versetzen zu können, obwohl die Wirkungsmacht des Geistes so weit nicht reicht? Führt nicht die durch Glaube erlangte Zuversicht überhaupt erst dazu, handeln zu können, wie sich mit Peter Gutmans Antwort auf die Frage von Christa W. an ihn, ob er an Engel glaube, denken ließe? (SdE S. 357)

Möglicherweise würde Christa W. sich mit der Antwort von Angelina identifizieren. Denn ist es angesichts der real existierenden Gefährdungen und Bedrohungen nicht tatsächlich unklar, wohin die Menschheit geht, wohin sie unterwegs ist? Ist es nicht so, dass wir es gar nicht wissen können? Vielleicht nach Angelina auch besser nicht wissen sollten, sondern stattdessen mehr auf die eigene Seele aufpassen müssten?

Und kann das Nichtwissen, das Nichtwissen-Wollen, nicht auch zu Recht Trostlosigkeit, Ratlosigkeit, Resignation bedeuten, Hoffnungslosigkeit und Handlungsunfähigkeit, Erschöpfung, sinkende Widerstandskraft und schwindende Energie nach sich ziehen, worin durchaus auch Ruhe, Abstand und Distanz zu den Hoffnungen, Anstrengungen, Verletzungen und Enttäuschungen des Lebens zu finden sind?

Kein größeres Verständnis könnte es angesichts eines Lebens geben, in dem bereits das Kind danach fragte, wie es die Nachrichten von dem Leid, das anderen Menschen andauernd zugefügt wurde, und die Angst vor eigenen Verletzungen ein ganzes langes Leben lang aushalten sollte. Da wusste sie noch nicht, schreibt Christa W., und auch habe sie es nicht geglaubt,

> »daß Mitgefühl sich abschwächen kann, wenn es übermäßig beansprucht wird. Daß es nicht in der gleichen Menge nachwächst, wie es ausgegeben wird. Daß man, ohne es zu wissen und zu wollen, Schutztechniken entwickelt gegen selbstzerstörerisches Mitgefühl.« (SdE S. 69)

Christa W., könnten wir sie befragen, würde sich – so ist, wenn auch nicht mit Gewissheit, zu vermuten – dennoch erneut zur *Hoffnung* bekennen, so wie sie das immer getan hatte, selbst wenn die Hoffnung ganz verborgen war. Diese Hoffnung würde nicht in der Errichtung des Paradieses bestehen, wie dieses noch von Christa T. ersehnt worden war, nicht wissend, in welchen Irrweg ein derartiger Wunsch münden kann. »Die Suche nach dem Paradies hat überall zur Installation der Hölle geführt. Waltet da ein unumstößliches Gesetz?« (SdE, S. 118) Und träfe das nicht auch auf ein Paradies zu, für das jedenfalls bestimmte Engel stehen, jene wohl vor allem, die als Verkörperung göttlicher Weltregierung mit irdischen Mächten vermischt sind?[14]

Weiterhin zu hoffen, würde für Christa W. auch nicht bedeuten, noch einmal ganz von vorn zu beginnen, mit der Hoffnung auf einen dieses Mal gelingenden sozialistischen Versuch, weil er dieses Mal mit den tauglichen Mitteln durchgeführt werden würde, nein, Christa W. weist Angelina darauf hin, dass sie dafür zu alt sei. (SdE S. 414)

Sei dennoch unverzagt, gib dennoch unverloren.
So würden wir also dennoch wünschen, Christa W. möge noch die eine Hoffnung haben, dass genügend Menschen sich finden, denen es nicht aufs Siegen ankommt, sondern auf das Tun,[15] auf das alltägliche Handeln im Hier und Jetzt, im Augenblick, gegen die Mosaiksteine der Gefährdungen der Welt und deren Bedrohung ihren eigenen Beitrag zu leisten, so wie das Christa W. und Christa T. ihrerseits vor allem durch Schreiben immer getan hatten. Wäre auch solche Hoffnung »beinahe sträflich«? (SdE, S. 372)

Christa W. meint vielleicht sogar, durch Angelina zu spüren, dass solches Hoffen nicht verzweifelt erfolgen muss, und auch, dass man an dem Zustand der Welt nicht zwangsläufig verzweifeln muss, dass die vorhandenen Schönheiten wahrgenommen werden wollen bei dem Versuch ihrer Erhaltung. Und dass dies alles manchmal auch mit mehr Leichtigkeit (Gelassenheit?) geht. (SdE S. 414)

Schluss
Ähnlich wie Christa T. und Christa W. gehörte Rosemarie Will zu denjenigen, die der Individualität in der DDR schon weitaus früher als erst im Zusammenhang mit dem Umbruch des Jahres 1989 eine Bedeutung zumaßen, wie sie für einen emanzipatorischen, liberalen und toleranten Sozialismus als Alternative zum Staatssozialismus erforderlich gewesen wäre.[16] Bei Rosemarie Will fand das besonders bei der Rolle des Rechts ihren Ausdruck: die Rechte des Individuums als Begrenzung staatlicher Machtausübung, als wahrhaft sozialistische Rechtsstaatlichkeit.[17]

Mit diesem Vorverständnis war Rosemarie Will aktiv an der Konzeptionierung eines »Dritten Weges« zwischen Staatssozialismus und Kapitalismus beteiligt, so erlebte ich sie persönlich in der Übergangszeit des Umbruchs in den Jahren 1989/1990 auch als Dekanin an der Juristischen Fakultät der Humboldt-Universität zu Berlin. In ihrem Beitrag »Was bleibt?« zu Ehren ihres Doktorvaters Friedrich Tech nimmt Rosemarie Will explizit Bezug auf die gleichnamige Erzählung von Christa Wolf und setzt sich kritisch mit dem sogenannten deutschen Literaturstreit auseinander, unter anderem damit, dass am Beispiel von Christa Wolf versucht wird, »Lebenslügen zu enttarnen«. Rosemarie Will spricht sich dafür aus, die DDR-Biographien und den Streit um sie ernst zu nehmen, auch den öffentlichen Streit darüber auszuhalten, ihre eigene Biographie nimmt sie dabei nicht aus.[18]

Am Ende des Romans »Stadt der Engel« fliegt die Heldin mit dem Engel Angelina über Kalifornien, in einem Raum quasi zwischen Himmel und Erde. »Zwischen Himmel und Erde« überschrieb Rosemarie Will auch ihre Abschiedsvorlesung zu »Karl Marx über die Grundrechte in seiner Schrift ›Zur Judenfrage‹«. Fast heiter und entspannt Abschied nehmen von Marx, fordert sie uns auf, ihn zu Grabe zu tragen und dennoch an ihm kritisch-hinterfragend und notwendig festzuhalten, sich der eigenen Wurzeln, der eigenen Herkunft besinnend. Die Irrtümer ebenso benennend wie die Wandlungen und Kontinuitäten als wahrhafter und gerechter Abschied, aufhebend im Hegelschen Sinne.

Dabei aber darauf hoffen dürfen – wie Rosemarie Will wohl glaubt –, dass es einen demokratisch funktionierenden globalen Kapitalismus geben könnte? Mit solchem die These von Marx zu widerlegen sei, dass der Mensch ein Doppelleben führe, »ein himmlisches und ein irdisches Leben, das Leben im politischen Gemeinwesen, worin er sich als Gemeinwesen gilt, und das Leben in der bürgerlichen Gesellschaft, worin er als Privatmensch tätig ist, die andern Menschen als Mittel betrachtet, sich selbst zum Mittel herabwürdigt und zum Spielball fremder Mächte wird«?[19] – »Ich weiß es nicht« – dieser Satz ist auch hierzu aufzugreifen. Doch das Angebot zur Schließung des Kreises jener Irrtümer über das Verhältnis von Individuum und Gesellschaft soll damit nicht ausgeschlagen werden.

WOHIN SIND WIR UNTERWEGS?

* Für den nachfolgenden Beitrag, der Rosemarie Will auch wegen unserer gemeinsamen Verehrung von Christa Wolf zugedacht ist, habe ich die Romane »Nachdenken über Christa T.« und »Stadt der Engel« noch einmal neu gelesen.

1 Christa Wolf, *Stadt der Engel oder The Overcoat of Dr. Freud*, Suhrkamp Berlin 2010. In dem Gespräch mit ihrer Enkelin Jana Simon sagte Christa Wolf, dass bei ihrem Manuskript »Stadt der Engel« der letzte Satz überraschend gekommen ist, sie auch noch nicht wisse, ob er bleibt. Wir erfahren nicht, ob sie jenen Satz gemeint hat, der im gedruckten Roman als letzter steht, und ahnen doch, dass es dieser ist. (Jana Simon, *Sei dennoch unverzagt. Gespräche mit meinen Großeltern Christa und Gerhard Wolf*, 4. Aufl. 2013, S. 144)

2 Christa Wolf, *Nachdenken über Christa T.*, Aufbau Verlag Berlin und Weimar, 1. Aufl. 1975. Aufschlussreiche Informationen zur Veröffentlichungsgeschichte dieses Romans bei Werner Mittenzwei, *Die Intellektuellen. Literatur und Politik in Ostdeutschland von 1945 bis 2000*, Leipzig 2001, Rdnr. 263.

3 »O herrliches Lebensgefühl, daß du mich nie verläßt! Nichts weiter als ein Mensch sein ...« (NüChrT S. 41).

4 »Ich aber begreife endlich die Rolle, die Christa T. in ihrem Leben gespielt hat: Sie hat es in Frage gestellt.« (NüChrT S. 55)

5 »Da knallt der schwarze Kater noch einmal an die Stallwand. Da zerschnellen noch einmal die Elsterneier am Stein. Da wird noch einmal der Schnee von einem steifen kleinen Gesicht gewischt. Noch einmal schnappen die Zähne zu. Das hört nicht auf. Christa T. fühlt eine Kälte den Rücken hochsteigen, bis in den Kopf. Sie wendet sich ab, geht weg. Nicht Ekel kommt – Trauer. Später laufen ihr auch die Tränen übers Gesicht, sie hockt sich auf den Ackerweg und weint. […] Am nächsten Tagen, als sich ihr befremdendes Verhalten herumgesprochen hat, spricht der Biologielehrer sie auf dem Gang an: Ich wundere mich über Sie, Kollegin. Ich denke, Sie sind vom Lande. Und da weinen Sie um eine Kröte?« (NüChrT S. 121)

6 Dann aber fast mit einem Hauch von Zärtlichkeit, wenn es heißt: »Wer den Kopf jetzt wegwendet, wer die Achseln zuckt, wer von ihr, Christa T., weg und auf größere, nützlichere Lebensläufe zeigt, hat nichts verstanden. Mir liegt daran, gerade auf sie zu zeigen. Auf den Reichtum, den sie erschloß, auf die Größe, die ihr erreichbar, auf die Nützlichkeit, die ihr zugänglich war.« (NüChrT S. 150)

7 Mittenzwei, a. a. O. (Fn. 2).

8 »Wenn ich sie erfinden müßte – verändern würde ich sie nicht. Ich würde sie leben lassen, unter uns, die sie, bewußt, wie wenige, zu Mitlebenden gewählt hatte. Würde sie an dem Schreibpult sitzen lassen, eines Morgens in der Dämmerung, die Erfahrungen aufzeichnend, die die Tatsachen des wirklichen Lebens in ihr hinterlassen haben. Würde sie aufstehen lassen, wenn die Kinder rufen. Den Durst nicht löschen, den sie immer spürt. Ihr, wenn es not tut, Zuversicht geben, daß ihre Kraft im Wachsen war, mehr brauchte sie nicht. Würde die Menschen um sie versammeln, die ihr wichtig waren. Würde sie die wenigen Blätter vollenden lassen, die sie uns hinterlassen wollte und die, wenn nicht alles täuscht, eine Nachricht gewesen wären aus dem innersten Innern, jener tiefsten Schicht, in die man schwerer vordringt als unter die Erdrinde oder in die Stratosphäre, weil sie sicherer bewacht ist: von uns selbst. Ich hätte sie leben lassen. […] Ich, wenn ich uns erfinden dürfte, hätte uns Zeit gegeben.« (NüChrT S. 195)

9 »Weil es nicht anders sein konnte. Weil sonst dieses Land und alles, was es für uns verkörperte, zugrunde gehen würde. Weil es für uns keine Alternative gab.« (SdE S. 270) »Wie soll ich Ihnen erklären, dass mich kein anderes Fleckchen Erde auf dieser Welt so interessierte wie dieses Ländchen, dem ich ein Experiment zutraute. Das war mit Notwendigkeit gescheitert, mit der Einsicht kam der Schmerz. Wie soll

ich Ihnen erklären, dass der Schmerz ein Maß für die Hoffnung war, die ich immer noch in einem vor mir selbst verborgenen Versteck gehegt hatte.« (SdE S. 289)

»Vielleicht, sagte Peter Gutman, wird man sagen, sie haben zuletzt ohne Illusionen, aber nicht ohne Erinnerung an ihre Träume gelebt. An den Wind Utopias in den Segeln ihrer Jugend.« (SdE S. 317)

10 Und dennoch die Erfahrungen mit ihrer Feldenkrais-Lehrerin Rachel, bei der Christa W. spürte, »was kleine Bewegungsveränderungen für Auswirkungen auf das ganze System haben können. Wie eingefressene Gewohnheiten die freie Bewegung blockieren. Wie die Lockerung der Blockade im Körper auch die Blockaden im Gehirn lockert, weil wir nämlich nicht aus Körper und Geist bestehen, weil diese Trennung, die das Christentum uns suggeriert hat, falsch und verhängnisvoll ist. So daß wir es ganz verlernt haben, sagte Rachel, uns als Einheit zu sehen: Daß Körper, Geist, Seele in jeder einzelnen Zelle verschmolzen sind. Du nämlich, sagte sie mir nach der dritten Stunde, hast immer versucht, alles über deinen Kopf zu regieren. Versuchst es immer noch. Aber Du beginnst, zu verstehen, worum es geht. Du lernst, nicht nur mit dem Kopf. Dein Widerstand läßt nach.« (S. 260 f.)

11 »Sei dennoch unverzagt« ist auch der Titel des Buches von Jana Simon über die Gespräche mit ihren Großeltern Christa und Gerhard Wolf (vgl. Fn. 1). Auf der Trauerfeier für Christa Wolf am 13.12.2011 auf dem Dorotheenstädtischen Friedhof von Berlin hat Corinna Harfouch das Gedicht von Paul Fleming vorgetragen. Dazu Arno Widmann, *Nimm alles nicht so schwer*, www.fr-online.de/politik/1472596,11301878.html (aufgerufen am 15.10.2014).

12 Das Wort Barbarei, so Christa W., liege ihr heute »auf der Zunge. Die Nähte sind geplatzt, die unsere Zivilisation zusammenhielten, aus den Abgründen, die sich aufgetan haben, quillt das Unheil, bringt Türme zum Einsturz, läßt Bomben fallen, Menschen als Sprenggürtel explodieren.« (SdE S. 39) Und aktuell würde Christa W. – so wie sie schon ihr Entsetzen über die gewaltsame Fremdenfeindlichkeit in Deutschland zu Beginn der 90iger Jahre zum Ausdruck brachte (SdE S. 36 ff.) – die barbarischen Taten der NSU anprangern, die der Staat hätte verhindern können.

13 Nachweise bei Thomas von Aquin, in: Giorgio Agamben, *Die Beamten des Himmels. Über Engel*, Frankfurt am Main 2007, S. 75 ff., besd. S. 104 ff.

14 ebd., S. 61 ff.

15 Konstantin Wecker/Bernard Glassman, *Es geht ums Tun und nicht ums Siegen. Engagement zwischen Wut und Zärtlichkeit*, München 2011; Konstantin Wecker, *Mönch und Krieger. Auf der Suche nach einer Welt, die es noch nicht gibt*, Gütersloh 2014.

16 Das erneute Lesen der beiden hier reflektierten Bücher von Christa Wolf ergänzt mein bisheriges eigenes Nach-Denken und Nach-Fragen, meine Einsichten bei einem persönlichen Selbsterkenntnisprozess, zu dem auch die Tatsache gehört, dass ich länger als Christa Wolf und Rosemarie Will an den Staatssozialismus in der DDR, zwar unter teilweise anderen Erfahrungen, aber auch unter Ausblendung von gesellschaftlicher und politischer Wirklichkeit, geglaubt habe. (Vgl. J. Arnold, Thesen zur DDR-Forschung nach 1989, in: J. Arnold (Hrsg.), *Strafrechtliche Auseinandersetzung mit Systemvergangenheit am Beispiel der DDR*, Berlin 2000, S. 23 ff.; A. Eser/J. Arnold, § 1 Einleitung, in: A. Eser/U. Sieber/J. Arnold (Hrsg.), *Strafrecht in Reaktion auf Systemunrecht*, Teilbd. 14, Berlin 2012, S. 1 ff.)

17 Vgl. dazu R. Will, Rechtsstaatlichkeit als Moment demokratischer politischer Machtausübung, Deutsche Zeitschrift für Philosophie 9/1989, S. 801 ff.

18 R. Will, »Was bleibt?« Für Dr. Friedrich Tech aus Anlaß seiner Emeritierung, in: Will (Hrsg.), *Rechtswissenschaft in der DDR – Was wird von ihr bleiben?*, Berlin 1995, S. 9 ff., bes. S. 11 f.; vgl. auch Klaus Hartung, *Die Wandlungen der Rosemarie Will*, in: DIE ZEIT vom 20.9.1996.

19 Rosemarie Will, *Zwischen Himmel und Erde – Karl Marx über die Grundrechte in seiner Schrift ›Zur Judenfrage‹*, in diesem Band, S. 991.

Ján Gronský

Staatstheoretische Überlegungen zwischen Moldau und Spree

Als DDR und ČSSR noch existierten

Ende Mai 2014 bekam ich von der Juristischen Fakultät der Humboldt-Universität zu Berlin eine Einladung zur Mitwirkung an der Festgabe für Rosemarie Will und Teilnahme an ihrer Abschiedsvorlesung. Durch diese Einladung fühle mich sehr geehrt. An der Abschiedsvorlesung konnte ich leider nicht teilnehmen. So möchte ich wenigstens mit Nostalgie und einigen Erinnerungen zu der »kleinen Publikation zu Ehren Rosemarie Wills« beitragen. In Deutschland sind die Regeln für Festschriften leider strenger als in der Tschechischen Republik. Bei uns würde Rosemarie Will mit einer »großen« Festschrift schon aus Anlass ihres 65., ja sogar 60. Geburtstags geehrt. Aber »groß« oder »klein«, das Wesentliche bleibt die Schätzung der Persönlichkeit.

Ich muss gestehen, dass ich zu meinem ersten Aufenthalt an der Humboldt-Universität zu Berlin mit bestimmten Vorbehalten reiste: Der Prager Frühling, die Invasion im August 1968, aber auch allgemein das Bild der DDR in der Tschechoslowakei, der Fundamentalismus und die Starrheit der SED-Führung, das alles hat eine Rolle gespielt. Aber schon meine erste Reise nach Berlin (»Hauptstadt der DDR«, wie man überall am Rand der Stadt lesen konnte) im September 1979 hat so manches an meiner Einstellung korrigiert. Ein gewisser Sprung in dieser Korrektur kam dann im September 1980, zu einer Zeit also, in der in Polen die Solidarność bereits die Ereignisse im »sozialistischen Lager des Fortschrittes und Friedens« in Bewegung brachte.

Die Kollegen an der Humboldt-Universität, Sektion Rechtswissenschaft, Bereich Staats- und Rechtstheorie

(Staatsrecht), haben sich damals mit so mancher kritischer Bemerkung in einem mir nahen Licht gezeigt. Und zwar nicht nur mit einer Kritik der Staatslehre in der DDR, sondern auch in Bezug auf das faktische Funktionieren der Staatsgewalt als solcher. Hauptsächlich betraf dies Volkskammer und Staatsrat, aber auch die Situation im ganzen »Lager«. Ich muss unterstreichen, dass diese Einstellungen mir sehr oft näher waren, als jene, die damals in Prag dem Prozess der sogenannten »Normalisierung« nach dem Prager Frühling entsprachen. In dieser Atmosphäre also habe ich eine junge Mitarbeiterin der Akademie der Wissenschaften der DDR kennen gelernt. Ihr Name: Rosemarie Will.

Für mich ein kleines Wunder: Zwischen lauter Männern eine liebe junge Frau. Aber hauptsächlich eine außerordentlich kommunikative, kritische und ganz ihren wissenschaftlichen Interessen ergebene Kollegin. In Berlin, dann in Prag und wiederum in Berlin ... Die Frage ist nicht, über was wir diskutierten, sondern über was wir nicht diskutierten – vor gut 30 Jahren. Also da kann man schon so manches vergessen. Und trotzdem ist viel in meinem Gedächtnis geblieben. Vielleicht auch deshalb, weil sich alte Leute eher an das erinnern, was vor 30 Jahren war, als das, was gestern geschah. Obwohl auch das Vorhandene nur noch häppchenweise geblieben ist.

Soweit ich mich erinnere, interessierte sich Rosemarie Will damals hauptsächlich für Probleme im Bereich der örtlichen und regionalen Verwaltung. Und dann auch für unsere Erfahrungen bezüglich des Wahlrechts, das in der Tschechoslowakei am Ende des Jahres 1967 weitgehend novelliert wurde. Ich selbst war an dieser Novellierung beteiligt, und hatte diesbezüglich entsprechende Unterlagen. Auf Grund dieses Gesetzes wurde aber in der ČSSR nie gewählt. Es war ursprünglich eigentlich ein kleiner Teil der rechtlichen Ouvertüre des Prager Frühlings. Daher konnte das Gesetz der Parteiführung in der Zeit nach der Intervention im August 1968 nicht passen: ein Drittel mehr Kandidaten als Mandate, obligatorische geheime Wahl, positives bezeichnen der Kandidaten und kein Streichen, Möglichkeit mehrerer Kandidatenlisten und so weiter.

Großes Interesse zeigte Rosemarie Will weiterhin für das Problem der nationalen und ethnischen Minderheiten und – da erinnere ich mich noch gut, dass ich überrascht war – für eine wesentlich präzisere Verankerung der Frauenrechte in den Verfassungen. In Prag erkundigte sie sich lebhaft nach der sozialen Struktur der Tschechoslowakei und wir diskutierten in diesem Zusammenhang auch viel über die Rolle von Intelligenz und Arbeiterklasse (»führende Rolle«?). Was mir am meisten im Gedächtnis geblieben ist, sind aber die ganz privaten – mehr oder weniger politischen – Diskussionen.

Zum Beispiel: Staat, Verfassung und führende Rolle der Partei. – In keiner Verfassung im »Lager des Sozialismus und Friedens« war die führende Rolle der Partei »in Gesellschaft und Staat« so eindeutig als verfassungsmäßiges *fait accompli*, über das zu diskutieren nicht gestattet wäre, verankert wie in der tschechoslowakischen. Damals haben wir über den entsprechenden Artikel unserer Verfassung diskutiert und waren uns einig: Was zu viel ist, ist zu viel.

Oder: Staatsgrenze und »Mauer«. – Ich habe immer in Berlin über die »Mauer« gesprochen, aber die Kollegen haben mich dann immer höflich und indirekt korrigiert: Es handele sich um die »Staatsgrenze«. Und in diesem Zusammenhang ist mir ein Witz aus der DDR im Gedächtnis geblieben: Frage: Wann wird es bewiesen sein, dass Sozialismus und Kommunismus in der DDR den degenerierten Kapitalismus der Bundesrepublik definitiv überwältigt haben? – Antwort: Dann, wenn die westdeutschen Imperialisten die Mauer an der Staatsgrenze selber brauchen werden, um das Fliehen ihrer Bürger in die DDR zu verhindern. Der Ursprung dieses Witzes ist wahrscheinlich das berühmte Radio Jerevan. Und wenn wir schon bei Witzen sind, die ich aus der DDR nach Prag mitgebracht habe, dann noch dieser: Frage: Wie wird der nächste Parteitag der KPdSU beginnen? Antwort: Mit dem Hereintragen der Politbüromitglieder.

Und dann auch für uns in Prag das prinzipielle Problem: Gibt es ein Deutschland und gibt es ein deutsches Volk (Deutsche/deutsche Nationalität)? Der Begriff »Deutschland« war unerwünscht. Für die ČSSR gab es keine »Bundesrepublik Deutschland«, sondern nur eine »Deutsche Bundesrepublik« und freilich auch eine »Deutsche Demokratische Republik«. Und sowohl in der DDR als auch in der ČSSR wurde durch »wissenschaftliche Analysen« des Marxismus-Leninismus herausgefunden, dass von zwei deutschen Völkern gesprochen werden müsse. Dies konnten wir – da erinnere ich mich ganz genau – nicht verdauen...

Unglaublich, wie die Zeit läuft... Eine Zeit voll dramatischer Ereignisse und Situationen, die vor 30 bis 40 Jahren so oft absurd und unerträglich schienen. Aber wir haben sie »doch getragen, – Aber frag mich nur nicht: wie?« (Heinrich Heine, Buch der Lieder). Eine Zeit voll Tragik und Hoffnung. Eine Zeit von damals unvorstellbaren Änderungen. Eine Zeit unzähliger Treffen mit Leuten, die in unseren Gedanken geblieben sind. Rosmarie Will gehört zu ihnen. Eine Kollegin, die in Prag nicht vergessen ist.

Dieter Segert

Im Narrenschiff zu neuen Ufern

Von der Vergeblichkeit der Suche nach politischen Alternativen und der Nutzlosigkeit sozialwissenschaftlicher Debatten

Der Untertitel des Beitrags kann nicht ganz ernst gemeint sein, wenn wir unsere Biografie ernst nehmen: Wir haben in den 1980er Jahren nach Alternativen gesucht und dazu heiße Debatten geführt. Noch am 25. November 1989 riefen wir in einem Pamphlet einen dritten Weg für die DDR aus. Das war sicher aus der Sicht unserer persönlichen Karriere nicht sehr produktiv. Warum haben wir uns nicht schneller von diesem untergehenden Schiff DDR verdrückt? Was haben wir in den Kabinen, ja auf der Brücke dieses *Narrenschiffs* (wie es bei Silly in dem Song »S. O. S.« heißt) noch gesucht, als der Eisberg schon sehr deutlich zu sehen war? Andere haben schon weitsichtiger den Weg über Ungarn in die lichte Zukunft gesucht.

Der nachfolgende Text ist ein Versuch, die politische Verantwortung von Gesellschaftswissenschaften (heute würden wir diese als Sozial- und Geisteswissenschaften bezeichnen) für gesellschaftlichen Wandel auf Grundlage unserer gemeinsamen Erfahrung (damit meine ich die von Rosi und mir und unserer Gruppe, über die Rainer Land und Ralf Possekel geschrieben haben) in der späten DDR und meiner nachfolgenden Erfahrungen in anderen Ordnungen zu diskutieren.

Systemnah im Herbst
Als ich Rosi Will 1984 bei der Verteidigung ihrer Habilitation (die hieß damals Promotion B) persönlich kennenlernte, zusammen mit einem ihrer Gutachter, Uwe Jens Heu-

er, hatte ich schon lange ein Interesse an der Staatslehre, am Staats- und Verfassungsrecht. Marx hatte zwar Recht wie Politik scheinbar als »Überbau« klassifiziert. Die stalinschen Dogmatiker hatten diese später zu einem unbedeutenden Schatten der Wirtschaft herabgewürdigt; mit diesem ramponierten Ruf unserer Interessengegenstände haben wir uns beide nicht zufriedengeben wollen. Recht war beobachtbar ein wirksames Instrument staatlicher Macht. Konnte es auch ein Instrument des demokratischen Umbaus jener Macht werden?

1987 schrieben dann Rosi, Gerd Quilitzsch und ich zusammen einen Artikel über Interessenwidersprüche im politischen System (siehe Literaturliste). Diese Widersprüche als Gegenstand von Politik zu deklarieren schien uns ein wichtiger Tabubruch zu sein. Tabus zu brechen war ein Akt der geistigen Befreiung. Da das geschriebene Wort damals so sehr von den Mächtigen geschätzt wurde, war auch jede vom offiziellen Sprachkanon abweichende Formulierung schon ein Akt, der Mut verlangte. Und natürlich gelang eine Veröffentlichung nur, wenn man Verbündete fand, wie wir in diesem Fall in der Zeitschrift »Staat und Recht«.

Inzwischen waren wir beide (einschließlich des erwähnten Gerd Quilitzsch) Teil einer Forschungsgruppe geworden, die unter Leitung von Uwe Jens Heuer eine Analyse der Reformprozesse auf dem Gebiet des Rechts, die in anderen staatssozialistischen Ländern vor sich gingen, vornehmen sollte. Diese Aufgabe war auf der höchsten Planungsebene angesiedelt, im Z-Plan. Wir haben nicht nur die Reformschritte der anderen analysiert, sondern auch eine intensive Debatte mit der Arbeitsgruppe von A. Butenko an der Akademie der Wissenschaften in Moskau geführt. 1987 und 1988 fanden Treffen statt, in denen wir auch über die Ursachen der »Deformation des Sozialismus« (so ein Begriff Butenkos) diskutierten. Allerdings war eine Untersuchung des Reformbedarfs der DDR in unserem Auftrag ausdrücklich nicht vorgesehen. Wir dachten trotzdem darüber nach. Veröffentlichen sollten wir von unseren Überlegungen ebenfalls nichts. Sie waren nur für interne Materialien gedacht, die Nummern trugen und deren Leser den vorsichtigen Gebrauch möglicher Einsichten durch Unterschrift bestätigen mussten.

Die Grenze dieser administrativen Verbote lag in der Freiheit unseres Nachdenkens. Niemand konnte uns natürlich daran hindern, weiter zu denken. Rosi tat das bezogen auf das Modell eines sozialistischen Rechtsstaates. Zusammen mit anderen dachte ich über die politische Reform des Staatssozialismus nach, wir waren auf den Begriff eines »modernen Sozialismus« gekommen, um ihn von dem bisherigen Typ des Sozialismus zu unterscheiden, den wir manchmal in der internen Kommunikation als »Frühsozialismus« bezeichneten. Sie veröffentlichte ihren Text 1989 in einer offiziellen Zeitschrift der DDR. Wir brachten unser Pamphlet über das Konzept eines modernen Sozialismus in einer Auflage von 150 Stück im genehmigungspflichtigen Eigenverlag ebenfalls Anfang 1989 heraus.[1]

Im September 1989 hatten wir beide zusammen die Urkunde als Professorin und Professor in einem Saal des Hauses der Ministerien erhalten. Ich habe diese Ehre später nicht nur einmal bereut. Jede und jeder, der diese Urkunde erhielt, galt später – so er in einer Disziplin der Gesellschaftswissenschaften berufen worden war – als »systemnah«. In den Unterlagen jener Berufung, die in einem mehrmonatigen Prozess der Prüfung und Entscheidung verschiedener Gremien der DDR entstanden waren, war natürlich von ideologischer Prinzipientreue, Klassenstandpunkt, politischer Verlässlichkeit mehrfach und ausgiebig die Rede. Mir wurde das übrigens 1992 anlässlich der nächsten Berufung als Professor seitens des entsprechenden Berliner Senators ausdrücklich vorgehalten. Diese ideologischen Verzierungen aus den Berufungsunterlagen legitimierten eine Befristung meiner Professur auf fünf Jahre. Ob Rosi auch aus ihren Unterlagen vorgelesen wurde bei ihrer weiteren Berufung durch denselben Herrn, weiß ich nicht. Jedenfalls wurden wir und weitere Personen in ähnlicher Lage (es waren an der Humboldt-Universität insgesamt etwa zehn) nicht unbefristet, sondern auf fünf Jahre befristet berufen. Einige davon schafften es später, dass diese Befristung aufgehoben wurde.

»Systemnah« in einem anderen Sinne waren wir jedenfalls: Die DDR wurde von uns als unser politisches Gemeinwesen angesehen. Wir wollten es verbessern, aber nicht verlassen oder für etwas anderes eintauschen. Das kann man uns also vorwerfen. Oder man kann uns loben dafür. Je nachdem. »It depends«, wie die Engländer sagen, und zwar vom Blickwinkel des Betrachters.

In diesem Sinne hatten Rosi und ich für eine »Parteiaktivtagung« (wir waren beide auch »parteiaktiv«) an der Humboldt-Universität am 26. Oktober 1989 eine Resolution vorbereitet und eingebracht, die eine »grundlegende politische Reform« der DDR einforderte.[2] Die SED müsse sich dem Votum einer demokratischen Wahl stellen. Damals war ich ehrenamtlicher Parteisekretär der SED in der Sektion Philosophie. Rosi war meiner Erinnerung nach Mitglied der Parteileitung ihrer Sektion. Unser Wort hatte also formell einiges Gewicht. Wir nutzten das in jenen Tagen, um die Reform der SED voranzubringen. Wir waren der Meinung, das sei unsere Verantwortung als langjährige Mitglieder jener Partei. Natürlich gab es damals viele gegensätzliche und sich widersprechende Bemühungen in ihr. So versuchten Krenz und Schabowski die Partei von oben her neu aufzubauen und zentralisiert zu halten. Sie bereiteten das 10. ZK-Plenum vor, das dann Anfang November tagen und eine neue Regierung (mit Hans Modrow als Chef) einsetzen sollte. Rosi Will und ich waren von Schabowski zusammen mit Dieter Klein eingeladen worden, an einem Konzept für das geplante Referat auf der Tagung mitzuwirken. Da kam aber nicht mehr heraus als ein Text, der im Namen der Berliner Bezirksleitung der SED veröffentlicht wurde, ohne allzu sehr Einfluss auf die Politik zu haben.

In diesem Herbst waren wir noch häufiger gemeinsam in der Öffentlichkeit unterwegs. Am 3. November saßen wir zusammen in der Akademie der Künste und diskutierten unter Leitung von Heiner Carow und zusammen mit Christa Wolf und Dieter Klein über einen zu reformierenden Sozialismus. Aus dem Publikum war damals schon viel Skepsis über die Möglichkeit einer solchen Ordnung zu hören. Anfang Dezember wurden wir beide als Delegierte der Humboldt-Universität zum außerordentlichen Parteitag der SED gesandt. Rosi hatte dabei mehr Unterstützung als ich bekommen, aber bei mir hatte es auch noch gereicht. Im Januar 1990 waren wir dann noch auf zwei Veranstaltungen der Parteibasis zusammen, auf denen wir die Auflösung der SED-PDS (wie die SED inzwischen hieß) gefordert hatten. Rosi war auf der zweiten Sitzung mit Rainer Land auf die Idee gekommen, eine neue Partei zu gründen, die Unabhängigen Sozialisten. Dazu fehlte mir allerdings die Kraft.

Über die Last der Verantwortung
Man kann viel über unsere damaligen Entscheidungen nachdenken. Es sind inzwischen viele Texte veröffentlicht worden, in denen die Gruppe von Reformsozialisten an der Berliner Humboldt-Universität von anderen reflektiert worden sind.[3] Eine nachträgliche moralische Abwertung, so wie sie im Begriff der »Systemnähe« zur autoritären Macht in der DDR zum Ausdruck kommt, ist natürlich möglich, hängt davon ab, wie man das entsprechende System einschätzt und welche Beschreibung man von den Ursachen seines Zusammenbruchs hat. Wenn man den Reformsozialisten an der Humboldt-Universität einige Verantwortung für das politische System und die Gesellschaft der DDR zuerkennt, so ist immer noch die Frage offen, für welchen Teil der Realität sie verantwortlich zu machen wären: für die Gefängnisse in Bautzen und Lichtenberg, für die Selbstschussanlagen an der DDR-Staatsgrenze, für die Arroganz ungebildeter, machtausübender Parteifunktionäre an der Universität oder aber für das Ausbleiben des demokratischen Sozialismus in der DDR sowie eventuell des Scheiterns eines dritten Weges jenseits von neoliberalem Kapitalismus und staatssozialistischer autoritärer Ordnung in Europa?

Moralische Verantwortung ist sicher genauer auf den realen Handlungsspielraum von Individuen zu beziehen und ihre Bemessung bedürfte einer genaueren Analyse der konkreten Entscheidungsalternativen der Handelnden: Habe ich in Situationen, in denen ich als Bereichsleiter oder als Parteifunktionär Entscheidungen über Entwicklungschancen von Studierenden und Angestellten getroffen habe, anständig gehandelt? Habe ich mich von Angst vor Bestrafung durch die Obrigkeit leiten lassen oder von Mitleid mit einem zu Unrecht in die Bredouille geratenen Menschen? Das muss jeder mit sich selbst und vor seinem Gewissen verantworten. Wer wie wir einen staatlichen Zusammenbruch erlebt hat, hatte jedenfalls genügend Gelegenheit, darüber nachzudenken und aus seinen möglichen Fehlern und Versäumnissen oder auch Verfehlungen zu lernen.

Vielleicht aber sollte man die Frage nach der Verantwortung allgemeiner und unabhängig von moralischen Bewertungen stellen: Haben die Sozialwissenschaften eine Verantwortung für den gesellschaftlichen Wandel in unseren modernen Gesellschaften? Und wenn ja, wo ist der archimedische Punkt, an dem wir angreifen müssen, um die Sache bewegen zu können? Eine solche Frage ist natürlich auch wieder vor dem Hintergrund der jeweils unterschiedlichen Einbindung dieser Sozialwissenschaften in die jeweiligen Machtstrukturen zu stellen.

Zunächst einmal konnten wir aus unserer Erfahrung in der späten DDR lernen, wo die Grenzen dieser Verantwortung als Wissenschaftler liegen. Ich habe in einem Protokoll des Treffens mit Anatoli Butenkos Arbeitsgruppe im Jahr 1988 in Berlin eine Phrase entdeckt, die für unser damaliges falsches Denken charakteristisch ist: Es gäbe eine progressive Minderheit, die den Fortschritt in unserer Gesellschaft vertreten würde. Wenn dem so wäre, so wäre es dann auch dringend erforderlich, im Interesse des gesellschaftlichen Fortschreitens die privilegierte Stellung jener Minderheit zu schützen. Insofern hätten wir es mit dem Paradoxon zu tun, dass einerseits gerade in dieser privilegierten Lage der Führungsgruppe (der Bürokratie) die Gefahr einer Entartung begründet liegt, andererseits aber liegt in dieser herausgehobenen Stellung jener Minderheit auch einzig und allein die Chance auf Fortschritt. Das war die These, dass die Möglichkeit des Sozialismus von der »wissenschaftlichen Einsicht« in den allgemeinen Gang der Entwicklung abhängt. Damit hatte Marx im »Kommunistischen Manifest« die Notwendigkeit einer führenden Partei der Arbeiter (der Kommunisten) begründet. Diese Partei bedurfte, so die damalige Vorstellung von uns Wissenschaftlern, unserer Kompetenz und Analyse als Wissenschaftler, um eine richtige Politik formulieren zu können. Das »Sozialismusprojekt an der Humboldt-Universität« war auf diese Weise auch ein Versuch, den nur teilweise sich selbst bewussten praktischen Reformen eine wissenschaftliche Konzeption zu geben. Oder anders ausgedrückt, die dahinter liegende Überzeugung war, dass, gerade weil es eine dogmatische und einseitige wissenschaftliche Arbeit gegeben hatte, die nötige neue Entwicklungsstufe des Sozialismus bisher nicht erfolgen konnte. Das aber bürdete uns eine (allzu) große Verantwortung auf. Als mir die Falschheit und undemokratische Konsequenz einer solchen wissenschaftlichen Anmaßung bewusst wurde, fiel mir gleichzeitig ein Stein vom Herzen: Ich war von nun an nicht mehr so sehr für das Große und Ganze verantwortlich.

In den folgenden Jahren war ich zunächst mit dem Überleben als Wissenschaftler beschäftigt. Ich lernte ungeheuer viel in sehr kurzer Zeit. Schaffte den Umstieg in eine für mich neue akademische Disziplin, die Politikwissenschaft. Aber je mehr ich mich etablieren konnte, desto stärker stellte sich erneut die Frage nach der eigenen sozialen Verantwortung als Wissenschaftler. Es sind zumindest drei Felder, auf denen der Schlüssel dazu zu finden ist.

Zum einen und unmittelbar habe ich die Aufgabe, jungen Menschen zu vermitteln, was ihre fachliche Verantwortung in diesem Berufsfeld ist. Welche persönlichen Herausforderungen und Verlockungen das akademische Feld bereithält. Die Falle der Eitelkeit und des Strebens nach öffentlicher Anerkennung um jeden Preis. Debatten auf Kongressen, die weniger der Erkenntnis eines Gegenstandes als der Vermittlung der Genialität des jeweils Vortragenden dienen. Die moralischen Grenzen eines Wettbewerbs gegeneinander um die wenigen guten beruflichen Positionen. Die Fähigkeit, mit der Unsicherheit des akademischen Erfolgs leben zu lernen.

Zum anderen bewegen wir uns in einem Feld der Wissensproduktion, auf dem wir gegen das Getöse der Massenmedien um die Aufmerksamkeit des Publikums wetteifern. Aber auch hier geht es nicht darum, ob unser Name berühmt wird und wir in die Rolle eines Fernsehstars schlüpfen können (ähnlich dem Künstler, von dem Gerhard Schöne singt: »ich bin im Fernsehen aufgetreten, das gelingt ja nicht jedem«). Die Aufmerksamkeit für uns als Wissenschaftler sollte einer auf Argumenten, sicherem Wissen und ausreichender Reflexion der komplexen Umstände begründeten Expertise gelten, nicht unserer Person. In meinen Jahren als professioneller Akteur der politischen Bildung habe ich über diese spezifische Funktion wissenschaftlicher Erkenntnis für eine Analyse politischer Situationen nachgedacht. Die Medien können sich kaum von ihrer Rolle befreien, durch sensationelle Nachrichten Aufmerksamkeit zu erregen. Wir als Wissenschaftler müssen eine andere Rolle spielen. Allerdings sind wir darauf angewiesen, dass in unserer Öffentlichkeit eine Nachfrage nach unserer Kompetenz tatsächlich besteht.

Und schließlich, unsere Rolle als »Fürstenberater«. Politikberatung, ist das nicht so etwas Ähnliches wie die oben kritisierte Rolle als Berater der alles wissenden Partei? Nun könnte man sagen, angesichts der Kurzfristigkeit (und leider auch: Kurzatmigkeit) der demokratischen Politik besteht diese Gefahr nicht. Aber vielleicht liegt ja gerade in diesem Zustand ein Problem? Hätten die Sozialwissenschaften eine Verantwortung für den nachhaltigen gesteuerten Wandel moderner Gesellschaften, wenn denn die Politik den Sprung aus einer im Rhythmus von Wahlen ablaufenden Mobilisierungsmaschine hin zu einer solchen Steuerung schaffen könnte?

Die Aufgabe wäre vielleicht zuerst, dass die Sozialwissenschaften eine Debatte über die Notwendigkeit einer solchen andersartigen politischen Praxis anstoßen müssten. Dazu muss sie allerdings die eigene professionelle Borniertheit überwinden. Wenn man an paradoxen Formulierungen Spaß hat, könnte man es so formulieren: Um auf diesem Feld Erfolg zu haben, muss sie sich vom Streben nach Erfolg befreien ...

Der Erfolg von Wissenschaft wird heute zuerst in den Ergebnissen auf einem Feld gemessen, das weit ab von einer solchen praktischen Verantwortung von Wissenschaft liegt: Zitationsindizes, Veröffentlichung in spezialisierten Fachjournalen, in denen hochspezialisierte Fachdiskurse stattfinden, die außerhalb dieser Zeitschriften niemanden interessieren, eine zunehmende Fixierung auf die Akquise von Forschungsmitteln für die wissenschaftliche Arbeit, ungeachtet des gesellschaftlichen Mehrwertes jener Projekte. Und jede akademische Karriere hängt zunehmend von diesen engen fachlichen Bewertungsmaßstäben ab.

Und trotzdem. Wer einmal eine unbefristete Stelle hat, der ist frei in seinen Entscheidungen, wen er beeindrucken und was er selbst als Erfolg ansehen will. Die Arbeit an einem neuen professionellen Verständnis von Sozialwissenschaften wäre ein wichtiger Gegenstand wissenschaftlicher Arbeit, als deren Ergebnis jenes öffentliche Bewusstsein über die Begrenzungen der demokratischen wissenschaftlichen Praxis entstehen könnte. Wenn man den versteinerten Verhältnissen ihr Lied vorspielt, so könnte man jene zum Tanzen bringen, meinte einmal der junge Marx.

Vielleicht hatte er Recht? Es käme auf einen Versuch an.

Nachsatz
Mir scheint, dass sich Rosi Will in ihrem zweiten akademischen Leben nach 1990 an diesem Ideal der dem gesellschaftlichen Wandel verpflichteten Geistes- und Sozialwissenschaften orientiert hat. Sie hat in der Humanistischen Union in die Öffentlichkeit hinein gearbeitet.

Ihre Arbeit an Verfassungsgerichten ist gewiss auch einer solchen Suche nach gesellschaftlicher Wirkung akademischer Kompetenz verpflichtet gewesen. Und ich meine, das Engagement in der großen linken Partei, der Sozialdemokratie, in ihrer Grundwertekommission, ist auch – zumindest teilweise – von diesem Impuls nach Verantwortung getragen.

Erwähnte Literatur und Musik

Rainer Land, Ralf Possekel: *Fremde Welten. Die gegensätzliche Deutung der DDR durch SED-Reformer und Bürgerbewegung in den 80er Jahren*. Berlin 1998.

Gerd Quilitzsch, Dieter Segert, Rosemarie Will: Interessenwidersprüche und politisches System. In: *Staat und Recht* 8/1987, 856–863.

Gerhard Schöne: Ich bin im Fernsehen aufgetreten. *Menschenskind*, Amiga 1985.

Dieter Segert: *Das 41. Jahr. Eine andere Geschichte der DDR*. Wien, Köln, Weimar 2008.

Gruppe Silly: S. O. S (Musik: Haßbecker/Danz, Text: Gundermann/Danz). *Februar*, 1989

---

1 Unser Text wurde unter dem Titel »Forschungsprojekt ›Philosophische Grundlagen einer Konzeption des Modernen Sozialismus‹« Anfang 1989 publiziert. Die Konferenz, deren Ergebnisse hier veröffentlicht wurden, fand im November 1988 statt.

2 Den entsprechenden Antragstext besitze ich nicht mehr, er ist aber im Archiv der Rosa-Luxemburg-Stiftung nachzulesen. In dem Antrag heißt es u. a., notwendig sei die Entflechtung von Partei und Staat, die Volkskammer sollte als vollberechtigtes Parlament konstituiert werden, alle auf dem Boden der Verfassung agierenden neuen Parteien und Organisationen sollten zugelassen werden. (Segert, *Das 41. Jahr* (2008), S. 91)

3 Siehe u. a. die Arbeiten von Erhard Neubert, *Unsere Revolution* (2008), Ilko-Sascha Kowalczuk, *Endspiel. Die Revolution von 1989 in der DDR* (2009), Walter Süß, *Staatssicherheit am Ende* (1999).

Andrea De Petris

Der zentrale Runde Tisch der DDR 1989/90

Auf der Suche nach der verlorenen Verfassung

Einführung

Im Herbst 1989 erlebte die Deutsche Demokratische Republik eine Phase starken politischen Protestes, die sich einschneidend auf ihre zukünftige Existenz auswirkte. Noch Anfang November des Jahres hätten nur wenige die Implosion eines Systems voraussagen können, das jahrzehntelang sowohl geografisch als auch historisch-politisch die Bastion des Kommunismus gegenüber dem westlich kapitalistischen Modell dargestellt hatte. Das Symbol der sowohl ideologischen als auch politischen Trennung war die Mauer, die ab dem 13. August 1961 West-Berlin in eine »Insel der Marktwirtschaft« umformte, die vom »Meer« des sozialistischen Produktionsmodells umgeben war.

In der bewegten Zeit von 1989/90 fand in der DDR ein allgemein wenig bekannter Versuch statt, in dem dramatischen Umbruch eine tiefgreifende Veränderung der ostdeutschen politischen Lage zu ermöglichen, damit »zusammenwachsen könne, was zusammengehöre«[1].

1. Die Entstehung des »Runden Tisches der DDR«

Am 7. Dezember 1989 fand die erste Sitzung des sogenannten Runden Tisches (RT) zur Vorbereitung eines Entwurfes für eine neue Verfassung der DDR statt: Eine Arbeitsgruppe, die zwischen Sommer und Herbst 1989 innerhalb der Proteste gegen das sozialistische Regime entstanden war. Die damaligen widersprüchlichen Haltungen der DDR-Institutionen hatten mehrere oppositionelle Gruppen überzeugt, dass eine erfolgreiche demokratische Reform der institutionellen Struktur der DDR nur stattfinden könne, wenn die Grundsätze der ostdeutschen Staatsordnung radikal verändert würden. Da eine Reorganisation des Staates im demokratischen Sinne zuerst seine Grundlagen betrachten müsste, war es fast unvermeidlich, dass es eines der Hauptziele der Oppositionen war, eine neue Verfassung anzustreben.

Eine erste Zusammensetzung des RTes blieb nur bis zu seiner konstituierenden Sitzung am 7. Dezember 1989 bestehen. Der RT wurde zwischen den als »neue Kräfte« identifizierten Gruppen des inneren Widerstandes (DA, DJ, GP, MFI, NF, SDP und VL) und den sogenannten »alten Kräften« der Nationalen Front (CDU, DBD, LDPD, NDPD und SED) aufgeteilt. Jede Gruppe besaß 15 Stimmen, die mehr oder weniger gleichberechtigt zwischen den beiden Seiten aufgeteilt waren. Die Situation änderte sich bei der folgenden Sitzung am 18. Dezember, als der RT die Zusammensetzung annahm, die er bis zum Ende seiner Arbeit (12. März 1990) beibehielt. Das Gremium behielt seine ursprüngliche Grundstruktur mit den beiden gegnerischen Allianzen von 19 Mitgliedern, die jeweils in neun und sieben Gruppierungen unterteilt waren: VL, SDP/SPD, DJ, NF, Grüne Partei, MFI, Grüne Liga, BVET und DA gegen FDGB, LDP (D), NDPD, DBD, CDU, VdgB und SED/PDS. Dazu kamen sieben Mitglieder ohne Stimmrecht, drei Moderatoren der Sitzungen, drei Pressesprecher und ein Vertreter der sorbischen Minderheit.[2]

Keine der Gruppierungen des RTs neigte zu einer »Selbst-Legitimation« ihrer Funktion, und jedes Mitglied hatte das Defizit der Demokratie und der Repräsentativität der Initiative sehr klar vor Augen. Der erste Beschluss des Gremiums diente offenbar mehr dazu, ihre Mitglieder an die Grenzen ihrer Aufgabe zu erinnern, als die DDR-Institutionen in ihrer Befürchtung zu beruhigen, der RT habe vor, einen revolutionären Prozess gegen den Status quo zu führen:

»Die Teilnehmer des Runden Tisches treffen sich aus tiefer Sorge um unser in eine tiefe Krise geratenes Land, seine Eigenständigkeit und seine dauerhafte Entwicklung. Sie fordern die Offenlegung der ökologischen, wirtschaftlichen und finanziellen Situation in unserem Land.

Obwohl der Runde Tisch keine parlamentarische oder Regierungsfunktion ausüben kann, will er sich mit Vorschlägen zur Überwindung der Krise an die Öffentlichkeit wenden.

Er fordert von der Volkskammer und der Regierung, rechtzeitig vor wichtigen rechts-, wirtschafts- und finanzpolitischen Entscheidungen informiert und einbezogen zu werden. Er versteht sich als Bestandteil der öffentlichen Kontrolle in unserem Land. Geplant ist, seine Tätigkeit bis zur Durchführung freier, demokratischer und geheimer Wahlen fortzusetzen.«

2. Die Wahrnehmung des Verfassungsentwurfes für die Mitglieder des Runden Tisches

Die Vorbereitungsarbeiten für den Verfassungsentwurf des Runden Tisches (VERT) zeigen sehr deutlich die grundlegenden Ziele ihrer Autoren. Auf der einen Seite strebte man offensichtlich nach einem verfassunggebenden Prozess, der den endgültigen Sturz der seit 1968/74 in der DDR gültigen Verfassungsordnung verursachen sollte; auf der anderen Seite gab es ein verbreitetes Bewusstsein, dass der Verfassungsentwurf auch eine »Verwaltungsfunktion« in der Übergangsphase erfüllen sollte, die mit der symbolischen Öffnung der Grenzübergänge zwischen Ost- und West-Berlin begann, und die früher oder später mit der Wiedervereinigung der beiden deutschen Staaten beendet werden müsste. Allen Mitgliedern des RTs war klar, dass die 1968 erlassene und 1974 geänderte Verfassung der DDR keine Basis für einen anerkannten verfassunggebenden Prozess für die beiden deutschen Staaten bieten könnte. Obwohl die Mitglieder des RTs die Unzulänglichkeit der im Jahr 1990 geltenden DDR Verfassung erkannten, fühlten sie die unvermeidliche Notwendigkeit, die Identität der DDR als ein unabhängiger Staat zu behaupten: Eine Identität, die sich auf neue verfassungsrechtliche Prinzipien stützen sollte, um an den Verhandlungen mit der Bundesrepublik in einer autonomen und unabhängigen Position teilnehmen zu können, damit die DDR auf paritätischer Basis mit der BRD die Form der zukünftigen deutschen Nation gestalten könnte.[3]

Zusammenfassend versuchte der VERT, auf zwei verschiedene und sehr klare Bedürfnisse zu antworten: auf der einen Seite die Entstehung eines institutionellen Übergangsmodells für die DDR, dessen Laufzeit damals noch schwer einzuschätzen war; auf der anderen Seite die (Wieder)Behauptung einer spezifisch ostdeutschen nationalen Identität im Hinblick auf einen Einigungsprozess, dessen Verwirklichung in den ersten Monaten des Jahres 1990 – wenn auch zeitlich noch unbestimmt – als selbstverständlich erschien.

In der Praxis hätte die Arbeit des RTs eine tiefgreifende Neugründung der DDR Staatsordnung bewirken müssen. Auf der einen Seite strebte man die Annahme der liberalen und demokratischen westdeutschen verfassungsrechtlichen Grundsätze (parlamentarische Vertretung, Demokratie und Rechtsstaatlichkeit), dazu jedoch ein breites Spektrum von Instrumenten direkter demokratischer Partizipation an, die nicht zur Tradition der Bundesrepublik gehörten. Auf der anderen Seite machten viele Mitglieder des RTs – wie in den verschiedenen Sitzungen mehrfach deutlich wurde – kein Geheimnis daraus, dass sie die sozialen und wirtschaftlichen Leistungen der ostdeutschen Rechtsstaatlichkeit so weit als möglich in der neuen Verfassung bewahrt sehen wollten.

3. Neuheiten und verfassungsrechtliche Tradition im VERT

Die Analyse des im Frühjahr 1990 bekanntgegebenen VERT zeigt einerseits dessen deutliche Ähnlichkeiten mit der modernen und zeitgenössischen westeuropäischen

Verfassungstradition, betont andererseits jedoch ebenso klar, inwiefern sich der Entwurf vom Grundgesetz (GG) der Bundesrepublik unterscheiden wollte.

Der VERT zählte 136 Artikel, das GG 141, die Verfassung der DDR (1974) 106, die Weimarer Verfassung 181, die Reichsverfassung 1871 78 und die Frankfurter Verfassung 1849 197. Der Entwurf war wie folgt gegliedert:

3.1. Präambel
I. Kapitel (Art. 1–40): Menschen- und Bürgerrechte
II. Kapitel (Art. 41–88): Grundsätze und Organe des Staates
III. Kapitel (Art. 89–113): Funktion des Staates
IV. Kapitel (Art. 114–126): Die Staatsfinanzen
V. Kapitel (Art. 127–136): Übergangs- und Schlussbestimmungen

Die Struktur des Entwurfes entsprach der des Grundgesetzes. Wie viele andere zeitgenössische Verfassungen begann auch er mit einer Präambel, die die Inspiration des verfassunggebenden Prozesses und das Vorhaben seiner Autoren zusammenfasste:

»Ausgehend von den humanistischen Traditionen, zu welchen die besten Frauen und Männer aller Schichten unseres Volkes beigetragen haben, eingedenk der Verantwortung aller Deutschen für ihre Geschichte und deren Folgen, gewillt, als friedliche, gleichberechtigte Partner in der Gemeinschaft der Völker zu leben, am Einigungsprozeß Europas beteiligt, in dessen Verlauf auch das deutsche Volk seine staatliche Einheit schaffen wird, überzeugt, daß die Möglichkeit zu selbstbestimmtem verantwortlichen Handeln höchste Freiheit ist, gründend auf der revolutionären Erneuerung, entschlossen, ein demokratisches und solidarisches Gemeinwesen zu entwickeln, das Würde und Freiheit des einzelnen sichert, gleiches Recht für alle gewährleistet, die

Gleichstellung der Geschlechter verbürgt und unsere natürliche Umwelt schützt, geben sich die Bürgerinnen und Bürger der Deutschen Demokratischen Republik diese Verfassung.«

Zwischen diesem Text und der Präambel des Grundgesetzes bestehen einige Unterschiede: Erstens erhob die VERT Präambel, im Gegensatz zum Grundgesetz, keine Ansprüche auf eine verfassunggebende Macht des Volkes, sondern bezog sich einfach auf die »Bürgerinnen und Bürgern« der DDR; zweitens bezieht sich die Präambel des GG auf das Bewusstsein des deutschen Volkes (in der Originalversion ausschließlich der westlichen Bundesländer) und seiner Verantwortung »vor Gott und den Menschen«, während ihr östliches Gegenstück einen rein laizistischen Ansatz wählte und an die »Verantwortung aller Deutschen für ihre Geschichte und deren Folgen« appellierte.

Eine deutliche Hoffnung auf eine zukünftige Vereinigung der deutschen Nation, die in der Präambel verkündet wurde, findet man in Art. 41 VERT: Dort erklärte sich die DDR bereit, eine »gesamteuropäische Friedensordnung« zu bilden, »welche die durch den Zweiten Weltkrieg in Deutschland geschaffene Lage auf der Grundlage der Aussöhnung mit allen Völkern, die von Deutschen unterdrückt und verfolgt wurden, überwindet«. Darüber hinaus bekannte die DDR sich im zweiten Absatz des gleichen Artikels »zu dem Ziel der Herstellung der Einheit der beiden deutschen Staaten«. Ein entscheidender Schritt für die Erreichung eines dauerhaften Friedens für Völker, die in anderen Phasen ihrer Geschichte in einer ganz anderen Art den Wert der nationalen Einigung ausgelegt und manipuliert hatten.

3.1. *Grundrechte*
Der VERT regelte, wie schon das GG, in seinem ersten Teil die Grundrechte. Damit sollte offensichtlich der Unterschied zu der DDR Verfassung 1974 deutlich gemacht werden: Diese normierte im ersten Abschnitt die »Grund-

lagen der sozialistischen Gesellschafts- und Staatsordnung«, und nur in Kapitel 2 des zweiten Abschnitts »Bürger und Gemeinschaften in der sozialistischen Gesellschaft« die »Grundrechte und Grundpflichten der Bürger«. Eine weitere, merkwürdige Parallele wird beim Vergleich zwischen den Art. 1 beider Verfassungen deutlich: im VERT erklärte Art. 1 die Menschenwürde als »unantastbar«, und dass »sie zu achten und zu schützen [...] die oberste Pflicht des Staates« sei. Genau dies regelt das GG, wenn es im Art. 1 erklärt, dass die Menschenwürde »unantastbar« ist, und dass »sie zu achten und zu schützen [...] Verpflichtung aller staatlichen Gewalt« ist. Die Auslegung dieses Grundprinzips macht die Unterschiede zwischen VERT und GG deutlich. Während der ostdeutsche Entwurf erklärte: »Jeder schuldet jedem die Anerkennung als Gleicher [und] niemand [darf] wegen seiner Rasse, Abstammung, Nationalität, Sprache, seines Geschlechts, seiner sexuellen Orientierung, seiner sozialen Stellung, seines Alters, seiner Behinderung, seiner religiösen, weltanschaulichen oder politischen Überzeugung benachteiligt werden« (Art. 1.2), regelt das Grundgesetz nur, dass sich das deutsche Volk (genauer: Das Volk der BRD) »zu unverletzlichen und unveräußerlichen Menschenrechten als Grundlage jeder menschlichen Gemeinschaft, des Friedens und der Gerechtigkeit in der Welt« bekennt (Art. 1.2). Der VERT zielt mehr als das GG auf eine direkte Anerkennung der Menschenwürde von Mensch zu Mensch sowie der damit verbundenen Grundrechte: eine deutliche und unmittelbare Hochachtung der Drittwirkung im Grundrechte-Bereich, die jedenfalls auch in der rechtswissenschaftlichen Auslegungstradition des Grundgesetzes tief verwurzelt ist.[4]

Der Hauptunterschied zwischen dem VERT-Kapitel über die Menschen- und Bürgerrechte und seinem entsprechenden Teil im GG ist die Trennung der Rechte des Individuums (I. Teil: Würde, Gleichheit, Freiheit, Solidarität) von den Rechten, die in der sozialen Ordnung anzusetzen sind (II. Teil: Arbeit, Wirtschaft, Umwelt), sowie von den Rechten, die in verschiedenen Gesellschaftsformationen auszuüben sind (IV. Teil: Gesellschaftliche Gruppen und Verbände). Der Grund hierfür besteht wahrscheinlich darin, den rein individualistischen Ansatz des Grundgesetzes zu überwinden und einen Schutz der Grundrechte in einer sozialen Dimension zu bevorzugen, um eine »ultra-individuelle« Basis des demokratischen Grundsatzes zu verwirklichen.

Ein Beweis für diese Hypothese steht in Abschnitt IV.1 des Entwurfes (Art. 35-39), der wie erwähnt die Normierung der gesellschaftlichen Gruppen und Verbände enthält. Dort wird die soziale Natur von Verbänden, Gewerkschaften, Parteien und Kirchen so beschrieben, dass sie als tatsächliche »Vermittlungsorgane« zwischen Bürgern und Institutionen erscheinen. Darüber hinaus beabsichtigte die Erwähnung der in diesem Zusammenhang sonst eher vernachlässigten Bürgerbewegungen neben den traditionellen sozialen Gruppen, wie Parteien, Gewerkschaften und Kirchen offenbar, deren soziale Rolle an die der anderen Gruppierungen anzugleichen. Dies sollte eine »Differenzierung« der Organisationsformen des kollektiven Handelns unterstützen und die Funktion der vielen am RT beteiligten Bürgerbewegungen legitimieren.

Neben den Ähnlichkeiten enthält das I. Kapitel des VERTs auch mehrere absolut innovative Elemente. Ein Beispiel dafür ist der Art. 4.1.: »Jeder hat das Recht auf Leben, körperliche Unversehrtheit und Achtung seiner Würde im Sterben«. Obwohl eine solche Formulierung unterschiedliche Interpretationen erlaubt, schließt die Rechtslehre aus, dass sie ein sogenanntes »Recht auf Euthanasie« festsetzt. Vielmehr sollten die zuständigen öffentlichen Körperschaften gezwungen werden, die Würde des Patienten in Bezug auf die Sorgfaltspflicht zu beachten. Diese Auslegung wird von Art. 4.2. gestützt: »Niemand darf grausamer, unmenschlicher oder erniedrigender Behandlung oder Strafe und ohne seine freiwillige und ausdrückliche Zustimmung medizinischen oder wissenschaftlichen Experimenten unterworfen werden«.

Aus der Zusammenschau dieser Bestimmungen ergibt sich, dass invasive medizinische Behandlung von psychophysischen Zuständen nur mit der ausdrücklichen Zustimmung des Patienten zulässig sein sollte. Eine Norm, die wahrscheinlich auch die in der Vergangenheit der DDR sehr verbreitete Praxis vermeiden wollte, den Gesundheitsbehörden in einigen Fällen absolute freie Hand zu geben und die Therapien der Patienten in ihrer Behandlung selbst zu bestimmen.

In die gleiche Richtung geht Art. 4.3., wonach Frauen »das Recht auf eine selbstbestimmte Schwangerschaft« haben. Ebenso interessant ist, dass im gleichen Absatz eine Verpflichtung für den Staat verankert ist, das Leben des Ungeborenen durch die Bereitstellung entsprechender Sozialleistungen zu schützen. Insgesamt wird hiermit implizit ein zweidimensionales Recht anerkannt: Auf der einen Seite sollten die Frauen in der Lage sein, sich für die Beendigung ihrer Schwangerschaft ohne soziale Hindernisse zu entscheiden; auf der anderen Seite verpflichtete der VERT den Staat, einen größtmöglichen Schutz für ungeborene Kinder in Form von Sozialmaßnahmen zu gewährleisten, ohne jedoch die Gelegenheit der Abtreibung für die werdenden Mütter zu verbieten oder zu beschränken.

Art. 8 bestimmt den Schutz der eigenen Persönlichkeit und der eigenen Privatsphäre als Recht auf Selbstbestimmung der Informationen über sich selbst: »Jeder hat Anspruch auf Achtung und Schutz seiner Persönlichkeit und Privatheit« (Art. 8.1.) und »Jeder hat das Recht an seinen persönlichen Daten und auf Einsicht in ihn betreffende Akten und Dateien. Ohne freiwillige und ausdrückliche Zustimmung des Berechtigten dürfen persönliche Daten nicht erhoben, gespeichert, verwendet, verarbeitet oder weitergegeben werden. Beschränkungen dieses Rechts bedürfen des Gesetzes und müssen dem Berechtigten zur Kenntnis gebracht werden.« (Art. 8.2.).

Man könnte in dieser Norm eine gewisse präkognitive Fähigkeit der Mitglieder des RTs erkennen, da sie den verfassungsrechtlichen Schutz der persönlichen Daten zu einem Zeitpunkt vorschrieb, an dem dieses Problem noch lange nicht auf der politischen Tagesordnung der freiheitlichen demokratischen Staatsordnungen stand. Der Ursprung der Norm sollte allerdings eher in den systematischen Missbräuchen der persönlichen Sphäre gesucht werden, die die DDR Bürger durch die Geheimdienstoffiziere und die »informellen Mitarbeiter« der Stasi ertragen mussten.

Aus Platzgründen ist es an dieser Stelle leider nicht möglich, die weiteren Artikel des I. Kapitels des VERTs zu beschreiben. Die oben genannten Beispiele zeigen jedoch ausreichend, wie der Grundrechte-Katalog des Verfassungsentwurfes sich als gelungene Mischung von freiheitlichen demokratischen Traditionen und innovativen Öffnungen auf die so genannten Rechte der 3. oder 4. Generation beweisen konnte.

3.2. Staats- und Regierungsform

Der Teil über die Staats- und Regierungsform orientierte sich mehr als alle anderen Kapitel des VERT am Grundgesetz.

Das bundesstaatliche Prinzip, in gewissem Maße eine Konstante der deutschen verfassungsrechtlichen Tradition, wurde durch Art. 41.1. (wieder)eingeführt. Die Beziehungen zwischen dem Zentralstaat und den Bundesländern waren sehr ähnlich wie im Grundgesetz normiert, wenn auch mit einem bedeutenden Unterschied: Im Gegensatz zum Grundgesetz erwähnte der VERT ausdrücklich die ausschließlichen Gesetzgebungskompetenzen des Bundes und der Länder, während alle anderen nicht explizit angegebenen Angelegenheiten in den Geltungsbereich der konkurrierenden Gesetzgebungskompetenz fielen (Art. 96 und 97).

Was die Regierungsform des Zentralstaates betrifft, war die Struktur des VERT – wie in den etablierten Demokratien – auf das parlamentarische Modell und das Prinzip der Gewaltenteilung ausgerichtet. Eine Besonderheit bestand darin, dass das Staatsoberhaupt von einer Bundesversammlung auf vier Jahre gewählt wird, in der die Mitglieder der Volkskammer, der Landesparlamente sowie der Volksvertretungen von Kreisen und Kreisfreien Städten vertreten sind (Art. 85.1.). Auch die Struktur des Zwei-Kammer-Systems orientierte sich am GG: Während die Volkskammer, die aus 400 Mitglieder besteht, direkt von den DDR-Bürgern gewählt werden sollte, wird die Zusammensetzung der Länderkammer von den Länderregierungen bestimmt (Art. 66). Ähnlich wie der Bundesrat übt also die Länderkammer eine Vertretungsfunktion der Länder auf Bundesebene für Gesetzgebungs- und Verwaltungskompetenzen aus, obwohl die Vertreter der Regionalkörperschaften von den entsprechenden Exekutiven und nicht von den Volksvertretungen der Länder festgestellt werden. Eine letzte Analogie zwischen VERT und GG betrifft das so genannte »Konstruktive Misstrauensvotum« der Volkskammer gegen den amtierenden Ministerpräsidenten, der nur abgewählt werden kann, wenn innerhalb von 48 Stunden ein Nachfolger von der Mehrheit der Volkskammermitglieder gewählt wird (Art. 75).

Bilanz. Warum verschwand der Verfassungsentwurf des Runden Tisches?

Alles in allem kann man am Ende feststellen, dass der Verfassungsentwurf des Runden Tisches sowohl in Bezug auf den Grundrechtekatalog als auch auf die Organisation der Staatsordnung eher Ähnlichkeiten als Unterschiede zum Grundgesetz zeigte. Trotzdem verschwand er in den ersten Monaten des Jahres 1990 schnell von der Tagesordnung der meisten politischen und sozialen Kräfte, die sich mit der Zukunft der DDR beschäftigten und der Frage, wie das damalige Macht-Vakuum wieder ausgefüllt werden konnte.[5] Der Grund warum er am Ende nicht die geltende Verfassung der DDR wurde, hat vor allem mit dem Weg zur Wiedervereinigung der beiden deutschen Staaten im Jahr 1990 zu tun. Die Wiedervereinigung erfolgte gemäß Art. 23 GG: Die so genannten »Neuen Bundesländer« der ehemaligen DDR traten dem Geltungsbereich des Grundgesetzes bei. Der andere Weg, der nach Art. 146 GG eine neue, »von dem deutschen Volke in freier Entscheidung« beschlossene Verfassung vorsah, wurde nach dem Ergebnis der Volkskammerwahl vom 18. März 1990 schnell abgelehnt.[6] Dies hätte nämlich vorausgesetzt, dass beide deutsche Staaten die Verhandlungen für die Vereinigung auf der Ebene absoluter Gleichberechtigung führten: Eine neue, auf den freiheitlichen und demokratischen Grundwerten basierte Verfassung der DDR hätte u. a. dazu geholfen, die Souveränität der ostdeutschen Staaten zu gewährleisten und zu behaupten. Sie hätte sich damit als Hindernis gegen den »schnellen Weg« der Wiedervereinigung nach Art. 23 GG erwiesen.

Gerd Poppe, Vertreter der Bürgerbewegung »Initiative Frieden und Menschenrechte« und Mitglied des RTs, fasste am 4. April 1990 nur wenige Wochen nach der letzten Volkskammerwahl der DDR Geschichte, sehr treffend zusammen:

> »[...] Dabei handelt es sich um eine Verfassung für
> die DDR, mit deren Annahme wir eine gegenüber
> der durch das Grundgesetz für die Bundesrepublik
> gegebenen gleichrangige und damit gleichberechtigte
> Ordnung schaffen. Mit diesem Entwurf einer neuen
> Verfassung trifft der Runde Tisch Bestrebungen entgegen, sich durch die Abgabe von Beitrittserklärungen
> einer anderen Verfassungsordnung, dem Grundgesetz
> der BRD, nach Artikel 23 zu unterwerfen. Wer auf
> einen solchen Weg der Einheit Deutschlands strebt,
> verletzt [...] das Selbstwertgefühl und damit die Würde
> dieses Volkes«[7].

Dass die meisten anderer Meinung waren, ist mittlerweile bewiesen. Das Thema des Einflusses des Schicksals der so genannten ostdeutschen »Friedlichen Revolution« auf die Wahrnehmung einer eigenen DDR-Identität ist in den vergangenen Jahren unter mehreren Perspektiven schon analysiert worden.⁸ Dass über 25 Jahre nach der deutschen Wiedervereinigung die Debatte über die Identität der ostdeutschen Länder und ihrer Bevölkerung dennoch nicht beendet ist, scheint ebenso klar erkennbar zu sein.

1 Damit ist das Motto gemeint, das in den Monaten der Wiedervereinigung der beiden deutschen Staaten in allen Medien erschien: »Jetzt wächst zusammen, was zusammengehört«. Für eine Reflexion über den nicht nur sprachlich-kulturellen, sondern auch sozio-politischen Hintergrund vgl. Sabine Ylönen »*Jetzt wachst zusammen was zusammengehört!« Der lange Weg der Deutschen Vereinigung*, in: Hall, Christopher & Pakkanen-Kilpiä, Kirsi (Hrsg.): *Deutsche Sprache, deutsche Kultur und finnisch-deutsche Beziehungen. Festschrift für Ahti Jäntti zum 65. Geburtstag*. Reihe: *Finnische Beiträge zur Germanistik*, Band 19., Lang, Frankfurt a. M., S. 289–304.
2 André Hahn, *Der Runde Tisch. Das Volk und die Macht – Politische Kultur im letzten Jahr der DDR*, Verlag am Park, Berlin 1998, S. 61–73.
3 Bernhard Schlink, *Deutsch-deutsche Verfassungsentwicklungen im Jahre 1990*, in: Bernd Guggenberger/Tilde Stein (Hrsg.), *Die Verfassungsdiskussion im Jahr der deutschen Einheit*, Carl Hanser Verlag, München 1991, S. 19–37 (21).
4 Ulrich K. Preuß, *Der Entwurf der Arbeitsgruppe »Neue Verfassung der DDR« des Runden Tisches für eine Verfassung der Deutschen Demokratischen Republik*, in: Kritische Justiz 2/1990, S. 222–225 (222).
5 Rolf Henrich, *Macht*, in: Thoralf Barth (Hrsg.), *Die Zentrale des Umbruchs von 1989/90. Meinungen über den Runden Tisch der DDR*, Weißensee Verlag, Berlin 2009, S. 39–62.
6 Günther Maleuda, *Entdeckter Parlamentarismus. Die Volkskammer der DDR im Prozess der »Wende«*, in: Siegfried Prokop (Hrsg.), *Die Kurze Zeit der Utopie. Die »Zweite DDR« im vergessenen Jahr 1989/1990*, Elefanten Press, Berlin 1994, S. 140–154.
7 Zit. in Uwe Thaysen, *Der Runde Tisch, oder: Wo blieb das Volk? Der Weg der DDR in der Demokratie*, Westdeutscher Verlag, Opladen 1990, S. 146.
8 Hannes Kraus, *Das Vergangene erzählen – Erinnerungsdiskurse nach 1989*, in: Fabrizio Cambi (Hrsg.), *Gedächtnis und Identität. Die Deutsche Literatur nach der Wiedervereinigung*, Königshausen und Neumann, Würzburg 2008, S. 45–56.

Volkmar Schöneburg

Vom Ludergeruch der Basisdemokratie

Geschichte und Schicksal des Verfassungsentwurfes des Runden Tisches

> »*Kein Sozialismus*
> *ohne Installierung der Menschenrechte,*
> *keine Installierung der Menschenrechte*
> *ohne Sozialismus.*«
> Ernst Bloch

Im Herbst 1989 erscheint eine »Studie zur Gesellschaftsstrategie« auf dem Büchermarkt der DDR. Die Autoren sind junge Wissenschaftler verschiedener Sektionen der Humboldt-Universität, die sich dem Forschungsprojekt »Moderner Sozialismus« verschrieben hatten. Der Abschnitt »Überlegungen zu Um- bzw. Neugestaltung des politischen Systems« stammt aus der Feder Rosemarie Wills. Sie kritisierte in ihrem Text das in der DDR vorherrschende politikbürokratische, instrumentelle Rechtsverständnis, wonach das Recht lediglich Instrument, nicht aber Maß der Politik sei. Zugleich forderte sie Rechtsstaatlichkeit, eine Aufwertung der Rolle des Rechts und die Verankerung von Durchsetzungsmechanismen für die klassischen politischen Grundrechte sowie die Erarbeitung neuer Konfliktregulierungsmechanismen.[1] Es war nur folgerichtig, dass Rosemarie Will dann an der Erarbeitung des Verfassungsentwurfs des Runden Tisches als Mitglied der Expertengruppe beteiligt war. Daher ist es naheliegend, ihr diesen Beitrag zuzueignen.

Die beiden DDR-Verfassungen

Bereits 1946 legte die SED einen Verfassungsentwurf für Gesamtdeutschland vor. Jener Entwurf, der sehr stark von der Weimarer Verfassung geprägt war, bildete die Grundlage für die 1948 vom Verfassungsausschuss des Deutschen Volksrates unter Vorsitz von Otto Grotewohl ausgearbeitete und mit der Gründung der DDR in Kraft getretene Verfassung. Auf die Arbeit des Verfassungsausschusses nahm die sowjetische Besatzungsmacht kaum Einfluss. Wie das Grundgesetz der Bundesrepublik war auch die Verfassung der DDR von 1949 eine Reaktion auf die Erfahrungen mit der Auflösung der Weimarer Republik, auch wenn etwa 80 Artikel der Weimarer Verfassung zum Teil wortwörtlich übernommen wurden. Die Verfassung von 1949 bekannte sich zur Volkssouveränität und Gewalteneinheit, also zu einer herausgehobenen Position des Parlaments (Volkskammer), bei dem die oberste die Legislative, die Exekutive und die Rechtsprechung kontrollierende Gewalt lag. Die historische Begründung dafür war durchaus schlüssig. Die Verfassung war auch darüber hinaus von jenem entschiedenen demokratischen Impuls der Nachkriegsjahre geprägt. Die Grundrechte waren in dieser Verfassung noch als Inhalt und Grenzen der Staatsgewalt sowie als Gestaltungsrechte der Bürger konzipiert. Eine Verwaltungsgerichtsbarkeit wurde geregelt. Die SED konnte sich bei der Erarbeitung der Verfassung gegen den Widerstand von CDU und LDPD (Liberal-demokratische Partei Deutschlands) dahingehend durchsetzen, dass Massenorganisationen am politischen Entscheidungsprozess gleichberechtigt beteiligt wurden und das parlamentarische System mit dem sogenannten Blockgedanken verknüpft wurde.

Die Verfassung von 1949 wurde in der DDR in vielerlei Hinsicht verletzt. Sie war daher nur ein Dokument, mehr Vision als Richtschnur, weshalb nicht zu Unrecht auch von einer »verfassungsleeren Zeit« gesprochen wird.[2] Die Gründe waren vielfältiger Natur. Zwar stand bei der Ausarbeitung der Verfassung die politische Entwicklung in der

SBZ (Sowjetische Besatzungszone) Pate, dennoch war die Verfassung auch auf ein Gesamtdeutschland ausgerichtet, dessen Perspektiven jedoch zunehmend verblassten. Damit waren Kollisionen mit dem Verfassungstext vorprogrammiert. Außerdem setzte sich in der SED verstärkt ein Rechtsverständnis durch, wonach das Recht Mittel und Instrument der Macht, im Zweifelsfall aber nicht deren Maß war. Und drittens korrespondierte dieses Rechtsverständnis mit den sich etablierenden realen Machtstrukturen, in deren Zentrum das Politbüro der SED stand, wohingegen die Verfassung keinen Führungsanspruch der SED normierte. Die uneingeschränkte und verfassungswidrige Machtposition sicherte sich das Politbüro der SED über einen ganz bestimmten Funktionsmechanismus, zu dem die Partei- und Kaderpolitik im Staatsapparat ebenso zählte, wie die eingerichtete direkte funktionale Kontrolle, die der Apparat des Zentralkomitees (ZK) und das Politbüro der SED gegenüber Regierung und Parlament ausübten. Durch jenes zweigleisige System konnte die Volkskammer der DDR zu keiner Zeit ihre verfassungsrechtliche Stellung ausüben. Vielmehr wurde sie von Anfang an zu einer Akklamationsinstitution des Politbüros degradiert.

Es war insofern nur folgerichtig, dass die noch bestehenden Verwaltungsgerichte schon 1948 de facto nicht mehr arbeiteten. Entsprechend den Vorstellungen der SED-Führung war die Verwaltungsgerichtsbarkeit eine für den Sozialismus systemwidrige Kontrolle der Justiz über die staatliche Verwaltung. Die Abschaffung der Verwaltungsgerichtsbarkeit erfolgte 1952 durch eine interne Anordnung des Innenministers. Sie wurde damit gerechtfertigt, dass mit dem auf der 2. Parteikonferenz der SED (Juli 1952) gefassten Beschluss, in der DDR die Grundlagen des Sozialismus zu errichten, eine Interesseneinheit von Staat und Bürger entstehe. Mit der Unterstellung einer Interessenidentität von Staat und Bürger wurde zugleich behauptet, dass der Bürger keinen Schutz vor dem Staat benötige und somit auch keine einklagbaren subjektiven Rechte brauche. Eine Verwaltungsgerichtsbarkeit sei nicht verträglich mit der einheitlichen Staatsgewalt. Später, auf der berüchtigten »Babelsberger Konferenz« von 1958, wurde auch das Verwaltungsrecht als Rechtszweig vorläufig liquidiert. Erst 1988 beriet das Politbüro im Kontext mit der KSZE-Folgekonferenz über die Einführung der Verwaltungsgerichtsbarkeit und fasste dementsprechende Beschlüsse, die in das im Dezember 1988 verabschiedete halbherzige Gesetz über die Zuständigkeit und das Verfahren der Gerichte zur Nachprüfung von Verwaltungsentscheidungen mündeten.

Im Übrigen folgte aus der angenommenen Identität zwischen Staat, Bürger und Volk auch die Ungleichgewichtung zwischen den politischen und sozialen Menschenrechten zuungunsten der politischen in der Rechtspraxis der DDR.

Der Verfassung von 1949 folgte in der DDR die von 1968/74, welche durch die Volkskammer erlassen und durch Volksabstimmung bestätigt worden war. Das Zustandekommen und die Ausgestaltung dieser Verfassung dokumentieren, dass Beschlüsse der SED mittlerweile das oberste Prinzip der Rechtssetzung und Rechtsgestaltung in der DDR waren. Das Verfahren und die inhaltliche Ausrichtung der Verfassungsgesetzgebung wurden von Walter Ulbricht, dem damaligen Ersten Sekretär des ZK der SED und Vorsitzenden des Staatsrates, in einem ganz kleinen Kreis festgelegt, wobei der die Notwendigkeit einer neuen Verfassung zuerst aus den außenpolitischen Zusammenhängen herleitete. Als Ulbricht im Dezember 1967 der Volkskammer vorschlug, eine neue Verfassung auszuarbeiten, hatte er den Entwurf bereits in der Tasche. Dieser war im Geheimen unter direkter Anleitung Ulbrichts durch eine handverlesene Kommission erarbeitet worden. Die Rohfassung wurde im Politbüro der SED beraten und verändert und sodann Leonid Breschnew, dem Generalsekretär der Kommunistischen Partei der Sowjetunion (KPdSU), zur Stellungnahme vorgelegt. Der nun auch mit sowjetischen Änderungen versehene Entwurf wurde Ende Oktober durch einen ebenfalls geheim gehaltenen Beschluss des ZK der SED gebilligt. Der in der Praxis schon längst vollzogene Führungsanspruch der SED als der Staatspartei wurde in Artikel 1 der Verfassung nun offen formuliert. Die Verfassung bekannte sich zum Prinzip der Gewalteneinheit und dem der Volkssouveränität, dass jedoch verfassungsrechtlich dem Prinzip des demokratischen Zentralismus subordiniert wurde. Grundrechte waren in dieser Verfassung weder Abwehrrechte gegen den Staat noch einklagbar. Verwaltungsgerichte oder eine Verfassungsgerichtsbarkeit waren nicht vorgesehen. Die wichtige Herrschaftskontrollfunktion des Rechts fehlte. Der Bürger, fühlte er sich in seine Rechte verletzt, war auf den Untertanenpfad der Eingaben verwiesen. Das Ungleichgewicht zwischen den politischen und sozialen Menschenrechten wurde fortgeschrieben.[3]

Letztlich war die Verfassung von 1968 in der Praxis der DDR ein politisches Dokument für Feiertage, jedoch kein juristisches Dokument.

Die verfassungsrechtliche Situation im Herbst 1989
Es nimmt nicht wunder, dass die Protagonisten des Herbstes, die Bürgerbewegungen und die Reformkräfte in der SED die Verfassungsfrage thematisierten. Im Spätsommer 1989 hatte sich eine gemeinsame Front gegen die Gerontokraten des Politbüros gebildet, die sich quer durch die politischen Auffassungen in der DDR zog. Diese gemeinsame Front unterstellte die Existenz der DDR als legitim, bestritt jedoch exakt das, was Otto Reinhold zu diesem Zeitpunkt formulierte: Eine DDR ohne Sozialismus, so wie er bestand, habe keine Existenzberechtigung.[4] Es galt aber, die DDR und damit auch den Sozialismus anders zu denken, als jener Chef der SED-Akademie für Gesellschaftswissenschaften sich Sozialismus vorstellte. Den Bürgerbewegungen ging es nicht darum, das SED-Regime zu stürzen, sondern es der öffentlichen Kontrolle zu unterziehen und zu demokratisieren.

Mit diesen Vorstellungen trafen sich die Bürgerbewegungen mit dem Reformkräften innerhalb der SED. Beispielsweise forderten die Autoren des Projektes »Moderner Sozialismus« einen Parteienpluralismus, die Akzeptanz der Basisaktivitäten der Bürger, die Einklagbarkeit der Grundrechte und folglich die Erarbeitung einer neuen Verfassung für die DDR.[5]

Zwischen den Bürgerbewegungen und den Reformern in der SED bestand Einigkeit darüber, dass es für das Ziel einer an Haupt und Gliedern erneuerten DDR einer neuen Verfassung bedarf. Es ging ihnen um eine Gesellschaftsgestaltung im Rahmen einer Verfassungsdiskussion. Im Übrigen stand auch die große Demonstration am 4. November 1989 in Berlin, der Höhepunkt des historischen »Herbstsemesters«, unter einem verfassungsrechtlichen Aspekt. Das verdeutlicht bereits ein Blick auf die verwendeten Losungen: »Rechtssicherheit ist die beste Staatssicherheit«, »Öko-Daten ohne Filter« oder »Visafrei bis Hawaii«.[6] Demonstriert wurde vornehmlich für Presse- und Meinungsfreiheit sowie Freizügigkeit.

Ende 1989 kam es in der DDR zur Bildung der Runden Tische. Sie waren Vermittlungsstellen, die der Opposition Einfluss auf exekutive und legislative Prozesse einräumten und zugleich jene Autorität besaßen, die die delegitimierte Staatsmacht längst verloren hatte.

Alle Teilnehmer des Zentralen Runden Tisches stimmten im November 1989 darin überein, dass sofort mit der Erarbeitung eines Verfassungsentwurfes für die DDR zu beginnen sei. Der Zentrale Runde Tisch berief daher eine Arbeitsgruppe »Neue Verfassung der DDR«. Alle relevanten politischen Gruppen und Parteien waren in dieser Arbeitsgruppe vertreten, von der »Initiative für Frieden und Menschenrechte« bis hin zur CDU. Der Plan jener Arbeitsgruppe sah vor, den Verfassungsentwurf einer im Mai 1990 zu wählenden Volkskammer zur Bestätigung vorzulegen und danach über eine Volksdiskussion und einen Volksentscheid zu verabschieden.

Der Fahrplan, den sich die Arbeitsgruppe gegeben hatte, wurde jedoch durch die Ereignisse der Grenzöffnung usw. sehr schnell obsolet. Da die Volkskammerwahl auf den März vorgezogen wurde, musste auch die Arbeitsgruppe die Arbeit am Entwurf beschleunigen. Ein erster, unfertiger Entwurf lag dem Zentralen Runden Tisch am 12. März 1990 vor. Nicht ohne Grund wurde das Dokument als Vermächtnis des Runden Tisches charakterisiert. Die Vertreter der Bewegungen und Parteien am Runden Tisch fassten am 12. März 1990 den Beschluss: »Dieser Verfassungsentwurf des Runden Tisches ist in der Debatte um eine neue deutsche Verfassung gem. Art. 146 GG einzubeziehen.«[7] Der Gesamtentwurf einer neuen Verfassung wurde im April vorgestellt und am 5. April 1990 dem Ministerpräsidenten übergeben.[8]

Die folgenden Diskussionen in der Volkskammer dokumentieren das Verfassungsverständnis im neu gewählten Parlament. Unzählige Debatten um die Vereidigung und dabei verwendete Eidesformel der Minister und um das Staatswappen dominierten die Plenarsitzungen. Hingegen war die Behandlung des Verfassungsentwurfes des Runden Tisches eher beschämend. Auf der 3. Tagung der Volkskammer am 19. April 1990 war der Verfassungsentwurf des Runden Tisches Gegenstand der Diskussion innerhalb einer Aktuellen Stunde. In der Debatte führte Gerd Poppe (»Initiative für Frieden und Menschenrechte«) aus, dass erst eine neue Verfassung die Grundlage bilde für den auf Volkssouveränität basierenden Rechtsstaat.[9] Poppe zählte selbst zur Arbeitsgruppe »Neue Verfassung«. Ähnlich wie Poppe argumentierte Gerhard Riege (PDS), der seine Genugtuung darüber zum Ausdruck brachte, dass der Verfassungsentwurf des Runden Tisches durchdrungen sei von einem demokratischen und humanistischen Grundgestus und jene positiven und negativen Erfahrungen aus 40 Jahren DDR verarbeitet habe. Der Entwurf sei wichtig, so Riege, für einen gleichberechtigten Einigungsprozess und gleichzeitig ein Angebot für eine Verfassung des geeinten Deutschlands.[10] Die Vertreterin des Demokratischen Aufbruchs, Frau Rechtsanwältin Brigitta Charlotte Kögler, entgegnete: »Wozu brauchen wir noch eine Verfassung? (...) Der Verfassung, die wir bisher hatten, der sozialistischen, haben wir die Absage erteilt. Das hat das Votum am 18. März eindeutig ergeben. Es bedarf überhaupt nicht mehr des formellen Aktes, diese Verfassung z. B. außer Kraft zu setzen. Sie ist außer Kraft gesetzt worden durch das Volk, durch die Abstimmung. Teile und Rudimente dieser 74er-Verfassung existieren noch, aber in der Form eines einfachen Gesetzes.«[11] Darüber hinaus argumentierten Abgeordnete mit Zeitnot. Der Übergang, in dem man sich befände, ließe Zeitverschwendung für eine Verfassungsdiskussion nicht zu. Was bei Frau Kögler besonders offenkundig war: Hier reproduzierte sich letztlich das Rechtsverständnis der SED.

Das parlamentarische Aus für den Entwurf folgte dann in der 5. Sitzung der Volkskammer am 26. April 1990. BÜNDNIS 90/GRÜNE hatten zwei Anträge eingebracht:
1. Antrag zur Inkraftsetzung eines vorläufigen Grundgesetzes für die DDR;
2. Antrag zur Volksabstimmung über eine neue Verfassung.

Es waren schließlich die SPD-Politiker Reinhard Höppner (auch Vizepräsident der Volkskammer) und Richard Schröder (Fraktionsvorsitzender der SPD), die es mit einigen Geschäftsordnungstricks erreichten, dass über beide Anträge in folgender Form zusammen abgestimmt wurde: »Wer ist dafür, dass diese Anträge zur Sachberatung an den Verfassungsausschuss überwiesen werden?«[12] In der Abstimmung äußerten sich 179 Abgeordnete dagegen und 167 dafür, die Anträge zu überweisen. »Nicht überweisen« bedeutete in diesem Fall jedoch, die Debatte ergebnislos zu beenden. Damit verschwand der Verfassungsentwurf des Runden Tisches in der Schublade der Volkskammerpräsidentin, Frau Bergmann-Pohl. Er erreichte nicht einmal den Verfassungsausschuss.

1862 hielt Ferdinand Lassalle in einem Bürger-Bezirks-Verein Berlins einen Vortrag »Über Verfassungswesen«. Hintergrund dieses Vortrages war der Preußische Verfassungskonflikt. Lassalle unterschied in seiner Rede zwischen der Verfassung und dem Verfassungsgesetz. Die Verfassung bilden die tatsächlichen Machtverhältnisse eines Landes, wohingegen das Verfassungsgesetz lediglich ein beschriebenes Blatt Papier sei – wertlos, wenn es den realen Machtverhältnissen nicht entspräche.[13] Verfassungsfragen sind Machtfragen! Das ist die heute noch gängige Quintessenz der Verfassungstheorie Lassalles.

Dass die Behauptung Lassalles nicht so falsch ist, zeigt auch das Schicksal der Verfassung des Runden Tisches, die folgenlos vom Tisch der Volkskammer gefegt wurde, als deren frisch gewählte Mehrheit sich eilig auf den Beitrittsweg begab.

Volkseigentum + Demokratie
Aber das Schicksal der Verfassung des Runden Tisches war auch durch deren Inhalt vorherbestimmt. Das Verfassungsgesetz eines Staates oder Bundeslandes enthält immer die grundlegenden und zugleich folgenreichen Bestandteile der herrschenden Ordnung einer Gesellschaft, d. h. Elemente ihrer wirtschaftlichen, politischen und geistigen Verhältnisse. Volker Braun hat im November 1989 die Intensionen, von denen sich die Mehrheit der Autoren des Verfassungstextes leiten ließ, auf den Punkt gebracht: »Volkseigentum + Demokratie, das ist noch nicht probiert, noch nirgends in der Welt. Das wird man meinen, wenn man sage: made in GDR. Die Verfügungsgewalt der Produzenten.«[14]

Fasst man die inhaltlichen Neuheiten der Verfassung des Runden Tisches zusammen, die ihr faszinierendes Moment ausmachen, so wird klar, dass das Projekt »Neue Verfassung« an der konservativen Mehrheit in der neu gewählten Volkskammer scheitern musste.

Das Faszinosum dieser Verfassung ist bereits das Staatssymbol: Schwerter zu Pflugscharen, ergänzt durch die Präambel aus der Feder von Christa Wolf. Da heißt es u. a.: »Ausgehend von den humanistischen Traditionen, zu welchen die besten Frauen und Männer aller Schichten unseres Volkes beigetragen haben, eingedenk der Verantwortung aller Deutschen für ihre Geschichte und deren Folgen, (...) gründend auf der revolutionären Erneuerung, entschlossen, ein demokratisches und solidarisches Gemeinwesen zu entwickeln, das Würde und Freiheit des Einzelnen sichert, gleiches Recht für alle gewährleistet, die Gleichstellung der Geschlechter verbürgt und unsere natürliche Umwelt schützt, geben sich die Bürgerinnen und Bürger der DDR diese Verfassung.«[15]

Der Verfassungstext ist des weiteren geprägt durch die negativen und positiven Erfahrungen aus der DDR. Er lehnt sich an und setzt sich auseinander mit dem Bonner Grundgesetz. Das Großartige an dieser Verfassung und am Verfassungsgebungsprozess war der Versuch, das, was sich im Oktober/November 1989 von unten an Umbrüchen vollzogen hatte, in eine verfassungsrechtliche Form zu gießen. Anders ausgedrückt: Es ging darum, die Impulse von unten, die zur Beseitigung des verkrusteten stalinistischen Systems geführt hatten, verfassungsrechtlich zu verankern.

Folge dieser Überlegungen war, dass der Menschenrechtsteil des Entwurfs als ein klares Bekenntnis zur Basisdemokratie angelegt ist. Dies drückt sich darin aus, dass Bürgerkomitees, Bürgerbewegungen, Gruppierungen von unten, Interessengemeinschaften das Recht eingeräumt wurde, sich in den staatlichen Willensbildungsprozess einzubringen bzw. diesen zu kontrollieren. Beispielsweise heißt es im Art. 35: »Vereinigungen, die sich öffentlichen Aufgaben widmen und dabei auf die öffentliche Meinungsbildung einwirken (Bürgerbewegungen), genießen als Träger freier gesellschaftlicher Gestaltung, Kritik und Kontrolle den besonderen Schutz der Verfassung.« Dem Grundgesetz ist solche Art Basisdemokratie fremd.

Das Bekenntnis zur Basisdemokratie führte auch dazu, dass Sperrklauseln im Entwurf nicht verankert wurden, hingegen aber eine Volksgesetzgebung verfassungsrechtlich geregelt wurde. Art. 89 lautet: »Die Gesetzte werden durch die Volkskammer oder durch Volksentscheid beschlossen.« Im Art. 98 wird weiter ausgeführt: »Gesetzesvorlagen zu einem Volksentscheid werden durch Volksbegehren beim Präsidenten der Republik eingebracht. Dem Volksbegehren muss ein ausgearbeiteter und mit Gründen versehener Gesetzentwurf zugrunde liegen. Im Entwurf sind 9 Vertrauensleute zu benennen. Der Volksentscheid ist herbeizuführen, wenn das Begehren von 750 000 stimmberechtigten Bürgern gestellt wird.«

Solche Institute finden sich im Grundgesetz nicht. In den Beratungen zum Grundgesetz war hinsichtlich der Legitimation der Vernachlässigung basisdemokratischer Elemente eine konstruierte Vergangenheit herangezogen worden. Aber weder die Macht des Volkes noch die Plebiszite – die beiden Volksabstimmungen in der Weimarer Republik zur Fürstenenteignung (1926) und Young-Plan (1929) waren bekanntlich gescheitert – hatten die Republik von Weimar ruiniert, wie seinerzeit in den Debatten um das Grundgesetz kolportiert wurde.

Die Verfassung des Runden Tisches sieht mehrere Formen des Eigentums vor, wobei dem genossenschaftlichen Eigentum besonderer Schutz zukommen sollte. Art. 29 Abs. 2 lautet dementsprechend: »Das persönlich genutzte und das genossenschaftliche Eigentum sowie die aufgrund eigener Leistung erworbenen Rentenansprüche und -anwartschaften stehen unter dem besonderen Schutz der Verfassung. Der Erwerb von persönlichem Eigentum an Wohnungen und Wohngrundstücken und die Bildung genossenschaftlichen Eigentums werden gefördert.«

Zudem baut der Entwurf die verfassungsrechtliche Gleichstellung von Mann und Frau weiter aus (auch indem das Recht auf selbstbestimmte Schwangerschaft normiert wird) und gewährt jedem Bürger den unentgeltlichen Zugang zu allen öffentlichen Ausbildungs- und Bildungseinrichtungen.

Der Entwurf macht auch Ernst mit der Einheit der Menschenrechte. Er regelt die politischen Freiheitsrechte ebenso wie die sozialen Rechte (Recht auf angemessenen Wohnraum, Recht auf Arbeit). Ein Blick auf das gegenwärtig geltende Grundgesetz macht den Unterschied deutlich.

VOM LUDERGERUCH DER BASISDEMOKRATIE

Unter Grundrechten werden im Grundgesetz die elementaren Bürgerrechte, also die politischen Freiheitsrechte verstanden. Sie sind zugleich objektives Recht der Gesellschaft und subjektives Recht der Bürger. Soziale Grundrechte gibt es in der geschriebenen Verfassung nicht, obgleich das Sozialstaatsgebot (Art. 20, 25 und 28 GG) zu dem mit einer Unveränderbarkeitsklausel versehenen Kern des Grundgesetzes zählt. Dieser Zustand entspricht dem Ungleichgewicht zwischen Rechts- und Sozialstaat in der bundesdeutschen Verfassungsordnung.[16] Es ist aber ein Gebot des Völkerrechts, die Einheit von sozialen und politischen Grundrechten gleichermaßen als Menschenrechte herzustellen. Zumindest ergibt sich dies aus den beiden Internationalen Pakten über bürgerliche, politische, wirtschaftliche, soziale und kulturelle Rechte von 1966.[17] Denn es bleibt, um mit Hegel zu sprechen, nur eine »leere Abstraktion«, die Würde des Menschen für unantastbar zu erklären, ohne zugleich die materiellen und intellektuellen Voraussetzungen dieser Würde sicherzustellen. Man muss nicht einmal Marxist sein, um zu begreifen, dass wirkliche Freiheit die Bedingungen ihrer Verwirklichung impliziert!

Es ist diese Erkenntnis, auf der die Menschenrechtskonzeption der Verfassung des Runden Tisches fußt. Eine Erkenntnis, die heute, in einer Zeit, da Regierungen oft den Kampf gegen die Arbeitslosigkeit vorrangig als einen Kampf gegen Arbeitslose führen, gar nicht hoch genug zu bewerten ist.

Was bleibt von der Verfassung des Runden Tisches?
Natürlich haben auch Entwürfe eine Wirkungsgeschichte. Man denke an die Jakobiner-Verfassung von 1793 oder die Paulskirchen-Verfassung von 1849. Der Entwurf der Verfassung des Runden Tisches umfasst ein Gedankenmaterial, welches bei der Erarbeitung der ostdeutschen Länderverfassungen eine bedeutende Rolle spielte. Vor allem die Brandenburger Landesverfassung trägt die Spuren des Verfassungsentwurfes des Runden Tisches. Zum Beispiel

regelt der Entwurf, dass der Strafvollzug vornehmlich der gesellschaftlichen Wiedereingliederung dienen soll (Art. 12 Abs. 4). Dementsprechend heißt es im Art. 54 der Brandenburger Landesverfassung in Anlehnung an die Judikatur des Bundesverfassungsgerichts: »Im Strafvollzug ist die Würde des Menschen zu achten; er muss darauf ausgerichtet sein, den Strafgefangenen zu befähigen, künftig in sozialer Verantwortung ein Leben ohne Straftat zu führen.« Absatz 2 regelt ergänzend: »Der entlassene Strafgefangene hat nach Maßgabe der Gesetze einen Anspruch auf Hilfe zu seiner Wiedereingliederung.« Auch die sozialen Grundrechte finden sich in der Brandenburger Landesverfassung. Aber aus dem Recht auf Arbeit oder Arbeitsförderung (Art. 27 der Verfassung des Runden Tisches) ist die Verpflichtung des Landes, im Rahmen seiner Kräfte durch eine Politik der Vollbeschäftigung und Arbeitsförderung für die Verwirklichung des Rechts auf Arbeit zu sorgen, geworden (Art. 48 Abs. 1 der Landesverfassung). Aus dem Recht auf angemessenen Wohnraum (Art. 25 der Verfassung des Runden Tisches) ist in der Landesverfassung die Verpflichtung des Landes geworden, »im Rahmen seiner Kräfte für die Verwirklichung des Rechts auf einen angemessenen Wohnraum zu sorgen, insbesondere durch Förderung von Wohneigentum, durch Maßnahmen des sozialen Wohnungsbaus, durch Mieterschutz und Mietzuschüsse« (Art. 47 der Landesverfassung). Die sozialen Grundrechte sind also hier zu Staatszielbestimmungen zurückgestutzt worden.[18]

Volker Braun formulierte im Oktober 1989: »Die Frage ist, ob es nicht etwas moderneres gibt, als den Zirkus der Parteien, eine Demokratie der Basis, eine Demokratie, die Lösungen für alle will. Freizügig und selbstbewusst, solidarisch in sich und mit der Natur und mitdenkend mit der Welt.«[19] Diese Frage ist noch nicht beantwortet. Die Verfassung des Runden Tisches versucht eine Teilantwort.

VOM LUDERGERUCH DER BASISDEMOKRATIE

1 Siehe Rainer Land/Lutz Kirchner, Sozialismus in der Diskussion 1. Studien zur Gesellschaftstheorie, Berlin 1989, S. 74 ff.
2 Siehe Karl-Heinz Schöneburg, Gesellschaftliche Umbrüche und Verfassung (1919, 1933, 1949, 1968 und 1990), in: Gesellschaftliche Umbrüche und politischer Umgang mit den Schatten der Vergangenheit im 20. Jahrhundert, Jena 1994, S. 32.
3 Siehe Karl A. Mollnau, Die Rechtsstaatsproblematik in der Rechtswissenschaft der DDR, in: Jahrbuch zur Staats- und Verwaltungswissenschaft, Bd. 9/1996. Baden-Baden 1997, S. 23-33; ders., Das Eigene und das Fremde, in: Jörg Franke u. a. (Hrsg.), Spannung im Verfassungsbogen, Potsdam 1998, S. 132-140.
4 Siehe Bernd Florath, Opposition und Widerstand, in: Clemens Burrichter u. a. (Hrsg.), Deutsche Zeitgeschichte von 1945-2000, Berlin 2006, S. 407 f.
5 Siehe Harald Bluhm u. a., Sozialismus in der Diskussion 2. Texte zu Politik, Staat, Recht, Berlin 1990.
6 Volker Braun, Werktage 1. Arbeitsbuch 1977-1989, Frankfurt a. M. 2009, S. 977.
7 Verfassungsentwurf für die DDR, Berlin 1990, S. 76.
8 Siehe Klaus Emmerich, Geschichte des Verfassungsentwurfs des Runden Tisches, in: Demokratie und Recht 4/1990, S. 376 ff.
9 Siehe Volkskammer der DDR, 10. Wahlperiode (3. Tagung), Donnerstag, den 19. 4. 1990, S. 52.
10 Siehe ebenda, S. 56.
11 Ebenda, S. 53. Siehe auch ausführlich zur Diskussion in der Volkskammer Uwe-Jens Heuer/Gerhard Riege, Der Rechtsstaat – eine Legende?, Baden-Baden 1992, S. 25 ff.
12 Volkskammer der DDR, 10. Wahlperiode (5. Tagung), Donnerstag, den 26. 4. 1990, S. 126.
13 Siehe Ferdinand Lassalle, Reden und Aufsätze, Leipzig 1987, S. 130, 147.
14 Volker Braun, Wir sind erst einmal am Ende, Frankfurt a. M. 1998, S. 21.
15 Verfassungsentwurf für die DDR, Berlin 1990, S. 9.
16 Siehe Hermann Klenner, Staatsziele als Bürgerrechte? Zum Verbindlichkeitsgrad von Staatszielen in der Brandenburger Verfassung, in: Lothar Bisky/Heinz Vietze, Reformbedarf einer modernen Verfassung, Potsdam 2002, S. 24-31.
17 Die beiden Pakte sind abgedruckt in: Hermann Klenner, Marxismus und Menschenrechte, Berlin 1982, S. 430 ff.
18 Siehe Volkmar Schöneburg, Rechtspolitik und Menschenwürde, Potsdam 2014, S. 15-34.
19 Volker Braun, Wir befinden uns soweit wohl ..., a. a. O., S. 17.

Enno Hinz

»... bis es nicht mehr ging.«

Die Grenzen des Staatskapitalismus, das Ende der DDR und warum nichts blieb wie es war

Im Streit um die Deutungshoheit über die Bewertung des ostdeutschen November-Umbruchs 1989 wird oft nach passenden Bildern gesucht. Wer sich nicht auf Begriffe wie »Revolution« oder »Wende« festlegen will, bemüht nicht selten, aber durchaus passend jene Worte, die Stefan Heym am 4. November auf dem Alexanderplatz fand, um die unglaubliche Wandlung zu beschreiben, die sich innerhalb von nur vier Wochen vollzogen hatte. Vier Wochen, seitdem die organisierten Massen zum 40. Republikgeburtstag an den Tribünen von Partei und Regierung entlangdefiliert waren. Da standen sie nun zu Hunderttausenden, nicht nur eine kleine Gruppe Mutiger zur Montagsdemo, an einem Samstag auf dem »Alex« und Stefan Heym war es: »... als habe einer die Fenster aufgestoßen nach all den Jahren der Stagnation, der geistigen, wirtschaftlichen, politischen, den Jahren von Dumpfheit und Mief, von Phrasengedresch und bürokratischer Willkür, von amtlicher Blindheit und Taubheit.« Soweit, so oft gehört.

Stefan Heym, der seit einem behördlichen Verbot von 1956, das die Veröffentlichung seines Buches »Der Tag X« (späterer Titel »Fünf Tage im Juni«) über den Volksaufstand vom 17. Juni 1953 betraf, immer wieder in Konflikt mit der Staatsführung geraten war und dessen Bücher zeitweise unerlaubt im Westen verlegt wurden, hatte sich schon früher bemüht, die frustrierten Menschen zum aufrechten Gang, zum Einstehen für ihr Recht, zum Widerstand gegen Gängelung und Duckmäusertum zu ermuntern, wenn sie kamen, sich bei ihm zu beklagen. Und dann hörte er sie resigniert sagen: »Wir können doch nichts tun. Und das ging so in dieser Republik, bis es nicht mehr ging.« – Im November 1989 ging es nicht mehr. Und das sollte es dann also gewesen sein?

Seit nun schon 25 Jahren wird um die Fragen gerungen, ob es die Chance für eine alternative Entwicklung der DDR jenseits des Beitritts zur BRD gegeben hat, ob die Wende eher Revolution einer sich selbst befreienden Bevölkerung oder schlicht Kollaps eines abgewirtschafteten Systems war. So auch im vorerst letzten Seminar von Rosemarie Will, das sie gemeinsam mit Bernhard Schlink im Juni 2014 auf Rügen im Ostseebad Binz veranstaltet und unter den Titel »Deutschland seit der Wiedervereinigung« gestellt hatte.[1]

Wenn es für eine Revolution eine Utopie braucht, so hat sie Heym an jenem Novembersamstag auf dem Alexanderplatz definiert. Ihm ging es nicht nur um Freiheit und Demokratie, sondern auch, wohl möglich jetzt erst recht, um »einen Sozialismus, der des Namens wert ist.« Dieser Sozialismus »– nicht der Stalinsche, der richtige –,« den es nun endlich zu erbauen gelte, »zu unserem Nutzen und zum Nutzen ganz Deutschlands«, sei nicht denkbar ohne Demokratie. Und das bedeute, dass alle an der Macht teilhaben müssten. Und wer immer sie ausübe und wo immer, müsse der Kontrolle der Bürger_innen unterworfen sein: »Denn Macht korrumpiert. Und absolute Macht, das können wir heute noch sehen, korrumpiert absolut.«

Rosemarie Will hatte in den Jahren 1989/90 ihren Anteil daran, diese Macht zu begrenzen und dennoch Alternativen zu denken. Doch gemessen an dem von Heym proklamierten Ziel blieb nicht viel vom »richtigen Sozialismus«.

Die Grenzen des Staatskapitalismus

Auf der Suche nach einem Narrativ, das der Komplexität der Ereignisse, die zum Zusammenbruch der DDR führten, gerecht wird, scheint es mir zunächst sinnvoll, die Akteure, welche sich im Bereich der evangelischen Kirchen oder in Friedens-, Umwelt- oder den Demokratie-Jetzt-Gruppen zusammenfanden, von denjenigen zu scheiden, welche massenhaft Ausreiseanträge stellten, für ihr Recht auf Freizügigkeit demonstrierten oder in den westdeutschen Botschaften (in Prag und anderswo) Zuflucht suchten.

Die erste Gruppe lässt sich grob als Bürgerrechtsbewegung zusammenfassen. Ihre Akteure, so Mark Thompson[2], waren »allenfalls Revolutionäre wider Willen«. Bei ihnen handelte es sich (im Unterschied zu den Bewegungen in vielen anderen osteuropäischen Staaten) keinesfalls um antikommunistische Dissidenten, sondern vielmehr um »sozialistische Revisionisten«, welche es »zumeist sogar« ablehnten, »sich als Oppositionelle zu bezeichnen«. Sie wollten keinen schnellen Machtwechsel erzwingen und wären mehrheitlich dazu bereit gewesen, am Runden Tisch der Modrow-Regierung mitzuarbeiten, um den ostdeutschen Staat in eine neue Phase hinüberzuretten. Dabei ignorierten oder unterschätzten sie den Wunsch der Bevölkerung nach der Überwindung des Systems und der Einheit Deutschlands. Thompson zufolge zeige die Fixierung von Publizistik und Forschung auf die Bürgerrechtsbewegung, dass die ostdeutsche Revolution »fundamental missverstanden werde«. Die Bürgerrechtsbewegung habe demnach »von Anfang an« mit der »Dynamik der Massenbewegung – der Revolution« nicht Schritt gehalten.[3] Auch wenn dieser Befund die »widersprüchliche Entwicklung von Intentionen und Aktionsformen in der Umbruchphase«[4] möglicherweise »nur unzureichend«[5] reflektiert, betont er doch zurecht die fundamentale Bedeutung der Massenflucht als diejenige politische Strategie, welche das Fortbestehen der DDR letztlich verunmöglichte.

Aber welche Veränderung der Situation ermöglichte die Strategie der Massenflucht? Welche Bedingungen ermöglichten den Übergang vom »Wir können nichts tun« zum »anything goes«? – Die ganz überwältigende Mehrheit der Historiker_innen, Politolog_innen, Ökonom_innen und Jurist_innen scheint sich einig zu sein, dass die wesentlichen Gründe für den Untergang der DDR in ihrer wirtschaftlichen Verfasstheit zu suchen sind. Dabei wird üblicherweise auf die mindere Produktivität im Vergleich mit der BRD verwiesen und kurzerhand konstatiert, diese ständige Unterlegenheit habe eben zum wirtschaftlichen und politischen Zusammenbruch führen müssen, die DDR habe im direkten innerdeutschen Vergleich »einfach keine Chance gehabt«. Tilman Vogt bemerkt dazu zutreffend, dass diese recht oberflächliche Analyse zu kurz greift, da es sich bei DDR und BRD um »zweierlei Systeme mit unterschiedlichen Wertemustern handelte, die nicht ohne weiteres unvermittelt nebeneinandergestellt werden können, da in ihren Binnenräumen unterschiedliche Prioritäten herrschten«[6]. Als nächstliegendstes und bereits genanntes Beispiel führt er die in der DDR unmögliche Arbeitslosigkeit an.

Friedrich Pollock, ein in der kritischen Theorie beheimateter Wirtschaftswissenschaftler, dessen Fokus auf der Analyse etatistischer Wirtschaftsmodelle lag, beschäftigte sich in den 20er und 30er Jahren des letzten Jahrhunderts mit den Fehlern und Schwächen der sowjetischen Planwirtschaft, welche er und später Horkheimer als »Staatskapitalismus« beschreiben (unter Staatskapitalismus fasst Horkheimer auch Formationen des »New Deal« und faschistische Gesellschaften). Pollock sieht den »Staatskapitalismus« als eine notwendige Phase kapitalistischer Entwicklung, da sowohl Liberalismus als auch »Monopolkapitalismus« die gesellschaftliche Kohäsion durch die ihnen innewohnenden Krisentendenzen auflösen und durch die sich radikalisierenden gesellschaftlichen Antagonismen vom Zusammenbruch bedroht sind. Der Staatskapitalismus ist demnach eine Reaktion auf die kapitalistischen Krisen, deren Ausmaß der Privatkapitalismus nicht aus sich heraus bewältigen kann. Als offensichtlichste Krisentendenzen benennt er »Überproduktionskrisen«, welche von ausufernder Massenarbeitslosigkeit begleitet seien.[7]

Tatsächlich knüpft die Konzeption des Real-Sozialismus genau an diese Tendenzen an, was sich darin zeigt, dass das Dogma des »Rechts auf Arbeit« bis zum Beginn der Auflösung des Staates beibehalten wurde.[8] Darüber hinaus verdeutlicht auch der für die real-sozialistische Planwirtschaft konstituierende innere Anspruch, über die zentrale Steuerung der Produktion und der Distribution die zyklische Fehlkalkulation der privat-kapitalistischen Produktionsweise zu vermeiden und so zu einer besseren Ausnutzung der Ressourcen zu gelangen, diesen historischen Anknüpfungspunkt.[9] Was vormals durch Markt und Privatkapitalisten unter den Bedingungen der Konjunktur geregelt worden ist, wird im Staatskapitalismus mittels staatlicher »Koordination von Bedarf und Hilfsmitteln, Lenkung der Produktion und Verteilung« organisiert. Der Markt verliert so seinen freien Charakter, er wird zum Pseudo-Markt, in welchem die Preise politisch gesetzt werden. Durch die Zentralisierung der Planungsgewalt weicht der Mechanismus des »laissez faire« dem Befehl von oben. Dies bedeutet »den Übergang von einer vorwiegend wirtschaftlichen, zu einer im wesentlichen politischen Ära.«[10] Das Verschwinden der für die wirtschaftliche Ära prägenden Angst vor der Arbeitslosigkeit als Antriebskraft für die vom Produkt ihrer Arbeit nach wie vor entfremdeten Arbeiter_innen wird im Staatskapitalismus durch direkte politische Drohung und Repression kompensiert, um ein unbegrenztes Absinken der Produktivität zu verhindern.[11]

Obgleich Pollock dem Staatskapitalismus quasi ungebremste Produktivität prognostizierte und insofern von der Geschichte eindrucksvoll widerlegt worden ist, sind seine Überlegungen zu den Grenzen des Staatskapitalismus im Bezug auf den Zusammenbruch der DDR interessant.

Das Ende der DDR
Pollock schreibt, dass staatskapitalistische Systeme »ohne reichliche Versorgung mit Rohstoffen, Ausstattung mit Maschinen und der Anpassungsfähigkeit moderner Industriearbeiter«[12] große Verluste zu befürchten hätten, größere wahrscheinlich, als mit einem Marktsystem verbunden wären.[13] Diese Aufzählung enthält augenscheinlich Fak-

toren, welche zur tatsächlichen Unterlegenheit der DDR gegenüber dem Marktsystem führten. Ich denke hier an die Demontage von Fabrikanlagen als Kriegsreparationen durch die UdSSR, die Flucht von Facharbeiter_innen oder den permanenten Rohstoffmangel.[14] Dies führt nun zum nächsten von Pollock beschriebenen Problem, nämlich den politischen Fragen nach »der Bestimmung der Prinzipien, welche Bedürfnisse Vorrang haben sollen, wie viel Zeit auf die Arbeit verwendet, wie viel vom Sozialprodukt verbraucht und wie viel für die Erweiterung der Produktion verwandt werden soll.«[15] Hierin liegt das zentrale Problem der DDR-Ökonomie – die »Eingliederung [...] des Konsums in den allgemeinen Plan«.[16] Die Bestimmung der Bedürfnisse (bzw. der Nachfrage) vollzieht sich in der Planwirtschaft nicht über die Mechanismen des Marktes (da kein wirklicher Markt existiert). Sie muss vielmehr politisch-wissenschaftlich erfolgen. Dabei ist dies keine Nebensächlichkeit, die Nachfrage bildet vielmehr »das Scharnier zwischen vitalem Menschen und kalter Produktionschiffre, welches immer wieder gewaltig in die ökonomischen Berechnungen hineininterveniert.«[17]

Vogt sieht in der Überproduktion das »Schreckgespenst der Marktwirtschaft«[18], während die Planwirtschaft ihm zufolge dort scheitert, »wo sie sich als unfähig erweist, die Bedürfnisse der Bürger in dem Maße zu definieren, dass sie [sich selbst] in den Stand setzt, diese auch zu befriedigen«. »Durch die kulturelle und geographische Nähe zur Bundesrepublik, durch den ständigen Einfluss der bundesrepublikanischen Medien und der in ihr geprägten Konsumnormen« sei es der DDR-Führung bis zuletzt nicht gelungen »eine eigene, der eigenen wirtschaftlichen Fähigkeit angemessene Bedürfnishierarchie in der Bevölkerung zu verankern«[19]. Weiterhin stellt er fest, dass die DDR-Regierung diese Problematik durch die Etablierung von Intershops als »Warenreservate und Einkaufstempel«[20] noch verschlimmerte und somit zur Intensivierung des vergleichenden Blicks nach Drüben und der damit verbundenen Entwertung der eigenen Produktpalette beitrug.

Die SED-Führung reagierte auf dieses Dilemma mit der Ankündigung, man wolle »den Kapitalismus überholen, ohne ihn einzuholen«. 1958 verkündete Walter Ulbricht auf dem fünften Parteitag der SED, der sozialistische Aufbau solle so beschleunigt werden, dass »der Pro-Kopf-Verbrauch unserer werktätigen Bevölkerung mit allen wichtigen Lebensmitteln und Konsumgütern den Pro-Kopf-Verbrauch der Gesamtbevölkerung in Westdeutschland erreicht und übertrifft«. Hierin wird laut Tilman Vogt das Dilemma erkennbar, in welches sich die DDR-Führung verstrickte: Einerseits wollte sie den Staatskapitalismus und seine Vorzüge hinsichtlich der sozialen Absicherung beibehalten – was laut Pollock notwendigerweise erfordert, dass die Verwaltung in der Lage ist, die Bedürfnisse der Bevölkerung zu beherrschen. Auf der anderen Seite wurden aber genau diese Bedürfnisse an den westdeutschen Maßstab gebunden und somit »von außen diktiert«.[21] In der Folge entstanden Plankommissionen, welche völlig irreale, politisch vorgegebene Ziele verfolgten. Die Kombinate reagierten hierauf mit manipulierten Ergebnisberichten und entzogen somit jedem zukünftigen Ansatz rationaler Planung die empirische Basis. In dieser Bewegung des Scheiterns verstieg sich die SED-Spitze zu immer verzweifelteren Versuchen, die aus dem Westen importierten Bedürfnisse zu befriedigen, um diesen »ihren subversiven Stachel«[22] zu nehmen.

1971 beschloss die SED auf ihrem achten Parteitag »die Einheit von Wirtschafts- und Sozialpolitik«, was konkret bedeutete, dass fortan der Großteil der Staatseinnahmen auf den Konsum verwendet und zugleich die Löhne um vier Prozent angehoben wurden. 1976 wurde auf dem folgenden Parteitag die 40-Stunden-Woche eingeführt, der bezahlte Schwangerschaftsurlaub von 18 auf 20 Wochen verlängert, die Gewährung von zinslosen Krediten an junge Ehepaare und eine Erhöhung der Renten beschlossen. Die erhoffte Produktivitätssteigerung trat nicht ein, stattdessen führte die Umschichtung der Staatsfinanzen in Richtung Konsum zu einem Investitionsstau von erheblichem Ausmaß. Ölkrise und zunehmende Kreditabhängigkeit verschärften das Problem, der Rest ist bekannt. Kern dieser Entwicklung war das Unvermögen der DDR-Führung, eine der Planwirtschaft angemessene Bedürfnisstruktur zu stimulieren.[23] Pollock hat dieses Problem der Kollision zwischen Bedürfnisdefinition und rationaler Gesamtplanung bereits 1941 beschrieben. Seine Analyse steht im Widerspruch zur verbreiteten Auffassung, nach der die DDR schlicht »bankrott« gewesen sei. Seiner Analyse folgend liegt der Grund für das Scheitern der DDR darin, dass die Produktionsmittel zwar verstaatlicht, nicht jedoch vergesellschaftet wurden, was die entfremdenden Implikationen des Kapitalismus fortbestehen ließ und letztlich in den beschriebenen Widerspruch führen musste.[24]

Warum nichts blieb wie es war

Das immer offensichtlicher werdende Scheitern der ostdeutschen Wirtschaftspolitik beförderte die innere Implosion des real-sozialistischen Apparats und legitimierte abweichende Positionen innerhalb und außerhalb der SED. Im gleichen Maße, in dem der autoritäre Apparat seine Reformunwilligkeit unter Beweis stellte, wuchs an der sozialistischen Basis die Bereitschaft zur Zusammenarbeit mit außerhalb der Partei stehenden Oppositionellen. Dieses innenpolitische Klima bildete zusammen mit der fortschreitenden Auflösung der Herrschaftsverhältnisse in Polen und Ungarn, der Perestrojka-Krise in der Sowjetunion, dem Unwillen (bzw. Unvermögen) der Gorbatschow-Führung zur Intervention und dem Ende der Blockkonfrontation, welches den Zerfall des sozialistischen Lagers beschleunigte, die materiellen Bedingungen, welche die massenhafte Ausreise ermöglichten. Das Scheitern der Bemühungen, den Ausreisewilligen den Weg in den Westen durch Absprachen mit den Regierungen in Prag und Budapest zu versperren, machte der SED-Führung »den Verlust ihrer Handlungsfähigkeit bewußt«[25] und rief zugleich die westdeutschen Wiedervereiniger auf den Plan. Spätestens mit dem Mauerfall am 9. November 1989 war die Dynamik der Ereignisse nicht mehr aufzuhalten. Die Parole »Kommt die DM nicht zu uns, gehen wir zu ihr« brachte den inhaltlichen Konsens dieser »Revolution in der Revolution«[26] auf den Punkt. Dabei wurde laut Staritz betont, »daß die Aktivisten der zweiten [Revolution] mit denen der ersten kaum noch identisch waren«[27]. Von Seiten der reformorientierten Bürgerbewegung wurden daher auch die Begriffe von einer »abgebrochenen«[28], »mißglückten«[29], »gestohlenen«[30] oder »abgetriebenen Revolution«[31] geprägt, teils in Bezug auf das so nicht gewollte Ende der DDR, teils wegen des »umstandslosen Auf- oder Untergehens von DDR-Erfahrungen in der Bundesrepublik.«[32]

Rosemarie Will hat sich diesen Interpretationen stets entgegen gestellt und auch die Niederlage im Kampf um eine verfassunggebende Versammlung und eine Vereinigung nach Artikel 146 GG als historische Tatsache akzeptiert. Sie war, von der damaligen SED-PDS kooptiert, seit Frühjahr 1990 an der Ausarbeitung des Verfassungsentwurfes des Runden Tischs beteiligt. Rückblickend sagte sie 1996 im Interview mit der *Zeit*, angesichts des exekutiven Charakters der Wiedervereinigung hätte man die Verhandlungsposition der DDR stärken sollen, anstatt Zeit und Kraft in der Verfassungsdebatte zu verbrauchen. Dennoch: Der Beitritt nach Artikel 23 sei schließlich die freie Entscheidung der Volkskammer gewesen. Die Entscheidung »für die im Grundgesetz verankerten Gerechtigkeitsmaßstäbe« sei für »den Osten ein schwieriger, aber selbstgewählter Weg« und »eine Chance«.

---

1 Siehe dazu Dagmar Schnürer: *»Das Demokratie-Problem, das wir haben«, Deutschland seit der Wiedervereinigung – Analysen und Perspektiven*, in diesem Buch, S. 966, und Bernhard Schlink: *Deutschland, Deutschland*, in diesem Buch, S. 975.

2 Mark Thompson: *Die »Wende« in der DDR als demokratische Revolution*, in: APuZ, B 45/99 vom 5. November 1999, S. 15 ff.

3 Vgl. Dietrich Staritz, *Das Ende der DDR. Erklärungsansätze*, in: UTOPIE kreativ, Sonderheft 2000, S. 16 ff.

4 Ebd.

5 Ebd.

6 Tilmann Vogt 2007, *»... gehen wir zu ihr!«* in: Utopie kreativ, Nr. 204, S. 936 ff.

7 Friedrich Pollock, *Staatskapitalismus*. In: *Wirtschaft, Recht und Staat im Nationalsozialismus: Analysen des Instituts für Sozialforschung 1939–1942*, Frankfurt a. M. 1981, S. 81–109.
8 Vogt, a. a. O. (Fn. 6), S. 938.
9 Ebd.
10 Pollock, a. a. O. (Fn. 7), S. 83.
11 Vogt, a. a. O. (Fn. 6), S. 938.
12 Pollock, a. a. O. (Fn. 7), S. 81–109.
13 Ebd.
14 Vogt, a. a. O. (Fn. 6), S. 938.
15 Pollock, a. a. O. (Fn. 7), S. 81 ff.
16 Ebd.
17 Vogt, a. a. O. (Fn. 6), S. 939.
18 Ebd.
19 Ebd.
20 Ebd.
21 Vogt, a. a. O. (Fn. 6), S. 940 f.
22 Ebd.
23 Ebd.
24 Vgl. Klaus Steinitz: *Das Scheitern des Realsozialismus: Schlussfolgerungen für die Linke im 21. Jahrhundert*, Hamburg 2007.
25 Staritz, a. a. O. (Fn. 3), S. 18.
26 U. a. Helmut Müller-Enbergs: *Schritte auf dem Wege zur Demokratie: Die Rolle der Bürgerbewegungen in der Volkskammer*. In: Gert-Joachim Glaeßner (Hg.), *Eine deutsche Revolution. Der Umbruch in der DDR, seine Ursachen und Folgen*, Frankfurt a. M. 1991, S. 94–107, hier S. 96.
27 Staritz, a. a. O. (Fn. 3), S. 16.
28 Gert-Joachim Glaeßner: *Der schwierige Weg zur Demokratie. Vom Ende der DDR zur deutschen Einheit*, in: *Eine deutsche Revolution. Der Umbruch in der DDR, seine Ursachen und Folgen*, Frankfurt a. M. 1991, S. 18 f.
29 Konrad Weiß: *Ich habe keinen Tag in diesem Land umsonst gelebt.* in: Blätter für deutsche und internationale Politik, 35. Jg. (1990), Heft 5, S. 555.
30 Stefan Wolle: *Der Weltgeist zu Fredersdorf (oder die Geschichte von der gestohlenen Revolution)*. In: ZdF, 4 1997, S. 101.
31 Michael Schneider: *Die abgetriebene Revolution. Von der Staatsfirma in die DM-Kolonie*, Berlin 1990.
32 Staritz, a. a. O. (Fn. 3), S. 16.

Rainer Land

Es hätte auch gut werden können!

Überlegungen zur Revision des »Verhältnisses von bürgerlicher Gesellschaft und Staat« im Konzept des »Modernen Sozialismus«

Ich will als erstes einen Gedanken zum theoretischen Konzept des *Modernen Sozialismus*[1] ausführen. Anschließend will ich Überlegungen darstellen, die an die zweite These aus der Abschiedsvorlesung von Rosemarie Will anknüpfen.

1. Moderne und Sozialismus – ein Widerspruch, der sich auflösen lässt?

Ausgangspunkt soll Michael Bries Kritik des Sozialismus als »Monosubjekt« (Brie u. a. 1989) sein.

> »Der Grundgedanke dieses heute grundsätzlich überholten, wenn auch noch nicht grundsätzlich überwundenen Paradigmas, bestand in der theoretischen Zurückführung aller Subjekte der Gesellschaft auf ein einziges Subjekt – auf die Gesamtgesellschaft in ihrer staatlichen Form. Alle gesellschaftlichen Verhältnisse wurden am ›Ideal‹ einfacher organisatorischer Beziehungen der administrativen Unterordnung unter das Gesellschaftsganze bei der Realisierung der gesamtgesellschaftlichen Zwecke gemessen.« (Brie 1988: 33)

Auf der Suche nach den Ursachen für Stagnation, Krisen und letztendlichen Niedergang der Sowjetunion, der DDR, der wirtschaftlichen und staatlichen Organisation in den Ostblockländern, war die Auseinandersetzung, Kritik und Revision dieses grundlegenden und aus unserer Sicht falschen, überholten Gesellschafts- und Ordnungsverständnisses ein zentraler Punkt. Wichtige Komponenten dieser Kritik waren damit verbunden:

– Der Artikel von Rosemarie Will über den sozialistischen Rechtsstaat, die darin enthaltene Begründung der Unterordnung von Staat und Partei unter das Recht (Will 1989, 808 f.),
– Dieter Segerts Begründung der notwendigen Unterscheidung von politischer Gesellschaft und Staat (Segert in Brie u. a. 1989: 83),
– und wohl auch meine Arbeit über die Innovationsblockade der sozialistischen Planwirtschaft, die aus der zentralen Disposition aller Ressourcen in einer »Monosubjekt«-Struktur folgte (Land in Brie u. a. 1989: 60 f.).

Versuchen wir zunächst, das Modell eines solchen sozialistischen *Monosubjekts* zu verstehen. Die gesellschaftliche Organisation der Sowjetunion wie der DDR war nicht die einer kleinen Kommune, in der alle alles gemeinsam regeln und tun und potenziell jede und jeder alle Arbeiten und Funktionen übernehmen könnte. Vielmehr hatten wir es mit komplexen arbeitsteiligen Gesellschaften und differenten Funktionsbereichen wie Wirtschaft, Bildung, Recht, Kunst usw. zu tun. Die Frage war, wie diese im Verhältnis zueinander zu verstehen waren. Das offizielle Konzept, kurz zusammengefasst, war das der Einheit von *Volk, Staat und Partei*, einer Einheit, die auf der Interessenidentität beruhte und in der die *Partei* eine Schlüsselposition innehatte.

Für dieses Modell war der Zusammenhang der folgenden drei Komponenten wichtig (vgl. Land 1996: 188 f.):

a) Es musste ein Wissen über die notwendige Entwicklungsrichtung des Gesamtsystems und seine Stabilitätsbedingungen geben, ein Bewusstsein über die sogenannten objektiven Interessen des Volkes. Dies hatte die *Wissenschaft, vornehmlich der Marxismus-Leninismus als weltanschauliche Grundlage* zu leisten, wobei die in der

Partei privilegierte Erkenntnis der Gesetzmäßigkeiten der gesellschaftlichen Entwicklung die Grundlage war, auf der Detailkenntnisse über objektive Entwicklungserfordernisse der Gesellschaft und ihrer Teilbereiche zu gewinnen waren.

b) Es musste eine den subjektiv erkannten objektiven Entwicklungserfordernissen entsprechende *Willensbildung* geben, d. h. eine Form der »Demokratie«, die alle Individuen, sozialen Gruppen, Organisationen und Institutionen, insbesondere auch die volkseigenen Betriebe, einschloss, und die dazu führte, dass ein *den objektiven Entwicklungserfordernissen entsprechender Wille* insgesamt als auch bei allen Teilen und allen Individuen entstand. Der Spielraum für freie Entscheidung beschränkte sich insofern immer auf Varianten im Rahmen des *objektiv Notwendigen*. Willensbildung, Freiheit und Demokratie dienten also nicht dazu, einen offenen Evolutionsprozess mit Risiken und ex-post-Erfahrungen in Gang zu halten, sondern einen Willen zu bilden, der den objektiven Gesetzen des deterministisch verstandenen Geschichtsprozesses entsprach. Auch hier, bei der Umsetzung von Wissen in demokratisch gebildeten Willen, hatte die Partei eine Schlüsselposition, insofern sie das objektiv Erkannte in Form von Bildung und Agitation vermittelte und die Mehrheit bei den Entscheidungen in den Volksvertretungen sicherstellte. Auch im Selbstverständnis war diese »Demokratie« eine Diktatur.

c) Die dritte Komponente des Monosubjekt zu nennenden Gesellschaftssystems ist schließlich die *Exekutive*, die Verwaltung, der Staatsapparat – die Betriebsleitungen und Plankommissionen eingeschlossen. Hier geht es darum, die auf der Erkenntnis objektiver Entwicklungserfordernisse beruhenden Ergebnisse subjektiver Willensbildung, wie sie in demokratisch beschlossenen Plänen niedergelegt sind, durch ein entsprechendes Management zu verwirklichen. Dabei sind die verschiedenen Verwaltungen auf der Basis des Gesamtplanes zu koordinieren. Klar, dass auch in der Verwaltung die Partei eine Schlüsselposition hat, insofern sie prüft, ob die Exekutive die Pläne korrekt umsetzt und im Zweifelsfall interveniert, ggf. auch Planänderungen einleitet, wenn sie Erkenntnisse oder Erfahrungen dazu zwingen.

Eine zentrale These des *Modernen Sozialismus* war nun, dass genau dieses Organisationsprinzip der Metakoordination aller Subsysteme durch die Staatspartei die Ursache für die zunehmende Dysfunktionalität, für die Stagnation und den Niedergang der sozialistischen Staaten nach einer zunächst dynamisch erscheinenden Phase in den 1950er und 1960er Jahren war. Wirtschaftlich drückte sich dies in mangelnder Innovationsfähigkeit und Stagnation aus.

Man muss sich vor Augen halten, dass dieses Grundmodell intellektuell voraussetzt, dass es *eine objektiv vorherbestimmte gesellschaftliche Entwicklung* gibt und diese vollständig erkannt werden kann, d. h. keine die grundlegenden Entwicklungstendenzen beeinflussenden Faktoren vorab unerkennbar sind.[2] Dass das *Monosubjekt* nicht funktioniert, wussten wir praktisch spätestens seit dem Ende der 1970er Jahre, als sich nämlich zeigte, dass der mit dem Konzept der *Entwickelten sozialistischen Gesellschaft* verbundene Versuch des Übergangs zu einer innovationsbasierten wirtschaftlichen Entwicklung, einer *intensiv-erweiterten Reproduktion,* kläglich gescheitert war. Wissenschaftlich half mir damals Schumpeter zu verstehen, was wirkliche wirtschaftliche Entwicklung ist und wodurch sie sich von deterministischen Kreislauf- und extensiven Wachstumsmodellen unterscheidet.[3] Das Modell eines Monosubjekts passt nur für Systeme *ohne Entwicklung,* weil nur in solchen Zukunft vorab erkannt, berechnet und geplant werden kann. Bei echter wirtschaftlicher Evolution entsteht etwas, das nicht durch Anfangsbedingungen vorbestimmt und vorherbestimmbar ist.

Das Wichtige an der These war, dass die Probleme der DDR und der sozialistischen Staaten nicht auf fehlerhafte Umsetzung, nicht auf Korruption einzelner Personen, nicht auf Gewaltmissbrauch oder widrige Umstände zurückzuführen waren – obwohl es dies alles auch gegeben hatte.⁴ Vielmehr war das *Prinzip* einer im Vorhinein bzw. ex ante gesteuerten gesellschaftlichen Entwicklung, eines über eine Metaebene koordinierten einheitlichen und zugleich in sich differenzierten Gesellschaftsganzen an sich falsch. Diese Grundannahme hatte Konsequenzen, nicht nur für die Vorstellung von Partei und Staat, nicht nur für die Organisation von Wirtschaft, sondern auch für Demokratie und Recht, für Freiheit⁵ und Individualität.

Wenn man die Vorherbestimmbarkeit von Zukunft und damit eine letztinstanzlich wissenschaftliche Bestimmung einer *notwendigen* Entwicklung ablehnt, muss man nicht notwendigerweise schließen, dass *Gestaltung* gesellschaftlicher Entwicklung unmöglich ist. Nur ist Gestaltung dann ein Vorgang, der selbst Teil der sozioökonomischen Evolution ist, also nicht vorab, sondern in der Entwicklung selbst vollzogen wird. Dabei erfordert Gestaltung das *Intervenieren in laufende Entwicklungen*, also die Forschung zu möglichen, wahrscheinlichen oder unwahrscheinlichen Wirkungen und Nebenwirkungen, den Streit darüber, welche Entwicklungen man will und welche nicht, und Instrumente, die bestimmte Entwicklungsrichtungen ex post versperren und andere zulassen oder stützen. Interesseneinheit ist eine Fiktion. Wenn Evolution nur durch die ex-post-Koordinierung autonomer Subsysteme zustande kommen kann, können Interessen zwar ex post ausgeglichen werden, aber sie können nie ex ante übereinstimmen.

Den theoretischen Gehalt, der 1989/90 aus dem ersten Aufschlag eines neuen Modernekonzepts herauszuholen gewesen wäre, können wir heute nicht überblicken, schon gar nicht, was an politischen Reformvorstellungen möglich gewesen wäre. Natürlich ist es denkbar, dass es Ausgangspunkt einer neuen (kleinen aber feinen?) sozialistischen Reformbewegung geworden wäre, die früher oder später Schritt für Schritt die Gesellschaft verändert hätte – angefangen mit einer Verfassungsreform, die einige wichtige Elemente des Verfassungsentwurfs des Runden Tisches aufgegriffen hätte. Und natürlich einer globalen Neuordnung des Zugriffs auf Umwelt und Naturressourcen und der ökologischen Regulierung der Weltwirtschaft. So hätte doch alles gut werden können.[6]

Hätte alles gut werden können? Sicher nicht. Denn die Vorstellung eines offenen, durch Evolution ex post zu gestaltenden gesellschaftlichen Entwicklungsprozesses, der seine Resultate reflektiert und sich selbst korrigiert, schließt eine zentrale Instanz aus, auch eine intellektuelle Hegemonie und ganz und gar eine exekutive Macht zur Umsetzung. Wer hätte den SED-Genossen, der Arbeiterklasse, der Bevölkerung der DDR oder gar den Akteuren im Westen dieses Modell aufzwingen oder aufschwatzen können? Aus dem Reformerklub, der sich im Herbst 1989 an der Humboldt-Universität zu Berlin und dem Werk für Fernsehelektronik zusammengefunden hatte, konnte kein Politbüro werden. Moderner Sozialismus lässt sich nicht durch einen letzten Parteibeschluss durchsetzen, auch dann nicht, wenn die Selbstauflösung der Partei mitbeschlossen worden wäre.

Das Modell einer modernen Gesellschaft, deren Subsysteme nicht zentral koordiniert sind, aber durch Kultur lebensweltlich an die Individuen zurückgebunden, mag man angesichts der heutigen Weltlage für eine zu schwache Alternative halten. Der Ruf nach starken Eingriffen eint ja derzeit Rechte wie Linke, Grüne wie Blaue. Aber niemand hat eine Chance, starke Eingriffe durchzusetzen – vielleicht zum Glück, trotz all dem Elend, das man so gern von starker Hand hinweggeräumt sehen möchte.

2. Was hat das Ganze nun mit Rosis Abschiedsvorlesung zu tun? Wirtschaft und Politik als Subsysteme moderner Gesellschaften

In der Rezension »Zur Judenfrage«, Karl Marx 1844, behandelt Marx zwei für unser Problem relevante Fragen: a) das Verhältnis von Individuum und Gesellschaft und b) das von Politik und privater Ökonomie – wobei beide Fragen als eine gestellt und erörtert werden.

Als Mitglied der bürgerlichen Gesellschaft ist der Eigentum habende und anwendende Mensch vereinzelt, als

Staatsbürger Mitglied einer Gemeinschaft. Das Verhältnis von Privatbürger und Staatsbürger wird mit dem Verhältnis von wirtschaftlichem und politischem Handeln identifiziert. Hegel konzeptualisiert deren Vermittlung, Marx eine grundsätzliche, auf die Aufhebung der Trennung zielende Kritik. Historisch sind zwei Folgerungen daraus gezogen worden: die radikale der grundsätzlichen Aufhebung der Differenz von Wirtschaft und Politik, die Kommune. Und die der Unterordnung der Wirtschaft unter die Politik, die Konzeption des Primats der Politik – eine Forderung, die auch heute nicht selten als Ausweg aus den Krisen der Moderne auftaucht.

Rosi Will in ihrer Abschiedsvorlesung:

> »Indem Marx die Trennung zwischen dem politischen Staat und der bürgerlichen Gesellschaft und die damit einhergehende Unterordnung des Staates und der Menschenrechte unter die Funktionsmechanismen der bürgerlichen Gesellschaft beschreibt und diese sogleich heftig kritisiert, liefert er nicht nur eine Beschreibung des bürgerlichen Sozialmodells, sondern er zielt mit seiner radikalen Kritik daran zugleich auf dessen Lebensnerv. Die Relevanz seiner These liegt in beidem, in seiner Beschreibung der bürgerlichen Gesellschaft und in ihrer Kritik. Die Begrenztheit seiner These liegt in dem von ihm konstatierten unüberbrückbaren Widerspruch zwischen dem Bourgeois und dem Citoyen. Marx sieht keine demokratischen oder sozialstaatlichen Lösungen für diese Widersprüche im bürgerlichen System, sondern er folgert, dass das System als Ganzes aufgehoben werden muss« (S. 1009).

> »Während Hegel, so wie wir heute auch, behauptet, dass die moderne Gesellschaft so eingerichtet werden kann, dass der Individualismus und Egoismus der bürgerlichen Gesellschaft die Bildung und

Durchsetzung von Gemeinwohlinteressen nicht verunmögliche, bestreitet Marx die Fähigkeiten des politischen Staates zur Bildung und Durchsetzung von Gemeinwohlinteressen gegen die individuellen, egoistischen Interessen des Privateigentümers« (S. 1010 f.).

»Die Antwort der gegenwärtigen Rechtsphilosophie auf diesen Einwand lautet in der Regel, dass im modernen Verfassungsstaat durch die Menschenrechte die Teilnahme des Einzelnen an der politischen Machtausübung gleichrangig zu seinem Recht auf individuelle Selbstbestimmung verankert sei. [...] Der Bourgeois kann sich danach in den Citoyen verwandeln. Diese Vorstellung wird angesichts der gegenwärtigen Krise des kapitalistischen Systems auf eine harte Probe gestellt. In der derzeitigen Phase der Globalisierung sehen sich die Nationalstaaten und auch die Europäische Union einem weltweit agierenden Kapitalismus gegenüber, der sich aus den konstitutionellen Fesseln des Nationalstaates befreit hat. Aus der staatlich und sozialstaatlich eingebetteten ökonomischen Macht sind ökonomisch eingebettete Staaten geworden...« (S. 1013 f.).

Der Beweis dafür, dass die moderne Gesellschaft auch angesichts eines global agierenden Kapitalismus zur Demokratie fähig sei, stehe noch aus, so Rosemarie Will: »Solange er noch aussteht, bleibt Marx mit seiner These aktuell« (S. 1015).

Ich will versuchen, den Gedanken mittels wirtschaftswissenschaftlicher und wirtschaftssoziologischer Überlegungen durchaus im Sinne von Rosemarie Will weiterzuführen.

Heute und auch schon in Marx' *Das Kapital* wird Wirtschaft selbst als System aufgefasst, das nicht nur aus egoistischen Einzelakteuren und anonymen Märkten, der *Unsichtbaren Hand* (Adam Smith), besteht, sondern *auch* einen eigenen Koordinationszusammenhang, eine »Regulation« umfasst, so neben Unternehmen und diese verbindenden Märkten das Finanz- und Geldsystem, das Zentral- und Geschäftsbankensystem, das Steuersystem u. a. Der Zusammenhang von Einzelnen und Allgemeinem, beispielsweise die Erhaltung der Gemeingüter und die Funktionalität des Ganzen, werden zunächst durch das Wirtschaftssystem selbst hergestellt und vermittelt.

Es wäre aus heutiger Sicht auch verkürzt, wenn die *Veränderung des Wirtschaftssystems* grundsätzlich als Folge politischer Interventionen, also als Folge der Unterordnung von Wirtschaft unter Politik oder der Kontrolle von Wirtschaft durch Politik gedacht würde. Genau dies passiert aber insbesondere dann, wenn unterstellt wird, die Kapitalverwertung für sich genommen würde immer Ungleichheit produzieren und dies könne nur durch Politik, durch den Sozialstaat, durch politisch durchgesetzte Sekundärverteilung korrigiert werden, so als sei die ökonomische Primärverteilung in einer Kapitalverwertungsökonomie durch ein Naturgesetz unveränderlich festgelegt. Tatsächlich hat sich das Wirtschaftssystem und seine Regulation in der Geschichte des Kapitalismus selbst mehrfach gewandelt. Die Funktion von Politik war dabei die Katalyse, die Vermittlung gesellschaftlicher Bewegungen, die die Regulation der Kapitalverwertung und die Entwicklungsrichtungen des Wirtschaftssystems selbst veränderten.

Nehmen wir als Beispiel die Überwindung der Depression 1929 bis 1938 durch den New Deal in den USA und die darauf aufbauenden globalen Entwicklungen der Nachkriegszeit. Es wäre falsch, die Veränderung der Verteilung zwischen Kapital und Arbeit Ende der 1930er Jahre in den USA bzw. in der Nachkriegszeit in Westeuropa und Japan, die etwa bis in die 1970er Jahre stringent funktionierten, ursächlich als Folge der Einwirkung von Politik auf die Wirtschaftsregulation oder gar allein als Rückwirkung der Entstehung sozialistischer Bewegungen und Staaten zu betrachten – auch wenn diese im Wirkungsgeflecht bedeutsam waren. Die Veränderung des Regulations- und Entwicklungsmodus der Kapitalverwertungswirtschaft nach der Weltwirtschaftskrise und Depression 1929–1936 musste in der endogenen Evolution des Wirtschaftssystems selbst verankert werden, sonst hätte sie nicht funktionieren können. Sicher ist der New Deal in den USA politisch durchgesetzt worden – als Reaktion auf die Weltwirtschaftskrise, genauer gesagt auf das Scheitern des ersten Versuches der Krisenbewältigung durch die Hoover-Administration (Lohnsenkung, Austeritätspolitik). Die Weltwirtschaftskrise, die Massenbewegungen, die weltweite politische Auseinandersetzung um konservative, faschistische, kommunistische oder sozialdemokratische Strategien der Krisenbewältigung, der Zweite Weltkrieg und die ihm vorausgehende Kriegsvorbereitung waren der Kontext, in dem sich eine Transformation des Wirtschaftssystems vollzog.

Allein auf Grund politischen Drucks *gegen* die immanenten Tendenzen des Wirtschaftssystems hätte dieses neu entstandene Regime wirtschaftlicher Entwicklung nicht 50 bzw. 30 Jahre funktionieren und den größten Wirtschaftsboom aller Zeiten erzeugen können. Der im New Deal auf Grund politischer Interventionen entstandene *Fordistische Teilhabekapitalismus*[7] war ein funktionsfähiges und effektives Kapitalverwertungsregime, das dem vorangegangenen Kapitalismustyp hinsichtlich der Wachstumsraten deutlich überlegen war, Profitabilität eingeschlossen. Es hat eine auf Zeit funktionsfähige wirtschaftliche Basis für den Interessenausgleich zwischen Kapital und Arbeit, zwischen den wichtigsten sozialen Gruppen (nicht allen!) und den größten Fraktionen der Herrschenden ermöglicht. Politisch wurde also ein möglicher Pfad der Evolution des Wirtschaftssystems katalysiert. Das ist etwas anderes als die politische Kontrolle über ein sich selbst nicht veränderndes Kapitalverwertungsregime.

Die Frage ist also nicht, ob sich Menschenrechte und Demokratie gegen eine Kapitalverwertungsökonomie durchsetzen lassen, sondern inwieweit sich die Kapitalverwertungsökonomie selbst wandeln kann, Wirtschaftlichkeit und Profitabilität auf andere Weise, auf eine mit progressiven emanzipatorischen Bewegungen kompatible Weise erreicht werden kann. Die Antwort auf die Hegelsche und Marxsche Frage ist also weder das Primat der Politik über die Ökonomie noch die Aufhebung der Differenz in der Kommune, sondern die zyklische Veränderung des Wirtschaftssystems in Koevolution mit Politik und Staat.

Auch die Krisen seit den 1980er Jahren sind nicht dominant durch Verlust der Kontrolle der Wirtschaft durch Politik zu verstehen. Mir scheint, dass die Globalisierung und der Widerspruch zwischen nationalstaatlicher Politik und globalisierter Kapitalverwertung zwar eine wichtige Komponente des Krisengeschehens seit den 1980er Jahren sind, aber nicht die Ursache. Selbst eine globalisierte, nicht mehr nationalstaatlich fragmentierte Politik, wenn sie denn möglich wäre, könnte die Integrations- und Regulationsdefizite der Kapitalverwertung heute nicht ausgleichen, weil diese substanzieller Art sind, das Verhältnis zur Natur und zur Lebenswelt der Menschen sind die eigentlichen Probleme.

Die zentralen Probleme der Kapitalverwertung seit den 1970er Jahren waren a) zunehmende negative Skaleneffekte auf Grund zunehmender ökologischer Kosten – seien diese nun durch wirklich erschwerte Bedingungen wie schwerer zugängliche Rohstoffe oder teurere Umweltschutzmaßnahmen oder durch die Kapitalverwertung und ihre Legitimation störende soziale Bewegungen wie die Umwelt- und Antikernkraftbewegung verursacht. Hinzu kam b) eine abnehmende soziale Wirkung des Massenkonsums für die Integration und Leistungsmotivation der lohnabhängigen Mittelschichten in den entwickelten Industrieländern (zuweilen fälschlich als Konsumsättigung bezeichnet). Steigende ökologische Risiken und Kosten sowie tendenzielle soziale Delegitimation des Wirtschafts- und Konsummodells der Nachkriegszeit haben auch die Verwertungsbedingungen des Kapitals verschlechtert.

Grundsätzlich stehen seitdem zwei fundamentale Fragen: a) Ist eine ökologische Produktionsweise möglich und kann diese durch entsprechende Veränderungen des Regulationssystems in einer Kapitalverwertungsökonomie entwickelt werden? Und b) welche Veränderungen des Verhältnisses von Wirtschaftssystem und Lebenswelt sind denkbar im Sinne allgemeiner emanzipatorischer Entwicklungen, die über die politische Freiheit der Individuen hinaus auch wirkliche Verfügung über die Ressourcen der freien Individualitätsentwicklung, wirkliche Teilhabe für alle, umfassen?

Die Reaktion der wirtschaftlich und politisch stärksten Akteure auf die Grenzen der fordistischen Massenproduktion und die Verschlechterung der Verwertungsbedingungen, die sich erstmals in den Ölkrisen der 1970er Jahre zeigten, war eine Unterwanderung der Wirtschaftsregulation (und eine entsprechende Funktionalisierung der Politik) zu Gunsten von Sonderinteressen: sinkende Lohnquoten, steigende Arbeitslosigkeit und steigender Druck auf die Lohnabhängigen, Reduzierung der Steuern etc. Statt also das Wirtschaftssystem durch Innovationen und Re-Organisation des Regulationsregimes auf die neuen Bedingungen einzustellen, setzte sich eine Strategie der Eliten durch, die Profite durch Umverteilung zu Lasten Dritter und Schwächerer hoch zu halten. Reaganomics, Thatcherismus und Lambsdorff-Papier[8] sind Stichworte dazu. Es waren politische Interventionen, die eine neoliberale Kapitalverwertungslogik gegen die Kapitalverwertungslogik des fordistischen Teilhabekapitalismus durchgesetzt haben.

Seit den 1980er Jahren wurde der Grundkonsens innerhalb der Eliten (Wirtschaft, Politik, Medien, Wissenschaft etc.) und der damit verbundene Kompromiss zwischen Herrschenden und Massen schrittweise aufgekündigt. Dies geschah zwar im Namen einer Wiederherstellung von Effizienz und Funktionalität (Leistungs- und Renditeorientierung, Flexibilisierung, Schuldenabbau, Inflationsbekämpfung), real aber ging es um Bedingungen für die maßlose Bereicherung einer besonderen Fraktion der Wirtschaftselite zu Lasten der Allgemeinheit.

Die Konsequenzen der Aufkündigung des Grundkonsenses der Nachkriegsmoderne sehen wir heute in den zunehmenden globalen und nationalen Konflikten, in der Spaltung der Eliten, z. B. in den USA, und den sich verringernden Chancen für eine Reorganisation der Wirtschaftsregulation. Es geht also nicht um die »Kapitalverwertung«, sondern um Bereicherung einiger unter Hinnahme der Zerstörung des gesamtwirtschaftlichen Zusammenhangs und zu Lasten auch der Kapitalverwertung insgesamt. Ob man das noch »Kapitalismus« oder »Hochkapitalismus« nennen kann, würde ich bezweifeln, weil ja gerade der volkswirtschaftliche Zusammenhang zwischen der Verwertung des Einzelkapitals und Reproduktion des Gesamtkapitals zerstört ist und sich die volkswirtschaftliche Rentabilität und die Verwertung des Gesamtkapitals dabei verschlechtern, auch wenn einzelne Akteure (Banken, Spekulanten) gewaltige Umverteilungsgewinne (aber eben keine Produktivitätsgewinne!) machen. Tatsächlich handelt es sich um Parasiten. Der erste Schritt zum Sozialismus wäre heute, den Kapitalismus vor den Piraten zu retten und ein *vernünftiges*, funktionsfähiges kapitalistisches Wirtschaftssystem global wieder herzustellen[9], wie es mit Bretton Woods ansatzweise schon mal entstanden war.

Es gibt eine strittige Debatte darüber, was die Ursache oder die Ursachen für diese in den 1980er Jahren begonnene »neoliberale« Wende in der Entwicklung der Moderne und des Teilhabekapitalismus waren. Flassbeck, nach meiner Einschätzung der beste Wirtschaftswissenschaftler im Land und einer der besten in der Welt, meint, es seien politische Fehlentscheidungen und eine falsche ökonomische Theorie gewesen. Und er meint auch, dies alles ließe sich heilen, wenn man im Kern zu dem vorherigen Regulationssystem, also vor allem einer produktivitätsorientierten Einkommensentwicklung, regulierten Währungs-

und Kapitalmärkten und einer entwicklungsorientierten Fiskalpolitik zurückkehren würden.[10] Seine Argumente sind im Einzelnen einleuchtend, trotzdem scheint es nicht hinreichend, die Ursache einer Zeitenwende allein in subjektiven Fehlentscheidungen zu sehen. Und zumindest in Bezug auf Massenproduktion, Massenkonsum und Ökologie ist eine Rückkehr zu der Zeit vor den Ölkrisen ausgeschlossen. Man muss wohl davon ausgehen, dass es zunächst und grundlegend innere Entwicklungen des Wirtschaftssystems waren, die dem Paradigmenwechsel in der Handlungsweise der Akteure vorausgingen und den Teilhabekapitalismus erodierten, bevor er in die Hände der Freibeuter fiel.

Hier komme ich noch mal auf das Thema zurück: »Es hätte alles gut werden können« – oder doch nicht? Ich würde ganz spekulativ behaupten, unter den Bedingungen eines noch funktionierenden Teilhabekapitalismus, also 15 Jahre früher, hätte das Konzept des Modernen Sozialismus bessere Chancen gehabt. Denn es war an den damaligen Erkenntnisstand, das Modell eines regulierten und sozialstaatlich eingebundenen Kapitalismus, geknüpft und es war der Versuch, die in diesem Modell angelegten Modernisierungspotenziale für eine sozialistische, also auf die freie und universelle Entwicklung der Individuen gerichtete Entwicklung zu mobilisieren.

3. Lebenswelt als eigener Handlungs- und Sinnbereich moderner Gesellschaften

Damit komme ich zu meinem abschließenden Resümee. Ich denke, dass das Problem der Gestaltung gesellschaftlicher und insbesondere wirtschaftlicher Entwicklung weder allein durch die internen Regularien der Subsysteme noch durch die wechselseitigen Interventionen und Irritationen zwischen den Subsystemen verstanden werden kann. Die Maßstäbe, nach denen Rosi gefragt hat, sind wohl politisch zu formulierende Normen, aber sie sind letztendlich *nicht politischer und natürlich ebensowenig wirtschaftlicher Natur.*

Rosi stellt die Frage nach dem Maßstab individuell freien Handelns so:

»Der demokratische Gesetzgeber ist in unserem Verständnis durch die in den Grundrechten verbürgte individuelle Freiheit begrenzt. [...] Der dabei anzuwendende Maßstab ist das Problem. Wo nehmen wir diesen Maßstab her, wie gewinnen wir ihn?« (S. 1012)

Mit einem herrschaftsfreien Diskurs allein kommen wir auch nicht weiter, denn der erklärt ja bestenfalls die Form der Erzeugung solcher Maßstäbe. Wie sind sie inhaltlich bestimmt – oder sind sie gänzlich unbestimmt, existenzialistisch offen? Oder nur Konventionen?

Luhmann hat mit dem wohl am meisten kritisierten Baustein seiner Theorie, der Trennung von Sozialsystemen und Individuen, den Grundstein gelegt für die aus meiner Sicht wesentliche Differenzierung zwischen systemischer Reproduktion (eingeschlossen das Handeln von Individuen als Personen in systemischen Reproduktions- und Entwicklungskreisläufen – wobei diese Handlungen natürlich Elemente des jeweiligen Systems sind, nicht aber sind es die Individuen) einerseits und den Individuen als eigenem Bereich der Synthesis von Handlungen, der Synthesis von Gesellschaft zu Lebenswelten – obwohl Luhmann Lebenswelt als Begriff und Konzept abgelehnt hat. Das macht aber nichts, denn er hat das Problem aus meiner Sicht richtig gestellt, auch wenn mir seine Lösung, die Psychologie sei für das Leben der Individuen zuständig, nicht einleuchtet.

Meines Erachtens ist eine Antwort nicht zu finden, wenn eine bestimmte Sphäre systemischen Handelns, z. B. Wirtschaft oder Politik oder Wissenschaft oder Kunst die Maßstäbe setzen soll. Grundlage kann nur die *Lebenswelt der Individuen* sein, denn die Systemreproduktion ist zwar eine notwendige Voraussetzung des Funktionierens moderner Gesellschaften, sie ist aus systeminterner Perspektive auch Selbstzweck, wie alle evolvierenden Systeme sich selbst als Zweck der eigenen Entwicklung setzen und beobachten müssen. Aber im Verhältnis von Gesellschaft und Individuum, für uns als freie Individuen, ist die eigene Entwicklungsmöglichkeit der Maßstab. Natürlich ist dies kein naturgegebener und nicht (allein) naturrechtlich begründbarer Maßstab, denn Lebenswelt verändert sich, evolviert selbst. Daher können Maßstäbe nie auf eine letztendliche und konstante Natur des Menschen gegründet werden, auch wenn es natürliche Voraussetzungen gibt. Auch der Körper ist nicht einfach derselbe wie der des Steinzeitmenschen, sondern in seinem Gebrauch, seinen Mitteln und seiner Deutung an das Heute gebunden. Entscheidend ist, Lebenswelt selbst als einen Entwicklungszusammenhang zu denken, in einer konfliktbehafteten Koevolution mit den Sozialsystemen zu sehen. Das verlangt aber, Lebenswelt materialistisch zu denken, also den Körper, die gegenständliche Welt und das praktische Handeln als Grundlage individueller Entwicklung einzuschließen (vgl. Land 2013).

Natürlich können solche Maßstäbe nur durch Diskurse bestimmt und verändert werden, trotzdem sind es keine rein positivistischen Konventionen. Abgesehen davon, dass Körper, Natur und gegenständliche Kultur nicht nur gegeben, sondern mehr oder weniger auch *vorgegeben* sind – die Maßstäbe sind von der *gegebenen* Lebenswelt abhängig, die selbst Evolutionsprodukt ist. Sie können also immer nur auf deren Basis und durch Revision der schon gegebenen Maßstäbe bestimmt werden. Und sie können auch immer nur zusammen mit den Gesellschaftssystemen verändert werden. Es geht also auch hier um Evolution und um individuelle Freiheit in Auseinandersetzung mit den gegebenen Bedingungen und den eigenen Mitgegebenheiten. Die Dominanz eigensinniger lebensweltlicher Maßstäbe über die (ebenfalls unverzichtbare) Selbstreproduktion der gesellschaftlichen Subsysteme ist m. E. die Antwort, die wir heute auf Marx' Frage geben könnten – und auch die Antwort, was Sozialismus in der Moderne bedeuten könnte. Man kann dies als die Umkehrung des Bildes eines staatssozialistischen Monosubjekts auffassen.

Literatur
Brie, André; Brie, Michael; Land, Rainer; Segert, Dieter (1989): Philosophische Grundlagen der Erarbeitung einer Konzeption des modernen Sozialismus. Materialien der Eröffnungsberatung November 1988. Manuskriptdruck der Humboldt-Universität zu Berlin.

Busch, Ulrich; Land, Rainer (2012): Teilhabekapitalismus. Aufstieg und Niedergang eines Regimes wirtschaftlicher Entwicklung am Fall Deutschland 1950 bis 2010. Ein Arbeitsbuch. BoD – Books on Demand, Norderstedt.

Flassbeck, Heiner (2008): Gespräch mit Heiner Flassbeck: Ursachen der langen Depression in Deutschland; Berliner Debatte Initial 19 (2008) 4, S. 7–14.

Land, Rainer (1990): Der Zusammenbruch des administrativ-bürokratischen Gesellschaftssystems – Gefahren und Chancen für eine neue sozialistische Gesellschaftspolitik. Vortrag auf der Konferenz IL SOCIALISMO COME PROGETTO E COME REALTA: PROBLEMI I PROSPETTIVE, Juni 1990 Siena, Italien. http://www.rla-texte.de/texte/3%20Moderner%20 Sozialismus/Siena%201990.pdf (abgerufen am 2.10.2014).

Land, Rainer (1991): Seminarplan zum Textseminar. André Gorz: Kritik der ökonomischen Vernunft. Herbstsemester 1990/91, Humboldt-Universität zu Berlin 1990. http://www.rla-texte.de/texte/3%20 Moderner%20Sozialismus/Seminarplan%20Gorz.pdf (abgerufen am 2.10.2014).

Land, Rainer (1994): Ökosteuer oder Ökokapital? Versuch einer Antwort auf Fragen von André Gorz. In: Andere Zeiten. Forum für politische Ökologie und soziale Emanzipation. Nr. 4/94, September 1994, Berlin, S. 3–12.

Land, Rainer (1996): Staatssozialismus und Stalinismus. In: Lothar Bisky, Jochen Czerny, Herbert Mayer, Michael Schumann: Die PDS – Herkunft und Selbstverständnis. Dietz Verlag Berlin.

Land, Rainer (2013): Freiheit als individuelle Autonomie. Die »Kritik der ökonomischen Vernunft« evolutionstheoretisch gewendet. In: Berliner Debatte Initial 24 (2013) 4. http://www.rla-texte.de/texte/1%20 Evolution/2013-4%20Land%20Gorz.pdf (abgerufen am 2.10.2014).

Alle Texte von Rainer Land unter www.rla-texte.de

Will, Rosemarie (1989): Rechtsstaatlichkeit als Moment demokratischer politischer Machtausübung. In Deutsche Zeitschrift für Philosophie 37 (1989) 9 S. 801–812.

Will, Rosemarie (1995): Eigentumstransformation unter dem Grundgesetz. Antrittsvorlesung 29. Juni 1995. In: Berliner Debatte Initial 7 (1996) 4.

Will, Rosemarie (2014), Zwischen Himmel und Erde – Karl Marx über die Grundrechte in seiner Schrift ›Zur Judenfrage‹, in diesem Band, S. 991.

1 Es versteht sich, dass ich dabei meine persönliche Deutung darstelle, also nicht für andere oder für alle sprechen will.
2 Es wird nicht Evolution gedacht, sondern Determination der Zukunft. So denkt übrigens auch die heute dominierende neoklassische Wirtschaftstheorie die Zukunft, nämlich als durch die Anfangsbedingungen vollständig vorherbestimmt.
3 Heiner Flassbeck verdanke ich inzwischen die Einsicht, dass auch Keynes' ursprüngliche Vorstellung einer nicht vorherbestimmbaren wirtschaftlichen Entwicklung durch den Keynesianismus zumindest teilweise zurückgedreht wurde, um mathematische (also deterministische) Modelle anwenden zu können.
4 Die These ist vielmehr, dass der Machtapparat versuchte, Dysfunktionalität gewaltsam zu kompensieren. Siehe Land 1996.
5 Falsch war damit natürlich auch ein Freiheitsbegriff, in dessen Zentrum die Einsicht in die Notwendigkeit stand. Stattdessen muss Freiheit als die Möglichkeit verstanden werden, selbst eine Kausalkette anfangen zu können (Kant).
6 Ich hoffe, man merkt, dass das ironisch gemeint ist.
7 Vgl. Busch, Land 2012.
8 Vgl. Seite »Konzept für eine Politik zur Überwindung der Wachstumsschwäche und zur Bekämpfung der Arbeitslosigkeit«. In: Wikipedia, Die freie Enzyklopädie. Bearbeitungsstand: 8. Oktober 2013, 10:39 UTC. URL: http://de.wikipedia.org/w/index.php?title=Konzept_f%C3%BCr_eine_Politik_zur_%C3%9Cberwindung_der_Wachstumsschw%C3%A4che_und_zur_Bek%C3%A4mpfung_der_Arbeitslosigkeit&oldid=123247465 (abgerufen am 2.10.2014).
9 http://www.flassbeck-economics.de/verstehen-die-kapitalisten-den-kapitalismus-nicht/ (abgerufen am 2.10.2014).
10 »Es geht um eine Rückkehr zu Keynes – natürlich unter den heutigen Bedingungen.« In: Das Blättchen 15/2012), S.16. http://das-blaettchen.de/2012/08/die-reichen-kaufen-sich-das-system-im-gespraech-mit-heiner-flassbeck-14690.html, 23.9.2014 11:33.

Hubert Rottleuthner

Erinnerungspolitik

Nach radikalen Regimewechseln, an denen die deutsche Geschichte des vergangenen Jahrhunderts reich ist, kann es eine Reihe von Maßnahmen geben, um mit der Vergangenheit, den untergegangenen Regimes »fertig« zu werden. Ich konzentriere mich in diesem Beitrag auf den Umgang mit der NS-Zeit nach 1945 und auf den Umgang mit der DDR nach 1989/90. Sparsam sind die Bezüge zu anderen Ländern, bei denen ähnliche Probleme, vor allem im Zusammenhang mit Fragen von »transitional justice«, auftauchen.

Vergangenheitspolitik – Erinnerungspolitik

Nach einem Regimewechsel kann Vergangenheitspolitik bestehen im Außerkraftsetzen von Gesetzen und Gerichtsurteilen des untergegangenen Regimes; in der strafrechtlichen Verfolgung von Übeltätern, in Elitewechsel, Berufsverboten und Enteignungen. Das Strafrecht kann auch eingesetzt werden, um die Verwendung von Symbolen des untergegangenen Regimes oder die Verbreitung von »Lügen« über die Vergangenheit zu unterbinden. Eine symbolische und/oder materielle Entschädigung von Opfern des untergegangenen Regimes wird häufig, nicht immer, angeboten. »Wiedergutmachung« ist ein übler Euphemismus. Die Intensität der Maßnahmen hängt davon ab, ob der Übergang von einem Regime zum anderen (siegreich) erzwungen oder ausgehandelt wurde. Wie üblich gibt es Zwischenstufen und Gemengelagen.

Dieser stark verrechtlichte Kern von Vergangenheitspolitik wird begleitet und in der Folge abgelöst durch das, was man als »Erinnerungspolitik« bezeichnen kann, d. h. durch, oftmals kontroverse, Versuche, ein Bild oder – wie es jetzt üblich ist zu sagen – ein Narrativ der Vergangenheit zu etablieren: Wie soll man sich an was erinnern?

(Nebenbei: »Narrativ« ist, wörtlich genommen, ein schiefer Ausdruck, denn es geht nicht nur um eine sprachliche Repräsentation von Vergangenheit. Erinnerungspolitik manifestiert sich in vielen Gestalten: nicht nur in öffentlichen Feiern samt Entschuldigungen, in Filmen und Romanen, in denen historische Realität und Fiktionen vermischt werden; auch in der Einrichtung von Erinnerungsorten, Gedenk- und Gedächtnisstätten, Denkmälern, Museen, Bibliotheken, Archiven, Forschungsprojekten, Gedenk- und Festtagen (in Ruanda: eine Gedenkwoche und 100 Tage Trauer!); Straßen werden um- und neu benannt, Briefmarken, Münzen herausgegeben, Ehrenbürger- und Ehrendoktorwürden aberkannt.) Also: Was soll künftig im Gedächtnis haften bleiben? Erinnerungspolitik ist also stets der Zukunft zugewandt. Deshalb kann man umfassender von »Geschichtspolitik« sprechen, die auch Projektionen für die Zukunft umfasst – so wie auch die Geschichtsphilosophie einst Erwartungen des Kommenden bediente.

Individuelle und kollektive Erinnerungen – Arten der Erinnerungspolitik

Die Begriffe »Erinnerung« und »Gedächtnis« werden im Kontext der Erinnerungspolitik nicht mehr individualpsychologisch verstanden; Erinnerungspolitik spielt sich auf einer kollektiven Ebene ab. Es geht um ein »soziales Gedächtnis«, um »kollektive« Erinnerungen. Die bilden sich nicht naturwüchsig, sondern sie werden gemacht – von *Akteuren der Erinnerungspolitik*: das können betroffene Zeitzeugen selbst sein, Politiker, Verbandsvertreter, Journalisten, Schriftsteller, Historiker, Archäologen, Restauratoren, Museumsleute etc. Erinnerungspolitik besteht dann in einem Kampf zwischen Gruppen um das, was als Element wie Eingang in die kollektive Erinnerung finden darf oder soll. Allerdings gibt es neben einer solchen *aktiven* Erinnerungspolitik auch eine *fatalistische*, verbreitet zu finden unter Schurken-Politikern, die auf eine Rechtfertigung in unbestimmter Zukunft setzen. (»Die Geschichte wird über mich befinden.« So Mohammed Hosni Mubarak nach seiner Vertreibung aus dem Amt. »Die Geschichte wird das Urteil über uns sprechen.« So Tony Blair zur Einwilligung in den Irak-Krieg. »Die Geschichte hat das letzte Wort.« So George W. Bush zum Abschied von seiner Präsidentschaft.)

Erinnerungspolitik ist gekennzeichnet durch ein Spannungsverhältnis zwischen individuellen, lebensgeschichtlichen Erinnerungen und kollektiven Geschichts-Präsentationen. Sprachlich zeigt sich das an der Unterscheidung von *sich erinnern* und *erinnern*. (Allerdings scheint diese Unterscheidung in der jüngeren Generation eingeebnet zu werden: ein junger Journalist fragt »Wie erinnern Sie den Krieg?« Der ältere Befragte antwortet: »Ich erinnere mich an...«.) Viele geschichtspolitische Aktivisten können erinnern, ohne sich an irgendetwas davon erinnern zu müssen/können. Für eine erinnerungspolitische Instrumentalisierung von geschichtlichen Ereignissen gibt es keine zeitlichen Grenzen. Das Sich-Erinnern ist auf die Lebensgeschichte beschränkt, das Erinnern ist dagegen unbegrenzt. An runden Jahrestagen wird die Moralkiste geöffnet und etwa hundert Jahre nach 1914 die »Schuldfrage« (erneut) aufgeworfen. Welthistorische Großereignisse wie die Französische Revolution oder die Entdeckung, die ein Eingeborener machte, als er den Columbus an Land gehen sah, können immer noch moralpolitisch genutzt werden. Wann gedenken wir mit dem nötigen Schauer der Ermordung Caesars? Kollektive »Erinnerung« ist eben nicht mehr auf die Lebenszeit begrenzt, sondern prinzipiell grenzenlos vor dem tiefen Schacht der Geschichte.

Wer sind die *Adressaten* der Erinnerungspolitik? Für wen wird sie gemacht? Nach 1945 war es in Deutschland eigentlich die gesamte Bevölkerung. Nach 1989 ist die Zielrichtung nicht so klar: sind die Adressaten vor allem die Ostdeutschen oder auch die Westdeutschen? Für erfolgreiche Strategien der Erinnerungspolitik nach einem Regimewechsel ist es von entscheidender Bedeutung, ob die Bevölkerung konstant bleibt (wie in Deutschland nach 1945, wie in den Ländern des Ostblocks nach 1990 oder in Südafrika), ob ein Teil über den anderen obsiegt oder ob eine fremde Macht das Sagen des Sagbaren hat (wie in Deutschland oder Japan nach 1945). Hier ließe sich eine *interne* von einer *externen, oktroyierten* Erinnerungspolitik unterscheiden. Wird Erinnerungspolitik für die noch lebenden Zeitzeugen (Täter, Mitläufer, Opfer) gemacht, deren Erinnerungen gelöscht oder (im Fall der Opfer) verstärkt werden sollen; oder für kommende Generationen, die ein konsistentes Bild vermittelt bekommen sollen und auch eher übernehmen können, weil sie keine abweichenden Erinnerungen mehr haben? Allerdings muss man auch – trotz aller Plastizität der nicht mehr »Dabeigewesenen« – mit nostalgischen Reaktionen bei ihnen rechnen. Im Fall des Nationalsozialismus etwa tauchen immer wieder irgendwelche »Neos«, d. h. Neonazis, auf, die keinerlei persönliche Erinnerung an ihre »große Zeit« haben. Hier wird an eine Vergangenheit erinnert, an die sich kein Aktivist erinnern kann.

Erinnerungspolitik kann auf Lernprozesse, also auf die Änderung oder Verstärkung von Einstellungen zielen. Das kennt man aus den reeducation-Programmen nach 1945. Allerdings ist das Spektrum zwischen einer *edukativen* und einer zurückhaltend-*informativen* Erinnerungspolitik sehr weit. Wem es auf Lernprozesse ankommt, hat sich im Spannungsverhältnis zwischen individueller und kollektiver Erinnerung der Frage zu stellen, ob es ein sinnvoller Grundsatz sein könnte, dass sich die Beteiligten, die Zeitgenossen, die Zeitzeugen, die »Erlebnisgenerationen« in den »kollektiven Erzählungen« wiedererkennen können?

Keinesfalls kann es aber ein Grundsatz sein, dass Erinnerungspolitik nur im Horizont der Dabeigewesenen erfolgen kann – nach der Devise: eine Zeit könne nur der beurteilen, der sie selbst erlebt habe. Der *Zeitzeuge* ist bekanntlich der Feind des Historikers (abgesehen von Guido Knopp). Zeitzeugen haben keinen privilegierten Erkenntnis-Status

– Die Devise, dass nur der die Zeit beurteilen könne, der sie auch erlebt habe, würde jede Geschichtsschreibung unmöglich machen. Die Zeit geht über die Zeitzeugen hinweg. Das Lebensalter ist eben nur ein beleidigend kleiner Ausschnitt aus dem Weltalter. Der größte Teil unseres historischen Wissens wird nicht durch individuelles Sich-Erinnern erschlossen. Der Zugang zur Vergangenheit wird typischerweise nicht durch persönliche Erinnerungen geöffnet, auch nicht durch Erzählungen von (sich hoch selektiv erinnernden) Zeitzeugen, sondern durch andere Quellen.

– Zeitzeugen haben üblicherweise nur einen kleinen Erfahrungsbereich. Was hat jemand, wann, in welcher Position überhaupt erleben können? Sehr viele Informationen bleiben sehr vielen verschlossen. Und die Menge der »Verschlusssachen«, die erst nach Jahrzehnten publik werden, steigt wohl mit dem undemokratischen Charakter eines Regimes.
– Zeitzeugen haben ein schlechtes Gedächtnis, insbes. was eine genaue Datierung von Ereignissen angeht.
– Zeitzeugen haben auch keinen privilegierten Zugang zu theoretischen Erklärungen. Was immer Kausalität in geschichtlichen Zusammenhängen heißen mag, sie lässt sich nicht »erleben«. Zeitzeugen neigen dazu, aus Episoden Epochen zu machen. Die Bildung von Epochen, das Aufzeigen von Kontinuitäten, Brüchen, Zusammenhängen ist typischerweise die Aufgabe von Historikern, wenn sie jenseits der Zeitgeschichte arbeiten.
– Wenn Zeitzeugen ein schlechtes Gedächtnis haben, so verfügen sie doch meist über ein gutes Gewissen, auch in trüben Zeiten. Zeitzeugen neigen zu Selbst-Rechtfertigungen. Sie neigen nicht nur zum Vergessen, sondern auch zum Verdrängen, Verfälschen, Idealisieren.
– Die Frage ist, ob Opfer einen privilegierten Status in Sachen der moralischen Beurteilung der an ihnen begangenen Untaten – und auch meist des weiteren Zusammenhanges – haben. Kann es ein moralisches Urteil auch nach ihrem Tod geben?

Eine erinnerungspolitische Didaktik wäre gut beraten, wenn sie versuchte, an die Erinnerungen der »Dabeigewesenen« wenigstens anzuknüpfen. Es ist das Verdienst der Alltagsgeschichtsforschung, sich um die Klärung der Fragen zu bemühen, was wer in welcher Position gewusst hat, was man hätte wissen können und warum man was nicht wissen konnte. Erinnerungspolitik hätte ein bislang verschlossenes Hintergrundwissen kenntlich zu machen. Das gilt für die prominenten erinnerungspolitischen Themen aus dem Feld des Nationalsozialismus: was wusste wer und wann über die Verfolgung von politischen Gegnern, die Diskriminierung und Vernichtung der Juden, die Kriegsverbrechen. Bei der auf die DDR-Vergangenheit gerichteten Erinnerungspolitik gelten diese Fragen vor allem den Machenschaften des Ministeriums für Staatssicherheit (MfS) und der Situation an der Grenze. Speziell im Justizbereich stellt sich die Frage, was Richter und Staatsanwälte auf welcher Ebene der Hierarchie über die politische Steuerung der Justiz wussten, wissen konnten. Wer konnte mit dem Namen Sorgenicht etwas anfangen? Und wie war es im Wissenschaftsbereich etc.?

Eine belehrend-erzieherische (edukative) Erinnerungspolitik kann *legitimierend* oder *delegitimierend* orientiert sein. Sie kann innerhalb einer (noch) bestehenden Ordnung betrieben werden; in Deutschland war sie eher auf untergegangene Regime gerichtet. Delegitimiert werden sollte nach 1945 in West wie Ost der Nationalsozialismus. Nach 1989/1990 ging es um die Delegitimierung der DDR. Allerdings gibt es in der neueren deutschen Geschichte einige Verschachtelungen oder Kaskaden der Vergangenheits- und Erinnerungspolitik: war die Geschichte der Bundesrepublik wirklich eine »Erfolgsgeschichte« im Umgang mit der NS-Vergangenheit? Delegitimierend wirkt jedenfalls ein Rückblick auf die strafrechtliche Nicht-Verfolgung von NS-Juristen im Westen. (Der Bundesgerichtshof bezeichnete sie erst 1993 als »fehlgeschlagen«, BGHSt 40, 30 (40).) Wie verhielt man sich nach 1990 gegenüber der Verfolgung von NS-Tätern in der DDR? Waren das Unrechtsurteile? Die Verurteilung von Oberländer – Zeitzeugen erinnern sich vielleicht – durch das Oberste Gericht der DDR wurde nach 1990 aufgehoben, weil es in Abwesenheit erging (das sei rechtsstaatswidrig; für diese Einschätzung wird sich der romanische Rechtskreis bedanken). Wie ging man in der BRD nach 1990 mit Neonazis um, die von DDR-Justiz verfolgt wurden? Und mit NS-Tätern, etwa SS-Aufsehern, die in der DDR verurteilt wurden?

Zwei ehemalige SS-Aufseher des KZ Hohenstein bei Dresden waren von einem DDR-Gericht zu mehrjährigen Zuchthausstrafen verurteilt worden. Eine direkte Tatbeteiligung an den verübten Gräueln musste in der DDR nicht nachgewiesen werden (das gilt in der BRD erst seit dem Demjanjuk-Urteil). Nach der Vereinigung von BRD und DDR wurden die zwei Verurteilten durch das Landgericht Dresden rehabilitiert und erhielten Haftentschädigung. – Die SS-Aufseherin des Frauenkonzentrationslagers Ravensbrück Margot Pietzner, geborene Kunz, wurde in der DDR zu zehn Jahren Haft verurteilt. Nach 1990 wurde sie auf Anregung des Bundesjustizministers Kinkel rehabilitiert und erhielt eine Haftentschädigung von 64 350,- DM (= 550,- DM pro Haftmonat). In einer Stellungnahme des Bundesjustizministeriums ist nur von einer KZ-Aufseherin die Rede; die Buchstaben SS wurden weggelassen. Eine Überlebende des KZ Ravensbrück hat sich über diesen Fall entrüstet geäußert. Sie und ihre Kameradinnen wurden mit 150,- DM pro Haftmonat abgespeist.

Strategien der Erinnerungspolitik
Auf dem 15. Deutschen Richtertag am 23. September 1991 stellte der damalige Bundesjustizminister Kinkel die Forderung nach einer Delegitimierung der DDR auf: »Sie, meine Damen und Herren, haben als Richter und Staatsanwälte bei dem, was noch auf uns zukommt, eine ganz besondere Aufgabe (...) mit dem fertigzuwerden, was uns das vierzigjährige Unrechtsregime in der früheren DDR hinterlassen hat. (...) Es muß gelingen, das SED-System zu delegitimieren. (...) Politische Straftaten in der frühe-

ren DDR dürfen nicht verjähren. (...) Der Gesetzgeber kann aus rechtsstaatlichen Gründen wegen des Problems der Rückwirkung nicht tätig werden.« Dies war ein Aufruf zu aktiver Vergangenheitspolitik (im oben dargelegten Sinne) unter Verwendung vor allem der Strafjustiz zur Delegitimierung der untergegangenen DDR. (Die personelle Säuberung der Justiz in den neuen Bundesländern war schon kein Thema mehr.) Der Justiz sollte es gelingen, das Rückwirkungsverbot, dessen expliziter Bruch der Gesetzgeber scheute, auszuhebeln. Nach Abschluss der Strafprozesse wegen DDR-Unrechts (in der Reihenfolge der Häufigkeit: Rechtsbeugung, Gewalttaten an der deutsch-deutschen Grenze, MfS-Straftaten, Wahlfälschung, Misshandlungen in Haftanstalten, Spionage, Doping, Amtsmissbrauch und Korruption, sonstige Wirtschaftsstraftaten, Denunziation) war Erinnerungspolitik angesagt zur fortgesetzten Delegitimierung der »ehemaligen DDR« – als ob es immer noch eine DDR gäbe (vielleicht in den Köpfen vieler). (Von der »ehemaligen« Weimarer Republik oder dem »ehemaligen« NS-Regime (»Dritten Reich«) spricht niemand.)

Aus den Erfahrungen mit der westdeutschen Erinnerungspolitik gegenüber der NS-Vergangenheit nach 1945 und mit der DDR-zentrierten Erinnerungspolitik nach 1989/90 lässt sich *ein machiavellistisches Kompendium erfolgreicher Erinnerungspolitik* zusammenstellen.

1. Eine Bilanzierung von Positiva und Negativa des vergangenen Systems ist zu vermeiden. Man unterlasse also im Fall der DDR eine Aufrechnung des oben aufgeführten Unrechts in der DDR, das strafrechtlich verfolgt wurde, gegen eventuell positive Seiten (wie Antifaschismus, Gleichberechtigung der Frauen, Kinderbetreuung, nicht vorhandene Arbeitslosigkeit, größere Kollegialität im Betrieb und in der Nachbarschaft, Konfliktnähe der gesellschaftlichen Gerichte, geringe Kriminalität, schnellere und nicht so teure Gerichtsverfahren etc.). Im Fall des NS wagt wohl niemand mehr den Autobahnbau gegen den Holocaust ins Feld zu führen. – Man zerstöre die Basis-Legitimationen des untergegangenen Regimes: den angeblichen »Antifaschismus« der DDR durch den Nachweis, dass es auch dort eine Reihe »alter Nazis« gab und in den letzten Jahren der DDR eine neonazistische Szene (ein angesichts der quantitativen und qualitativen Unterschiede etwas mühsames Unterfangen); die universalistische »Völkerfreundschaft« durch den Hinweis auf Fremdenfeindlichkeit in der DDR; man verweise auf den Preis der »sozialen Sicherheit« in Form von Zwangsintegration, Arbeitszwang und ökonomischer Ineffizienz. – Von den Basis-Legitimationen des NS wie Volk, Nation (alles deutsch) und Führerprinzip hat sich lange Zeit nur der Antikommunismus erhalten.

2. Delegitimierung muss destruktiv sein. Man stelle also die üblen Seiten der Vergangenheit, die vielen Opfer in den Vordergrund. Dann sollte es gelingen, mit »DDR« vor allem »Stasi« und »Mauer und Stacheldraht« zu assoziieren. Man konzentriere sich auf die Kloaken jeder Gesellschaft: Todesurteile und Hinrichtungen, das Gefängniswesen, Polizeiübergriffe, Heimunterbringung von Kindern, Zerstörung familialer Zusammenhänge etc. Unerlässlich ist die Öffnung der Archive der Geheimdienste der anderen Seite – dann brechen Fassaden zusammen. Wenn das in bestehenden Staaten geschieht, kann das auch in ihnen eine starke delegitimierende Wirkung haben (s. NSA). Die erst sehr spät eingesetzte BND-Historikerkommission fand – wie zuvor schon einzelne Rechercheure – heraus, dass der Bundesnachrichtendienst (zunächst als »Organisation Gehlen«) NS-Massenmörder in seine Dienste nahm (Walter Rauff, Alois Brunner, Emil Augsburg u. a., kurzzeitig auch Klaus Barbie). Datenschutzrechtliche Bestimmungen sollten nur die siegreichen Eliten schützen. (Am Rande: Die Betonung der Machenschaften der Stasi – unter Verkennung der Rolle der SED – kann freilich auch seltsame Effekte haben: Gregor Gysi konnte behaupten, dass er als Anwalt von Havemann nicht mit dem MfS kooperiert hätte, sondern Kontakt mit der Abteilung Staat und Rechtsfragen des Zenralkomitees der SED gehabt

habe – also ein Stockwerk höher eingestiegen ist! Das taugt anscheinend nicht für eine Skandalisierung.) – Im Fall des NS ist dessen Delegitimierung in jahrzehntelangen Auseinandersetzungen vor allem dadurch gelungen, dass sich die Perspektive der Opfer durchsetzen konnte, z. T. durch materielle Zuwendungen, z. T. durch zumindest symbolische Anerkennung als Opfer. Relativ einfach und rasch war das der Fall bei politisch und religiös Verfolgten, im Fall der Diskriminierung und Vernichtung der Juden und bei Euthanasie-Opfern. Probleme gab es mit Justizopfern, zumal den Richter-Tätern keine Rechtsbeugung zugeschrieben wurde. Die Entschädigung von Zwangsarbeitern wurde erst durch internationalen Druck möglich. Wie sollte man die Verfolgung von Homosexuellen verurteilen, wenn Homosexualität (unter Erwachsenen) bis 1994 in der BRD strafbar war? Nach 1945 mussten viele Homosexuelle noch ihre Reststrafe absitzen, wenn sie nicht in KZs umgebracht worden waren. Erst 2002 wurden alle 175er-Urteile der NS-Zeit aufgehoben. – Was sollte mit Zwangssterilisierten geschehen, wenn das Erbgesundheitsgesetz nicht als »typisch nationalsozialistisch« nach 1945 aufgehoben worden war und westdeutsche Amtsgerichte noch lange als Erbgesundheitsgerichte fungierten? Besonders lange dauerte es mit den so genannten Kriegsverrätern; da musste sich das Bild der Wehrmacht erst grundlegend geändert haben.

3. Von der erfolgreichen Delegitimierung des NS kann die Delegitimierung der DDR dadurch profitieren, dass Vergleiche und Kontinuitäten zwischen beiden hergestellt werden. Die höllenweiten Unterschiede zwischen beiden Systemen werden planiert durch Phrasen wie »die Bewohner der ehemaligen DDR mussten fast 60 Jahre Diktaturerfahrung machen«, »... zwei deutsche Unrechtsstaaten ...« etc. Hilde Benjamin wird auf eine Stufe mit Roland Freisler gestellt, die Stasi mit der Gestapo. Jüngst wurden Zwangsarbeiter im NS mit angeblichen Zwangsarbeitern in DDR-Gefängnissen assoziiert. Da gingen wohl Zwangsarbeit und Arbeitszwang (den es samt »Arbeitshaus« bis 1969 auch in der BRD gab) durcheinander. – In der Zeit der Kalten-Kriegs-Propaganda gegen die DDR wurden in der BRD Zusammenhänge hergestellt unter dem Topos des »Totalitarismus«, der den NS wie auch den Kommunismus kennzeichne. In der DDR wurde eine Angleichung zwischen NS und BRD gesehen in Gestalt der »braunen« Kontinuitäten. – Gar zu billig sind allerdings immer wieder auftauchende tagespolitisch motivierte Vergleiche lebender Personen mit NS-Spitzenfiguren (Willy Brandt verglich Heiner Geißler mit Goebbels, Kohl hatte 1986 seinen späteren »Freund« Gorbatschow auch mit Goebbels verglichen, Saddam Hussein wurde mit Hitler verglichen (Enzensberger), Thierse mit Göring (Kohl), Bush mit Hitler (Däubler-Gmelin), ein PDS-Mitglied im Berliner Abgeordnetenhaus mit Freisler (vom FDP-Fraktionsvorsitzenden Lindner) etc.).

Vergleiche zu ziehen zwischen *Opfern* verschiedener Regime ist allerdings sehr heikel. KZ-Überlebende sind empört über eine Gleichsetzung oder Gleichbehandlung mit »Opfern des Stalinismus«, wie es auch völlig unangemessen wäre, den Opfern des SED-Unrechts vorzuhalten, dass es die Überlebenden von Auschwitz viel schlimmer hatten. Auf der individuellen Ebene ist ein Vergleich der Opfer-Erfahrungen unzulässig. Man tröstet ein Kind, das sich den Arm gebrochen hat, nicht mit dem Hinweis, dass einem Kind in Bosnien die Beine von einer Landmine abgerissen wurden. – Auf der kollektiven Ebene stellt sich allerdings das Problem, welches symbolische und finanzielle Gewicht den verschiedenen Opfer-Kategorien verliehen wird. Wie viel Geld geht in welche Gedenkstätten, in welche Forschungsprojekte, in Entschädigungszahlungen? Wem wird welches Maß von Aufmerksamkeit zuteil durch Gedenktage, Straßennamen, Briefmarken, Münzen etc.?

4. Nostalgie ist zu verhindern. Deshalb schneide man den noch Lebenden die Zuflucht in die »Normalität« des Alltags ab.

5. Die wirkungsvollste Delegitimation besteht nicht – entgegen Wolfgang Reinhard – im Verschweigen und anschließenden Vergessen. Das »kommunikative Beschweigen« (Hermann Lübbe) des NS in Westdeutschland hat die Nazi-Zeit nicht delegitimiert. Es hat eher die BRD legitimiert. Die hat aber wohl vor allem Akzeptanz gewonnen durch das »Wirtschaftswunder«, den Fortbestand der Beamtenverhältnisse und eine ungerügte »Krähenjustiz«.

6. Man rede also, man führe Feier- und Gedenktage und auch Gedenkstätten (»Erinnerungsorte«) ein. (Auf die vielfältigen Gestalten der Erinnerungspolitik hatte ich bereits oben hingewiesen.)

7. Sprachregelungen sind nur schwer aktiv und explizit durchzusetzen. Erinnerungspolitik lebt aber auch davon, das Spektrum des Nicht-Sagbaren zu vergrößern und einen bestimmten Sprachgebrauch zu etablieren. Hier kommt den Medien eine wichtige Rolle zu, sozialen Druck zu erzeugen. Kann man noch »Machtübernahme« sagen? Es heißt »Tag der Befreiung« statt »Kapitulation«. Die »Männer des 20. Juli« sind keine »Hochverräter« mehr. Was man nicht sagen darf: »Was damals Recht war, kann heute nicht Unrecht sein« (Hans Filbinger zugeschrieben). Es muss heißen: Was heute Unrecht ist, war es auch damals schon und ihr hättet es auch erkennen können. Möglich sind strafrechtliche Verbote von Geschichtsfälschungen (z. B. »Auschwitzlüge«, Leugnung des Genozids an den Armeniern in Frankreich). – Political correctness zeigt sich vor allem in einem korrekten Sprachgebrauch. Sprachliche Äußerungen können ein Zeichen von Loyalität sein. Man hatte mit »Heil Hitler« zu grüßen (begleitet sogar von einer nicht-sprachlichen Geste). In der Bundesrepublik wurde lange Zeit erwartet, »DDR« zu schreiben und sogenannte DDR oder SBZ oder Mitteldeutschland zu sagen. Wie war es in der DDR mit einem solchen Sprachdruck? Dies wäre jedenfalls ein Thema für eine deutsch-deutsche Erinnerungspolitik, auf die freilich wenig Gewicht gelegt wird.

8. Es empfehlen sich eingängige Unterscheidungen. Zum beliebtesten Topos der Delegitimierung der DDR ist wohl der »*Unrechtsstaat*« avanciert. Er wurde zwar zuerst von Gustav Radbruch 1945/46 auf den NS angewandt. (Der BGH behauptete immerhin 1954 (BGHZ 13, 265, 301), dass im NS-Staat »dessen *legitime* Aufgaben fortbestanden« und »in diesem wahren, inneren Kern von dem nationalsozialistischen Terror nicht berührt wurde«. – Der NS »im Kern« ein Rechtsstaat?) Seine Überzeugungskraft verdankt er aber nicht dieser (meist unbekannten) Traditionslinie, sondern der Gegenüberstellung von bundesdeutschem Rechtsstaat und dem Unrechtsstaat der SED. Ich möchte hier (nochmals) die wichtigsten Argumente gegen die Verwendung dieses Begriffs zusammenstellen (vgl. H. Rottleuthner, Gustav Radbruch und der Unrechtsstaat, in: Borowski/Paulson, Hrsg., Die Natur des Rechts bei Gustav Radbruch, Tübingen 2015, S. 91–117):

- Die Unterscheidung von Recht und Unrecht ist sinnvoll anzuwenden auf einzelne Handlungen. Aber was geschieht, wenn sie auf ganze Staaten angewendet wird? Auf dieser kollektiven Ebene muss man eine Fülle von Merkmalen beachten und gewichten, die ein Rechtsstaat aufzuweisen hätte und deren (teilweises?) Fehlen einen Unrechtsstaat ausmachte (Existenz einer Verfassung mit Grund- und Menschenrechten, einer Verwaltungsgerichtsbarkeit, gar einer Verfassungsgerichtsbarkeit – mit welchen Kompetenzen? etc. – einige westliche Demokratien erfüllen diese Bedingungen nicht).
- Wenn nur die klassifikatorische Unterscheidung von Rechtsstaat und Unrechtsstaat verwendet wird, gibt es keine Abstufungen eines Mehr oder Weniger, etwa in einem globalen Vergleich der 193 UNO-Mitglieder. Die versuche man doch einmal in die beiden Töpfchen zu sortieren.
- Weil die DDR kein Rechtsstaat gewesen sei, sei sie eben als Unrechtsstaat zu bezeichnen. Das wird auch noch als »logisch« ausgegeben. Allein das de-

ontologische Sechseck bietet aber – wie Jan Joerden (Jahrbuch für Recht und Ethik 1995, S. 253 ff.) aufgezeigt hat – sechs Möglichkeiten der Unterscheidung:
(1) Rechtsstaat
(2) Nicht-Rechtsstaat
(3) Unrechtsstaat
(4) Nicht-Unrechtsstaat
(5) weder Rechtsstaat noch Unrechtsstaat
(6) weder Nicht-Rechtsstaat noch Nicht-Unrechtsstaat.

– Es gibt keine klare zeitliche Abgrenzung, wann eigentlich der Unrechtsstaat beginnt. Das Unrecht kommt schleichend. Die Beispiele, die Radbruch für den NS als Unrechtsstaat anführt, liegen in den Jahren 1933 bis 1939 (Einparteiensystem, Judengesetzgebung, drakonische Strafgesetze). Es wird mit der Unterscheidung von Rechtsstaat/Unrechtsstaat eine klare Trennungslinie versprochen, die für die Akteure (und Opfer) aber nicht besteht.
– Der Begriff »Unrechtsstaat« war und ist ein politischer Kampfbegriff; er wurde auch von Seiten der DDR propagandistisch gegen die BRD verwendet (»Der Unrechtsstaat des Adenauer-Regimes«), womit vor allem die Tatsache gemeint war, dass sehr viele alte Nazis in führenden Positionen der BRD wieder auftauchten.
– Es handelt sich nicht um einen Rechtsbegriff, der klar anwendbar und lege artis interpretierbar wäre und an den bestimmte Rechtsfolgen geknüpft wären.
– Er enthält den Vorwurf einer Lebensführungsschuld: Dass die Bürger der DDR (wie die Bürger im NS) den Unrechtscharakter des Regimes, unter dem und mit dem sie lebten, nicht erkannt hätten und wenn sie es taten, dass sie nichts dagegen unternahmen.

Dass es sich beim Begriff des »Unrechtsstaates« um einen politischen Kampfbegriff handelt, mit dem Loyalitäten eingefordert werden sollen, zeigte sich an den Debatten im Vorfeld einer bevorstehenden rot-roten Regierungsbildung in Thüringen. Im Bundestag und selbst im hessischen Landtag wurde im Oktober 2014 darüber diskutiert, um die SPD dazu zu bringen, von der Partei »Die Linke.« das »Eingeständnis« zu verlangen, dass die DDR ein Unrechtsstaat gewesen sei.

Vielleicht wird ja einmal eine Fraktion des Bundestages eine Kleine Anfrage an die Bundesregierung einbringen, um folgende Punkte zu klären:

1. Was versteht die Bundesregierung unter einem »Unrechtsstaat«? Welche Merkmale muss er aufweisen, welche Merkmale von Rechtsstaatlichkeit müssen ihm fehlen?
2. Auf welche derzeit existierenden Staaten trifft dieser Ausdruck mit Sicherheit oder auch mehr oder weniger zu?
3. Falls solche Staaten existieren: welche Beziehungen unterhält die Bundesrepublik zu diesen Staaten?
4. Welche Maßnahmen hat die Bundesregierung ergriffen und welche wird sie ergreifen, um die Entwicklung in diesen Ländern zu mehr Rechtsstaatlichkeit zu fördern?

Probleme einer delegitimierenden Vergangenheits- und Erinnerungspolitik

Bei einer strafrechtlich fundierten Vergangenheitspolitik tauchen üblicherweise folgende Probleme auf: es kann der Vorwurf der »Siegerjustiz« erhoben werden; die Selektivität der Strafverfolgung wird offen gelegt mit dem Satz »Die Kleinen hängt man, die Großen lässt man laufen«; die Berufung auf Befehlsnotstand und Gesetzesbindung muss ausgeräumt werden; das Rückwirkungsverbot muss relativiert werden (gemäß der Kinkelschen Devise). Über die Phase der strafrechtlichen Verfolgung und auch danach, in der weiteren Erinnerungspolitik, schwebt bedrohlich das Argument des *tu quoque*. Der Nachweis, dass die delegitimierenden Erinnerungsakteure selbst Leichen im Keller haben, kann ihre Bemühungen als heuchlerische Doppel-Moral entlarven. Im Nürnberger Hauptkriegsverbrecher-Prozess wurde das Tu-quoque-Argument gegen die alliierten Ankläger verwendet (mit dem Hinweis auf Kriegsverbrechen auch der Alliierten). Nun findet man eine solche Retourkutsche auch bei den »Erinnerungen« an die DDR. Die Spitzeleien des MfS finden ihr Pendant in der massenhaften Ausspähung durch westliche Geheimdienste; die MfS-Richtlinie 1/76 »Systematische Diskreditierung des öffentlichen Rufes, des Ansehens und des Prestiges auf Grundlage unwahrer, glaubhafter, nicht widerlegbarer Angaben« ähnelt stark der von Glenn Greenwald aufgedeckten Praxis in den USA (»How Covert Agents Infiltrate the Internet to Manipulate, Deceive, and Destroy Reputations«). – Allmählich bekannt wurde der ungeheure Umfang der Telefon- und Briefüberwachung eben nicht nur in der DDR, sondern auch in der BRD. – Die Zahl der Zwangsadoptionen in der DDR wird medial übertrieben; eindeutig nachweisbar sind fünf Fälle. Massenhaft kann man diese Praxis z. B. in Irland und Australien finden. – Die Spitzenleistungen von DDR-Sportlerinnen und Sportlern wurden im Westen stets mit Argwohn beäugt. Nach 1990 konnte endlich ein umfassendes Doping in der DDR nachgewiesen werden. Dumm nur, dass auch die Doping-Praxis im Westen aufgedeckt wurde. Vor der Ausschreibung des Forschungsprojekts »Doping in Deutschland« (2009–2012) wurden die Forschungsakten des Freiburger Bundesinstituts für Sportwissenschaft fast vollständig vernichtet. – Medial aufbereitet wurde auch der Missbrauch von Kindern in Jugendanstalten der DDR. Aber dann kam die Schwarze Pädagogik auch in kirchlichen Einrichtungen und anderen Heimen im Westen heraus. 2012 wurde ein Fonds »Heimerziehung in der DDR in den Jahren 1949 bis 1990« gegründet, ausgestattet mit 40 Millionen Euro für fünf Jahre. Der Bedarf ist höher als geplant (es sollen ca. 120 000 Kinder und Jugendliche in 38 Spezialkinderheimen und 39 Jugendwerkhöfen (z. B. Torgau) gewesen sein). Der Fonds soll jetzt mit mehr Geld ausgestattet werden. Eine Gleichbehandlung mit Heimkindern im Westen wird abgelehnt. Die im Osten hätten »systematisches Unrecht erlebt«. Die Ansprüche der westdeutschen Heimkinder, für die auch ein Fonds mit kirchlicher Beteiligung eingerichtet wurde, werden jeweils individuell geprüft, im Osten wird das Unrecht durch den Staat vorausgesetzt.

Eine weitere Gefährdung einer erfolgreichen, d. h. den gewünschten Einstellungswandel produzierenden Erinnerungspolitik ergibt sich dann, wenn frühere Kooperationen des jetzigen Erinnerungsakteurs mit dem untergegangenen, nun zu delegitimierenden System zum Vorschwein (dieser Versprecher findet sich bei Freud) kommen. Zu unterscheiden sind solche Fälle von denen einer *Kollaboration*. Diese wird typischerweise unmittelbar nach einem Regimewechsel verfolgt (da wandeln sich auch Anzeigen zu Denunziationen): Personen haben sich mit dem untergangen Regime arrangiert, haben es unterstützt (und davon profitiert). Nun befinden sich die »Quislinge« auf der falschen, unterlegenen Seite und werden von den Siegern nicht selten liquidiert – ein Fall von drastischer Vergangenheitspolitik. Bei den Fällen von *Kooperation*, die ich im Sinn habe, handelt es sich um eine andere Konstellation: das siegreiche System hatte sich in der Vergangenheit mit dem später unterlegenen, nun zu delegitimierenden System auf eine wohl für beide Seiten profitable Zusammenarbeit eingelassen, sozusagen mit dem Bösen paktiert. Ein international bekannter Fall war das Nazi-Raubgold, das die Schweiz hortete. Spät kam es heraus. Zwischen der BRD und der DDR gab es in Zeiten des Kalten Krieges eine Fülle von Kooperationen, die bekannt waren und als humanitär gerechtfertigt wurden (vom Häftlingsfreikauf bis zur Gewährung von Krediten). Erst in den letzten Jahren wurden Praktiken publik, die nicht mehr als humanitär verstanden werden können: Blutspenden von DDR-Gefängnisinsassen, die nach Westdeutschland verkauft wurden; Produktion für IKEA und andere westliche Firmen in DDR-

Gefängnissen (»Zwangsarbeit«); Pharmatests in der DDR, von denen auch westdeutsche Firmen profitierten.

Erinnerungspolitik als Instrumentalisierung von Geschichten

Die Gegenwart können wir in die Zukunft hinein verändern. Die Vergangenheit können wir nicht verändern, Geschichte ist abgeschlossen, sie steht uns nicht mehr zur Verfügung. Was zu unserer Disposition steht, ist unser Umgang mit der Geschichte (bis zur Erzählung von »alternativen Geschichten« – was wäre gewesen, wenn ...). Die Unterscheidung von Geschichte und Geschichten über sie legt einen erkenntnistheoretischen Realismus nahe, für den eben nicht alles »konstruktivistisch« in von uns geformten »Texten« oder anderen »Konstrukten« besteht – auch nicht in Kontexten, Subtexten, Paratexten, Hypertexten (und wenn man das alles verrührt, kommt »Kultur« heraus). Geschichte besteht nicht nur aus »Texten«: es gibt Gewalttaten und nicht nur Gewalttexte. Unser Umgang mit Geschichte ist nicht beliebig; es gibt historische Fakten, über die wahre Sätze geäußert werden können. Zwischen Fakten und Fiktionen lässt sich unterscheiden. Während »Konstruktivisten« einen relativistischen Umgang pflegen, leugnen »Revisionisten« – ganz realistisch – die Existenz bestimmter Ereignisse (z. B. die Existenz von Vernichtungslagern; sollte es Hitler vielleicht doch nicht gegeben haben? Nun wird von einigen Offiziellen in Japan die Existenz von »Trostfrauen« geleugnet). Geschichtswissenschaftler wie Erinnerungspolitiker verfahren notwendig selektiv gegenüber der Komplexität historischer Ereignisse. Sie nehmen Motivzuschreibungen vor, die schwer zu überprüfen sind; sie bilden (konstruieren) Kausalketten, legen Strukturen in historische Abfolgen und sie arbeiten mit Wertprämissen (manchmal auch mit expliziten Wertungen), auf die hin sie das Material strukturieren. Diese Spielräume historischer Arbeit werden in der Erinnerungspolitik methodisch undiszipliniert voll ausgenutzt bis in den Bereich revisionistischer Verleugnungen – für aktuelle Zwecke. Die Formbarkeit der Geschichtserzählungen wächst anscheinend mit der nachlassenden Resistenz, dem schwindenden Vetorecht der Zeitzeugen. Aber Zeitzeugen können nicht – wie gesehen – der Maßstab sein. Erinnerungspolitik weist all die oben benannten Merkmale auf, denen man bei Zeitzeugen begegnet. Deren Defizite sind auch die einer selektiv instrumentalisierenden Erinnerungspolitik. Die kann man »realistisch« aufzeigen und vielleicht vermindern.

Helmut Kramer

War die DDR ein Unrechtsstaat?

Die »Wende« als verpasste Chance bei der Aufarbeitung der Vergangenheit

War die DDR ein Unrechtsstaat, nicht nur vergleichbar, sondern sogar gleichzusetzen mit der NS-Diktatur? War, nach den Worten des Bundesjustizministers Klaus Kinkel, für die historische Aufarbeitung die »verheerende Hinterlassenschaft des SED-Unrechtsregimes gerade auch auf dem Gebiet der Justiz (...) im Ausmaß noch größer als die (der) NS-Justiz«?

Diese Fragen standen nicht nur in den ersten Jahren nach der »Wende« von 1989/90 im Zeichen einer Vergangenheitspolitik, sie erhitzen noch immer einige Gemüter. Grund genug, sich ernsthaft auf einen Vergleich der beiden Rechtssysteme und ihrer justitiellen Aufarbeitung einzulassen.

Fehlende Kontextualisierungen

Stellen wir uns einmal vor: Zur Wiedervereinigung wäre es nicht im Jahre 1990, sondern schon im Jahr 1965 gekommen. Dann hätten in der Bundesrepublik noch viele Richter und Staatsanwälte amtiert, die »Volksschädlinge«, Deserteure und »Wehrkraftzersetzer«, auch Polen wegen »deutschfeindlicher Äußerungen« zum Tode verurteilt hatten. Dabei hatten sie sich oft sogar noch über den klaren Wortlaut der NS-Gesetze hinweggesetzt.

Vielleicht hätten diese Richter in den 1960er Jahren in Rechtsbeugungsverfahren über ihre Kollegen in der ehemaligen DDR zu Gericht gesessen. Nun, ein solch beklemmendes Szenario ist uns erspart geblieben. Erspart hat man sich auch ein Nachdenken über die ideologischen und politischen Hintergründe der Entstehung und Entwicklung der beiden deutschen Staaten. Vermieden hat man auch eine Beschäftigung mit dem oftmals tragischen biografischen Zusammenfallen von Opferrolle (in der NS-Zeit) und Täterrolle (in der DDR). Man denke etwa an die Lebens- und Leidensgeschichten von Hilde Benjamin und Wolfgang Abendroth. Sah sich die DDR nicht als eine (falsch verstandene) Antwort auf das nationalsozialistische Terrorregime?

Wie konnte es also geschehen, dass Juristen gleichsam über Nacht zu Mördern in der Robe wurden? Juristen, die fast alle eine gediegene Ausbildung und ihre berufliche Sozialisation noch in der Zeit vor 1933 absolviert hatten. In der DDR war das ganz anders. Auch waren die NS-Richter nicht nur auf dem Papier mit richterlicher Unabhängigkeit ausgestattet. Sie waren praktisch unabsetzbar. In dem trickreichen, scheinbar korrekten und deshalb besonders perfiden Umgang mit dem juristischen Rechtsanwendungsinstrumentarium sehe ich den Grund dafür, dass das Versagen der Richter im Dritten Reich für uns noch wichtigere Lehren bereithält als die DDR-Justiz.

Lehren aus den Fehlern eigener Aufarbeitung
Zu diesen Lehren gehört: Juristen müssen kritisch und selbstkritisch mit ihrem Instrumentarium umgehen, damit sie es nicht zu politischen Zwecken missbrauchen. Hans Wrobel spricht von einer verfassungsrechtlichen Pflicht des Richters zur Selbstkritik. Ein besonders lohnendes Objekt für die Einübung in das Hinterfragen eigener Positionen ist die jüngere Rechtsgeschichte. Mit ihrer widersprüchlichen Entscheidungspraxis in Fällen von im Staatsinteresse begangenen Unrechts liefert vor allem die strafrechtliche Aufarbeitung der NS-Justiz, im Vergleich zur Aufarbeitung der DDR-Justiz, ein hervorragendes Anschauungsmaterial als Warnung vor einer allzu großen Selbstgewissheit der Juristen.

Es gibt keine Gesetzesnorm mit ihrer Interpretation, keine Rechtsfigur, keinen Denkansatz, keine einzige methodische Operation, die nicht gegenüber NS-Tätern einerseits und DDR-Tätern andererseits diametral, gewissermaßen um 180° entgegengesetzt, angewandt worden ist, mit erschreckend konträren Ergebnissen bei ähnlichem Sachverhalt. Urteile, die sich vermeintlich aus einer rein rechtlichen, völlig unpolitischen, rein logischen Operation zwingend ergeben haben. Noch immer gibt es bei vielen Juristen und vielen Historikern zu wenig Nachdenklichkeit über jene politische Justiz, mit der im Kalten Krieg, nämlich in den Jahren 1949 bis 1968 auch in der Bundesrepublik auf Grund höchst dubioser Straftatbestände politische Gegner verfolgt und wegen ihrer Oppositionstätigkeit oft ins Gefängnis und Zuchthaus geschickt wurden, wegen bloßer Meinungsäußerungen und Organisationsdelikten. Diese politische Justiz ereignete sich unter Beteiligung ehemaliger NS-Juristen unter dem ungetrübten Himmel des demokratischen Rechtsstaats und der richterlichen Unabhängigkeit. Und zwar ganz ohne jenen starken Druck, denen die Richter der DDR ausgesetzt waren. Zur Anpassung der bundesdeutschen Richter reichten schon ihre Aufstiegschancen und oft einfach nur, dass sie »dazu gehören« wollten.

**Doppelmoral bei der Beurteilung
vom »Gestern« und »Heute«**
Das gleichzeitige Messen mit zweierlei Maß habe ich schon als Proberichter erlebt, vor ziemlich genau 50 Jahren. Als ich im Jahre 1965 bei der Braunschweiger Generalstaatsanwaltschaft tätig war, ging es um die Rehabilitierung eines im Jahre 1944 wegen eines Bagatelldiebstahls als »Volkschädling« zum Tode verurteilten und hingerichteten 19-jährigen Mädchens. Das Landgericht verweigerte die Rehabilitierung von Erna Wazinski und bezeichnete das Todesurteil als völlig korrekt:

> »Die Verordnung gegen Volksschädlinge vom
> 5. 9. 1939, die denjenigen mit dem Tode bedrohte,
> der (...) in freiwillig geräumten Gebäuden oder
> Räumen plünderte, war geltendes Gesetz. Während

der Geltungsdauer der Volksschädlingsverordnung mussten die Strafgerichte nach ihr erkennen, wenn und soweit ihre Tatbestände erfüllt waren. (...) Inhaltlich konnte die Volksschädlingsverordnung nicht als schlechthin unverbindliches, weil unsittliches, die Richter des Jahres 1944 nicht bindendes Gesetzesrecht angesehen werden. Die Verordnung war darauf gerichtet, dem durch Kriegswirren besonders gefährdeten Eigentum Schutz zu verleihen (...). Sie bezweckte, wie es das Reichsgericht formuliert hat, eine wirksame Bekämpfung von Straftaten während des Krieges und zielte darauf ab, die Belange der Allgemeinheit, nämlich die Erhaltung des Rechtsfriedens in der Heimat und das Vertrauen der zum Heeresdienst einberufenen hinsichtlich ihrer Belange in der Heimat zu schützen (...). Ausgehend vom Sinn und Zweck der Volksschädlingsverordnung, hält jedenfalls die Kammer dafür, dass durch die Verordnung als solche nicht jener gewisse Kernbereich des Rechts angetastet worden ist, der nach allgemeiner Rechtsüberzeugung von keinem Gesetz und keine sonstigen obrigkeitlichen Maßnahmen verletzt werden darf (BGH NJW 1953, 351).

Das Sondergericht hat die Frage der Volksschädlingseigenschaft nicht übersehen. Es hat sie geprüft und bejaht. Stichhaltiger Anhalt für die Annahme, dass es den damals gültigen Begriff der Volksschädlingseigenschaft verkannt oder rechtsfehlerhaft auf den festgestellten Sachverhalt angewendet hat, ist nicht ersichtlich. Insbesondere sind Umstände, die dem Sondergericht bei sachgemäßer Prüfung zwangsläufig die Überzeugung hätten vermitteln müssen, dass die Angeklagte (...) nicht von der Wesensart eines Volkschädlings sei, nicht gegeben.«[1]

Die Doppelmoral von Juristen zeigt schon ein Blick in die Akten des Sondergerichts, mit einem Bericht an den

WAR DIE DDR EIN UNRECHTSSTAAT?

Reichsjustizminister: »Mit der Übersendung des Todesurteils an die Staatsanwaltschaft hatte der Vorsitzende des Sondergerichts nämlich angeregt, in Richtung einer möglichen Begnadigung mit Rücksicht auf die Jugend der Verurteilten Ermittlungen anzustellen. Die Verurteilte hatte nämlich in der Hauptverhandlung den Eindruck eines harmlosen, ordentlichen jungen Mädchens hinterlassen.«

Mein Zimmernachbar im Jahr 1965, der Leiter der Zentralstelle zur Aufklärung der SED-Verbrechen in Salzgitter, hatte an der Verurteilung des DDR-Grenzpolizisten Hanke mitgewirkt. Hanke hatte als Angehöriger der Nationalen Volksarmee bei einer Grenzstreife im Harz einen tödlichen Schuss auf einen Flüchtling abgegeben. Das Landgericht Stuttgart[2] verurteilte Hanke zu einer Gefängnisstrafe ohne Strafaussetzung mit der Begründung, das DDR-Grenzgesetz verstoße eindeutig gegen die »Grundsätze, die zu dem unantastbaren Grundstock und Kernbereich des Rechts gehören, wie er im Bewusstsein aller Kulturvölker liegt«. Das DDR-Grenzgesetz und »zahlreiche formell gültige ostzonale Gesetze« widerstrebten der Idee von Recht und Gerechtigkeit so sehr, dass sie als absolut nichtig angesehen werden müssten. Dabei berief das Landgericht Stuttgart sich auf dieselbe Entscheidung des Bundesgerichtshofs, auf die das Landgericht Braunschweig die Verbindlichkeit der Volksschädlingsverordnung gestützt hatte. Nach Meinung des Landgerichts hatte Hanke auch nicht etwa in einem Verbotsirrtum gehandelt. Denn es sei eine »gesicherte Erfahrungstatsache«, dass auch Zwangsregime das Wissen um einen unantastbaren Kernbereich des Rechts und der Gerechtigkeit nicht auszurotten vermögen. Hätte Hanke »im Rahmen der ihm zumutbaren Gewissensanspannung alle seine Erkenntniskräfte und alle seine sittlichen Wertvorstellungen eingesetzt«, hätte sich ihm »aufdrängen müssen, dass staatliches Unrecht nicht zu Recht werden kann.«

War es aber nach der damaligen Ansicht vieler bundesdeutscher Gerichte bei der Straflosstellung vieler NS-Gewaltverbrecher nicht immer die Doktrin von Hans Filbinger: »Was damals Recht war, kann heute nicht Unrecht sein«? Warnte der Satz nicht schon damals vor der Gefahr eines zweierlei Maßes bei der Strafverfolgung von NS- und DDR-Tätern?

Der »Unrechtsstaat« im Rechtsstaat
Das Wort von Bert Brecht »Die Wahrheit ist konkret« gilt auch für die Apostrophierung als »Unrechtsstaat«. Deshalb muss man im Vergleich der beiderseitigen Staatsverbrechen fassbar die Taten selbst und auch den rechtsbeugerischen Umgang der bundesdeutschen Nachkriegsjustiz mit den nationalistischen Gewaltverbrechen zur Anschauung bringen.

Von den hunderten von Fällen, an denen sich das verdeutlichen lässt, begnüge ich mich auch hier auf das selbst Erlebte. Deshalb noch einmal zurück zu den Fällen Erna Wazinski und Hanke. Im Fall Hanke sollte der junge NVA-Soldat – bis dahin ohne jeglichen Rechtsunterricht und ohne Kenntnis der sogenannten Radbruch'schen Formel (zur Nichtigkeit unmenschlicher Gesetze) – das unerträgliche Missverhältnis zwischen Grenzübertrittverbot sowie dem damit verbundenen Schießbefehl und dem Gerechtigkeitsanspruch erkennen und innerhalb von Sekunden die Rechtswidrigkeit des ihm von seinem Offizier zugerufenen Befehls überprüfen können. Im anderen Fall hatten gediegene Juristen, die noch in der Weimarer Republik aufgewachsen und ausgebildet waren, mit der kontinuierlichen Verhängung dutzender von Todesurteilen innerhalb mehrerer Jahre angeblich korrekt gehandelt. Ja, ein Unrechtsgesetz par excellence – die Volksschädlingsverordnung – sei ein Gesetz, das nicht in irgendeinem Missverhältnis zu allgemeinen Gerechtigkeitsgrundsätzen gestanden habe.

Gewiss ist vieles, was Menschen angetan wird, Unrecht. Auch darf man sich nicht auf eine Aufrechnung der rund 40 000 Todesurteile der Jahre 1933 bis 1945 mit den in der Größenordnung von etwa 190 in vier DDR-Jahrzehnten gesprochen Todesurteile einlassen. In der Wahrnehmung der Betroffenen gibt es ohnehin keine graduellen Unterschiede von am eigenen Leib erlittenem Unrecht und dem Gewicht der gesamten Unrechtsmasse. Wenn man an die Millionen von den in den deutschen Konzentrations- und Vernichtungslagern und an die Massenerschießungen in den »Ostgebieten« denkt, ist die DDR im Vergleich zum NS-Regime von dem starken Unwerturteil »Unrechtsstaat« aber weit entfernt, auch wenn sie alles andere als ein Rechtsstaat war.

Um die zentnerschwere Schuld der Straflosigkeit der vielen NS-Massenmörder sowie der Schreibtischtäter in den NS-Gerichten und in den NS-Leitungsgremium und das den Opfern angetane Unrecht abzuwälzen, genügten die wenigen dürren Worte nicht, die nur ein einziger Senat des BGH in dem Grundsatzurteil vom 16. November 1995 gegen den Richter am Obersten Gericht der DDR, Hans Reinwarth, verlor, um damit ein angeblich mildes Strafmaß (immerhin 3 Jahre und 9 Monate Gefängnis) zu rechtfertigen. In seinen Strafmaßerwägungen sagte er auch nichts zu den ideologischen Beweggründen des in der NS-Zeit als Kommunist verfolgten Hans Reinwarth. In diesem Zusammenhang sagte der 5. Senat auch nichts zu den schlimmen Erfahrungen Reinwarths, der selbst ein Opfer war, mit dem Leid der in der NS-Zeit erlittenen langjährigen KZ-Haft und anschließendem Fronteinsatz in einem Minensuchkommando. Der Paradefall Hans Reinwarth wurde zusätzlich dadurch entkonkretisiert, dass der BGH die an die juristischen Fachzeitschriften (NJW, NJ usw.) eingesandte Fassung des Urteils vom 16. November 1995 ausgerechnet um diese Verfolgungs- und Leidensgeschichte kürzte. Die vollständige Fassung war dem breiten Publikum erst zwei Jahre später bei Erscheinen der amtlichen Entscheidungssammlung des BGH zugänglich. Auch so können Gerichte mit ihrer Veröffentlichungspraxis Politik betreiben.

Es gibt vieles, was ein autoritäres Regierungssystem von einer wirklichen Demokratie trennt – autoritäre Herrschaftsstrukturen, Beseitigung der Gewaltenteilung, insbesondere der Unabhängigkeit der Justiz, Verfolgung von Regierungskritikerinnen und -kritikern, eine Geheimpolizei – das alles macht ein Staatssystem für sich allein noch nicht zum Unrechtsstaat, wenn man den Begriff »Unrechtsstaat« als Instrument zur Bekämpfung schlimmster staatlicher Menschenrechtsverbrechen nicht entwerten will.

Als Kampfbegriff in einem politischen Glaubenskrieg zwischen Ost und West hat das Verdikt »Unrechtsstaat« längst ausgedient. Als Zeitgeschichte gilt oft die Geschichte, »die noch knistert« oder »qualmt«. Im thüringischen Wahlkampf von 2012 hat man in einer Wiederbelebung der »Roten Socken«-Kampagnen noch einmal in politischer Zwecksetzung versucht, den Begriff »Unrechtsstaat« zu missbrauchen.

Besser wäre es, wir würden damit beginnen, auch vor der eigenen Tür zu kehren. Da gilt es allein für die ersten 40 Jahre der Bundesrepublik viele Grundgesetzverletzungen durch Regierung, Verfassungsschutz und andere Geheimdienste aufzudecken. Noch immer ist es nicht möglich, in die »unsichtbare« Hand der Geheimdienste, des Verfassungsschutzes, und die Bürgerüberwachung hineinzuleuchten. Nach Ansicht der Gerichte stehen sogar die Akten über die außenpolitischen Verstrickungen von Hans Globke noch immer unter Verschluss.[3] Der Auftrag des Art. 26 GG, die Beteiligung an einem Angriffskrieg unter Strafe zu stellen und den Waffenexport ernsthaft zu verbieten, wurde bewusst unerfüllt gelassen.

---

[1] Auszug aus dem Beschluss des Landgerichts Braunschweig vom 7.10.1965, Aktenzeichen 12 AR 99/65 (1 Sond. KLs 231/44); vgl. auch den Wikipedia-Eintrag zu Henning Piper, Link: https://de.wikipedia.org/wiki/Henning_Piper (letzter Abruf: 16.4.2016).

[2] Landgericht Stuttgart, Juristenzeitung 1964, S. 101.

[3] BVerwG, Beschluss vom 27.5.2013, Az. 7 B 43.1, vorgängig: VG Koblenz, 1.2.2012, Az. VG 5 K 424/11.KO, OVG Rheinland-Pfalz, 17.8.2012, AZ: OVG 10 A 10244/12; vgl. auch Heribert Prantl, Was nicht in der Welt ist, Süddeutsche Zeitung vom 10.6.2016, Link: http://www.sueddeutsche.de/politik/akten-was-nicht-in-der-welt-ist-1.3028598 (1.7.2016).

Herbert Mandelartz

Kein Recht auf Vergessen

§ 37a Stasi-Unterlagen-Gesetz*

Einleitung:
Recht auf Vergessen – kein Recht auf Vergessen
1. Das Internet vergisst nicht. Dieser Satz hat etwas von seiner Bedrohlichkeit verloren, seitdem der Europäische Gerichtshof (EuGH) den im Internet erfassten Personen unter bestimmten Voraussetzungen ein »Recht auf Vergessen werden« eingeräumt hat (Urteil in der Rechtssache C-131/12 Google Spain SL, Google Inc. / Agencia Espanol de Proteccion de Datos, Mario Costeja Gonzalez).[1] Nach den Ausführungen des Gerichtshofs bezieht ein solches Recht sich nicht nur auf unrichtige Daten, sondern auch auf solche, die nicht den Zwecken der Verarbeitung entsprechen, dafür nicht erheblich sind, darüber hinausgehen, nicht auf den neusten Stand gebracht sind oder länger als erforderlich aufbewahrt werden (es sei denn die Aufbewahrung ist für historische, statistische oder wissenschaftliche Zwecke erforderlich). Dies bedeutet, dass auch die Verarbeitung ursprünglich rechtmäßig erhobener Daten rechtswidrig werden kann, insbesondere wenn sie durch Zeitablauf den ursprünglichen Zwecken nicht mehr entsprechen, nicht oder nicht mehr erforderlich sind oder darüber hinausgehen. Voraussetzung hierfür ist nicht, dass der betroffenen Person ein Schaden entsteht. Allerdings kann dieses Recht durch ein überwiegendes Interesse der breiten Öffentlichkeit eingeschränkt werden, weswegen im Einzelfall eine sorgfältige Abwägung zwischen privaten und öffentlichen Interessen notwendig ist.

2. Auch das deutsche Recht kennt ein Recht auf Vergessenwerden. § 16 Abs. 1 des Bundesdisziplinargesetzes (z. B.) regelt ein Verwertungsverbot der einzelnen Disziplinarmaßnahmen und Abs. 3 legt fest, wann Eintragungen in der Personalakte zu entfernen und zu vernichten sind. Ein solches Recht hat die Mehrheit des Deutschen Bundestages den 48 ehemaligen Mitarbeitern des Staatssicherheitsdienstes der DDR (MfS), die im März 2011[2] noch beim Bundesbeauftragten für die Unterlagen des Staatssicherheitsdienstes der ehemaligen Deutschen Demokratischen Republik (BStU) arbeiteten, nicht eingeräumt. Im Gegenteil: Mit dem Achten Gesetz zur Änderung des Stasi-Unterlagen-Gesetzes (StUG)[3] wurde u. a. ein neuer § 37a eingefügt, wonach eine Beschäftigung von Mitarbeitern des Staatssicherheitsdienstes beim BStU vorbehaltlich des Satzes 2 unzulässig ist (S. 1). In Satz 2 heißt es dann, dass ehemalige Mitarbeiter des Staatssicherheitsdienstes, die zum Zeitpunkt des Inkrafttretens dieser Bestimmung beim BStU beschäftigt sind, ihren Fähigkeiten entsprechend und unter Berücksichtigung sozialer Belange auf einen gleichwertigen Arbeitsplatz innerhalb der Bundesverwaltung zu versetzen sind, wenn ihnen dies im Einzelfall zumutbar ist.

In der Begründung heißt es, der neue § 37a StuG sei dem Interesse geschuldet, die Stasi-Unterlagen-Behörde (StU) zu einer »stasi-freien Zone« zu machen. Die Lösung des Problems der Beschäftigung von Stasi-Mitarbeitern in Diensten der Stasi-Unterlagen-Behörde sei überfällig. Weiter heißt es, Zweck der Regelung sei einmal, das »Ansehen der Behörde in der Öffentlichkeit« zu erhöhen und die unbelasteten Mitarbeiter vom »Generalverdacht ehemaliger MfS-Mitarbeit« zu befreien. Wegen immer wieder neu auflebender Beschwerden von Betroffenen solle die Gefahr ausgeschlossen werden, dass sich eine relevante Zahl ehemals politisch Verfolgter und Benachteiligter wegen der Beschäftigung ehemaliger MfS-Mitarbeiter bei der Behörde des BStU bisher nicht an die Behörde wende, weil die Beschäftigung ehemaliger MfS-Mitarbeiter beim BStU grundsätzlich geeignet sei, Misstrauen gegen eine ordnungsgemäße Erfüllung der Aufgaben des BStU zu rechtfertigen.

Die Gesetzesänderung ist zwar in der Öffentlichkeit diskutiert worden.[4] Eine juristische Beurteilung ist indes erst jüngst erfolgt.⁵ Die folgenden Ausführungen versuchen nicht nur eine juristische Bewertung, sondern stellen die Regelung auch in einen historischen Zusammenhang.

Die Fakten:
Umstrittene Einstellung – loyale Mitarbeiter

Zunächst zu den Fakten: Die StU hat seit ihrem Bestehen ehemalige Mitarbeiter des Staatssicherheitsdienstes der DDR beschäftigt.⁶ 16 ehemals hauptamtliche Mitarbeiter wurden aus fachlichen Gründen für unverzichtbar gehalten und bereits 1990 vom damaligen Sonderbeauftragten für die Stasi-Unterlagen in den Dienst der Behörde übernommen. Ihre zunächst befristeten Arbeitsverträge wurden später in unbefristete umgewandelt. 1991 wurden weitere 49 ehemalige hauptamtliche Mitarbeiter des MfS übernommen, die überwiegend als Wachkräfte in den Liegenschaften des Sonderbeauftragten eingesetzt wurden. Sie erhielten zum 1. Januar 1991 unbefristete Arbeitsverträge und wurden überwiegend als Sachbearbeiter und Wachleute – also in weniger sensiblen Bereichen – eingesetzt. Seit dem Amtsantritt von Marianne Birthler im Jahre 2000 hat die BStU zudem im Rahmen des Möglichen Einfluss genommen, dass diese Mitarbeiter nicht in verantwortungsvolle Führungsaufgaben aufstiegen. Die Einstellung und die Entfristung der Arbeitsverträge waren öffentlich und behördenintern umstritten. 1997 trat Jürgen Fuchs aus Protest gegen die Beschäftigung aus dem BStU-Beirat aus. Ende 2006 erregte die Beschäftigung ehemaliger Mitarbeiter des MfS große öffentliche Aufmerksamkeit und rief innerbehördlich kontroverse Debatten hervor. Der ehemalige Richter beim Bundesverfassungsgericht Prof. Hans H. Klein und der FU-Politikwissenschaftler Prof. Klaus Schroeder wurden mit einem Gutachten u. a. zur Frage der Einstellung beauftragt.⁷ Dieses Gutachten blieb nach Auffassung der BStU hinter den Erwartungen zurück und enthalte eine Reihe falscher Darstellungen. Es sei falsch, dass mindestens 400 ehemalige Systemträger und Staatskader in der Behörde beschäftigt seien, das Arbeitsklima beherrschten und sogar die Arbeit der Behörde lähmen würden. Es ist nicht ersichtlich, dass die Problematik danach weiter diskutiert wurde. In den Jahresberichten wird sie jedenfalls nicht mehr angesprochen.

Die Diskussion wurde erst durch die Aktivitäten des derzeitigen BStU wieder belebt und führte letztlich zu der Gesetzesänderung im Jahre 2011. Zu diesem Zeitpunkt waren noch 48 frühere Stasi-Mitarbeiter – weiterhin in untergeordneten Funktionen – beschäftigt, davon 41 in der Zentrale und sieben in den Außenstellen. Zum 1. Juli 2014 waren noch 24 ehemalige MfS-Mitarbeiter in der Gesamtbehörde beschäftigt.[8] Diese Mitarbeiter verrichteten ihren Dienst bisher ordnungsgemäß und beanstandungsfrei. Bereits in der Pressemitteilung vom 12. Dezember 2006 heißt es u. a.: »Die übergroße Mehrheit der Beschäftigten, darunter auch frühere MfS-Mitarbeiter, identifiziert sich mit den Zielen der Behörde, arbeitet seit mehr als 15 Jahren engagiert und wird dafür von unzähligen Menschen, die den Dienst der Behörde in Anspruch genommen haben, geschätzt.« Es ist auch nicht bekannt, dass eine relevante Zahl ehemals politisch Verfolgter die Behörde nicht aufgesucht hat bzw. sich nicht an die Behörde gewandt hat, weil dort ehemalige Stasi-Mitarbeiter beschäftigt sind. Auch gibt es keine Nachweise, dass die Beschäftigung ehemaliger MfS-Mitarbeiter beim BStU grundsätzlich geeignet ist, Misstrauen gegen eine ordnungsgemäße Erfüllung der Aufgaben des BStU zu rechtfertigen.

Im Gegenteil: Die BStU wandte sich entschieden dagegen, Mitarbeiter, die früher im Staatsdienst waren, unter Generalverdacht zu stellen. Zudem hat sie anlässlich der Vorlage des 8. Tätigkeitsberichts darauf hingewiesen, dass kein Anlass bestehe, daran zu zweifeln, dass sich diese Mitarbeiter der Behörde gegenüber loyal verhalten.[9] Dass sich in der Zwischenzeit daran etwas geändert hat, ist nicht bekannt. Der BStU Roland Jahn sprach mehrfach lediglich von Beschwerden anonymer Opferverbände. Auf Anfrage erklärte die Behörde, es habe immer wieder Diskussionen und Beschwerden über die Beschäftigung dieser

Mitarbeiter in Brieform, Beratungsgesprächen und bei externen Veranstaltungen gegeben.[10]

Nach wie vor besteht an der Aufklärungsarbeit der StU großes Interesse. Die Zahl der Bürgeranträge in Berlin ist z. B. mit 26 874 im Jahre 2011 und 26 294 im Jahre 2012 in etwa gleich geblieben; insgesamt stieg die Zahl von 80 611 auf 88 231.[11] Es ist schlicht nicht vorstellbar, wie 48 Mitarbeiter (davon sieben in den Außenstellen) in untergeordneten Funktionen bei einem Bestand von rund 1100 Beschäftigten in der Zentrale[12] einen Generalverdacht hervorrufen können, bei allen Beschäftigten handele es sich um ehemalige Stasi-Mitarbeiter bzw. die Behörde erfülle ihre Aufgaben nicht ordnungsgemäß.

Wie die Mehrheit des Deutschen Bundestages sich mit diesen Fakten auseinander gesetzt hat, zeigt exemplarisch das Statement eines Abgeordneten der CDU/CSU-Fraktion in der 131. Bundestagssitzung am 30. September 2011, der ohne Widerspruch ausführen konnte: »Es ist für die Opfer der Stasi schwer erträglich, wenn sie ihren ehemaligen Tätern ins Gesicht blicken müssen. Ich muss Ihnen ganz ehrlich sagen: Sie müssen sich einmal in die Situation dieser Personen versetzen: Sie gehen in das Gebäude der Stasi-Unterlagen-Behörde und dort sitzen vorne freundlich lächelnd als Pförtner diejenigen, die früher Täter waren, die Sie ausspioniert, drangsaliert und schikaniert haben, die Sie vielleicht sogar persönlich an Leib und Leben erheblich bedroht und geschädigt haben.«[13] Ein Blick in die Pressemitteilung vom 12. Dezember 2006 hätte den Abgeordneten gezeigt, dass kein ehemaliger Stasi-Mitarbeiter, der operativ tätig war, also jemand, der hätte drangsalieren oder jemanden bedrohen können, beschäftigt wurde und wird und niemand von den Beschäftigten als Pförtner eingesetzt war. Auch werden Bürgerinnen und Bürger bei der Einsicht ihrer Unterlagen nicht von ehemaligen MfS-Mitarbeitern betreut.[14]

Insgesamt wird deutlich, dass die Gesetzesbegründung sich nicht auf Fakten stützen kann; vielmehr ein fiktives Bild der Behörde zeichnet. Die Arbeit und das Image der

Behörde waren vor der Gesetzesänderung gut (wenn es Image-Probleme gab, hatten sie andere Gründe). Die Gesetzesänderung (S. 2) kann deswegen keine Verbesserung bringen. Sie war nicht erforderlich. Auch S. 1, der sicherstellen soll, dass keine ehemaligen Bediensteten der Staatssicherheit der DDR neu bei der StU eingestellt werden, erscheint mehr als 20 Jahre nach dem Beitritt der DDR zur BRD überflüssig.

Rechtliche Bewertung:
Verfassungsrechtlich bedenklich
1. § 37a S. 1 StUG verstößt gegen Art. 33 Abs. 2 GG.[15] Danach hat jeder Deutsche nach seiner Eignung, Befähigung und fachlichen Leistung gleichen Zugang zu jedem öffentlichen Amt. Obwohl § 37a StUG ins Leere geht, spricht die Vorschrift einem ehemaligen Mitarbeiter des Staatssicherheitsdienstes der DDR die erforderliche Eignung ab. Dies ist zwar grundsätzlich zulässig, erfordert aber jeweils eine fallbezogene Würdigung.[16] Zudem muss der Gesetzgeber die Grundzüge regeln.[17] Dies ist indes nicht geschehen, Vielmehr wurde eine pauschale Regelung getroffen.

2. § 37a S. 2 StUG greift in die Berufsfreiheit (Art. 12 Abs. 1 GG) ein.[18] Denn ehemalige Stasi-Mitarbeiter, die eine Tätigkeit bei der StU ausüben (etwa als Hausmeister), sollen diese Tätigkeit dort grundsätzlich nicht mehr ausüben dürfen.

Der Eingriff kann allerdings durch Abs. 2 gerechtfertigt sein. Dazu ist zunächst zu fragen, ob die Berufsausübung oder die Berufswahl betroffen ist. Denn an Eingriffe in die Berufswahl sind höhere Anforderungen zu stellen als an solche in die Berufsausübung. Hier liegt ein Eingriff in die Ausübung vor, da dem Betreffenden nicht grundsätzlich verwehrt wird, eine bestimmte Tätigkeit auszuüben, sondern nur in einem eng umgrenzten Bereich (StU) tätig zu werden. In diesem Fall kann der Eingriff durch jede vernünftige Erwägung des Allgemeinwohls gerechtfertigt werden. Fraglich ist also, ob die Erwägungen, aus der StU eine »stasi-freie Zone« zu machen, um das Ansehen der Behörde und ihre Arbeit zu sichern sowie die Mitarbeiter vom Generalverdacht zu befreien, Stasi-Mitarbeiter zu sein, einen solchen Grund bilden. Grundsätzlich hat der Gesetzgeber eine Einschätzungsprärogative bei der Angabe seiner Gründe und der Frage, ob sie eine Änderung erfordern bzw. rechtfertigen können. Oder anders formuliert: Er hat einen weiten Beurteilungsspielraum bei der Beantwortung der Frage, ob ein Grund vernünftig ist. Dabei ist jedoch der Zeitpunkt der Regelung zu berücksichtigen. Wird eine Einschätzung bei Erlass des Gesetzes getroffen, wenn also noch keine Erfahrungen vorliegen, hat der Gesetzgeber einen großen Spielraum. Anders ist es, wenn eine solche Einschränkung getroffen wird, nachdem die Behörde bereits seit mehr als 20 Jahren existiert. In diesem Fall müssen der Einschätzung belastbare Fakten zugrunde liegen. Dies ist indes, wie oben gezeigt, nicht der Fall.

Vernünftig sind die Erwägungen im Übrigen nur, wenn sie verhältnismäßig im engeren Sinne sind. Dazu bedarf es einer Abwägung aller Gesichtspunkte des Einzelfalles. Dazu gehören: Welche Funktion haben die Mitarbeiter in der Stasi gehabt? Welchen Rang hatte diese Funktion? Hatten sie eine Funktion, die für andere Personen schädlich war (hierzu zählt insbesondere eine operative Funktion)? Welche Funktion üben sie jetzt aus? Hat die Funktion Außenwirkung oder wirkt sie nur nach innen? Welcher Zeitraum ist vergangen? Denn eine beanstandungsfreie Tätigkeit über einen längeren Zeitraum kann auf Bewährung, innere Distanz sowie Abkehr von früheren Einstellungen und Taten hinweisen.[19] Das Gesetz braucht keine ins Einzelne gehende Differenzierung zu treffen. Aber es muss erkennbar sein, dass der Gesetzgeber sich mit diesen Gesichtspunkten befasst hat. Ferner sollte er die Linie für die Rechtsanwender aufzeigen.[20] § 37a StUG trifft dazu keine Aussage, sondern behandelt alle Mitarbeiter gleich. Damit ist die Vorschrift nicht verhältnismäßig im engeren Sinne.[21]

3. § 37a S. 2 StUG verstößt gegen Art. 19 Abs. 1 S. 1 GG.[22] Danach muss ein Gesetz, das ein Grundrecht einschränkt, allgemein und nicht nur für den Einzelfall gelten. Ein so genanntes Einzelfallgesetz liegt unbestreitbar vor, wenn es eine Maßnahme zur Regelung eines konkreten Falles trifft, selbst wenn es sich an eine unbestimmte Zahl von Personen wendet. S. 2 regelt einen ganz bestimmten Einzelfall, nämlich die Versetzung der bei der StU beschäftigten ehemaligen Mitarbeiter der Staatssicherheit der DDR. Die Vorschrift betrifft auch eine bestimmte Zahl von Personen, nämlich die, die zum Zeitpunkt des Inkrafttretens beschäftigt waren. Weitere Fälle werden von der Vorschrift nicht erfasst.

4. § 37a S. 2 StUG entspricht nicht dem Bestimmtheitsgrundsatz, Art. 20 Abs. 3 GG. Der erste Halbsatz lautet, dass ehemalige Mitarbeiter des Staatssicherheitsdienstes, die zum Zeitpunkt des Inkrafttretens dieser Bestimmung beim BStU beschäftigt sind, ihren Fähigkeiten entsprechend und unter Berücksichtigung sozialer Belange auf einen gleichwertigen Arbeitsplatz innerhalb der Bundesverwaltung zu versetzen sind, wenn ihnen dies im Einzelfall zumutbar ist. Im zweiten Halbsatz heißt es, dies gilt nicht, falls beim Bundesbeauftragten beschäftigte Bedienstete bei ihrer Einstellung auf Befragen eine Tätigkeit für den Staatssicherheitsdienst verschwiegen haben. Es ist nicht klar, worauf der zweite Halbsatz sich bezieht. Sollen diese Mitarbeiter nicht versetzt, sondern entlassen werden oder soll bei ihnen eine Versetzung ohne Einhaltung der Zumutbarkeitskriterien zulässig sein?

Historische Einordnung:
Weiterführung der Traditionslinie
Der Umgang mit ehemaligen politischen Größen der DDR, mit Angehörigen der Grenztruppen und des Staatssicherheitsdienstes ist in der politischen Diskussion u. a. mit dem Argument gerechtfertigt worden, man dürfe die nach 1945 begangenen Fehler nicht wiederholen, als hochrangi-

ge Richter, Staatsanwälte und Ministerialbeamte, die an Nazi-Verbrechen beteiligt waren, zu milde behandelt bzw. überhaupt nicht verfolgt wurden. Eine nähere Betrachtung führt jedoch zu einem ganz anderen Ergebnis. Die schärfere Behandlung der DDR-Verantwortlichen im Verhältnis zu Nazi-Tätern steht in einer langen Traditionslinie, die mit den Sozialistengesetzen beginnt, sich in der Weimarer Zeit fortsetzt, Ausdruck im Umgang mit ehemaligen Nazis nach 1945 auf der einen Seite und ehemaligen KPD-Mitgliedern nach dem KPD-Verbot auf der anderen Seite findet und schließlich im Umgang mit DDR-Verantwortlichen zu einem vorläufigen Abschluss kommt, der noch von dem Versagen der Strafverfolgungsbehörden bei den Ermittlungen gegenüber den NSU-Straftaten begleitet wird.

1. Zwei Jahre nach ihrer Gründung durch Zusammenschluss erreichte die Sozialistische Arbeiterpartei (so der damalige Name der späteren SPD) bei den Wahlen 1877 rund 9 Prozent. Innerhalb von sechs Jahren hatte sie ihren Stimmenanteil um rund 7 Prozent-Punkte erhöht. Dies und die Haltung zum Aufstand der Pariser Kommune am 19. 3. 1871 ließen Bismarck eine »rote Gefahr« beschwören, der man entgegen wirken müsse. Zwei Attentate auf Kaiser Wilhelm I. im Jahre 1878 lieferten ihm den Vorwand für das so genannte Sozialistengesetz.[23] Am 19. Oktober 1878 verabschiedete der Reichstag mit 221 gegen 149 Stimmen das »Gesetz gegen die gemeingefährlichen Bestrebungen der Sozialdemokratie«, das am 22. Oktober in Kraft trat.[24] Die Behörden machten von dem Gesetz extensiv Gebrauch. Bis November 1878 waren 153 Verbände sowie 175 Zeitungen und Zeitschriften verboten. In den 12 Jahren der Geltung des Gesetzes wurden zwischen 800 bis 900 Verdächtige mit nahezu 1500 Familienangehörigen aus ihrer Heimat vertrieben.

2. In der Weimarer Republik – so könnte man überspitzt formulieren – waren politische Straftaten einschließlich politischer Morde an der Tagesordnung.[25] Erinnert sei an die Ermordung von Rosa Luxemburg, Karl Liebknecht, Walther Rathenau und Matthias Erzberger durch Rechte. Erinnert sei an den Kapp-Putsch 1920 und Hitlers versuchten Staatsstreich 1923. Der Mathematiker Emil Julius Gumbel wies nach, dass die Zahl der Morde aus dem rechten Spektrum deutlich über der Zahl aus dem linken lag.[26] Im Zeitraum von 1919 bis 1922 kam es zu insgesamt 376 politisch motivierten Morden. Davon waren 354 dem rechten und 22 dem linken Spektrum zuzuordnen. Dass die Justiz auf dem rechten Auge blind war, zeigt sich anhand der verhängten Strafen. Bei den 22 Morden, die dem linken Spektrum zuzuordnen waren, kam es zu 10 Hinrichtungen. Bei den 354 Morden aus dem rechten Spektrum kam es zu keiner Hinrichtung, einmal wurde eine lebenslange Strafe ausgesprochen. Insgesamt wurden 90 Jahre Haft verhängt.

**Umgang mit den NS-Tätern:
Sie sind doch nur ihrem Eid gefolgt**
Im Umgang mit den NS-Verbrechen nach 1945 durch Gerichte und Behörden der Bundesrepublik Deutschland lässt sich ein Versagen und ein spätes Erwachen feststellen. Zunächst urteilten allerdings die Alliierten über die Nazis. Sie hatten sich am 30. Oktober 1943 darauf verständigt, die Hauptverantwortlichen des NS-Regimes vor ein Internationales Militärtribunal zu stellen.[27] Im Hauptkriegsverbrecher-Prozess (14. November 1945 – 1. Oktober 1946) klagten sie 24 Personen und sechs Gruppen bzw. Organisationen an.[28] Auf diesen Prozess folgten bis 1949 insgesamt zwölf Nachfolge-Prozesse, die allein von den Amerikanern durchgeführt wurden.

Im Juristen-Prozess waren 16 hochrangige Juristen angeklagt, u. a. Franz Schlegelberger, der zum Hauptangeklagten avancierte. Schlegelberger war vom 10. Oktober 1931 bis zum 20. August 1942 Staatssekretär im Reichsjustizministerium. Bei seinem Ausscheiden erhielt er einen Anerkennungsbrief Hitlers und 100 000 Mark als Dotation. Er ordnete u. a. auf Verlangen Hitlers die Ermordung des Juden Markus Luftgas und eines gewissen Schlitt an, die beide ursprünglich zu einer Freiheitsstrafe verurteilt worden waren.[29] Zugleich versicherte er dem »Führer«, dass er persönlich eingreifen werde, wenn dieser ihm andere Urteile nennen werde, die er missbillige, und tat dies auch.[30] Er unterzeichnete für das Reichsjustizministerium den so genannten Nacht- und Nebel-Erlass, dessen Ziel war, so genannte Widerstandsbewegungen in besetzten Gebieten zu bekämpfen. Die Verdächtigen, soweit gegen sie nicht vor Ort die Todesstrafe verhängt wurde, wurden geheim nach Deutschland verbracht, und dort der Sicherheitspolizei übergeben. Die Familien wurden über den Verbleib in Unkenntnis gelassen, um sie einzuschüchtern. Sein Entwurf der »Verordnung über die Strafrechtspflege gegen Polen und Juden in den eingegliederten Ostgebieten« bildete die Grundlage für die »Juden- und Polenstrafrechtsverordnung vom 4. Dezember 1941«.[31]

Schlegelberger wurde zu lebenslanger Haft verurteilt, allerdings im Januar 1951 wegen angeblicher Haftunfähigkeit entlassen.[32] Unmittelbar nach seiner Haftentlassung wurde er von einer Spruchkammer in Flensburg entnazifiziert und in die Kategorie V (Unbelastete und Widerstandkämpfer) eingestuft. Das schleswig-holsteinische Finanzministerium gewährte ihm ab dem 1. April 1951 die volle Pension eines »Staatssekretärs a. D.« sowie eine Pensionsnachzahlung von 160 000 Mark.[33] Die Pension belief sich Ende der 1950er Jahre auf 2894,04 DM; das Durchschnittseinkommen betrug 535,60 DM. Nach Protesten von SPD-Abgeordneten im Deutschen Bundestag wurden die Pensionszahlungen mit Bescheid vom 3. September 1959 eingestellt. Dagegen erhob Schlegelberger Klage vor dem Verwaltungsgericht Schleswig. Mit Urteil vom 8. November 1960 wurde ihm die volle Pension zugesprochen. Dabei urteilten die Richter, Schlegelberger habe zwar Pflichtwidrigkeiten begangen, ihm habe aber das Unrechtsbewusstsein gefehlt. Er habe nur Schlimmeres verhüten wollen. Damit sei er der gesamten Richterschaft vergleichbar. Mit diesem Urteil stellte sich das Gericht gegen das Nürnberger Juristen-Urteil. Das Oberverwaltungsgericht gab der

Berufung des Landes Schleswig-Holstein statt und erkannte, dass Schlegelberger durch Eingriffe in die Rechtspflege, die Ausarbeitung der Juden- und Polenstrafrechtsverordnung und seine Mitwirkung an der Ermordung der europäischen Juden gegen Grundsätze der Rechtsstaatlichkeit verstoßen habe. Auf Schlegelbergers Revision schlug der 6. Senat des Bundesverwaltungsgerichts einen Vergleich vor, den die Beteiligten annahmen. Schlegelberger erhielt eine Pension von 600,– DM. Er starb im Dezember 1970 im Alter von 94 Jahren in Flensburg.[34]

Ähnlich wie Schlegelberger argumentierten im so genannten Wilhelmstraßen-Prozess der frühere Staatssekretär im Reichsministerium des Innern, Wilhelm Stuckart[35] und später der frühere Stellvertreter von Reinhard Heydrich Werner Best[36]. Sie hätten nichts gewusst, wären nur ihrem Beamteneid gefolgt und hätten Schlimmeres verhütet. Die Folge war eine erschreckende Kontinuität von ehemaligen NS-Juristen bei den Gerichten und Staatsanwaltschaften sowie Behörden und Universitäten.

Besonders hoch war die Kontinuität bei den Gerichten. Der Anteil an Juristen, die vor 1945 in der Justiz beschäftigt waren und nach 1945 dort wiederum beschäftigt wurden, betrug am BGH 1953 73 Prozent und 1964 immer noch 70 Prozent.[37] Der größte Teil von ihnen war Mitglied der NSDAP gewesen. Dabei sah Art. 4 des Kontrollratsgesetzes Nr. 4 vom 20. Oktober 1945 vor, dass aktive Mitglieder der NSDAP nicht weiter als Richter oder Staatsanwälte tätig sein durften. Die personelle Kontinuität hatte eine Kontinuität der Ideologie zur Folge. Dies lässt sich an Verfahren zur Entschädigung von Sinti und Roma, die von den Nazis verfolgt worden waren, nachvollziehen. Noch viele andere Beispiele könnten genannt werden.[38] Kontinuitäten gab es auch in der Verwaltung. Eine der bekanntesten Personen war der Ministerialrat im NS-Justizministerium Hans Globke, der zusammen mit seinem Staatssekretär Wilhelm Stuckart die so genannten Nürnberger Rassegesetze kommentiert hatte. Im Wilhelmstraßen-Prozess versuchte Globke als Zeuge, seinen Vorgesetzten Stuckart und damit auch sich selbst zu entlasten.[39] Globke wurde bereits 1946 zum Kämmerer seiner Heimatstadt Aachen bestellt, wurde dann Vizepräsident des Landesrechnungshofes Nordrhein-Westfalen und wechselte 1949 ins Bundeskanzleramt. 1953 wurde er dort zum Staatssekretär ernannt. Der ehemalige Erste Staatsanwalt am NS-Sondergericht Innsbruck, Eduard Dreher, war im Bundesjustizministerium als Unterabteilungsleiter tätig, obwohl er an dem Sondergericht in einer Reihe von Fällen fragwürdige Todesurteile beantragt hatte. Er war einer der einflussreichsten westdeutschen Strafrechtler und gestaltete das Strafrecht der BRD insbesondere auch als Autor des bei den Gerichten meistgenutzten Kommentars maßgeblich mit.[40] Dreher war indes nicht der einzige mit NS-Vergangenheit im Bundesjustizministerium. Bereits im Reichsjustizministerium tätig waren u. a. der Abteilungsleiter Strafrecht Schafheutle und seine Kollegen Dallinger, Maßfeller und der frühere Persönliche Referent des Ministers Thierack, Ebersberg.

Während die Alliierten das Verhalten von führenden Ministerialen, Richtern und Staatsanwälten in den Nachfolgeprozessen des Hauptkriegsverbrecherprozesses anklagten und zum Teil hart bestraften, war ihr Interesse an der Verfolgung von Hochschullehrern mäßig. Auch deutsche Behörden zeigten keinen besonderen Eifer. Das hatte zur Folge, dass nur wenige Hochschullehrer für ihr Verhalten während der NS-Zeit zur Rechenschaft gezogen wurden. Nicht mehr berufen wurden nur wenige. Der bekannteste war Carl Schmitt, der 1934 im Anschluss an die Ermordung des SA-Chefs Ernst Röhm und ca. 100 anderen Personen in dem Aufsatz »Der Führer schützt das Recht« das Verbrechen rechtfertigte.[41] Später empfahl er, bei einem Zitat eines jüdischen Autors den Zusatz »Jude« anzufügen.[42] Ebenfalls nicht mehr berufen wurden Otto Koellreutter (Mitglied der NSDAP und der SA) und Reinhard Höhn (Mitglied der NSDAP und der SS). Andere wurden zum Teil nach einer kurzen Übergangszeit wieder berufen, wie etwa Ernst Forsthoff (Mitglied der NSDAP) und Herbert Krüger (Mitglied der NSDAP und der SS).[43] Einer avancierte sogar zu einem führenden Kommentator des Grundgesetzes: Theodor Maunz (Mitglied der NSDAP und der SA). Er musste, als seine Zusammenarbeit mit den Nazis bekannt wurde, als Bayerischer Kultusminister zurücktreten. Nach seinem Tode stellte sich heraus, dass er unter Pseudonym für die National-Zeitung geschrieben und den Herausgeber Frey juristisch beraten hatte.

Erst in den 1960er Jahren änderte sich in der Bundesrepublik Deutschland die Haltung gegenüber den NS-Tätern. Dies war zunächst das Verdienst von Einzelkämpfern wie Fritz Bauer und Richard Schmid, sodann der 68er Studentenbewegung. Dass aktuell noch gegen Wachpersonal von KZs ermittelt wird, hat seinen Grund im Ende des Ost-West-Gegensatzes. Denn es ist nicht mehr zu befürchten, dass die DDR politisch ausschlachtet, dass in der BRD immer noch Nazis unbehelligt leben. Die Aufarbeitung läuft allerdings häufig ins Leere, weil die Beschuldigten weit über 80 Jahre alt und größtenteils nicht verhandlungsfähig sind.

Umgang mit KPD-Mitgliedern:
Umfassende Ermittlungen
Ganz anders gestaltete sich der Umgang mit Mitgliedern der KPD und ihrer Nebenorganisationen nach 1945.[44] Während ab Beginn der 1950er Jahre die Verfolgung von NS-Tätern nachließ, begann bereits die Verfolgung von Kommunisten zunächst durch die West-Alliierten. Die erste Maßnahme, die von deutschen Behörden gegen Kommunisten ergriffen wurden, war ihre Entfernung aus dem öffentlichen Dienst.[45] Das Inkrafttreten des 1. Strafrechtsänderungsgesetzes am 31. August 1951[46] schaffte eine neue Situation. Es hatte eine klare antikommunistische Tendenz. Mit Strafe bedroht waren jetzt auch solche politischen Betätigungen, die nur möglicherweise und zu einem späteren Zeitpunkt eine Gefahr für den Staat herbeiführen konnten. Auch gewaltlosen Formen politischer Betätigung wurden pönalisiert, bei denen eine Gefährdung des Staates objektiv nicht festgestellt werden musste. Es kam

auch nicht darauf an, ob die politische Betätigung überhaupt geeignet war, eine Gefahr für den Staat zu erzeugen. Der Vorsitzende der Freien Deutschen Jugend (FDJ) in der Bundesrepublik Deutschland, Josef Angenfort, erhielt am 4. Juni 1955 fünf Jahre Zuchthaus wegen Vorbereitung zum Hochverrat, weil er im Rahmen seiner politischen Betätigung das »Programm der nationalen Wiedervereinigung« propagiert hatte.[47] Insgesamt wurden in der Zeit zwischen 1953 und 1958 rund 57 000 neue Fälle von Hochverrat, Staatsgefährdung und Landesverrat gemeldet. Dabei wurden 46 476 Täter festgestellt und im Zeitraum 1951 bis 1966 insgesamt 6758 Personen rechtskräftig wegen dieser Delikte verurteilt.[48] Erst mit dem Inkrafttreten des 8. Strafrechtsänderungsgesetzes vom 25. Juni 1968 am 1. August 1968[49] wurde der bisherigen Strategie der Kommunistenverfolgung der Boden entzogen. Der endgültige Abschluss erfolgte durch den Amnestiebeschluss des Deutschen Bundestages am 28. Juni 1968. Angesichts der veränderten Gesamteinschätzung der Kommunisten wirkte sie fast wie eine Selbstverständlichkeit.[50]

Vergleicht man den Umgang mit den NS-Tätern, so stellt man fest, dass (relativ) gegen mehr Kommunisten ermittelt wurde als gegen NS-Täter, dass der Zeitraum, über den sich die systematischen Ermittlungen hinzogen, länger war und dass schließlich die Strafen für Kommunisten im Vergleich zu den begangenen Taten höher waren.

**Umgang mit SED-Tätern und Mitgliedern:
Es gibt kein Vergessen**
Gegen Repräsentanten des SED-Regimes wurden die ersten Verfahren noch von der Generalstaatsanwaltschaft der DDR eingeleitet. Gegen Erich Honecker z. B. liefen bereits 1990 Ermittlungen wegen Hochverrats. Die Gesamtzahl der eingeleiteten Ermittlungsverfahren lässt sich nur schätzen. Danach kam es zu rund 75 000 Verfahren mit rund 100 000 Beschuldigten (ohne Spionage). In Berlin kam es im Zeitraum 10/1990–8/1999 zu 21 452 Ermittlungsverfahren und 419 Anklagen.[51] Nach der Vereinigung

wurden auch Justizbedienstete und Verwaltungsmitarbeiter übernommen. Nach dem 3. Oktober 1990 wurden in Berlin 281 Richter und Staatsanwälte, die im Ostteil der Stadt beschäftigt waren, entlassen. 43 wurden später übernommen. Dies entspricht einem Anteil von 15 Prozent. In den neuen Ländern waren es rund 50 Prozent.[52] Wir erinnern uns: Die Kontinuitätsquote beim BGH betrug 1953 noch 73 Prozent.

Auch aus den DDR-Ministerien erfolgten Übernahmen nur in geringem Umfang. Eine Gesamtübersicht der Übernahmen im ministeriellen Bereich gibt es nicht.[53] Das Auswärtige Amt z. B. wickelte das Ministerium für Auswärtige Angelegenheiten der DDR ab.[54] Soweit ein Arbeitsverhältnis nicht wegen Befristung oder durch Bitte um Entlassung endete, wurden alle Beschäftigten in den Wartestand versetzt mit der Folge, dass nach Ablauf des Wartestandes das Beschäftigungsverhältnis endete. Von den 1786 Mitarbeitern, die am 3. Oktober 1990 in den Wartestand traten, bewarben sich 235 Diplomaten um eine Weiterbeschäftigung für den Höheren Dienst. Nach Eignungsgesprächen wurden 10 übernommen. 14 wurden auf einen Auswahlwettbewerb verwiesen. Von ihnen wurden 3 übernommen.[55] Die wissenschaftlichen Institutionen wurden – mit Ausnahme der Deutschen Akademie der Naturforscher Leopoldina in Halle – neu gegründet. Nach Michael Stolleis ist dabei der Eindruck »unabweisbar, dass [...] insgesamt zu rasch und zu undifferenziert entschieden wurde. Die westlichen ›Evaluatoren‹ waren über das, was sie erwartete, schlecht informiert.«[56] Die Bereitschaft, die Qualitätsunterschiede »immanent« und nicht nach einem abstrakten, externen Maßstab zu bemessen, war gering. In Einzelfällen sah man die Möglichkeit, eigene Schüler auf Lehrstühle zu bringen.[57]

Fazit

§ 37a StGU war nicht erforderlich und widerspricht auch in mehrfacher Hinsicht dem Grundgesetz. Die Vorschrift steht in einer langen Traditionslinie, die dadurch gekennzeichnet ist, dass die Strafverfolgungsbehörden und die Gerichte nach links intensiv verfolgen und hart urteilen, während sie nach rechts Milde walten lassen. Dies dokumentieren die Intensität der Ermittlungen, die Höhe der Strafen, der Zeitrahmen der Verfolgungen und die Kontinuität der Karrieren. Während bei NS-Verbrechen nach sieben Jahren »Schluss« sein sollte,[58] wurde § 37a StUG mehr als 20 Jahre nach der Öffnung der Mauer verabschiedet.

In der Diskussion um die Beschäftigung von früheren Mitarbeitern des MfS wurde immer wieder an die Opfer der Stasi erinnert. Ihnen könne nicht zugemutet werden, ihren Tätern gegenüberzutreten. Das ist ein wichtiger Gesichtspunkt. Im Umgang mit den NS-Tätern ist dieser Gesichtspunkt kaum geltend gemacht worden. Ein Grund dafür ist: Die Opfer waren in der Regel tot. Ermordet, verhungert, erfroren, verbrannt, verdurstet, gefallen, erschlagen, vergast, erschossen. Wir dürfen sie nicht vergessen.

---

* Das Manuskript wurde im November 2014 abgeschlossen.

1 NVwZ 2014, S. 857 ff., hierzu Boehme-Neßler, Das Recht auf Vergessenwerden – Ein neues Internet-Grundrecht im Europäischen Recht, in: NVwZ 2014, S. 825 ff.

2 Mitteilung der BStU vom 26. 6. 2014 an Verfasser, der sich bei Frau Hovestädt bedankt. Siehe auch: 11. Tätigkeitsbericht, 2013, S. 12.

3 Achtes Gesetz zur Änderung des Stasi-Unterlagen-Gesetzes (8. StUÄndG) vom 22. 12. 2011, BGBl. I S. 3106.

4 Siehe etwa: Kleine-Cosack, in: FAZ v. 21. 11. 2011.

5 Siehe: Pietrkiewicz/Pietrkiewicz, Beendigung der Beschäftigung von ehemaligen Mitarbeitern des Staatssicherheitsdienstes in der Stasi-Unterlagen-Behörde, in: Neue Justiz 2014, S. 183 ff.

6 Die folgenden Angaben entstammen der Pressemitteilung der BStU vom 12. 12. 2006 sowie dem 8. Tätigkeitsbericht, 2007, S. 18 f.

7 Vgl. 8. Tätigkeitsbericht, 2007, S. 18.

8 Mitteilung StU vom 7. Juli 2014 an Verf.

9 Pressemitteilung der BStU vom 13. 6. 2007 sowie vom 12. 12. 2006 und 3. 7. 2007.

10 Mitteilung der BStU vom 26. 6. 2014 an Verfasser. Derzeit sind sieben Klagen gegen auf § 37a StUG gestützten Abordnungen anhängig.

11 Vgl. 11. Tätigkeitsbericht, 2013, S. 16.

12 Vgl. 10. Tätigkeitsbericht, 2011, S. 24, die Zahl dürfte aktuell geringer sein.

13 Vgl. BT-Plenarprotokoll 17/131, 15549 C.

14 Pressemitteilung der BStU vom 13. 6. 2007.

15 Anderer Ansicht Pietrkiewicz/Pietrkiewicz, Fn. 5, S. 186.

16 Vgl. BVerfGE 96, 171 (187); 96, 189 (200); hierzu: Will, Das Bundesverfassungsgericht und der Elitenwechsel in Ostdeutschland, in: Neue Justiz 1997, S. 513 ff.; Masing, in: Dreier (Hrsg.), Grundgesetz. Kommentar, 2. Aufl., Bd. 2, Tübingen 2006, Art. 33 Rdnr. 48; siehe hierzu auch: Schlink, Vergangenheit als Zumutung, in: Festschrift für Ernst-Wolfgang Böckenförde, Berlin 1995, S. 341 ff.

17 Vgl. Jarass, in: Jarass/Pieroth, Grundgesetz für die Bundesrepublik Deutschland, 13. Aufl., München 2014, § 33, Rdnr. 17; BVerwGE 134, 59 Rdnr. 36 f.
18 S. 1 ist hier nicht betroffen, da Art. 33 Abs. 2 GG vorgeht.
19 Vgl. BVerfGE 96, 171 (187/188).
20 Vgl. Wieland, in: Dreier (Hrsg.), Grundgesetz. Kommentar, 3. Auflage, Bd. 1, Tübingen 2013, Art. 12, Rdnr. 116 ff.
21 Anderer Ansicht Pietrkiewicz/Pietrkiewicz, Fn. 5, S. 186.
22 So auch Pietrkiewicz/Pietrkiewicz, Fn. 5, S. 184.
23 Vgl. hierzu: Miller/Potthoff, Kleine Geschichte der SPD, 7. Aufl., Bonn 1991, S. 45 ff.; daraus auch die nachfolgenden Zahlen.
24 Reichs-Gesetzblatt 1878, Nr. 34, S. 351.
25 Hierzu: Müller, Furchtbare Juristen, München 1987, S. 19 ff.
26 Hierzu: Gumbel, Vier Jahre politischer Mord, Berlin 1927.
27 Vgl. Müller, Fn. 25, S. 240.
28 Vgl. Jasch, Staatssekretär Wilhelm Stuckart und die Judenpolitik. Der Mythos von der sauberen Verwaltung, München 2012, S. 381.
29 Vgl. Peschel-Gutzeit (Hrsg.), Das Nürnberger Juristen-Urteil von 1947, Baden-Baden 1996, S. 88 f.; Friedrich, Freispruch für die Nazi-Justiz, Reinbek bei Hamburg 1983, S. 17 ff.
30 Vgl. Peschel, Fn. 29, S. 145 und 92.
31 Vgl. Peschel, Fn. 29, S. 145.
32 Vgl. Peschel, Fn. 29, 29, S. 30. Das Gericht stellte zusammenfassend u. a. fest, dass Schlegelberger Hitlers Anmaßung bei der Machtausübung unterstützte, über Leben und Tod zu entscheiden unter Missachtung selbst des Scheins eines Gerichtsverfahrens. Durch seine Ermahnungen und Anweisungen trug er zur Zerstörung der richterlichen Unabhängigkeit bei. Die in dem Juristenprozess ebenfalls zu lebenslanger Haft verurteilten Klemm (Staatssekretär vom 4. Januar 1944 bis zum Kriegsende), Rothaug (u. a. Vorsitzender am Sondergericht Nürnberg und Reichsanwalt am Volksgerichtshof) und Oeschey (u. a. Vorsitzender am Sondergericht Nürnberg) wurden im Dezember 1956 (Klemm im Februar 1957) aus der Haft entlassen.
33 Vgl. Müller, Fn. 25, S. 211.
34 Vgl. Peschel, Fn. 29, S. 30.
35 Hierzu: Jasch, Fn. 28.
36 Hierzu: Herbert, Best. Biographische Studien über Radikalismus, Weltanschauung und Vernunft, 3. Aufl., Bonn 1996.
37 Vgl. Schumann (unter Bezugnahme auf Rottleuthner: Karrieren und Kontinuitäten deutscher Justizjuristen vor und nach 1945, Berlin 2010), Fortwirken von NS-Juristen in der Bundesrepublik Deutschland, in: Die Rosenburg – 2. Symposion: Die Verantwortung der Juristen im Aufbereitungsprozess. Vorträge gehalten am 5. Februar 2013 (hrsg. vom Bundesministerium der Justiz), Berlin 2013, S. 110 ff. Die Höchstquote beim BGH betrug im Jahre 1959 79 %. Im Jahre 1953 lag sie bei den OLGs München, Bamberg, Nürnberg, Düsseldorf, Freiburg, Hamm und Köln bei 90 %.
38 Vgl. Frei, Karrieren im Zwielicht. Hitlers Eliten nach 1945, Frankfurt/Main 2001, S. 218 ff.
39 Vgl. Jasch, Fn. 28, S. 403: »Weder Dr. Stuckart noch ein ihm unterstellter Beamter ... waren an der Ausrottung der Juden in irgendeiner Form beteiligt«. Eidesstattliche Erklärungen zu seinen Gunsten verfasste Stuckart selbst und ließ sie von seinen ehemaligen Mitarbeitern nur noch unterschreiben (S. 434, Fn. 241). Weitere Beispiele siehe bei Jäger, Strafrecht und nationalsozialistische Gewaltverbrechen, in: Der Unrechts-Staat (Hrsg. Redaktion Kritische Justiz), Baden-Baden 1979, S. 143 ff. u. 149.
40 Besonderes Aufsehen erregte er bei dem Inkrafttreten des Einführungsgesetzes zum Ordnungswidrigkeitengesetz am 1. Oktober 1968. Das Gesetz enthielt in Art. 1 Nr. 6 eine Regelung (§ 50 Abs. 2 StGB), wonach bei einem Mordgehilfen, dem persönlich keine niederen Motive nachzuweisen waren, die Höchststrafe nicht mehr »lebenslänglich«, sondern nur noch »15 Jahre« betrug. Für diese Taten war indes am 8. Mai 1960 die Verjährungsfrist abgelaufen. Die Frage, ob dies Absicht oder ein Versehen war, blieb ungeklärt. Vgl. Müller, Fn. 25, S. 247.
41 Siehe hierzu: Mehring, Carl Schmitt. Aufstieg und Fall, München, 2009, S. 351 ff.
42 Carl Schmitt, Die deutsche Rechtswissenschaft im Kampf gegen den

jüdischen Geist. Schlusswort auf der Tagung der Reichsgruppe Hochschullehrer des NSRB vom 3. und 4. Oktober 1936, in: DJZ 41 (1936), Sp. 1193–1199; dazu Mehring, Fn. 41, S. 377.
43 Vgl. Müller, Fn. 25, S. 237 ff.
44 Hierzu: von Brünneck, Politische Justiz gegen Kommunisten in der Bundesrepublik Deutschland. 1949–1968, Frankfurt a. M. 1978.
45 Dem lag ein Beschluss der Bundesregierung vom 19. September 1950 zugrunde, wonach die Unterstützung von insgesamt 13 Organisationen (darunter zwei rechtsradikalen) mit den Dienstpflichten eines Mitarbeiters im öffentlichen Dienst unvereinbar sei. Zu den Organisationen zählten u. a.: die Kommunistische Partei Deutschlands mit allen ihren Unterorganisationen, die Freie Deutsche Jugend und die Vereinigung der Verfolgten des Nazi-Regimes. Die Rechtsprechung dazu war unterschiedlich: Während die Arbeitsgerichte überwiegend eine Entlassung wegen bloßer Mitgliedschaft in einer kommunistischen Organisation für unzulässig ansahen, hielten die Verwaltungsgerichte zumindest die Entlassung eines Widerrufsbeamten für zulässig. Vgl. Brünneck, Fn. 44, S. 54 ff.
46 Siehe: BGBl. I S. 739.
47 Vgl. Brünneck, Fn. 44, S. 93 f. Wie unterschiedlich die Justiz mit Kommunisten einerseits und NS-Verbrechern andererseits umging, zeigt dieses Beispiel. Fünf Jahre Zuchthaus wegen Propagierung eines politischen Programms. Demgegenüber steht die Verurteilung der Täter im Nürnberger Einsatzgruppenprozess: Von den 21 Angeklagten verurteilte das amerikanische Militärgericht am 10. April 1948 14 Angeklagte zum Tode. 4 der Urteile wurden vollstreckt. Bis Ende 1955 wurden 13 Verurteilte begnadigt. Einer wurde 1956, die beiden letzten wurden im Mai 1958 entlassen (ein Verurteilter war nach Belgien ausgeliefert worden). Vgl. Kruse, NS-Prozesse und Restauration, in: Der Unrechts-Staat, Fn. 39, S. 164 ff., 174.
48 Vgl. Brünneck, Fn. 44, S. 237, 276.
49 BGBl. I S. 741.
50 Vgl. Brünneck, Fn. 44, S. 325 f. Rund vier Jahre später, am 28. Januar 1972, verabschiedeten die Regierungschefs des Bundes und der Länder »Grundsätze zur Frage der verfassungsfeindlichen Kräfte im öffentlichen Dienst« (Ministerialblatt v. NRW 1972, S. 324). Der Beschluss richtete sich dagegen, dass Extremisten in den öffentlichen Dienst eingestellt würden. Zwar betraf er auch NPD-Mitglieder, seine eigentliche Stoßrichtung galt jedoch der DKP.
51 Vgl. Marxen/Werle/Schäfter, Die Strafverfolgung von DDR-Unrecht. Fakten und Zahlen, Berlin 2007, S. 15 bzw. 54.
52 Vgl. Peschel, Fn. 29, S. 286.
53 Mitteilung des Forschungsverbundes SED-Staat an Verfasser vom 18. Juli 2014.
54 Anlage I Kapitel XIX Sachgebiet A Abschnitt III – Recht der im öffentlichen Dienst stehenden Personen – Einigungsvertrag.
55 Schreiben des Auswärtigen Amtes (AA) vom 10. Mai 1996 – 101-0, zit. nach Ingrid Muth, Die DDR-Außenpolitik in der Periode 1989–1990, in: Bock, Muth, Schwiesau (Hg.), DDR-Außenpolitik. Ein Überblick, Berlin 2010, S. 29 ff., 38. Ganz anders der Umgang des AA der Bundesrepublik Deutschland mit ehemaligen Mitgliedern der NSDAP, vgl. hierzu: Conze/Frei/Hayes/Zimmermann, Das Amt und die Vergangenheit, 3. Aufl., München 2010, S. 9 f. und S. 448 ff.
56 Stolleis, Sozialistische Gesetzlichkeit. Staats- und Verwaltungsrechtswissenschaft in der DDR, München 2009, S. 163, 165. Vgl. hierzu auch: BVerfG – 1 BvR 514/97 –. Das Gericht kritisiert hier (Rdnr. 29), dass der BGH ein bestimmtes Verhalten nach bundesrepublikanischen Verhältnismäßigkeitsgrundsätzen überprüft. »Diese galten in der Deutschen Demokratischen Republik nicht.«
57 Vgl. Stolleis, Fn. 56, S. 163. Zur Situation an der juristischen Fakultät der Humboldt Universität siehe: Will, Die juristische Fakultät in der DDR, in: Grundmann/Kloepfer/Paulus et al. (Hrsg.), Festschrift 200 Jahre Juristische Fakultät der Humboldt-Universität zu Berlin, Berlin 2010, S. 797 ff., 845 ff.; Mayer, Die juristische Fakultät in den Jahren 1990–1993, in: Festschrift, S. 849 ff.
58 So der damalige Staatssekretär und spätere Bundesminister von Merkatz, zit. nach: Kruse, NS-Prozesse und Restauration, in: Der Unrechts-Staat (Fn. 39), S. 172.

Anke Gimbal, Marion Röwekamp

Juristinnen in der DDR

Rosemarie Will als Konzeptorin einer Ausstellung

»Juristinnen in der DDR« ist der Name für die am 23. September 2011 im Landgericht Potsdam eröffnete Wanderausstellung des Deutschen Juristinnenbundes e. V. (djb). Ihrer Entstehung ging ein längerer Prozess der Planung und Umsetzung voraus. Schon die Idee der Ausstellung entwickelte sich dabei in mehreren Stufen. Zunächst stellten wir bei der Arbeit an dem 2005 vom djb herausgegebenen biografischen Nachschlagewerk »Juristinnen. Lexikon zu Leben und Werk« fest, dass in der DDR tätige Juristinnen dort stark unterrepräsentiert waren. Das stand im krassen Gegensatz zu der Feststellung des von Prof. Dr. Rosemarie Will verfassten Teils »Juristinnen in der DDR« im vom djb herausgegebenen und in 4. Auflage 2003 bei Nomos erschienenen Band »Juristinnen in Deutschland« (dort S. 44 ff.): »Der Satz, dass Justitia in Deutschland keine Frau ist, stimmte für die DDR nicht. Die sowjetisch geprägte DDR-Justiz hat der kommunistischen deutschen Diktatur ein weibliches Antlitz verschafft. [...] Als die DDR 1989/90 unterging, hatte sie einen in der Welt einmalig hohen Frauenanteil unter den Juristen.« Wenn der Frauenanteil unter den DDR-Juristen 1989 einmalig hoch war, musste es doch auch möglich sein, diesen hohen Anteil in einigen Biografien sichtbar machen zu können.

Der nächste Schritt in Richtung Ausstellung erfolgte bei der Konzeption des Programms für den 39. Bundeskongress des djb 2007 in Erfurt. Ausgangspunkt war eine Gedächtnisfeier für Rechtsanwältin und Notarin Dr. Liselotte Kottler aus Anlass ihres 95. Geburtstags am 26. Juni 2004 in Schmalkalden und eine von Studierenden der

Fachhochschule Schmalkalden zu ihren Ehren entwickelte Ausstellung. Dr. Liselotte Kottler war eine der wenigen Rechtsanwältinnen mit Einzelzulassung in der DDR. Die Ausstellung war von Prof. Dr. iur. Klaus W. Slapnicar kuratiert worden, der sie auch dem djb begleitend zum Kongress in Erfurt anbot. Sie stellte den Lebenslauf einer DDR-Juristin dar. Und nach der bereits gewonnenen Erkenntnis, dass im Juristinnenlexikon neben Hilde Benjamin zu wenige weitere DDR-Juristinnen präsent waren, hatten wir den Gedanken, die Geschichte der Juristinnen in der DDR und deren Lebensläufe nicht in Buchform, sondern in Form einer (Wander-)Ausstellung darzustellen.

Als Grundlage sollte zunächst die bereits vorhandene Ausstellung dienen, dies ließ sich aus verschiedenen Gründen jedoch nicht umsetzen. Auch mehr als 20 Jahre nach der Deutschen Einheit war das Thema DDR noch immer ein »heißes Eisen« und selbst in der entstandenen Arbeitsgruppe waren die Vorstellungen von Sinn und Zweck der Ausstellung sehr unterschiedlich. Schließlich – der djb-Kongress in Erfurt war inzwischen vorbei – blieb ein »harter Kern« der Arbeitsgruppe übrig und suchte nach einer Leitung. Jutta Wagner, djb-Präsidentin von 2005 bis 2011, schlug Prof. Dr. Rosemarie Will vor. Denn Rosemarie Will, selbst DDR-Juristin und Professorin an der Humboldt-Universität zu Berlin, war Jahre zuvor von Adelhaid Brandt, damals noch Chefredakteurin der Neuen Justiz, als Autorin für das oben zitierte Kapitel in »Juristinnen in Deutschland« und als djb-Mitglied rekrutiert worden. Mit Rosemarie Will und einem Team von zunächst vier, später nur zwei weiteren Mitgliedern ging die Arbeit an der Ausstellung schließlich weiter.

Frauen in der Justiz – Frauen in der Verantwortung
Das Konzept wurde intensiv diskutiert und mehrfach umgestaltet. Obwohl die juristische Vergangenheit der DDR an sich gut aufgearbeitet worden war, gab es, was die historische Geschlechterforschung in diesem Bereich anging, noch viele weiße Flecken. Schließlich wählten wir einen

biographischen Zugang, weil er den Betrachterinnen und Betrachtern die Möglichkeit gibt, darüber nachzudenken, welche Rolle ihr Geschlecht für ihre eigene berufliche Identität spielt. Den generationellen Zugang wählten wir, weil sich die berufliche Identität von Frauen in der Justiz vor der wechselnden politischen Situation der DDR verändert hat und sich diese Veränderungen auch auf die Wahrnehmung und die Berufsausübung niederschlagen.

Wir wollten auch die genderspezifischen Diskriminierungsfragen und -erfahrungen der Juristinnen nicht ausschließen. Denn die DDR war nicht nur eine Erfolgsgeschichte für Juristinnen. Trotz der Frauenförderung im Allgemeinen in der DDR und einer speziellen Frauenförderung in der Justiz verblieben Frauen doch meist in marginalen juristischen Tätigkeitsbereichen und Positionen. Wie Rosemarie Will in ihrer frühen Forschung zum Thema schon angedeutet hatte, war der Frauenanteil in der DDR-Justiz zwar mit 40 Prozent 1989 im internationalen Vergleich einmalig hoch. Tatsächlich gab es aber auch hier eine klare genderspezifische Aufteilung der juristischen Arbeitsbereiche sowie eine »gläsernen Decke«, bis zu der Frauen normalerweise in der Hierarchie aufstiegen. Die meisten Juristinnen waren in den weniger statusbehafteten und bei den Männern eher unbeliebten Jobs tätig, so als Richterinnen an den Kreisgerichten (in der DDR entsprach das Kreisgericht dem Amtsgericht der Bundesrepublik) und dort häufiger im Zivilrecht als im Straf- oder Verwaltungsrecht. Ausnahmen gab es; u. a. waren vor allem gegen Ende der DDR 28,3 Prozent Frauen unter den Staatsanwälten und 15,1 Prozent Frauen unter den Generalstaatsanwälten tätig. Und 24,1 Prozent der Richter am Obersten Gericht waren weiblich. Im Vergleich zum Deutschen Reich und zur Bundesrepublik war das Renommee des Notarberufs in der DDR deutlich niedriger. Es überrascht daher nicht, dass hier überwiegend Frauen tätig waren. 1989 waren 62,7 Prozent der Notare weiblich. Die Rechtsanwaltschaft und vor allem die Arbeit außerhalb der Kollegien als Einzelanwalt wurden dagegen in der DDR sehr geschätzt. Entsprechend wenige Frauen arbeiteten als Einzelanwältinnen. Trotz dieser Einschränkungen der Erfolgsgeschichte der Juristinnen in der DDR war der hohe Anteil von Frauen in den Rechtsberufen einmalig. Justitia hatte in der DDR ein auch weibliches Gesicht gewonnen.

Dieses weibliche Gesicht hatte zwei Seiten. Die Frauen waren folgerichtig an all dem, was die Justiz in der DDR zu verantworten hatte, beteiligt. Daher befassen sich mehrere Ausstellungstafeln auch mit dem Status des Rechts in der DDR sowie der Rolle der Juristinnen und Juristen im DDR-Rechtssystem.

Hilde Benjamin ist das Paradebeispiel sowohl für die Möglichkeiten, die die DDR-Justiz den Frauen bot, als auch für das begangene Justizunrecht. Sie steht für die Karriere einer Frau in der Justiz bis hin zur Justizministerin und für die Gleichstellung von Frauen, aber eben auch für die DDR-Schauprozesse. Mit ihrer Ernennung 1953 war sie die erste Frau weltweit, die als Justizministerin fungierte. Gleichzeitig machte sie von sich reden und vor allem fürchten durch die zwei Todesurteile, die sie in Prozessen unter Missachtung jeglicher Rechtsstaatlichkeit fällte. Ohne ihr Porträt war keine solche Ausstellung denkbar, mit ihr kompliziert. Hilde Benjamin war also eine Hürde für die Ausstellung auf mehreren Ebenen: (1) Die Suche nach DDR-Juristinnen für die Porträts unserer Ausstellung gestaltete sich schwierig, weil diese nämlich nicht mit Hilde Benjamin »in einen Topf geworfen« werden wollten. (2) Bei dem Versuch, Geldmittel für die Ausstellung einzuwerben, erwies sich Hilde Benjamin als der Name, auf den sich potentielle Geldgeber stürzten und umgehend ein umfassendes Bekenntnis zur DDR als Unrechtsstaat verlangten, in der – aus unserer Sicht falschen – Annahme, dass die geplante Ausstellung die DDR (zu) positiv darstellen und den Unrechtsstaat verharmlosen würde. Und die Vermischung von Unrechtsstaat und »Unrechtsbürger« machte die Juristinnen nicht bereitwilliger, sich porträtieren zu lassen. (3) Schließlich bewirkte die Benjamin-Porträttafel auch unter den Besucherinnen und Besuchern der Ausstellung negative Reaktionen in beträchtlichem Ausmaß.

Natürlich ging es uns nicht darum, Hilde Benjamins Verhalten als Richterin zu rechtfertigen, für das sie sich – wenn sie diese erlebt hätte – nach der Wende wie die anderen Juristen strafrechtlich hätte verantworten müssen. Trotzdem ist es ein Gebot der Fairness und Gerechtigkeit, Menschen in ihrem gesamten Wirken darzustellen und sie nicht auf einen Aspekt zu reduzieren. Hilde Benjamin war nun einmal *auch* die Förderin von Frauen in der Justiz, die sich persönlich immer wieder dafür einsetzte, die Quoten insgesamt zu erhöhen. Sie ermutigte persönlich Frauen dazu, sich höhere Stellen zuzutrauen. Sie war es, die den Familienrechtsentwurf für die DDR ausarbeitete und versuchte, Frauen in der DDR möglichst gleiche Rechte in der Familie zu verschaffen, eine Forderung, die die deutsche Frauenbewegung schon fast ein Jahrhundert vergeblich durchzusetzen versucht hatte. Und schließlich trug sie als Ehefrau von Walter Benjamins Bruder Georg Benjamin, der von den Nationalsozialisten im Konzentrationslager ermordet worden war, eine starke emotionale Last gegenüber dem Unrechtsstaat der Nationalsozialisten.

Trotz Gegenwind: Rosemarie Will blieb bei der Stange
Unreflektiert und uninformiert waren teilweise auch Reaktionen auf die Ausstellungsleitung durch Rosemarie Will, die sich 1983 an der Humboldt-Universität zu Berlin mit der Arbeit »Studie über die Rolle des Staates in der politischen Organisation der sozialistischen Gesellschaft« habilitiert hat und 1984 zur Hochschuldozentin berufen wurde. Seit 1993 ist sie – nach Bewerbung, Evaluation und Neuberufung – auch nach dem Hochschulrecht der Bundesrepublik Professorin für Öffentliches Recht, Staatslehre und Rechtstheorie. Und obwohl sie – entsprechend »durchleuchtet« – von 1993 bis 1995 als wissenschaftliche Mitarbeiterin am Bundesverfassungsgericht im Dezernat von Prof. Dr. Dieter Grimm arbeitete und von 1996 bis 2006 Richterin am Verfassungsgericht des Landes Bran-

JURISTINNEN IN DER DDR

denburg war, wurde sie im politischen Raum u. a. wegen ihrer DDR-Karriere und Mitgliedschaft in der SED vielfach angegriffen.

Umso wichtiger war dann allerdings Rosemarie Will als Konzeptorin für die Ausstellung. Mit ihren eigenen Worten: »Bei der Stange hat mich gehalten, dass es Leute gab, die diese Ausstellung verhindern wollten. Man muss bloß ausdrücklich sagen, dass man mich nicht will, dann finde ich Interesse an der Sache. Und das war hier der Fall. Es hat mich angespornt zu sagen, das kriege ich am Ende doch hin.«

Und sie bekam es hin: Sie warb beim Justizministerium des Landes Brandenburg den nötigen finanziellen Zuschuss für die Realisierung der Ausstellung ein. Mit ihrer eigenen Biografie war sie bei der Suche von Juristinnen, die mit ihrer Berufsgeschichte offen umgehen wollten, quasi die Garantin dafür, dass wir die Porträttafeln sachlich gestalten würden. Mit ihrer eigenen Biografie steht sie auch für die Schwierigkeiten, die sich für Juristinnen ergaben, die einen Teil ihres Berufslebens in der DDR und einen Teil im wiedervereinten Deutschland verbrachten. Durch diese Klippen hat Rosemarie Will die Ausstellung sicher geschifft. Sie hat Juristinnen der zweiten und dritten Generation gefunden, die bereit waren, sich porträtieren zu lassen. So konnten wir die Vielfalt möglicher Berufskarrieren in der DDR und nach Übernahme oder auch einen Neuanfang im gesamten Deutschland darstellen. Rosemarie Will steht mit ihrer eigenen Biografie auch für den Gewinn, den die DDR-Juristinnen in Zahl und Erfahrung in die gesamtdeutsche Justiz einbrachten.

Aber Rosemarie Will hat noch viel mehr geleistet: Das erarbeitete Konzept musste umgesetzt, die Interviews geführt, ausgewertet und in Tafeln umgesetzt werden. Und bis zur Fertigstellung der Ausstellung arbeitete vor allem auch Rosemarie Will viele Stunden am Inhalt und der begleitenden Broschüre: Ohne Rosemarie Will hätte es diese Ausstellung nicht gegeben!

Anna-Bettina Kaiser

Blühende Rechtslandschaften?

Ein Tagungsbericht aus Slowenien

Die Transformation der ehemaligen Ostblockstaaten ist eines der großen Themen, das Rosemarie Will in den letzten Jahrzehnten beschäftigt hat. Dass dieser Gegenstand auch in Zukunft wissenschaftliche Aufmerksamkeit erfordert, hat mir die Teilnahme an einer Konferenz in Ljubljana zum Thema »Crisis of rule of law and democracy in Europe« nochmals deutlich vor Augen geführt. Von den Erfahrungen meiner teilnehmenden Beobachtung auf dieser Konferenz möchte ich im Folgenden berichten.

Ein Reisetagebuch
Donnerstag, den 25. 9. 2014
10 Uhr Abflug in Tegel, Zwischenstopp in München, die Landung in Ljubljana ist für 13 Uhr geplant. Ich freue mich über die gute Verbindung, meinen Vortrag zur Transformation der DDR habe ich im Gepäck. Ob die Transformation geglückt sei, möchte der Tagungsveranstalter, Matej Avbelj, Assistenzprofessor der privaten *Graduate School of Government and European Studies* in Kranj von den ReferentInnen aus Bulgarien, Ungarn, Kroatien, Weißrussland, Slowenien und von mir wissen. Ob unser Land ein »normales Land« innerhalb der EU sei. Und ob wir unser Heimatland als korruptes Land (»hijacked state«) bezeichnen würden. Von welcher der drei Gewalten die größte Gefahr für den Rechtsstaat und die Demokratie in unserem Land ausgehe. Diese und weitere Fragen, die einen bereits nachdenklich stimmen, standen in einem ausführlichen Fragebogen, den wir ReferentInnen beantworten sollten. Der Veranstalter und ich hatten schon im Vorfeld darüber gesprochen, dass die meisten dieser Fragen auf Deutschland nicht passen.

Ankunft in Ljubljana. Von den Berichten der deutschen Zeitungen, dass Slowenien finanziell äußerst angeschlagen sei und kurz davor stehe, unter den Euro-Rettungsschirm zu schlüpfen, ist auf dem Flughafen (und auch später) nichts zu spüren. Alles gepflegt und in bestem Zustand, gar kein Vergleich etwa zum alten Tegeler Flughafen. Kein Wunder, dass Fraport diesen slowenischen Flughafen aufkaufen will, wie ich unterwegs lese. Auch das Hotel in Kranj, in dem wir untergebracht sind und die Tagung stattfindet, ist herausgeputzt und von einem riesigen Park umgeben, in dem früher Tito gewandelt sein soll, wie die slowenischen Tagungsteilnehmer zu berichten wissen. Allerdings alles menschenleer bis auf die wenigen TagungsteilnehmerInnen. Es handele sich ja auch um ein Staatshotel, merken die slowenischen Gastgeber mit bitterem Unterton an.

Die Tagung beginnt mit einer *keynote* des finnischen Strafrechtlers Kimmo Nuotio. Er soll über den so genannten Patria-Fall sprechen. Patria, einer zu über 70 Prozent in der Hand des finnischen Staates befindlichen Rüstungsgesellschaft, wird vorgeworfen, unter anderem die slowenische Regierung bestochen zu haben. Nicht nur der slowenische Tagungsveranstalter, auch die anwesende Presse, ja wir alle sind gespannt, wie sich Nuotio zu dem Fall verhalten würde. Zu einem Politikum war der Fall insbesondere deshalb geworden, weil Janez Janša, der ehemalige slowenische Ministerpräsident und konservative Oppositionsführer von Slowenien, am 20. Juni 2014 und damit drei Wochen vor den vorgezogenen Parlamentswahlen überraschend verhaftet wurde, obwohl seine erstinstanzliche Verurteilung vom Juni 2013 (!) wegen der »Annahme eines Zahlungsversprechens« der Patria-Gesellschaft bis heute nicht rechtskräftig ist.[1] Die deutsche Presse hatte wenig von dem Fall berichtet, doch sowohl in der Frankfurter Allgmeinen Zeitung als auch im Verfassungsblog war zu lesen gewesen, dass von einem rechtsstaatlichen Verfahren keine Rede sein konnte. So lautet der wenig konzise Vorwurf des Gerichts, »irgendwann zwischen

10. und 22. August 2005 an einem unbestimmten Ort und über eine unbestimmte ›Kommunikationsmethode‹ vom Chef des finnischen Rüstungskonzerns Patria ein ›Zahlungsversprechen‹ angenommen zu haben, um zugunsten des Kaufs finnischer Panzerfahrzeuge zu intervenieren.«² Der Verdacht liegt nahe, dass Janša Opfer einer Intrige geworden ist, er also von seinen Gegnern rechtzeitig vor den Wahlen ausgeschaltet werden sollte.

Doch Nuotio sagt nichts zu alledem. Vielmehr beschränkt er sich auf den österreichischen Teil des Falles. Tatsächlich war ein österreichischer Unternehmer als Mittelsmann der Patria-Gesellschaft in Wien wegen Verwicklung in die Schmiergeldaffäre verurteilt worden. Ist diese Zurückhaltung Nuotios seinem Ethos geschuldet, sich als Wissenschaftler nicht politisch vereinnahmen zu lassen? Will er nicht ins Zentrum eines slowenischen Konflikts gezogen werden? Oder sind ihm die slowenischen Zusammenhänge nicht in vollem Umfang bewusst? Die anwesende slowenische Presse hat trotz aller Zurückhaltung des Wissenschaftlers den einen Satz gefunden, den sie hören wollte: »Der österreichische Mittelsmann ist wegen Bestechung der slowenischen Regierung verurteilt worden, das hat ein österreichisches Untergericht in einem rechtsstaatlichen Verfahren festgestellt. Dann muss es natürlich auch einen bestochenen Politiker geben.« Die slowenische Presse schlussfolgert ›messerscharf‹: Das muss dann doch Janša gewesen sein! Wer sonst?

Abendessen im großen Speisesaal des Hotels. Überall gedeckte Tische, außer uns allerdings keine Gäste an den langen Tafeln. Der Tagungsveranstalter ist bedrückt, die Presse habe Nuotio bewusst missverstanden. Ob Nuotio die Sache morgen in einem Interview noch einmal richtigstellen könne? Nuotio merkt, dass sein ›Plan‹, sich nicht in politische Argumente verstricken zu lassen, gar nicht aufgehen konnte. – Inzwischen ist auch die rumänische Richterin des EGMR aus Straßburg im Hotel eingetroffen. Wir kommen über Akten der Geheimdienste der Ostblockstaaten ins Gespräch. Meine Frage, ob zu einem bestimmten

Zeitpunkt nicht ein »Recht auf Vergessen« anerkannt werden müsse, etwa bei ehemals sehr jungen Zuträgern, beantwortet sie ablehnend. Nein, schon als Jugendlicher könne man wissen, was gut und was böse ist.

Freitag, den 26. 9. 2014
Die eigentliche Tagung beginnt. Die Gastgeber – alle im Alter zwischen 30 und 40 Jahren – berichten zunächst von der Situation in Slowenien: Das Land sei mit seinen zwei Millionen Einwohnern in zehn Jahren[3] häufiger vor dem EGMR verurteilt worden als Deutschland seit Bestehen dieses Gerichts.[4] Ich wende ein, dass dieser Vergleich nicht ganz gerecht sei, dass Deutschland viele Jahrzehnte Vorsprung habe beim Erlernen von Demokratie und Rechtsstaatlichkeit. Müsse man in Slowenien nicht mehr Geduld haben? Manchen der slowenischen Referenten scheinen Zornesträne in die Augen zu steigen. Wie lange sie noch Geduld haben sollten? Und was sie ihren Kindern, auf die kein rechtsstaatliches Slowenien warte, später einmal sagen sollten? Schließlich steht ein slowenischer Student auf und erinnert daran, dass der heutige Präsident des slowenischen Obersten Gerichtshofs vor der Revolution für die Todesschüsse an der Grenze mitverantwortlich gewesen sei.[5] An seiner Ernennung hätten auch zahlreiche Demonstrationen nichts ändern können.

Es folgt das erste Panel mit meinem Vortrag zur DDR-Transformation, an den sich Referate zu Bulgarien und zu Weißrussland anschließen. Ich gehe auf die juristische Lösung des Beitritts, auf die wesentlichen Vorschriften des Einigungsvertrags, auf die Mauerschützenproblematik sowie die Stasiunterlagen ein, schließlich auf den Rechtsextremismus in den neuen Bundesländern. Und doch, bei allen Fehlern, die sicherlich gemacht wurden – man denke an das häufig unglückliche Agieren der Treuhand:[6] Die Wiedervereinigung war und ist ein riesiger Erfolg. Aber ich räume schon auf der Tagung ein, dass ich eine ›Wessi‹ bin und das Resümee einer ›Ossi‹ kritischer ausfallen mag.

Nach meinem Vortrag entscheidet sich der bulgarische Kollege spontan, die Transformationsgeschichte seines Heimatlandes ebenfalls als Erfolgsgeschichte zu erzählen. Er gibt zu bedenken, dass die (aus seiner Sicht) übertriebene Suche nach Korruptionsfällen auch kontraproduktiv sein könne: Der Bevölkerung werde der falsche Eindruck vermittelt, die gesamte politische Elite sei korrupt. Das Panel schließt mit dem Referat des weißrussischen Kollegen, der die Diktatur seines Heimatstaats beim Namen nennt. Kein Wunder, dass er, Assistenzprofessor in den Niederlanden, kaum mehr erwarten kann, die niederländische Staatsbürgerschaft zu erhalten.

Das zweite Panel schließt sich an, Schwerpunkt Ungarn und Kroatien. Die ungarische Kollegin dokumentiert wissenschaftlich-nüchtern die Vertragsverletzungsverfahren gegen Ungarn vor dem EuGH, etwa das Verfahren aufgrund der überraschenden Absenkung des Ruhestandsalters von ungarischen Richtern, Staatsanwälten und Notaren von 70 auf 62 Jahre aus dem Jahr 2012. Dass Ungarn einen problematischen Weg eingeschlagen hat, darüber sind sich alle Anwesenden einig. Nein, nicht alle. Zur allgemeinen Überraschung springt ein Zuhörer auf, der sich als Vertreter der ungarischen Botschaft in Slowenien entpuppt und den Weg seines Landes entschieden verteidigt. Besser hätte er die Analyse seiner Landsmännin kaum bestätigen können. Diese muss jetzt freilich mit negativen Konsequenzen an ihrer Heimatuniversität rechnen. Das Panel endet mit den Ausführungen des kroatischen Kollegen, der auf den kroatischen Volksentscheid gegen die Homo-Ehe aus dem Jahr 2013 eingeht. Auch dieser Kollege kämpft für mehr Rechtsstaatlichkeit, auch wenn es mir nicht um ein Transformationsproblem zu gehen scheint.

Die Tagung steuert ihrem Ende und Höhepunkt entgegen. Drei prominente RichterInnen, nämlich ein Richter des slowenischen Bundesgerichts, einer des slowenischen Verfassungsgerichts sowie die rumänische Richterin am EGMR sollen über das Tagungsthema diskutieren. Der

Richter des Bundesgerichts erscheint zum allgemeinen Bedauern erst gar nicht. Später heißt es, er sei durch einen Verkehrsstau behindert worden. Ich frage mich im Stillen, ob die Diskussion für ihn inzwischen zu heikel geworden sein könnte, immerhin war die Presse wieder erschienen und wartete neugierig auf weitere Kommentare zum Patria-Fall. So beginnt die rumänische Richterin am EGMR. Sie berichtet lebendig von ihrer Heidegger-Lektüre und erinnert die Anwesenden daran, dass das kulturelle Kapital Europas in Osteuropa liege. Alles zweifelsohne hochinteressant, allerdings vermissen die ZuhörerInnen den unmittelbaren Zusammenhang mit dem Tagungsthema. Auch der beeindruckende slowenische Verfassungsrichter, der in einer ersten Stellungnahme des Verfassungsgerichts im Janša-Verfahren bereits durch ein kritisches Sondervotum aufgefallen war, lässt sein ausgearbeitetes Manuskript beiseite und räsoniert über die Rolle des Positivismus bei der Rechtsanwendung. Es bleiben ratlose ZuhörerInnen zurück, doch die offizielle Tagung ist nun zu Ende; gemeinsam fahren wir aber noch für ein Abendessen nach Ljubljana. Im Taxi folgt die Auflösung des ›Heidegger-Rätsels‹: Angesichts der skandalheischenden Presse, so die rumänische Richterin, habe sie sich spontan zu einem Programmwechsel entschlossen.

Samstag, den 27. 9. 2014
Bevor ich zurück nach Berlin fliege, bleibt noch etwas Zeit, um mit dem bulgarischen Kollegen – übrigens einem Schüler von Alexander Blankenagel – an diesem wunderschönen Spätsommertag durch die Innenstadt von Ljubljana zu schlendern. Das Taxi setzt uns in der Nähe des zentralen Platzes in der Innenstadt ab. Dort treffen wir durch Zufall den mutigen Studenten Mark wieder, der am Vortag auf die problematische Besetzung des slowenischen Obersten Gerichtshofs aufmerksam gemacht hatte. Er bietet uns einen kleinen Stadtrundgang an: Prächtige Häuser, eine nahezu perfekt restaurierte Innenstadt, der malerische Blumenmarkt, die Universitätsbibliothek aus

der Jugendstilzeit, die berühmten Drei Brücken über die Ljubljanica. In vielen Bauwerken hat sich Jože Plečnik, der berühmte Sohn der Stadt und Schüler von Otto Wagner, verewigt. Um einzelne verfallene Häuser wird noch in Restitutionsprozessen gestritten, erzählt uns Mark. Sonst erinnert, zumindest in der Innenstadt, nichts an die Zeiten des Ostblocks. An jeder Ecke warten Cafés auf die unzähligen Flaneure, die ihre schöne Stadt genießen. Ljubljana ist nichts anzumerken von der Krise, die gerade noch Tagungsthema war, gebe ich zu bedenken. Doch Mark hat auch hierauf eine resignative Antwort: »Wir sind die Meister der Verkleidung.« Darum werde er, obwohl früher sehr aktiv in der slowenischen Zivilgesellschaft, nach seinem nunmehr abgeschlossenen Studium in Oxford auch umgehend nach England zurückkehren.

Bedrückt fliege ich wieder nach Berlin. Mir kommt der berühmte Satz von Bärbel Bohley in den Sinn: »Wir wollten Gerechtigkeit und bekamen den Rechtsstaat.« Meine neuen Freunde haben nicht einmal den Rechtsstaat bekommen. Ich habe ihnen eine *follow-up*-Tagung in Berlin versprochen. Rosemarie Will wird hoffentlich dabei sein.

---

1 Am 23. April 2015 hat das slowenische Verfassungsgericht der Verfassungsbeschwerde von Janez Jaša stattgegeben und die Sache an das zuständige Strafgericht zurückverwiesen. S. näher Matej Avbelj, Slovenia constitutionally reloaded, but still failing, Verfassungsblog vom 25. April 2015, http://verfassungsblog.de/slovenia-constitutionally-reloaded-but-still-failing/ (letzter Abruf am 26. 5. 2015).

2 Karl-Peter Schwarz, Aus der Zelle ins Parlament, F.A.Z. vom 18. September 2014, S. 5; s. auch Matej Avbelj, Slovenia: a de facto failed constitutional democracy, Verfassungsblog vom 21. Juni 2014, http://www.verfassungsblog.de/en/slovenia-de-facto-failed-constitutional-democracy/ (letzter Abruf am 1. 3. 2015).

3 Slowenien ist dem Europarat und der EMRK 1993 beigetreten.

4 Die Länderstatistik kann abgerufen werden unter http://www.echr.coe.int/Pages/home.aspx?p=reports&c=#n134 7956587550_pointer und bezieht sich auf die Jahre 1959 bis 2013 (letzter Abruf: 26. 10. 2014).

5 Bei Schwarz (Fn. 2) heißt es: »Masleša war Generalsekretär der kommunistischen Richtervereinigung gewesen und – nach den Angaben eines Verfassungsrichters, der mit ihm damals am selben Gericht tätig war – auch der Vorsitzende einer Kommission, die damit beauftragt war, die Tötungen von Flüchtlingen an den slowenischen Grenzen rechtlich zu bemänteln«.

6 Differenzierend Jan Busche, Die Privatisierung der volkseigenen Unternehmen der ehemaligen DDR. Der rechtliche und wirtschaftliche Umbruch im Zuge der Wiedervereinigung, in: Julian Krüper/Heiko Sauer (Hg.), Staat und Recht in Teilung und Einheit, Tübingen 2012, S. 127 ff.

Universität als politischer Raum

Im Abgang unscharf   C. Haarmann

»Völlig abgewickelt wurde die Armee von 168 000 Mann. Nur wenige Soldaten und Offiziere sind in die Bundeswehr übernommen worden. Abgewickelt wurden Einrichtungen der Kultur, der Bildung, der Wissenschaft, des Rundfunks und des Fernsehens. Hunderttausende verloren ihren Arbeitsplatz. Abgewickelt wurden zum Beispiel die Fachbereiche der Rechtswissenschaft an den Universitäten Halle, Jena und Leipzig. Nur der Berliner blieb bestehen dank einer mutigen Dekanin.«

Prof. Dr. Uwe Wesel: Recht, Unrecht und Gerechtigkeit. Von der Weimarer Republik bis heute, München 2003, S. 219.

»Rosi Will hat in der Standortentwicklungskommission des Akademischen Senats in der Zeit des Umbruchs nach 1990 wesentlich dazu beigetragen, dass die Institute und Fakultäten der Humboldt-Universität in ihren Gebäuden in Berlin weiterhin charakteristisch vertreten und in der Öffentlichkeit präsent sind. Nicht nur in dieser Hinsicht hat die Juristische Fakultät, deren Konzentration in der ehemaligen Königlichen Bibliothek (›Kommode‹), im Alten Palais Wilhelms I. und im Gouverneurshaus damals beschlossen wurde, ihr sehr viel zu verdanken.«

Gerrit Oldenburg, Leiter des Servicezentrums für Informations- und Kommunikationstechnik an der Juristischen Fakultät der Humboldt-Universität zu Berlin, Vorsitzender der Standortentwicklungskommission des Akademischen Senats der HU.

»Liebe Rosi, einer meiner Träume ist, ein Buch zu schreiben: ›Was man im Arbeitsrecht falsch machen kann – Am Beispiel der Juristischen Fakultät der Humboldt-Universität zu Berlin‹. Noch ist es nicht soweit, aber den Anfang meiner Ausflüge in die juristischen Bereiche verdanke ich Dir: zu Wendezeiten, bei Runden Tischen, bei der Hochschulpersonalübernahme. Danke. Über die Jahre hat mir der Austausch geholfen – sei es als Personalratsvorsitzender, ehrenamtlicher Richter oder Gewerkschafter. Sollte mein Vorhaben Formen annehmen, ein Exemplar erreiche Dich dann umgehend.«

Dr. Rainer Hansel, Wissenschaftlicher Mitarbeiter am Institut für Mathematik der Humboldt-Universität zu Berlin, seit 1992 Vorsitzender des Personalrats des Hochschulbereichs, Leiter des Vorstandsbereiches Hochschule und LehrerInnenbildung der GEW Berlin.

Susanne Baer

Haltung, nicht Haltungsnote

Kleine Bemerkung zur Mitwirkung der Forschenden in der Universität

Universitäten sind erstaunliche Gebilde. Um die Freiheit der Wissenschaft zu schützen, liegen wissenschaftsrelevante Entscheidungen in der Hand der Forschenden (verfassungsrechtlich: Art. 5 Abs. 3 GG, seit dem »Hochschulurteil« BVerfGE 35, 79 <115 f.> ; aktualisiert in BVerfGE 127, 87 <115>; 130, 263 <299 f.>; für medizinische Hochschulen in BVerfGE 136, 338; im Jahr 2015 – 1 BvR 1501/13 – auch zur Hochschulfusion und im Jahr 2016 – 1 BvL 8/10 – zur Akkreditierung). Diese Mitwirkung ist, wie so oft bei den Freiheitsrechten, Chance und Zumutung zugleich. Wer damit produktiv umgehen will, muss Haltung zeigen – eine Haltung, die ich bei Rosi Will an der Humboldt-Universität zu Berlin beobachten durfte. Diese Haltung lässt sich – anders als die Körperhaltung beim Turnen – nicht benoten. Aber sie lässt sich bewundern, und von ihr lässt sich lernen.

Wenn und wo Professorinnen und Professoren selbst entscheiden dürfen, was in den Hochschulen zu tun und auch zu lassen ist, liegt darin die Chance, den Problemen wirklich auf den Grund zu gehen – getrieben von dieser erstaunlichen Mischung aus Neugierde und Betroffenheit, Lust am Denken und an der Debatte, Überzeugung von der eigenen Position und (hoffentlich) Offenheit für die andere Erkenntnis. Das habe ich bei Rosi Will gesehen. Aber wer selbst entscheiden darf, wie dieses Denken, Debattieren und Erkennen aussieht, hat auch zu tun, und zwar eine ganze Menge – auch das zeigt Rosi Will's Lebenslauf. Nun wird das in der Universität allerdings schnell und oft als Zumutung empfunden: Personal- und Mittelverantwortung für die Professur, Mitverantwortung in der Fachgruppe und der Fakultät, Mitsprache in der Universität und der Hochschulpolitik – all das lässt sich nicht nebenbei erledigen. Rosi Will hatte dazu eine (andere) Haltung. Wer das Mitentscheiden ernst meint, nutzt ein Amt nicht etwa nur für die Verringerung der Lehrverpflichtung oder zur Anreicherung des »CV«, sondern nimmt es tatsächlich wahr. Und wer das tut, wie ich es bei Rosi Will beobachten konnte, debattiert in dieser Gemeinschaft der Lehrenden und Lernenden (der allzu oft romantisierten, aber zu selten kreativ gelebten *universitas magistrorum et scolarium* des wirklich forschenden Lernens), wirft Fragen auf, stellt Thesen vor, bezieht Position. Das kann ziemlich anstrengend sein, für sich selbst und auch für die anderen. Aber es ist unverzichtbar. Und es braucht Haltung, ohne Haltungsnoten

Im hochschulischen Engagement zeigt sich ja schnell, dass diese Gemeinschaft doch eher, wo sie gelebt wird, kein Hort der Harmonie ist, sondern ein Ort der Kontroverse. Die Dinge sind oft überhaupt nicht gemeinschaftlich. Und es geht auch gar nicht immer um die Freiheit der Wissenschaft. Es gibt da glorreiche Momente, aber es gibt auch Eitelkeiten, Vorurteile, Nachgetragenes, Kurzschlüsse, Kränkungen. Es gibt begeisternde Erkenntnis, aber es gibt auch so manches Tabu, gar nicht so selten Feigheit und sehr häufig nur bequemen, zwar nicht faulen, aber letztlich egozentrischen Opportunismus. Das überrascht sicher niemanden. Diese Mischung gibt es überall. Nur gibt es in der Universität besonders viele Möglichkeiten, die wenig loyalen und wenig konstruktiven Attitüden im Kleid der Freiheit der Wissenschaft als lebenslang alimentierte Leistung auszuleben. Auch das macht Universitäten zu erstaunlichen Gebilden. Rosi Will hat schon ausweislich der biografischen Eckdaten viel davon gesehen.

Aber dann gibt es da eine Haltung, die Wissenschaft als Ort anders prägt. Ohne sie könnten wir den Gedanken an ein »hinreichendes Maß an organisatorischer Selbstbestimmung«, das die Verfassung in Deutschland für die Hochschulen fordert (vgl. BVerfG, Beschluss des Ersten Senats vom 24. Juni 2014 – 1 BvR 3217/07 –, Rn. 57 m. w. N.), schlicht vergessen. Dann sollten wir das wohl auch. Erst diese Haltung bringt Menschen dazu, ihr eigenes Privileg nicht auszunutzen. Ich meine mit der Haltung also kein geteiltes Vorverständnis, kein theoretisches Konzept und keine gemeinsame wissenschaftspolitische Zielsetzung. Ich meine auch nicht die eine Persönlichkeit als (meist hegemonial männlichem, auch heute nur mühsam modernisiertem) Leitbild – des akademischen Entrepreneurs, des einsamen Denkers, der akademischen Eltern, des oft verkannten Genies etc. etc. Die Haltung, über die ich etwas von Rosi Will gelernt habe, ist vielmehr eine Mischung aus der *Einstellung* als Haltung zu sich und zur Welt und aus der *contenance*, der Fähigkeit, sich diese auch in schwierigen Situationen zu bewahren.

Diese Haltung lebt von einer gewissen Beharrlichkeit, tatsächlich in verabredeten Strukturen mitreden zu wollen, mehr noch aber von einer Unbestechlichkeit. Beeindruckt hat zumindest mich bei Rosi Will eine gänzlich nüchterne Kenntnisnahme doch immer wieder wechselnder Präferenzen und Loyalitäten in der Universität, die sie nicht zynisch werden ließen, nur eben beharrlich. Da war nicht zuletzt eine Orientierung an den Regeln, die diesen Leben einhauchte, wenn andere schon meinten, scheinbar »souverän« oder unglaublich »pragmatisch« über Regeln hinweggehen zu können; an manche grundlegende Regel hat Rosi Will nochmals schlicht erinnert, bevor sie von anderen Mächten verschattet werden konnte. Beeindruckt hat mich der ungetrübte Blick auch auf die wechselnden Kontexte einer Fakultät, denn da war ein Kompass, der sich jedenfalls nicht nachhaltig irritieren ließ, nicht einmal durch Erfahrungen, die anderen vermutlich jedwede Form der Mitwirkung und erst Recht des Miteinander verleidet hätten. Beeindruckt hat mich auch das der Wissenschaft und ihrem Ort zutiefst verbundene Infragestellen, das bequeme Antworten einfach nicht akzeptierte. Das alles ist Haltung – als Einstellung, die nicht die Fassung verliert, wenn es hart wird.

Rosi Will hat mich immer wieder daran erinnert, dass wir uns zur Wissenschaft und zur Universität irgendwie verhalten müssen. Zu ihrer Haltung gehört es allerdings, sie nicht an die große Glocke zu hängen. Völlig uneitel. Contenance eben, oder im englischen, etwas ambivalenter, aber jedenfalls eindrücklich: »she's got an attitude«. Ich habe Rosi Will irgendwann einmal darauf angesprochen, auf die persönliche Haltung zu dem, was ich sah. Sie schaute erstaunt, und war schnell wieder konzentriert bei der Sache: die Hochschule als Ort der Freiheit ohne Vorurteile fortwährend zu verteidigen, die Freiheit gerade auch für andere einzufordern, eben die Chance nicht nur als Zumutung zu begreifen, sondern der Wissenschaft selbst ihren Ort zu geben. Und das war es eben wieder: Eine beeindruckende Haltung, und ganz ohne turnerische Note.

Tatjana Ansbach

Wissenschaft und Verantwortung

> *»Ich halte dafür, dass das einzige Ziel der Wissenschaft darin besteht, die Mühseligkeit der menschlichen Existenz zu erleichtern. Wenn Wissenschaftler ... sich damit begnügen, Wissen um des Wissens willen anzuhäufen, kann die Wissenschaft zum Krüppel werden.«*
> Bertolt Brecht, Das Leben des Galilei

Liebe Rosi,
meinen Beitrag zu diesem Büchlein will ich in die Form eines Briefes fassen. Denn es soll im folgenden nicht um eine Abhandlung höchst theoretischer Art gehen, sondern um meine ganz persönlichen Erinnerungen an unsere Begegnungen, eigentlich um meine Erinnerungen an Dich. Ich werde kein Blatt vor den Mund nehmen, denn ich weiß – Du hast das auch nie getan und nie gemocht.

Wir lernten uns vor 45 Jahren kennen; meine Güte, was ist seither alles geschehen. Wie haben sich die Zeiten geändert und wir uns mit ihnen, und wie sind wir uns – Du jedenfalls – dabei immer treu geblieben. Damals gehörten wir beide zu den 250 Studenten, die das Studium der Rechtswissenschaft im Jahr 1969 an der Humboldt-Universität zu Berlin aufnahmen und es vier Jahre später mit dem Diplom abschlossen. (Seinerzeit legten wir noch nicht viel Wert auf political correctness in der Sprache; wir kannten noch nicht das große I in der Mitte des Wortes oder die sympathischere, aber umständliche Formulierung »Studentinnen und Studenten«. Emanzipiert waren wir trotzdem. In diesem Brief will ich es halten wie zu unserer Studentenzeit.) Viele gab es in unserem Studienjahr, mit denen ich all die Jahre kein Wort gewechselt habe und deren Namen ich auch am Ende nicht kannte. Das war mit

Dir anders: Du gehörtest zu jenen, die eine eigene Meinung hatten und diese auch unmissverständlich formulierten. Du gehörtest zu jenen, die auffielen. Dich kannte man.

Näher lernten wir uns erst nach Abschluss des Studiums kennen. Erinnerst Du Dich? Regelmäßig trafen sich diejenigen aus unserem Studienjahr, die sich nun ihrer Promotion widmeten, bei einem von uns zu Hause. In gemütlicher, ungezwungener Runde berichteten wir vom Gegenstand unserer wissenschaftlichen Arbeit. Aus Deinem Munde hörte ich zum ersten Mal etwas über die Babelsberger Konferenz. Unglaublich, während des ganzen Studiums hatten wir nichts, kein Sterbenswörtchen über dieses für die Entwicklung des Rechtssystems unseres Landes einschneidende Ereignis erfahren. Bis zu diesem Zeitpunkt hatte ich mich nie gefragt, warum das Verwaltungsrecht in der DDR faktisch abgeschafft worden war. Dein Vortrag war ein erster Anlass, über das widersprüchliche Verhältnis zwischen Individuum und Gesellschaft, zwischen Bürger und Staat etwas tiefer nachzudenken. Später, als ich die Themen Menschenrechte und Selbstbestimmungsrecht der Völker zum Gegenstand meiner wissenschaftlichen Arbeit machte, kam ich auf das Problem immer wieder zurück.

Übrigens – weißt Du das? Die Staatssicherheit hatte uns zu einer Gruppe systemfeindlicher Juristen deklariert. (Das erfuhr ich von meiner Freundin Erika, die Einsicht in ihre Akten genommen hat.) Quatsch. Wir waren – jedenfalls denke ich das – alle überzeugte Sozialisten. Allerdings nicht unkritisch, sondern mit eigenem Kopf ausgestattet. Wir trafen uns, um unseren Horizont zu erweitern, um in Kontakt zu bleiben und um zu wissen, was in der Rechtswissenschaft über das eigene Rechtsgebiet hinaus vor sich ging. Wir trafen uns nicht, um oppositionelle Arbeit zu leisten. Die Kategorisierung durch die Staatssicherheit dürfte wohl in erster Linie dem Drang zum Nachweis ihrer Daseinsberechtigung geschuldet gewesen sein.

1987 kehrte ich an die Humboldt-Universität zurück und unser Kontakt wurde nochmals enger. Ich erinnere mich genau: Im Jahre 1988 stelltest Du eine Forschungskonzeption zum Thema »Sozialistischer Rechtsstaat« vor. Es sollte eine rechtsvergleichende Arbeit zu den Rechtsordnungen der Staaten werden, die sich damals als sozialistisch bezeichneten. Es ging um Fragen der Gewaltenteilung, des Verwaltungsrechts – vor allem der Kontrolle der Exekutive durch das Gericht –, um die Unabhängigkeit der Justiz usw. Ich bewunderte Dich – nicht so sehr für die Antworten, die Du gabst (es war ja erst eine Konzeption), wie für die Fragen, die Du stelltest. Wie mutig, dachte ich, sie will Jahre ihrer Arbeit auf ein Thema verwenden, von dem sie wissen muss, dass es kaum eine Möglichkeit zur Publikation geben würde. Mit meiner eigenen Arbeit zum Thema Menschenrechte bin ich selbst sehr häufig an Grenzen gestoßen. Es lag eben nicht immer am Mangel an Papier, wenn Publikationen scheiterten; es gab eine Menge Tabus, Themen, die zu heikel für eine Veröffentlichung waren. Aber es war an uns, Grenzen auszuloten, zu versuchen, diese zu überschreiten, um die Wissenschaft und damit auch die Gesellschaft voranzubringen. Dieser Verantwortung hast Du Dich gestellt, indem Du Dich ausgerechnet der Frage der Rechtsstaatlichkeit verschriebst.

Das war 1988, als niemand von uns (ich glaube, auch Du nicht) erwartete, dass sich die jahrzehntelangen Verkrustungen lösen würden. Aber als es 1989 zur »Wende« kam, da standest Du bereit. Energisch, unverblümt, kämpferisch, überzeugt und überzeugend mischtest Du Dich ein. Wir wählten Dich zu unserer Dekanin. Wir wollten und Du wolltest eine Erneuerung der Fakultät von innen. Dafür setztest Du Dich mit unglaublicher Kraft ein, und nicht nur mit Kraft, sondern auch mit Sachverstand und Klugheit. Du hast gleich erkannt, dass die Lehrinhalte sofort radikal geändert werden mussten. Man konnte zusehen, wie das Rechtssystem der DDR in sich zusammenbrach, aber man konnte noch nicht von Anfang an erkennen, wo die Entwicklung hingehen würde. Was sollte man den Studenten für ihren künftigen Beruf an die Hand geben? Du entschiedest (und wir trugen diese Entscheidung mit), dass ohne Verzug das bundesdeutsche Recht gelehrt werden musste. Auch wenn noch nicht klar war, dass die Vereinigung kommen würde und dass sie in Form der Ausdehnung der bundesdeutschen Rechtsordnung auf das Gebiet der DDR kommen würde, so stand doch außer Frage, dass das Recht in Zukunft stark von bundesdeutschem Recht geprägt sein würde.

Du holtest anerkannte Hochschullehrer aus der Bundesrepublik an die Fakultät, die nicht nur die Studenten, sondern auch uns in die Geheimnisse des uns in vielem fremden Rechtssystems einweihten. Ich möchte niemanden übergehen und nenne deshalb keine Namen, aber ich bin sicher, dass einige von ihnen auch zu diesem Büchlein beitragen werden. Die ersten Professoren, die zu uns kamen, kamen mit der Absicht, uns zu helfen, die Fakultät zu erneuern. Sie betrachteten unsere Kooperation keineswegs als Einbahnstraße, sondern sie interessierten sich ehrlich auch für unsere Erfahrungen. Ich erinnere mich gern an die Zusammenarbeit mit ihnen, auch wenn sie sich enorm anstrengend gestaltete. Die ersten Professoren kamen nicht – dies war mein Eindruck – wegen eines neuen Karriereschrittes, sondern der Sache wegen. Dir ist zu danken, dass Du sie gefunden und an uns gezogen hast.

Wie in anderen Fakultäten wurde auch bei uns eine Personal- und Strukturkommission gebildet, der allerdings auf Deine Anregung hin neben Professoren, Mitarbeitern und Studenten der Fakultät auch Wissenschaftler aus der Bundesrepublik Deutschland angehörten. Die Aufgabe dieser Kommission war es, zu prüfen, welche Wissenschaftler für Lehre und Forschung in einer erneuerten Fakultät geeignet seien, und entsprechende Empfehlungen zu geben. Ich stand der Kommission vor, sehe ihre Arbeit heute aber eher kritisch. Objektive Kriterien für die vorzunehmende Prüfung gab es nicht. Und wenngleich wir gewählt waren – wer urteilte hier eigentlich über wen? Und schließlich: Wer keine positive Empfehlung bekam, wurde entlassen – ohne Rücksicht auf arbeitsrechtliche Normen. Der »Rest« bekam später befristete Verträge oder konnte sich – bezüglich der ausgeschriebenen Lehrstühle – auf seine eigene Stelle bewerben. Resultat: Die Professoren, die auch nach der Wende noch an der Fakultät lehren durften, konnte man an einer Hand abzählen. Von den Mitarbeitern blieb so gut wie keiner. Lehrinhalte wurden nicht autonom erarbeitet. Erneuerung von innen und aus eigener Kraft sieht anders aus. Die Personal- und Strukturkommission hat dem Senator für Wissenschaft – so mein heutiges Fazit – lediglich einen Teil der Schmutzarbeit abgenommen.

Bis heute bin ich mir nicht sicher, ob meine Arbeit in der Personal- und Strukturkommission nicht ein großer Fehler war. Aber so lange ich darin mitwirkte, gab es immerhin noch die Hoffnung, dass wir es selbst schaffen könnten, die Fakultät zu erneuern. Ich glaube, ich hätte, wäre ich Dekanin gewesen, irgendwann gesagt – bis hierher und nicht weiter. Spielt Euer Spiel ohne mich. Aber Du hast nicht aufgegeben. Ob das richtig war, weiß ich nicht. Aber eines bleibt festzustellen: Im Vergleich zu anderen Fakultäten insbesondere aus dem sozialwissenschaftlichen Bereich liefen die Verfahren bei uns recht fair ab, Exzesse und entwürdigende Verunglimpfungen wie bei den Wirtschaftswissenschaftlern oder den Historikern gab es bei uns nicht. Und ich übertreibe nicht, wenn ich sage, dass das Dir zu verdanken ist.

Ich will es zugeben, als Vorgesetzte warst Du nicht immer nur charmant. Viel Zeit auf überflüssige Diskussionen hast Du nicht verplempert. Was geregelt werden musste, wurde geregelt. Aber danach war auch die Zeit. Innerhalb weniger Monate stellte sich unsere Welt auf den Kopf. Wir mussten handeln, schnell handeln. Für persönliche Empfindlichkeiten blieb kaum Raum.

Ich erinnere mich, wie wir uns auf dem Flur begegneten und Du mir in einem Ton, der keinen Widerspruch duldete, sagtest: »Du kommst als Beraterin mit zur Arbeitsgruppe Verfassung des Runden Tisches.« Ich hätte mich über die Selbstverständlichkeit, mit der Du über mich verfügtest, geärgert, hätte mich diese Aufgabe nicht so gereizt. Und wirklich, aus der Arbeit in diesem Gremium stammen mit die aufregendsten Eindrücke meiner beruflichen Tätigkeit. Der gemeinsame Wille aller beteiligten Parteien und Bürgerbewegungen, eine Verfassung zustande zu bringen, die einen eigenständigen und neuen Weg der Gesellschaft ermöglichen würde, unterschied sich wohltuend von der zuvor üblichen Dekretierung eines vorgeblich gemeinsamen Willens des Volkes, aber auch von dem heute praktizierten Parteiengezänk, in dem es meist weniger um die Sache als um Wählerstimmen geht.

Du warst in diesem Kreis eine respektierte Gesprächspartnerin; Deine fachliche Kompetenz stand außer Frage. Leider ist das an diesem Tisch erarbeitete Dokument niemals geltendes Recht geworden. Wirklich bedauerlich aber ist, weil es vermeidbar gewesen wäre, dass der Verfassungsentwurf auch in der rechtswissenschaftlichen Debatte völlig vergessen ist. Er enthielt innovative Ideen, die auch Ansätze für die Gestaltung der bundesdeutschen Verfassungswirklichkeit bieten würden. So versuchte seinerzeit der Runde Tisch, soziale Grundrechte zu formulieren, sie mit einem gewissen Grad an Justiziabilität auszustatten bzw. konkrete Verpflichtungen des Staates auch aus diesen Grundrechten abzuleiten. Der permanenten Aushöhlung des Sozialstaatsgedankens in unseren Tagen hätte so entgegengewirkt werden können.

Es gibt auch aus den letzten zweieinhalb Jahrzehnten einiges, woran ich mich erinnere, wofür ich Dir danken möchte. Aber der Platz ist begrenzt. Irgendwann muss ich einen Punkt setzen. Das tue ich jetzt. Bleibt nur, Dir zu wünschen: Behalte auch als Emerita Deine Kraft, sei weiter energisch und kreativ.

Hans Meyer

Rosemarie Will: Dekanin in wilder Zeit

Erinnerungssplitter

Es war mein Freund Dieter Simon, Frankfurter Fakultätskollege und Vorsitzender des Wissenschaftsrates, der mich Anfang 1991 anrief und fragte, ob ich einen triftigen Grund hätte, den Vorsitz der Struktur- und Berufungskommission für den Fachbereich Rechtswissenschaft der Humboldt-Universität abzulehnen. Das Zögern, mich einer solchermaßen befehlenden Frage zu fügen und die Erinnerung an einen mehrere Jahre zurückliegenden Vorsitz in einer Kommission zur Neuordnung des Fachhochschulsystems in West-Berlin, deren Vorschläge mangels eines hinreichenden politischen Willens in der Stadt Makulatur blieben, nährte zwar die Skepsis, es überwog aber die Neugier und die Ahnung, dass diesmal die Chancen, etwas bewirken zu können, erheblich größer sein würden. Zudem hatten mir regelmäßige Besuche der Leipziger Messe seit den sechziger Jahren und die gewachsene Freundschaft mit der Familie eines vom System am Aufstieg gehinderten Mathematikers eine gewisse Vertrautheit mit dem Leben in der DDR und mit seinem Wissenschaftssystem verschafft.

Im Westen nichts Neues
Die ersten Berliner Begegnungen beschränkten sich auf die Senatsverwaltung in der Bredtschneiderstraße. Einen Hinweis, dass der Fachbereich oder auch nur die Dekanin mit meiner Person einverstanden seien, hielt man nicht für nötig. Das Verhältnis zwischen dem Fachbereich und der Senatsverwaltung war sehr gespannt. Das Land wollte sich des vorhandenen Personals auch des rechtswissen-

schaftlichen Fachbereichs durch Abwicklung, das heißt Auflösung der Einrichtung, entledigen, war aber vom Gericht daran gehindert worden.

Der Einigungsvertrag erlaubte eine Abwicklung nicht, wenn der Staat die Einrichtung wieder etablieren wollte. Der Vorwurf einer unzulässigen Umgehung der im Einigungsvertrag unter strengeren Bedingungen vorgesehenen ordentlichen wie außerordentlichen Kündigungsrechte lag nahe. Es ist wohl nicht nur Spekulation, dass die Dekanin des juristischen Fachbereichs, also Rosemarie Will, an diesem erfolgreichen Widerstand der Universität wesentlich beteiligt war – der damalige Präsident war Theologe.

Frau Will war von der alten Sektion nach dem Umbruch zur Dekanin gewählt worden, offensichtlich in der richtigen Erwartung, dass das jüngste Mitglied des Lehrkörpers die Überleitung des Fachbereichs und die nötigen personellen Konsequenzen aus der Sicht des Lehrkörpers am Überzeugendsten würde leisten können.

Es war in jeder Beziehung eine kluge Wahl. Sie konnte am Ehesten die notwendigen Umbrüche organisieren, ohne durch jahrelange enge Bindung an den alten Lehrkörper gehemmt zu sein, und sie war jung, musste also auf einen krisenfesten Umbau bedacht sein. Diese objektiven Vorteile hätten jedoch nichts genutzt, wenn Frau Will nicht Umsicht, Kraft, um nicht zu sagen Härte, Willensstärke, Ausdauer, Verstand und strategische Vorstellungen mitgebracht hätte, ohne die auch die Position als Dekanin wenig genutzt hätte.

Je besser die Neuorganisation des Fachbereichs aber glückte, umso stärker musste sich der Unmut in Westberlin gegen sie richten. Vor allem aus der FU kamen die freilich nur aus der zweiten Reihe vorgetragenen, aber von Westberliner Zeitungen gerne transportierten Angriffe gegen »die Exponentin kommunistischer Welt- und Rechtsanschauung«, die in der Beschimpfung als »Kommandeuse« der Betriebskampfgruppen gipfelten. Selbst dem Vorsitzenden der Struktur- und Berufungskommission wurde bei einem Besuch in der FU zur Erläuterung unserer Arbeit zuerst die Frage gestellt, ob wir eine kommunistische Kaderschmiede in Stadtmitte aufbauen wollten.

Wie weit diese Haltung für Rosemarie Will selbst bedrückend wirkte, lässt sich schwer sagen, da sie ihre Gefühle nicht auf der Zunge zu tragen pflegt und eher den Eindruck einer sehr gefestigten Persönlichkeit macht. Für ihre Überleitung in eine adäquate Professorenposition war diese Stimmung mit Sicherheit hinderlich, wie die schwierigen Verhandlungen mit der Senatsverwaltung ergaben.

Hinter diesen etwas geifernden Äußerungen aus Westberlin steckte auch die Enttäuschung, dass die Berliner Politik sich dafür entschieden hatte, die FU nach der von den Kommunisten 1948 erzwungenen Auswanderung in den Westen der Stadt nicht wieder in die Stadtmitte zurückzuholen. Der Umbau und teilweise Neubau am klassischen Standort schien der Berliner Politik klüger und das Ergebnis hat ihr Recht gegeben. Auch schien mit dem schnellen Abbau der Subventionen in Westberlin vor allem im Bereich der sehr viele treffenden Lohn- und Einkommensteuer das Gefühl verbreitet zu sein, zu den Verlierern der Einigung zu gehören.

Neustrukturierung von Personal und Lehre
Da mit dem Beitritt der neugebildeten ostdeutschen Ländern nach § 8 des Einigungsvertrages auch in Ostberlin das Bundesrecht und damit auch das Grundgesetz mit seinen in alle Rechtsgebiete ausstrahlenden Grundrechten in Kraft trat, war die dringlichste Aufgabe der Dekanin, für die Studentenschaft sachkundiges Lehrpersonal zu schaffen, soweit der vorhandene Lehrkörper nicht ausreichte. Das galt im Besonderen, aber nicht nur für das öffentliche Recht.

Die wichtigere, für die Zukunft und das Maß der Bedeutung des Fachbereichs entscheidende Aufgabe war jedoch, den zukünftigen Lehrkörper festzulegen, und zwar in einem doppelten Sinne. Zum einen ging es, wie in der ganzen Universität, um die Frage, wer vom alten Lehrkörper noch tragfähig war, und zum anderen darum, wie man zu einer sinnvollen und möglichst überzeugenden personellen Erneuerung kommen könne.

Der Dekanin Will ist es gelungen, beide Aufgaben vorteilhaft zu verbinden. Das zeigt ihr strategisches Geschick. Dabei war sie im Blick auf ihre eigene Biographie und ihre Einstellung nach dem Umbruch von einer bemerkenswerten Offenheit und einer Klarheit, die man nach 1945 im Westen in universitären Kreisen nicht aufgebracht hat. Als frisch gewählte Dekanin ließ sie im Protokoll der »Kleinen Dienstbesprechung« vom 19. November 1990 festhalten: Zur anstehenden Evaluation gehöre auch »die Mitarbeiter zu motivieren und ihnen über Schwierigkeiten hinwegzuhelfen. Dazu gehöre auch, den Mut zu geben für die Auseinandersetzung mit der einstigen Mitgliedschaft in der SED und das Bekenntnis zur mehr oder weniger bedingten Unterstützung des Systems. Es komme nicht darauf an, sich als Widerstandskämpfer oder als Opfer zu profilieren, weil mit wenigen Ausnahmen die geistige Elite die systemtragende Kraft war. Dazu muss Stellung bezogen werden, ohne jedoch von vorne herein das Recht auf unsere hiesige Tätigkeit aufzugeben.«

Sie überzeugte den Fachbereich, die »Personal- und Strukturkommission« (PSK), eine solche hatten auch die übrigen Fachbereiche der Universität zu bilden, überwiegend mit westdeutschem oder ausländischem Personal zu besetzen. Damit war aber zugleich ein potenzielles Reservoir von westlichen Lehrbeauftragten geschaffen. Der Nebenzweck war, das Land Berlin und damit die Politik möglichst aus dieser Aufgabe herauszuhalten, der Autonomie der Universität also nach dem Zerfall des kommunistischen Imperiums auch gegenüber der nun demokratisch organisierten Politik Geltung zu verschaffen.

Die Teilnahme an der Überprüfung war freiwillig. Da der Lehrkörper – wie im Übrigen im Westen auch – überaltert war, führte das dazu, dass sich nicht wenige in den Ruhestand versetzen ließen, sei es, dass sie die Überprüfung meiden oder dass sie sich die Einarbeitung in das neue Recht ersparen wollten.

Die vom Land Berlin aufgenommene Empfehlung des Wissenschaftsrates, zur personellen Reorganisation in den Fachbereichen Struktur- und Berufungskommissionen (SBK) der Fachbereiche einzurichten, überholte die weit gediehene Arbeit der Personal- und Strukturkommission. Ihre Ergebnisse konnten aber von der Struktur- und Berufungskommission übernommen werden. Soweit sie die fundierte studentische Kritik an der Lehrfähigkeit betrafen, führte das zum freiwilligen Verzicht.

Die Strategie der Dekanin, in den Reorganisationsgremien ein westliches Übergewicht zuzulassen, führte dazu, dass sie den Fachbereich auch bewog, auf einen der professoralen Ost-Sitze in der Struktur- und Berufungskommission zugunsten einer westlichen Besetzung zu verzichten. Zu den drei vom Wissenschaftsrat benannten Hanau (Köln), Hopt (München) und Meyer (Frankfurt) benannte der Fachbereichsrat noch Schüler-Springorum (München), der schon der Personal- und Strukturkommission des Fachbereichs angehört hatte. Die vier Westprofessoren konnten in dem achtköpfigen Gremium nicht überstimmt werden, sie fühlten sich aber auch niemals veranlasst, ihre Vetoposition auszuüben. Die Dekanin selbst wurde Mitglied der Struktur- und Berufungskommission, was für die Arbeit sehr förderlich war. Der inneruniversitäre Informationsfluss, der wegen des Umbruchs und der teilweise westlich besetzen mittleren Führungsebene nicht reibungslos war, verlangte Insiderkenntnisse, die sie reichlich besaß. Ihre Mitarbeit garantierte auch, dass sich Fachbereichsrat und Kommission nie in die Quere kamen.

Lediglich die Vertretung der Berufungsvorschläge der Kommission im Senat der Universität überließ die Dekanin dem Kommissionsvorsitzenden in der wohl richtigen Erwartung, dass es dort schwerer sein würde, einem Auswärtigen etwas abzuschlagen.

Die Verhandlungen mit den Berufenen sollte die Dekanin führen. Ich kann mich noch gut an ein Gespräch nach getaner Arbeit mit Bernhard Schlink und der Dekanin an einem Tresen am Schiffbauerndamm erinnern. Frau Will war so euphorisch über die bisherige Zusammenarbeit mit den »Wessis«, dass wir sie bremsen mussten und prophezeiten, bei den Berufungsverhandlungen würde sie einen anderen Typus von Mensch erleben.

Struktur- und Berufungsfragen deckten aber nur einen Teil der Aufgaben der Dekanin ab. Sie war auch für die Organisation der Lehre verantwortlich. In der Zeit eines zerbrechenden Lehrköpers und vieler auswärtiger »Hilfskräfte« war das eine heikle Aufgabe, die aber ohne nennenswerte Probleme gelöst wurde. Die Dekanin war effizient wie umsichtig.

Welche Probleme es für die in der DDR sozialisierten Wissenschaftler gab, ist mir erst richtig klargeworden, als ich eines Tages mit Frau Will vor dem Zimmer des Senators in der Bredtschneiderstraße auf- und abging und sie mich nach einer Auslegung eines Grundrechts in der Rechtsprechung des Bundesverfassungsgerichts fragte. Ich konnte mich zunächst nicht verständlich machen, bis ich merkte, dass es einen gravierenden Unterschied macht, ob jemand die Entwicklung der Rechtsprechung zu einem Grundrecht miterlebt hat oder ob er erstmals nur mit dem Ergebnis konfrontiert wird. Das mag für Studenten irrelevant sein, für einen Wissenschaftler aber nicht.

Auftakt und Finale der SBK
Mit einem eher komischen Erlebnis zu Beginn meiner Tätigkeit als Vorsitzender der Struktur- und Berufungskommission und einem fast tragisch ausgehenden zum Ende dieser Tätigkeit will ich diese Splitter der Erinnerung abschließen.

Nachdem die Ernennung zum Vorsitzenden vollzogen und die staatlichen Bedingungen der Tätigkeit geklärt waren, avisierte ich mein Kommen der Dekanin und gab den Flug aus Frankfurt an, damit sie sich auf die ungefähre Ankunft einstellen könne. In Berlin Tegel, als ich mit dem Koffer auf den Vorplatz trat, sprach mich ein heftig schwitzender, schwergewichtiger Mann an, ob ich Prof. Meyer sei. Frau Will hatte einen Kollegen abkommandiert, mich abzuholen und auf der Fahrt mit dem Flughafenbus, der direkt bis vor das Hauptgebäude fuhr, zu begleiten. Ich fragte mich, ob das der erste Versuch, gut Wetter zu machen sei, beließ es aber dabei. Beim nächsten Flug war er aber wieder da. Dann haben wir uns aber geeinigt, dass das vielleicht in Seoul oder Tokio vorkommen könne, in Mitteleuropa dagegen ...

Unangenehmer und fasst schon dramatisch war das Erlebnis am Ende der Arbeit. Es zeigt die hochgradige Nervösität, die die ganzen zwei Jahre der Kommissionsarbeit und während der wichtigsten Zeit des Dekanats Will unterschwellig vorhanden war. Die Dekanin steht im Zentrum der Geschichte. Die Kommission hatte ihre Arbeit als erste der Struktur- und Berufungskommissionen der Humboldt-Universität abgeschlossen und wir wollten unser Werk und unsere Kompetenzen in einem Festakt der Fakultät »überreichen«.

Ich wollte einen Tag davor nach Berlin fliegen, erhielt aber drei Tage vorher einen dringenden Anruf von Frau Will, ich müsse sofort kommen, die aus Westberlin stammende Präsidentin und in ihrem Gefolge der Wissenschaftssenator hätten ihre Teilnahme an dem Festakt abgesagt. Zu diesem war nicht nur juristische Prominenz aus Westberlin geladen. Eine Absage des Festaktes hätte die ganze Aufbauarbeit desavouiert.

Der Vorwurf war, die Dekanin habe der Präsidentin die Kenntnis von einem Rechtsgutachten verschwiegen, das ein Strafrechtsprofessor des Fachbereichs auf Aufforderung des Generalstaatsanwalts offenbar zur Vorbereitung eines Verfahrens gegen eine Bürgerrechtsgruppe erstattet habe. Der Ost-Professor sollte noch für anderthalb Jahre bis zum Ausscheiden beschäftigt bleiben. In Wirklichkeit hatte die Dekanin nach einer entsprechenden Pressekampagne das Gutachten angefordert und der Kommission übergeben. Ein Grund, etwas zu verschweigen, gab es nicht. Wie sich herausstellte, war das Gutachten zudem nach damaligem Recht korrekt und enthielt sogar die Empfehlung an die Generalstaatsanwaltschaft, aus Gründen der Opportunität keine Verfahren einzuleiten. Mein Versuch, wenigstens den an sich sehr besonnenen Senator umzustimmen, war vergeblich: Wenn die Präsidentin nicht komme, könne er auch nicht kommen. Es bedurfte der Einschaltung des aus der alten Humboldt-Universität stammenden Ersten Vizepräsidenten, eines Mathematikers, um die Präsidentin umzustimmen und damit auch dem Senator die Teilnahme zu ermöglichen. Mit dem Professor aber musste ein Aufhebungsvertrag geschlossen werden.

Das bezeichnet die Situation und die Stimmung, in der die Dekanin Rosemarie Will ihre Pflicht getan hat. Sie war die rechte Frau zur rechten Zeit am rechten Ort.

Mechthild Küpper

Die Dekanin

*Ausnahme und Vorbild: Die Rechtswissenschaft**

»Ich werde gefragt, wie man es hätte anstellen sollen. Ich weiß nur die utopische Antwort: Irgendwann, zwischen Oktober und, sagen wir, Mai 1990, hätte wenigstens eine der Ost-Universitäten, zumindest eine Fakultät es vorführen müssen: den kompletten, freiwilligen, einsichtigen, allenfalls durch sanften Nachdruck ohne Formalien bewirkten Rücktritt aller in der Hierarchie, die Titel und Positionen einer Berufung durch die alten Machthaber verdanken, gleichgültig, zu welchem Anteil von fachlicher Kompetenz und ideologisch-politischer Zuverlässigkeit gestützt. Mit den Studenten und jungen Adepten gemeinsam hätte eine Urzeugung der Wissenschaftsrepublik durch spontane, zunächst strikt hierarchie-freie Selbstorganisation stattfinden müssen, eine Art Nach-1968 ohne die damaligen ideologischen Ungereimtheiten, ein Wettstreit zwischen den sich stets ausbildenden Polen konservativ-wiederherstellend und radikal erneuernd.«

Das ist die Stimme von Jens Reich. Allerdings erst im August 1991. Da saß er bereits im Kuratorium der Humboldt-Universität.

Wenn man etwas großzügigere Zeitmaßstäbe gelten lässt, dann gibt es eine Fakultät, die Reichs Standards entspricht, und es ist kurioserweise die rechtswissenschaftliche der Humboldt-Universität. Genauer gesagt, die Arbeit einer einzigen Person ist zu würdigen, die der Dekanin Rosemarie Will.

Seit dem 1. April 1993 lebt Rosemarie Will nicht mehr in Berlin. Von ihrem Lehrstuhl ist sie für zwei Jahre beurlaubt. Am 11. Februar 1993 hat sie das Dekansamt, das sie seit Mai 1990 bekleidete, an Detlef Krauß übergeben. Die Berufungs- und Strukturkommission, die einmal als Gründungskommission begonnen hatte, beendete ihr Werk und löste sich auf. Der Fachbereich Rechtswissenschaft muss seither als voll reformiert angesehen werden. Dort ist der Übergang abgeschlossen, und er war ein Erfolg.

Die Dekanin trug Arbeitskleidung. Die bestand in einem schwarz-weißen Tweedkostüm mit langem Rock, oft ergänzt durch einen roten Rollkragenpullover. Wenn es nicht auf Repräsentieren ankam, wurden die schwarzen Jeans benutzt. Die Dekanin trug diese Uniform so, wie Berthold Brecht sich seiner Arbeitsanzüge aus feinem englischen Tuch bediente: als Signal dafür, dass sie es ernst meinte. Kleidsamkeit spielte dabei keine Rolle. Allerdings fand sie immer die Zeit, um den modischen Ansprüchen ihrer Kinder, die sie voll anerkannte, in den Westberliner Jeansläden nachzukommen. Die Dekanin war oft herrisch. »Selters«, bellte sie ins Sekretariat hinein, während sie schon in ihr Zimmer stob. Gästen bot sie immer etwas an, eine Geste bürgerlicher Höflichkeit, die sie von allen anderen Hochschulpolitikern auf dem Territorium der DDR bis heute unterscheidet. Sie war brüsk. Es konnte einem passieren, dass man mitgeschleppt wurde ins Dekanat, platziert wurde, zu trinken und gleich noch eine Abreibung dazu bekam. Sie verbat es sich, an den abstrakten Ansprüchen von frustrierten Westlern gemessen zu werden, die den Daumen senkten und ihr mitteilten, dass wieder einmal alles nicht gut genug war. Die Dekanin ist eine Kämpferin. Der sonst eher milde Prorektor Reinisch herrschte sie schon in der ersten öffentlichen Senatssitzung im November 1990 an, sie solle sich nicht so aufführen wie »die roten Matrosen von Petrograd«. Ha! Dabei hatte sie doch nur ihre Ansprüche markiert. Die Jura werden bald ein großes Fach sein, und sie brauchen Räume, fand sie und weigerte sich, die alten im Hauptgebäude freizugeben, ehe sie nicht mit Brief und Siegel neue zugesichert bekommen hatte.

Die Dekanin ist ein politisches Tier und war es wohl immer. Sie grinst noch heute, wenn sie erzählt, wie es kam, dass sie der Kampfgruppe (die Humboldt-Universität hatte eine eigene, die auf dem hinteren Hof herummarschierte und Appelle veranstaltete) beitrat, und mit welchem Kalkül sie es tat. Sie war in der SED, die sie verließ, als sie sich PDS taufte. Ihr Plädoyer für mehr Rechtsstaatlichkeit in der DDR erschien in einer philosophischen Zeitschrift, 1989. Nicht gefährlich früh, aber früh genug, um riskant zu sein. Nach der Wende saß sie am Runden Tisch der DDR und arbeitete an einer neuen Verfassung. Dort lernte sie einige der Juristen kennen, die ihr später halfen, den Fachbereich zu reformieren. Sie arbeitete schnell. Schon im Juni und Juli 1990 scharte sie einen Arbeitskreis um sich, dem Justizsenatorin Limbach, die Vertreter des Juristischen Landesprüfungsamtes und 14 Juristen aus Westberlin und Westdeutschland angehörten. Detlef Krauß, jetzt Professor an der Humboldt-Universität und Nachfolger von Rosi Will, damals noch Dekan in Basel, gab am Ende eine »Berliner Erklärung« ab. Es ging um ein sinnvolles Curriculum für das Jurastudium an der Humboldt-Universität, um Übergangs-Studienordnungen für Studenten, die einen großen Teil ihres Wissens in DDR-Recht erworben hatten und sich nun auf eine Prüfung im bundesrepublikanischen Recht vorbereiten mussten. Das war kein schlechtes Pensum.

Besser noch und beständiger war etwas anderes, das in diesen Sitzungen geübt wurde: ein ganz neuer Ton, damals noch aufregend ungewohnt. Selbstkritik, Nachfragen, Neugier, Bereitschaft zu hören, was die anderen zu sagen hatten. Aus dieser Arbeitserfahrung stammte das Klima, das den gesamten Prozess der Umstrukturierung der alten Sektion Rechtswissenschaft fortan prägte.

»Das Scheitern ist überall präsent und auch der Person der Dekanin Rosemarie Will zuzuschreiben. Durch ihre autoritäre Amtsführung wird man eher an eine Parteiakademie erinnert als an eine Stätte geistiger Freiheit und Erneuerung. Unter den gegebenen Umständen dürfte kein namhafter Jurist sich bereit finden, dort auf Dauer einen Lehrstuhl zu akzeptieren«, schrieb Hans Mengel, Hochschullehrer an der Freien Universität, am 28. Dezember 1990 in einer Westberliner Zeitung. Er forderte, die Rechtswissenschaft »neu zu konstituieren«. Das traf sich gut, das hatte die Regierung ohnehin vor. Die Abwicklung der ideologisch belasteten Rechtswissenschaft, zusammen mit vier anderen Fächern, war ja bereits beschlossene Sache. Die Dekanin hatte sich auf eine Jura als Massenfach an der Humboldt-Universität eingestellt. Über 500 Studenten waren im Wintersemester neu immatrikuliert worden, 18 Gastprofessoren unterrichteten sie – und zum Teil ihre Ostberliner Kollegen dazu. Kollege Mengel hatte seine Kollegen unterschätzt, und der von ihm so schmerzhaft empfundene Führungsstil der Dekanin trug erheblich dazu bei, den Gästen ihre Unabkömmlichkeit klarzumachen.

Die Dekanin reagierte auf Existenzangst nämlich nicht mit Rückzug in vorläufige Sicherheiten, wie die meisten ihrer Kollegen an der Humboldt-Universität und anderswo. Nicht, dass sie keine Angst gehabt hätte. Für sie war es kein Trost, dass sie ja immer noch Rechtsanwältin werden könne. An ihr konnte man sehen, wie DDR-Bodenständigkeit und neue corporate identity sich zum inbrünstigen Wunsch mischten, hier und nur hier weiterarbeiten zu können. Weil die Dekanin keine alternative Lebensplanung hatte, redete sie Tacheles übers Hier und Heute. Etwa so: »Hier entsteht aufgrund des westlichen Drucks eine Solidarisierung zwischen Rechten und Linken, und im Westen machen die Linken Vorlagen für die Rechten. Der Schrei nach Bewältigung der Vergangenheit bringt die Rechten in die Lage zu kriegen, was sie haben wollen. Und viele Westler sind, egal wo sie politisch stehen, richtiggehend wahrnehmungsunfähig«, erklärte Will in einem »taz«-Interview zwei Monate nach dem Abwicklungsbeschluss. Taktisch klug war das wohl nicht. Ebenso unerschrocken, wie sie rechts und links ortete, was beim

Reden über die deutschen Dinge ja einigermaßen schwierig geworden war, wies sie feministische Verständigungsangebote einer mitfühlenden Interviewerin über ihr angeblich fremdbestimmtes Frauenschicksal zurück. »Wenn ich Professorin bin und zwei Kinder habe, warum bringt das nichts?«

Die Dekanin schien unbegrenzt einsatzfähig, weit über ihren Fachbereich hinaus. Juristischen Rat und gutbeleumdete juristische Ratgeber in jeder Zeit hatte sie für alle Krisen parat, ob es um Abwicklung ging oder um das vermaledeite Spezialgesetz des Manfred Erhardt, mit dem die Humboldtianer von Entscheidungen in den Selbstverwaltungsgremien ferngehalten werden sollten, oder darum, die Fakultäten selbst entscheiden zu lassen, mit wem es weitergehen sollte und wer gehen musste. Oft sah man sie aus dem Sitzungssaal stürzen und die langen Gänge entlangrennen. Im Dekanat fand sie einen der Gastprofessoren, den sie oft gleich mitschleppte, damit die Kollegen nicht länger ungeraten vor sich hindebattierten, oder sie vereinbarte telefonisch Termine für späteren Ratschlag. Die Dekanin hat viel gegrübelt und in dieser Zeit wenig geschlafen. Aber entschieden hat sie schnell.

Ihren Namen auch nur zu nennen, verursachte in den Gesichtern der meisten Berliner Hochschulpolitiker nervöses Zucken oder den Ausdruck unüberwindlichen Ekels. Die Dekanin gilt als Flintenweib, deren unaufhaltsamen Erfolg beim Ausmisten des Augiasstalles niemand von denen verstehen mochte, der doch selbst solcherart Arbeit lieber nicht tat.

Rosi Will nannte die entscheidende Sitzung der Kommission, die am 2. und 3. März 1991 unter starker westlicher Beteiligung das Personal auf seine Weiterbeschäftigung hin prüfte, ihr »stalinistisches Wochenende«. Dass »gesäubert« werden musste, wusste sie nur zu gut, doch dabei mittun zu müssen und selber nicht zu wissen, ob sie bleiben konnte oder gehen musste, war hart. Die amerikanische Juristin Inga Markovits beschreibt in ihrem »Tagebuch zum Ende der DDR-Justiz« die Situation. Sie war

Mitglied der Humboldt-eigenen Personalstrukturkommission (PSK), die dem Fachbereichsrat die Kündigungsvorschläge zu machen hatte: Neun Professoren und elf wissenschaftliche Mitarbeiter hatten sich der Kommission erst gar nicht gestellt. »Von 28 Professoren werden 10 als persönlich nicht geeignet eingestuft«, berichtet Markovits und sie beschreibt die Kriterien der Auswahl: »Wir suchten, glaub ich, nach Leuten, die sich die Umstellung schwer machten, aber doch nicht zu schwer. Nach Traumata, die aber heilbar waren. Nach jemanden, der die Last der Vergangenheit erkennt und trotzdem auf die Zukunft zugeht.« So jemand wie Rosemarie Will.

Die Dekanin hat immer das Richtige getan, auch wenn sie es einen Tag, eine Woche, eine Minute zu spät tat. Die große Selbsterforschungsversammlung der Juristen, von der schon die Rede war, kam zum Beispiel etwas spät, am 4. Dezember 1990, aber sie misslang nicht nur, weil sie so spät stattfand, sondern auch, weil sie vor westlichem Publikum stattfand. Nach der Aufzählung der Reglementierungen aus politischen Gründen an der alten Sektion Rechtswissenschaft zog die Dekanin energisch die Kostümjacke aus, um sich ins Getümmel werfen zu können. Doch es entstand gar keines. Die Studenten waren nicht sehr interessiert zu erfahren, wie die Kommandostrukturen der DDR-Justiz in ihrer Fakultät gewirkt hatten und wer die wissenschaftlichen Ansprechpartner für die Parteioberen waren. Dieter Henkelmann zu hören, den damaligen Präsidenten der Freien Universität und späteren Innensenator, der die Dekanin wegen irregeleiteter Büchereinkäufe (zu viel Genossenschaftsrecht, zu wenig Bürgerliches Recht) rügte und die Kooperationsunwilligkeit der Humboldtianer und ihres »Flickenteppichs« aus lauter guten Namen tadelte, ließ Zerknirschung und Reue, Kritik und Wiedergutmachungsforderungen nicht recht aufkommen.

Einer, der sich an diesem Abend als Teil des »Flickenteppichs« bekannte, der Staatsrechtler Bernhard Schlink aus Bonn, war, so rasch es ging, als Gastprofessor an die

Humboldt-Universität gegangen und ist inzwischen fest dort. Er gehört zu den vielen Westlern, die den Übergang in dieser Gestalt möglich machten, eben weil es ihnen um die Gestaltung des Übergangs fast ebensosehr ging wie um Neuanfang. Er habe Angst, sagte Schlink im Winter 1990/91, dass die Studenten das neue, westliche Recht an der Humboldt-Universität büffeln wie Autoverkäufer Japanisch büffeln, wenn sie Japanern etwas verkaufen wollten.

Verglichen mit den Hymnen für die Gründungsdekane in Dresden und Leipzig, mit der Lobpreisung ihres heiligenmäßigen Einsatzes und ihrer unbeirrbaren Fürsorge waren die Tränen, die Hans Meyer weinte, eine sehr preußisch-verhaltene Art, Rosi Wills Werk zu rühmen. Am 11. Februar 1993 begann die Normalität des Fachbereichs Rechtswissenschaft; die Dekanin gab ihr Amt an Detlef Krauß ab. Zu den »glückhaften Umständen«, unter denen die Berufungs- und Strukturkommission arbeitete, sagte Meyer, dieser elegante Jurist aus Frankfurt, hätte gehört: »Frau Will, die außerordentlich engagierte, temperamentvolle, pflichtbewusste und faire Dekanin. Es war ein Vergnügen, mit ihr zusammenzuarbeiten.« Sprach's und weinte.

Der Festakt war der letzt große Kraftakt der Dekanin. Denn beinahe wäre er von der Präsidentin der Humboldt-Universität und dem Wissenschaftssenator boykottiert worden. Bürgerrechtler, darunter Katja Havemann und Wolfgang Templin, hatten kurz zuvor ein altes Gutachten veröffentlicht, mit dem die Oppositionellen der DDR in der Terminologie des DDR-Rechts zu Illegalen gestempelt wurden. Es trägt unter anderem die Unterschrift eines Juristen, der eigentlich als Angestellter hätte weiterbeschäftigt werden sollen, und die Dekanin hatte das inkriminierte Gutachten gekannt und es auf sich beruhen lassen. Die Presse tobte. Da waren sie wieder, die alten Seilschaften, die sich gegenseitig die Posten sicherten. Die neu berufenen westlichen Juristen winkten müde ab. Es sei nicht schön zu lesen, was die Gutachter da über die Bürgerrechtler geschrieben hätten, aber es sei »state of the Art« des

DDR-Rechts und besitze die überschäumende Verfolgungsqualität eben nicht, mit der in der DDR sonst Oppositionelle politisch verfolgt wurden. Die Präsidentin Dürkop war nicht überzeugt: Juristen seien sich alle gleich, formal und unpolitisch sei ihr Denken. Der Mann verließ die Humboldt-Universität ohne weiteres Aufsehen.

Unter Bürgerrechtlern ist Rosi Will so gern gehasst wie unter Bürgerlichen. »Wo Frau Will ist, ist noch lange kein Weg«, schrieb etwa Hans Schwenke, der zuvor die Fraktion Bündnis 90/Grüne im Abgeordnetenhaus über einem Streit um den Kurs gegenüber der Humboldt und Will verlassen hatte, im Januar 1992, im Tone einer endgültigen Auskunft.

Den Ruf an den Fachbereich Rechtswissenschaft der Humboldt-Universität hat Rosemarie Will angenommen. Doch als sie ihr Werk vollbracht hatte, nach fast drei Jahren, gelang ihr, was sie für unvorstellbar gehalten hatte: Sie verließ die Universität. Für zwei Jahre ist sie beurlaubt und arbeitet als wissenschaftliche Angestellte beim Bundesverfassungsgericht. Bis dort die erste Richterin aus Ostdeutschland antritt, wird Rosi Will den Kollegen in Karlsruhe noch einiges beibringen, während sie selbst viel Neues lernt. Hoffentlich hat sie ihr Kostüm mitgenommen.

---

* Der Beitrag entstammt dem Buch der Autorin: *Die Humboldt-Universität. Einheitsschmerzen zwischen Abwicklung und Selbstreform*, das 1993 im Berliner Rotbuch Verlag erschienen ist (dort S. 65–73). Der Abdruck erfolgte mit freundlicher Genehmigung des Verlags.

Hasso Hofmann

»Empfänger hier unbekannt«

Kleine Geschichten aus der Zeit des Umbruchs, als Rosemarie Will die juristische Fakultät der Humboldt-Universität aus der Vergangenheit in die Zukunft führte

Kennengelernt habe ich Frau Will am Anfang des Wintersemesters 1991/92. Sie amtierte als Dekanin der dank ihres Einsatzes anders als die drei anderen juristischen Fakultäten der DDR nicht »abgewickelten« Juristischen Fakultät der Humboldt-Universität. Neben der Neuordnung des Studiums war nun auch der Lehrkörper neu zusammenzusetzen – und das alles bei laufendem Betrieb und inmitten der vielfältigen Berliner (hochschul)politischen Spannungen: eine Aufgabe von heute kaum noch vorstellbarer Komplexität und Schwierigkeit. Rosemarie Will packte an – engagiert, energisch und erfolgreich. Sie stellte höchste Ansprüche an sich, aber auch an ihre Mitarbeiter, und das nicht immer in verbindlichem Ton. Mir, dem Kollegen aus dem Westen, der sich an die HU hatte abordnen lassen – die alten Bundesländer leisteten diese Hilfe sehr großzügig – begegnete sie offen und vertrauensvoll. Das berührte mich. Ich empfand es als Verpflichtung. Fachlich verband uns das lebhafte Interesse an der Pflege der (inzwischen institutionell wieder in den Hintergrund getretenen) sog. juristischen Grundlagenfächer. Frau Will war selbstkritisch, außerordentlich wissbegierig und lernbereit. Wahrscheinlich weiß sie aber nicht, dass ich von ihr mehr gelernt haben dürfte als sie von mir; ich erfuhr nämlich viel vom realen Universitätsleben im real existierenden Sozialismus, von der Denkweise der Menschen jenseits der Ideologie und ihrer Art, Probleme anzugehen. Und ich hatte viel zu lernen. War ich doch mit einigen Klischees und einer großen Portion Naivität nach Berlin gekommen (ohne die ich mich indes auf das Abenteuer vielleicht gar nicht eingelassen hätte). Nun empfand ich mich als Fremdling in der fremden Lebenswelt eines Landes, das mir durch Familiengeschichte, mütterliche Erzählungen, historisch-politisches Interesse und verwandtschaftliche Beziehungen innerlich-gefühlsmäßig nahe war. So wie ich Franken als »Vaterland« ansah, betrachtete ich als Sohn einer Berlinerin Preußen als mein »Mutterland«. Und natürlich hatte die Erziehung durch eine im Krieg allzu früh verwitwete preußische Beamtentochter Spuren hinterlassen.

Im Herbst 1992 – ich war inzwischen einer der ersten aus den alten Bundesländern neuberufenen Professoren der Juristischen Fakultät – verfolgte die Dekanin vor der anstehenden Wahl eines Vizepräsidenten der Universität zusammen mit einigen anderen Ost-Kollegen die Idee, dass die neuen Universitäts-Kollegen aus dem Westen (inzwischen vielleicht 30 oder etwas mehr an der Zahl) auch in der Universitätsleitung durch einen der ihren vertreten sein müssten. Der Kandidat sollte für die »Wessis« akzeptabel sein, musste vor allem aber das Vertrauen der »Ossis« gewinnen; denn noch besetzten ausschließlich sie die Entscheidungsgremien. Ihr Auge fiel auf mich. Nun verspürte ich über den Wunsch hinaus, durch Mitarbeit beim Aufbau einer guten gemeinsamen Fakultät der inneren Einheit zu dienen, keinerlei hochschulpolitischen Ehrgeiz. Mehr als die halb-öffentliche Existenz als Lehrer und Forscher verträgt mein Stoizismus eigentlich auch nicht. Aber konnte ich mich angesichts des vorbildlichen selbstlosen Einsatzes der Dekanin verweigern? Also stellte ich mich brav etlichen Anhörungen (in denen zu meiner nicht geringen Verblüffung auch meine Einstellung zu der damals hochpolitischen Frage der Regelung des Schwangerschaftsabbruchs gefragt war). Am Ende erhielt ich einen rührenden Vertrauensvorschuss von etwa 95 Prozent der Abstimmenden. Bekommen ist mir das nicht. Ich nahm mir zu viel zu Herzen.

Zu den leichteren Übungen des für die Geisteswissenschaften zuständigen Vizepräsidenten gehörte die Betreuung der (ev.) Theologischen Fakultät, wo nach dem sog. »Sprachenkonvikt« (das in der DDR nicht theologische Hochschule genannt werden durfte) nun auch die Zehlendorfer Kirchliche Hochschule – beide Sezessionen waren nach 1933 bzw. 1949 aus ähnlichen Motiven erfolgt – inmitten eines weithin atheistischen Umfeldes sozusagen heimzuholen war. Kompliziert wurde die Lage durch den gleichzeitigen, vom Vatikan bereits abgesegneten Vorstoß aus der Westberliner CDU, der auf die Errichtung auch einer kath. theologischen Fakultät (mit 13 Lehrstühlen) zielte. Mein Vorschlag, doch eher die FU zu bedenken (die keine theologische Fakultät, aber wegen der Lehrerbildung zwei theologische Lehrstühle hatte), fand kein Gehör. Unter vier Augen empörte sich der erzbischöfliche Sekretär: »Glauben Sie denn, der Kardinal geht aufs Dorf?!« Natürlich scheiterte das Projekt schon aus finanziellen Gründen. Aber allein der Plan mit seinen absehbaren universitären Konsequenzen – zumindest für eine Übergangszeit hätte er insgesamt mehr als 30 theologische Lehrstühle (gegenüber fünf philosophischen) bedeutet – sorgte in der HU für so viel Unruhe, dass sogar die Re-Integration der Zehlendorfer in Gefahr geriet. Äußerst erbittert wurde über die von der Wissenschaftsverwaltung verlangte Reduzierung der über 20 Fachbereiche auf eine deutlich geringere Zahl von Fakultäten gestritten. Da ließ die kollegiale Unterstützung zeitweilig zu wünschen übrig. Und natürlich gab es auch persönliche Angriffe aus Angst vor Streichungen und Entlassungen. (Das Ergebnis hat dann übrigens mehr als ein Jahrzehnt gehalten.)

Schlimm waren die Freitagnachmittage. Da tagte über Wochen die beim Wissenschaftssenator gebildete Personalkommission. Sie musste auf der Grundlage einer befristeten gesetzlichen Sonderregelung am laufenden Band über Entlassungen befinden, um den gewaltigen Personalüberhang der HU abzubauen. Schicksalsentscheidungen fast im Minutentakt. Einmal habe ich darum gebeten, die Sitzung vorzeitig zu beenden. Weil die Personalabteilung der HU mit der Umsetzung unserer Beschlüsse nicht rechtzeitig vor Ablauf der gesetzlichen Frist nachkam, habe ich in letzter Minute selbst noch ein paar Kündigungen geschrieben. Aber das half auch nichts mehr. Nachdem die Frist in vielen Fällen versäumt war, gerieten wir öffentlich unter Beschuss. Wie üblich machte auch eine Verschwörungstheorie die Runde. Namentlich die *Frankfurter Allgemeine Zeitung* verdächtigte die Universitätsleitung der HU sowieso ständig roter Komplizenschaft. Ich fühlte mich nicht mehr recht wohl in meiner Haut. Die Ärzte meinten, das liege am bevorstehenden Herzinfarkt. Also ab in die Klinik und sofortige Operation.

Mein Gefühl der Fremdheit, von dem ich erzählte, war seinerzeit in der Phase des Umbruchs nur langsam gewichen. Einen eher skurrilen Ausdruck hat jene Situation in der kleinen Geschichte einer Postsendung gefunden, die mich nach meinem Amtsantritt als Vizepräsident erreichte. Ein Kollege aus Freiburg revanchierte sich mit einem Separatum für einen Sonderdruck, den ich ihm geschickt hatte. Das Übliche. Auffällig war allenfalls die Größe des Postumschlags mit der Anschrift: »An den Vizepräsidenten der HU Prof. Dr. usw.« Darin steckte ein zweiter, den mir zugedachten Text enthaltender Umschlag mit derselben Anschrift. Ihn hatte der Absender kurz zuvor beim ersten Anlauf mit dem Vermerk der Poststelle der HU zurückerhalten: »Empfänger hier unbekannt«.

Fairerweise sollte ich hier aber auch noch einen anderen mich überraschenden Vermerk erwähnen. Als ich aus der Rehabilitationsklinik nach Berlin zurückkam, hatte Rosemarie Will das Dekanat abgegeben. Die meisten Neuberufungen waren geglückt. Das war anfangs ja keineswegs sicher gewesen, als ich mein erstes, trostloses Dienstzimmer in der ehemaligen Kaserne des uniformierten Wachregiments der Stasi bezog. Frau Will bereitete sich vor, nach Karlsruhe zu gehen, um dort die Stelle eines wissenschaftlichen Mitarbeiters des Bundesverfassungsgerichts anzunehmen. Ich musste mich nun um diverse Arztrechnungen kümmern und einen Beihilfeantrag nach den beamtenrechtlichen Regeln stellen. Mit der Bearbeitung solcher Anträge hatte die Personalverwaltung der HU aus DDR-Zeiten naturgemäß keine Erfahrung. Also hatte man schon frühzeitig eine Mitarbeiterin zu einem entsprechenden Schulungs-Schnellkurs an die FU abgeordnet. Dank dessen kam mein Beihilfebescheid prompt und korrekt. Und am Ende trug er den ganz unbürokratischen, gewiss nicht der Dahlemer Schulung zu verdankenden, sondern offenbar aus dem Herzen kommenden handschriftlichen Zusatz: »Gute Besserung!«

Sven Vollrath

Vom Engagement in Umbruchzeiten

Frau Professor Will und ihr Beitrag zur Umgestaltung der Humboldt-Universität am Beginn der 1990er Jahre

An meine erste Begegnung mit Rosemarie Will kann ich mich nicht mehr erinnern. Ich kam im September 1988 voller Erwartungen und Elan aus einem kleinen Dorf im Harz an die Universität der »Hauptstadt der DDR«, um dort Geschichte zu studieren – angesteckt von den Umwälzungen, die sich seit 1985 in der damaligen Sowjetunion unter Gorbatschow vollzogen, und ebenso geprägt von meinen jugendlichen Erlebnissen und Erfahrungen in Schule und evangelischer Kirche. Heute kaum noch vorstellbar, hatte das Fach Geschichte einen »Super-NC«. Nur 20 bis 25 Studierende konnten in den geraden Jahrgängen dieses Fach nach erfolgreicher Aufnahmeprüfung studieren, da die DDR allen Absolventen einen adäquaten Arbeitsplatz garantierte. Das Glück, den Studienplatz meiner Wahl bekommen zu haben, wich schnell Erstaunen und Resignation ob des politisch-orthodoxen Klimas in meiner Seminargruppe; viele meiner Mitstudenten kannten sich über ihre Eltern, die, wie ich nach einigen Wochen merkte, im Zentralkomitee der SED, der Akademie für Gesellschaftswissenschaften, am Institut für Marxismus-Leninismus oder im Außenministerium tätig waren. Nur eine kleine Gruppe passte nicht ins Schema. Da wir nicht der »Parteigruppe« angehörten, fanden wir uns schnell zusammen und diskutierten die uns wichtigen politischen Themen auf unsere Weise. Dass die DDR mit ihrer greisen und starrsinnigen Führung am Abgrund stand, war mit Händen zu greifen. Wie auch die DDR zu einem dringend nötigen Reformprozess à la Gorbatschow mit Offenheit und Transparenz, mit Meinungs-, Presse- und Redefreiheit kommen könnte, das beschäftigte zahlreiche Studenten, wenn nicht in den Lehrveranstaltungen dieser Monate, so doch aber in Diskussionen auf den Fluren, in der Mensa, im Studentenclub, in Kneipen und Cafés. Unvorstellbares geschah, als wegen der schonungslosen Offenheit gegenüber den stalinistischen Verbrechen, aber auch gegenüber der Stalinisierung der KPD in den 30er Jahren die DDR-Führung Ende 1988 die Auslieferung zweier Ausgaben der sowjetischen Zeitschrift »Sputnik« und fast alle Beiträge des Festivals des sowjetischen Films in Berlin verbieten ließ. In jener Zeit hörte ich wohl auch erstmals von Rosemarie Will, die in einer Gruppe mit anderen jüngeren Dozenten aus verschiedenen Fachrichtungen unter der Schirmherrschaft des Prorektors für Gesellschaftswissenschaften, Professor Dieter Klein, an einem Geheimpapier zur Reform des Sozialismus in der DDR arbeitete. Da war neben dem offenen Austausch im kleinsten Kreis der einzige kleine Strohhalm für einen Studenten im ersten Studienjahr jener Zeit, bevor Botschaftsbesetzungen, Massenflucht, Demonstrationen und neue Bürgerbewegungen dem System das schnelle Ende bereiteten. Wie wir wissen, wollte die große Mehrheit der Ostdeutschen keine reformsozialistischen Veränderungen von Oben mehr, sondern bestritt nach selbsterkämpfter Freiheit und Demokratie 1989/90 einen schnellen Weg zur deutschen Wiedervereinigung.

Die Transformation selbst gestalten
Rosemarie Will beschäftigte sich seither nicht nur wissenschaftlich mit der Transformation Ostdeutschlands und der rechtlichen Gestaltung und Bewältigung dieses Prozesses, sondern übernahm, ausgetreten aus der SED, in diesem Übergang auch persönlich vielfältig Verantwortung. So wurde sie 1990 Dekanin der Juristischen Fakultät, in einer Zeit, wo die Herausforderungen, aber auch die Verantwortung nicht größer sein konnten, galt es doch, unter den Rahmenbedingungen, die durch den Einigungsvertrag (EV) und die Zusammenführung beider Teile Ber-

lins zu einem gemeinsamen Bundesland bestimmt waren, für Studierende wie Beschäftigte diesen Transformationsprozess zu gestalten. Dieser Prozess hatte viele Dimensionen, war von Widersprüchen und Auseinandersetzungen gekennzeichnet, ebenso wie von der Erfahrung großer Entfaltung und Freiheit. Er schulte in konzeptionellem, strategischen und taktischem Denken, war ein Meisterkurs in Verwaltungshandeln und politischem Management, kurzum verhalf dazu, das prozedurale wie das Wertefundament der Demokratie und ihres öffentlichen Rechts in all seinen Facetten kennenzulernen. Aus individueller Perspektive galt es, im Zeitraffer mit grundlegend sich wandelnden Verhältnissen seines Alltags, seiner Arbeits- und Lebensbeziehungen zurecht zu kommen.

Am allerdrängendsten für eine Dekanin am Fachbereich Rechtswissenschaft im Jahr 1990 war es zunächst, Studien- und Prüfungsordnungen zu gestalten, die den Studierenden ab Herbst 1990 ein juristisches Staatsexamen beim Berliner Landesjustizprüfungsamt erlaubten und ihnen den Weg in die berufliche Zukunft ebneten. Gerade die Übergänge zu gestalten, war eine riesige Aufgabe: Nicht nur mehrere Jahrgänge von einstmals in einem DDR-Diplomstudiengang immatrikulierten Studierenden durch neue Studienangebote auf eine Staatsprüfung in der Bundesrepublik vorzubereiten, war unter vielerlei Gesichtspunkten eine gewaltige Aufgabe. Es waren politisch-ideologischer Ballast abzuwerfen und Professorinnen und Professoren aus dem Westen zu finden, die unkonventionell und schnell die Ausbildung in großen Teilen der Lehrinhalte zu übernehmen und ein Ausbildungsprofil zu gestalten bereit waren. Dabei war die HU Entwicklungsgebiet: Telefonverbindungen in den Westen Berlins waren am Beginn der 1990er Jahre ein Lotteriespiel, Computer hatten noch Seltenheitswert und die Bibliotheken mussten, gerade in der Rechtswissenschaft, mehr oder weniger komplett neu aufgebaut werden.

Es drohte eine Entscheidung der Berliner Landesregierung, einige politisch belastete Fachbereiche (Rechtswissenschaft, Wirtschaftswissenschaften, Geschichte, Philosophie, Erziehungswissenschaften) abzuwickeln. Das hieß, diese zum 1. Oktober 1991 zu schließen und durch neue Fakultäten zu ersetzen, auf deren Stellen sich das vorhandene Personal bewerben konnte, aber bei nicht erfolgreicher Bewerbung aus Gründen mangelnder fachlicher oder persönlicher Eignung oder mangels Bedarf entsprechend der Sonderkündigungsregeln des EV zu kündigen war. Dem versuchte die Humboldt-Universität im Dezember 1990 einen eigenen Weg des personellen Umbaus entgegenzusetzen. Dabei sollten in sog. Personalstrukturkommissionen (PSK), bestehend aus eigenem Personal (4 Hochschullehrer, je 3 wissenschaftliche Mitarbeiter und Studenten sowie ein Mitarbeiter aus der Verwaltung des Fachbereichs) und je 4 Hochschullehrern pro Fachbereich, die nicht der HU angehörten und von Fachverbänden oder Fakultätentagen benannt wurden, Personal und Strukturen der Fächer einer grundlegenden Überprüfung unterziehen. Zu diesem Ansatz sah Rosemarie Will keine Alternative. Dabei auch Kollegen in dem Bewusstsein einem solchen Prozess zu unterziehen, dass dieser für viele das berufliche Aus nach sich ziehen würde und musste, war in vielerlei Hinsicht eine außerordentliche Herausforderung an das Dekanatsamt. Doch sie wusste, dass es unter den Voraussetzungen des EV keinen anderen Weg geben würde als den eingeschlagenen. Am 13. Dezember 1990 beschloss das Konzil der HU sein eigenes Hochschulerneuerungskonzept, bis Anfang Januar 1991 waren nun PSK in allen Fachbereichen zu wählen. Von Anfang an verfolgte Dekanin Will dabei das Ziel, eine »gemischte Fakultät« aufzubauen, in der Professorinnen und Professoren aus West und Ost gemeinsam lehren, forschen und sich dem besonderen transformativen Umfeld in Ostdeutschland und Osteuropa stellen sollten, um es als originäres Fakultätsprofil zu entwickeln. Die Fakultät sollte sich so hohe Leistungsfähigkeit und Ansehen im Konzert der anderen großen juristischen Fakultäten Deutschlands erarbeiten und schnell den Anschluss an deren wissenschaftliche Standards und

Outputs finden, zugleich ihr originäres Profil herausbilden, um attraktiv für Studierende aus ganz Deutschland und Europa zu sein, aber auch der Konkurrenz und dem Druck innerhalb einer Stadt gegenüber der FU standhalten zu können. Diesen Weg in der eigenen Fakultät zu gehen, im Bewusstsein, dass eine erhebliche Zahl von Kollegen, mit denen man viele Jahre gemeinsamer beruflicher Zusammenarbeit teilt, nicht würden mitgehen können, verlangte der Dekanin sehr viel ab. Dennoch warb sie Ende 1990/Anfang 1991 in vielen Sitzungen und Gesprächen intensiv um Beteiligung und Mitwirkung in ihrer Fakultät, achtete zugleich aber auch darauf, dass die eingesetzte eigene PSK den aufgestellten allgemeinen Regeln entsprechend eigenständig und ohne äußeren Einfluss ihrer Aufgabe nachgehen konnte, so weit ihr das innerhalb der am 18. bzw. 22. Dezember 1990 getroffenen Abwicklungsentscheidung und den damit zusammenhängenden politisch-medialen Implikationen möglich war.

Sonderfall: Fachbereich Rechtswissenschaft

Schon bei der Auswahl des Personals für die PSK zeigte sich, dass es der späteren Juristischen Fakultät mit dem Evaluierungsprozess ernst war: So wurden 2 der 4 Plätze für heimische Hochschullehrer der Fakultät mit Gastprofessoren besetzt, die für das neue Lehrprogramm gewonnen worden waren und an der Fakultät Pionierarbeit leisteten. Die Ergebnisse der PSK bei der Überprüfung des vorhandenen Personals waren unter mehreren Aspekten erstaunlich und belegen den Befund der Gründlichkeit und Ernsthaftigkeit der Evaluierungsarbeit unter den spezifischen politischen Bedingungen (alle nachfolgenden Angaben siehe Vollrath, Zwischen Selbstbestimmung und Intervention, Ch. Links Verlag, 2008, S. 282 ff.). So zeigte sich zwar hinsichtlich der Beteiligung an diesen mangels rechtlicher Grundlagen auf Freiwilligkeit basierenden Verfahren, dass in allen von der Abwicklung bedrohten Fachbereichen eine geringere Evaluierungsbereitschaft unter den Hochschullehrern bestand. Im Fachbereich Rechtswissenschaft beteiligten sich nur 10 von 39 Professoren und Dozenten freiwillig, in den übrigen Teilen der Universität ließen sich ca. 90 Prozent der Hochschullehrer evaluieren. Der Entscheidung, nicht an der Evaluierung teilzunehmen, lagen eine Reihe von Motiven zugrunde: dass man selbst wohl mit einer positiven Evaluierung nicht rechnete, man das Verfahren grundsätzlich ablehnte oder sich auch aus Altersgründen nicht mehr beteiligen wollte, da man vielleicht ohnehin in Kürze regulär ausschied. Zudem hatte das Oberverwaltungsgericht im Frühjahr 1991 die Abwicklungsentscheidung des Berliner Senats aufgrund einer Feststellung des Bundesverfassungsgerichts aufgehoben, da das Instrument des EV seitens der Landesregierungen nur genutzt werden konnte, wenn Einrichtungen in Gänze nicht in die Landeszuständigkeit übernommen und deshalb geschlossen werden sollten. Auf Teileinrichtungen, wie Fachbereiche von Universitäten, ließ es sich also nicht anwenden. Dennoch machte die Berliner Landesregierung deutlich, dass nichtsdestotrotz eine grundlegende Umgestaltung vieler Fachbereiche und der gesamten Universität erforderlich sei und erließ im Juni 1991 ein Ergänzungsgesetz zum Berliner Hochschulgesetz, das Struktur- und Berufungskommissionen (SBK) an allen Fachbereichen der Universität zur Überprüfung von Struktur und Personal vorsah. Die zwischenzeitlich mit Abwicklung und Neugründung beauftragten Kommissionen blieben, wie zuvor zwischen Senatswissenschaftsverwaltung und Universitätsleitung vereinbart, unverändert im Amt. Auch dieser Hintergrund könnte dazu geführt haben, dass gerade in den als politisch belastet geltenden Fächern die Chancen auf Verbleib bei einem weit höheren Anteil des Personals skeptischer eingeschätzt wurde als in anderen Fachbereichen.

Die Evaluierung des sich beteiligenden Personals ergab in der Rechtswissenschaft ein selbstkritisches Bild: bei den Hochschullehrern wurden 6 der 16 Professoren und 5 der 12 Dozenten negativ evaluiert, bei den unbefristeten wissenschaftlichen Mitarbeitern 10 von 32 (bei

42 wissenschaftlichen Mitarbeitern insgesamt). Rechnet man zu den negativ bewerteten Hochschullehrern die hinzu, die nicht an der Evaluierung teilnahmen, so sah für insgesamt 21 der 39 Professoren und Dozenten die Prognose des Verbleibs an der Fakultät schlecht aus (dies entsprach ca. 54 Prozent), bezogen auf das gesamte wissenschaftliche Personal für 46 von 95 (entsprach 48 Prozent). Damit lag die Fakultät insgesamt im Trend der gesamtuniversitären Beurteilung, bei den Hochschullehrern etwas darüber. Bei den Begründungen negativer Evaluationsempfehlungen der PSK gab es im Vergleich zwischen den Hochschullehrern und den wissenschaftlichen Mitarbeitern deutliche Unterschiede, die sich aus der Verantwortungshierarchie heraus erklären ließen. Waren bei den wissenschaftlichen Mitarbeitern nur zwei aus mangelnder persönlicher Eignung negativ bewertet, aber elf Personen aus fachlichen Gründen, wurde bei den Hochschullehrern in insgesamt vier Fällen die fachliche, in sechs Fällen die fachliche *und* persönliche und in einem Fall ausschließlich die persönliche Eignung angezweifelt.

Im Frühjahr 1991 wurden die Vorschläge der PSK im Fachbereichsrat der Juristischen Fakultät intensiv beraten. Da diese nur Empfehlungen abgeben konnten, blieb es den Fachbereichsräten vorbehalten, ebenfalls zu votieren. Auf dieser Grundlage sollten, so der hochschuleigene Ansatz, dann durch die Universitätsleitung Personalentscheidungen veranlasst werden.

Während bei den Hochschullehrern der Fachbereichsrat nur in einem Fall zu einem abweichenden Votum gelangte, schloss er sich bei der Gruppe der unbefristeten wissenschaftlichen Mitarbeiter in immerhin sechs Fällen nicht dem negativen PSK-Votum an. Hintergrund dieses Positionierung war die grundsätzliche Frage nach dem künftigen Status dieser Gruppe, die wie an allen Fachbereichen der Universität als strukturelle Eigenheit des ostdeutschen Hochschulsystems in vergleichsweise hoher und für westdeutsche Verhältnisse atypischen Anzahl beschäftigt war und Anfang der 90er Jahre als Statusgruppe vor dem größten quantitativen Abbau stand. Mit Blick darauf wurde im Fachbereichsrat einigen der Evaluierungsergebnisse widersprochen.

Insgesamt machten die sich der Überprüfung unterziehenden Personen in den Rechtswissenschaft außerordentlich rege Gebrauch von den Einspruchsmöglichkeiten, die die Verfahrensordnung für die Personalüberprüfung im hochschuleigenen Erneuerungsmodell vorsah. So nutzten immerhin 8 der 11 negativ evaluierten Hochschullehrer diese Möglichkeit, 2 Einsprüchen gab die Zentrale Personalstrukturkommission (ZPSK) als vorgesehene Einspruchsinstanz auch statt. In der Gruppe der wissenschaftlichen Mitarbeiter legten alle 13 negativ evaluierten Personen Widerspruch gegen das Ergebnis ein, hier gab die ZPSK 3 Einsprüchen statt. Ließ im Allgemeinen eine hohe Anzahl von Widersprüchen zu Evaluationsergebnissen auf Verfahrensprobleme schließen, war dies bei den Juristen offenbar mehr Ausdruck des von der eigenen wissenschaftlichen Profession trainierten Verhaltens, alle sich in einem Verfahren bietenden Möglichkeiten auf rechtliches Gehör zu nutzen, um möglicherweise damit das Evaluationsergebnis noch ändern zu können.

Realitäten der Erneuerung
Dass am Ende weit mehr Personen, die zunächst positive Urteile durch die hochschuleigene Kommission erhielten, dennoch in den darauffolgenden Jahren die Fakultät verlassen mussten und das Konzept der gemischten Fakultät sich auf niedrigerem Niveau realisieren ließ als von den damals Handelnden gewünscht, hatte mehrere Ursachen: Zum einen hatten es nicht nur bei den Juristen, sondern generell in allen Fachbereichen der HU und insgesamt an den ostdeutschen Hochschulen die Gruppe der Dozenten, für die es in der westlichen Hochschulstruktur kein funktionales Äquivalent gab, besonders schwer, ihre Bewerbungen auf C3- oder C4-Professuren erfolgreich zum Ziel zu führen. Nur ein kleiner Teil schaffte das. Eine übergroße Zahl musste aus einstmals unbefristeter Anstellung im

Rahmen der Personalübernahmeverfahren, die durch den EV vorgesehen binnen dreier Jahre nach der Vereinigung in die Personalstrukturen des westdeutschen Hochschulsystems zu vollziehen waren, der Übernahme in befristete Anstellungen von zumeist drei bis fünf Jahren einwilligen. Zudem konnten die gesonderten Überprüfungen im Hinblick auf eine mögliche hauptamtliche oder inoffizielle Mitarbeit für das Ministerium für Staatssicherheit, die nach dem EV zu einer unmittelbaren außerordentlichen Kündigung führten, wenn derartige entsprechende Feststellungen durch die damals sog. Gauck-Behörde ein Festhalten am Arbeitsplatz für den Arbeitgeber als unzumutbar erscheinen ließen, zur Aufhebung positiver Evaluierungen führen. Da die entsprechende Aktenerschließung durch die Behörde erst ab 1992 so weit gediehen war, dass entsprechende Prüfbescheide an die Universität ergingen, konnte diese Thematik bei den PSK-Evaluierungen noch nicht berücksichtigt werden, sondern war erst Gegenstand der SBK-Voten. Das betraf auch die Juristische Fakultät. Doch insgesamt boten die überzeugenden Evaluierungsergebnisse von PSK und Fachbereichsrat der vom Senat eingesetzten SBK unter dem Vorsitz von Professor Hans Meyer die Möglichkeit, dass sie, mit den genannten Einschränkungen, akzeptiert und nach eigener Prüfung übernommen werden konnten. So verließen allein in den Monaten nach der hochschuleigenen Evaluierung bis Mitte 1992 18 der 21 negativ oder nicht evaluierten Hochschullehrer und 17 der 25 nicht oder negativ evaluierten wissenschaftlichen Mitarbeiter die Fakultät, sei es freiwillig oder aufgrund von Kündigungsempfehlungen durch die SBK.

Zugleich wurde aber auch in der Grundsatzposition, ohne aber den Weg der personellen Reformen zu verlassen, gestritten, ob die Abwicklungsentscheidung und der staatliche Eingriff in die Universität notwendige Bedingung für einen glaubwürdigen und weitreichenden Reformprozess sei. In diese Diskussion brachte die Dekanin der Juristischen Fakultät ihre Expertise ein und beteiligte sich, in den Gremien der Universität, aber auch mit vielerlei informeller Beratung der handelnden Akteure rege daran. Sicher ist, dass die Überlagerung beider Reformprozesse, der Erneuerung durch Abwicklung und durch gesetzlich eingesetzte Kommissionen sowie des hochschuleigenen Erneuerungsansatzes mit großer Beteiligung auswärtigen Sachverstands, nicht nur einen tiefgreifenden personellen Wandel mit sich brachte, sondern die zeitliche Dauer des Gesamtprozesses insgesamt verkürzte: Die Evaluierungsergebnisse der hochschuleigenen Kommissionen in den Teilbereichen konnten von den staatlich eingesetzten Kommissionen in vielen Fächern ab Herbst 1991 nach eigener Würdigung übernommen werden, ohne neue aufwendige Prüfverfahren zur Eignung des vorhandenen Personals beginnen zu müssen. Zudem verschaffte dies der HU möglicherweise in der Konkurrenz zu anderen ostdeutschen Hochschulen Vorteile bei der zügigen Berufung der am besten geeigneten Hochschullehrerschaft auf die neu eingerichteten Professuren.

So wurde unter dem Dekanat von Professorin Will ein Erneuerungsprozess der Juristischen Fakultät vollzogen, der in der Geschichte der Rechtswissenschaft an der HU seinesgleichen sucht, ein schmerzhafter, in Teilen, was die Übernahme von insgesamt wenig ostdeutschem Hochschullehrerpersonal aus dem alten Fachbereich anbelangte auch anders erwünschter, radikaler, aber doch erfolgreicher Prozess, der die Juristische Fakultät der HU im bundesdeutschen Vergleich binnen weniger Jahre in eine Spitzenposition gebracht hat. Hier zu studieren, ist seither für die Studierenden vieler Jahrgänge außerordentlich begehrt, viele Forschungsprojekte, Drittmitteleinwerbungen, die intensive Beratungstätigkeit für die Bundespolitik u. a. m. bezeugen den überragenden Stand der Fakultät heute. Den Prozess der Umwandlung und Erneuerung der Fakultät maßgeblich mit gestaltet und damit die Voraussetzung für den andauernden Erfolg gelegt zu haben, ist Wills großer Verdienst. Dabei hat sie der SBK unter Professor Meyer, mit dem sie eng und äußerst vertrauensvoll zusammenarbeitete, die Möglichkeit gegeben, sich auf die Verfahren zur Neuberufung von Professoren und der Schaffung einer leistungsfähigen modernen Struktur der Fakultät zu konzentrieren: durch den Vollzug einer Überprüfung des vorhandenen Personals im Rahmen der hochschuleigenen Erneuerung, die hervorragenden Organisation der Alltagsarbeit der Fakultät unter Bedingungen eines grundlegenden politischen Wandels, der Neuorganisation der Ausbildung und der Schaffung von Übergängen für immatrikulierte Studierende und nicht zu vergessen durch die auf sie zurückgehende und von ihr ehrgeizig und gegen viele inneruniversitären Widerstände durchgesetzte Planung, den Fachbereich, seinem Rang entsprechend, an einem der attraktivsten Standorte der Universität unterzubringen, in der »Kommode« und im Palais am Bebelplatz, wo am Eingang heute in goldenen Lettern stolz verkündet wird, wer hier sitzt: die »Juristische Fakultät«.

Dass Wills eigenes Wirken, frühere wissenschaftliche Arbeiten oder politische Haltungen Gegenstand heftiger politischer Angriffe waren und öffentlich über sie gestritten wurde wie wohl über keine Dekanin einer Universitätsfakultät in Deutschland sonst, hatte viele sehr unterschiedliche Gründe in jenen Wendejahren. Es hatte wohl aber auch damit zu tun, dass sie als Dekanin so erfolgreich war. Sie engagierte und kämpfte wie eine Leistungssportlerin für die Zukunft ihrer Fakultät, wehrte die Übernahmegelüste anderer durch ihre überaus überzeugende Dekanatsleitung ab, mehrte durch ihre Tätigkeit in Zeiten des Umbruchs das Ansehen der Fakultät. Persönlich verletzten sie manche Angriffe, brachten sie aber von dem eingeschlagenen und von ihr als notwendig befundenen Weg nicht ab. Auch die Zahl ihrer Unterstützer wuchs dabei beständig an und stärkte sie.

Dabei war Rosemarie Wills Engagement immer eines für Fakultät wie Universität gleichermaßen. Ihre Stimme wurde in der gesamten Universität gehört. Zu erinnern ist auch an ihre Gremienarbeit außerhalb der Fakultät im Akademischen Senat und im Konzil, in zahlreichen Kommissionen, so u. a. als Vorsitzende einer Kommission, die nach 1990 erstmals nach Jahrzehnten eine selbstbestimmte, freie und demokratische Universitätsverfassung ausarbeitete, von der wesentliche Teile heute, mehr als 20 Jahre später, immer noch den Alltag der HU mitbestimmen. Ihre analytische Begabung, ihr rationelles Herangehen an diese riesige Gestaltungsaufgabe, eine Fakultät, eine Hochschule grundlegend umzugestalten, ihr strategischer Blick, aber auch ihre große Leidenschaft, sich für ihre alte wie neue wissenschaftliche Heimat, ihre Universität zu engagieren, prägten ihre Tätigkeit als Dekanin am Beginn der 1990er Jahre und ihre fortlaufende Hochschullehrertätigkeit. Man kann nur hoffen, dass sich Fakultät und Universität Wills Aufbauleistung jener Zeit würdig erweisen werden. Ohne sie gäbe es die Juristische Fakultät der HU nicht in der Form, wie wir sie seit Abschluss der Erneuerung bis zum heutigen Tag kennen. Es ist ein bleibendes Werk.

akj-berlin

»In meinem Trabant mit den Westwagen um die Wette gefahren«

Eine juristische Fakultät in den Mühlen der Zeit

Im Jahr 2006 widmete der arbeitskreis kritischer juristinnen und juristen an der Humboldt-Universität zu Berlin (akj-berlin) den Schwerpunkt der 14. Ausgabe seiner rechtspolitischen Zeitschrift *das freischüßler* unter dem Titel »Abgestanden in Ruinen – Vergangenheitsbewältigung im Recht?« der Suche nach den Spuren von der Gegenwärtigkeit der DDR in der Juristischen Fakultät sowie den Möglichkeiten und unternommenen Versuchen ihrer Aufarbeitung im und mit Recht. In diesem Zusammenhang entstand das nachfolgend abgedruckte Interview mit Rosemarie Will.[1]

Frau Will, Sie waren von 1990 bis 1993, also in der heißen Phase der Umbrüche, Abwicklung und Neustrukturierung, Dekanin des Fachbereichs Rechtswissenschaft an der Humboldt-Universität zu Berlin. Wie kam es dazu?

Zunächst einmal bin ich gewählt worden, dabei gab es nach DDR-Recht keine Viertelparität. Meine Mehrheit war deshalb auch vor allem die Mehrheit der studentischen Wählerinnen und Wähler. Hinter meiner Wahl stand wahrscheinlich die Überlegung, dass ich als die jüngste Professorin der damaligen Sektion Rechtswissenschaft am wenigsten belastet war. Außerdem gab es kaum Alternativen. Niemand wollte sich das, was absehbar bevorstand, zumuten. Die lange diskutierte Variante, dass Kurt Wünsche sich zur Wahl stellt, zerplatzte, nachdem er als Justizminister zunächst in das Kabinett Modrow eintrat und nach der Volkskammerwahl am 18. März 1990 Justizminister im Kabinett De Maiziere wurde. Wieviel man mir tatsächlich zugetraut hat, kann ich natürlich nicht wirklich sagen.

> Die Umbruchphase an der Humboldt-Universität wurde oftmals als unglaubliche Politisierung aller Wissenschafts- und Lebensbereiche der Hochschulmitglieder beschrieben. Übergangsrektor Heinrich Fink sprach von der »Freien Universität Unter den Linden« und die Studierenden forderten »selbstbestimmte Reformen«. Wie erlebten Sie den Umbruch an der Juristischen Fakultät 1989/90? Kam es durch den gesellschaftspolitischen Stellungswechsel auch zu einem Bedeutungswandel der Rechtswissenschaft als Teil der Humboldt-Universität?

Natürlich kam es zu einem Bedeutungswandel der Rechtswissenschaft. Das, was passiert war, war ja kein Regierungswechsel, sondern der Sturz eines Regimes und die sich daran anschließende Wiedervereinigung durch Erstreckung des Grundgesetzes auf das Beitrittsgebiet. Wie bei jedem historischen Bruch wandelten sich deshalb für die meisten Universitätsmitglieder grundlegend die Lebensverhältnisse und zugleich wandelte sich die Rolle der Universität und insbesondere die Rolle der Rechtswissenschaft in der Gesellschaft. Das rechtswissenschaftliche Studium wurde plötzlich ein Massenfach, in dem die politischen und Verwaltungseliten des Landes ausgebildet werden sollten. Die Universität Unter den Linden wurde das Objekt der Begierde, sie wurde nicht mehr wie früher beargwöhnt, sondern umkämpft. Rechtswissenschaft war in der DDR ein Studium, wo zum Beispiel an der Humboldt-Universität jährlich nur 220 Studierende ausgebildet wurden. In der ganzen DDR gab es nur vier juristische Fakultäten. Alle andern drei juristischen Fakultäten waren kleiner, als die der Humboldt-Universität. Insgesamt haben in der DDR sehr viel weniger Absolventinnen und Absolventen eines Jahrgangs studiert als heute. Die Universität war ungleich schlechter ausgestattet, als das heute trotz allen Kürzungen der Fall ist. Ich habe den Umbruch als ungeheure Herausforderung empfunden. Zum einen war da das Ende der DDR, das ich als notwendig ansah, und zugleich musste etwas Neues begonnen werden, von dem bald klar wurde, dass es eins zu eins nach westdeutschen Regeln laufen würde. Da ich weder in diese Regeln hineinsozialisiert war, noch sie aus anderen Quellen wirklich kannte, musste ich zunächst einmal mitspielen und dabei zugleich die Regeln lernen. Ich wurde aufgefordert, mit meinem Trabant mal kurz mit den üblichen Westwagen um die Wette zu fahren. Warum ich diese Herausforderung angenommen habe, kann ich heute kaum noch sagen. Nur eins scheint mir sicher, dass ich glaubte, man müsse und könne das Neue, was da kommt, auch gestalten. Dass Mitgestalter aus dem Westen mich dabei oft wie eine Eingeborene im Entwicklungsland sahen, habe ich oft gespürt. Es hat mich Gott sei Dank zornig gemacht, weil ich die Vorstellung hatte, dass es eine Wiedervereinigung nur unter einem Mindestmaß an Gleichberechtigung geben kann.

Welche Veränderungen gab es an der Juristischen Fakultät zwischen den Wahlen im März 1990 und dem 3. Oktober 1990? Wurden im Bewusstsein des Kommenden hier bereits die Weichen für die Zeit nach der Wiedervereinigung gestellt oder hatte sich etwas »Eigenes« herauskristallisiert?

Von Anfang an war in meinem Dekanat alles darauf ausgerichtet, die Sektion Rechtswissenschaft in einen normalen, konkurrenzfähigen juristischen Fachbereich der Bundesrepublik umzugestalten. Wir haben natürlich darüber diskutiert, ob man etwas Selbstständiges, Neues praktisch an der unreformierten Juristenausbildung der Bundesrepublik vorbei machen könnte. Nach nur kurzer Diskussion war uns jedoch klar, dass das nicht funktionieren konnte. Einerseits gab es die Forderung nach Totalabwicklung ohne jede Einzelfallprüfung über die

Gesamtheit der Hochschullehrer bis zu den technischen Mitarbeiterinnen hin. Einbegriffen in diese Forderungen war der Ausbildungsstop ohne jede Übergangsregel. Es gab auch die Vorstellung des juristischen Fachbereiches der Freien Universität, in die Humboldt-Universität einfach einzuziehen. In dieser scharfen politischen Auseinandersetzung schien es uns unmöglich zu sein zu experimentieren. Wir wollten schnell neue, anerkannte Ausbildungsordnungen schaffen, die Übergänge der Studierenden in den Referendariatsdienst mit dem Land Berlin vereinbaren, den alten Lehrkörper überprüfen und dabei dem Einzelfall möglichst gerecht werden und neue Kollegen berufen, um eine attraktive Fakultät zu schaffen. Dieser Linie ist dann auch Professor Hans Meyer als Vorsitzender der Struktur- und Berufungskommission gefolgt.

> Als Dekanin hatten Sie sich mit jeder Art Kritik auseinander zu setzen. Prorektor Ulrich Reinisch warf Ihnen in der ersten öffentlichen Sitzung des Akademischen Senats im November 1990 vor, Sie würden sich aufführen »wie die roten Matrosen von Petrograd«. Der FU-Gastprofessor Hans Mengel kritisierte Ihre autoritäre Amtsführung und prophezeite: »Kein namhafter Jurist dürfte sich bereit finden, dort auf Dauer einen Lehrstuhl zu akzeptieren.«[2] Auch Staatsrechtler Bernhard Schlink, damals noch Professor in Bonn, sah sich noch nie so heftig vorgetragener Kritik ausgesetzt. Dennoch ist er bis heute geblieben und es gelang Ihnen, mit 18 Gastprofessuren, darunter auch der damalige Bundesverfassungsrichter Dieter Grimm, den Vorlesungsbetrieb aufrecht zu erhalten. Wie vollzog sich der Systemwechsel an der Humboldt-Universität in personeller Hinsicht? Wer traf die Entscheidungen und welchen Anteil hatten Sie daran?

Weder Reinisch noch Mengel haben sich je vorstellen können, unter welchem Druck das ungeheure Arbeitspensum der Fakultätsumgestaltung absolviert werden musste. Ihre Kommentierungen haben sich deshalb auch überholt und werden nur deshalb immer wieder hervorgekramt, weil sie aktenkundig sind. Im historischen Umbruch etwas zu entscheiden und zu gestalten, was tief die Lebensumstände aller verändert, geht nicht ohne harte existentielle Auseinandersetzungen ab. Gemessen daran, sind die Äußerungen ziemlich harmlos. Im Übrigen war die Juristische Fakultät der Humboldt-Universität hart umkämpft. Die Neuberufungen, die uns in dieser Situation gelangen, machten die Fakultät über Nacht zu einer der ersten des Landes. Ich war in diesen drei Jahren nicht nur Dekanin, sondern auch Mitglied der Struktur- und Berufungskommission.

Nach welchen Kriterien oder aus welchen Gründen wurden Professor_innen entlassen? Wie beurteilen Sie den Umstand, dass der neuen Juristischen Fakultät an der HU am Ende der Arbeit von Gründungskommission bzw. Struktur- und Berufungskommission bis auf wenige Ausnahmen keine Ostwissenschaftler_innen mehr angehörten?

Zunächst einmal gab es erstens eine Personal- und Strukturkommission, die aus dem alten Fachbereich Rechtswissenschaft heraus gebildet wurde. Ihr gehörten als Hochschullehrer aus der alten Sektion die Dozentin Tanja Ansbach und Prof. Artur-Axel Wandtke an. Als auswärtige Hochschullehrer arbeiteten Prof. Nordemann, Prof.in Inga Markovits, Prof. Schüler-Springgrorum, Prof. Schneider, Prof. Hanau, Prof. Biedenberg, Prof. Kraus und Dr. Häußler mit. Hinzu kamen drei wissenschaftliche Mitarbeiter, drei Studenten und eine technische Mitarbeiterin. Das heißt, die auswärtigen Professorinnen und Professoren waren bei der Evaluation in der Mehrheit. Die Personal- und Strukturkommission arbeitete auf das Ziel hin, selbst zu entscheiden, wer bleiben kann und wer gehen soll. Die Evaluierung war freiwillig, in ihr wurde die fachliche Kompetenz bewertet ebenso wie die persönliche Befähigung als Hochschullehrerin. Für die Evaluierung mussten Publikationslisten eingereicht werden, nachgewiesen werden, welche Lehre abgehalten wurde, und es musste der von der Senatsverwaltung für Inneres entwickelte Fragebogen zu den politischen Belastungen ausgefüllt werden. Dazu gehörte auch die Auskunft über die Mitarbeit für das Ministerium für Staatssicherheit. Keine Unterlagen reichten ein: sieben Professoren, vier DozentInnen, zehn unbefristete und zwei befristete Mitarbeiter. Das bedeutete, dass für diese keine positive Evaluierung stattfinden konnte. Dreiundzwanzig Professorinnen bzw. Professoren wurden evaluiert, davon zehn positiv. Sechzehn Dozenten, davon sieben positiv evaluiert, von den wissenschaftlichen Mitarbeiterinnen und Mitarbeitern wurden 42 evaluiert, 22 davon positiv. Danach hatte der Fachbereichsrat über die Einzelnen zu entscheiden und ist bei den Dozenten und bei den Mitarbeitern in wenigen Fällen im positiven Sinne abgewichen. Die negativ Evaluierten konnten gegen ihre Evaluierung Einspruch bei der zentralen Personalund Strukturkommission einlegen. Das haben insgesamt fünf getan, drei davon waren erfolgreich. Die Struktur- und Berufungskommission ist der ernstzunehmendste Versuch gewesen einer freiwilligen Selbstüberprüfung und, wenn man so will, der politischen und fachlichen Säuberung. Das Hochschulergänzungsgesetz hat diesen Ansatz nicht akzeptiert, sondern hat nach der Abwicklung, das heißt der Beendigung aller Arbeitsverhältnisse an der Sektion Rechtswissenschaft, für alle Hochschullehrer eine Neuberufung gefordert. Für die Neuberufung wurde vom Senat die Struktur- und Berufungskommission eingesetzt, der Prof. Hans Meyer vorstand. Hans Meyer selbst hatte an den Entscheidungen der Personal- und Strukturkommission als Beobachter teilgenommen. Hinzu kam, dass Prof. Springrorum, Prof. Wandtke und Prof. Hanau auch Mitglied der Struktur- und Berufungskommission wurden. Insoweit legte die neue Kommission die Ergebnisse der bisherigen Evaluierungsarbeit den Neuberufungen und Überleitungen zugrunde. So war der Selbstversuch zwar formell vom Gesetzgeber nicht akzeptiert worden, in der tatsächlichen Arbeit der Struktur- und Berufungskommission jedoch wurde unmittelbar an die geleistete Arbeit angeknüpft. Im Ergebnis der Neustrukturierung war an der Humboldt-Universität der Anteil der übernommenen Professoren und wissenschaftlichen Mitarbeiter deutlich höher als an den übrigen abgewickelten juristischen Sektionen. Bei den Hochschullehrerinnen und Hochschullehrern betrug er ca. 30 Prozent, bei den Mitarbeitern und Mitarbeiterinnen etwa 50 Prozent. Dieses Ergebnis wird meiner Meinung nach der historischen Situation gerecht.

Welche Idee von einer rechtswissenschaftlichen Lehr- und Forschungsinstitution stand hinter dem Neuaufbau der Juristischen Fakultät? Hat sie sich verwirklicht?

Hinter dem Neuaufbau stand die Idee einer rundum modernen Fakultät, die einen wesentlichen Schwerpunkt ihrer Tätigkeit in der Lehre sieht. Wir haben die Lehre so organisiert, dass schnell und effizient studiert werden konnte, mit einem hohen Betreuungsaufwand durch AGs und Klausurenkurse. Das ist nach mir Schritt für Schritt verloren gegangen. Wir haben nur in den ersten Rankings noch in den neunziger Jahren diesbezüglich vordere Plätze belegt. Daneben haben wir konsequent das fremdsprachliche Rechtsstudium installiert und anknüpfend an die bereits in der DDR vorhandene Ausbildung im gewerblichen Rechtsschutz eine eigenständige Patentanwaltsausbildung institutionalisiert. Am Anfang war auch das Verhältnis von Grundlagenausbildung und dogmatischen Fächern ausgewogen. Wir haben diesen Zustand erst mit der Emeritierung von Prof. Hofmann, Prof. Raiser und Prof. Flessner verloren. Hinzu kam, dass wir konsequent auf eine internationale bzw. europäische Ausrichtung gesetzt haben. Auch da drohen deutliche Abstriche nach der Emeritierung von Prof. Tomuschat.

> Wie gelang es Ihnen, das Jurastudium auf das Rechtssystem des neuen Staates umzustellen? Wie ließen sich Übergangs-Studienordnungen für Studierende organisieren, die den größten Teil ihres Wissens in DDR-Recht erworben hatten, sich für ihre Abschlussprüfungen aber auf bundesrepublikanisches Recht vorbereiten mussten?

Für die im Oktober 1990 immatrikulierten Studierenden galten Studienordnungen, die denselben Inhalt wie die der FU hatten. Für die Übergangsstudienjahre haben wir für jeden Jahrgang eine auf sie zugeschnittene Übergangsstudienordnung erarbeitet. Diese Studierenden haben alle sehr schnell und erfolgreich zu Ende studiert. Sie waren dann auch echte Wendegewinner, weil sie auf die vielen freien juristischen Arbeitsplätze im Osten trafen. Die Übergangsstudienordnungen sind in enger Zusammenarbeit mit dem Justizprüfungsamt, insbesondere dem damaligen Präsidenten Klaus-Peter Jürgens und der damaligen Justizsenatorin Jutta Limbach erarbeitet worden.

> Bernhard Schlink äußerte im Winter 1990/91 die Befürchtung, dass die Studierenden das neue, westdeutsche Recht an der HU büffeln würden, »wie Autoverkäufer Japanisch büffeln, wenn sie in Japan etwas verkaufen wollen.«[3] Auch der Rechtshistoriker Michael Stolleis sorgte sich um die Jurist_innenausbildung in den neuen Bundesländern, deren Verzicht auf die Vermittlung rechtshistorischer Kenntnisse er für skandalös hielt.[4] Welchen Anteil hatten die Studierenden an den Reformen an der HU und wie wandelte sich der Umgang zwischen Lehrenden und Lernenden in dieser Zeit?

Zunächst einmal muss man das Bild von Bernhard Schlink auch hinterfragen. Die aus dem Westen kommenden Hochschullehrer hielten die soeben noch im Westen gehaltenen Vorlesungen ohne Änderungen im Osten. Sie haben im Wesentlichen kritisch vermerkt, wie ostdeutsche Studierende anders reagieren. Die Erwartung war aber, dass sie schnell und ohne Brüche vergleichbar lernen wie westdeutsche Studierende. Die Grundlagenausbildung ist am Beginn des Fachbereiches unmittelbar nach der Wende im Vergleich zu heute sehr stark betrieben worden. In welcher Zeit, bei welcher Gelegenheit hätten Studierende die Möglichkeit gehabt, das nachzuholen, was ihnen im Vergleich zu ihren Mitstudenten aus dem Westen fehlte. Die Frage ist überhaupt, wie man fehlende Sozialisierung nachholen kann. Deshalb sollte man den ostdeutschen Studierenden ihr Büffeln, ihr Vorankommenwollen genauso wenig vorhalten wie Einwanderern. Dass sie dabei eine größere Verkäufermentalität entwickelt haben als ihre westdeutschen Kommilitoninnen und Kommilitonen, wäre erst noch nachzuweisen.

Inwiefern unterschieden sich Aufgaben und Selbstverständnis eines/einer Hochschullehrers/in in der Bundesrepublik von dem der Hochschullehrer_innen in der DDR?

Die Aufgabenstellungen eines Hochschullehrers in der DDR waren sehr viel enger mit der Lehre verbunden, als das jetzt der Fall ist. Die Verantwortung des Hochschullehrers für den Studenten und die Studentin war auch größer, weil die Studierenden viel abhängiger vom Hochschullehrer waren. Studierende in der DDR konnten Glück oder auch fürchterliches Unglück mit ihrem Hochschullehrer oder ihrer Hochschullehrerin haben. Heute haben Studierende ihnen gegenüber eine gesicherte Rechtsposition und sind auch viel selbstständiger. Allerdings ist das Verhältnis zwischen Hochschullehrer und Studierenden auch viel anonymer und gleichgültiger.

Gab es bereits in der DDR einen rechtswissenschaftlichen Austausch zwischen den zwei deutschen Staaten, der Ihnen bei der Strukturplanung nützlich sein konnte?

Der rechtswissenschaftliche Austausch zwischen beiden deutschen Staaten war, gemessen an allen anderen Disziplinen, der geringste. Bei der Strukturplanung waren wir deshalb auch sehr auf die Hilfe von außen angewiesen. Ich selbst habe in Prof. Bernhard Schlink, Prof. Detlev Kraus, Prof. Dieter Grimm, Prof. Hans Meyer und Prof. Hasso Hofmann herausragende Hochschullehrer der Bundesrepublik gefunden, mit denen ich mich offen und auch freundschaftlich beraten konnte. Dabei ging die Initiative im Wesentlichen von den westdeutschen Hochschullehrern aus, die an die Humboldt-Uni kamen und ihre Hilfe ganz von allein anboten, was ich gern akzeptiert habe. Die einzige Ausnahme war Hans Meyer, der als Vorsitzender der Struktur- und Berufungskommission vom Senator eingesetzt wurde.

> Haben sich die in der Wende gehegten Hoffnungen auf durch politische Freiheit begründete wissenschaftliche Freiräume bewahrheitet?

In jedem Fall. Von heute aus gesehen, ist es unvorstellbar, wie eng in der DDR politische und wissenschaftliche Freiräume waren.

> Wie wirkt sich die Vergangenheit der Juristischen Fakultät an der Berliner Universität speziell in der DDR auf die heutigen Forschungsschwerpunkte ihrer Hochschullehrer_innen aus? Gibt es gemeinsame oder zumindest vereinzelte Aufarbeitungs- und Interpretationsversuche?

Den wichtigsten Aufarbeitungsversuch haben sicher die Strafrechtler, insbesondere Prof. Klaus Marxen und Prof. Gerhard Werle unternommen. Im öffentlichen Recht hat immer wieder Prof. Bernhard Schlink die wichtigsten Probleme wie Mauerschützenrechtsprechung oder aber die Kündigungen wegen Nichteignung bearbeitet. Darüber hinaus gibt es einen wichtigen, zeitgeschichtlichen Forschungsschwerpunkt im Lehrstuhl von Prof. Rainer Schröder.

1995 gaben Sie ein Buch unter dem Titel heraus: »Rechtswissenschaft in der DDR: Was wird von ihr bleiben?« – Wie würden Sie diese Frage heute beantworten?

> Der Titel ist vom Verlag. Sollten Sie das Buch lesen, werden Sie merken, dass es beim Inhalt keineswegs um die Beantwortung dieser Frage ging. In dem Buch sind vielmehr die Abschiedsvorträge von den Doktoranden meines Doktorvaters Dr. Friedrich Tech zusammengefasst. Wenn ich heute diese Frage beantworten soll, sehe ich nichts, was geblieben ist. Das liegt nicht daran, dass es nicht auch einige wenige Dinge gegeben hätte, deren Fortbestand wünschenswert gewesen wäre. Der historische Verlauf der Wiedervereinigung ist aber darüber hinweggegangen.

1 *das freischüßler*, Ausgabe 14 (2006), S. 18–22.
2 Zitiert nach Mechthild Küpper, *Die Humboldt-Universität, Einheitsschmerzen zwischen Abwicklung und Selbstreform*, Berlin 1993, S. 66.
3 Vgl. Mechthild Küpper, a. a. O., S. 71.
4 Nicht noch einmal furchtbare Juristen, Deutsches Allgemeines Sonntagsblatt vom 8. 1. 1993.

Charlotte Thieme

Die Dialektik des studentischen Protestes

Zum Verhältnis von Studierendenschaft und Geschichte

Am 10. April 2013 verhindern Studierende die Rede des Bundesverteidigungsministers im Audimax der Humboldt-Universität zu Berlin, indem sie unablässig Applaus spenden und Parolen skandieren. Einige Tage danach setzt HU-Präsident Jan-Hendrik Olbertz im Akademischen Senat eine Erklärung durch, die dieses Verhalten als Angriff auf die Meinungsfreiheit verurteilt. Mit solchen Bewertungen studentischer Aktionen und Protestformen als intolerant wird immer auch auf Praktiken totalitärer und diskriminierender Stör- und Verhinderungsaktionen angespielt.

Dergleichen hat es in der 200-jährigen Geschichte der Studierendenschaft in Berlin ohne Zweifel mehrfach gegeben. Aber was soll daraus folgen?

Gebietet es nicht schon die Höflichkeit und der Respekt vor der Qualifikation, ein Argument erst einmal anzuhören, bevor es kritisiert wird?

Müssen wir aus Verantwortung vor unserer Geschichte also bei der Wahl unserer Protestformen darauf achten, Ähnlichkeiten wie diese zu vermeiden?

Ist es überhaupt »unsere« Geschichte?

Wie viel Selbstverständnis vermittelt ein sozialer Status wie der studentische und von welcher Lebensdauer kann er sein?

Natürlich legt die äußere Form einer staatlich anerkannten Institution mit eigener Selbstverwaltungsstruktur[1] eine solche Kontinuität[2] nahe. Aber wie viel Inhalt gibt die Form vor?

Die letzte Frage war tatsächlich schon immer ein wesentliches Moment in studentischen Positionen und Auseinandersetzungen. In diesem Kontext stand bereits die Forderung der Finkenschaft zum Ende des 19. Jahrhunderts, allgemeine Repräsentationsorgane jenseits der exklusiven Korporationen zu schaffen und sie damit der direkten Kontrolle durch die Universitätsobrigkeit zu entziehen. Mussten die verschiedenen Burschenschaften noch unter Vorlage ihrer jeweiligen Satzungen und Mitgliederlisten beim Rektor die Zulassung ihrer Verbindung beantragen, die jederzeit widerrufen werden konnte, stellte die Finkenschaft als Vereinigung von nicht korporierten Studenten, die Hilfe zur Selbsthilfe praktizierten und mit der Arbeiterbewegung sympathisierten, dem das Ideal einer gesamtstudentischen Vertretung auf der Basis allgemeiner Wahlen entgegen.

Die Frage nach der Determiniertheit von Form und Inhalt ist auch nicht damit beantwortet, dass die preußische Regierung nach Ende des Ersten Weltkrieges und dem Scheitern einer umfassenden sozialen Revolution 1920 die Selbstverwaltung der Allgemeinen Studentenschaft anerkannte und damit zugleich rechtlich regelte – denn nur sieben Jahre später wurden sie als kriminelle Vereinigungen wieder abgeschafft. Offensichtlich kommt es also nicht nur auf die Form an.

Was ist geworden aus dem Anspruch nach einer *allgemeinen* Repräsentation?

Der preußischen Regierung war es bei der Anerkennung der ASten um die Herausbildung eines *staatsbürgerlichen Selbstbewusstseins* und um *sittliche Erbauung* gegangen. (Partei-)Politik blieb der Studierendenschaft verboten: »Die Organe der Studentenschaft sind für studentische Zwecke gebildet, sie vertreten die Studenten nicht als Staatsbürger, sondern als akademische Bürger und können deshalb wohl in studentischen, nicht aber in politischen Angelegenheiten Majoritätsbeschlüsse fassen. [...] Ohne Vertrauen auf den Takt und das akademische Bewusstsein der Studentenschaft ist die ganze geplante Verfassung hinfällig.«[3]

Um der als Schmach empfundenen Niederlage in der Folge der Versailler Verträge ein ›völkisches Zusammengehörigkeitsgefühl‹ entgegen zu stellen, durften die neuen ASten selbst darüber entscheiden, ob sie Ausländer*innen in die Studentenschaft aufnahmen. Diese Möglichkeit nutzten die dominierenden Gruppen indes nicht, um ausländische Studierende an den neuen Strukturen zu beteiligen. Vielmehr verweigerten die meisten Studentenschaften Jüdinnen und Juden die Aufnahme. Die Möglichkeit dazu hatten sie vor allem gegenüber jüdischen Studierenden ohne »kleindeutsche« Staatsangehörigkeit; insbesondere bei jenen aus Österreich und dem sogenannten Sudetenland.[4] Wo immer es ging, diskriminierten und sigmatisierten sie vermeintlich »undeutsches Denken«. Sie propagierten ein elitäres Kämpferideal, gerichtet gegen Massendemokratie und Parlamentarismus, Liberalismus, Nihilismus, Marxismus, jüdische Kultur, sexuelle Befreiung und die Emanzipation der Frau. Dieses Selbstverständnis fand einen »fruchtbaren Schoß« in der alt-ehrwürdigen Alma Mater Berolinensis.

Den akademischen Nährboden für dieses nationalistische und chauvinistische Wissenschaftsbild hat Wolfgang Abendroth in seinem Text *Das Unpolitische als Wesensmerkmal der deutschen Universität* treffend beschrieben: »›Unpolitisch‹ sein hieß, die Macht der herrschenden Klasse in Deutschland und die Macht des Deutschen Reiches gegenüber anderen Staaten, den Machtgebrauch gegenüber demokratischen Kräften der Unterklassen wie gegenüber anderer Staaten unkritisch zu akklamieren, also nicht nur die existenten Machtverhältnisse, sondern auch die auf Machterweiterung gerichtete Politik der Machtträger zu akzeptieren. So musste der politische Charakter dieser Begriffswelt des ›Unpolitischen‹, ihre Funktion, im Schein der Objektivität die schlechteste Form der Subjektivität imperialistischer Interessen zu unterstützen und jeden Ansatz zu kritischer, auf maximale Objektivität hinzielende Analyse in allen sozialen- und geisteswissenschaftlichen Fächern unmöglich zu machen, mit dem Ausbruch des ersten Weltkrieges unverhüllt hervortreten.«[5]

Der pseudo-objektive, angeblich unpolitische Anspruch der Wissenschaft erweist sich also als Konservator des bestehenden, sich selbst aber unablässig radikalisierenden politischen Systems (zunächst des monarchistischen, später kapitalistischen und sozialistischen etc.), das in Folge seiner geistigen Immunisierung unreflektiert und zur Anpassung unfähig am eigenen Untergang arbeitet; bis zu einer Ersetzung des Inhalts durch die Form.

Vor diesem Hintergrund stellte die Bücherverbrennung am 10. Mai 1933 auf dem Platz vor der heutigen Juristischen Fakultät eine symbolische Vernichtung all des für »fremd« und anders gehaltenen Lebens und Wirkens dar, zugleich eine Abrechnung mit Weimar. Ihr waren rassistische und antisozialistische Einschüchterungen und Gewaltaktionen gegen unliebsame Dozent*innen vorausgegangen. Die unentschlossene Universitätsleitung in Berlin hatte sich mit Appellen zur Wiederherstellung von Disziplin und Ordnung begnügt; die Professoren hatten den antisemitischen Parolen oft noch Applaus gespendet. Die Bücherverbrennungen waren der letzte Akt der vierwöchigen »Aktion wider den undeutschen Geist«, welche die Deutsche Studentenschaft an 30 verschiedenen Orten im Deutschen Reich initiiert und organisiert hatte.[6] Das inszenierte Ritual sollte publikumswirksam die systematische Vernichtung der beruflichen Existenzen von Intellektuellen untermauern und war der Auftakt für eine fortan staatlich sanktionierte rassistische Diskriminierung und politische Terrorisierung, gleichsam eine symbolische Vernichtung von Exponent*innen der Weimarer Republik. Dabei entsprachen die in den »Feuersprüchen« propagierten Feindbilder gerade jenen Kategorien der Verfolgung, die sich später auch in der Klassifikation der Häftlingsgruppen in den Konzentrationslagern wiederfinden. Im Mai 1933 aber bedankte sich die nationalsozialistisch dominierte Studentenschaft mit dieser Aktion bei der neuen Führung für ihre Wiederanerkennung als mittelbare Staatsverwaltung.

Diese rechtliche Ausformung liegt den Studierendenschaften auch heute noch zu Grunde. Die Alliierten, insbesondere die USA, hofften bei der Zulassung der ASten im Rahmen ihrer Reeducation-Politik darauf, dass in ihnen auch Demokratie und ein anderer »Geist« als jener der Bücherverbrenner entstehen würde: erklärtermaßen eine »Schule der Demokratie« – learning by doing.

Mittlerweile ist in § 18 des Berliner Hochschulgesetzes von *der Aufgabe* [der Studierendenschaft] *zur Förderung der Bereitschaft ihrer Mitglieder zur aktiven Toleranz sowie zum Eintreten für die Grund- und Menschenrechte* die Rede. Bis es zu dieser Bereitschaft kommt, beschränkt sich der Lernprozess allerdings nicht auf die Teilnahme an Gremiensitzungen und Selbstbeschauung. Die »Schule der Demokratie« musste den »Muff aus 1000 Jahren« auf die Straße kehren – nicht immer genügte dafür die Kraft des besseren Arguments. So kam es auch nach 1945 in Ost und West immer wieder zu Verbrennungsaktionen von als »lesensunwert« oder »zersetzend« eingestuften Schriften: In Ost-Berlin beteiligte sich die FDJ 1955 an der Verbrennung von »Schmutz- und Schundliteratur«; im Mai 1968 verbrannten streikende Studierende das FU-Wappen vor dem Rektorat. Gegen das »Poltische Mandat« der Studierendenschaft wird schließlich sogar die Justiz in Stellung gebracht.[7]

Der Rechts- und Politikwissenschaftler Ernst Fraenkel, der als exponierter Vertreter der Sozialdemokratie und des Gewerkschaftsbundes 1938 in die USA flüchten musste und mit dem »Doppelstaat« eine der ersten Analysen über den Nationalsozialismus verfasste, vermeinte gar in den Aktionen der 1968 revoltierenden Studierenden an der Freien Universität »SA-Methoden« wiederzuerkennen.[8]

Die Frage muss wiederholt werden: Kann von der Form auf den Inhalt geschlossen werden?

Welche Mittel könnte studentischer Protest dann überhaupt noch annehmen?

Die studentische Sprechsituation an den Hochschulen ist nach wie vor prekär. Gesetz und Rechtsprechung schützen vor allem das Wort der Hochschullehrer*innen gegen die als unqualifiziert empfundene Einmischung.[9] Studentische Positionen wirken erst durch oder vor dem Hintergrund des aktiven Protestes. Dennoch: Der Inhalt ist ein anderer. Ende der 1920er Jahre kämpften die Studierenden untereinander und vor allem gegen den liberalen Staat um die Legalisierung systematischer Diskriminierung von marginalisierten Gruppen. Heute ist das Selbstverständnis der studentischen Gremienvertreter*innen davon geprägt, soziale Emanzipation erst zu ermöglichen. Überkommene Repräsentationsvorstellung sollen zu Gunsten eines Empowerments durch die Betroffenen sichtbar gemacht, neoliberale Ausschlusskonzepte angegriffen werden.

So gesehen taugt die gestelzte Formulierung in §4 Abs. 2 BerlHG durchaus als Programmatik: »Bewusstsein der Verantwortung gegenüber der Gesellschaft« – das heißt, die Notwendigkeit einer aus der privilegierten Situation des reglementierten Freiraums Universität möglichen Reflektion einerseits und dem aktiven Eintreten gegen Diskriminierung und für offene Foren der Diskussion andererseits ernst zu nehmen, ohne die Bedingungen für freie Rede und Partizipation aus den Augen zu verlieren. Maulkörbe gegen Selbstverwaltungsstrukturen helfen dabei ebenso wenig weiter wie mehrheitliche Intoleranz.

Deswegen sind Jubelaktionen und Kommunikationsguerilla gegen einen amtierenden Verteidigungsminister, der nicht nur für die weltweiten Interventionen der deutschen Armee steht und diese jederzeit durch einen eigenen Pressestab verkaufen kann, weder nach ihrer Form noch nach ihrem Inhalt mit den Methoden und Motivationen der SA-Studenten gleichzusetzen – und wohl auch kaum zu vergleichen, ohne eine krasse Relativierung zu betreiben. Vielmehr gilt es, an der Universität Räume für diejenigen zu eröffnen, die in Gesellschaft und Wissenschaft weitgehend ungehört und unsichtbar bleiben. Eine Studierendenschaft kann nur so offen sein wie die Universität, an der sie besteht. Um so wichtiger ist es, dass die Universität ihre Pforten für die Gesellschaft öffnet und sie zur Auseinandersetzung einlädt. Dafür stehen auch Institutionen wie Projekttutorien, Ausstellungen und andere Projekte, die zwar im Rahmen studentischer Interventionen erkämpft wurden, aber deren Realisierung die Humboldt-Universität nach wie vor unterstützt. Das ist nicht selbstverständlich. Dafür kommt es auf das Engagement der Universitätsmitglieder an, die bereit sind, auch kontroverse Diskussion zu führen, über Statusgruppen hinweg und notfalls immer wieder neu.

Rosemarie Will ist so eine.

---

1 Nach § 18 Berliner Hochschulgesetz (BerlHG) bilden alle eingeschriebenen Studierenden einer Hochschule deren Studierendenschaft. Sie verwaltet ihre Angelegenheiten durch ihre zentralen (RefRat, StuPa, StudWV) und dezentralen Organe (Fachschaftsräte und -initiativen) selbst und erhebt hierfür Beiträge von ihren Mitgliedern. Dieses Modell wird Verfasste Studierendenschaft genannt. Weil sie gesetzliche errichtet wird und öffentliche Aufgaben wahrnimmt, wird diese Form der Interessenorganisation auch als »mittelbare Staatsverwaltung« bezeichnet.

2 Darauf beharren mit zweifelhaftem Nachdruck: Werner Thieme, Deutsches Hochschulrecht, Köln u. a. 2004, S. 691; Ludwig Gieseke, Die verfaßte Studentenschaft: Ein nicht mehr zeitgemäßes Organisationsmodell von 1920, Baden-Baden 2001; Andreas Gallas, Die Staatsaufsicht über die wissenschaftlichen Hochschulen unter besonderer Berücksichtigung der Staatsaufsicht über die Studentenschaften, Berlin 1976, S. 191 ff.

3 Karl Heinrich Becker, Das neue Studentenrecht (1920) abgedruckt bei Wolfgang Kalischer (Hrsg.), Die Universität und die Studentenschaft. Versuch einer Dokumentation aus Gesetzen, Erlassen, Reden, Schriften und Briefen, Essen 1967, S. 127 f.

4 Vgl. den Beitrag von Matthias Peitsch, in diesem Buch S. 283.

5 Wolfgang Abendroth, Das Unpolitische als Wesensmerkmal der deutschen Universität, in Freie Universität, Universitätstage 1966: Nationalsozialismus und die Deutsche Universität, Berlin 1966, S. 192 (Hervorhebung im Original).

6 Entgegen der weit verbreiteten Ansicht, der erst zwei Monate zuvor zum »Reichspropagandaminister« ernannte Joesph Goebbels habe die Bücherverbrennung auf dem Opernplatz von langer Hand vorbereitet und aus seinem Ministerium heraus gesteuert, handelte es sich tatsächlich um ein von der Deutschen Studentenschaft mit Unterstützung völkischer Kreise selbst organisiertes Großereignis.

7 Zum Streit um das Politische Mandat der Studierendenschaft siehe: http://www.refrat.de/pm.html sowie

Verena Grundmann, *Das Schweigen der Lämmer*, Die Prozesse um das allgemeinpolitische Mandat, das freischüßler 1/2000 (abrufbar unter http://akj.rewi.hu-berlin.de/zeitung/00-1/mandat.html); siehe auch den Beitrag von Barashed/Melior/Redmer/Thieme, *Demokratie und Zensur*, (K)ein Recht zur Kritik, in diesem Buch S. 309.

8 Fraenkel formuliert dies in einem Interview mit der Berliner Morgenpost am 17. 9. 1967, in dem er der Studentenbewegung demokratiefeindlichen Dogmatismus vorwirft und sich durch das Verhalten rebellierender Studenten an die 1930er Jahre erinnert fühlt, als Rollkommandos der SA Versammlungen politischer Gegner gesprengt und nationalsozialistische Studenten jüdische und demokratische Professoren attackiert hatten.

9 Bis ins 21. Jahrhundert gilt die Wissenschaftsfreiheit, Art. 5 Abs. 1 GG, allein als Freiheit der Hochschullehrer*innen, während die Studierenden sich lediglich im Rahmen der stets zurücktretenden, durch Art. 12 Abs. 1 GG gewährleisteten Lern- und Ausbildungsfreiheit betätigen können. Das ändert sich erst durch die Entscheidung des Berliner Verfassungsgerichtshof vom 21. 12. 2000, NVwZ 2001, S. 426, die eine Betroffenheit der Verfassten Studierendenschaft in ihrem Grundrecht auf Wissenschaftsfreiheit für möglich hielt, soweit diese sich wissenschaftlich betätigt.

Matthias Peitsch

Die Selbstverwaltung des studentischen Antisemitismus

Zu den Hintergründen des »Verfassungskonfliktes« von 1927

Emanzipation durch Recht?
Rosemarie Will hat durch ihre Unterstützung des zweisemestrigen Projekttutoriums »Emanzipation durch Recht? – Das Ringen um (Rechts-)Status und Bild der Studierenden seit dem 19. Jahrhundert« in den Jahren 2009 und 2010 einmal mehr unter Beweis gestellt, dass der Beruf der Hochschullehrerin für sie nicht nur Forschung und Lehre, sondern auch aktive Hochschulpolitik beinhaltet.[1] Letztere versteht sie nicht lediglich als Interessenwahrnehmung ihres Berufsstandes innerhalb und außerhalb ihrer Fakultät, sondern auch als Befähigung der Studierenden, über ihre Rolle in der Universität zu reflektieren und aktiv Einfluss zu nehmen. So verdiente das Projekttutorium nach den Worten Rosemarie Wills auch gerade deshalb ihre Unterstützung, da »es den Prozess der selbstorganisierten Beteiligung der Studierenden an der Geschichte unserer Universität weiter vertieft«.

Das von ihr unterstützte Projekttutorium beschäftigte sich mit dem Rechtsstatus von Studierenden seit Beginn des 19. Jahrhunderts und untersuchte die Veränderungen anhand zeitgenössischer Dokumente mit interdisziplinären Zugängen. Ziel war es, die jeweiligen (Ab-)Bilder und Selbstbilder der Studierenden zu erfassen, um die hinter dem studentischen Status liegenden Stereotype offen zu legen. Im Vordergrund stand dabei der Kampf um die Deutungshoheit über den studentischen Status im Hinblick auf seine individuellen und kollektiven Dimensionen im studentischen, akademischen und gesamtgesellschaftlichen Kontext. Große Aufmerksamkeit wurde auf die Funktion des Rechts und dessen Wirkung gelegt: Als Instrument des Fortschritts, als Garant gegen die Rücknahme von Erfolgen emanzipatorischer Bewegungen über den Moment ihrer politischen Wirkungsmächtigkeit hinaus oder als dagegen gerichteter Repressions- und Ausschließungsmechanismus.

Schnell wurde deutlich, dass in der über 300jährigen Geschichte akademischen Lebens in Berlin Prozesse der staatlichen, mithin rechtsförmigen Anerkennung studentischer Interessenvertretungen immer auch mit der Exklusion und sogar Vernichtung anderer Formen von Wissenschaft und Bildung einhergingen. Dieser Fokus wurde auch der von studentischer Seite konzipierten Jubiläumsausstellung »stud.berlin – Standpunkte/Selbstorganisation/Studienwelten« im Jahr 2010 zu Grunde gelegt. Viele der dort gezeigten Ergebnisse wurden im Rahmen des Projekttutoriums erarbeitet.

Besonders klar tritt die exkludierende Wirkung von Statusdebatten im Zusammenhang mit dem als »Becker-Konflikt« oder »Verfassungskonflikt« apostrophierten Streit um die Statuten der Verfassten Studentenschaften von 1927 zu Tage. Vordergründig geht es bei dieser von 1920 bis 1927 währenden Auseinandersetzung um die rechtliche Anerkennung der Allgemeinen Studentenausschüsse (ASten) an den preußischen Hochschulen, vor allem aber um die Frage, ob alle Studierenden mit deutscher Staatsangehörigkeit sowie »auslandsdeutsche« Studierende in einem »nationalkulturellen« Sinne (aus Österreich und dem Sudetenland/Tschechoslowakei) oder ob ausschließlich deutsche Studierende im Sinne eines »völkisch-rassistischen« Prinzips (so genannte ›Arier‹) die Studentenschaft bilden. 1927 stellt der parteilose preußische Kultusminister Carl-Heinrich Becker (1876–1933) eine Verordnung zur Abstimmung, die die Diskriminierung jüdischer »Auslandsdeutscher« beenden soll. 77 Prozent der ca. 34 000 abstimmenden Studierenden lehnen den Entwurf ab, woraufhin Becker den ASten ihren Rechtsstatus als selbstständiger Teil der Hochschulen wieder aberkennt.

Eine Annäherung an die Vorgeschichte des »Becker-Konflikts« soll der Illustration der Widersprüchlichkeit studentischer Emanzipationsprozesse in der Moderne einerseits und der Danksagung an Rosemarie Will für ihre Unterstützung andererseits dienen.

Über den ›unpolitischen‹ Frontsoldaten

Das Narrativ über die erste staatlich anerkannte Selbstverwaltung der Studierenden und ihr Scheitern ist bis zum heutigen Tage von einer merkwürdigen Dichotomie geprägt: Zunächst ergreift die Generation der Studenten, die aus den Schützengräben und Eroberungsschlachten des Ersten Weltkrieges an die preußischen Hochschulen zurückkehrt, voller Enthusiasmus und demokratischem Pathos die durch die Republik eröffnete Möglichkeit der Selbstverwaltung beim Schopfe. Zu einem nicht näher bestimmten späteren Zeitpunkt bildet dann eine von Antisemitismus und antidemokratischer Gesinnung geprägte Studentengeneration die Mehrheit der Studierendenschaft und bricht den Konflikt mit der von ›edelster demokratischer Gesinnung‹ erfüllten preußischen Regierung vom Zaun, der in der Aberkennung der rechtlich gesicherten Selbstverwaltung gipfelt.

Über die Hintergründe des so genannten »Becker-Konflikts« spricht Andreas Keller von einem Abtreten der »Weimarer Gründergeneration« und einer wachsenden Dominanz republikfeindlicher und völkisch-rassistischer Studierender.[2] Auch Konrad Jarausch verneint, dass die »Studenten von vornherein so antidemokratisch eingestellt waren, dass sie zwangsläufig auf Hitler hinsteuerten«. Vielmehr habe die »besonnene Mehrheit der Kriegsstudenten versucht, zwischen den beiden Extremen [völkischer Rassismus und sozialistische Studentenräte, d. Verf.] einen unideologischen, aber sachlich tragfähigen Beitrag zum Wiederaufbau zu leisten«.[3] Diese Lesart entspricht weitgehend derjenigen, die bereits von Zeitgenossen und

Protagonisten des Verfassungskonflikts formuliert wird, sofern sie nicht die mehrheitlich antisemitische Haltung der Studierendenschaft offen propagieren.

Angesichts der im Zuge des Projekttutoriums gewonnenen Erkenntnisse entsteht jedoch ein abgewandeltes Bild der damaligen Ereignisse: Es wird deutlich, dass ein institutioneller Antisemitismus von Beginn an die Politik der verfassten Studierendenschaften in Preußen begleitet und prägt. Gleichzeitig herrscht zwischen dem preußischen Kultusministerium und den maßgeblichen Vertretern der Studierendenschaft in einigen entscheidenden Punkten Einigkeit: Erstens besteht das »deutsche Volk« nicht nur aus den Staatsbürger_innen des Deutschen Reiches, sondern beinhaltet auch die sog. »Volksdeutschen«, die sich außerhalb der nach 1918 gezogenen Grenzen des Deutschen Reiches befinden (Österreicher_innen, sog. Sudetendeutsche in der Tschechoslowakei). Zweitens sind die Studierenden angesichts der bürgerkriegsähnlichen Zustände in der Weimarer Republik als gesellschaftliche Elite zur Führung der ›Massen‹ und Aufrechterhaltung der ›Ordnung‹ berufen. Erst vor dem Hintergrund dieser Gemeinsamkeit in wesentlichen Fragen der Zeit wird verständlich, warum die preußische Regierung die antisemitische Praxis der ASten so lange hinnimmt und immer wieder auf eine Einsicht der durch ›Kultur‹ und ›Bildung‹ privilegierten Studierenden hofft.

Die völkische Verfassung
Nach der Novemberrevolution gründen sich an vielen Hochschulen im Reich ASten. Ein Großteil von ihnen ruft auf dem 1. Studententag in Würzburg im Jahr 1919 die Deutsche Studentenschaft (DSt) als Dachorganisation aller Studenten »deutsche[r] Abstammung und Muttersprache der Hochschulen des deutschen Sprachgebietes« ins Leben. »Abstammung« wird hier bereits völkisch-antisemitisch verstanden, denn die beiden österreichischen Universitäten Graz und Innsbruck sind lediglich durch ihre ›deutsch-arischen‹ Kammern vertreten, während die dort

getrennt existierenden demokratischen, sozialistischen und anti-antisemitischen Sondervertretungen nicht anwesend sind.[4] Die Auseinandersetzung um die seit dem Kaiserreich erhobene Forderung der Studierenden nach einer rechtlichen Anerkennung der ASten als Selbstverwaltungsorgane an den preußischen Hochschulen findet ihren vorläufigen Abschluss mit der am 18. September 1920 erlassenen Verordnung über die Bildung von Studentenschaften (VO)[5], welche die Bildung von nicht-rechtsfähigen Körperschaften des öffentlichen Rechts als verfassungsmäßige Glieder der Hochschulen unter staatlicher Aufsicht in Preußen vorsieht.

Nach §1 VO bilden alle voll immatrikulierten Studierenden deutscher Staatsangehörigkeit (also jener des Deutschen Reiches) einer Universität oder einer Technischen Hochschule die »Studentenschaft«, wobei die Satzungen der ASten außerdem über die Zugehörigkeit immatrikulierter Ausländer_innen bestimmen können. Gemäß der Verfassung der DSt stellen die ASten bei der Vergabe der »Gleichberechtigungsscheine« auf das Merkmal der »Abstammung« ab. Von diesem Zeitpunkt an nimmt die zukünftige bildungsbürgerliche Elite des Deutschen Reiches für sich in Anspruch, bestimmen zu können, wer (auf großdeutscher Grundlage) als gleichwertig anzusehen ist und wer nicht. So wird die Ausländerkommission des AStA der Friedrich-Wilhelms-Universität Berlin (FWU) 1921 seitens des AStA München dafür kritisiert, dass sie der Studentin Frieda Zanker »leichtfertig« den Gleichberechtigungsschein ausgestellt habe: Diese sei »der Nation nach Jüdin«.[6]

Trotz dieser seit der rechtlichen Anerkennung der Studentenschaften bestehenden Praxis zur Durchsetzung des verbandsinternen »Arierparagraphen« betont Andreas Keller, dass es ein Abtreten der »Weimarer Gründergeneration« gegeben habe, auf die eine zunehmende Dominanz völkisch-rassistischer Gruppen gefolgt sei.[7] Dies kann als Behauptung einer inhaltlichen Diskontinuität gelesen werden, die sich für den Großteil der ASten nicht belegen ließe.[8] Von einem »unideologischen Beitrag zum Wiederaufbau« der »Mehrheit der Kriegsstudenten« kann angesichts des in bemerkenswerter Klarheit hervortretenden Konzeptes der völkisch-rassistischen Volksgemeinschaft keine Rede sein. Welche Anforderungen Konrad Jarausch an die Kausalität historischer Abläufe stellt, um ein »zwangsläufiges« Hinsteuern auf »Hitler« bejahen zu können, kann hier nicht erörtert werden. Allerdings ist zu fragen, welchen Wert die studentische Selbstverwaltung aus der Sicht des Historikers für den »Wiederaufbau« hat, wenn sie der Durchsetzung antisemitischer Positionen einerseits und einer dezidiert antidemokratischen Politik andererseits dient.

Die Studentenkolonne // Ruhe, Ordnung, Vaterland

Die Gründung der ASten bedeutet für die Studierenden mitnichten eine freudige Teilnahme an den demokratischen Errungenschaften der neuen Republik. Beim Studententag in Würzburg 1919 propagiert die DSt zwar eine ›politische Neutralität‹. Dieser widerspricht aber nicht der Absendung eines Grußtelegramms an den ehemaligen Generalstabschef Hindenburg (bei lediglich vier Gegenstimmen), in dem gelobt wird, die »ganze Kraft für den Wiederaufbau einzusetzen«. Demgegenüber gehen die Nationalversammlung als Verkörperung der neu gewonnenen Volkssouveränität und der amtierende Reichspräsident Ebert leer aus. Außerdem ernennt man den AStA Marburg zum Ausschuss für »staatsbürgerliche Erziehung im vaterländischen Sinn«. Die Tatsache, dass der dreiköpfige Vorstand und die Kreisvertreter[9] im August 1919 allen Parteien der Nationalversammlung die Gründung der DSt mitteilen und lediglich die KPD uninformiert bleibt, verdeutlicht, dass »Neutralität« allenfalls denjenigen politischen Strömungen gegenüber geübt wird, die den eigenen Grundannahmen nicht allzu offenischtlich widersprechen. Studentische Gremien sollen einen Bereich von nationalistischer, antisemitischer und antikommunistischer Aktivität schaffen, der dem Zugriff parlamentarischer Kontrolle durch die als Bedrohung empfundene Republik so weit wie möglich entzogen wird. Die Forderung nach einer Wirtschaftshilfe der DSt[10] wird explizit damit begründet, dass »wir wissen, daß nicht die Parteien uns das Heil bringen können, sondern nur selbstlose Arbeit zum Wohle des Ganzen«.[11]

Diese Berufung auf ein jenseits von Klassenantagonismen existierendes ›Volkswohl‹ bildet den Punkt, an den auch die Appelle der Reformpolitiker anknüpfen. Die sozialistischen Versuche im Januar und März 1919, die Novemberrevolution in eine soziale Revolution einmünden zu lassen, sollen insbesondere mithilfe der Studierenden niedergeschlagen werden: »Die Reichsregierung bedarf der akademischen Jugend dringend im Kampfe gegen die drohende Anarchie und baut auf ihre Treue und Hingabe. Sicherheit der für das Studium verlorenen Zeit wird durch besondere Verfügung gewährleistet werden. Gez. Reichswehrministerium, Preußisches Ministerium für Wissenschaft, Kunst und Volksbildung«.[12] In einem gesonderten »Aufruf an die akademische Jugend Preußens« heißt es: »Noch einmal ruft das Vaterland seine waffenfähige junge Mannschaft. Noch einmal heißt es: Freiwillige vor [...] Schulter an Schulter mit euren Altersgenossen aus dem Arbeiterstande sollt ihr jungen Akademiker der Regierung helfen, die Ordnung aufrecht zu erhalten. Schützt das bedrohte Kulturerbe eurer Väter, rettet eure eigene Zukunft. Hilf, deutsche Jugend!«[13]

Die Appelle berufen sich auf überpositive Vorstellungen von Nationalstaat und ›Vaterland‹, die sich im Lichte der nationalistischen Einstellung der ›Frontstudenten‹ als effektiv erweisen. So fordert eine Berliner Studentenversammlung gemeinsam mit 36 Senats- und AStA-Vertretern im April 1919 »die Reichsregierung auf, sie möge in dieser Stunde höchster Gefahr jedes mögliche, auch das letzte Mittel versuchen, das deutsche Volk, das sie in seiner Mehrheit erwählte und trägt, allgemein gegen die Anarchie und den Bolschewismus zu den Waffen zu rufen. Die Versammlung hält es für die Pflicht aller deutschen Akademiker, sich unverzüglich dem Vaterland erneut zur Verfügung zu stellen und durch den sofortigen Eintritt in die Freikorps und Reichswehrverbände die Reichsregierung zu unterstützen.«[14] Als bei der Versammlung die (nicht unberechtigt erscheinende) Sorge artikuliert wird, die Arbeiterschaft könnte die einseitige Mobilmachung der Akademiker gegen sie als Provokation auffassen, versichert Reichswehrminister Noske: »Bei den Auseinandersetzungen, die wir gehabt haben, ist manches vorgekommen, was auf Roheit [sic], Unwissenheit und Unbildung zurückzuführen ist. Der Gebildetste und Diszipliniertste ist der Berufenste, unser Land wieder zur Ordnung gelangen zu lassen.«[15]

Auch C. H. Becker, zu dieser Zeit noch Staatssekretär im preußischen Kultusministerium, erklärt 1920 als Motivation zur Gründung der DSt: »Einfluß üben kann heutigen Tags nur der, der Einfluß auf die Massen gewinnt [...] Die numerisch kleine Zahl der Wissenschaftler und Akademiker muß sich, um zur Geltung zu kommen, des gleichen Rezeptes bedienen, durch das die anderen Volksstände stark und kräftig geworden sind. Auch wir müssen zur Organisation schreiten.«[16]

Es ist diese Mischung aus Nationalismus und elitärem Standesdünkel, die eine Mobilisierung der Studierenden zur Aufrechterhaltung der ›Ordnung‹ ermöglicht und entsprechende Vorstellungen innerhalb der Akademikerschaft bestätigt und verstärkt. Neben dem offenen Kampf in den Freikorps dient auch technische Hilfsarbeit zur Aufrechterhaltung der Produktion dazu, Streiks »durch bürgerliche und in 1. Linie studentische Energie zu sabotieren«.[17] Als tausende Studenten am rechtsradikalen Kapp-Putsch teilnehmen, untersagt Preußens Kultusminister Hänisch im April 1920 Schülern und Studenten den weiteren Eintritt und Dienst in Zeitfreiwilligenverbänden, Einwohner- und Ortswehren.[18] Die diese Maßnahme begleitende Kritik am politischen Engagement der Studierenden stößt bei Letzteren auf Unverständnis. So beklagt sich der Vorsitzende der DSt Bennecke in einem Brief an den neuen Reichswehrminister Gessler: »Es dürfte Ihnen bekannt sein, daß ein großer Teil der Studentenschaft auf dem Boden der Rechtsparteien steht. Um so mehr ist es anzuerkennen, daß überall da, wo die Regierung alle ordnungsliebenden Deutschen aufruft, zum Schutz des Vaterlandes gegen den Bolschewismus bewaffnete Dienste zu leisten, gerade die Deutsche Studentenschaft dem Rufe der Regierung gern folgte. [...] Die Deutsche Studentenschaft faßte dieses ihr Eintreten für Ruhe und Ordnung als eine selbstverständliche vaterländische Pflicht auf und erwartete keinen Dank. Um so mehr war sie erstaunt, als sie erfahren musste, daß ihr Eintreten für die Regierung als ›unerhört provozierend‹ und als ›aufreizend zum Klassenhass‹ bezeichnet wurde. [...] Die Deutsche Studentenschaft sieht mit lebhaftem Befremden, daß ihr Eintreten für die Regierung nur dazu dient, sie in den Augen breiter Massen des Volkes zu kompromittieren. Da ihr jedoch daran liegt, das Vertrauen der Handarbeiter auf den ehrlichen Willen der geistigen Arbeiter, vor allem der akademischen Jugend wiederzugewinnen, muß sie es ablehnen, weiterhin für die Regierung einzutreten, wenn die Regierung nichts tut, um die Deutsche Studentenschaft vor den unglaublichen Verdächtigungen zu schützen.«[19]

Das nationalpolitische Mandat der Studierenden umfasst den bewaffneten Kampf gegen die Revolutionäre von links, soll aber gleichzeitig nicht die Verwirklichung einer konsequent »großdeutschen« und auf elitärer Führung der »Massen« beruhenden Gesellschaft beinhalten. Dass die Studierenden die Politiker Weimars an ihren Worten messen und gleichzeitig den Kampf gegen den »Internationalismus jeder Färbung«[20] antisemitisch interpretieren, wird die Forderungen Beckers nach einer »unpolitischen« Studentenschaft folgenlos im Raum verpuffen lassen. Wo Großdeutschland, Volkswohl und Elitedenken den Kernbestand der Grundüberzeugungen bilden, ist der erste Schritt zur Exklusion des vermeintlich Anderen und zur gewaltsamen Niederhaltung der gesellschaftlichen Widersprüche schon getan.

1 Projekttutorien sind studentisch organisierte und durchgeführte Lehrveranstaltungen, in denen die Inhalte eigenverantwortlich, wissenschaftlich und praxisorientiert behandelt werden können. Sie werden an der Humboldt-Universität zu Berlin durch die Schaffung einer studentischen Hilfskraftstelle aus zentralen Mitteln unterstützt, über deren Vergabe eine mehrheitlich von Studierenden besetzte Kommission des Akademischen Senats entscheidet: https://www.hu-berlin.de/studium/reform/projekttutorien (abgerufen am 1.12.2014). Im Antragsverfahren für dieses vom *arbeitskreis kritischer juristinnen und juristen* (akj-berlin) und der *Historischen Kommission der Verfassten Studierendenschaft in Berlin* (HisKomStuPaHU) getragene Tutorium hatte Rosemarie Will gegutachtet und als unterstützender Lehrstuhl verantwortlich gezeichnet, ohne sich eine inhaltliche Einflussnahme anzumaßen.

2 Keller, Andreas: Hochschulreform und Hochschulrevolte: Selbstverwaltung und Mitbestimmung in der Ordinarienuniversität, der Gruppenhochschule und der Hochschule des 21. Jahrhunderts, Marburg 2000, S. 68.

3 Jarausch, Konrad Hugo: Deutsche Studenten 1800–1970, Frankfurt/Main 1984, S. 122.

4 Zorn, Wolfgang: Die politische Entwicklung des deutschen Studentums 1918–1933, in: Darstellungen und Quellen zur Geschichte der deutschen Einheitsbewegung im 19. und 20. Jahrhundert, Band V, Heidelberg 1965, S. 248.

5 Zentralblatt der preußischen Universitätsverwaltung (ZBlPrUV) 1921, S. 8.

6 UA HUB, FB AStA, Nr. 1, Bl. 124 f.

7 Keller, S. 68.

8 Keller, a. a. O., S. 69. Kellers Festhalten an der Legende von der »Weimarer Gründergeneration« überrascht auch deshalb, weil er die Praxis der ASten, nur »Auslandsdeutsche« im völkischrassistischen Sinne aufzunehmen, selbst benennt – wenn auch ohne Quellenangabe. Keller, a. a. O., S. 70.

9 Das Reichsgebiet und die anderen Bereiche des deutschen Sprachraumes werden unabhängig von ihrer Zugehörigkeit zu anderen Staaten in Kreise eingeteilt.

10 Bei dieser Wirtschaftshilfe handelt es sich um eine Vorläuferin des heutigen Studentenwerks.

11 Denkschrift des Vorstandes der DSt v. 1.6.1920, gedruckt in: Kalischer, Wolfgang: Die Universität und ihre Studentenschaft – Universitas magistrorum et scholarium. Versuch einer Dokumentation aus Gesetzen, Erlassen, Beschlüssen, Schriften und Briefen, Essen 1967, S. 130.

12 Aufforderung an die Studierenden zum Militäreintritt als Zeitfreiwiiige, Deutsche Allgemeine Zeitung Nr. 117, 11.3.1919, zitiert nach Zorn, a. a. O., S. 239.

13 Aufruf des Ministers für Volksbildung vom 13.3.1919, in: UA HUB, FB UK 131, o. Bl.; GStA PK, I. HA Rep. 76 Sekt. 1 Tit. I Nr. 1 Band IV, Bl. 156; abgedruckt in Angela Klopsch: Die Geschichte der Juristischen Fakultät der Friedrich-Wilhelms-Universität zu Berlin im Umbruch von Weimar, Berlin (BWV) 2009, S. 202; zitiert nach Zorn, a. a. O., S. 239.

14 Zitiert nach Zorn, a. a. O., S. 243.

15 Zitiert nach Zorn, a. a. O., S. 243 f.

16 Zitiert nach Fließ, Gerhard: Deutsche Studentenschaft 1918–1936, in: Fricke, Dieter/Autorenkollektiv (Hrsg.): Die bürgerlichen Parteien in Deutschland – Handbuch der Geschichte der bürgerlichen Parteien und anderer bürgerlicher Interessensorganisationen vom Vormärz bis 1945, Bd. 1, Leipzig 1968, S. 594.

17 Schreiben der Arbeitsstelle der FWU an AStA Berlin v. 12.7.1919, UA HUB, FB AStA, Nr. 99, Bl. 1.

18 Zorn, a. a. O., S. 261.

19 Zitiert nach Zorn, a. a. O., S. 261.

20 Zorn, a. a. O., S. 246.

Ralf Oberndörfer

Vom Kulturkampf zum Massenmord

Die Berliner Bücherverbrennung vom 10. Mai 1933 und die Juristische Fakultät der Friedrich-Wilhelms-Universität bis 1938

An der rechtswissenschaftlichen Fakultät der Berliner Universität verloren 23 der 56 im Wintersemester 1932/33 tätigen Hochschullehrer durch Verfolgungsmaßnahmen während der Zeit der NS-Herrschaft ihre Stelle.[1] Das entsprach beinahe einem Viertel aller Hochschullehrer an den juristischen Fakultäten im Deutschen Reich, die durch das NS-Regime mit Berufsverbot belegt wurden. Zu den Betroffenen gehörten der Ordinarius für Zivilrecht Martin Wolff (1872–1953), Ernst Rabel (1874–1955) – der Begründer der modernen Rechtsvergleichung in Deutschland –, der 1931 zum Dekan gewählte Fachmann für Zivil- und Strafprozessrecht James Goldschmidt (1874–1940) und der Völkerrechtler Erich Kaufmann (1880–1972). Zahlreiche weitere Angehörige der Fakultät wurden mit Berufs- oder Promotionsverboten belegt oder relegiert. Im Folgenden erläutere ich zunächst das Zusammenspiel zwischen der symbolischen Vernichtung der Demokratie von Weimar einerseits (1) und dem Einsatz von praktischer (2) und administrativer Gewalt (3) andererseits im Frühjahr 1933. Anschließend skizziere ich die Lebenswege einiger Verfolgter und das Ausmaß der Berufsverluste (4). Abschließend sollen zwei Beispiele das Rechtsverständnis an der Juristischen Fakultät aus den Jahren 1936 und 1938 illustrieren (5) und Hinweise zu den Karrieren der studentischen Protagonisten im weiteren Verlauf des NS-Regimes gegeben werden (5).

1. Die symbolische Vernichtung des Denkens

Von der Zerstörung der Kultur der Weimarer Republik im Gedächtnis geblieben sind vor allem die Scheiterhaufen aus Büchern, die die Deutsche Studentenschaft (DSt) als Höhepunkt ihrer Aktion *Wider den undeutschen Geist* im Mai 1933 in Brand setzten. Im 1919 von den Allgemeinen Studentenausschüssen gebildeten überregionalen Zusammenschluss der DSt kontrollierte der Nationalsozialistische Deutsche Studentenbund (NSDStB) bereits 1931 acht von zehn Kreisleitungen und damit auch das in Berlin ansässige Hauptamt.[2] »Der Monarchismus verblasste, und der Rassenantisemitismus der Nationalsozialisten erschien vielen Völkischen radikaler und moderner.«[3] In den Jahren zuvor hatte die Rechte nach politischen, vor allem aber auch nach »geistigen« Alternativen zur Republik von Weimar gesucht. Anlässlich der Einweihung des Kriegerdenkmals im Innenhof der Berliner Universität 1926 schrieb der Studierendenfunktionär Julius E. Kayser-Petersen: »[...] müssen wir uns darüber klar sein, dass wir den Krieg nicht militärisch, sondern politisch, nicht körperlich, sondern geistig verloren haben. [...] Vor allem heißt es für uns Akademiker, die geistigen Voraussetzungen des Sieges zu schaffen.«[4] Vier Jahre später verkündete der wegen Beihilfe zum Mord an Walther Rathenau zu fünf Jahren Zuchthaus verurteilte Ernst von Salomon: »Das Wissen um die Unbedingtheit des Führertums und das Läutern dieses Begriffs von allen Schlacken, das ist es, was uns vornehmlich vom Liberalismus scheidet. Das liberale System kennt kein Führertum.«[5] Das von Salomon beschworene Führertum verlangte von Kunst und Literatur Gesundheit, Sauberkeit und Eindeutigkeit, also »Rasse«. An den Universitäten verzichtete es auf Dialektik, Empirie und die Wirksamkeit des besseren Arguments, also auf die Wissenschaft selbst, denn die bloße Vermittlung utilitaristischer Sachkenntnis ist keine Wissenschaft.

Anfang April 1933 gründete die DSt ein Hauptamt für Presse und Propaganda. Man plante eine »vierwöchige Gesamtaktion« um der »Erneuerungsbewegung [...] Wegweiser zu sein.«[6] Verantwortlich war der Jurastudent Hans

Karl Leistritz (1909–1953). Eine Steuerung der DSt bei der *Aktion wider den undeutschen Geist* durch übergeordnete Parteistellen gab es nicht.[7] Am 6. April[8] kündigte die DSt Maßnahmen zur Beseitigung missliebiger Bücher an. Am 12. April veröffentlichte sie ihre 12 Thesen *Wider den undeutschen Geist*, die in den Tagen danach reichsweit plakatiert wurden. Der Jurastudent Herbert Gutjahr (1911–1944), Führer der Berliner DSt und Assistent von Carl Schmitt (1888–1985), ließ die Thesen öffentlich aushängen. Das Plakat wurde von SA-Studenten »mit der Pistole in der Hand« bewacht.[9] Am 1. Mai wurden die Thesen im Berliner Hochschulblatt publiziert.[10] These Nr. 4 lautete: »Unser gefährlichster Widersacher ist der Jude und der, der ihm hörig ist.« These 9 führte aus: »Wir fordern vom deutschen Studenten den Willen und die Fähigkeit zur Überwindung des jüdischen Intellektualismus und der damit verbundenen liberalen Verfallserscheinungen im deutschen Geistesleben.« Das DSt-Hauptamt legte alle Einzelheiten – die Plakataktion, die Formulierung von neun Feuersprüchen mit der namentlichen Erwähnung von 15 Autoren,[11] das Einsammeln der Bücher, den Zeitplan für den Ablauf der Bücherverbrennungen – verbindlich und einheitlich für das ganze Reich fest. Obwohl es studentische Funktionäre waren, lag das Hauptaugenmerk zunächst nicht auf missliebigen Professor_innen, sondern auf Schriftstellern (Thomas und Heinrich Mann, Erich Kästner) und Vertreter_innen vermeintlich typisch jüdischen Denkens (Karl Marx, Sigmund Freud). Die Studierenden wurden aufgefordert, ihr persönliches Bücherregal und die Bibliotheken ihrer Universität zu säubern. Beide Vorhaben scheiterten. »[Es] hielt sich die Bereitschaft, die privaten Lektürevorlieben preiszugeben, eher in Grenzen.«[12] Die Universitätsbibliotheken weigerten sich, ihre Bibliotheken von unerwünschtem Schrifttum zu befreien. Also wich man aus auf private Leihbibliotheken sowie Stadt- und Volksbüchereien. Im April 1933 bildete der Hochschulbibliothekar Dr. Wolfgang Herrmann zusammen mit Dr. Max Weber und Dr. Hans Engelhard den *Ausschuss zur Neuordnung der Berliner Stadt- und Volksbüchereien.*[13] Sie erstellten mehrere Schwarze Listen, deren erste sie am 26. April an das Hauptamt der DSt übermittelten.[14] Die erste amtliche Liste erschien in Preußen unter dem Titel *Schöne Literatur* am 2. Mai.[15] Für die heutige Forschung stellen diese Listen nur einen ersten Hinweis dar: »Ein Überblick über den gesamten Umfang der verbrannten Titel ist unmöglich.«[16] Das Einsammeln der Bücher erfolgte ab dem 6. Mai 1933.[17] Studenten in SA-Uniform plünderten die Büchereien[18], die privaten Leihbibliotheken wurden als »literarische Bordelle«[19] systematisch verwüstet. Nur wenige juristische Titel standen auf den Listen. Neben seinen sämtlichen literarischen Werken führte die Schwarze Liste VIII *Belehrende Abteilung: Politik und Staatswissenschaften* Thomas Mann mit *Von deutscher Republik* und *Deutsche Aussprache* auf. Dort waren auch verzeichnet: Ernst Fraenkels *Soziologie der Klassenjustiz*, Hugo Preuss mit *Deutschlands republikanische Reichsverfassung* und drei weiteren Werken, Gustav Radbruchs *Kulturlehre des Sozialismus* sowie der bis zu seinem Tod bei einem Verkehrsunfall in Köln lehrende Rechtswissenschaftler Fritz Stier-Somlo (1873–1932) mit dem Vermerk: »(Katholisch getaufter Jude und Separatist) alles, ausser: den kommunalpolitischen Schriften.«[20]

In 26 Städten lassen sich mittlerweile Bücherverbrennungen nachweisen, die im Rahmen der Aktion *Wider den undeutschen Geist* durchgeführt wurden.[21] Der Ablauf und das Datum variierten gelegentlich, aber die meisten fanden am 10. Mai 1933 statt und folgten den Vorgaben des DSt-Hauptamtes. Die Bücherverbrennung in Berlin zeigte einige Besonderheiten: Von den 25 000 Büchern, die verbrannt wurden, stammten 20 000 aus dem *Institut für Sexualwissenschaft* von Magnus Hirschfeld (1868–1935) in der Oranienburger Straße. Etwa 100 Studenten von der Hochschule für Leibesübungen plünderten am 6. Mai die Bibliothek. Am 10. Mai marschierten die Studierenden nach der Antrittsvorlesung des Erziehungswissenschaftlers Alfred Baeumler gegen 21 Uhr in einem Fackelzug vom Universitätsgebäude zur Oranienburger Straße. Die geplünderten Bücher befanden sich auf einem Lieferwagen, der im Schritttempo an Charité und Reichstag vorbei und zurück durchs Brandenburger Tor , entlang der Straße Unter den Linden zum Opernplatz fuhr. Die Studierenden trugen eine auf einen Stock gespießte Büste von Magnus Hirschfeld mit sich, berittene Polizei eskortierte. Trotz starken Regens und der späten Stunde säumten Schaulustige die Straßen. Auf dem Opernplatz sprachen Herbert Gutjahr und Reichspropagandaminister Josef Goebbels. Gegen 23:30 Uhr wurde der Scheiterhaufen in Brand gesteckt. Anders als in Heidelberg oder Erlangen, wo Erich Kästner oder Heinrich Mann ebenfalls mit Begeisterung gelesen oder geschmäht wurden, vernichtete die Berliner Bücherverbrennung die großstädtischen »Asphaltliteraten« auf ihrem eigenen Terrain. Der 10. Mai in Berlin steht für die Eroberung der sündigen, durchmischten und mehrdeutigen Metropole durch die Eindeutigkeit der neuen deutschen Totalität. Zu dieser Botschaft und zur namentlichen Erwähnung Sigmund Freuds im Feuerspruch Nr. 4 passte der Feuerspruch gegen Magnus Hirschfeld, der nicht zu den neun offiziellen Feuersprüchen gehörte: »Wir wollen keine Entsittlichung des Volkes, darum brenne, Magnus Hirschfeld!«[22] Hirschfelds Büste landete in den Flammen. Weil Josef Goebbels der Hauptredner war, wird gelegentlich angenommen, die Bücherverbrennungen seien sein Werk gewesen. Goebbels aber benutzte quasi in letzter Sekunde die professionelle Propagandaaktion der DSt für sein eigenes Renommee.

Die lodernden Scheiterhaufen mit den »Bücherleichen«, von denen der nationalsozialistische Kulturpolitiker Rudolf Erckmann bereits 1932 sprach,[23] verweisen als Erinnerungsort aus heutiger Sicht auf die kommenden Massenverbrechen, an denen die akademische NS-Elite wesentlichen Anteil hatte.

2. Praktische Gewalt als Mittel der Vertreibung
Anders als das Freudenfeuer der Gegenaufklärung auf dem Berliner Opernplatz gibt es für die große und kleine Gewalt gegen Hochschulangehörige und die personal-

politischen Schikanen im universitären Bereich kaum Bilder, die heute als historische Markierungspunkte dienen könnten. Während Hitler am 30. Januar als Reichskanzler vereidigt wurde, hielten die Professoren Rabel und Wolff noch planmäßig ihre Vorlesungen im Wintersemester 1932/33.[24] Am gleichen Tag sprach Fritz Hippler[25] (1909–2002), ein wegen NS-Propaganda relegierter Jurastudent und Kreisführer des Kreises X des NSDStB, auf dem Hegelplatz bei einer Kundgebung. Er kündigte die »rücksichtslose Fortsetzung« des Kampfes »gegen die Elemente [an], die sich der jungen deutschen Bewegung entgegengestellt hätten«.[26] Bereits vor 1933 hatte es gewalttätige Übergriffe gegen Juden und Linke gegeben, so die Versailles-Krawalle am 28. August 1929[27] und im Januar 1932, als SA-Studenten mit Koppelschloss, Reitpeitsche und Gummiknüppel auf Studierende einprügelten.[28]

Nicht nur durch Hitlers Amtsantritt wurde die völkische Rechte aggressiver. Der neue preußische Minister für Wissenschaft, Kunst und Volksbildung (PrMfWKuV) Bernhard Rust (1883–1945) entsprach einer Forderung der DSt und kassierte im April 1933 alle akademischen Strafen, die für Taten aus nationaler Gesinnung begangen worden waren.[29] Als Reaktion auf Rusts Entgegenkommen rief die DSt im Rahmen der Aktion *Wider den undeutschen Geist* am 19. April zum Professorenboykott für das Sommersemester auf. Dies war eine Erweiterung des ursprünglichen Konzepts und geschah in Umsetzung von These 11: »Wir fordern die Auslese von Studenten und Professoren nach der Sicherheit des Denkens im deutschen Geiste.« Außerdem sollten im Vorfeld der Bücherverbrennungen im ganzen Reich Schandpfähle an den Universitäten aufgestellt werden, um unerwünschtes Schrifttum öffentlich zu zeigen. Auf Initiative von Rektor Eduard Kohlrausch (1874–1948), Ordinarius für Strafrecht, wurden die Schandpfähle von Rust in Berlin verboten. Nachgewiesen sind sie unter anderem für Rostock, Erlangen und Tübingen.[30] Bereits in der vorlesungsfreien Zeit drangsalierten rechte Studierende jüdische, bürgerliche und linke Kommilitoninnen und Kommilitonen.[31]

Ohne die Zahl der Festgenommenen zu nennen, erinnert sich Kohlrausch daran, »dass allen semitisch aussehenden oder semitisch bekannten Studenten die Studentenkarte abgenommen wurde und sie selber in ein Auditorium eingesperrt wurden«.[32] Zugleich wurde Hochschullehrern von Seiten der lokalen Studentenschaften nahe gelegt, »zu ihrem eigenen Schutz« im Sommersemester keine Vorlesungen mehr abzuhalten.[33] Mit dem Beginn des Sommersemesters wurden Hochschullehrer gezielt attackiert und dazu gezwungen, ihre Lehrtätigkeit aufzugeben. An die Vertreibung von Martin Wolff aus seiner Geburtsstadt Berlin, der seit 1921 dort ordentlicher Professor war, erinnerte sich seine Schülerin Else Koffka (1901–1994) in ihrem Nachruf: »Bewundernswert war die seelische Stärke, mit der er nach 1933 sein Schicksal trug. Er, der jahrzehntelang Tausende und Abertausende Studenten in seinen Bann gezogen hatte, musste es erleben, dass ein wüstes Geheul von Sprechchören ihn immer wieder in seinen Vorlesungen störte und sie schließlich ganz verhinderte. Ich traf ihn – zum letzten Mal – wohl im Sommer 1933, kurz nachdem erstmals eine solche ›spontane Demonstration der kochenden Volksseele‹ den Versuch gemacht hatte, seine Vorlesung zu sprengen.«[34] In einem privaten Brief aus dem Jahr 1947 bemerkte Wolff über Kohlrausch: »der einzige meiner Kollegen, der aktiv zu meinen Gunsten tätig war«.[35]

3. Verfolgung durch Verwaltung

Eduard Kohlrausch versuchte zwar, Auswüchse wie die Schandpfähle und die Störung von Vorlesungen zu unterbinden, gegen die Administrativmaßnahmen allerdings unternahm auch er nichts. Mit dem Verhaltensmuster folgt er vielen Funktionsträgern in der Phase des Umbruchs, die gegen Verfolgungsmaßnahmen nichts einzuwenden hatten, wenn sie geregelt und ohne körperliche Gewalt umgesetzt wurden. Dreh- und Angelpunkt der Personalpolitik des NS-Staates war das Gesetz zur Wiederherstellung des Berufsbeamtentums (BBG) vom 7. April 1933.[36] Als eines der ersten von der Reichsregierung erlassenen Gesetze ermöglichte es die Entlassung aller Beamt_inn und Angestellten im öffentlichen Dienst, die aus politischen oder rassischen Gründen unerwünscht waren.

Bereits am 16. März hatte der Bund Nationalsozialistischer Deutscher Juristen (BNSDJ) auf seiner Tagung in Leipzig sieben Forderungen betreffend die personelle Neuausrichtung der Justiz aufgestellt. Darin heißt es: »Alle deutschen Gerichte, einschließlich des Reichsgerichts, sind von Richtern und Beamten fremder Rasse unverzüglich zu säubern.« Ferner forderte der BNSDJ »für Angehörige fremder Rassen« eine Zulassungssperre zur Ausübung des Rechtsanwaltsberufes und die Entlassung »marxistisch« gesinnter Richter. Ausnahmen bei der Neuausrichtung dürfe es nur für Frontsoldaten und jene geben, die Söhne im Ersten Weltkrieg verloren hatten.[37] Das hatte Ähnlichkeit mit These 11 der DSt betreffend die Entlassung von Hochschullehrern und nahm die Frontkämpferklausel in § 4 BBG vorweg. Entscheidungskompetenzen besaß der BNSDJ nicht, aber er konnte sich auf diese Weise profilieren. Viele fühlten sich damals für vieles zuständig.

Der verwaltungsförmige Personalaustausch gab vor, sich streng an den althergebrachten Grundsätzen des Berufsbeamtentums zu orientieren. Die Spitzenbeamten im Reichsministerium des Innern, an ihrer Spitze der von Hermann Göring als Staatssekretär eingesetzte Jurist Ludwig Grauert, schufen ein ausdifferenziertes Regelwerk. Umgesetzt wurden damit die Ausschaltung der Gegner, die rechtliche Absicherung der Personaleingriffe und die Regelung der Versorgungsansprüche. Die Erste Durchführungsverordnung zum BBG vom 11. April[38] sah die Entlassung von Beamten und Angestellten vor, wenn ihre Großeltern der jüdischen Religionsgemeinschaft angehört hatten,[39] es sei denn, sie waren Frontkämpfer. Die Verordnung nahm in einem wesentlichen Punkt die Erste Verordnung zum Reichsbürgergesetz[40] vom 14. November 1935 vorweg. Ende 1935 wurde die Frontkämpferklausel des BBG aufgehoben und alle Beamten mussten zum 31. Dezember 1935 aus dem Dienstverhältnis ausscheiden.

Vor allem im Bereich der Ruhegeldkürzungen kam es bis 1938 immer wieder zu Verschlechterungen für die Entlassenen. Die zur Verfügung stehenden Mittel beeinflussten die Auswanderungs- und damit Überlebenschancen der betreffenden Beamten_innen und ihrer Familien.[41]

Was das BBG für den Beamtenapparat besorgte, setzte die Einrichtung der Reichskulturkammer[42] für den künstlerischen und schriftstellerischen Bereich um. Beruflich tätig sein durfte nur, wer politisch und rassisch geeignet war.

Innerhalb der Hochschulen wurde eine aggressive Personalpolitik praktiziert, mit der die neuen Verantwortlichen bestimmte Gruppen vom Studium ausschlossen, Beförderungen verhinderten, Lehraufträge nicht verlängerten und laufende Promotions- und Habilitationsvorhaben stoppten. Am 25. April 1933 erging das Gesetz gegen die Überfüllung deutscher Schulen und Hochschulen,[43] mit dem die Zahl jüdischer Studierender auf ein Prozent begrenzt werden sollte. Im Sommersemester 1930 hatte der Anteil Studierender mit jüdischer Religionszugehörigkeit an der Berliner Universität bei 10,7 Prozent gelegen.[44] Durch einen Erlass von Rust vom 2. Mai 1933 wurde die Neuzulassung von Personen »nichtarischer Abstammung« an der Berliner Universität verschoben.[45] Die Immatrikulation zum Sommersemester erfolgte für diesen Personenkreis unter Vorbehalt. Ihre Studentenbücher (heute: Studienbücher) wurden mit gelben oder braunen Streifen gekennzeichnet. Diese Maßnahmen führten zu einem Rückgang der Studierenden an der Juristischen Fakultät von 2900 auf 2200 bei 640 Neuimmatrikulationen.[46] Ende Juni 1933 erfolgte auf Betreiben des neuen Universitätsrats[47] Wilhelm Püschel die Relegation von 132 politisch unerwünschten Studierenden.[48] Frauen wurden ebenfalls systematisch aus den Universitäten verdrängt. 1933 erfolgte die Auflösung des Deutschen Juristinnen-Vereins, 1936 endete die Tätigkeit des Deutschen Akademischen Frauenbundes.

Da auf das Jurastudium das Referendariat folgte, war bei den Jurist_innen auch die staatliche Justizverwaltung nicht untätig. Der preußische Justizminister Hanns Kerrl (1887–1941) bestimmte am 3. April 1933, dass Jüdinnen und Juden nicht mehr zu Rechtsreferendaren ernannt werden durften.[49] Durch eine weitere Verfügung von Kerrl vom 22. Mai 1933 wurden jüdische Studierende vom Staatsexamen ausgeschlossen.[50] Im Zuständigkeitsbereich des Preußischen Justizministeriums wurden 1933 von 46 850 Beamt_innen 1632 (3,48 Prozent) entlassen, darunter 1114 nach § 3 BBG, also der Vorschrift, die sich gegen als Juden Verfolgte richtete. Von den Entlassenen waren 128 höhere Beamte, 182 Gerichtsassessor_innen, 796 Referendar_innen und 8 übrige Beamte.[51]

4. Ausmaß der Vertreibungen und Lebenswege von Verfolgten

An den 22 juristischen Fakultäten in Deutschland waren 1932/33 497 Lehrende tätig. 130 wurden vertrieben, das entspricht einem Anteil von 26,2 Prozent. 91 wurden als »jüdisch/jüdisch versippt« entlassen, die anderen 38 aufgrund ihrer politischen Betätigung.[52] Von den Vertriebenen verließen 67 Deutschland, darunter 59 als jüdisch Verfolgte. Entlassen wurden ferner 43 Assistent_innen und Nachwuchskräfte, so dass mindestens 173 Rechtswissenschaftler_innen vertrieben wurden.[53] An den rechtswissenschaftlichen Fakultäten in Erlangen, Gießen, Jena und Tübingen wurden keine Lehrenden vertrieben, während 23 der vertriebenen Lehrenden in Berlin tätig waren. Unter denen, die ab 1933 als »jüdisch« entlassen wurden, waren die meisten Lehrenden in den Rand- oder neuen Rechtsgebieten tätig; wenn es vor Ort nicht gerade – wie für das Zivilrecht in Berlin – eine Hochburg des jeweiligen Faches gab. Außerdem waren als Juden Verfolgte häufig nichthabilitierte Honorarprofessoren.[54]

Zu den Honorarprofessoren gehörte in Berlin der Strafverteidiger Max Alsberg (1877–1933), der auch sofort seine Zulassung als Anwalt verlor und sich das Leben nahm. Ein anderer Berliner Honorarprofessor war Julius Magnus (1867–1944). Als Rechtsanwalt spezialisiert auf gewerblichen Rechtsschutz war er von 1925 bis 1933 der Herausgeber der Juristischen Wochenschrift Berlin. Er starb im KZ Theresienstadt.[55]

Else Koffka wurde wegen eines jüdischen Großvaters die Habilitation verweigert. Im Jahr 1935 verließ sie die Hochschule, um einer Entlassung zuvor zu kommen.[56] Nach dem Entzug der Zulassung zur Rechtsanwaltschaft arbeitete sie in einem Unternehmen. Von 1952 bis 1967 gehörte sie dem 5. Strafsenat des Bundesgerichtshofs an, der in West-Berlin tagte. Seine Hochschullaufbahn beenden musste auch Rudolf Heinsheimer (1908–1985), von 1931 bis 1933 Assistent an der Juristischen Fakultät in Berlin. Er ging nach Palästina und wurde unter dem Namen Uri Yadin Leiter der Gesetzgebungsabteilung im israelischen Justizministerium. Zwischen 1933 und 1939 emigrierten 465 Juristen aus Deutschland nach Palästina.[57]

Martin Wolff floh 1938 nach England. In Oxford verfasste er seine Darstellung des Englischen Internationalen Privatrechts. Er starb 1953, ohne jemals wieder in Deutschland gewesen zu sein.[58] James Goldschmidt, dem früheren Dekan, wurde Ende des Jahres 1935 die Lehrbefugnis entzogen, er erhielt 35 Prozent seiner ruhegehaltsfähigen Dienstbezüge. Goldschmidt emigrierte nach Uruguay und lehrte an der Universität von Montevideo, wo er 1940 starb.[59] Seine Söhne Robert und Werner lehrten als Rechtsprofessoren in Argentinien und Venezuela.[60] Ernst Rabel verfasste in der Emigration in den USA sein Hauptwerk *Private Laws of Western Civilization*. Er kehrte nach Deutschland zurück und arbeitete bis zu seinem Tod 1955 in dem von ihm begründeten Institut in Tübingen. Erich Kaufmann war zunächst Honorarprofessor. 1933 wurde er zum Ordentlichen Professor ernannt, 1934 entlassen. Seine privaten wissenschaftlichen Veranstaltungen sind als *Nikolasseer Seminare* bekannt. 1938 floh Kaufmann in die Niederlande, wo er sich bis Kriegsende versteckt hielt. Nach seiner Rückkehr war er bis zu seiner Emeritierung ordentlicher Professor in München. In den fünfziger Jahren diente er der Bundesregierung als außenpolitischer Berater.[61] Er starb 1972.

5. Die neue Fakultät – Carl Schmitt und Graf Wenzeslaus von Gleispach

Welches intellektuelle Klima nach dem großen personellen Umbruch vorherrschte, sollen zwei Beispiele der öffentlichen Rede zeigen. Am 3. und 4. Oktober 1936 organisierte Carl Schmitt in Berlin für die Reichsgruppe Hochschullehrer des Nationalsozialistischen Rechtswahrerbundes die Tagung *Die deutsche Rechtswissenschaft im Kampf gegen den jüdischen Geist*. In seinem Schlusswort beschäftigte sich Schmitt mit der Frage, wie jüdische Autoren in den Rechtswissenschaften zu zitieren seien. Es sei »selbstverständlich erforderlich, dass wir so exakt wie nur möglich feststellen, wer Jude ist und wer nicht Jude ist.« Erst auf dieser Grundlage könne man »durch *Säuberung der Bibliotheken* unsere Studenten vor Verwirrung bewahren.« Alle juristischen jüdischen Autoren gehörten, so Schmitt, in die Abteilung Judaica. Sie seien nur noch »als jüdische Autoren« zu zitieren, nie als Autorität in Sachfragen. »Erst, wenn wir die Frage der Zitierungen in dieser Weise gelöst haben, haben wir ein nicht mehr von Juden infiziertes, sondern ein deutsches rechtswissenschaftliches Schrifttum.«[62] Die Aufgabe, an der die DSt gescheitert war, nämlich nach welchen Kriterien der unerwünschte Geist, ob undeutsch oder jüdisch, in den Universitätsbibliotheken beseitigt werden solle, blieb bis Ende der NS-Herrschaft ungelöst. Weder die Aufforderung an die Studierendenschaft im Reich, 1933 die Hochschulbibliotheken zu plündern, noch die antisemitischen Planspiele des Preußischen Staatsrats brachten Abhilfe aus dieser peinlichen Verlegenheit.

Am 29. Januar 1938 sprach Graf Wenzeslaus von Gleispach (1876–1944) auf der *Feier der 5. Wiederkehr des Tages der nationalen Erhebung* in der Juristischen Fakultät Berlin. Der bis 1933 an der Universität Wien lehrende Professor wurde als österreichischer Nationalsozialist mit dem Amtsantritt von Engelbert Dollfuß aus seinem Amt entfernt. Als Strafprozessrechtler übernahm er bis 1941 Goldschmidts Ordinariat und war von 1934 bis 1937 Dekan.⁶³ Schmitt gehörte zu seinen Förderern. Im Mittelpunkt der neuen Rechtsordnung stand für Gleispach die »von Hitler geschaffene deutsche Volksgemeinschaft«, die er vom Völkerrecht bis zum Reichsforstgesetz hymnisch und bis zur Besinnungslosigkeit lobte.⁶⁴ Auch auf die Erfolge der Personalpolitik ging er ein und hob die neue Studienordnung und die Referendarausbildung im Lager in Jüterbog hervor.⁶⁵ Zum Gesetz zur Verhütung erbkranken Nachwuchses⁶⁶ führte er aus: »[Der Erbkranke] muss das Opfer seiner Fortpflanzungsfähigkeit dem Wohle seines Volkes bringen.« Die Leibesfrucht könne in diesen Fällen unter Einschränkung »beseitigt werden«.⁶⁷ Bereits Anfang 1938 wurden erste Schritte von Vernichtungspolitik im fachjuristischen Kontext offen diskutiert oder zumindest als Möglichkeit angedeutet.

6. Die Karrieren der studentischen Funktionäre

In den Jahren danach tauchten die Protagonisten der Bücherverbrennungen als wichtige Funktionäre der NS-Herrschaft und Träger der Rassenideologie und der Vernichtungspolitik wieder auf.

Herbert Gutjahr, der Assistent Schmitts und Redner der DSt auf dem Opernplatz, wurde Mitglied der SS und war in seiner Zeit am Lehrstuhl Informant von Reinhard Höhn, einem der wichtigsten Rechts- und Staatswissenschaftler, der in der SS die höchsten Ränge erreichte.⁶⁸ Hans Karl Leistritz, der im Hauptamt der DSt die Aktion *Wider den undeutschen Geist* geplant hatte, promovierte zum Dr. jur. und war danach unter anderem im Hauptschulungsamt der NSDAP Leiter des Amtes für Schulungsbriefe. Fritz Hippler, der Berliner Führer des NSDStB ging ins Reichsministerium für Volksaufklärung und Propaganda und produzierte 1940 den Film *Der ewige Jude*.⁶⁹ Diese Zuarbeit in weltanschaulichen Fragen schuf eine der Voraussetzungen für den Völkermord wenige Jahre später, auf den die Volksgenossinnen und Volksgenossen als Komplizinnen und Komplizen und die eigentlichen Täter systematisch vorbereitet wurden.⁷⁰ Eigenhändig mordete zum Beispiel auch Martin Sandberger (1911–2010)[71] als Kommandeur der Sicherheitspolizei im Baltikum ab 1941. Als Studentenfunktionär hatte er in Tübingen die Bücherverbrennung samt Schandpfahl organisiert.

Die Verbrennung von unerwünschten Büchern hatte weltanschaulich eine ähnliche Funktion wie die Ermordung und Verbrennung von Jüdinnen und Juden in ganz Europa wenige Jahre später. In der Deutung des US-amerikanischen Soziologen Moishe Postone[72] war die Ermordung der europäischen Juden der Versuch, den kapitalistischen Mehrwert dadurch aufzuheben, dass man seinen vermeintlichen Träger vernichtet: Die Juden, die seit dem Mittelalter als Verkörperung von Wucher und Zinsknechtschaft stigmatisiert und imaginiert worden waren. Die Vernichtung der Bücher im Mai 1933 zielte auf ein Denken ohne Dialektik, das durch eine Wissenschaftlichkeit, in der der Widerspruch vernichtet wurde, garantiert wurde. Durch die Tilgung des jüdischen Geistes (Schmitt) sollte eine Vergesellschaftung möglich werden, in der sich alle Widersprüche in Hitlers Volksgemeinschaft als Rechtsordnung auflösten (Gleispach).

Diese systematische Zerstörung von Denktraditionen allein mit einer Verteilungsrationalität zu erklären, die sich frei gewordene Stellen als quasi »arisiertes Ordinariat« verschafft (zum Beispiel Gleispach für Goldschmidt), greift zu kurz. Natürlich gab es individuelle Profiteure, aber die Nazis wollten keine Karrieren fördern, sondern mit den Bücherverbrennungen sich selbst und das deutsche Volk von den Unerträglichkeiten der Moderne, deren schlimmste die Freiheit des Denkens ist, erlösen.

Die heutige Erinnerung an die verfolgten Wissenschaftlerinnen und Wissenschaftler geht jedoch keinesfalls mit einer erneuten Rezeption ihrer wissenschaftlichen Arbeiten einher. Während ein NS-Karrierejurist wie Carl Schmitt bestens eingeführt ist und sich einer emsigen Apologetik erfreut, sind die Ideen von James Goldschmidt und Martin Wolff heute nur noch Spezialisten bekannt.

1 Stefan Höpel: Die »Säuberung« der deutschen Rechtswissenschaft, KJ 1993, S. 438–460 (S. 455); einschließlich des Instituts für Auslands- und Wirtschaftsrecht.
2 Werner Treß: »Wider den undeutschen Geist!«. Bücherverbrennung 1933, Berlin 2003, S. 20.
3 Christian Saehrendt: Antisemitismus und politische Gewalt an der Berliner Friedrich-Wilhelms-Universität 1891 bis 1933, in: Jahrbuch für Antisemitismusforschung Bd. 13 (2004), S. 139–160 (S. 154).
4 Saehrendt, a. a. O. (Fn. 3), S. 150.
5 Ernst von Salomon: Wir und die Intellektuellen, in: Die Kommenden 5, 2. 5. 1930, S. 206–207 (S. 207), zitiert in: Anton Kaes (Hrsg.), Manifeste und Dokumente zur deutschen Literatur 1918–1933, Stuttgart 1983, S. 503–505.
6 Treß, a. a. O. (Fn. 2), S. 17.
7 Treß, a. a. O. (Fn. 2), S. 57, 58. Er folgt damit den Darstellungen von Gerhard Sauder und Anselm Faust.
8 Treß, a. a. O. (Fn. 2), S. 22.
9 Gräfin Anna Maria von Lösch: Der nackte Geist. Die Juristische Fakultät der Berliner Universität im Umbruch von 1933, Tübingen 1999, S. 131: So die Erinnerung von Rektor Eduard Kohlrausch.
10 von Lösch, a. a. O. (Fn. 9), S. 130.
11 Treß, a. a. O. (Fn. 2), S. 105: DSt-Hauptamt durch Rundschreiben P No 4 vom 5. 5. 1933.
12 Treß, a. a. O. (Fn. 2), S. 108.
13 Treß, a. a. O. (Fn. 2), S. 94, 96.
14 Treß, a. a. O. (Fn. 2), S. 98. Die Listen finden sich im Bundesarchiv Lichterfelde im Bestand Reichsschrifttumskammer unter der Signatur BA R 56 V/70a Bl. 14 und im Internet unter: http://www.buecherverbrennung33.de/schwarzelisten_6.html (abgerufen am 16. 10. 2015).
15 Treß, a. a. O. (Fn. 2), S. 97.
16 Treß, a. a. O. (Fn. 2), S. 105.
17 Treß, a. a. O. (Fn. 2), S. 91.
18 Treß, a. a. O. (Fn. 2), S. 108.
19 Treß, a. a. O. (Fn. 2), S. 99: Schreiben Herrmann an Leistritz.
20 http://www.buecherverbrennung33.de/schwarzelisten_6.html (abgerufen 16. 10. 2015).
21 Treß, a. a. O. (Fn. 2), S. 116. Dazu kamen mindestens noch zehn weitere, die nicht von Studierenden organisiert wurden.
22 Rainer Herrn: Magnus Hirschfeld, sein Institut für Sexualwissenschaft und die Bücherverbrennung, 2008, Text zur Ausstellung »Sex brennt!« der Magnus-Hirschfeld-Gesellschaft vom 7. 5. bis 14. 9. 2008 im Berliner Medizinhistorischen Museum der Charité, S. 3. Von diesem Feuerspruch gibt es keine Tonaufnahme, er ist aber durch die Berichte in den zeitgenössischen Printmedien mehrfach belegt.
23 Treß, a. a. O. (Fn. 2), S. 32.
24 von Lösch, a. a. O. (Fn. 9), S. 121.
25 Es waren nicht nur Jurastudenten beteiligt, diese gaben aber in der völkischen Rechten an den Hochschulen den Ton an. Dazu Ulrich Herbert: Best. Biographische Studien über Radikalismus, Weltanschauung und Vernunft 1903–1989, Bonn 1996, S. 51–68.
26 von Lösch, a. a. O. (Fn. 9), S. 121, verweist auf die Berliner Börsenzeitung vom 31. 1. 1933.
27 Saehrendt, a. a. O. (Fn. 3), S. 146. Am 28. 8. 1919 war der Versailler Vertrag unterzeichnet worden.
28 Saehrendt, a. a. O. (Fn. 3), S. 157 mit weiteren Beispielen.
29 Saehrendt, a. a. O. (Fn. 3), S. 159.
30 Treß, a. a. O. (Fn. 2), S. 89. Ferner für Dresden, Münster und Königsberg.
31 Treß, a. a. O. (Fn. 2), S. 22.
32 Kohlrausch am 4. 3. 1947, zitiert nach Lösch, a. a. O. (Fn. 9), S. 128.
33 Treß, a. a. O. (Fn. 2), S. 76. In Berlin war es Hippler, vgl. ders., a. a. O., S. 80.
34 Else Koffka: Zum Gedächtnis von Martin Wolff, JR 1953, 419. Laut Lösch, a. a. O. (Fn. 9), S. 131 lassen sich Störungen von Wolffs Vorlesungen für den 4. und 5. 5. 1933 nachweisen.
35 Wolff an Hans Peters am 25. 2. 1947 (Quelle HUB-A JurFak nach 45 Nr. 14), bei Lösch, a. a. O. (Fn. 9), S. 132.
36 RGBl. I, S. 175.
37 Sigrun Mühl-Benninghaus: Das Beamtentum in der NS-Diktatur bis zum Ausbruch des Zweiten Weltkriegs, 1996, S. 9; Leipziger Tageszeitung Nr. 64 vom 16. 3. 1933.
38 RGBl. I, S. 195.
39 Mühl-Benninghaus, a. a. O. (Fn. 37), S. 33 Fn. 131.

40 RGBl. I, S. 1146.
41 Mühl-Benninghaus, a. a. O. (Fn. 37), S. 55, 89, 90.
42 Reichskulturkammergesetz vom 22. 9. 1933, RGBl. I, S. 661 ff.
43 RGBl I, S. 225.
44 von Lösch, a. a. O. (Fn. 9), S. 138.
45 von Lösch, a. a. O. (Fn. 9), S. 137.
46 von Lösch, a. a. O. (Fn. 9), S. 137 Fn. 75 sowie S. 138 und 140.
47 Als Universitätsrat war Landgerichtsdirektor Wilhelm Püschel der oberste Disziplinarbeamte der Universität.
48 von Lösch, a. a. O. (Fn. 9), S. 140: Bezogen auf die gesamte Universität mit 10 000 Studierenden.
49 von Lösch, a. a. O. (Fn. 9), S. 139 unter Bezug auf Lothar Gruchmann.
50 von Lösch, a. a. O. (Fn. 9), S. 139 Fn. 86: Pr JM Ministerialblatt S. 164. Aus der Sicht der betroffenen Referendare dazu Bernhard Swarsensky: Das Schicksal der jüdischen Rechtsreferendare, CV-Zeitung vom 1. 1. 1933, S. 200.
51 Mühl-Benninghaus, a. a. O. (Fn. 37), S. 75.
52 Höpel, a. a. O. (Fn. 1), S. 445, 446.
53 Höpel, a. a. O. (Fn. 1), S. 446 Fn. 46.
54 Höpel, a. a. O. (Fn. 1), S. 447, 448.
55 Höpel, a. a. O. (Fn. 1), S. 446 Fn. 49.
56 Marion Röwekamp: Else Koffka, in: Juristinnen. Lexikon zu Leben und Werk. Hrsg. vom Deutscher Juristinnenbund e. V., Baden-Baden 2005, S. 187-189.
57 Gunther Kühne: Juristenemigration 1933-1945 und der Beitrag deutscher Emigranten zum Rechtsleben in Israel, NJW 1996, S. 2966-2970 (S. 2969 dort Fn. 40), der die Zahl von Eva Beling übernommen hat. Benjamin Halevi (geboren als Ernst Levi, 1910-1996) gehörte dem Jerusalemer Bezirksgericht an, das über Adolf Eichmann zu Gericht saß. Er hatte bei Martin Wolff promoviert.
58 Dieter Medicus: Martin Wolff (1872-1953). Ein Meister an Klarheit, in: Heinrichs, Helmut/Franzki, Harald/Schmalz, Klaus/Stolleis, Michael (Hrsg.), Deutsche Juristen jüdischer Herkunft, München 1993, S. 543-553 (S. 545).
59 Wolfgang Sellert: James Paul Goldschmidt (1874-1940). Ein bedeutender Straf- und Zivilprozessrechtler, in: Heinrichs, Helmut/Franzki, Harald/Schmalz, Klaus/Stolleis, Michael (Hrsg.), Deutsche Juristen jüdischer Herkunft, München 1993, S. 595-613 (S. 597 Fn. 12).
60 Kühne, a. a. O. (Fn. 57), S. 2968.
61 Manfred Friedrich: Erich Kaufmann (1880-1972). Jurist in der Zeit und jenseits der Zeiten, in: Heinrichs, Helmut/Franzki, Harald/Schmalz, Klaus/Stolleis, Michael (Hrsg.), Deutsche Juristen jüdischer Herkunft, München 1993, S. 693-704 (S. 702).
62 Carl Schmitt: Die Deutsche Rechtswissenschaft im Kampf gegen den jüdischen Geist, DJZ 1936, Sp. 1193-1200 (Sp. 1194 f.), Hervorhebung im Original.
63 von Lösch, a. a. O. (Fn. 9), S. 197-200.
64 Wenzeslaus Graf Gleispach: Nationalsozialistisches Recht. Rede zur Feier der 5. Wiederkehr des Tages der nationalen Erhebung am 29. 1. 1938. Friedrich Wilhelms-Universität, Berlin 1938, S. 7, 9, 17.
65 Dazu grundlegend Folker Schmerbach: Das »Gemeinschaftslager Hanns Kerrl« für Referendare in Jüterbog 1933-1939, Tübingen 2008.
66 RGBl. I, S. 529, 15. 7. 1933.
67 von Gleispach, a. a. O. (Fn. 64), S. 12.
68 Herbert 1996, a. a. O. (Fn. 25) S. 174, 177, 184 zu Höhns Tätigkeit an der Schnittstelle zwischen Rechtswissenschaft und SS/SD vor dem Krieg.
69 Treß, a. a. O. (Fn. 2), S. 25.
70 Jürgen Matthäus: Die »Judenfrage« als Schulungsthema von SS und Polizei, in: Matthäus, Jürgen/Kwiet, Konrad/Förster, Jürgen/Breitmann, Richard: Ausbildungsziel Judenmord? »Weltanschauliche Erziehung« von SS, Polizei und Waffen-SS im Rahmen der »Endlösung«, Frankfurt am Main 2003, S. 35-86.
71 Michael Wildt: Generation des Unbedingten. Das Führungskorps des Reichssicherheitshauptamtes, Hamburg 2003, S. 89-104, 170-173, 578-591 zeigt an Sandberger exemplarisch den Werdegang eines akademischen Massenmörders auf.
72 Moishe Postone: Antisemitismus und Nationalsozialismus, in: Redaktion diskus, Küss den Boden der Freiheit, Berlin 1992, S. 425-437 (S. 431-433), zuerst veröffentlicht in: diskus 3-4/1979.

Hana Barashed, Marie Melior,
Laura Redmer, Charlotte Thieme

Demokratie und Zensur

(k)Ein Recht zu Kritik!

Hinsichtlich der Frage: »Was ist zu politisch für die Uni?«, gehört Rosemarie Will wohl zu jenen, die eine ganze Menge verkraften können. Die Universität ist ein politischer Raum, in vielerlei Hinsicht. Ein Raum, den sie und andere sicherlich auch gerade wegen seiner politischen Dimension so sehr schätzen. Kein Wunder also, dass sich Rosemarie Will für diesen Raum einsetzte, als es ihm zumindest hinsichtlich der politischen Freiheiten der Studierenden an den Kragen gehen sollte. Im Rahmen der Auseinandersetzungen um das politische Mandat der Studierendenschaft und der Frage, inwiefern sich diese an der Uni vollumfänglich politisch äußern darf, stellte sie durch ihr juristisches Gutachten[1] das größtmögliche Maß an Freiheit fest, das die Verfassung hergibt. Diese freiheitsliebende Haltung von Rosemarie Will, verbunden mit der Bereitschaft, sich eher der politischen Auseinandersetzung zu stellen als etablierte autoritäre Strukturen zu bemühen, verdient große Anerkennung von studentischer Seite. Geht doch damit die Nachricht einher: »Nichts ist zu politisch für die Uni!«

Besagtes Gutachten war Teil jener politischen Kämpfe, die auch an der Humboldt-Universität zu Berlin ausgetragen wurden, aber nur ein kleiner Teil der bundesweiten Auseinandersetzungen um das politische Mandat und letztlich um die Frage, wie politisch die Unis sein dürfen. Diese Kämpfe begannen in den 1960er Jahren, wurden seit den 1990ern immer wieder neu ausgefochten und arbeiten sich in erster Linie an einer herrschenden juristischen

Meinung ab, die zwar immer differenzierter, aber dennoch konstant verbietet, dass sich Studierendenvertretungen in allen politischen Fragen öffentlich positionieren dürfen. Von der Rolle der Universität im politischen wie auch im wissenschaftlichen Diskurs hat diese Meinung nur wenig verstanden.

Die Studierenden, nicht nur diejenigen, die in Studierendenschaften organisiert sind, hinterfragen seitdem immer wieder ein solches Universitätsbild, das undemokratischer und elitärer kaum sein könnte. Aus der Perspektive studentischer Kritik ist die Hochschule ein Ort, an dem primär miteinander kommuniziert wird. Sie greift auf der einen Seite gesellschaftliche Fragestellungen auf, analysiert, diskutiert und dekonstruiert diese, auf der anderen Seite wirft sie neue Fragen auf, die wiederum gesamtgesellschaftlich diskutiert werden müssen. Die aus diesen Prozessen gewonnenen Erkenntnisse bilden die theoretische Grundlage für politisches Handeln. Es besteht also ein kommunikatives Wechselspiel zwischen Hochschule und Gesellschaft.

Während die Gegenseite im Falle der Anerkennung eines politischen Mandats scheinbar schon die gefürchtete Revolution am Horizont heraufziehen sieht, weiß jede politisch denkende Studentin, dass es allenfalls darum geht, wenigstens mal kritisch hinterfragen zu dürfen, warum der Mainstream, auch der wissenschaftliche, schon wieder in eine bestimmte Richtung rennt. Denken und Diskussion ermöglichen, studentische Interessen und Positionen hörbar zu machen, darum geht es.

Von etwas anderem auszugehen, läge auch völlig fern der Realität, die durch die neoliberale Umstrukturierung der Hochschulen geschaffen wurde. Wo ist heute an den Hochschulen überhaupt noch der Platz, die Zeit und das Geld dafür da, von studentischer Seite politische Machtfragen zu stellen? Die Herausforderung besteht vielmehr darin, die endgültige Entpolitisierung der Hochschulen und die völlige Verkapitalisierung von Wissenschaft und Bildung zu verhindern. Wer diesem Ansinnen Steine in den Weg legt, hängt in der Regel selbst einem Bild von Hochschule an, in dem wenig Platz für politische Fragen ist, im schlimmsten Fall sogar die »reine Objektivität« gepredigt wird.

Ein Grundrecht für das Kollektiv
Leider wird dieser Kern der Auseinandersetzung um die Bedeutung und letztlich Zukunft von Hochschule im Streit um das politische Mandat nicht immer sichtbar. Auch bei dem Rechtsstreit an der Humboldt-Universität ging es wieder nur um die Frage, ob einzelne Studierende ein Abwehrrecht gegenüber Handlungen der Teilkörperschaft Studierendenschaft haben, der sie automatisch mit Immatrikulation angehören. So ist die juristische Auseinandersetzung um das politische Mandat seit jeher strukturiert, immer geht es um das Individuum und dessen allgemeine Handlungsfreiheit gegenüber dem Staat, der öffentlichrechtlichen Körperschaft Studierendenvertretung. Jeder Fan von Grundrechten als Abwehrrechten gegenüber staatlichen Eingriffen wird versucht sein, zunächst der weitreichenden Wirkung von Art. 2 Abs. 1 GG beizupflichten.

Allerdings fällt auf – besonders in vergleichender Betrachtung der Argumentation für ein Abwehrrecht, das in anderen juristischen Konstellationen schnell mal durch ein staatliches oder vorgeblich gesellschaftliches Ziel ausgestochen wird oder empfindliche Einschränkungen hinnehmen muss –, dass es sich hier um ein Scheingefecht für die individuelle Handlungsfreiheit handelt, denn es geht weniger darum, was sich die Mitglieder des Verbandes gefallen lassen müssen, als darum, was dem Verband insgesamt rechtlich erlaubt beziehungsweise nicht erlaubt ist. Durch die Individualisierung des Problems wird in diesem Konflikt die eigentliche Frage nicht gestellt, nämlich: Wie viel politische Diskussion und Auseinandersetzung, provoziert von studentischer Seite, will man sich an den Universitäten zumuten? Das stört doch nur!

Die entscheidende Fragestellung des Will'schen Gutachtens ist, wie viel Grundrechtsfähigkeit und schließlich

Selbstverwaltungskompetenz den Studierendenschaften zugestanden wird, durch die Gesetzgebung und letztlich die Gerichte. Dieses Maß ist wiederum entscheidend dafür, inwieweit sich die Studierendenschaft gegenüber dem grundsätzlich anzuerkennenden Abwehrrecht behaupten kann; und damit auch gegenüber dem Staat, diesmal als selbst Grundrechtsberechtigte. Dafür ist entscheidend, wie viel Autonomie und wie wenig Behörde in der Studierendenschaft steckt:

Juristische Personen des öffentlichen Rechts, so auch die Studierendenschaften, sind grundrechtsfähig, wenn sie gesetzlich übertragene öffentliche Aufgaben im Wege der Selbstverwaltung wahrnehmen, so Will in ihrem Gutachten,[2] bezugnehmend auf die Rechtsprechung des Bundesverwaltungsgerichts zum verfassungsrechtlichen Schutz juristischer Selbstverwaltungskörperschaften.[3] Für die Universität gilt unbestritten, dass sie grundrechtsfähig in Bezug auf das Grundrecht der Wissenschaftsfreiheit ist. Die Studierendenschaft ist eine Teilkörperschaft der Hochschule und nimmt damit am gesamten Aufgabenbereich der Universität teil, sie kann sich daher ebenso auf dieses Grundrecht berufen. Das Berliner Hochschulgesetz weist der Studierendenschaft *in §§ 18–20 BerlHG* die Wahrnehmung von verschiedenen Aufgaben zu, die diese in Selbstverwaltung erfüllt. Dazu gehört neben vielen anderen auch die Förderung der politischen Bildung, des staatsbürgerlichen Verantwortungsbewusstseins und des aktiven Eintretens für die Grund- und Menschenrechte. Sie darf für diese Förderung Medien aller Art nutzen, auch um darin die Diskussion und Veröffentlichung zu allgemeinen gesellschaftlichen Fragen zu ermöglichen. Außerdem hat die Studierendenschaft eigene Finanzhoheit und darf Beiträge erheben. Sie ist parlamentarisch organisiert, indem alle Studierenden das Studierendenparlament (StuPa) wählen und dieses wiederum den Allgemeinen Studierendenausschuss besetzt (AStA, an der HU: ReferentInnenRat).

Wie Rosemarie Will in ihrem Gutachten festhält, weisen die durch das Berliner Hochschulgesetz an die Hochschulen und damit auch an die Studierendenschaften übertragenen umfangreichen Aufgaben darauf hin, dass auch diese an der Wissenschaftsfreiheit der Hochschule teilhaben. Dies spräche zudem für ein weites Verständnis des Schutzbereichs von Art. 5 Abs. 3 GG, der durch das Hochschulgesetz zu Gunsten der Studierendenschaften konkretisiert wird. So wird ihnen eine umfassende hochschul- und wissenschaftsbezogene Mitwirkung ermöglicht, die von Art. 5 Abs. 3 GG geschützt ist.[4] Der Schutz geht über die klassischen Prozesse von Wissenschaftsproduktion und -kommunikation hinaus, die bereits institutionalisiert sind, denn ihm liegt ein weiter Wissenschaftsbegriff zugrunde. Damit geht auch das Recht einher, sich in staatliche Wissenschaftspolitik einzumischen und generell über das Wissenschaftssystem zu reflektieren. Die Universitäten und ihre Teilkörperschaften können den ihnen zur interessenspezifischen Wahrnehmung zugewiesenen Zweck auch politisch aktiv in öffentlicher Meinungs- und Willensbildung verteidigen, so Will.[5]

So weit, so cool. Doch die Grundrechtsfähigkeit der Studierendenschaft ergibt sich laut Will nicht nur abgeleitet von der Universität, sondern auch direkt aus den ihr übertragenen legitimen Selbstverwaltungsaufgaben. Durch diese hat sie einen Autonomieraum, in dem sie nur der Rechts- und nicht der Fachaufsicht unterliegt und der den Rahmen ihrer Grundrechtsfähigkeit bestimmt. Insofern steht die Studierendenschaft dem Staat als selbstständiges Rechtssubjekt gegenüber und es ist möglich, dass sich auch über Art. 5 Abs. 3 GG hinaus grundrechtstypische Gefährdungslagen ergeben können.

Die Aufgabe als Recht
Für die Klärung, ob die übertragenen Aufgaben legitim sind, wird von den Verwaltungsgerichten regelmäßig geprüft, ob die Aufgaben inhaltlich zum Verbandszweck, also den Zielen der Gruppe der Studierenden passen. Geprüft wird das meist im Rahmen der Frage, ob eine automatische Mitgliedschaft in der Studierendenschaft zulässig ist.

Die Legitimität der Aufgabenbestimmungen in den Hochschulgesetzen wird in diesem Zusammenhang regelmäßig bejaht. Würde die Legitimität im Kontext einer Grundrechtsfähigkeit der Studierendenschaft geprüft werden, wäre das Ergebnis kein anderes. Die gesetzlich verfolgten Ziele, wirksame Wahrnehmung hochschulpolitischer Belange, Studierendenförderung, Selbsthilfe der Studierenden, politische Bildung und vieles mehr bieten sich zur Selbstverwaltung ja auch geradezu an.[6]

Wenn der zugewiesene Funktions- und Aufgabenbereich aber zulässig ist, dann kann auch jede Untersagung der Inanspruchnahme gesetzlich zugewiesener Selbstverwaltungsaufgaben die Studierendenschaften in ihren Grundrechten verletzen. Als selbstständiges Rechtssubjekt gegenüber dem Staat muss sich die Studierendenschaft in Verteidigung ihrer Selbstverwaltung auf ihre Grundrechtsposition berufen können, die je nach konkretem Gegenstand dann über Art. 5 Abs. 3 GG hinaus auch die Ausbildungsfreiheit (Art. 12 GG) und, wenn keines dieser speziellen Grundrechte einschlägig ist, Art. 2 Abs. 1 GG umfasst. Es kann auch kein Gegenargument sein, dass in den konkreten Streiten um das politische Mandat die Einzelinteressen innerhalb des Verbandes, also der Gruppe der Studierenden, nicht »gleichgestimmt« sind, so wie es das Bundesverwaltungsgericht teilweise fordert. Zu dieser Situation kann es in derartigen Zusammenschlüssen immer kommen. Trotzdem ist klar, dass es immer noch wirksamer ist, als Verband aufzutreten, denn als Einzelperson. Zumal Organisationsformen wie die Studierendenschaften ja auch, gerade durch ihre Selbstorganisation und die damit einhergehenden hohen Anforderungen an Beteiligung und Einigung, mit Konflikten und Interessenheterogenität besser umgehen können. Unter anderem aufgrund dieses Vorteils werden sie schließlich auch öffentlich-rechtlich institutionalisiert.

Eine Verletzung der somit festgestellten Grundrechtsposition wäre jedenfalls rechtfertigungsbedürftig. Doch zu einer weiteren Prüfung kommt es meist gar nicht, denn die Gerichte sehen die Grundrechtsposition des Verbandes schlicht nicht.

Wer die Meinung sagt ...
Im Fall von Meinungsäußerungen der Studierendenschaft zeigt sich dann die völlige Überforderung der Gerichte. So gingen Verwaltungsgericht (VG) und Oberverwaltungsgericht (OVG) Berlin in dem Verfahren[7], welches das Gutachten in den Blick nimmt, davon aus, dass sämtliche inkriminierten Äußerungen – dabei handelte es sich um mehrere völlig unterschiedliche studentische Artikel[8] und Handzettel – ausnahmslos der Studierendenschaft zuzurechnen seien. Auf die Idee, dass es sich bei diesen um Äußerungen Dritter handelt, die zulässiger Weise von der Studierendenschaft einfach nur unterstützt wurden, ohne sich diese zu eigen zu machen, kamen die Gerichte nicht. Doch diese Art der Förderung der politischen Bildung ist als gesetzgeberisches Ziel anerkannt, insofern ist sie auch Teil des zulässigen Aufgabenbereichs der Studierendenschaften und damit wie dargestellt verfassungsrechtlich geschützt. Maßgeblich ist lediglich, dass verschiedene politische Sichtweisen berücksichtigt werden und nicht nur eigene politische Ziele. Die Nutzung von Medien und die Ermöglichung von Diskussionen und Veröffentlichungen auch für Dritte (§ 18 Abs. 2 Satz 5 Berliner Hochschulgesetz) dient diesem Auftrag, ist damit verfassungsgemäß und demnach zulässig, solange der Pflicht genüge getan wird, die allgemein-politischen Äußerungen Dritter von offiziellen Verlautbarungen des Verbandes zu trennen und im Falle von Artikeln den/die Verfasser_in zu benennen. Diese Pflicht wurde in besagtem Fall an der Humboldt-Universität auch erfüllt, ohne jedoch von den Gerichten entsprechend anerkannt zu werden. Für diese gibt es keinen Unterschied zwischen allgemein-politischen Äußerungen der Studierendenschaft und Dritten, alles wird ausnahmslos zugerechnet. Auch inhaltlich wurden die Äußerungen nicht dahingehend untersucht, ob sie als Erklärung der Studierendenschaft wirklich zu allgemein-po-

litisch sind oder sich noch im weiten Rahmen des verfassungsrechtlich geschützten Aufgabenbereichs bewegen oder sogar mit Gegenständen des Studiums zu tun haben. Genau das greift Rosemarie Will in ihrem Gutachten an. Sie konstatiert einen Grundrechtseingriff durch die Gerichtsentscheidungen, weil durch diese die Selbstverwaltungsaufgaben und damit die verfassungsrechtlich geschützten Handlungsmöglichkeiten empfindlich verkürzt wurden.

Die enge Auslegung von VG und OVG Berlin zeigt, wie selbstverständlich das politische Moment studentischer Organisation verneint und in die Selbstverwaltungskompetenz eingegriffen wird, ohne überhaupt in eine nähere juristische, insbesondere verfassungsrechtliche Prüfung einzusteigen. Pauschal und rigoros wurde mit der undifferenzierten Zurechnung und dem Argument eines mangelnden Hochschulbezugs das gesetzlich ausformulierte politische Mandat wieder als ein rein hochschulpolitisches interpretiert, ignorant gegenüber jeder Möglichkeit, dass die Hochschule als politischer Ort zu begreifen ist, an dem dann eben auch das, was hochschulbezogen ist, viel politischer ist als gewohnt. Schließlich könnte man auch die Ansicht vertreten, dass die Studierendenschaft ihre Aufgabenerfüllung eigentlich gänzlich verfehlen würde, wenn sie Themen jenseits des gesellschaftlichen Mainstreams undiskutiert links liegen lassen würde.

Bedrohte Freiräume
Die politische studentische Vertretung wird damit weiterhin zur reinen Behörde degradiert. Sämtliche politischen Fragen nach dem Inhalt und dem Wie der Durchsetzung studentischer Interessen verschwinden im juristischen Unterlassungsgerangel. Was bleibt, ist die Schere im Kopf. Jegliche Unterstützung eines auch nur irgendwie gearteten Über-den-Hochschulzaun-Schauens wird damit enorm erschwert und die Gestaltung studentischer Selbstorganisation entlang politischer Inhalte verhindert, geschweige denn die politische Bildung gefördert. Zuwiderhandlungen

werden mit saftigen Ordnungsgeldern bestraft. Beispielsweise beschloss 1999 das VG Berlin 10 000,- DM Ordnungsgeld gegen den AStA der FU wegen einer Veranstaltungsreihe zum Thema politisches Mandat, in der auch den von rechtskonservativen Studierenden regelmäßig durch Klagen beanstandeten Themen Rassismus, Rechtsextremismus und Innere Sicherheit Raum gegeben werden sollte.

Die Aktualität der Auseinandersetzungen um ein politisches Mandat beweist im Übrigen die Situation des Hamburger AStAs im Jahr 2012. Diesem wurde in den Medien vorgeworfen, durch die Gestaltung des Studierendenkalenders RAF-Opfer zu verhöhnen. Prompt fühlte sich jemand berufen, Anzeige wegen Untreue zu erstatten. Das ist die strafrechtliche Seite der Übertretung des rein hochschulpolitischen Rahmens, weil angeblich unberechtigt Gelder der Mitglieder für nicht aufgabenbezogene Zwecke fließen. Ein »schönes« Beispiel für die Ausmaße, die diese Streitigkeiten annehmen können: Geldstrafen, bloß weil irgendwer einen studentischen Kalender nicht leiden kann.

Der Annahme, Hochschulpolitisches von Allgemeinpolitischem trennen zu können, liegt ein Verständnis von Universität abseits von gesellschaftlichen Realitäten zugrunde, eine Vorstellung von der Getrenntheit von Hochschule und Wissenschaft auf der einen und Politik und Gesellschaft auf der anderen Seite. Der studentischen Selbstverwaltung wird durch die Beschneidung ihres Mandats die Ausübung ihrer akademischen Freiheit beinahe unmöglich gemacht, so dass sie am Diskurs allenfalls mit sachlich halbierten Beiträgen teilnehmen kann. Spätestens mit der Festsetzung eines Ordnungsgeldes bis zu 250 000 Euro gegen den Referent_innenRat der HU im Urteil des VG Berlin, das als finanzielles Damoklesschwert ständig über der Handlungsfreiheit der demokratisch legitimierten Vertreter_innen der Studierendenschaft schwebt, müssen diese sich in der Beteiligung am Diskurs prophylaktisch selbst zensieren.

Eine solche Zensur verunmöglicht die Teilnahme selbstverwalteter Studierender am diskursiven Wechselspiel zwischen Gesellschaft und Wissenschaft, Hochschule und Politik. Sie ist Maulkorb für all jene, die über den Zaun der Hochschule hinweg den Blick schweifen lassen, Zusammenhänge von gesamtgesellschaftlicher Bedeutung in und außerhalb der Hochschule diskutieren und Handlungen organisieren wollen.

Einer zunehmenden Verkapitalisierung von Hochschulen kann jedoch nur durch konsequent demokratische Organisationsformen und das Recht auf Teilhabe am Diskurs entgegengetreten werden.

Es lässt sich also feststellen, dass das Zugeständnis an Freiheit für die Studierenden, sich politisch äußern zu dürfen, maßgeblich davon abhängt, welches Bild von Hochschule in der Betrachtung des Sachverhalts zu Grunde gelegt wird. Je freier der eigene Blick ist, desto größer ist dieses Zugeständnis und die Bereitschaft zu politischer Auseinandersetzung, die als Mittel dazu verstanden werden kann, den (Frei)Raum aller zu erhalten und ihn jetzt und künftig so groß wie möglich zu gestalten.

Rosemarie Will gebührt der Dank dafür, einen besonders großen Freiraum in den Blick genommen zu haben, als sie den Möglichkeiten eines politischen Mandats juristisch auf den Zahn fühlte.

---

1 Rosemarie Will, Ergänzendes Gutachten zur Grundrechtsfähigkeit der Verfassten Studierendenschaft nach Art. 19 Abs. 3 GG und zur Reichweite des Politischen Mandates nach § 18 BerlHG zur Verfassungsbeschwerde Az.: 1 BvR 1275/05 gegen das Urteil des Verwaltungsgerichts Berlin vom 15. 7. 2002, Az.: VG 2 A 136.99 und den Beschluss des Oberverwaltungsgerichts vom 4. 5. 2005, Az.: OVG 8 N 156.02, Berlin 2005, Download: http://www.refrat.de/docs/sonstiges/Gutachten_VS_2005.pdf (zuletzt abgerufen am 6. 5. 2015).

2 Will Gutachten S. 15.
3 BVerwGE 64, 298, 301.
4 Will Gutachten S. 16.
5 Will Gutachten S. 17.
6 BVerwGE 59, 231, 236 f.
7 VG 2 A 136.99 Beschluss vom 15. 7. 2002; OVG 8 N 156.02 Beschluss vom 4. 5. 2005.
8 In den studentischen Publikationen *das freischüßler*, *HUch!* (Humboldt-Universität collected highlights) und *UnAufgefordert*.

Heinz-Elmar Tenorth

Gremienpolitik – Manifeste Fronten, latente Bündnisse

Eine Reminiszenz, mit eher anekdotischer Evidenz

In ihren emphatischen Selbstbeschreibungen stilisiert sich auch die moderne, die humboldtsche, Universität immer noch als *Societas magistrorum et scholarium*, beschwört also eine eher vormoderne Gesellungsform von Symmetrie und Harmonie, vereint in der gemeinsamen Arbeit an Forschung und Lehre. In der Gründungsphase der Berliner Universität hatte Wilhelm von Humboldt auf einschlägige, wegen der drohenden Fortdauer alter Formen der Hierarchie unter Professoren besorgte Fragen des zu berufenden Theologen Marheinecke auch entsprechend für die Professoren noch versichert, »dass keine Rangverhältnissse unter ihnen stattfinden sollen«.[1] Wie wir wissen, haben solche egalitären Verhältnisse zwischen den Professoren oder in den Kriterien der Rekrutierung für den Akademischen Senat, von denen auch Savigny noch im Gründungsmonat als Zielsetzung hoffnungsfroh berichtete, in der weiteren Geschichte seit der Gründung aber eindeutig nicht geherrscht. Nicht nur die alte Titelsucht[2], sondern auch die statutsinterne Differenzierung der Hochschullehrer hat sich wieder durchgesetzt, zu schweigen von der Tatsache, dass Humboldts andere Symmetriefiktion, die zwischen Professoren und Studenten[3], organisatorisch ohne Wirkung blieb. Auch die Humboldtsche Universität war zuerst eine Ordinarienuniversität, bis weit ins 20. Jahrhundert, in höchst asymmetrischer Ordnungsform.

Symmetriefiktionen kehrten erst mit der bundesdeutschen Erfindung der Gremienuniversität nach 1970 wieder. Das Bundesverfassungsgericht hat dann zwar die als notwendig geltenden Restprivilegien der Professoren neu festgeschrieben, aber die institutionell folgenreiche und politisch relevante Kommunikation in der Universität in der Zuständigkeit der Gremien der Gruppenuniversität belassen. Zu den Neuerungen im universitären Alltag gehörten deshalb für die alten Humboldtianer nach 1989/90 und mit der Einigung auch diese durchaus ambivalenten Errungenschaften westdeutscher Hochschulpolitik. Gremienauseinandersetzungen prägten die Praxis der Beratungen in Senat und Konzil, natürlich in den Senatskommissionen und in den Fakultäts- bzw. Fachbereichsräten, schließlich auch im Kuratorium (alter und neuer Art). Man versteht die Modi, Restriktionen und Leistungen, Praktiken und Inszenierungen der Neuordnung der Humboldt-Universität nach 1989 deshalb auch insgesamt nur richtig, wenn man die Eigendynamik der Gremienberatungen mit ins Kalkül zieht.

Damit trifft man nicht auf die Außenpolitik, also die Auseinandersetzungen mit dem Politischen Senat und der Bildungsverwaltung, sondern auf die Innenpolitik der Universität und d. h. eindeutig auf einen Prozess, der sich als offene Politisierung der Universität bezeichnen lässt. Politisch waren und sind dabei die Formen der Kommunikation, das Aushandeln von Positionen, Fraktionsbildung bei den Beteiligten in der Zusammensetzung und in den Beratungen, lagerhafte Selbstinszenierung, ein symbolischer Gebrauch von Politik auch in der Rhetorik der politischen Rede (die ja nicht identisch ist mit dem öffentlichen Vernunftgebrauch), der listig-souveräne Umgang mit der Geschäftsordnung und z. B. das suspensive Veto als letzte Machtressource der Studierenden, das schöne Spiel von Vorderbühne und Hintertreppe.

Raumordnungen – Sitzordnungen – Tagesordnungen
Das alles hatte natürlich noch zusätzlich seine lokale Färbung, humboldttypische Eigenarten, wie sie z. B. in der linksschiefen Verteilung in der studentischen Repräsentanz in Senat und Konzil zu sehen war, oder die interne

Separierung der Professoren, die sich schon früh in der Sitzordnung im Senat spiegelte: rechts die als westliche Newcomer codierte Gruppe, die aber gewichtig auch aus DDR-Gelehrten rekrutierte, denkt man an Richard Schröder, Konrad Gröger, Joachim Sauer oder Wulf Krötke; links die ›alte Riege‹, zahlenmäßig etwas stärker, auch nicht allein aus den alten Humboldtianern rekrutiert, sondern auch aus den Neuberufenen, immer aber dem Verdacht ausgesetzt, dass hier die SED und alte akademisch-politische Seilschaften überlebten. Es gab jedenfalls klare Fronten und eindeutige Konfliktlinien. In den frühen Professorenlisten spiegelt sich die Differenz nur in der Attribuierung: Unter »Pro«-Humboldt versammelten sich diejenigen, die den Feind außen und oben, bei der Berliner Politik und bei traditionslosen Newcomern sahen, als Propagandisten für eine »Neue« Humboldt-Universität versammelten sich die anderen, die nicht glaubten, dass nur von Innen das Heil kommen könnte, sondern Impulse auch von außen notwendig seien – aber immerhin: beide konnten offenbar nicht ohne die lokale Mythosformel agieren.

Meine eigene Erinnerung (rechts platziert), auch an die Rolle, die Rosemarie Will in diesen Formen der Kommunikation gespielt hat (links platziert), stammt aus der Mitgliedschaft in Senat und Konzil, in Fachbereichsräten und Hochschulleitungen, aber auch aus einer ewigen, nicht endenwollenden Mitgliedschaft, auch in Leitungsrollen, in der Kommission für Lehre und Studium (LSK) des akademischen Senats. Peer Pasternack (links, aber auf der Seite von Politik und Administration, nicht in der Universität präsent) hat mich, etwas ungnädig, aber nicht unzutreffend, deshalb auch öffentlich als »Gremien-Aktivist« stigmatisiert, zumindest also gesehen, dass es mir wichtig war, mich in die Innenpolitik der Universität einzumischen.

Das war keine vergnügungssteuerpflichtige Tätigkeit, wie ich auch rückblickend nicht leugnen kann. Retrospektiv sieht man aber vielleicht klarer, warum man es dennoch überleben konnte, es sogar – gelegentlich nur, man sollte nicht altersmilde übertreiben – als produktiv erlebt wurde. Im Blick auf den Senat, aber auch in der LSK, also sowohl im großen Senatssaal wie in den anderen Tagungsräumen (z. B. ›Karl-Marx-Zimmer‹ oder alter Senatssaal, was heute schnöde HG 213 und von allen historischen Spuren gereinigt ist) gehörte ein stabiler Mechanismus zu den Überlebensbedingungen, den allein ich hier näher beleuchten will. Dieser Mechanismus bestand in der prozedural verfügbaren, wenn auch nicht institutionalisierten Differenz zwischen manifester, frontenhaft verfestigter, an den Beratungstischen schon in der Ordnung im Raum präsenter Lagerbildung einerseits, den immer neu möglichen, weil latent präsenten, über den jeweiligen Tisch hinweg erreichten Bündnissen andererseits. Rosemarie Will gehörte zu den Akteuren, die dieses Spiel von der linken Seite aus möglich machten, nicht allein, sondern unterstützt durch andere, wie Bernd Bank oder Beate Meffert oder Ingrid Reisinger (die stets engagiert dafür sorgte, dass wir die besondere Rolle der Charité nicht verkannten). Es handelte sich also nicht um disziplinär erklärbare Vorzüge, etwa um Indizien für die Weisheit der Juristen (denn neben den Mathematikern und Historikern, Theologen oder Agrarwissenschaftlern waren auch Erziehungswissenschaftler und Kunsthistoriker, später auch Germanisten oder Anglisten einflussreich), aber es hatte doch systemische Qualität. Stilprägend war eben, dass es erwartbar möglich, wenn auch nicht explizit kommunizierbar war, auf diesen Mechanismus zurückzugreifen.

Der Akademische Senat hat so in den 1990ern nicht nur Kündigungszwänge überlebt, sondern auch die erste Kürzungswelle autonom gestaltet und, mit etwas größerer öffentlicher Inszenierung konflikthafter Fronten durch die Betroffenen, aber letztlich doch konsensual auch die zweite Kürzungswelle nach 2003/04. Möglich waren diese Lösungen, etwas emphatisch gesprochen, weil die gemeinsame Berufung auf die Namensgeber – »Humboldt« – über die Fraktionen, dann auch mit erweiterten Professorenlisten hinweg offenbar mehr bedeutete als politische Rhetorik. Es gab so etwas wie einen Konsens, nicht nur pragmatisch (weil man nur das Elend der Beratungen hinter sich bringen wollte), sondern programmatisch und substantiell, begründet in dem Ziel, dem Mythos der Vergangenheit wieder eine neue Realität zu geben, auch gegen alle feindlichen, unverständigen und falsch intervenierenden politischen und administrativen und hochschulischen Umwelten.

Konfrontationen und Kompromisse besonderer Art
In der Kommission für Lehre und Studium war die Lage schwieriger, schon wegen der 50-Prozent-Klausel für den Anteil der Sitze und Stimmen der Studierenden, die alle Abstimmungen zu einem Hazardspiel machten. In den umfänglichen Beratungen neuer Studienordnungen und für die Arbeit an einer neuen Lehrverfassung der Universität, die mit der Neuordnung der Universität geleistet werden musste, war diese Kommission deshalb ein wirkliches Nadelöhr. Ihre Sitzungen waren bei innovationsfreudigen Hochschullehrern genauso gefürchtet wie bei den Traditionalisten. Der Ruf der LSK in der Universität war entsprechend schlecht, der Verdacht gegenüber den Studierenden konnte nie ausgeräumt werden, dass es letztlich um die Vermeidung von Leistung und Präsenz als Kriterien studentischen Erfolgs und damit also um Klientelpolitik als leitendes Motiv ging: die Risiken des Scheiterns zu minimieren, ohne sich dem Preis der Anstrengung auszusetzen. Auch hier gab es aber Vertreter der Studierendenschaft, ebenfalls breit rekrutiert – bei Biologen, Germanisten oder Juristen, männlich wie weiblich – und (anders als andere Mitglieder der LSK) immens lesefreudig angesichts einer nicht endenden Flut an Ordnungen, die immer neu kooperationsfähig waren, bereit, die öffentliche Inszenierung des Konflikts hintanzustellen. Das primäre Motiv dabei war vielleicht, den Verdacht des illegitimen Klientelismus auszuräumen, aber ich erinnere mich auch an die – tatsächlich diesmal sogar ganz unironische – Frage an einen Hochschullehrer, ob man denn wirklich Weltniveau

erreiche, wenn man dieses Studium aufnähme und damit auch der Rhetorik vertraue, die man doch zu oft als Antragslyrik kennen und verachten gelernt hatte.

Die LSK war, auch wenn die Leidenserfahrungen vieler Gäste wohl dagegen ins Feld geführt werden, tatsächlich gemeinsam an der Realisierung guter Lehre interessiert, deshalb konsensfähig (auch wenn die Anwesenheitspflicht ein ewiger Streitpunkt blieb und es mir bis heute ein Rätsel ist, wie man ohne Präsenz von den Vorzügen wissenschaftlicher Kommunikation und Interaktion profitieren will). Nicht zufällig ist es deshalb ja auch gelungen, der Universität nach 1990 eine neue Lehrverfassung zu geben; nicht zufällig war es möglich, im Bündnis mit der Administration und gegen manche Widerstände der Lehrenden die Qualität der Lehre zu evaluieren und hier und da in der Konsequenz auch ein wenig zu verbessern; nicht zufällig haben die Beteiligten sogar die Einführung des Bologna-Systems überlebt, obwohl man in diesem Prozess gelegentlich befürchten musste, dass die Beratungen in Handgreiflichkeiten ausarten könnten. Aber eine Gesprächsbasis blieb, geeignet, im Prozess zu lernen und Anpassungen angesichts eigener Fehler zu realisieren. Gelegentlich konnte man dann selbst in der Gremien-Universität erfahren, dass die *societas magistrorum et scholarium* nicht nur eine Fiktion sein muss. Aber vielleicht erfindet eine Verfassungsrechtlerin mit Interesse an der Universität und in der Ruhe der entpflichteten Gelehrten eine Ordnungsform, die auch im Alltag erträglicher ist und sich nicht primär auf fragile Optionen der Verständigung verlassen muss.

---

1 Nachweise im Einzelnen in Heinz-Elmar Tenorth: Verfassung und Ordnung der Universität. In: Tenorth (Hrsg.): Gründung und Blütezeit der Universität zu Berlin 1810–1918. (Universität Unter den Linden, Bd. 1), Berlin 2012, S. 77–130, hier S. 105, auch für das folgende Zitat.

2 In seinem Plan von 1807 hatte z. B. Wolf noch ausführlich die Titelfragen erörtert, die nicht nur den Professorentitel, sondern auch Titel wie »Hofrath« etc. meinten, nicht zuletzt, um die Differenz zwischen Schule und Universität sowie zur Akademie klar zu markieren. Grundsätzlich hält er aber noch fest: »Gewisse Etiquetten müssen – aus vielen wichtigen Ursachen die Universitäten behalten, wie die Höfe.

GREMIENPOLITIK

Das verstehen die Engländer besser als wir!« Hier zit. n. Rudolf Köpke: Die Gründung der Königlichen Friedrich-Wilhelms-Universität zu Berlin, Berlin 1860, S. 172; vgl. den Abdruck von Wolfs Plan ebd., bes. S. 171 f.

3 Die These war bekanntlich: »Darum ist auch der Universitätslehrer nicht mehr Lehrer, der Studirende nicht mehr Lernender, sondern dieser forscht selbst, und der Professor leitet seine Forschung und unterstützt ihn darin.« So Wilhelm von Humboldt, Königsberger Schulplan (1809), in: Humboldt, Werke, Ed. Flitner/Giel, Bd. IV, Darmstadt 1966, hier: S. 170.

Eva Fuchslocher, Michael Plöse, Bernd Schilfert

»Jede Universität hat die Verfassung, die sie verdient«

Das Verfassungswesen der Humboldt-Universität zu Berlin

Was das »Wesen der Verfassung« ausmacht, wie positivrechtlich festgelegt oder ideologieanfällig ein Nachdenken darüber ist und wer über dessen Inhalt zu befinden hat, darüber wurden nicht erst seit Ferdinand Lassalles Vortrag, gehalten 1862 vor einem Berliner Bürger-Bezirksverein, viele Seiten, auch in Festschriften, gefüllt. Dieser Beitrag will Lassalles Überlegungen weder wiederholen noch ergänzen (vgl. aber den Beitrag von Volkmar Schöneburg, S. 121 f.). Er wendet sich vielmehr der mit dem großen Wort »Verfassung« überschriebenen Grundordnung der Humboldt-Universität zu Berlin (HUVerf) und ihrer Realität zu, an deren Entstehung und Umsetzung Rosemarie Will als Autorin, Interpretin und Anwenderin großen Anteil hatte.

Über die Verfassung der Humboldt-Universität zu Berlin (HU) wird immer wieder und oft geschimpft. Sie sei gleichzeitig zu detailliert und zu unkonkret, zu undemokratisch, zu entscheidungsunfreundlich und zu bürokratisch. Schier jede Unfähigkeit, mit ihr umzugehen, wurde und wird ihrem Regelungsinhalt zugeschrieben. Entsprechend häufig werden Initiativen zu ihrer Evaluation, Bedarfsanpassung oder »grundlegenden Neugestaltung« gestartet. Vom einstigen Anspruch: »Kurz, knapp und dunkel – so sollte eine Verfassung sein,« ist die mittlerweile 46 Paragraphen zählende Satzung weit entfernt. Vielleicht ist sie gerade deswegen ein recht brauchbares Unikat mit mancher Innovation und entwicklungsfähigem Vorbildcharakter. Bei näherer Betrachtung erweisen sich die meisten der behaupteten Defizite zudem nicht als ein Mangel der beschlossenen Verfassung, sondern als eine Weigerung ihrer Anwendung bzw. buchstäblichen Befolgung.

Mit Hegel gehen wir davon aus, dass »die Verfassung« an der HU mehr ist als die Summe ihrer Paragraphen und dass der »Einfall«, den Universitätsmitgliedern »eine, wenn auch ihrem Inhalte nach mehr oder weniger vernünftige Verfassung a priori geben zu wollen, [...] gerade das Moment [übersähe], durch welches sie mehr als ein Gedankending wäre.« Wenn in diesem Sinne jede Berliner Hochschule, die auf der Grundlage der Erprobungsklausel im Berliner Hochschulgesetz über ihre innere Verfasstheit selbst beraten und beschlossen hat, nun mit einer Grundordnung arbeitet, die ihr »angemessen« ist und sich für dieselbe »gehört« (Georg Wilhelm Friedrich Hegel, Grundlinien der Philosophie des Rechts, § 274, Frankfurt a. M. 1979, S. 441), so lässt sich aus der Beobachtung dieses bemerkenswerten Verfassungswesens an der HU so manches über den Zustand der akademischen Selbstverwaltung erfahren.

1. Verfassung als Raumordnung

Der Senatssaal der Humboldt-Universität zu Berlin im Mittelschiff des ehemaligen Prinz-Heinrich-Palais befindet sich über dem Haupteingang Unter den Linden 6. Wer zu ihm will, schreitet durch das Foyer aus braun-rotem Saalburger Marmor, wie er auch in der »Neuen Reichskanzlei« verbaut worden war, die Freitreppe hinauf an der elften Feuerbach-These von Karl Marx vorbei: »Die Philosophen haben die Welt nur verschieden interpretiert, es kommt aber darauf an, sie zu verändern.« Seit 2010 warnen auf Kupfer getrimmte Plastikschilder an der dem Eingang zugewandten Stirnseite jeder Schwelle vor dem nächsten Schritt: »Vorsicht Stufe!« Es handelt sich um eine Kunstinstallation – dialektisch, interpretationsoffen und irgendwie sehr deutsch. Auch an Aufklärung fehlt es nicht bei diesem Aufstieg: Ein kleines Glasschild rechts neben den goldenen Lettern des auf den Marmor aufgebrachten Zitats, das zur Jahrtausendwende auf Veranlassung des damaligen Vizepräsidenten der Universität, des Theologen und Ost-SPDlers Richard Schröder, angebracht wurde, lässt keinen Zweifel daran, dass der goldene Marx-Spruch längst über den Rand der Geschichte gespült worden wäre, müsste er nicht aus Gründen des Denkmalschutzes erhalten bleiben: »Da weiß man gleich, wo man ist«.

Wenn im Senatssaal der Akademische Senat oder das Konzil tagen, sind die Tische zu einem großen Rechteck ausgerichtet, an dessen Stirnseite vor dem Podium das Präsidium der Universität residiert, ihm gegenüber auf der anderen kurzen Seite die Mitglieder mit beratender Stimme: Frauenbeauftragte, Personalrat, Studierendenvertretung, Dekan*innen und Gäste; seit 2005 auch die Senatsbeauftragten für Berufungsverfahren und seit 2012 die Vertreter*innen und Beauftragten für Studierende und Mitarbeiter*innen mit Behinderung. An den Längsseiten dieser Tischrunde mit vier Ecken sitzen die gewählten Senatsmitglieder der vier Statusgruppen. Demokratie an einer deutschen Universität, das ist der von Karl Marx beschriebenen Ständeordnung deutlich näher als Lincolns Vorstellung von einer »government of the people, by the people, for the people.« Teilweise von Verfassungs wegen (BVerfGE 35, 79, 131), jedenfalls aber von Gesetzes wegen (§§ 45, 46 Berliner Hochschulgesetz – BerlHG) verfügt die Gruppe der Hochschullehrer*innen in den akademischen Gremien mit Entscheidungsgewalt über mehr als die Hälfte der Sitze: Im Konzil sind es 31 (von 61), im Akademischen Senat 13 (von 25). Die übrigen Sitze sind unter den anderen drei Statusgruppen paritätisch aufgeteilt: je 10 bzw. 4 Sitze für die akademischen Mitarbeiter*innen, für die Studierenden und Promovierenden sowie für die »sonstigen« Mitarbeiter*innen.

In der ständischen Sitzordnung des Senatssaals gibt es eine Fensterseite, fast immer von der Sonne beschienen, die durch die hohen, holzvertäfelten berlinischen Rundbogenfenster hereinbricht, und eine Schattenseite zwischen den großen Flügeltüren in der Innenwand. Wenn es im Konzil zur Wahl kommt, müssen die Stimmen nach Statusgruppen getrennt abgegeben werden. Dafür sind auf dem Podium zwei Wahlkabinen aufgebaut. Üblicherweise bittet der Wahlvorstand die Statusgruppe der Hochschullehrer*innen dann auf der »Seite des Lichts«, die übrigen Mitglieder auf »der anderen Seite« an ihre jeweilige Wahlkabine heranzutreten.

Richard Schröder saß, wenn er nicht gerade die Sitzung leitete, immer auf der Seite des Lichts, ebenso die meisten anderen Hochschullehrer*innen, neben ihnen auf der vom Präsidium abgewandten Seite die Vertreter*innen der »sonstigen Mitarbeiter und Mitarbeiterinnen«. Nur die Mitglieder der kleinen Professorenliste »Mit Humboldt«, einem echten Ost-West-Projekt, positionierten sich auf der Schattenseite links vom Präsidium. Das war der Platz von Rosemarie Will und ihren Kollegen Bernd Bank, Dieter Kirschke und Jürgen Hahn – an der Seite der wissenschaftlichen und studentischen Mitglieder, zu den Füßen der zwei grün-meliert an der Wand hängenden Ganzkörperportraits von Wilhelm und Alexander im naiv-humanistischen Stil eines sozialistischen Pinselartisten. Eine Juristin, ein Mathematiker und zwei Landwirte: »Die Professoren-*Bank*, die Demokratie *Will* und Traktoren mobil machen kann«, scherzten wir, schätzten sie als Verbündete und waren oft dennoch enttäuscht.

Wenn Rosemarie Will, meist in rot-schwarz gekleidet, nicht gerade ihre Sitzungsunterlagen studierte, das Wort ergriff oder aufmerksam den Redebeiträgen der anderen lauschte, konnte ihr Blick durch die Fenster zum historischen Gebäudekomplex aus Kommode, Altem Palais und Gouverneurshaus gegenüber wandern, in dem jetzt die Juristische Fakultät untergebracht ist. Das verdankt die Rechtswissenschaft nicht zuletzt ihrer Konfliktfähigkeit als Dekanin und ihrem Sitzfleisch in der Standortentwicklungskommission des Akademischen Senats, einer Kommission, von der sie einmal sagte, nirgendwo sei mehr gestritten, getäuscht und Makulatur produziert worden.

Wenn an beliebigen Tagesordnungspunkten die Grabenkämpfe zwischen den Statusgruppen entbrannten oder das Präsidium mit alarmistischen Worten zum Burgfrieden blies, wenn in den Redebeiträgen verletzte Eitelkeiten und persönliche Vorhaltungen zunahmen, die Wortmeldungen immer länger, lauter und redundanter wurden, konnten wir uns darauf verlassen, dass sich Rosemarie Will melden und mit dem Blick auf die Sitzungsunterlagen sagen würde: »Also ich glaub langsam, ich bin im falschen Film. Worüber reden wir hier eigentlich?«

Ihre, sich an diese Eröffnung anschließenden Überlegungen waren meist die einer Verfassungsrechtlerin im besten Sinne: Sie wog ruhig überlegend die Argumente, erinnerte an die Ausgangspunkte und die übergangenen Einwendungen zur Sache, verwarf abseitige, aber diskursiv raumgreifende Erwägungen, würdigte den Gestaltungsspielraum von Präsidium und Fakultäten und hinterfragte Legitimität, Geeignetheit und Erforderlichkeit der vorgeschlagenen Maßnahmen oder gewählten Formulierungen. Nicht selten endeten solche Beiträge als Steilvorlage für Alternativvorschläge. Es gehörte zur Dramaturgie einer erfolgreichen Gremienintervention, den studentischen Redebeitrag nach jenem von Rosemarie Will zu platzieren und dann gleich einen vorbereiteten oder eilig entworfenen Alternativantrag hinterher zu schieben. Dann kam es vor, dass sich Rosemarie Will nach vorne beugte, ihren Blick zu den Studierenden wandte und anerkennend nickte: »Darüber lässt sich reden.«

2. Verfassung als akteursbezogene Diskursorganisation

Die Begründung seines Urteils über die Hochschulmitbestimmung vom 29. Mai 1973 eröffnete das Bundesverfassungsgericht mit einer Erinnerung an Humboldts neuhumanistische Vorstellung über das Wesen der Universität. Danach sei die deutsche Universität als eine »absichtslose« Gemeinschaft der Lehrenden und Lernenden im Zeichen der engen Verbindung von Forschung und Lehre verfasst, die dem Einzelnen durch die Beschäftigung mit zweckfreier Wissenschaft »in Einsamkeit und Freiheit« über wissenschaftliche Erkenntnisse hinaus ethische Handlungsnormen vermitteln soll. Unabhängig von der Frage nach der historischen Realität einer solchen Hochschulverfassung konnte der Erste Senat bei seinem Versuch einer normativen Bestimmung der Wissenschaftsfreiheit bei diesem Anspruch nicht stehen bleiben. Denn im 19. und 20. Jahrhundert hätten sich tiefgreifende Veränderungen vollzogen:

> »Die Vermehrung des wissenschaftlichen Stoffes und die fortschreitende Spezialisierung auf allen Gebieten, die dem Einzelnen den Überblick schon über sein eigenes Fachgebiet erschwerte, erzwang Arbeitsteilung und Zusammenarbeit in Gruppen. Außerdem nahm die Zahl der Studenten ständig zu, zumal da das Hochschulstudium immer häufiger auch als Mittel des sozialen Aufstiegs angesehen wurde. Die Selbstbeschränkung der Universität auf eine Stätte der reinen und zweckfreien Wissenschaft geriet in ein Spannungsverhältnis zu den Ansprüchen der zunehmend technologisch organisierten Industriegesellschaft, zu der wachsenden Bedeutung einer wissenschaftlichen Ausbildung für beruflichen Aufstieg und gesellschaftliche Emanzipation, zu der erschwerten Studiensituation in der modernen Massenuniversität und zu dem gesteigerten Bedürfnis, die Wissenschaft in den gesellschaftlichen Bereich zu integrieren.«
> (BVerfGE 35, 79, 108)

Das sind noch heute die Rahmenbedingungen: Die Gruppe der zu Beteiligenden wird größer, die der auszuhandelnden Interessen auch, die zur Verfügung gestellten Ressourcen grundsätzlich jedoch nicht. Nichtsdestotrotz bleiben sich bei der Organisation von Interessen in einem so komplizierten Gebilde wie der »deutschen Universität« wesentliche Anforderungen, Erwartungen und Reaktionsweisen beharrlich treu.

Wer sich im Politikum einer Mitgliederkörperschaft für etwas einzusetzen entschließt, Zeit, Nerven und Ideen für eine Sache gibt, um die sich andere nicht zu kümmern scheinen, obwohl sie eigentlich alle etwas angeht, hat dafür meist Gründe. Es braucht kein besonderes Sendungsbewusstsein. Nicht immer bricht sich die Furcht vor dem Neuen Bahn. Nicht einmal das eigene Lebenswerk oder die Integrität des wissenschaftlichen Selbstverständnisses muss – wie dies in Kürzungsrunden häufig geschieht – in Frage gestellt sein. Oft steht am Anfang schlicht eine Einladung.

Eine Einladung zur ernsthaften Diskussion zum Beispiel, zur Mitgestaltung und -entscheidung. Kurzum: Die möglicherweise schon begrifflich fehlerhafte Erwartung eines rationalen Diskurses. Nicht immer muss sich das anfangs geweckte Interesse in protestantisches Pflichtgefühl wandeln, um diesen Diskussionsprozess auch bis zur Entscheidung mitzugehen. In hochschulpolitischen Diskussionen aber hilft das oft ebenso, wie ein gehöriger Schuss Selbstverleugnung. Wer immer sich in der Hochschulpolitik ernsthaft engagieren will, wird ähnliche Erfahrungen machen. Das hochschulpolitische Schauspiel ist eine effiziente Integrationsmaschine mit den tragikkomischen Zügen einer Groteske. Die drei Akte lauten: Protest, Diskussion, Kompromiss. Die Protagonisten vertreten Ämter oder Statusgruppen. Die Verteilung der Sprechrollen ist hierarchisch. Das Wissen um den verhandelten Gegenstand ist zudem ungleich verteilt: »Wissen ist Macht« – das trifft in höchstem Maße auf die Prozesse in der akademischen Selbstverwaltung zu.

Im ersten Akt erleben wir den zivilen Ungehorsam, die Drohung mit den Möglichkeiten des institutionellen Beharrens, der sozialen Ächtung innerhalb der akademischen Peergroup oder des studentischen Protests. Angefangen mit allerlei Verfahrenshindernissen in den Beschlussgremien (Diskussionen um die Tagesordnung, Geschäftsordnungs- und Änderungsanträge, schließlich die Möglichkeit eines Gruppenvetos) bis hin zur lästigen Kommunikationsguerilla des Behauptens, Meinens und Verbreitens von Gerüchten oder der kollektiven Meinungsverdeutlichung durch studentische Massen im Sitzungssaal wirkt hier vor allem die Angst vor Stagnation im Entscheidungsverfahren. Dabei kommt es gar nicht so sehr auf die tatsächlichen Möglichkeiten an, das Angedrohte auch umsetzen zu können, sondern vor allem auf die Vorstellungskraft der sich bedroht Fühlenden, die in Erinnerung an den Kräfte- und Zeitverlust des letzten Konflikts oder an ihre eigenen Streikzeiten an der Effizienz solcher Maßnahmen grundsätzlich keinen Zweifel hegen. Das wirkt; auch dann, wenn die Zeichen ansonsten nicht auf Streik stehen.

Exkurs: Manchmal braucht es jedoch auch etwas mehr Masse. Die Strukturplanung an der HU im Wintersemester 2003/04, als es 75 Millionen Euro einzusparen galt und das Präsidium den Fortbestand ganzer Institute und der Landwirtschaftlich-Gärtnerischen Fakultät zur Disposition stellte, hatte von einem solchen Streik gelebt. Er ermöglichte nicht nur eine Entschleunigung vom Alltagsgeschäft und schaffte damit Zeit für gemeinsame Beratungen. Er war zudem enorm medienwirksam und massenaktivierend, damit zugleich eine tatsächliche Bedrohung für den Fall politisch nicht konsensual getragener Entscheidungen. Auch wenn es vor der Schlussabstimmung im Akademischen Senat zu einem lautstarken Tumult kam, wurde die dadurch provozierte Sitzungsunterbrechung konstruktiv genutzt, um im Büro des Vizepräsidenten einen Kompromissvorschlag zu erarbeiten, an dessen Ende ein Konsens stand. An der Freien Universität endete im gleichen Monat ein ähnlicher Versuch verstärkter öffentlicher Aufmerksamkeit mit der Räumung der Öffentlichkeit durch die Polizei, dem »Kidnappen« der Mitglieder des Akademischen Senats und deren Verfrachtung an einen geheim gehaltenen Ort zum Zwecke der Fortsetzung der Sitzung, was wiederum zu einer wilden motorisierten Verfolgungsjagd durch Berlin-Dahlem führte. Auch an der Fähigkeit, mit Protest umzugehen, erweist sich der Verwirklichungsgrad einer verfassungsrechtlichen Idee. Der Inhalt der satzungsrechtlichen Regelungen mochte an HU und FU gleich sein (Ausschluss der Öffentlichkeit, Unterbrechung der Sitzung, Hausrecht und polizeiliche Amtshilfe), das Selbstverständnis ihres Gebrauchs ist jedoch bis heute sehr verschieden.

Zurück zur Inszenierung: Im zweiten Akt beginnt das große Lauschen, Abwägen und Int(ri)egrieren. Positionen werden ausgetauscht. Es wird Verständnis gezeigt. Einwände werden erhoben. Bedeutungsvolle (meist männliche) Mienen verweisen auf langjährige Erfahrungen und wiegen die Argumente mit großer Anstrengung. Viel tiefer aber als Argumente wirken Vorurteile, Experimentalernüchterung, Bequemlichkeit und ein Mangel an Vorstellungskraft. Es dauert nicht lange und im Raum steht als Grenze aller Optionen eine übergeordnete Hierarchiestufe, gegen die sich nichts machen lässt: Gremien, Präsidien, Senatsverwaltungen, Gesetze, Verfassung. Gegen diese lässt es sich gemeinsam Stellung beziehen, nur leider nichts machen.

Im dritten Akt schließlich kippt das Bedrohungsszenario. Mit dem Argument, wir würden ja, aber können leider nicht, und einem teilwesen Nachgeben in schmerzlosen Details findet das Stück seinen Höhepunkt in unmoralischen Angeboten: Friss oder stirb. Davon gibt es unterschiedliche Formulierungen und die, die sie aussprechen, sind oft professorale Verhandlungsführer, Präsidentinnen oder Dekane. Hier haben insbesondere studentischen Protagonist*innen die Wahl zwischen Resignation und Selbstverleugnung. Bleiben sie hart, werden sie als bockige Totalverweigerer gelabelt, mit denen diskutiert wurde, die aber kein Einsehen und damit auch kein Verantwortungsbewusstsein gezeigt haben, mit denen ergo auch nicht weiter diskutiert werden muss – erst recht nicht in Zukunft. Geben sie aber nach, geben sie damit zumeist mehr auf, als nur ihre eigenen Erwartungen oder Positionen.

Oft getrieben durch das Bedürfnis, endlich zum Ende kommen zu wollen, werden – je nach Verhandlungsgeschick der Akteur*innen – innerhalb kürzester Zeit Zugeständnisse gemacht und Bedingungen abgetrotzt, die noch Stunden zuvor indiskutabel waren. Am Ende steht mit dem Kompromiss oft das zwiespältige Gefühl erleichterter Enttäuschung: Enttäuschung, weil echte Chancen kaum mehr als Erwähnung fanden, nicht einmal ernsthaft diskutiert wurden, geschweige denn beschlossen. Erleichterung, weil der Kompromiss nicht so schlimm ist, wie das ursprünglich Beantragte oder das in der ersten Runde Beschlossene. Manchmal hilft das, das eigene Gesicht zu wahren und nicht zum/zur Wiederholungstäter*in zu werden.

Wer dennoch bleibt, lernt schnell, den Wert von Kompromissen zu schätzen, der insbesondere in der Gruppenuniversität darin liegt, dass gemeinsam getragene Entscheidungen eine echte Chance haben, auch tatsächlich umgesetzt zu werden. Die größte Zumutung der Gremienuniversität ist zugleich ihre Stärke. Hier werden Professor*innen in die Situation versetzt, nach Kompromissen zu suchen und die Universität aus der Perspektive anderer Mitglieder, anderer Fächer und anderer Bemessungsgrundlagen zu sehen. Das ist alles andere als selbstverständlich und macht andere Formen der Zusammenarbeit notwendig als dies in der hierarchisierten wissenschaftlichen Lehrstuhlarbeit üblich ist. Dort funktioniert die weisungsgebundene Statusgruppendifferenzierung noch als ein Kastensystem, denn Wahrheit kennt keinen Kompromiss. Verantwortung und Erkenntnis repräsentieren sich idealtypisch in der Person des bzw. der Lehrstuhlinhaber*in.

Demgegenüber sind die akademischen Gremien um so stärker und funktionieren um so besser, je eher sie in der Lage sind, in einem stufenweisen Verfahren die Perspektiven aller Beteiligten zu erkennen, zu berücksichtigen und tragfähige Kompromisse zu finden. Das setzt freilich voraus, dass Kompromisse nicht als Verfälschung »echter« Entscheidungen angesehen werden, dass Entscheidung nicht deswegen für mangelhaft gehalten werden, weil alle damit leben können, und dass es für die Qualität und die Effektivität der Umsetzung einer Entscheidung weniger auf deren Inhalt ankommt als auf den Weg zu ihr. Insofern ist für die Verfassung der Gremienuniversität auch heute noch aktuell, was Hegel schon 1820 nicht ohne Zynismus den Monarchen über die gesetzgebende Gewalt verriet:

> »Das Prinzip der modernen Welt fordert, dass, was jeder anerkennen soll, sich ihm als ein Berechtigtes zeige. Außerdem aber will jeder noch mitgesprochen und geraten haben. Hat er seine Schuldigkeit, das heißt sein Wort dazu getan, so lässt er sich nach dieser Befriedigung seiner Subjektivität gar Vieles gefallen.« (Grundlinien der Philosophie des Rechts, § 317, Zusatz)

3. Verfassungsprozess als Zeitgeistprojekt

Jede Änderung der Verfassung an der Humboldt-Universität zu Berlin ließe sich mit einem bestimmten, zeittypischen Modewort oder einem politischen Schlachtruf überschreiben. Seitdem der Berliner Landesgesetzgeber 1997 mit § 7a BerlHG weite Teile der Hochschulorganisationsbestimmungen zur Erprobung neuer Modelle der Leitung, Entscheidung und Finanzierung freigegeben hat, wurde die Verfassung in sechs Schritten überarbeitet noch öfter über mögliche Änderungen diskutiert.

1998 gab der Verfassungsjurist und damalige HU-Präsident Hans Meyer die Losung aus: »Mehr Autonomie wagen!« Sein Programm war es, die Senatsverwaltung in einer Art Umarmungstaktik aus der ministerial-dirigistischen Detailsteuerung der Hochschulen herauszudrängen. CHE-Chef Detlef Müller-Böling sprach zwei Jahre später viel von der »entfesselten Hochschule«, meinte damit aber auch etwas anderes als Meyer. Der für die Hochschulen zuständige Senator sollte nach dem Modell der Hochschulräte in anderen Bundesländern durch eine Verkleinerung des Kuratoriums – von einem öffentlich tagenden Transfergremium im »KdW-Schaufensterformat« (Monika Grütters) mit 22 Mitgliedern aus dem Berliner Senat, dem Abgeordnetenhaus, der Hochschule, aus Politik und Verbänden zu einem hinter verschlossenen Türen in der Senatsgröße des Bundesverfassungsgerichts beratenden Aufsichtsgremium – zwar mehr Einfluss auf die Entscheidungen innerhalb der Hochschulselbstverwaltung gewinnen, dadurch aber auch stärker an diese gebunden werden. Die Logik dahinter war: Wozu der Senator im Kuratorium seinen Arm gehoben hat, dagegen wird seine Verwaltung nicht schießen. Auf der anderen Seite warb Präsident Meyer für eine langfristige Selbstbindung der Politik bei der Finanzierung der Hochschulen, die nicht nur den Haushaltspolitiker*innen überlassen, sondern an sachliche, möglichst wissenschaftsimmanente Kriterien zurückgebunden werden sollte: Die Verhandlung von Hochschulverträgen war das Instrument der Stunde.

Mehr Autonomie haben wollen, heißt aber notwendigerweise auch mehr Verantwortung kriegen. Verantwortung, die es zu übernehmen, wahrzunehmen, zu verteilen und zu kontrollieren gilt. Das war nach dem Modell der Musterverfassung im Berliner Hochschulgesetz (§§ 52–58 BerlHG) jedoch kaum organisierbar, denn dieses sieht außer der Präsidentin als einziges hauptamtliches Mitglied in der gewählten Hochschulleitung nur noch den Kanzler als Chef der Verwaltung vor. Das Verhältnis von Präsidium und Verwaltung unter HU-Kanzler Rainer Neumann lässt sich bis 1998 etwas überspitzt so beschreiben: »Kann mir als Kanzler doch egal sein, wer Präsident ist und was der will. Was die Verwaltung zu machen hat, ist im Zweifel eine Rechtsfrage, über die ich entscheide. Ob sie umgesetzt wird, hängt davon ab, ob die Verwaltung geneigt ist, mir zuzuhören.« – In diesem Modell kommt dem/der Präsident*in faktisch nur ein sehr begrenzter Einfluss zu, den Meyer selbst so beschrieb: »Manch ein Präsident hat die Vorteile des Amtes wahrgenommen, die Pflichten weniger und ist in Wirklichkeit ein Rektor geblieben, der in seinem Fach angesehene Gelehrte, der mit Anstand die Amtskette für eine Zeit trägt.« (duz Magazin 01–02/2009, S. 22)

Noch dazu transportiert das Kanzler-Modell des Berliner Hochschulgesetzes normativ noch heute viele Elemente des preußischen Nachtwächterstaates. Seit den Karlsbader Beschlüssen von 1819, neun Jahre nach Gründung der Berliner Universität, standen die Hochschulen unter der Fachaufsicht der Ministerialbürokratie, strukturell-ideologisch eingebettet durch eine rechtliche Trennung zwischen sogenannten staatlichen und sogenannten akademischen Angelegenheiten, vertreten durch den Kurator als direkten Bevollmächtigten des Ministers in der Universität und den Kanzler als zuständigen, vom Kurator beaufsichtigten Beamten für die Wahrnehmung dieser als staatlich deklarierten Angelegenheiten, zu denen traditionell die Geschäftsbereiche Haushalt, Personal, Grundstücks- und Bauwesen gehören. Die Ersetzung des mit dem Ausscheiden des Verwaltungsjuristen Rainer Neumann vakant gewordenen Kanzlerpostens und die dauerhafte Übertragung seiner Aufgaben an den Ökonomen Frank Eveslage als Vizepräsidenten für Haushalt, Personal und Technik machte nicht nur eine Verfassungsänderung notwendig, sondern eine Neukonzeption des Leitungsmodells. Der Schlachtruf von 1999 lautete folglich: »Der Kanzler ist tot, es lebe das Kollektiv.«

Das Präsidium als Kollegialorgan ist hier angesprochen, das im Rahmen der Wahlvorgaben durch das Konzil seine Geschäfte selbst verteilt und neben der aus der Bundes- und Landesregierung bekannten Ressortverantwortung unter der Richtlinienkompetenz des/der Präsident*in alle übrigen Entscheidungen im Kollektiv trifft. Wohlgemerkt: Entscheidungen, die getroffen werden müssen, Verantwortung, die übernommen und verteilt werden muss. Um sie aber auch effektiv wahrnehmen zu können, gewährleistet das Ressortprinzip als staatsrechtlicher Begriff die selbständige und eigenverantwortliche Leitung des jeweils übertragenen Geschäftsbereichs durch eine grundsätzlich eigene Organisationsgewalt und Weisungsfreiheit der Vizepräsident*innen innerhalb ihrer Ressortzuständigkeit, die ohne eine eigene Budget- und

Personalhoheit der Vizepräsident*innen kaum vorstellbar ist (§§ 10–13 HUVerf).

Systematisch vollzog die Abschaffung des Kanzlers in der Verfassung der Humboldt-Universität zu Berlin von 1999 den endgültigen Bruch mit der nach beamtenrechtlichen Maßgaben der Bestenauslese und den »alt-hergebrachten Grundsätzen des Berufsbeamtentums« organisierten Hochschulverwaltung und ersetzte es durch eine flexible, für außeruniversitäre Bewerber*innen grundsätzlich offene, eher an Vertrauen und Kontrolle denn auf Profession und Abschluss zielende akademische Selbstverwaltung. Das alles stand im Zeichen der schnelllebigen Anforderungen eines nunmehr viel beschworenen und in Folge der Ökonomisierung der Hochschulen auch unabwendbar gewordenen Hochschulmanagements. Es folgten Globalhaushalt, präsidialer Innovationsfonds, Evaluationen der Verfassung, Leitbilddebatten, Entfristungsempfehlungen, eine Strukturplanung unter dem Spardiktat des Senats in Streikzeiten und Governancekommissionen, ohne dass eine Wiedereinführung des Kanzler-Modells auch nur erwogen wurde.

Die Arbeit der Verfassungskommission von 2004 und 2005 unter dem Vorsitz der Verfassungsrechtler*innen Hasso Hofmann und Rosemarie Will wurde von Präsident Jürgen Mlynek mit dem Schlachtruf überschrieben: »Verantwortung und Entscheidung müssen in einer Hand liegen.« Dafür hatte er sogar die Universitätspräsidenten aus Bremen, Darmstadt, Wien und Zürich anreisen lassen, um die Verfassungskommission von den Vorzügen einer präsidialen Universitätsverfassung mit lediglich beratenden Kollektivgremien zu überzeugen. Mit solchen Weichenstellungen sollte sich die HU wieder an die Spitze der Universitätsreformen setzen. Höflich ließen wir als Mitglieder der Verfassungskommission die Präsentationen über uns ergehen. Als der letzte Duzfreund des Präsidenten abgereist war, eröffnete Prof. Hofmann die Arbeitssitzung mit den Worten: »Für Zirkus sind wir nicht zuständig. Ich denke, wir sind uns darüber einig, dass das Konzil seine Verfassung auch wiedererkennen können sollte.«

Dabei blieben es und damit begann unsere eigentliche Arbeit. Über 80 Sitzungsstunden saßen wir zusammen, prüften, diskutierten und formulierten Paragraph für Paragraph. Ganz in der Seminarkultur der Juristischen Fakultät fuhr die Kommission zu diesem Zweck eigens in eine malerisch gelegene Pension an einen Brandenburger See. Der politische Aushandlungsprozess war zu einem akademischen Erlebnis geworden, das kulinarisch abgerundet wurde. Bis tief in die Nacht brüteten wir über den Formulierungen. Abwechselnd teilten sich die Vorsitzenden Hofmann und Will die zur Unterstützung des abendlichen Arbeitsfortschrittes entstandenen Weinrechnungen. Das war durchaus nicht frei von Entbehrungen: Hasso Hofmann verpasste so manches Pokalspiel seines Heimtvereins, Rosemarie Will ihr Training im Skilager. Aber man hörte sich zu und achtete aufeinander. So muss bis heute bei der Auswahl von Kandidat*innen für das Kuratorium der HU darauf geachtet werden, dass die vorgeschlagenen Personen nicht nur »dem besonderen Anspruch der Humboldt-Universität in Lehre, Forschung und Dienstleistung gerecht werden«, sondern auch »einen Sinn für die Belange des Umweltschutzes haben« (§ 2 Abs. 4 HUVerf). Der Versuch des Präsidenten, dieses Relikt aus grün-sozialen Wendezeiten zu streichen, scheiterte nicht zuletzt an der Sorge um das Wohlergehen von Rosemarie Will, deren Tennislehrer beim Hochschulsport zugleich ein vehementer Verteidiger dieser Bestimmung war.

Das Ergebnis der Beratungen kommentierte Hofmann bei der Übergabe des Verfassungstextes im Mai 2005 an den Konzilsvorsitzenden Richard Schröder mit den Worten: »Kein großer Wurf, aber ein stimmiger Entwurf.« Er trug zu einer stärkeren Konturierung des Systems von Checks und Balances zwischen den Leitungs- und Kollegialgremien bei, aber im Präsidium auch zu einer stärkeren Betonung der Eigenständigkeit der Verantwortungsbereiche Haushalt einerseits sowie Studium und Lehre anderseits. Die Zuständigkeiten der verschiedenen Kollegialgremien wurden stärker voneinander abgegrenzt, die Verfahren präzisiert, die Rechte der Gremienmitglieder explizit gemacht (z. B. Akteneinsicht, Benachteiligungsverbot, Sitzungsgeld). Nicht ganz das, was Jürgen Mlynek erwartet hatte. Aber auch nicht die von studentischer Seite erhoffte Viertelparität im Konzil, deren Einführung letztlich an vier Stimmen scheiterte.

Die Volkswagenstiftung stellte denn auch ihr segensreiches Förderprogramm zur Etablierung neuer Leitungs- und Entscheidungsstrukturen an deutschen Hochschulen (STEP) ein. In der Abschlussveranstaltung stellte Dr. Wilhelm Krull für die Volkswagenstiftung enttäuscht fest: Nach sechs Jahren Verfassungsreform sei die Humboldt-Universität noch immer strukturell demokratisch und vom Idealbild einer unternehmerischen Hochschule weit entfernt. Ihre Bewährungsprobe, die Strukturplanung von 2003/2004, hatte sie da schon ohne Freitode oder Brain-Drain überstanden. Rosemarie Will sorgte als Vorsitzende der Kommission zur Überarbeitung der Geschäftsordnungen von Konzil und Akademischen Senat noch dafür, dass die strukturellen und operationalen Ideen der Verfassung in den Geschäftsordnungen der Zentralorgane – auch gegen die Interessen der Mehrheit – zur Geltung gebracht werden können.

Als Frank Eveslage Ende 2011 nach zwölf Jahren als Vizepräsident für Haushalt, Personal und Technik aus dem Amt zu scheiden drohte, wurde der kandidatenbezogene Bedarf an einer finanziellen Aufwertung der ehemaligen Kanzlerposition deutlich. Nicht nur für Personen aus der freien Wirtschaft, die sich mit einem öffentlich-rechtlichen Sondervertrag gute Konditionen aushandeln können, auch für bisherige Beamt*innen wollte man attraktiv sein, die mit der Berufung auf den Posten des/der Vizepräsident*in ihre beamtenrechtlichen Pensionsansprüche nicht gefährden wollten. Eilig wurde in § 13 Abs. 4 HUVerf der Satz eingefügt, dass bei Vorliegen der beamtenrechtlichen Voraussetzungen auch eine Ernennung zur Beamt*in auf Zeit erfolgen könne. Spätestens mit der so ermöglichten Ernennung der in Hildesheim, Göttingen und Heidelberg als Kanzlerin bewährten Verwaltungsjuristin Marina Frost als der für den Haushalt zuständigen Vizepräsidentin war die Diskussion um eine Wiedereinführung des Kanzler-Modells und damit um die Konzentration der Personalhoheit über die Universitätsverwaltung in einer Zuständigkeit erneut entbrannt.

Die Verfassungskommission des Jahres 2012 unter Vorsitz des Nachfolgers von Rosemarie Will auf ihrem Platz im Akademischen Senat, des Strafrechtlers und ehemaligen Tübinger AStA-Vorsitzenden Martin Heger, mochte sich diesem Ziel jedoch noch nicht andienen. Sie stand unter dem ahnungsvollen Dämmerlicht einer heraufziehenden Morgensonne, von der man bekanntlich nicht wissen kann, was sie an den Tag bringen wird, die zunächst aber die HU als »Exzellenzuniversität« in neuem Glanz erstrahlen ließ und für kurze Zeit von der Realität der akademischen Mangelverwaltung ablenkte.

Ausgelöst durch die gesetzlichen Umsetzungsaufträge aus dem Landesgleichstellungsgesetz und dem Berliner Hochschulgesetz und argumentativ gestärkt durch die Ergebnisse einer inneruniversitär durchgeführten Online-Befragung unter Gremienmitgliedern und Verwaltungsleiter*innen verschrieb sich die Kommission eher dem Motto: »alte Zöpfe abschneiden, Diskriminierungen abbauen, Innovationen in Forschung und Lehre ermöglichen«. Das Kuratorium alten Zuschnitts (§ 64 BerlHG) war endgültig weggefallen, die Experimentierklausel vom Landesgesetzgeber auf ewig gestellt, Diplom- und Magisterstudiengänge aufgehoben sowie große Teile des Bestätigungsvorbehalts von Hochschulsatzungen von der Senatsverwaltung an die Hochschulleitung abgetreten worden. Unter diesen Voraussetzungen widmete sich die Verfassungskommission neben der Implementation dieser Strukturänderungen auch der Einführung sogenannter integrativer Forschungszentren, der anstehenden Fakultätsreform und den Grundsätzen des Universitätsselbstverständnisses bis hin zu einer Aufwertung des Universitätsarchivs, der Verzahnung mit den verloren gegangenen Gliedkörperschaften Charité und Naturkundemuseum, ja sogar einer neuen Präambel (vgl. dazu den nachfolgende Beitrag von Martin Heger, S. 346). Auch die »sonstigen Mitarbeiterinnen und Mitarbeiter« erhielten mit der Bezeichnung »Mitarbeiter*innen in Technik, Service und Verwaltung« endlich eine eigene, nicht nur der negativen Abgrenzung gegenüber anderen Statusgruppen dienende, wenigstens symbolische Aufwertung, was angesichts der – mit den prekären Beschäftigungsbedingungen in Zeitanstellungen an den deutschen Hochschulen zusammenhängenden – voranschreitenden Akademisierung dieser Statusgruppe kaum verwundert.

Der letzte Versuch einer Verfassungsänderung wurde kurz vor der Versetzung Rosemarie Wills in den (un)Ruhestand 2014 in Angriff genommen. Unter dem Vorsitz der Politologin Julia von Blumenthal sollte die Verfassungskommission aufgreifen, was nach Ansicht von Universitätspräsident Jan-Hendrik Olbertz 2012 vergessen wurde: Um die Attraktivität des Amtes der Vizepräsident*in für Haushalt, Personal und Technik zu erhöhen und den Präsidialbereich von den Verwaltungsverantwortlichkeiten für den, dem jeweiligen Geschäftsbereichen der Präsidiumsmitglieder zugeordneten zentralen Verwaltungsunterbau zu entlasten, sollte die Position des/der Kanzler*in wieder eingeführt werden. Es war ein präsidialer, von verschiedenen Professorengruppen getragener Versuch, der gegen den Widerstand in der Verwaltung und der amtierenden Vizepräsidenten unternommen wurde. Er ist am 29. Oktober 2014 im Konzil gescheitert. Selbst die Verfassungskommission konnte sich wenige Tage zuvor in einer geheimen Schlussabstimmung nicht mehrheitlich zu einer Empfehlung über den Änderungsbedarfs der Verfassung entschließen. Vielleicht hat sie sich ja tatsächlich bewährt.

4. Verfassung als offenes Zukunftsversprechen

Es muss eingeräumt werden, dass die universitären Aufgaben- und Zielbestimmungen sowie die Antidiskriminierungsvorschriften in § 1 HUVerf im Jahre 2012 gegen den seichten Makel einer langweiligen Präambel erkauft wurden. Der Neuentwurf des Philosophen Volker Gerhardt, seinerzeit Konzilsvorsitzender, ist ganz vom neuhumanistischen Leitbild Humboldt'scher Prägung nach dem Programm »Bildung durch Wissenschaft« getragen, an dem sich Gerhardt auch schon in der Leitbilddebatte der Universität von 2002 orientiert hatte. Darin stellt er die Verfassung der HU kurz nach dem zweihundertjährigen Universitätsjubiläum in die Tradition dieses Gründungs- oder »Reformimpulses« und verpflichtet sie auch in Zukunft »zur Einheit von Forschung und Lehre, zur Gemeinschaft von Lehrenden und Lernenden, zum Programm des forschenden Lernens sowie zur institutionellen Verantwortung der akademischen Selbstverwaltung«. Das beruhigt zwar, klingt aber auch irgendwie sehr nach dem Ende der Geschichte. Den diversen Realitäten zwischen Bologna-Reform, ausgrenzender Wissens- und Anerkennungspraxen sowie hierarchisierter, diskriminierender Mangelverwaltung an der Humboldt-Universität zu Berlin wird sie nicht gerecht.

Ob die streikenden Studierenden so eine Präambel bei ihren zukünftigen Protesten wohl für anschlussfähig halten können, wie sie es offenbar noch mit dem alten Präambeltext taten? Als sie 2011 zum Streik aufriefen und mal wieder den Ostflügel des Hauptgebäudes Unter den Linden besetzten – auch diesmal wurde auf eine Räumung durch die Polizei verzichtet –, klebten sie das in der damaligen Präambel spannungsvoll im Hier und Jetzt zum Ausdruck gebrachte Verfassungsversprechen in großen Buchstaben auf die Stufen zum Audimax, ihrem kurzlebigen Zentrum autonomer Selbstverwaltung:

> »In einer Zeit, in der Staat und Gesellschaft die Anforderungen an die Universitäten steigern, aber deren

Ausstattungen verringern, in der sie die Leistungen der Universitäten unter den Primat der Ökonomie und die Strukturen unter die Logik hierarchischer Effizienz stellen, bekennt sich die Humboldt-Universität zu Berlin zur Einheit von Forschung und Lehre, zur Gemeinschaft von Lehrenden und Lernenden und, weil Wissenschaft von Freiheit und Freiheit von Verantwortung lebt, zur akademischen Selbstverantwortung und -verwaltung.«

Diese 2005 von Bernhard Schlink gestiftete Präambel bringt zugleich jenes Selbstverständnis zum Ausdruck, mit dem auch Rosemarie Will jahrzehntelang Hochschulpolitik betrieb: Eher Substanz als nur eine postmoderne Warnung vor der nächsten Stufe.

Martin Heger

In guter Verfassung?

Bemerkungen zu Recht und Ordnung an der HU

1. Forschung und Lehre

Beschreibt man den Beruf eines Hochschullehrers, wird stets auf die beiden Hauptaufgaben der Forschung und der Lehre abgestellt. Gerade in der Tradition Wilhelm von Humboldts, dessen Namen die Berliner Universität im Geburtsjahr von Rosemarie Will übertragen bekommen hat, soll aus der Forschung die Lehre fließen. Dazu passt das Motto, welches sich die HU zum Exzellenzwettbewerb 2010/11 auf die Fahnen geschrieben hat: Bildung durch Wissenschaft. Das gilt auch noch heute unter den Bedingungen der Massenuniversitäten, zu denen längst – vor allem seit der Wiedervereinigung – ja auch die HU gehört. Deshalb müssen steigende Studierendenzahlen nicht bloß durch irgendwelche (möglichst billigen) Lehrangebote kompensiert werden; vielmehr muss auch für die heute und in Zukunft zu erwartende Studierendenschaft ein Lehrangebot vor allem durch in der wissenschaftlichen Forschung aktive Persönlichkeiten gewährleistet sein. Hochschullehre sollte zumindest in ihrem Kernbereich durch Hochschullehrer vermittelt werden. Mit Rosemarie Will verliert die Juristische Fakultät der HU eine engagierte Hochschullehrerin, die sicher aus eigener Erfahrung – hat sie doch auch an der Akademie der Wissenschaften der DDR geforscht – sagen kann, auf welche Weise Forschung und Lehre sich wechselseitig befruchten können.

2. Akademische Selbstverwaltung

Ein Aspekt der Tätigkeit eines Hochschullehrers kommt in dieser knappen Berufsbeschreibung freilich (noch) nicht vor, nämlich die Mitwirkung in der akademischen Selbstverwaltung auf Fakultäts- wie Universitätsebene. Während Wilhelm von Humboldt als preußischer Ministerialer »seiner« Universität noch Personal und Struktur verordnen konnte, entspricht es heute guter Tradition der staatlichen Universitäten in Deutschland, dass sie ihre internen Angelegenheiten grundsätzlich – natürlich im Rahmen der staatlichen Gesetze – selbst regeln. Die Autonomie der Hochschule ist die organisatorische Grundlage für die Freiheit von Forschung und Lehre, wie sie ja in Art. 5 Abs. 3 GG verankert und vom Bundesverfassungsgericht, an dem die Jubilarin ja auch einige Jahre als wissenschaftliche Mitarbeiterin gewirkt hat, auch immer wieder bekräftigt worden ist. Die traditionelle Autonomie deutscher Hochschulen wurde bereits zu Beginn der NS-Zeit abgeschafft. Nachdem Ansätze zu einer Wiederbelebung der Hochschulautonomie unmittelbar nach der Wiedereröffnung der Berliner Universität nach dem Zweiten Weltkrieg unterdrückt worden waren, gab es eine vergleichbare Hochschulautonomie zu Zeiten der DDR nicht. Zugleich wurde in den 1970er Jahren in Westdeutschland und West-Berlin die Autonomie der Hochschulen von der sie zuvor allein tragenden Hochschullehrerschaft auch auf die anderen Mitglieder der Universität ausgedehnt; die Ordinarienaristokratie wurde demokratisiert, was gerade auch in Berlin an FU und TU natürlich nicht ohne erbitterte Kämpfe vor sich gegangen ist. Die damals vom politischen Senat eingeführte Drittelparität in den entscheidenden Universitätsgremien hielt bekanntlich verfassungsrechtlicher Überprüfung nicht stand, die an FU und TU Mitte der 1970er Jahre tätigen Präsidenten aus dem Mittelbau haben institutionell nicht »überlebt«. In den 1980er Jahren hat sich aber an den westdeutschen Universitäten ein Modell etabliert, das eine Partizipation aller – heute vier – Status- bzw. Mitgliedergruppen mit einer Professorenmehrheit verbunden hat. Mit dem römischen Staatslehrer Cicero, der der Staatslehrerin Rosemarie Will vertraut ist und in seinem Werk »De Re Publica« in einem Nebeneinander mehrerer idealtypischer Staatsverfassungen das Wesen und die

Stärke der späten Römischen Republik gesehen hat, kann man diese bis heute im Grundsatz fortbestehende Gremienstruktur an den Universitäten vielleicht am besten als eine Mischform aus Demokratie und Aristokratie begreifen.

Nach der Wende in der DDR im Winter 1989/90 und der folgenden Wiedervereinigung war daher an der Humboldt-Universität nicht nur in personeller und struktureller Hinsicht ein Umbau erforderlich; auch die Grundlagen gelebter Hochschulautonomie mussten erst mühsam wieder errichtet werden. Beides hat Rosemarie Will intensiv vorangetrieben; als Dekanin hat sie den Umbau der Sektion für Rechtswissenschaft zur Juristischen Fakultät der Humboldt-Universität gemeistert. Auf eine Amtszeit von drei Jahren brachte es seither kein Kollege. Und im Konzil und Akademischen Senat (AS) hat sie über viele Jahre hinweg universitäre Belange bearbeitet.

Von den Diskussionen zeugen bis heute die Protokolle des 1990 neu gewählten Akademischen Senats, dem über viele Jahre auch Rosemarie Will angehörte. Sie war es auch, die mich 2008 »geworben« hat, statt ihrer für den Akademischen Senat und das Konzil zu kandidieren. Seither kann ich aus der von ihr eingenommenen Warte das Geschehen an der Humboldt-Universität zu Berlin beobachten und mitgestalten. Dabei zeigte sich für mich bald – und ich denke, diese Erfahrung teile ich mit anderen Senats- und Konzils-Mitgliedern unserer Fakultät und damit sicher auch mit Rosemarie Will –, dass man von den anderen Gremienmitgliedern als Jurist regelmäßig in einer Doppelfunktion wahrgenommen wird: Einerseits ist man als professorales Mitglied des fraglichen Gremiums einer unter vielen und insoweit den Interessen der eigenen Statusgruppe wie auch den Positionen der Wahlliste verbunden, andererseits ist man eben aufgrund seiner Profession als Jurist zugleich im selben Gremium in einer Sonderstellung sozusagen als primus inter pares in Rechtsfragen. Man ist manchesmal Beteiligter wie Sachverständiger.

3. Vom Beruf unserer Zunft zur Rechtssetzung

Vor allem aber wird man regelmäßig in die Pflicht genommen, wenn es darum geht, die rechtlichen Grundlagen der Universität – die von ihr als autonome Körperschaft des Öffentlichen Rechts erlassenen Satzungen, wie immer sie heißen mögen (Verfassung, Grundordnung, Ordnung, Satzung etc.) – zu überarbeiten. Zwar könnte man sich vielleicht mit Rekurs auf unseren »Fakultätsurahn« Friedrich Carl v. Savigny darauf zurückziehen, dass Recht nicht gesetzt, sondern von Rechtswissenschaftlern in der Vergangenheit gesucht und gefunden werden soll; allerdings wehrte sich Savigny mit dieser Argumentation vor allem gegen eine einheitliche Gesetzgebung im damals zersplitterten Deutschland, der in territorialer Hinsicht spätestens nach der erneuten Vereinigung Deutschlands der Boden entzogen wäre.

Rosemarie Will war Mitglied der Verfassungskommission 2005 und führte etwa den Vorsitz der Kommission zur Überarbeitung der Geschäftsordnung des Akademischen Senats. Nachdem Ende 2013 eine neue Verfassung für die HU in Kraft getreten ist, aber auch aufgrund einer inzwischen teilweise anders gelebten Praxis, bedarf auch diese Geschäftsordnung des AS bald wieder einer Überholung. Da Rosemarie Will ja nunmehr in den wohlverdienten Ruhestand eintreten wird, müssen wohl andere Mitglieder unserer Fakultät dabei die Feder führen.

4. Selbstgesetzes und selbst gemachtes (Hochschul-)Recht

Für Rechtswissenschaftler ist das immer eine spannende Aufgabe, kann man doch das zu setzende Recht hier relativ frei (mit-) gestalten und dabei durchaus auch inhaltlich Akzente setzen. Vergleicht man die Grundordnungen der anderen großen Berliner Universitäten mit der Verfassung der HU, so sieht man, dass die VerfHU weit eigenständiger abgefasst ist als ihre Pendants. Während etwa die Teilgrundordnung der FU i. d. F. vom 1. Januar 1999 nur in technischen Details einige Präzisierungen gegenüber dem

Berliner Hochschulgesetz (BerlHG) vorsieht, versucht die VerfHU eine eigenständige Regelung. Schon der Name dokumentiert diesen Anspruch, steht doch eine (erst recht bloß: Teil-)Grundordnung (so an TU und FU) für ein verfahrenstechnisches Regelwerk, während eine Verfassung zugleich eine Grundwerteordnung transportieren kann (und auch sollte). Liest man etwa die Grundordnung der TU Berlin, sieht man sofort, dass es sich bei den einzelnen Regelungen letztlich um Ausführungsbestimmungen zu den entsprechenden Vorschriften des BerlHG handelt. Solche enthält natürlich auch die VerfHU, doch beginnt sie gerade nicht mit den Zentralorganen (so § 1 GrundO TU), sondern ganz staatsmännisch mit einer Präambel, der in § 1 die Zielvorgaben folgen; diese Regelung ist erst vor einem Jahr in die VerfHU gekommen und umfasst drei Kategorien von Grundentscheidungen: die Grundanforderungen an Forschung und Lehre an der HU (Abs. 1), einen Katalog von zwölf Optimierungsgrundsätzen (Abs. 2) sowie einige »harte« Diskriminierungsverbote (Abs. 3). Hier lässt sich das Mit- und Nebeneinander solcher Regelungen mit Blick auf die Geschlechtergerechtigkeit verdeutlichen: Während in Abs. 1 grundsätzlich eine diskriminierungsfreie HU gefordert wird (man könnte sagen, hier wird allgemein ein diskriminierungsfreies »Klima« gefordert, das nicht konkret an einzelne Diskriminierungsfaktoren anknüpft), exemplifiziert Abs. 2 darauf aufbauend als ein Optimierungsziel die Herstellung echter Chancengleichheit der Geschlechter (vor allem zukunftsbezogen sollen Rahmenbedingungen geschaffen werden, die etwa Professuren nicht mehr primär nur für Menschen eines Geschlechts öffnen – insoweit war Rosemarie Will zu Beginn ihrer Tätigkeit als Professorin sicherlich eine Ausnahme, die die Regel bestätigt); in Abs. 3 ist dann ausdrücklich – und konkret – verboten eine Diskriminierung beim Zugang zu den Leistungen der HU »wegen des Geschlechts« (hier geht es um einen konkreten Konflikt, in welchem eine Person wegen ihres Geschlechts schlechter als andere Personen anderen Geschlechts behandelt worden ist). Natürlich ist schon wegen der grundrechtlichen Regelung des Art. 3 Abs. 3 GG eine Benachteiligung wegen des Geschlechts auch an FU und TU unstatthaft. Und doch ist es etwas anderes, wenn sich eine Universität in ihrer Verfassung ausdrücklich dazu bekennt. Die dahinter stehende Wertentscheidung ist dann ihre eigene, nicht nur die des Staates, wie sie natürlich von einer staatlichen Universität übernommen und mit Leben gefüllt werden muss.

5. Vom Geist der Verfassung der HU

Dass die HU sich in ihrem selbstgesetzten Recht zum Teil auch einen eigenen »Wertehimmel« geschaffen hat, ist für ihr Selbstverständnis wichtig, aber auch für die Auslegung der einzelnen Satzungsbestimmungen nicht ohne Einfluss. Sollen autonome Regeln nur an einer Körperschaft (wie an der FU oder TU) das umsetzen, was der Gesetzgeber abstrakt bereits geregelt hat, ist es zumindest nahe liegend, die Regelungen in der Grundordnung allein im Lichte des (vor allem Berliner) Gesetzesrechts zu interpretieren und bestehen gebliebene Lücken durch unmittelbare Anwendung des Gesetzes, z. B. des BerlHG, zu schließen. Die Alternative wäre, das autonome Recht zunächst auch autonom auszulegen und Lücken vor allem durch Analogien zu vergleichbaren autonomen Regelungen zu schließen; das Gesetzesrecht gibt dann nur einen Rahmen vor und markiert äußerste Grenzen für die Setzung und Anwendung des autonomen Rechts. Auch diesen Streit gab es in der Rechtswissenschaft in der Frühen Neuzeit: Der Leitlinie der damals herrschenden Meinung »statuta sunt stricte interpretanda« (wonach das statutarische Recht eng und nur im Lichte des höherrangigen Gesetzesrechts verstanden werden sollte) hielt Mitte des 17. Jahrhunderts namentlich David Mevius, Vizepräsident des Wismarer Oberappellationsgerichts, die These entgegen, Statuten seien zuvörderst aus ihrer eigenen Systematik heraus auszulegen, so dass Lücken nicht primär durch Rückgriff auf gemeines Recht zu schließen seien.

Mit solch prinzipiellen Fragen beschäftigte sich in der jüngsten Zeit auch die HU; so war bei der Neustrukturierung dreier Fakultäten unklar, ob deren erstmals zu wählende Fakultätsräte entgegen der Bestimmung von § 16 Abs. 2 VerfHU (»Dem Rat einer Fakultät mit größerer Fächervielfalt können auf Beschluss des Fakultätsrats mit Zustimmung des Akademischen Senats 19 Mitglieder angehören ...«) auch ohne Zustimmung des jeweiligen Fakultätsrats – einen solchen konnte es ja angesichts der Neugründung noch nicht geben –, gestützt aber auf das einmütige Votum der Vorgängerfakultätsräte sowie der Gründungskommissionen mit mehr Mitgliedern besetzt werden können, damit in den vergrößerten Fakultäten die neue Fächerbreite besser abgebildet werden kann.

Dass dabei im Lichte des Gesetzesrechts manchmal kreative Lösung gefragt sind, zeigt auch ein anderes Beispiel aus neuester Zeit: § 59 Abs. 1 Satz 3 BerlHG sieht vor, dass bei einer Untergliederung der Hochschulen in Fachbereiche auch für diese jeweils eine nebenamtliche Frauenbeauftragte eingesetzt wird, die dafür eine partielle Freistellung von der Arbeit gewährt bekommen kann (vgl. § 59 Abs. 10 Satz 1 BerlHG). In der HU erfolgte in alter Tradition – abweichend etwa von FU und TU – nach der Aufhebung der Sektionsstruktur eine Unterteilung nicht in Fachbereiche, sondern in Fakultäten. Die Zusammenlegung einzelner Fakultäten im Zuge der Fakultätsreform hätte nun zur Folge, dass die Zahl freizustellender nebenamtlicher Frauenbeauftragter trotz gleichbleibenden Arbeitsanfalls hätte sinken müssen, obwohl etwa an der FU einzelne Fachbereiche nicht größer sind als die Institute an der HU. In Gesprächen mit der Senatsverwaltung einigte man sich darauf, angesichts der Binnenstruktur der HU neben den Fakultäten auch die größeren Institute im Lichte von § 59 BerlHG als »Fachbereiche« anzusehen, obwohl eigentlich nur die Fakultäten an der HU als Untergliederung der Universität gelten (die Institute sind Untergliederungen der Fakultäten).

Ein letztes Beispiel: In § 2 Abs. 4 Satz 4 VerfHU ist mit Blick auf das Kuratorium festgelegt, dass außer den Mitgliedern von Amts wegen (vor allem dem Präsidenten) kein Mitglied an der HU hauptberuflich beschäftigt sein darf; nicht ausgeschlossen ist damit bewusst ein Studierender, da dieser ja nicht zugleich hauptamtlich beschäftigt ist. Aber ist damit auch ein im Ruhestand befindlicher vormaliger HU-Mitarbeiter (etwa ein Emeritus) ausgeschlossen? Vom Geist der Verfassung m. E. wohl schon, denn offenbar soll das Kuratorium seine Aufgaben gerade nicht als ein aus der Universität besetztes Gremium wahrnehmen. Für Rosemarie Will hat das den Nachteil, dass sie nicht mit Ausscheiden aus dem Aktivenstand unmittelbar in das Kuratorium ihrer und unserer Uni einrücken könnte, obwohl dort gerade eine Professorenposition zur Besetzung ansteht; vielleicht ist es aber auch von Vorteil für sie, könnte sie doch auch nicht – wie als in den Gremien aktive Juristin in der Vergangenheit immer wieder – zur Übernahme eines solchen Amtes gedrängt werden. Es bleibt mir daher nur, ihr einen ebenso schönen wie weiterhin produktiven – wenn auch nicht mehr mit HU-Gremientätigkeit ausgefüllten – Ruhestand zu wünschen. Ad multos annos!

Verfassung und Verfassungsgericht

Vorhang! C. Haarmann

»Eine gesetzte Verfassung ist nur so stark, wie sie gelebt wird. Ein Menschenrecht zu haben, ist für einen Menschen nur so viel wert, wie die Möglichkeit besteht, dass es beachtet wird und sich durchsetzen lässt – gegen die Mehrheit, gegen machtvolle Interessen und gegen die Beharrungskraft des für allgemein gültig Gehaltenen. Dass mit der Durchsetzung von Rechten der einzelnen Person auch ein Lernprozess für den Verfassungsstaat einhergeht, dass es dazu mutiger Menschen, die sich auf ihr Recht berufen, ebenso bedarf wie professioneller Akteur*innen, die mit juristischer Kreativität rechtliche Antworten auf neue Herausforderungen entwickeln, all das weiß Rosemarie Will nur zu gut. Sie hat es vorgeführt – auf allen Ebenen: als politische Denkerin und Gestalterin der Wendezeit, als Hochschullehrerin, als Mitarbeiterin am Bundesverfassungsgericht, als Landesverfassungsrichterin in Brandenburg, als Bürgerrechtsaktivistin in der Humanistischen Union, als Prozessvertreterin und als Sachverständige vor Gerichten und Parlamenten, als Kommentatorin und als Herausgeberin wichtiger Analysen zum Zeitgeschehen, ja sogar als Filme-, Theater- und Ausstellungsmacherin. Ihr Einsatz für die Grundrechte stärkt die Verfassungsordnung und trägt zu einer Kultur der Menschenrechte bei, ohne die ein Verfassungsstaat nicht bestehen kann.«

Prof. Dr. Beate Rudolf, Direktorin des Deutschen Instituts für Menschenrechte.

Ignacio Gutiérrez Gutiérrez

Menschenwürde im Verfassungsrecht

*Zwölf Jahre Dialog**

I.

Im Januar 2004 begann ich als Stipendiat der Humboldt-Stiftung bei Prof. Grimm in Berlin mit meinem Forschungsvorhaben über die Menschenwürdegarantie. Vom Aufenthalt in Deutschland versprach ich mir natürlich auch die Möglichkeit, neue Kontakte zu deutschen Staatsrechtslehrern zu knüpfen. Als es darum ging, Gesprächspartner auszuwählen, hatten sowohl mein spanischer Lehrer Prof. López Pina als auch Dieter Grimm auf Frau Prof. Will hingewiesen. Und so kam es, dass ich bei ihr anrief, um ein erstes Gespräch zu führen – es fand am 19. Januar statt, also noch ganz am Anfang meines Forschungsprojekts.

Zu diesem Zeitpunkt hatte ich die spanische Leserschaft über die deutsche Debatte zum Stammzellengesetz vom 28. Juni 2002 bereits ausführlich informiert – die Garantie der Menschenwürde war dabei Hauptargument – und hatte vom neuesten Stand der Diskussion Kenntnis genommen: Am 3. September 2003 hatte Ernst-Wolfgang Böckenförde den neuen Kommentar von Matthias Herdegen zum Art. 1 GG in Maunz-Dürig-Herzog durch einen in der FAZ veröffentlichten Leitartikel unter dem Titel »Die Würde des Menschen war unantastbar« berühmt gemacht und dabei einen generationellen, auch rechtskulturellen Bruch zwischen der guten alten rechtsphilosophisch und -geschichtlich informierten Staatsrechtslehre von Dürig und der neuesten Auffassung der jungen Juristen festgestellt (teilweise könnte das auch zutreffen – die Verfassungsauslegung darf zwar die Entwicklung der Dogmatik nie außer Acht lassen, aber ebensowenig die der Philosophie und der Geschichtswissenschaften).

Schon bei diesem ersten Gespräch hat Rosemarie Will mir durch den Hinweis auf Hasso Hofmann und Horst Dreier neue Horizonte eröffnet. Noch 2004 hat sie dann unter dem Titel »Christus oder Kant. Der Glaubenskrieg um die Menschenwürde« einen Kommentar zu den Positionen und Begriffen Böckenfördes veröffentlicht. An der oberen Leiste meiner Internet-Seite sind zwei geprägte Münzen zu sehen mit den Bildern von Immanuel Kant und Karl Marx – insofern fiel mir eine Entscheidung in der von Prof. Will gestellten Alternative nicht schwer.

Später hat sie ihre eigenen Positionen konkretisiert und weiterentwickelt, jüngst in der ebenfalls im Sommer 2014 erschienenen spanischen Festschrift für meinen Lehrer Antonio López Pina. Ich hatte sie nämlich gebeten, genau zu diesem Thema einen Beitrag zu schreiben, der uns dann in Zusammenwirkung mit anderen Aufsätzen ein repräsentatives Bild der deutschen Verfassungslehre bieten könnte. Beteiligt an diesem Projekt waren u. a. auch Hasso Hofmann (Gerechtigkeit), Dieter Grimm (Verfassung), Hans Meyer (Parlamentarismus), Ingolf Pernice (Verfassungsverbund) und Christian Tomuschat (internationale Gemeinschaft), um nur die Humboldtianer unter ihnen zu erwähnen.

Die Einladung zur Mitwirkung an der Festgabe für Prof. Will bereitet mir große Ehre, und das Thema lag auf der Hand: Es geht einfach nur darum, unseren Dialog über die verfassungsrechtliche Menschenwürdegarantie ein Stück weiter fortzusetzen. Auf Einzelheiten dazu will ich hier nicht eingehen, aber es scheint mir angebracht, einen Gedankengang zu skizzieren, der die Grundpositionen von Rosemarie Will bestätigt.

II.

In der deutschen Debatte zur Menschenwürde geht es immer um drei eng miteinander verknüpfte Fragen: Ist die Menschenwürdegarantie des Grundgesetzes als Grundrecht zu betrachten? Kann man ihren Inhalt positiv und konkret, teilweise unabhängig von anderen Grundrechten bestimmen? Kommt die Unantastbarkeit der Menschenwürde einer Absolutheit gleich, die solchen Inhalt gegen jede Relativierung durch Abwägungen oder Anwendungen des Verhältnismäßigkeitsprinzips schützt? Eine aktive Verfassungsrechtsprechung neigt dazu, alle drei Fragen positiv zu beantworten. Die Literatur wagt dagegen verschiedene Relativierungsstrategien: Entweder ist die Menschenwürde kein Grundrecht, oder ihr Gehalt ist nicht konkret und unabhängig zu bestimmen, oder ein solcher Gehalt ist nicht als absolut aufzufassen. In diesem Rahmen hat Prof. Will ihre eigene Position bestimmt.

In Spanien ist die Menschenwürde kein Grundrecht – es sei denn, der Grundrechtsbegriff würde auf willkürliche Weise angewandt, was bei uns mitunter vorkommt. Wesentliche Aspekte der Würde der Person und der freien Entfaltung der Persönlichkeit sind gewiss als eigenständige Grundrechte anerkannt, so die physische und geistige Unversehrtheit und das Folterverbot (Art. 15 SpVerf.) oder die Unverletzlichkeit der Ehre und die Gewährleistung der Intimsphäre (Art. 18 SpVerf.). Aber die menschliche Würde als solche unterliegt nicht den in Art. 53.1 SpVerf. verbürgten Schutzvorkehrungen der Grundrechte (Stichwort: Wesensgehaltsgarantie), ist nicht unabhängig auf dem Wege der Verfassungsbeschwerde (Art. 53.2 SpVerf.) einklagbar und fällt auch nicht unter die Verfassungsvorschriften, die einem besonders strikten Reformverfahren unterliegen (Art. 168 SpVerf.). Insofern kommt ihr keine Existenz als Grundrecht zu, ebenso wie auch die freie Entfaltung der Persönlichkeit gemäß der spanischen Verfassung kein Grundrecht darstellt. Die Würde der Person ist lediglich ein neben anderen Verfassungsgütern in Art. 10.1 um der politischen Ordnung und des gesellschaftlichen Friedens willen verbürgter Wert. »Die Würde der Person, die ihr inhärenten Grundrechte und die freie Entfaltung der Persönlichkeit« werden in Art. 10.1 SpVerf. neben der »Achtung des Gesetzes und der Rechte der anderen« zum Fundament »der politischen Ordnung und des gesellschaftlichen Friedens« erklärt.

Als Argument taucht die Menschenwürde jedoch in der Rechtsprechung des spanischen Verfassungsgerichts immer wieder auf – allerdings lassen sich aus dieser Rechtsprechung keine konkreten Folgerungen ziehen. Unser Verfassungsgericht hat die Entscheidungen der Legislative mit nicht nur erstaunlicher Verspätung, sondern oft auch mit nicht weniger erstaunlicher Zurückhaltung immer wieder bestätigt – die seltenen Nichtigkeitserklärungen sind nicht auf eine Menschenwürdegarantie zurückzuführen, die Bezugnahme auf die Würde der Person spielt bei diesen Entscheidungen nur eine rhetorische Rolle.

In diesem Kontext – das sollte unterstrichen werden – habe ich mich gefragt, ob eine andersartige Verankerung der Menschenwürde im spanischen Verfassungstext, nämlich als (eigenständiges) Grundrecht, zu einer aktiveren Verfassungsrechtsprechung hätte führen können, die aus dem Zusammenspiel der restlichen Grundrechte mit der in ihrer Eigenschaft als Grundrecht nicht mehr zu ignorierenden Menschenwürde eine bessere, integralere Grundrechtsgarantie entwickelt hätte. Die hypothetische Frage war natürlich nicht direkt zu beantworten. Als Modell dafür habe ich mich aber – im vollen Bewusstsein der ihr innewohnenden Probleme – auf die deutsche Sachlage bezogen, ohne dabei aber eine eigene Position dazu zu riskieren. In diesem Geiste ist mein Buch von 2005 zu verstehen, eine Zusammenfassung ist auch auf Deutsch zugänglich (KritV 2006, S. 384).

Diese notwendige Kontextualisierung der Menschenwürdegarantie, mit der ich mich in jüngerer Zeit auch im Bereich der Konstitutionalisierung des Völkerrechts beschäftigt habe, ist jedenfalls ein Argument dagegen, die rechtlich verankerte Menschenwürdegarantie als absolut zu betrachten. Ist die menschliche Würde nicht über alle Grenzen hinaus gleich zu bestimmen, dann ist sie auch über die Zeit hinaus schwer zu verabsolutieren. Das Recht, als praktische Vernunft, erfüllt ja seine Funktionen immer in konkreten Umständen. Der Versuch, etwas Absolutes im Recht zu verankern, ist nur in Bezug auf etwas durch die geschichtliche

Erfahrungen schon Konkretisiertes sinnvoll (z. B. das Folterverbot), nicht aber im Bezug auf etwas erst durch die *offene Gesellschaft der Verfassungsinterpreten* (Peter Häberle) Konkretisierbares, nicht im Vorhinein Bestimmbares.

Dabei kann aber dieser Gedanke sowohl einer philosophischen Grundlegung der verfassungsrechtlichen Menschenwürdegarantie à la Kant oder Hofmann als auch dem Bewusstsein der Erniedrigung des Menschen von 1933 bis heute durchaus Rechnung tragen – nur muss das Recht solche Betrachtungen systemimmanent nach seinen eigenen Regeln konkretisieren und ausformulieren. Auch den politischen Diskurs der Menschenwürde darf das Recht nicht ignorieren – vom in Spanien so vielseitig und in großer Bandbreite weiterentwickelten *Indignez-vous!* Stéphane Hessels bis hin zu der Aussage des Königs Philipp VI. anlässlich seiner feierlichen Proklamation vor den spanischen Cortes Generales, es gäbe von der Krise betroffene Menschen, die sich in ihrer Würde verletzt fühlten. Sich im politischen Handeln an der menschlichen Würde zu orientieren bedeutet aber nicht, aus der Menschenwürde als absolut verstandene Größe die ganze Rechtsordnung ableiten zu wollen oder sie im Hinblick auf diese Absolutheit umzugestalten.

III.

2004 wurde mir eine traumhafte Gelegenheit geboten, meine Kenntnisse in der deutschen Staatsrechtslehre zu vertiefen. Damals habe ich zahlreiche und vielseitige Kontakte knüpfen können, die mich bis heute tief geprägt haben. Wenn der wissenschaftliche Dialog ein solches Ergebnis zeugt, noch dazu begleitet von einer Freundlichkeit, die ihresgleichen sucht, dann hat die persönliche Bereicherung ihren absoluten Höhepunkt erreicht. So war es bei mir im Falle von Frau Will – und dafür werde ich ihr immer dankbar bleiben.

---

* Der Autor dankt Pablo López Pietsch, LL.M. für die Zusammenarbeit bei der Erstellung der deutschen Fassung.

Martin Kutscha

Die Würde des Menschen ist antastbar

Massenüberwachung, Freiheit und staatliche Schutzpflicht

Der erste Satz des Grundgesetzes nach dessen Präambel enthält, so man ihn wörtlich nimmt, eine unzutreffende Aussage: Die Würde des Menschen »ist« durchaus antastbar – an Beispielen hierfür aus der Praxis besteht leider kein Mangel. Die Schöpfer und Schöpferinnen des Grundgesetzes haben diesen Satz freilich nicht als Zustandsbeschreibung gemeint, sondern als Sollensaussage: Die Würde des Menschen *darf* nicht angetastet werden. Über dieses Verständnis des Art. 1 Abs. 1 GG besteht Einigkeit, während darüber hinaus bei so ziemlich allen Fragen rund um die Menschenwürdegarantie Streit herrscht. Verschiedene Theorien wetteifern um die genauere Bestimmung des Schutzgegenstandes, und spätestens seit der Debatte um die sog. »Rettungsfolter« gibt es auch keine Einigkeit mehr bei der Beurteilung der Frage, wann eine Verletzung der Menschenwürde vorliegt.

In der von ihr gewohnten streitbaren Weise hat sich auch Rosemarie Will in diese Debatten eingemischt. Genannt sei hier insbesondere ihre Auseinandersetzung mit den Positionen von Ernst-Wolfgang Böckenförde in Sachen Humangenetik und Schutz des menschlichen Embryos.[1] Zu Recht verweist sie darauf, dass bereits der Parlamentarische Rat von einem breiten ethischen Fundament der Menschenwürdeformel ausging. In der Tat hat diese keineswegs nur christliche Wurzeln, sondern findet ihre Vorbilder insbesondere in der Allgemeinen Erklärung der Menschenrechte vom 10. Dezember 1948 sowie in Formulierungen des Verfassungsentwurfs von Herrenchiemsee. Die absolute Garantie der Menschenwürde ist zunächst als explizite Absage an die menschenverachtenden Praktiken des Naziregimes, also tödliche Menschenversuche, Folterpraktiken und die industriell betriebene Vernichtung der Angehörigen »minderwertiger Rassen« in den Konzentrationslagern, zu verstehen. Darüber hinaus ist der Einfluss der Lehre Immanuel Kants von der Selbstzweckhaftigkeit des Menschen unverkennbar.² Das Bundesverfassungsgericht (BVerfG) hat dieser geistesgeschichtlichen Quelle der Menschenwürdegarantie denn auch in Gestalt der berühmten »Objektformel« Rechnung getragen. Die Unschärfe dieser Formel bei der Beurteilung möglicher Verletzungsfälle erkannte das Gericht indessen schon früh.³ Es hat denn auch versucht, den konkreten normativen Gehalt der Verfassungsgarantie im Einklang mit einer verbreiteten Meinung in der Literatur »vom Verletzungsvorgang her« zu bestimmen. Die Argumentation und die Ergebnisse dabei überzeugen mal mehr, mal weniger:

Der Mensch als Rechenposten?
Uneingeschränkte Zustimmung verdienen die Ausführungen im Urteil des Ersten Senats des BVerfG vom 15. Februar 2006 zum Luftsicherheitsgesetz, in welchem dem Bundesgesetzgeber eine Verletzung des Rechts auf Leben in Verbindung mit der Menschenwürdegarantie durch den in diesem Gesetz zugelassenen »Rettungsabschuss« attestiert wurde. Durch eine solche Maßnahme, so das Gericht, behandele der Staat die unschuldigen Flugzeuginsassen als bloße Objekte seiner Rettungsaktion zum Schutze anderer. »Sie werden dadurch, dass ihre Tötung als Mittel zur Rettung anderer benutzt wird, verdinglicht und zugleich entrechtlicht; indem über ihr Leben von Staats wegen einseitig verfügt wird, wird den als Opfern selbst schutzbedürftigen Flugzeuginsassen der Wert abgesprochen, der dem Menschen um seiner selbst willen zukommt.«⁴ – Das Urteil stieß teilweise auf heftige Kritik, die in dem Vorwurf gipfelte, es habe den Staat »in solchen und vergleichbaren Situationen handlungsunfähig und wehrlos gemacht.«⁵ Solche auf eine Dispensierung elementarer Grundrechte

durch eine zu allem entschlossene Staatsgewalt im »Ausnahmezustand« zielende Kritik kann allerdings das Verdienst des BVerfG-Senats nicht schmälern, den absoluten Geltungsanspruch der Menschenwürdegarantie gegen die Zumutung einer staatlichen Allgewalt entschieden verteidigt zu haben.

Weniger überzeugend und nicht frei von Widersprüchen ist die Rechtsprechung des Gerichts zur Gewährleistung eines durch die Menschenwürdegarantie absolut geschützten Kernbereichs privater Lebensgestaltung, der jeglicher staatlichen Ausforschung entzogen sei. Eine wichtige Rolle spielte diese Argumentationsfigur vor allem in den Urteilen des BVerfG vom 3. März 2004 zum Großen Lauschangriff sowie vom 27. Februar 2008 zur »Online-Durchsuchung«.[6] In beiden Entscheidungen hat das Gericht für die Anwendung dieser in hohem Maße grundrechtsinvasiven Überwachungsmethoden zwar Grenzen gesetzt, diese aber nicht schlechthin für verfassungswidrig erklärt. Durch die Beachtung bestimmter, in den Urteilen entwickelter Schutzkonzepte soll möglichst verhindert werden, dass die jeweiligen Maßnahmen den genannten Kernbereich verletzen. Es blieb allerdings auch dem Gericht nicht verborgen, dass sich bei Maßnahmen wie z. B. der verdeckten »Online-Durchsuchung« der auf Computern gespeicherten Vielzahl von Informationen oder auch bei der »Quellen-Telekommunikationsüberwachung« erst im Nachhinein, das heißt bei der Auswertung der erlangten Daten feststellen lässt, ob diese dem – angeblich absolut geschützten – Kernbereich privater Lebensgestaltung zuzurechnen sind.[7] Zu diesem Zeitpunkt aber lässt sich die Verletzung dieses Kernbereichs nicht mehr rückgängig machen. Zwar lassen sich auf elektronischen Datenträgern gespeicherte Informationen löschen (wofür die Betätigung eines einfachen Löschbefehls freilich nicht ausreicht), nicht aber die Kenntnis der an der Auswertung beteiligten Personen. Soll dieser Widerspruch im Schutzkonzept für den Kernbereich vermieden werden, bleibt deshalb nur die Schlussfolgerung im Minderheitsvotum der Richterinnen Jaeger und Hohmann-Dennhardt zum Lauschangriffsurteil, die Anwendung einer so gefahrengeneigten Maßnahme wie der »akustischen Überwachung einer Wohnung« generell für unvereinbar mit der Verfassungsordnung zu erklären.[8]

Vor dem Hintergrund der im Sommer 2013 durch Edward Snowden enthüllten Massenüberwachung der Telekommunikation durch die NSA und andere Geheimdienste sollten die Feststellungen des BVerfG zur Verfassungswidrigkeit einer Rundumüberwachung von Personen stärker ins Blickfeld genommen werden. Wie es im genannten Urteil zum Lauschangriff heißt, wird die Menschenwürde auch dann verletzt, »wenn eine Überwachung sich über einen längeren Zeitraum erstreckt und derart umfassend ist, dass nahezu lückenlos alle Bewegungen und Lebensäußerungen des Betroffenen registriert werden und zur Grundlage für ein Persönlichkeitsprofil werden können (...)«[9] Noch grundsätzlicher setzt das Gericht in seinem Urteil vom 2. März 2010 zur Vorratsdatenspeicherung an: »Dass die Freiheitswahrnehmung der Bürger nicht total erfasst und registriert werden darf«, gehöre »zur verfassungsrechtlichen Identität der Bundesrepublik Deutschland.«[10]

Welche Freiheit? –
Grundgesetz, TTIP und »Judenfrage«
Um diese Feststellung zu untermauern, hätte das Gericht auch auf den Begriff der »freiheitlichen demokratischen Grundordnung« verweisen können, mit dem in den Art. 18, 21 Abs. 2 und 73 Abs. 1 Nr. 10b GG der Kern unserer Verfassungsordnung umschrieben wird: »Freiheitlichkeit« beinhaltet auf jeden Fall eine entschiedene Absage an die in Diktaturen übliche Überwachung der Bevölkerung insbesondere zum Aufspüren von Anzeichen politischer Unbotmäßigkeit. Oder soll sich der Begriff der Freiheit auf die Wirtschaftsfreiheit des egoistischen Bourgeois reduzieren, dem die politische Verfasstheit des Gemeinwesens gleichgültig ist? Eine solche Sichtweise dürfte den Protagonisten des geplanten Freihandelsabkommens TTIP durch-

aus willkommen sein. Sie findet sich aber auch in der Schrift »Zur Judenfrage« des jungen Marx, der die Menschenrechtserklärungen der französischen Revolution als Festschreibung der »Absonderung des Menschen von dem Menschen« und als Verabsolutierung des Privateigentums geißelte.[11] Als Junghegelianer offenbar noch dem Staatsidealismus des Meisters verhaftet, übersah er dabei, wie wichtig Abwehrrechte wie die Freiheit der Person, die Meinungs-, Presse- und Versammlungsfreiheit[12] zur Begrenzung staatlicher Willkür und zum Schutz freier politischer Betätigung des Citoyen, also gerade auch zur Organisation der »gesellschaftlichen Kräfte« des Menschen[13] sind. Und was die Garantie des Eigentums anbetrifft: Die Regelungen in den Art. 14 und 15 des deutschen Grundgesetzes sind als Reaktion auf historische Erfahrungen und nicht zuletzt auf die Marx'schen Erkenntnisse weitaus differenzierter als Art. 16 der französischen Erklärung der Menschen- und Bürgerrechte von 1793.

Zurück ins Jahr 2014: Die Beteuerung, dass es bei der massenhaften Überwachung der Kommunikation per Telefon oder Computer durch die NSA und »befreundete« Geheimdienste nur um die Entdeckung von Terroristen gehe, ist angesichts des bisher bekannt gewordenen Umfangs dieser Überwachung kaum noch glaubhaft. Realistischer dürfte da schon die Einschätzung des Bochumer Öffentlichrechtlers Joachim Wolf sein: Durch die Datenmengen solle es ermöglicht werden, »Prognosegrundlagen für plausible Einschätzungen darüber zu schaffen, was und wie ein bestimmter Nutzer denkt und wie er sich in bestimmten Situationen voraussichtlich verhalten wird.«[14] In der Tat lassen sich anhand der gezielten Auswertung allein schon der Verkehrsdaten oder Metadaten der Telekommunikation detaillierte Profile der sozialen Beziehungen der kommunizierenden Personen, ihrer Neigungen, politischen Einstellungen und persönlichen Schwächen erstellen. Die Klage z. B. des Berliner Datenschutzbeauftragten Alexander Dix, das Internet sei »von einer dezentralen Plattform zur möglichst freien Kommunikation zu einer weltweiten

Überwachungsplattform geworden«[15], ist denn auch nur zu berechtigt. Angesichts des heutigen Umfangs der Nutzung von Telefon, Handy und Computer als unverzichtbare Instrumente zwischenmenschlicher Kommunikation dürfte damit jedenfalls die Grenze zur Rundumüberwachung fast der gesamten Bevölkerung überschritten sein.

Wer den Geltungsanspruch der Menschenwürdegarantie in diesem Punkt ernst nimmt, darf deshalb dieser Praxis nicht tatenlos zuschauen oder sich auf verbales Stirnrunzeln beschränken. Was die beflissene Kumpanei des Bundesnachrichtendienstes (BND) als »Wurmfortsatz des US-Geheimdienstes NSA«[16] betrifft, ist die Abwehrfunktion dieser Verfassungsgarantie geltend zu machen. Schon der Normwortlaut verpflichtet indessen »alle staatliche Gewalt« nicht nur zur Achtung der Menschenwürde, sondern auch dazu, diese »zu schützen«. Sie muss mithin durch entsprechende Aktivitäten verhindern, dass diese von dritter Seite, also auch durch ausländische Mächte verletzt wird. Freilich hat das BVerfG dem Staat bzw. dem Gesetzgeber einen weiten Gestaltungsspielraum bei der Entscheidung eingeräumt, in welcher Weise die grundrechtliche Schutzpflicht erfüllt wird.[17] In bestimmten Fällen hat das Gericht aus dieser Schutzpflicht allerdings durchaus konkret-verbindliche Vorgaben für den Gesetzgeber abgeleitet, nämlich in seinen Entscheidungen von 1975 und 1993 zur Strafbarkeit der Abtreibung.[18] Ob es wohl den Mut fände, auch bei der hier dargestellten Verletzung der Menschenwürdegarantie konkrete Schlussfolgerungen aus der Schutzpflicht des Staates abzuleiten? »Die gesellschaftliche Wirksamkeit von Recht und Verfassung«, so schrieb Rosemarie Will richtig, »hängt insgesamt davon ab, dass sie Maßstab ist – auch für die Politik.«[19]

Auch in Sachen Massenüberwachung sollte indessen nicht allein auf die »höh'ren Wesen« in Karlsruhe vertraut werden. Zur Verteidigung der Menschenwürde und der anderen Grundrechte ist Druck »von unten« unerlässlich, das heißt insbesondere das Engagement von Bürgerrechtsorganisationen wie der Humanistischen Union. Der Verfasser dieser Zeilen hofft, auch in Zukunft gemeinsam mit Rosemarie Will im Vorstand dieser Vereinigung in diesem Sinne wirken zu können.

1 R. Will, Christus oder Kant. Der Glaubenskrieg um die Menschenwürde, Blätter für deutsche und internationale Politik 2004, S. 1228 ff.
2 Näher hierzu R. Will a. a. O., S. 1234; M. Kutscha, in: M. Kutscha/S. Thomé, Grundrechtsschutz im Internet? Baden-Baden 2013, S. 73 ff.
3 Vgl. nur BVerfGE 30, 1 (25 f.) – Abhörurteil; dazu R. Will, Die Menschenwürde: Zwischen Versprechen und Überforderung, in: F. Roggan (Hrsg.), Mit Recht für Menschenwürde und Verfassungsstaat. Festgabe f. B. Hirsch, Berlin 2006, S. 29 (S. 36 f.).
4 BVerfGE 115, 118 (153 f.).
5 So Ch. Gramm, Der wehrlose Verfassungsstaat? DVBl. 2006, S. 653 (S. 659).
6 BVerfGE 109, 279 und 120, 274.
7 Ausführlich dazu M. Kutscha a. a. O., S. 78 ff.
8 BVerfGE 109, 279 (382 f.).
9 BVerfGE 109, 279 (323).
10 BVerfGE 125, 260 (324).
11 K. Marx, Zur Judenfrage (Paris 1848), MEW 1, S. 347 (S. 364).
12 Vgl. die Art. 7 ff. der franz. Erklärung der Menschen- und Bürgerrechte von 1793.
13 Vgl. K. Marx a. a. O., S. 370.
14 J. Wolf, Der rechtliche Nebel der deutsch-amerikanischen »NSA-Abhöraffäre«, JZ 2013, S. 1039; zu den Hintergründen näher M. Kutscha, Offene Fragen zum Überwachungs-GAU, Vorgänge 204 (4/2013), S. 89 ff.
15 A. Dix, Grundrechtsschutz durch informationelle Gewaltenteilung, in: F. Roggan/D. Busch (Hrsg.), Das Recht in guter Verfassung? Festschrift f. M. Kutscha, Baden-Baden 2013, S. 95 (S. 103).
16 So der frühere NSA-Mitarbeiter Thomas Drake vor dem NSA-Untersuchungsausschuss des Bundestages, nach »Berliner Zeitung« v. 5./6. 7. 2014.
17 Vgl. z. B. BVerfGE 125, 39 (78 f.) – Sonntagsöffnung.
18 BVerfGE 39, 1 u. 88, 203.
19 R. Will a. a. O. (Fußn. 1), S. 1241.

Fredrik Roggan

Die Menschenwürde im Alltag der Strafverfolgung

1. Das »Problem« mit der Menschenwürde

Aus der Unantastbarkeit der Menschenwürde (Art. 1 Abs. 1 GG) folgt, dass sie jeder Abwägung unzugänglich ist, mithin auch einer Abwägung Würde gegen Würde. Diese vermeintliche Selbstverständlichkeit musste das *Bundesverfassungsgericht* (BVerfG) in der Entscheidung zum Luftsicherheitsgesetz im Jahre 2006 – entgegen der gesetzgeberischen Wertung – allerdings nochmals ausdrücklich postulieren. Einer der (selbstverständlich klingenden) Kernsätze dieser Entscheidung lautet, dass »es unter der Geltung des Art. 1 Abs. 1 GG schlechterdings unvorstellbar« sei, »auf der Grundlage einer gesetzlichen Ermächtigung unschuldige Menschen, die sich wie die Besatzung und die Passagiere eines entführten Luftfahrzeugs in einer für sie hoffnungslosen Lage befinden, (...) vorsätzlich zu töten«[1].

Wie aber konnte es zu einer solchen legislativen Fehlleistung kommen? *Rosemarie Will* sieht in einer Besprechung dieser Entscheidung die Ursache hierfür darin, dass die eingangs genannte juristische Gewissheit keine abschließende Sicherheit darüber bietet, was der zu schützende Inhalt der Menschenwürde in jedem einzelnen Fall ist und wann im konkreten Fall die Menschenwürde verletzt wird.[2] Ohne die sich anschließende Diskussion an dieser Stelle nachzeichnen zu können, streitet sie für eine Qualifizierung der Würdegarantie als subjektiv-öffentliches Recht bzw. (ein)klagbares Rechtsprinzip in Verbindung mit Spezialgrundrechten.

Folter zur Erlangung eines (verwertbaren) Geständnisses im Strafverfahren ist ein offenkundiges Tabu (vgl. auch § 136a StPO) – zu offenkundig ist die Kollision mit der in Rede stehenden Fundamentalnorm des Grundgesetzes. Gleichwohl bestätigt sich (auch) im Strafverfahren die Richtigkeit der oben genannten Feststellung zur fehlenden Sicherheit in Sachen Menschenwürde in konkreten Einzelfällen. Anders sind alleine die strafgerichtlichen Entscheidungen bis in die jüngsten Tage nicht zu erklären. Dabei soll insbesondere aufgezeigt werden, in welchen Situationen eines Strafverfahrens Gefährdungen der Menschenwürdegarantie zu besorgen sind.

2. Offen(sichtlich)e Menschenwürdeverletzungen im Strafverfahren

Nur scheinbar besonders eindeutig scheinen die »Brechmittel-Fälle« zu sein. Hierbei werden einem Verdächtigen zwangsweise sog. Vomitivmittel verabreicht und dieser dadurch zum Erbrechen verschluckter Drogenportionen gebracht. Je nach Einzelfall werden den Betroffenen diese Brechmittel durch eine Magensonde zwangsweise beigebracht. In der Vergangenheit wurden vereinzelt darüber hinaus Mittel injiziert, die auf das zentrale Nervensystem wirkten und zu krampfhaftem Erbrechen führten. Mitunter war ein Verdächtiger nach einer solchen Tortur bewegungsunfähig und wurde auf einem Aktenbock in eine Haftzelle gerollt. Erst das *OLG Frankfurt* erkannte im Jahr 1996 in dieser Art der Beweismittelgewinnung unter anderem einen Verstoß gegen die Menschenwürde.[3] Ungeachtet dessen ist auch heute noch in den Kommentierungen zur Strafprozessordnung (StPO) zu lesen, dass die zwangsweise Verabreichung von Brechmitteln unter strenger Beachtung des Verhältnismäßigkeitsgrundsatzes durchaus zulässig sein soll.[4] Dies bestätigt den bereits eingangs genannten Befund, dass es an einer einzelfallbezogenen *Gewissheit*, wann es sich im Rahmen von Beweiserhebungen um Menschenwürdeverletzungen handelt, bislang fehlt. Die Rechtsprechung (einschl. des Europäischen Gerichtshofs für Menschenrechte (EGMR)) verlegt insoweit einen »Reparaturbetrieb« in die Verhältnismäßigkeitsprüfung[5] und »erspart« den Rechtsanwendern damit die Wertung, dass es sich beim zwangsweisen Verabreichen von Brechmitteln (einschließlich der unvermeidbaren Nebenwirkungen) stets um die Verobjektivierung eines Verdächtigen zur Beweismittelbeschaffung handelt – und damit ausnahmslos unzulässig sein sollte.

Der Umstand, dass die Brechmittelverabreichungen in der Vergangenheit zu mindestens zwei Todesfällen führten,[6] ist mehr als eine Fußnote wert. Er unterstreicht, dass die Grenze zwischen menschenwürdeverletzender und gerade noch verhältnismäßiger Zwangsanwendung in den Brechmittel-Fällen zu unklar ist, als dass man den Strafverfolgungsbehörden die Beurteilung überlassen dürfte, wann sie überschritten wird.

Unmittelbar wahrnehmbare (zu den anderen gleich mehr) Menschenwürdeverletzungen sind jedoch auch anderweitig im Alltag der Strafverfolgung zu registrieren. Erst jüngst hatte sich das *OLG München* mit der Frage zu befassen, ob einem Angeklagten auferlegt werden darf, das aufgrund einer Erkrankung Erbrochene in einem Eimer aufzubewahren und einem Sachverständigen zwecks Untersuchung zu übergeben. Dem anordnenden *LG München* war es dabei um die Objektivierung der fünf Tage währenden Verhandlungsunfähigkeit des Angeklagten gegangen. Die Beschwerdeinstanz entschied, dass es sich bei der Anordnung um eine tiefe Beeinträchtigung der Menschenwürde und des allgemeinen Persönlichkeitsrechts handele und daher unzulässig gewesen sei.[7] So sehr dem Ergebnis des *OLG München* zuzustimmen ist, so sehr verstört die (nähere) Begründung: Unklar ist bereits, warum nicht von der Verletzung der Menschenwürde gesprochen wird, wo doch Gewissheit bestehen sollte, dass jeder Eingriff in dieses subjektiv-öffentliche Recht als Verletzung desselben zu betrachten ist. Auf direkten Kollisionskurs mit der Menschenwürdegarantie geht das Gericht dann aber, indem es ausdrücklich offen lässt, wie es die Sachlage beurteilen würde, wenn der Angeklagte sich mehrere Wochen auf eine (krankheitsbedingte) Verhandlungsunfähigkeit berufen hätte. Auch hier zeigt sich, dass die Rechtsprechung dazu zu neigen scheint, Unabwägbares für abwägungsfähig zu halten.

3. Gefahren für die Menschenwürde bei verdeckten Beweiserhebungen

Gänzlich anders gelagert sind die Gefährdungen der Menschenwürde bei verdeckten Beweiserhebungsmethoden: Die absichtsvolle Verheimlichung einer Maßnahme führt nicht nur dazu, dass sie vom Betroffenen nicht wahrgenommen wird, sondern auch dazu, dass ihre einzelfallbezogene Menschenwürderelevanz (vorläufig) im Verborgenen bleibt. Damit ist die Frage angesprochen, welches Risiko einer Menschenwürdeverletzung das Strafverfahren unter der Herrschaft der hier interessierenden Fundamentalnorm eingehen darf.

Für Lauschangriffe scheint die Antwort seit der Bundesverfassungsgerichtsentscheidung vom 3. März 2004 (BVerfGE 109, 279) gegeben zu sein: Aus dem Menschenwürdegehalt des Wohnungsgrundrechts (Art. 13 Abs. 1 i. V. m. 1 Abs. 1 GG) folgt, dass zur Entfaltung der Persönlichkeit im Kernbereich privater Lebensgestaltung die Möglichkeit gehört, innere Vorgänge wie Empfindungen und Gefühle sowie Überlegungen, Ansichten und Erlebnisse höchstpersönlicher Art zum Ausdruck zu bringen, und zwar ohne Angst, dass staatliche Stellen dies überwachen. Vom (absoluten!) Schutz umfasst sind auch Gefühlsäußerungen, Äußerungen des unbewussten Erlebens sowie Ausdrucksformen der Sexualität.[8] Insbesondere ist die Kommunikation mit Personen des besonderen Vertrauens[9] in besonderer Weise schutzwürdig und folglich von einer staatlichen Kenntnisnahme im Sinne eines abwägungsfesten Schutzes grundsätzlich auszunehmen. Für den Bereich der Lauschangriffe folgt hieraus, dass bestimmte Räumlichkeiten von einer Überwachung *a priori* ausgenommen sein können (vgl. § 100c Abs. 4 StPO) bzw. eine Überwachung abzubrechen ist, wenn sich (unerwartet) Anhaltspunkte für die Betroffenheit der Intimsphäre ergeben. Sodann greifen Löschungsgebote, absolute Verwertungsverbote[10] sowie flankierende Dokumentationspflichten (vgl. § 100c Abs. 5 StPO).

Quantitative Relevanz im Strafverfahren besitzt dieser Kernbereich privater Lebensgestaltung freilich vor allem bei den massenhaft angewandten Beweiserhebungsmethoden. Herauszustellen ist hier die Telekommunikationsüberwachung (TKÜ) nach § 100a StPO. Dort existiert eine Schutzregelung, nach der eine Maßnahme unzulässig ist, wenn tatsächliche Anhaltspunkte für die Annahme vorliegen, dass durch sie *allein* Erkenntnisse aus dem Kernbereich privater Lebensgestaltung erlangt würden (Satz 1). Erkenntnisse aus dem Kernbereich privater Lebensgestaltung, die durch eine Maßnahme erlangt wurden, dürfen nicht verwertet werden (Satz 2). Aufzeichnungen hierüber sind unverzüglich zu löschen (Satz 3). Die Tatsache ihrer Erlangung und Löschung ist aktenkundig zu machen (Satz 4). Es entspricht einem weitgehenden Konsens in der Literatur, dass die Regelung zum Erhebungsverbot nach Satz 1 verunglückt ist[11] und auch das *Bundesverfassungsgericht* kaum zur Klarstellung beitragen konnte (siehe dazu unter 1.). In jüngerer Zeit zeigte sich darüber hinaus aber, dass auch die Bestimmung zur Löschungsverpflichtung bei ausnahmsweise erfolgter Verletzung des Kernbereichs mit erheblichen Anwendungsproblemen behaftet zu sein scheint (siehe dazu unter 2.).

3.1. Unklarheiten des BVerfG

Auf den ersten Blick klärt der Zweite Senat des *Bundesverfassungsgerichts* den Inhalt der Bestimmung zum Erhebungsverbot: Ein ausschließlicher Kernbereichsbezug könne vor allem dann angenommen werden, wenn der Betroffene mit Personen kommuniziere, zu denen er in einem besonderen, den Kernbereich betreffenden Vertrauensverhältnis – wie zum Beispiel engsten Familienangehörigen, Geistlichen, Telefonseelsorgern, Strafverteidigern oder im Einzelfall auch Ärzten – stehe. Soweit ein derartiges Vertrauensverhältnis für Ermittlungsbehörden erkennbar sei, dürften Maßnahmen der Telekommunikationsüberwachung nicht durchgeführt werden.[12]

Mit »Maßnahmen der Telekommunikationsüberwachung« scheint er also nur *bestimmte* Kommunikationen bzw. TK-Kontakte zu meinen, die von einer Überwachung auszunehmen sind. Ein Erhebungsverbot gälte demnach für Verbindungen zwischen bestimmten Anschlüssen bei ansonsten weiter zulässiger Überwachung eines TK-Anschlusses im Übrigen. Dieses Verständnis liegt auch auf der Linie seiner älteren Rechtsprechung zur Email-Beschlagnahme, wonach ein Zugriff auf bestimmte Inhalte bei tatsächlichen Anhaltspunkten für einen Kernbereichsbezug lediglich *insoweit* unzulässig ist.[13]

Es mutet merkwürdig an, dass hier der Eindruck erweckt werden soll, es handele sich insoweit um eine Interpretation des Wortlauts von § 100a Abs. 4 Satz 1 StPO. Dem ist allerdings nicht so. Denn dieser meint offensichtlich die TKÜ-Maßnahme als Ganzes. Es ist deshalb richtig davon zu sprechen, dass die Entscheidung (zumindest partiell) am eigentlichen Problem vorbeigeht.[14] Insbesondere vermag sie damit aber keinen Beitrag zur Lösung des Problems zu leisten, wie das Risiko von Kernbereichsverletzungen (s. o.) bestmöglich zu reduzieren ist. Zu weiteren Problemen der Entscheidung ist auf die Ausführungen an anderer Stelle zu verweisen.[15]

3.2. *Verfassungsrechtliche Fragwürdigkeiten des Bundesgerichtshofs*

Auch anderweitig gerät die Menschenwürdegarantie bei der Durchführung von TKÜ in Bedrängnis: Bei der gewiss nicht seltenen Erfassung von Gesprächen von Beschuldigten mit engen Familienangehörigen, anderen Vertrauten oder auch ihrem Strafverteidiger stellt sich die Frage, wie die Löschungsanordnung nach § 100a Abs. 4 Satz 3 StPO in *zeitlicher* Hinsicht zu verstehen ist. Vermeintlich – wie zu zeigen sein wird: nicht aber in der Interpretation durch die Rechtsprechung – eindeutig heißt es dort, dass die Löschung *unverzüglich* zu erfolgen hat.

Insoweit gilt nach der einschlägigen verfassungsgerichtlichen Judikatur, dass wegen des Risikos einer Vertiefung der Persönlichkeitsverletzung jede weitere Aufbewahrung von Daten, die nicht hätten erhoben werden dürfen, zu unterbleiben hat.[16] Gleichsam wird damit einer Perpetuierung der Verletzung des *ex ante* festgestellten Erhebungsverbots vorgebeugt und die Einhaltung des (umfassenden) Verwertungsverbots abgesichert.[17] Als Konkretisierung dieser auf Aspekte der Menschenwürdegarantie zurückzuführenden Verpflichtung ist die *Unverzüglichkeit* der Löschung anzusehen.[18] Danach hat zu gelten, dass sich Verzögerungen nur aus sachlichen Gründen ergeben können[19] und es auf die »Schuldhaftigkeit« von Versäumnissen im Sinne der Legaldefinition des § 121 BGB[20] also nicht ankommen kann.

Der *Bundesgerichtshof* (BGH) stand nun im Jahr 2014 vor der Herausforderung, die Umsetzung der Löschungsverpflichtung im Falle eines aufgezeichneten Verteidiger-Gesprächs zu konkretisieren – und befand, dass dem Unverzüglichkeitskriterium genügt sei, wenn die Löschung ca. zweieinhalb Monate nach der Aufzeichnung erfolge.[21] Das freilich wäre nur dann vertretbar, wenn das – unzulässig – mitgeschnittene Telefonat zu diesem Zeitpunkt erstmalig zur Kenntnis der Strafverfolgungsbehörden gelangt wäre. Das ist indessen wenig wahrscheinlich und verstieße überdies gegen die Verpflichtung der Strafverfolgungsbehörde, eine so eingriffsintensive Maßnahme wie eine TKÜ ohne eine sich aus sachlichen Gründen ergebende Verzögerung auszuwerten.[22] Immerhin bestand während eines so langen Zeitraums ja die jederzeitige Möglichkeit des Zugriffs auf die Daten. Eben dieses Risiko soll die Unverzüglichkeit der Löschung aber gerade vermeiden. Insgesamt ist dem *BGH* damit zu bescheinigen, dass sein Versuch einer verfassungskonformen Auslegung der Löschungsverpflichtung in zeitlicher Hinsicht als gescheitert betrachtet werden muss.[23]

4. Die Vielfalt der Gefährdungen der Menschenwürde

Gefährdungen der Menschenwürdegarantie lauern in unterschiedlichen Situationen eines Strafverfahrens und in unterschiedlicher Hinsicht – ohne dass an dieser Stelle ein Überblick gegeben werden konnte, der Anspruch auf Vollständigkeit erhöbe. Diese Gefährdungen zeigen sich beim offenen Gegenübertreten des Staates ebenso wie bei heimlichem Vorgehen. Sie können im Rahmen von Beweiserhebungen durch die Anwendung unmittelbaren Zwangs ebenso eintreten wie durch »bloße« richterliche Anordnungen. Besonders bemerkenswert erscheint darüber hinaus, dass selbst verfassungsgerichtliche Judikatur mitunter kaum zum wirksamen Schutz der Menschenwürde in Gestalt des Kernbereichs privater Lebensgestaltung beiträgt, indem sie das zentrale Problem einer gesetzlichen Schutzregelung schlicht zu umschiffen versucht. Und wo das oberste ordentliche Gericht der Bundesrepublik die Gelegenheit hatte, zur Konkretisierung einer Löschungsverpflichtung beizutragen, scheitert dieses kläglich an einer verfassungskonformen Interpretation eines Tatbestandsmerkmals.

Damit sind diese skizzenhaften Überlegungen schlicht eine Bestätigung der Annahme von Rosemarie Will, wonach die Menschenwürdegarantie – gerade auch wegen ihrer Absolutheit – zwischen Versprechen und Überforderung schwankt.[24]

---

1 BVerfGE 115, 118 (insbes. 157 ff.).
2 *Will*, in: *Roggan* (Hrsg.), Mit Recht für Menschenwürde und Verfassungsstaat – Festgabe für Dr. Burkhard Hirsch, 2006, S. 30.
3 *OLG Frankfurt*, NJW 1997, S. 1647.
4 Vgl. etwa Meyer-Goßner/*Schmitt*, StPO, 57. Aufl. 2014, § 81a Rdnr. 22.
5 *EGMR*, NJW 2006, S. 3117.
6 Vgl. dazu BGHSt 55, 121 ff. – Fall Bremen.
7 *OLG München*, StV 2014, S. 466.
8 BVerfGE 109, 279 (313).
9 Zu diesem Kreis näher BVerfGE 109, 279 (321 ff.).
10 BVerfGE 109, 279 (331).
11 *Zöller*, StraFo 2008, S. 15 (S. 22); *ders.* ZStW 124 (2012), S. 411 (S. 431); *Eisenberg*, Beweisrecht der StPO, 7. Aufl. 2011, Rdnr. 2492; *Wolter*, GA 2007, S. 183 (S. 196); *Puschke/Singelstein*, NJW 2008, S. 113 (S. 114); *Nöding*, StraFo 2007, S. 456 (S. 458); *Knierim*, StV 2008, S. 599 (S. 603); *Baum/Schantz*, ZRP 2008, S. 137 (S. 138); HK-StPO/*Gercke*, 5. Aufl. 2012, § 100a Rdnr. 33; *Gercke*, StV 2012, S. 266 (S. 267); *Bittmann*, DRiZ 2007,

S. 115 (S. 116): »überflüssig«; *Braun/Fuchs*, Die Polizei 2010, S. 185 (S. 189 f.); *Roxin/Schünemann*, Strafverfahrensrecht, 27. Aufl. 2012, S. 295; ausf. auch *Roggan*, StV 2011, S. 762 (S. 763 f.); ferner *Joecks*, Studienkommentar StPO, 3. Aufl. 2011, § 100a Rdnr. 25; *Schwabenbauer*, AöR 137 (2012), S. 1 (S. 6).
12 BVerfGE 129, 208 (247).
13 *BVerfG*, StV 2009, S. 617 (S. 622).
14 SSW-StPO/*Eschelbach*, 2014, § 100a Rdnr. 29; *Singelnstein*, NStZ 2012, S. 593 (S. 596).
15 Näher *Roggan*, in: *ders.* (Hrsg.), Das Recht in guter Verfassung? – Festschrift für Martin Kutscha, 2013, S. 335 ff.
16 BVerfGE 109, 279 (332 f.).
17 Vgl. auch KK-StPO/*Griesbaum*, 7. Aufl. 2013, § 160a Rdnr. 10.
18 BVerfGE 109, 279 (332 f.).
19 Vgl. BVerwGE 45, 51 (63 f.).
20 So aber bspw. SSW-StPO/*Ziegler/Vordermayer*, 2014, § 160a Rdnr. 4.
21 *BGH*, NJW 2014, S. 1314 ff.
22 Vgl. Graf-StPO/*Patzak*, 2. Aufl. 2012, § 160a Rdnr. 6.
23 Näher dazu *Roggan*, NJW 2014, S. 1316.
24 So der Titel ihres Beitrages in der Hirsch-Festgabe (o. Fn. 2).

Michael Kuhn

Im Zweifel für die Freiheit?

Entscheidungen über den eigenen Körper und der Mythos der Autonomie

1. Der Grundsatz: Im Zweifel für die Freiheit

Im Zentrum des liberalen Verfassungsstaats steht die Achtung vor der Freiheit und der Autonomie des Einzelnen. »Jurisprudenz bzw. Staatsrechtslehre sehen das Individuum in seiner Einzigartigkeit im Zentrum des Rechts. Das Subjekt ist zwar gestuft in Solidaritätsbereiche eingebunden, aber es bleibt der ›archimedische Punkt‹. Das Kollektiv ist sekundär«.[1] Durch diese Fokussierung auf die Freiheit des Individuums will sich der liberale Verfassungsstaat vom totalitären Staat abheben, der die Unterordnung des Einzelnen unter das (vermeintliche) Wohlergehen der Gemeinschaft propagiert. Plakativ lässt sich die grundlegende Wertung in dem liberalen Diktum zusammenfassen, dass im Zweifel der Einzelne wichtiger ist als der Staat.

Die hohe Bedeutung der individuellen Autonomie zeigt sich in ihrer engen Verbindung mit dem höchsten Verfassungsgut, der Würde des Menschen. Bereits für Kant war die Würde vor allem die Autonomie, nach dem eigenen Gewissen zu handeln, und Freiheit daher der Grund der Würde und nicht ihre Folge.[2] Dieser Gedanke wirkt auch in der Rechtsprechung des Bundesverfassungsgerichts fort: »Dem Schutz der Menschenwürde liegt die Vorstellung vom Menschen als einem geistig-sittlichen Wesen zugrunde, das darauf angelegt ist, in Freiheit sich selbst zu bestimmen und sich zu entfalten.«[3] Schutz der Würde des Menschen bedeutet daher den Schutz seiner Autonomie: »Um seiner Würde willen muß ihm eine möglichst weitgehende Entfaltung seiner Persönlichkeit gesichert werden«.[4]

Freilich können sich in einer Gesellschaft nicht alle Individuen beliebig entfalten. Das Bundesverfassungsgericht stellt daher auch fest:»Freiheit versteht das Grundgesetz nicht als diejenige eines isolierten und selbstherrlichen, sondern als die eines gemeinschaftsbezogenen und gemeinschaftsgebundenen Individuums«.[5] Auch können Würde und Autonomie nicht deckungsgleich sein. Zum einen ließe sich dann die Würde von Menschen nicht begründen, die zur Äußerung des eigenen Willens nicht fähig sind. Zum anderen kann nicht jedes autonome Verhalten würderelevant sein, es bedarf also einer Einschränkung nach der Relevanz für die Persönlichkeitsentfaltung.[6]

Trotz dieser Einschränkungen ist es überraschend, dass der so fundamentale Stellenwert individueller Autonomie und insbesondere ihre Würderelevanz in der Einzelfallrechtsprechung des Bundesverfassungsgerichts relativ blass geblieben sind. Symptomatisch ist, dass die eben zitierten Passagen dem Gericht zur Herleitung des Gebotes des schuldangemessenen Strafens bzw. dem Verbot der KPD dienten. Sie waren also im Ergebnis Teil einer Argumentation zur Sanktion von Autonomie. Ging es dagegen um den Schutz ganz konkreter autonomer Entscheidungen, wurde die hohe grundsätzliche Bedeutung individueller Freiheit nicht in vergleichbar enthusiastischer Weise hervorgehoben. In den wenigen Fällen, in denen das Bundesverfassungsgericht einen Eingriff in das Menschenwürdegrundrecht angenommen hat, lag der Schwerpunkt dann auch nicht auf dem Schutz individuellen Verhaltens, sondern auf der Abwehr einer bestimmten Behandlung durch den Staat.[7] Einen positiven Normgehalt der Menschenwürde, der sich von anderen Freiheitsrechten abgrenzen ließe, hat das Gericht dagegen nicht herausgearbeitet.[8] Dasselbe gilt für die Figur des »Kernbereichs privater Lebensgestaltung«, die eigentlich wie geschaffen dafür scheint, den Freiheitsgehalt der Menschenwürde zu konkretisieren. Auch dieser Kernbereich wurde aber vor allem relevant, wenn der Staat Informationen über das passiv bleibende Individuum erlangen wollte – als geschützter Raum für autonome Handlungen blieb er dagegen stets nur eine vage theoretische Möglichkeit.[9]

Aber nicht nur bei der Anwendung des Autonomiegehalts der höchsten Verfassungsgüter selbst zeigt sich Zurückhaltung. Auch die Ausstrahlungswirkung bei der Anwendung einfacher Grundrechte scheint gering zu sein. Der Vorrang der individuellen Freiheit im Zweifelsfall wird also abstrakt hoch gehängt, verfestigt sich aber nicht rechtlich. Dieser Befund soll im Folgenden an einigen ausgewählten Entscheidungen des Bundesverfassungsgerichts verdeutlicht werden, die verschiedene Aspekte der Verfügungsbefugnis des Individuums über seinen eigenen Körper zum Gegenstand haben. Diese Fälle sind aus zwei Gründen instruktiv. Zum einen scheint ihre Bedeutung für die Autonomie des Individuums besonders hoch zu sein, d. h. die jeweils getroffenen Entscheidungen scheinen dem menschenwürderelevanten Autonomiebereich bzw. dem Kernbereich privater Lebensgestaltung zumindest nahe zu kommen. Zum anderen scheint es gleichzeitig weniger starke Anhaltspunkte zu gegeben, dass das Individuum bei der Verfügung über den eigenen Körper andere in besondere Weise beeinträchtigt – gerade wenn sie auch noch in der Privatsphäre stattfinden. Tatsächlich scheint aber ein staatlicher Eingriff in diesem Bereich besonders einfach möglich.

2. Der Grundsatz in der Praxis: Im Zweifel schädlich
Auffällig ist zunächst, wie leicht es zu sein scheint, dem Individuum bei Entscheidungen über den eigenen Körper gemeinwohlschädliches Handeln vorzuwerfen. Die Regel, dass der Rechtfertigungsdruck für den Staat proportional zur Intensität seines Eingriffs steigt, wirkt außer Kraft gesetzt. Zeigen lässt sich das etwa an der Rechtsprechung zur Prohibition von Cannabis und den Entscheidungen zu einvernehmlichen sexuellen Handlungen unter Erwachsenen.

Was ein erwachsener Mensch seinem eigenen Körper zuführt bzw. zuführen darf, erscheint wie der Prototyp einer höchstpersönlichen autonomen Entscheidung. Das Landgericht Lübeck hielt daher die Strafbarkeit des Besitzes von Cannabis zum Eigenbedarf für verfassungswidrig und hat die Frage dem Bundesverfassungsgericht vorgelegt. Dabei hat es ausgeführt, dass zu den grundlegenden Elementen menschlicher Selbstbestimmung die verantwortliche Entscheidung darüber gehöre, welche Nahrungs-, Genuss- und Rauschmittel der Bürger zu sich nehme. Der Rausch gehöre sogar zu den fundamentalen Bedürfnissen des Menschen.[10]

Selbst wenn man der Auffassung ist, dass eine drogenfreie Gesellschaft erstrebenswert ist, kommt man jedenfalls nicht umhin festzustellen, dass es eine solche Gesellschaft kaum gegeben hat. Im Gegenteil – Rauschmittel haben die politische, soziale und ökonomische Entwicklung der Menschheit so massiv im Guten wie im Schlechten mitgeprägt, dass man kaum umhinkommt, ihren Konsum als menschliches Grundbedürfnis anzuerkennen. Von einem Staat, dessen höchster Wert auch und gerade auf der Achtung der Autonomie des Individuums basiert, sollte man daher jedenfalls erwarten, dass er in diesem Bereich besonders zurückhaltend agiert. Man könnte annehmen, dass er das Individuum für den Umgang mit dem eigenen Körper jedenfalls nicht strafrechtlich verfolgt, solange es nicht überzeugende Gründe gibt, die dafür sprechen. In der Tat hat sich der Gesetzgeber dafür entschieden, den Konsum von Drogen als solchen nicht zu bestrafen. Allerdings wird diese Wertung dadurch konterkariert, dass der Besitz zum Eigenkonsum strafbewehrt ist.

Das Bundesverfassungsgericht hat in seinem Cannabis-Urteil 1994 dann auch festgestellt, dass Drogenkonsum vom Schutzbereich der allgemeinen Handlungsfreiheit in Art. 2 Abs. 1 GG erfasst wird. Diese Vorschrift schütze jede Form menschlichen Handelns ohne Rücksicht darauf, welches Gewicht der Betätigung für die Persönlichkeitsentfaltung zukomme.[11] Diese Formulierung kann man – vor dem Hintergrund der Ausführungen des vorlegenden Landgerichts Lübecks – durchaus in der Richtung verstehen, dass das Gericht dem Konsum von Drogen eine erhöhte Autonomierelevanz nicht abspricht. Dagegen spricht grundsätzlich auch nicht, dass es den absolut geschützten Kernbereich privater Lebensgestaltung als nicht betroffen ansieht, da das Sichberauschen vielfältige soziale Aus- und Wechselwirkungen habe.[12]

Allerdings wäre dann zu erwarten, dass sich die Frage der Bedeutung für die individuelle Autonomie irgendwie in der Prüfung der Verhältnismäßigkeit wiederfindet. Das ist aber nicht der Fall. Stattdessen erkennt man die besondere Persönlichkeitsrelevanz des fraglichen Handelns nur an der knappen Ablehnung des Kernbereichs privater Lebensgestaltung. Zwar fordert das Bundesverfassungsgericht im Ergebnis ein regelmäßiges Absehen von Strafe beim Besitz von geringen Mengen von Cannabisprodukten zum Eigenbedarf. Entscheidend hierfür sind aber die ausgemachten geringen Auswirkungen auf die Allgemeinheit,[13] das Gewicht der Entscheidung über den eigenen Körper für die Persönlichkeitsentfaltung wird nicht wieder aufgegriffen.

Noch bemerkenswerter ist es, dass es das Bundesverfassungsgericht auch nicht stört, dass Cannabis entgegen der ursprünglichen Einschätzung des Gesetzgebers weniger gefährlich zu sein scheint als die legale Droge Alkohol.[14] Auch der von ihm ausgemachte und ohne weiteres akzeptierte Zweck der Strafbarkeit des Cannabis-Konsums, »die Bevölkerung – zumal die Jugend – vor den von der Droge ausgehenden Gesundheitsgefahren (...) zu schützen und deshalb vor allem den kriminellen Organisationen, die den Drogenmarkt beherrschen (...) entgegenzutreten«[15], müsste kritische Nachfragen provozieren. Man muss kein Experte sein, um z. B. nur mit Blick auf die Erfahrungen der Alkoholprohibition in den USA Zweifel zu haben, ob Kriminalisierung von Drogenkonsum wirklich ein Mittel ist, kriminellen Organisationen den Garaus zu machen. Drogenprohibition scheint Kriminalität vielmehr zu produzieren statt einschränken. Mit dem Argument des Jugendschutzes besteht aber darüber hinaus ein grundsätzliches Problem – zumindest wenn man es so versteht wie die

Drogenbeauftrage der Bundesregierung Marlene Mortler, der zufolge eine Freigabe von Cannabis ein falsches Signal an die Jugend wäre.[16] Darf man Erwachsene für autonome Entscheidungen über den eigenen Körper bestrafen, nur um der Jugend ein Signal zu senden, dieselbe Entscheidung nicht zu treffen? Müsste man dann Erwachsenen nicht alles verbieten, was Jugendliche nicht machen sollten? Im Ergebnis wären alle Bürger für den Staat Jugendliche in dem Sinn, dass ihnen die freie Selbstbestimmung nicht zugestanden wird.

Vielleicht noch eindringlicher lässt sich der niedrige tatsächliche Wert der individuellen Autonomie über den eigene Körper an den Entscheidungen erkennen, die sich mit selbstbestimmter Sexualität unter Erwachsenen beschäftigen. Wenn der Staat auf der Achtung der Autonomie des Einzelnen gebaut ist, dürften für ihn im Intimleben der Menschen kaum Regelungsmöglichkeiten bestehen. Auch diese Vermutung bestätigt sich aber nicht. Sicherlich keine Glanzstunde des Bundesverfassungsgerichts war seine Entscheidung, die Strafbarkeit homosexueller Handlungen unter Männern nach § 175 StGB a. F. aufrecht zu erhalten.[17] Den sich aufdrängenden Gedanken, dass bei der Bestrafung einvernehmlicher Intimität zwischen Erwachsenen ein »letzte[r], unantastbare[r] Bereich menschlicher Freiheit« betroffen sein könnte, erledigt es berüchtigterweise mit der Feststellung, dass ein solcher Bereich keine Handlungen miteinbeziehe, die die soziale Gemeinschaft als eindeutig im Widerspruch zu dem Sittengesetz stehend ansieht.[18] Die folgenden Argumente, warum männliche Homosexualität sozialschädlich sein soll, wirken auch aus damaliger Sicht wenig plausibel – selbst wenn sie auf Experten gestützt wurden, die allerdings nicht mehr als »allgemeine Erfahrung« vorzuweisen hatten. Ein Blick lohnt sich auch hier auf das Argument des Jugendschutzes, das noch mehr überzeichnet als in der Cannabis-Entscheidung. Allein durch die Tatsache, dass erwachsene Männer für homosexuelle Handlungen nicht bestraft werden, soll die Gefahr bestehen, dass heterosexuelle Jugendliche homosexuell werden oder gar sexueller Missbrauch von Männern an Jungen in der Gesellschaft salonfähig wird.[19] Diese Entscheidung mag im Ergebnis überholt sein,[20] allerdings nicht weil die Autonomie des Einzelnen heute grundsätzlich einen anderen Stellenwert in der Rechtsprechung hätte. Das zeigt die Entscheidung des Gerichts, die Strafbarkeit des Geschwisterinzests zu bestätigen.[21] Der Kernbereich privater Lebensgestaltung war dort zwar nicht mehr explizit wegen eines Verstoßes gegen das Sittengesetz nicht betroffen, sondern weil der Beischlaf unter Geschwistern vielfältig in die Familie und die Gesellschaft hineinwirke.[22] Ein Verweis auf die »kulturhistorisch begründeten, nach wie vor wirkkräftigen gesellschaftlichen Überzeugung von der Strafwürdigkeit des Inzestes«[23] fehlt an anderer Stelle dennoch nicht. Immerhin kommt das Bundesverfassungsgericht mittlerweile nicht mehr umhin einzugestehen, dass die sozialschädlichen Wirkungen des Intimlebens des Einzelnen nicht wissenschaftlich nachgewiesen sind, und dass es ihm genügt, wenn sie »plausibel«[24], sogar nur »nicht irrational«[25] erscheinen.

3. Der Grundsatz in der Praxis: Im Zweifel kein freier Wille

Wenn man die Strafbarkeit von Drogenkonsum und einvernehmlicher Sexualität befürwortet, muss man grundsätzlich noch von der selbstbestimmten Entscheidungsfreiheit des Individuums ausgehen. Schließlich geht es darum, es für seine Schuld, d. h. seine vorwerfbare freie Entscheidung zu gemeinschaftsschädlichem Tun zu bestrafen. Durch die Strafe soll nicht der Bestrafte geschützt werden, sondern die Gesellschaft und ihre besonders schützenswerten Anteile – wie die Jugend – als abstrakte Kategorie.

In einer anderen Fallgruppe geht es nicht darum, das Individuum für die Verfügung über den eigenen Körper zu bestrafen. Die Verbote richten sich an Dritte mit dem Ziel, dem Individuum tatsächliche Handlungsmöglichkeiten zu beschneiden. In diesen Fällen muss nicht mehr umständlich auf den Schutz der Allgemeinheit verwiesen werden.

Dem Einzelnen kann gleich selbst die Fähigkeit zur freien Entscheidung abgesprochen werden. Anders gesagt: Er wird selbst zum besonders schützenswerten Teil der Gesellschaft, und zwar schützenswert vor sich selbst. Natürlich hat der Schutz vor sich selbst grundsätzlich auch in einem Staat seinen Platz, der die Autonomie des Individuums als höchsten Wert begreift. Andererseits beinhaltet die Achtung vor der individuellen Autonomie gerade auch die Achtung vor Entscheidungen, die als ungünstig oder unvernünftig erscheinen. Man könnte daher erwarten, dass der Schutz vor sich selbst nur bei einem die Willensfreiheit ausschließenden Zustand oder zum Schutz der Grundrechte Dritter zulässig wäre.[26] Eine solch restriktive Handhabung des Schutzes vor sich selbst findet aber nicht statt.

In der Entscheidung zur Lebendorganspende etwa hat das Bundesverfassungsgericht Vorschriften bestätigt, die eine Lebendspende von nicht regenerierungsfähigen Organen an Personen ausschließen, die nicht mit dem Spender in einem persönlichen Näheverhältnis stehen.[27] Auch hier findet sich an keiner Stelle ein Argumentationsmuster, dass der Entscheidung über den eigenen Körper ein besonderes Gewicht einräumen würde. Zum Schutz vor sich selbst heißt es knapp: »Auch wenn selbstgefährdendes Verhalten Ausübung grundrechtlicher Freiheit ist, ändert dies nichts daran, daß es ein legitimes Gemeinwohlanliegen ist, Menschen davor zu bewahren, sich selbst einen größeren persönlichen Schaden zuzufügen.«[28] Weiter führt das Gericht aus: »Die Regelung ist zur Zweckerreichung geeignet und erforderlich. Der Gesetzgeber ist davon ausgegangen, daß die Freiwilligkeit der Organspende grundsätzlich nur bei einem verwandtschaftlichen oder sonstigen Näheverhältnis vermutet werden kann.«[29] Im Ergebnis muss der Gesetzgeber für den Schutz vor sich selbst also nur einen *plausiblen* Grund vorbringen, warum er in bestimmten Fallkonstellationen einen freien Willen beim Einzelnen nicht *vermutet*. Besonders stichhaltig muss dieser Grund nicht sein. Im Beispiel der Lebendorganspende etwa scheint der freie Wille gerade in einem Näheverhältnis durch emotionalen Druck eingeschränkt und weniger bei einer rein altruistischen Fremdspende. Auch ist der Gesetzgeber nicht verpflichtet, im Einzelfall das Vorliegen eines freien Willens zu überprüfen – wie er es z. B. bei der zulässigen Lebendspenden im Näheverhältnis versucht hat.[30] Er darf einfach pauschal sein Nichtvorliegen vermuten.

Noch eindringlicher zeigt sich dieses Denkmuster bei der Neuregelung der Strafbarkeit der Sterbehilfe. Nach der Gesetzesbegründung soll der potenzielle Suizident vor einer abstrakt das Leben und die Autonomie des Einzelnen gefährdenden Handlung in Form einer geschäftsmäßigen Förderung der Selbsttötung geschützt werden.[31] Es geht also darum, Autonomie zu schützen, indem man dem Einzelnen praktische Handlungsoptionen nimmt, die durch organisierte Sterbehilfe eröffnet werden. Dieser Argumentation liegt ein interessantes Verständnis von Autonomie zugrunde. Es wird vermutetet, dass der Mensch bei der Entscheidung über sein eigenes Leben von Zwängen getrieben ist und daher eine Gefahr für seine eigene Autonomie darstellt. Diese Denkweise durchzieht das Gesundheitsrecht. Es wird vermutet, dass der Einzelne nicht ausreichend informiert ist, und ihm gegebene Informationen nicht einordnen kann. Der Begründungsaufwand dafür scheint gering zu sein. Es gibt keine Abwägungsregel, dass man grundsätzlich von einem informierten Menschen ausgehen müsste, vielleicht sogar von einem Menschen, der fähig ist, sich kritisch im Internet zu informieren.[32] Es gibt nicht einmal einen Grundsatz, dass Mechanismen zur Überprüfung der Autonomie der pauschalen Vermutung der Nicht-Autonomie vorzuziehen wäre. Mehr noch: Die pauschale Vermutung der Nicht-Autonomie darf sich Verteidigung der Autonomie nennen.

4. Erklärungsversuche

Was sind die Gründe, dass die Autonomie des Individuums vom liberalen Verfassungsstaat in bunten Farben auf dem Schild geführt wird, aber bei Entscheidungen über den eignen Körper mit so geringem Begründungsaufwand weggewischt werden kann?

4.1. *Die Zwickmühle der Unantastbarkeit*
Die Antwort auf die Frage, warum sich das Bundesverfassungsgericht in Fragen der autonomen Entscheidung über den eigenen Körper so zurückhält, könnte zunächst in der Unantastbarkeit der Menschenwürde liegen. Nach der Rechtsprechung des Bundesverfassungsgerichts ist die Menschenwürde ein eigenständiges Grundrecht, in das aufgrund seiner Unantastbarkeit nicht eingegriffen werden darf. Es ist also nicht möglich, Eingriffe in die Menschenwürde zu rechtfertigen oder die Menschenwürde mit anderen Verfassungsgütern, und sei es der Menschenwürde anderer, abzuwägen.[33]

Damit lässt sich erklären, warum der Schutzbereich der Menschenwürde oder die Umgrenzung des Kernbereichs privater Lebensgestaltung so unbestimmt geblieben ist. Wäre ein unantastbarer Handlungsbereich bestimmt, würde das Individuum in ihm gegenüber dem Staat absolut frei. Absolute Freiheit ist aber nichts, das ein Staat gerne gewährt, so liberal er auch sein mag. Es ist kaum absehbar, was das Individuum mit absoluter Freiheit anfangen wird. Eine korrigierende Engerziehung des Schutzbereichs wäre nur unter großen Opfern möglich. Wegen der »Ewigkeitsgarantie« des Art. 79 Abs. 2 GG könnte nicht einmal eine Verfassungsänderung helfen. Das Verfassungsgericht müsste vielmehr eingestehen, dass es sich über die Auslegung des höchsten, unantastbaren Verfassungsguts getäuscht hat.

Nicht erklären lässt sich mit der Unantastbarkeit allerdings die Frage, warum nicht außerhalb des unantastbaren Kerns wenigstens ein nur unter erhöhten Begründungsanforderungen antastbarer Bereich menschlicher Freiheit existiert. So könnte hohe Autonomierelevanz der Verfügung über den eigenen Körper in den Abwägungsmaßstab der Verhältnismäßigkeitsprüfung einfließen. In diesem Fall wäre es immer noch möglich – wenn auch argu-

mentativ etwas aufwendiger – im Einzelfall die Autonomie
des Einzelnen zurücktreten zu lassen.

4.2. Der Beurteilungsspielraum des Gesetzgebers
Ein anderer Grund für die Zurückhaltung des Gerichts
könnte in dem Beurteilungsspielraum liegen, den es dem
Gesetzgeber einräumt.[34] Für einen solchen Einschätzungsspielraum
gibt es gute Gründe. Unmittelbar einsichtig ist,
dass die am Gesetzgebungsverfahren beteiligten Organe
eine viel größere zeitliche und personelle Kapazität als ein
Gericht haben, die vorhandenen wissenschaftlichen Erkenntnisse
zu überblicken und auszuwerten. Das gilt gerade,
wenn keine gesicherten Erkenntnisse vorliegen und
aufgrund von Gefahrenprognosen gehandelt werden muss.
Noch gewichtiger ist aber der Gedanke, dass die maßgeblichen
Entscheidungen vom direkt legitimierten Gesetzgeber
getroffen werden sollten. Das Verfassungsgericht
sollte es dagegen vermeiden, zu einer Art Ersatzgesetzgeber
zu mutieren.

Konkret zu umreißen ist der Beurteilungsspielraum des
Gesetzgebers freilich nicht. Das liegt auch daran, dass er
in einem Spannungsverhältnis mit Grundentscheidungen
der Verfassung steht. Der Parlamentarische Rat hat das
Bundesverfassungsgericht mit einer umfassenden Prüfkompetenz
ausgestattet. Bereits außerhalb des Anwendungsbereichs
der Grundrechte ist es nicht gelungen, bestimmte
politische von rechtlichen Fragen zu trennen, um
sie richterlicher Entscheidung zu entziehen oder wenigstens
einer richterlichen Selbstbeschränkung zu unterwerfen
– Verfassungsrecht bleibt »geronnene Politik«[35]. Im
Anwendungsbereich der Grundrechte und damit des Verhältnismäßigkeitsgrundsatzes
kann eine klare Abgrenzung
der Kompetenzen von Verfassungsgericht und Gesetzgeber
erst recht nicht gelingen. Es darf keinen Raum
gesetzgeberischen Handelns geben, der per se von verfassungsgerichtlicher
Überprüfung frei wäre.

Inwieweit das Bundesverfassungsgericht dem Gesetzgeber
einen Beurteilungsspielraum einräumt, unterliegt

daher keiner klaren Dogmatik. In manchen Bereichen, wie z. B. den Entscheidungen zum Nichtraucherschutzgesetz[36], zum Hartz IV-Regelsatz[37], zur Höhe der Richterbesoldung[38] oder zur Vorratsdatenspeicherung[39] zieht das Bundesverfassungsgericht aus den weiten Normen der Verfassung überraschend konkrete materielle und formelle Vorgaben an den Gesetzgeber, wie weit er sich in seinem Gestaltungsspielraum bewegen darf. Teilweise bleibt ihm nur noch, die Vorgaben des Verfassungsgerichts umzusetzen. In anderen Bereichen – wie den Entscheidungen über den eigenen Körper – scheint das Bundesverfassungsgericht dagegen nicht einmal mehr formale Anforderungen an Prognoseentscheidungen zu stellen.[40] Während dem Gericht regelmäßig in den erstgenannten Bereichen eine Kompetenzüberschreitung vorgeworfen wird,[41] ist bei den Entscheidungen über den eigenen Körper die diametral entgegenstehende Kritik angebracht: »Die Staatsrechtswissenschaft hat das Übermaßverbot zu lange als verfassungsgerichtliches Einfallstor in die Kompetenzen des Gesetzgebers angesehen und zu wenig beachtet, dass es aufgrund zugestandener Einschätzungsprärogativen als Weichmacher der Bindung des Gesetzgerbers an die Grundrechte wirkt.«[42]

Diese Uneinheitlichkeit im Umgang mit dem Beurteilungsspielraum des Gesetzgebers legt nahe, dass der Beurteilungsspielraum ein Mittel ist, die Einschränkung individueller Autonomie nicht zu überprüfen, nicht aber der eigentliche Grund dafür. Hinter dem geringen Wert der Autonomie über den eigenen Körper müssen also zumindest noch weitere Erwägungen stecken, auch wenn sie nicht dogmatisch transparent gemacht werden.

4.3. Autonomie nur unter kollektiver Kontrolle

Möglicherweise ist es schon naiv, die individuelle Autonomie als höchsten Wert des liberalen Verfassungsstaats beim Wort nehmen zu wollen. Der Staat muss schließlich gegenüber der Freiheit des Einzelnen skeptisch bleiben. Letztendlich legitimiert er sich durch seine unabdingbare Aufgabe, die Freiheit des Einzelnen zugunsten eines geordneten Zusammenlebens in Sicherheit und Ordnung einzuschränken. Ohne ihn würde sich das unvernünftige, triebgetriebene, selbstsüchtige und selbstzerstörerische Individuum selbst und andere im Hobb'schen Naturzustand aufreiben. Aber nicht nur die staatliche Ordnung, auch der Einzelne hat gegenüber dem freien Willen der anderen eine natürliche Skepsis. So zeigt etwa der in der Sozialpsychologie beschriebene Third-Person-Effekt, dass der Einfluss der Massenmedien auf andere bedeutend stärker eingeschätzt wird als auf einen selbst. Mit der Autonomie im Sinne einer »wirklich freien« Entscheidung der anderen ist es also nie weit her.

Das erklärt, warum der »freie Wille« umso schützenswerter erscheint, je mehr er kollektiv eingebunden und kontrolliert ist. Die Besonderheit bei den Entscheidungen über den eigenen Körper liegt darin, dass diese kollektive Bindung besonders schwach erscheint. Es könnte also gar nicht auf die vermeintlichen negativen Auswirkungen auf die Gemeinschaft bzw. den Selbstschutz als solchen ankommen. Die Argumentation, dass der Einzelne durch eine Entscheidung über seinen eigenen Körper zerstörerisch in das Gemeinwesen hineinwirkt, ist sowieso nie besonders stark und bedarf daher des Schutzes beinahe grenzenloser unüberprüfbarer Einschätzungsspielräume. Entscheidender könnte sein, dass das Individuum bei seinem Handeln weder kollektiver Kontrolle unterworfen ist noch sich aus seinem Handeln Gemeinwohlvorteile zu ergeben scheinen. Zwar spricht etwa beim Drogenbesitz zum Eigenkonsum viel dafür, dass es für das Gemeinwohl sogar vorteilhafter wäre, auf eine Bestrafung zu verzichten oder sogar eine kontrollierte Abgabe bestimmter Stoffe zuzulassen. Diese Vorteile beruhen aber nicht auf dem Eigenkonsum als solchem. Er scheint allenfalls von individuellem Interesse zu sein, der sich leicht als eine »isolierte und selbstsüchtige« Abkapselung von den kollektiv akzeptierten und gelebten Bewusstseinszuständen verstehen lässt. Das Verständnis von Autonomie in der Gesetzesbegründung zur Reform der

Sterbehilfe zeigt: Mit Autonomie ist nur der vom Kollektiv gesteckte Rahmen für individuelle Autonomie gemeint – und dieser muss nicht rational begründet sein, er muss nur der Mehrheitsauffassung entsprechen.[43]

Kommunikations- oder Wirtschaftsgrundrechte haben aus demselben Grund ein viel größeres Gewicht, obwohl der Einzelne bei ihrer Wahrnehmung tatsächlich viel intensiver in die Gemeinschaft hineinwirkt. In der Verhältnismäßigkeitsabwägung wird etwa betont, dass die Meinungsfreiheit für die Demokratie schlechthin konstituierend ist[44] – besonders intensive Eingriffe in die Berufsfreiheit sollen nach der Stufenlehre nur zur »Abwehr nachweisbarer oder höchstwahrscheinlicher schwerer Gefahren für ein überragend wichtiges Gemeinschaftsgut«[45] möglich sein. Warum gibt es keine solchen Argumentationsfiguren für die besonders intensiven Eingriffe in die Autonomie über den eigenen Körper? Bei kommunikativer oder wirtschaftlicher Betätigung ist der Einzelne eben notwendigerweise in den Austausch mit anderen eigebunden und allein dadurch schon einer kollektiven Kontrolle unterworfen. Er ist dabei zudem oft Teil organisierter Gruppen und nimmt am gesellschaftlichen Leben teil. Er tritt nicht bloß als Einzelner auf, dem es nur um seinen individuellen freien Willen über sich selbst geht. Aufschlussreich ist auch das Verhältnis der Religions- zur Weltanschauungsfreiheit. Die kollektiv verstärkte Religionsfreiheit »darf mehr« als die individuelle Weltanschauung oder das individuelle Gewissen[46], an dessen Ernsthaftigkeit darüber hinaus weit mehr gezweifelt wird und werden darf als an der Ernsthaftigkeit kollektiver religiöser Überzeugung.

4.4. Der Mythos des freien Willens
Vielleicht liegt das Problem sogar tiefer. Vielleicht liegt hinter dem Misstrauen gegenüber dem Individuum auch die Einsicht, dass es den freien Willen so gar nicht gibt. Die Strafrechtswissenschaft ringt seit langem mit Erkenntnissen, die das Konzept des freien Willens und damit

die Vorstellung von Schuld als Vorwerfbarkeit des Handelns grundsätzlich in Frage stellen.[47] Ausgangspunkt ist dabei oft ein Verweis auf das berühmte Experiment von Benjamin Libet 1979. Er konnte zeigen, dass sich Entscheidungen im Gehirn messen lassen, bevor der Mensch eine bewusste – vermeintlich freie – Entscheidung trifft.[48] Wir tun also nicht, was wir wollen, wir wollen in Wirklichkeit nur, was wir tun.[49] Auf die Bedingungen, nach denen unsere neuronalen Netzwerke unsere Entscheidungen produzieren, haben wir keinen Einfluss. Wenn ein an Schizophrenie erkrankter Mensch einen anderen tötet, weil es ihm Stimmen befohlen haben, wird kaum einer seine Tat für vorwerfbar halten. Wenn ein psychisch als gesund geltender Mensch aus Habgier tötet, ist die Bewertung naturgemäß eine völlig andere. Aber kann er für den Gedanken, einen anderen zu töten, und den Impuls, ihm zu folgen, wirklich mehr als der psychisch Kranke für die Stimmen in seinem Kopf?

Schon eine einfache Selbstbeobachtung zeigt, dass Gedanken und Intentionen aus dem Nichts entstehen und ins Bewusstsein dringen.[50] Im Grunde könnte es pures Glück sein, wenn diese Gedanken nicht zum Inhalt haben, uns oder anderen zu schaden, oder wenn wir den Eindruck haben, wir könnten sie reflektieren, ihnen aus »freiem Willen« nicht folgen. Hinter jeder Entscheidung stehen vorgeschaltete neuronale Prozesse, die von Faktoren beeinflusst werden, für die wir nichts können. Es wurde etwa gezeigt, dass die Wahrscheinlichkeit, gewalttätig zu werden, durch das Zusammenspiel individueller biologisch-psychologischer und sozialer Risikofaktoren bedingt ist, etwa Genetik und Kindheitserfahrungen.[51] Manchmal mag es ausreichen, dass man als Kind Umweltgiften wie Blei ausgesetzt war.[52]

Trotzdem wollen wir in einer Welt leben, in der der Einzelne für seine Entscheidungen strafrechtlich verantwortlich ist. Und das ist auch ohne »freien Willen« möglich. Allerdings kann Strafe nicht mehr mit Vergeltung, sondern nur noch mit Prävention begründet werden. Auch bleibt ohne »freien Willen« ein Staat denkbar und erstrebenswert, in dem die Autonomie Grundlage für die Würde des Einzelnen ist. Es muss sich allerdings ihre Bewertung ändern – und das kann durchaus positive Effekte haben. Vielleicht besteht nämlich für den Schutz der Autonomie gerade das Problem darin, dass der Mensch philosophisch zu einem transzendenten geistig-sittlichen Wesen überhöht wird. Tatsächlich ist der Mensch aber kein solches »Geistwesen«, er ist ein »Gehirnwesen«.[53] Der Staat muss daher seine Autonomie nicht nur als Ausdruck eines hypothetischen, absolut freien Gewissens respektieren, das sich aufgrund allerlei körperlicher und weltlicher Zwänge tatsächlich gar nicht entfalten kann. Er muss Autonomie als Funktion respektieren, die von neuronalen Netzwerken gesteuert wird, deren Eingabeparameter auf Zufällen basieren. Natürlich muss der Staat weiter eine Grenze ziehen, ab wann geistige Krankheit und Unreife beginnt, die Schutz vor sich selbst erfordert. Aber es wird viel deutlicher, dass auch derjenige, dem die volle Autonomie zugestanden wird, unvernünftig, selbstschädigend und auch für die Gemeinschaft nicht völlig unbedenklich handeln können muss. Eine Entscheidung, die frei von Zwängen, Beeinflussung und Unvernunft ist, kann es nicht geben – jede Entscheidung ist das Ergebnis von absoluten biologischen Zwängen. Ein übersteigertes, verklärtes Idealbild der Autonomie muss dagegen für den Auslegungsmaßstab bedeutungslos bleiben.

5. Mehr Freiheit im Zweifel

Am Ende bleibt der Eindruck, dass die individuelle Autonomie in den Fällen der Entscheidungen über den eigenen Körper nicht den argumentativen Stellenwert zu haben scheint, den man erwarten würde. Was auch immer der Grund dafür sein mag – lässt sich am Ende nur feststellen, dass der Staat den freien Willen des Individuums in diesem Bereich gar nicht garantieren will oder gar kann?

Das erscheint jedenfalls nicht zwingend. In der Unantastbarkeit der Menschenwürde kommt vielleicht gerade die Einsicht zum Ausdruck, dass jeder staatliche Eingriff mit Blick auf die kollektive Bindung des Individuums gerechtfertigt werden kann – zumindest auf eine Art und Weise, die aus der Zeit und den politischen Umständen heraus plausibel erscheinen mag. So gesehen ist die Unantastbarkeit eine Absage an plausible Argumente, an Einschätzungsspielräume und die allgemeine Lebenserfahrung von Experten. Der Staat leistet sich, die Menschenwürde des Einzelnen zu garantieren, selbst wenn argumentiert werden sollte, dass er selbst daran zugrunde geht. Dieser Schritt ist nicht so mutig wie er scheint. Er beruht auf der Einsicht, dass ein solches Szenario so unwahrscheinlich ist, dass alle Argumente in diese Richtung mit an Sicherheit grenzender Wahrscheinlichkeit vorgeschoben sind. Die Ausstrahlungswirkung dieser *Unantastbarkeit* sollte der Mut zur *schweren Antastbarkeit* der Autonomie über den eigenen Körper sein.

Wenn man allerdings davon ausgeht, dass der Staat bzw. die Gerichte die Freiheit des Einzelnen über seinen eigenen Körper auch im Prinzip nicht garantieren können, kommt es zu einer merkwürdigen Schlussfolgerung. An den Entscheidungen über den eigenen Körper lässt sich nämlich nachvollziehen, dass es gerade der massenhafte Ungehorsam der Einzelnen ist, der sozialen Wandel befördert. Durch den Verstoß gegen Verbote wird erzwungen, dass sich die Mehrheit über deren Sinnhaftigkeit und Gerechtigkeit Gedanken macht. Und die Konformität, mit Verboten über den eigenen Körper zu verfügen, scheint verständlicherweise besonders gering zu sein. So gesehen lebt der freiheitliche Staat tatsächlich von einer Voraussetzung, die er selbst nicht garantieren kann.[54] Es sind aber weniger Kollektive, die dabei helfen, das Individuum einzubinden und zu kontrollieren. Es ist der Mut des Individuums, sich die Autonomie zuzugestehen, die ihm das Kollektiv nicht gewähren kann.

1. Häberle, Peter, Das Menschenbild im Verfassungsstaat, Berlin 1988, S. 77.
2. Dreier, Horst, in Dreier, GG, Art. 1, Rn. 14.
3. BVerfG, Urteil vom 30. 6. 2009 – 2 BvE 2/08,u. a. = BVerfGE 123, 267–437 – Lissabon, Rn. 364 – juris.
4. BVerfGE 5, 85 (204) – KPD-Verbot.
5. BVerfG, Urteil vom 21. 6. 1977 – 1 BvL 14/76 = BVerfGE 45, 187 – Lebenslange Freiheitsstrafe, Rn. 144 (zitiert nach juris).
6. Vgl. Muders, Sebastian, Autonomie als Würde? – Zur Bedeutung personaler Autonomie im Begriff der Menschenwürde, in: Andorno, Roberto/Thier, Markus (Hrsg.), Menschenwürde und Selbstbestimmung, Zürich 2015, S. 3 f.
7. Beispiele hierfür sind die Entscheidungen zur lebenslangen Freiheitsstrafe (BVerfGE 45, 187), zur Abschusserlaubnis von Flugzeugen im Luftsicherheitsgesetz (BVerfGE 115, 118) oder jüngst zu einer Auslieferung aufgrund eines Europäischen Haftbefehls (BVerfG, Beschluss vom 15. 12. 2015 – 2 BvR 2735/14). Auf diese Fälle passt die von Bundesverfassungsgericht zur Konkretisierung des Menschenwürdenwürdeschutzes genutzte Frage, ob der Mensch zum bloßen Objekt des Staates gemacht wird (Objektformel), da sie ohne positive Inhaltsbestimmung der Menschenwürde auskommt (vgl. Will, Rosemarie, »Bedeutung der Menschenwürde in der Rechtsprechung – Essay«, in: Aus Politik und Zeitgeschichte 35–36/2011 , S. 8–14.). Auch die Objektformel basiert allerdings – aufbauend auf den Überlegungen von Kant – auf dem zentralen Wert der individuellen Autonomie, vgl. grundlegend Dürig in Maunz/Dürig, GG. 1. Lfg. 1957, Art. 1 Abs. 1, Rn. 18.
8. Will, Rosemarie, Bedeutung der Menschenwürde in der Rechtsprechung – Essay, in: Aus Politik und Zeitgeschichte 35–36/2011, S. 8–14.
9. Vgl. Barrot, Johannes, Der Kernbereich privater Lebensgestaltung, Baden-Baden 2012, S. 86 f. und 212 ff.
10. BVerfG, Beschluss vom 9. 3. 1994 – 2 BvL 43/92 u. a. = BVerfGE 90, 145 – Cannabis, Rn. 40 (zitiert nach juris).
11. BVerfG, a. a. O. (Fn. 10), Rn. 119.
12. BVerfG, a. a. O. (Fn. 10), Rn. 119 ff.
13. BVerfG, a. a. O. (Fn. 10), Rn. 163.
14. BVerfG, a. a. O. (Fn. 10), Rn. 73.
15. BVerfG, a. a. O. (Fn. 10), Rn. 152.
16. Vgl. http://www.drogenbeauftragte.de/index.php?id=3028. (letzter Abruf 1. 10. 2016).
17. BVerfG, Urteil vom 10. 5. 1957 – 1 BvR 550/52 = BVerfGE 6, 389–443 – Homosexuelle (zitiert nach juris).
18. BVerfG, a. a. O. (Fn. 17), Rn. 166.
19. BVerfG, a. a. O. (Fn. 17), Rn. 149, 176.
20. Gleichsam wurde die Homosexuellen-Entscheidung noch im Jahr 1973 durch das Bundesverfassungsgericht bestätigt (BVerfGE 36, 41 ff.). Sie ist damit immer noch geltendes Recht, was als Argument gegen die strafrechtliche Rehabilitierung Homosexueller angeführt wird, vgl. Burgi, Martin, Rechtsgutachten zur Frage der Rehabilitierung der nach § 175 StGB verurteilten homosexuellen Männer: Auftrag, Optionen und verfassungsrechtlicher Rahmen, 2016, S. 58 ff.
21. BVerfG, Beschluss vom 26. 2. 2008 – 2 BvR 392/07 = BVerfGE 120, 224 – Geschwisterinzest (zitiert nach juris).
22. BVerfG, a. a. O. (Fn. 21), Rn. 40.
23. BVerfG, a. a. O. (Fn. 21), Rn. 50.
24. BVerfG, a. a. O. (Fn. 21), Rn. 44.
25. BVerfG, a. a. O. (Fn. 21), Rn. 49; vgl. auch das kritische Sondervotum des Richters Hassemer, ebd., Rn. 73 ff.
26. So aber Gassner, Ulrich, Patientenautonomie unter Dauerfeuer, www.lto.de vom 31. 3. 2016.
27. Vgl. § 8 Abs. 1 S. 2 Transplantationsgesetz.
28. BVerfG, Beschluss vom 11. 8. 1999 – 1 BvR 2181/98 u. a. – Lebendorganspende, Rn. 72 (zitiert nach juris).
29. BVerfG, a. a. O. (Fn. 28), Rn. 75.
30. Vgl. § 8 Abs. 3 S. 2 Transplantationsgesetz: »Weitere Voraussetzung für die Entnahme von Organen bei einem Lebenden ist, dass die nach Landesrecht zuständige Kommission gutachtlich dazu Stellung genommen hat, ob begründete tatsächliche Anhaltspunkte dafür vorliegen, dass die Einwilligung in die Organspende nicht freiwillig erfolgt oder das Organ Gegenstand verbotenen Handeltreibens (...) ist.«

31 BT-Drs. 18/5373, S. 11 f., 14.
32 Vgl. Gassner, Ulrich, Patientenautonomie unter Dauerfeuer, lto.de vom 31. 3. 2016.
33 Vgl. ausführlich Will, Rosemarie, Bedeutung der Menschenwürde in der Rechtsprechung – Essay, in: Aus Politik und Zeitgeschichte 35–36/2011, S. 8–14.
34 Vgl. BVerfG, a. a. O. (Fn. 10), Rn. 122; BVerfG, a. a. O. (Fn. 28), Rn. 75.
35 Grimm, Dieter, Recht und Politik, JuS 1969, S. 502.
36 Vgl. BVerfG, Urteil vom 30. 7. 2008 – 1 BvR 3262/07 u. a. = BVerfGE 121, 317–388 – Rauchverbot, Rn. 118 ff. – juris, kritisch insbesondere dort das Sondervotum des Richters Bryde, ebd., Rn. 175.
37 BVerfG, Urteil vom 9. 2. 2010 – 1 BvL 1/09 u. a. = BVerfGE 125, 175 – Hartz IV-Regelsatz, Rn. 138 f. – juris.
38 BVerfG, Urteil vom 5. 5. 2015 – 2 BvL 17/09 u. a. = BVerfGE 139, 64–148 – Richterbesoldung, Rn. 94 ff. – juris.
39 BVerfG, Urteil vom 2. 3. 2010 – 1 BvR 256/08 u. a. = BVerfGE 125, 260–385 – Vorratsdatenspeicherung, Rn. 220.
40 Vgl. allgemein Birkenbach, Christian, Die Einschätzungsprärogative des Gesetzgebers, Tübingen 2013, S. 527.
41 Statt vieler jüngst Jahn, Joachim, Auf dem Weg in den Richterstaat, in: FAZ vom 7. 5. 2016.
42 Birkenbach, Christian, Die Einschätzungsprärogative des Gesetzgebers, Tübingen 2013, S. 535.
43 Das mag auch der Grund sein, warum teilweise sogar gefordert wird, das Gericht habe sich bei der Konkretisierung der Menschenwürde besonders zurückzuhalten, da sie mit dem Selbstverständnis des Urteilenden aufgeladen sei und das durch das Mehrheitsprinzip vermittelte konsensuale Element daher besonders stark wirke (Herdegen, Matthias, in Maunz/Dürig, GG Art. 1 Rn. 45, beck-online). Von einer Anerkennung der Grundrechte als Minderheitenrechte bzw. einer zu fordernden Toleranz der Mehrheit gegenüber der individuellen Autonomie bleibt freilich in einer solchen Argumentation wenig Raum.
44 BVerfG, Beschluss vom 10.10.1995 – 1 BvR 1476/91 u. a. = BVerfGE 93, 266–319 – Soldaten sind Mörder, Rn. 119 m. w. N. (zitiert nach juris).
45 Grundlegend BVerfGE 7, 377 (408) – Apotheken.
46 Vgl. dazu Hoffmann, Patrik, Die Weltanschauungsfreiheit – Analyse eines Grundrechts, Berlin 2012, S. 41 ff., 311 f.
47 Vgl. Spilgies, Gunnar, Die Kritik der Hirnforschung an der Willensfreiheit als Chance für eine Neudiskussion im Strafrecht, in: HRRS 2005, S. 43 ff.
48 Harris, Sam, Free Will, 2012, S. 10, m. w. N.; Spilgies, Die Kritik der Hirnforschung an der Willensfreiheit als Chance für eine Neudiskussion im Strafrecht, in: HRRS 2005, S. 43 m. w. N.
49 Prinz, Wolfgang, in: von Cranach, Mario/Foppa, Klaus (Hrsg.), Freiheit des Entscheidens und Handelns, 1996, S. 86 (98).
50 Vgl. Harris, Sam, Free Will, New York 2012, S. 41.
51 Roth/Lück/Strüber, Freier Wille und Schuld von Gewaltstraftätern aus Sicht der Hirnforschung und Neuropsychologie, in: Neue Kriminalpolitik 2006, S. 55.
52 Jedenfalls korreliert in den USA mit der Einführung bleifreien Benzins ein Rückgang der Jugendkriminalität, vgl. Reyes, Jessica, Environmental Policy as Social Policy? The Impact of Childhood Lead Exposure on Crime, NBER Working Paper No. 13097 (2007).
53 Wuketits, Franz, Die Illusion des freien Willens – Essay, in: Aus Politik und Zeitgeschichte 44–45/2008, S. 3–5.
54 Vgl. Böckenförde, Ernst-Wolfgang, Staat, Gesellschaft, Freiheit. Studien zur Staatstheorie und zum Verfassungsrecht, 1976, S. 60 (sog. »Böckenförde-Diktum«).

Till Müller-Heidelberg

Selbstbestimmtes Lebensende

»Die Würde des Menschen ist unantastbar«, lautet der erste Satz des Grundgesetzes in Artikel 1, und als eine der wichtigsten Schlussfolgerungen daraus formuliert Artikel 2 Abs. 1 GG, »Jeder hat das Recht auf die freie Entfaltung seiner Persönlichkeit, soweit er nicht die Rechte anderer verletzt und nicht gegen die verfassungsmäßige Ordnung oder das Sittengesetz verstößt.« Der freie, sich selbst entwickelnde, selbstbestimmte Mensch ist das Leitbild des Grundgesetzes. Er ist vom Staat, und das heißt sowohl von der Legislative wie von der Exekutive und der Judikative, immer als Subjekt zu betrachten und zu behandeln, nie als Objekt, und folglich auch nicht als Objekt eines bevormundenden Paternalismus, der der Auffassung ist, er wisse besser, was für den Einzelnen gut ist, als dieser selbst. Aus dieser Position heraus ist die verfassungsrechtliche Folgerung aus dem Selbstbestimmungsrecht des Menschen, dass er sich auch selbst töten darf, seit langem anerkannt. Folglich darf die Selbsttötung auch nicht strafrechtlich sanktioniert werden; das wäre verfassungswidrig. Dies gilt allerdings in Deutschland schon seit Jahrhunderten – also auch ohne die Artikel 1 und 2 GG. Bereits die Constitutio Criminalis Carolina Karls des V. aus dem Jahre 1532 behandelt in Artikel 135 die Selbsttötung nicht als Straftat – wohingegen etwa in Großbritannien noch in der ersten Häfte des 20. Jahrhunderts der Selbsttötungsversuch strafbar war.

Diesem Selbstbestimmungsrecht des Menschen dient auch die juristische Konstruktion, dass jeder ärztliche Eingriff den Tatbestand der strafbaren Körperverletzung erfüllt und lediglich durch die Einwilligung des Patienten gerechtfertigt ist. Der Patient allein bestimmt, ob er einer ärztlichen Behandlung zustimmen will, wie vernünftig oder unvernünftig auch immer seine Entscheidung sein mag. Der Arzt ist eben nicht der »Herrgott in Weiß«, dem das letzte Entscheidungsrecht zustände, und ebenso wenig etwa ein Pflegeheim. Über die Konsequenzen daraus für ein krankheitsbedingtes Lebensende ist in Literatur und Rechtsprechung jahrzehntelang gestritten worden.

Im Anschluss an die von ihr veranstaltete Tagung »Menschenwürdiges Sterben« hat die Bürgerrechtsorganisation Humanistische Union 1978 als erster Verband überhaupt eine Patientenverfügung vorgelegt, mit der der Patient im Vorhinein festlegen konnte, wie bzw. ob er medizinisch behandelt werden möchte, wenn er zur Äußerung seines Willens nicht mehr in der Lage ist. Das Patientenverfügungsgesetz vom 29. Juli 2009 hat schließlich die uneingeschränkte Verbindlichkeit des Willens des selbstbestimmten Menschen gesetzlich anerkannt und in § 1901 a Abs. 3 BGB verankert. Daraus hat auch der Bundesgerichtshof seine Konsequenzen gezogen, als er im Fall Putz seine frühere Unterscheidung von aktiver und passiver Sterbehilfe aufgegeben und den »Behandlungsabbruch«, gleichgültig ob in naturalistischer Auffassung durch aktive oder passive Handlungen umgesetzt, für rechtmäßig erklärt hat, wenn er dem zuvor (schriftlich oder mündlich) geäußerten Patientenwillen entspricht (Urteil vom 25. Juni 2010, Az. 2 STR 454/09, NJW 2010, 2963).

Auch die frühere gekünstelte Rechtsprechung, der zufolge die Selbsttötung rechtmäßig sei, man folglich auch straflos Beihilfe leisten dürfe, mit Eintritt der Bewusstlosigkeit jedoch ein Unglücksfall vorliege, der denjenigen, der vorher straflose Beihilfe geleistet habe, nunmehr verpflichte, dem Bewusstlosen wieder zum Leben zu verhelfen (und wenn er als Arzt oder z. B. Ehemann eine sog. »Garantenstellung« inne habe, ihn sogar zum strafbaren Totschläger durch Unterlassen mache), ist mittlerweile aufgegeben (Fischer, Kommentar zum StGB, 60. Aufl 2013, Anm. 25 vor §§ 211–216).

§ 1901 a Abs. 3 BGB stellt auch klar, dass die unbedingte Anerkennung des Willens der betroffenen Person »unabhängig von Art und Stadium einer Erkrankung« gilt, so dass auch Unterscheidungen, ob es sich um einen »moribunden« Patienten handelt, ob die Erkrankung über kurz oder lang zum Tode führt, ob überhaupt eine Krankheit vorliegt, rechtlich ohne Bedeutung sind.

Schutz des Lebens
Zwar ist aus Art. 2 Abs. 2 GG, wonach jeder das Recht auf Leben hat, auch eine verfassungsrechtliche Schutzpflicht für das Leben abgeleitet worden, die häufig als Argument gegen den Willen des Sterbewilligen herhalten musste. Aber Art. 2 Abs. 2 GG spricht eben nur von dem »Recht auf Leben« eines jeden und nicht von der »Pflicht zu leben«. Die Verfassung schützt das Recht auf Leben eines jeden gegen Eingriffe Dritter oder des Staates, aber nicht gegen sich selbst. Aus der Würde des Menschen folgt, dass auch jeder selbst für sich entscheiden können muss, welche Art des Lebens er für lebenswert und mit seiner Würde für vereinbar hält, auch ob und wann dies seiner Auffassung nach nicht mehr der Fall ist.

Nicht nur das Recht auf Leben ist ein Menschenrecht, »auch das Recht auf einen freien Tod ist ein Menschenrecht«, wie Gerd Hirschauer bereits 1978 formuliert hat (»Über Freitod, Selbstmord, aktive Sterbehilfe und Tötung auf Verlangen«, in: Vorgänge 36, 6/1978, S. 96–98). Auch das Schweizer Bundesgericht hat in seiner Entscheidung vom 3. November 2006 (Az. 2 A 66 und 48/2006), gestützt auf Art. 8 Ziff. 1 der Europäischen Menschenrechtskonvention, entschieden: »Zum Selbstbestimmungsrecht gehört auch das Recht, über Art und Zeitpunkt der Beendigung des eigenen Lebens zu entscheiden«.

Ist die Strafbarkeit der Tötung auf Verlangen verfassungsgemäß?
Mit der heute allgemein gültigen Erkenntnis, dass aus dem verfassungsrechtlichen Grundsatz der Selbstbestim-

mung nach Art. 1 und 2 GG auch die verfassungsrechtliche Straflosigkeit der Selbstbestimmung am Lebensende folgt (und folglich auch die straflose Beihilfe wegen des Fehlens einer strafbaren Haupttat), sind aber noch nicht alle Rechtsfragen zu diesem Problemkreis geklärt. Denn es gibt Fälle, in denen der Betroffene zwar selbst einen von der Verfassung anerkannten Willen bilden kann, seinem Leben ein Ende zu setzen, aber nicht in der Lage ist, dies auch selbst umzusetzen. Insbesondere ist das der Fall, wenn der Kopf zwar noch vollumfänglich »funktioniert«, der oder die Betreffende aber z. B. ab dem Hals gelähmt ist. Einen solchen Fall schildert anschaulich das Bundesverfassungsgericht in seinem Beschluss vom 23. 7. 1987 (Az. 1 BvR 825/87, NJW 1987, 2388). In diesem Fall ist der Sterbewillige darauf angewiesen, dass ein bereitwilliger Dritter, in der Regel ein naher Angehöriger oder ein Arzt, ihm beim Sterben hilft. Wenn der Dritte ihm das tödlich wirkende Medikament lediglich hinstellt und der Sterbewillige es nimmt, so handelt es sich um eine straflose Selbsttötung mit strafloser Beihilfe. Kann der Betreffende jedoch seine Arme nicht mehr bewegen und folglich nicht selbst das tötende Gift einnehmen, sondern muss ihm der Dritte den Becher an den Mund halten, so leistet der Dritte nicht mehr straflose Beihilfe, sondern er selbst hat die strafrechtliche Tatherrschaft und wird damit zum Täter – und begeht folglich eine strafbare Tötung auf Verlangen nach § 216 StGB. Kann das richtig sein?

Dieselbe Frage stellt sich im übrigen auch bei jedem anderen Sterbewilligen. Soll dieser gezwungen sein, von einer Brücke zu springen oder sich vor einen Zug zu werfen, sich in strafbarer Weise eine Pistole zu besorgen, weil er nicht in der Lage ist, sich straflos ein todbringendes Medikament zu verschaffen oder von einem Arzt verschreiben zu lassen? Der Arzt nämlich würde gegen das Arzneimittelgesetz und gegen das ärztliche Standesrecht verstoßen.

Prof. Dr. Ulrich Klug, Strafrechtler und Rechtsphilosoph, früherer Bundesjustizstaatssekretär und Justizsenator von Hamburg und ehemaliger Bundesvorsitzender der

Humanistischen Union, hat bereits im Mai 1985 bei einer Anhörung vor dem Rechtsausschuss des Deutschen Bundestages anknüpfend an Art. 1 und Art. 2 GG darauf hingewiesen, dass das Grundgesetz »von der Würde der freien, sich selbst bestimmenden Person als höchstem Rechtswert ausgeht«, dass aus diesem höchsten Rechtswert auch die Selbsttötungsfreiheit folgt, die auch nicht gesetzlich eingeschränkt werden darf (abgedruckt in: »Bürgerrechtliche Argumente, Dokumente zu 50 Jahren Humanistische Union«, hrsg. v. d. Humanistischen Union, Berlin 2011, S. 331 ff.).

Wenn die straflose Selbsttötung als Selbstbestimmungsrecht verfassungsrechtlich verbürgt ist, dann darf sie auch nicht durch das Strafgesetz verhindert werden. Denn die Tötung auf Verlangen ist doch nichts anderes als die straflose Beihilfe zur Selbsttötung, nur eben in aktiver Form. Demgegenüber jedoch bedroht § 216 StGB denjenigen, der einen anderen auf dessen ausdrückliches und ernstliches Verlangen tötet, mit Freiheitsstrafe von 6 Monaten bis zu 5 Jahren. Ein solcher Fall wird u. a. dann immer wieder aktuell, wenn zwei Menschen gemeinsam beschließen, aus dem Leben zu gehen, einer von ihnen jedoch überlebt und sich dann einer Anklage wegen Tötung auf Verlangen seines Partners oder seiner Partnerin gegenüber sieht.

Seit langem wird daher über eine Streichung oder Änderung des § 216 StGB gestritten. Ulrich Klug hat bereits 1985 (a. a. O.) die uneingeschränkte Strafbarkeit der Tötung auf Verlangen für verfassungswidrig gehalten.

In Literatur und Rechtsprechung wird zumindest teilweise der Eindruck erweckt, diese Frage sei bereits verfassungsgerichtlich entschieden. Abgesehen davon, dass auch verfassungsgerichtliche Entscheidungen falsch sein können und ggfs. durch Veränderungen des gesellschaftlichen Bewusstseins und bessere Erkenntnisse falsch werden können, wird hier auch unsauber zitiert.

So hat der Bundesgerichtshof in seinem Urteil vom 20. Mai 2003 (Az. 5 STR 66/03, NJW 2003, 2326) auf den

Beschluss des Verfassungsgerichts vom 23. 7. 1987 (1 BvR 825/87, NJW 1987, 2288) verwiesen und gemeint, mit diesem Urteil sei »ein verfassungsrechtlich verbürgter Anspruch auf aktive Sterbehilfe, der eine Straflosigkeit des die Tötung Ausführenden zur Folge haben könnte, nicht anerkannt« (Ziff. 12 des Urteils). Auch der StGB-Kommentar von Fischer hat in früheren Auflagen diese Entscheidungen des Bundesgerichtshofs und des Bundesverfassungsgerichts in gleicher Weise zitiert.

Dabei wurde jedoch zum einen unterschlagen, dass das Verfassungsgericht in seiner Entscheidung ausdrücklich betont hat, es habe sich nicht mit strafrechtlichen Fragen des § 216 StGB befasst, sondern ausschließlich mit seinerzeit anstehenden Fragen des Polizeirechts. Auch über einen verfassungsrechtlich verbürgten Anspruch auf aktive Sterbehilfe durch Dritte hat das Verfassungsgericht ausdrücklich nicht entschieden (Ziff. 2 des Beschlusses). Darüber hinaus wurde in dieser Entscheidung des Bundesverfassungsgerichts lediglich der Rechtsanspruch auf aktive Sterbehilfe durch Dritte angesprochen, ob also ein Sterbewilliger (und ggfs. an Schmerzen unerträglich leidender Kranker) einen positiven Rechtsanspruch gegen den Arzt oder den Staat darauf hat, dass ihm beim Sterben geholfen wird. Dann wäre ggfs. der Arzt, der Angehörige, das Krankenhaus rechtlich verpflichtet, dem Sterbewilligen zu helfen und würde sich bei Weigerung also rechtswidrig verhalten. Dies jedoch fordert soweit ersichtlich niemand. Vielmehr geht es nur darum, ob der Staat jemanden bestrafen darf, der bereitwillig dem Sterbewilligen durch Handeln helfen will.

Wenn jedoch das Selbstbestimmungsrecht nach der verfassungsgerichtlichen Rechtsprechung ein höchster Rechtswert ist und wenn zu diesem Selbstbestimmungsrecht auch gehört, selbst über das eigene Lebensende bestimmen zu dürfen, dann darf der Staat auch nicht die Realisierung dieses höchsten Rechtswerts durch Bestrafung Dritter verhindern – so schon Ulrich Klug im Jahre 1985 vor dem Deutschen Bundestag. Selbst die Infragestellung eines verfassungsrechtlich verbürgten Anspruchs auf aktive Sterbehilfe hält der Strafrechtskommentar von Fischer in seiner neuesten Auflage von 2013 heute für zweifelhaft (a. a. O., Anm. 54).

Eine verfassungsgemäße Änderung des § 216 StGB wird daher nur möglich sein, wenn die heutige strikte Strafandrohung hinsichtlich des Selbstbestimmungsrechts des Sterbewilligen eingeschränkt wird. Die Humanistische Union hat hierzu im März 2009 unter Federführung von Rosemarie Will einen Gesetzesvorschlag vorgelegt (abgedruckt in: »Bürgerliche Argumente«, a. a. O., S. 343) mit dem Text:

§ 260 Sterbehilfe
1. Sofern dies dem Willen des Betroffenen entspricht, sind Handlungen nicht rechtswidrig in Fällen
   a) des Unterlassens oder Beendens einer lebenserhaltenden Maßnahme oder
   b) der Anwendung einer medizinisch angezeigten leidmindernden Maßnahme, die das Leben als nicht beabsichtigte Nebenwirkung verkürzt.
2. Nicht rechtswidrig ist die Tötung eines anderen Menschen aufgrund seines ausdrücklichen und ernstlichen Verlangens.

Strafbarkeit der gewerbsmäßigen Förderung der Selbsttötung?

Es gibt allerdings immer noch politische Kräfte, die das Verfassungspostulat von der sich selbst bestimmenden Person als höchstem Rechtswert nicht anerkennen wollen und meinen, sie müssten den selbstbewussten, selbstbestimmten Bürger bevormunden. So hat die Bundesregierung im Jahre 2012 den Entwurf eines Gesetzes gegen gewerbsmäßige Förderung der Selbsttötung vorgelegt, womit sie verhindern will, dass Sterbehilfeorganisationen Sterbewilligen bei der Umsetzung ihres Wunsches behilflich sind. Wenn man schon von Verfassungs wegen den Selbsttötungswillen des mündigen Bürgers hinnehmen muss, so soll dessen Realisierung offenbar wenigstens so stark wie möglich behindert werden – so als ob nicht ohnehin die Suizidfälle seit Jahren rückläufig wären: 18 451 Suizidfälle in 1980, 13 924 Suizidfälle in 1990, 11 065 Suizidfälle in 2000 und 10 260 Suizidfälle in 2005 (Statistisches Bundesamt). Damit soll die »Verleitung« zur Selbsttötung verhindert werden, so der Gesetzentwurf (abgedruckt in Fischer, a. a. O. als § 217-E). Eine absurde Vorstellung, wie die Gutachter Prof. Rosenau, Will und Saliger betonen.

Wenn nämlich das selbstbestimmte Sterben durch Artikel 1 und 2 GG verfassungsrechtlich geschützt ist durch, dann sind auch gesetzgeberische Maßnahmen zur Verhinderung der Ausübung dieses Rechts verfassungswidrig, wie oben hinsichtlich des § 216 StGB dargelegt. Dasselbe gilt dann naturgemäß auch für den Versuch der Kriminalisierung der Unterstützung von Sterbewilligen. Die Staatsrechts-, Medizinrechts- und Strafrechtsprofessoren Rosi Will, Henning Rosenau und Frank Saliger haben daher auch in Stellungnahmen zu diesem Gesetzentwurf dessen Verfassungswidrigkeit herausgearbeitet.

Wie Gerd Hirschauer (a. a. O.) bereits 1978 formulierte: »Eine Gesellschaft, die die Bedingungen zur Vermeidung von Selbsttötung nicht schaffen kann (das ›kann‹ in doppelter Bedeutung), hat kein Recht, die Selbsttötung zu verurteilen oder menschenunwürdig zu erschweren.«

Anmerkung der Herausgeber
Das Manuskript wurde im Juli 2014 abgeschlossen. Am 6. November 2015 hat der Deutsche Bundestag über fünf alternative, teilweise fraktionsübergreifende Gesetzesänderungen abgestimmt. Dabei setzte sich der Gruppenantrag um die Abgeordneten Michael Brand (CDU) und Kerstin Griese (SPD) mit einer Mehrheit von 360 von 602 abgegebenen Stimmen durch. Dieser stellt mit der Einfüh-

rung eines neu gefassten § 217 StGB die geschäftsmäßige Förderung der Selbsttötung unter Strafe. Nach § 217 Abs. 2 StGB werden Angehörige oder andere dem Suizidwilligen nahestehende Personen von der Strafandrohung ausgenommen, die sich lediglich als nicht geschäftsmäßig handelnde Teilnehmer_innen an der Tat beteiligen. Dieses »Gesetz zur Strafbarkeit der geschäftsmäßigen Förderung der Selbsttötung« vom 3. Dezember 2015 trat am 10. Dezember 2015 in Kraft (BGBl. I S. 2177).

Im Rahmen der Anhörung im Rechtsausschuss des Bundestages, durch eine Reihe von Veranstaltungen und Publikationen hat sich Rosemarie Will gegen die diskutierten Regulierungsversuche stark gemacht, weil sie im Ergebnis auf eine Beschränkung der Suizidbeihilfe hinausliefen. Die Einführung des § 217 StGB bewertete sie als einen »Akt staatlicher Repression gegen Suizidhelfer und mittelbar auch gegen Suizidenten, die solche Hilfe in Anspruch nehmen wollen.« Das strafrechtliche Verbot schränke die Freiheit, beim Suizid helfen zu können bzw. sich helfen zu lassen, massiv ein. Sie bezweifelte die Verfassungsmäßigkeit des mit der Neuregelung verbundenen Grundrechtseingriffs. Vgl.: Ein schlechtes Gesetz, das mit dem Strafrecht gegen die Selbstbestimmung am Lebensende vorgeht, in: vorgänge 212 (4/2015), S. 52-58.

Elke Steven

Mein Wille gilt, aber was werde ich wollen?

Ein nicht-juristischer Blick auf die Möglichkeiten einer Patientenverfügung und die enthaltenen Schwierigkeiten

Nach sechsjähriger öffentlicher Diskussion ist vor fünf Jahren das »Patientenverfügungsgesetz«, das »3. Gesetz zur Änderung des Betreuungsrechts« in Kraft getreten. »Menschenwürdiges Sterben« und »Autonomie auch am Lebensende« sind die Orientierungsmerkmale, die die Diskussion geleitet hatten. In dieser Zielorientierung waren sich die Kontrahenten weitgehend einig. Was jedoch im einzelnen unter Selbstbestimmung zu verstehen und wie Autonomie von Schwerstkranken zu gewährleisten ist, blieb in der parlamentarischen Diskussion über alle Parteigrenzen hinweg umstritten. Seit dem 1. September 2009 sind Patientenverfügungen, in denen Menschen festgehalten haben, wie sie angesichts schwerer Krankheiten behandelt werden wollen, für ihre Mitwelt bindend. Fragen nach den Formen von Sterbebegleitung und Hilfen beim Sterben begleiten uns jedoch weiterhin. Die Diskussionen um die Lebensbedingungen am Ende des Lebens müssen weitergehen, denn dass sie geführt werden, ist das wichtige.

Die Angst, das Sterben könnte von einer Apparatemedizin sinnlos verlängert werden, beförderte den Ruf nach verbindlichen Patientenverfügungen. Die Informationsbroschüre zur Patientenverfügung des Justizministeriums spricht jedoch auch von der Angst, dass bei schwerer Krankheit »nicht mehr alles medizinisch Mögliche« getan werden könnte. Auch dagegen soll die Patientenverfügung helfen, obwohl es kein Recht auf eine bestimmte Behandlung gibt. In einer Patientenverfügung haben Erwachsene die Möglichkeit, festzulegen, wie sie medizinisch behandelt oder nicht behandelt werden wollen, wenn sie selbst zukünftig nicht mehr in der Lage sind, darüber zu entscheiden.

Jederzeit kann man Opfer eines Unfalls werden, bei dem sich die Frage stellt, ob man im Wachkoma am Leben erhalten werden will. Für Söhne oder Töchter kann das Altern der Eltern Entscheidungen notwendig machen. In einer Vorsorgevollmacht kann man als Vertreter des Willens eines anderen benannt werden. Dann ist es erforderlich, sich mit dessen Willen so auseinanderzusetzen, dass man ihn im Sterben begleiten und seine Wünsche durchsetzen kann. Entscheidungen über medizinische Behandlungen bei schwerer Krankheit erfordern Vorstellungsvermögen von Situationen, die unsere Vorstellungskraft überschreiten. Wie sollen die Angst vor Fremdbestimmung und Verlust der Würde gegen die vor dem Tod abgewogen werden? Was »lebenswertes« Leben für einen selbst ist, hängt von individuellen Perspektiven, die sich ändern können, von Wertvorstellungen und Glaubensüberzeugungen ab. Die gesellschaftlichen Rahmenbedingungen können mehr oder weniger hilfreich eingerichtet sein, sie können gar ein »lebenswertes Leben« unmöglich machen.

Verbände, Stiftungen und auch das Bundesgesundheitsministerium bieten Informationen, geben Textbausteine und vorgefertigte Verfügungen zum Ankreuzen heraus. Diese sollen helfen, sich darüber klar zu werden, was für einen selbst menschenwürdiges Sterben heißt. Eine erste Entscheidung trifft man, wenn man festlegt, unter welchen Umständen die Patientenverfügung gelten soll. Soll sie erst dann greifen, »wenn nach bestem ärztlichen Wissen und Gewissen festgestellt wird, dass jede lebenserhaltende Maßnahme ohne Aussicht auf Besserung ist« und »das Sterben nur verlängern würde«, wie es die »Christliche Patientenverfügung« der evangelischen Kirche und der Deutschen Bischofskonferenz vorschlägt? Oder soll sie schon viel früher angewendet werden? Beispielsweise, wenn man »infolge eines weit fortgeschrittenen Hirnabbauprozesses auch mit ausdauernder Hilfestellung nicht mehr in der Lage« ist, Nahrung und Flüssigkeit auf natürliche Weise zu sich zu nehmen, wie es das Justizministerium als eine mögliche Definition anbietet? Im zweiten Schritt legt man fest, welche medizinischen Behandlungen wann unterlassen und welche begonnenen Maßnahmen abgebrochen werden sollen.

Werde ich das Leben mehr lieben als den Tod?
Eine Patientenverfügung ist absolut bindend. Je konkreter und treffender sie die Situation und den Willen des Patienten beschreibt, desto geradliniger kann sie umgesetzt werden. Krankheiten verlaufen jedoch häufig anders als in der Patientenverfügung vorgesehen. In einer Vorsorgevollmacht für Gesundheitsangelegenheiten kann man vertraute Nahestehende bevollmächtigen, den eigenen Willen durchzusetzen. Diese müssen dann darüber entscheiden, was man vermutlich in der gegebenen Situation gewünscht hätte. Sie müssen versuchen, den mutmaßlichen Willen angesichts der Krankheit, die auch die eigenen Wünsche verändern kann, zu erkennen und umzusetzen. Der riesige Vorteil von Patientenverfügungen liegt gerade in der Verbindung mit Vollmachten, die das Gespräch in der Familie und mit Freunden fördern.

Selbstverständlich kann die Patientenverfügung jederzeit formlos widerrufen werden. Andernfalls sind Betreuer und Arzt unmittelbar an den Willen des Patienten gebunden, wenn die Behandlungs- und Lebenssituation eintritt, für die die Patientenverfügung ausgestellt wurde. Eine Nicht-Beachtung kann als Körperverletzung geahndet werden. Wenn Betreuende und Behandelnde jedoch konkrete Hinweise darauf haben, dass sich die Wünsche geändert haben, können sie abweichend entscheiden. Erst wenn sich Arzt und Betreuer uneinig sind, muss das Betreuungsgericht entscheiden.

Auch wenn keine Patientenverfügung vorliegt, ist die Behandlung an den mutmaßlichen Willen des Patienten gebunden. Liegt keine Bevollmächtigung eines Vertrauten vor, so muss gegebenenfalls ein Betreuer oder Bevollmächtigter gerichtlich bestellt werden. Das können Verwandte oder Freunde sein, aber auch ein unbekannter Berufsbetreuer. Je fremder die Person ist, je weniger sie den Patienten in gesundem Zustand gekannt hat, desto schwieriger und anonymer wird die Behandlungsentscheidung ausfallen müssen.

Vom Parlament angenommen wurde eine Vorlage, die das Selbstbestimmungsrecht weit auslegt. Auch wenn der tödliche Ausgang einer Krankheit nicht feststeht, soll ein Behandlungsabbruch vollzogen werden, wenn dies dem ausdrücklichen oder mutmaßlichen Willen des Patienten entspricht. Die heilende Behandlung einer Begleiterkrankung, z. B. einer Lungenentzündung, kann ausgeschlossen werden, so dass diese statt des eigentlichen Leidens zum Tod führen kann.

Demenzkranke, die unter Umständen lange vor einem absehbaren Ende ihres Lebens auf eine künstliche Nahrungszufuhr angewiesen sind, können in einer Patientenverfügung einen Behandlungsabbruch verfügt haben, der zum frühzeitigen Lebensende führt. Sie hängen aber oft an ihrem Leben und »haben bei entsprechender Zuwendung und Umgebung noch eine von ihnen als gut empfundene Lebensqualität«, warnt die Deutsche Alzheimer Gesellschaft.

Wie problematisch es ist, im gesunden Zustand über ein nicht vorstellbares Leben als Kranker zu verfügen, wie schwer auch die Verantwortung auf denen lastet, die den mutmaßlichen Willen erfüllen sollen, macht die Geschichte des Ehepaares Walter und Inge Jens deutlich[1].

Walter Jens, kritischer deutscher Intellektueller, Literaturwissenschaftler aus Tübingen, bestimmte in seiner Patientenverfügung vom August 2006, dass unter bestimmten Bedingungen alle medizinischen Maßnahmen zu unterbleiben hätten, die ihn am Sterben hindern würden. Wenn er geistig so verwirrt sei, dass er nicht mehr wisse, wer er sei und Familie und Freunde nicht mehr erkenne, sei sein Leben nicht mehr lebenswert. Zehn Jahre war er krank und litt an Demenz, bevor er im Juni 2013 starb. Er kannte seine Umwelt nicht mehr, lebte scheinbar in geistiger Umnachtung, war aber physisch gesund. Seine mit einer Vorsorgevollmacht ausgestattete Ehefrau musste entscheiden, wie sie seine in gesunden Zeiten geäußerten Vorstellungen angesichts der Krankheit verstehen und in die Tat umsetzen sollte. Sie musste erkennen, dass der Wunsch des Gesunden nicht einfach im Verhalten des Kranken zu erkennen ist. Sein Wille war in wechselnde Stimmungen eingebettet. Sie schildert, dass sie einerseits wusste, »dass er so, wie er jetzt lebt, niemals hat leben wollen«. Andererseits hätte es Augenblicke gegeben, »in denen ihm das Leben nicht zur Qual« wurde. »In solchen Momenten« sei sie sich ganz sicher gewesen, »dass er nicht sterben möchte«[2]. Die von Walter Jens in gesundem Zustand befürwortete aktive Sterbehilfe bleibt in Deutschland weiterhin verboten, aber viel diskutiert. Die Patientenverfügung ermöglicht es nur, jede heilende Behandlung, jeden Eingriff in den eigenen Körper zu untersagen und so passive Sterbehilfe zu fordern. Der Tod darf unter keinen Umständen aktiv herbeigeführt werden.

Welche gesellschaftlichen Rahmenbedingungen werden geschaffen?
Autonomie und Selbstbestimmung am Ende des Lebens sind in soziale Kontexte eingebunden. Der Alltag von Schwerkranken in Krankenhäusern und Pflegeheimen widerspricht oft der Menschenwürde und erzeugt damit den Wunsch nach einem schnellen Tod. Allzu oft ist die Situation geprägt von Pflegern, die keine Zeit haben, Patienten in einem angemessenen Rhythmus bei der Nahrungsaufnahme hilfreich zur Seite zu stehen. Krankenschwestern haben keine Zeit für die notwendige Hilfe und verlangen, dass Kranke in Windeln machen. Unter solchen Bedingungen kann die Erwartung an schwerkranke Menschen entstehen, dass sie lebensverkürzenden Maßnahmen zustimmen. Die verbindliche Patientenverfügung schafft ge-

genüber ganzen Patientengruppen – Koma-Patienten, Demenzkranken und Schwerstpflegebedürftigen – Wege, sich dieser Menschen zu entledigen, befürchtet die Sozialwissenschaftlerin Erika Feyerabend.[3] Wichtig wäre dagegen die Gestaltung der Möglichkeiten, auch mit schwerst pflegebedürftigen Menschen gut zu leben. Immer stärker bestimmten Fragen nach den Kosten des Gesundheitssystems die Diskussion. Überlegungen zur Wirtschaftlichkeit bestimmten dann den Umgang mit Kranken. Die Diskussion um die Verbindlichkeit von Patientenverfügungen entlaste die Gesellschaft von sozialpolitischer Verantwortung, da pflegeintensive Lebenssituationen als vermeidbar vorgestellt würden. Der Psychologe und Facharzt Frank Erbguth befürchtet, dass die gegenwärtigen Entwicklungen in der medizinischen Behandlung dazu führen, dass »potentiell gute Krankheitsverläufe seltener« zugelassen würden. In der Folge würde dann »die Einschätzung« unterstützt, »dass solche positiven Verläufe praktisch unwahrscheinlich sind«. Der Psychologe Michael Wunder kommt gar zum Schluss, dass die »Selbstbestimmung allein« »eben keine stabile Grenze gegenüber der Fremdbestimmung und gegenüber der Janusköpfigkeit der Euthanasie« bilde.[4]

Am Beispiel von Wachkomapatienten, Menschen mit einem Apallischen Syndrom, wie die Mediziner sagen, wird deutlich, wie sehr die Konflikte von den sozialen Rahmenbedingungen beeinflusst sein können. Diese Menschen, die in einer Art Dämmerschlaf existieren, müssen meist künstlich ernährt werden. Über das Einstellen dieser Ernährung hätten sie in einer Patientenverfügung entscheiden können. Das, was vielen als würdeloses Dahinsiechen erscheinen mag, kann jedoch auch ganz anders aufgefasst werden. »Wachkomapatienten brauchen nicht Sterbehilfe, sondern Lebenshilfe«, meint der 1995 gegründete Verein »Patienten im Wachkoma«, der eine private Reha-Einrichtung in Bergneustadt im Sauerland betreibt.[5] Dort geht man davon aus, dass Wachkomapatienten genauso empfinden wie gesunde Menschen. Da auch sie die Kanüle im Hals als unangenehm empfinden werden, mit der sie künstlich beatmet werden, werden sie langsam trainiert, wieder selbst zu atmen. Das kostet Zeit und macht intensive Pflege notwendig. Der Verein engagiert sich dafür, dass Menschen im Wachkoma nicht als leere Hüllen abgeschrieben werden. Uwe Pohl, der lange Zeit Vorsitzender des Vereins war, hat seine im Wachkoma lebende Frau viele Jahre gepflegt. Er war überzeugt, dass sie lieber mit ihm zusammen so leben wolle als zu sterben. »Wenn die Menschen sterben wollen, dann verändern sie sich. Sie arbeiten dann nicht mehr mit«, fasst er seine Erfahrung zusammen. Allerdings weiß er nicht, wie er sich selbst entscheiden wird. Da er keine Person hätte, die ihn so intensiv pflegen würde wie er seine Frau, hält er für sich auch eine Patientenverfügung für denkbar, die Behandlungen ausschließt.

Palliativmediziner behandeln und begleiten vor allem Sterbende, Patienten mit einer nicht heilbaren und weit fortgeschrittenen Erkrankung mit begrenzter Lebenserwartung. Der Deutsche Hospiz- und Palliativverband kritisiert, dass beim üblichen medizinischen Ansatz das Wohlbefinden des Patienten dem Bemühen um Heilung untergeordnet würde. Den Patienten würden therapiebedingte Einschränkungen der Lebensqualität und zum Teil erhebliche Nebenwirkungen zugemutet. Dem entgegen hat die palliativmedizinische Versorgung als oberstes Ziel, eine möglichst hohe Funktionsfähigkeit und Lebenszufriedenheit zu erhalten, wenn keine Heilung mehr möglich sei. Die Palliativmedizin arbeitet mit Hospizen zusammen, in denen sterbenden und trauernden Menschen »Annahme und Geborgenheit« vermittelt wird. Die Deutsche Hospiz-Stiftung, die sich als Patientenschutzorganisation für schwerstkranke und sterbende Menschen versteht, beklagt, dass viel zu wenige Hilfen für Sterbende geschaffen würden. Ärzte wüssten zu wenig über den Prozess des Sterbens und verlängerten dann das Sterben, statt das Leben und Sterben menschenwürdig zu gestalten.

Der Klage, die Palliativmedizin sei in der Ärzteausbildung nicht genügend verankert, begegnete der Deutsche

Bundestag einen Tag nach der Verabschiedung des Gesetzes zur Patientenverfügung mit der Einführung der Palliativmedizin als Pflichtlehr- und Prüfungsfach im Rahmen des Studiums der Medizin.

Der Prozess des Sterbens ist ein zutiefst persönliches Erleben, dem jeder allein ausgesetzt ist und in dem doch die Beziehungen zu anderen Menschen ausschlaggebend sein können. Soziale Zusammenhänge und die Konstruktion der Gesellschaft entscheiden mit darüber, ob ein menschenwürdiges Sterben möglich ist. Darum wird weiterhin zu streiten sein.

1 Siehe auch: Inge Jens über Walter Jens: »Ich habe ihm geholfen zu leben«, die tageszeitung, 21./22. 12. 2013.
2 »Sie können es auch Lieben nennen«, Interview mit Inge Jens, Frankfurter Rundschau, 8./9. 8. 2009, S. 23–26.
3 Zonen der Unsicherheit; Streitgespräch: Die Sozialwissenschaftlerin Erika Feyerabend und der Politikprofessor Wolf-Dieter Narr diskutieren über Patientenverfügungen sowie über das Selbstbestimmungsrecht und die Ökonomisierung des Gesundheitssektors, Der Freitag, 16. 3. 2007 (https://www.freitag.de/autoren/der-freitag/zonen-der-unsicherheit) (abgerufen am 13. 4. 2016).
4 Wunder, Michael: Selbstbestimmung ohne Grenzen, in: Dr. med. Mabuse 210, Juli/August 2014.
5 Patienten im Wachkoma e. V.: http://www.piw-ev.de/.

Jakub Brukwicki

Zum sozial engagierten Denken und Handeln von Jurist/innen

Am Beispiel der Debatte um die Legalität der Sterbehilfe

Einer der Aspekte, der mich am Wirken von Frau Professorin Dr. Rosemarie Will fasziniert und zeigt, wie wichtig sie für die deutsche und internationale Rechtswissenschaft ist, ist die Breite ihres juristischen, sozialen und politischen Denkens und Handelns. Meiner Meinung nach sollte sich jeder Jurist und jede Juristin ein bestimmtes Maß an gesellschaftlichem Engagement aneignen. Denn neben der Auslegung von Gesetzen und der Klärung bestehender Rechtsstreitigkeiten ist es wichtig, an der Entwicklung unserer Gesellschaft mitzuwirken.

Wie breit das Spektrum des Engagements von Frau Professorin Will ist, kann bereits ein kurzer Blick auf einige biographische Daten zeigen. Seit 1991 ist sie Mitglied der Humanistischen Union und seit 1996 Mitglied der Grundwertekommission der SPD. In den Jahren 2005 bis 2013 war sie Bundesvorsitzende der Humanistischen Union. Auch danach verblieb sie im Bundesvorstand der ältesten heute noch bestehenden Bürgerrechtsorganisation in Deutschland. Daneben ist sie Mitherausgeberin der politisch-wissenschaftlichen Monatszeitschrift »Blätter für deutsche und internationale Politik«.

Ein Thema, mit dem sich Rosemarie Will auseinandersetzte und auf das ich hier besonders eingehen möchte, ist die Frage, ob ein Mensch frei über den Zeitpunkt seines Todes entscheiden dürfe. Lange Zeit hat man diese Problematik tabuisiert und ein Recht auf den selbstgewählten Tod verneint. So war selbst der versuchte Suizid in Österreich bis 1850 strafbar, in Großbritannien bis 1961 und in Israel sogar bis 1966. In Deutschland ist der Suizid an sich straffrei. Allerdings wurde Ende 2015 die geschäftsmäßige Förderung der Selbsttötung unter Strafe gestellt. Gemäß § 217 StGB wird derjenige, der in der Absicht, die Selbsttötung eines anderen zu fördern, diesem hierzu geschäftsmäßig die Gelegenheit gewährt, verschafft oder vermittelt, mit Freiheitsstrafe bis zu drei Jahren oder mit Geldstrafe bestraft. Umstritten ist ferner, wie mit jemandem, der einen sterbenden oder schwerkranken Menschen auf dessen Wunsch »tötet« und somit die todbringende Handlung selbst vornimmt, umzugehen ist. Zu diesen Fragen hat sich in Politik, Medizin, Theologie, Philosophie und Rechtswissenschaft eine kontroverse Diskussion entwickelt.

Juristische Konsequenzen für einen Arzt bzw. eine Ärztin oder einen Krankenpfleger bzw. eine Krankenpflegerin, die Sterbehilfe ausüben, können sich aus § 216 StGB (Tötung auf Verlangen) ergeben. Danach ist jemand, der durch das ausdrückliche und ernstliche Verlangen des Getöteten zu dessen Tötung bestimmt worden ist und die Tötung ausführt, zu einer Freiheitsstrafe von sechs Monaten bis zu fünf Jahren zu verurteilen. Bei der Strafbarkeit aus § 216 StGB im Rahmen der Sterbehilfe ist zu unterscheiden, ob diese indirekt, passiv oder aktiv erfolgt. Dabei ist die Verwendung des Begriffspaars ›passiv‹ und ›aktiv‹ schon an sich wegen begrifflicher Ungenauigkeiten und Abgrenzungsschwierigkeiten problematisch. Diese Begrifflichkeit soll aber auf Grund ihrer weiten Verbreitung auch nachfolgend übernommen werden. Die indirekte Sterbehilfe umfasst alle Fälle, in denen ein ärztlich gebotener Eingriff zur Schmerzlinderung beim Sterbenden die Vorverlagerung des Todeseintritts als ungewollte, aber in Kauf genommene Nebenfolge hat. Der Bundesgerichtshof und die Mehrheit der juristischen Fachliteratur sieht die indirekte Sterbehilfe als straffrei an, solange der Tod des Kranken ohnehin kurz bevorsteht und das Leiden des Patienten irreversibel ist.[1] Unter passiver Sterbehilfe versteht man das Unterlassen oder das Einstellen von lebenserhaltenden Maßnahmen. Man kann von einem »Sterbenlassen« sprechen. Beispiele für passive Sterbehilfe sind der Verzicht auf eine Reanimation, das Unterlassen künstlicher Ernährung oder das Abschalten einer Beatmungsmaschine. Diese Form der Sterbehilfe ist im deutschen Recht erlaubt, wenn sie durch eine ausdrückliche Patientenverfügung gemäß § 1901a BGB genehmigt wurde oder dem mutmaßlichen Patientenwillen entspricht. Trotz der Verankerung der Patientenverfügung im Bürgerlichen Gesetzbuch und der Rechtsprechung des Bundesgerichtshofs zur passiven Sterbehilfe[2] ist dieses Thema noch sehr kontrovers. Fraglich ist vor allem, wie die passive Sterbehilfe von anderen Formen der Sterbehilfe abzugrenzen ist und wie der mutmaßliche Patientenwille konkret bestimmt werden kann. Außerdem wird die Straffreiheit vor allem durch Vertreter kirchlicher Institutionen kritisiert. Bei der aktiven Sterbehilfe wird auf Wunsch eines Patienten dessen Tod gezielt herbeigeführt, obwohl die Person nicht künstlich am Leben erhalten wird. Diese Art der Lebensverkürzung, zum Beispiel durch eine Überdosis an Schmerz- oder Narkosemitteln, erfüllt in Deutschland den Tatbestand des § 216 StGB und ist verboten. Dagegen ist sie beispielsweise in den Beneluxstaaten und im US-Bundesstaat Oregon erlaubt.

Zur Problematik der Sterbehilfe hat sich Frau Professorin Will vornehmlich in zwei Aufsätzen geäußert: »Das Recht auf einen menschenwürdigen Tod – Sterbehilfe und Patientenverfügung als grundrechtliche Freiheit zur Selbstbestimmung«[3] und »Für die Legalisierung von Sterbehilfe und Patientenverfügung«[4]. Bewundernswerterweise gelang es ihr, die hochkomplexe, sonst – verständlicherweise – leidenschaftlich und subjektiv diskutierte Thematik auf einer objektiven und unvoreingenommenen Ebene zu behandeln. Bereits früh und im Gegensatz zu den damals herrschenden Positionen hat sie die Legalisierung der Sterbehilfe und die Einführung von Patientenverfügungen gefordert. Es sei wichtig, die strafrechtlichen und zivilrechtlichen Aspekte der Sterbehilfe gesetzlich zu regeln und dadurch einen Konsens in der Gesellschaft zu finden. Besonders entscheidend sei es, die zivilrechtliche Verbindlichkeit der Patientenverfügung nicht nur auf die unmittelbare Sterbephase zu beschränken, sondern ihren Geltungsbereich auszudehnen. Die strafrechtlichen Regelungen zur Sterbehilfe müssten mittels einer Überarbeitung des § 216 StGB getroffen werden. Frau Professorin Will hat die inhaltliche Auseinandersetzung mit der Sterbehilfe auf der Ebene der Grundrechtsprüfung verortet. Erstens sei das Recht, über die Unterlassung von ärztlichen Eingriffen zu entscheiden, Teil des verfassungsrechtlichen Selbstbestimmungsrechts aus Art. 2 Abs. 2 Satz 1 GG (Recht auf körperliche Unversehrtheit) und aus Art. 2 Abs. 1 GG in Verbindung mit Art. 1 Abs. 1 GG (allgemeines Persönlichkeitsrecht). Diese Grundrechte garantieren die freie Verfügung über das eigene Leben, was wiederum zur Legalisierung der passiven Sterbehilfe führen müsse. Nichts anderes sollte für die indirekte Sterbehilfe gelten, da der Mensch hier vor unerträglichen Schmerzen geschützt werden soll. Darüberhinaus könne der Staat auch entscheiden, die problematischere aktive Sterbehilfe zu erlauben. Der Mensch sollte in bestimmten Fällen das Recht haben, sein Leben zu verkürzen. Den Ansichten, die eine solche Sterbehilfe unter Berufung auf die staatliche Lebensschutzpflicht aus Art. 2 Abs. 2 Satz 1 GG in Verbindung mit Art. 1 Abs. 1 GG verweigern, könne nicht gefolgt werden. Insbesondere verkennten sie, dass die Lebensschutzpflicht auf keinen Fall absolut ist und es keinen Schutz der Privatperson vor sich selbst geben kann. Außerdem gebe es keinen qualitativen Unterschied zwischen der straffreien Beihilfe zum Suizid und der aktiven »Tötung« eines sterbenskranken Menschen. Auch deswegen müsse § 216 StGB überarbeitet werden. Die endgültige Entscheidung über die Dauer des Lebens im Krankheitsfalle sollte in eigener Hand liegen und entweder persönlich oder durch eine Patientenverfügung geäußert werden. Eine andere Herangehensweise würde gegen die verfassungsrechtlich zugesicherte Achtung der Selbstbestimmung verstoßen.

Besonders wichtig ist es meiner Meinung nach, die Tabuisierung der Sterbehilfe zu beenden. Die Straffreiheit der indirekten und passiven Sterbehilfe muss zweifellos beibehalten werden. Sinnvoll wäre es, dies durch eine explizite gesetzliche Regelung zu verfestigen. Dadurch ließe sich die Rechtssicherheit steigern sowie die Transparenz der Sterbehilfe erhöhen. Zusätzlich sollte über eine beschränkte Legalisierung der aktiven Sterbehilfe nachgedacht werden. In besonderen Situationen dürfte unheilbar kranken und stark leidenden Patienten das Recht auf selbstbestimmten menschenwürdigen Tod nicht entzogen werden. Wenn ein Mensch gewissenhaft die Entscheidung getroffen hat, wegen seines unheilbar leidvollen körperlichen Zustandes sterben zu wollen, sollte er einen Arzt bzw. eine Ärztin um die Verkürzung seines Lebens bitten dürfen. Zu beachten ist dabei, dass die alternativ vorgeschlagene Ausweitung der Palliativmedizin nicht in allen Fällen eine zufriedenstellende Lösung bieten kann. Menschen sollten gerade bei der Entscheidung über ihr eigenes Leben und ihren eigenen Tod als höchstpersönliche Angelegenheit in ihrer Willensbildung frei sein. Selbstverständlich muss vor allem die aktive Sterbehilfe als starker Eingriff in die staatliche Schutzpflicht besonders gerechtfertigt werden. Sie sollte nur nach sehr strengem gesetzlichem Maßstab anzuwenden sein, um einen Missbrauch der Regelungen und einen großen Zuwachs an Sterbehilfepatienten zu verhindern. Jeder Mensch hat gemäß Art. 2 Abs. 2 Satz 1 GG ein Recht auf Leben und sollte nicht zum vorzeitigen Ausscheiden aus dem Leben gedrängt werden. Meines Erachtens sollte die aktive Sterbehilfe deshalb erst ab dem 18. Lebensjahr und bei notariell beglaubigtem Willen des Patienten ermöglicht werden.

Wie anhand der aktuellen Forsa-Studie[5] erkennbar ist, würde die Mehrheit der deutschen Bevölkerung die Erweiterung der gesetzlichen Regelungen zur Sterbehilfe befürworten. In der mit hochtechnisierter Medizin versorgten

Gesellschaft kommt der grundrechtsbestimmten Gewährleistung des freien Willens des Einzelnen und dem Schutz vor einem qualvoll langen Sterben eine wachsende Bedeutung zu. Selbst Nikolaus Schneider, Ratsvorsitzender der Evangelischen Kirche in Deutschland, hat erklärt, dass er seine Frau zur Sterbehilfe begleiten und ihre Entscheidung, vorzeitig sterben zu wollen, akzeptieren würde.[6] Eine solche Positionierung macht ersichtlich, dass sogar bei bisher strikten Gegnern der Sterbehilfe in den Kirchen allmählich ein Umdenken stattfindet. Die generelle Ablehnung der Selbsttötung könne auch mit Blick auf den christlichen Glauben in Ausnahmesituationen eingeschränkt werden.

Vieles von dem, wofür sich Frau Professorin Will engagiert hat, wird sie sicherlich auch noch in ihrem Ruhestand weiter bewegen. Wir Doktoranden werden uns freuen, wenn wir an dieser Bewegung teilhaben dürfen. Ich hoffe zudem, dass immer mehr Juristinnen und Juristen das soziale und politische Engagement für sich entdecken. Denn wie schon Mahatma Gandhi sagte: »Der Mensch kann nicht in einem einzelnen Lebensbereich recht tun, während er in irgend einem anderen unrecht tut. Das Leben ist ein unteilbares Ganzes.«

---

1 BGH, Urt. v. 15. 11. 1996 – 3 StR 79/96, BGHSt 42, 301 (305); Dreier, in: Dreier, GG, 3. Aufl. 2013, Art. 1 I, Rn. 154; Eser/Sternberg-Lieben, in: Schönke/Schröder, StGB, 29. Aufl. 2014, Vorbem. §§ 211 ff., Rn. 26.

2 BGH, Urt. v. 8. 5. 1991 – 3 StR 467/90, BGHSt 37, 376 (379); BGH, Urt. v. 13. 9. 1994 – 1 StR 357/94, BGHSt 40, 257 (260 ff.); BGH, Urt. v. 25. 6. 2010 – 2 StR 454/09, BGHSt 55, 191 (201).

3 In: vorgänge. Zeitschrift für Bürgerrechte und Gesellschaftspolitik Nr. 175, Heft 3/2006, S. 43–71.

4 In: Heinrich Böll Stiftung, Die Freiheit zu Sterben – Selbstbestimmung durch Sterbehilfe und Patientenverfügungen, 1. Aufl. 2007, S. 15–20.

5 Vgl. die repräsentative Bevölkerungsumfrage durch Forsa für die DAK-Gesundheit, Erhebungszeitraum: 13. und 14. 1. 2014.

6 Vgl. »Die Zeit« vom 17. 7. 2014.

Thomas Flint

Wieviel Sozialstaat braucht die Gesellschaft im Kapitalismus mit menschlichem Antlitz?

Mein Thema ist die Bedeutung von Freiheit und Verantwortung hier und heute. Es geht mir um das Verhältnis von sozialstaatlichen Leistungen und gesellschaftlicher Vitalität.

I

Durch sozialstaatliche Leistungen werden nicht nur Lebensrisiken wie Krankheit, Pflegebedürftigkeit und Arbeitslosigkeit abgesichert, eine Einkommenssicherung im Alter und bei Invalidität bewirkt und bei Hilfebedürftigkeit eine Existenzsicherung gewährleistet. Den sozialstaatlichen Leistungen kommt darüber hinaus die Funktion zu, die sich in einer auf Freiheit setzenden Gesellschaft immer wieder von neuem bildende soziale Ungleichheit durch Leistungen des Sozialstaats zu relativieren, damit die rechtlich gleichen Menschen die Chance zur Realisierung ihrer Freiheit haben – auch zum Wohle von Gesellschaft und Staat.

Diese Zusammenhänge zwischen rechtlicher Freiheit und sozialer Ungleichheit, zwischen Hilfe zur Ermöglichung von Freiheit durch sozialstaatliche Ordnung und deren gesellschaftliche Wirkungen hat insbesondere Böckenförde vielfach und eindringlich beschrieben.[1] Beschrieben hat er dabei auch, dass bei ihrer Entstehung unerlässliche Systeme der sozialen Sicherung und Hilfe zur Ermöglichung von Freiheit aufgrund der weiteren Entwicklung oder veränderter Gegebenheiten ihre Rechtfertigung ganz oder teilweise verlieren können, ihr Abbau oder Umbau erforderlich ist, dieser aber mit dem Besitzstandsdenken kollidiert, das Böckenförde als gegenwärtige Grundgestimmtheit unserer Gesellschaft über alle Schichten hinweg bezeichnet.»Dieses Besitzstandsdenken geht davon aus, daß das, was einmal an sozialer Sicherung und Hilfe staatlich ins Werk gesetzt ist, als eigenes Recht anwächst; es kann daher nicht beseitigt oder nachhaltig verändert, sondern allenfalls fortentwickelt werden.«[2]

Diesem Befund kann ich mit meinen Erfahrungen als Richter in der Sozialgerichtsbarkeit nur zustimmen.

II

Dabei meine ich nicht nur meine Erfahrungen aus den vielgestaltigen Einzelfällen. Und ich weiß auch, dass es Systembrüche im Sozialrecht gibt, rechtswidriges Verwaltungshandeln und Herausforderungen, auf die der Gesetzgeber nicht reagiert hat. Es ist nicht alles gut.

Doch mir geht es um meinen Eindruck über die Jahre und Fälle und Textstufen des geltenden Rechts hinweg. Dieser ist geprägt durch meine Wahrnehmung einer beständigen und fordernden Erwartungshaltung der Leistungen beanspruchenden Personen und einer ebenso beständigen und nicht zu beseitigenden Unzufriedenheit der Leistungen erhaltenden Personen. Ich beobachte, dass mehr Geld in sozialen Leistungssystemen, deren Ausdehnung in weitere Lebensbereiche und enorme Ausdifferenzierung nicht zur gesellschaftlichen Erkenntnis führt, dass es gut steht um den Sozialstaat in Deutschland. Vielmehr ist es nie genug: Es muss auch aus einer Risikoabsicherung mit Solidarprinzip mindestens herausgeholt werden, was hineingegeben worden ist; es darf nie weniger werden, als es derzeit ist; es soll nie beim Erreichten bleiben, sondern muss immer mehr werden. Entsprechend ist es üblich und wird gesellschaftlich akzeptiert, über die soziale Kälte und die soziale Schere in der Bundesrepublik Deutschland zu klagen.

Es gehört auch zu meinen Erfahrungen als Richter in der Sozialgerichtsbarkeit, dass sich den Beteiligten im Sozialgerichtsverfahren das geltende Recht, trotz der enormen sozialen Sicherung und gesellschaftlichen Umverteilung, die es leistet, kaum als einfach erkennbar und in der Sache gerecht erklären lässt. Das Sozialrecht enthält sich häufig ändernde, kleinteilige, komplizierte Regelungen, und es überzeugt nicht von seiner Gerechtigkeit, weil seine Regelungen nur selten aus sich heraus einleuchten und weil gesellschaftliche Haltungen und Erwartungen entstanden sind, die durch staatliches Recht nur enttäuscht werden können. Erklärungen und Entscheidungen durch Gerichte führen deshalb nur selten zu Befriedungen.

III

Dies passt zu der Grundgestimmtheit, die Böckenförde beschreibt. Diese gesellschaftliche Grundgestimmtheit – die natürlich Ausnahmen kennt – ist für mich Ausdruck eines Verzichts auf Freiheit durch die Gesellschaft im Tausch gegen die soziale Versorgung durch den Staat, eines Handels, auf den die Gesellschaft und der Staat sich eingelassen haben. Mit dem erreichten Stand sozialer Leistungen ist in Deutschland weit über die Absicherung von Lebensrisiken und die Relativierung sozialer Ungleichheit zur Ermöglichung von gesellschaftlicher Freiheit durch staatliche Ordnung hinausgegangen worden. Es werden nicht mehr nur die potentiell alle Menschen betreffenden Lebensrisiken ausgeglichen, nicht mehr nur Auswüchse des grundsätzlich freigesetzten wirtschaftlich-sozialen Prozesses in einer freien kapitalistischen Gesellschaft, die auf Eigentumserwerb und dessen Perpetuierung durch das Erbrecht setzt, verhindert oder dessen Auswirkungen im Einzelfall abgemildert.

Gewiss sind diese sozialstaatlichen Rahmenbedingungen nötig und bedarf es sozialstaatlicher Interventionen, weil der Kapitalismus als Gesellschaftsform aus sich heraus nicht auf sozialen Ausgleich angelegt ist. Auch dies findet sich bei Böckenförde ebenso klar wie mahnend beschrieben.[3] Doch geht es bei dem erreichten Stand sozialer Sicherung nicht mehr nur um Freiheitsermöglichung in der kapitalistischen Gesellschaft durch sozialstaatliche Leistungen, um ein Gegenmodell zum Kapitalismus in seinem inhumanen Charakter. Denn Freiheitsermöglichung in diesem Sinne ist etwas anderes als soziale Versorgung. Jene setzt frei, diese aber zur Ruhe. Ein menschliches Antlitz gewinnt der Kapitalismus hieraus nicht, so, wie es schon für den Sozialismus nicht durch die Überbetonung des Sozialen zulasten der Freiheit zu erreichen war.

Doch die Leiche ist bunter.

IV

Heiner Müller

NACHTZUG BERLINFRIEDRICHSTRASSE
FRANKFURTMAIN

Nach der Fahrt durch die lichtlose Heimat
der Haß auf die Lampen

Daß die Leiche so bunt ist!
ICH BIN DER TOD KOMM AUS ASIEN

V

Es sind heute in Deutschland nicht durch sozialstaatliche Leistungen die Menschen so frei geworden, dass sie sich in der Gesellschaft als Persönlichkeiten frei entfalten wollen, auch wenn sie es können. Vielmehr haben sich Gesellschaft und Staat darauf eingelassen, dass der Staat die Gesellschaft sozial versorgt und sich so Frieden in der Gesellschaft kauft. Das hat gewiss Vorteile für alle. In tiefem Frieden lässt sich ganz gut leben.

Das Gefühl aber, gekauft worden zu sein, scheint die Gekauften zu dem Gefühl zu berechtigen, unzufrieden sein zu dürfen und berechtigt zu sein, den Preis immer weiter nach oben zu treiben. Sie halten sich auch für berechtigt, den Staat für alles das verantwortlich zu machen, was in eigenen oder familiären, beruflichen oder sonstigen gesellschaftlichen Lebensverhältnissen doch allererst ihre eigene Verantwortung ist. So hat der Handel zwischen Sozialstaat und Gesellschaft zwar zu Frieden im Sinne von friedlichen Verhältnissen, aber nicht zur Zufriedenheit der Einzelnen wie der Gesellschaft geführt.

Hierfür steht die weit verbreitete gesellschaftliche Stimmungslage, die den Eindruck vermittelt, es stehe schlecht um den Sozialstaat in Deutschland. Unsere Probleme aber hätten andere gern.

Dabei verschließe ich nicht die Augen vor den Problemen und Unzulänglichkeiten, die wir auch im Bereich des Sozialen haben. Ich lasse mir von diesen aber nicht den vergleichenden und bewertenden Blick dafür trüben, auf welchem hohen Niveau diese auftreten und wie sehr sie auch mit der Zuweisung aller Verantwortung für ihre Lösung durch die Gesellschaft an den Staat zu tun haben.

VI

Die beschriebene gesellschaftliche Stimmungslage ist weder für die Gesellschaft noch den Staat folgenlos. Sie führt nicht nur zur Forderung aus der Gesellschaft nach immer weiterer Verrechtlichung und Vergerechtlichung im Bereich des Sozialen und zu dem Ruf nach der Verantwortung des Staates sowie zu dem Aufgreifen der Forderung und zur Annahme des Rufes durch den immer komplizierteren und teureren, in Gerechtigkeitsdifferenzierungen verstrickten, immer weitere Lebensbereiche regulierenden Sozialstaat. Vielmehr betreffen der Freiheitsverzicht und die Verantwortungsentledigung der Gesellschaft gegen soziale Versorgung durch den Staat das Verhältnis von Gesellschaft und Staat in seinem Kern.

Soziale Errungenschaften für die Gesellschaft allein bewahren einen Staat nicht vor der Implosion. Es braucht auch die Freiheit und Verantwortungsübernahme der Gesellschaftsmitglieder. Die soziale Versorgung gegen Freiheitsverzicht dagegen führt zu Freiheit nur der Wenigen, die einer sozialen Sicherung zur Freiheitsermöglichung von vornherein nicht bedürfen und sich aus der Gesellschaft und aus ihrer Verantwortung für die Gesellschaft – auch unter Freizeichnung von den für sie geltenden staatlichen Regeln in einer globalisierten Welt – verabschieden können.

WIEVIEL SOZIALSTAAT BRAUCHT DIE GESELLSCHAFT

Die für die staatliche Freiheitsordnung unverzichtbare vitale Gesellschaft der Vielen braucht das erst durch Freiheit ermöglichte eigenverantwortliche, kreative, auch verrückte Element, das auf der Grundlage einer diese Freiheit ermöglichenden sozialen Sicherung die Gesellschaft und den Staat durch Freiheitsausübung und Verantwortungsübernahme belebt und bestätigt. Die sozialstaatlich unterhaltene gesellschaftliche Versorgungsmentalität kann dies nicht leisten. Freiheiten, die sich durch Einzelne von der sozialen Versorgung genommen werden können oder gegen sie genommen werden, beleben und bestätigen weder die freiheitliche Gesellschaft noch die staatliche Freiheitsordnung, sondern steigen aus beiden aus.

Es braucht einen breiten Korridor zwischen Ausstieg und Versorgung, in dem individuelle Freiheit durch sozialstaatliche Sicherung ermöglicht ist, sonst gibt es keine Gesellschaft, in der sich die Menschen als Persönlichkeiten frei entfalten und in der in Freiheit und Eigenverantwortung mit anderen Menschen zusammen zu leben und Verantwortung zu übernehmen Spaß macht. Soziale Versorgung durch den Staat und Freiheitsverzicht sowie Verantwortungsentledigung der Gesellschaft, deren Wirklichkeitswahrnehmung zudem weithin aus Medien gespeist ist, die den durch Ruhe und Frieden leer gewordenen Raum mit Unterhaltung besetzen, geben der Gesellschaft mehr Sozialstaat, als die freiheitliche Gesellschaft und der freiheitliche Staat brauchen, und als gut für beide ist.

An der Spirale sozialstaatlicher Versorgung gegen gesellschaftlichen Freiheitsverzicht kann zwar durch mehr – nicht nur beitrags- oder steuer-, sondern auch schuldenfinanziertes – Geld noch weiter gedreht werden. Innerhalb ihrer Logik gibt es keinen Punkt, von dem aus es nicht mehr weiter geht. Aber auch das hat einen Preis. Dafür, dass die sozial versorgte Gesellschaft, die sich mit ihrem Freiheitsverzicht arrangiert hat, ihre Ketten weniger spürt, hat sie sich von ihrer Verantwortung verabschiedet. Die mit dem Verzicht auf Freiheit einhergehende Entledigung von Verantwortung, die von der Gesellschaft an den Staat auch in allererst individuellen und gesellschaftlichen Angelegenheiten weitergereicht wird, höhlt die Gesellschaft aus und überfordert den Staat.

Die Zukunft der Verantwortung, ohne die es ein menschliches Antlitz auch der Gesellschaft im Kapitalismus nicht geben kann, ist unter diesen Bedingungen ungewiss.

VII

Das alles ist nicht neu, sondern von anderen andernorts beschrieben.[4] Doch es kann nicht oft genug gesagt werden, damit es angesichts der Stabilität der gesellschaftlichen Stimmungslage eine Chance auf Gehör geben kann.

Fazit meiner Erfahrungen und Überlegungen ist, dass es mehr Freiheit und Eigenverantwortung braucht, soll es eine vitale Freiheitsordnung sein, in der wir leben wollen; eine Gesellschaft, die eine Eigenverantwortung der Einzelnen für sich und eine Kultur der Verantwortung aller für das, was die Gesellschaft zusammen hält, kennt und schafft; eine Gesellschaft, die den Staat eben nur so weit fordert, dass er die Ausübung von Freiheit und Übernahme von Verantwortung durch alle auch in sozialer Hinsicht ermöglicht und sich im Übrigen auf die Deckung besonderer sozialer Hilfebedarfe Einzelner beschränken kann.

VIII

Ja, ich weiß, dass die Dinge komplizierter liegen. Und ich habe auch nicht resigniert.

---

1 Zuletzt Böckenförde, Wieviel Staat die Gesellschaft braucht, in Böckenförde/Gosewinkel, Wissenschaft, Politik, Verfassungsgericht, 2011, S. 53–63.
2 Böckenförde, a. a. O., S. 61.
3 Zuletzt Böckenförde, Woran der Kapitalismus krankt, a. a. O., S. 64–71.
4 Wichtig für mich Schlink, Der Preis der Gerechtigkeit, Merkur 2004, S. 983; ders., Die Zukunft der Verantwortung, Merkur 2010, S. 1047.

Klaus Lederer

Flucht ins Privatrecht

Technokratisierung, Ökonomisierung und Entdemokratisierung als Herausforderung für die progressive Rechtswissenschaft

Unsere komplexe gesellschaftliche Realität lässt sich nur mit viel Mühe und Abstraktionsvermögen in der schlichten Gegenüberstellung von »Staat« und »Gesellschaft« abbilden. Dieser Dualismus, der dem klassischen liberalen Grundverständnis der sozialen Verhältnisse in unserer Gesellschaft zugrunde liegt, hat aber entscheidenden Einfluss auf die herrschende Verfassungsinterpretation, auf Rechtsordnung und Rechtswirklichkeit in unserem Land gewonnen. Die Künstlichkeit der Trennung zwischen »Staat« und »Gesellschaft« – hier der einheitlich handelnde, gemeinwohlgebundene Akteur, dort die nur sich und der allgemeinen Rechtsordnung verpflichteten, vereinzelten Individuen und privaten Rechtssubjekte – tritt an den Schnittstellen von ökonomischer Dynamik und Verwaltungshandeln besonders klar hervor. Vor diesem Hintergrund diskutieren Lehre und Rechtsprechung immer wieder, der Staat könne und würde sich durch die Nutzung privater Rechts- und Handlungsformen seiner verfassungsrechtlichen Bindungen entledigen – »die Flucht ins Privatrecht« antreten.

Es ist allgemein anerkannt, dass staatliches Handeln in der Ordnung des Grundgesetzes nicht auf öffentlich-rechtliche Handlungsformen beschränkt ist. Die Verwaltung hat – mit Ausnahme des genuin hoheitlichen Bereichs (Art. 33 Abs. 4 GG) – Wahlfreiheit. Schon das staatliche Handeln in Privatrechtsform, erst recht aber das institutionell »verbundene« Handeln von staatlichen Akteuren und privaten Wirtschaftssubjekten, bringt verfassungsrechtlichen und demokratietheoretischen Konfliktstoff mit sich. Aber die hier auftretenden gesellschaftlichen Phänomene, so meine These, lassen sich mit der Formel von der Flucht ins Privatrecht nicht ansatzweise erfassen. Erst recht müssen Versuche scheitern, die damit verbundenen Konflikt- und Rechtslagen durch Konstruktion eines Verwaltungsprivatrechts widerspruchsfrei dogmatisch zu verarbeiten.

1. Die »Flucht ins Privatrecht« als dogmatischer Spagat

Staatliche Einrichtungen, gleich welcher Rechtsform, handeln verfassungsdeterminiert, können sich ihrerseits nicht auf die Grundrechte berufen. Die Grundrechte binden Gesetzgebung, vollziehende Gewalt und Rechtsprechung als unmittelbar geltendes Recht, sagt Art. 1 Abs. 3 GG. Alle Staatsgewalt geht vom Volke aus, die Legislative ist an das Grundgesetz, vollziehende Gewalt und Rechtsprechung sind an Recht und Gesetz gebunden. So steht es in Art. 20 Abs. 2 und 3 GG. Auch die Kommunen und Gemeindeverbände sind nach Art. 28 Abs. 2 GG auf Angelegenheiten der örtlichen Gemeinschaft, also ein öffentliches, demokratisch bestimmtes Interesse verpflichtet. Demokratie lässt »kontrollfreie Räume« und die Abgabe von Entscheidungsmacht an nicht legitimierte Akteure nicht zu.

Was aber ist, wenn der Staat sich des Privat- und Gesellschaftsrechts bedient? Und was ist gar mit Joint Ventures, Kooperationen zwischen Staat und privaten Konzernen in Privatrechtsform? Private müssen sich nicht an diesen Vorgaben der Verfassung messen. Wessen Belange sind nun im Konfliktfall höher zu bewerten – die der demokratischen Einflussnahme oder die des grundrechtsberechtigten privaten Beteiligten? Das ist schwer zu beantworten, war und ist deshalb auch schwer umstritten.

Bezogen auf grundrechtsrelevante Konfliktlagen hat das Bundesverfassungsgericht in seinem Fraport-Urteil 2011 festgehalten: Öffentlich beherrschte gemischtwirtschaftliche Unternehmen in Privatrechtsform unterliegen – ebenso wie Eigengesellschaften des Staates – der unmittelbaren Grundrechtsbindung. Grundrechtspflichten treffen hier nicht nur den staatlichen Miteigentümer, sondern bereits das Unternehmen selbst. Ich darf danach meine Meinungs- und Demonstrationsfreiheit auch auf »geöffneten Kommunikationsforen«, in frei zugänglichen Verkehrsflächen, ausüben, wenn diese durch eine staatlich beherrschte Aktiengesellschaft (AG) kontrolliert werden, z. B. in einem Flughafengebäude. Die Ausübung des Hausrechts (§§ 903 S. 1, 1004 BGB) ist hier also nicht frei, sie wird durch Verfassungsvorgaben »überlagert«. Begründung: Die Privatrechtsform darf nicht dazu führen, dass sich die öffentliche Hand ihrer verfassungsmäßigen und Gemeinwohlbindung entzieht.

Ist damit alles geklärt? Wohl kaum. Die formale Betrachtung des Bundesverfassungsgerichts verweist zur Beantwortung der Frage, wann ein solches Unternehmen staatlich *beherrscht* wird, auf das Zivilrecht. Aber ist das Zivilrecht dogmatisch zur Erfassung solcher Konfliktlagen überhaupt geeignet? Welche Aktienbeteiligung, welcher Gesellschaftsanteil des Staates setzt die Grundrechte in Kraft beziehungsweise außer Kraft? Und wie weit kann die beschriebene »Überlagerung« zivilrechtlicher Normen durch verfassungsrechtliche Vorgaben gehen? Schließlich: Was spricht eigentlich dagegen, aus der Sozialbindung des Eigentums in Art. 14 GG generell das verfassungsmäßige Recht der Bürgerinnen und Bürger abzuleiten, in jedem »geöffneten Kommunikationsforum« ihrer Grundrechtsbetätigung nachzugehen?

Verfassungsrechtliche und demokratietheoretische Konfliktlagen tauchen auch dort auf, wo es nicht um die Grundrechtsausübung des Einzelnen geht, sondern Gesetzesbindung und demokratische Verantwortlichkeit mit dem Primat der Gewinnmaximierung kollidieren. Nach der *Lehre vom Verwaltungsprivatrecht* darf sich die Verwaltung ihren öffentlich-rechtlichen Bindungen nicht durch Rechtsformwahl entziehen: Keine Flucht ins Privatrecht!

Das Verwaltungsprivatrecht soll ein durch grundlegende Normen des öffentlichen Rechts überlagertes Privatrecht sein, um das Abstreifen verfassungsrechtlicher Vorgaben zu unterbinden. Aber wie soll diese »Überlagerung« ausgestaltet sein, wie weit reicht sie?

Die herrschende Meinung in Rechtslehre und Rechtsprechung sagt: Es gilt der strikte Vorrang des Gesellschaftsrechts. Die verfassungsrechtlich abgeleitete Forderung nach demokratischer Einflussnahme und Kontrolle könne nicht *gegen das private Gesellschaftsrecht*, also nicht unter Außerachtlassung oder Abänderung seiner demokratiehemmenden Regelungen, sondern *nur unter Ausnutzung gesellschaftsrechtlich gegebener Spielräume und Möglichkeiten* durchgesetzt werden. Wenn sich der Staat privatrechtlicher Formen bediene, so müsse er deren mangelnde Eignung für Demokratie, Transparenz und Kontrolle hinnehmen. Kommunal- oder haushaltsrechtliche Vorschriften, die für die Beteiligung an oder die Gründung von privatrechtlichen Gesellschaften Vorgaben hinsichtlich der Einflussnahme, Kontrolle und Steuerung machen (Einwirkungspflichten, Informationspflichten, Weisungsrechte), könnten das Privatrecht nicht aushebeln.

Das gilt bereits für die rein öffentliche AG, ist aber wegen der Schutznormen für Mitaktionäre und der gesellschaftsrechtlichen Treuepflichten von Gesellschaftern/Aktionären untereinander bei öffentlich-privaten Mischunternehmen noch deutlich brisanter. Ins Aktienrecht – und im Grunde auch ins übrige Gesellschaftsrecht – ist eine grundsätzlich andere Logik als die der Verwirklichung politisch formulierter Gemeinschaftsinteressen eingegossen. Die AG ist deshalb nicht einfach eine beliebige Organisationsform unter anderen. Die gesellschaftsrechtliche Unternehmensverfassung der AG ist darauf ausgerichtet, die Leitung des Unternehmens auf das Gesellschaftswohl festzulegen, das – dem Leitbild der kapitalistischen AG gemäß – erwerbswirtschaftlich bestimmt ist. Die alleinige Leitungsmacht des Vorstands einer AG unter Ausschluss der Aktionäre (§§ 76, 119 Abs. 2 AktG) umfasst alle wesentlichen unternehmerischen Entscheidungen. Damit soll verhindert werden, dass die durch den Handel mit Aktien am Finanzmarkt möglicherweise häufig wechselnden Aktionärsinteressen die Stabilität des Unternehmens und seiner wirtschaftlichen Erwerbsstrategie gefährden könnten. Entsprechend schwach sind die Befugnisse der Eigentümer in der Hauptversammlung der AG ausgestaltet. Alle Organmitglieder der AG sind in ihrem Handeln ausschließlich – und schadensersatz-, ja strafbewehrt – auf das Gesellschaftswohl, den satzungsmäßigen Gesellschaftszweck, verpflichtet.

2. Versuche zur Auflösung eines verfassungsrechtlichen Grundwiderspruchs

Aber darf, was zur Sicherung der wirtschaftlichen Stabilität einer Aktiengesellschaft mit wechselnden Eigentümerstrukturen gelten soll und muss, auch für politische Entscheidungen eines öffentlichen Allein- oder Mitaktionärs gelten? Entspricht es dem Wesen demokratischer Gesellschaftsgestaltung oder der selbstverwalteten, demokratischen Kommune, dass Parlaments- oder Ratsentscheidungen – etwa über den Verzicht auf den Neubau eines Kohlekraftwerks, über den Atomausstieg, die ökologischsoziale Unternehmensausrichtung oder auch über die Offenlegung von vertraulichen Public-Private-Partnership-Verträgen (PPP) – an den gesellschaftsrechtlichen Normen oder den Kautelen gewiefter öffentlich-privater Satzungs- oder Vertragsgestaltung wirkungslos zerschellen?

Hier zeigt sich ein verfassungsrechtlicher Grundwiderspruch. Was dem Staat nach herrschender Meinung und Rechtsprechung verfassungsrechtlich erlaubt ist, führt faktisch immer zu unterschiedlich ausgeprägten Kontrollverlusten und Demokratiedefiziten, die die Verfassung gerade nicht gestattet. Die rechtswissenschaftliche Literatur kennt bisher – grob umrissen – drei Wege, mit diesem Dilemma umzugehen:

Auch im Konfliktfall, meinen die einen, seien die verfassungsrechtlichen Bindungen des Staates umfassend zu achten. Da der zwingende Vorrang des Gesellschaftsrechts dies nicht gewährleiste, sei generell auf die Nutzung privater Rechtsformen zu verzichten. Diese Lösung klingt überzeugend, ist einfach – aber theoretisch. Privatrechtsgesellschaften erfreuen sich im öffentlichen Sektor nicht nur zunehmender Beliebtheit, weil sie ihm eine Anpassung des staatlichen Handelns an ein verändertes sozioökonomisches Umfeld ermöglichen. Es ist in gesellschaftlichen Krisensituationen sogar nahezu unverzichtbar, dass sich der Staat an Gesellschaften privaten Rechts beteiligt, weil die sozialen und wirtschaftlichen Folgen eines Unterlassens schlicht unhaltbar wären. Die Finanz- und Wirtschaftskrise seit 2008 bietet diesbezüglich reiches Anschauungsmaterial.

Andere meinen, es bedürfe einer »gesetzeskorrigierenden Interpretation« des Aktienrechts zur Sicherstellung des demokratischen Mindeststandards der Einflussnahme. Im Konfliktfall müsse geschaut werden, inwieweit das Gesellschaftsrecht (untechnisch gesprochen) »verfassungskonform« auszulegen, im Einzelfall zu brechen, nicht anzuwenden sei. Der Gegeneinwand liegt auf der Hand: Die Unbestimmtheit dieser Rechtsanwendung ist selbst wieder verfassungsrechtlich zweifelhaft. Auch der Gesetzgeber verweigert sich einer solchen Lösung. Wie wäre die Grenze denn im Einzelfall zu ziehen, etwa zwischen Gemeinwohlbindung und schlichter Profitorientierung? Das können Gerichte kaum frei assoziieren.

Schließlich werden die »Lockerungen« verfassungsrechtlicher und Gemeinwohlbindungen durch Gesellschaftsrecht problematisiert, aber als akzeptabel – und mit der herrschenden Meinung beides letztlich als vereinbar – betrachtet. Die demokratische »Kontrolldichte« des Staates könne variieren, je nachdem, »wie wichtig« die Einflussnahme jeweils sei. Es genüge deshalb, die Prüfungs- und Vorrangregeln des öffentlichen Rechts für die Nutzung privater Rechtsformen zu beachten, die Spielräume des Gesellschaftsrechts umfassend zu nutzen, um demokratischer Verantwortlichkeit Genüge zu tun. Schon ein flüchtiger Blick in die Realität beweist, dass auf diese Weise wirksame demokratische Steuerung öffentlichen Handelns nicht gesichert werden kann. Der Verweis auf die kargen Spielräume des Gesellschaftsrechts löst das Problem nicht, er erklärt es kurzerhand für nicht existent. Es wird also die defizitäre Verfassungswirklichkeit zur Verfassungsnorm umgedichtet: Soweit die umfassende demokratische Steuerung und politisch verantwortliche Rückbindung staatlichen Handelns in Privatrechtsform nicht gelingt, müssen die Verfassungsimperative eben flexibel interpretiert werden.

Auf den ersten Blick klingt das plausibel: Auch in der öffentlichen Verwaltung gibt es verselbständigte Einheiten, die nicht dem Letztentscheidungsrecht demokratisch legitimierter Entscheidungsträger unterliegen. Sie werden durch »wesentliche« Entscheidungen des Gesetzgebers in ihrem Handeln determiniert, demokratische Legitimationsdefizite also durch materielle Vorgaben kompensiert. Staatliches Handeln an der Schnittstelle zwischen dem Primat der Gewinnerzielung und öffentlich-rechtlichen Bindungen ist damit aber nicht vergleichbar: Maßgebend für die »Kontrolldichte« bei Nutzung der Privatrechtsform oder bei PPP ist nicht, was verfassungsrechtlich und politisch »wesentlich« und wichtig ist. Ausschlaggebend ist das, was das Gesellschaftsrecht und die konkreten Vertragsklauseln als so wichtig erachten, dass Eigentümern und Parlament oder Rat hierüber die Entscheidung zugebilligt wird. Das werden regelmäßig nicht demokratische Maßstäbe sein.

All die (aus Platzgründen holzschnittartig beschriebenen) Lösungsvorschläge leiden daran, dass sie von einem sehr formalen Demokratie-, Rechts- und Sozialstaatlichkeitsverständnis ausgehen, sich im Ergebnis mit formalen Sicherungen zufriedengeben. Die Verfassungsvorgaben zu Demokratie und Rechtsstaatlichkeit, zur Sozialpflichtigkeit des Eigentums und zur Sozialstaatlichkeit sind aber keine Festschreibung starrer Zustände und formaler Verfahren. Sie besitzen eine materielle, soziale, ja gesellschaftliche Dimension, die nicht an und für sich gegeben ist, sondern auf deren Durchsetzung und Verwirklichung das politische Handeln verfassungsgebundener politischer Institutionen und Akteure immer wieder neu ausgerichtet werden muss. Das gilt im Kleinen wie im Großen, in der Kommunalpolitik wie im europäischen und globalen Wettbewerbsraum.

3. Revitalisierung der Demokratie?

Mit der Fokussierung der Debatte auf das Verhältnis der Staatsverwaltung zu ihren verselbständigten Einrichtungen geraten drei zusammenhängende Trends aus dem Blick, die Demokratie und öffentliche Steuerung viel durchschlagender unterminieren als die Nutzung der Privatrechtsform: Staatliches Handeln in nahezu allen Bereichen unterliegt einer immer stärkeren Ökonomisierung durch Recht und Politik. Dabei hat die herrschende Politik der zurückliegenden Jahrzehnte den Gestaltungsauftrag der Verfassung im Wesentlichen aufgegeben. »Staat« ist weniger denn je ein autonomer Akteur, der den Rahmen privatautonomen Handelns setzt. »Staat« ist selbst eine abhängige Größe, der sich unter permanent veränderten Rahmenbedingungen Steuerungsspielräume bieten oder eben auch nicht – immer enger verflochten mit und in gegenseitiger Abhängigkeit zwischen staatlichen Akteuren und marktdeterminierter Ökonomie. Politik verkommt unter diesen Bedingungen immer stärker zum technokratischen Management. Es vollzieht sich die materielle Entdemokratisierung demokratischer Institutionen. Demokratie wird zur formalen Hülle. Sie dient der Ratifikation von Entscheidungen, die nicht »vom Volk ausgehen«, sondern Ergebnisse angeblich alternativloser technokratischer Verwaltung darstellen.

Dieses demokratische Defizit betrifft nicht nur das innerorganisatorische Verhältnis des Staates zu seinen Einrichtungen, sondern das demokratische Staat-Bürger-Verhältnis, die Substanz lebendiger Demokratie. Ein Bürgerbegehren oder Bürgerentscheid, Volksbegehren oder

Volksentscheid zur sozial-wohnungspolitischen Steuerung einer öffentlichen Wohnungsbaugesellschaft mag die Verwaltungsspitzen politisch binden. Der Weg zu seiner Umsetzung allerdings ist im »Konzern Stadt« mit Hürden, Dornen und Fußangeln gespickt. Wir mögen gesetzliche Informationsfreiheitsrechte gegenüber dem Staat haben: Im öffentlichen Sektor des privatrechtlich organisierten Wirtschaftsgeschehens verlieren sie sich im undurchsichtigen Dickicht der Betriebs- und Geschäftsgeheimnisse ...

Staatliche Einrichtungen und Institutionen stabilisieren auf vielfältige Weise eine chronisch funktionsgestörte, krisenanfällige globale und europäische Marktgesellschaft, die selbst keiner demokratischen Steuerung unterworfen ist. Angesichts dessen gerät eine progressive Rechtswissenschaft an enge Wirkungsgrenzen, wenn sie sich mit den disziplinären Scheuklappen an überkommenen Problembeschreibungen abarbeitet und dabei im dogmatischen Diskurs verliert. Es muss darum gehen, den Status quo kritisch in Frage zu stellen, die Tauglichkeit festgetretener juristischer Debattenstränge anzuzweifeln, neue Wege einzufordern, um Recht und Politik in Zukunft wieder zu den entscheidenden Steuerungsinstrumenten in den rasanten Veränderungsprozessen der Gegenwart zu machen. Denn Auftrag und Leitbild des Grundgesetzes ist die demokratisch gesteuerte Gesellschaftsreproduktion zur Sicherung der individuellen Entfaltungsfreiheit der Menschen. Vor uns steht die Herausforderung, Antworten auf die Frage zu finden, wie dieser Auftrag in einer ökonomisch globalisierten, turbokapitalistischen Welt mit neuer Substanz gefüllt und in einem komplexen institutionellen »Mehr-Ebenen-System« durchgesetzt werden kann.

Jan Freigang

Flucht ins Öffentliche Recht

Rekommunalisierung der Wasserversorgung als Fluch oder Segen für eine sichere und effiziente Daseinsvorsorge

Rosemarie Will war skeptisch. Würde eine Untersuchung von Privatisierungsverträgen in der Trinkwasserversorgung nicht zwangsläufig einer Entstaatlichung dieses Kernbereichs der Daseinsvorsorge das Wort reden, trotz aller Beteuerungen, dass die Arbeit nicht die Opportunität von Privatisierungen beurteilen würde, sondern die Grenzen, Rahmenbedingungen und Konsequenzen von Privatisierungsentscheidungen? Trotzdem hat sie meine Dissertation von Anfang an unterstützt und gefördert, nicht zuletzt mit kritischen aber richtigen Fragen. Einig waren wir uns, dass eine »Flucht ins Privatrecht« relativ aussichtslos wäre, da die grundlegenden öffentlich-rechtlichen Bindungen weder durch die Wahl der Organisationsform noch durch die Übertragung von Aufgaben auf Private verloren gehen, sondern sich allenfalls in eine Gewährleistungsverantwortung verwandeln, bei der man unterschiedlicher Auffassung sein kann, ob sie dem Staat mehr oder weniger Steuerungspotenzial verschafft als die eigene Leistungserbringung.

Seit Fertigstellung der Dissertation vor ca. acht Jahren hat sich einiges verändert: Statt von der »Flucht ins Privatrecht« ist heute immer häufiger von einer »Flucht ins öffentliche Recht« die Rede. Was ist damit gemeint? Zwischen 1993 und 2008 war der Anteil öffentlich-rechtlicher Unternehmensformen in der Wasserversorgung in absoluten Zahlen von 78 auf 56 Prozent und in Bezug auf den Anteil am Wasseraufkommen von 49 auf 36 Prozent gesunken. Für die Entwicklung seit 2008 liegen noch keine umfassenden Erhebungen vor, aber vieles spricht für einen gegenläufigen Trend. Zum einen ist in der öffentlichen Meinung die Skepsis gegenüber der Privatisierung der Trinkwasserversorgung nach den Erfahrungen in Berlin und anderswo weiter gestiegen. Zum anderen hat aber gerade eine erhöhte Kontrolldichte der Wasserpreise durch die Kartellbehörden, bestätigt durch die Rechtsprechung, zu einer »Flucht ins Gebührenrecht« geführt, für das die jüngste Novelle des Gesetzes gegen Wettbewerbsbeschränkungen (GWB) nunmehr sogar ausdrücklich die Nichtanwendbarkeit des Kartellrechts gesetzlich verankert. Die unterschiedlichen rechtlichen Maßstäbe für die Regulierung von Wasserpreisen und Gebühren erscheinen manchem als willkommener Schutzschild gegen Privatisierung. Eine Zementierung des Gebührenprivilegs geht jedoch zu Lasten der Effizienz und der Verbraucherpreise, ohne notwendigerweise bessere Trinkwasserqualität, mehr Nachhaltigkeit und höhere Versorgungssicherheit zu gewährleisten.

1. Stärkung der kartellrechtlichen Preiskontrolle von Wasserpreisen

Das Bundeskartellamt führte im Rahmen des Missbrauchsverfahrens gegen die Berliner Wasserbetriebe eine umfassende Datenerhebung zur großstädtischen Trinkwasserversorgung in 40 deutschen Großstädten durch. Die komplexe Struktur des Berliner Modells mit nicht zu rechtfertigenden Gewinngarantien für die private Holding hatte die Aufmerksamkeit der kartellamtlichen Kontrolle auf den Trinkwassermarkt gelenkt. Der Präsident des Bundeskartellamts rühmte sich im Mai 2014 damit, die Preise in Berlin um mehr als 440 Mio. Euro gesenkt zu haben und erklärte zugleich: »Der Fall zeigt nachdrücklich, wie viel finanzieller Spielraum mancherorts in der Wasserversorgung steckt.« In der Tat wurde die für Berlin veranlasste Datenerhebung bereits für weitere Missbrauchsverfahren genutzt, z. B. gegen die Stadt Mainz, die einer Einstellung des Verfahrens gegen die Zusage einer Senkung der abgabenbereinigten Durchschnittspreise um 15 Prozent zustimmte. Es ist nicht auszuschließen, dass der mehrfach verschobenen Veröffentlichung des Berichts des Bundeskartellamts zur Gesamtauswertung der erhobenen Daten weitere Verfahren gegen großstädtische Versorger folgen werden.

Auch einige Landeskartellbehörden sind in den letzten Jahren aktiv geworden. Die Landeskartellbehörde Brandenburg legte im Oktober 2013 ihren Abschlussbericht zur Sektoruntersuchung Trinkwasser vor und forderte die teuersten Versorger zu Preissenkungen auf. Schon die letzte Sektoruntersuchung in Brandenburg im Jahr 2010 hatte zu mehreren »freiwilligen« Preissenkungen geführt. Auch in Hessen und Niedersachsen haben die Landeskartellbehörden umfangreiche Sektoruntersuchungen und Missbrauchsverfahren, u. a. gegen Wetzlar, Darmstadt, und Helmstedt, durchgeführt.

Rückenwind erfuhren die kartellrechtlichen Überprüfungen von den Gerichten, die im Zuge von Rechtsmitteln gegen Preissenkungsverfügungen mit der Materie befasst wurden. So entschied der Bundesgerichtshof (BGH) in der Sache »Wasserpreise Wetzlar« mit Beschluss vom 2. Februar 2010, dass die Beweiserleichterungen für die Kartellbehörden nach § 103 Abs. 5 GWB 1990 nicht nur für den Freistellungsmissbrauch, sondern auch für den Marktmachtmissbrauch durch Versorgungsunternehmen ohne Konzessions- oder Demarkationsvertrag bzw. durch mit der Kommune gesellschaftsrechtlich verbundene Unternehmen gilt. Zugleich stellte der er fest, dass an das Merkmal der Gleichartigkeit beim Vergleichsmarktkonzept keine zu hohen Anforderungen gestellt werden dürfen. In der Sache »Wasserpreise Calw« stellte der BGH mit Beschluss vom 15. Mai 2012 klar, dass die Kartellbehörden zur Feststellung eines Preishöhenmissbrauchs den wettbewerbsanalogen Preis nicht zwingend mit dem Vergleichsmarktkonzept ermitteln müssen, sondern auch auf die Kostenkontrolle zurückgreifen können, selbst wenn das die Offenlegung der Preiskalkulation durch das betroffene Unternehmen im Rahmen seiner Mitwirkungspflicht erfordert.

2. Gegenbewegung: Flucht ins Gebührenrecht

Die Welle kartellbehördlicher Preissenkungsverfügungen gegen privatrechtlich organisierte Wasserversorger war zumindest mitursächlich für zahlreiche Rekommunalisierungsvorgänge in den letzten Jahren. So übertrug die Stadt Wuppertal während eines durch das Bundeskartellamt eingeleiteten Missbrauchsverfahrens die Wasserversorgung am 1. Mai 2013 auf einen öffentlich-rechtlichen Eigenbetrieb in der Absicht, sie dadurch dem Zugriff der kartellrechtlichen Preiskontrolle zumindest für die Zukunft zu entziehen (worauf das Bundeskartellamt ankündigte, das Verfahren zumindest für die Vergangenheit mit dem Ziel der Rückerstattung überhöhter Preise fortzuführen). Ähnliche Rekommunalisierungen in Folge kartellbehördlicher Verfahren fanden in Gießen, Kassel und Wetzlar statt.

Hintergrund dieser Gegenbewegung war die überwiegende Annahme, dass das Kartellrecht auf öffentlich-rechtliche Gebühren keine Anwendung findet. Die Höhe und Angemessenheit öffentlich-rechtlicher Gebühren ist danach ausschließlich der Kontrolle durch die Kommunalaufsicht unterworfen, deren Maßstäbe als weniger streng gelten (Einzelheiten s. u. 3.). Diese Auffassung wurde in Folge eines aufsehenerregenden Beschlusses des BGH kurzzeitig in Frage gestellt. In seinem Beschluss vom 18. Oktober 2011 (»Niederbarnimer Wasser- und Abwasserzweckverband«) bestätigte der BGH, dass auch eine öffentlich-rechtliche Körperschaft im Rahmen des funktionalen Unternehmensbegriffs des GWB Adressat eines Auskunftsbeschlusses nach § 59 GWB sein kann und ließ daneben ausdrücklich offen, ob der Grundsatz der Nichtanwendbarkeit des Kartellrechts auf öffentlich-rechtlich organisierte Leistungsbeziehungen (und damit der Ausschluss der Missbrauchskontrolle auf Gebühren) auch dann gelte, wenn »die öffentlich-rechtliche und die privatrechtliche Ausgestaltung der Leistungsbeziehung – wie im Fall der Wasserversorgung – weitgehend austauschbar sind«. Kurze Zeit später, mit Beschluss vom 19. Juni 2012, ließ der BGH eine Rechtsbeschwerde gegen die Anordnung aufschiebender Wirkung einer Beschwerde gegen einen Auskunftsbeschluss der hessischen Landeskartellbehörde gegen die inzwischen rekommunalisierte Wasserversorgung der Stadt Wetzlar wegen grundsätzlicher Bedeutung zu – mit ausdrücklichem Verweis darauf, dass der Beschluss »Niederbarnim« schließlich offengelassen hatte, ob Gebühren öffentlich-rechtlich organisierter Wasserversorger der kartellrechtlichen Preiskontrolle unterliegen.

Der Gesetzgeber kam einer höchstrichterlichen Klärung zuvor und schloss, entgegen der Empfehlungen von Bundeskartellamt und Monopolkommission, im Rahmen der 8. GWB-Novelle in § 130 GWB Abs. 1 S. 2 öffentlich-rechtliche Gebühren und Beiträge ausdrücklich von der kartellrechtlichen Missbrauchskontrolle aus. Damit gilt zumindest im Rahmen des nationalen Kartellrechts: Die Wahl der Rechtsform der Leistungsbeziehungen in der Wasserversorgung determiniert den Maßstab der Preiskontrolle. Der Anreiz zur Rekommunalisierung und Umwandlung privatrechtlich ausgestalteter Leistungsbeziehungen in öffentlich-rechtliche Gebühren- und Abgabenverhältnisse mit dem Zweck der »Flucht« vor der kartellrechtlichen Preiskontrolle wurde gestärkt. Allerdings gilt dies nur für das nationale Recht. Den nationalen Kartellbehörden steht es aber nach Art. 3 Abs. 1 VO 1/2003 offen, europäisches Kartellrecht auf Sachverhalte mit Zwischenstaatlichkeitsbezug anzuwenden. Ohne an dieser Stelle in alle Einzelheiten gehen zu können, sei gesagt, dass ein generelles Gebührenprivileg, wie nun in § 130 Abs. 1 S. 2 GWB geregelt, dem europäischen Kartellrecht fremd ist und daher ein kartellbehördlicher Zugriff auf Gebühren nach EU-Recht nicht ausgeschlossen werden kann, insbesondere, wenn es um unternehmerisches Handeln und nicht um Kernbereiche hoheitlicher Tätigkeit geht.

Einige Stimmen aus der kommunalrechtlichen Literatur und Praxis lehnen sogar eine kartellrechtliche Kontrolle privatrechtlich erhobener Wasserpreise ab, wenn diese, wie in Berlin, durch landesrechtliche Vorgaben determiniert sind und der behördlichen Prüfung und Genehmigung unterliegen (sog. »Gebühren im Preisgewand«), u. a. mit dem Argument, dass ansonsten das Kartellrecht die Organisationshoheit der Länder und die kommunale Selbstverwaltung unterminieren würde. Dem entgegen hat das OLG Düsseldorf mit Beschluss vom 24. Februar 2014 klargestellt, dass die Wahl privatrechtlicher Leistungsbeziehungen gerade Ausdruck der Formenwahlfreiheit ist und der Gesetzgeber bewusst in § 130 Abs. 1 S. 2 GWB nur öffentlich-rechtliche Gebühren, aber nicht auch öffentlich-rechtlich genehmigte privatrechtliche Entgelte von der kartellrechtlichen Preiskontrolle ausgenommen hat.

3. Konsequenzen der Rekommunalisierung

Öffentlich-rechtliche Gebühren unterliegen der Kontrolle der Kommunalaufsichtsbehörden und Verwaltungsgerichte. Der Kontrollmaßstab ist hier nicht der wettbewerbsanaloge Preis oder die Effizienz der Leistungserbringung, sondern das Äquivalenzprinzip und das Vollkostenprinzip, d. h. die Gebühr muss in angemessenem Verhältnis zu den Kosten stehen und darf diese regelmäßig nicht wesentlich überschreiten und soll andererseits sämtliche Kosten zuzüglich eines angemessenen Ertrags für den kommunalen Haushalt decken. Das bedeutet in der Praxis, dass bestehende unternehmerische Ineffizienzen zementiert werden. Die hessischen Kommunalaufsichtsbehörden haben mit Rückendeckung des Hessischen Rechnungshofs bereits erklärt, das von den Kartellbehörden identifizierte Preissenkungspotenzial bei den Gebühren der rekommunalisierten Versorger nicht umsetzen zu wollen. Stattdessen haben sie teilweise sogar Gebührenerhöhungen gefordert, um zu kostendeckenden Entgelten und ausgeglichenen Kommunalhaushalten zu kommen. Ob die zugrunde liegenden Kosten tatsächlich im Sinne einer effizienten Unternehmensführung gerechtfertigt sind und eine konsequente Ausschöpfung von Kostensenkungspotentialen nicht langfristig die kommunalen Haushalte nachhaltiger entlasten würde, spielt keine Rolle.

Eine solche kostenbasierte Entgeltregulierung führt jedoch nicht nur zum Verzicht auf Kostensenkungspotenzial, sondern auch zu Anreizen für unwirtschaftliches Handeln in der Zukunft, indem der Vollkostenstandard die Deckung beliebiger Kosten durch Gebühreneinnahmen garantiert, die weder durch Wettbewerb noch durch wettbewerbsersetzende Preiskontrolle begrenzt sind. Im Fall Wetzlar erwirkten die Kartellbehörden vor der Rekommunalisierung Preissenkungen von 27 Prozent im Jahr 2007 und erneut von 33 Prozent für die Jahre 2009 und 2010. Es bleibt abzuwarten, ob diese tatsächlich mit Effizienzsteigerungen oder vielmehr mit Gebührenerhöhungen refinanziert werden.

Man mag diesen in der ökonomischen Theorie mit »Averch-Johnson-Effekt« bezeichneten Anreiz zu Überinvestitionen gerade in der Wasserversorgung für nicht allzu schlimm halten, frei nach dem Motto »besser zuviel als zu wenig investiert«. Jedoch werden so zum einen die Verbraucher stets mehr als nötig für eine bestimmte Leistungsqualität zahlen, zum anderen kann es aber sogar schlimmer kommen, denn nicht immer korreliert das Investitionsvolumen mit der Qualität und Sicherheit der Versorgung. Zum Beispiel kann ein überdimensioniertes Leitungsnetz, das »sprudelnde« Gebühreneinnahmen liefert, trinkwasserhygienische Probleme bereiten (und weitere Kosten verursachen), wenn es nicht ausgelastet ist. Dazu kommt, dass gerade die im Gebührenmodell geringe institutionelle Distanz zwischen Kommune und Eigenbetrieb keine ausgeprägte Kontrolldichte erwarten lässt. Wo bei privatrechtlichen Leistungsbeziehungen der erhöhte Preis- und Kostensenkungsdruck durch die Kartellbehörden eine starke Qualitätsregulierung notwendig macht, um vor Unterinvestitionen zu schützen, müssen auch Rekommunalisierungsmodelle regulatorisch begleitet werden, da sie nicht zwingend mit mehr Versorgungssicherheit, Trinkwasserqualität und Nachhaltigkeit einhergehen.

Leonardo Martins

»Eigentum verpflichtet« auf Portugiesisch

Was kann die brasilianische Verfassungsrechtswissenschaft vom angewandten Art. 14 Absatz 2 Grundgesetz lernen?

Die politische Gesellschaft Brasiliens ist seit der Zeit des Kaiserreichs (1822–1889) bereits sieben Mal durch die verfassungsgebende Gewalt rechtlich grundlegend neu bestimmt und organisiert worden. Dennoch erfuhr der Eigentumsbegriff keine »Transformation« in dem Sinne, wie er nach der Wende 1989 in den Sozialwissenschaften als Sammelbegriff »zur Charakterisierung der Umbrüche in den ehemals real-sozialistischen Ländern« verwendet und von Rosemarie Will an den Anfang ihrer Antrittsvorlesung vom 29. Juni 1995 gesetzt wurde.[1] Das hat zum einen sicherlich damit zu tun, dass Brasilien niemals zu jenen, damit (vorrangig) bezeichneten Ländern des Ostblocks gehörte. Die Wirtschaftsordnung Brasiliens ist immer eine unterentwickelte und nicht-liberale, vor allem aber kapitalistische gewesen. Jedoch könnte eine Parallele darin gesehen werden, dass dieses fast zwei Jahrhunderte alte Mitglied der internationalen Gemeinschaft souveräner Staaten ebenfalls schon einmal seine Staatsform gewechselt hat.

Das Privateigentum wurde sowohl vor der Proklamation der Republik (im Kaiserreich Brasilien), in ihrer ersten Verfassung aus dem Jahr 1891 als auch in den fünf folgenden ursprünglichen Verfassungstexten von 1934, 1937, 1946, 1967 und 1988 als Grundrecht gewährleistet. Von den Richtungsentscheidungen dieser Verfassungsprogramme – (nominalistisch-)demokratisch mit zum Teil sozialstaatlicher Intention (1934, 1946, 1988) und aufoktroyiert-autoritär (1937 und 1967) – wurde der Eigentumsbegriff nicht geprägt. Vielmehr blieb er dem Geiste des einstigen und immer noch wirksamen Patrimonialismus und des modernen Staatskapitalismus verpflichtet,² der einzelnen wohlhabenden Sozialgruppen und eben nicht der Allgemeinheit dient. Bisher gilt dies sogar unabhängig davon, ob Sozialdemokraten oder Liberale, Linke oder Rechte an der Macht sitzen, wie die gegenwärtige Politik Brasiliens leider evident zeigt.

Die historischen Ursachen dieses Befundes können hier nur kurz angeschnitten werden. Sie hängen mit den Besonderheiten der Kolonialisierung Brasiliens zusammen: Im Gegensatz zur Kolonialisierung Nordamerikas, die vor allem durch Siedlungsgründungen angelsächsischer Einwanderer geprägt war, wurden Grund und Boden in Brasilien nach Ausrottung der indigenen Urbevölkerung unter portugiesischen Adligen und sonstigen Untertanen des portugiesischen Königreiches aufgeteilt und sog. »vererbbare Kapitanien«³ errichtet.

Nichtsdestotrotz gewährleistet die am 8. Oktober 1988 erlassene, noch immer geltende Verfassung Brasiliens (im Folgenden: brVerf) die »Unverletzlichkeit« des Rechts auf Eigentum und legt gleich nach dessen Institutsgarantie als Spezialnorm auch die Sozialbindung des Eigentums fest.⁴ Damit fügt es sich gut in ein Verfassungssystem ein, welches einerseits – ähnlich wie das Grundgesetz – keine feste Entscheidung für eine bestimmte Wirtschaftsordnung getroffen hat, das aber andererseits eine der Weimarer Reichsverfassung von 1919 ähnliche Kompromissformel zwischen den widersprüchlichen politischen Strömungen von beiden Seiten des politisch-ideologischen Spektrums anstrebt – wie dies auch die mehrfache Gegenüberstellung von Kapital und Arbeit aufzeigt⁵. Wie damals die Weimarer Reichsverfassung verspricht auch die brVerf vieles. Gemessen an der historisch riesigen Kluft zwischen Arm und Reich, »Herrenhaus und Sklavenhütte«⁶ wirkt die Sozialbindungsklausel wie ein Versprechen, das eine Verfassung mit normativer Kraft einzulösen hätte. Dass hier der Weimarer Reichsverfassung keine Vorbildfunktion zukommt, versteht sich.

Inwiefern Art. 14 Abs. 2 GG eine Auslegungsstütze für sein brasilianisches Pendant in Art. 5 XXIII brVerf dienen kann, soll in aller Kürze untersucht werden (II.). Zunächst wird aber, ebenfalls kursorisch, auf die einschlägigen brasilianischen Verfassungsnormen eingegangen (I.). Abschließend wird versucht, die dogmatischen Grundlagen des brasilianischen Eigentumsgrundrechts und seiner Schranken zu entwickeln. Dabei sollen Möglichkeiten und Grenzen einer strukturellen Eigentumswandlung bis zur (völligen) Vergesellschaftung erörtert werden (III.).

I.

Das brasilianische Pendant zum Art. 14 Abs. 2 GG in Art. 5 XXIII brVerf lautet: »Das Eigentum hat seine soziale Funktion zu erfüllen«, wobei im Einleitungsteil (sog. »caput«) des gleichen Art. 5 brVerf allen Brasilianern und in Brasilien ansässigen Ausländern die »Unverletzlichkeit« der »Rechte auf Leben, auf Freiheit, auf Gleichheit, auf Sicherheit und auf Eigentum« nach Maßgabe der in den darauf folgenden Absätzen I.–LXXVII. ausdifferenzierten verfassungsgesetzlichen Bestimmungen gewährleistet werden. Unmittelbar vor der Sozialbindung befindet sich in Art. 5 XXII brVerf die Institutsgarantie in lapidarer Form: »Das Recht auf Eigentum wird gewährleistet«. Weitere Absätze des Art. 5 brVerf bestimmen hierzu Schranken und auch einige Schrankenschranken. Darunter fallen: die Enteignung nach Art. 5 XXIV, ein staatlicher Nutzungsvorbehalt »im Falle dringender öffentlicher Gefahr« in Art. 5 XXV sowie die Schrankenschranke zugunsten des kleinen landwirtschaftlichen Eigentums in Art. 5 XXVI brVerf.

Die spezialisierte Fachliteratur versteht die Sozialbindungsklausel überwiegend – zu Unrecht wie unten eingehend gezeigt wird – als eine an den Grundrechtsträger adressierte Ausübungsbedingung. Manche Meinungen im Schrifttum lesen sich so, als müsste der Grundrechtsträger sein Grundrecht auf Eigentum unter Umkehrung des

Verteilungsprinzips lediglich sozialpflichtbewusst und solidarisch ausüben.[7]

Diese, dem Grundrechtsträger auferlegte Last wiegt noch schwerer, wenn man bedenkt, dass sie in einem Land postuliert wird, in dem – verbunden mit einem Bestreben nach mehr Richterstaat – die ständige Krise der Repräsentativen Demokratie beschworen wird und in dem die Bundesgesetzgebung tatsächlich die ihr politisch zugewiesene, schon tradierte Rolle der Unterwerfung unter die von der Bundesregierung betriebene, zum Teil kriminelle Kooptation gerne annimmt und spielt; in dem mithin die vollziehende Gewalt im Kontext der Regierungsform des Präsidentialismus die Gewalt ist, die am ehesten für die Einordnung von Grundrechtsgebrauchsqualitäten[8] zuständig ist. Abgesehen von der Schrankenmodalität der Enteignung des Art. 5 XXIV brVerf sind die weiteren Schrankenmodalitäten ohne Gesetzesvorbehalt versehen worden. Einen Parlamentsvorbehalt sucht man vergebens.

Nach deutschem Grundrechtsverständnis liegt bei Fehlen eines Gesetzesvorbehalts ein vorbehaltloses Grundrecht vor. Die zwingend dogmatische Folge wäre dementsprechend eine Schutzzunahme des betreffenden Grundrechts, weil es nur aufgrund kollidierenden Verfassungsrechts und nach Maßgabe der Wesentlichkeitstheorie durch ein oder zumindest aufgrund eines Parlamentsgesetzes einschränkbar ist.[9] Da aber in Brasilien eine am deutschen Vorbild orientierte Lehre zu den vorbehaltlosen Grundrechten erst mühsam herausgebildet und etabliert wird,[10] und darüber hinaus Literatur und Rechtsprechung mehr oder weniger rhetorisch allein den Grundrechtsträger in die Pflicht nehmen, ist das von den zuständigen Organen der Exekutivgewalt ausgehende Risiko als hoch einzuschätzen, mehr oder weniger willkürliche Eingriffsmaßnahmen zu vollziehen. Zwar steht der Rechtsweg gegen solche exekutiven Eingriffe grundsätzlich jedem offen, sowohl im vorläufigen Rechtsschutz wie im Hauptsacheverfahren sind die brasilianischen Gerichte jedoch überlastet. Zur Beruhigung trägt zudem nicht bei, dass diese ihre

Entscheidungen nicht ausschließlich am geltenden Recht ausrichten. Auch rechtsstaatliche Prinzipien wie der Vertrauensschutz werden nicht ausreichend gewährleistet.[11]

II.

Damit das in Art. 5 XXIII brVerf gegebene Versprechen nicht leerläuft, bedarf es politisch des u. a. durch Konrad Hesse besonders hervorgehobenen sog. »Willens zur Verfassung«[12] und juristisch einer folgerichtigen Grundrechtsdogmatik. Dabei spielt die Rezeption deutscher verfassungsrechtlicher und -theoretischer Ansätze vor allem seit Mitte der 1990er Jahre eine wichtige Rolle. Der schöne, in kritischer Anspielung an Friedrich Nietzsches »Wille zur Macht« angelehnte Ausdruck von Hesse ist im Zusammenhang mit der normativen Kraft einer Verfassung genug rezipiert und im Rechtsdiskurs bereits relativ häufig aufgegriffen und integriert worden.[13] Genau definiert wird der Begriff aber nicht. Er bleibt also bestenfalls eine abstrakte Aufforderung, das Verfassungsprogramm zu erfüllen. Eine gewisse Vorliebe für den Import von dogmatisch schwachen, undifferenzierten Theorien, wie beispielsweise den quasi pamphletistisch vielzitierten Satz der »offenen Gesellschaft der Verfassungsinterpreten«[14], trübt das Bild weiter.

Die rechtsdogmatische Durchdringung des Art. 5 XXIII brVerf im Lichte des deutschen Grundrechtsverständnisses verlangt aber einen wesentlich sorgfältigeren, analytischen Blick, der die historischen, sozialen und kulturellen Hintergründe beider politischen Systeme berücksichtigt. Gemeinsam haben beide die erforderliche Bewältigung gescheiterter Systeme und das tradierte Rechtsquellensystem des civil law. Diese grundlegenden (rechts-)historischen Gemeinsamkeiten vermögen aber die deutlichen sozialen und kulturellen Unterschiede nicht zu kompensieren, deren Erläuterung wegen der hier verfolgten Erkenntnisziele wiederum dahinstehen muss. Wichtig ist hingegen, dass die Aufgabe einer konsistenten Verfassungsauslegung in beiden vergleichenden Verfassungssystemen ähnliche Herausforderungen an Politik, Rechtsprechung und Wissenschaft stellt. Trotz der historisch begründeten Instabilität der brasilianischen Demokratie ist das Ringen um ihre Fortentwicklung unzählige Versuche wert. Dafür braucht man juristische Methode und Dogmatik und gerade hier kann die deutsche Verfassungsrechtswissenschaft als Vorbild dienen, zumal sich die durch das Grundgesetz ins Leben gerufene verfassungsmäßige Ordnung gerade nach der traumatischen Erfahrung des Totalitarismus bewährt hat.

Es gibt bekanntlich mehrere Auslegungsmethoden, die in der deutschen Verfassungsrechtswissenschaft entwickelt worden sind. Das Bundesverfassungsgericht folgt seit dem Beginn seiner Rechtsprechung einem Methodenpluralismus.[15] Vor dem eingangs kurz geschilderten Hintergrund der holprigen Verfassungsgeschichte Brasiliens mit ihren sechs gescheiterten Verfassungen müssen sich Justiz und Rechtswissenschaft der unangenehmen Frage nach der »richtigen« Methode und Dogmatik stellen. Die gut 25 Jahre währende aktuelle Verfassungsära und der dazu gehörende Rechtsdiskurs, insbesondere zu den Grundrechten samt ihrer rechtskulturellen Eigenheiten, benötigen dringend einer juristischen Methode, die ein brauchbares Auslegungswerkzeug selbst für ein wegen seiner reinen Normprägung dogmatisch schwer zu fassendes Grundrecht wie das Recht auf Eigentum liefern kann.

Kaum eine andere Methodendiskussion wurde so kontrovers ausgetragen wie die deutsche der 1970er Jahre. Sie wurde durch die Konzeption der Prinzipienlehre in den späten 1980er und in den 1990er Jahren bereichert und dauert bis heute an.[16] Die Vielfalt der methodischen Ansätze in der damaligen Debatte begründete sogar die Methodik als selbständiges juristisches Fach.[17]

Einer der Höhepunkte der methodologischen Auseinandersetzung bildete der Streit zwischen dem rechtstheoretisch und -philosophisch auf die Integrationslehre von Rudolf Smend zurückgehenden sog. Abwägungsdenken (»Abwägungsenthusiasmus«) und dem sog. Eingriffs- und

Schrankendenken. Im Gegensatz zur erstgenannten Lehre werden bei letzteren deutlich höhere Anforderungen an die spezifisch juristische Rationalität gestellt.[18] Es handelt sich dabei um den methodischen Ansatz der bürgerlich-liberalen Grundrechtstheorie. In neuerer Zeit wurden die erkenntnis-, rechtstheoretischen und methodologischen Mängel der Prinzipienlehre der Grundrechte bereits aufgezeigt.[19] Im Gegenzug haben schon früher unter anderem die Institutions- und die Prinzipienlehre scharfe Kritik an der liberalen Grundrechtstheorie geübt, worauf wiederum mehrfach seit den 1980er Jahren reagiert worden ist.[20]

Über das von Carl Schmitt geprägte Verteilungsprinzip[21] hinaus ist ein differenziertes Verständnis bzw. eine von der herrschenden Lehre abweichende Handhabung des Verhältnismäßigkeitsgrundsatzes der Dreh- und Angelpunkt der liberalen Auslegungsmethode. Der dritte Relationsschritt der Angemessenheitsprüfung oder Verhältnismäßigkeit im Engeren Sinne wird als juristisch nicht rationalisierbar verworfen.[22] Der Einwand, mit dem Bernhard Schlink und seine Schüler die Prüfung der Angemessenheit auf die Ebene der Geeignetheit bzw. der Erforderlichkeit vorverlegen, dabei subjektive Wertungen verbergen und daher zum Teil auch weniger ehrlich mit politischen Argumenten umgehen, verkennt, dass die in manchen Fällen bestehende Schwierigkeit des Befundes nichts über das Verifizieren oder besser das Falsifizieren der Methode und der ihr zugrundeliegenden Grundrechtstheorie aussagt.[23] Vor allem die Prinzipienlehre mit ihrer Argumentationsoffenheit läuft Gefahr, jede nur vertretbare (und damit auch politische) Entscheidung eines Verfassungsgerichts nachträglich zu legitimieren.[24]

Was in einer stabilen, hochentwickelten Demokratie schon den Erkenntniswert mindert, mag in Ländern wie Brasilien einen wesentlich größeren Schaden verursachen. Prinzipienlehre und weitere abwägungsfreundliche Grundrechtstheorien werden in der brasilianischen Rechtsliteratur und Verfassungsrechtsprechung – auch durch einzelne Fachrichter und Fachgerichte, weil dort jeder Richter die Normverwerfungskompetenz besitzt – unter dem Sammelbegriff des sog. »Neokonstitutionalismus« eingeordnet. Da ist immer wieder die Rede unter anderem vom »Paradigmenwechsel«, von der Affektion als Rechtsfindungsmethode, von Solidarität und Passion als Bestandteil einer nach Gerechtigkeit strebenden Rechtsprechung.[25] Je pauschaler und beliebiger der Ausdruck, desto mehr wird er gefeiert. Die Folgen für die Auslegung eines politisch so anfälligen Grundrechts wie der Eigentumsfreiheit des Art. 5 XXII brVerf und seiner Sozialbindung in Art. 5 XXIII brVerf liegen auf der Hand. Ihre Handhabung wird bestenfalls zur politisch-philosophischen Ansichtssache, die jeden Grad von Rechtssicherheit vermissen lässt.

Einmal bereinigt von solch künstlichen, zum Teil falschen, zum Teil leichtfertig importierten Grundrechtslehren und -auslegungsmethoden, lassen sich fruchtbare Auslegungsmaßstäbe aus der deutschen Lehre und Rechtsprechung zum Art. 14 Abs. 2 Satz 1 GG gewinnen. Verfassungstexte und -systeme sind einander hinreichend ähnlich.

III.

In Bezug auf die in der Überschrift gestellte Frage, mag zunächst bezweifelt werden, ob überhaupt ein Verfassungssystem von einem anderen etwas »lernen« kann. Gegebenenfalls könnte man sich noch der wesentlich schwierigeren Frage zuwenden, unter welchen Voraussetzungen und Bedingungen dies geleistet werden sollte und könnte. Beide Fragen können hier nicht beantwortet werden. Es gibt aber bereits internationale Ansätze, die das versuchen.[26] Jedenfalls ist eine solche Aufgabe voraussetzungsreich. Auf die hier interessierende Dogmatik des Eigentumsgrundrechts beschränkt, können aber einige Grundlinien erarbeitet werden:

1. Zum Grundrechtstatbestand kann zunächst festgestellt werden, dass die betreffenden Normen des Art. 5 caput i. V. m. Art. 5 XXII bis XXVI brVerf annähernd die gleichen Merkmale wie Art. 14 GG auf-

weisen und dementsprechend trotz eines in Grenzen gehaltenen Rechtskulturrelativismus weitgehend so auszulegen sind, wie es die deutsche Verfassungsrechtswissenschaft und -rechtsprechung für Art. 14 GG tun.

- Über seine Einordnung als ein klassisches Abwehrrecht hinaus weist das Grundrecht auf Eigentum eine besondere Normprägung seines Schutzbereiches auf.[27] Auch wenn der brasilianische Verfassungsgeber dem Gesetzgeber die dichotomische Kompetenz der Inhaltsbestimmung und Schrankenziehung nicht ausdrücklich wie in Art. 14 Abs. 1 Satz 2 GG zugewiesen hat, so hat dies doch zur Folge, dass eine spezielle Eingriffs- und Schrankendogmatik entwickelt werden muss, zumal der Gesetzgeber genauso wie die übrigen staatlichen Gewalten an die Grundrechte gebunden ist (Art. 5 § 1 i. V. m. Art. 102 I a und III brVerf). Der Gesetzgeber kann in der Tat entweder den Inhalt des betreffenden Grundrechts bestimmen und dabei dessen Schutz ausgestalten oder dessen Schranken ziehen. Die brasilianische Auffassung von der sozialpflichtigen Selbsteinschränkung bei der Ausübung des Eigentumsgrundrechts bleibt dagegen abstrakt und erweist sich als faule Formel und nicht zielführend. Das Fehlen eines methodologisch verlässlichen Handwerkzeugs führt zu exekutiver Willkür, die sich in der Rechtsprechung fortsetzt und vor allem kleine Eigentümer besonders stark belasten kann. Dem Richter steht es je nach seinem ideologischen Hintergrund frei, die in allgemeinen Gesetzen verankerte Sozialbindung des Eigentums zu beachten oder zu übergehen. In der Folge gehen Vertrauensschutz und andere rechtsstaatliche Maßstäbe zugrunde. Um beiden Risiken zu begegnen, müsste auf der Schrankenebene im Sinne der deutschen Wesentlichkeitslehre ein Parlamentsgesetz zur Grundvoraussetzung eines Eingriffs gemacht werden.

- Aus der Normprägung des Schutzbereichs, die »zu einem bestimmten Zeitpunkt jede Rechtsposition des einfachen Rechts (umfasst), die den Anforderungen des verfassungsrechtlichen Eigentumsbegriffs genügt«, folgt auch »die Wandelbarkeit des Eigentumsbegriffs und damit auch des Eigentumsschutzes«.[28] Alle weiteren Elemente, die in der deutschen Dogmatik zu Art. 14 Abs. 1 GG als Ausprägungen des Eigentumsschutzes herausgearbeitet worden sind – wie beispielsweise der Schutz des vorhandenen Bestands und der Nutzung des Eigentums oder die Verfahrensgarantie zur effektiven gerichtlichen Durchsetzung von Eigentümerinteressen –, können nach geltender Verfassungsrechtslage des Art. 5 caput i. V. m. Art. 5 XXII brVerf problemlos übertragen werden.

2. Die Sozialbindungsklausel des Art. 5 XXIII brVerf ist als eine Schranke des Grundrechts auf Eigentum zu verstehen. Die unpräzise Ansicht, wonach sie zur Grundprägung des Schutzbereichs gehört, ist konsequenterweise abzulehnen. Dabei darf nicht vernachlässigt werden, dass sie – genauso wie das deutsche Pendant in Art. 14 Abs. 2 GG – dem Wortlaut nach zugleich einen Verfassungsauftrag beinhaltet. Eine solche Einordnung passt auch gut zu den zahlreichen sozialdemokratisch orientierten Staatszielbestimmungen der brVerf.

Die Sozialbindung besitzt somit als Schranke des Eigentumsgrundrechts und als Staatszielbestimmung bzw. Verfassungsauftrag eine grundrechtsdogmatische Doppelnatur. Dogmatisch und in der Grundrechtsprüfung wird sie als Grundrechtsschranke gehandhabt, wenn auch als eine besondere, sogar einzigartige Art von Schranke. Denn die gesetzliche Ausformulierung und Festlegung einer Sozialbindung des Eigentums als Schrankenbestimmung muss dem Grundsatz der Verhältnismäßigkeit entsprechen. Dieser ist jedoch gerade »wegen der (…) Sozialbindung des Eigentums gem. Art. 14 Abs. 2 von besonderer Struktur. Der Gesetzgeber darf hier nicht nur die Freiheit nicht mehr als verhältnismäßig verkürzen, er darf auch die Sozialbindung nicht mehr als verhältnismäßig verkürzen«.[29] Für die zuletzt erwähnte, spezielle Anforderung an die Verhältnismäßigkeitsprüfung eines zugleich inhaltsbestimmenden und schrankenziehenden Gesetzes gibt es immer noch keine bewährten rational-juristischen Kriterien. Vor allem kann man dem im Zusammenhang mit der Schutzpflichtendogmatik ins Leben gerufenen Untermaßverbot ein solches eben nicht entnehmen.[30] Rational-juristisch lässt sich nur feststellen, ob ein Eingriff in das Grundrecht übermäßig ist, und zwar anhand der Fragen nach der Legitimität des vom Gesetzgeber verfolgten Zwecks als solchem und des von ihm verwendeten Mittels sowie anschließend nach der Geeignetheit und der Erforderlichkeit des Mittels zur Erreichung des Zwecks. Bis auf den »Problemrest« einer von Schlink bereits 1976 so genannten Mindestposition des Grundrechtsträgers (»des Bürgers«)[31] und einiger Ausnahmefälle wie im Liquorentnahme-Beschluss[32] des Bundesverfassungsgerichts (BVerfG) ist das mildeste geeignete Mittel auch das Zumutbare. Die Frage nach der Angemessenheit oder Verhältnismäßigkeit im engeren Sinne erübrigt sich. Ähnlich wie der teleologische Kanon der Normauslegung fungiert sie als »Einbruchstelle für rationale Argumente jeder Art«.[33] Es fragt sich dabei aber, was für eine Rationalität gemeint ist. Schlink hat in seiner sorgfältigen sozialwissenschaftlichen Untersuchung eindrucksvoll bewiesen, dass ein interindividueller Nutzenvergleich rational nicht möglich ist.[34] Somit fehlen der in der Angemessenheitsprüfung vollzogenen Abwägung jegliche rational-juristischen Maßstäbe. Der von seinen Kritikern gelobte Vorteil der Argumentationstransparenz bei der Prüfung der Verhältnismäßigkeit i. e. S. – verbunden mit dem o. g. Vorwurf ihrer Vorverlegung – ist ein sehr zentraler Teil der politischen Rationalität, aber eben nicht der juristischen.

Bezogen auf die besondere Einordnung der Sozialbindung folgt daraus, dass es dem Prüfer wie bei den Schutzpflichten obliegt festzustellen, ob eine besondere Ausgestaltung der Sozialbindung überhaupt verfolgt wird.[35] An dieser Stelle verdichtet sich die Sozialbindung zur Schutzpflicht gegenüber den programmatisch-analytischen Verfassungsbelangen der brVerf. Die genaue Zwecksetzung bleibt jedoch ausschließlich Sache des Gesetzgebers und wie immer fallen die hierzu notwendigen Wertungen und Abwägungen in seinen Ermessensspielraum. Dabei kann und soll die Funktion des betreffenden Grundrechts, seinem Träger »einen Freiheitsraum im vermögensrechtlichen Bereich zu sichern und ihm dadurch eine eigenverantwortliche Gestaltung zu ermöglichen«,[36] auch unter dem Gesichtspunkt der Sozialbindung des Eigentums – soweit einschlägig – mitberücksichtigt werden. Dieses Vorgehen ist durchaus auch mit der hier vorgeschlagenen konsequenten Gegenüberstellung von Grundrechtstatbestand und Schranke sowie der primären Identifikation der Sozialbindung als Schranke verträglich. Denn: Wenn selbst die negative Ausübung eines Grundrechts wie das auf Eigentum in dessen jeweiligen Schutzbereich fällt, kann jede staatliche Maßnahme – geschehe sie auch aus »Hilfeabsichten« – als Eingriff gedeutet werden.[37] Ebenso wenig darf der Staat zur Grundrechtsausübung zwingen. Einem Grundrechtsträger durch oder aufgrund eines Gesetzes eine Pflicht zur Ausübung eines Grundrechts aufzuerlegen, ist daher verfassungsrechtlich rechtfertigungsbedürftig und hat einer besonderen Argumentationslast im Sinne des Erforderlichkeitsgrundsatzes zu genügen. Die scharfe Gegenüberstellung dient hier außerdem der Ermittlung der Eingriffsintensität, die ebenfalls einen zentralen Bestandteil des entscheidenden Erforderlichkeitskriteriums bildet. Dabei soll der Prüfer soweit möglich von der Empfindungsperspektive des Grundrechtsträgers ausgehen.[38]

Dass diese Ausführungen und deren implizite grundrechtstheoretisch liberale Sichtweise mit den erwähnten zahlreichen sozialstaatlichen Staatszielbestimmungen und darüber hinausgehenden, an den Weimarer Verfassungskompromiss erinnernden sozialen Grundrechten verträglich sind, lässt sich mit einem ideologisch unvoreingenommenen Verständnis der liberalen Grundrechtstheorie durchaus bejahen. Die Erfüllung des grundlegenden Verteilungsprinzips, wonach die Staatsorgane bei Grundrechtseingriffen eine besondere Argumentationslast zu erfüllen haben, nicht aber der Grundrechtsträger selbst hinsichtlich seiner Grundrechtsausübung, kann und soll zunächst dem völligen Freigang des politischen Prozesses überlassen werden. Auf die Sozialbindung des Eigentums in Art. 5 XXIII brVerf (und weitgehend auch in Art. 14 Abs. 2 GG) bezogen heißt das: Die im politischen Prozess festgelegten Zwecke könnten die ausschließliche Privatnützigkeit des Eigentums bis an die Grenze der Verstaatlichung und somit bis an die Grenze der Aufhebung der Institutsgarantie wandeln, aber auch allmählich über die Grenze einer (sehr) weitgehenden Vergesellschaftung hinausgehen lassen. Voraussetzung hierfür wäre eine immer wieder folgerichtige Überprüfung des jeweiligen Eingriffs in die einzelnen Eigentümerpositionen.

Ob hier noch von Wandlung oder gar von »Transformation« des Eigentums im Sinne des eingangs referierten Ansatzes von Rosemarie Will die Rede sein kann, soll dahinstehen. Ein quasi Rückdenken ihrer Überlegungen zu den grundgesetzlichen Voraussetzungen einer sozial verträglichen Reprivatisierung nach Scheitern des real existierenden Sozialismus in der DDR unter den Bedingungen der kapitalistischen Wirtschaftsordnung hin zu einer grundrechtskonformen sozial-gerechten Vergesellschaftung des Privateigentums, samt ihrer verfahrensrechtlichen Anforderung, erscheint nichtsdestotrotz lohnenswert. Ein solcher Prozess wäre jedenfalls nach der brVerf verfassungsrechtlich möglich, weil diese wie dargestellt nicht auf ein bestimmtes Wirtschaftsmodell festgelegt ist.

Im Gegensatz zu ihren einzelnen Diskursen bieten die konkurrierenden Grundrechtslehren in Brasilien, die sich auf abwägungsenthusiastische Positionen stützen, keine haltbare Stütze für eine offensichtlich erforderliche Veränderung der Gesellschaftsordnung Brasiliens, die dem

Bild und Programm ihrer Verfassung gerecht würde. Die angeblich oder ehrlich wohlgemeinten theoretischen Ansätze sind unwirksam und verfestigen weiter den Status quo.

Die abschließende Frage, ob die liberale Interpretation der Sozialbindung des Eigentumsgrundrechts den riesigen sozialen Herausforderungen Brasiliens gegenüber blind ist, ließe sich mit Schlink wie folgt beantworten: »Je zahlreicher nun die defizitären Bedingungen eines gedeihlichen Zusammenlebens sind, desto zahlreicher werden auch die legitimen Zwecke, in deren Verfolgung der Gesetzgeber seine gestaltenden und verändernden Möglichkeiten aktualisieren und auch Grundrechte einschränken darf«.[39] Da die Geeignetheitsprüfung der zur Verfügung stehenden Mittel auf der Feststellung beruht, »dass der Zustand, den der Staat durch das Mittel des Eingriffs schafft, und der Zustand, in dem der verfolgte Zweck als verwirklicht zu betrachten ist, in einem durch bewährte Hypothesen über die Wirklichkeit vermittelten Zusammenhang stehen«[40], geht sie von der Prognoseentscheidung des Gesetzgebers aus. Dadurch werden die Trennung von Recht und Politik, methodische Folgerichtigkeit und folglich juristische und politische Rationalität in ihren jeweiligen Sozialsystemen gesichert.

Die Prüfung der Erforderlichkeit, welche die Grenzlinie des Übermaßverbots markiert, respektiert – im Gegensatz zu den Angemessenheitserwägungen – das jeweilige Ergebnis der demokratisch fundierten Gesetzgebungsverfahren und konturiert die Anforderungen der Sozialbindung sowohl auf der Ebene der Inhaltsbestimmung als auch der Schrankenziehung genauer. Die Zukunft des Eigentumsbegriffs ist dabei offen, bietet aber immerhin keine Hürde für die Veränderung der ausgrenzenden Wirtschaftsordnung eines schrecklicherweise sozial so ungerechten Landes wie Brasilien. Dies wäre, um die letzten Worte der Will'schen Antrittsvorlesung aufzunehmen, für das Land »ein schwieriger[,] aber selbst gewählter Weg«,[41] zugleich eine Chance für die brasilianische Verfassungsrechtswissenschaft.

»EIGENTUM VERPFLICHTET« AUF PORTUGIESISCH

1 Vgl. Rosemarie Will, Eigentumstransformation unter dem Grundgesetz, Berlin 1996, S. 3.

2 Zum in Brasilien vorwiegend kritisch verwendeten Begriff des Staatskapitalismus siehe Marcelo Resico, Zur Debatte über Kapitalismusmodelle und die Soziale Marktwirtschaft, Online-Publikation der Konrad-Adenauer-Stiftung, Juni 2013, download unter www.kas.de/brasilien/de/publications/34918 (abgerufen am 1. 5. 2015), S. 3: »Regierungen, die Staatskapitalismus betreiben, wissen spätestens nach der Erfahrung des Kommunismus in der Sowjetunion, dass die Aufrechterhaltung wirtschaftlichen Wachstums essentiell ist, um das Monopol über die politische Macht erhalten zu können«. Es handelt sich dabei um ein Wirtschaftsmodell, das sich zwar gegen deregulierte Märkte wendet, aber mit einer modernen sozialen Marktwirtschaft kaum etwas gemeinsam hat. Mit linker Rhetorik setzt es tatsächlich die historisch fundierte, weiche Form des brasilianischen Patrimonialismus fort, die statt auf Alleinherrschaft auf oligarchischen Strukturen fußt.

3 Dazu der informative Überblick von Lutz Hoepner, Brasilien – ein kurzer historischer Abriss, abrufbar unter: http://www.lutzhoepner.de/HU/Brasil/BRASILIEN.ppt, S. 1 (abgerufen am 11. 5. 2015).

4 Art. 5 Satz 2 und Abs. XXII und XXIII brVerf; zur Systematik des Grundrechtekatalogs der brVerf kann man wohl sagen, dass sie kaum existiert und dass wegen dieses Mangels die Auslegungsarbeit bzw. die Entstehung einer Grundrechtsdogmatik erschwert wird. Der Katalog wird mit Art. 5 brVerf eröffnet. In diesem sind u. a. hauptsächlich die individuellen und kollektiven Abwehrrechte gewährleistet – verteilt auf einen Einleitungsteil, 78 weitere Absätze und 4 abschließende Paragraphen. In den 78 Absätzen befinden sich Grundrechtstatbestände ebenso wie -schranken und Schrankenschranken, ja sogar Kriminalisierungsgebote. Eine deutsche Version der brVerf (Auszüge) kann unter http://www.verfassungen.net/br/verf88-i.htm abgerufen werden (zuletzt am 11. 5. 2015).

5 Vgl. z. B. Art. 170 brVerf, der die Grundprinzipien der Wirtschaftsordnung festlegt und dabei u. a. »freie Gewerbetätigkeit« und »Arbeit« unvermittelt nennt. Im 1. Teil der brVerf (»Von den Grundprinzipien«) verfuhr in Art. 1 IV brVerf der Verfassungsgeber genauso.

6 Titel des im Jahre 1933 veröffentlichten Hauptwerkes des berühmten brasilianischen Soziologen und Anthropologen Gilberto Freire.

7 Dazu z. B.: José Afonso da Silva, Direito constitucional positivo, 17. Aufl., São Paulo 2000, S. 287. Kritisch dazu: Leonardo Martins, Liberdade e Estado constitucional, São Paulo 2012, S. 197 ff.

8 Der Begriff ist Bernhard Schlink, Abwägung im Verfassungsrecht, Berlin 1976, S. 17, 20 f., 26 ff., 139 ff. und öfter entnommen.

9 Statt vieler vgl. BVerfGE 108, 282 (297) m. w. N.

10 Dazu m. w. N.: Dimitri Dimoulis/Leonardo Martins, Teoria geral dos direitos fundamentais, 5. Aufl., São Paulo 2014, S. 163 ff.

11 Aussagekräftiges Beispiel hierfür ist die neuere Grundrechte-Rechtsprechung des brasilianischen Obersten Gerichtshofs, die sich zum Teil von den positivierten verfassungsrechtlichen Maßstäben völlig entkoppelt hat. Kritisch dazu Leonardo Martins, Liberdade e Estado constitucional, São Paulo 2012, S. 211 ff., 239 ff., 278 ff. und ders., Bioética à luz da liberdade científica, São Paulo 2014.

12 Vgl. Konrad Hesse, Die normative Kraft der Verfassung, Tübingen 1959, S. 12.

13 Zur kaum überschaubaren Rezeptionsliteratur siehe statt vieler nur: Ingo Wolfgang Sarlet/Luiz Guilherme Marinoni/Daniel Mitidiero, Curso de direito constitucional, 2012, S. 183 ff.

14 Vgl. Peter Häberle, Hermenêutica constitucional: A sociedade aberta dos intérpretes da Constituição, Porto Alegre 1997.

15 Vgl. BVerfGE 1, 312; 8, 307; 10, 244; 11, 30 und öfter; zitiert nach Klaus Grimmer, Demokratie und Grundrechte, Berlin 1980, S. 127, Fn. 57.

16 Grundlegend hierfür ist die Bestandsaufnahme von Bernhard Schlink, Bemerkungen zum Stand der Methodendiskussion in der Verfassungsrechtswissenschaft, Der Staat 19 (1980), S. 73–107.
17 Zu nennen ist hierzu insbesondere: Friedrich Müller/Ralph Christensen, Juristische Methodik, 11. Aufl., Berlin 2013.
18 Vgl. Bernhard Schlink, Freiheit durch Eingriffsabwehr, EuGRZ 1984, S. 459 ff.
19 Vgl. z. B. Ralf Poscher, Theorie eines Phantons – Die erfolglose Suche der Prinzipientheorie nach ihrem Gegenstand, Rechtswissenschaft (RW) 2010, S. 349 ff.
20 Eine sehr ausdifferenzierte und auf mehrpolige Rechtsverhältnisse erweiterte Rehabilitierung der abwehrrechtlichen Funktion und damit des Eingriffs- und Schrankendenkens bietet Ralf Poscher, Grundrechte als Abwehrrechte, Tübingen 2003, S. 227 ff.
21 Nach diesem Regel-Ausnahme-Prinzip wird die Freiheitssphäre des Einzelnen als etwas vor dem Staat Gegebenes vorausgesetzt, während die Befugnis des Staates zu Eingriffen in diese Sphäre prinzipiell begrenzt ist; vgl. Carl Schmitt, Verfassungslehre, Berlin 1928, S. 126.
22 Vgl. Schlink, a. a. O. (Fn. 18), EuGRZ 1984, S. 457 (457).
23 Vgl. dazu die dritte Verteidigung des Erforderlichkeitsgrundsatzes als ausreichend für die Garantie der spezifisch juristischen Rationalität bei Bernhard Schlink, Der Grundsatz der Verhältnismäßigkeit, in: Badura/Dreier, Festschrift 50 Jahre Bundesverfassungsgericht, Bd. 2, Tübingen 2001, S. 445 ff. Dazu Leonardo Martins, Liberdade e Estado constitucional, São Paulo 2012, S. 84 f.
24 Vgl. Poscher, a. a. O. (Fn. 20), S. 75 ff.
25 Einer der gefeierten Vertreter dieser theoretischen Richtung ist Luis Roberto Barroso, Interpretação e aplicação da Constituição, 7. Aufl., São Paulo 2009, S. 347 ff., der knapp vor einem Jahr zum Obersten Gerichtshof als Richter (auf Portugiesisch sog. »Ministro« [»Minister«] und nicht »juiz« [Richter] wie an Amtsgerichten) berufen worden ist.

26 Siehe dazu: Tania Groppi/Mari-Claire Ponthoreau (Ed.), The Use of Foreign Precedents by Constitutional Judges, Hart Publishing, Oxford/Portland 2013.
27 Will, a. a. O. (Fn. 1), S. 12 ff. und 18 f.
28 Vgl. Bodo Pieroth/Bernhard Schlink/Thorsten Kingreen/Ralf Poscher, Grundrechte, 30. Aufl., Heidelberg, 2014 Rdnr. 977.
29 Vgl. ebd., Rdnr. 1007.
30 Zur Diskussion über die von Claus-Wilhelm Canaris, Grundrechte und Privatrecht, AcP 184 (1984), S. 201–246 (227), geprägte Figur: Renata Camilo de Oliveira, Zur Kritik der Abwägung in der Grundrechtsdogmatik, Berlin 2013, S. 140 ff.; Leonardo Martins, Die Grundrechtskollision, Berlin 2001, S. 54 f.; K.-E. Hain, Untermaßverbot in der Kontroverse, ZG 1996, S. 75 ff.; Johannes Dietlein, Das Untermaßverbot, ZG 1995, S. 131 ff. und nochmals Hain, Der Gesetzgeber in der Klemme zwischen Übermaß- und Untermaßverbot, DVBl. 1993, S. 982 ff.
31 Vgl. Abwägung im Verfassungsrecht, a. a. O. (Fn. 8), S. 76 ff., 90 ff., 117 ff. und 193 ff. Die Frage, ob die Vorstellung einer Mindestposition nicht identisch mit der Angemessenheitsprüfung oder Abwägung sei, beantwortet Schlink (ebd., S. 78) mit seiner üblichen bestechlichen Scharfsinnigkeit: »Wenn das BVerfG den Problemrest (…) unter den Stichworten von Zumutbarkeit und Unzumutbarkeit mit der Vorstellung einer Mindestposition angeht, dann betreibt es damit allerdings noch immer nicht Abwägung i. S. eines vergleichenden Gewichtens von Freiheit und Gemeinschaftsgut. Die Begriffe des Gewichtens und Abwägens lassen Flexibilität assoziieren, die Vorstellung einer jedenfalls zu wahrenden Mindestposition dagegen wirkt starr. Abwägung verlangt die Frage nach dem Vorrang (…); eine jedenfalls zu wahrende Mindestposition ist davon unabhängig, eben auf jeden Fall vor Eingriffen zu schützen.« Dazu: Martins, Die Grundrechtskollision, a. a. O. (Fn. 30), und neuerdings Oliveira, a. a. O. (Fn. 30), S. 246 f.
32 Vgl. BVerfGE 16, 194.

33 So Hans-Peter Schwintowski, Theorie der juristischen Argumentation, JA 1992, S. 102 (104).
34 Vgl. Abwägung im Verfassungsrecht, Berlin 1976, S. 138 ff.
35 Nur eine völlige Schutzunterlassung oder eine völlige Unzulänglichkeit der getroffenen Schutzregelungen und -maßnahmen sind verfassungswidrig. Dazu siehe m. w. N.: Pieroth/Schlink/Kingreeen/Poscher, a. a. O. (Fn. 28), Rdnr. 113.
36 Dies., ebd. (Fn. 28), Rdnr. 971, unter Verweis auf BVerfGE 102, 1 (15).
37 Vgl. etwa für die körperliche Unversehrtheit die entsprechende Problematik um das Konzept des »Schutzes vor sich selbst«; aus der Rspr. des BVerfG zuletzt: BVerfGE 128, 282 (»Zwangsbehandlung im Maßregelvollzug«).
38 Vgl. dazu Schlink, a. a. O. (Fn. 23), S. 445 (456 f.). Diese Empfindungsperspektive entspricht der »Bewertung des betroffenen Bürgers als Tatsache«, so Oliveira a. a. O. (Fn. 30), S. 131.
39 A. a. O. (Fn. 18), EuGRZ 1984, 457 (467).
40 Pieroth/Schlink/Kingreen/Poscher, a. a. O. (Fn. 28), Rdnr. 293.
41 Will, a. a. O. (Fn. 1), S. 26.

Thomas Fritsche

Kulturelle Präferenzen im Religionsverfassungsrecht?

Die Auswirkungen der Entscheidung des Bundesverfassungsgerichts zum pauschalen Kopftuchverbot an Schulen für den Kulturbegriff des Religionsverfassungsrechts

Mit dem Beschluss des Bundesverfassungsgerichts vom 27. Januar 2015 (1 BvR 471/10; 1 BvR 1181/10) wurde unter anderem das pauschale gesetzliche Verbot religiöser Bekundungen durch das äußerer Erscheinungsbild in der Schule für verfassungswidrig erklärt. Neben einer Vielzahl von (religions-) verfassungsrechtlichen Problemen, die dieses Urteil berührt, erfährt auch und gerade die Frage der »Kultur« im Religionsverfassungsrecht eine interessante Klarstellung. Bevor hierauf eingegangen werden kann, ist jedoch in der gebotenen Kürze das Problem des Kulturbegriffs im Religionsverfassungsrecht nach der bisherigen Rechtsprechung (nachfolgend 1.) und im Verfassungsrecht im Übrigen (nachfolgend 2.) darzustellen. Erst im Anschluss daran wird eine Einordnung der neuen Entscheidung in die religionsverfassungsrechtliche Kulturproblematik möglich (nachfolgend 3.).

1. Kultur im Religionsverfassungsrecht

Das Kulturproblem im Religionsverfassungsrecht zeigt sich nicht unmittelbar, insbesondere nicht unmittelbar aus den das Rechtsgebiet umfassenden Normen. Es muss vielmehr konkret identifiziert werden. Dies gelingt auf vier Ebenen: der Reichweite des Schutzbereiches der Religionsfreiheit, der staatlichen Verpflichtung zur religiösen Neutralität, dem staatlichen Säkularitätsverständnis und der genealogischen Entstehung des Religionsverfassungsrechts insgesamt. Während die beiden letzteren vornehmlich Streitpunkte in der juristischen Literatur sind, stellen sich die beiden ersten Ebenen als für das hier zu bearbeitende Thema am wichtigsten dar. Sie lassen sich mithilfe der Rechtsprechung zusammenhängend aufzeigen:

Die frühe Rechtsprechung des Bundesverfassungsgerichts (BVerfG), genauer der »Tabak-Beschluss« und die Entscheidung zur »Aktion Rumpelkammer«, prägte die sog. Kulturadäquanzformel: »Das Grundgesetz hat nicht irgendeine, wie auch immer geartete freie Betätigung des Glaubens schützen wollen, sondern nur diejenige, die sich bei den heutigen Kulturvölkern auf dem Boden gewisser übereinstimmender sittlicher Grundanschauungen im Laufe der geschichtlichen Entwicklung herausgebildet hat« (BVerfG 12, 1, 4; 24, 236, 246).

Von dieser Kulturadäquanzformel wandte sich das BVerfG mit seiner Entscheidung zur baden-württembergischen Simultanschule ab und betonte: »Der ›ethische Standard‹ des Grundgesetzes ist vielmehr die Offenheit gegenüber dem Pluralismus weltanschaulich-religiöser Anschauungen angesichts eines Menschenbildes, das von der Würde des Menschen und der freien Entfaltung der Persönlichkeit in Selbstbestimmung und Eigenverantwortung bestimmt ist. In dieser Offenheit bewährt der freiheitliche Staat des Grundgesetzes seine religiöse und weltanschauliche Neutralität« (BVerfGE 41, 29, 50).

In der Folge verschob sich die Diskussion hin zur Abgrenzungsproblematik kultureller und religiöser Symbole auf Schutzbereichsebene und entfaltete zugleich eine Gleichheitsdimension. Entscheidend war hier die Regelung des § 38 Abs. 2 Satz 3 SchulG BW. Die Regelung sah eine Ausnahme von dem grundsätzlichen landesrechtlichen Verbot für Lehrerinnen und Lehrer, religiöse äußere Bekundungen abzugeben, für die Darstellung christlicher und abendländischer Bildungs- und Kulturwerte oder Traditionen vor. Hierzu stellte das Bundesverwaltungsgericht (BVerwG) heraus, dass keinesfalls eine Privilegierung christlicher Symbole angezeigt sei, sondern der Begriff des ›Christlichen‹ eine vom Glaubensinhalt losgelöste, aus der Tradition der christlich-abendländischen Kultur hervorgegangenen Wertewelt bezeichne, die erkennbar auch dem Grundgesetz zugrunde liege und unabhängig von ihrer religiösen Fundierung Geltung beanspruche (BVerwGE 121, 140, 147, 150).

2. Kultur im Verfassungsrecht

Die Herleitung eines normativ verwendeten Kulturbegriffs im Verfassungsrecht ist nicht unproblematisch. Blickt man ins Grundgesetz insgesamt, taucht der Begriff Kultur nämlich gar nicht auf. Partiell ist Kultur im Schutz der Kunstfreiheit in Art. 5 Abs. 3 Satz 1 GG geregelt. Es finden sich einige Bestimmungen im Staatsorganisationsrecht, etwa der Kulturgüterschutz nach Art. 73 Abs. 1 Nr. 5a GG.

Rechtspolitische Vorstöße zur Einführung einer Kulturstaatsklausel im Grundgesetz als Staatszielbestimmung wurden nicht durchgesetzt, und zwar aus der Erwägung heraus, dass die definitorische Weite des Kulturbegriffs sich normativ schwer fassen lasse und das »Kulturleben« als gesellschaftliches Leben vom staatlichen Einfluss befreit bleiben solle. Kultur kann also nur im Wege der Interpretation Eingang in die Verfassungsdogmatik finden.

Untersucht man – interdisziplinär informiert, um zu einer Interpretation des Kulturphänomens zu gelangen – etwa die kulturwissenschaftliche Diskussion, zeigt sich regelmäßig, dass Kultur einerseits als weiter und offener Begriff ausgestaltet sein sollte und andererseits nicht auf Exklusionen und Abgrenzungen hin angelegt sein darf. Die Kulturkritik, die etwa von Elias, Rousseau, Freud, Marx und Foucault vorgebracht wird, artikuliert genau diese Schwäche einer eng verstandenen »Kultur« und bildet damit einen Gegensatz zu den positiv besetzten, emphatischen Kulturtheorien. Die Kulturkritik macht sichtbar, dass das Abstellen auf »Kultur«, also auf das Kollektive, Verbindende, Homogene, immer auch manipulierbar ist und Ideologieanfälligkeiten unterliegen kann. Dies gilt auch für einen religiös konnotierten Kulturbegriff im Religionsverfassungsrecht.

3. Die Entscheidung des Bundesverfassungsgerichts vom 27. Januar 2015

Dem auf eine christlich-abendländische Fundierung gerichteten Kulturverständnis ist durch die BVerfG-Entscheidung vom 27. Januar 2015 eine Absage erteilt worden.

Das Gericht hatte über die Verfassungsmäßigkeit der Regelung des insoweit einschlägigen § 57 Abs. 4 Satz 3 SchulG NW zu entscheiden. Diese Regelung sah, wie auch die oben genannte Regelung im baden-württembergischen Schulgesetz, eine Ausnahme vom grundsätzlichen landesgesetzlichen Verbot für Lehrerinnen und Lehrer, religiöse äußere Bekundungen abzugeben, für die Darstellung christlicher und abendländischer Bildungs- und Kulturwerte oder Traditionen vor.

Der dem Wortlaut nach als Privilegierungsvorschrift zugunsten christlich-abendländischer Bildungs- und Kulturwerte oder Traditionen konzipierte § 57 Abs. 4 Satz 3 SchulG NW steht nach Ansicht des BVerfG nicht im Einklang mit dem Verbot der Benachteiligung aus religiösen Gründen (Art. 3 Abs. 3 Satz 1 und Art. 33 Abs. 3 GG).

Es handele sich hierbei um eine Ungleichbehandlung, die verfassungsrechtlich nicht zu rechtfertigen sei. Werden äußere religiöse Bekundungen durch das pädagogische Personal in der Schule untersagt, so müsse dies grundsätzlich unterschiedslos geschehen.

Damit wird einer verfassungskonformen Auslegung der Regelung des § 57 Abs. 4 Satz 3 SchulG NW eine Absage erteilt. Das Bundesarbeitsgericht hatte hierauf noch entscheidend abgestellt und sich insoweit auf der Grundlage der früheren Entscheidung des Bundesverwaltungsgerichts zur Überwindung der Wortlaut-Privilegierung bewegt. Das BVerwG hatte zur vergleichbaren Regelung des baden-württembergischen Schulgesetzes herausgestellt: »Diese Regelung gestattet keine Bevorzugung des christlichen Glaubens. Vielmehr bezeichnet der Begriff des

›Christlichen‹ eine vom Glaubensinhalt losgelöste, aus der Tradition der christlich-abendländischen Kultur hervorgegangenen Wertewelt, die erkennbar auch dem Grundgesetz zugrunde liegt und unabhängig von ihrer religiösen Fundierung Geltung beansprucht« (BVerwGE 121, 140, 147, 150). Diese juristische Auslegung ermöglichte es, dass die Regelung in den Schulgesetzen verfassungskonform interpretierbar war und damit nicht als Verstoß gegen die Gleichheitssätze angesehen werden musste.

Auch wenn diese Interpretation nach der neuen Entscheidung des BVerfG nicht mehr ausreichend ist, um zu einer verfassungskonformen Regelung zu gelangen, wird man diese frühere interpretatorische Überlegung, die ihre Wurzel in der BVerfG-Rechtsprechung selbst hat (BVerfGE 41, 29, 52), als zentralen Anknüpfungspunkt der Hinwendung der Rechtsprechung zu einem säkularen, offenen Kulturbegriff deuten müssen. Mit dieser Argumentation wurde nämlich ein Kulturbegriff entwickelt, der um das dezidiert Religiöse gekürzt und damit säkularisiert ist. Als Kultur verstandene Phänomene gelten dann für alle unabhängig von der religiösen Fundierung und genießen dann auch nicht mehr den spezifischen Schutz durch die Religionsfreiheit.

Aus diesem Befund hat das BVerfG nunmehr für die Legislative die Konsequenz gezogen, dass sie Gesetze aufzustellen habe, die bereits im Wortlaut kulturneutralen Maßgaben folgen. Die Erwähnung der christlich-abendländischen Kultur im Gesetz als Unterscheidungsmerkmal ist nämlich anfällig, im Wege der Interpretation verengende Vergegenständlichungen des Kulturbegriffs einzuführen. So formuliert das BVerfG: »Dessen ungeachtet bleibt bei dieser Auslegung eine Norm in Kraft, die bei einem ihrem Wortlaut nach möglichen weiteren Verständnis als Öffnung für eine diskriminierende Verwaltungspraxis verstanden werden könnte und deren diesbezügliche Unschärfe im Gesetzgebungsverfahren bewusst hingenommen wurde« (BVerfG, Beschl. v. 27.1.2015 – 1 BvR 471/10; 1 BvR 1181/10, Rn. 136). Ist eine Engfassung des Kulturbegriffs, etwa durch die Möglichkeit einer diskriminierenden Verwaltungspraxis, verwehrt, bleibt nur eine offene und weite Begriffsverwendung. Wird der Kulturbegriff aber offen und weit gefasst, ist er in einer gesetzlichen Regelung überflüssig.

Die Entscheidung ist auf der Grundlage der bereits vorbereiteten kulturneutralen Rechtsprechung ein weiterer Schritt zu einem offenen, nicht religiös konnotierten Kulturverständnis im Religionsverfassungsrecht.

Was bedeutet dieser Befund jetzt aber für den Zusammenhang der Phänomene von Kultur und Religion im Religionsverfassungsrecht? Aus der Entscheidung geht hierzu einerseits hervor, dass ein pauschales Verbot religiöser Bekundungen gemessen an der positiven Religionsfreiheit der Lehrkräfte verfassungswidrig ist. Andererseits ist eine Privilegierung bestimmter religiöser Bekundungen durch eine eng verstandene Kultur ebenfalls verfassungswidrig. Der Rekurs auf Kultur im Schulgesetz kann mithin aufgegeben werden, ohne, dass die positive Religionsfreiheit verkürzt würde. Vielmehr ist es umgekehrt: Im Fallen der Kultur-Differenzierung wird die positive Religionsfreiheit der Lehrkräfte gestärkt.

Damit kann man feststellen, dass Kultur und Religion unabhängig voneinander beurteilt werden müssen. Eine rechtliche Verbindung erfolgt nur insoweit, als die Zulassung der religiösen Bekundung im öffentlichen Raum für alle unterschiedslos erfolgen muss und eine Privilegierung bestimmter Religionen ausgeschlossen ist. Das ist ein klarer Appell an den Gesetzgeber, soweit er Regelungen im einfachgesetzlichen Religionsrecht einführt, Differenzierungen über das Merkmal der Kultur zu unterlassen.

Dass ein Aufgeben des Kulturparadigmas jedoch zwangsläufig zu einer weitergehenden Ermöglichung von religiösen Symbolen im öffentlichen Raum führt, ist keinesfalls zwingend. Auch wenn der Beschluss des BVerfG für die Kultur-Religion-Unterscheidung im Sinne einer kulturneutralen Argumentation im Religionsverfassungsrecht juristisch nachvollziehbar ist, bleiben im Übrigen religionsverfassungsrechtliche Probleme insoweit bestehen, als die Gewichtung der negativen Religionsfreiheit, der religiösen Neutralität und Säkularität sowie des Schulfriedens betroffen sind. Das BVerfG überantwortet diese Aufgabe im Einzelfall den Schulen und Schulbehörden. Sie müssen sinnvoll auf der Grundlage der landesgesetzlichen Regelungen entscheiden. Diese Entscheidungen sind aber im Lichte des Beschlusses des BVerfG vom 27. Januar 2015 keine anhand der »Kultur« zu lösenden Fragen mehr.

Hans-Ernst Böttcher

Selbstverwaltung der Justiz

*Oder: Die Vollendung der Gewaltenteilung**

Um gleich zu Anfang einem wohlfeilen »Gegenargument« zuvorzukommen: Ja, wir haben eine gute, qualifizierte Justiz. Ihre Ergebnisse können sich, auch im internationalen Vergleich, sehen lassen.

Das wollen wir also, um in zivilprozessualen Kategorien zu sprechen, gleich erst einmal unstreitig stellen!

Umso weniger sollte es Gründe dagegen geben, auch die *Organisation, die Verwaltung* der Justiz[1] auf ein vergleichbares Niveau zu heben, indem diese aus Kaisers und Führers Zeiten in die demokratisch-rechtsstaatliche Gegenwart überführt werden.

Ein Konzept hierzu thesenartig auszuführen – das soll mein Beitrag zu Ehren von Rosemarie Will sein.

Hierzu werde ich in einem ersten Teil den *Status quo* beschreiben und die Remedien benennen. Im zweiten Teil werde ich das mit der Darstellung der Position der Richterinnen und Richter, Staatsanwältinnen und Staatsanwälte in *ver.di*, an deren Erarbeitung und Formulierung ich beteiligt war, exemplifizieren.

1. Justizverwaltung in der Bundesrepublik Deutschland: Grundstrukturen aus Kaisers und Führers Zeiten – und nun?

1.

Wie schon angemerkt: Wir haben in Deutschland – glücklicherweise – eine unabhängige Justiz. Niemand redet den Richterinnen und Richtern in die Rechtsprechung hinein. Und sie würden sich das auch nicht gefallen lassen.

Aber wie geht das damit zusammen, dass die Justiz in ihrer *Verwaltung nicht unabhängig* ist?

Dem Grundgesetz liegt das idealtypische *Modell der Gewaltenteilung* von Montesquieu zu Grunde. Danach soll bekanntlich die Staatsgewalt aufgeteilt sein in die drei selbständigen Teile *Gesetzgebung* (Legislative, Parlament), *Regierung* (Exekutive) und *Rechtsprechung* (Judikative, Justiz, Gerichte). Dass man – realistischer – auch von Gewalten*hemmung* und/oder Gewalten*verschränkung* redet, ändert an dem Grundsachverhalt nichts.

2.
Dazu müsste doch eigentlich mit Selbstverständlichkeit gehören, dass jede dieser Staatsgewalten sich auch *selbst verwaltet*. Das trifft aber nur auf zwei der drei Staatsgewalten zu, nicht auf die Justiz. Darin könnte eine Beeinträchtigung ihrer Unabhängigkeit »durch die Hintertür« liegen.

Dass die *Regierung* sich selbst verwaltet, ist eine Binsenweisheit. Man kann sich kaum eine klassischere Verwaltung vorstellen als diejenige in den Ministerien. Sie verwalten nicht nur, ihrer Zuständigkeit entsprechend, bestimmte Sachbereiche, sondern – mit Selbstverständlichkeit – auch sich selbst.

Schon weniger wahrgenommen, aber nicht weniger selbstverständlich ist, dass auch das *Parlament* sich selbst verwaltet: An der Spitze der Verwaltung des Parlaments steht das von diesem gewählte Parlamentspräsidium. Kein vernünftiger Mensch käme auf die Idee, die Parlamentsverwaltung als »nachgeordnete Behörde« eines (zur Regierung gehörigen) »Parlamentsministers« zu konstruieren. Und die Parlamentarier würden sich das selbstverständlich verbitten. Es wäre geradezu ein Putsch gegen die verfassungsmäßige Ordnung!

3.
Merkwürdigerweise ist es in der *Justiz* (seit Kaisers Zeiten, verstärkt seit 1935; s. u.) anders, bis heute: Zwar sind die Richterinnen und Richter in der Sache, in ihrer Rechtsprechung »unabhängig und nur dem Gesetz unterworfen« (Art. 97 GG). Sie verteilen auch in richterlicher Unabhän-

gigkeit durch von ihnen gewählte Organe (die *Präsidien*) an jedem Gericht die Aufgaben untereinander und bestimmen die Zusammensetzung der Spruchkörper. Aber ansonsten ist die *Verwaltung der Justiz nahezu ausschließlich Sache der Exekutive*, nämlich des Justizministers oder der Justizministerin. Er oder sie ist die Verwaltungsspitze auch für die Gerichtspräsidentinnen und Gerichtspräsidenten der oberen Landesgerichte, den Generalstaatsanwalt oder die Generalstaatsanwältin und diese jeweils wieder für die in ihrem Bereich arbeitenden Richterinnen und Richter bzw. Staatsanwältinnen und Staatsanwälte. Und auch innerhalb der Justiz geht die Hierarchie weiter (um das Beispiel der Ordentlichen Gerichtsbarkeit zu wählen): Die Oberlandesgerichtspräsidentin[2] ist den Landgerichtspräsidenten vorgesetzt, diese den Direktorinnen und Direktoren der Amtsgerichte. Und sie alle sind in dieser Eigenschaft, wiewohl vom persönlichen Status her Richterinnen und Richter, der Sache nach mehr *Beamtinnen und Beamte*; sie sind nämlich jeweils nachgeordnete Behörde(n) des Justizministeriums, leiten diese und stehen wie alle Richterinnen und Richter insoweit in einer hierarchischen Reihe.

4.
Die Einzelheiten dieser Regelungen stammen aus einer *Reichsverordnung*, der Gerichtsverfassungsverordnung (GVVO) *von Anfang 1935*, als die Zuständigkeit für die Justiz von den Ländern auf das Reich überging. Es gab dann bis 1945 keine regionalen Justizminister mehr und die Oberlandesgerichtspräsidenten wurden (weil Berlin weit weg war) zu nahezu unumschränkten Herrschern über die regionale Justiz. Zugespitzt kann man sagen: Das *Führerprinzip* gilt für die Verwaltung der Justiz bis heute (auch trotz und neben der Mitbestimmung).

5.
Das entspricht weder dem Grundgesetz noch europäischen Standards. Trotzdem ist die Reform der Justizverwaltung

an Haupt und Gliedern in der offiziellen Politik der Bundesrepublik Deutschland kein Thema, weder im Bund noch in den Ländern.

Einzig die richterlichen Berufsorganisationen (Deutscher Richterbund, DRiB; Vereinte Dienstleistungsgewerkschaft, ver.di; Neue Richtervereinigung, NRV) versuchen seit ca. einem Jahrzehnt, das demokratische Defizit der Justiz und seine Behebung auf die politische Tagesordnung zu bringen. Mit Selbstverständlichkeit (und mit z. T. schon sehr weit ausformulierten Modellen und Gesetzentwürfen) sagen sie: Auch die Justiz (Gerichte und Staatsanwaltschaften) als Dritte Gewalt im Staat muss sich selbst verwalten und ihre Angelegenheit gegenüber den anderen beiden Staatsgewalten (Parlament und Regierung) vertreten, insbesondere in Haushaltsangelegenheiten gegenüber dem Finanzminister und gegenüber dem Parlament als Haushaltsgesetzgeber. Dies soll durch gewählte Organe (»Justizverwaltungsräte«; »Oberste Richterräte«) mit eigenem Verwaltungsunterbau geschehen, die weitestgehend an die Stelle der Justizminister treten.

6.
Dass »die Politik« allerdings so hartleibig gegenüber einer evidenten Forderung ist, muss umso mehr erstaunen, als es in Deutschland ein großes Vorbild und 16 kleine Vorbilder für die richterliche Unabhängigkeit auch bei der Verwaltung ihrer eigenen Angelegenheiten gibt: das Bundesverfassungsgericht und die Landesverfassungsgerichte. Nachdem sich das Bundesverfassungsgericht das Recht der Selbstverwaltung einschließlich des Haushalts unmittelbar nach seiner Gründung in den frühen fünfziger Jahren des vergangenen Jahrhunderts (im sogenannten *Statusstreit*) regelrecht erkämpft (oder auch: herbeigeschrieben) hat, ist dies in Deutschland Standard – aber nur für die Verfassungsgerichte.

Und kein Richter, aber auch kein Politiker in Europa rund um Deutschland herum versteht, warum das für den Rest der Justiz Deutschland anders sein soll.

7.

In Deutschland sind es vor allem die drei allgemeinen Organisationen der RichterInnen und StaatsanwältInnen (Deutscher Richterbund, *DRiB*; Richterinnen und Richter, Staatsanwältinnen und Staatsanwälte in der Vereinten Dienstleistungsgewerkschaft, *ver.di*; Neue Richtervereinigung, *NRV*), die sich das Thema vorgenommen haben und es immer wieder in die politische Debatte zu bringen versuchen. Man kann das in ihren Publikationen (für den DRiB: *Deutsche Richterzeitung, DRiZ*; für ver.di: *verdikt*), auf ihren Websites und im Übrigen auch in der verbandsunabhängigen Zeitschrift »von Richtern für Richter« *BETRIFFT:JUSTIZ* nachlesen.[3] Rückenwind kommt dabei aus ihren europäischen Dachorganisationen und vom Europarat.

In der *wirklichen Politik* hat bisher einzig der (jüngst wieder ins Amt berufene) Hamburger Justizsenator Steffen von *Bündnis 90/Die Grünen* in seiner ersten Amtsperiode einen Anlauf jedenfalls zur Diskussion unternommen, der allerdings mit dem Ausscheiden seiner Partei aus der Hamburger Landesregierung nach den vorletzten Bürgerschaftswahlen 2011 wieder versandet ist. Es hat, auf Initiative von Prof. Peter-Alexis Albrecht 2008 einen gut auf Englisch und Deutsch dokumentierten Kongress in Frankfurt[4] gegeben, den die drei Richterorganisationen mit getragen haben und bei dem immerhin die (vorsichtig ermutigende) Zusammenfassung am Schluss von keiner geringeren als der früheren Präsidentin des BVerfG Prof. Jutta Limbach vorgetragen wurde. Aber was kam danach in der politischen Landschaft? Nichts. Es gab seit 2010 auf Initiative des damaligen Justizministers Schöneburg von der LINKEN eine Reformkommission in Brandenburg[5]. Sie ist, nachdem dessen Staatssekretärin und *Initiatorin hinter dem Initiator*, die frühere Richterin Sabine Stachwitz ausgeschieden war, Anfang 2013 auf – so jedenfalls meine Wahrnehmung – peinliche Weise *von oben her* eingeschlafen. In Schleswig-Holstein gab es nach dem Regierungswechsel 2012 eine kurze Belebung der Diskussion, schon im Frühjahr 2014 war wieder Schluss damit. Regelmäßig können wir in Koalitionsverträgen, vorzugsweise in rot-grünen, »Zweizeiler« der Art lesen, dass man Möglichkeiten der Erweiterung der Mitbestimmung oder Selbstverwaltung der Richter prüfen und dabei Erfahrungen in anderen Staaten nutzen werde: *Politisch-literarische Prosa* ohne Folgen[6]. Einzig eine wieder von Prof. Albrecht und den Berufsorganisationen initiierte Bund Länder-Kommission[7] arbeitet seit/nach 2010 einigermaßen kontinuierlich. Insbesondere hat sie 2013 mit Delegationen aus vier Ländern (Italien, Niederlande, Polen und der Schweiz) sowie Vertretern des Richterlichen Beirats beim Europarat[8] Anhörungen durchgeführt, die zur Zeit ausgewertet werden.[9]

Bleibt noch (traurig) zu berichten: Die Fraktion der *LINKEN* hat einen vollständigen Gesetzentwurf, im Wesentlichen wortgleich mit den Konzepten der NRV, in den Deutschen Bundestag eingebracht, zu dem im April eine Expertenanhörung[10] im Rechtsausschuss stattgefunden hat. Was soll ich dazu sagen? Die Anhörung war kein Ruhmesblatt für die deutsche Staatsrechtslehre. Und was soll man erwarten, wenn zu einem derart wenig in der »offiziellen Politik« angekommenen Thema über einen Antrag der LINKEN im Bundestag abgestimmt wird?[11] Die Antwort überlasse ich dem Leser und der Leserin.

8.
Das Thema mag auf den ersten Blick speziell und mehr wie ein Justizinternum und/oder eine Angelegenheit für Experten aussehen. Es geht aber um einen *Kernbestandteil des demokratischen Rechtsstaats*.

Deswegen ist die *Vollendung der Gewaltenteilung, die Stärkung der Unabhängigkeit der Justiz* ein Thema jedes Jahr zum Tag des Grundgesetzes am 23. Mai, für eine Festschrift für Rosemarie Will und jeden Tag für die Juristenausbildung ebenso wie für die politische Diskussion.

9.
Es gibt einen Hoffnungsschimmer: Den Richterinnen und Richtern, Staatsanwältinnen und Staatsanwälten in ver.di ist es immerhin gelungen, beim Gewerkschaftstag 2011 einen Beschluss zu erwirken, nach dem sich die Gewerkschaft die Gedanken der in ihr organisierten Justizjuristen zu eigen macht und in die innergewerkschaftliche Diskussion gibt. Auf dem Gewerkschaftstag 2015 soll nun erneut darüber debattiert werden und wir erhoffen uns ein klares politisches Votum des Gewerkschaftstages in die Richtung. Ermutigend ist hierbei, dass der Vorsitzende Frank Bsirske sich schon seit mehreren Jahren eindeutig und öffentlich hinter die Forderungen der ver.di-Richter stellt. Er hat dies im November 2013 beim 39. *Richterratschlag*[12] in Dresden ausdrücklich bekräftigt.[13]

Es ist zu hoffen, dass »die Politik« spätestens nach dem ver.di-Gewerkschaftstag 2015 zur Kenntnis nimmt, dass eine der größten Gewerkschaften der Bundesrepublik mit ca. zwei Millionen Mitgliedern für die Selbstverwaltung der Justiz zur Stärkung der Unabhängigkeit der Richterinnen und Richter und der Staatsanwältinnen und Staatsanwälte eintritt.

Das wird wohl nicht ohne Weiterungen bei denjenigen der Parteien bleiben können, die jetzt noch in Ignoranz ihre Vorurteile pflegen.

Im Folgenden soll daher auch deshalb die Position der Richterinnen und Richter, Staatsanwältinnen und Staatsanwälte in ver.di dargestellt werden.

2. Selbstverwaltung der Justiz – Vollendung der Gewaltenteilung (Kurzdarstellung der Position der Richterinnen und Richter in der Vereinten Dienstleistungsgesellschaft – *ver.di*)[14]

Seit einigen Jahren sind sich, wie bereits angemerkt, die drei großen Richterorganisationen, die auch in der Kommission »*Judicial System*«[15] vertreten sind, in der Forderung nach einer selbstverwalteten Justiz einig.

Zwar unterscheiden sich die Modelle von Richterbund, NRV und *ver.di* in einigen Bereichen, aber da wir (1.) in der allgemein-politischen Diskussion noch nicht soweit sind, dass wir morgen gleich über die Umsetzung eines der Modelle in Form eines Gesetzes diskutieren werden, und (2.) die drei Organisationen übereingekommen sind, in der politischen Öffentlichkeit die *Gemeinsamkeit* des Grundanliegens zu betonen, möchte ich heute nicht in aller Ausführlichkeit die *ver.di*-Position vorstellen, sondern nur in aller Kürze die Argumente für eine selbstverwaltete Justiz aus unserer Sicht benennen.

Warum Selbstverwaltung der Justiz?

1.
Weil es europäischer Standard ist. Wir können uns mit unserer traditionellen, der Unabhängigkeit nicht gerecht werdenden obrigkeitsstaatlichen Gesamtorganisation der Justizverwaltung international kaum noch verständlich machen. Dies zeigt sich insbesondere immer dann, wenn man mit Kolleginnen und Kollegen anderer europäischer Länder über die Justizorganisation diskutiert.

2.
Weil die deutsche Justizorganisation nach 1945 in den Ländern und mit dem Grundgesetz 1949 in der Bundesrepublik auf halbem Weg in Richtung Gewaltenteilung und Demokratie stehen geblieben ist: Mit parlamentarischen Richterwahlausschüssen, Präsidien der Gerichte, Richterdienstgerichten und einer eigenen Richterbesoldung und -mitbestimmung gibt es nur einige wenige demokratie-adäquate Elemente. Das Gesamtsystem aber blieb, wie es 1877 geschaffen worden war: wilhelminisch, obrigkeitsstaatlich und – *horribile dictu* – mit Relikten des »Führerprinzips« (GVVO von 1935) behaftet. Die einzigen Gerichte in der Bundesrepublik Deutschland, die eine Selbstverwaltungsstruktur haben, sind das Bundesverfassungsgericht und die Verfassungsgerichte der Länder.

3.
Es kann nicht angehen, dass an der Spitze der Verwaltung der Justiz, also der rechtsprechenden Gewalt, die gem. Art. 92 GG den Richtern anvertraut ist, mit dem Justizminister ein Mitglied der Regierung und damit der zweiten Gewalt, der Exekutive, steht. Ebenso wenig kann es angehen, dass die Präsidentinnen und Präsidenten, Direktorinnen und Direktoren der Gerichte in ihren Verwaltungsfunktionen mehr *Präfekten* sind als Repräsentanten der Richterinnen und Richter des Gerichts.

4.
Wir fordern Selbstverwaltung auch, weil die Justiz dann auf allen Ebenen von denjenigen nach innen verwaltet und nach außen vertreten wird, die etwas von der Sache verstehen und die als Angehörige der Justiz auch die Folgen zu spüren haben. Für die Wahl auf allen Ebenen ist das Verhältniswahlrecht verpflichtend vorzusehen, damit die internen Strömungen und damit auch die Gewerkschaften und Verbände proportional repräsentiert sind.

5.
Nur dann kann Justiz auch nach außen authentisch mit eigener Stimme sprechen und sachkundig und ohne Drittinteressen – z. B. parteipolitischer Art – mit dem Finanzministerium und dem Haushaltsausschuss verhandeln. Wie viel (=wie wenig) der Justizminister am Kabinettstisch, gegenüber dem Finanzminister und gegenüber dem Parlament für die Justiz ausrichten kann, sehen wir zurzeit im Rahmen der Umsetzung oder Nichtumsetzung der Tariferhöhungen für Richterinnen und Richter in mehreren Bundesländern, seit Jahren auch schon bei sog. Gerichtsstrukturreformgesetzen, die Land für Land regelmäßig zum Abbau der Gerichtsdichte und damit der Erreichbarkeit der örtlichen und regionalen Gerichte für Bürgerinnen und Bürgern führen, nicht ohne Folgen für die konkrete Wahrnehmbarkeit des Rechtsstaats und das Bewusstsein der Bevölkerung *für* und das Vertrauen *in* den Rechtsstaat.

6.
Das Selbstverwaltungsmodell von *ver.di* verknüpft Selbstverwaltung auf »oberster Ebene« in Form der Gerichtsbarkeitsräte mit der Selbstverwaltung an der Basis, nämlich in den Eingangsgerichten und in den größeren Gerichtsbezirken und bildet so – jeweils unter Beteiligung von Repräsentanten der zum Bezirk gehörenden Gerichte – ein durchgängiges und in sich schlüssiges Organisationsprinzip. Die richterliche Selbstverwaltung *wächst so von unten nach oben*, aufbauend auf die schon jetzt (s. o. 2.) vorhandenen demokratie-adäquaten Teil-Elemente der Gerichtsverwaltung.

7.
Mit der Selbstverwaltung und der Abkopplung von der Exekutive verbinden wir in *ver.di* die Enthierarchisierung des Richteramtes und die grundsätzlich einheitliche Richterbesoldung, gleich in welcher Instanz. Dies führt den Gedanken konsequent zu Ende, der Anfang der 1970-er Jahre zur heutigen besonderen Richterbesoldung, der *R-Besoldung*, geführt hat. Der Vorsitz in den Spruchkörpern rotiert oder wird in anderer Weise, z. B. durch zeitlich begrenzte Wahl der Mitglieder, festgelegt. Letzteres gilt auch für die Gerichtsvorstände, die durch das Plenum der Richterinnen und Richter auf Zeit gewählt werden.

8.
In einer selbstverwalteten Justiz darf die Mitbestimmung aller dort Beschäftigten – also auch der nichtrichterlichen Beschäftigten – natürlich nicht vernachlässigt werden. Darauf legen gerade wir als Gewerkschafter besonderen Wert. Es müssen daher im Einzelnen noch zu diskutierende Formen der Mitbestimmung innerhalb und neben der Selbstverwaltungsgremien geschaffen werden. Denn auch die Spitze einer selbstverwalteten Justiz bleibt für die innerhalb der Justiz Tätigen eine »Obrigkeit«, der gegenüber die Interessen der einzelnen dort Beschäftigten und dieser insgesamt vertreten werden müssen.

9.

Schließlich gehört auch die Staatsanwaltschaft eindeutig zur Dritten Gewalt. Für sie sollen deshalb grundsätzlich dieselben Regeln zur Unabhängigkeit und zur Selbstverwaltung gelten wie für die Richterinnen und Richter. Nicht zuletzt spektakuläre Prozesse mit Beschuldigten, denen eine gewisse »Staatsnähe« zugesprochen wird, machen deutlich, wie sensibel die Öffentlichkeit auf tatsächliche oder vermutete Einflussnahme durch Mitglieder der Exekutive reagiert.

---

* Das Thema beschäftigt mich in und nach mehr als 35 Richterjahren persönlich, (gewerkschaftlich) rechtspolitisch und wissenschaftlich. Ich lege es Rosemarie Will in dieser mehr thesenartigen Form wissenschaftlich und politisch mit Dank und Respekt ans Herz. Da sich die Herausgabe dieser Freundesgabe für Rosemarie Will, wie das bei Festschriften so ist, leicht verzögert hat, habe ich zwischenzeitlich meinen Beitrag schon in einem Aufsatz in den Schleswig-Holsteinischen Anzeigen (Heft 11/2014, S. 432 ff.) »Am meisten Schweiß und Tinte habe ich für die Unabhängigkeit der Justiz vergossen« verwertet. Ich habe ihn jetzt (Mai 2015) noch einmal geringfügig aktualisieren können.

1 Ich finde sogar: die Gerichts*verfassung*; das heutige GVG, lässt jedenfalls entscheidende Teile vermissen.
2 Ich wähle hier die weibliche Form wegen der mir geläufigen schleswig-holsteinischen Realität.
3 In *verdikt*, häufig aus der Feder des Verfassers in allen Heften der Jahre 2012 bis 2014 (www.verdikt.verdi.de).
4 Die deutsche Version umfasst das gesamte Heft 4/2008 der KritV. Darin S. 417 ff. vom Verfasser: Weg von napoleonischen und wilhelminischen Modellen! Hin zu einer demokratischen Justizverfassung auch in Deutschland!; die englische Version: Peter Alexis Albrecht/Sir John Thomas (eds.), Strengthen the Judiciary's Independence in Europe!, Berlin/Mortsel (Antwerpen) (Berliner Wissenschaftsverlag/Intersentia N. V.) 2009.
5 Vgl. zu der Arbeit und den Ergebnissen der Projektgruppe »Richterliche Selbstverwaltung«, Brandenburgische Erwägungen für eine Stärkung der Autonomie der Dritten Gewalt, in: KritV 2/2011, S. 119 ff.; Hans-Ernst Böttcher, Abschreiben erwünscht – Erläuterungen zu einigen Bestimmungen des Entwurfs eines Richtergesetzes der brandenburgischen Reformkommission, in: BETRIFFT: JUSTIZ Nr. 108 (2011), S. 181 ff., sowie Auszüge aus dem Entwurf ebda. S. 184; ferner laufend Hans-Ernst Böttcher in verdikt.
6 Vgl. hierzu insbesondere Verf. in verdikt 2.2011,S. 29 ff. (32) und 1.2014, S. 12.
7 Mitgearbeitet haben der Bund und kontinuierlich die Länder Hessen, Rheinland-Pfalz und Brandenburg, zeitweilig Niedersachsen, Schleswig-Holstein und Baden-Württemberg. Die anderen Länder werden regelmäßig informiert. Die Kommission heißt offiziell – wie die entsprechende Abteilung im BMJV (»*Rechtspflege*«) – »Kommission *Judicial System*«, wird aber allgemein »*Albrecht-Kommission*« genannt. Und diese Ehre hat der Genannte wirklich verdient.
8 CCJE, Conseil Consultatif des Juges Européens.
9 Dazu jetzt als vorläufige Abschlussbilanz das gesamte Heft 4/2014 der KritV.

10 Oder sollte man sagen »*Experten*«-*Anhörung*?
11 Vgl. zu der Gesetzesinitiative Hans-Ernst Böttcher in: verdikt 1.2014 unter Hinweis auf die BT-Drs. 17/11701 und 17/11703, die Anhörung im Rechtsausschuss des Dt. Bundestages (BT) und das Archiv des BT auf dessen Homepage http://webarchiv.bundestag.de.
12 Der *Richterratschlag* ist eine ursprünglich von ötv-Richtern Anfang der 1980er Jahre initiierte, organisationsübergreifende, nicht in Vereinsform gekleidete »Nicht-Organisation«. Um die 100 Richterinnen und Richter, Staatsanwältinnen und Staatsanwälte (früher bis zu 300) finden sich jährlich (anfangs 2 x im Jahr) an quer durch die Republik wechselnden Orten zusammen. Die Organisation wird jeweils auf den übernächsten Richterratschlag im Voraus an eine hierzu bereite Region vergeben; spätestens im Jahr vorher wird die Thematik festgelegt, die Konzeption im Einzelnen liegt dann bei der regionalen Vorbereitungsgruppe. Der 40. Richterratschlag 2014 fand am ersten Novemberwochenende in Hamburg statt, der 41. wird vom 30. 10. bis 1. 11. 2015 in Ismaning bei München sein.
13 Die Rede ist dokumentiert in verdikt 1.2014 (z. T. unter Bezug auf verdikt 2.2013).
14 Im Folgenden stütze ich mich auf frühere eigene für ver.di verfasste Papiere, auf ein die ver.di-Positionen zusammenfassendes Papier *Georg Schäfers* vom August 2013 (abgedruckt in verdikt 2.2013, S. 24) sowie zuletzt mein Papier für die *Albrecht-Kommission* vom 23. 6./26. 9. 2014.
15 *Albrecht-Kommission*, s. o. (Fn. 7).

Dieter Grimm

Rosi Will in Karlsruhe

Beim ersten Mal haben wir uns verpasst. Ich versäumte mein Flugzeug in Frankfurt und traf erst mit einer späten Maschine in Tegel ein. Da hatte Rosi Will, die mich abholen wollte, längst aufgegeben und war nach Hause zurückgekehrt. Man muss dazu sagen, dass es die Prä-Handy- und Prä-SMS-Zeit war. Ihre private Telefonnummer hatte ich nicht. Wie ich dann doch noch spät abends in das Gästehaus der Humboldt-Universität in der Ziegelstraße kam, ist eine Geschichte für sich, die hier zu weit führen würde.

Rosi Will traf ich am nächsten Morgen, einem Montag, im Dekanat der Juristischen Fakultät (hieß sie damals so?) und wurde von ihr zu dem Hörsaal geleitet (Audimax oder Kinosaal), wo ich eine Vorlesung halten sollte. Dabei stellte sich schnell heraus, dass hier keines der Erfolgsrezepte für einen westdeutschen Hörsaal funktionierte. Der Höhepunkt war die Frage eines Studenten: »Sie sagen immer ›Verfassungsgericht‹, meinen Sie den Verfassungsschutz?«

Meine Karlsruher Beschäftigung erlaubte mir nur, von Zeit zu Zeit in Rosi Wills Vorlesung einzusteigen. Wir veranstalteten aber auch ein Blockseminar zusammen in einem Objekt der HU am Scharmützelsee. Dort tauten die Studenten – es waren ja immer noch die in der DDR rekrutierten – auf. Besonders erinnere ich mich an eine Redewendung, die mir im Westen nie begegnet war, auch Rosi Will verwandte sie: »Es wurde sich geäußert ...«. Lieber niemanden beim Namen nennen, so habe ich mir das erklärt.

Rosi Will war als jüngstes Fakultätsmitglied die Dekanin der Wendezeit und hat, soweit ich das bei meinen kurzen Besuchen beurteilen konnte, diese ungemein schwierige Aufgabe mit außerordentlicher Tatkraft und Zielstrebigkeit bewältigt, dabei noch der Juristischen Fakultät die prachtvollen Gebäude am Bebelplatz gesichert. Wie sie ihr Dekanat führte, imponierte mir sehr. Es war ja die Zeit, in der die meisten Fakultätsmitglieder noch hofften, übernommen zu werden. Viele erwartete eine Enttäuschung.

Mir ist ein Gespräch in Erinnerung, dass Rosi Will zwischen mir und dem alten Lehrkörper organisiert hatte. Es war gar nicht zu übersehen, wie man sich anstrengte zu zeigen, dass man für die neue Situation geeignet sei. Der ehemalige Justizminister Wünsche war unter den Teilnehmern, ein besonders verständnisvoller und soignierter Herr, nichts Proletarisches. Noch eindrücklicher ist mir ein Kompaktkurs in Erinnerung, in dem ich über mehrere Tage die Öffentlichrechtler der Fakultät auf ihre neue Aufgabe, westdeutsches Verfassungsrecht zu lehren, vorbereiten sollte.

Bei jedem meiner Besuche hatte ich intensive Gespräche mit Rosi Will, die sich abends bei ihr zuhause fortsetzten. Sie waren mir sehr wichtig. Rosi Will verdanke ich die meisten Einblicke in die DDR, nicht nur hinsichtlich der politischen und gesellschaftlichen Verhältnisse, auch hinsichtlich Literatur und Theater, auch über die zwischenmenschlichen Beziehungen unter den Bedingungen eines Systems, das sehr überwachungsfreudig war.

An Karlsruhe ging damals kein Wiedervereinigungsproblem von einigem Gewicht vorbei. Das Gericht wurde für eine gewisse Zeit zum Wiedervereinigungsgericht. Alle Probleme waren präzedenzlos. Mein Senat verhandelte zweimal in Ostdeutschland, über die Landwirtschaftlichen Produktionsgenossenschaften (LPG) in Naumburg, über die Warteschleife in Leipzig. Die Gespräche mit Rosi Will haben viel zu meinem Verständnis der DDR und damit auch zum Bedenken der Fälle beigetragen, die zur Entscheidung anstanden.

Nachdem Rosi Wills Dekanat zu Ende gegangen war, bot ich ihr eine Stelle als Wissenschaftliche Mitarbeiterin in meinem Dezernat an. Das war mir nicht nur wegen der vielen Wiedervereinigungsfälle sinnvoll erschienen. Es war auch eine Folge der großen Wertschätzung, die sich aufgrund der Begegnungen in Berlin eingestellt hatte. Im Gericht war gerade eine solche Stelle für einen Juristen aus der DDR eingerichtet worden. Aber niemand kannte einen DDR-Juristen. So war mein Vorschlag der einzige.

Es gab im Gericht allerdings Gegner, die fürchteten, dass eine solche Anstellung dem Ruf des Gerichts schaden werde. Ich war freilich nicht bereit, mich von dem Vorschlag abbringen zu lassen. Schließlich beendete der damalige Präsident Roman Herzog den Disput mit der Frage: »Haben wir jemals darüber abgestimmt, wen einer unserer Kollegen als Mitarbeiter einstellen darf?« Nein, wir hatten nie. »Na also« war Herzogs Schlussfolgerung.

Ich wusste aus den Berliner Begegnungen natürlich etwas über Rosi Wills Prinzipienfestigkeit und Durchsetzungswillen. Deswegen sagte ich ihr beim Eintreffen lachend: »Aber eins ist klar: der Verfassungsrichter bin ich.« Es wäre freilich nicht nötig gewesen, denn diese Ambition hatte sie sich für später aufbewahrt und verwirklichte sie dann als Verfassungsrichterin in Brandenburg.

Im Dezernat war sie eine wichtige Ratgeberin, besonders natürlich bei Wiedervereinigungsfällen. Auch im Kreis der Mitarbeiter war sie als Gesprächspartnerin schnell geschätzt. Wie alle Mitarbeiter hat sie an der Vorbereitung von Senatsentscheidungen mitgewirkt und eine stattliche Reihe von Kammerentscheidungen ausgearbeitet. An Arbeitswillen und Arbeitskraft hat es ihr nie gefehlt.

Als ich nach dem Ende der Karlsruher Amtszeit an die HU zurückkehrte, nun als vollwertiges Fakultätsmitglied, nicht nur als gelegentlicher Gastprofessor, gab es schon keine Studenten mehr, die ihr Jurastudium vor der Wende begonnen hatten. Es gab auch nur wenige Dozenten, die übernommen worden waren. Rosi Will war eine dieser wenigen. Wir waren nun also echte Kollegen.

Der intensive Austausch der Wendezeit und der beiden Karlsruher Jahre hat sich aber nicht fortsetzen lassen. An der HU ging es nun so zu, wie auch an westdeutschen Fakultäten. Entscheidend war aber wohl, dass meine Hauptaufgabe im Wissenschaftskolleg lag, so dass ich häufiger im Grunewald war als in Mitte. An regelmäßigen Lehrveranstaltungen hielt ich freilich fest, aber keine darunter war wie die am Scharmützelsee.

Dass Rosi Will nun selbst eine Emerita sein soll, kommt mir ganz unwahrscheinlich vor. Sie hat so wenig von diesem Status an sich. Wenn sie mir in den Sinn kommt, ist sie gerade um die vierzig, und wir debattieren in ihrer Dachgeschosswohnung in der Reinhardtstraße, manchmal über Juristisches, meist über Politisches und erklären uns gegenseitig unsere Erfahrungen. Es sind gute Erinnerungen.

Wolfgang Knippel

Wahl zum Mitglied des Verfassungsgerichts des Landes Brandenburg

Rechtsgrundlagen und Praxis

Rosemarie Will wurde 1996 für die Dauer von zehn Jahren zur Richterin des Verfassungsgerichts des Landes Brandenburg gewählt. Ihrer Wahl gingen lebhafte, auch in den Medien ausgetragene Diskussionen voraus. Das gibt mir heute Anlass, einige Anmerkungen zur Wählbarkeit nach Brandenburgischem Recht und Erinnerungen an die Wahlen seit 1993 zu Papier zu bringen.

Nach Art. 112 Abs. 2 Satz 2 der Verfassung des Landes Brandenburg (LV) setzt sich das Verfassungsgericht zu je einem Drittel aus Berufsrichtern, Mitgliedern mit der Befähigung zum Richteramt oder Diplomjuristen und Mitgliedern zusammen, die diese Voraussetzungen nicht erfüllen müssen. Diese Regelung gibt dem Landtag einen weiten Entscheidungsspielraum. Es mag zwar nicht dem Geist der Verfassung entsprechen, aber Art. 112 Abs. Satz 2 LV lässt meines Erachtens ebenso die Wahl von neun Berufsrichtern als auch die Wahl von drei Berufsrichtern und sechs Rechtsanwälten zu. Anders als etwa in § 5 Abs. 1 Verfassungsgerichtsgesetz Sachsen-Anhalt (ein Mitglied muss Universitätsprofessor des Rechts sein) oder in Art. 5 Abs. 1 Satz 3 des Bayerischen Verfassungsgerichtshofgesetzes (»sollen die Befähigung zum Richteramt haben oder Lehrer der Rechtswissenschaft an einer bayerischen Universität sein«) werden die Staatsrechtslehrer in Art. 112 LV nicht erwähnt. Lediglich § 3 Abs. 2 Satz 2 des Verfassungsgerichtsgesetzes Brandenburg (VerfGGBbg) ist zu entnehmen, dass Professoren an einer deutschen Hochschule, obwohl sie Beamte oder Angehörige des öffentlichen Dienstes sind, gleichwohl Mitglied des Verfassungsgerichts sein können. Ich halte es nicht für ausgeschlossen, dass die Brandenburgischen Regelungen zur Richterwahl mit ein Grund dafür sind, dass es bisher nur wenige Staatsrechtslehrer als Kandidaten gegeben hat. Nur Prof. Dr. Hans Herbert von Arnim (1993 bis 1996) und die ihn ersetzende Rosemarie Will konnten bisher ihre Erfahrungen aus Rechtswissenschaft und Staatsrechtslehre in die Rechtsprechung des Verfassungsgerichts einbringen.

Die Landesverfassung eröffnet dem Parlament durch Art. 112 Abs. 2 Satz 2 LV die Möglichkeit, bis zu drei Nicht-Juristen zu Mitgliedern des Verfassungsgerichts zu wählen. Obwohl es entsprechende Regelungen in den meisten Bundesländern gibt und es selbst in Bayern (!) schon zur Wahl eines Nicht-Juristen gekommen sein soll, wird diese Möglichkeit in der medialen Öffentlichkeit regelmäßig als »Brandenburger Besonderheit« (FAZ vom 15. November 2012 zur Wahl von Andreas Dresen) bezeichnet. Noch unzutreffender ist in den Printmedien ständig von »Laienrichtern« die Rede. Die Landesverfassung und das Verfassungsgerichtsgesetz kennen den Begriff des »Laienrichters« nicht. Die Nicht-Juristen sind keineswegs mit »ehrenamtlichen Richtern« oder »Schöffen«, wie wir sie ansonsten aus der Justiz kennen, vergleichbar. Die Nicht-Juristen im Verfassungsgericht haben die gleichen Rechte und Pflichten wie die anderen Mitglieder auch. Insbesondere haben sie nicht nur das Ergebnis, sondern auch den Text der Entscheidung vollumfänglich mit zu verantworten. Sie werden nach der Geschäftsordnung wie alle anderen Mitglieder auch als Berichterstatter bestellt. Lässt man die die Debatten, die seit 1999 über die – vor allem aus künstlerischen Berufen stammenden – Kandidaten der PDS bzw. der Linkspartei geführt worden sind, Revue passieren, drängt sich der Eindruck auf, dass zumindest ein Teil der Abgeordneten sich weder der Verantwortung, die ein Verfassungsrichter zu tragen hat, noch ihrer eigenen Verantwortung bei der Wahl bewusst ist. Ich gehe davon aus, dass jeder Richter, der gewählt worden ist, sich nach besten Wissen und Gewissen seiner Aufgabe annimmt. Aber vielleicht wäre es doch besser gewesen, die Väter der Verfassung hätten den Abgeordneten des Landtags Kriterien an die Hand gegeben, an denen sie ihre Entscheidungen ausrichten bzw. überprüfen können. In anderen Bundesländern lässt sich einiges hierzu finden. Nach § 5 des Verfassungsgerichtsgesetzes Sachsen-Anhalt sollen z. B. die Mitglieder »auf Grund ihrer Erfahrung im öffentlichen Leben für das Amt eines Mitglieds des Landesverfassungsgerichts besonders geeignet sein«. Die Wahl der Nicht-Juristen Prof. Dr. Richard Schröder und Prof. Dr. Ralf Mitzner bei der Errichtung des Verfassungsgerichts 1993 war mit keiner vergleichbaren öffentlichen Debatte verbunden. Zu offensichtlich war die Eignung des Theologen, Philosophen, Mitglieds der ersten frei gewählten Volkskammer und des Bundestages bzw. des Rektors der Universität Potsdam für das ihnen angetragene Amt.

Nach Art. 112 Abs. 4 Satz 2 LV ist bei der Wahl anzustreben, dass die politischen Kräfte des Landes angemessen mit Vorschlägen vertreten sind. Die Frage, was unter den »politischen Kräften« zu verstehen ist, beantwortet der Landtag seit 1993 in dem Sinne, dass dies die aktuell im Landtag vertretenen politischen Parteien sind. Mir ist nicht bekannt geworden, dass der Landtag jemals Personen, die nicht von einer der im Landtag vertretenen Fraktionen vorgeschlagen oder in die Diskussion gebracht worden sind, als Kandidaten angehört hat. Da die SPD bei den Landtagswahlen 1994 die absolute Mehrheit gewonnen hatte und Bündnis 90/Die Grünen nicht mehr im Landtag vertreten war, bestand für die Abgeordneten kein Zweifel, dass nach dem 1996 erfolgten Rücktritt von Prof. von Arnim, der 1993 auf Vorschlag von Bündnis 90/ Die Grünen gewählt worden war, das Vorschlagsrecht der SPD zustand. Die SPD-Fraktion schlug Rosemarie Will vor.

Die Richter des Verfassungsgerichts des Landes Brandenburg werden nach dem 1997 geänderten Art. 112 Art. 4 Satz 4 LV vom Landtag mit den Stimmen von zwei Dritteln der Mitglieder des Landtages gewählt. Die Notwendigkeit, für einen Kandidaten eine Zweidrittelmehrheit herbeizuführen, zwingt die im Landtag vertretenen politischen Parteien zu Kompromissen. Sie wissen, dass sie ohne die Zustimmung anderer Fraktionen ihre eigenen Kandidaten nicht durchbringen können. Dies führt aus meiner Sicht zu der Bereitschaft, auch geeignete Kandidaten der konkurrierenden Parteien mitzutragen. Darüber hinaus halte ich für das Landesverfassungsgericht eine ausgewogene, die Mehrheitsverhältnisse im Landtag möglichst wiederspiegelnde Zusammensetzung für wünschenswert. Dies entspricht auch dem Geist der Landesverfassung, die in Art. 55 Abs. 2 LV der Opposition im Landtag eine besondere Stellung einräumt.

Bei der ersten Wahl zum Verfassungsgericht 1993, als noch nach Art. 112 Abs. 4 Satz 5 LV (alte Fassung) die einfache Mehrheit genügte, hat die damalige Regierungskoalition deutlich gemacht, was sie unter einer »angemessenen« Beteiligung der politischen Kräfte der Opposition verstand. Obwohl die aus SPD, FDP und Bündnis 90/Die Grünen bestehende »Ampelkoalition« nur über eine knappe Mehrheit im Landtag verfügte, hielt man ein Verhältnis von sechs zu drei für angemessen. Rosemarie Will erreichte übrigens bei ihrer Wahl noch nach altem Recht mit 58 Stimmen eine deutliche, aber keine Zweidrittelmehrheit. Ich halte es aber für sehr wahrscheinlich, dass sie die notwendigen Stimmen für eine Zweidrittelmehrheit, wenn sie diese denn gebraucht hätte, auch bekommen hätte.

In das Verfassungsgericht des Landes Brandenburg kann man nur als Mitglied, nicht aber – wie dies in einer Vielzahl von Bundesländern der Fall ist – als Stellvertreter eines Mitglieds gewählt werden. In Brandenburg wird das Problem der Verhinderung eines Mitglieds auf die Weise geregelt, dass § 8 Satz 1 VerfGGBbg bestimmt, dass das Gericht auch dann beschlussfähig ist, wenn lediglich sechs Richter anwesend sind. Ich halte diese Regelung für nicht unproblematisch. Im Falle der Verhinderung von bis zu drei Richtern werden die in Art. 112 LV und § 2 VerfGGBbg aufgestellten Vorschriften über die Zusammensetzung des

Gerichts gewissermaßen außer Kraft gesetzt. Das Gericht kann in einer derartigen Situation folglich ohne die zwingend vorgeschriebenen drei Berufsrichter, ohne Einhaltung des Frauen- bzw. Männerquorums und ohne Rücksicht auf das bei der Wahl mühevoll austarierte Verhältnis der »politischen Kräfte« entscheiden. Kommt zu einer Verhinderung nach § 8 Satz 1 LV noch ein Fall des Ausschlusses vom Richteramt nach § 14 VerfGGBbg oder ein Fall der Befangenheit im Sinne des § 15 VerfGGBbg hinzu, ist es sogar denkbar, dass drei Mitglieder, die nicht die Befähigung zum Richteramt haben, in der Mehrheit sind.

Für die ersten Wahlen galten eine Reihe von Übergangsregelungen und Besonderheiten. Nach § 61 Abs. 2 VerfGGBbg (alte Fassung) konnten auch Richter, die zum Zeitpunkt der Wahl – vorübergehend – im Verwaltungsdienst des Landes eingesetzt waren, gewählt werden. Diese Regelung war dem Umstand geschuldet, dass bei Inkrafttreten des Verfassungsgerichtsgesetzes am 13. Juli 1993 das Brandenburgische Oberlandesgericht noch nicht errichtet war und dessen zukünftiger Präsident seinerzeit als Leiter des Aufbaustabes in das Justizministerium abgeordnet war. Ohne diese Vorschrift hätte Dr. Peter Macke nicht zum ersten Präsidenten des Gerichts gewählt werden können.

Die bei der Errichtung des Verfassungsgerichts zu wählenden Richter wurden nach Art. 114 LV, § 61 Abs. 1 VerfGGBbg abweichend von der Regel (Art. 112 Abs. 4 Satz 1 LV, § 4 Satz 1 VerfGGBbg: zehn Jahre) für eine Amtszeit von lediglich fünf Jahren gewählt. Dafür sollte eine einmalige Wiederwahl möglich sein. Man wollte mit dem neuen Verfassungsorgan erstmal seine Erfahrungen sammeln. Wie nicht anders zu erwarten, wurde nach Ablauf der fünf Jahre darüber gestritten, ob eine Wiederwahl für weitere fünf Jahre möglich sein sollte entsprechend dem Grundsatz, dass kein Richter länger als zehn Jahre amtieren dürfte, oder ob die Wiederwahl wie eine reguläre Wahl zu behandeln sei, mithin für die Dauer von zehn Jahren erfolgen könne. Zur Lösung des Problems fasste der Landtag vorsorglich die Übergangsvorschriften des Art. 114 Satz 2 LV und des § 61 Abs. 1 Satz 2 VerfGGBbg (alte Fassung) neu: »Ihre einmalige Wiederwahl für zehn Jahre ist möglich.« So sind denn 1998 fünf Mitglieder, darunter der Präsident und ich, für weitere zehn Jahre gewählt worden. Zu der interessanten Frage, ob es sich bei der Übergangsregelung des Art. 114 Satz 2 LV um verfassungswidriges Verfassungsrecht handelt, wie manche meinen, mag ich mich als Begünstigter dieser Regelung nicht äußern.

Nach § 2 Abs. 2 VerfGGBbg sollen Männer und Frauen jeweils mindestens drei Richter stellen. Mit der Wahl von Rosemarie Will wurde die Frauenquote erstmals erfüllt. Nach meiner Erinnerung hatte Rosemarie Will auf Grund der Begleitumstände ihrer Wahl einen nicht eben leichten Start im Landesverfassungsgericht. Aber nachdem sie ihre anfängliche Angewohnheit, jeden Wortbeitrag in der Beratung mit den Worten »WIR in Karlsruhe haben das immer so oder so gemacht« aufgegeben hatte, ist sie eine allseits geschätzte Kollegin geworden.

Florian Havemann

Nachgeholte Rechtsbelehrung

Aber, Herr Havemann, das können Sie doch so nicht machen? Kann sein, aber sagen Sie mir, warum nicht, Frau Will?

Der Auftakt für einen kleinen Privatvortrag der Professorin für Staatsrecht, Rosemarie Will. Ort des Geschehens: Potsdam, beginnend schon auf den ersten Metern, nachdem wir das Verfassungsgericht verlassen hatten, damals noch zur Untermiete im Verwaltungsgericht in der Straße, die zum Park von Sanssouci führt, fortgesetzt in der Straßenbahn, die uns zum Hauptbahnhof Potsdam brachte, dann im Regionalexpress nach Berlin. Ungefährer Zeitpunkt: 1999, ich war gerade vor ein paar Monaten zum Verfassungsrichter gewählt worden, hatte dort dann auch Rosi Will kennengelernt. Und ich hatte nun meinen ersten Fall, die erste Verfassungsbeschwerde, bei der ich als Berichterstatter fungierte.

Eine vertrackte Geschichte: Ein Mann, der wegen eines Sexualdelikts im Maßregelvollzug einsaß, ein Mann, der kein Mann mehr sein wollte, und der in seiner mit der Hand geschriebenen und chaotisch wirkenden Verfassungsbeschwerde behauptete, alle therapeutischen Versuche würden bei ihm zu keinem Erfolg führen, er wolle deshalb nicht weiter therapiert werden, das sei doch nur eine Quälerei für ihn, er wolle in den normalen Strafvollzug, seine Strafe abzusitzen – eigentlich ein nachvollziehbarer Gedanke. Doch von einer Verfassungsbeschwerde konnte nicht wirklich die Rede sein, es fehlte an einem klaren Antrag, es fehlte der Bezug zu den Artikeln der Brandenburgischen Verfassung, in deren Rechten er sich verletzt meinte.

Dieser Brief eines offenbar verzweifelten Menschen, er war so konfus, dass ich dachte: Dem musst du mal genauer nachgehen, vielleicht ist da ja was dran. Ich besuchte also eine Beratungsstelle für Menschen, die ihr Geschlecht wechseln wollen, und wie ich erfuhr, war das eine ganz schön komplizierte Angelegenheit. Ich fuhr nach Neuruppin und besuchte ihn dort im Maßregelvollzug, diesen Mann, der kein Mann mehr sein wollte, und dann stellte sich alles als noch viel komplizierter heraus. Mit meinem Dienstausweis als Verfassungsrichter war ich ohne Probleme dort in diese geschlossene Anstalt hineingekommen, und ich hatte auch, nachdem er mir die Erlaubnis dazu gegeben hatte, die Akte dieses Mannes einsehen können – da war wirklich einiges nicht ganz so korrekt gelaufen, und dem Beschwerdeführer musste doch auch irgendwie geholfen werden können, nur eben mit einer Verfassungsbeschwerde nicht.

Eine, seine Verfassungsbeschwerde ablehnende Entscheidung war vorbereitet, ich hatte als Berichterstatter den Fall vorgetragen, und natürlich auch darüber Bericht erstattet, was ich alles unternommen hatte, die Sache zu klären. Großes Kopfschütteln meiner Kollegen, Entsetzen, das hatte es ja noch nie gegeben, und womöglich werden sich die Juristen in dem Moment gefragt haben, ob es so eine weise Entscheidung des Verfassungsgebers gewesen sein mag, auch Nicht-Juristen die Wahl in das Verfassungsgericht zu ermöglichen. Aber ich war unschuldig, denn niemand, und das wahrscheinlich aus Betriebsblindheit, denn für die anderen war dies ja völlig klar, hatte mich darin eingeweiht, was man so als Verfassungsrichter darf und besonders nicht darf. Rosi Will erklärte mir dann in ihrem Privatvortrag, was, warum und weswegen: neun Richter, das Verfassungsgericht als kollektives Gremium, kein Einzelrichter, kein ermittelndes Gericht, Entscheidungen nur nach Vorlage, aufgrund der vorliegenden Akten. Aha, logisch, aber auch schade, und ich hatte doch nur meiner falsch verstandenen Verpflichtung nachkommen wollen.

Und dann, der Zug, der uns beide von Potsdam nach Berlin gebracht hatte, fährt in den Bahnhof Friedrichstraße ein, und kurz bevor sie aussteigt, ein Lächeln auf dem Gesicht der gestrengen Frau Professor: Aber insofern gebe ich Ihnen recht, Herr Havemann, es wäre gut, wenn wir irgendeine Instanz hätten, die Menschen so helfen würde, wie Sie es versucht haben.

Gut – wenigstens das.

Eberhard Schultz

Prof. Dr. Rosemarie Will als Gutachterin vor dem Bundesverfassungsgericht

Das Verfahren des ReferentInnenrats der HU in Sachen politisches Mandat der Studierendenschaft

Als Menschenrechtsanwalt mit Kanzlei im Haus der Demokratie und Menschenrechte haben sich unsere Wege gekreuzt. Obwohl die Humanistische Union, in der Rosemarie Will jahrzehntelang sehr aktiv war, auch im Haus der Demokratie residiert, haben sich dort unsere Wege selten gekreuzt – zu verschieden sind die Tätigkeitsbereiche einer Anwaltskanzlei und zu selten wird – das würde ich rückblickend auch selbstkritisch sagen – die Möglichkeit sozialer Kontakte über solche »kurzen Dienstwege« auch praktisch genutzt.

Ein intensiver und fruchtbarer Austausch ergab sich dann insbesondere in einem Verfahren des ReferentInnenrats der Humboldt-Universität (gesetzlich AStA), in dessen Verlauf wir nach Erschöpfung des Rechtsweges vor den Berliner Verwaltungsgerichten das Bundesverfassungsgericht in Karlsruhe angerufen hatten. Es ging um eine damals hoch aktuelle, die Studierendenschaft bewegende Frage: sollte bzw. durfte die gewählte Vertretung der Studierenden über hochschulpolitische Fragen hinaus auch in allgemein politischen Fragen Stellungnahmen abgeben, Aktivitäten von Hochschulgruppen bzw. Veröffentlichungen hierzu unterstützen? Jahrzehnte lang war dies eigentlich selbstverständlich und niemand hatte dem AStA der FU in den Zeiten des »Kalten Krieges« vorgeworfen, sich etwa zu Fragen der Berliner Mauer o. ä. zu äußern. Das änderte sich erst, als die Vertretungen der Studierenden begonnen hatten, sich kritisch zu wichtigen allgemeinen politischen Themen zu äußern. Studierende, die dem RCDS und anderen rechten Gruppierungen nahe standen, hatten den RefRat vor dem Verwaltungsgericht auf Unterlassung verklagt und zuerst im Eilverfahren, später im Hauptsacheverfahren durchsetzen können, dass dem RefRat bei Androhung hoher Ordnungsgelder verboten wurde, sich zu allgemeinen politischen Themen zu äußern. Heute kann ich nicht mehr sagen, wer auf die Idee kam, Rosemarie Will, die ja wissenschaftliche Mitarbeiterin am Bundesverfassungsgericht und auch Landesverfassungsrichterin des Landes Brandenburg war, zunächst mit einem Kurzgutachten zu den Erfolgsaussichten einer Verfassungsbeschwerde zu beauftragen. Jedenfalls waren wir mit dem Ergebnis zufrieden: wir sollten versuchen, ein gemeinpolitisches Mandat im Rahmen der Lern- bzw. Studierfreiheit nach Art. 5 Abs. 3 GG zu verankern, da zum wissenschaftlichen Lernen zwangsläufig auch die Ausbildung allgemein politischer Fähigkeiten gehöre – auch wenn sie gleichzeitig angesichts einer Erfolgsquote von 2,2 Prozent der eingereichten Verfassungsbeschwerden warnend darauf hinwies, dass wir zu den zwanzig von 6000 eingereichten Verfassungsbeschwerden gehören müssten, die letztlich Erfolg hätten.

Gut im Gedächtnis ist mir noch eine ausführliche gemeinsame Besprechung mit dem Verantwortlichen für das »Politische Mandat« und anderen VertreterInnen des RefRats, dem als sachkundig hinzugezogenen damaligen Jura-Studenten und Gremienvertreter Michael Plöse, uns RechtsanwältInnen und Rosemarie Will sozusagen in doppelter Funktion: Wir waren beeindruckt von ihrer wenig »professoralen«, ruhigen und nachdenklichen Art, intensiv zuzuhören und die schwierigen verfassungsrechtlichen Fragen verständlich darzulegen, und sehr zufrieden, dass sie uns versprach, das Gutachten zu der bereits vorgelegten Verfassungsbeschwerde binnen kürzester Zeit fertig zu stellen. So konnten wir das in der umfangreich begründeten Verfassungsbeschwerde vom Juni 2005 angekündigte

34-seitige Gutachten bereits Anfang September 2005 nach Karlsruhe übersenden. Es kam zu dem Ergebnis, dass die Verwaltungsgerichte mit ihren Entscheidungen in die gesetzlich der Studierendenschaft übertragenen Selbstverwaltungsaufgaben eingegriffen und damit die »verfassungsrechtlich geschützten Handlungsmöglichkeiten der Studierendenschaft im Rahmen des ihnen gesetzlich übertragenen politischen Mandats ohne Rechtfertigung verkürzt« hatten (vgl. dazu den Beitrag auf S. 309 ff.).

Das Bundesverfassungsgericht brauchte dann allerdings bis zum Oktober 2007, um zu beschließen, dass die Verfassungsbeschwerde aus formalen Gründen nicht zur Entscheidung angenommen werde, weil das verwaltungsgerichtliche Urteil nicht innerhalb der Monatsfrist vorgelegt worden sei und die Auseinandersetzung mit dem Urteil in der 78-seitigen Verfassungsbeschwerde (die sich umfassend auch mit dem Urteil auseinandergesetzt hatte) nicht ausreichend sei. Auch die daraufhin beim Europäischen Gerichtshof für Menschenrechte in Straßburg eingereichte Menschenrechtsbeschwerde wurde nicht zur Entscheidung angenommen: Genau vier Jahre nach deren Vorlage erhielten wir ein Schreiben der Geschäftsstelle, wonach der für die Vorprüfung zuständige Richter das so entschieden habe, eine Begründung erfolgte nicht, weitere Anfragen waren zwecklos.

So war das Ergebnis für uns alle verständlicherweise ein herber Schlag, hätten wir doch gerne zu den von Rosemarie Will erwähnten zwei Prozent gehört. Aber auch der beste Sachverstand nützt wenig bei den »hohen Gerichten«, wenn der Wille fehlt, eine inhaltliche Entscheidung zu treffen. Hatte doch das Bundesverfassungsgericht in einem ähnlichen Fall (ebenfalls mit Bezug zur HU) vorher einfach bei der Rechtsanwaltskanzlei anrufen lassen und um Übersendung des noch benötigten Dokuments gebeten. Trotz des großen und außergewöhnlichen Einsatzes von Rosemarie Will ist es uns also nicht gelungen, das allgemein politische Mandat für die Studierenden mit unserer Verfassungsbeschwerde durchzusetzen. Ich bin sicher, dass sie mit dem Gutachten, das über das Netzwerk des »Politischen Mandats« bundesweit verbreitet wurde, viele Menschen von unserem Anliegen überzeugt hat. Bleibt also zu hoffen, dass ihr durch die Ausbildung kritischer JuristInnen an der Universität und durch ihr Engagement in der Humanistischen Union u. a. nachhaltige Wirkung beschieden ist. In diesem Sinne ist ihr nicht nur ein geruhsamer, sondern auch ein erfolgreicher Ruhestand zu wünschen.

Bürgerrechte und Bewegung

Verwandlung X C. Haarmann

»**Vielleicht hat das, woher wir kommen, etwas mit dem zu tun, wohin wir gehen.**«

Hannes Honecker, Rechtsanwalt, Mitglied im Vorstand des Republikanischen Anwältinnen- und Anwälteverein (RAV) sowie der Holtfort-Stiftung.

Sven Lüders

Rolemodel Rosi

Persönliche Bemerkungen zu einer langen Zusammenarbeit

Die Unerschrockene
Juli/August 2004: J. G., ein früheres Vorstandsmitglied der HU und im Hauptberuf Jungenbeauftragter der Stadt München, hatte einem TV-Magazin ein (nicht ganz freiwilliges) Interview gegeben. Unter dem Vorwand, über seine Arbeit an Münchener Schulen berichten zu wollen, bedrängte ihn eine Journalistin mit Fragen zur Mitarbeit in der Arbeitsgemeinschaft Humane Sexualität (AHS) und zur Sexualität zwischen Erwachsenen und Kindern. Sichtlich überrumpelt äußerte J. G. im Beitrag vor laufender Kamera, dass »einvernehmliche Zärtlichkeiten« mit Kindern aus seiner Sicht okay seien …

Ein solches Zitat reichte 2004, um eine Bürgerrechtsorganisation wie die Humanistische Union (HU) an den Rand der Handlungsunfähigkeit zu bringen: der Vorstand war total zerstritten über der Frage, wie mit der Situation umzugehen sei. Sollte man sich von der AHS und J. G. distanzieren? Oder auf der Unschuldsvermutung und der Kritik an der Unzulänglichkeit des Strafrechts beharren und das Recht der Pädophilen auf Erfahrungsaustausch und Unterstützung unterstreichen?

Wenn es sich bei den Grundrechten nicht nur um »Schönwetter-Rechte« handelt, die der Staat im Normalfall gewährt, aber in Krisenzeiten beliebig einschränken darf – dann gilt dies ebenso für jene Organisationen, die die Grundrechte verteidigen. Sie müssen ihre Wirksamkeit gerade in solchen Krisensituationen beweisen, in denen die Verteidigung von rechtsstaatlichen Werten und die Meinungsfreiheit moralisch unter Druck stehen.

Natürlich folgten auf den TV-Bericht weitere Medienanfragen und es gab Nachfragen, wie weit die Kritik der HU am Sexualstrafrecht reiche, wie eng HU und AHS zusammen gearbeitet hatten ... So zerstritten die verschiedenen Mitglieder des Vorstands waren – in einem waren sich nahezu alle einig: jetzt bloß kein Interview zum Thema geben und nicht selbst zur Zielscheibe der Angriffe werden. Nahezu alle, bis auf eine: Rosi Will. Während ihre Mitvorstände (ein Polizeidirektor, ein Ex-Verfassungsrichter, ein Kriminologe, eine ehem. Landtagsabgeordnete) in Deckung gingen, stellte sie sich einem Interview des Magazins und gab öffentliche Erklärungen ab, in denen sie die Balance zwischen der notwendigen Kritik an verharmlosenden, pädophilenfreundlichen Selbstgewissheiten (»Wo kein Schaden, da kein Grund zur Aufregung«) einerseits und bürgerrechtlichen Tugenden andererseits wiederherzustellen versuchte. Für sie stand außer Frage, dass man sich bei derartigen Anschuldigen nicht einfach wegducken dürfe, sondern Stellung beziehen müsse. Mit denen, die durch ihre mangelnde Sensibilität für verbale Übergriffe, durch ungedeckte öffentliche Vertrauenserklärungen für umstrittene Gruppen und ihre freizügige Überlassung von Räumen den Stoff für jene Affäre geliefert hatten, sollte sie sich später, über Jahre hinweg vereinsintern intensiv auseinandersetzen. Vorerst aber war sie nicht bereit, einzelne Beschuldigte öffentlich zu opfern und sich von ihnen nur allein deshalb zu distanzieren, weil sie gerade im Kreuzfeuer der medialen Kritik standen und möglicherweise dem Ruf des Vereins schaden könnten.

Das war die Situation, in der ich als Berufsanfänger Rosi Will kennen lernte. Mich beeindruckte diese Frau, die aus dem Stand jenes Vakuum füllte, das honorige Männer hinterlassen hatten. Ohne großes Zögern ließ sie sich zur Vorgeschichte der Anschuldigungen informieren (die war umfangreicher, als zunächst gedacht) und stellte sich den Fragen der Journalistin, der es sichtlich Vergnügen bereitete, den linksliberalen Verein zu jagen. Allen Beteiligten war das Risiko, mit einem falschen Zungenschlag selbst zum medialen Sündenbock der »Pädo-Affäre« zu werden, durchaus bewusst. Es hielt Rosi nicht davon ab, für einen Teil der libertären 68er-Geschichte Verantwortung zu übernehmen, die sie als »Ossi« selbst nur aus Erzählungen kannte. Wenn ich ihr dabei zuschaute, gewann ich den Eindruck: Probleme sind dazu da, um sich ihnen zu stellen.

Rosi Will ist ein Reflex zu eigen, der mit Standhaftigkeit nur ungenügend beschrieben wäre. Sie unterstellt in gewisser Weise, dass man gegen (innere) Widerstände, mit leichtem Widerwillen an einer Überzeugung festhalte, die emotional vielleicht schon relativiert wurde. Doch Rosi tickt anders: Werden in der Öffentlichkeit Anschuldigungen erhoben, und seien diese moralisch noch so schwerwiegend, scheint das bei ihr – im Gegensatz zu den meisten anderen Menschen, die dann vorsichtshalber auf Distanz gehen – eher dazu zu führen, dass sie die Betroffenen in Schutz nimmt und gegen vorschnelle Verurteilungen verteidigt. Es ist diese gelebte Haltung, die aus Rosi Will eine echte Bürgerrechtlerin macht - als wäre die Unschuldsvermutung in ihren Charakter eingeschrieben. Sie zeigt diesen Reflex nämlich nicht nur bei Freunden und Vertrauten, mit denen sie sich natürlich solidarisiert, sondern durchaus auch dann, wenn es um politische Gegner wie Günther Oettinger oder Hans Filbinger geht (s. den Beitrag von Hanke in diesem Band, S. 553). Rosis Warnung vor einer vorschnellen Bewertung Filbingers als NS-Täter (und nicht nur als Mitläufer) war keinesfalls nur einem mangelnden Wissen um die Details der Filbinger-Affäre geschuldet. Sicherlich hatten die Auseinandersetzungen um die Stellung Filbingers in der NS-Militärgerichtsbarkeit für sie nicht jene identitätsbildende Funktion wie für viele westdeutsche Linke. Doch ihr vehementer Einspruch richtete sich gegen etwas anderes: gegen die Gleichsetzung von NSDAP-Mitgliedschaft bzw. Richter-Funktion in einem Unrechtsregime und moralischer Verkommenheit. Gerade vor dem Hintergrund ihrer eigenen Biographie weiß Rosi nur zu gut, dass sich die moralische Integrität anderer nicht daran bemessen lässt, ob sie (rückblickend) in der richtigen Partei engagiert waren.

Die Aktivistin
11. März 2009, an einem Mittwochnachmittag, kurz nach Feierabend: Wir sind zu dritt im Mietwagen unterwegs: Rosi Will, unsere Campaignerin und ich. Unser Ziel heute: Neuruppin. Dort ist für den Abend eine Podiumsdiskussion angesetzt: »Selbstbestimmung am Lebensende? Die Gesetzentwürfe zur Patientenverfügung in der Diskussion«. In diesem Jahr will der Bundestag endlich darüber entscheiden, ob Patientenverfügungen gesetzlich anerkannt werden oder nicht. Mit einer kleinen Veranstaltungsreihe – insgesamt bestreiten wir fünf Abende in Brandenburg – wollen wir für die vorbehaltlose Anerkennung werben. Bei der Abstimmung im Bundestag wird die Fraktionsdisziplin aufgehoben. Viele Abgeordnete sind noch unsicher, wofür sie stimmen sollen. Deshalb haben wir im Verein beschlossen, Überzeugungsarbeit an der Basis zu leisten.

Während wir unterwegs sind, ist die Ungewissheit groß: Wie viele Zuschauer werden heute Abend kommen? Welche Positionen werden die beiden Co-Referenten – ein Abgeordneter der SPD aus dem Wahlkreis, eine Psychologin der örtlichen Klinik – einnehmen? Können wir mit unseren Argumenten überzeugen? Im Gepäck haben wir ein Handout und eine Powerpoint-Präsentation zur bisherigen Rechtsprechung sowie die neuen Gesetzentwürfe; Infomaterial des Vereins (darunter einen eigenen Gesetzentwurf der HU, verfasst von Rosi Will); Spendendose, Banner und Tontechnik – alles, was man für eine Abendveranstaltung braucht.

Veranstaltungen wie diese sind ohne Rosis Unterstützung nicht zu denken: sie hilft beim Einwerben der Gelder. Mit ihren Kontakten bekommen wir manchen zögernden Abgeordneten aufs Podium. Sie hält am Abend den juristischen Einführungsvortrag zum Thema. Der fliegende Wechsel von der wissenschaftlichen Diskussion an der Universität zum Polittalk im kleinstädtischen Rathaus macht ihr keine Probleme. Für alle Mitarbeiter der HU, die mit Rosi Will zusammen arbeiteten, wird dies eine wichtige Erfahrung: Wie sie sich, ohne professorale Eitelkeiten und ohne Berührungsängste gleich beim ersten Kontakt mit jeder und jedem in die Arbeit stürzt, mit ihren Erwartungen nicht hinter dem Berg hält, aber auch selbst bereit ist, sich für die Sache einspannen zu lassen und viele Aufgaben, für die sich gerade niemand finden lässt, am Ende selbst übernimmt. Einen solchen Enthusiasmus haben viele von einer Professorin nicht erwartet. Ihr Enthusiasmus steckt an, denn eines ist klar: Hier geht es um die Sache.

Der Abend in Neuruppin brachte übrigens eine kleine Überraschung: Während sich die Psychologin gegen die Patientenverfügung aussprach (viele Menschen würden darin aus medizinischer Sicht unsinnige Festlegungen machen), hatte sie andererseits keine Probleme mit einer Legalisierung der aktiven Sterbehilfe (dafür sah sie in ihrer alltäglichen Praxis erheblichen Bedarf) – eine Position, die aus politischer wie juristischer Sicht überraschte. Am Ende erreichten wir mit unseren fünf Veranstaltungen sechs Bundestagsabgeordnete und 120 Zuhörer – ein Tropfen auf den heißen Stein. Als der Bundestag am 18. Juni 2009 mit einer deutlichen Mehrheit von 317 Stimmen den aus unserer Sicht liberalsten Gesetzentwurf verabschiedete, waren wir froh und auch ein wenig stolz.

Die Managerin

28. August 2009: Nachdem Rosi Will ihren Uni-Betrieb für heute absolviert hat, kommt sie zur Mittwochsrunde in die Geschäftsstelle der HU. Auf dem Programm stehen: Korrekturen am Protokoll der Vereinsversammlung; die Steuererklärung des Vereins; die Beteiligung an der Demonstration »Freiheit statt Angst«; die auslaufende Förderung einer Bürostelle durch die Arbeitsagentur. Rosi Will leitet den Verein seit mittlerweile vier Jahren. Gemeinsam mit ihrem Stellvertreter trifft sie sich einmal wöchentlich mit den beiden Geschäftsführern zur sogenannten »Mittwochsrunde«, die manchmal (wie an diesem Abend) auch

an anderen Tagen stattfindet. Die Runde organisiert die Vereinsarbeit, bespricht die unzähligen organisatorischen Kleinigkeiten, die zu einem Verein dazu gehören, bereitet aber auch politische Aktionen und strategische Entscheidungen vor. Die »Mittwochsrunde« ist ihre Erfindung. Von manchen als »Politbüro« des Vereins verspottet, ist sie eigentlich das genaue Gegenteil: In einem Verein, dessen Vorstandsmitglieder alle ehrenamtlich engagiert sind und sich alle zwei Monate treffen, entsteht ein großes Gefälle zwischen hauptamtlichen Mitarbeitern und ehrenamtlichen Mitgliedern. Die Zeiten, in denen ein Bürgerrechtsverein quasi nebenbei, in der Freizeit geführt werden kann, sind längst vorbei.

Bis zu ihrem Vorsitz hatte die HU noch keine Antwort auf dieses Gefälle gefunden. Es wurde notdürftig durch eine enge Anbindung des Geschäftsführers an den jeweiligen Vereinsvorsitzenden überbrückt, die sich in Telefonaten und durch Korrespondenz abstimmten – was weder besonders transparent noch demokratisch war.

Rosi Will entschied sich unmittelbar nach ihrem Amtsantritt, dieses Problem offensiv anzugehen. Ihre Antwort: aktive Führungsarbeit. Sie nahm die Herausforderung der Leitung eines solchen Vereins wirklich an. Auch wenn sie nicht für alles verantwortlich war, hatte ich bei ihr immer den Eindruck, dass sie zumindest versuchte, alle Dinge im Blick zu behalten. Was sie dabei leistete, ist mehr als nur das Controlling ihrer Geschäftsführer: Sie half, große Aufgaben in machbare Schritte zu zerlegen, die Arbeit zu verteilen, gab wertvolle Hinweise, vermittelte Kontakte und hörte sich Zwischenergebnisse an. Sie vermittelt das Gefühl, mit keinem Problem allein dazustehen. Kein Thema war zu klein oder belanglos, um es mit ihr besprechen zu können – gerade in politischen Organisationen, in denen sich alle um die großen Ziele, aber niemand ums »Kleingedruckte« kümmern will, war dies ein großer Gewinn. (Von der gelegentlichen Verlagerung der Runde zu ihr nach Hause, wo wir nebenbei auch kulinarisch verwöhnt werden, ganz zu schweigen.)

Die »Mittwochsrunde« war eines der zentralen Elemente von Rosis Leitungsarbeit in der Humanistischen Union. Themen und Entscheidungen der Runde wurden protokolliert und waren damit für alle Vorstandsmitglieder transparent. Einwände und Bedenken waren jederzeit möglich. Mit ihrer Leitungsarbeit hat sie es geschafft, dem Verein ein neues Gesicht zu geben: Zu den Erfolgen ihrer Amtszeit zählt, dass der Alterungsprozess und das Schrumpfen des Vereins gestoppt und eine neue, jüngere Mitgliedergeneration gewonnen werden konnten. Sie erkannte früh – noch vor der Gründung der Piratenpartei – die Trendwende beim Thema Datenschutz. Das Thema interessierte nach den Protesten gegen die Volkszählung und dem Grundsatzurteil des Bundesverfassungsgerichts viele Jahre lang nur ein paar eingeweihte Juristen und Experten. Plötzlich jedoch politisierte sich eine jüngere Generation an datenschutzpolitischen Streitfragen und es gründeten sich neue Vereinigungen zum Datenschutz - das Thema wurde populär. Rosi erkannte frühzeitig diese Trendwende. Zugleich war sie sehr darum bemüht, die intellektuellen Errungenschaften und Traditionen des Vereins, der sich mit dem Datenschutz (und vielen anderen Fragen) seit Jahrzehnten beschäftigte, sichtbar zu machen und die ständige »Neuerfindung des Rads« zu verhindern.

In den organisatorischen Abläufen der HU hat sie weitere Spuren hinterlassen: Für die Arbeit im Vorstand, in dem es vorher weder eine klare Verteilung der Aufgaben noch der Verantwortlichkeiten gab, führte sie nach dem Vorbild des Bundeskabinetts das Ressortprinzip ein. Damit war eine weitgehende Eigenständigkeit der jeweiligen Experten, aber auch eine Themenverantwortlichkeit verbunden. Am Kabinett bzw. dessen Geschäftsordnung orientierte sie sich auch, wenn es ungelöste Fragen zum Arbeitsablauf gab oder wenn es um die Arbeitsplanung eines neuen Vorstands ging.

Über die Jahre trug Rosi damit erheblich zur Professionalisierung der Vereinsarbeit bei.

Der Preis ihres Engagements war freilich hoch: Die Humanistische Union war über viele Jahre hinweg neben dem Lehrstuhl ihr zweiter Beruf. Für mich war dieses Engagement dagegen ein großer Gewinn: In der seit nunmehr 12 Jahren währenden Zusammenarbeit habe ich von Rosi Will viel über juristisches Denken, über Problemanalysen und den Umgang mit schwierigen Situationen gelernt. Dafür herzlichen Dank!

Helga und Wolfgang Killinger

Und plötzlich warst Du da

Rosi – Humanistische Union – wir

Die Gedanken gehen 24 Jahre zurück. An was können wir uns noch erinnern?

Damals lud ich als Geschäftsführerin der Humanistischen Union (HU) zum Verbandstag in Lübeck neben anderen Personen aus dem Osten der Republik eine

Frau Professor Dr. Rosemarie Will
von der Humboldt-Universität, Berlin

als Referentin ein. Das gelang nach viel Schreiben und Telefonieren.

Und plötzlich warst Du da, das war im Juni 1990.

Der Vorabend des Verbandstags begann im Lübecker Rathaus mit einer Diskussion »Braucht der Staat Geheimdienste«? und setzte sich am nächsten Tag mit Deinem Referat zur Frage »Neue (gesamtdeutsche) Verfassung – Weg und Inhalt« fort. Die TeilnehmerInnen waren sehr gespannt auf Deinen Beitrag aus östlicher Sicht und auf die Debatte mit dem HU-Referenten Jürgen Seifert. So lernten wir Dich kennen.

Ihr beide diskutiertet, wie der Beitritt der DDR zur BRD ablaufen sollte.

Du hattest in der Arbeitsgruppe »Verfassung« beim Runden Tisch der DDR mitgearbeitet. Davon hatten wir Vorlagen, ebenso gab es Vorschläge der Humanistischen Union zu einer neuen Verfassung.

Von der CDU und konservativen Staatsrechtlern wurde der Beitritt nach Art. 23 GG als »alternativlos« angesehen. Die HU hielt dagegen mit der Parole:

»Art. 23 GG – Kein Anschluß unter dieser Nummer«. Ihrer Meinung nach entspricht Art. 146 GG viel eindeutiger dem Einigungsprozess und zugleich der Präambel des Grundgesetzes. Der Artikel enthält zudem die Forderung nach einer gesamtdeutschen Verfassung mit Abstimmung durch das Volk.

Neu war dann Euer Vorschlag einer Kombination von beiden Artikeln, von 23 (Beitritt) und 146 (Verfassungsgebung), die Ihr uns als verfassungsrechtlich möglich schildertet. Mit dem Widerstand der Bundesregierung gegen einen solchen Weg war allerdings zu rechnen. »Wir sind das Volk« hörte sie nicht gern. Wer aus Angst vor dem Volk dem gesamten deutschen Volk verweigert, »in freier Selbstbestimmung die Einheit und Freiheit Deutschlands zu vollenden und in freier Entscheidung eine gesamtdeutsche Verfassung zu beschließen«, verspielt die Anerkennung durch das Volk! Davon war die HU überzeugt! Leider kam es so: Die Regierung der BRD drängte im Koalitionsvertrag mit der DDR auf einen Anschluss nach Art. 23 Grundgesetz. Dieser schnelle Anschluss und die großmäulige Versprechung »Blühende Landschaften« bescherten uns die Wiederwahl Helmut Kohls.

Trotz allem dürfen wir nicht vergessen, »die Revolution in der DDR war friedlich«, die siegreichen Menschen »haben keine blutige Vergeltung geübt«.

In der Mittagspause dieses ersten Veranstaltungstages wolltest Du Dir Lübeck ansehen. Du standest vor dem Haus, hast gezögert, weil es ziemlich regnete. Ich bot Dir meinen Schirm an. Das war unser erstes ganz persönliches Zusammentreffen, einen lächelnden Augenblick lang.

Du wurdest bald in den Vorstand der HU gewählt, wohntest in Berlin in der Reinhardtstraße. Viele Vorstandsitzungen fanden in Deiner Wohnung statt. Oft übernachteten wir bei Dir. Ach, war das eine schöne Zeit, wir konnten so nebenbei Berlin vom Osten her kennen lernen in allen Fassetten: Um die Ecke war das Berliner Ensemble, gegenüber das Deutsche Theater; die Friedrichstraße gingen wir rauf und runter, dort wo bald teure Läden und Hotels hinzogen, gleich daneben war aber auch das »Haus der Demokratie«, in das die Humanistische Union später aus München umzog. Die Humboldt-Universität war nicht weit – Frau Professorin war dorthin immer mit dem Rad unterwegs.

In der Uni durfte die Humanistische Union sehr oft tagen und Veranstaltungen durchführen. Bald ergab sich die Gelegenheit, eine Deiner Vorlesungen zu besuchen. Und worüber hast Du mit Verve doziert? Über die »Informationelle Selbstbestimmung«! Die hatte die HU 1983 mit anderen Organisationen zusammen im Protest gegen die Volkszählung erstritten und nun hörten wir Deinen Ausführungen mit großer Lust zu. Sensationell.

Und jetzt soll Deine Vorlesungszeit zu Ende sein?
Schade für Deine StudentInnen!

Noch ein Takt zur informationellen Selbstbestimmung: Aktuell missachtet die Politik dieses unser wichtiges Grundrecht, sie will/wird die Verantwortlichen in Washington bei der Aufklärung der NSA-Überwachung nicht mit einem Ermittlungsverfahren behelligen!

Auch in München, dem damaligen Sitz der Bundesgeschäftsstelle, waren viele HU-Treffen und Veranstaltungen. Übernachtungen in unserem Haus am Rande Münchens waren immer möglich. Deine Tochter war mal dabei, damals eine Teenie noch. Sie fand die Einkaufsmöglichkeiten für Schminksachen in unserer kleinen Gemeinde besser als in Berlin, na sowas.

Zum Wandern lockte Bayern und zum Baden die Bayerischen Seen, die Biergärten besuchten wir gerne gemeinsam, und auf dem höchsten Berg der Republik gab es ein gutes Mittagessen! Theater, Ausstellungen waren unsere Entspannung.

Morgens warst Du immer als Erste wach, weil vor dem Frühstück noch eine Runde Laufen dran war oder Tennisspielen.

Vor den Veranstaltungen diskutierten wir die anstehenden Themen, es waren sehr viele im Laufe der Zeit und die Gespräche mit Dir haben uns immer fasziniert und weitergebracht.

»Was ändert sich in Europa mit der neuen EU-Verfassung?« Unter diesem Titel stelltest Du die Verfassung vor, gegen die es große Vorbehalte gab und zeigtest Möglichkeiten für BürgerInnen und NGOs auf, wie einem übergroßen Einfluss der EU-Grundrechte auf unsere nationalen Grundrechte entgegengetreten werden könnte. Leider wurde uns die Verfassung übergestülpt, es gab für Deutschland kein Referendum wie in anderen Ländern. Hätten die Deutschen dafür gestimmt?

Viel Wichtiges haben wir von Dir über den Osten erfahren, persönliches auch. Du hast uns davon überzeugt, dass die gesellschaftlichen Probleme, die durch die Einigung entstanden, für die BürgerInnen der DDR nur sehr schlecht gelöst wurden. Fragen, wie mit der deutsch-deutschen Geschichte umzugehen sei, sind von den HU-Mitgliedern lange Zeit immer wieder heiß diskutiert worden und haben zuweilen zu sehr kontroversen Auseinandersetzungen geführt.

Gilt der Begriff »Berufsverbote« nur im Westen, nicht für Menschen aus dem Osten? Sollte die DDR-Geschichte historisch und nicht nur juristisch aufgearbeitet werden und wäre dann nicht eine Amnestie angezeigt? Usw.

Kein Wunder, dass Dich das Bundesverfassungsgericht wegen Deiner Kenntnisse und Kompetenz als wissenschaftliche Mitarbeiterin berief. Es ging um eine rechtstaatliche Regelung im Rentenüberleitungsgesetz, das den gesamten

Öffentlichen Dienst der ehemaligen DDR bei der Rentenberechnung erheblich benachteiligte, vielleicht auch um gerichtliche Beurteilungen des im Einigungsvertrag vorgesehenen Sonderkündigungstatbestands für die Weiterbeschäftigung, da überzogene und pauschale Kündigungen ständig zu beobachten waren.

Du erinnerst Dich vielleicht noch: Zu Deiner Zeit beim Bundesverfassungsgericht war eine Klage der Humanistischen Union bei »Deinem« Ersten Senat anhängig, schon seit 1984. Wir denken, Du arbeitetest daran mit: Kabelgroschenklage/Rundfunkfreiheit. Das Urteil erging dann 1994 und wurde nahezu positiv in unserem Sinne entschieden. Die Zukunft des Öffentlich-Rechtlichen Rundfunks war nun finanziell gesichert, die Unabhängigkeit von der Politik bestätigt; leider ohne Werbungseinschränkung, wie von uns gefordert worden war.

Übrigens wollen wir zwischendurch mal sagen, dass wir mit Dir und Friederike jetzt seit 24 Jahren befreundet sind. Wir sehen uns mindestens einmal im Jahr, auch außerhalb der Humanistischen Union.
    Anderen FreundInnen schreiben wir, telefonieren, heute mailen wir. Aber wir treffen sie, im Vergleich, ganz selten. Nur mit Euch ist das die ganzen Jahre über so gewesen. Unbeschreiblich toll!

Viele Reisen gab es. Wir erinnern uns gern an Tunis, wohin wir Dich – nur in Gedanken – begleiteten, mit Büchern von Klee und Macke in der Hand. Dann seid Ihr im Schnee über die Alpen gewandert, wir hatten Angst um Euch, wir schickten Euch das Gepäck nach Italien nach. Und dann kommen die großen Reisen, oft auch verbunden mit wissenschaftlicher Arbeit an Unis. Wohnungstausch in viele Länder und Erdteile, Ihr lernt interessante Menschen kennen und sie dafür das schöne Berlin. Eure Reiseberichte sind immer wunderbar und mit dem Finger auf dem Atlas sind wir dabei.

Irgendwann seid Ihr in eine neue Wohnung gezogen, die wir oft genossen haben, wenn Ihr verreist oder auf dem Lande ward. Dann warten viele Geranien vor den Fenstern und Pflanzen auf den Balkons auf Wasser und Pflege.

Schließlich wurdest Du 2004 zur Vorsitzenden der HU gewählt, Du warst die zweite Frau auf diesem »Posten« nach Charlotte Maack. Sie war von 1975 bis 1979 Vorsitzende, machte mich damals zur Geschäftsführerin. Ach, ja die Quote. Heide Hering – im Vorstand – hat bald für die HU Forderungen für ein »Anti-Diskriminierungs-Gesetz für die Bunderepublik« formuliert und 1978 der Politik vorgelegt. Darin verankert war, neben vielem anderem, eine Quotierung für Frauen in öffentlichen Bereichen. Eine Quote für Vorsitz und Vorstand in der HU? Das gab lange Auseinandersetzungen und wurde wieder vergessen.

Aber auch Politik und Parteien brauchten lange dazu, Quotierung einzuführen, die Grünen waren schließlich die Ersten. In der Privatwirtschaft hat sich bis heute nicht viel geändert. Über die DAX-Unternehmen formulierte die Presse kürzlich: »Sag' mir, wo die Frauen sind«, viele werden nämlich nach zwei Jahren von den verantwortlichen Männern wieder nach Hause geschickt.

Mit unseren Aktionen, z. B. »Frauen in bester Verfassung«, haben wir später dann erreicht: Art. 3 Grundgesetz ist 1996 erweitert worden durch eine Ergänzung des Abs. 2 mit einem Satz 2: »Der Staat fördert die tatsächliche Durchsetzung der Gleichberechtigung von Frauen und Männern und wirkt auf die Beseitigung bestehender Nachteile hin«.

Bei Deinem »Amtsantritt« nanntest Du als eines der Hauptthemen die Sterbehilfe. Du hast Dich zügig dafür eingesetzt, die seit langem schon bestehende Patientenverfügung mit Ergänzungen im BGB rechtlich abzusichern. Und schließlich hast Du die Forderung nach einerÄnderung des § 216 StGB wieder aufgegriffen, im Sinne des Vorschlags des früheren Vorsitzenden Ulrich Klug von 1978: »Nicht rechtswidrig ist die Tötung eines anderen Menschen auf Grund seines ausdrücklichen ernstlichen Verlangens.«

Letzte Fragen bleiben: Was könnte die HU den Menschen vorschlagen, denen eine Demenz droht oder die fürchten, in ein Koma zu fallen, diese Situation aber nicht weiter durchleben wollen?

Jetzt nimmst Du Abschied von der Universität, aber nicht von der Humanistischen Union. Wir hätten Dich gerne noch länger als Vorsitzende gehabt. Wir werden uns weiterhin an Dich wenden, wenn wir Fragen zu wichtigen Themen haben. Wir danken Dir für Deine klaren zukunftweisenden Antworten. Deine Argumente in allen Bereichen sind immer ein Ansporn, vorwärts zu denken, damit sich die Lebenswirklichkeit ändert.
    Für uns – und für alle BürgerInnen.

Horst Groschopp

Wie der Humanismus in die »säkulare Szene« kam

Als am 12. Januar 2008 der *Humanistische Verband Deutschlands* (HVD) sein 15-jähriges Bestehen feierte, hielt Rosemarie Will die Festrede und betonte gleich eingangs – wie vorher und nachher bei diversen Anlässen wiederholt –, dass die *Humanistische Union* (HU) »nach ihrem Selbstverständnis und ihrer Satzung – anders als der *Humanistische Verband* – nicht Weltanschauungsgemeinschaft, sondern eine unabhängige Bürgerrechtsorganisation« ist (Will 2008, S. 22; Haupt 2010).

Kürzlich hat die HU vergeblich versucht, den »Humanismus« gänzlich aus ihrem Namen zu tilgen. Einer der Anlässe dafür waren ständige Verwechslungen mit dem HVD in einer uninformierten Öffentlichkeit. Dabei gäbe es das Problem gar nicht, wenn die HU Anfang der 1990er Jahre die Freigabe des Namens verweigert hätte – die sich nach dem Mauerfall neu organisierenden Freidenker hatten diesbezüglich angefragt und dann im Januar 1993 den HVD gegründet.

Doch wer sollte zu dieser Zeit auf eine solche Idee kommen, wo doch international – Deutschland ist hier eher die Ausnahme – Humanismus in der Einheit von Antiklerikalismus und Menschenrechtspolitik gedacht wird. Auch an der »Wiege« der HU standen vergleichbare Absichten. Als am 6. Juni 1961 der Philosoph und Publizist Gerhard Szczesny (1918–2002) einen Aufruf zur Gründung einer bürgerrechtlichen kulturpolitischen Vereinigung veröffentlichte, geschah dies, um eine humanistische Gegenöffentlichkeit zu organisieren, auch zur Abwehr kirchenlastiger Politik in der Bundesrepublik.

Zusammen mit dem Antifaschisten, Sozialdemokaten, Richter und Staatsanwalt Fritz Bauer (1903–1968), der

1960 dem israelischen Geheimdienst den Wohnort von Adolf Eichmann in Argentinien übermittelt hatte, ging aus dieser Initiative am 26. August 1961 die HU hervor. Der Verein, so unmittelbar nach dem Mauerbau gegründet, war von Beginn an Verleumdungen aus dem konservativen Lager um Adenauer ausgesetzt. Hinzu kam, dass in der DDR »Humanismus« zum Teil der Staatsdoktrin wurde und in der Folgezeit sowohl ein inflationärer Gebrauch einsetzte, aber auch eine wissenschaftliche Beschäftigung mit dem Gegenstand, während in der Bundesrepublik ein konservativer (»abendländischer«) Wortgebrauch zunächst weiter dominierte (vgl. Groschopp 2013).

Vergleicht man das Humanismus-Verständnis Anfang der 1960er Jahre mit dem Anfang der 1990er Jahre, dann sind viele Ähnlichkeiten feststellbar. Erst in den letzten zwanzig Jahren hat sich das Bild gewandelt. »Humanismus« ist zweifellos wieder eine »Menschheitserzählung« geworden. Schauen wir in die wissenschaftliche Literatur, so begegnet er uns in Geschichte wie Gegenwart auf vielfältige Weise: als eine kulturelle Bewegung, als Bildungsprogramm, als Epoche der Renaissance, als Geistesströmung des »Neuhumanismus«, als eine Tradition des »klassischen Erbes«, als eine Weltanschauung, als eine Form von praktischer Philosophie, als eine politische Grundhaltung, die für die Durchsetzung der Menschenrechte eintritt, und als ein lebenshelfendes Programm der Barmherzigkeit, das für humanitäre Praxis und »Humanisierung« einsteht und entsprechende Einrichtungen des »Humanitarismus« ausbildet.

Gerade diese – wie es scheint – neuere »Anwendung« des Humanismus per Machteinsatz für die Garantie der Menschenrechte und Humanität in regionalen menschlichen Katastrophen zeigt die Aktualität der Frage nach der Menschenwürde. »Humanitarismus« ist zu einem Schlüsselwort in neueren Debatten über internationale humanitäre Initiativen geworden, über Kooperation oder Nicht-Kooperation in Ausnahmesituationen. Angesichts extremer Ungleichheiten von Macht und Wohlstand wird die Frage gestellt, wer die Handelnden sein können, die eine zeitweilige Regierung gegen das Elend zu formen in der Lage sind, welche Vorstellungen und Emotionen sie leiten (sollten) und welche humanitären Anstrengungen in spezifischen Konstellationen sinnvoll sein können (vgl. Wohlfarth 2014).

Hinzu kommt, dass heute mehr als zwei Organisationen »Humanismus« oder »Humanität« im Titel führen. Es gibt mehrere Stiftungen, zahlreiche Humanistische und noch mehr altsprachliche Gymnasien, die »humanistisch« im Haupt- oder Untertitel führen. Der »organisierte Humanismus« ist also nicht auf die HU und den HVD und auch nicht auf diejenigen Verbände, Akademien, Initiativen usw. beschränkt, die sich nach Namen und/oder Verfassung humanistisch orientieren. Er wird durchaus weiter gedacht, zumal er sich nicht auf Philosophie, auch nicht auf humanistische oder eine Philosophie des Humanismus beschränkt.

Für beide Organisationen bedeutet dieser Wandel, diese Öffnung des Verständnisses von Humanismus, dass sie ihre Gemeinsamkeiten in ihrem Tun erkennen sollten, was auch bedeutet, dass sich beide wohl mehr als bisher von den Resten eines »säkularen Humanismus« verabschieden, der ihre Verbände seit ihren – wenn auch zeitlich über dreißig Jahre auseinanderliegenden – jeweiligen Gründungen (wenn auch auf unterschiedliche Weise) prägt.

Der Anlass, sich überhaupt dem Humanismus zu öffnen, ergab sich aus internationalen Verbindungen. 1952 war in Amsterdam der weltweite Dachverband *Internationale humanistische und ethische Union* (IHEU) gegründet worden. Er kam wesentlich auf Initiative des Briten Julian Huxley (1887–1975) zustande, der 1946/48 erster Generaldirektor der UNESCO war. Dieser Eugeniker und Philosoph setzte sich für eine neue Religion ein, die kompatibel mit den Wissenschaften sein müsse (vgl. Huxley 1964), wobei »Religion« in vielen damaligen Debatten mit »Kultur«, die sie ja stets auch ist, gedanklich gleichgesetzt wurde, schon um den Zeitgenossen verständlich zu bleiben.

WIE DER HUMANISMUS IN DIE »SÄKULARE SZENE« KAM

Jedenfalls kam es in den 1950er Jahren in der wiedererwachenden »säkularen Szene« zu diversen Reformvorschlägen, den Humanismus-Begriff einzuführen. »Im September 1956 wurde auf der Bundesversammlung [des *Deutschen Monistenbundes*, H. G.] der Antrag gestellt, den Monistenbund in Humanistischer Verband umzubenennen.« (Isemeyer 2007, S. 89) Die Gründung der HU 1961 fällt in diese Debattenlage.

Im Juli 1973 bis Ende 1991 benannte der *Bund Freireligiöser Gemeinden Deutschlands* (bfgd), der seit 1859 existiert, die in Ludwigshafen herausgegebene Verbandszeitschrift *Der Freireligiöse* um in *Der Humanist* (ab 1992: *Wege ohne Dogma*). Dieser Bezug auf Humanismus wie auch die 1988 erfolgte Umbenennung der *Freireligiösen Landesgemeinschaft Niedersachsen* in *Freie Humanisten Niedersachsen* ist ebenfalls ein Ergebnis der Einbindung wichtiger Verbände der deutschen Freireligiösen in die IHEU.

Wenn nach den Erwägungen gefragt wird, warum sich Freidenker 1990 verstärkt dem Humanismus zuwandten, dann ist auch auf den 1989 in der DDR gegründeten kurzlebigen *Verband der Freidenker* (VdF) zu verweisen, dessen Reformkräfte in den Bezirken Berlin, Halle und Potsdam sich während der Wendezeit der konzeptionellen Anwendung eines praktischen Humanismus zuwandten und die Anfang 1993 zu Mitbegründern des HVD wurden (vgl. Groschopp/Müller 2013).

Hinzu kommt die enge personelle Verflechtung von HU und HVD bis zum Ende der 1990er Jahre – bis der HVD »weltanschaulicher« und die HU »bürgerrechtlicher« wurden. Beide akzeptierten in den 1990er Jahren aber noch Thesen des »säkularen Humanismus«, der 1990 nach Deutschland kam, legten dann aber allmählich ihren jeweiligen Schwerpunkt anders. Das Konzept des »säkularen Humanismus« erreichte die sich neu orientierende »Szene« in der Interpretation von Finngeir Hiorth, der säkularistische Tendenzen noch verstärkte. Dieser Humanismus forderte auf der politischen Ebene nicht nur die Trennung von Kirche und Staat, sondern in der Konsequenz auch die Separation von Gesellschaft und Religion.

Die zehnte Ausgabe der Freidenker-Zeitschrift *diesseits*, die in der »säkularen Szene« viel gelesen wurde, eröffnete eine deutschlandweite Debatte über Humanismus und publizierte einen Grundsatztext des Norwegers Finngeir Hiorth (1928–2012; vgl. Hiorth 1990), damals noch Dozent für Philosophie an der Universität Oslo. Dieser Aufsatz ging auf einen Vortrag zurück, den der Autor im November 1989 auf dem Kongress der *Weltunion der Freidenker* in Charleroi/Belgien gehalten hatte.

Hiorth reflektierte zunächst die Geschichte des Freidenkertums, um dann in der nächsten, der elften Ausgabe Humanismus zu erläutern. Der Autor kannte zu dieser Zeit nur den neueren freidenkerischen Umgang mit Humanismus und war persönlich vorwiegend an philosophischen Zugängen interessiert.

Die Eltern von Hiorth waren als Missionare der Heilsarmee in Indonesien tätig gewesen, wo er auch aufwuchs. Ab 1946 studierte er in Norwegen, den Niederlanden, Frankreich und Deutschland Linguistik und Philosophie. 1947 wandte sich Hiorth energisch von der Religion ab und war seitdem als engagierter Atheist in der *Weltunion der Freidenker*, der IHEU, der *Ethical Humanist Society* Norwegens, aber auch der *Hindu Secular Society* international tätig. Diese Erfahrungen und die Kenntnis der Literatur über »säkularen Humanismus« bildeten den Hintergrund seiner mutigen Wortmeldung, mit der er rasch zum gefragten Experten aufstieg.

Hiorth betont in diesem Text von 1990, dass Humanismus gegen offene Religionsfeindschaft steht. Symptomatisch ist folgender Satz: »Die säkularen Humanisten greifen die Kirche zwar nur selten direkt an, stehen ihr jedoch eindeutig skeptisch gegenüber, nehmen sie in gewissem Maße nicht einmal ernst.« Hiorth trug ein Verständnis von Humanismus vor, das ein Säkularisierungsprogramm affirmierte, das bei den deutschen Freidenkern zum Zeitpunkt der HVD-Gründung vorherrschte und das klare Entsprechungen im damaligen Konzept der HU besaß. Allerdings: Es konterkarierte eine wirkliche Hinwendung zum Humanismus.

Hiorth selbst begann offensichtlich erst nach dieser Rede eingehendere humanistische Studien, besonders englischsprachiger und französischer Quellen, konzentriert auf atheistische und freidenkerische Zeugnisse und philosophische Standpunkte. Er veröffentlichte mehrere Jahre nach diesem Vortrag das Buch *Humanismus – genau betrachtet. Eine Einführung* (Hiorth 1996). Der Band ist ein beeindruckendes Zeugnis der gewonnenen neuen Einsichten. Aber noch immer ordnet er die Befunde unter das Primat des freidenkerischen säkularen Humanismus. Dem entsprechend unterteilt er den Humanismus vor allem in religiösen und nichtreligiösen Humanismus.

Hiorth hält mit seiner Distanz zu dem Humanismus, den er den kulturellen nennt (Renaissance, »Dritter Humanismus«), nicht hinter dem Berg. So finden sich leider Zensuren wie diejenige, Arthur Liebert (vgl. Liebert 1946) schreibe »von einem religiösen Standpunkt aus«. Jahre später wird der Religionswissenschaftler Horst Junginger diese Variante des »säkularen Humanismus« nach seiner Entstehung und seinem Inhalt selbst dem religiösen Humanismus zurechnen (vgl. Junginger 2013).

Der antike Humanismus (*humanitas*, Cicero) sowie der deutsche Neuhumanismus und damit der Zugang zur »Humanität« bei Herder bleiben Hiorth weitgehend verborgen. Doch hat er einen kosmologischen Blick, schon seiner Biografie wegen. Er holt die zeitgenössischen internationalen Debatten über – und das eben ist seine Beschränkung – säkularen Humanismus in seine Analyse. Zwar führen ihn seine Quellen genau zu den Schwachstellen dieses Humanismus, doch vermag er nicht den Verlust zu erkennen, der in dieser Befangenheit liegt. Das zeigt sich auch in seinem Verständnis von Ethik. Auch hier sieht er zuerst deren Distanz zur Religion, fragt aber dann wieder einige Jahre später, was aus den Religionen in eine säkulare Ethik eingearbeitet werden kann (vgl. Hiorth 2001).

Hiorth findet bei seinen Humanismus-Studien heraus, dass es noch in den 1920er Jahren in den USA auf John Mackinnon Robertson (1856–1933) zurückgehende philosophisch begründete säkulare Lebenssichten gab, die sich als »humanistisch« bezeichneten (vgl. Robertson 1891). Die Sicht von Robertson zeige eine spezifische Haltung zum Humanismus als einer zivilen Religion, die sich auch bei Arthur Hazard Dakin (1905–2001) und Curtis W. Reese (1887–1961) finde. Letzterer war 1949/50 Präsident der *American Humanist Association* und von 1930 bis 1957 Dekan des *Abraham Lincoln Center* in Chicago. Er führte einen Zweig der Unitarier zum Humanismus, den er betont nicht-atheistisch bestimmte.

Wichtig für unseren Zusammenhang ist, dass Hiorth anführt, diese Autoren seien gebunden gewesen an liberale und ethische Bewegungen, die wegen ihrer Spezifik auch »Humanismus der Juden« genannt worden sei. Speziell verweist er hier auf Felix Adler (1851–1933), einen jüdischen Deutsch-Amerikaner. Dieser war 1857 in die USA ausgewandert, studierte dort, promovierte 1874 in Heidelberg und ging in die USA zurück, um Professor für hebräische und orientalische Literatur an der Cornell-Universität im Bundesstaat New York zu werden. Von 1902 bis 1918 war Adler Professor für politische und soziale Ethik an der Columbia-Universität.

Adler gründete 1876 die *Society of Ethical Culture*. Die Idee einer liberalen Sozialreform, getragen von einer humanistischen Ethik, die über den Klassen, Rassen, Religionen und Parteien steht, an der wissenschaftlich gearbeitet und die in Schulen gelehrt werden soll, brachte er Anfang der 1890er Jahre nach Deutschland und beeinflusste hier Wilhelm Foerster und Ferdinand Tönnies und in Österreich Friedrich Jodl.

Robertson veröffentlichte 1927 den Sammelband *Modern Humanists Reconsidered* (London). Hiorth bemerkt dazu, der Autor sei »nicht wichtig für die Theorie des Humanismus, aber seine Bücher haben dazu beigetragen, das Wort ›Humanismus‹ populär zu machen.« Der dann aufkommende »säkulare Humanismus« habe, so Hiorth, diese Richtung wegen ihrer Religionsnähe bekämpft und letztendlich erfolgreich verdrängt.

Nun handelt es sich aber bei der »besiegten« Variante des amerikanischen Humanismus genau um diejenige, die in der Form, wie sie Felix Adler vorgetragen hatte (vgl. Adler 1892), aus den USA kommend in Deutschland, Österreich und England nach 1892 die ethische Kulturbewegung anregte, von »Lebenskunde« bis »weltliche Seelsorge« (vgl. Groschopp 2011, S. 149-169, 243-278). Diese Gruppe von Humanistinnen und Humanisten, zum großen Teil säkularisierte Juden, erfuhr erst jüngst endlich einige größere Aufmerksamkeit, wesentlich befördert durch das Buch von Hilde Schramm über ihre Lehrerin Dora Lux (vgl. Schramm 2012).

Schon allein diese Geschichte legt es nahe, auf den positiven Gebrauch des Begriffs »säkularer Humanismus« zu verzichten, dies auch aus organisationspolitischen Interessen. Steht der HVD vor dem Problem, angesichts seiner praktischen Angebote sich verstärkt dem ethischen Humanismus zuwenden zu müssen, so hat auch die HU ein Interesse, ihren bürgerrechtlichen Humanismus historisch genauer zu verifizieren, was sie zu den gleichen Quellen führen wird – nämlich Humanismus stärker »humanitär« zu verstehen und diesen stärker an den Humanitarismus heranzuführen.

Humanismus stellt sich im HVD wie in der HU dar als Rechtspflege – etwa in der Humanisierung des Strafvollzugs (Radbruch 1938 und 1946) –, als Solidaritätsprinzip in Gesellschaftsdiskursen und im Sozialstaatsdenken, als »Menschenheilkunde«, die mehr ist als Humanmedizin (und so ziemlich das Gegenteil von körperlicher und/oder seelischer Gesundung durch Heileinflüsse) und Sterbehilfe einbezieht. Humanismus lebt durch gegenseitige soziale Hilfe und als Ästhetik. Er besitzt eigene Mythen, die seine Geschichte umranken.

Das sagt: Es gibt zahlreiche Gründe, dass HVD und HU einen breiten Diskurs zum Humanismus über ihre Verbände hinaus befördern sollten und es gibt genug Aufgaben und Platz für ein arbeitsteiliges Handeln.

Literatur

Adler, Felix: Rede, gehalten in einer Versammlung im Victoria-Lyceum zu Berlin am 7. Mai 1892. In: Die ethische Bewegung in Deutschland. Vorbereitende Mitteilungen eines Kreises gleichgesinnter Männer und Frauen zu Berlin. 2., vermehrte Aufl. (Sommer 1892). Berlin 1892.

Cancik, Hubert/Groschopp, Horst/Wolf, Frieder Otto: Humanismus: Grundbegriffe. Berlin 2016.

Groschopp, Horst: Dissidenten. Freidenker und Kultur in Deutschland. 2. Aufl., Marburg 2011.

Groschopp, Horst: Der ganze Mensch. Die DDR und der Humanismus. Ein Beitrag zur deutschen Kulturgeschichte. Marburg 2013.

Groschopp, Horst/Müller, Eckhard: Letzter Versuch einer Offensive. Der Verband der Freidenker der DDR (1988–1990). Ein dokumentarisches Lesebuch. Aschaffenburg 2013.

Groschopp, Horst: Pro Humanismus. Eine zeitgeschichtliche Kulturstudie. Mit einer Dokumentation (erscheint im Herbst 2016 im Alibri-Verlag Aschaffenburg).

Haupt, Johann-Albrecht: Bürgerrechtlicher Humanismus. In: Humanismusperspektiven. Hrsg. von Horst Groschopp. Aschaffenburg 2010, S. 106–111.

Hiorth, Finngeir: Freidenkertum und säkularer Humanismus. In: diesseits, Zeitschrift des HVD, Berlin 1990, H. 10, S. 9–11; H. 11, S. 13–14.

Hiorth, Finngeir: Humanismus – genau betrachtet. Eine Einführung. Neustadt am Rübenberge 1996.

Hiorth, Finngeir: Ethik für Atheisten. Neustadt am Rübenberge 2001.

Huxley, Julian: Die Grundgedanken des Evolutionären Humanismus. In: Der evolutionäre Humanismus. Hrsg. von Julian Huxley. München 1964, S. 13–69.

Isemeyer, Manfred: Freigeistige Bewegungen in der Bundesrepublik 1945 bis 1990. Ein Überblick. In: humanismus aktuell, Zeitschrift für Kultur und Weltanschauung, Berlin 2007, H. 20, S. 84–95.

Junginger, Horst: Religiöser Humanismus. In: Humanismus, Laizismus, Geschichtskultur. Hrsg. von Horst Groschopp. Aschaffenburg 2013, S. 183–202.

Liebert, Arthur: Der universale Humanismus. Eine Philosophie über das Wesen und den Wert des Lebens und der menschlich-geschichtlich Kultur als Philosophie der schöpferischen Entwickelung. Bd. 1: Grundlegung, Prinzipien und Hauptgebiete des universalen Humanismus. Zürich 1946.

Radbruch, Gustav: Kriminalistische Goethe-Studien (1938). In: Ders., Kulturphilosophische und kulturhistorische Schriften. Bearbeitet von Günter Spendel. Heidelberg 2002, S. 278–283.

Radbruch, Gustav: Das Strafrecht der Zauberflöte (1946). In: Radbruch, Kulturphilosophische und kulturhistorische Schriften, S. 283–298.

Robertson, John Mackinnon: Modern Humanists. Sociological Studies of Carlyle, Mill, Emerson, Arnold, Ruskin and Spencer. London 1891.

Schramm, Hilde: Meine Lehrerin Dr. Dora Lux. 1882–1959. Nachforschungen. Reinbek bei Hamburg 2012.

Will, Rosemarie: Humanismus – eine selbstständige Weltanschauung. In: diesseits, Zeitschrift des HVD, Berlin 2008, H. 82, S. 22–24.

Wohlfarth, Heinz-Bernhard: Humanitarismus und die Menschenrechte. Was leistet das philosophische Artikelkonzept? In: Humanismus und Humanisierung. Hrsg. von Horst Groschopp. Aschaffenburg 2014, S. 130–136.

Ulrich Finckh

Die Wehrpflicht und ihre Lügen

Das Grundgesetz hatte bekanntlich nur die Garantie der Kriegsdienstverweigerung, aber keine Ermächtigung zur Einführung von Militär oder gar einer Wehrpflicht. Das wurde erst durch die 1954 eingefügte Zuständigkeit des Bundes für die Verteidigung nach Art. 73,1 GG, durch die Wehrverfassung und das Wehrpflichtgesetz von 1956 anders. Es lohnt sich, im Rückblick zu fragen, mit wie vielen Lügen die Wehrpflicht begründet und praktiziert wurde.

Begründet wurde die Notwendigkeit deutschen Militärs mit alliierten Wünschen. In Wahrheit hatte Bundeskanzler Adenauer schon lange heimlich Pläne für deutsches Militär entwickeln lassen und war sogar bereit, den dafür tätigen Generälen Unbedenklichkeitsbescheinigungen über ihr Handeln in der Wehrmacht auszustellen. Für ihn war es eine Machtfrage mit der Option auch eines Zugriffs auf die sowjetische Besatzungszone. Das sieht man deutlich daran, dass zwar eine Verfassung mit Grundrechten, die deutsche Trikolore und die Nationalhymne aus der demokratischen Tradition von 1848 und der Weimarer Republik übernommen wurden, nicht aber der Eid der Soldaten. Soldaten wurden und werden nicht auf die Verfassung vereidigt, sondern darauf, Recht und Freiheit des deutschen Volkes tapfer zu verteidigen und der Bundesrepublik treu zu dienen. Nicht verteidigt werden sollen also die Opfer des Völkermordes der Nazis, die Juden und Zigeuner, sowie Friesen und Dänen, Immigranten und alle ohne deutschen Pass, aber offen gehalten wurde ein Eingreifen für die Deutschen im Osten, deren Recht und Freiheit unterdrückt wurden.

Nicht weniger verlogen war der Rückgriff auf die preußische Militärtradition. Schließlich hatte die von Scharnhorst und Gneisenau reformierte Armee 1848 die bürgerliche Freiheitsbewegung in Deutschland niedergeschossen, 1868 die Privilegien der Mennoniten aufgehoben, dadurch Tausende mit der Wehrpflicht in die Emigration getrieben und ein nationalistisches Untertanendenken geschaffen, das Bismarcks Angriffskriege, die Vernichtung ganzer afrikanischer Völker und den ersten Weltkrieg begrüßte. Eine demokratische Armee gab es in der Zeit des Absolutismus nicht. Der Versuch, die Wehrpflicht mit Verweis auf die *levée en masse* der französischen Revolution als demokratisch hinzustellen, war auch irreführend, denn das war eine befristete Notmaßnahme. Die Wehrpflicht wurde Praxis durch die Aushebungen Napoleons. Das Erbe der Diktatoren, vor allem Hitlers unter Bruch des Versailler Vertrages zur Vorbereitung des nächsten Krieges, wurde schamhaft verschwiegen. Statt dessen wurde gern der Hinweis von Heuß zitiert, die Wehrpflicht sei das legitime Kind der Demokratie.

Von Anfang an verlogen war der Umgang mit dem in Art. 4,3 GG garantierten Grundrecht der Kriegsdienstverweigerung. Anfangs wurde versucht, die Fakten herunter zu spielen. Wer irgendwie für untauglich erklärt werden konnte, wurde ausgemustert und nicht als Kriegsdienstverweigerer gezählt. So konnte man behaupten, es ginge nur um wenige merkwürdige Außenseiter, Sektierer halt. Das änderte sich, als das Lazarettschiff Helgoland auf amerikanischen Wunsch nach Vietnam geschickt wurde und die amerikanische Kritik am Vietnamkrieg auch nach Deutschland schwappte. Nun wurde umgeschaltet: Jetzt wurde die zunehmende Zahl als unglaubwürdig hingestellt, es seien gar nicht Gewissensgründe, sondern gewisse Gründe von »Ohne-mich-eln«, Drückbergern oder gar vom Osten gelenkten Unterwanderern der BRD.

Das wirkte sich auf die Prüfungsverfahren aus, mit denen seit dem Urteil des Bundesverfassungsgerichtes von 1960 die Gewissen beurteilt werden durften. Damals hatte Karlsruhe auf eine Vorlage hin nicht nur die Wehrpflicht als verfassungsgemäß beurteilt, sondern auch gleich angefangen, den in diesem Fall geltend gemachten Gewissensgrund zu beurteilen und abzulehnen. Damit war der Tod im Topf und der Willkür der Prüfenden Tor und Tür geöffnet, was dazu führte, dass Zigtausende nicht zu ihrem im Grundgesetz garantierten Recht kamen und Auswege suchen mussten – meistens Flucht ins wehrdienstfreie Berlin oder Verpflichtung für andere Ersatzdienste, die vor Wehrdienst bewahrten. Oft halfen auch erneute Anträge, die allerdings besondere Probleme hatten.

Die Wehrpflichtarmee war fortan auf zwei Wegen mit der Wahrheit auf Kriegsfuß. Einerseits wollte man gern international mitmischen, doch stand die allgemeine Meinung noch strikt dagegen. So versuchte man, an den wahren Aufgaben vorbei mit humanitären Aktionen zu werben, (z. B.Lazarett in Kambodscha, Versorgungsschiff nach dem Tsunami in Indonesien, Brunnenbohren bei einer logistischen Hilfe in Somalia). Andererseits bemühte man sich, den Kriegsdienstverweigerern Schwierigkeiten zu bereiten, um vom Verweigern anzuhalten. Dazu diente eine zweite Dienstzeit von neun Monaten als Ausgleich für die bis zu neunmonatigen Wehrübungen. Allerdings gab es die Wehrübungen nicht in nennenswertem Umfang, so dass man sich nicht traute, die Zusatzdienstzeit einzufordern.

Schlimme Lügen gab es dann allerdings bei einigen Gelegenheiten, die es Wert sind, genauer berichtet zu werden. Wegen des ständigen Ärgers mit den Prüfungsverfahren beschloss die sozial-liberale Koalition 1977, die meisten Prüfungsverfahren um den Preis von drei Zusatzmonaten abzuschaffen. Dagegen klagten die CDU/CSU-Bundestagsfraktion und unionsregierte Länder in Karlsruhe. Die mündliche Verhandlung war merkwürdig, weil die erwarteten Verweigererzahlen immer zu hoch, die Zahl der verfügbaren Wehrpflichtigen stets zu niedrig angegeben wurden. Außerdem wurde eine Verweigererflut gemeldet, die selbst Verteidigungsminister Leber am Gesetz zweifeln ließ. Die Klage hatte Erfolg. Das Gesetz wurde aufgehoben. Ich hatte die Zahlen heftig kritisiert, sogar in der Kirche deswegen Ärger bekommen, aber in Wahrheit war alles noch viel verlogener. Ich erfuhr das durch

Zufall wenig später. Nach einer Lifesendung des WDR saß ich beim anschließenden Essen neben meinem Widerpart, dem Leiter des örtlichen Kreiswehrersatzamtes. Ich fragte ihn wegen der komischen Zahlen, was er denn zu der Statistik in dem Verfassungsstreit sage. Da brach es aus ihm heraus, in etwa so: »Ich habe dagegen protestiert. Und als das nicht geholfen hat, sogar förmlich remonstriert, aber ich wurde angewiesen, so zu verfahren. Das war doch alles gelogen. Wenn das herauskommt, wird man es uns als Betrug um die Ohren hauen.« Natürlich wurde ich da hellhörig und habe mir seinen Ärger erklären lassen. Die Verweigererflut kam dadurch zu Stande, dass die Statistik umgestellt wurde. Bis zum neuen Gesetz wurden nur die Verweigereranträge registriert, die von Leuten gestellt waren, die nach der Musterung für eine Einberufung in Frage kamen. Da waren alle, die andere Ersatzdienste leisteten, alle Untauglichen und alle, die sowieso nicht für eine Einberufung in Frage kamen, nicht mehr dabei. Deshalb war immer so umständlich von den »registrierten« KDV-Anträgen die Rede. Jetzt aber hatte das Ministerium angeordnet, dass alle Anträge zu zählen sind, sogar solche, die offensichtlich keine Bedeutung hatten. Weil plötzlich völlig anders gezählt wurde, entstand der Eindruck einer Verweigererflut, die es in Wahrheit nicht gab. Aber das wurde geheim gehalten. Für die Wehrpflicht und gegen die Verweigerer wurde das höchste deutsche Gericht belogen.

Ähnlich gelogen wurde im Prozess über das Kriegsdienstverweigerergesetz 1984/85. Die christlich-liberale Koalition hatte die meisten Prüfungsverfahren ausgesetzt, aber diesmal um den Preis einer Verlängerung des Zivildienstes um ein Drittel der Grundwehrdienstzeit. Diesmal klagte die SPD unter Berufung auf Art. 12 a Abs. 2 GG. Die Regierung verteidigte die Zusatzzeit mit zwei Argumenten: Die Wochendienstzeit der Soldaten sei viel länger, dazu kämen die Wehrübungen, die demnächst verdreifacht würden. Beides war gelogen. Ich habe es wieder durch Zufall nachträglich erfahren. Obwohl dem Gericht gesagt wurde, die Zeiten seien gleich berechnet, stimmte das nicht. Beim längeren Warten wegen eines Gerichtsverfahrens saß ich mit einem Kompaniechef zusammen. Ich fragte ihn, wie die im Prozess genannten 56 Wochenstunden der Bundeswehr möglich sind, wenn die Soldaten doch schon am Freitagmittag die Züge füllen. Er überlegte und sagte dann, sie seien im letzten Jahr auch auf 56 Wochenstunden gekommen, weil sie ja zweimal im Manöver und dreimal auf dem Truppenübungsplatz gewesen seien. Ich ließ mir das genauer erklären und hörte dann, dass es da für jeden Tag außer dem Dienst nach Dienstplan 24 Stunden Zeitgutschriften gibt wie bei der Marine für Seetage. Ansonsten würde halt alles gerechnet, was auf dem Dienstplan steht. Das war grundlegend anders als im Zivildienst, wo täglich bis zu zwei Stunden Dienst in der Unterkunft nicht gerechnet wurden und in der Dienstzeit nur die echte Arbeitszeit zählte, Zeitgutschriften sowieso nicht denkbar waren. Bei den Wehrübungen wurden außerdem Zeiten freiwilliger Übungen aufgezählt und die Übungen nicht verdreifacht sondern sofort nach dem Urteil verringert. Auch hier hat die Regierung das Bundesverfassungsgericht in aller Form belogen und betrogen, wieder mit Erfolg.

Nur einmal ist es gelungen, solchen Betrug zu verhindern. 1988 hatte das Verteidigungsministerium erreicht, dass der Bundestag die Dienstzeiten verlängert, falls nicht mehr ausreichend Wehrpflichtige zur Verfügung stehen. Das wollte das Verteidigungsministerium 1989 in Anspruch nehmen. Ich konnte der Frankfurter Rundschau aber vorrechnen, dass noch mindestens 700 000 junge Männer einberufbar waren. Die Zeitung veröffentlichte das sehr groß. Das führte nach einigem Hin und Her dazu, dass das Gesetz nicht angewandt wurde. Die Behauptung, es gebe nicht genug Wehrpflichtige, war wieder eine Lüge (diesmal dem Bundestag gegenüber), konnte aber rechtzeitig entlarvt werden. Praktisch hatte das kaum Bedeutung, weil durch den 2+4-Vertrag die Bundeswehr verkleinert werden musste.

Die verkleinerte Bundeswehr führte dann aber zur letzten großen Lüge: der Behauptung, es gebe Wehrgerechtigkeit. Davon konnte trotz verkürzter Dienstzeit keine Rede sein, aber das Ministerium behauptete steif und fest, es gebe die Wehrgerechtigkeit, die das Verfassungsgericht 1978 gefordert hatte. Mehrere Verwaltungsgerichte nahmen Anstoß und legten die Frage Karlsruhe vor, doch das Bundesverfassungsgericht wimmelte alles ab und glaubte wieder den Regierungslügen mehr als der Kritik der unteren Gerichte. Um für die geforderte Wehrgerechtigkeit wenigstens den Schein zu wahren, wurden auf einmal die Kriterien für die Musterungen geändert, so dass nicht mehr etwa 10 Prozent, sondern über 30 Prozent als nicht wehrdienstfähig galten – angeblich wegen der Auslandseinsätze, zu denen aber nur Freiwillige geschickt wurden. Wieder eine Lüge. Aber selbst danach blieben viele übrig, die nicht einberufen wurden. Nur in den Zivildienst wurden – übrigens wegen der ungleichen Musterungen gesetzwidrig – weiterhin alle Kriegsdienstverweigerer einberufen, weil man sich immer noch auf das mit Lug und Trug erwirkte Urteil von 1978 berief.

Nach so vielen Lügen ist es kein Wunder, dass auch beim Einsatz von Freiwilligen im Ausland gelogen wird. Den Angriffskrieg gegen Serbien zu Gunsten der separatistischen, gewalttätig gewordenen Kosovaren begründete der Verteidigungsminister mit einem Hufeisenplan, den es nicht gab. Und der Außenminister unterstellte Vernichtungslager, die es auch nicht gab. Das Nicht-Mitmachen beim Irakkrieg (der ebenfalls mit Lügen begründet wurde) war nach internationalem Recht keineswegs neutrales Fernstehen, obwohl es so verkauft wurde. Amerikanische Soldaten wurden abgelöst, damit sie in den Irak verlegt werden konnten; Flughäfen und Überflugrechte wurden gewährt, was auch nicht mit Neutralität zu vereinbaren ist. Das zeigt, dass zwar die Wehrpflicht besonders zu Lug und Trug einlädt, aber Militär ist auch ohne Wehrpflicht alles andere als friedlich, ehrlich und gesetzestreu. Viele Militärpolitiker scheuen offensichtlich vor keiner Lüge zurück.

Wolfgang Kaleck

Terrorismusbekämpfungsgesetzgebung – »Der falsche Weg«*

Die Sicherheitspolitik und der Bürgerrechtsschutz nach dem 11. September 2001

Ein Zwischenfazit vorweg: Neue Bedrohungen, neue Bündnisse, nüchterne Bilanz

Zwei Jahre später stellt sich die Frage, wie unsere Gesellschaften das Erschrecken und die Erregung über die von Edward Snowden veranlassten Enthüllungen in politisches Handeln umsetzen. Können wir aus den Erfahrungen der jüngsten Vergangenheit lernen? Hat sich der Bürgerrechtsschutz seit dem 11. September 2001 verbessert oder verschlechtert, war die Bürgerrechtsbewegung – hier interessiert vor allem die deutsche – mit ihrem Eintreten für Grund- und Menschenrechte erfolgreich?

Eine ehrliche Bestandsaufnahme muss verheerend ausfallen. Als Beleg hierfür soll die gemeinsame Stellungnahme von Bürgerrechtsorganisationen zu Schilys Terrorismusbekämpfungsgesetz »Der falsche Weg« vom 28. November 2001 dienen. Bekanntlich hatte der damalige SPD-Bundesinnenminister Otto Schily nach dem 11. September 2001 mehrere Sicherheitspakete zusammengeschnürt, um die unter dem Eindruck der Anschläge politisch günstige Gelegenheit zu nutzen, die Wunschlisten der Sicherheitsbehörden abzuarbeiten. Die zersplitterte Bürgerrechtsszene in Deutschland zeigte sich erstaunlich handlungsfähig und versammelte mit der Humanistischen Union, dem Republikanischen Anwältinnen- und Anwälteverein, der Internationalen Liga für Menschenrechte, aber auch dem Flüchtlingsrat Berlin sowie dem Chaos Computer Club eine breite Koalition von Organisationen, die im Alltag nicht unbedingt zusammenarbeiten.

In der Stellungnahme wurde kritisiert, dass die gefährlichen innen- und justizpolitischen Tendenzen des letzten Jahrzehnts fortgesetzt würden. Nicht nur ineffektive und zur Erreichung der behaupteten Ziele der Terrorismusbekämpfung überflüssige Ermächtigungen würden geschaffen, auch rechtsstaatlichen Errungenschaften der politischen Kultur würde nachhaltig Schaden zugefügt. Kritisiert wurden insbesondere die schwerwiegenden Eingriffe in rechtsstaatliche Grundsätze wie das Schuldstrafrecht mit seinen engen strafprozessualen Eingriffsvoraussetzungen (dem Tatverdacht), die polizeirechtlichen Ermächtigungsgrundlagen mit der Gefahr als Anknüpfungspunkt polizeilicher Maßnahmen und das Fehlen einer der Rechtsweggarantie des Grundgesetzes gerecht werdenden gerichtlichen Kontrolle. Stattdessen hätten sich Verfahrenskonzepte eines Sicherheits- und Krisenbekämpfungsstaates durchgesetzt. Beispielhaft ließe sich dies an den verdachtsunabhängigen Abhör- und Datenübermittlungskompetenzen des Bundesnachrichtendienstes (BND) nachvollziehen. Nach dem Wegfall der Blockkonfrontation und des Kalten Krieges sei jede sich bietende Gelegenheit genutzt worden, um innere und äußere Bedrohungen wie organisierte Kriminalität, Betäubungsmittelkriminalität, Rechtsradikalismus, Hooliganismus oder Sexualstraftaten zum Anlass zu nehmen, Gesetzesänderungen mit weitreichenden Folgen durchzusetzen.[1] Im Einzelnen wurden dann die Verschärfungen im Ausländer- und Asylrecht, des Sicherheitsüberprüfungsgesetzes, die Beschränkungen des Datenschutzes, der Ausbau des Bundeskriminalamts und der Nachrichtendienste sowie die Änderungen im Straf- und Strafprozessrecht untersucht.

Die seinerzeit als Vorsitzende der Humanistischen Union engagierte Rosemarie Will (gemeinsam mit dem seinerzeitigen Vorsitzenden der Gustav Heinemann-Initiative, Werner Koep-Kerstin) beschreibt einige Jahre später in einem Zwischenbefund von 2007 die Situation wie folgt:

»Allein die Fülle der gesetzlichen Einschränkungen
– in diesem Zeitraum wurden über 70 Bundesgesetze
erlassen oder geändert – und deren thematische
Streubreite – von der Erfassung biometrischer Daten
über die Kontrolle von Reisebewegungen und Finanz-
transfers bis zur Überwachung der Kommunikation –
vermitteln einen ersten Eindruck über den Umfang
des Freiheitsverlustes, den wir angeblich als Preis der
Terrorismusbekämpfung zahlen müssen.«[2]

»[...] Die gegenwärtige Sicherheitsdiskussion steht
unter dem Vorzeichen des technisch Machbaren.
Die Digitalisierung der Kommunikation und des
beruflichen und privaten Lebens haben den Raum
der Überwachungs- und Kontrollmöglichkeiten enorm
erweitert. In Sekundenschnelle lassen sich heute
Datenmengen abgleichen, von denen der damalige
Chef des Bundeskriminalamtes, Horst Herold, einst
nur träumen konnte. Mit den zunehmenden Möglichkeiten der Überwachung scheint die Frage danach,
welchen Sinn und Zweck diese Techniken haben, bzw.
welchen Sicherheitsgewinn sie wirklich bieten, immer
mehr in den Hintergrund zu treten.

[...] Ebenso Besorgnis erregend ist die Beobachtung,
mit welcher Leichtfertigkeit und Geschwindigkeit
heute Sicherheitspolitik betrieben wird.«[3]

Es kam schlimmer als gedacht
So richtig und so wichtig diese kritischen Anmerkungen
von uns Bürgerrechtsbewegten 2001 oder 2007 waren, so
naiv klingen sie heute – nur 14 bzw. 7 Jahre später.

Denn weder wurde das Ausmaß der von den USA und
ihren Bündnispartnern begangenen Rechtsverletzungen
von uns annähernd richtig eingeschätzt noch konnten wir
uns vorstellen, wie innerhalb eines Jahrzehnts die tota-
le Überwachung unserer Gesellschaften von einer technischen Möglichkeit zur Realität werden würde.

Es ist wichtig, die aktuelle NSA-Debatte historisch zu
verorten. Denn es geht Mitnichten »nur« um die Verlet-

zung der Privatsphäre und um Datenschutz, obwohl dies wichtige Rechte sind. Die Praktiken von Militärs, Geheimdiensten und Polizei nach dem 11. September 2001 verletzten alle wesentlichen Menschen- und Bürgerrechte. Dabei stand stets die Erfassung von Daten am Anfang, gefolgt von deren Verarbeitung und dem anschließenden Ergreifen unterschiedlicher Maßnahmen, welche wiederum erhebliche Menschenrechtsverletzungen bewirkten. Zum Teil erfolgte die Datenerfassung auf der Grundlage von jahrhundertealten Praktiken (Denunziation von mutmaßlichen Terroristen in Afghanistan durch die dortige Landbevölkerung), zum Teil auf hochtechnologischer Basis. Alle Praktiken lassen sich dadurch kennzeichnen, dass sie grundlegende demokratische, rechtsstaatliche Prinzipien missachten: gesellschaftliche Transparenz, Information der Betroffenen, Zugang zu Informationen, unabhängige Kontrolle, wirksamer Rechtsschutz.

Die Liste der Rechtsverletzungen ist lang und an andere Stelle hinlänglich abgehandelt worden. Es seien hier daher nur beispielhaft einige der größten Auswüchse genannt: So wurden nach dem Einmarsch in Afghanistan Ende 2001, im Zuge der Errichtung des Gefangenenlagers in Guantanamo Anfang 2002 sowie nach dem Einmarsch in den Irak im März 2003 Tausende von Zivilpersonen willkürlich verhaftet, teilweise über Jahre ohne wirksame rechtliche Kontrolle festgehalten und – was am schwersten wiegt – misshandelt und gefoltert. Besonders eklatant war die Behandlung der Terrorismusverdächtigen, die Ziele von sogenannten *extraordinary renditions* waren, also den Entführungsflügen der CIA. Diese Personen wurden zum Teil in Europa unter Mithilfe europäischer Behörden (El-Masri/Mazedonien, Abu Omar/Italien, Mohammed Zammar/Deutschland) entführt und in notorische Folterstaaten verschleppt. Ein anderer Teil der Verdächtigten wurden in den Geheimgefängnissen in Rumänien, Litauen und vor allem im CIA-Gefängnis in Polen festgehalten und gefoltert. Bei der polizeilichen und geheimdienstlichen Zusammenarbeit mit offenkundigen

Folterstaaten wie Pakistan oder Marokko bedienten sich auch europäische Staaten entgegen der UN-Antifolterkonvention aus dem Pool von Nachrichten, die anderswo unter rechtswidrigen Umständen, insbesondere unter Folter, gewonnen wurden. In vollkommen intransparenter Weise wurden Terrorismusverdächtige durch verschiedene Institutionen wie die UN und die Europäische Union sowie durch einzelne Nationalstaaten in sogenannte Terrorlisten aufgenommen, wodurch die Verdächtigen einschneidende Folgen für ihre Existenz (Kontensperrung, Einreise- und Ausreiseverbote, Flugverbote) erfuhren und wogegen sie bis heute nur unzureichend gerichtliche Hilfe in Anspruch nehmen können. Während über aktuelle Folterpraktiken von US-Stellen wenig bekannt ist, hat das Wissen über gezielte Tötungen von Terrorismusverdächtigen, vor allem in den Jahren unter der Regierung von Präsident Obama, zugenommen.

Ich glaube, wir hatten bei all der Kritik, die wir unmittelbar nach dem 11. September 2001 geübt hatten, die Intensität und das Ausmaß dieser Maßnahmen und Rechtsverletzungen in keinster Weise vorhergesehen.

Es steht außer Frage, dass Repressionstechniken wie die massenhafte und willkürliche Inhaftierung von Terrorismusverdächtigen, von mutmaßlichen oder wirklichen Oppositionellen ebenso wie Folter weltweit verbreitet sind. Einen bedrückenden Überblick liefert die *International Commission of Jurists* in ihrem 2009 veröffentlichten Bericht »Assessing Damage, Urging Action«.[4] Die Expertenorganisation mit Sitz in Genf hatte weltweit Anhörungen abgehalten – von Australien, Südostasien, Indien, Pakistan über den Mittleren Osten und Israel, Russland, Nordafrika und Europa bis zu den beiden Amerikas. Die traurige Bilanz sah fast überall gleich aus: eine fortschreitende Auflösung der Grenzen zwischen militärischer, geheimdienstlicher und polizeilicher Arbeit, die hervorgehobene Rolle der Exekutive bei gleichzeitig nachlassender gerichtlicher Kontrolle, die Rechtfertigung zahlreicher Rechtsverletzungen durch die Behauptung terroristischer Straftaten bei zugleich vollkommen schwammigen Terrorismusdefinitionen sowie die fast gänzliche Straflosigkeit der teilweise erheblichen Rechtsverstöße.

Wenn von uns vornehmlich die Praktiken der Terrorismusbekämpfung der USA und in Europa kritisiert werden, hat dies schlechte und gute Gründe. Zu den schlechten Gründen gehören ein bis heute fast ungebrochener politisch dummer Antiamerikanismus, eine nordamerika- und euro-zentristische Fixierung auf Täter und Opfer aus eben diesen Regionen sowie eine mitunter beklemmende Ignoranz gegenüber Missständen in Weltgegenden wie Sri Lanka, Indien, Bahrain oder Kolumbien. Dennoch – und das ist der gute Grund – ist es angezeigt, gerade von Deutschland aus deutsche Stellen für rechtswidrige Zustände in Verantwortung zu nehmen und auch Kritik an den USA zu üben. Denn zum einen geht es natürlich darum, dort politisch Einfluss zu nehmen, wo wir – zumindest theoretisch – Wirkung entfalten können. Zum anderen haben die westlichen Staaten eine Hauptrolle bei der Etablierung normativer Menschenrechtsstandards nach 1945 gespielt. Aber gerade die Staaten, die sich für den Internationalen Pakt über bürgerliche und politische Rechte und die UN-Antifolterkonvention mit ihrem absoluten Folterverbot eingesetzt haben, haben in der Dekade nach dem 11. September 2001 die darin geschützten Rechte verletzt. Dies führte zu einer verhängnisvollen Erosion universeller völkerrechtlicher Normen.

Der notwendige Blick über den eigenen Tellerrand
Angesichts der Vielzahl von Veröffentlichungen über die Enthüllungen Edward Snowdens seit dem 5. Juni 2013 ist es unnötig, hier auf die beschriebenen Maßnahmen und Praktiken im Einzelnen und detailliert einzugehen. Es bleibt festzuhalten, dass der 2001 schon deutlich wahrgenommene Trend einer Prämissenverschiebung von Repression hin zu Prävention vollendet ist. Es geht den überwachenden Stellen nicht mehr oder nur am Rande darum, zu wissen, was war. Sie wollen vielmehr wissen, was sein

wird. Die vielleicht wichtigste Erkenntnis der Snowden-Enthüllungen: Das, was technisch möglich ist, das, von dem wir noch gestern behaupteten, seine Anwendung berge Gefahren, wird nunmehr auch umfänglich angewandt. Zuvor wurden entsprechende Behauptungen aus den Reihen des Chaos Computer Clubs oder von WikiLeaks in das Reich der Phantasie oder gar der Profilneurose verwiesen. Heute handelt es sich um gesicherte und von ernsthafter Seite kaum angezweifelte Erkenntnisse.

Was bedeutet das alles? Macht es angesichts der fast schon dramatisch zu nennenden Entwicklung keinen Sinn, als Bürgerbewegung gegen die skizzierten Gefahren anzugehen? Was könnte gegebenenfalls Abhilfe schaffen?

Die aktuelle NSA-Debatte leidet jedenfalls unter erheblichen Verkürzungen. Die heutige Diskussion um Überwachung muss sowohl historisch wie auch global verortet werden. Der verstorbene Mitherausgeber der Frankfurter Allgemeinen Zeitung, Frank Schirrmacher, konstatierte eine Symbiose kommerzieller und militärischer Rationalität und verstand die Geheimdienste als Teil der globalisierten, zentralisierten Überwachungsmärkte. Wer über Geheimdienste und Überwachung rede, dürfe nicht von den Big-Data-Unternehmen schweigen, so Schirrmacher. Ich möchte noch einen Schritt weiter gehen: Wer die Überwachungsmethoden der Geheimdienste und die Folgen der Datensammlung und -verarbeitung durch Großunternehmen wie die sozialen Netzwerke verstehen will, muss sich mit dem globalisierten Kapitalismus heutiger Tage auseinandersetzen. Wer das tun will und wirksame Gegenmaßnahmen entfalten möchte, dessen politisches Tun sollte nicht auf deutsches Territorium beschränkt bleiben. So sind Vorschläge wie ein deutsches Internet oder ein Verständnis von Bürgerrechten als den Rechten der deutschen Bürger nicht nur borniert nationalistisch, sondern haben mit einem zeitgemäßen Verständnis und einer Bekämpfung der skizzierten Missstände nichts zu tun. Der Blick auf die politischen und juristischen Auseinandersetzungen um die oben geschilderten Terrorismusbekämpfungsmaßnahmen von 2001 kann für die aktuelle Debatte sehr hilfreich sein.

»Der Kampf um's Recht« geht weiter
Natürlich hat Schirrmacher recht, wenn er in seinen Artikeln den Wert der Waffe »Aufklärung« herausstellt. Auch technische Möglichkeiten, beispielsweise die Verschlüsselung von Kommunikation, können einen Beitrag zur Überwindung der Überwachung darstellen. Im Kern wird es jedoch darum gehen müssen, wirksame politische und rechtliche Steuerungsinstrumente auf nationaler, regionaler wie internationaler Ebene zu entwickeln.

Als Jurist und Menschenrechtler liegt mir der Blick auf das Recht nahe. Auch wenn die Auswüchse einer Terrorismusbekämpfung – und auf die will ich mich hier beschränken – im Wesentlichen politisch zu regeln sein werden, können juristische Instrumente auch positive Wirkung entfalten. So konnten Rechtsanwälte und Bürgerrechtsorganisationen aus den USA immerhin erreichen, dass die willkürlichen Verhaftungen von Guantanamo-Gefangenen und die massive Folter der dort und anderswo Inhaftierten durch *Habeas-Corpus*-Anträge und Straf- wie Zivilklagen weltweit bekannt und skandalisiert wurden. Auch wenn sich die Erfolge auf wenige positive Urteile des Supreme Court der USA sowie einiger US-amerikanischer Untergerichte beschränken, selbst wenn die Urteile des Europäischen Gerichtshofs für Menschenrechte in Straßburg in Sachen polnischer Geheimgefängnisse[5] und Entführung von Khalid El-Masri[6] sowie die Urteile des Europäischen Gerichtshofs in Luxemburg zu spät kamen und den Betroffenen keine wirkliche Wiedergutmachung verschaffen konnten, waren sie richtig und wichtig. Denn neben Zeitungsartikeln und Dokumentarfilmen eröffneten die Gerichtsverfahren die Möglichkeit der Ermittlung von bisher unbekannten Sachverhalten, das Bekanntmachen von eben diesen und – ganz besonders wichtig – deren Qualifizierung als Unrecht. Zwar wird man nicht behaupten können, das einzelne Gerichtsverfahren zur Freilassung von Gefangenen oder der Sanktionierung von Rechtsbrechern geführt haben. Sie hatten aber zur Folge, dass der politische Preis für diese Maßnahmen so hoch wurde, dass selbst die USA sich Grenzen setzen mussten.

In der Auseinandersetzung um die Überwachung durch die NSA und durch andere Geheimdienste besteht erheblicher politischer und rechtlicher Handlungsbedarf. Natürlich können einzelne jetzt schon verbriefte Grundrechte wie das Recht auf Privatsphäre oder die informationelle Selbstbestimmung bereits derzeit eingeklagt werden – wie einzelne Urteile des Bundesverfassungsgerichts oder das Google-Urteil des Europäischen Gerichtshofs in Luxemburg[7] belegen. Entgegen mancher Bedenken können auch ausländische Akteure für Rechtsbrüche in Deutschland nach deutschem Recht belangt werden. Auch kann der deutsche Staat, wie der ehemalige Bundesverfassungsrichter Hoffmann-Riem in der Expertenanhörung vor dem NSA-Untersuchungsausschuss im Bundestag zu Recht einforderte, als Garant für die Schutzpflichten der hier lebenden Menschen in Anspruch genommen werden.[8] Dennoch wird es umfassender politischer und rechtlicher Reformen bedürfen, um den angemessenen Schutz von Grund- und Menschenrechten in der digitalisierten Weltgesellschaft angemessen umzusetzen. Die Prinzipien der Transparenz, des individuellen und kollektiven Zugangs zu Informationen, auch geheimdienstlichen Informationen, sowie der Schutz von Whistleblowern müssen ebenso angegangen werden wie der Datenschutz und der Rechtsschutz auf nationaler, regionaler und internationaler Ebene künftig ausgebaut werden müssen.

Vor allem aber zeigt der Blick auf die verheerenden Rechtsverletzungen der letzten Dekade der Terrorismusbekämpfung die Wichtigkeit von Whistleblowern, Investigativjournalisten und Bürger- und Menschenrechtsorganisationen. Ohne die genannten Akteure wären die nunmehr zumindest in Teilen bekannten Missstände nie aufgedeckt worden. Keines der genannten Gerichtsurteile kam auf Initiativen staatlicher Behörden zustande. Doch anstatt die *watchdogs* der Demokratie in ihrer Position rechtlich und politisch zu stärken, muss Chelsea Manning eine drakonische Strafe verbüßen, Edward Snowden ins Exil nach Russland flüchten und selbst Glenn Greenwald und Laura Poitras können nur unter erheblichen Beschränkungen ihrem Beruf nachgehen.

Die Bürgerrechtsbewegung in Deutschland wäre nicht schlecht beraten, wenn sich alte und neue Kräfte zusammenschlössen und gemeinsam agierten. Sonst bleibt der Protest gegen Überwachung nur eine marginale Fußnote.

* Das Manuskript wurde am 30. August 2014 abgeschlossen.
1 Schilys Terrorismusbekämpfungsgesetz: Der falsche Weg, Stellungnahme von Bürgerrechtsorganisationen zur Anhörung des Bundestagsausschusses am 30.11.2001, Berlin 2001.
2 Werner Koep-Kerstin/Rosemarie Will, Der 11. September 2001 und seine Folgen, in: Gustav Heinemann-Initiative & Humanistische Union (Hrsg.), Graubuch Innere Sicherheit, Die schleichende Demontage des Rechtsstaates nach dem 11. September 2001, Berlin 2009, S. 5.
3 Ebendort, S. 8 f.
4 International Commission of Jurists, Assessing Damage, Urging Action, Report of the Eminent Jurists Panel on Terrorism, Counter-terrorism and Human Rights, Genf 2009, Download: http://www.un.org/en/sc/ctc/specialmeetings/2011/docs/icj/icj-2009-ejp-execsumm.pdf (abgerufen am 30.8.2014).
5 EGMR, Al Nashiri vs. Poland (application no. 28761/11), Husayn (Abu Zubaydah) v. Poland (no. 7511/13), Urteile vom 24.7.2014, Download: http://hudoc.echr.coe.int/sites/eng/pages/search.aspx?i=001-146047 (30.8.2014).
6 EGMR, El-Masri vs. Mazedonien, Urteil vom 13.12.2012, Application no. 39630/09, Download: http://hudoc.echr.coe.int/sites/eng/pages/search.aspx?i=001-115621 (30.8.2014).
7 EuGH, Urteil vom 13.5.2014, Google Spain SL, Google Inc. / Agencia Espanol de Proteccion de Datos, Mario Costeja Gonzalez, Rechtssache C-131/12, Download: http://curia.europa.eu/juris/liste.jsf?language=de&num=C-131/12 (30.8.2014).
8 Wolfgang Hoffmann-Riem, Stellungnahme zur Anhörung des NSA-Untersuchungsausschusses am 22. Mai 2014, Download: https://www.bundestag.de/blob/280846/04f34c512c86876b06f7c162e673f2db/mat_a_sv-2-1neu--pdf-data.pdf (30.8.2014).

Doris Liebscher

Extrem undemokratisch

Extremismus-Konzept und autoritärer Verfassungsschutz gefährden die Demokratie

Unter Beifall von Politik und Zivilgesellschaft stellte der Bundesrat im Dezember 2013 einen Antrag auf Verbot der NPD vor dem Bundesverfassungsgericht (BVerfG). Der erste Versuch, die NPD nach Art. 21 Abs. 2 GG, §§ 43 bis 47 BVerfGG zu verbieten, war im Jahr 2003 an der »mangelnden Staatsfreiheit« der Partei gescheitert, weil die NPD-Bundes- und Landesvorstände mit V-Personen des Verfassungsschutzes durchsetzt waren.[1] Wer nun die Daumen drückt, dass das Bundesverfassungsgericht im zweiten Anlauf das unangenehme Naziproblem endlich lösen werde, macht es sich zu leicht. Ein NPD-Verbot wird militante Nazistrukturen nicht in Luft auflösen – das haben die Morde des »NSU« gezeigt. Ebenso wenig wird es das Rassismus-Problem erledigen – das führen uns aktuell »Pegida« und AfD vor Augen. Die Verkürzung komplexer gesellschaftlicher Problemlagen auf »(Rechts-)Extremismus« – und der Ruf nach staatlicher Autorität zu dessen Bekämpfung – geht auch mit der Kriminalisierung zivilgesellschaftlicher Interventionen gegen Nazis und gegen Rassismus einher. Zugrunde liegt dem das von den Verfassungsschutzbehörden exekutierte Extremismuskonzept, das unter der Vorgabe, die Freiheitliche Demokratische Grundordnung (FDGO) zu schützen, rechte und linke Politik gleichsetzt und antidemokratische Tendenzen fördert.

Das Extremismuskonzept und die Definitionsmacht des Verfassungsschutzes

Anfang 2014 feierten Politiker_innen und Zivilgesellschaft das Ende der sogenannten Extremismusklausel; dies sei ein »riesiger Erfolg der gemeinsamen Kritik von Gewerkschaften, Wohlfahrtsverbänden, Staatsrechtlern, Wissenschaftlern, Zivilgesellschaft«[2]. Die – vor allem mit dem Namen Kristina Schröder (bis 2013 CDU-Bundesfamilienministerin) – verbundene Klausel war Voraussetzung für Fördergelder aus Bundesmitteln und bestand aus zwei Teilen, die sich wechselseitig ex negativo definierten: einer Positionierung gegen »Extremismus« und einem Bekenntnis zur FDGO. Die Kritiker_innen skandalisierten das staatliche Misstrauen gegenüber dem zivilgesellschaftlichen Engagement gegen Rassismus, Antisemitismus und Neonazis. Rechtsexperten schlugen eine Klarstellung dahingehend vor, dass mit *extremistisch* »verfassungsfeindliche Organisationen, die sich gegen die FDGO richten, gemeint sind«.[3]

Doch die gefeierte Neuregelung von 2014 bedeutet schlicht die Rückkehr zu einer alten Verwaltungspraxis. Die Initiative zur Einführung einer »Extremismusklausel« ging bereits 2004 vom Bundesinnenminister Otto Schily (SPD) aus – seit 2005 war sie meist unbemerkter Teil der Förderrichtlinien. Die geförderten Initiativen erhalten ein Begleitschreiben des Referats »Extremismusprävention« beim Bundesministerium für Familie, Senioren, Frauen und Jugend (BMFSFJ) das darauf hinweist, dass sie »extremistische Organisationen [... in ...] den Bereichen islamistischer Extremismus, Rechts- oder Linksextremismus« nicht unterstützen dürfen. Wer dennoch mit Personen oder Organisationen zusammenarbeitet, von denen der geförderten Initiative »bekannt ist oder bei denen sie damit rechnet, dass diese sich gegen die freiheitliche demokratische Grundordnung betätigen«, dem oder der drohen »negative förderrechtliche Konsequenzen«. Bei Zweifeln an der »Verfassungstreue« von Dritten sollen sich die Antragstellenden an das Ministerium wenden, das dann »gegebenenfalls in Zusammenarbeit mit anderen Behörden« – offensichtlich den Innenministerien und Verfassungsschutzbehörden – den Sachverhalt klärt. Explizit stand das bereits seit 2007 in den Begleitschreiben: Die

Träger sollten die »jährlichen Verfassungsschutzberichte« heranzuziehen, um die »Unbedenklichkeit der ideologischen/politischen Ausrichtung« von Partnerorganisationen oder Referentinnen zu prüfen.

Geändert hat sich also weder der zugrundeliegende Entscheidungsmaßstab – der Extremismusbegriff – noch die ihn exekutierende Instanz. Die Definitionsmacht darüber, wer extremistisch = verfassungsfeindlich = gegen die FDGO ist, hat in der Praxis die Exekutive: der »Verfassungsschutz« und die von den Innenministerien hofierten Extremismusexpert_innen.[4] Laut diesen ist der Begriff eine »Sammelbezeichnung für unterschiedliche politische Gesinnungen und Bestrebungen [...], die sich in der Ablehnung des demokratischen Verfassungsstaates und seiner fundamentalen Werte und Spielregeln einig wissen, sei es, dass das Prinzip menschlicher Fundamentalgleichheit negiert (Rechtsextremismus), sei es, dass der Gleichheitsgrundsatz auf alle Lebensbereiche ausgedehnt wird und die Idee der individuellen Freiheit überlagert (Kommunismus), sei es, dass jede Form von Staatlichkeit als ›repressiv‹ gilt (Anarchismus).«[5]

Nach dieser Logik gilt auch jede an Freiheit und Gleichheit orientierte Gesellschaftskritik, die nicht oder nicht ausschließlich auf repräsentative Demokratie, den bürgerlichen Nationalstaat oder ein kapitalistisches Ökonomiemodell setzt, als extremistisch. Ob es sich dabei um Anhänger_innen des orthodoxen Marxismus-Leninismus, Stalinismus oder autoritären Realsozialismus wie der DDR handelt oder um linke Kritiker_innen dieser gescheiterten Modelle, interessiert nicht. Inhalte und Differenzen der einzelnen als »extremistisch« klassifizierten Phänomene, Ideologien und Konzepte werden nicht bzw. nur sekundär analysiert. Rechtsextrem, linksextrem, Ausländerextremismus, Ökoterrorismus, Islamismus, radikaler Feminismus, Hooliganismus, Marxismus, Anarchismus... die Liste der »Extremismen« ist so lang, wie die Begriffsdefinition konturenlos.[6]

Die Unschuldsvermutung der Mitte: Normalitätskonstruktionen im Extremismusdiskurs

Das Extremismuskonzept ist kein analytisches, sondern vor allem ein formalistisches und normatives. Grafische Visualisierungen wie ein Hufeisen suggerieren »Links-« und »Rechtsextremisten« seien einander näher als »Rechter Rand« und »Mitte« es sich jemals sein könnten. Die »Extreme« gleichen sich formal in ihrer Geschiedenheit vom Normalbereich. Das Hufeisen ähnelt einer umgekehrten Gaußschen Normalverteilungskurve, die politische Normalitätsbereiche (gemäßigt, demokratisch) und Abweichungen (extrem) abbilden soll und diese doch erst konstruiert. Auch auf der Einstellungsebene wird nicht unterschieden zwischen einerseits dem Ideal der Gleichwertigkeit und der gleichen Teilhabe aller Menschen und andererseits Ideologien, die einer angeblich naturgegebenen Hierarchisierung und Ausgrenzung anhand von Kategorisierungen wie Geschlecht, »Rasse« oder Behinderung das Wort reden. Moralische Kategorien (z. B. freiheitlich-demokratische Grundordnung = gut vs. Extremismus = böse) ersetzen die Analyse politischer Antagonismen (z. B. repräsentative Demokratie vs. Führerstaat; gleiche Teilhabe für alle vs. rassistische Ungleichheit). Ebenso bleiben die vielfältigen Formen der Diskriminierung unterhalb der Ebene körperlicher Gewalt unbearbeitet. Die Ausgrenzung von Menschen, die als dem eigenen Kollektiv nicht zugehörig angesehen werden, wird mit dem Wort Diskriminierung problematisierbar. Doch dieses Problem ist viel schwerer von einem Umfeld abzugrenzen, das zwar seinen Ressentiments nicht gewalttätig Gehör verschaffen würde, aber die zur Gewalt führenden Unterscheidungen genauso trifft wie die Neonazis.

Warum ist ein empirisch unhaltbarer, wissenschaftlich delegitimierter und zur Bekämpfung von Ungleichheitsideologien ungeeigneter Ansatz so erfolgreich? Das Modell Extremismus bietet einfache Erklärungen für komplexe gesellschaftliche Zusammenhänge, delegiert Verantwortung an »die Ränder« und entlastet von unangenehmen

Fragen an eigene Ressentiments und Privilegien. Die »demokratische Mitte« definiert in Abgrenzung zu ihrem vermeintlich »Anderen«, den sogenannten Extremen, von denen sie sich bedroht sieht und gegen die sie einen starken Staat in Stellung bringen will. Sie inszeniert sich selbst als resistent oder »wehrhaft« gegenüber undemokratischen Entwicklungen und muss so über ihre eigenen Ungleichwertigkeitsvorstellungen nicht reden. Deshalb ist der Ruf nach dem Verbot der NPD lauter als der gesellschaftliche Aufschrei gegen die antiziganistischen Wahlplakate der Partei, die mit dem rassistischen Sozialschmarotzerklischee spielen.[7]

Auch eine Auseinandersetzung mit tradierten rassistischen Wissensbeständen, die sich nicht als Hass versprühende Neonazipropaganda äußern, scheint in der Logik des Extremismusmodells als überflüssig. Rassismus wird verkürzt auf die individuelle feindselige Abwertung von vermeintlich Fremden und gilt entsprechend als Problem von Nazis bzw. »Fremdenhassern«. Das ist schlimm, hat aber mit »uns« – der demokratischen Mitte – nichts zu tun. »Wollen Sie mir etwa Rassismus unterstellen? Ich bin doch kein Nazi!« Deutlich wird das an der Beurteilung von Rassismus durch deutsche Staatsanwaltschaften, die in den Äußerungen Thilo Sarrazins gegen Berliner_innen mit türkischer oder arabischer Migrationsgeschichte keinen Rassismus erkennen können, sondern die Beschäftigung eines »mit den vielfältigen Problemen der Stadt bestens vertraut[en]« Politikers mit den »sozialen Problemen Berlins«.[8]

Ein Modell mit Tradition: Wehrhafte Demokratie und Totalitarismusdoktrin

Begründet wird die Logik der Extremismusformel – den demokratischen Verfassungsstaat gegen politische Extreme zu verteidigen – mit dem Konzept der »wehrhaften Demokratie« als Reaktion auf das »Trauma von Weimar«. Nun ist das Ziel, nach den Erfahrungen des Nationalsozialismus menschenrechtliche Mindeststandards und demokratische Grundfreiheiten zu formulieren und absichern zu wollen, absolut richtig. Problematisch ist die Wahl der konkreten Mittel. Mit Verweis auf die FDGO kann das Grundrecht auf Wahrung des Brief-, Post- und Fernmeldegeheimnisses eingeschränkt werden, wird die geheimdienstliche Beobachtung durch »Verfassungsschutz«-Behörden gerechtfertigt, können Parteien und Vereinigungen verboten – und seit Einführung der Extremismusklausel Fördergelder verweigert bzw. zurückgefordert werden.

Das BVerfG selbst betonte 2013 in seiner Entscheidung zur Verfassungswidrigkeit der Beobachtung des Abgeordneten Bodo Ramelow (Die Linke) durch den Geheimdienst die »Gefahr«, dass die »streitbare Demokratie« sich »gegen sich selbst« wendet.[9] Fast 60 Jahre zuvor hatte das Gericht in den Urteilen zum Verbot der neonazistischen Sozialistischen Reichspartei (SRP) 1952[10] und zum Verbot der Kommunistischen Partei Deutschlands (KPD) 1956[11] den Gehalt der FDGO definiert und den antitotalitär-antikommunistischen Kurs der Extremismusprävention auf Jahre festgeschrieben.[12] Angesichts all dessen sollte auch bei der Debatte um ein NPD-Verbot nicht die Kritik in Vergessenheit geraten, die das Parteiverbotsverfahren selbst als »Konstrukt antiliberalen und antidemokratischen Denkens in den Kategorien von Ausnahmezustand und Nebenverfassung«[13] erfahren hat.

Die ex-negativo-Abgrenzung zum totalitären Staat zeichnete die FDGO seit ihrer Entstehung aus. Das »Wir« der FDGO wurde von Anfang an in Abgrenzung zu Nazi-Deutschland *und* zur Sowjetunion/DDR bestimmt als »Entgegnung zum totalitären Staat des Faschismus und Kommunismus, zur volksdemokratischen oder militärischen Diktatur«[14]. Sie war mehr als eine Antwort auf den Nationalsozialismus, nämlich der in Rechtsform gegossene Totalitarismus-Diskurs der Nachkriegszeit, der sich schnell vom Faschismus ab und zum Antikommunismus hinwandte. Ein explizit antifaschistisches Bekenntnis war nie Teil der FDGO, auch wenn neuere Urteile das Verbot rassistischer Diskriminierung in Art. 3 Abs. 3 GG dazu zählen[15]. Das BVerfG stellt in der Wunsiedel-Entscheidung zwar fest, die Entstehung der Bundesrepublik Deutschland sei als »Gegenentwurf« zur »nationalsozialistischen Herrschaft über Europa und weite Teile der Welt« zu verstehen[16], macht dann im selben Urteil aber klar: »Das GG kennt jedoch kein allgemeines antinationalsozialistisches Prinzip.«[17]

Wehrlos im Kampf gegen Rechts
Die unpräzisen Formulierungen der FDGO, die Ulrich K. Preuß als Teil einer Superlegalität, als diffusen Substanzbegriff für eine der demokratischen Rechtsordnung vorgelagerte Wertentscheidung bezeichnet hat[18], räumen den Staats- und Verfassungsschutzbehörden bis heute weitgehende Entscheidungsspielräume ein, die sich oft gegen jene Initiativen richten, die sich gegen Rassismus, Antisemitismus und neonazistische Strukturen einsetzen. Entsprechend finden sich neben neonazistischen Organisationen (Rechtsextremismus) und Milli Görus (vormals Ausländerextremismus, jetzt Islamismus) auch die Vereinigung der Verfolgten des Naziregimes[19], die Grüne Jugend Sachsen, Teile der Partei Die Linke, antifaschistische Dokumentationszentren[20] oder linke Verlage (alle Linksextremismus) in den »hoheitlichen Verrufserklärungen«[21], den Berichten der Verfassungsschutzbehörden. Kritische Jurist_innen (m)ahnten schon in den 1970er Jahren: »Der Machtzuwachs für die Administration wird mit dem Feindbild gerechtfertigt, das die FDGO-Formel nährt. [...] Am Ende könnte der staatlich gesteuerte Numerus clausus der politischen Idee mit der Superbehörde ›Verfassungsschutz‹ als zentrale Vergabestelle für Denklizenzen stehen.«[22] Heute wissen wir, dass dieser »Verfassungsschutz« unter der Prämisse des »Quellenschutzes« – der Staatsräson – noch weiter ging. Die Vermutung, dass die Neonaziszene mit Wissen und Duldung der verantwortlichen Staats- und Verfassungsschützer agierte, Straftaten aller Couleur beging, rassistische und antisemitische Propaganda vertrieb, Menschen verletzte und ermordete und staatliche Gelder zum Aufbau von rechten Terror-Strukturen nutzte, wurde durch

die Ergebnisse des NSU-Strafprozesses und mehrerer parlamentarischer NSU-Untersuchungsausschüsse eindrücklich bestätigt. Wehrhafte Demokratie sieht anders aus.

Auch wenn heute ein NPD-Verbot gefordert wird und linke Abgeordnete, Journalisten und antifaschistische Dokumentationszentren vor Gericht erfolgreich gegen geheimdienstliche Beobachtung und Nennung in Verfassungsschutzberichten klagen – auf der administrativen Ebene ist die totalitarismustheoretische Interpretation der FDGO weiter wirkungsmächtig, die Extremismusformel ist ihre modernisierte Variante. Damit werden weder die Ursachen des Naziproblems adäquat erfasst noch ist sie ein effektives Mittel zu dessen Bekämpfung. So wie die Weimarer Republik nicht von links und rechts zerstört wurde, sondern aus der parlamentarischen Mitte und dann durch ein Bündnis aus gewählten Faschisten und Konservativen[23], wirken auch heute menschenfeindliche, diskriminierende und antidemokratische Einstellungen und Handlungsweisen nicht nur an gesellschaftlichen Rändern, sondern überall. Die Konsequenz aus Nationalsozialismus (und Stalinismus) muss daher sowohl eine Auseinandersetzung mit diesen Einstellungen sein als auch ein kritischer Bezug auf staatliche Befugnisgewalt.

---

1 BVerfG, Beschluss vom 18. 3. 2003 – 2 BvB 1/01.
2 Pressemitteilung der SPD-Abgeordneten Daniela Kolbe und Henning Homann, 31. 01. 2014, http://www.daniela-kolbe.de/berlin/kampf-gegen-rechts/schwesig-schafft-extremismusklausel-ab-saechsische-staatsregierung-muss-nu (abgerufen am 26. 4 .2015).
3 Wissenschaftlicher Dienst des Bundestags, WD 3-3000-505/10, Bekenntnisklausel im Zuwendungsbereich, 13. 1. 2011; vgl. auch Ulrich Battis, Zur Zulässigkeit der »Extremismusklausel« im Bundesprogramm »Toleranz fördern – Kompetenz stärken«, 29. 11. 2010, http://www.netzwerk-courage.de/downloads/Gutachten1_Extremismusklausel.pdf (abgerufen am 26. 4. 2015).
4 Zu Konzeption und Auswirkung des Extremismuskonzepts, siehe Doris Liebscher, Wahnsinn und Wirkungsmacht, in: Friedrich Burschel/Uwe Schubert/Gerd Wiegel (Hrg.), Der Sommer ist vorbei… Vom Aufstand der Anständigen zur Extremismus-Klausel, Münster 2014, S. 103–118.
5 Uwe Backes/Eckhard Jesse (Hrg.), Politischer Extremismus in der Bundesrepublik Deutschland, Bonn 1996, S. 45.
6 Aus: Jesse, Formen des politischen Extremismus, in: BMI, Extremismus in Deutschland, Berlin 2004, S. 7–24, http://www.bmi.bund.de/SharedDocs/Downloads/DE/Broschueren/2004/Extremismus_in_Deutschland_Id_95150_de.pdf (abgerufen am 26. 4. 2015).

7 Dazu Stefanie Schmahl, Der Umgang mit rassistischen Wahlkampfplakaten vor dem Hintergrund des internationalen Menschenrechtsschutzes, Baden-Baden 2016.

8 Einstellungsbescheid der Staatsanwaltschaft Berlin – 81 Js 4071/09, Bescheid der Generalstaatsanwaltschaft – 1 Zs 3191/09, zitiert nach Hendrik Cremer/Beate Rudolf, Deutsches Institut für Menschenrechte, Stellungnahme im Verfahren vor dem UN-Antirassismusauschuss, Türkischer Bund in Berlin-Brandenburg e. V. ./. Deutschland, Beschwerde-Nr. 48/2010, Dezember 2011.

9 BVerfG, Urt. v. 17. 9. 2013, Az. 2 BvR 2436/10, Rn. 117 mit Verweis auf BVerfGE 30, 33, 45 f. (dort noch abweichendes Votum). Das BVerwG hatte unter Berufung auf zentrale Passagen des KPD-Verbotsurteils und Berichte des »Verfassungsschutzes« geurteilt, die Beobachtung sei zum Schutz der FDGO rechtmäßig, BVerwG vom 21. 7. 2010, Az. 6 C 22/09.

10 BVerfGE 2, 1; kritisch zum SRP-Urteil: Sarah Schulz, Vom Werden der fdgO: Das Verbot der Sozialistischen Reichspartei von 1952, in: Rosa-Luxemburg-Stiftung (Hrsg.), Standpunkte, 07/2011, S. 1–6.

11 BVerfGE 5, 85. Kritisch zum KPD-Urteil: Horst Meier, Als die Demokratie streiten lernte. Das KPD-Verbotsurteil von 1956, in: KJ 4/1987, 460–473.

12 Zur antikommunistischen Funktion des Art. 21 Abs. 2 GG: Helmut Ridder, Die soziale Ordnung des Grundgesetzes, Opladen 1975, S. 54 ff.

13 Ridder, a. a. O., S. 57. Ridder regt an, der bundesverfassungsgerichtliche Spruch gegen eine »verfassungswidrige« Partei solle sich – entgegen § 46 Abs. 3 BVerfGG – auf den Ausschluss der fortexistierenden Partei von der Beteiligung an Wahlen zu demokratischen Volksvertretungen beschränken.

14 Klaus Stern, Staatsrecht III/2, München 1994, S. 558, 561, dort heißt es weiter: »Sie bildet das Gegenteil einer Ordnung, wie sie ›früher‹ bestand und ›drüben‹ existiert.«

15 BVerwG, Urt. v. 1. 9. 2010, Az. 6 A 4/09, – juris, Rn. 14: »Wenn eine Vereinigung […] eine mit dem Diskriminierungsverbot des Art. 3 Abs. 3 GG unvereinbare Rassenlehre propagiert und eine entsprechende Überwindung der verfassungsmäßigen Ordnung anstrebt, richtet sie sich gegen die elementaren Verfassungsgrundsätze«.

16 BVerfG, Urt. v. 4. 11. 2009, Az. 1 BvR 2150/08, juris, Ls 1.

17 BVerfG, ebd., 2. bb zu Ls 2.

18 Ulrich K. Preuß, Legalität und Pluralismus. Beiträge zum Verfassungsrecht der Bundesrepublik Deutschland, Frankfurt/M. 1973, S. 23, 101.

19 1962 wurde ein gegen die VVN betriebenes Verbotsverfahren durch das BVerwG aus moralischen Bedenken eingestellt, vgl. Ridder, a. a. O., S. 161, Fn. 49. Bis heute arbeiten viele Kommunen und NGOs nicht offiziell mit der VVN zusammen, weil sie fürchten, unter »Linksextremismusverdacht« zu geraten bzw. weil keine Mittel aus den Förderprogrammen der Länder für Projekte mit der VVN bereit gestellt werden.

20 Die mehrfach ausgezeichnete Antifaschistische Informations-, Dokumentations- und Archivstelle München e. V. (a. i. d. a.) wurde auf Betreiben des Verfassungsschutzes aus der Landeskoordinierungsstelle gegen Rechtsextremismus ausgeschlossen und konnte die drohende Aberkennung der Gemeinnützigkeit erst nach einem mehrjährigen Rechtsstreit gegen die Nennung im Bayrischen Verfassungsschutzbericht abwenden. Vgl. SZ vom 16. 10. 2014, http://sz.de/1.1501230 (abgerufen am 26. 4. 2015).

21 Jürgen Seifert, Vereinigungsfreiheit und hoheitliche Verrufserklärungen, in: Joachim Perels (Hrg.): Grundrechte als Fundament der Demokratie, Frankfurt/M. 1979, S. 157–181.

22 Michael Hofferbert, Landtagsdebatte um das Verfassungsschutzgesetz Niedersachsen, in: Erhard Denninger (Hrg.), Die Freiheitlich Demokratische Grundordnung, Teil 2, Frankfurt/M. 1977, S. 643 ff. Aktuell Humanistische Union (Hrg.): Brauchen wir den Verfassungsschutz? Nein!, Berlin/Norderstedt 2013.

23 Wolfgang Wippermann, Extreme Radikale, jungle world, 10/2009, http://j-ref.com/AE3 (abgerufen am 26. 4. 2015).

Franz-Josef Hanke

Rechte Bürger und Bürgerrechte – im Osten nichts Neues

Die Lücken im kollektiven Gedächtnis und die im Gedächtnis des Hans Filbinger

»Was damals rechtens war, kann heute nicht Unrecht sein.« Mit diesem Satz wurde der ehemalige baden-württembergische Ministerpräsident Hans Karl Filbinger häufig zitiert. Er selbst bezeichnete diese Äußerung jedoch als verkürzte Widergabe seiner Aussagen über die eigene Vergangenheit.

Filbinger und seine Haltung zu Recht und Unrecht waren Anfang April 2007 Thema einer Diskussion am Rande einer Sitzung des Bundesvorstands der Humanistischen Union (HU) in Berlin. Beteiligt haben sich an dieser privaten Debatte in einem Speiserestaurant gegenüber vom Volkspark Friedrichshain die damalige HU-Bundesvorsitzende Rosemarie Will sowie Björn Schreinermacher, Erdmuthe Sturz und ich.

Erzürnt hatte uns alle, dass der damalige baden-württembergische Ministerpräsident Günter Oetinger versucht hatte, den am 1. April 2007 verstorbenen Filbinger bei der Trauerfeier zum Gegner der nationalsozialistischen Gewaltherrschaft zu stilisieren. Diese Verdrehung der Tatsachen hat kurz nach unserer Diskussion auch die Bundeskanzlerin Angela Merkel als unangebracht zurückgewiesen. Tatsächlich stellte sie eine Verhöhnung des Widerstands und seiner Opfer dar.

Erinnerlich an unserem Gespräch ist mir die Frage geblieben, wie Filbingers Handeln jenseits seiner strafrechtlichen Relevanz politisch zu bewerten ist. Als Resümee dieser Diskussion kann ich heute festhalten, dass die Betrachtung der im Westen Deutschlands sozialisierten Bürgerrechtler von Rosis Einschätzung divergierten. Offenbar waren ihr viele peinliche Details des Falls nicht bekannt.

Als Marburger hatte ich den Fall 1978 schon deshalb genauer verfolgt, weil Erich Schwinge ein entlastendes Gutachten für Filbinger erstellt hatte. Schwinge war nicht nur einziger Kommentator des Wehrstrafrechts der Nationalsozialisten gewesen, sondern hatte als Richter bis 1945 auch mehrere Todesurteile verhängt – dennoch war er nach Kriegsende jahrzehntelang Hochschullehrer an der Philipps-Universität Marburg.

In den 1980er Jahren hat die HU Marburg eine Veranstaltung über Schwinge mit Manfred Messerschmidt vom Militärhistorischen Institut und Fritz Wüllner durchgeführt. Wüllner war der Bruder eines jungen Soldaten, den Schwinge wegen »Kameradendiebstahls« zum Tode verurteilt hatte.

Eine Beteiligung an mindestens vier Todesurteilen wurde auch Filbinger angelastet. Selbst nach Kriegsende soll er weiterhin als Marinerichter Urteile auf faschistische Grundsätze aufgebaut haben. Der Schriftsteller Rolf Hochhuth bezeichnete ihn deshalb als »furchtbaren Juristen«

Was Rosi in Ost-Berlin offenbar nicht genauer verfolgt hatte, waren Filbingers Erinnerungslücken, sein Beharren auf der eigenen Unschuld sowie seine – später widerlegten – Aussagen, er habe keine Todesurteile veranlasst. Auch wusste sie offenbar nichts von der Schallplatte, die er bei Heinz-Norbert Kramm alias »Heino« für die baden-württembergischen Schulen in Auftrag gegeben hatte. Darin sang Heino das Deutschlandlied mit allen Strophen sowie »In gleißender Sonne«, die Hymne der Deutschen in Südwestafrika.

Bewusst wurde mir nach unserem Gespräch, wie sehr wir alle von den Informationen abhängen, die wir bekommen oder nicht bekommen sowie von ihrem Kontext und Glaubwürdigkeit. Sicherlich mochte man in der DDR die Charakterisierung Filbingers als »Nazi« für eine oft strapazierte Propaganda-Phrase halten und als überzogen abtun, während die westdeutschen Intellektuellen Dieter Hildebrandts Lokalisierung des CDU-Landesvorsitzenden als »der Mann, der sich immer nach links verbeugt, weil rechts von ihm niemand mehr ist« trotz ihres satirischen Gehalts durchaus ernst nahmen.

Während meiner Jahre im Bundesvorstand der HU habe ich viele Diskussionen mit Rosi Will geführt. Häufig ging es um juristische Fragestellungen. Immer glänzte sie dabei durch profundes Wissen und eine souveräne Anwendung ihrer Rechtskenntnisse.

Die Auseinandersetzung über die politische, moralische und gesellschaftliche Rolle des Rechts ist eines der zentralen Themen der HU. Rosi Will hat einen wichtigen Beitrag dazu geleistet, die Standortbestimmung der Bürgerrechtsorganisation mit viel Fachwissen und scharfsinnigen Analysen voranzubringen.

Hartmut Aden

Die Beteiligung von Bürgerrechtsverbänden an Gerichtsverfahren

Politisierung von Rechtsfragen oder Entpolitisierung durch Verrechtlichung?

1. Einleitung

Nichtregierungsorganisationen (*Non Governmental Organisations*, NGOs) haben immer wieder versucht, ihre Ziele auch mit gerichtlicher Hilfe durchzusetzen. Für einige Bürgerrechtsverbände wie die US-amerikanische *American Civil Liberties Union* (ACLU) ist die Prozessführung zur Durchsetzung von Bürgerrechten sogar ein zentrales Element ihrer Arbeit. Auch deutsche Bürgerrechtsverbände wie die Humanistische Union beschränken sich nicht auf das Organisieren politischer Kampagnen, sondern betätigen sich manchmal auch als (Mit-)Initiatoren für gerichtliche Durchsetzungsstrategien bis hin zu Verfassungsbeschwerden beim Bundesverfassungsgericht. Solche Strategien reagieren z. B. auf wachsende staatliche Datensammlungen oder Sicherheitsbefugnisse, die Freiheitsrechte einschränken. Die vielfältigen Initiativen gegen die Volkszählung 1983, die das Bundesverfassungsgericht (BVerfG) dazu veranlassten, das Grundrecht auf informationelle Selbstbestimmung zu etablieren,[1] ist einer der »Klassiker«. Als neuere Beispiele seien nur die von mehr als 34 000 Beschwerdeführer/innen getragene Verfassungsbeschwerde gegen die Vorratsdatenspeicherung[2] und das von Rosemarie Will vertretene Verfahren zur Standortermittlung mit dem sogenannten IMSI-Catcher erwähnt.[3] Auch beim Gerichtshof der EU spielen NGOs als Initiatoren von bürgerrechtsrelevanten Verfahren eine bedeutende Rolle, so z. B. ebenfalls zur Vorratsdatenspeicherung.[4]

Für diese Verfahren ist charakteristisch, dass NGOs in vielen Fällen nicht selbst als Kläger bzw. Beschwerdeführer auftreten können. Das stark an der individuellen Betroffenheit orientierte Prozessrecht lässt Verbandsklagen in Deutschland nur in sehr engen Grenzen zu. Folglich müssen NGOs alternative Strategien entwickeln. Oft unterstützen oder koordinieren sie Verfahren betroffener Einzelpersonen. Dass zivilgesellschaftliche Repräsentanten des Allgemeinwohls im deutschen Prozessrecht nur am Rande vorkommen und immer noch mit einem erheblichen Misstrauen behandelt werden, lässt sich als Spätfolge der von Karl Marx in den 1840er Jahren kritisierten Konzeption der Menschenrechte als Rechte des egoistischen Menschen interpretieren: »Dieser Mensch, das Mitglied der bürgerlichen Gesellschaft, ist nun die Basis, die Voraussetzung des politischen Staats. Er ist von ihm als solche anerkannt in den Menschenrechten. Die Freiheit des egoistischen Menschen und die Anerkennung dieser Freiheit ist aber vielmehr die Anerkennung der zügellosen Bewegung der geistigen und materiellen Elemente, welche seinen Lebensinhalt bilden.«[5] Noch heute führt dies dazu, dass NGOs ihre Allgemeinwohl-Anliegen aus der Perspektive des egozentrischen Einzelmenschen formulieren müssen, um vor Gerichten Gehör zu finden.

Dieser Beitrag geht der Frage nach, inwieweit mehr Beteiligungsmöglichkeiten, z. B. in Form von Verbandsklagerechten, einerseits die Durchsetzungschancen für bürgerrechtliche Anliegen verbessern und inwieweit eine stärkere Einbindung in administrative und gerichtliche Verfahren andererseits zu einer Verrechtlichung und Entpolitisierung der dahinter stehenden gesellschaftlichen Konflikte führt.

2. Klage- und Beschwerdestrategien von Bürgerrechtsverbänden – empirische Befunde

Die Möglichkeit von NGOs und sozialen Bewegungen, ihre Anliegen auch mit Hilfe von Gerichten durchzusetzen, hängt maßgeblich von den institutionellen Rahmenbedingungen ab, die vom Prozessrecht bestimmt werden.

Verwaltungs- und verfassungsgerichtliche Verfahren sind in Deutschland in der Regel nicht auf die Anliegen von NGOs oder sozialen Bewegungen ausgerichtet. Im Mittelpunkt öffentlich-rechtlicher Gerichtsverfahren steht die Durchsetzung von Rechten gegenüber dem Staat, besonders ausgeprägt in der deutschen Variante eines Rechtsstaates. Dieser verfolgt vorrangig das Ziel, willkürliche exekutive Machtausübung durch Grundrechtsgarantien zu verhindern oder zumindest zu begrenzen.[6] Daher hat das deutsche Verwaltungs- und Verfassungsrecht den Zugang zu Gerichtsverfahren weitgehend auf die Verteidigung subjektiver, also eigener Rechte begrenzt. Für NGOs, denen es nicht um die Durchsetzung von eigenen Partikularinteressen, sondern von Allgemeinwohlbelangen geht, ist der Gerichtszugang restriktiv gestaltet.

Ungünstige Rahmenbedingungen müssen NGOs und Vertreter sozialer Bewegungen indes nicht davon abhalten, politische Konflikte bei Gericht fortzusetzen, wenn sich hierfür Möglichkeiten ergeben. Günstig sind dafür Klage- und Beschwerdemöglichkeiten, die grundsätzlich allen Menschen offen stehen. Sie eignen sich besonders gut für die Fortführung politischer Streitigkeiten mit rechtlichen Mitteln in solchen Fällen, in denen politische Forderungen sich auf individuelle Rechtspositionen beziehen oder sich jedenfalls in Kategorien individueller Rechtsbeeinträchtigung umformulieren lassen. Dies ist bei bürgerrechtlichen Fragen in der Regel gegeben, da staatliche Beschränkungen von Freiheitsrechten zumindest potentiell Auswirkungen auf die individuelle Freiheit vieler, manchmal sogar sehr vieler oder aller Menschen haben.

Die deutsche Verfassungsbeschwerde und die Individualbeschwerde beim Europäischen Gerichtshof für Menschenrechte bieten günstige Rahmenbedingungen für individuelle, von NGOs unterstützte Verfahren. Die Ausgestaltung der Zulässigkeitsvoraussetzungen für Verfassungsbeschwerden erleichtert es, in einigen Konstellationen, Allgemeinwohlbelange in Verfassungsbeschwerden einzubringen. Wenn Beschwerdeführer hinreichend plausibel machen, dass ihre Grundrechte unmittelbar von einem neuen Gesetz gravierend eingeschränkt werden und ein Warten auf den konkreten Anwendungsfall für sie zu schweren und unabwendbaren Nachteilen führen würde, bedarf es gemäß § 90 Abs. 2 BVerfGG nicht des Umweges über den Instanzenzug der Gerichte. Das BVerfG hat dies nicht nur in so naheliegenden Fällen wie den Regelungen des Luftsicherheitsgesetzes aus dem Jahr 2005 zum Abschießen von Passagierflugzeugen anerkannt,[7] sondern überzeugend auch für solche Fälle, in denen Sicherheitsbehörden Daten heimlich erheben und verarbeiten und die Betroffenen gar nicht oder allenfalls sehr viel später hiervon erfahren. Beim Datenschutz hat dies in vielen Fällen den Weg zu den Gerichten geöffnet, so bereits bei der bis heute grundlegenden Volkszählungsentscheidung aus dem Jahr 1983 und seither in zahlreichen weiteren Fällen.[8]

In ihrem Nichtannahmebeschluss zu den Verfassungsbeschwerden gegen den IMSI-Catcher aus dem Jahr 2006 hat die zuständige Kammer des BVerfG immerhin anerkannt, dass die Humanistische Union in ihrer Eigenschaft als eingetragener Verein gemäß Art. 10 i. V. m. Art. 19 Abs. 3 GG in ihrem Telekommunikationsgeheimnis geschützt und daher für die Erhebung einer Verfassungsbeschwerde im eigenen Namen aktivlegitimiert ist.[9]

Auch in der Rechtsprechung des Europäischen Gerichtshofs für Menschenrechte (EGMR) finden sich zahlreiche Fälle, die mehr oder minder sichtbar auf den koordinierenden Einfluss von NGOs zurückgehen.[10] Allerdings ist die Hürde hier höher, weil in jedem Fall zunächst der innerstaatliche Rechtsweg erschöpft sein muss.

Wo prozessrechtliche Bestimmungen den Zugang von NGOs zu Gerichten eigentlich verhindern, haben NGOs dennoch versucht, die ungünstigen rechtlichen Rahmenbedingungen für die Durchsetzung von Allgemeinwohlbelangen zu umgehen. Dies hat insbesondere dort Chancen, wo sich politische Anliegen in den Einsatz für individuelle Rechtspositionen umdefinieren lassen. In vielen Fällen wurden Menschen gesucht und gefunden, die aufgrund individueller Betroffenheit die hohen Zulässigkeitshürden überwinden konnten. Umweltschutzverbände erwarben sogenannte Sperrgrundstücke, damit sie individuelle Rechtsverletzungen durch missliebige Vorhaben geltend machen konnten. Auf diese Weise versuchten sie z. B. Straßenbauvorhaben zu stoppen, über die politisch bereits entschieden worden war. Allerdings tendieren die deutschen Verwaltungsgerichte dazu, solche Klagen bereits als unzulässig abzuweisen. Diese starke Beschränkung der Klagemöglichkeiten von Grundstückseigentümern, die das Grundeigentum zur Durchsetzung rechtlicher Positionen gegen ein Vorhaben erwerben, wurde auch hier mit der subjektiv-rechtlichen Konzeption des Rechtsschutzes gegen die öffentliche Gewalt begründet, die »durch die Rechtsweggarantie des Art. 19 Abs. 4 GG vorgegebenen« sei.[11] Dieser Argumentationsschluss, der eine Begrenzung des Gerichtszugangs für allgemeinwohlorientierte NGOs mit einer restriktiven Auslegung der Zielrichtung des Grundrechts aus Art. 19 Abs. 4 begründet, ist indes keineswegs zwingend.[12]

3. Institutionelle Einbindung von Verbänden als Repräsentanten des Allgemeinwohls – übertragbar auf Bürgerrechtsorganisationen?

Im internationalen Vergleich ist der restriktive Gerichtszugang für NGOs in Deutschland eher ein Sonderfall. Doch auch in Deutschland machen sich internationale Einflüsse inzwischen bemerkbar. NGOs erhalten zunehmend Mitwirkungs- und Klagerechte, um Allgemeinwohlbelangen ein höheres Gewicht zu verleihen.

Der Umweltschutz war und ist hier Vorreiter. Das deutsche Umweltrecht führte Verbandsklagen zuerst über die Naturschutzgesetze einzelner Länder ein. Im Jahr 2002 wurden Mitwirkungs- und Klagerechte anerkannter Verbände auch im Bundesnaturschutzgesetz verankert (heute §§ 63 und 64 BNatSchG). Jenseits des Naturschutzes eröffnete Ende der 1990er Jahre die Aarhus-Konvention der *UN Economic Commission for Europe* (UN-ECE) *über den*

Zugang zu Informationen, die Öffentlichkeitsbeteiligung an Entscheidungsverfahren und den Zugang zu Gerichten in Umweltangelegenheiten den Weg für eine Erweiterung der Verbandsklagebefugnisse auch auf andere Umweltschutzfragen jenseits des Naturschutzes. Die Aarhus-Konvention ist ein sogenanntes Gemischtes Abkommen: Die Europäische Union und ihre Mitgliedstaaten sind Vertragsparteien dieser Konvention. Zur Umsetzung der völkerrechtlichen Verpflichtungen aus der Konvention verabschiedete die EU (bzw. seinerzeit die Europäische Gemeinschaft, EG) Richtlinien – mit der Folge, dass die Mitgliedstaaten unter konkreteren Umsetzungsdruck gerieten als dies bei einer rein völkerrechtlichen Verpflichtung der Fall gewesen wäre.

Die Reichweite der Verpflichtung zur Ausweitung des Gerichtszugangs für NGOs war und ist wiederum gerade in Deutschland stark umstritten. Der Gerichtshof der EU beanstandete die unzulängliche Umsetzung durch die erste Fassung des Umwelt-Rechtsbehelfsgesetzes in einer Entscheidung aus dem Jahr 2011.[13] Auch die anschließende Nachbesserung blieb umstritten.[14]

Auf einigen weiteren Gebieten wurden ebenfalls Verbandsklagerechte im deutschen Recht etabliert, so im Verbraucherschutz (Unterlassungsklagegesetz) und in § 15 Behindertengleichstellungsgesetz (BGG).

Für die Durchsetzung anderer bürgerrechtlicher Anliegen sind Verbandsklagen dagegen bisher in Deutschland nicht vorgesehen. Ihre Einführung hätte den Vorteil, dass der Umweg über den Gerichtszugang individuell Betroffener wegfiele. Die Chancen, dass problematische gesetzliche Vorschriften oder Einzelfälle, in denen Grundrechte verletzt werden, gerichtlich überprüft werden, könnten damit besser werden. Dies wäre für solche Konstellationen besonders relevant, in denen Menschen betroffen sind, die individuell nicht gewillt oder materiell in der Lage sind, ihre Rechte vor Gerichten zu verteidigen.

Allerdings hat die Verlagerung politischer Auseinandersetzungen in Gerichtsverfahren auch Schattenseiten. Der

Konflikt muss auf die rechtlich relevanten Aspekte reduziert werden, rechtlich nicht relevante Argumente werden aus dem Verfahren ausgeblendet. Eine erfolgreiche Klage hat einen Befriedungseffekt, entpolitisiert aber zugleich den zugrunde liegenden Konflikt[15] und bringt das zuständige Gericht in die Rolle des Konfliktschlichters oder gar des Architekten für alternative politische Lösungen. Problematisch sind auch zwei weitere Aspekte: Zum einen sehen die Verbandsklagerechte in Deutschland ein staatliches Zulassungsverfahren für die beteiligten Verbände vor, so gemäß § 3 Umwelt-Rechtsbehelfsgesetz. Damit werden die Aktivitäten von Nichtregierungsorganisationen jedenfalls ein Stück weit von den zuständigen staatlichen Stellen gelenkt, kleinere Organisationen möglicherweise ausgeschlossen. Zum anderen entstehen durch die Wahrnehmung von Verbandsklagerechten Kostenrisiken, die große, finanzkräftige Organisationen gegenüber kleineren bevorteilen, die sich schwerer tun, finanzielle Unterstützung für ihre Anliegen zu finden. Im Ergebnis sind dies jedoch keine durchgreifenden Argumente gegen Verbandsklagerechte auch für Bürgerrechtsverbände, solange diese mit den Entpolitisierungseffekten bewusst umgehen und ihre Argumente jenseits der gerichtlichen Verfahren nicht auf den rechtlich relevanten Diskurs reduzieren lassen.

4. Online-Mobilisierung: Die massenhafte Nutzung von Verfassungsbeschwerden

Die Rahmenbedingungen für die Nutzung gerichtlicher Verfahren haben sich durch das Internet weiterentwickelt. Die Kommunikation ist schneller und einfacher geworden. Politische Aktionen sind stärker als in der Vergangenheit auch spontan organisierbar. Neue Formen von Öffentlichkeit entstehen.[16]

Auch für die Vorbereitung von Verfassungsbeschwerden hat das Netz veränderte und erweiterte Möglichkeiten geschaffen.[17] Der Arbeitskreis Vorratsdatenspeicherung, ein internetbasiertes Netzwerk, mobilisierte mehr als 34 000 Menschen für die Beteiligung an einer Verfassungsbeschwerde gegen die deutsche Umsetzung der EG-Richtlinie zur Vorratsdatenspeicherung.[18] Die Online-Mobilisierungschancen sind – naheliegend – bei netzpolitischen Themen wie der Speicherung von (Internet-)Verbindungsdaten zu Zwecken der späteren Verfügbarkeit für Sicherheitsbehörden besonders gut. Zur mündlichen Verhandlung wurde allerdings nur ein kleiner Kreis von Beschwerdeführern eingeladen, der die Verfassungsbeschwerde des Arbeitskreises zunächst eingereicht hatte. Die weiteren Beschwerdeführer fanden in dem Verfahren keine Beachtung. Das Gericht wollte möglicherweise den Eindruck vermeiden, es habe sich von der großen Zahl der Beschwerden beeindrucken lassen.[19] In der Fachdiskussion wurde diese Art von Verfassungsbeschwerden sogar als der »populistische Missbrauch des BVerfG« kritisiert.[20] Diese Kritik übersieht aber die demokratischen Partizipationschancen, die eine Online-Mobilisierung für Menschen öffnet, die nicht über das nötige Wissen oder die materiellen Ressourcen verfügen, um individuell den Rechtsweg zu beschreiten.

Seither gab es mehrere weitere Fälle, in denen über das Netz für Verfassungsbeschwerden zu sehr unterschiedlichen Themen mobilisiert wurde, u. a. gegen die Ratifikation des Vertrages zur Einrichtung des Europäischen Stabilitätsmechanismus.[21]

5. Schlussfolgerungen und Ausblick: Politisierung gerichtlicher Verfahren oder Entpolitisierung gesellschaftlich-politischer Konflikte?

Ebenso wie das beharrliche Festhalten mancher Gerichte an der Zugangshürde des »subjektiven Rechts« zeigen die eher verunsicherten Reaktionen des Bundesverfassungsgerichts auf Massen-Verfassungsbeschwerden, dass sich das bundesdeutsche Rechtssystem mit Innovationen schwertut, die allgemeinwohlorientierte Interventionen von Verbänden oder Online-Initiativen ermöglichen. Wie bei den bereits eingeführten Verbandsklagerechten müssen die Impulse für die Weiterentwicklung des Prozessrechts hin zu mehr Partizipationsoffenheit daher von der Politik kommen. Die bisherigen Fälle zeigen, dass die Impulse oft von europäischen und internationalen Trends ausgehen, hinter denen das deutsche Rechtssystem zurückliegt.

Weitreichende Entwicklungen wie die Möglichkeiten der Online-Kommunikation verändern die Gesellschaft und damit auch die Arbeit der Bürgerrechtsverbände bei der Organisation von Kampagnen. Darauf hat Rosemarie Will zutreffend in ihrem Rück- und Ausblick zum 50. Jahrestag der Gründung der Humanistischen Union hingewiesen.[22] Sollte der Trend zu formalisierten Beteiligungsmöglichkeiten in einigen Jahren auch bei Bürgerrechtsthemen wie dem Datenschutz und der Verteidigung von Freiheitsrechten gegenüber weiter wachsenden Möglichkeiten und Befugnissen von Sicherheitsbehörden ankommen, so werden die Bürgerrechtsverbände zu entscheiden haben, ob sie von diesen Möglichkeiten Gebrauch machen. Dieser Beitrag hat gezeigt, dass sie dabei vermeiden sollten, ihre politischen Anliegen durch die formalisierte Einbindung in gerichtliche Verfahren auf Argumente zu reduzieren, die im juristischen Diskurs anschlussfähig sind. Unter dieser Voraussetzung spricht einiges dafür, gerichtliche Interventionen als eine weitere Chance für eine höhere Gewichtung von Bürgerrechten in einer sich weiter entwickelnden demokratischen Kultur zu sehen und zu nutzen. Ob Bürgerrechtsverbände diese Möglichkeit am Ende tatsächlich nutzen, dürfte vor allem davon abhängen, ob die Ausgestaltung für sie akzeptabel ist – insbesondere bezüglich der Zulassung als Verbandskläger und der Kostenrisiken. Die Öffnung des Gerichtszugangs zur allgemeinwohlorientierten Durchsetzung von Grundrechten könnte dazu beitragen, dass die 1843 von Karl Marx geäußerte Kritik, Menschenrechte dienten der Durchsetzung egoistischer Interessen Einzelner,[23] als historisch überholt eingestuft werden kann.

BÜRGERRECHTSVERBÄNDE UND GERICHTSVERFAHREN

1 BVerfGE 65, 1 (Urteil vom 15. 12. 1983).
2 BVerfGE 125, 260 (Urteil vom 10. 3. 2010).
3 BVerfG, Beschluss der 1. Kammer des Zweiten Senats vom 22. 8. 2006, Az. 2 BvR 1345/03.
4 Gerichtshof der EU, Urteil vom 8. 4. 2014, Rechtssachen C-293/12 und C-594/12.
5 Karl Marx, Zur Judenfrage, in: Karl Marx/Friedrich Engels, Werke, Band 1, Berlin 1988 (1843), S. 369; näher hierzu Will, in diesem Band, S. 991 ff.
6 Zu diesem »Verfassungsideal der Bürgerlichen Revolution«: Michael Stolleis, Konstitution und Intervention, Frankfurt/Main 2001, S. 31 et passim.
7 BVerfGE 115, 118 (Urteil vom 15. 2. 2006): Beschwerdeführer/innen waren insbesondere Angehörige des Flugpersonals, unterstützt von ihren Organisationen.
8 Z. B. BVerfGE 100, 313 (Urteil vom 14. 7. 1999: Telekommunikationsüberwachung durch den Bundesnachrichtendienst); BVerfGE 109, 279 (Urteil vom 3. 3. 2004: »Großer Lauschangriff«); zur politikwissenschaftlichen Kontextualisierung dieser Rechtsprechung: Martina Schlögel, Das Bundesverfassungsgericht im Politikfeld Innere Sicherheit, Frankfurt/Main 2010.
9 BVerfG, Beschluss vom 22. 8. 2006 (s. o., Fn. 3), Rn. 37.
10 Für Datenschutzfälle vgl. z. B. European Union Agency for Fundamental Rights & European Court of Human Rights, Handbook on European data protection law, Luxemburg 2014.
11 So der 9. Senat des Bundesverwaltungsgerichts in seinem Urteil vom 25. 1. 2012, Az. 9 A 6/10 (Rn. 15).
12 Zur Kritik z. B.: Johannes Masing, Relativierung des Rechts durch Rücknahme verwaltungsgerichtlicher Kontrolle – Eine Kritik anläßlich der Rechtsprechungsänderung zu den »Sperrgrundstücken«, in: Neue Zeitschrift für Verwaltungsrecht (NVwZ) 2002, S. 810 ff.
13 Gerichtshof der EU, Rs. C-115/09, Bund für Umwelt und Naturschutz Deutschland, Landesverband Nordrhein-Westfalen e. V. gg. Bezirksregierung Arnsberg, Urteil vom 12. 5. 2011.
14 Vgl. z. B. Sabine Schlacke, Die Novelle des Umwelt-Rechtsbehelfsgesetzes – EuGH ante portas?, in: Zeitschrift für Umweltrecht (ZUR) 2013, S. 195–202.
15 Am Beispiel der Volkszählungsentscheidung des BVerfG: Otwin Massing, Verflixte Verhältnisse. Über soziale Umwelten des Menschen, Opladen 1987, S. 143 ff.
16 Vgl. Marian Adolf/Nico Stehr, Die Macht der neuen Öffentlichkeit. Die Konstitution neuer Öffentlichkeiten zwischen Internet und Straße, in: Vorgänge 2010 (Nr. 192 = 49. Jg., Nr. 4), S. 4–15.
17 Näher hierzu: Hartmut Aden, Einflussnahme oder Entpolitisierung? Menschen- und Bürgerrechtsorganisationen als Akteure der Sicherheitskultur, in: Hans-Jürgen Lange, Michaela Wendekamm, Christian Endreß (Hg.), Dimensionen der Sicherheitskultur, Wiesbaden 2014, S. 235–250.
18 Zur Beschwerdeeinreichung: Heise Online, 34 443 Klageschriften gegen die Vorratsdatenspeicherung, Meldung vom 29. 2. 2008, http://www.heise.de/newsticker/meldung/34-443-Kla geschriften-gegen-die-Vorratsdaten speicherung-185285.html (letzter Zugriff am 2. 5. 2015); vgl. auch Schlögel 2010 (s. o., Fn. 8), S. 94 ff.
19 Vgl. BVerfGE 125, 260 (Urteil vom 10. 3. 2010).
20 So der Titel eines Aufsatzes von Rüdiger Zuck, in: Zeitschrift für Rechtspolitik (ZRP) 2010, S. 241–243.
21 BVerfGE 132, 195; zu weiteren Fällen: Christian Schreier Die Massenverfassungsbeschwerde beim Bundesverfassungsgericht. Versuche der Revision von Rechtsnormen durch Bürgerinitiativen, Berlin: Maecenata-Institut für Philanthropie und Zivilgesellschaft an der Humboldt-Universität zu Berlin, Opusculum Nr. 51 (online: http://www.institut.maecenata.eu/resources/2011_Opusculum51.pdf (letzter Zugriff am 2. 5. 2015).
22 Rosemarie Will, Die Zukunft erinnern. Zum fünfzigsten Jahrestag der Gründung der Humanistischen Union am 28. August 1961, in: Vorgänge 2011 (Nr. 194 = 50. Jg., Nr. 2), S. 4–15 (10 ff.).
23 S. o., Fn. 5.

Jürgen Roth

Die Informationsfreiheit auf der Buckelpiste

Vorbemerkung
Nach dem Informationsfreiheitsgesetz (IFG) des Bundes hat jeder – ob deutscher Staatsangehöriger oder nicht – seit dem 1. Januar 2006 ein Recht auf Auskunft durch die Behörden des Bundes. Das Gesetz eröffnet innerhalb bestimmter gesetzlicher Grenzen den Zugang zu amtlichen Informationen, die vorher geheim waren. Das Verwaltungshandeln sollte auf diese Weise transparenter werden. Der rot-grüne Gesetzgeber wollte mit dem IFG auch einen nachhaltigen Impuls für eine Reform der Verwaltungen geben und das Vertrauen der Bürgerinnen und Bürger in deren Arbeit stärken.

Der von der Humanistischen Union (HU) gemeinsam mit anderen Organisationen herausgegebene »Grundrechte-Report« dokumentiert seit 1997 die Entwicklung der Bürgerrechte in der Bundesrepublik. Mancher Rückschritt ist seitdem zu beklagen. Aber es gibt auch – alte – Themen der Humanistischen Union, in denen es voran geht; dazu zählt das Recht auf Informationszugang in Deutschland. Das Bohren dicker Bretter lohnt sich, bei der Informationsfreiheit ebenso wie in anderen Bereiche der Bürgerrechtsarbeit.

Am Ende der kollabierenden rot-grünen Koalition bedurfte es im Jahre 2005 einer gemeinsamen Kraftanstrengung, nicht zuletzt von Greenpeace und anderen Nicht-Regierungsorganisationen (NGOs), dass Deutschland als einer der letzten Staaten in Europa doch noch sein Informationsfreiheitsgesetz bekam. Das IFG war eines der letzten rot-grünen Projekte und eines, das beinahe noch wegen des vorzeitigen Endes der Wahlperiode gescheitert wäre. Über das IFG hatten sich SPD und Grüne während ihrer gesamten siebenjährigen Regierungszeit gestritten.[1]

Dass es in Bund und elf Bundesländern überhaupt zu einer Bewegung in Richtung Informationsfreiheitsgesetz kam, ist auch der zähen Arbeit der NGOs zu verdanken. So hat seit den 70er Jahren des letzten Jahrhunderts die Humanistische Union die Forderung nach einem allgemeinen Recht auf »Akteneinsicht« erhoben. Dieser Beitrag ist in der öffentlichen Diskussion bisher nicht gewürdigt worden; auch die HU selbst hat sich hier zurückgehalten. Es war aber die HU, die als erste in Deutschland mit Nachdruck darauf aufmerksam machte, dass nach dem Freedom of Information Act in den USA seit 1966 Akten eingesehen werden können, während in Deutschland das Amtsgeheimnis aus Zeiten verflossener Obrigkeiten noch immer hoch gehalten wurde. Der Landesverband Berlin hat bereits im Oktober 1980 einen Forderungskatalog aufgestellt.[2]

Die schwierige Geburt des IFG ist aber auch ein Lehrstück dafür, dass der Fortschritt ohne Macht zwar angedacht, ab einer gewissen Stärke des Widerstands aus der Bürokratie aber letztlich nicht durchgesetzt werden kann. Ohne das zähe Beharren einiger Bundestagsabgeordneter wie Silke Stokar von Neuforn von den Grünen und dem verstorbenen Dr. Michael Bürsch von der SPD würden wir bis heute auf ein Bundesgesetz warten. Nur mit einer parlamentarischen Mehrheit konnte der erbitterte Widerstand, insbesondere des damaligen Bundesinnenministers Otto Schily, überwunden werden.

Jedenfalls hat sich der langjährige Einsatz innerhalb und außerhalb des Parlaments gelohnt. Bei all seinen Unzulänglichkeiten hat das IFG einiges bewegt, was sich auch in der Entwicklung der Antragszahlen niederschlägt. In den Jahren 2010 und 2011 wurden zusammen 4837 Anträge auf Informationszugang gestellt. Diese Zahl hat sich bis 2014 mit 10 813 Anträgen mehr als verdoppelt. Die aktuellen Antragszahlen lassen erwarten, dass sie sich auch in den kommenden Jahren auf hohem Niveau bewegen werden.[3]

JÜRGEN ROTH

**Flickenteppich Deutschland:
mal viel und mal wenig Gesetz**

Beim Inkrafttreten des Bundesgesetzes am 1. Januar 2006 hatten lediglich Brandenburg, Berlin, Nordrhein-Westfalen und Schleswig-Holstein eigene allgemeine Informationsfreiheitsgesetze. Danach kamen Bremen, Hamburg, Mecklenburg-Vorpommern, Thüringen, Rheinland-Pfalz, Saarland und Sachsen-Anhalt mit ihren neuen Gesetzen hinzu.

Die allgemeinen Informationsfreiheitsgesetze begründen sich allein auf nationales Recht. Die Umweltinformationsgesetze sind hingegen durch EU-Richtlinie vorgegeben und für den Bund und die Länder gleichermaßen verbindlich. Daher haben neben dem Bund auch die Bundesländer eigene Gesetze erlassen; nur Schleswig-Holstein hat das Landes-IFG mit dem Umweltinformationsgesetz (UIG) zu einem neuen gemeinsamen Gesetz zusammengefasst.

Anders als die (allgemeinen) Informationsfreiheitsgesetze und die Umweltinformationsgesetze gilt das Verbraucherinformationsgesetz (VIG) für Bund und Länder gleichermaßen. Es verpflichtet die Bundes- und Landesbehörden zur Herausgabe von Informationen, insbesondere aus dem Bereich der Nahrungs- und Genussmittel.

Auf EU-Recht beruht auch das Informationsweiterverwendungsgesetz (IWG), das sich mit der der Umsetzung der Richtlinie 2003/98/EG des Europäischen Parlaments und des Rates vom 17. November 2003 (Re-use of Public Sector Information, kurz: PSI) über die Weiterverwendung von Informationen des öffentlichen Sektors befasst. Dieses Gesetz wird gegenwärtig auf der Grundlage der veränderten PSI-Richtlinie der EU überarbeitet.

Bund und Länder haben so im Laufe der Jahre insgesamt 28 Gesetze zur Informationsfreiheit auf den Weg gebracht, die nunmehr die Gesetzessammlungen zieren. Nicht nur Laien haben bisweilen Mühe, den Überblick zu behalten und das dogmatische Gestrüpp zu entwirren. Hier wäre zumindest eine Rechtsbereinigung sinnvoll, wenn es schon nicht möglich sein soll, sich auf gemeinsame gesetzliche Regelungen für Bund und Länder zu einigen und die drei Informationsfreiheitsgesetze IFG, UIG und VIG in einem Gesetz zu vereinigen,

Wirft diese Vielfalt der Regelungen zur Informationsfreiheit in Bund und Ländern eher rechtssystematische und – in der Praxis durchaus lösbare – Fragen auf, so sind die noch immer bestehenden weißen Flecken der Informationsfreiheit in Deutschland nicht länger akzeptabel. Noch immer haben 5 von 16 Bundesländern kein gesetzliches Recht der Menschen auf freien Zugang zu den Behördeninformationen ihrer Länder. In Niedersachsen und Baden-Württemberg ist wenigstens ein erstes Konzept für einen rot-grünen Gesetzentwurf in Arbeit. Sogar in Hessen gibt es zumindest eine Koalitionsvereinbarung von Schwarz und Grün. Lediglich Bayern und Sachsen lassen keinerlei Bemühen erkennen, ihre alte Blockadehaltung zu überwinden. Immerhin gibt es in Bayern aber eine Reihe von Kommunen, die das Recht auf Informationszugang zu kommunalen Unterlagen festgelegt haben.

Die bis heute unvermindert bestehende Abwehrhaltung gegen die Öffnung der Bürokratie ruft schmerzhaft in Erinnerung, wie schwer es die Informationsfreiheit in Deutschland hat.[4] Das zeigt beispielhaft der mühsame Entstehungsprozess eines Landesgesetzes im grün-rot regierten Baden-Württemberg. Das Gesetz wurde erst kurz vor dem Ende der Legislaturperiode verabschiedet und trat am 30. Dezember 2015 in Kraft.

Hamburg segelt voran

Das Flaggschiff der Informationsfreiheitsgesetze in Deutschland ist gegenwärtig das Hamburgische Transparenzgesetz vom 6. Juli 2013.[5] Die Initiative für diese Reform ging nicht vom Landesparlament und schon gar nicht vom Senat aus, sondern von zivilgesellschaftlichen Organisationen wie Transparency International, Mehr Demokratie und dem Chaos Computer Club. Diese NGOs hatten einen eigenen Gesetzentwurf erarbeitet und starteten im Herbst 2011 als erste Stufe der Volksgesetzgebung eine Volksinitiative. Nach wenigen Wochen war das vorgeschriebene Quorum einer notwendigen Zahl von Unterschriften abstimmungsberechtigter Bürgerinnen und Bürger erreicht. Noch bevor das Volksbegehren als zweite Stufe des Verfahrens der Volksgesetzgebung eingeleitet wurde, übernahm die Hamburger Bürgerschaft fraktionsübergreifend den Entwurf.

Das neue Gesetz verpflichtet die auskunftspflichtigen Stellen, ihre Informationen unverzüglich im Volltext in einem neuen zentralen Informationsregister zu veröffentlichen, dass bis Oktober 2014 in Betrieb gehen sollte. Dieses Informationsregister bietet städtisches Datenmaterial in einem maschinenlesbaren Format zur kostenfreien Weiterverarbeitung an. Daten aus öffentlichem Bestand stehen dann ohne technische oder juristische Beschränkungen zur Verfügung. Die offenen Formate erlauben es, die bereitgestellten Daten zu neuen Informationsangeboten weiterzuentwickeln.

Das Hamburgische Transparenzgesetz legt darüber hinaus einen umfassenden Katalog von Veröffentlichungspflichten für die Behörden des Landes fest. Sie müssen beispielsweise Geodaten, Bauleit- und Landschaftspläne öffentlich machen, ebenso Subventions- und Zuwendungsbescheide sowie die wesentlichen Unternehmensdaten städtischer Beteiligungen einschließlich der Darstellung jährlicher Vergütungen und Nebenleistungen für die Leitungsebene.[6]

Wegweisend ist auch die Regelung, wonach auch Verträge des Landes mit Privaten, an deren Veröffentlichung ein öffentliches Interesse besteht, von sich aus zu veröffentlichen sind; Berlin hat eine ähnliche Vorschrift.

Mit diesen Regelungen geht das Hamburger Gesetz wesentlich weiter als beispielsweise die entsprechenden Bestimmungen im IFG und im UIG des Bundes. Beide Gesetze sollten – ebenso wie die entsprechenden Gesetze der Länder – nach diesem Vorbild reformiert werden.

Baustellen gibt es noch genug

Mit der Informationsfreiheit in Deutschland geht es voran. Diese optimistische Einschätzung darf aber nicht über die vielen Stolpersteine hinwegtäuschen, die den Weg pflastern. Bisweilen gleicht der Weg zur mehr Transparenz eher einer Fahrt über die Buckelpiste.

Die verschiedenen Hemmnisse im Detail herauszuarbeiten, würde den Rahmen dieses Beitrags sprengen. Sie liegen zum einen im Gesetz selbst, das es Bürgern und Verwaltungen stellenweise unnötig schwer macht. Zum anderen ist der erforderliche Kulturwandel zur Öffnung der Verwaltung noch längst nicht überall vollzogen. Der Mut zur Transparenz ist vielfach ausbaufähig.

Das IFG enthält – die exakte Zählung ist wegen mancherlei Redundanzen etwas schwierig – nicht weniger als 37 Gründe, den Informationszugang zu verweigern. Der für den Bundestag angefertigte Evaluationsbericht durch das Institut für Gesetzesfolgenabschätzung und Evaluation der Verwaltungshochschule Speyer unter Leitung von Prof. Ziekow macht hier eine ganze Reihe von Vorschlägen zu Verbesserung des Gesetzes.[7]

Eine unrühmliche Rolle bei der Ablehnung von IFG-Anträgen spielen die Betriebs- und Geschäftsgeheimnisse. Sie haben sich – wie schon beim Inkrafttreten des Gesetzes befürchtet – zum Klassiker unter den Transparenzbremsen entwickelt. Nach § 6 Satz 2 IFG darf der Zugang zu Betriebs- und Geschäftsgeheimnissen nur gewährt werden, soweit der Betroffene eingewilligt hat. Hinzu kommt, dass § 8 IFG jedem (privaten) Dritten das Recht zu einer Stellungnahme einräumt, wenn seine Belange »durch den Antrag auf Informationszugang berührt sind«. Diese Gesetzeslage (ver)führt dazu, dass Behörden bei – unliebsamen – IFG-Anfragen private Dritte zum gemeinsamen Blockieren vor ihren Karren spannen. Nicht selten wird bereits die bloße Behauptung Dritter, ihre Betriebs- und Geschäftsgeheimnissen seien berührt, ohne nähere rechtliche Prüfung akzeptiert und dem Antragsteller entgegen gehalten. Die Tätigkeitsberichte der Bundesbeauftragten für den Datenschutz und die Informationsfreiheit sind gefüllt mit entsprechenden Beispielen.

Der bisweilen inflatorische Gebrauch der Betriebs- und Geschäftsgeheimnisse wird sich vermutlich noch so lange nicht durchgreifend ändern, bis der Gesetzgeber wenigstens eine Abwägungsklausel nach dem Vorbild des Umweltinformationsgesetzes und einiger Landesgesetze im IFG festschreibt. Überwiegt das öffentliche Informationsinteresse, müssen auch Betriebs- und Geschäftsgeheimnisse beschränkt werden. Dann müssten die Behörden erkennbar gründlicher als bisher rechtlich prüfen, ob die Berufung auf das Betriebs- und Geschäftsgeheimnis den Informationszugang blockieren kann oder nicht. Schließt die öffentliche Hand Verträge mit privaten Dritten, sollte die Berufung auf den Schutz von Betriebs- und Geschäftsgeheimnissen ohnehin im Gesetz ausgeschlossen sein.

Reformagenda: Es kommt (auch) auf die Haltung an
Die gesetzliche Erweiterung des Informationszugangs, die Straffung der Ausnahmekataloge und die Aufnahme von Veröffentlichungspflichten bleiben ganz oben auf der politischen Agenda.

Die Diskussion über die Weiterentwicklung der Informationsfreiheit sollte indes nicht ausschließlich auf Ebene einer Reform des Gesetzes geführt werden. Vielmehr müssen auch die Chancen für mehr Transparenz – auf der Grundlage der bestehenden Gesetze – ausgelotet und konsequent genutzt werden. In der Diskussion wird bisweilen übersehen, dass die verpflichteten Behörden (des Bundes und der Länder) auch nach dem jeweils geltendem Recht beachtliche Spielräume haben, auch mit den bestehenden Normen bürgerfreundlich umzugehen – oder zu mauern. Aus der Sicht der NGOs hat ein Fixierung auf eine Änderung der Gesetze auch die unerwünschte Nebenwirkung, dass sich Behörden allzu gerne unter Berufung auf eine angeblich festgeklopfte restriktive Rechtslage davor drücken, vorhandene Gestaltungsspielräume im Interesse der Bürgerinnen und Bürger auszuschöpfen.

Sehen wir uns die Webseiten der Bundesministerien an, so fallen gravierende Unterschiede auf. Bei manchen wird man schon bei der Angabe von »IFG« als Suchbegriff nicht fündig. Andere Bundesbehörden wie das Auswärtige Amt sind da viel weiter. Hier bedarf es nicht unbedingt neuer gesetzlichen Vorschriften, sondern vielmehr des politischen Willens, mehr Transparenz zu wagen.

Ein zweites Beispiel für eine sinnvolle Nutzung vorhandener Gestaltungsspielräume ist die Bereitschaft der Behörden, von sich aus Vorgänge öffentlich zu machen. So arbeitete das Bundeswirtschaftsministerium gegenwärtig an einer Neufassung des Gesetzes über die Weiterverwendung von Informationen. Statt nun unter Berufung auf allerlei Ausschlussgründe das Verfahren im stillen Kämmerlein auszutragen, fanden sich Referentenentwurf und Stellungnahmen im Internet.[8] Es ist nicht bekannt, dass durch dieses Verfahren die vertrauensvolle Zusammenarbeit der Behörden untereinander gefährdet oder die zuständigen Mitarbeiter des Bundeswirtschaftsministeriums öffentlich unter Druck geraten wären. Das Beispiel zeigt positiv, was auch unter dem geltenden Rechts bereits möglich ist. Es sei dringend zur Nachahmung empfohlen!

Für den nachhaltigen Erfolg des Transparenzgedankens wird es darauf ankommen, dass die Behörden und gerade auch die Beschäftigten ein positives Verhältnis zur Freiheit der Information entwickeln und die entsprechenden gesetzlichen Regelungen nicht mehr als ärgerliche Störung ihrer Arbeit empfinden. Die Bearbeitung eines IFG-Antrags darf nicht davon abhängen, ob seine Beantwortung »unbequem« ist oder sogar mit rechtlichen Nachteilen für die Behörde verbunden ist. Umgekehrt sind aber auch Antragsteller mitunter gerade in schwierigen Fällen gut beraten, gemeinsam mit der angefragten Behörde noch vor der eigentlichen Bearbeitung miteinander zu sprechen, die Fragestellung zu präzisieren und sich so gemeinsam einen Überblick über Zeitaufwand und Kosten zu verschaffen. Wechselseitige Feinbilder bringen allen Beteiligten mehr

Arbeit, schlechte Laune und noch mehr gegenseitiges Misstrauen.

Nicht zu unterschätzen sind auch Organisation, Ausbildung und Motivation der Beschäftigten in den Verwaltungen, die den Informationsfreiheitsgesetzen unterliegen; hier gibt es noch viel zu tun. Der über Jahre andauernde Stellenabbau bei gleichzeitiger Erweiterung der Aufgabenbereiche hat die Arbeitsbelastung in vielen Behörden verstärkt. Führen dann noch Anfragen nach Informationszugang zu einer zusätzliche Arbeitsbelastung, kann dies die Bearbeitung verzögern. Hier sind die Leitungen der Häuser gefragt, die nötigen personellen Ressourcen bereit zu stellen und den mit der Bearbeitung der Anfrage beschäftigten Mitarbeiterinnen und Mitarbeitern den Rücken zu stärken. Diese Unterstützung »von oben« ist ein wirksames Mittel, einen deutlichen Transparenzschub zu bewirken, Ängste abzubauen und Motivation wecken.

Wie geht es weiter?
Im Deutschen Bundestag kommt die Reform des IFG gegenwärtig nicht voran. Daran hat auch der zitierte mehr als 565 Seiten umfassende Evaluationsbericht nichts geändert, obwohl er sehr pragmatisch konkrete Vorschläge für bestimmte Änderungen des IFG macht.[9]

Noch einen Schritt weiter als Prof. Ziekow und sein Team gehen Greenpeace, Transparency International, die Humanistische Union und die Deutschen Gesellschaft für Informationsfreiheit, die der Öffentlichkeit den Entwurf für ein Gesetz vorgelegt haben. Darin werden Informationsfreiheitsgesetz, Umweltinformationsgesetz und Verbraucherinformationsgesetz zusammenfasst und zugleich die Voraussetzungen für den Zugang zu öffentlichen Informationen durchgreifend verbessert.[10]

Ausgereifte Vorschläge für eine Modernisierung des IFG und auch der entsprechenden Gesetze der Länder liegen also auf dem Tisch und sollten Mut machen, eine neue zweite Stufe der Informationsfreiheit nicht aus den Augen zu verlieren. Es ist möglich, im Bund und in den Ländern vereinheitlichte und umfassende gesetzliche Transparenzregelungen auf den Weg zu bringen. Die Ausnahmen vom Grundsatz des Informationszugangs müssen deutlich beschränkt und im Gegenzug die Verpflichtung der Behörden zur pro-aktiven Information ausgeweitet werden. Dieser Schritt stärkt die Bürgerinnen und Bürger, die Arbeit der NGOs und vor allem die Demokratie.

Die Arbeit der Humanistischen Union für mehr Transparenz und Demokratie ist noch lange nicht beendet. Die Emeritierung von Prof. Rosi Will setzt hier bestimmt noch Kräfte frei, die uns allen zu Gute kommen.

1 Zur Vorgeschichte des IFG: Der lange parlamentarische Weg zur Informationsfreiheit auf Bundesebene: Kollbeck/von Dobeneck, in: Berger/Roth/Scheel, Informationsfreiheitsgesetz, Kommentar, 1. Aufl. 2006, S. 23 ff.
2 Dokumentiert in: »Vorgänge, Zeitschrift für Gesellschaftspolitik, Nr. 46, August 1980, S. 137–138.
3 Siehe zur Entwicklung der Antragszahlen seit 2006: http://www.bmi.bund.de/DE/Themen/Moderne-Verwaltung/Open-Government/Informationsfreiheitsgesetz/informationsfreiheitsgesetz_node.html (abgerufen am 14. 8. 2014).
4 Dazu: Der lange parlamentarische Weg zur Informationsfreiheit auf Bundesebene: Kollbeck/von Dobeneck, in: Berger/Roth/Scheel, Informationsfreiheitsgesetz, Kommentar, 1. Aufl. 2006, S. 23 ff.
5 Hamburgisches Gesetz- und Verordnungsblatt, Teil 1, S. 271 ff.
6 Dazu: Caspar: Von der Informationsfreiheit zur Transparenz – das Hamburgische Transparenzgesetz tritt in Kraft – Vortrag beim 2. BfDI-Symposium zur Informationsfreiheit am 6. September 2012, http://www.bfdi.bund.de/SharedDocs/IFG/IFGSymposium2012/Vortrag_Caspar.html?nn=411766 (abgerufen am 14. 8. 2014).
7 Ziekow, IFG-Evaluationsbericht, Deutscher Bundestag – Innenausschuss – Ausschussdrucksache 17(4) 522 B: http://www.bundestag.de/bundestag/ausschuesse17/a04/Analysen_und_Gutachten/Gutachten_IFG.pdf (abgerufen am 14. 8. 2014).
8 http://www.bmwi.de/DE/Themen/digitale-welt,did=639976.html (abgerufen am 14. 8. 2014).
9 Ziekow, IFG-Evaluationsbericht, Deutscher Bundestag – Innenausschuss – Ausschussdrucksache 17(4) 522 B: http://www.bundestag.de/bundestag/ausschuesse17/a04/Analysen_und_Gutachten/Gutachten_IFG.pdf (abgerufen am 14. 8. 2014).
10 Entwurf für ein Bürgerinformationsgesetz (BIG), präsentiert am 21. Dezember 2010 von Greenpeace e. V., Netzwerk Recherche e. V. und der Deutschen Gesellschaft für Informationsfreiheit http://www.dgif.de/fileadmin/user_upload/pdfs/B%C3%BCrgerinformationsgesetz-Gesetzestext.pdf (abgerufen am 14. 8. 2014).

Kai von Lewinski

Datenschutzrecht in der DDR*

»Unter den Mitteln und Instrumenten der Machtausübung spielt das Recht eine herausragende Rolle.«[1] In mindestens demselben Maße kann Recht, das Anderssein von Recht und die Abwesenheit von bestimmten Rechtssätzen auch als Folie für rechtsgeschichtliche und rechtsvergleichende Erkenntnis dienen. Besonders spannend ist ein solcher Vergleich, wenn er über politische Systemgrenzen und wohl auch über den datenverarbeitungstechnischen *Digital Divide* zwischen den beiden deutschen Staaten hinweg erfolgt. Hierzu will dieser Artikel, der allerdings weiß, dass er nicht mehr als eine knappe erste Skizze sein kann, einen Beitrag leisten und Anstoß für weitere Forschungen sein.

1. Ausschließlich staatliche Datenmacht

Mit Blick auf den Ostblock lag ein wesentlicher Unterschied zu den westlichen Staaten[2] weniger in dem Maß der Überwachung als in der ausschließlichen Bündelung von Datenmacht in der Hand des Staates (und der Partei). Es war bezeichnend, dass bereits die Sowjetische Militäradministration (SMAD) in Deutschland im Juni 1947 ein Verbot von (Wirtschafts-)Auskunfteien und Detekteien erließ.[3] Was auf den ersten Blick wie eine Datenschutzmaßnahme wirkt, war tatsächlich ein Pflasterstein auf dem Weg zur »staatsexklusiven« Macht über Daten, wie sie in der DDR wohl am prominentesten, aber nicht nur vom Ministerium für Staatssicherheit ausgeübt wurde.

1.1. *Datensammlungen und Datenbanken*

Zu einem Dreh- und Angelpunkt der staatlichen Datenmacht entwickelte sich rasch das Meldewesen. Es hatte eine zentrale Funktion für die Erfüllung staatlicher Aufgaben, nicht nur im Sicherheits-, sondern auch im Fürsorgebereich.⁴ Die Personendatenbank (PDB)⁵ umfasste neben den in der DDR gemeldeten auch alle verstorbenen oder ins Ausland abgemeldeten Personen.⁶ Die PDB enthielt »praktisch alles« von Personalien, An- und Abmeldungen über Reisen und den Bildungsgang bis hin zu Haft oder der Zugehörigkeit zu bewaffneten Organen. Eingepflegt wurden die Daten von nahezu allen staatlichen Stellen.⁷ Daneben existierten unter anderem noch ein nationales Krebsregister⁸ und ein Diabetesregister.

1.2. Personenkennzahl
Die Arbeit (nicht nur) des Meldesystems setzte auf der Personenkennzahl (PKZ) auf,⁹ die durch (nicht veröffentlichten) Beschluss des Ministerrates vom 15. Oktober 1969 und vom 13. Juli 1971 eingeführt wurde. Sie wurde an jeden Bürger¹⁰ vergeben und beinhaltete bereits als Bestandteile das (sechsstellige) Geburtsdatum, Geburtsjahrhundert und Geschlecht sowie eine Unterscheidungszahl für am selben Tag Geborene desselben Geschlechts und erleichterte so den raschen Informationsaustausch über Personen. Insoweit war sie ein primärer Ordnungsbegriff in vielen Datenbanken, auch in der PDB.¹¹

1.3. Staatssicherheit (Stasi)
Eine besondere Rolle, jedenfalls in dem heutigen Bild der DDR, spielen die Datensammlungen der Staatssicherheit (Stasi),¹² die uns als »Erbe« weit über 100 Kilometer Aktenmaterial hinterließ.¹³ Einen gewissen Bekanntheitsgrad erlangte insbesondere die sogenannte F 16, eine Personenkartei zum zentralen Nachweis aller Personen, die unter anderem Namen phonetisch sortierte.¹⁴

2. Begriff und Bedeutung des »Datenschutzes« in der DDR
Auf den ersten Blick mag es dann überraschen, dass es auch in der DDR den Begriff »Datenschutz« gab. Er war durch ministerielle Weisung eingeführt¹⁵ und damit (auch) ein Rechtsbegriff. Gemeint war freilich nicht Datenschutz

im westlichen Sinne von Persönlichkeitsschutz, sondern entsprechend dem eigentlichen Wortsinn »Datensicherheit«.[16] Wenn und soweit es einen Datenschutz in der DDR gegeben hatte, so hatte seine Wurzel im Geheimnisschutz gelegen.[17]

Doch war es nicht nur diese begriffliche Verschiedenheit, sondern Ost und West trennten unterschiedliche Rechts- und Gesellschaftsvorstellungen. So wurde von ostdeutscher Warte aus angemerkt, dass der westdeutsche »bürgerliche Staat« in Gestalt des Datenschutzes der »wachsenden Vergesellschaftung des Lebens« um der »Aufrechterhaltung der Privateigentümerstellung in ihrer konkreten Existenzform als Privatsphäre« willen entgegentrat.[18] Umgekehrt monierte beispielsweise der westdeutsche Datenschützer *Thilo Weichert*, dass, »was keine Rolle spielte, [...] auch nicht erwähnt wird: Begriffe wie ›Betroffener‹, ›personenbezogenes Datum‹ und ›Zweckbindung‹«; »Datenschutz« sei auf die Datensicherheit reduziert gewesen.[19]

Nur weil es aber »Datenschutz« im westlichen Sinne (so) nicht gegeben hatte[20], bedeutet nicht, dass es in der DDR und ihrem Recht keine Regelungen zum Schutz von Daten, von informationellen Interessen und auch des Persönlichkeitsrechts gegeben hätte.[21]

3. Verfassungsrechtliche und einfachgesetzliche Regelungen

3.1. Sozialistische Gesetzlichkeit und Datenschutz

Vorangestellt werden muss, dass die marxistisch-sozialistische Persönlichkeitskonzeption keine gegensätzlichen Interessen zwischen Individuum und Gemeinschaft kennt und eine Entfaltung nur im Rahmen der Gesellschaft stattfindet.[22] Das der sozialistischen Gesetzlichkeit zugrundeliegende Verständnis der Person, die »sozialistische Persönlichkeit«[23], unterscheidet sich darin von dem bürgerlich-liberalen Menschenbild, dass nicht die Herrschaft des Individuums über die eigene Persönlichkeitssphäre geschützt ist,[24] sondern die »sozialistische

Persönlichkeit« erst aufgrund der Entwicklung durch die sozialistische Gesellschaft gebildet wird.[25] So gilt der Persönlichkeitsrechtsschutz nicht der »schöpferischen Person [...] schlechthin«, sondern der »schöpferischen Persönlichkeit in der sozialistischen Gesellschaft«.[26]

3.2. Verfassungsrecht

Hinsichtlich des Textbefunds unterscheiden sich die DDR-Verfassungen trotz dieser Abweichungen im Persönlichkeitsbild allerdings nicht sehr von den geschriebenen datenschutzrechtlichen Gewährleistungen des Grundgesetzes.

3.2.1. Persönlichkeitsrecht und sozialistische Persönlichkeit

Die Verfassung der DDR von 1968 – insoweit unverändert in der revidierten Fassung von 1974 – nimmt an drei Stellen Bezug auf die Persönlichkeit (Art. 19 Abs. 2 u. 3, Art. 30 u. Art. 31 DDR-Verf 1968/74)[27]. Die »Persönlichkeit« der Bürger war gemäß Art. 30 Abs. 1 DDR-Verf »unantastbar«, was jedoch vor dem Hintergrund des sozialistischen Persönlichkeitsbilds verstanden werden muss. Art. 19 Abs. 3 DDR-Verf wünschte den Bürger »frei von Ausbeutung, Unterdrückung und wirtschaftlicher Abhängigkeit[,] seine Fähigkeiten in vollem Umfang zu entwickeln und seine Kräfte aus freiem Entschluss zum Wohle der Gesellschaft und zu seinem eigenen Nutzen in der sozialistischen Gemeinschaft ungehindert zu entfalten. So verwirklicht er Freiheit und Würde seiner Persönlichkeit«. Diese Freiheit findet also nicht nur ihre Grenzen in der sozialistischen Gemeinschaft, sondern der Freiheitsgebrauch soll »zum Wohle der Gesellschaft« erfolgen.[28] So ist diese »Freiheit« nicht eine solche *gegen den Staat*, sondern eine Freiheit *im Staat*, die zudem nicht für gegen den Sozialismus gerichtetes Handeln in Anspruch genommen werden kann.[29] Dem Allgemeinwohl zu dienen, wurde gleichsam als Persönlichkeitsverwirklichung betrachtet.[30] Somit wird hier keine klassische Abwehrrechtsposition vermittelt,[31] wie es beispielsweise im bundesdeutschen Grundgesetz der Fall ist,[32] sondern die »richtige Teilhabe am gesellschaftlichen Aufbau«.[33] Man könnte hier auch von einem derivativ aus der Teilhabe am Kollektiv abgeleiteten Mitgestaltungsanspruch sprechen. Ein Persönlichkeitsrecht, das sich aus einem Mitgestaltungsrecht herleitet, kann jedoch seinerseits nicht weiter reichen als der Mitgestaltungsanspruch und ist demnach per se beschränkt.[34]

3.2.2. Post- und Fernmeldegeheimnis

Das Post- und Fernmeldegeheimnis (Art. 31 DDR-Verf 1974; wortgleich DDR-Verf v. 1968) wurde faktisch – jedenfalls seitens der Sicherheitsorgane – nicht beachtet.[35] Formaljuristisch wurde es durch den weit auslegbaren Beschränkungsgrund »Sicherheit des sozialistischen Staates« unterminiert.[36] Kritische westdeutsche Stimmen erachteten den Art. 31 als »wertlos«,[37] während in den DDR-Kommentaren zur Verfassung diese »Einschränkung« ausdrücklich nicht mit einer Aufhebung des Grundrechtes gleichgesetzt wurde.[38]

3.2.3. Unverletzlichkeit der Wohnung

Ebenfalls zum Grundbestand herkömmlicher abendländischer Grundrechtskataloge gehört die »Unverletzbarkeit« der Wohnung, die in Art. 37 Abs. 3 DDR-Verf 1968/74 geregelt war. Nach den Verfassungsvorstellungen der DDR räumte dies dem Bürger das Recht ein, in seiner Wohnung »ungestört« und mit dem Recht zur Inanspruchnahme des Schutzes »der zuständigen staatlichen Organe« (sic!) zu leben.[39] Dies sollte der Entfaltung des persönlichen Status dienen, der in Art. 30 Abs. 1 DDR-Verf normiert und seinerseits beschränkbar ist, also im Ergebnis die »Unverletzbarkeit der Wohnung« immanent beschränkte.[40]

3.2.4. Verfassungstextlicher Gleichstand und datenschutzrechtlicher Rückstand

Bei einem reinen Textvergleich unterschieden sich die informationellen Grundrechtsgewährleistungen zwischen

Ost- und Westdeutschland nicht sehr. In der Praxis aber machten Interpretation und jeweiliges Menschenbild einen großen Unterschied. Und noch größer werden die Unterschiede, wenn man sich vom Normtext und dessen unmittelbarer Interpretation löst. Denn während einerseits das BVerfG in der Volkszählungsentscheidung[41] die Frage (staatlicher) Datenmacht offensiv anging und einer grundrechtlichen Lösung zuführte, blieben in der DDR selbst die geschriebenen Gewährleistungen jedenfalls als westlich verstandene Abwehrrechte gegenüber dem Staat wirkungslos, nicht zuletzt, weil es auch keine Verfassungsgerichtsbarkeit gab.[42]

3.3. Recht der Verwaltung

In der Verwaltung gab es einen Datenschutz im westlichen Sinne, der die Datenverarbeitungsmöglichkeiten und damit die Datenmacht der Verwaltung beschränkte, nicht. Dies hätte dem sozialistischen Bild, in dem es ein Gegeneinander von Staat und Gesellschaft nicht mehr gab und in dem der Einzelne sich dem Kollektiv und dessen Interessen unterordnen musste, nicht entsprochen.

3.4. Straf- und Strafprozessrecht

Ähnlich wie auf der Ebene der Verfassung (3.2.) unterschieden sich ost- und westdeutsches Straf- und Strafprozessrecht auf der Textebene nur wenig. Dies zumal, als das Datenschutzstrafrecht kein Kernstrafrecht darstellt und in seiner Bedeutung in der Verfolgungspraxis in (West-)Deutschland bis heute randständig geblieben ist[43].

So enthielt das DDR-Strafrecht mit dem westdeutschen StGB vergleichbare informationelle Delikte. Mit § 135 DDR-StGB sollte das Briefgeheimnis, welches in Art. 31 DDR-Verf garantiert war, geschützt werden.[44] Verwirklicht war der Tatbestand, wenn sich ein Unberechtigter Kenntnis vom »gedanklichen Inhalt« eines verschlossenen Schriftstückes verschaffte, wobei die Berechtigung an das Einverständnis der Berechtigten oder eine gesetzliche Ermächtigung anknüpfte.[45] – Weiterhin waren Verstöße bei der

Verletzung des Berufsgeheimnis nach § 136 DDR-StGB, sowie nach §§ 202–205 DDR-StGB des Post- und Fernmeldegeheimnis strafbewehrt. Die Schweigepflicht erstreckte sich hierbei, wie auch heute, auf Tatsachen, an denen ein persönliches Interesse der Verschwiegenheit, ein »Privatgeheimnis«, bestand.[46] – Deutlich prominenter als im Westen war der staatliche Geheimnisschutz geregelt (Art. 1 S. 3 DDR-StGB 1977: »Der sozialistische Staat schützt seine staatlichen, wirtschaftlichen und militärischen Geheimnisse allseitig gegenüber jedermann.«). – Mit dem 5. StÄG v. 14. Dezember 1988[47], wurde auf die automatisierte Verarbeitung von Daten reagiert und unter anderem § 161b StGB (»Mißbrauch der Datenverarbeitung zum Nachteil sozialistischen Eigentums«) und § 180a DDR-StGB (»Mißbrauch der Datenverarbeitung zum Nachteil persönlichen oder privaten Eigentums«) eingeführt,[48] kurz vor der politischen Wende (s. hierzu 5.2.) dann noch § 136a DDR-StGB (»Verletzung der Rechte an persönlichen Daten«)[49].

Auch das Strafprozessrecht unterschied sich auf der Textebene nicht grundsätzlich. So gab es ein Aussageverweigerungsrecht für Geistliche, Ärzte, Apotheker, Rechtsanwälte usw. (§ 29 DDR-StPO 1968)[50]. Wohnung, Post- und Fernmeldegeheimnis waren geschützt (§ 7 DDR-StPO 1968), Eingriffsbefugnisse ergaben sich aus § 115 DDR-StPO.

Hinsichtlich verurteilter Personen bestand in gewissem Maße Datensparsamkeit: So waren nach Ablauf näher spezifizierter Fristen gem. § 8 Abs. 1 S. 2 StRG (»Gesetz über Eintragung und Tilgung im Strafregister«)[51] die verhängten Strafen aus dem Strafregister zu löschen.

3.5. *Informationelles Zivilrecht*
In einer sozialistischen Gesellschaft kann es konzeptionell keinen »nicht-öffentlichen Bereich« (vgl. §§ 27 ff. BDSG) geben, jedenfalls nicht in dem Sinne, dass das unternehmerisch-produktive Handeln von Staat und Gesellschaft zu trennen wäre. Dementsprechend schwach war der zivilrechtliche Schutz informationeller Interessen ausgeprägt.

Das Persönlichkeitsrecht sollte zunächst nicht durch das Zivilrecht, sondern außerhalb verwirklicht werden, auch war die Figur des »subjektiven Rechts« zunächst nicht durchweg anerkannt. Der Begriff »Allgemeines Persönlichkeitsrecht« wurde gemieden,[52] indem das offiziöse Standardlehrbuch – in Annäherung an das Sowjetische Zivilrecht – dieses Kapitel als »Die persönlichen Nichtvermögensrechte« benannte, überhaupt wurde der Terminus Persönlichkeitsrechte als »irreführend« bezeichnet.[53] Als Arten »persönlicher Nichtvermögensrechte« wurden das Namensrecht, das Recht auf Ehre sowie die Urheberschaft anerkannt.[54]

Diese abwehrende Haltung änderte sich zu Beginn der Sechziger Jahre[55]. Mit Einführung des Zivilgesetzbuches (ZGB) Mitte der Siebziger Jahre wurde dem Bürger jedenfalls rechtstechnisch ein Persönlichkeitsrecht gem. § 1 Abs. 1 S. 1 und Abs. 2 S. 3 ZGB zugeschrieben. Auch §§ 7 und 327 ZGB enthielten Bezüge zum Persönlichkeitsbegriff. Zwar verengte eine Mindermeinung das (zivilrechtliche) Persönlichkeitsrecht auf das Urheberrecht,[56] jedoch war der Persönlichkeitsrechtsschutz, auch bezüglich der Rechte nach §§ 7, 327 ZGB wie z. B. Ehre, Ansehen, Namen, Bildnis und ähnlichem[57], im ZGB angelegt.

Allerdings fand dies seine Relativierung in der Figur der »sozialistischen Persönlichkeit« (s. o. 3.2.1.) und wies demnach mehr eine dienende Funktion auf.[58] Ein allgemeines Persönlichkeitsrecht im hiesigen Sinne gab es in der DDR nicht.[59] Dieses unterschiedliche Verständnis einer eher gesellschaftlich als individualistisch verstandenen Persönlichkeit zeigte sich z. B. daran, dass Verletzungen des Persönlichkeitsrechts nicht zu Schadenersatz wegen immateriellen Schadens führten[60], wohl aber ein Feststellungsanspruch mit Rehabilitierungsfunktion bestand.[61]

Sogar ausdrücklich geregelt war, dass »überlassene Unterlagen«, soweit sie im Rahmen einer »persönlichen Dienstleistung« dem Auftragnehmer überantwortet wurden, nach deren Beendigung zurückzugeben waren (§ 203 Abs. 1 ZGB). Dies stellt insoweit eine Besonderheit dar, als der Auftragnehmer ohnehin alles aus der Dienstleistung Erlangte herauszugeben hatte und die Unterlagen durch die explizite Nennung eine hervorgehobene Position erhielten.

Im Urheberrecht bestand ein »Schutz der persönlichen Dokumentation«[62], der persönliche Unterlagen über das gesprochene Wort und Personenbildnisse umfasste. Letztere wurden unter dem Topos »Persönlichkeitsschutz« auch von § 88 DDR-Urheberrechtsgesetz (URG)[63] erfasst, wobei eine zulässige Nutzung »berechtigte(n) Interessen« nicht zuwiderlaufen durfte. Auch Briefe und Tagebücher genossen nach § 89 f. DDR-URG immaterialgüterrechtlichen Schutz.

Zivilprozessual findet sich, ähnlich der strafprozessualen Aussageverweigerung (s. o. 3.4.), gem. § 55 Abs. 2 DDR-ZPO eine staatlich »anerkannte« oder »auferlegte« Pflicht zur Verschwiegenheit, die einer Zeugenaussage entgegenstand. Anerkannt war diese insb. bei den klassischen Heilberufen sowie bei Rechtsanwälten, Notaren und anderen Beiständen.[64] Auch ein Zeugnisverweigerungsrecht, um innere Konfliktlagen zu vermeiden, war nach § 56 DDR-ZPO anerkannt.

4. Unterschiedliche Antworten auf der Schwelle zur Informationsgesellschaft

Jedenfalls im Bereich staatlicher Überwachung bestanden in der DDR die informationstechnischen Bedingungen, die in der Bundesrepublik in den Siebziger und Achtziger Jahren zur Datenschutzdebatte führten. Rechtlich-textlich waren die Unterschiede in beiden deutschen Staaten, zumal in den Siebziger Jahren, nicht sehr groß, stammten sie doch beide aus dem bürgerlichen Industriezeitalter. Jeweils an der Schwelle zur Informationsgesellschaft fielen die Antworten entsprechend der Regierungs- und Herrschaftssystem unterschiedlich aus. Während man in Westdeutschland sehr früh, vielleicht auch zu früh, eine Antwort auf die damals erst schemenhaft erkennbaren Gefahren gefunden hat, stellte der Macht- und Sicherheitsapparat im Osten die Informationstechnik ganz in den Dienst der »Diktatur der Arbeiterklasse« und sah darin ein Mittel zur Sicherung der bestehenden wirtschaftlichen wie politischen Verhältnisse und des Machtanspruchs der SED, nicht zur (vorrangigen) Sicherung der individuellen Freiheit.

5. Epilog: Spuren echten DDR-Datenschutzrechts

Auch wenn in Rechtstexten und der Rechtspraxis Datenschutz in der DDR nicht stattfand, waren auf wissenschaftlicher und Planungsebene doch Einflüsse fühlbar. In geringem Umfang schwappte die westdeutsche Datenschutzdiskussion in den Siebziger und Achtziger Jahren über[65], wurde aber hauptsächlich nur in Bezug auf die Datensicherheitsaspekte rezipiert[66].

Und umgekehrt darf der Treppenwitz der Geschichte nicht übersehen werden, dass eine der Wurzeln des bundesdeutschen Datenschutzrechts, jedenfalls eine der wissenschaftlichen, unter dem Eisernen Vorhang hindurchgewachsen war. In dem für das westdeutsche Datenschutzrecht maßgeblichen Gutachten von *Steinmüller* u. a. wird an wesentlicher Stelle auf die Untersuchung des ostdeutschen Staatsanwalts *Günter Herzog* zu »Problemen der Anwendung der kybernetischen Modellmethode in der Kriminologie« Bezug genommen[67].

5.1. *Vorarbeiten für ein Datenschutzgesetz der DDR*

Auf ministerieller Ebene hatte es wohl erste konzeptionelle Arbeiten gegeben[68]. So hatte die DDR-Führung unbestätigten Gerüchten zufolge einen Datenschutzgesetzentwurf bereits nach der KSZE-Schlusskonferenz 1975 erarbeiten lassen[69].

Aus dem akademischen Bereich kennen wir Überlegungen zum Persönlichkeitsschutz vor EDV bei *Fritsche*[70] und *Beyer/Thaten*[71] aus den frühen Achtziger Jahren, die Anfang 1989 zu Überlegungen zu einem DDR-Datenschutzrecht weitergereift waren, aber nicht (mehr) veröffentlicht worden sind[72]. Sie lehnten sich weitgehend an die Konzeption des westdeutschen Datenschutzes an, insbesondere wurden Begrifflichkeit und das Prinzip des Verbots mit Erlaubnisvorbehalt übernommen. Die Einbeziehung des staatlichen Handelns und des Arbeitsrechts in den Anwendungsbereich war aus politischen Gründen offengeblieben. Die Einwilligung war, anders als im Bundesdatenschutzgesetz (BDSG), an keine besondere Form gebunden. Bemerkenswert ist die mit dem Berichtigungsanspruch korrespondierende Pflicht des Betroffenen zur Berichtigung und Mitteilung von Änderungen.

5.2. Wiedervereinigung
Die Weltläufe aber ließen dem ostdeutschen Staat jedenfalls keine Zeit mehr für die Entwicklung eines eigenen und eigenständigen Datenschutzrechts. Die Einfügung des § 136a DDR-StGB[73] (»Verletzung der Rechte an persönlichen Daten«), der die Erfassung, Weitergabe und die Verschaffung von Zugang zu elektronisch gespeicherten »persönlichen Daten entgegen den Festlegungen in Rechtsvorschriften oder ohne Einwilligung des betroffenen Bürgers« (§ 136a Abs. 1 DDR-StGB) unter Strafe stellte, ist eine punktuelle Reaktion auf die gerade überwundene Überwachungsinfrastruktur geblieben. Im Zuge der Wiedervereinigung[74] wurde der informationelle Persönlichkeitsschutz dann schnell und ganz nach westdeutschem Vorbild gestaltet (vgl. Art. 8 Einigungsvertrag i. V. m. Anlage I Kap. II Sachgebiet C Abschnitt III Ziff. 3).[75]

6. Deutsches Datenschutzrecht ohne verarbeitete Überwachungserfahrung
Die Überwachungserfahrungen der Ostdeutschen haben – vielleicht abgesehen vom Umgang mit den Stasi-Akten im Stasiunterlagengesetz (StUG) – keinen eigenständigen Niederschlag im gesamtdeutschen Datenschutzrecht gefunden. Für das heutige Datenschutzrecht wäre eine konzeptionelle Konfrontation mit einem Datenschutzrecht, das sich in Ostdeutschland vor »echten« Überwachungserfahrungen aber nicht gebildet hatte, hilfreich gewesen.

DATENSCHUTZRECHT IN DER DDR

So aber sind die DDR und die Stasi nur eine Kulisse dessen, was Datenschutz verhindern will. Sie sind aber politisch beseitigt, nicht durch Recht überwunden worden. Für das Datenschutzrecht sind der schnelle Untergang der DDR und der fehlende gesetzliche Niederschlag der ostdeutschen Überwachungserfahrung vielleicht eine verpasste Chance.

* Herrn Ass. jur. *Johannes Hoffmann* (Universität Passau) danke ich sehr für die Recherche und die Unterstützung bei diesem Beitrag, Herrn Prof. Dr. *Ingo Fritsche* (FHR NRW) für kritische Durchsicht und Anregungen.

1 *Will*, Rechtsstaatlichkeit als Moment demokratischer politischer Machtausübung, Deutsche Zeitschrift für Philosophie 37 (1989), S. 801 (S. 806).

2 Dies verkennt natürlich nicht die zwischenzeitlich gewachsenen Möglichkeiten technischer Überwachung, die den Sicherheitsbehörden in aller Welt und der Netzwirtschaft heute Mittel an die Hand geben, die weit über die Möglichkeiten der sozialistischen Überwachungsstaaten hinausgehen.

3 Befehl 136 der SMAD v. 3. 6. 1947, Zentr.VOBl. 10/1947 v. 5. 8. 1947, S. 113; *Peilert*, Das Recht des Auskunftei- und Detekteigewerbes, 1996, S. 84, 95 ff. (dort auch Abdruck des SMAD-Befehls).

4 *Mühlbauer*, Kontinuitäten und Brüche in der Entwicklung des deutschen Einwohnermeldewesens, 1995, S. 153–156.

5 Umfassend zur PDB *Beyer/Thaten*, Probleme des Datenschutzes bei Führung und Nutzung der Personendatenbank, Dissertation an der Hochschule der Deutschen Volkspolizei 1984, die allerdings den Datenschutz als Frage »der Klassenauseinandersetzung mit dem Imperialismus« verstehen (S. 20 f.), gleichwohl ein Konzept für den Datenschutz der PDB erarbeiten, welches nach heutiger Diktion eher Datensicherheit oder -integrität betraf (vgl. S. 110 ff.).

6 *Mühlbauer*, DuD 1991, S. 509 (S. 511). – Diese Datenbank wurde nach 1990 durch das Zentrales Einwohnerregister (ZER) abgelöst, zu dem ab 1991 auch das ehemalige Rechenzentrum des DDR-Innenministeriums gehörte.

7 *Weichert*, DANA 4/1991, S. 5. – Damit kontrastiert der datensparsam, ohne Datenbanken (so z. B. das VZR, heute FAER) funktionierende Entzug der Fahrerlaubnis in der DDR. Entsprechende Verkehrsverstöße wurden durch einen Stempel im Führerschein dokumentiert; mit der fünften Einstempelung erlosch die »Fahrerlaubnis«.

8 VO über die Meldung von Geschwulsterkrankungen v. 24. 7. 1952 (GBl. Nr. 103 v. 1. 8. 1952, S. 632 f.) sowie die Zweite Durchführungsbestimmung zur Verordnung über die Meldung von Geschwulsterkrankungen v. 28. 10. 1952 (DDR-GBl. Nr. 154 v. 5. 11. 1952, S. 1125 f.); s. dazu *Jachertz*, DÄ (Deutsches Ärzteblatt) 2012, S. A-750 ff.; zur datenschutzrechtlichen Behandlung nach der Wende *Rudolf*, Datenerbe aus der deutschen Teilung, in: Isensee/Kirchhof, Handbuch des Staatsrechts, 1. Aufl. 2000, § 220 Rdnr. 55.

9 *Mühlbauer*, Kontinuitäten und Brüche in der Entwicklung des deutschen Einwohnermeldewesens, 1995, S. 156–157.

10 Im Schrifttum (z. B. *Mörs/Mühlbauer/Paritong-Waldheim/Schallbruch*, DuD 1991, S. 509 (S. 510); *Weichert*, DANA 4/1991, S. 5) wird in diesem Zusammenhang immer von »Bürgern« gesprochen. Ob mittels PKZ auch andere Einwohner erfasst wurden, wäre noch zu ergründen.

11 *Mühlbauer*, DuD 1991, S. 509 (S. 510).

12 Dazu z. B. *Fricke*, Die DDR-Staatssicherheit, 1982, oder *Engelmann/Florath/Heidemeyer et al.*, Das MfS-Lexikon, 2. Aufl. 2012.

13 *Gauck*, Die Stasi-Akten. Das unheimliche Erbe der DDR, 1991, S. 11.
14 *Hartwich*, in: Engelmann/Florath/Heidemeyer et al., Das MfS-Lexikon, 2. Aufl. 2012, S. 81.
15 *Krapp/Thaten*, RDV 1991, S. 73 (S. 75). – Vgl. zuletzt noch die »Anordnung zur Gewährleistung der Datensicherheit« (DSAO) v. 23. 2. 1989 (vgl. DDR-GBl. Sonderdruck Nr. 1316; dazu *Bergmann/Möhrle/Herb*, BDSG, Stand 09/91, § 9 BDSG 1990, Rdnr. 15; *Ehrhardt*, RDV 1990, S. 123), die aber mehr von der »Sicherheit, der Ordnung und dem Geheimnisschutz der sozialistischen Gesellschaft her gedacht« war (§ 2).
16 Zur schiefen Begrifflichkeit von »Datenschutz« allgemein *v. Lewinski*, Die Matrix des Datenschutzes, 2014, S. 3 ff.
17 *Lau*, DuD, 1991, S. 391 (S. 391).
18 Z. B. *Fritsche*, Das Recht auf Achtung der Persönlichkeit und sein Schutz im Zivilrecht, Diss. zur Erlangung des akad. Grades eines Dr. sc., Jena, 1982 S. 10; zu dem Persönlichkeitsschutz zugrundeliegenden Persönlichkeitsrecht s. 3.2.1.
19 *Weichert*, DANA 4/1991, S. 5.
20 Datenschutzrecht im weiteren Sinne beginnt nicht, wie insb. *Simitis* (in: Simitis, BDSG, 8. Aufl. 2014, Einl. Rn. 1 et pass.) es vertritt, erst mit dem hessischen Datenschutzgesetz v. 1970, sondern wohl schon mit dem Aufkommen des modernen Staates um etwa 1600 (dazu *v. Lewinski*, in: Arndt u. a., Freiheit – Sicherheit – Recht, 2008, S. 196 ff.).
21 Hierzu *Eckbert Klüsener*, Data Security in the German Democratic Republic, in: Information System, Work and Organization Design, Proceedings of International IFIP-HUB-Conference, Berlin 10.–13. 7. 1989 (Dieser Tagungsbeitrag ist – soweit ersichtlich – jedoch leider in der universitären Bibliothekslandschaft nicht mehr verfügbar.).
22 *Petev*, Rechtstheoretische Aspekte des Schutzes individueller Rechte und Interessen in der sozialistischen Gesellschaft in: Westen/Meissner/Schroeder (Hrsg.), Der Schutz individueller Rechte und Interessen im Recht sozialistischer Staaten, 1980, S. 16.

23 Vgl. § 1 ZGB (DDR-GBl. 1975 I S. 465).
24 *Di Fabio*, in: Maunz/Dürig, Grundgesetz-Kommentar, Stand 71. ErgLfg. 2014, Art. 2 Rn. 147; *Lorenz*, in: Bonner Kommentar zum Grundgesetz, 168. ErgLfg. 2014, Art. 2 Rdnr. 242.
25 *Hattenhauer*, JuS 1982, S. 405 (S. 411).
26 *Nathan*, NJ 1964, S. 741 (S. 745); vgl. *Püschel* u. a., Urheberrecht, 1969, S. 61 ff.
27 Zu Art. 31 DDR-Verfassung s. 3.2.2.
28 *Pleyer/Lieser-Triebnigg*, in: FS Schwinge, 1973, S. 155.
29 *Mampel*, Die sozialistische Verfassung der Deutschen Demokratischen Republik, 2. Aufl. 1982, Art. 19 Rdnr. 12.
30 *Pleyer/Lieser-Triebnigg*, in: FS Schwinge, 1973, S. 155.
31 *Petev*, Rechtstheoretische Aspekte des Schutzes individueller Rechte und Interessen in der sozialistischen Gesellschaft in: Westen/Meissner/Schroeder, Der Schutz individueller Rechte und Interessen im recht sozialistischer Staaten, 1980, S. 21.
32 *Di Fabio*, in: Maunz/Dürig, Grundgesetz-Kommentar, Stand 71. ErgLfg. 2014, Art. 2, Rdnr. 132.
33 *Pleyer/Lieser-Triebnigg*, Der zivilrechtliche Schutz der Persönlichkeit in der DDR, in: FS Schwinge, 1973, S. 156.
34 *Mampel*, Die sozialistische Verfassung der Deutschen Demokratischen Republik, 2. Auf. 1982, Art. 30, Rdnr. 3.
35 *Reuter*, NJ 1991, S. 383 (S. 384); OLG Dresden, DuD 1994, S. 346 (S. 347); *Reuter*, Die Ungesetzlichkeit der Eingriffe in das Post- und Fernmeldegeheimnis der DDR, in: Museumsstiftung Post und Telekommunikation (Hrsg.), Ein offenes Geheimnis, 2002, S. 43 ff.; Kowalczuk/Polzin (Hrsg.), Fasse Dich kurz!, 2014.
36 *Sieger*, Verfassung der DDR, 5. Aufl. 1982, S. 80.
37 *Mampel*, Die sozialistische Verfassung der Deutschen Demokratischen Republik, 2. Auf. 1982, Art. 31, Rdnr. 19.
38 *Autorenkollektiv*, Verfassung der Deutschen Demokratischen Republik. Dokumente, Kommentar, Bd. 2, 1969, Art. 31, S. 128.
39 *Autorenkollektiv*, Verfassung der Deutschen Demokratischen Republik.

Dokumente, Kommentar, Bd. 2, 1969, Art. 37, S. 163.
40 *Mampel*, Die sozialistische Verfassung der Deutschen Demokratischen Republik, 2. Aufl. 1982, Art. 37, Rdnr. 25 ff., Art. 30 Rdnr. 5.
41 BVerfGE 65, 1 ff. – Volkszählung.
42 *Stolleis*, Sozialistische Gesetzlichkeit, 2009, S. 33 f.
43 Dazu *v. Lewinski*, in: Auernhammer, BDSG, 4. Aufl. 2014, vor §§ 43 ff. BDSG, Rdnr. 3.
44 *Autorenkollektiv*, Strafrecht der Deutschen Demokratischen Republik. Kommentar zum Strafgesetzbuch, 5. Aufl. 1987, § 135, S. 331.
45 *Autorenkollektiv*, Strafrecht der Deutschen Demokratischen Republik. Kommentar zum Strafgesetzbuch, 5. Aufl. 1987, § 135, S. 332 (S. 333); *Friebel/Orschekowski*, in: Strafrecht der Deutschen Demokratischen Republik. Lehrkommentar zum Strafgesetzbuch, Band II, 1969, § 135, S. 108.
46 *Autorenkollektiv*, Strafrecht der Deutschen Demokratischen Republik. Kommentar zum Strafgesetzbuch, 5. Aufl. 1987, § 136, S. 331 (S. 332); *Friebel/Orschekowski*, in Strafrecht der Deutschen Demokratischen Republik. Lehrkommentar zum Strafgesetzbuch, Band II, 1969, § 136, S. 109.
47 DDR-GBl. I S. 335.
48 Hierzu *Hasse*, NJ 1989, S. 97; *Pohl/Cramer*, DuD 1990, S. 493 (S. 551).
49 Hierzu *Hoeren*, CR 1989, S. 1109 ff.
50 Ob und wie weit diese Berufsträger durch Staat und Partei von ihrer Verschwiegenheitspflicht (rechtlich oder auch nur faktisch) entbunden werden konnten, bedürfte einer vertieften Aufarbeitung.
51 Strafregistergesetz (StRG) v. 1. 12. 1957 (GBl. I S. 647).
52 *Pleyer/Lieser-Triebnigg*, in: FS Schwinge, 1973, S. 154.
53 *Dornberger*, in: Dornberger u. a., Das Zivilrecht der Deutschen Demokratischen Republik, Allgemeiner Teil, 1954, S. 238 f. – Später erfolgte durch *Posch* eine Annäherung an das »Adressatenprinzip«.
54 *Dornberger*, in: Dornberger u. a., Das Zivilrecht der Deutschen Demokratischen Republik, Allgemeiner Teil, 1954, S. 242–245.
55 *Fritsche*, Das Recht auf Achtung der Persönlichkeit und sein Schutz im Zivilrecht, 1982, S. 83 f.
56 *Nathan*, NJ 1964, 741; dazu *Fritsche*, Das Recht auf Achtung der Persönlichkeit und sein Schutz im Zivilrecht, 1982, S. 102; *Pleyer/Lieser-Triebnigg*, in: FS Schwinge, 1973, S. 153 (S. 154).
57 *Göhring/Posch*, Zivilrecht, 1981, Teil 1 S. 24, Teil 2 S. 181 ff.
58 *Hattenhauer*, JuS 1982, 405 (411); *Mahlke*, Gestaltungsrahmen für das Gegendarstellungsrecht am Beispiel des Internet, 2005, S. 16.
59 *Gottwald*, Das allgemeine Persönlichkeitsrecht, 1996, S. 110; *Pleyer/Lieser-Triebnigg*, in: FS Schwinge, 1973, S. 153 (154); *Westen*, in: Westen/Meissner/Schroeder (Hrsg.), Der Schutz individueller Rechte und Interessen im Recht sozialistischer Staaten, 1980, S. 191 (S. 192 f.).
60 *H. Ehmann*, in: Erman, BGB, 10. Aufl. 2000, Anh. zu § 12 BGB, Rdnr. 11.
61 *Fritsche*, Das Recht auf Achtung der Persönlichkeit und sein Schutz im Zivilrecht, 1982, S. 252 f.
62 *Fritsche*, Das Recht auf Achtung der Persönlichkeit und sein Schutz im Zivilrecht, 1982, S. 230 ff., vgl. S. 135, 192, 222; *Fritsche/Posch*, NJ 1982, S. 224.
63 Gesetz über das Urheberrecht v. 13. 9. 1965 (GBl. I S. 209).
64 *Autorenkollektiv*, Zivilprozessrecht der DDR. Kommentar zur Zivilprozessordnung, 1987, § 55, S. 103.
65 Vgl. schon *Anders*, Neue juristische Fragestellungen durch die Anwendung und Nutzung der EDV als Rationalisierungsmittel im Zuge des wissenschaftlich-technischen Fortschritts, Wissenschaftliche Zeitschrift der Karl-Marx-Universität Leipzig – Gesellschafts- und Sprachwissenschaftliche Reihe XXVII (1978), S. 687 (S. 689); s. a. die Schilderung von *Fuchs-Kittowski*, in: GS Steinmüller, 2014, S. 59 ff., insb. S. 63.
66 *Fritsche*, Das Recht auf Achtung der Persönlichkeit und sein Schutz im Zivilrecht, 1982, S. 10, 135, 166, 169, 233 ff., 252 f.; *Fritsche/Posch*, NJ 1982,

S. 224 (S. 225); *Krapp/Thaten*, RDV 1991, S. 73 (S. 75); *Hillig*, DuD 1990, S. 339 f.
68 Umfassend *Mühlbauer*, Kontinuitäten und Brüche in der Entwicklung des deutschen Einwohnermeldewesens, 1995, S. 165-174.
67 *Herzog*, StuR 1968, S. 781 ff.; Bezug hierauf bei *Steinmüller/Lutterbeck/ Mallmann/Harbort/Kolb/Schneider*, BT-Drucks. 6/3826, S. 86 ff.
69 *Mühlbauer*, Kontinuitäten und Brüche in der Entwicklung des deutschen Einwohnermeldewesens, 1995, S. 170 Fn. 251.
70 *Fritsche*, Das Recht auf Achtung der Persönlichkeit und sein Schutz im Zivilrecht, 1982, S. 233-236; dazu *Mühlbauer*, Kontinuitäten und Brüche in der Entwicklung des deutschen Einwohnermeldewesens, 1995, S. 167 f.
71 *Beyer/Thaten*, Probleme des Datenschutzes bei Führung und Nutzung der Personendatenbank, 1984, S. 114 ff., die in ihren »Vorschlägen für allgemeinverbindliche Prinzipien und Maßnahmen zur Gewährleistung des umfassenden Schutzes personenbezogener Daten« neben »konkreten Löschungsfristen« auch die Schaffung eines »Gesetz(es) über die Anwendung der EDV« anregten.
72 *Fritsche*, Probleme des Schutzes persönlicher Daten im Bereich zivilrechtlicher Vertrags- und Betreuungsverhältnisse (Studie an der rechtswissenschaftlichen Sektion der FSU Jena), 1989; s. aber *ders.*, StuR 1990, S. 121 ff.
73 DDR-GBl. 1990 I S. 33 (S. 57 f.).
74 *Einwag*, RDV 1991, S. 13.
75 *Rudolf*, Datenerbe aus der deutschen Teilung, in: Isensee/Kirchhof, 1. Aufl. 2000, § 220 Rdnr. 34 ff.; zur Entwicklung auch *Thaten*, DSB 11/1990, S. 27 f.

Udo Kauß

Zur Unabhängigkeit der staatlichen Datenschutzkontrollinstanzen

Ein Lehrstück aus der Pharma-Industrie

Der Fall
Der schleswig-holsteinische Datenschutzbeauftragte und Leiter des Unabhängigen Landeszentrums für Datenschutz (ULD) Schleswig-Holstein Thilo Weichert wurde u. a. im Spiegel und der Tageszeitung (taz) damit zitiert, dass das Apothekenabrechnungszentrum VSA GmbH, das die Abrechnungen für rund ein Drittel aller 24 000 Apotheken Deutschlands gegenüber den gesetzlichen Krankenkassen vornimmt, jahrelang und millionenfach Abrechnungsdaten nicht vollständig anonymisiert an Unternehmen der Pharmaindustrie weitergegeben habe. Diese Daten böten weiterhin die Möglichkeit zur Identifikatkion der einzelnen betroffenen Bürger. Weichert hatte diese Praxis als rechtswidrig und als ein illegales Geschäftsmodell sowie den Vorgang – gemessen an der Zahl der Betroffenen – als den größten Datenschutzskandal der Nachkriegszeit im medizinischen Bereich bezeichnet. Dagegen setzte sich die Abrechnungsfirma gerichtlich zur Wehr, zunächst gegen den Spiegel, ohne Erfolg, weil der Spiegel sich auf eine sog. seriöse Quelle, eben den schleswig-holsteinischen Datenschutzbeauftragten, berufen konnte. Das direkte Vorgehen gegen den schleswig-holsteinischen Datenschutzbeauftragten hatte dann jedoch Erfolg. In erster Instanz wurde dem ULD durch das Verwaltungsgericht Schleswig die weitere öffentliche Erhebung dieser Vorwürfe untersagt und der Datenschutzbeuftragte auf die Möglichkeit zur fachinternen Diskussion verwiesen. In zweiter Instanz konnte dieser Maulkorb, der die staatlichen Datenschutzkontrollinstanzen an die Kandare eben der zu beaufsich-

tigenden Privatindustrie genommen hätte, abgewehrt werden: kein öffentliches Diskussionsverbot für die Datenschutzaufsichtsinstanzen; diese dürfen weiter öffentlich und auch unter namentlicher Nennung der betroffenen Firmen ihre Rechtsansichten vertreten. Nicht geklärt wurde das dem Streit zugrunde liegende nicht minder bedeutende materiell-rechtliche Problem. Das Oberverwaltungsgericht (OVG) Schleswig-Holstein ließ ausdrücklich offen, was unter den Bedingungen der modernen Datenverarbeitung mit ihren immer größer werdenden elektronischen Kapazitäten noch »anonym« heißt und welche Anforderungen zu stellen sind, damit Daten als anonymisiert im Sinne der gesetzlichen Vorschriften gelten können.[1] Ein bisher letzter Versuch der VSA GmbH, dem ULD ungeachtet der Entscheidung des OVG einen gerichtlichen Maulkorb umzuhängen, wurde vom Verwaltungsgericht Schleswig klar zurückgewiesen.[2]

1. Die gesetzgeberischen Grundlagen

Es besteht ein eingespieltes Kommunikationsgeflecht zwischen Apotheken und den von ihnen zur Auftragsdatenverarbeitung eingeschalteten Verrechnungszentren auf der einen Seite und auf der anderen Seite den jeweiligen Pharmaerzeugern und deren Serviceunternehmen, die seit jeher ein erstrangiges Interesse an den ärztlichen Verschreibungsdaten haben. Allein bei dem in Bayern ansässigen und bundesweit tätigen Marktführer VSA GmbH werden jährlich 140 Millionen Rezepte verarbeitet. Angesichts des immer breiter gewordenen Bedürfnisses der einzelnen Apotheken, für ihre Abrechnungen gegenüber den gesetzlichen Krankenkassen Serviceunternehmen wie die Apotheker-Abrechnungszentren in Anspruch zu nehmen und der Möglichkeit, das Abrechnungswesen maschinell durchzuführen, hat der Gesetzgeber im Jahre 1989 eine sogenannte bereichsspezifische Vorschrift über die Arzneimittelabrechnung unter Zuhilfenahme von Verrechnungszentren in das Sozialgesetzbuch V (SBG V) eingestellt. In der Novellierung von 2001 ist die maschinenlesbare Übertragung der Pharmazentralnummer sowie der Daten des Rezeptes, die Weiterleitung der Rezepte und der Abrechnungsdaten an die gesetzlichen Krankenkassen detailliert geregelt worden. Ausdrückliches Ziel der datenschutzrechtlichen Verfahrensvorschriften in § 300 Abs. 2 SGB V war, den eingeschalteten Abrechnungszentren zu verbieten, aus einer weiteren Verwendung der Abrechnungsdaten wirtschaftlichen Nutzen zu ziehen. So heißt ist in der Gesetzesbegründung im Jahre 1999: »Die Vorschrift stellt klar, dass die Einbindung von Rechenzentren auf im Sozialgesetzbuch geregelte Zwecke zu begrenzen ist und dem informationellen Selbstbestimmungsrecht der Versicherten und Leistungserbringer Rechnung zu tragen hat. Die Vorschrift schließt damit aus, dass die Rechenzentren die bei ihnen aufgelaufenen Daten auch anderweitig verarbeiten, nutzen und wirtschaftlichen Vorteil daraus ziehen können.«[3]

Dieser Zielvorstellung glaubte der Gesetzgeber dadurch Rechnung zu tragen, dass in § 300 Abs. 2 Satz 2 SGB V die Weiterleitung der hierbei gewonnenen Daten – Patientendaten, Medikamentendaten, Arzt- und Apothekendaten – an Dritte nur bei vollständiger Anonymisierung erlaubt worden ist. Datenschutzrechtlich handelt es sich bei anonymisierten Daten nicht mehr um dem Schutz des Bundesdatenschutzgesetzes (BDSG) unterliegende personenbezogene Daten.[4] Hierin waren und sind sich alle Kommentatoren des BDSG zu § 3 und des § 300 SGB V einig.[5]

Die vom Gesetz gewollte Absicht der wirtschaftlichen Wertlosigkeit anonym weitergegebener Daten aus der Rezeptdatenverarbeitung war den Datenverarbeitern dieser Branche von Anfang an ein Dorn im Auge. Es wurde von Anfang an auf Umgehung gesonnen und eine solche praktiziert, denn »eine vollständige Anonymisierung würde die Daten für den Empfänger wertlos machen, d. h. ein Interesse an solchen Daten dürfte nur bestehen, wenn die Verschlüsselung nicht zu einer vollständigen und tatsächlichen Anonymisierung führt«.[6] Ungeachtet dieser seit

1989 (vgl. § 3 BDSG in Verbindung mit §§ 35, 79 SGB X 2) bestehenden und durch die Novellierung 2001 bestätigten Situation haben die Abrechnungszentren, namentlich die VSA GmbH, die ihnen von den Apotheken übermittelten Rezept-Daten in personenbezogener, nicht anonymisierter Form vorgenommen.[7]

So hat die VSA GmbH, und nicht nur diese, über ein Jahrzehnt bis einschließlich Mai 2010 der Abrechnungs- und Datenverarbeitungsfirma GfD die Verordnungsdaten incl. Arztnummer, Apothekennummer und Versicherten-ID in nicht verschlüsselter Form geliefert, und die GfD hat ihrerseits die in diesem Bereich agierenden Unternehmen der Pharmaindustrie beliefert. Diese Praxis blieb, man möchte es kaum glauben, ein ganzes Jahrzehnt den staatlichen Aufsichtsbehörden und der Öffentlichkeit verborgen und damit ungerügt. Nur in Einzelfällen wurde direkte Werbung an Patienten und Ärzte durch die Pharmaindustrie bekannt.[8].

Dabei brauchten die auswertenden Pharmafirmen diesen Sachverhalt offenbar gar nicht erst besonders zu verdecken. Sie konnten auf die einschläfernde Wirkung einer, wenn man die Zeit vor dem SGB X mitrechnet, jahrzehntelangen Praxis vertrauen, so dass selbst der größte Pharmadatenverarbeiter, IMS Health seine Mitarbeiter sog. Datenschutzerklärungen unterzeichnen ließ, in den ganz offen von nur pseudonymisierten Daten gesprochen wurde.[9]

2. Exkurs: Anonymisierung/Pseudonymisierung

Das Bundesdatenschutzgesetz weist den in § 3 verwendeten Begriffen unterschiedliche Bedeutung zu. Danach ist Anonymisieren das Verändern personenbezogener Daten derart, dass eine Re-Identifizierung weder durch den Datenverarbeiter noch durch einen mit Zusatzwissen ausgestatteten Dritten möglich ist, das heißt, dass persönliche oder sachliche Verhältnisse nicht (objektive Anonymisierung) oder nur mit einem unverhältnismäßig großen Aufwand an Zeit, Kosten und Arbeitskraft (faktische bzw. relative Anonymisierung) einer bestimmten oder bestimmbaren Person zugeordnet werden können. Dagegen ist Pseudonymisieren das Ersetzen des Namens oder anderer Identifikationsmerkmale durch ein Kennzeichen zu dem Zweck, die Bestimmung des Betroffenen durch andere auszuschließen oder wesentlich zu erschweren.

Bei der Pseudonymisierung sind zwei Fallgruppen zu unterscheiden: einmal die schon genannte Zuordnung zu einer bestimmten Person, wobei es Dritten gegenüber bei den gesetzlich vorgeschriebenen Erschwernissen der Zuordnung bleibt. Die zweite Fallgruppe betrifft – bei Beibehaltung der Zuordnungsschranken Dritten gegenüber – eine Zuordnung der nicht unmittelbaren Identifikationsdaten, also der Nutzdaten, über sachlich und zeitlich getrennte Sachverhalte.

Auf den hier vorliegenden Fall angewendet: Verschiedene nacheinander zur Verrechnung eingereichte Rezeptdaten ein und derselben Person können personenbezogen zusammengeführt werden, ohne dass Dritten gegenüber die betroffene Person als solche identifiziert wird. Wo Daten zu einer Person zusammengefasst werden, ohne dass diese Person identifiziert wird, liegt per gesetzlicher Definition gleichwohl keine Anonymisierung vor. Der Gesetzgeber hat diese Unterscheidung selbst in § 300 Abs. 2 SGB V getroffen und beide Begriffe unterschiedlich verwendet. Wenn also eine Zuordnungsregel besteht, die jenseits der unmittelbaren Identifizierungsdaten eine Zusammenführung unterschiedlicher Datenmengen zur gleichen Person ermöglicht, liegt keine Anonymisierung vor.[10] Im Rechtsstreit machte die VSA GmbH aus Daten mit Zuordnungsmöglichkeit von weiteren Datensätzen, also aus Pseudonymen, ein angeblich gesetzeskonformes »Patientenanonym« – also die Quadratur des Kreises.[11]

Die Hinzusetzung eines z. B. neuen Datensatzes zu einem schon vorhandenen und verschlüsselten Datensatz kann logischerweise nur darüber geschehen, dass der verschlüsselte Datensatz immer auch kompatibel und beziehbar sein muss für den zu identifizierenden und insoweit klassischen Personendatensatz. Das heißt, bei dem

Rechenzentrum bzw. von diesem beauftragten Datenverarbeitern oder Trustcentern muss zwangsläufig immer eine identifizierende Zuordnung der Klardaten zu den von ihr verschlüsselten Daten bestehen. Anders wäre eine solche Zuordnung nicht möglich.

Wenn die Abrechnungszentren der Pharmaindustrie bzw. Marktforschungsunternehmen wie IMS Health Daten zur Verfügung stellen, die mit einem »Patientenanonym« gekennzeichnet sind, dann können und sollen diese Marktforschungsunternehmen Langzeitprofile zu bestimmten (zunächst namentlich nicht bekannten) Personen unter einem »Patientenanonym« erzeugen. Mit jedem zusätzlichen Datensatz erhöht sich jedoch der Grad der Einmaligkeiten und damit der Identifizierbarkeit der Nutzdaten, was alle drei Schutzbereiche betrifft: Patienten, Ärzte und Apotheken.

3. Wistleblower: Ein Jahrzehnte währender Verstoß wird öffentlich

Im Februar 2012 war durch das Magazin Der Spiegel über Insider bzw., wie man heute sagt, Whistleblower diese Praxis öffentlich bekannt und skandalisiert worden.[12]

Wie man – in Zusammenschau – der zum Spiegel-Erscheinungsdatum zeitgleichen Presseerklärung vom 20. August 2013 der für die VSA GmbH zuständigen Aufsichtsstelle für den privaten Bereich, des Bayerischen Landesamts für Datenschutzaufsicht in Ansbach (BayLDA) sowie dessen Tätigkeitsbericht 2011/2012 (S. 74) und dessen Bericht an die Staatsanwaltschaft München[13] entnehmen kann, hatte die Aufsichtsbehörde schon 2010 positive Kenntnis von dem Sachverhalt erhalten und der VSA GmbH einen Kontrollbesuch abgestattet. Bis dahin hatte es sich die VSA GmbH auf einer nun ganz offen als falsch eingeräumten rechtlichen Einschätzung bequem gemacht: Weil die VSA GmbH und Landesapothekerverbände Gesellschafter der GfD seien und alle somit der »Sphäre der Apotheker« angehörten, läge keine datenschutzrelevante Übermittlung an Dritte vor.[14]

Diese Einsicht führte jedoch nicht zu einer nun gesetzeskonformen Verfahrensweise, denn bis zum November 2011 hat ein GfD-Mitarbeiter noch den vollen Lesezugriff auf die Identitätsdaten von Rezepten gehabt. Es wurde ein selbst ins Leben gerufenes sogenanntes Trustcenter zwischengeschaltet, was an der gesetzlich verbotenen massenhafte Weitergabe von nach wie vor nur pseudonymisierten, weil weiterhin zuordenbaren, Daten nichts änderte.

Düsseldorfer Kreis: Bayern gegen den Rest
Beim Düsseldorfer Kreis handelt es sich um den Zusammenschluss aller staatlichen Aufsichtsbehörden in den Ländern und im Bund über die im privatrechtlichen Bereich eingerichtete Datenverarbeitung. Der Düsseldorfer Kreis war u. a. zu dem Zweck gegründet worden, um eine weitgehend einheitliche Anwendung des Datenschutzrechts in der Republik zu erreichen.

Entsprechend dieser Zielsetzung hatte die für den norddeutschen Raum federführende Bremer Aufsichtsstelle, die Landesbeauftragte für Datenschutz und Informationsfreiheit, ihre Ergebnisse der Überprüfung der Weitergaben von Daten durch die Apothekenrechnungszentren gem. § 300 Abs. 2 SGB V an alle beteiligten Aufsichtsstellen in einem umfänglichen Schreiben vom 29. Februar 2012 bekannt gegeben. Die Bremer Aufsichtsbehörde begutachtete die in ihrem Zuständigkeitsbereich ansässige Abrechnungsgemeinschaft NARZ/AVN (Norddeutsches ApothekenRechenzentrum e. V. und Apotheken-Verrechnungsstelle GmbH & Co. KG). Dabei kam die Aufsichtsbehörde zu eindeutigen Ergebnissen, die bei bestehender gleicher Datenverarbeitungsstruktur der Abrechnungszentren auch für die VSA GmbH unmittelbare Geltung haben: »Wie die Praxis hier deutlich gezeigt hat, stellt es für die Vertragspartner der Gesellschaft für Informations- und Datenverarbeitung mbH (GfI) im vorliegenden Fall gerade keinen unverhältnismäßig großen Aufwand an Zeit, Kosten und Arbeitskraft dar, die Datensätze des NARZ den verordnenden Ärzten zuzuordnen.«[15] Abschließend forderte die Aufsichtsstelle in einem umfangreichen Katalog den Einsatz eines hochwertigen Verschlüsselungsverfahrens und die Revision der bisherigen Anonymisierungs- und Übermittlungsverfahren.

Das BayLDA hatte im Januar 2013 einen Prüfbericht zur VSA GmbH verfasst, in dem ausdrücklich die Rechtmäßigkeit der Datenweitergabe durch die VSA GmbH an Dritte festgestellt, das angewandte Verschlüsselungsverfahren zwar für zureichend bewertet, gleichwohl eine Änderung des eingesetzten Verschlüsselungsverfahrens für erforderlich gehalten. Dem war die VSA GmbH offenbar gefolgt und argumentierte nun im Prozess gegen den ULD, dass schon deshalb die zuletzt im August 2013 vom ULD geäußerten Kritik nicht zutreffen könne.[16] Nachprüfen konnte das bisher allerdings niemand, weder das Gericht noch die Öffentlichkeit bzw. die betroffenen Versicherten. Der Prüfbericht wird bis heute vom BayLDA unter Verschluss gehalten.

Durch diese auch nach außen hin vorgenommene Festlegung, dass nun alles einwandfrei sei, hatte das BayLDA den bis dahin im Düsseldorfer Kreis geübten Stil einheitlicher Meinungsbildung verlassen.[17] Das BayLDA tat ein Übriges: Es verweigerte entgegen den in § 38 BDSG bestimmten ausdrücklichen Mitteilungspflichten der Datenschutzaufsichtsbehörden untereinander die Kenntnisgabe seines Prüfberichts mit dem Hinweis auf Geschäftsgeheimnisse der VSA GmbH. Die Berufung auf Geschäftsgeheimnisse muss in diesem Zusammenhang als besonders bedenklich und vorgeschoben betrachtet werden, denn Geschäftsgeheimnisse können nur im Rahmen des geltenden Rechts Bedeutung entfalten und zu diesem gehören die gesetzlichen Befassungsrechte der Datenschutzaufsichtsstellen.[18] In jedem Fall hätte das BayLDA seinen Prüfbericht ohne identifizierende Daten der Öffentlichkeit bzw. an die Mitglieder des Düsseldorfer Kreises geben können. Die anderen Aufsichtsbehörden haben daraus die Konsequenz gezogen und jeweils in ihrem Zuständigkeitsbereich nun auch öffentlich auf Änderung des Verfahrens gedrungen.[19]

Unter Verschluss gehalten hat das BayLDA aber auch die keineswegs unbedeutende Tatsache, dass er gegenüber der VSA GmbH und dem Empfänger der nicht anonymisierten Rezeptdaten, dem ebenfalls in München ansässigen Pharma-Marketing-Unternehmen Pharmafakt GmbH, Bußgeldbescheide in – je nach Sicht – erheblicher Höhe verhängt hat. Mit Bescheiden vom 5. November 2013 wurde gegen die VSA GmbH ein Bußgeld in Höhe von 40 000 Euro und gegen die Pharmafakt GmbH ein Bußgeld in Höhe von 110 000 Euro ausgesprochen, die von beiden Firmen widerspruchslos akzeptiert worden sind. Aus verjährungsrechtlichen Gründen und weil ab Aufdeckung dieser Praxis ein »neues Verfahren« eingesetzt worden war, hatte das BayLDA den Tatzeitraum auf elf Monate beschränkt. Gemessen an den immensen Gewinnen, die beim Weiterverkauf der Daten an die Pharmaindustrie erzielt worden waren – Datenaufbereitungen wurden für hohe fünfstellige Beträge angeboten –, schmelzen die vermeintlich hohen Bußgelder zu einem »Nasenwasser«, das die Übeltäter aus der Portokasse erledigten. Das schlechte Gewissen des BayLDA über diese letztlich milde Sanktion dürfte erklären, warum weder in den Tätigkeitsberichten des BayLDA noch in der reichlich berichtenden Presse hiervon etwas zu lesen war.[20]

Auf eine erneute Strafanzeige vom April 2014 hat die Münchner Staatsanwaltschaft, bestätigt durch die Generalstaatsanwaltschaft, das hierauf eingeleitete Ermittlungsverfahren durch Beschluss vom 13. August 2014 wiederum eingestellt, nun gemäß § 153 StPO, also in Bejahung eines strafrechtlichen Tatbestandes. Weil aber gegen beide Firmen sog. Unternehmensbußgeldbescheide mit Geldbußen »in erheblicher Höhe« verhängt worden seien, werde kein Raum mehr für einen nennenswerten persönlichen Schuldvorwurf und auch kein öffentliches Interesse an einer persönlichen strafrechtlichen Verfolgung der Täter gesehen. Schließlich müssten die Unternehmen und ihre

Mitarbeiter sich auf die Auskunft ihrer zuständigen Aufsichtsbehörde verlassen können, wie die Generalstaatsanwaltschaft sekundiert, also auf das BayLDA, auch wenn das BayLDA nur eine singuläre Mindermeinung unter den Aufsichtsbehörden der Länder vertritt.[21]

Auf diese Weise laufen die strafrechtlichen Bestimmungen des Bundesdatenschutzgesetzes leer – zugunsten rein pekuniärer Sanktionierung durch Bußgelder im Ordnungswidrigkeitenverfahren durch die Unternehmensbußgeldbescheide. Es bleibt abzuwarten, wie das BayLDA als zuständige Ordnungswidrigkeitenbehörde hier weiter verfahren wird.

Es geht auch anders: das NARZ

Im Frühsommer 2013 fand die Wiederwahl des Vorstandsvorsitzenden des NARZ Jörn Graue nicht nur größere fachöffentliche Aufmerksamkeit. Dr. Graue stellte die nun gesetzeskonforme Datenweitergabe der Abrechnungszentren an Dritte, also die Pharma-Industrie und deren vorgelagerte Datenaufbereiter wie IMS Health und Insight Health ins Zentrum seines Rechenschaftsberichtes. In seiner Rede ging Graue auch auf die abweichende Meinung der Datenschutzaufsicht in Bayern ein. Die entsprechende Passage sei etwas ausführlicher zitiert, weil hier der Vertreter eines großen Apothekenabrechenzentrums spricht, das bzw. der selbst jahrelang nicht zureichend anonymisierte Daten äußerst gewinnbringend an die Pharma-Industrie verkauft hat und sich angesichts des Gesetzeswortlautes und der Argumente der Datenschutzbeauftragten eines Besseren besonnen hat. Graue führte aus, dass »auf der Tagung des Düsseldorfer Kreises [vom 15. Juni 2013, der Verfasser], dem sämtliche Landesdatenschützer angehören, deutlich geworden ... [sei], dass unter den 16 Datenschützern eine überwältigende Mehrheit der Auffassung war, dass die bisher von den Rechenzentren angewandten identischen Verschlüsselungsverfahren nicht genügend Sicherheit im Hinblick auf eine datenschutzrechtlich unzulässige Deanonymisierung bieten, insbesondere dann, wenn eigenes

Zusatzwissen, sei es legal oder illegal erworben, mit den von den Rechenzentren gelieferten Daten verknüpft wird«.

Graue verwies weiterhin darauf, dass die VSA GmbH durch ihre rechtswidrige Praxis erhöhte Erlöse aus dem Datenverkauf erzielen würde, »die uns, die wir uns rechtmäßig verhalten, verwehrt sind« und schloss mit der Versicherung, »dass ich als Vorsitzender des NARZ, wie in der Vergangenheit mehrfach bezeugt, keinerlei rechtswidrige oder sogar strafbare Rechtsbeziehungen zu Dritten akzeptiere oder zulasse«.[22]

4. Die Meinung von unabhängigen Experten

Das Magazin Der Spiegel hatte im November 2013 wegen der zunächst gegen das Magazin gerichteten rechtlichen Schritte mehrere anerkannte Experten um ihre Meinung gefragt. Alle Experten bestätigten die Richtigkeit der Auffassung des ULD und der anderen Datenschutzkontrolleure. Die Experten blieben auch unter Berücksichtigung der von der VSA GmbH bekannt gegebenen Informationen zum seit 2013 neu eingesetzten Verschlüsselungsverfahren bei ihrer Auffassung. Beispielhaft ist die Auffassung des befragten Prof. Dr. Arno Wacker, der den Lehrstuhl für angewandte Informationssicherheit der Universität Kassel inne hat:

> »1) Solange die personenbezogenen Daten eindeutig auf die übermittelten IDs umgerechnet werden können (und somit Bezüge zwischen Datensätzen hergestellt werden können), handelt es sich um Pseudonymisierung. Bei einer echten Anonymisierung dürfte es nicht möglich sein, zwei unterschiedliche Datensätze der gleichen ID zuzuordnen.
>
> 2) Durch den Einsatz von SHA-256 gilt genau dass, was unter Punkt 1) ausgesagt wurde, da jedes Datum eindeutig bleibt. Beim Ansatz des NARZ, wo die entsprechenden Felder leer gelassen werden, kann von einer Anonymisierung, nach der allgemeinen Definition des Begriffes, gesprochen werden.«[23]

Seit September 2013 ist das von der VSA GmbH nach einer Übergangslösung auf Empfehlung des BayLDA verwandte neue Verfahren angeblich gesetzeskonform gestaltet. Es soll nun ein Verfahren basierend auf dem AES-Verschlüsselungsalgorithmus und einer Hash-Verschlüsselung mit Kryptobox Verwendung finden. Diese Erfordernis sehen die vorzitierten unabhängigen Informatikexperten aufgrund der nur ansatzweise bekannt gegebenen Informationen nicht als erfüllt an. Der hierzu befragte Informatikprofessor Wacker räumt zwar eine Verbesserung gegenüber der früheren Situation ein. Er kommt jedoch nach wie vor zum Ergebnis, dass es sich »in allen Fällen um eine 1:1-Abbildung [handele], wodurch es in der ID-Sicherheit eher der Pseudonymisierung zugeschrieben ist.« Auch Prof. Pohlmann bestätigt, dass es für die Frage der Anonymisierung darauf ankommen wird, ob eine »sichere Umgebung« geschaffen ist und »welche Personen nach dem ›Need to know‹-Prinzip Zugriff auf öffentlichen Schlüssel haben«.[24]

Genau hierüber wird von der VSA GmbH und dem BayLDA keine hinreichende Auskunft gegeben: Geschäftsgeheimnis. In jedem Falle sind bei Verwendung von Zusatzinformation auch diese qualifizierteren Verschlüsselungsverfahren hinfällig.

5. Zur Äußerungskompetenz der Datenschutzkontrollinstanzen

Anders als in Bayern, wo die datenschutzrechtliche Aufsicht für den staatlichen Bereich durch den Landesbeauftragten für Datenschutz und für den privaten Bereich durch eine eigene Aufsichtsbehörde, das BayLDA mit Sitz in Ansbach, wahrgenommen wird, liegen in Schleswig-Holstein beide Aufgaben beim Landesbeauftragten für den Datenschutz und seiner Dienststelle, dem ULD in Kiel. Bei der Kontrolle im privaten Bereich sind den Aufsichtsbehörden exekutive Befugnisse bis hin zum Verhängen von Bußgeldern nach dem Ordnungswidrigkeitengesetz gegeben. Im staatlichen Bereich verfügen die Aufsichtsstellen dagegen nur über ein förmliches Beanstandungsrecht. In beiden Bereichen übereinstimmend haben die Aufsichtsstellen die Aufgaben, die Entwicklung des Datenschutzes in der Öffentlichkeit und das Datenschutzbewusstsein der Datenverarbeiter selbst voranzutreiben.

Der schleswig-holsteinische Datenschutzbeauftragte hat seine Äußerungen nicht als örtlich kontroll-zuständige Aufsichtsbehörde über die private VSA GmbH mit Sitz in Bayern gemacht. Vielmehr hat er, nachdem er von mehreren Presseorganen angefragt worden war, von der Möglichkeit Gebrauch gemacht, diese – und damit die Öffentlichkeit und die ihm kontroll-unterworfenen Apotheken des Landes – von seiner Kritik am Verfahren des bundesweit agierenden größten Anbieters in Kenntnis zu setzen.

Die Möglichkeit zur öffentlichen Stellungnahme ist ein Kernbestandteil der Institution der Datenschutzaufsichtsbehörden und macht deren spezielles und gewolltes Wirkungspotenzial aus. Dies stellte der vom OVG aufgehobene Beschluss des Verwaltungsgerichts Schleswig (VG) in zitierender Nachfolge der Entscheidung der 20. Kammer des Verwaltungsgerichtes Köln von 1999[25] auch gar nicht in Frage.

Der Leiter des ULD Weichert hat dabei keineswegs nur eine von ihm vertretene Auffassung vertreten, sondern er wusste sich – wie oben dargelegt – in Übereinstimmung mit der überwiegenden Mehrzahl der Datenschutzaufsichtsbehörden. Hätte etwa Der Spiegel bei den anderen Aufsichtsbehörden angefragt, dann hätte er dort der Sache nach keine andere Aussage erhalten, als er sie vom Leiter der schleswig-holsteinischen Datenschutzaufsichtsbehörde erhalten hat, allenfalls weniger pointiert.

6. Die Entscheidung des VG Schleswig: Sperrwirkung und Maulkorb

In der Diktion der aufgehobenen Entscheidung des VG entfaltet die abschließende Stellungnahme der bayerischen Aufsichtsbehörde eine Sperrwirkung und damit ein Äußerungsverbot für alle anderen örtlich nicht zuständigen Datenschutzkontrollinstanzen, auch bei durch ein Bundesgesetz bestehender gleicher Rechtslage in den anderen Bundesländern.

Das VG hatte seine umfänglich begründete Entscheidung damit gerechtfertigt, dass eine »deutschlandweite Warnung« nicht gerechtfertigt sei, weil bloße Hinweise an die einer auf das Land beschränkten Aufsicht unterliegenden Apotheken ausreichend und auch angemessen seien. Im Übrigen müsse sich der ULD auf die fachinterne Diskussion beschränken. Durch die öffentliche und namentliche Kritik an der VSA GmbH werde das Recht auf den eingerichteten und ausgeübten Gewerbebetrieb des Abrechnungszentrums verletzt.

Hätte eine solche Auffassung Bestand gehabt, dann wäre dies gleichbedeutend mit der Beseitigung der Unabhängigkeit der Datenschutzkontrolle gewesen.[26] Es verträgt sich nicht mit der Unabhängigkeit des Amtes und dessen politisch gewollter Wirkungsweise als ein auf die Beförderung des öffentlichen Datenschutzbewusstseins gerichtetes Institut, wenn noch dazu bei bundesweit gleicher Rechtslage unterschiedliche Auffassungen der Datenschutzbeauftragten von diesen nicht mehr in öffentlicher Diskussion ausgetragen werden dürften und ein Datenschutzbeauftragter durch Kundgabe seiner Auffassung den anderen Kontrollinstanzen ein öffentliches Äußerungsverbot auferlegen könnte. Denkt man diese Entwicklung fort, dann gäbe es keine unabhängigen Datenschutzbehörden mehr. Dem hat das OVG mit Beschluss vom 28. Februar 2014 Einhalt geboten.

7. Die Entscheidung des OVG Schleswig-Holstein

Das OVG hat es unter Aufhebung der Entscheidung des VG Schleswig für zulässig gehalten, dass der ULD weiterhin behauptet, die VSA GmbH gebe keine anonymisierten, sondern pseudonymisierte Daten heraus, sie handele unzulässig, die von ihr vorgenommene Verschlüsselung der Rezeptdaten sei nicht ausreichend, sie beginge einen Rechtsverstoß und die von der VSA verschlüsselten Datensätze seien eindeutig zuzuordnen. Das OVG hat dies mit der Maßgabe zugelassen, dass der ULD zukünftig entsprechende Äußerungen als seine Auffassung kennzeichne – was der ULD im konkreten Fall ohnehin getan hatte. Im Ergebnis bleibt das Äußerungsrecht des ULD gewährleistet. Mit einem Verbot unterlegt hat das OVG jedoch die in der Sache eigentlich nicht bestreitbaren Äußerungen des ULD, dass die VSA GmbH an einem der größten Datenschutzskandale der Nachkriegszeit beteiligt, ihr Geschäftsmodell illegal, sie in Bereicherungsabsicht handele und die Zuordnung zu einzelnen Patienten beabsichtigt sei. Bezüglich dieser Äußerungen hat das OVG die erstinstanzliche Entscheidung aufrechterhalten, weil seiner Ansicht nach mit diesen Äußerungen bei Fehlen einer unmittelbaren aufsichtsbehördlichen Zuständigkeit für die VSA GmbH der Rahmen gebotener Zurückhaltung überschritten sei, zumal die zuständige bayerische Datenaufsicht die kritisierte Praxis als datenschutzkonform angesehen habe.

8. Die Reichweite des Äußerungsrechtes

Verwaltungsgericht und Oberverwaltungsgericht haben sich beide an der Rechtsprechung zu sogenannten behördlichen Produktwarnungen (Birkel) und Warnaufrufen (Scientology, Streetview) orientiert. Die Gerichte heben bei letzteren zwar die besondere Bedeutung der Datenschutzbeauftragten und deren öffentliche Wirkprinzipien hervor, unterstellen deren Äußerungskompetenz jedoch letztlich einem dem Polizeirecht bzw. dem Verwaltungsrecht entnommenen Abwägungsmodell der sogenannten Produktwarnungen. Danach bemisst sich die Zulässigkeit von Äußerungen am Vorliegen eines zu begründenden Gefahrenverdachts, auf den staatliche Äußerungen in angemessener Weise zu reagieren haben. Im vorliegenden Fall ist das OVG in zutreffender Weise davon ausgegangen, dass ein Datenschutzbeauftragter auch bei nicht unmittelbarer Kontrollzuständigkeit ein generelles Äußerungsrecht hat. Das OVG hat aus der primären Zuständigkeit einer anderen, der bayerischen Datenschutzaufsichtsbehörde, nur einen Anlass zur Zurückhaltung gesehen, nicht aber, wie noch die Entscheidung des VG, eine rechtliche Verpflichtung, sich auf unmittelbare Hinweise an im eigenen Kontrollbereich ansässige Apotheken zu beschränken. Für eine solche Beschränkung bestünde auch kein rechtlicher Anlass, sofern die Tatsache eines positiven Prüfergebnisses der zuständigen bayerischen Behörde in angemessener Weise in die Gestaltung der eigenen Verlautbarung einbezogen würde (Rn. 10).

Ausdrücklich hat das OVG auch die namentliche Benennung der VSA GmbH zugelassen, weil hierüber bereits seit längerem unter Namensnennung eine öffentliche Diskussion zu verzeichnen gewesen ist und nur so eine hinreichende Schutzfunktion und Orientierung für die interessierten Kreise und deren Handeln geboten sei (Rn. 12). Und: »Dem Antragsgegner kann es vor dem Hintergrund des Spektrums der unter Datenschutzbeauftragten sowie in der Fachliteratur vertretenen Meinungen jedenfalls nicht verwehrt werden, seine Position hier öffentlich kundzutun, wenn diese unter Vermeidung eines Absolutheitsanspruchs als eigene Auffassung gekennzeichnet und etwaigen sachlichen Unsicherheiten aufgrund fehlender Bewertungsgrundlagen durch entsprechende Einschränkungen Rechnung trägt« (Rn. 17).

Dieses weite Äußerungs- und Diskussionsrecht, dass der Beschluss des OVG einem Datenschutzbeauftragten zubilligt, ist in jeder Hinsicht zu begrüßen. Soweit das OVG einzelne wertende Äußerungen weiter verboten gelassen hat, ist ein solches Ergebnis keineswegs zwingend. Der ULD hat im Verfahren Unterlagen vorgelegt, aus denen sich zweifelsfrei ergibt, dass nach eigenen Äußerungen von Abrechnungszentren die Weitergabe von Daten bei Einhaltung der gesetzlichen Anforderungen an die Anonymisierung ihren wirtschaftlichen Wert verlieren würde.[27] Weil der ULD solche beweiskräftigen Unterlagen jedoch erst nach Ablauf der Beschwerdebegründungsfrist vorlegen konnte, berücksichtigte das Gericht diese Belege nicht mehr.[28] Das gilt auch für die Behauptung, dass das kritisierte Geschäftsmodell illegal und eine Zuordnung zu einzelnen Patienten beabsichtigt gewesen sei. Selbst die Aussage, dass die VSA GmbH damit an einem der größten Datenschutzskandale der Nachkriegszeit (im Medizinbereich) beteiligt gewesen sei, hätte angesichts der jahrzehntelangen gesetzeswidrigen Verfahrensweise mit Milliarden von Patientendaten als zwar pointierte, nichtsdestotrotz zulässige Äußerung hingenommen werden können. Das OVG hat die von ihm ausgesprochenen Beschränkungen jedoch ausdrücklich wegen der mit der mangelnden gesetzlichen unmittelbaren Kontrollzuständigkeit gebotenen Mäßigungspflicht begründet. Hätte das Abrechnungszentrum seinen Sitz in Schleswig-Holstein und damit unmittelbar innerhalb der Kontrollzuständigkeit des ULD gehabt, dann hätte sich auch nach den vom OVG zugrunde gelegten Kriterien durchaus ein anderes Urteil mit einer noch weitergehenden Äußerungsbefugnis des ULD begründen lassen.[29]

9. Datenschutzaufsichtsbehörden – ein Konzept öffentlicher Kontrolle vs. bürokratische Kontrolle

Welche Rolle haben die Datenschutzbeauftragten? Das Amt steht und fällt mit der persönlichen, fachlichen und institutionellen Unabhängigkeit der jeweiligen Aufsichtsbehörde. Jede Beeinträchtigung der Amtsausübung und ihrer Äußerungsrechte, sei es auch durch die Gerichte, nimmt dieser Institution ihre spezifische Wirkkraft gegenüber den Datenverarbeitern und bei der Schaffung von Datenschutzbewusstsein in der Bevölkerung.[30]

Mangels flächendeckender bürokratischer Prüfungs- und Anordnungsmacht der Datenschutzaufsichtsbehörden hat der Gesetzgeber diese explizit mit dem Mittel öffentlichkeitsgerichteter Einflussnahme ausgestattet. Das Mittel der Öffentlichkeit ist damit konstituierend für die staatliche Datenschutzkontrolle. Diese Kontrollkonzeption unterscheidet sich daher grundsätzlich von der Kontrollkonzeption, wie sie etwa in der Lebensmittelaufsicht oder in sonstigen Verwaltungsbereichen geübt wird. Dort ist das Mittel der Öffentlichkeit ein nur ausnahmsweise geübtes Mittel, das nur dann sein Rechtfertigung findet, wenn es im konkreten Fall einer Gefährdung der Bevölkerung entgegenzusteuern gilt (z. B. im Fall Birkel-Nudeln, sogenannter Flüssigei-Skandal)[31]. Die dort oder bei sonstigen staatlichen Warnhinweisen von der Rechtsprechung entwickelten Schranken (Fall: Warnung vor Jugendsekten)[32] können nicht ohne weiteres auf die Kontrolltätigkeit der Datenschutzaufsichtsinstanzen übertragen werden, wie dies aber das VG Schleswig und das OVG Schleswig-Holstein durch Referenz auf die Entscheidung der 20. Kammer des Verwaltungsgerichts Köln aus dem Jahre 1999 letztlich tun[33].

Bei den Datenschutzaufsichtsstellen ist Öffentlichkeit, auch mit namentlicher Benennung, Teil der normalen Wirkpraxis, u. a. weil es sich beim Datenschutz um ein sich entwickelndes Recht handelt und weil keine zureichende administrative Kontrolldichte besteht. Zum Ausgleich dieser bürokratischen Schwachbrüstigkeit, man nehme nur die vergleichsweise geringe personelle Ausstattung, hat sich der Gesetzgeber für das mindestens gleichrangige Mittel der öffentlichen Kontrolle durch öffentliche Berichterstattung als Regelfall entschieden. Im Bereich der traditionellen Administration ist die öffentliche Warnung der Ausnahmefall. Die dort zu beachtenden höheren Schranken sind dort gerechtfertigt. In der Konzeption der Datenschutzaufsichtsbehörden liegen deshalb die Schranken öffentlicher Benennung wesentlich niedriger und sind im Grenzbereich der Missbrauchskontrolle angesiedelt. Ein gerichtlicher Prüfungsmaßstab, der sich an polizeirechtlichen Gefahrenlagen orientiert, widerspricht der gesetzlichen Kontrollkonzeption der Datenschutzaufsichtsbehörden.

Hierauf hat der bis August 2015 amtierende schleswig-holsteinische Datenschutzbeauftrage und Leiter des ULD Thilo Weichert in einem grundsätzlichen Beitrag zum Äußerungsrecht der Datenschutzkontrollinstanzen hingewiesen. Datenschutzbehörden nehmen gerade nicht mehr die Rolle einer klassischen Ordnungsbehörde wahr, sondern die eines grundrechtsorientieren Meinungsträgers unter vielen in einem heftig umstrittenen demokratischen Meinungskampf.[34]

Und die Lehren: Die Anforderungen für Personenbezug und Anonymität können angesichts der gegebenen und sich dramatisch vergrößernden Kapazitäten der Datenverarbeitung nicht hoch genug sein. Die staatlichen Datenschutzaufsichtsstellen sollten sich bewusst bleiben, dass Öffentlichkeit sowohl bei der Kontrolle des öffentlichen als auch des privaten Bereichs ihr eigentliches Wirkprinzip ist, sonst verkommen sie – bestenfalls – zu fachspezialisierten Organen staatlicher Öffentlichkeitsarbeit oder – schlechtestenfalls – zu klandestinen bürokratischen Revisionsabteilungen und wären damit verzichtbar.

1 VG Schleswig vom 5. 11. 2013 – 8 B 50/13 – abgedruckt in ZD 2/2014, S. 102 ff. mit zustimmender Anmerkung von Abel; in wesentlichen Teilen aufgehoben durch das Schleswig-Holsteinische Oberverwaltungsgericht, Beschluss vom 28. 2. 2014 – 4 MB 82/13 – teilweise abgedruckt in DuD 10/2014, S. 716 mit Anmerkung Kauß, der den ULD in zweiter Instanz anwaltlich vertreten hat.
2 VG Schleswig, Beschluss vom 25. 8. 2015, Az.: 8 D 3/1502, zur Veröffentlichung vorgesehen in DuD und DANA.
3 BT.-Drs. 14/1245 vom 23. 6. 1999, S. 1 u. 105.
4 In der gleichen Vorschrift hat man die Übermittlung in *pseudonymisierter Form* an die Kassenärztlichen Vereinigungen zugelassen. Damit ist dem besonderen Informationsbedürfnis der Kassenärztlichen Vereinigungen auf ggf. eine nähere Draufsicht entsprochen worden. Es ist bei Beibehaltung des Schutzes der Identität vor dem Zugriff der Datenempfänger, hier immerhin den Kassenärztlichen Vereinigungen, ermöglicht, diese sog. Nutzdaten zu den einzelne Personen, zu einzelnen Ärzten und zu einzelnen Apotheken zusammenführen zu können, ohne dass deren Identität bekannt würde. Darüber hinaus ist in dieser Vorschrift noch eine dritte abgestufte Form der Abrechnungsdaten aufgenommen worden, nämlich die »*nicht versichertenbezogene*« Übermittlung von *Arztdaten* an die Prüfungsausschüsse.
5 Hess, in Kasseler Kommentar zum Sozialversicherungsrecht, 78. Erg. 2013, zu § 300 SGB V; Schneider, in Krauskopf, Soziale Krankenversicherung, 82.Erg. 2013 § 300 SGB V; Dammann, in Simitis, BDSG, 8. Auflage 2011, zu § 3; Scholz, in Simitis, BDSG, 8. Auflage 2011, zu § 3; Scholz in Beck'scher online-Kommentar Sozialrecht, Hrsg. Rolfs/Giesen/Kreikebohm/Udsching, zu § 300 SGB V; ebenso auch die sachverständigen Äußerungen von Dammann und Giesen/Schnorr vom Februar 2013 – unveröffentlicht; Gola/Schomerus, BDSG, 11. Aufl. 2011.
6 Schreiben Rechtsvertreter ARZ vom 6. 5. 2008, vorgelegt im Rechtsstreit VSA gegen den ULD – es geht um die gleichen Datenempfänger wie bei der VSA GmbH, nämlich IMS Health, und die GfD, über

die die VSA GmbH bis zur Neugründung der Idapharm ihre nur pseudonymisierten Abrechnungsdaten verkauft hatte.
7 Um nach außen hin der Gesetzesnovelle 2001 zu genügen, wurde mit Beteiligung der VSA GmbH eine formal rechtlich getrennte Firma begründet, die Gesellschaft für Datenverarbeitung mbH – GfD. Die GfD bereitete die Daten entsprechend der Wunschvorstellungen der jeweiligen Interessenten aus der Pharmaindustrie bzw. diesen vorgeschalteten Unternehmen auf, die sich auf die Befriedigung des Informationsbedarfs der Pharmaindustrie spezialisiert hatten.
8 Arztbeschwerde vom 19. 8. 2013 an ULD wg. direkter Kontaktaufnahme eines Pharmaunternehmens zu einem Patienten, um diesen zum Wechsel zu einem Medikament der eigenen Firma zu bewegen.
9 Bei der IMS Health hat man wohl aus Good-will-Gründen eine »Verpflichtung zum Datenschutz« geschaffen und ins Netz gestellt, die genau diesen Sachverhalt unter Beweis stellt. In der Erklärung von 2011 heißt es: »Deshalb verwenden wir für unsere Informationsdienste und alle Produkte, für die Daten auf Patientenebene verarbeitet werden, nur anonymisierte *oder pseudonymisierte* Patientendaten [...] Soweit dies gesetzlich zulässig und um Interesse der Allgemeinheit dienlich ist, wird IMS *die Patientendaten* daher *immer* den *entsprechenden Arztdaten verknüpfen.*« Diese verfänglichen Passagen sind aus der neuen ebenfalls auf der Homepage veröffentlichten Erklärung von 12. 11. 2013 entfernt.
10 Bei einer Anonymisierung geht es darum, die Zuordnung von Daten zu einer Person möglichst dauerhaft gegen jedermann auszuschließen (vgl. Buchner, in Taeger/Gabel, Hrsg. BDSG 2. Auflage 2013, § 3 Rn. 47; Weichert in Däubler/Klebe/Wedde/Weichert, BDSG, 4. Auflage. 2014 zu § 3). Dass Identitätsangaben selbst nicht an Dritte mitgeliefert werden, macht aus pseudonymisierten Daten keine anonymisierten/anonymen Daten. An der Auflösung der bislang festen Konturen des Begriffs der Anonymität zugunsten eines situativen und damit beliebigen Anonymitätsbegriffes wird gearbeitet; vgl. Kühling/Klar, Unsicherheitsfaktor Datenschutzrecht – Das Beispiel des Personenbezuges und der Anonymität, in NJW 2013, S. 3611 ff. (3615), die dem Konzept eines »relativen Personenbezugs« den Vorzug geben wollen, das sogar IP-Nummern hiervon ausnehmen will. Dagegen grundsätzlich Breyer, Personenbezug von IP-Adressen, in ZD 8/2014 S. 400 ff.
11 Schriftsatz VSA GmbH an das VG Schleswig vom 23. 10. 2013.
12 Der Spiegel 7/2012: »Pharmabranche: Verdacht auf illegalen Handel mit Rezeptdaten« – Übrigens: Dass die deutsche Sprache hier keine Äquivalent anbietet, belegt unser historisches Erbe eines Denkens mit gegebenen systematischen Geheimbereichen.
13 Die von der VSA GmbH als Anlage 17 im Prozess gegen den ULD vorgelegte Einstellungsverfügung der Staatsanwaltschaft München II vom 2. 1. 2013 – 60 Js 10923/12 bestätigte diesen Sachverhalt: »Ausweislich einer Stellungnahme des Landesamts für Datenschutzaufsicht vom 7. 9. 2012 – der ein aufsichtsrechtliches Prüfungsverfahren nach § 38 BDSG vorangegangen war – wurden ab Juli 2010 keine datenschutzrechtlich relevanten Verstöße mehr festgestellt. Strafbares Verhalten der Beteiligten ist – unabhängig von der Frage der Wirksamkeit eines Strafantrages – für diesen Zeitraum ohnehin nicht erkennbar«. Zum aktuell laufenden Strafverfahren siehe Fn. 25.
14 Schreiben RAe der VSA GmbH vom 22. 2. 2012 an das BayLDA, nebst Anlage Auflistung sog. Nutzdaten – Zitat: »Dadurch entstand ein Referenzsystem, mit dem die GfD erkennen konnte, welche LANR welchem *Arztpseudonym* [Hervorhebung RA] entspricht. Die GfD konnte so die von den Kunden genannten Verordner den verschlüsselten [!] Daten zuordnen ... Die weitere interne Projektbearbeitung erfolgte dann unter Verwendung von Pseudonymen, Projekt-IDs ... Es wurde nur sichergestellt, dass die GfD die Angaben von Kundenseite sowie GfI und VSA zusammenführen konnte und so eine gemeinsame Analyse der verschlüsselten Datenlieferungen von VSA und GfI möglich war.«
15 Informationsschreiben der Bremischen Landesbeauftragten für den Datenschutz vom 29. 2. 2012, S. 8 f.

ZUR UNABHÄNGIGKEIT VON DATENKONTROLLINSTANZEN

16 Schriftsatz VSA GmbH vom 19. 2. 2014 an OVG S. 6 f.
17 Vgl. hierzu die grundsätzliche Kommentierung durch den Bayerischen Landesdatenschutzbeauftragten Petri, in Simitis, BDSG, a. a. O., Rn. 47 ff.
18 Vgl. Guttmann, in Taeger/Gabel, BDSG, zu § 38 Rn. 16.
19 Vgl. Verlautbarungen des Berliner Datenschutzbeauftragten Dix, vgl. apotheke adhoc vom 27. 3. 2013 »Datenschützer kritisiert Rechenzentrum« und apotheke adhoc vom 28. 3. 2013: »Rechenzentrum stoppt Datenweitergabe«.
20 Der Verfasser ist im Rahmen einer erneuten Anzeige wegen weiterhin unzureichend anonymisierter Übermittlung von Rezeptdaten an die Pharmaindustrie im September 2015 auf diese Bescheide gestoßen.
21 Einstellungsbeschluss der Staatsanwaltschaft München II vom 13. 8. 2014, Az.: 60 Js 14188/14, und der diesen bestätigende Beschluss des Generalstaatsanwalts in München vom 13. 8. 2015, Az.: 11 Zs 2396/15.
22 Beitrag »Klare Worte – klarer Vertrauensbeweis« in DAZ.online vom 30. 6. 2013, und Redemanuskript Dr. Graue (11 Seiten).
23 Schreiben Prof. Wacker, Universität Kassel, vom 18. 11. 2013; drastischer noch der Informatik-Experte Prof. Norbert Pohlmann: »Ich finde das Verfahren nicht passend, um eine angemessene Anonymisierung durchzuführen. Ich würde es lieber eine Verschleierung nennen.« Schreiben vom 21. 11. 2013; ebenso auch die Anwort vom 15. 11. 2013 von P. Leppert von der DV-Sicherheitsfirma praemandatum:»Es kann also nicht von Pseudonymisierung oder gar Anonymisierung gesprochen werden. Lediglich von Verschleierung.«
24 Prof. Arno Wacker, Stellungnahme an den Autor vom 29. 1. 2014; Prof. Norbert Pohlmann, Stellungnahme an den Autor vom 2. 2. 2014.
25 VG Köln, vom 11. 3. 1999, in Datenschutz und Datensicherheit (DuD) 1999, S. 353; kritisch dazu Dammann, in Simitis, BDSG 7. Aufl. 2011, Rn. 9; Müller RDV 2004, S. 211 ff.; Ehmann CR 1999, S. 560 f.; Kauß, DuD 2003, S. 370 f. Im entschiedenen Fall des damaligen Bundesdatenschutzbeauftragten hatte dieser das Urteil hingenommen, mit dem ihm aufgegeben worden war, »sich angesichts der wirtschaftlichen Interessen« der damaligen Klägerin »einer weniger verletzenden Sprache« zu bedienen. Er betraf die datenschutzrechtliche Kritik an der zum damaligen Zeitpunkt größten Erfassungsaktion von Straßen durch ein Privatunternehmen.
26 Dies stünde auch in Widerspruch zu der jüngst durch die Anpassung der für die deutschen Aufsichtsbehörden geltenden Vorschriften der deutschen Datenschutzgesetze an die entsprechende Europäische Richtlinie vorgenommenen Stärkung der Datenschutzbehörden.
27 S. Fn. 6 und 14.
28 Das OVG hat diese auf § 146 VwGO gestützte Zurückweisung nicht nur für den engeren Tatsachenvortrag, sondern sogar für die vom ULD nach Ablauf der Beschwerdefrist im Dezember 2013 ergänzend vorgebrachten rechtlichen Überlegungen zum Äußerungsrecht der Aufsichtsstellen vertreten.
29 Der Streit in der Sache geht freilich weiter: Unter dem Aktenzeichen 60 Js 14188/15 ist bei der Staatsanwaltschaft München II ein erneutes Strafantragsverfahren anhängig. Der zunächst erfolgte staatsanwaltschaftliche Einstellungsbeschluss vom 13. 8. 2014, begründet mit im Jahre 2012 im Ordnungswidrigkeitsverfahren angeblich verhängten »erheblichen Geldbußen« gegen VSA-Beteiligte, ist angefochten. Akteneinsicht ist dem Verletzten bisher nicht gewährt worden. Eine Überprüfung des neuen Verfahrens wird damit weiterhin verhindert.
30 Hierzu die ersten 20 Jahre seit Schaffung der Datenschutzbeauftragten resümierend für die datenschutzrechtliche Kontrolle des Sicherheitsbereiches Kauß, Der suspendierte Datenschutz bei Polizei und Geheimdiensten. Frankfurt/New York. 1989, S. 387 ff.
31 OLG Stuttgart vom 21. 3. 1990, NJW 1990, S. 2690 ff.
32 BVerfGE 105, S. 279 ff., NJW 2002, S. 2626 ff.
33 Vgl. Fußnote 25.
34 Weichert, Das Äußerungsrecht der Datenschutzaufsichtsbehörden (Teil 1), DuD 2015, S. 323 (326).

Jörg Pohle

Die kategoriale Trennung zwischen »öffentlich« und »privat« ist durch die Digitalisierung aller Lebensbereiche überholt

Über einen bislang ignorierten Paradigmenwechsel in der Datenschutzdebatte

1. Einleitung

Völlig zu Recht hat Kai von Lewinski in seiner Arbeit »Geschichte des Datenschutzrechts von 1600 bis 1977« auf die bisher nur in Ansätzen vorhandene Analyse der Vorgeschichte des Datenschutzrechts und seinen Charakter als Begrenzung von Informationsmacht verwiesen (Lewinski 2009). Noch viel weniger ist demgegenüber innerhalb und außerhalb der Wissenschaft der Paradigmenwechsel wahrgenommen worden, der sich in der Frühzeit der modernen Datenschutzdebatte vollzog und der aus der Erkenntnis folgte, dass die tiefgreifende Digitalisierung aller Lebensbereiche die kategoriale Trennung zwischen »öffentlich« und »privat« auf den Müllhaufen der Geschichte beförderte.

2. Paradigmen und Paradigmenwechsel

In seinem grundlegenden Werk »The Structure of Scientific Revolutions« argumentiert Thomas S. Kuhn, dass längere Phasen »normaler« Wissenschaft von Zeit zu Zeit von Ereignissen »revolutionärer Wissenschaft« unterbrochen würden, den »wissenschaftlichen Revolutionen« (Kuhn 1996). Die Phasen »normaler« Wissenschaft seien geprägt von Paradigmen, allgemein anerkannten wissenschaftlichen Erkenntnissen, die für diesen Zeitraum Modellprobleme und -lösungen für eine wissenschaftliche Gemeinschaft darstellten. Sie definierten legitime Probleme und Methoden des Forschungsfeldes und basierten auf einem engen Netzwerk von Bekenntnissen – konzeptuellen, theoretischen, instrumentellen und methodologischen. Innerhalb dieser Phasen bestehe wissenschaftliche Forschung im Kern aus dem Lösen von »Puzzles«, einer Klasse von Problemen, zu denen es eine Lösung gebe, die jedoch durch Scharfsinn und Geschick erst noch zu finden sei. Wann immer »Puzzles« auftauchen, die durch die »normale« Wissenschaft nicht effektiv gelöst werden könnten, entstünden Anomalien. Wenn das Vertrauen in die »normale« Wissenschaft, diese Anomalien auflösen zu können, schwinde, entstehe eine Krise, aus der dann eine »wissenschaftliche Revolution« erwachsen könne. Fundierter formuliert: Die alten Paradigmen als bestehende Produktionsverhältnisse werden also vor dem Hintergrund der steigenden Produktivkraft der wissenschaftlichen Forschung immer wieder zu »Fesseln« der wissenschaftlichen Erkenntnisproduktion, welche diese hemmen, anstatt sie zu fördern, und die gesprengt werden müssen und gesprengt werden.

In der ersten – vorparadigmatischen – Phase der Krise werde zwar wissenschaftlich geforscht, so Kuhn, es fehle jedoch an konsentierten Methoden, Terminologien oder Mechanismen zur Überprüfung der Ergebnisse. Selbst über die Frage, welche der in dieser Phase genutzten Methoden, Terminologien oder Überprüfungsmechanismen überhaupt noch relevant für die zukünftige wissenschaftliche Forschung seien, herrsche keine Einigkeit. Wissenschaft finde in dieser Phase grundsätzlich unter der Bedingung unvollständiger und einander widersprechender Theorien statt.

Auf die Krise folge Revolution, der »Paradigmenwechsel«, das heißt die Formung neuer Paradigmen für die nächste Phase »normaler Wissenschaft« als die jeweils moderneren Produktionsverhältnisse. Der Erfolg der neuen Paradigmen basiere vor allem auf ihrem Versprechen, die zukünftige Forschung leiten zu können und die Anomalien zu lösen, an denen die alten Paradigmen gescheitert sind. Die neuen Paradigmen würden nicht nur alte Daten und Erkenntnisse auf neue Weisen interpretieren, sondern diese auch neu (ein-)ordnen. Die (Erkenntnis-)Grenzen der alten Paradigmen würden überwunden, die Spielregeln in der Forschung grundlegend geändert, die Richtung neu bestimmt. Die Aufgabe der alten Bekenntnisse zugunsten der neuen vollziehe sich jedoch, wie Kuhn Max Planck zitiert, nicht selten dadurch, dass die Vertreterinnen und Vertreter der alten Theorie ausstürben und einer neuen Generation von Forschenden Platz machten.

Eine solche neue Generation von Forschenden trat zwischen der Mitte der sechziger und dem Beginn der siebziger Jahre des 20. Jahrhunderts auf den Plan und traf dort auf die überkommene Vorstellung der kategorialen Trennung zwischen »öffentlich« und »privat«, ein Paradigma, das einem Verständnis moderner Informationsverarbeitung, der Digitalisierung aller Lebensbereiche und der daraus erwachsenden individuellen und gesellschaftlichen Probleme fundamental im Wege stand.

3. Zwischen monadischem Individuum und räsonierendem Publikum

»Privates« wurde und wird zu allen Zeiten, so Raymond Geuss in seiner Untersuchung »Privatheit. Eine Genealogie«, von »Öffentlichem« kategorial geschieden (Geuss 2013). So alt wie die kategoriale Trennung ist die Auseinandersetzung um die Grenzziehung zwischen den beiden Kategorien – in den verschiedenen Wissenschaftsdisziplinen ebenso wie in der Gesellschaft (Steinberger 1999). Vor allem in Zeiten großer gesellschaftlicher Veränderungen oder des Auftretens neuer technischer Artefakte wird die Grenzziehungsdebatte neu entfacht.

Druckerpresse und Sofortbildkamera sind die technischen Artefakte, die Samuel D. Warren und Louis D. Brandeis in ihrer Arbeit »The Right to Privacy« als Bedrohungen für die zu schützende »Privatsphäre« ins Feld führen (Warren und Brandeis 1890), während Alan F. Westin den Computer und die moderne Informationsverarbeitung in den Mittelpunkt seiner Arbeit »Privacy and Freedom« stellt (Westin 1967).

Hauptsächliche Anknüpfungspunkte für die Grenzziehungsdebatten waren jedoch nicht die von der technischen Entwicklung ausgelösten Verwerfungen, sondern die gesellschaftlichen Veränderungen selbst. Bekannteste Vertreterin einer kategorialen Trennung, die unter allen Umständen aufrecht zu erhalten sei, war Hannah Arendt. Unter Rückgriff auf die angeblich schon in der Antike bestehende kategoriale Trennung zwischen »öffentlich« und »privat«, *polis* und *oikos*, der politischen Sphäre und der Sphäre von Haushalt, Eigentum und Familie, betrauert sie in ihrem 1958 erschienenen Werk »The Human Condition« die mit der modernen Gesellschaft einhergehende Entstehung einer Sphäre des Sozialen (Arendt 1998). Arendt wendet sich gegen die Ausdehnung des Ökonomischen in den öffentlichen Raum und mit Jean-Jacques Rousseau, Alexis de Tocqueville und David Riesman gegen Konformismus erzeugende Übergriffe des Sozialen auf das Private. Sie kann sowohl als eine radikale Demokratin als auch als eine fundamentalistische Elitistin gelesen werden (Canovan 1978), die nichts als einen Verein freier Sklavenhalter verteidigt.

Jürgen Habermas geht in seinem 1962 veröffentlichten Werk »Strukturwandel der Öffentlichkeit« von einer Vier- bzw. Sechsteilung aus, die er allerdings als dreifache Zweiteilung konstruiert (Habermas 1971): Die von Habermas betrachtete bürgerliche Öffentlichkeit, einer »literarisch bestimmten Öffentlichkeit eines Publikums räsonierender Privatleute«, auf die er sein Hauptaugenmerk richtet, steht im Gegensatz zu einer Privatsphäre, das heißt der »bürgerliche[n] Gesellschaft im engeren Sinne, also de[m] Bereich des Warenverkehrs und der gesellschaftlichen Arbeit; die Familie mit ihrer Intimsphäre ist darin eingebettet«. Beide Sphären – die Privatsphäre und die Öffentlichkeit – sind Teil der »bürgerlichen Sphäre«, des »den Privatleuten vorbehaltenen Bereichs«, der Gesellschaft. Die andere Großsphäre ist die des Staats, der öffentlichen Gewalt. Habermas' sechs Sphären sind also: 1. Staat und 2. Gesellschaft, letztere wieder geteilt in 3. Öffentlichkeit und 4. Privatsphäre, wobei diese wieder geteilt ist in 5. Privatsphäre als die Sphäre des Marktes und 6. die Intimsphäre. Als vier wohlunterscheidbare Sphären rekonstruiert ergeben sich daraus: 1. Staat, 2. Sphäre der bürgerlichen Öffentlichkeit, 3. Marktsphäre – auch: Privatsphäre –, 4. Intimsphäre. Wie Arendt beklagt auch Habermas die Entstehung einer Sozialsphäre und die Auflösung der überkommenen Sphärengrenzen, und wie Arendt malt er – typisch elitistisch – die Gefahren der Massengesellschaft an die Wand.

Konkreter Anknüpfungspunkt der Kritik der ersten Generation von Datenschützerinnen und Datenschützern waren allerdings Anfang der siebziger Jahre weniger die Arendt'schen oder Habermas'schen Ausführungen als vielmehr die von Heinrich Hubmann in seiner Arbeit »Das Persönlichkeitsrecht« 1953 begründete »Sphärentheorie« (Hubmann 1953). In Hubmanns Konzeption gibt es eine Dreiteilung der zu schützenden »Persönlichkeitssphäre«: Eine »Geheimsphäre« schütze gegen unbefugte Kenntnisnahme, eine »Privatsphäre« diene dem Schutz gegen Veröffentlichung und eine »Individualsphäre« schütze das Bild des Menschen in der Öffentlichkeit. Im Zuge der Verbreitung der Sphärentheorie kamen sowohl abweichende Sphärenbezeichnungen als auch abweichende Aufteilungen in Gebrauch. So wurden die drei Hubmannschen Sphären in der bis zum Volkszählungsurteil vom Bundesverfassungsgericht vertretenen Form als »Intimsphäre«, »Privatsphäre« und »Öffentlichkeitssphäre« bezeichnet (Däubler u. a. 2010, Einleitung). Die hinsichtlich der Zahl der Sphären extremste Form der Sphärentheorie wurde von Hans-Heinrich Maass mit sechs Sphären konzipiert: »Intimsphäre«, »Eigensphäre«, »Vertrauenssphäre«, »Privatsphäre«, »Sozialsphäre« und »Öffentlichkeitssphäre« (Maass 1970).

Allen diesen Sphärenvorstellungen zu eigen ist ihre Eindimensionalität – die einzelnen Sphären werden definiert über ihren Radius vom Individuum als Mittelpunkt, während der gesellschaftliche Akteur, dessen Eingriffe in die Sphären problematisiert und bewertet werden sollen, als außerhalb der Sphären stehend imaginiert wird.

Nicht zuletzt wurden die amerikanische Debatte und ihre Ergebnisse in den sechziger Jahren, die Ruprecht Kamlah mit seiner Dissertation »Right of Privacy« in die Bundesrepublik brachte (Kamlah 1969), zur Grundlage der aufkommenden Diskussion genommen. Einerseits war auch die amerikanische Debatte durch die Vorstellung von einer (vorwiegend) binären Konstitution der Sphären geprägt – »the public« und »the private« –, andererseits haben verschiedene Beteiligte die Entwicklungen aber auch als Bürokratisierung, Machtverschiebungen und -zentralisierungen analysiert, ganz ohne dabei auf sphärentheoretische Unterstellungen zurückzugreifen (Stone und Warner 1969, Meldman 1969, Miller 1969).

Für die bundesdeutsche Debatte lässt sich jedenfalls konstatieren, dass die zunehmenden regulativen Eingriffe des bürgerlichen Staats in die »privaten« Angelegenheiten der privaten Akteure vor dem Hintergrund der A-priori-Setzung der Trennung zwischen den Sphären, zwischen »öffentlich« und »privat«, zwischen Staat und Gesellschaft in der bürgerlichen Ideologie nicht anders wahrgenommen werden konnten denn als unzulässige Übergriffe. Gleiches gilt für die aus den Anforderungen einer Verwaltung der modernen Gesellschaft folgende Verdatung der »Privatsphäre« des Individuums durch die Staatsverwaltung. In beiden Klassen von Fällen werden diese »Übergriffe« nicht etwa als Probleme der Theorie – oder zumindest der theoretischen Annahmen – wahrgenommen. Stattdessen werden sie als Probleme der Unfähigkeit der Praxis – also: der Realität –, der Theorie zu genügen, identifiziert und mit einer Forderung nach normativer Verstärkung der kategorialen Trennung zwischen den Sphären beantwortet. Und selbst wenn die Grenzen der Theorie als solche wahrgenommen werden, führt das allenfalls zu kosmetischen Änderungen an der Theorie. Aus der Digitalisierung aller Lebensbereiche folgt dabei wegen des Dogmas der kategorialen Trennung von »öffentlich« und »privat« für Nissenbaum 1998 ebenso wie für das Bundesverfassungsgericht (Bundesverfassungsgericht 1999): Es gibt eine »Privatsphäre in der Öffentlichkeit«. Ob es sich dabei nur um »falsches Bewusstsein«, die Verfolgung nicht aufgedeckter Partikularinteressen oder um einen Fall von »Cargo Cult Science« (Feynman 1974) handelt, lässt sich nicht eindeutig bestimmen.

4. Eine wissenschaftliche Revolution

Die Enttarnung der kategorialen Trennung zwischen den Sphären, zwischen »öffentlich« und »privat«, steht (fast) am Anfang der deutschen Datenschutzdebatte und legt die Grundlage sowohl für ihre wissenschaftliche Produktivität wie auch ihre theoretische Fundierung.

Bereits 1970 zieht Ulrich Seidel in »Persönlichkeitsrechtliche Probleme der elektronischen Speicherung privater Daten« aus der Digitalisierung aller Lebensbereiche die Konsequenz, dass statt einer nach Sphären getrennten Betrachtung des Persönlichkeitsrechts »wie im amerikanischen Recht jedes personenbezogene Datum als schutzfähig anzusehen« sei (Seidel 1970). Gleichzeitig zeigt Ruprecht Kamlah in »Datenüberwachung und Bundesverfassungsgericht«, dass es dem Bundesverfassungsgericht bislang nicht gelungen sei, eine tragfähige Einordnung von Lebenssachverhalten in die getrennten Sphären vorzunehmen und darauf eine konsistente Rechtsprechung zu entwickeln – und: dass dieses auch nicht gelingen könne, weil unter den Bedingungen einer Verhältnismäßigkeitsprüfung keine unüberschreitbaren Grenzen existieren könnten (Kamlah 1970). Was Kamlah nur für den staatlichen Bereich analysierte, wurde dann von Wilhelm Steinmüller und seiner »Arbeitsgemeinschaft Datenschutz« auch für den allgemeinen Fall nachgewiesen: Eine »Privatsphäre« ist notwendigerweise im doppelten Sinne relativ (Steinmüller u. a. 1971). Einerseits ist die Einordnung von Lebenssachverhalten hochgradig subjektiv und keineswegs verallgemeinerungsfähig oder objektivierbar, andererseits ist sie nicht konstant; weder über die Zeit noch im Verhältnis zu den verschiedenen Kontexten und Rollen, in denen sich die Betroffenen bewegen. Nicht an einer zu schützenden Privatsphäre, sondern an den tatsächlich zu beobachtenden Strukturen moderner – rational organisierter und automationsunterstützter – Informationsverarbeitung sollte eine gesetzliche Regelung ansetzen, so die Erkenntnis.

Einerseits wurde in der Bundesrepublik Erving Goffmans soziologische Rollentheorie, die schon für Alan Westins Argumentation eine zentrale Rolle gespielt hatte, von Paul J. Müller als Grundlage von Problembeschreibung und Operationalisierung der Lösung verwendet, am ausführlichsten in »Funktionen des Datenschutzes aus soziologischer Sicht« (Müller 1975b). Auch Ernst Benda versuchte schon 1974 in »Privatsphäre und ›Persönlichkeitsprofil‹«, die Sphärentheorie zugunsten der Rollentheorie zu beerdigen (Benda 1974), was ihm allerdings erst später als Präsident des Bundesverfassungsgerichts mit dem Volkszählungsurteil gelang. Zu schützen sei, so die Vertreterinnen und Vertreter dieser Theorie, die Unterschiedlichkeit der Bilder, die über Individuen bei anderen Personen oder Institutionen existierten, mithin die rollenspezifische Exklusivität der Informationsweitergabe durch Individuen an einzelne Institutionen und damit die Sektorengrenzen in modernen, funktional differenzierten Gesellschaften (Müller 1975a, zur »Kritik der Rollentheorie« siehe aber auch Haug 1972).

Andererseits wurde die gesellschaftliche Machtverteilung insgesamt problematisiert – nicht nur die Machtimbalancen zwischen Individuen oder Gruppen und Institutionen, sondern auch die zwischen kleinen und großen Institutionen, zwischen Exekutive auf der einen und Legislative und Judikative auf der anderen Seite sowie zwischen dezentralen und zentralen Organisationseinheiten des Staates (Steinmüller u. a. 1971, Geiger 1973, Scheuch 1974, Dammann 1975). Im Zentrum der Aufmerksamkeit stand dabei die Verstärkung der Machtimbalancen durch die Digitalisierung aller Lebensbereiche, die Automationsunterstützung und die Automatisierung von Informationsverarbeitung und Entscheidungsfindung in modernen, rational organisierten Organisationen sowie deren beginnende Industrialisierung (Steinmüller 1971, Steinmüller 1973, Harbordt 1975, Steinmüller 1975, Podlech 1976, Steinmüller 1981). Im Zuge dieser Entwicklungen wurden die alten Mechanismen der gesellschaftlichen Machtverteilung und Machtkontrolle – vom Schutz des Individuums über die Gewaltenteilung bis hin zum Demokratieprinzip – strukturell unterminiert und mussten damit auf eine neue, dem Stand der Machtmittel und Produktivkräfte entsprechende Basis gestellt werden. Diese Basis wurde erstens in der Nutzung eines geeigneten Informationsbegriffs gefunden, dem Informationsbegriff der Semiotik mit seinen vier Dimensionen Syntax, Semantik, Pragmatik und Sigmatik, zweitens in der Anwendung des aus dem Rechtsstaatsprinzip folgenden Prinzips der Ordnungsmäßigkeit des Verwaltungshandelns als Mittel zur Erzeugung von Kontrollierbarkeit der Informationsverarbeitung und drittens in der Nutzbarmachung der Phasenorientierung jeder organisierten Informationsverarbeitung für die rechtliche Operationalisierung (Steinmüller u. a. 1971) – eine Basis, die trotz notwendiger Kritik den Test der Zeit bestanden hat (Pohle 2014). Auch heute noch kann auf dieser Basis die überlegen standardisierende Strukturierungsmacht von Organisationen (Rost 2014) gesellschaftlich eingehegt werden, wenn es denn überhaupt gewünscht ist.

Denn: Eine ordentliche Datenschutztheorie hat nichts zu verlieren außer ihre Ketten, die sie an längst verschwundene Gesellschaftsstrukturen und deren herrschende Ideologien bindet.

5. Abschluss und Ausblick

Daraus lässt sich nur der Schluss ziehen, dass auf die überkommenen Begriffe und Konzepte wie »Privatheit«, »Privatsphäre«, »Privacy« oder gar »digitale Intimsphäre« verzichtet werden muss, um eine fundierte Analyse des

Datenschutzproblems als eines der Grundprobleme der Informationsgesellschaft unter den Bedingungen der Industrialisierung der gesellschaftlichen Informationsverarbeitung vorlegen und daraus geeignete, angemessene und zukunftsfähige Lösungsansätze ziehen zu können. Es ist also an der Zeit, das Datenschutzproblem in der wissenschaftlichen wie der politischen Debatte vom Kopf auf die Füße zu stellen: Notwendig ist eine fundamentale Änderung der Betrachtungsperspektive. Nicht mehr die überkommene Vorstellung kategorial getrennter Sphären darf als Ausgangspunkt der Analyse genommen werden, sondern die konkreten Praxen organisierter Informationsverarbeitung und ihre Eigenschaften. Es bedarf einer fundierten Theorie der Informationsgesellschaft, zumindest jedoch einer fundierten Theorie moderner gesellschaftlicher Informationsverarbeitung in sozialen Verhältnissen mit strukturellen Machtimbalancen: zwischen Individuen und Gruppen auf der einen und Organisationen auf der anderen Seite, zwischen kleinen und großen Organisationen, zwischen dezentralen und zentralen staatlichen oder überstaatlichen Organisationseinheiten, zwischen Parlament und Rechtsprechung auf der einen und der öffentlichen Verwaltung auf der anderen Seite. Damit lassen sich dann auch Probleme identifizieren, für die es in der Welt kategorial getrennter Sphären keinen Platz gibt, die dort nicht adressiert werden können, zum Beispiel die Modellbildung oder die Industrialisierungstendenzen.

Den überkommenen Konzepten soll mit auf den Weg gegeben werden: »Go, and never darken my towels again.«

Literatur
Arendt, Hannah (1998). The Human Condition. 2. Aufl. Chicago: The University of Chicago Press.
Benda, Ernst (1974). Privatsphäre und »Persönlichkeitsprofil«. In: Menschenwürde und freiheitliche Rechtsordnung. Festschrift für Willi Geiger zum 65. Geburtstag. Hrsg. von Gerhard Leibholz u. a. Tübingen: J. C. B. Mohr (Paul Siebeck), S. 23–44.

Bundesverfassungsgericht (1999). BVerfGE 101, 361. Caroline-von-Monaco-Urteil II.

Canovan, Margaret (1978). The Contradictions of Hannah Arendt's Political Thought. In: Political Theory 6.1, S. 5–26.

Dammann, Ulrich (1975). Zur politischen Kontrolle von Planungsinformationssystemen. In: Erfassungsschutz. Der Bürger in der Datenbank: zwischen Planung und Manipulation. Hrsg. von Helmut Krauch. Stuttgart: Deutsche Verlags-Anstalt, S. 105–117.

Däubler, Wolfgang u. a., Hrsg. (2010). Bundesdatenschutzgesetz – Kompaktkommentar zu BDSG. 3. Aufl. Bund-Verlag GmbH.

Feynman, Richard P. (1974). Cargo Cult Science. In: Engineering and Science 37.7, S. 10–13.

Geiger, Hansjörg (1973). Datenschutz und Gewaltenteilung. In: Datenschutz. Hrsg. von Wolfgang Kilian, Klaus Lenk und Wilhelm Steinmüller. Bd. 1. Beiträge zur juristischen Informatik. Frankfurt am Main: Athenäum-Verlag, S. 173–185.

Geuss, Raymond (2013). Privatheit. Eine Genealogie. Frankfurt am Main: Suhrkamp Verlag.

Habermas, Jürgen (1971). Strukturwandel der Öffentlichkeit. 5. Aufl. Neuwied, Berlin: Hermann Luchterhand Verlag.

Harbordt, Steffen (1975). Die Gefahr computerunterstützter administrativer Entscheidungsprozesse: Technokratisierung statt Demokratisierung. In: Numerierte Bürger. Hrsg. von Gerd E. Hoffmann, Barbara Tietze und Adalbert Podlech. Bd. 1. Technologie und Gesellschaft. Wuppertal: Peter Hammer Verlag, S. 71–77.

Haug, Frigga (1972). Kritik der Rollentheorie. Frankfurt am Main: Fischer Taschenbuch Verlag.

Hubmann, Heinrich (1953). Das Persönlichkeitsrecht. Münster, Köln: Böhlau-Verlag.

Kamlah, Ruprecht B. (1969). Right of Privacy. Das allgemeine Persönlichkeitsrecht in amerikanischer Sicht unter Berücksichtigung neuer technologischer Entwicklungen. Bd. 4. Erlanger Juristische Abhandlungen. Köln: Carl Heymanns Verlag KG.

ders. (1970). Datenüberwachung und Bundesverfassungsgericht. In: Die Öffentliche Verwaltung 23.11, S. 361–364.

Kuhn, Thomas S. (1996). The Structure of Scientific Revolutions. 3. Aufl. Chicago, London: The University of Chicago Press.

Lewinski, Kai von (2009). Geschichte des Datenschutzrechts von 1600 bis 1977. In: Freiheit – Sicherheit – Öffentlichkeit. Hrsg. von Felix Arndt. 48. Assistententagung Öffentliches Recht. Nomos Verlagsgesellschaft, S. 196–220.

Maass, Hans-Heinrich (1970). Information und Geheimnis im Zivilrecht. Bd. 4. Münchener Universitätsschriften – Abhandlungen des Instituts für europäisches und internationales Wirtschaftsrecht. Stuttgart: Ferdinand Enke Verlag.

Meldman, Jeffrey A. (1969). Centralized Information Systems and the Legal Right to Privacy. In: Marquette Law Review 52.3, S. 335–354.

Miller, Arthur Raphael (1969). Personal Privacy in the Computer Age: The Challenge of a New Technology in an Information-Oriented Society. In: Michigan Law Review 67.6, S. 1089–1246.

Müller, Paul J. (1975a). Einige soziale Auswirkungen integrierter Informationssysteme – Zur Notwendigkeit von Informationskontrolle innerhalb einer Informationspolitik. In: Numerierte Bürger. Hrsg. von Gerd E. Hoffmann, Barbara Tietze und Adalbert Podlech. Bd. 1. Technologie und Gesellschaft. Wuppertal: Peter Hammer Verlag, S. 121–137.

ders. (1975b). Funktionen des Datenschutzes aus soziologischer Sicht. In: Datenverarbeitung im Recht 4, S. 107–118.

Nissenbaum, Helen (1998). Protecting Privacy in an Information Age: The Problem of Privacy in Public. In: Law and Philosophy 17.5/6, S. 559–596.

Podlech, Adalbert (1976). Information – Modell – Abbildung – Eine Skizze. In: Informationsrecht und Rechtspolitik. Hrsg. von Wilhelm Steinmüller. Rechtstheorie und Informationsrecht 1. München, Wien: Oldenbourg Verlag, S. 21–24.

Pohle, Jörg (2014). Die immer noch aktuellen Grundfragen des Datenschutzes. In: Wovon – für wen – wozu. Systemdenken wider die Diktatur der Daten. Wilhelm Steinmüller zum Gedächtnis. Hrsg. von Hansjürgen Garstka und Wolfgang Coy. Humboldt-Universität zu Berlin, Hermann von Helmholtz-Zentrum für Kulturtechnik. Berlin, S. 45–58. [http://nbn-resolving.de/urn:nbn:de:kobv:11-100217316].

Rost, Martin (2014). Neun Thesen zum Datenschutz. In: Fundationes I: Geschichte und Theorie des Datenschutzes. Hrsg. von Jörg Pohle und Andrea Knaut. Münster: Monsenstein und Vannerdat, S. 37–44.

Scheuch, Erwin K. (1974). Datenschutz als Machtkontrolle. In: Datenbanken und Datenschutz. Hrsg. von Ulrich Dammann u. a. Frankfurt am Main: Herder & Herder, S. 171–176.

Seidel, Ulrich (1970). Persönlichkeitsrechtliche Probleme der elektronischen Speicherung privater Daten. In: Neue Juristische Wochenschrift, S. 1581–1583.

Steinberger, Peter J. (1999). Public and Private. In: Political Studies 47, S. 292–313.

Steinmüller, Wilhelm (1971). Rechtspolitische Bemerkungen zum geplanten staatlichen Informationssystem. In: Rechtsphilosophie und Rechtspraxis. Referate auf der Tagung der Deutschen Sektion der Internationalen Vereinigung für Rechts- und Sozialphilosophie e. V. in Freibug i. Br. am 7. Oktober 1970. Hrsg. von Thomas Würtenberger. Frankfurt am Main: Vittorio Klostermann, S. 81–87.

ders. (1973). Objektbereich Verwaltungsautomation und Prinzipien des Datenschutzes. In: Datenschutz. Hrsg. von Wolfgang Kilian, Klaus Lenk und Wilhelm Steinmüller. Bd. 1. Beiträge zur juristischen Informatik. Frankfurt am Main: Athenäum-Verlag, S. 51–76.

ders. (1975). Automationsunterstützte Informationssysteme in privaten und öffentlichen Verwaltungen. Bruchstücke einer alternativen Theorie des Datenzeitalters. In: Leviathan 4.3, S. 508–543.

ders. (1981). Die Zweite industrielle Revolution hat eben begonnen – Über die Technisierung der geistigen Arbeit. In: Kursbuch 66, S. 152–188.

Steinmüller, Wilhelm u. a. (1971). Grundfragen des Datenschutzes. Gutachten im Auftrag des Bundesministeriums des Innern, BT-Drs. VI/3826, Anlage 1.

Stone, M. G. und Malcolm Warner (1969). Politics, Privacy, and Computers. In: The Political Quarterly 40.3, S. 256–267.

Warren, Samuel D. und Louis D. Brandeis (1890). The Right to Privacy. In: Harvard Law Review, S. 193–220.

Westin, Alan F. (1967). Privacy and Freedom. New York: Atheneum.

*Recht
   und Politik*

Wasserspaziergang   C. Haarmann

»Liebe Rosi, wir bedanken uns ganz herzlich für Deine klugen Interventionen zu Demokratie und Menschenrechten in den ›Blättern‹ wie auf unseren jährlichen HerausgeberInnenkonferenzen – und freuen uns auf viele weitere mehr.«

Die Redaktion der *Blätter für deutsche und internationale Politik* (www.blaetter.de).

Heribert Prantl

Vom Widerstand in der Demokratie

Es gibt Formeln, die werden gern zur Beschwichtigung oder zur Tarnung der eigenen Bequemlichkeit verwendet. Dazu gehört der Satz: »Alleine kann man doch ohnehin nichts bewirken.« Die Welt sei halt schlecht, »das war schon immer so, und das wird auch so bleiben«. Es sind dies Sätze der Gleichgültigkeit, Sätze der Trägheit, der Apathie, der Resignation, manchmal auch der Feigheit. In uns allen stecken solche Sätze: »Was soll man machen? Da kann man gar nichts machen.« Und: »Nach uns die Sintflut.« Eine Demokratie kann man aber mit solchen Sätzen nicht bauen. Einen guten Rechtsstaat auch nicht. Und die Menschenrechte bleiben, wenn man solchen Sätze nachgibt, papierene Rechte.

In den Flugblättern der Weißen Rose heißt es: »Zerreißt den Mantel der Gleichgültigkeit, den ihr um euer Herz gelegt habt.« Und: »Wenn jeder wartet, bis der andere anfängt, wird keiner anfangen!« Diese Worte aus dem Widerstand gegen Hitler sind keine Worte nur für das Museum des Widerstands. Es reicht nicht, sie auf Gedenkveranstaltungen zu zitieren. Diese Worte haben ihre eigene Bedeutung in jeder Zeit, auch in der gegenwärtigen. Sie gelten in Diktaturen und Demokratien, in Rechtsstaaten und in Unrechtsstaaten.

In Diktaturen und Unrechtsstaaten verlangen sie ein ungeheures Maß an Mut. Dort ist der Mut lebensgefährlich. In Rechtsstaaten und Demokratien ist der Mut nicht so teuer, aber billig ist er auch nicht. »Zerreißt den Mantel der Gleichgültigkeit, den ihr um euer Herz gelegt habt.« Und: »Wenn jeder wartet, bis der andere anfängt, wird keiner anfangen!« Jeder und Jede muss für sich nachdenken, was ihm und was ihr das heute sagt und wozu es ihn und sie verpflichtet. Es gibt Leute, die das wissen. Diejenigen zum Beispiel, die sich in der Kirchenasyl-Bewegung engagieren, bei Pro Asyl, oder bei Amnesty. Sie warten nicht darauf, dass der Staat sich um Flüchtlinge so kümmert, wie es das Grundgesetz gebietet. Sie warten nicht darauf, dass das Bundesverfassungsgericht urteilt und sagt, dass Flüchtlinge aus Somalia, Irak und Afghanistan, aus Nigeria und Sierra Leone auch Menschen sind und die Unantastbarkeit der Menschenwürde nach Artikel 1 des Grundgesetzes auch für sie gilt.

Das Widerstandsrecht und das Grundgesetz
Widerstand. Es ist ein gefährliches Wort. Es gab Zeiten, da war es todgefährlich: Noch am Abend des 20. Juli 1944 wurden Claus Schenk Graf von Stauffenberg und seine Mitverschwörer Friedrich Olbricht, Albrecht Ritter Mertz von Quirnheim und Werner von Haeften im Hof des Bendlerblocks in Berlin erschossen. Viele der anderen Widerstandskämpfer gegen Hitler hat dann Roland Freisler, der tobende Präsident des »Volksgerichtshofs«, in Schau- und Schreiprozessen zum Tode verurteilt. Diese Widerstandskämpfer waren überwiegend keine Demokraten; nicht wenige von ihnen hatten zuvor dem NS-Regime gedient, waren selbst in unterschiedlichem Maß schuldig geworden. Sie hatten aber, mit sich ringend, den Weg zum Widerstand gefunden – und boten nun dem Totalitätsanspruch des NS-Staates mit kühner Widerspenstigkeit die Stirn. Vor dem Unrechtrichter Freisler stand ein anderes, ein besseres Deutschland. Mit bemerkenswerter Unerschrockenheit traten sie dem Henker entgegen. Das ist jetzt siebzig Jahre her.

Ihre zweihundert Namen müssten eigentlich als Überschrift und Präambel über dem Grundgesetzartikel 20 Absatz 4 stehen; und neben ihren, meist aristokratisch-konservativen Namen müssten die Namen der linken Widerständler stehen, von denen so viele in den Konzentrationslagern elendig umkamen. Dazu die Namen der Mitglieder der Weißen Rose und der von Georg Elser, der schon 1939 im Münchner Bürgerbräukeller eine Bombe gegen Hitler zündete. Dieser Artikel 20 Absatz 4 ist ihr Artikel: »Gegen jeden, der es unternimmt, diese Ordnung zu beseitigen, haben alle Deutschen das Recht zum Widerstand, wenn andere Abhilfe nicht möglich ist«. Dieser Satz des Grundgesetzes ist eine Lehre aus verbrecherischer Zeit, er ist Mahnung, er ist Appell – und er ist auch Aufforderung, nicht so lange zu warten, bis »andere Abhilfe nicht mehr möglich ist«, also nicht erst dann aufzustehen, wenn es zu spät ist. Der Widerstands-Artikel appelliert an die Courage der Demokraten, es nicht so weit kommen zu lassen, dass man den großen Widerstand braucht. Dieser Artikel ist auch eine Werbung für den kleinen, für den gewaltlosen Widerstand.

Man sollte die Widerständler vom 20. Juli nicht zu Märtyrern der bundesdeutschen Demokratie machen, die sie nicht sind; und nicht für Werte in Anspruch nehmen, die sie zu ihren Lebzeiten nicht unbedingt geteilt haben. Man darf sie als Vorläufer der neuen Ordnung sehen. Wenn man den Artikel 20 Absatz 4 das Vermächtnis des 20. Juli und des gesamten Widerstands gegen Hitler nennt, dann erinnert man damit an die große Schwäche des Bürgertums im Nazi-Reich: Es gab keinen Widerstand aus der politischen Mitte. Deshalb beschreibt der Widerstandsartikel des Grundgesetzes die Ultima-Ratio-Verteidigung für die Demokratie, den Sozialstaat und die Bindung an Recht und Gesetz.

Viele Staatsrechtler halten den Widerstands-Artikel für pathetisches Larifari, für ein verfassungsrechtliches Alien: Wenn der Widerstand erfolgreich sei, so sagen diese Staatsrechtler, dann brauche man doch hinterher keine große Rechtfertigung durch ein ausdrückliches Recht; und wenn der Widerstand scheitere, dann helfe so ein Recht auch nichts mehr. Eine solche Bewertung ist falsch; sie ist Frucht akademischer Überheblichkeit; sie verkennt die Kraft des Symbols. Gewiss: Dieser Widerstandsartikel stand nicht von Anfang an im Grundgesetz; er kam erst zwanzig Jahre später, 1969, hinein – als Kompromissformel angeblich, um der SPD die Zustimmung zu den Notstandsgesetzen zu erleichtern. Wenn es wirklich so war, dann war dieser Artikel das Beste, was die Notstandsgesetze gebracht haben. In ihm stecken die Forderung und die Erkenntnis, dass in der Demokratie der kleine Widerstand beständig geleistet werden muss, auf dass der große Widerstand nie mehr notwendig wird.

Der kleine Widerstand
Widerstand in der Demokratie heißt anders: Er heißt Widerspruch, Zivilcourage, er heißt aufrechter Gang, er heißt Edward Snowden oder, wie gesagt, Kirchenasyl oder Stuttgart 21; er heißt Cap Anamur, Amnesty, Greenpeace, Pro Asyl und Occupy. Er besteht in der Demaskierung von Übelständen. Dieser kleine Widerstand hat die Namen all derer, die nicht wegschauen, wenn sie meinen, dass in Staat und Gesellschaft etwas ganz falsch läuft. Er hat die Namen all derer, die wachrütteln, Unrecht aufdecken, Missstände benennen und dafür persönlich geradestehen. Und er hat die Namen all derer, die gegen Unrecht nicht nur im Eigeninteresse ankämpfen und dabei Niederlagen vor Gericht erleiden, die den langen Instanzenzug durchwandern und dann mit ihrem Anprangern verfassungswidriger Zustände vor dem Verfassungsgericht in Karlsruhe Erfolg haben.

Auf diese Erfolgskraft hoffen und bauen auch die Menschen, die sich gegen den Machtwechsel von den Staaten hin zu den Konzernen wehren – in den Protesten gegen das Freihandelsabkommen TTIP und gegen TiSA, das geplante Abkommen zum Handel mit Dienstleistungen. Sie warnen davor, dass den Staaten und der Demokratie die Macht aus den Händen rinnt und sich in der Wirtschaft zusammenballt.

Der kleine Widerstand kostet nicht Kopf und Kragen wie der Widerstand in der Diktatur; aber ganz billig ist er auch nicht, wie vor allem Whistleblower wissen – das gilt nicht nur für Leute wie Snowden und Chelsea Manning. So ganz klein ist nämlich dieser kleine Widerstand nicht immer. Man muss es aushalten, als Nestbeschmutzer oder

Vaterlandsverräter zu gelten. Manchmal kostet der kleine Widerstand die berufliche Existenz. Manchmal ist er strafbar, manchmal führt er gar ins Gefängnis. Man nennt ihn dann zivilen Ungehorsam. Aber bisweilen hat dieser strafbare zivile Ungehorsam sogar die Kraft, seine Bestrafung zu beenden. So war es einst beim Widerstand gegen die atomare Nachrüstung in Deutschland: Ein Jahrzehnt lang wurden die Friedensdemonstranten als Gewalttäter bestraft, weil sie sich vor die Depots gesetzt hatten, in denen die mit atomaren Sprengköpfen bestückten US-Pershing-Raketen lagerten. Aber dann beschlossen die Richter des Bundesverfassungsgerichts 1995, dass solche Sitzblockaden nicht automatisch als Nötigung bestraft werden können; viele Friedensdemonstranten mussten von den Gerichten rehabilitiert und freigesprochen werden. Der Staat hatte geirrt, als er verurteilte. Die Demonstranten hatten den Irrtum ertragen, erduldet und im Gefängnis abgesessen. In diesem Erdulden lag die Kraft zur Veränderung. Es ist die Kraft des langen Atems.

Grund zum Widerstand:
Die europäische Flüchtlingspolitik
Vielleicht ist heute auf keinem anderen Gebiet Widerstand so notwendig wie beim Flüchtlingsschutz: Zwanzig Jahre lang ist alles teurer geworden in Deutschland. Nur die Leistungen, die vom Staat den Flüchtlingen in Deutschland gewährt wurden, wurden immer billiger. Es ist vielleicht ein wenig übertrieben, wenn man sagt: die Flüchtlinge sollten ausgehungert werden; aber abgeschreckt werden sollten sie – in dem man sie nicht mit dem Nötigsten, sondern nur mit der Hälfte davon ausstattete. Das ansonsten in Deutschland für Jederfrau und Jedermann geltende Existenzminium wurde von Politik und Asylbewerberleistungsgesetz für die Flüchtlinge halbiert. Das Bundesverfassungsgericht musste dann im Juli 2012 eingreifen, in einem spektakulären, aber eigentlich selbstverständlichen Urteil: Es hat aus Flüchtlingen wieder ganze Menschen gemacht und ihnen menschenwürdige Leistungen zugesprochen.

Das ist in Ordnung, reicht aber nicht, um aus einer miserablen staatlichen Flüchtlingspolitik eine gute Flüchtlingspolitik zu machen. Ein Flüchtling in Deutschland wird von Staats wegen so behandelt, als handele es sich bei ihm um eine Mischung aus Mündel und Straftäter. Er darf nicht arbeiten, es muss sich an Umzugs- und Reiseverbote halten. Er wird kontrolliert und drangsaliert; ihm wird vorgehalten, dass er dem Staat auf der Tasche liegt, aber man verbietet ihm zugleich alles, was es ihm ermöglichen könnte, auf eigenen Beinen zu stehen. Man verweigert ihnen das normale Leben, weil es möglichst unnormal sein soll, um Flüchtlinge davon abzuhalten, nach Deutschland zu kommen. Als ob einer, der vor Verfolgung und Not flieht, sich davon bestimmen ließe. Auch Kinder werden so unwürdig gehalten: Sie wachsen als Kinder von Flüchtlingen in Deutschland auf – und sollen hier möglichst nicht heimisch werden. Das ist erstens eines Rechts- und Sozialstaates nicht würdig. Und das ist zweitens dumm. Man zerstört so nicht nur Lebenschancen für junge Menschen, sondern auch Chancen für diese Gesellschaft.

Europa schützt die Grenzen, aber nicht die Flüchtlinge. Die toten Flüchtlinge im Mittelmeer sind ein grausames Exempel. Das Mittelmeer ist ein Massengrab geworden: Jedes Jahr werden dort ein- bis zweitausend Tote gezählt. Sie waren Bootsflüchtlinge auf dem Weg nach Europa; sie sind verdurstet auf dem Wasser, sie sind ertrunken auf hoher See oder vor Lampedusa, sie sind erfroren in der Kälte der europäischen Flüchtlingspolitik. Die gezählten und die ungezählten Toten sind auch an ihrer Hoffnung gestorben. Diese Hoffnung bestand darin, die Not hinter sich zu lassen und in Europa Freiheit und ein besseres Leben zu finden. Europa nimmt den Tod in dem Meer, das die Römer Mare Nostrum nannten, fatalistisch hin, weil man fürchtet, dass Hilfe mehr Flüchtlinge locken könnte. Auch der Tod der Flüchtlinge ist Teil einer Abschreckungsstrategie.

Die Politiker in der Europäischen Union spielen den Pontius Pilatus und waschen die Hände in Unschuld. Was soll man machen? Sollen die Leute halt nicht in die klapprigen Boote steigen! Sollen sie bleiben wo sie sind! Sollen sie sich eben nicht in Gefahr begeben! Wer sich aufs Meer begibt, der kommt drin um! Was soll man machen? Die EU sichert die Grenzen mit einem Netz von Radaranlagen und Satelliten, mit Hubschraubern und Schiffen, die die Flüchtlingsboote abdrängen. Diese Politik gilt als erfolgreich, wenn keine oder möglichst wenige Flüchtlinge Europa erreichen. Die Grenzschutzagentur Frontex ist nicht zuständig für Flüchtlingshilfsaktionen, sondern nur für Flüchtlingsabwehraktionen.

Wer Lampedusa erreicht, wird nicht aufgenommen nach dem Prinzip »Leistung muss sich lohnen«, sondern zurücktransportiert nach dem Motto: »Wir können uns euch nicht leisten.« Es ist eine große Leistung, nach Europa, gar nach Deutschland zu fliehen – weil das eigentlich gar nicht mehr geht, weil davor eine Vielzahl größter Hindernisse steht: Visasperren, scharfe Grenzkontrollen, strengste gesetzliche Abweisungsmechanismen. Wer es trotzdem schafft, hat seine gesetzlich angeordnete Illegalisierung faktisch durchbrochen und eigentlich eine Belohnung verdient: seine Legalisierung. Was ihr den ärmsten, den geringsten meiner Brüder getan habt, das habt ihr mir getan – das steht zwar so in der Bibel, aber auch die christlichen Parteien handeln ganz und gar nicht danach.

Die Flüchtlinge gelten als Feinde des Wohlstands. Die Europäische Union schützt sich vor ihnen wie vor Terroristen: Man fürchtet sie nicht wegen ihrer Waffen, sie haben keine; man fürchtet sie wegen ihres Triebes, sie wollen nicht krepieren, sie wollen überleben – sie werden also behandelt wie Triebtäter, und sie werden betrachtet wie Einbrecher, weil sie einbrechen wollen in das Paradies Europa; und man fürchtet sie wegen ihrer Zahl und sieht in ihnen so eine Art kriminelle Vereinigung. Deswegen wird aus dem »Raum der Freiheit, der Sicherheit und des Rechts«, wie sich Europa selbst nennt, die Festung Europa. Die afrikanischen Flüchtlinge sind jung, und das Fernsehen lockt noch in den dreckigsten Ecken der Elendsviertel mit Bildern aus der Welt des Überflusses. Der Druck vor den Schaufenstern wird stärker werden. Ob uns diese Migration passt, ist nicht mehr die Frage. Die Frage ist, wie man damit umgeht, wie man sie gestaltet und bewältigt.

Der am besten funktionierende Teil der EU-Flüchtlingspolitik ist die Rückführungspolitik. Wenn mit neuen Regierungen in Nordafrika wieder die alten Abkommen geschlossen werden können, beglückwünschen sich die Außen- und Innenminister der EU-Länder. Rückführungsabkommen sind Abkommen nach dem Motto: »Aus den Augen, aus dem Sinn«. Man zahlt viel Geld dafür, dass das Asylverfahren dort hinkommt, wo der Flüchtling herkommt. Sind das die vordringlichsten Interessen der europäischen Demokratien? Soll sich der arabische Frühling dieses Bild von der EU machen: Die europäische Demokratie als große exklusive Veranstaltung, die den Reichtum drinnen und die Not draußen behalten möchte und sich selbst genug ist?

Man spricht von »illegaler Einwanderung«. Wann ist ein Mensch illegal? Ist es illegal, wenn er sich zu retten versucht? Bleiben wir trotzdem beim eingeführten politischen Wort. Eine Politik, die das, was sie »illegale Einwanderung« nennt, zu verhindern versucht, kann ohnehin nur dann erfolgreich sein, wenn sie auch ein gewisses Maß an legaler Einwanderung akzeptiert. Wenn überhaupt keine Einwanderung zugelassen, wenn gar niemand aufgenommen wird, wenn es auch keine nachhaltigen Versuche gibt, die Verhältnisse in den Fluchtländern zu verbessern – dann wird die Politik allein von Menschenschmugglern gemacht. Über deren Menschenverachtung kann man dann lamentieren; sie kann gedeihen, weil es in der EU-Politik keine Achtung für die Flüchtlinge gibt. Jeder Mensch ist legal. Aber Flüchtlingsmenschen werden von der Politik so oft illegalisiert.

Die Europäische Union ist Träger des Friedensnobelpreises. Aber nicht einmal ein bisschen Frieden, nicht einmal ein bisschen Hilfe hat sie den Flüchtlingen gebracht. Die Innenminister Europas, unter anderem die von Österreich und Deutschland, haben auf Griechenland Druck ausgeübt, schärfer zu kontrollieren. Das Ergebnis: siehe oben. Die EU-Politiker sind Heuchler. Was soll man machen?, so denken und sagen sie. Sollen die Leute halt nicht in die klapprigen Boote steigen! Sollen sie bleiben wo sie sind! Sollen sie sich eben nicht in Gefahr begeben! Wer sich aufs Meer begibt, der kommt drin um!

Widerstand ist Ratio
Pro Asyl zum Beispiel hat mit seiner Flüchtlingsarbeit Maßstäbe gesetzt. Die Leute von Pro Asyl haben Widerstand geleistet. Man mag diesen Widerstand wieder den »kleinen« Widerstand nennen. Für diejenigen, die ihn leisten, ist es ein, ganz subjektiv, ganz großer. Er erfasst oft die ganze physische und psychische Existenz.

Das alles ist Widerstand – aber nicht als Ultima ratio, sondern als Prima ratio: Solcher Widerstand ist Ratio der Demokratie, ihr Lebensnerv. Widerstand bedeutet heute: Nicht wegsehen, wenn Unrecht geschieht, wachsam bleiben, wachsam handeln, den Menschenfeinden nicht das Feld überlassen. Der Rechtsphilosoph Arthur Kaufmann, mein verstorbener Lehrer, hat einmal davon gesprochen, dass dieser kleine Widerstand beständig geleistet werden muss, »damit der große Widerstand entbehrlich bleibt«. So ist es. Der kleine Widerstand ist nicht nur wichtig für andere, nicht nur für die Opfer, nicht nur für unser Land, nicht nur für die Demokratie. Im Kern ist er wichtig für jeden Einzelnen – für die eigene Selbstachtung nämlich. Die Arbeit gegen Rechtsextremismus, Intoleranz und Verachtung beginnt mit der Überwindung der eigenen Bequemlichkeit und Angst.

Dieter Deiseroth

Whistleblowing als rechtfertigende Notwehrhilfe zur Verteidigung von Menschenrechten

Die Enthüllungen Edward J. Snowdens haben seit Juni 2013 maßgeblich dazu beigetragen, die globalen Dimensionen der Ausspähaktionen der NSA und anderer Nachrichtendienste aufzudecken und zu dokumentieren.

Im folgenden Beitrag möchte ich mich mit der bisher kaum diskutierten Frage befassen, ob sich ein Whistleblower wie Edward J. Snowden gegenüber dem nicht nur in den USA verbreiteten Vorwurf, er sei letztlich ein krimineller Straftäter, auf den strafausschließenden Rechtfertigungsgrund der Notwehrhilfe berufen kann.

Zur Faktenlage
Die Ausspähaktionen sollen nach den bisher bekannt gewordenen Informationen vor allem auf folgende Weise innerhalb und außerhalb der USA vonstatten gehen:
1. Innerhalb der USA erfolgt die geheime Datengewinnung u. a. mit dem Programm *PRISM* insbesondere durch die diskrete Übermittlung von Daten an die Dienste direkt durch IT-Gesellschaften wie Google, Microsoft, Facebook, Yahoo, Skype, Apple, Paltalk, Youtube und AOL. Bei diesen kommerziellen Gesellschaften fallen die Daten im grenzenlosen globalen Internetverkehr an, und zwar unabhängig davon, wo die digitalen Kommunikationspartner ihre Daten ins Netz geben. Die IT-Gesellschaften stellen die Daten der NSA und anderen US-Diensten auf Anforderung entweder freiwillig oder unter dem Zwang exekutiver oder geheimgerichtlicher Anordnungen auf der Grundlage spezieller US-Gesetze zur Verfügung.

2. Außerhalb der USA soll die Datenbeschaffung durch die NSA und die mit ihr kooperierenden Dienste außerdem in den Hoheitsgebieten anderer Staaten im Rahmen des Projekts *Upstream* durch Anzapfen öffentlicher und privater Netze an Anlandungsstellen transatlantischer Glasfaserkabel und in Schaltzentralen erfolgen, die den Internetverkehr zwischen den großen Anbietern lenken.
3. Auf hoher See, also außerhalb der Hoheitsgebiete von ausländischen Staaten, sollen ferner Glasfaserkabel auf dem Meeresboden durch US-amerikanische U-Boote angezapft werden.[1]
4. Innerhalb der Hoheitsgebiete anderer Staaten sollen im Rahmen des Projekts *XKeyscore*, wie sich aus Snowdens Enthüllungen und darauf aufbauenden Expertisen des EU-Parlaments ergibt, »ungefilterte Daten« im »durchlaufenden Pufferspeicher im Rhythmus von drei Tagen«, die an 150 globalen Standorten auf 700 Servern gespeichert sind, in die globalen nachrichtendienstlichen Ausspähaktionen einbezogen werden. Es sollen dabei Daten zusammengeführt werden, die von US-Botschaftsstandorten, ausländischen Satelliten- und Richtfunkübertragungen und aus den Quellen des Programms »Upstream« stammen.
5. Schließlich ergibt sich aus den Snowden-Enthüllungen und den darauf aufbauenden, für das EU-Parlament erstellten Analysen, dass die NSA und ihre Partnerdienste Verschlüsselungstechnologien mit dem System *BULLRUN* unter Verwendung verschiedener Methoden »knacken«. Dies geschieht insbesondere durch nachrichtendienstliche Kooperation mit – vielfach in den USA angesiedelten – Anbietern von IT-Sicherheitsprodukten und entsprechender Software. Dies zielt auf die Gewinnung von Erkenntnissen der mathematischen Kryptoanalyse und Möglichkeiten von »Seitenkanalattacken«. Ferner geht es dabei um die Fälschung digitaler Zertifikate sowie

die Unterwanderung und Beeinflussung technischer Gremien im Hinblick auf die Annahme unsicherer Standards und den Einbau von nachrichtendienstlichen »Hintertüren« in Software-Programme.
6. Von Relevanz sind u. a. auch der Einbau von sogenannten Trojanern und ähnliche Eingriffe in die Software oder die Hardware der Infrastrukturen. Dies kann sowohl in den USA als auch im Hoheitsgebiet anderer Staaten geschehen.
7. Unklar ist bisher allerdings, ob, wie Snowden öffentlich behauptet hat, Stellen deutscher Geheimdienste bei den enthüllten Abhörpraktiken mit der NSA »unter einer Decke« stecken. Ein anderer US-Whistleblower, der frühere NSA-Angestellte Thomas Drake, hat Snowdens Diagnose allerdings bestätigt: »Deutschland wird als Drittland betrachtet. Aber die NSA hat langjährige geheime Abkommen mit dem BND. Und der BND hat seine eigenen Abkommen mit verschiedenen Telekommunikationskonzernen.«

NSA-Ausspähaktionen nach US-Recht und die Grundrechte

Der US-Kongress hat mit dem von ihm verabschiedeten Foreign Intelligence Surveillance Amendment Act (FISA) 2008 die Vorschriften geschaffen, die es den US-Geheimdiensten nach innerstaatlichem US-Recht ermöglichen, Nicht-US-Bürger im In- und Ausland nachrichtendienstlich zu überwachen. Die US-Nachrichtendienste sind nach Abschnitt 702 FISA befugt, grenzenlos und letztlich unbeschränkt sogenannte »foreign intelligence information« zu erheben. Dies umfasst nach dem Gesetz alle »Informationen über eine im Ausland ansässige politische Organisation oder ein ausländisches Hoheitsgebiet, die sich auf die Durchführung der Außenpolitik der USA beziehen und, sofern sie eine US-Person betreffen, dafür erforderlich sind.« Mit anderen Worten: Alle für die US-Außenpolitik hilfreichen Daten insbesondere von Nicht-US-Bürgern liegen innerhalb und außerhalb der USA im »Schussfeld« der

Spähangriffe der US-Dienste. Das schließt die politische Überwachung gewöhnlicher und rechtmäßiger demokratischer Aktivitäten ein.[2]

Dagegen bietet die US-Verfassung in Gestalt ihres IV. Zusatzartikels bisher keinen hinreichenden Schutz. Diese Grundrechtsnorm garantiert:

> »Das Recht des Volkes auf Sicherheit der Person und der Wohnung, der Urkunden und des Eigentums vor willkürlicher Durchsuchung, Festnahme und Beschlagnahme darf nicht verletzt werden, und Haussuchungs- und Haftbefehle dürfen nur bei Vorliegen eines eidlich oder eidesstattlich erhärteten Rechtsgrundes ausgestellt werden und müssen die zu durchsuchende Örtlichkeit und die in Gewahrsam zu nehmenden Personen oder Gegenstände genau bezeichnen.«

An diese Grundrechtsbestimmung sind die US-Nachrichtendienste nach bisher vorherrschender Auffassung bei Eingriffen in Rechte von Nicht-US-Bürgern (ohne legalen Aufenthaltsstatus in den USA) nicht gebunden.[3]

Die USA haben allerdings den UN-Pakt über bürgerliche und politische Rechte vom 19. Dezember 1996 (ICCPR)[4] ratifiziert. Er ist damit gemäß Art. VI Abs. 2 der US-Verfassung an sich »Bestandteil des Rechts der USA«. Denn diese Verfassungsbestimmung normiert:

> »Diese Verfassung, die in ihrem Verfolg zu erlassenden Gesetze der Vereinigten Staaten sowie alle im Namen der Vereinigten Staaten abgeschlossenen oder künftig abzuschließenden Verträge sind das oberste Gesetz des Landes; und die Richter in jedem Einzelstaat sind ungeachtet entgegenstehender Bestimmungen in der Verfassung oder den Gesetzen eines Einzelstaates daran gebunden.«

Der US-Senat hat jedoch in seinem Zustimmungsgesetz zur Ratifizierung des UN-Menschenrechtspaktes (ICCPR) umfangreiche Vorbehalte, sog. RUDs (Reservations, Understandings, Declarations)[5], beschlossen. Dazu gehört u. a. der völkerrechtliche Vorbehalt (»Reservation«), dass die Art. 1 bis 27 des ICCPR und damit auch Art. 17 ICCPR[6] in den USA nicht »self-executing« (nicht »unmittelbar anwendbar«) sind, so dass also ihre innerstaatliche Anwendbarkeit erst noch der Umsetzung durch die nationale Gesetzgebung des US-Kongresses bedarf. Eine solche hinreichende Umsetzung fehlt bisher in den USA. Dementsprechend ist die innerstaatliche Inkraftsetzung des ICCPR in den USA nur teilweise erfolgt, so dass im Sinne des Art. VI Abs. 2 der US-Verfassung auch nur insoweit der ICCPT Teil der »Laws of the Land« geworden ist. Das begründet eine empfindliche Schutzlücke.

Rechtfertigungsgründe im US-Strafrecht
Das US-amerikanische Strafrecht unterscheidet zwischen der Straftat (»offense«) und den Verteidigungsmöglichkeiten (»defenses«). Sind alle Merkmale eines gesetzlichen Straftatbestandes (»actus reus«[7] und »mens rea«[8]) erfüllt, bedeutet dies, dass prima facie eine Straftat begangen wurde, die eine Vermutung der Strafbarkeit begründet. Diese Vermutung kann der sich verteidigende Angeklagte (»defendant«) durch die Geltendmachung einer bestimmten Verteidigung (»defense«) widerlegen. Dabei wird zwischen zwei Arten von Verteidigungsmöglichkeiten unterschieden:
- Rechtfertigungsgründe (»justification defenses«) und
- Entschuldigungsgründe (»excuse defenses«).

Zu den »justification defenses«, die die Rechtswidrigkeit einer tatbestandsmäßigen Handlung ausschließen[9], gehören der (auch) im US-Strafrecht anerkannte Rechtfertigungsgrund der Notwehr (»self-defense«) und der Notwehrhilfe/»Verteidigung anderer« (»defense of others«). Als »excuse defenses« (Entschuldigungs- oder Schuldausschließungsgründe) sind anerkannt: fehlende Zurechnungsfähigkeit (»insanity«), verminderte Zurechnungsfähigkeit (»diminished capacity«), Minderjährigkeit, Verbotsirrtum, Trunkenheit (»drunkenness«, »intoxication«), Nötigungsnotstand (»duress«, »coercion«), militärischer Zwang (»military order«) und amtliche Verleitung zur Straftat (»entrapment«).[10]

Snowdens Enthüllungen begründen den Verdacht schwerer Verstöße gegen fundamentale Menschenrechte vor allem von Nicht-US-Bürgern. Es geht dabei insbesondere um die Grundrechte auf informationelle Selbstbestimmung und auf Schutz der Privatsphäre (»privacy«, »Schutz personenbezogener Daten« pp.), wie sie u. a. im Internationalen Pakt über bürgerliche und politische Rechte (Art. 17) sowie in der Europäischen Menschenrechtskonvention (Art. 8 EMRV) und in den meisten nationalem Verfassungen gewährleistet sind (z. B. Art. 2 i. V. m. Art. 1 GG). Außerdem geht es um den Schutz und die Garantie des Post- und Fernmeldegeheimnisses (in Deutschland: Art. 10 GG), das durch die nachrichtendienstlichen Ausspähaktionen fundamental in Frage gestellt wird.

Die Verletzung dieser Rechte ist in weitem Maße strafbar. Dies gilt in Deutschland etwa für die Verletzung der Vertraulichkeit des Wortes (§ 201 StGB), die Verletzung des Briefgeheimnisses (§ 202 StGB), das Ausspähen von Daten (§ 202a StGB), das Abfangen von Daten (§ 202b StGB), das Vorbereiten des Ausspähens und Abfangens von Daten (§ 202c StGB) und die Verletzung des Post- oder Fernmeldegeheimnisses (§ 206 StGB).

Das deutsche Strafrecht gilt gemäß § 3 StGB zum einen für alle Straftaten, die im Inland, also in Deutschland, begangen werden. Eine Straftat ist an jedem Ort begangen, an dem der Täter gehandelt hat oder an dem der zum Tatbestand gehörende Erfolg eingetreten ist oder nach der Vorstellung des Täters eintreten sollte (§ 9 StGB), z. B. die Verletzung des Fernmeldegeheimnisses. Das deutsche Strafrecht gilt nach § 7 Abs. 1 StGB aber außerdem auch für Taten, die im Ausland gegen einen Deutschen begangen werden, wenn die Tat am Tatort mit Strafe bedroht ist oder der Tatort keiner Strafgewalt unterliegt (z. B. Anzapfen von Unterseekabeln auf Hoher See oder von Richtfunkstrecken von Satelliten aus). Unabhängig vom Recht des Tatortes gilt das deutsche Strafrecht nach § 5 StGB zudem u. a. für folgende im Ausland begangene Taten, die nach dem StGB strafbar sind: Landesverrat (§ 94 StGB), landesverräterische Ausspähung (§ 96 StGB), landesverräterische Agententätigkeit (§ 98 StGB) und geheimdienstliche Agententätigkeit (§ 99 StGB), eine Strafbestimmung, die etwa für das Ausspähen des Mobiltelefons der Bundeskanzlerin Merkel von besonderer Bedeutung ist. Das gilt unabhängig davon, ob etwa der Generalbundesanwalt ein Strafverfahren einleitet und durchführt oder ob er aus eigenen politischen Erwägungen oder auf formelle oder informelle Einwirkung des Bundesjustizministers hiervon Abstand nimmt.

Eine Straftat nach diesen Bestimmungen des deutschen StGB liegt unabhängig davon vor, ob die Person des Täters strafrechtlich verfolgt werden darf oder nicht. Eine Strafverfolgung kann im Einzelfall etwa für bestimmte Botschaftsangehörige (u. a. Botschafter) aufgrund diplomatischer Immunitätsregelungen des Völkerrechts oder für Angehörige der US-Streitkräfte und ihres zivilen Gefolges aufgrund von Privilegierungsbestimmungen nach dem NATO-Truppenstatut und dessen für Deutschland geltendem Zusatzabkommen ausgeschlossen sein. Solche Immunitätsregelungen sind Strafverfolgungshindernisse, ändern aber nichts am Charakter der Handlungen als Straftaten.

Wer schwerwiegende Verletzungen der Grund- und Menschenrechte, die zudem strafrechtlich geschützt sind, aufdeckt, der verteidigt diese Grund- und Menschenrechte. Es geht damit für den jeweiligen wegen Verletzung von Dienst- oder ggf. auch Staatsgeheimnissen beschuldigten oder angeklagten Whistleblower der Sache nach um den Rechtfertigungsgrund, mit seinem inkriminierten Verhalten Rechte anderer gegen rechtswidrige Angriffe verteidigt zu haben (»defenses of others«).

Eine Person ist dann zur Verteidigung eines Dritten (Notwehrhilfe) gerechtfertigt, wenn ihr an Stelle des Dritten ein eigenes Notwehrrecht zustehen würde. Während im richterrechtlich entwickelten tradierten Common Law Nothilfe nur zugunsten bestimmter Personen zulässig war, die zum Täter in einem besonderen Verhältnis stehen (z. B. Verwandte, Vorgesetzte oder Untergebene), ist im modernen US-Strafrecht, das dem US-Model Panel Code (MPC) nachgebildet ist, eine Rechtfertigung wegen »stellvertretender Notwehr« (=Nothilfe) zugunsten jeder Person möglich.[11]

Das US-Recht ermächtigt – wie oben dargelegt – die US-Geheimdienste zu schweren Verletzungen des geltenden Völkerrechts und der Grundrechte von Nicht-US-Bürgerinnen und Bürgern. Edward Snowden sah keine Möglichkeit und konnte keinen Sinn darin erkennen, bei den von ihm festgestellten transnationalen globalen Ausspähaktionen der NSA und anderer Dienste durch eine Beschwerde nach Maßgabe des »Intelligence Community Whistleblower-Protection-Act« die Einhaltung rechtlicher Grenzen bei den dafür bestimmten US-Stellen (über das Office of the Inspector General und den Justizminister zum zuständigen Kongress-Ausschuss) einzufordern. Denn die US-Nachrichtendienste agieren, wie Snowden erkannte und was sich bestätigt hat, bei ihren nachrichtendienstlichen Angriffen auf Nicht-US-Bürger innerhalb weithin rechtsfreier Räume, was ihnen gerade durch den Patriot-Act und insbesondere das FISA-Amendment (Abschnitt 702) ermöglicht wird. Rechtliche Grenzen sehen die US-Nachrichtendienste für sich im Ausland gegenüber Nicht-US-Bürgern letztlich nicht. In einer solchen Situation verbleibt für einen Whistleblower, will er dem nicht weiterhin tatenlos zusehen und sich letztlich zum Komplizen dieser Ausspähangriffe machen, praktisch nur die Möglichkeit, sich zum Schutz der Grundrechte der Betroffenen – vor allem der Nicht-US-Bürger – und zur Mobilisierung von Widerstand an die Öffentlichkeit zu wenden.

Nach deutschem Strafrecht (§ 32 StGB) handelt nicht rechtswidrig, wer eine Tat begeht, die »durch Notwehr geboten ist«. Notwehr ist die Verteidigung, die erforderlich ist, um einen gegenwärtigen Angriff von sich oder einem anderen abzuwenden (Abs. 2). Angriff ist ein menschliches Handeln, das eine noch nicht endgültig abgeschlossene Rechtsgutsverletzung oder einen Zustand verursacht, der die unmittelbare Gefahr einer Rechtsgutsverletzung begründet. Rechtsgüter, die durch Notwehr geschützt werden dürfen, sind nicht nur Leben, körperliche Unversehrtheit, Freiheit, sexuelle Selbstbestimmung, Eigentum, Vermögen und Ehre. Auch sonstige rechtlich geschützte Interessen (z. B. das Recht am eigenen Bild, das Recht auf die Intimssphäre, das Recht auf informationelle Selbstbestimmung, die allgemeine Handlungsfreiheit) gehören dazu. Dabei kann das zu verteidigende Rechtsgut dem Täter (Notwehr) oder einer dritten Person (Nothilfe) zustehen.[12]

Es geht mithin beim Whistleblowing von Edward Snowden nach deutschem Recht um Notwehr zugunsten dritter Personen, also um Nothilfe insbesondere zugunsten von Nicht-US-Bürgern, die aufgrund der genannten US-Regelungen wegen der fehlenden Schutzwirkungen des IV. Zusatzartikels der US-Verfassung und des Art. 17 ICCPR in besonderem Maße den Ausspähaktionen der US-Geheimdienste ausgesetzt waren und sind. Dass es dabei um zahlreiche oder gar Millionen in ihren Rechten Angegriffene geht, lässt den Rechtfertigungsgrund der Notwehrhilfe nicht entfallen. Denn die Rechtfertigung von Nothilfemaßnahmen ist nicht davon abhängig, wie viele Opfer die Täter ins Visier genommen haben.

Ob die US-Gerichte dieses Argument – Whistleblowing als Nothilfe zur Verteidigung anderer angegriffener Personen, insbesondere von Nicht-US-Bürgern, gegen schwere nachrichtendienstliche Eingriffe in Menschenrechte – in Strafverfahren als Rechtfertigungsgrund anerkennen werden, ist schwer vorherzusagen. Zu den »justification defenses«, die die Rechtswidrigkeit einer tatbestandsmäßigen Handlung im US-Strafrecht ausschließen, gehören – wie dargelegt – der im US-Strafrecht anerkannte Rechtfertigungsgrund der Notwehr (»self-defense«) und der Notwehrhilfe/»Verteidigung anderer« (»defense of others«) durchaus.

Ein Kollege, der als Professor in den USA Strafrecht lehrt, hat mir hierzu jüngst geschrieben: »Ich kenne bisher keine gerichtliche Entscheidung im anglo-amerikanischen Fallrecht (»case law«), die vorschlägt, den Rechtfertigungsgrund der »Verteidigung anderer« (»defense of others«), also der Notwehrhilfe, in der von Ihnen vorgeschlagenen Weise zu erweitern und anzuwenden. Soweit so argumentiert werden sollte, glaube ich, dass es sich empfiehlt, dies als eine Art von Residual-Rechtfertigungsgrund zu charakterisieren. Das englische und schottische Recht ist bei der Anerkennung zulässiger Verteidigungsrechte durchaus so ergebnisoffen, dass die Gerichte solche Verteidigungsrechte kreieren und anerkennen können, wenn sie dies für richtig halten. Aber sie sind bisher dabei sehr zurückhaltend gewesen, dies zu tun.«

Geht man von der Richtigkeit dieser Einschätzung aus, ist dies jedenfalls ein wichtiger Grund dafür, dass Edward J. Snowden, der mit seinen Enthüllungen Menschenrechte anderer, insbesondere von Nicht-US-Bürgern, gegen die Ausspähangriffe der Nachrichtendienste verteidigt hat, auf Schutz vor einer US-Strafverfolgung besonders angewiesen, den er bisher nur außerhalb der USA finden kann. Die USA sind zwar ein demokratischer Staat mit einer ausdifferenzierten Gerichtsbarkeit. Sie schützen ihre und andere Bürger aber nicht mit hinreichender Sicherheit vor US-Strafverfolgung, wenn diese als Whistleblower Eingriffe durch US-Nachrichtendienste in Menschenrechte von Nicht-US-Bürgern enthüllen, die nach dem Recht der EU oder von Einzelstaaten wie Deutschland rechtswidrig sind. Edward Snowden und andere Whistleblower müssen in solchen Fällen deshalb von den Staaten geschützt werden, deren Bürgerinnen und Bürger Zielobjekte der nach EU- oder deutschem Recht illegalen Ausspäh-Angriffe waren.

§ 22 des deutschen Aufenthaltsgesetzes (AufenthG) bietet dazu eine rechtliche Grundlage.[13] Nach § 22 Satz 1 AufenthG kann eine Aufenthaltserlaubnis erteilt werden, wenn hierfür völkerrechtliche oder dringende humanitäre Gründe vorliegen. Als dritte Fallgruppe von Aufnahmegründen sieht § 22 Satz 2 AufenthG politische Interessen der Bundesrepublik Deutschland vor. Diese Bestimmung räumt dem Bundesministerium des Innern oder einer von ihm bestimmten Stelle die Möglichkeit ein, zur Wahrung politischer Interessen der Bundesrepublik Deutschland die Aufnahme eines Ausländers zu erklären. Eine andere Frage ist freilich, ob ein von der US-Strafjustiz Gesuchter hinreichend sicher vor einer Auslieferung in die USA geschützt wäre. Hier muss man Zweifel haben.

1 Vgl. dazu u. a. die für das Europäische Parlament erarbeitete Studie von Caspar Bowden, The US surveillance programmes and their impact on EU citizens' fundamental rights. EU Directorate-General for International Policies. PE 474.05. Brussels, 2013, S. 17 ff.
2 Vgl. dazu die für das Europäische Parlament vorgelegte Studie von Caspar Bowden, a. a. O., PE 474.05. Brussels, 2013, S. 19; vgl. auch John Götz/Christian Richter, Geheime Kriege, 2013, S. 147 ff.
3 Dass im Rahmen dieser Ausspäh-Aktionen offenbar auch US-Bürger in ihren Rechten verletzt worden sind, ergibt sich u. a. aus einer Entscheidung des US District Court for the District of Columbia vom 16. 12. 2013, Civil Action No. 13-0851, in: https://ecf.dcd.uscourts.gov/cgi-bin/show_public_doc?2013cv0851-48.
4 BGBl. 1973 II 1553.
5 Siehe dazu u. a.: http://www1.umn.edu/humanrts/usdocs/civilres.html.
6 Art. 17 dieses UN-Menschenrechtspaktes (ICCPR) lautet in dt. Übersetzung:»(1) Niemand darf willkürlichen oder rechtswidrigen Eingriffen in sein Privatleben (»privacy«), seine Familie, seine Wohnung und seinen Schriftverkehr oder rechtswidrigen Beeinträchtigungen seiner Ehre und seines Rufes ausgesetzt werden.
(2) Jedermann hat Anspruch auf rechtlichen Schutz gegen solche Eingriffe oder Beeinträchtigungen.«

7 Wörtlich: Tathandlung (»böser Akt«). Die Handlung muss entweder ein freiwilliger Akt einer Person oder die Unterlassung eines strafrechtlich gebotenen Tuns sein, zu dem der Betroffene physisch im Stande war.
8 Wörtlich: Wissen und Wollen der Tatbegehung (»böser Wille«), also Vorsatz, Absicht, Rücksichtslosigkeit oder Fahrlässigkeit.
9 Vgl. dazu Niklaus Schmid, Strafverfahren und Strafrecht in den Vereinigten Staaten, 2. Aufl. 1993, S. 216 ff.; LaFave/Scott, Substantive Criminal Law (Criminal Practice Series), § 5, 2. Auf. 2004; Peter Hay, US-amerikanisches Recht, 4. Aufl. 2008, S. 244; Dubber, Einführung in das US-amerikanische Strafrecht, 2005, § 7, S. 139 ff.
10 Vgl. dazu u. a. Schmidt, a. a. O., S. 220 ff.
11 Vgl. dazu u. a. Joshua Dressler, Understanding Criminal Law, New York/Oakland/Albany, 1988, p. 215 ff.; Dubber, a. a. O., S. 159; Schmid, a. a. O., S. 218.
12 Vgl. dazu u. a. Thomas Fischer, StGB, 61. Aufl. 2014, § 32 Rn. 7 ff.
13 Vgl. dazu u. a. Wiss. Dienste des Deutschen Bundestages (Autorinnen: Sabine Friehe/Bettina Giesecke): Schutz vor Verhaftung von Zeugen vor einem Untersuchungsausschuss, Berlin, 2013 (Az.: WD 7-3000 – 175/13; WD 3-3000 – 152/13), S. 17 ff.

Theodora Antoniou

Die Wirtschafts- und Währungsunion als Rechtsgemeinschaft in der Eurokrise

Die Menschenwürde in der Eurokrise als leerer Begriff?

1. Der Begriff der Rechtsgemeinschaft

Der Begriff Rechtsgemeinschaft kennzeichnet supranationale Modelle wie die Europäische Union. Es handelt sich um einen zusammenfassenden Oberbegriff für die Normen des Europarechts, wobei man einerseits die konkrete europäische Rechtsgemeinschaft forciert, und andererseits weitere Einschränkungen von der inhaltlichen Seite her macht.

Die Europäische Union ist eine Schöpfung des Rechts. Sie ist durch Recht, durch völkerrechtliche Verträge entstanden und ihre Struktur wird durch Recht bestimmt. Sie will ihre Ziele im Wesentlichen dadurch erreichen, dass sie Rechtsnormen setzt, die von den Normadressaten befolgt werden. Sie will in den Beziehungen der Mitgliedstaaten untereinander Gewalt und politischen Druck durch die Herrschaft des Rechts ersetzen. Es muss sich nur um normative Regeln handeln, um Regeln, die dem Bürger, einem Staat oder einer internationalen Organisation ein verbindliches Handeln aufgeben. Der Blick auf das Staatsrecht macht deutlich, dass Rechtsgemeinschaft ein mehrdimensionaler Begriff ist. Es handelt sich um Rechtsregeln, die den Anforderungen demokratischer Legitimation standhalten, dem Maßstab der Grundrechte genügen und vor Gerichten durchgesetzt werden. Sowohl Bürger als auch Staaten erhalten nur innerhalb eines normativen Rahmens die notwendige Sicherheit, die es ihnen ermöglicht, sich auf einen Austausch mit den anderen einzulassen. Das Recht setzt der Politik Grenzen und hegt den legitimen politischen Willen ein.

Dieser Begriff der Rechtsgemeinschaft wird speziell auf die Wirtschafts- und Währungsunion in der Phase der jetzigen Krise angewandt.

2. Eine Chronik der Krise

In der Währungsunion sind Staaten mit ganz unterschiedlicher Wirtschaftskraft und Staatsverschuldung vereint. Während früher diese Unterschiede durch Veränderung der Wechselkurse ausgeglichen werden konnten, zwingt die gemeinsame Währung die Staaten der Eurogruppe zu einer Angleichung ihrer Wirtschafts- und Haushaltspolitik. Die Bestimmungen des Stabilitäts- und Wachstumspaktes wurden in den Jahren von 2002 bis 2004 von Deutschland und Frankreich abgeschwächt. Da die Währungsunion nicht durch eine Wirtschafts- und Fiskalunion ergänzt und auf eine Regulierung der Banken verzichtet wurde, ist die Stabilität des Euros unterhöhlt worden.

In der jüngsten Eurokrise beschloss der Europäische Rat Rettungspakete und Umschuldungen mit der Absicht der Harmonisierung der staatlichen Haushalte in allen wettbewerbsrelevanten Bereichen der Wirtschafts-, Fiskal-, Arbeitsmarkt-, Sozial- und Bildungspolitik:

- 2010 erhielt Griechenland zunächst bilaterale Kredite der Euro-Gruppe, die im Zusammenhang mit einem entsprechenden Programm des IWF koordiniert wurden.
- Dann folgte der »Europäische Rettungsschirm« im engeren Sinne. Er besteht aus zwei Teilen: zum einen aus dem Europäischen Finanzstabilisierungsmechanismus (EFSM), der sich auf der Grundlage von Art. 122 Abs. 2 AEUV auf die VO (EU) Nr. 407/2010 des Rates vom 11. Mai 2010 zur Einführung eines europäischen Finanzstabilisierungsmechanismus stützt und ein Volumen von 60 Mrd. Euro aufweist. Zur Ergänzung wurde zum anderen am 7. Juni 2010 die Europäische Finanzstabilisierungsfazilität

(EFSF) errichtet. Sie beruht auf einer intergouvernementalen Vereinbarung der Regierungen der Euro-Gruppe vom 9. Mai 2010. Ihr Handlungsinstrument ist eine Zweckgesellschaft in der Rechtsform einer Aktiengesellschaft luxemburgischen Rechts, die als Kreditgeberin auftritt, sich am Kapitalmarkt refinanziert und dafür von den Euro-Staaten Kreditausfallgarantien in Höhe von 780 Mrd. Euro erhalten hat.

_ Um einen dauerhaften und unionsrechtskonformen »Rettungsschirm« installieren zu können, wurde Art. 136 AEUV auf dem Weg des vereinfachten Vertragsänderungsverfahrens nach Art. 48 Abs. 6 EUV um einen neuen Abs. 3 ergänzt. Er diente als Rechtsgrundlage für den Europäischen Stabilitätsmechanismus (ESM), einer internationalen Finanzinstitution, die am 2. Februar 2012 errichtet wurde.

_ Die EU-spezifische Reaktion auf die europäische Schuldenkrise ist ein Maßnahmenbündel von fünf unionalen Verordnungen und einer Richtlinie (daher engl. »Six Pack«), die teils am 8. November 2011, teils am 16. November 2011 erlassen wurden. Auf diesem Wege wurden die 2005 abgeschwächten Verordnungen des SWP (Stabilitätswährungspaktes) wieder verschärft.

_ In einer der »Six-Pack-Verordnungen« sind die Grundlagen für das »Europäische Semester« geregelt worden. Zu verstehen ist darunter ein ständiger Planungs- und Berichtszyklus von sechs Monaten, in dem die Haushalts- und Strukturpolitiken der Mitgliedstaaten überprüft werden. Als spezielle Verordnung kam danach die sogenannte »Two-Pack-Verordnung« Nr. 473/2013 des Europäischen Parlaments und des Rates vom 21. Mai 2013 über gemeinsame Bestimmungen und Bewertung der Übersichten über die Haushaltsplanung und übermäßige Defizite der Mitgliedsstaaten im Eurowährungsgebiet.

_ Am 24./25. März 2011 wurde vom Europäischen Rat auch der sog. Euro-Plus-Pakt für den Euro abschließend beraten. Wegen der fehlenden Zustimmung Großbritanniens, Schwedens, Ungarns und der Tschechischen Republik konnte dieser Pakt nicht auf Art. 121 Abs. 2 AEUV gestützt werden. Im Übrigen machten die unterzeichnenden EU-Mitgliedstaaten klar, dass der Pakt zwischen ihnen nicht als völkerrechtlicher Vertrag gelten soll. Damit stellt er eine Art »soft law« dar, der den ESM und das »Six Pack« einschließlich des Europäischen Semesters mit Absichtserklärungen stärken soll.

- Eine weitere Reaktion auf die Europäische Staatsschuldenkrise stellt der sog. Fiskalpakt dar. Wie der ESM Vertrag ist auch der »Fiskalpakt« ein eigenständiger völkerrechtlicher Vertrag, der paraunional neben den Rechtsrahmen der EU tritt. Diese Konstruktion versteht sich als Notlösung, nachdem das britische Veto eine Inkorporation der Vorschriften des Fiskalpakts in den primärrechtlichen Rechtsrahmen der EU verhinderte. Der »Fiskalpakt« zielt darauf ab, die Vertragsparteien zu einer nachhaltigen Haushaltspolitik anzuhalten, indem er sie dazu verpflichtet, in ihrem nationalen Recht eine »Schuldenbremse« zu verankern, die ein strukturelles Defizit von höchstens 0,5 Prozent des BIP zulässt. Damit werden auf unionsrechtlicher Ebene Vorgaben verschärft, und zwar Art. 126 Abs. 2 AEUV i. V. m. dem Defizitprotokoll Nr. 12, die Haushaltsdefizite von höchstens 3 Prozent des BIP erlauben, und Art. 2a Abs. 2 der »Six Pack« VO 1175/2011, der als mittelfristiges Haushaltsziel ein konjunkturbereinigtes Haushaltsdefizit von höchstens 1 Prozent des BIP zulässt. Art. 3 Abs. 2 des Fiskalpaktes verpflichtet die Vertragsstaaten, die Defizithöchstgrenze von 0,5 Prozent in nationales Recht – vorzugsweise mit Verfassungsrang – umzusetzen. Viele Verpflichtungen des Fiskalpakts sind bereits im Unionsrecht enthalten. Somit wird durch ihn eine qualitativ neue »Fiskalunion« zwischen den Vertragspartnern nicht errichtet.

3. Eine neue Europäische Wirtschaftsregierung?

Es wird gefordert, dass der Wert der politischen und wirtschaftlichen Einheit Europas unter den Bedingungen der Globalisierung deutlicher werden muss[1].

Anstatt die Kompetenzen der Union zu stärken, um eine echte Wirtschaftsregierung zu ermöglichen, hat man eine Konstruktion abseits der EU unternommen. Dadurch wurden im Zuge der Notstandspolitik Mitgliedstaaten »unter Zwangsverwaltung« gestellt. Zwar handelt es sich formell um einen »Deal« mit den in eine Vormundschaft eintretenden Staaten. Tatsächlich liegt die Macht nicht mehr in ihren eigenen Händen – und auch nicht in denen einer demokratisch verfassten europäischen Wirtschaftsregierung. Das Steuerungssystem der Union hat sich sehr eigentümlich entwickelt. »Post-demokratischen Exekutivföderalismus« nennt Jürgen Habermas dieses intergouvernementale Regieren. Das bedeutet eine Schwächung der parlamentarischen Mitbestimmung. Ferner geben die Starken in einer Staatenverbindung desto mehr den Ton an, je weniger die Macht durch eine effektive und effiziente Rechtsordnung gebändigt ist. Griechenland wird zum »Kaputtsparen« geführt und darf zu dieser Politik nicht nur nichts beitragen, sondern auch nichts sagen.

Der Begriff Wirtschaftsregierung geht auf die französische Forderung der stärkeren Koordinierung der Wirtschaftspolitik bereits bei der Einrichtung der Wirtschafts- und Währungsunion zurück. Zurückhaltender wird seit der Ratssitzung am 25. März 2011 der Begriff »wirtschaftspolitische Steuerung« verwendet. Hier soll nicht die Formulierung der Politik übernommen werden, sondern ein eigenes Begriffsverständnis entwickelt werden. In der englischen und französischen Sprachfassung sind sich die beiden verwendeten Begriffe deutlich ähnlicher (Economic Governance/Gouvernance Economique gegenüber Economic Government/Gouvernment Economique). Typisches Merkmal von Government ist der Prozess hierarchischer Entscheidungs- und Durchsetzungsmechanismen. Das bisherige Verfahren nach Art. 121 AEUV zur Aufstellung der

Grundzüge der Wirtschaftspolitik durch Verhandlungen der Mitgliedstaaten wies diese Merkmale nicht auf und war demnach deutlich Governance-geprägt.

Von europäischer Wirtschaftsregierung kann man unter den folgenden Voraussetzungen sprechen:
1. die wesentlichen Bereiche nationaler Wirtschaftspolitik müssen der europäischen Regulierung unterliegen,
2. die Maßnahmen der europäischen Ebene in diesen Bereichen müssen durchsetzbar sein und
3. es muss eine überwiegende Wahrscheinlichkeit bestehen, dass die Maßnahmen auch tatsächlich durchgesetzt werden.

Der »Six-Pack« gestaltet die Zusammenarbeit in der Wirtschaftspolitik umfassend neu. Die fünf Verordnungen und die Richtlinie etablieren eine Wirtschaftsregierung. Von entscheidender Bedeutung sind die Erstreckung der Koordinierung der allgemeinen Wirtschaftspolitik (Art. 121 AEUV) auf makroökonomische Ungleichgewichte sowie die Möglichkeit von Sanktionen und deren erleichterte Durchsetzbarkeit.

Eine weitere Neuerung, die die wirtschaftspolitische Koordinierung ausweitet, enthält die Verordnung 1175/2011, die das Europäische Semester rechtsverbindlich einführt. Die bedeutendsten Neuerungen stellen die Verordnungen 1173 und 1174/2011 dar. Sie ermöglichen es, die Nichteinhaltung in allen drei Säulen der wirtschaftlichen Koordinierung (präventive und korrektive im Rahmen des SWP sowie die makroökonomischen Ungleichgewichte) zu sanktionieren. Nicht nur werden damit Vorgaben im gesamten Bereich der Wirtschaftsunion durch europäische Institutionen durchsetzbar, sondern die Sanktionierung wird auch erheblich erleichtert, indem sie weitestgehend nur noch mit sog. umgekehrter qualifizierter Mehrheit beschlossen werden muss. Danach gelten Beschlüsse der Kommission grundsätzlich als angenommen, wenn der Rat nicht innerhalb einer gewissen Zeitspanne mit qualifizierter Mehrheit widerspricht. Ohne die aktive Mitwirkung anderer Institutionen kann die Kommission somit alle wesentlichen Bereiche nationaler Wirtschaftspolitik regulieren. Dies stellt eine grundlegende Wende von der bisherigen Governance-Prägung in der allgemeinen Wirtschaftspolitik hin zur europäischen Wirtschaftsregierung dar.

Ferner erlaubt Art. 136 Abs. 1 lit. a AEUV eine Verstärkung der Koordinierung und Überwachung. Allerdings schließt er dabei ausdrücklich das Verfahren des Art. 126 Abs. 14 AEUV aus. Daraus wird gefolgert, dass die Institutionen für die Eurozone nicht gesetzgeberisch tätig werden dürfen,

Die getroffenen Maßnahmen beinhalten sowohl supranationale als auch intergouvernementale Instrumente. Die supranationalen Instrumente sind auch auf die Kompetenzen der Union zur Festlegung der Einzelheiten für die Koordinierung und Überwachung der Wirtschaftspolitik der Mitgliedstaaten (Art. 121 und Art. 126 AEUV, teilweise i. V. m. Art. 136 AEUV) gestützt und gehen in einzelnen Punkten bis an die Grenzen des unionsrechtlich Möglichen. Die intergouvernementalen Instrumente beruhen auf völkerrechtlich akkordierten Regelungen der Mitgliedstaaten, insbesondere der Euro-Staaten, mit denen diese von ihrer wirtschaftspolitischen Zuständigkeit gemeinsam Gebrauch machen. In Ausübung dieser Zuständigkeit müssen die Mitgliedstaaten jedoch die Vorgaben aus dem primären und sekundären Unionsrecht beachten. Die finanzielle Unterstützung des ESM für einzelne Euro-Staaten mit der non-bail-out Klausel des Art. 125 AEUV wurde vom Gerichtshof in seiner Entscheidung Pringle[2] als europarechtskonform erklärt.

Die in nicht geringem Umfang eingesetzten intergouvernementalen Instrumente haben eine wesentliche Stärkung der Rolle des Europäischen Rates bzw. des Euro-Gipfels zur Folge, ohne dass der damit verbundene Machtzuwachs der Exekutive durch eine ausreichende parlamentarische Mitwirkung legitimiert wird. Mehrere der gesetzten Maßnahmen im Euro-Raum haben ein Sonderrecht geschaffen.

Schließlich hat der Gerichtshof in seiner Entscheidung vom 16. Juni 2015 (Rs. C-62/14 auf Vorlage des BVerfG) Art. 119 AEUV, Art. 123 Abs. 1 AEUV und Art. 127 Abs. 1 und 2 AEUV sowie die Art. 17 bis 24 des Protokolls (Nr. 4) über die Satzung des Europäischen Systems der Zentralbanken und der Europäischen Zentralbank dahin ausgelegt, dass sie das Europäische System der Zentralbanken (ESZB) dazu ermächtigen, ein Programm für den Ankauf von Staatsanleihen an den Sekundärmärkten mit dem Ziel einzuführen, Störungen des geldpolitischen Transmissionsmechanismus zu beheben, die durch die besondere Situation der Staatsanleihen bestimmter Mitgliedstaaten hervorgerufen werden. Unter diesen Umständen kann die alleinige Tatsache, dass sich das fragliche Programm spezifisch auf diese Staatsanleihen beschränkt, nicht als solche bedeuten, dass die vom ESZB verwendeten Instrumente nicht zur Währungspolitik gehören. Der Gerichtshof machte jedoch klar, dass das ESZB dadurch, dass es in voller Unabhängigkeit die Durchführung des obigen Programms von der vollständigen Einhaltung makroökonomischer Anpassungsprogramme der EFSF oder des ESM abhängig macht, gewährleistet, dass seine Währungspolitik den Mitgliedstaaten, deren Staatsanleihen es ankauft, keine Finanzierungsmöglichkeiten eröffnet, die es ihnen erlaubten, von den Anpassungsprogrammen abzuweichen, denen sie zugestimmt haben. Das ESZB vermeidet auf diese Weise, dass die von ihm beschlossenen währungspolitischen Maßnahmen der Wirksamkeit der von den Mitgliedstaaten verfolgten Wirtschaftspolitik zuwiderlaufen. Durch den Erlass und die Durchführung eines solchen Programms wird den Mitgliedstaaten daher weder ermöglicht, eine Haushaltspolitik zu verfolgen, die die Tatsache unberücksichtigt ließe, dass sie im Fall eines Defizits nach einer Finanzierung auf dem Markt zu suchen haben werden, noch können sie sich dadurch vor den Konsequenzen schützen, die die Entwicklung ihrer makroökonomischen Lage oder ihrer Haushaltslage unter diesem Aspekt mit sich bringen kann.

Insgesamt beinhalten die bislang gesetzten Maßnahmen erste Elemente einer »Europäischen Wirtschaftsregierung«.

4. Rechtsgemeinschaft oder Ausübung willensbeugender Gewalt?

Das Völkerrecht wurde als Hauptinstrument von der Euro-Gruppe und der Euro-Union gewählt. Der Internationale Währungsfonds steht für dieses Instrument. Der Fonds ist eine internationale Organisation mit nahezu universeller Mitgliedschaft, der ein stabiles System für den An- und Verkauf von Währungen garantieren will. Der allgemein anerkannte Idealzustand ist der reibungslose und unverzügliche Zahlungsverkehr zwischen Staaten in ausländischen Währungen. Der Fonds hilft in der Regel nur unter der Bedingung, dass der »klamme« Staat seine Wirtschaft reformiert und die strukturellen Schwierigkeiten beseitigt, die die Zahlungsprobleme verursacht haben. Hierbei handelt es sich um die sogenannte Konditionalität. Der Begriff der Konditionalität transportiert den Sinngehalt sehr anschaulich. Das Völkerrecht beschränkt sich auf ein solides Wenn-dann-Schema: Führt der betroffene Staat bestimmte Binnenreformen durch, erhält er den notwendigen Geldbetrag als Kredit. Die Entscheidung über das »Ob« und das »Wie« der Reformen liegt bei dem politischen Gemeinwesen, das sich in Zahlungsschwierigkeiten befindet. Sicherlich besteht in einigen Fällen – wie in Griechenland – ein erheblicher wirtschaftlicher und politischer Druck, die Konditionalität zu akzeptieren. Manche Beobachter sprechen von einer willensbeugenden Gewalt. Die überstaatliche Rechtsgemeinschaft verzichtet auf einen normativen Gestaltungswillen, wohlwissend, dass dafür der entsprechende Gestaltungskonsens und – wie man sagt– die notwendigen Durchsetzungskräfte fehlen. Das letzte stimmt nicht, wie ich schon oben versucht habe zu zeigen.

Die Staatsbürger stehen dadurch vor neuen Problemen der Verteilungsgerechtigkeit und müssen eine Umverteilung der Lasten über nationale Grenzen hinweg hinnehmen. Sie wollen in ihrer Rolle als Unionsbürger daher demokratisch auf das, was ihre Regierungschefs in einer rechtlichen Grauzone aushandeln oder vereinbaren, Einfluss nehmen. Eine gemeinsame Wirtschaftsregierung bedeutet, dass sich die zentrale Förderung der Wettbewerbsfähigkeit aller Mitgliedstaaten auf die nationalen Haushalte erstreckt. Mit anderen Worten: Ein europäisches Finanzministerium beschränkt die Mitgliedstaaten in ihren Souveränitätsrechten. Vor allem Deutschland, Finnland, Österreich und die Niederlande, die Vertreter der sogenannten neo-liberalen Strategien, behaupten, dass Eurobonds den Druck der Konsolidierung der Haushalte nähmen, während die Selbstregulierung des Marktes die Lösung der Krise sei. Man kann jedoch nicht ausschließen dass die Bonds an eine strikte Austeritätspolitik gekoppelt werden können[3]. Solidarität und Disziplin sind die zwei Seiten derselben Medaille[4].

Eine der Hauptursachen der europäischen Staatsschuldenkrise liegt in der asymmetrischen Kompetenzverteilung zwischen EU und Mitgliedstaaten in der Wirtschafts- und Haushaltspolitik. Die Währungs- und Geldpolitik fällt nach Art. 3 Abs. 1 lit. c AEUV in die ausschließliche Zuständigkeit der EU, während die EU bei der Wirtschaftspolitik gemäß Art. 2 Abs. 3, Art. 5 AEUV eine Koordinierungsfunktion besitzt. Die Haushaltspolitik betrifft die Einnahmen- und Ausgabenpolitik des Staates und dient dem Zweck der Deckung des staatlichen Finanzbedarfs. So stehen Wirtschafts- und Haushaltspolitik nicht unverbunden nebeneinander[5].

Ein großer Teil der Kritik bezieht sich auf die faktische Rechenschaftspflicht der ESM-Gouverneure in der Innenpolitik. Dies betrifft die Wirksamkeit der inländischen parlamentarischen Kontrolle in realer Hinsicht. Ernste Zweifel in dieser Angelegenheit ergeben sich aus den weitgehenden Immunitätsbestimmungen und Vertraulichkeitsklauseln in dem ESMV. Sie stellen sowohl ein Hindernis für die nationale parlamentarische Kontrolle als auch für die öffentliche Kontrolle dar, die durch Zivilgesellschaft, Medien und Wissenschaft auszuüben ist. Die »strengen Auflagen« für ESM-Mitglieder bestehen potentiell aus einer breiten Palette von makroökonomischen Anpassungsinstrumenten (Art. 12 ESMV). Sie reichen von Staatsschuldenkonsolidierung bis zur Umstrukturierung des nationalen Finanzsektors, und umfassen auch Maßnahmen, die ein nachhaltiges Wirtschaftswachstum und die internationale Wettbewerbsfähigkeit fördern sollen.[6] Damit die gemeinsame Währung gesichert wird, müssen Fragen der Wirtschafts-, Finanz- und Umverteilungspolitik in einem Verfahren entschieden werden, das die Grundsätze der Subsidiarität und der demokratischen Rechenschaftspflicht und Partizipation gewährleistet[7].

5. Beispiele aus der nationalen Rechtsprechung (Deutschland–Griechenland)

In einer Reihe von Entscheidungen hat das deutsche Bundesverfassungsgericht (BVerfG) allgemeine Prinzipien in Bezug auf das Verhältnis zwischen der Europäischen Union und den Mitgliedstaaten aufgestellt, in concreto:

- Nicht die Souveränität ist übertragen worden, sondern eine Reihe von Hoheitsrechten.
- Die Souveränität der Mitgliedstaaten wird durch das Prinzip der begrenzten Einzelermächtigung gesichert.
- Die Kompetenz-Kompetenz liegt bei den Mitgliedstaaten. Sie entscheiden, welche Befugnisse sie der Union übertragen. Sie sind die »Herren der Verträge«.
- Es entnimmt die unmittelbare Geltung und den Vorrang des Unionsrechts aus dem deutschen Rechtsanwendungsbefehl.
- Eine Übertragung von Hoheitsrechten, durch welche die Identität des Grundgesetzes angetastet würde, dürfen die deutschen Staatsorgane nicht zustimmen.
- Grenzen ergeben sich auch aus dem demokratischen Prinzip des Grundgesetzes.
- Das Integrationsprogramm in den Verträgen muss hinreichend bestimmt und für das ratifizierende

Parlament voraussehbar festgelegt sein – Generalermächtigungen erlaubt das Grundgesetz nicht.
– Interpretationen, die einer Vertragsänderung gleichkämen, stehen den Gemeinschaftsorganen nicht zu.[8]

In seinen Beschlüssen und Urteilen vom 7. September 2011[9], vom 28. Februar 2012[10] und vom 19. September 2012[11] hat das BVerfG ausgeführt, dass der Bundestag die Instanz bleiben müsse, die eigenverantwortlich über Einnahmen und Ausgaben entscheidet, auch im Hinblick auf internationale und europäische Verbindlichkeiten. Ferner folge aus der demokratischen Verankerung der Haushaltshoheit, dass der Bundestag einem intergouvernemental oder supranational vereinbarten, nicht an strikte Vorgaben gebundenen Bürgschafts- oder Leistungsautomatismus überhaupt nicht zustimmen dürfe, soweit dieser – einmal in Gang gesetzt – der parlamentarischen Kontrolle und Einwirkung entzogen ist. Würde der Bundestag in erheblichem Umfang zu Gewährleistungsübernahmen pauschal ermächtigen, könnten fiskalische Dispositionen anderer Mitgliedstaaten zu irreversiblen, unter Umständen massiven Einschränkungen der nationalen politischen Gestaltungsräume führen. Daraus ist gefolgert worden, dass »Eurobonds« und ähnliche Mittel zur Vergemeinschaftung der Schulden der Mitgliedstaaten der Eurozone mit dem Grundgesetz nicht vereinbar sind. Eine Vereinbarkeit kann auch durch eine Verfassungsänderung nicht erreicht werden. Denn nach der sog. Ewigkeitsklausel des Art. 79 Abs. 3 GG darf die demokratische Staatsform der Bundesrepublik nicht angetastet werden. Sollte die Integration Europas weiter vorangetrieben werden mit der Folge, dass es zu einer Fiskalunion käme, in der die Haushaltshoheit von den nationalen Parlamenten hin zu supranationalen Organen übertragen würde, wäre dies nur aufgrund einer Legitimation durch eine Volksabstimmung unter den Voraussetzungen des Art. 146 GG zulässig. Dann aber verlöre das GG – wie es in dieser Vorschrift heißt – seine Gültigkeit und muss durch eine neue Verfassung ersetzt werden.

5.1. Die Entscheidung 668/2012 des Plenums des griechischen Staatsrates[12]

Die Entscheidung hat die Verfassungsmäßigkeit des Gesetzes 3845/2010 geprüft, an das das 1. »Memorandum of Understanding« angeschlossen wurde. Mit den Gesetzen 3833 und 3845/2010 wurden verschiedene Maßnahmen getroffen, darunter auch die Reduzierung der Gehälter der Beamten und Arbeitnehmer im breiteren öffentlichen Dienst, sowie auch der Renten.

Diese Maßnahmen waren zur Bekämpfung der vom Gesetzgeber festgestellten akuten Finanzkrise nötig, die nach seinen Angaben die Deckung des Kreditbedarfs des Landes durch die internationalen Märkte unmöglich gemacht hat. So sollte die wahrscheinliche Insolvenz des Landes abgewendet, und zur Konsolidierung der öffentlichen Finanzen durch die Reduzierung des Haushaltsdefizits beigetragen werden.

Die Maßnahmen des Gesetzes 3845/2010, unter anderem die weitere Senkung von Gehältern und Renten, die aus der Sicht des Gesetzgebers die Verringerung des gesamtstaatlichen Defizits um etwa 2,5 Prozentpunkte des BIP zur Folge haben wird, wurden für notwendig gehalten, weil sich die mit dem vorherigen Gesetz 3833/2010 getroffenen Maßnahmen als unzureichend für die Behebung der kritischen wirtschaftlichen Situation in Griechenland erwiesen hatten. Dies hatte als Konsequenz den Rückgriff Griechenlands auf den Rettungsmechanismus, den die anderen Mitgliedstaaten der Eurozone für Griechenland gebildet hatten.

Darüber hinaus wurde ein Verstoß gegen den Grundsatz der Verhältnismäßigkeit durch den Staatsrat abgelehnt. Insbesondere sei nicht ersichtlich, dass der Gesetzgeber mildere Alternativen hatte, bzw. keine anderen Maßnahmen zur Haushaltskonsolidierung geprüft hatte, bevor er die obigen spezifischen Maßnahmen traf. Dies liegt daran, dass die Bekämpfung der schlechten wirtschaftlichen Lage des Landes und die Konsolidierung der öffentlichen Finanzen nicht nur auf der Reduzierung der Lohnkosten der Beschäftigten im öffentlichen Dienst und im breiteren öffentlichen Sektor und der Kosten für die Sozialversicherungsträger beruhten, sondern auch auf anderen Maßnahmen finanzieller, steuerlicher und struktureller Art. Der Gesetzgeber schätzte, dass die umfassende und koordinierte Umsetzung aller Maßnahmen dem Land helfen werde, aus der Krise zu kommen und die verbesserten Finanzzahlen auch in Zukunft beibehalten werden können, d. h. nach Ablauf der drei Jahre, die im Memorandum vorgesehen sind.

Auf der anderen Seite sei die Behauptung, dass die obigen Maßnahmen gegen den Verhältnismäßigkeitsgrundsatz verstoßen, weil sie nicht bloß vorübergehenden Charakter haben, abzulehnen. Denn die fraglichen Maßnahmen führen lediglich zur Beseitigung oder Verringerung von bestimmten Ablaufleistungen oder Renten, nicht jedoch zu ihrer Abschaffung und sie gewährleisten das Gleichgewicht zwischen den Anforderungen des Allgemeinen Interesses und der Eigentumsrechte der Arbeitnehmer und Rentner. Das aber nur unter der Voraussetzung, dass die spezifische Höhe der kommenden Reduzierung der Gehälter und Renten, sowie auch des Urlaubs und der Zahlung von Urlaubsgeld unter Berücksichtigung des Verhältnisses zum bisher geltenden Recht mitberücksichtigt wird. Eine Ausnahme von den obigen Maßnahmen wird für schutzbedürftige Gruppen vorgesehen, wie beispielsweise diejenigen, die physisch und psychisch belastende Berufe ausüben, die zum Bauwesen gehören, die eine Rente wegen Invalidität bekommen und schließlich die sogenannten indirekten Rentner – allerdings nur unter bestimmten Bedingungen.

In Anbetracht der vorstehenden Ausführungen verstoßen die angefochtenen Bestimmungen nicht gegen Artikel 1 des Ersten Zusatzprotokolls, oder den im Artikel 25 Abs. 1 GV garantierten Grundsatz der Verhältnismäßigkeit. Ferner wird Art. 17 GV (Eigentumsgarantie im Sinne von Immobilien) nicht verletzt, unabhängig von der Tatsache, ob der Begriff des Eigentums wie der Begriff des Vermögens in Artikel 1 des Ersten Zusatzprotokolls zu interpretieren ist. Verletzt wird auch nicht das Vertrauensschutzprinzip, so lange weder von der Verfassung noch von anderen Bestimmungen ein Recht auf eine bestimmte Höhe von Gehältern begründet oder eine Anpassung den entsprechenden Umständen nach nicht grundsätzlich ausgeschlossen wird.

Der Gesetzgeber hat in Bezug auf die Reduzierung der Lohnkosten und der Renten der Verwaltung keinen Spielraum gelassen, der es ihr erlaubt hätte, in jedem Fall zu prüfen, ob ein Gleichgewicht zwischen den Anforderungen des allgemeinen Interesses und der Notwendigkeit des Schutzes des Eigentumsrechts der Betroffenen besteht, d. h., die Verwaltung darf nicht unter der Kontrolle der Gerichte entscheiden, ob die vom Gesetzgeber eingeführte Minderung der Gehälter und Renten in jedem Einzelfall anzuwenden ist oder nicht. Diese Bestimmung hat der Staatsrat nicht als verfassungswidrig angesehen.

Dies wurde in erster Linie mit dem von den fraglichen Maßnahmen verfolgten Ziel begründet, der dringlichen Haushaltsnotlage beizukommen (vgl. EGMR, Urteil vom 21.2.1986, Nr. 8793/79 – James und andere gegen Vereinigtes Königreich, Rn. 68).

Ferner war die Regelung einer Entschädigung für die Betroffenen seitens des Gesetzgebers im Hinblick auf das Ziel und die Art der obigen Maßnahmen, nicht notwendig (siehe EGMR, Urteil vom 23.11.2000, Nr. 25701/94 – Ehemaliger König von Griechenland und andere gegen Griechenland, Rn. 89; Urteil vom 9.12.1994, Nrn. 13092/87, 13984/88 – Heilige Klöster gegen Griechenland, Rn. 71; Urteil vom 21.2.1986, Nr. 8793/79 – James u. a. gegen Vereinigtes Königreich, Rn. 54).

Darüber hinaus ist kein Verstoß gegen die Menschenwürde, die in Art. 2 Abs. 1 der griechischen Verfassung verankert ist, gegeben, weil die obige Verfassungsbestimmung, wie Artikel 1 des Ersten Zusatzprotokolls, keine feste Höhe der Löhne oder Renten garantiert, es sei denn, die besprochenen Maßnahmen gefährden den menschenwürdigen Lebensunterhalt.

Die beteiligten Parteien (vor allem juristische Personen) haben sich aber nicht auf eine Gefährdung des Lebensunterhalts für ihre Mitglieder oder für einzelne Kläger berufen (siehe EGMR, Urteil vom 18. 6. 2009, Nr. 45603/2003 – Budina gegen Russland, vom 23. 4. 2002, Nr. 56869/00 – Larioshina gegen Russland, vom 1. 12. 2009, Nr. 7269/05 – Huc gegen Rumänien und Deutschland).

Im Falle einer anhaltenden Wirtschaftskrise kann der Gesetzgeber Maßnahmen mit dem Ziel der Kostenreduzierung treffen, die große Bevölkerungsgruppen belasten. Diese Möglichkeit des Gesetzgebers wird jedoch begrenzt durch das in Art. 4 Abs. 5 der griechischen Verfassung festgelegte Prinzip des gleichen Beitrags für jeden zu den öffentlichen Abgaben und die in Art. 2 Abs. 1 GV verankerte Achtung der Menschenwürde.

Das bedeutet, dass die Last unter allen Kategorien von Beschäftigten, sowohl denjenigen im öffentlichen und privaten Sektor, als auch denjenigen, die einen freien Beruf ausüben, geteilt werden müssen. Alle Bürgerinnen und Bürger müssen gemäß Art. 25 Abs. 4 GV die Pflicht der sozialen und nationalen Solidarität erfüllen und es ist nicht zulässig, die Last der getroffenen Maßnahmen wegen der schlechten Konjunktur nur auf bestimmte Kategorien von Bürgern zu verteilen.

5.2. Die Entscheidung 2307/2014 des Plenums des griechischen Staatsrates[13]

Das Plenum des Staatsrats hat auch das 2. Memorandum mit seiner Entscheidung Nr. 2307/2014 teilweise legitimiert. Einige Gedanken aus dieser Entscheidung sind darzustellen.

Nach dem Rechtsakt 6/2012, der vom Präsident der Republik nach Vorschlag der Regierung erlassen worden ist, ist das Tarifsystem zur Regelung der Arbeitsbedingungen durch Tarifverträge und Schiedssprüche in der Praxis zusammengebrochen. Dies führte zu einer beispiellosen Zunahme von Betriebstarifverträgen. Die wesentlichen Än-

derungen, die die Einschränkung der Grundrechte der Arbeitnehmer als Folge hatten, betrafen:
- Den Umfang und die Dauer der Nachwirkung[14] von Tarifverträgen.
- Die Aussetzung der Anwendungserweiterung von Branchentarifverträgen und Berufsverträgen[15].
- Während der mittelfristigen finanzpolitischen Strategie wird eine ausschließliche Anwendung von Branchen- und Berufstarifverträgen auf individuelle Arbeitsverträge, d. h. zwischen Arbeitgeber und -nehmer (Art. 37 Abs. 6 G. 4024/2011) angeordnet.
- Die Möglichkeit der Unterzeichnung von Betriebstarifverträgen vom Arbeitnehmerverein als Vertreter der Arbeitnehmer[16].
- Die Schwächung des Grundsatzes der günstigeren Regelung, so lange die Rahmenbedingungen der mittelfristigen finanzpolitischen Strategie dauern[17].
- Die Anwendung von Betriebsvertrag im Falle der Überschneidung mit Branchentarifvertrag.
- Das Berufungsverfahren und der Inhalt der Vermittlungs- und Schlichtungsinstitutionen (Abschaffung des einseitigen Rückgriffs auf die Schiedsgerichtsbarkeit).
- sowie auch die Funktion der Organisation für die Vermittlung und die Schiedsgerichtsbarkeit.

Auf der Grundlage der obigen neuen Regelung des Arbeitsrechts – vor allem durch den Rechtsakt 6/2012 – hat der Staatsrat eine Normenkontrolle durchgeführt und in seiner Entscheidungsbegründung unter anderem ausgeführt:
Die Bestimmung des Artikels 22 Abs. 2 der Verfassung schreibt dem Gesetzgeber vor, ein Schiedsverfahren als Ergänzung zur Beilegung von kollektiven Arbeitsstreitigkeiten im Falle des Scheiterns der Tarifverhandlungen zu schaffen. Die Aktivierung dieses Prozesses erfordert nicht die Zustimmung beider Parteien. Der Wille einer Partei ist nach der Verfassungsbestimmung für diesen Zweck ausrei-

chend. Das ergibt sich sowohl aus dem Wortlaut als auch aus dem Zweck der Regelung. Insbesondere ist der Rückgriff auf das Schiedsverfahren mit der Zustimmung beider Parteien eine Manifestation der Tarifautonomie der Sozialpartner. Wie die Verhandlungsparteien durch gegenseitige Entscheidung Fragen von Arbeitsbeziehungen durch einen Vertrag, der die Form eines Tarifvertrags bekommt, regeln können, können sie genauso einem Schiedsorgan die Regelung von solchen Fragen anvertrauen. Daher wäre die spezifische Erwähnung vom Schiedsverfahren im Verfassungstext überflüssig, wenn nur der einvernehmliche Rückgriff darauf und nicht der einseitige Rückgriff auf das Schiedsverfahren zur Beilegung von Tarifkonflikten in der Verfassungsbestimmung gemeint wären. Darüber hinaus ist das Ziel der Verfassungsbestimmung in erster Linie, den sozialen Frieden durch die Vermeidung einer Verewigung der kollektiven Streitigkeiten zu gewährleisten und sie zu lösen. Der Suche nach einer ausgewogenen Lösung, soweit möglich, wird nicht gedient, wenn ein Teil des Tarifstreits die Möglichkeit hat, den Zugang zum Schiedsverfahren zu verweigern, um die Auflösung des Tarifstreits zu vereiteln. Dies hätte zur Folge, dass die entsprechenden Arbeitsbedingungen entweder nur auf der Ebene von individuellen Arbeitsverträgen geregelt werden, in deren Rahmen der Arbeitgeber in der Regel die stärkste Partei ist, oder Lücken bei der Regelung von solchen Bedingungen entstehen und der entsprechende Konflikt zwischen den Sozialpartnern verlängert wird. Folglich verstößt die Bestimmung des Artikels 3 Abs. 1 des Rechtsaktes 6/2012, die den Rückgriff auf ein Schiedsverfahren zulässt, wenn eine Vereinbarung der Parteien darüber erreicht wurde, gegen Artikel 22 Abs. 2 der Verfassung und wird daher für nichtig erklärt.

Die Bestimmung des Artikels 3 Abs. 2 des Rechtsaktes des Ministerrates 6/2012, sowie die entsprechende Bestimmung des obigen Artikels 14 des Gesetzes 3899/2010, wonach die Möglichkeit zum Rückgriff auf Schiedsverfahren sich ausschließlich auf die Festsetzung von Grund- und

Tageslohn beschränkt, verstoßen gegen Artikel 22 Abs. 2 der Verfassung. Der Wortlaut der Verfassungsbestimmung lässt keinen Spielraum für den Ausschluss eines bedeutenden Teils eines kollektiven Rechtsstreits aus der Regelungsbefugnis der Schlichtungsstelle. Wichtige Teile des kollektiven Rechtsstreits dürfen beim Rückgriff auf das Schiedsverfahren nicht ungeregelt bleiben.

Durch die obige Entscheidung wurde deutlich gemacht, dass das Ergebnis des Ausschlusses der Tarifverträge und die Wiederherstellung der individuellen Verhandlung mit dem Arbeitgeber mit dem anschließenden Abschluss von Einzelverträgen, die erschreckende Zunahme der Arbeitslosigkeit durch die Schließung von Hunderten von Unternehmen verursacht hat.

5.3. Das dritte Memorandum of Understanding

Inzwischen kam das dritte Memorandum, das eine Reihe von Maßnahmen beinhaltet, die Griechenland schrittweise von August 2015 bis zum Juni 2018 gesetzlich umsetzen muss. Betroffen sind dabei unter anderem Renten, Gesundheitsversorgung, Sozialversicherungssysteme und die Bekämpfung der Steuerhinterziehung. Einige dieser Maßnahmen sind:

- Die vollständige Bewertung des Sozialversicherungssystems, mit dem Ziel einer jährlichen Einsparung in Höhe von 0,5% des BIP,
- Die Präsentation eines Planes für die endgültige Regelung der Zahlungsrückstände,
- Die Präsentation eines Planes für die landesweite Umsetzung eines garantierten Mindesteinkommens,
- Die Anpassung des Strompreises (PPC-Preis),
- Die Anpassung der Zivilprozessordnung,
- Die Aufhebung von Beschränkungen bei der Durchführung von Audits,
- Weitere Reformen des Rentensystems und Inkrafttreten der Reform ab 1. Januar 2016,
- Die Stärkung der Wettbewerbskommission – Überprüfung des Wettbewerbsrechts,

– Die Einrichtung einer unabhängigen Arbeitsgruppe für die Privatisierungen,
– Die Senkung der Löhne im öffentlichen Dienst mit Wirkung zum 1. Januar 2016,
– Die Entwicklung eines Plans zur Bekämpfung der Steuerhinterziehung,
– Ein neuer Rechtsrahmen für die Leistungsbewertung der Beamten,
– Strukturelle Maßnahmen zur Begrenzung der Kosten im Gesundheitswesen.

Die erste Reaktion kam von dem Rechnungshof. Der Rechnungshof gibt gemäß der Verfassung eine Stellungnahme ab, wenn ein Gesetzentwurf die Rentenversicherung betrifft. Für das Gesetz Nr. 4337/2015, das das dritte Memorandum umgesetzt hat, hat der Rechnungshof sein Gutachten am 15. Oktober 2015 geliefert. Er hat unter anderem folgende Bestimmungen für verfassungswidrig gehalten:

– Die Beseitigung von Anwartschaften der Versicherten, die bis zum 31. Dezember 2012 noch keine vollständigen Anspruch auf Rente hatten, weil sie das entsprechende Alter nicht erreicht hatten,
– Die Abschaffung der Behindertenbeihilfe für diejenigen Versicherten, die eine Behinderung von weniger als 67% hatten – hierin sah er eine Verletzung der Menschenwürdegarantie, Art. 2 Abs. 1 der griechischen Verfassung,
– Die Einführung einer zusätzlichen Minderung von 10% (zusätzliche Strafe) für diejenigen, die zwischen dem 56. und 60. Lebensjahr in Vorruhestand gehen, weil damit die Höhe des berechtigten Rentenanspruchs noch weiter begrenzt wird und damit gegen die Menschenwürdegarantie und das Recht auf Sozialversicherungsversorgung verstoßen wird.

Eines ist es sicher. Die Prüfung der Rechtsprechung der obersten Gerichte Deutschlands und Griechenlands hat gezeigt, dass der Notstand die Begriffe der Demokratie und sogar der Menschenwürde gefährlich beeinflussen kann. Ferner ist eine Maximierung beim Gläubiger und eine Minimalisierung beim Schuldner in der Definition bzw. Anwendung der gleichen Begriffs-Konzepte zu beobachten.

6. Solidarität in Europa und Existenzminimum

Die Gewährleistung eines Minimums an angemessenem Lebensstandard wird in Artikel 25 Abs. 1, 2 und 4 der griechischen Verfassung festgeschrieben. Diese Bestimmungen garantieren die Grundrechte des Menschen als Individuum und als Mitglied der Gesellschaft, die soziale Gerechtigkeit und die soziale Solidarität. Sie basieren auch auf Artikel 2, der den Menschenwürdeschutz als Staatszielbestimmung behandelt und Art. 5 der Verfassung, der die persönliche Freiheit, sowie auch die Teilnahme an dem sozialen und wirtschaftlichen Leben des Landes garantiert. Damit ist eine Staatszielbestimmung konkretisiert worden, ein anständiges Existenzminimum für alle im Staatsgebiet lebenden Personen zu gewährleisten. Ein Existenzminimum, das unter den Bedingungen des Menschenwürdegehalts zu befriedigen ist. Es ist bemerkenswert, dass die Rechtsprechung des Staatsrates sich zum ersten Mal bei der Überprüfung der Verfassungsmäßigkeit der Gesetzgebung, die nach den Anweisungen des Memorandums erlassen worden ist und durch die die sozialen Rechte betroffen worden sind, auf den Begriff »menschenwürdiger Lebensunterhalt« beruft. Sie nimmt an, dass Artikel 2 Abs. 1 der Verfassung und Artikel 1 des Zusatzprotokolls zur Europäischen Menschenrechtskonvention »das Recht auf eine bestimmte Höhe der Vergütung garantieren unter der Voraussetzung, dass ein Fall der Gefährdung menschenwürdigen Lebensunterhalts« vorliegt.

Nach dem Obersten Verwaltungsgericht haben die Antragsteller die Beweislast, dass die vom Gesetzgeber getroffenen Maßnahmen die Menschenwürde angetastet haben. Dazu hat sich das Gericht wie folgt geäußert:

»Die Antragssteller berufen sich nicht auf die konkrete Tatsache einer Menschenwürdeverletzung, d. h. dass die Lohn- und Rentenkürzungen, im Hinblick auf ihre Höhe, eine solche Gefahr mit sich bringen.«[18]

Am 19. Oktober 2012 sind zwei wichtige Entscheidungen des Europäischen Ausschusses für soziale Rechte erlassen worden[19], die die Anträge von zwei griechischen Gewerkschaften gegen die griechischen Maßnahmen aus Anlass des ersten Memorandums geprüft haben. Der Ausschuss ist zum Schluss gekommen, dass die griechische Regelung, die einen Mindestlohn für junge Menschen vorsieht, der mit Abstand vom aktuellen Mindestlohn unter dem Schwellwert von Armut liegt, im Widerspruch zu der Europäischen Sozialcharta steht.

7. Schlussfolgerung

Im europäischen Mehrebenensystem gibt es mehrere Legitimationsressourcen. Im Rahmen eines Währungsverbunds, in dem die sogenannte Solidargemeinschaft in Bezug auf die Stabilitäts- und Haftungsrisiken für die Anleger vorausgesetzt ist, muss eine Legitimation durch die Verträge auf eine höhere Ebene übertragen werden, was noch nicht der Fall ist. Wie schon bekannt, entschied man sich nicht für die Vertragsänderung, sondern für den intergouvernementalen Weg und damit für die Imperative der Märkte gegenüber den nationalen Haushalte[20].

In der jetzigen Phase testen die Märkte sowohl das Prinzip der Eigenverantwortung der Staaten, wie auch die Solidaritätsressourcen der Europäischen Union. Man versucht, das einheitliche Handeln im europäischen Währungsraum und die demokratische Legitimation im Staatenverbund dadurch zu verbinden, dass die Unterstützung einzelner Mitgliedstaaten durch die Gruppe der solventen Staaten von einer strikten Haushaltsüberwachung abhängig gemacht wird[21].

Die Hauptkritik in Bezug auf die Art der Behandlung der Eurokrise konzentrierte sich darauf, dass Europa auf die Ökonomie reduziert wird und auf Grund des Fehlens einer europäischen Zivilgesellschaft auf einer schwachen verfassungsrechtlichen und demokratischen Grundlage basiert. Statt Politik Wirtschaft! So ist die vertiefte europäische Integration (z. B. Eurobonds, Eurosteuern) zurzeit ausgeschlossen[22]. Auf diese Weise wurden in Europa intransparente und rechtlich formlose Entscheidungen getroffen und dadurch eine Art von postdemokratisch-bürokratischer Herrschaft[23] errichtet.

Die neue Rolle des Staates, die darin besteht, in immer schnellerer Dynamik die spezifischen Momente der Krise durch spezielle und exekutive Regelungen im Interesse der dominanten Fraktionen lösen zu müssen, passt nicht mehr in das System allgemeiner, formaler und universaler Normen. Damit ist verbunden, dass sich die Macht zur Normsetzung zunehmend auf die Exekutive verschiebt.

Griechenland befindet sich in einer extremen Krisenlage. Damit es überhaupt zu einem Krisenmanagement kommt, hat es schon längst die Grenzen seiner demokratischen Selbstbestimmung erreicht. Die Union als Rechtsgemeinschaft darf jedoch nicht in Frage gestellt werden.

---

1 Siehe Joachim Wieland, Die Krise Europas-Krise als Chance, in: JZ 2012, S. 213.
2 EuGH, Urteil vom 27. 11. 2012, Rs. C-370/12 – Pringle.
3 Vgl. Sonja Buckel/Fabian Georgi/John Kannankulam/Jens Wissel, »… wenn das Alte nicht stirbt und das Neue nicht zur Welt kommen kann.« – Kräfteverhältnisse in der europäische Krise, in: Forschungsgruppe »Staatsprojekt Europa« (Hrsg.), Die EU in der Krise. Zwischen autoritärem Etatismus und erupäischem Frühling, Münster 2012, S. 34-38.
4 Siehe Frédéric Allemand/Francesco Martucci, La nouvelle Gouvernance économique européenne, CDE 2012, S. 410.
5 Über die Ursachen der Eurokrise und Lösungsvorschläge in die ähnliche Richtung siehe Ingolf Pernice, Die Rettung des Euro und die Zukunft der Europäischen Union, WHI-Papers 5/2013.
6 Siehe Michael Schwarz, A Memorandum of Misunderstanding – The doomed road of the European Stability Mechanism and a possible wax out: Enhanced Cooperation, CMLR 51 (2014), S. 398 (397, 400).
7 Siehe Ingolf Pernice, Multilevel Constitutionalism and the Crisis of Democracy in Europe, Walter Hallstein-Institut-Paper 02/2015, S. 16 f.
8 BVerfGE 123, 267-437.
9 BVerfGE 129, 124-186.
10 BVerfGE 130, 318-367.
11 BVerfGE 132, 195-287.
12 Kritik zu der Entscheidung mit einer Reihe von Beiträgen, in: Die Verfassung (To Syntagma) Bd. 2012, Heft 1.
13 Kritik zu der Entscheidung mit einer Reihe von Beiträgen, s. in: Zeitschrift

14 Wenn am Ende des Quartals der Zwangsverlängerung eines Tarifvertrages kein neuer Tarifvertrag unterzeichnet worden ist, gelten diejenigen regulatorische Rahmenbedingungen, die a) den Grundlohn, oder Tageslohn und b) die vom beendeten Tarifvertrag vorgesehen Ablaufleistungen, Kindergeld, Erziehungsbeihilfe und Zulage wegen gefährlicher Tätigkeit, betreffen fort.

15 Wenn der Branchen- oder Berufsvertrag bereits Arbeitgeber bindet, die mindestens 51 % der Arbeitnehmer in der Branche oder im Beruf beschäftigen, kann eine ministerielle Entscheidung diese Bindung durch den Tarifvertrag auf alle Arbeitnehmer der Branche oder des Berufs erweitern. Heute ist diese Erweiterung bis zum Ende des Programms der finanzpolitischen Strategie suspendiert.

16 Die Betriebstarifverträge betreffen die Arbeitnehmer eines Unternehmens oder eines Betriebes. Sie werden zwischen dem Arbeitgeber unter der Bedingung, dass er mindestens 50 Arbeitnehmer beschäftigt, und dem Unternehmensverband geschlossen. Wenn es keinen Unternehmensverband gibt, kann der sogenannte »Arbeitnehmerverein«, der unabhängig von der gesamten Summe der Arbeitnehmer im Unternehmen von 3/5 dieser Arbeitnehmer gegründet werden kann, den Unternehmensvertrag unterschreiben.

17 So lange die mittelfristige Finanzstrategie dauert, gilt die Anwendung der günstigeren Regelung nicht, wenn es um Überschneidung vom Unternehmens- mit Branchentarifvertrag geht. In diesem Fall geht der Unternehmensvertrag vor.

18 Siehe Staatsrat Plenum 1283/2012 (Erwägungsgrund 31).

19 ECSR, 23. 5. 2012, Complaint No. 65 and 66/2011, GENOP-DIE and ADEDY v. Greece.

20 Vgl. Jürgen Habermas, Zur Verfassung Europas, Ein Essay, Berlin 2011, S. 79 ff.

21 Vgl. Udo di Fabio, Welche Legitimationsgrundlagen erfordert eine EU-Stabilitätskultur?, in: Schuldenkrise und Governance der Europäischen Union: Legitimität, Funktionalität, Pluralität, Berlin 2011, S. 52–54.

22 Vgl. Sonja Buckel/Fabian Georgi/John Kannankulam/Jens Wissel, a. a. O. (Fn. 3) S. 40, 42 ff.

23 Der Terminus aus Jürgen Habermas, Zur Verfassung Europas, a. a. O. (Fn. 20) S. 81.

Julian Zado

Ein kleiner Stups in die richtige Richtung?

Nudging: Entscheidungsarchitektur statt Regulierung

Die Bundesregierung will – angeblich – mittels Erkenntnissen der Verhaltenspsychologie neue Wege zur subtilen Beeinflussung von Bürgerinnen und Bürgern begehen. So oder so ähnlich steht es immer wieder in der Tagespresse.[1] Was verbirgt sich dahinter?

Es geht um das Konzept des »Nudging«, entwickelt von den Wissenschaftlern Cass Sunstein und Richard H. Thaler in ihrem Buch »Nudge« aus dem Jahr 2008.[2] Sunstein ist Ökonom aus Harvard, Thaler Jurist aus Chicago. Das Konzept erlangte Bekanntheit durch den Umstand, dass Barack Obama Cass Sunstein als Berater im Weißen Haus einstellte und eine »Nudge-Einheit« gründete. Worum geht es eigentlich?

Ein »Nudge« ist ein sanfter Stups. Es ist also weniger als ein Schubs in eine bestimmte Richtung, der gegen oder ohne den Willen des Geschubsten erfolgt. Aber mehr als bloßes Gar-nichts-tun. Nudging bedeutet, Menschen dazu zu bringen, das für sie Sinnvolle zu tun, ohne ihnen die Entscheidungsfreiheit zu nehmen. Am Anfang stand dabei eine kleine Fliege in Schiphol. Auf dem dortigen Flughafen kamen kluge Menschen auf die Idee, in die Mitte der Pissoirs eine kleine Fliege zu malen. Dies spornte unbewusst die Männer dazu an, auf die Fliege zu zielen. Die Fliege war so angebracht, dass weniger Spritzer auf den Boden kamen. Vielleicht ist das Beispiel unappetitlich, aber es ist eindrucksvoll. Durch die simple Maßnahme konnten weltweit Milliarden gespart werden, weil weniger Geld für das Reinigen der Toiletten ausgegeben werden musste. Ein anderes Beispiel: MitarbeiterInnen ernähren sich nachweislich gesünder, wenn in der Kantine die Salatbar sichtbar und attraktiv gestaltet ist, die süßen Nachspeisen und Schokoriegel aber hinten in der Ecke stehen. Eine solche Maßnahme hat enorme positive Auswirkungen auf die Gesundheit.

Was unterscheidet diese »modernen« Maßnahmen von »herkömmlichen«? Sie kommen ohne Zwang und Verbote aus. Der Nachtisch wird nicht aus der Kantine verbannt. Wer will, kann sich weiterhin jeden Tag nur von Pudding ernähren. Die Entscheidungsfreiheit bleibt erhalten.

Aber wie wird aus diesen kleinen Spielereien ein politisches Instrument? Warum beschäftigt das Thema inzwischen nicht nur das Weiße Haus, sondern auch 10 Downing Street und die deutsche Bundesregierung? Sunstein und Thaler haben das Phänomen des Nudging systematisiert und zu einem politischen Instrument entwickelt. Sie nennen ihr Konzept »libertären Paternalismus«. Paternalismus, weil es sich um das Wohl der Bürgerinnen und Bürger sorgt. Libertär, weil nicht reguliert, sondern »sanft« eingegriffen wird.[3]

Es gibt dabei sehr unterschiedliche Nudges. Gute Erfahrungen wurden beispielsweise mit Briefen gemacht, mit denen Leute informiert wurden, wieviel Strom sie im Vergleich zu ihren Nachbarn verbraucht hatten. Die Folge: Der Stromverbrauch ging zurück. Ein sanfter Hinweis kann also viel bewirken.

Eine weiterer Nudge sind Voreinstellungen. Verbraucherinnen und Verbraucher neigen dazu, Voreinstellungen beizubehalten. Klar ist damit, dass es entscheidend darauf ankommt, wie die Voreinstellung gesetzt wurde. So hat es große Auswirkungen auf die Organspendebereitschaft, wie die Grundregel gesetzt wird. Ist man stets OrganspenderIn, wenn man nicht ausdrücklich erklärt, dass man es nicht sein will. – Oder ist man kein Organspender, es sei denn, man erklärt sich ausdrücklich dazu bereit? Obwohl in beiden Fällen volle Wahlfreiheit besteht, hat die »Entscheidungsarchitektur« eine große Bedeutung.

Dies kann man sich auch in der Politik zu Nutze machen: Wenn Soziale Netzwerke personenbezogene Daten nur mit Einwilligung verhindern dürfen, darf sie dann die Voreinstellung so einrichten, dass die Einwilligung gegeben ist, wenn man nichts tut? Oder ist die Einwilligung nur erteilt, wenn man das Häkchen aktiv setzt? Der Vorteil von letzterem könnte aus Sicht der Wirtschaftsliberalen sein, dass wenigstens kein vollständiges Verbot der Datenverwendung erfolgt.

Ein praktisches Beispiel: Ein großer Kritikpunkt im Bereich des Verbraucherschutzes sind immer wieder völlig überzogene Dispo-Zinsen. Statt ihre Höhe zu begrenzen (Regulierung), kann man auch einfach die Banken verpflichten, Kundinnen und Kunden, die den Dispo dauerhaft oder erheblich in Anspruch nehmen, eine Beratung über Alternativen zum Dispo anzubieten. Gezwungen wird dann niemand zu irgendetwas, es handelt sich um einen Nudge. Aber Verbraucherinnen und Verbraucher werden sanft angestupst, darüber nachzudenken, ob der dauerhafte Verbleib im Dispo wirklich besser als ein günstiger Ratenkredit ist. Eine solche Regelung plant das Bundesministerium der Justiz und für Verbraucherschutz.[4]

Das alles ist nicht neu. Die Werbewirtschaft macht sich die Psychologie schon seit Ewigkeiten zu Nutze. Oder warum befinden sich die »Quengelwaren« Schokoladen und Schnaps immer an der Kasse, wo man in der Schlange steht? Niemand wird gezwungen, die Produkte zu kaufen. Aber sie werden gerade dort präsentiert, wo man in der Regel ungeduldig und genervt ist. Die Wirtschaft macht sich zu Nutze, dass wir – anders als es die liberale Theorie annimmt – keine rationalen Nutzenmaximierer sind. Wie wir Entscheidungen treffen, hängt von völlig unterschiedlichen Faktoren ab. Psyche, Auswahl, Stimmung und vieles andere spielen eine Rolle. Wären wir alle rational, würde niemand rauchen, würden wir alle genug Sport machen usw. Genau hier setzt das Konzept des »Nudging« an: Es will anstupsen, aber im positiven Sinne. Eine häufiger Einwand ist hier, dass es nicht gewollt sein kann, dass wir alle immer »das Richtige« tun. Wenn jemand nun mal rauchen will, dann sollte er es tun dürfen. Genau das berücksichtigt das Nudging aber: Zigaretten werden hier, um im Beispiel zu bleiben, gerade nicht verboten. Wir werden nur dazu verführt, einmal darüber nachzudenken, ob wir wirklich rauchen wollen.

Ich frage mich, was meine Doktormutter Frau Will von alledem hält? Ist es nur ein letztlich untauglicher Versuch, dem Wirtschaftsliberalismus alibimäßig etwas entgegen zu setzen? Ist das Ganze anstößig, weil es manipulierend wirkt? Wäre »harte« Regulierung nicht letztlich doch effektiver? Ich weiß nicht, was Frau Will denkt. Aber sie wird einem neuen Ansatz aufgeschlossen und interessiert entgegen treten.

Und sie wird fragen: Wer entscheidet eigentlich, in welche Richtung »genudgt« wird? Wie sorgen wir dafür, dass das Regierungshandeln transparent und nachprüfbar ist? Wie verhindern wir, dass wir in eine Richtung gestupst werden, die gar nicht gut für uns ist? Was ist das Interesse der Regierung daran, einen sanfteren Weg als Ge- und Verbote zu wählen?

Handeln nicht unkritisch zu akzeptieren, sondern permanent zu hinterfragen, hat Frau Will immer wieder gefordert und das ist es, was ich an ihr so sehr schätze.

---

1 Nur ein Beispiel unter vielen: http://www.welt.de/wirtschaft/article138326984/Merkel-will-die-Deutschen-durch-Nudging-erziehen.html (abgerufen am 23.1.2015).
2 Richard Thaler, Cass Sunstein: *Nudge. Improving Decisions About Health, Wealth, and Happiness*. Dem Buch sind auch die nachfolgenden Beispiele entnommen.
3 a. a. O.
4 http://www.bmjv.de/SharedDocs/Kurzmeldungen/DE/2014/20141219-Wohnimmobilienkredite.html (abgerufen am 23.1.2015).

Hans-Peter Schwintowski

Der illegale Mensch

Ein virtuelles Streitgespräch

Liebe Frau Will – gibt es das, den illegalen Menschen? Wenn ja, dann müsste es auch den legalen Menschen geben, aber so viel ich auch in der allgemeinen Erklärung der Menschenrechte blättere – eine solche Differenzierung finde ich nicht. Es gibt da nur den Menschen, der überall als rechtsfähig anerkannt wird (Art. 6). Außerdem sind alle Menschen vor dem Gesetz gleich und haben Anspruch auf Nichtdiskriminierung (Art. 7). Die Menschen haben das Recht, sich innerhalb eines Staates frei zu bewegen und ihren Aufenthaltsort frei zu bestimmen und sie haben außerdem das Recht, jedes Land (einschließlich des eigenen) zu verlassen und in ihr Land zurückzukehren (Art. 13). Die Menschen haben auch das Recht, in anderen Ländern vor Verfolgung Asyl zu suchen (Art. 14). Aber einen legalen oder einen illegalen Menschen gibt es nicht, oder? Henning Mankell, der weltberühmte schwedische Romanschriftsteller, meint, es gäbe die illegalen und legalen Menschen eben doch. Er behauptet das in seinem Theaterstück »Butterfly Blues«, das er 2003 geschrieben hat. Er kritisiert in diesem Theaterstück die Abschottung der EU gegenüber Einwanderern vor allem aus Afrika. Mankell meint, es sei völlig absurd, von legalen und illegalen Einwanderern zu reden. Was solle das denn sein, ein »illegaler Mensch«? In Europa – so Mankell – scheine man vergessen zu haben, dass Einwanderung etwas ganz Normales sei. Alle Nationen bestünden aus Immigranten. Er selbst sei auch ein Einwanderer. Zwar sei er in Schweden geboren, aber die Vorverfahren seien vor 200 Jahren aus Frankreich und Deutschland eingewandert. Es lägen also nur ein paar Generationen zwischen Immigranten und sog. Einheimischen.

Historisch, so Mankell, sind wir also alle einmal Einwanderer gewesen. Wirklich? Ich glaube eher nicht. Historisch waren wir zunächst einmal Menschen. Wir wurden irgendwo geboren, aber wir hatten natürlich keinerlei Zugehörigkeit zu irgendeiner Nationalität. Was soll das auch wohl gewesen sein? Der Neandertaler hat wahrscheinlich noch nicht einmal gewusst, dass das Tal, in dem später einmal seine Überreste gefunden wurden, von den Heutigen Neandertal genannt wird. Er ist bestimmt nicht auf die Idee gekommen, sich selbst Neandertaler zu nennen. Oder Ötzi, den wir im Eis gefunden und der dort seit vielen tausend Jahren überwintert hat, ist sicher so manches durch den Sinn gegangen, bevor man ihn hinterrücks umbrachte – aber über seine Nationalität hat er ganz sicher nicht nachgedacht. Warum auch? Zu seiner Zeit gab es keine Nationen, keine Grenzen und folglich gab es auch keine Einwanderer. Man konnte gar nicht ein- oder auswandern, sondern man konnte nur wandern. So gab es die Völkerwanderungen der Westgoten und der Ostgoten. Die Hunnen sind gewandert – die Wikinger haben sich in ihre Bote geschwungen und sind bis ins beschauliche Anklam in Mecklenburg-Vorpommern gelangt und haben dort an einem wunderschönen Platz nahe der Peene Gräber errichtet, die ihnen noch heute einen wunderschönen Blick über die grandiose Flusslandschaft gewähren.

Man kann es auch so formulieren: Einwanderer, Zuwanderer, Inländer, Ausländer, Migranten, Immigranten – das alles kann es über viele Jahrtausende der Menschheitsgeschichte nicht gegeben haben. Einfach deshalb, weil Menschen erst »vor Kurzem« begonnen haben, so etwas wie Nationen und Grenzen zu bilden.

Eines kann man festhalten: Den illegalen und den legalen Menschen in seiner Ausprägung als Einwanderer gibt es jedenfalls über den größten Teil der Menschheitsgeschichte nicht. Die Frage, die ich ein wenig diskutieren möchte, lautet, könnten wir es in unserer Welt schaffen, zu diesen Zuständen zurückzukehren? Könnte es sein, dass die Menschen vor vielen tausenden von Jahren ein Weltbild gelebt haben, an das wir einfach anknüpfen sollten? Vielleicht deshalb, weil es in seinem innersten Kern ein außerordentlich humanistisches Weltbild war? Dem Menschen sind zwei Dinge besonders eigen. Auf der einen Seite die Notwendigkeit, mit sich und seinesgleichen zu kommunizieren und auf der anderen Seite die Notwendigkeit, sich fortzubewegen, durch die Welt zu wandern, also das zu tun, was wir heute in juristischen Kategorien *Freizügigkeit* nennen.

Man kann auch sagen, dass das Bedürfnis nach Kommunikation und nach Bewegung im Raum fast ein- und dasselbe sind, denn man kann die Bewegung im Raum auch als Kommunikation im Raum begreifen, sodass ich sagen würde, das Recht eines jeden Menschen auf freie Bewegung ist über Jahrzehntausende der Menschheitsgeschichte gewachsen. Es ist Teil der Evolution, Teil der menschlichen Natur und ich würde deshalb fragen, ob dieses Recht auf freie Bewegung nicht auch ein Menschenrecht seien müsste.

Schaut man einmal in die Allgemeine Erklärung der Menschenrechte, so möchte man diese Frage eigentlich ohne Wenn und Aber bejahen. Denn das Recht auf Freizügigkeit ist in Art. 13 verbrieft. Jeder hat das Recht, sich innerhalb eines Staates frei zu bewegen und seinen Aufenthaltsort frei zu wählen und jeder hat das Recht, jedes Land, einschließlich seines eigenen, zu verlassen und in sein Land zurückzukehren. Das klingt fast so, wie ein großes Menschenrecht auf Bewegungsfreiheit in der Welt. Aber schon bei einem Blick in Art. 2 des Zusatzprotokolls Nr. 4 zur EMRK beginnt man zu stutzen. Denn dort heißt es plötzlich, dass nur noch die Person, die sich rechtmäßig im Hoheitsgebiet eines Staates aufhält, das Recht hat, sich dort frei zu bewegen. Sie muss sich also *rechtmäßig im Hoheitsgebiet eines Staates* aufhalten. Nur wenn das der Fall ist, hat sie das Recht, sich frei zu bewegen und zwar auch nur im Hoheitsgebiet dieses Staates. Was ist da passiert? Wieso kann aus dem großen Menschenrecht auf freie Bewegung in der Welt so etwas kleines werden, wie die Freizügigkeit innerhalb eines Hoheitsgebietes eines Staates, in dem man sich erst einmal rechtmäßig aufhalten muss.

Mir ist schon klar, liebe Frau Will, dass Sie jetzt lächeln, weil Sie längst gemerkt haben, wo ich hin will. Natürlich brauche ich Ihnen nicht zu erklären, dass wir heute Ausländer- und Aufenthaltsgesetze haben. In Deutschland gilt jeder als Ausländer, der nicht Deutscher im Sinne des Grundgesetzes ist. Ausländer dürfen nur mit gültigem Pass oder Passersatz einreisen und sich hier aufhalten. Vor allem bedarf es eines sogenannten »Aufenthaltstitels«, womit in der Regel ein Visum oder eine Aufenthaltserlaubnis gemeint ist. Und der EGMR sagt, dass es einen allgemein anerkannten Grundsatz des Völkerrechtes gibt, wonach die Staaten das Recht haben, die Einreise, den Aufenthalt und die Ausweisung von Ausländern zu regeln (EGMR v. 23. 2. 2012 – 27765/09 NVwZ 2012, 809 Rn. 113). So ist es also heute. Wir haben Grenzen um unsere Länder gezogen. Wir geben unseren eigenen Staatsangehörigen Pässe und damit das Recht, auszureisen und wieder einzureisen. Ich habe einmal nachgeschaut und überrascht festgestellt, dass die Idee mit dem Pass so ganz jung nicht mehr ist. Die ersten Passvorschriften sollen 746 n. Chr. von dem langobardischen König Ratchis erlassen worden sein. Ihm ging es darum, Flüchtlinge aus dem Königreich, geheime Unterhändler aus dem Ausland und sonstige Verdächtige zu kontrollieren. Eine besonders scharfe Überwachung ordnete er an der tuskischen Grenze an, wo ein bedeutender Pilgerweg nach Rom führte. Also fast schon wie heute an den Außengrenzen der »Festung Europa«.

Worum ging es und geht es also? – immer um dasselbe, nämlich darum, dass Machthaber ihre »Untertanen« bevormunden, indem sie ihnen vorschreiben, ob und wann sie ausreisen dürfen. Andererseits geht es um den Schutz des Territoriums vor »Fremden«, also um Ausgrenzung durch Zugangsverweigerung. Gepaart ist das häufig mit einer dumpfen Angst, dass die Fremden den Einheimischen womöglich alles wegnehmen könnten. Offensichtlich werden hier existenzielle Ängste von Menschen berührt und bedient, sodass die Tatsache, dass jeder Inländer auf der Restwelt notwendigerweise Ausländer ist, im argumentativen Nirvana verschwindet.

Die *Grundfrage*, die wir alle uns nach meinem Eindruck stellen müssen, lautet:

Gibt es irgendeinen Sachgrund dafür, die Bewegungsfreiheit von Menschen auf dieser Welt zu begrenzen und zu reglementieren?

Vielleicht hätten die Indianer, die früher das Territorium der heutigen USA besiedelten, sinnvollerweise einmal über diese Frage nachgedacht bevor sie vom »weißen Mann« überrannt wurden. Das gleiche gilt für die Ureinwohner Australiens und mit Sicherheit für eine Vielzahl von Ureinwohnern auf den unterschiedlichsten Territorien dieser Welt. Hätte es schon immer Einwanderungs- und Passgesetze gegeben, so wäre die Welt von heute jedenfalls nicht entstanden. Über Jahrtausende hinweg sind Menschen wie selbstverständlich der Auffassung gewesen, dass Bewegungsfreiheit für sie ein Menschenrecht ist. Nur heute gilt dies nicht mehr. Heute schotten sich die Staaten und Nationen durch Pass- und Aufenthaltsgesetze voneinander ab. Heute ist der Zugang zur »Festung Europa« massiv reglementiert. Heute sterben viele tausend Menschen auf dem Mittelmeer bei dem Versuch, in Europa einzuwandern – andere sterben an unmenschlichen Grenzzäunen, die mit Panzerdraht verstärkt sind und Menschen zu Schlachtopfern auf den Altären einer unausgegorenen Einwanderungspolitik werden lassen.

Dabei wäre doch eigentlich alles ganz einfach. Wir würden schlicht und ergreifend zu dem Modus zurückkehren, der die Menschheit über Jahrtausende hinweg in natürlicher Weise geleitet hat, als es weder ein Gesetzbuch noch irgendeine Verfassung und schon gar keinen Nationalstaat gab. Die Menschen hatten das Recht, sich frei zu bewegen. Davon machten sie Gebrauch und lebten in Gruppen zusammen, die sich in späteren Zeiten auch Namen gaben – sodass wir heute von Ägyptern, Babyloniern, Sumerern, Etruskern, Persern, Griechen, Germanen und Römern sprechen.

Ich weiß nicht, liebe Frau Will, ob Sie mich jetzt etwas irritiert oder vielleicht schon kopfschüttelnd anschauen, um mir zu sagen: So einfach könne man es sich ja nun wirklich nicht machen. Die Welt sei eben komplexer geworden. Heute lebten mehr als 7 Mrd. Menschen auf diesem Erdball und in wenigen Jahrzehnten werden es sogar 10 Mrd. sein – inzwischen hätten sich nun einmal Nationen, Staaten und Staatenbünde herausgebildet – es gäbe so etwas wie funktionsfähige Rechtsordnungen und es gäbe auch so etwas wie ein Völkerrecht – dahinter könnte man nun einmal nicht zurück. Das will ich auch nicht – ganz im Gegenteil. Mir geht es darum herauszufinden, warum wir uns Menschen das Recht auf Bewegungsfreiheit in dieser Welt nicht geben. Jeder von uns wird mehr oder minder zufällig in irgendeinem Teil der Welt geboren. Wieso soll man nicht das Recht haben, in jedem Teil dieser Welt zu leben, wenn man es denn möchte?

Da ich von Haus aus ein Wirtschaftsrechtler bin, möchte ich die Frage auch gern einmal umformulieren. Die Nationen dieser Welt haben sich 1948 im GATT auf freien Welthandel verständigt. Heute ist das damalige GATT weiterentwickelt und um die Welthandelsordnung (WTO) erweitert. Die Grundprinzipien gelten fort – der Welthandel ist frei – Waren und Dienstleistungen können von jedem Land der Welt ohne Restriktionen im- und exportiert werden. Diese Freiheiten sind in der Europäischen Union durch die 4 *Grundpfeiler des Binnenmarktes* verstärkt und erweitert worden, sodass wir alle vom freien Waren-, Dienstleistungs- und Kapitalverkehr ebenso profitieren wie von der Freizügigkeit unserer Unternehmen und Menschen in Europa.

Warum soll das, was für den Dienstleistungs- und Kapitalverkehr richtig ist, für die Menschen selbst falsch sein?

Schon innerhalb Europas gewähren wir uns selbst Freizügigkeit. Warum gewähren wir das nicht gegenüber *allen* Menschen? Beim Kapitalverkehr ist es übrigens anders – die Freiheit, mit Kapital innerhalb Europas handeln zu dürfen (gemeint sind z. B. Aktien oder Zertifikate), gewähren wir allen Menschen auf der Welt, nicht nur den Europäern. Der Grund dafür ist, dass die Freiheit des Kapitalverkehrs uns in Europa nützt. In Europa können nicht nur Europäer investieren, sondern alle Menschen auf dieser Welt, die genügend Kapital und Interesse an einer Investition in Europa haben. Diese Politik der Freiheit ist eine der Ursachen für den Reichtum und das Wachstum, das wir in Europa, dem bedeutendsten Wirtschaftsraum der Welt, heute haben.

Meine schlichte Frage lautet: Wieso ist das, was für den Kapitalverkehr richtig ist, für die Menschen falsch?

Lassen Sie mich noch einmal eine Anleihe in der Ökonomie machen. Wenn man einen Ökonomen fragt, unter welchen Voraussetzungen er Freiheitsbeschränkungen auf Märkten akzeptieren würde, dann antwortet er: immer dann, wenn ein Fall des Markt- oder ein Fall des Politikversagens vorliegt. Ein Marktversagen liegt beispielsweise dann vor, wenn freier Wettbewerb beim besten Willen nicht möglich, weil viel zu teuer, ist. Beispiel: Es gibt nur ein Stromnetz, nur ein Gasnetz, nur ein Wassernetz – d. h. wir verzichten auf den Wettbewerb um Netze. Das tun wir, weil wir wissen, dass es viel zu teuer wäre, 5, 10 oder 20 solcher Netze parallel vorzuhalten. Wir verzichten auf die Freiheit des Wettbewerbs und regulieren stattdessen den Netzzugang und den Preis für die Netznutzung.

Vielleicht werden Sie mir an dieser Stelle sagen, dass es ja bei den Flüchtlingen und Einwanderern in Richtung Europa um nichts anderes gehe – man versuche mit Hilfe des europäischen und nationalen Ausländerrechts den Strömen der Menschen Herr zu werden, die da alle nach Europa wollen. Genau, würde ich sagen, da haben Sie völlig Recht, nur: Wo ist eigentlich der Flaschenhals? Wo ist das Netz, das uns zur Regulierung zwingt? Europa ist groß, es gibt gigantische Flächen in Europa, die nur schwach besiedelt und durch Abwanderung bedroht sind. Mecklenburg-Vorpommern gehört dazu, aber auch ganz Südspanien und große Teile Schwedens, Finnlands und Norwegens. Wovor um Himmels Willen haben die Europäer Angst?

Natürlich weiß ich, dass mir jetzt gleich jeder sagen wird, dass die Europäer Angst vor den »Sozialschmarotzern« haben. Meine Antwort: Wieso das denn? Wer zwingt denn Europa dazu, jeden Menschen, der europäischen Boden betreten hat, mit sozialen Wohltaten zu überschütten? Ich kann mich jedenfalls nicht daran erinnern, dass es irgendein soziales Netz oder System gegeben hat, als die Menschen begannen in Richtung USA zu wandern und das Land dort in Besitz zu nehmen. Die einen haben es geschafft und die anderen haben es nicht geschafft – so war es damals und so wird es auch heute sein, wenn wir Bewegungsfreiheit zuließen. Selbstverständlich können sich Menschen entschließen, anderen Menschen in Not zu helfen, selbstverständlich können sie sich gegenseitig unterstützen und sie werden es auch immer tun, aber eine allgemeine staatliche Verpflichtung, jeden Menschen, der irgendeinen Zipfel des Territoriums betritt, sozial aufzufangen, scheint es mir nicht zu geben.

Der Vergleich zum Wirtschaftsrecht legt jedenfalls eines offen: Im Wirtschaftsrecht gilt der Grundsatz: »So viel Freiheit wie irgend möglich und so viel Regulierung und Eingriff wie nötig.« Reguliert wird erst dann, wenn ein Markt völlig zusammenbricht, wenn man also regulieren muss. Meine These ist, dass weder Europa noch die Restwelt je zusammenbrechen würden, wenn wir den Menschen Bewegungsfreiheit als Menschenrecht zusicherten. Im Gegenteil – durch dieses Menschenrecht entstünde die Dynamik und Durchmischung, die eine moderne Gesellschaft braucht. Wir sind eben nicht Bürger einer Nation und nicht nur Bürger Europas, sondern *vor allem und zuerst sind wir Weltbürger*. Man kann es auch anders formulieren: Indem sich Europa gegenüber den Menschen, die zu uns kommen wollen, abschottet, verzichtet Europa auf die Dynamik sich erneuernder und durchmischender Arbeitsmärkte und schwächt damit seine Wettbewerbsfähigkeit gegenüber den immer größer werdenden Giganten China, Indien, Indonesien und Brasilien. Die Idee des Freihandels hört nämlich an den Grenzen Europas nicht auf, sondern ist universell.

Aus der Perspektive der Menschenrechte ist die europäische Einwanderungs- und Abschottungspolitik menschenunwürdig und diskriminierend. Auf der einen Seite lockt Europa mit der Wirtschaftskraft und mit dem immerhin verbrieften Asylrecht. Wer es also schafft, seinen Fuß in einen europäischen Mitgliedstaat zu setzen, der darf zumindest den Asylantrag stellen und hat damit die Chance auf ein neues Leben. Unser derzeitiges Rechtssystem bildet also einen starken Anreiz für Menschen, den Versuch zu machen, das Mittelmeer zu durchqueren und Panzerdrahtzäune zu durchsteigen, weil am Schluss vielleicht doch die Hoffnung auf ein neues besseres Leben in Europa winkt. Aber der Preis dafür ist hoch – viele sterben auf dem Weg nach Europa und viele, die es gerade eben noch so geschafft haben, zerbrechen an dem Trauma der Flucht und der Einwanderung im Leben danach. Die These, die ich ganz zum Schluss aufstellen möchte, wirkt vielleicht provokant, soll aber eigentlich dazu aufrufen, darüber nachzudenken, ob es nicht doch ein Menschenrecht auf Bewegungsfreiheit in der Welt gibt. Kann es, ausgehend von Art. 13 Nr. 2 der allgemeinen Erklärung der Menschenrechte richtig sein, dass wir jedem das Recht geben, sein eigenes Land zu verlassen, um ihm dann gleichzeitig zu sagen, dass der Schritt ins Nachbarland allerdings verboten ist. Wie um Himmels Willen soll ich mein Land verlassen, wenn ich nicht das Nachbarland betreten darf? Ist das nicht in sich völlig unlogisch und folgt daraus nicht, dass die Völkergemeinschaft, die einen solchen Widerspruch zulässt, für die Toten auf dem Mittelmeer und die Toten in den Grenzanlagen auf dieser Welt, mitverantwortlich ist?

Müssen sich die Völker- und Verfassungsrechtler nicht fragen, ob die derzeitige Einwanderungs- und Grenzpolitik nicht eine Art »Unterlassensstrafbarkeit« darstellt? Ähnlich wie es einmal in Nordamerika war, als die »Weißen« die Indianer entrechtet und oft auch getötet haben? In den aktuellen Statistiken ist jedenfalls die Rede davon, dass weit über 20 000 Menschen beim Versuch, die Grenzen in Richtung Europa zu erreichen, den Tod gefunden haben. Dafür – so meine ich jedenfalls – sind auch die Rechtsordnungen mitverantwortlich, jedenfalls soweit sie den Menschen das Recht auf freie Beweglichkeit in der Welt nehmen.

Sollten wir bereit sein, an dieser Stelle umzudenken, müssen selbstverständlich die Sozialsysteme innerhalb Europas, aber auch in vielen anderen Ländern umgebaut werden. Eine Möglichkeit wird immerhin schon ausprobiert. Um Hongkong hat sich die Sonderwirtschaftszone Shenzhen entwickelt – eine ähnliche (sehr viel schwächere) Entwicklung gibt es sogar in Nordkorea und ein amerikanischer Wirtschaftsprofessor (Paul Romer) arbeitet an einer Sonderwirtschaftszone für Honduras. Die Grundidee hinter all diesen Aktivitäten ist: Bildung, Ausbildung und Prosperität dort und an jenen Stellen zu schaffen, wo die Menschen zu Hause sind und wo sie leben.

Was also würde die Europäer wohl darin hindern, eine solche Sonderwirtschaftszone beispielsweise im Umfeld der nordafrikanischen/spanischen Enklave Ceuta anzusiedeln und ins Leben zu rufen?

Es scheint mir auf der Hand zu liegen, dass die jungen Afrikaner, die in ihren eigenen Heimatländern keine Chance haben, sehr viel lieber in Afrika blieben, wenn es dort denn etwas zu tun und zu lernen gäbe. Sorgen wir dafür, dass es so ist und geben wir den Menschen das

Recht auf Bewegungsfreiheit als Menschenrecht.

Nachtrag
Liebe Frau Will, auch wenn unser virtuelles Gespräch im Juni 2014 stattgefunden haben mag, als ich das Manuskript für Ihren Festbeitrag niederlegte, sehe ich heute – im Jahr 2016, in dem so manche/r an ein »Wir schaffen das!« nicht mehr glauben mag – keinen Grund, davon abzurücken. Lassen Sie uns lieber weiter überlegen:

Angenommen wir würden den Menschen Bewegungsfreiheit geben, so würde das ja nichts daran ändern, dass wir nur denen mit Asylgrund den Asylstatus einräumen würden, alle anderen müssten sehen, wie sie hier in Deutschland zurecht kommen – es gäbe kein soziales Netz für Flüchtlinge im Allgemeinen. Mir ist schon klar, dass wir dann Zustände hätten, die denjenigen etwa in Jordanien ähnlich wären. Aber immerhin: Die Flüchtenden hätten die Möglichkeit, nach neuen Chancen und neuen Ufern zu suchen; überalternde Gesellschaften, zu denen auch wir gehören, hätten Chancen für eine deutliche Verjüngung und diejenigen, die flüchten, retten ihr Leben, d. h. sie tauschen den Bombenhagel gegen eine ungewisse Zukunft ohne soziales Netz ein (das ist übrigens die Situation vieler Einwanderer in den USA gewesen). Wenn ich die Wahl zwischen Bombenhagel und einer ungewissen Zukunft ohne soziales Netz hätte, wüsste ich, was ich täte – will sagen: Die Grundfrage, die ich hier versuche zu stellen, bleibt nach meinem Eindruck richtig. Hätten wir das freie Recht auf Bewegung in der Welt, so würden sich automatisch noch einige Strukturen einstellen, die auf diese Bewegungsfreiheit reagieren – insbesondere auf den Arbeitsmärkten würde man sehr schnell erfahren, wo es noch Arbeit gibt, wie viel Geld man dafür bekommt und wo es sich auf gar keinen Fall lohnt hinzugehen.

Noch viel schöner als das freie Recht auf Bewegung wäre ein klar und präzise gefasstes Zuwanderungsrecht – dafür habe ich an anderer Stelle einen Vorschlag entwickelt – aber auch der hat letztlich nichts bewirkt, weil sehr viele Kräfte in unserem Lande weder die freie Bewegung der Menschen noch ein Zuwanderungsrecht, sondern stattdessen ein Abschottungsrecht präferieren. Dahinter stecken dumpfe Ängste und die (völlig falsche) Vorstellung, man könne sich mit Hilfe der Abschottung in einer überalternden Gesellschaft die Zukunft sichern. Das Gegenteil ist der Fall – alle diejenigen, die heute für Abschottung sind, werden sich in 20 Jahren wundern, welche Konsequenzen und Folgen das für sie haben wird.

Volker Gerloff

Von der Abwägbarkeit der Menschenwürde

Kann das Abschiebungsinteresse das Grundrecht auf menschenwürdiges Existenzminimum beschränken?

Prof. Rosemarie Will hat sich stets mit der Frage der Geltung und Durchsetzbarkeit der Grundrechte beschäftigt und wird dies wohl auch weiter tun. Da ich an der Humboldt-Universität zu Berlin studiert habe, kenne ich Frau Will natürlich als Professorin. Insbesondere wegen einer Auseinandersetzung zwischen dem arbeitskreis kritischer juristinnen und juristen (akj-berlin) und der Humanistischen Union (HU) – bei der ich auf der Seite des akj-berlin agierte und Rosemarie Will als Teil des Bundesvorstandes der HU – dürfte ich auch bei ihr bekannt und unbeliebt gewesen sein. Diese Annahme stützt jedenfalls meine Erinnerung an meine mündliche Prüfung im 1. Staatsexamen, in der mir Rosemarie Will als Prüferin im Öffentlichen Recht und Wahlfach gegenübersaß. So erinnere ich mich beispielsweise noch daran, dass es, als Frau Will mit mir fertig war und ein Mitprüfling die an ihn gerichtete Frage mit den Worten begann: »Wie Herr Gerloff schon sagte...«, aus ihr herausbrach: »Was Herr Gerloff sagt, muss nicht richtig sein!« Wie auch immer, das 1. Staatsexamen war dennoch absolviert und nun beschäftige ich mich beispielsweise mit dem Asylbewerberleistungsgesetz (AsylbLG).

Ziel der Migrationspolitik ist Abschreckung
Das AsylbLG wurde im Rahmen des sogenannten Asylkompromisses zum 1. November 1993 in Kraft gesetzt. Nachdem Anfang der neunziger Jahre Asylbewerberhei-

me in Brand gesteckt worden waren, reagierte die Politik bekanntermaßen mit der deutlichen Beschränkung des Asylrechts. Daneben beabsichtigte die drastische Verschlechterung der Lebensbedingungen für Flüchtlinge in Deutschland eine Verringerung der Flüchtlingszahlen. Wie in der parlamentarischen Debatte hervorgehoben wurde, sollte Deutschland für Flüchtlinge unattraktiv gemacht werden[1] – offenbar in der Hoffnung, dass die brandstiftenden Nazis besänftigt würden.[2] Ziel der sozialrechtlichen Neuerungen als Teil dieser »Besänftigungsstrategie« sollte eine drastische Absenkung des Leistungsniveaus für Flüchtlinge sein. Dazu wurde von dem 1993 geltenden Sozialhilfe-Regelsatz ein pauschaler »ins Blaue gegriffener« Abzug vorgenommen, um den neuen »AsylbLG-Regelsatz« festzulegen. Dieser willkürlich festgesetzte »Regelsatz« wurde bis zur AsylbLG-Entscheidung des Bundesverfassungsgerichts (BVerfG) von 2012 nie angepasst und hatte somit nahezu 20 Jahre unverändert Bestand. Zum Zeitpunkt der BVerfG-Entscheidung war eine Differenz zum regulären Regelsatz von ca. 40 Prozent entstanden. Die Betroffenen des AsylbLG mussten also mit ca. 60 Prozent des Regelsatzes auskommen, der bereits für »Hartz-IV«-Empfänger als problematisch angesehen wird. Der Vorsitzende Richter im Ersten Senat des Bundesverfassungsgerichts, Ferdinand Kirchhof, stellte dazu treffend fest: »Ein bisschen hungern, dann gehen die schon – das kann es ja wohl nicht sein.«[3] Genau darum ging es aber! Das AsylbLG besteht weiter mit dem Gedanken des »Aushungerns« und auch die zum 1. März 2015 reformierte Version wird davon nur gering abweichen – soweit, wie es die Entscheidung des BVerfG vom 18. Juli 2012 eben notwendig macht.[4]

Das BVerfG hat vor allem mit folgendem Satz den Verfechtern der gängigen Praxis Kopfzerbrechen bereitet: »Die in Art. 1 Abs. 1 GG garantierte Menschenwürde ist migrationspolitisch nicht zu relativieren« (Rn. 121). Sozialbehörden und Sozialgerichte haben bis dahin völlig selbstverständlich angenommen, dass die Menschenwürde auf keinen Fall auch Flüchtlinge, Geduldete und sonstige unter das AsylbLG fallende Personen umfassen könnte. Ich habe immer wieder für Mandantinnen und Mandanten gegen das AsylbLG geklagt und vorgetragen, dass das menschenwürdige Existenzminimum auch für AsylbLG-Betroffene gelten müsse, da dieses Recht aus der Menschenwürde abgeleitet wird und also auch für meine Mandantinnen und Mandanten gelte, weil sie Menschen sind. Daraufhin sah ich mich großem Unverständnis gegenüber und der Ausspruch von Rosemarie Will: »Was Herr Gerloff sagt, muss nicht richtig sein!«, schien den Richtern wohl noch deutlich zu diplomatisch. Einige gerichtliche Schreiben legten mir zwischen den Zeilen eher nahe, mich psychiatrisch begutachten zu lassen, weil ich ernsthaft immer wieder vortrug, dass 199,40 Euro oder 158,50 Euro im Monat evident zu niedrig seien, gemessen am menschenwürdigen Existenzminimum, das derzeit auf 399 Euro festgesetzt ist. Es war eine große Genugtuung, als das BVerfG mit seiner AsylbLG-Entscheidung meine Argumente zu 100 Prozent bestätigte.

Dem Postulat des Bundesverfassungsgerichts von der auch migrationspolitisch nicht relativierbaren Menschenwürde setzte der Gesetzgeber ein »Das wollen wir doch mal sehen!« entgegen. Das AsylbLG stützt sich neben der Gesetzgebungskompetenz für die öffentliche Fürsorge nach Art. 74 Abs. 1 Nr. 7 GG auch auf die ausländerrechtliche Gesetzgebungskompetenz nach Art. 74 Abs. 1 Nr. 4 GG.[5] Das deutsche Ausländerrecht ist dem Gedanken der Gefahrenabwehr verpflichtet, wobei die Gefahr freilich »der Ausländer« ist. Daran hat sich seit Inkrafttreten der Ausländerpolizeiverordnung des Deutschen Reiches vom 22. August 1938 – also unter nationalsozialistischer Herrschaft – nichts geändert. Dort heißt es in § 1: »Der Aufenthalt im Reichsgebiet wird Ausländern erlaubt, die nach ihrer Persönlichkeit und dem Zweck ihres Aufenthalts im Reichsgebiet die Gewähr dafür bieten, dass sie der ihnen gewährten Gastfreundschaft würdig sind.« Dieser Geist findet sich insbesondere im AsylbLG wieder und tritt bei dessen Anwendung mitunter offen zu Tage. Die migrationspolitische Relativierung der Menschenwürde ist also kein Nebeneffekt, sondern tragender Gesetzeszweck.

Institutioneller Rassismus relativiert die Menschenwürde

Ein Großteil der Sozialbehörden und Sozialgerichte versucht, die AsylbLG-Entscheidung des BVerfG durch eine möglichst großzügige Anwendung des § 1a AsylbLG zu umgehen – das liebgewonnene (alte) AsylbLG soll so gerettet werden. § 1a AsylbLG ermöglicht es, die Sozialleistungen auf das »im Einzelfall nach den Umständen unabweisbar Gebotene« zu reduzieren, wenn sich die Betroffenen ins Bundesgebiet begeben haben, um hier Sozialleistungen zu beziehen oder wenn sie bei ihrer Abschiebung nicht ausreichend mitwirken. Hier wird der polizeirechtliche Anteil am AsylbLG besonders deutlich.

In der Praxis ist jedoch am unheilvollsten, dass die Auslegung, was »im Einzelfall« das »unabweisbar Gebotene« sein soll, den Behörden überlassen wird. In Sachsen-Anhalt und Thüringen wird bspw. die Leistung auf monatlich 30,68 Euro abgesenkt – streng am »Einzelfall« und nach den »Umständen« festgesetzt, versteht sich. Und wieder kommen von den Sozialgerichten die gleichen Töne, wie damals: Es sei nicht ersichtlich, worin das Problem liegen solle ..., die Festsetzung der Leistungshöhe begegne keinen Bedenken ..., der Ausländer könne ja durch Ausreise in sein Heimatland die Leistungsabsenkung beenden usw. Damit stellen sich die Sozialgerichte klar gegen das BVerfG, denn dass § 1a AsylbLG aus ausschließlich migrationspolitischen Gründen die Leistungen absenkt, dürfte offensichtlich sein. – Offensichtlich? Nicht aus dem Blickwinkel vieler Sozialgerichte[6]: Es stünden danach nämlich gerade keine migrationspolitischen Erwägungen im Vordergrund, vielmehr handle es sich um Sanktionen im Einzelfall. Sind also migrationspolitische Erwägungen im Hintergrund keine migrationspolitischen Erwägungen, welche die Menschenwürde relativieren? Schließen sich Sanktionen und migrationspolitische Erwägungen aus? Sprechen die pauschalen Kürzungen auf 30,68 Euro für eine Einzelfallprüfung? Wer will diese Logik der Sozialgerichte durchdringen, die geradezu göttlich-unergründlich scheint und hätten die Richter, die solche sinnfreien Feststellungen treffen, mit solchen Leistungen eine Chance im Staatsexamen?

Im Sozialrecht ist schlicht kein Platz für Gefahrenabwehr im Allgemeinen und »Ausländerabwehr« im Speziellen. Nach der BVerfG-Entscheidung können die über Art. 74 Abs. 1 Nr. 4 GG in das AsylbLG eingebrachten Bestandteile keinen Bestand mehr haben.[7] Damit erweist sich das AsylbLG als ein wesentliches Element des institutionalisierten Rassismus in Deutschland.

Rassismus ist zum Beispiel daran zu erkennen, dass »wir« einer Gruppe, die »wir« als »anders« einstufen, etwas antun, das wir als grausam und unvertretbar ansehen würden, würden wir es Personen aus »unserer Gruppe« antun. Hier ist festzustellen, dass es gesellschaftlich und in der Rechtsprechung anerkannt ist, dass der Regelbedarf (derzeit 399 Euro für Alleinstehende) das menschenwürdige Existenzminimum markiert, welches nur im Ausnahmefall und dann nur nach strengen Regeln und für kurze Zeit (vgl. bspw. die Sanktionsregelungen im SGB II) eingeschränkt werden kann. Ebenso anerkannt ist, dass allein der Gesetzgeber den Regelbedarf festsetzen darf und dass dabei eine wissenschaftlich fundierte Bedarfsermittlung zugrunde liegen muss. Für die Betroffenen des AsylbLG jedoch gelten andere Maßstäbe. Der Bedarf der betroffenen Ausländer soll leicht unter dem Regelbedarf liegen. Bei § 1a AsylbLG wird sogar eine drastische Absenkung des Regelbedarfs – und damit des menschenwürdigen Existenzminimums – statuiert und dies, ohne strenge Regelungen beachten zu müssen, ohne eine zeitliche Einschränkung vorzugeben und ohne dass es eine Bedarfsermittlung durch den Gesetzgeber für das »unabweisbar Notwendige« gäbe. Die Festsetzung dieses Sonderbedarfs wird der Willkür der Exekutive überlassen. Die Betroffenen leben so auf Dauer und gesetzlich verordnet menschenunwürdig. Dies würde, wenn es einen »von uns« betreffen würde, einen handfesten Skandal auslösen.

Frau Will äußert sich immer wieder gegen Rassismus und kritisiert dabei insbesondere auch die bestehende Flüchtlingspolitik als Angstpolitik, die eine Diskussion darum ausschließt, wie eine menschenwürdige Migration heute gestaltet werden kann. Die tödliche und aggressive Anti-Flüchtlingspolitik nicht nur an den EU-Außengrenzen kann niemanden unberührt lassen, der – wie Frau Will – um die Menschenwürde und die Grundrechte bemüht war und ist. Daher stimmen Frau Will und ich wohl im Wesentlichen überein und die alten Differenzen verblassen zu Anekdoten »von damals«.

Der gemeinsame Kampf gegen das AsylbLG wird auch in den nächsten Jahren ein wichtiges Feld in der Auseinandersetzung um die Geltung und Durchsetzung von Grundrechten sein. Erst wenn auch das menschenunwürdige Leben einer Nicht-Deutschen als Skandal begriffen wird, ist das Ziel erreicht. Der Gegner ist dabei in seiner Brutalität und Menschenverachtung nicht zu unterschätzen. An den Außengrenzen der EU sterben jährlich tausende Flüchtlinge mit Wissen und Wollen auch der Bundesregierung im faktisch rechtsfreien Raum. Die Überlebenden, die sich in den Geltungsbereich des Rechtsstaates retten können, werden u. a. mit dem AsylbLG konfrontiert. Solange uns das nicht beschämt, ist die Menschenwürde in Deutschland antastbar. Es gilt also, die Kräfte zu bündeln, denn das Problem heißt Rassismus und Rassismus ist leider in zu vielen Gesellschaftsschichten zu tief verankert, als dass der Kampf leicht sein könnte.

---

1 Vgl. Gesetzesbegründung: BT-Drs. 12/4451 und 12/5008; Plenardiskussion: Dt. Bundestag, Plenarprotokoll 12/121 vom 13.11.1992.

2 Als in Berlin Autos brannten, wurden dagegen freilich die Täter gejagt – Eigentum hat schließlich einen anderen Stellenwert als Flüchtlinge.

3 Äußerung im Rahmen der mündlichen Verhandlung zur AsylbLG-Entscheidung vom 18. 7. 2012 – 1 BvL 10/10 und 2/11.

4 BVerfG vom 18. 7. 2012 – 1 BvL 10/10 und 2/11, abrufbar unter: http://www.bundesverfassungsgericht.de/entscheidungen/ls20120718_1bvl001010.html (abgerufen am 1. 12. 2014); von dort auch die nachfolgenden Randnummern.

5 Vgl. BT-Drs. 12/4451, Allgemeine Begründung, 2; Hohm in: GK-AsylbLG II, Rn. 22.
6 LSG Sachsen-Anhalt, Beschluss vom 2. 9. 2013 – L 8 AY 5/13 B ER; LSG-Thüringen, Beschluss vom 17. 1. 2013 – L 8 AY 1901/12 B ER; LSG Nds.-Bremen, Beschluss vom 20. 3. 2013 – L 8 AY 59/12 B ER.

7 Vgl. auch: Oppermann in: jurisPK-SGB XII, § 1a AsylbLG, Stand: 7. 11. 2012; Evrim Öndül, Entscheidungsanmerkung vom 23. 8. 2012, jurisPR-SozR 17/2012 Anm. 1 – bspw. zitiert in: LSG Bayern vom 24. 1. 2013 – L 8 AY 4/12 B ER.

Alexander Klose

»Aber es steht doch schon im Grundgesetz«

Warum wir trotzdem einen starken einfachgesetzlichen Diskriminierungsschutz brauchen

JuristInnen mögen keine Wiederholungen. Sie stören das eingeübte systematische Empfinden, lassen an Sinn und Zweck des Wiederholten zweifeln, sind ganz einfach überflüssig. Dies zeigt eine dem Autor von gut informierten Kreisen zugetragene Anekdote aus den Verhandlungen der Kommission, die in den Jahren 2004/2005 unter dem Vorsitz von Hasso Hofmann und Rosemarie Will tagte, um der HU eine Verfassung zu geben. Dort hatten die studentischen VertreterInnen den Vorschlag unterbreitet, folgende, der alten Grundordnung entlehnte Regelung aufzunehmen: »Kein Mitglied der Universität darf wegen seines Geschlechts, seiner geschlechtlichen Orientierung, seiner Abstammung, seiner Sprache, seiner Heimat oder Herkunft, seines Glaubens, seiner religiösen oder politischen Anschauung oder wegen seiner Zugehörigkeit zu einer Minderheit oder Gruppe in seinen Rechten auf Freiheit von Lehre, Forschung und Studium benachteiligt oder behindert werden.« Der Widerspruch eines professoralen Kommissionsmitglieds ließ nicht lange auf sich warten und lautete sinngemäß: »Also bitte, natürlich können wir auch in die HU-Verfassung schreiben, Art. 3 Abs. 3 GG gilt auch im Rahmen dieser Satzung. Aber ob wir das nun da reinschreiben oder lassen, spielt eigentlich keine Rolle.«

Dem setzt der folgende Beitrag die These entgegen, dass Wiederholungen im Recht eine große Rolle spielen können. Am Beispiel der verfassungsrechtlichen Diskriminierungsverbote lässt sich zeigen, wie diese nach jahrzehntelangem »Schattendasein«[1] erst durch ihre einfachgesetzliche Wiederholung und Konkretisierung im Allgemeinen Gleichbehandlungsgesetz ins Licht der Rechtspraxis gerückt wurden. Es wäre Aufgabe einer (empirischen) Verfassungssoziologie, systematisch die Bedingungen und Voraussetzungen zu untersuchen, die die Verwirklichung – insbesondere der Grundrechte – befördern bzw. ihnen entgegenstehen. Dass in die HU-Verfassung 2005 am Ende doch ein Diskriminierungsverbot aufgenommen wurde, ist übrigens der Fürsprache Rosemarie Wills zu verdanken.[2]

1. Würde, Freiheit, Gleichheit

Würde, Freiheit und Gleichheit stehen dem Grundgesetz voran. Als Reaktion auf die vorangegangene Barbarei des deutschen Staates erklärten die 66 Väter und 4 Mütter des Grundgesetzes die Würde des Menschen in Art. 1 Abs. 1 Satz 1 GG für unverletzbar. Sie zu achten und zu schützen ist nach Satz 2 Verpflichtung aller staatlichen Gewalt.

Art. 2 Abs. 1 GG, der ein Recht auf die freie Entfaltung der Persönlichkeit enthält, wurde vom Bundesverfassungsgericht (BVerfG) schon früh als allgemeine Handlungsfreiheit interpretiert.[3] Diese umfassende Freiheit, die vom »Reiten im Walde«[4] bis zur allgemeinen Vertragsfreiheit[5] reicht, ist eine Freiheit mit »Ecken und Kanten«.[6] Das aus dem allgemeinen Gleichheitssatz in Art. 3 Abs. 1 folgende Gebot, Gleiches gleich und Ungleiches ungleich zu behandeln, gilt so nur für den Staat. BürgerInnen dürfen andere BürgerInnen dagegen grundsätzlich ungleich behandeln und im Rahmen ihrer Privatautonomie willkürlich entscheiden, wem sie eine Wohnung vermieten oder ein Auto verkaufen wollen.

Wie der Verweis auf die »Rechte anderer« zeigt, ist jedoch auch die allgemeine Handlungsfreiheit nicht grenzenlos. So sind ArbeitgeberInnen nach der Rechtsprechung des Bundesarbeitsgerichts an den arbeitsrechtlichen Gleichbehandlungsgrundsatz gebunden und dürfen ihre ArbeitnehmerInnen nicht ohne sachlichen Grund ungleich behandeln. Weitere Einschränkungen der Privatautonomie finden sich bereits seit 1900 im Bürgerlichen Gesetzbuch, wonach z. B. Rechtsgeschäfte, die gegen ein gesetzliches Verbot (§ 134 BGB) oder die guten Sitten verstoßen (§ 138 BGB), nichtig sind. Als sittenwidrig müssen seit 1949 insbesondere Geschäfte gelten, die im Widerspruch zum speziellen Gleichheitssatz in Art. 3 Abs. 3 Satz 1 GG stehen. Danach darf niemand wegen seines Geschlechtes, seiner Abstammung, seiner »Rasse«[7], seiner Sprache, seiner Heimat und Herkunft, seines Glaubens, seiner religiösen oder politischen Anschauungen benachteiligt oder bevorzugt werden.

Die Ergänzung von Art. 3 Abs. 3 um einen zweiten Satz 1994 im Zuge der Verfassungsänderung nach der Wiedervereinigung, der die Benachteiligung von Menschen mit Behinderung verbietet, sollte deren gesellschaftliche und rechtliche Ausgrenzung verhindern.[8] Die Aufnahme eines Verbots der Diskriminierung wegen der sexuellen Identität fand dagegen bis heute nicht die erforderliche Zweidrittelmehrheit.

Die Freiheit findet damit dort ihre Grenzen, wo sie nicht zur Auswahl z. B. nach Leistungsfähigkeit, Kreditwürdigkeit oder Sympathie eingesetzt wird, sondern wo Motive eine Rolle spielen, die Menschen stigmatisieren und ausgrenzen und damit letztlich ihre Würde – verstanden als Anspruch auf gleiche Achtung – in Frage stellen.

2. Der normative Rahmen

In den vergangenen 15 Jahren gelang es, zunächst den europäischen und dann – ›halb zog sie ihn, halb sank er hin‹ – auch den deutschen Gesetzgeber zu einer Konkretisierung bzw. Effektivierung des Rechts gegen Diskriminierung im Allgemeinen und gegen Rassismus im Besonderen zu bewegen.

2.1. *Die Antirassismusrichtlinie der Europäischen Union*

Das wohl wichtigste rechtliche Instrument gegen Rassismus im Recht der Europäischen Union ist die im Jahr 2000 verabschiedete sog. Antirassismusrichtlinie (2000/43/EG).

Ihr Zweck ist die Schaffung eines – von den Mitgliedstaaten auszufüllenden – Rahmens zur Bekämpfung von Diskriminierung aufgrund der »Rasse« oder der ethnischen Herkunft. Erstmals wird hier der Begriff der Diskriminierung in der bis heute gültigen Weise definiert. Art. 2 RL 2000/43/EG unterscheidet dabei zwischen unmittelbarer und mittelbarer Diskriminierung und Belästigung.

Eine *unmittelbare Diskriminierung* setzt danach voraus, dass eine Person aufgrund ihrer »Rasse« oder ethnischen Herkunft in einer vergleichbaren Situation eine weniger günstige Behandlung als eine andere Person erfährt, erfahren hat oder erfahren würde. So begründet bereits die öffentliche Äußerung eines Arbeitgebers, er werde keine ArbeitnehmerInnen einer bestimmten ethnischen Herkunft einstellen, eine unmittelbare Diskriminierung. Auch auf die Frage, ob bei der diskriminierten Person die angenommene Merkmalsausprägung (z. B. die türkische Herkunft) tatsächlich vorliegt, kommt es nicht an.

Eine *mittelbare Diskriminierung* liegt dagegen vor, wenn dem Anschein nach neutrale Vorschriften, Kriterien oder Verfahren Personen, die einer »Rasse« oder ethnischen Gruppe angehören, in besonderer Weise benachteiligen können – es sei denn, die betreffenden Vorschriften, Kriterien oder Verfahren sind durch ein rechtmäßiges Ziel sachlich gerechtfertigt, und die Mittel sind zur Erreichung dieses Ziels angemessen und erforderlich.

So kann die Anforderung »sehr gutes Deutsch« in einer Stellenanzeige je nach den Umständen des Einzelfalls ein Indiz für die mittelbare Benachteiligung eines nicht zum Vorstellungsgespräch geladenen Bewerbers mit »Migrationshintergrund« wegen dessen ethnischer Herkunft sein. Denn es ist anerkannt, dass nicht nur die Anforderung »Muttersprache Deutsch« sondern bereits die Anforderung »sehr gutes Deutsch« eine mittelbare Benachteiligung bei der Einstellung indizieren kann, wenn dieses Erfordernis durch die Tätigkeit nicht vorgegeben ist.[9]

Eine *Belästigung* setzt schließlich voraus, dass unerwünschte Verhaltensweisen – die im Zusammenhang mit der »Rasse« oder der ethnischen Herkunft einer Person stehen – bezwecken oder bewirken, dass die Würde der betreffenden Person verletzt und ein von Einschüchterungen, Anfeindungen, Erniedrigungen, Entwürdigungen oder Beleidigungen gekennzeichnetes Umfeld geschaffen wird.

Die Rechtsprechung stellt hohe Anforderungen an eine Belästigung: So soll es sich nach Auffassung des Bundesarbeitsgerichtes bei Schmierereien wie »Scheiß Ausländer«, »Ausländer raus« und »Kanaken« (verbunden mit dem Hakenkreuz) in einer Betriebstoilette zwar um unerwünschte Verhaltensweisen handeln, die eine Würdeverletzung bezwecken und bewirken. Für das darüber hinaus geforderte »feindliche Umfeld« soll das Nichtentfernen dieser Inschriften jedoch nicht ausreichen. Erst die – im Prozess nicht bewiesene – Reaktion des Vorgesetzten »So denken die Leute eben« hätte durch die erkennbar zur Schau gestellte Untätigkeit und das deutlich zum Ausdruck kommende Desinteresse an diesem Vorgang ein feindliches Umfeld schaffen können.[10]

Ein Verbot dieser Formen der Diskriminierung haben die Mitgliedstaaten nicht nur im Bereich Beschäftigung und Beruf, sondern auch in Bezug auf den Sozialschutz und soziale Vergünstigungen, Bildung sowie den Zugang zu und die Versorgung mit Gütern und Dienstleistungen (die der Öffentlichkeit zur Verfügung stehen) sicherzustellen. Dabei gilt die Richtlinie – und darauf ist zurückzukommen – für alle Personen in öffentlichen und privaten Bereichen, einschließlich öffentlicher Stellen (Art. 3 RL 2000/43/EG). Damit geht der Geltungsbereich der Antirassismusrichtlinie über den aller anderen Antidiskriminierungsrichtlinien der Europäischen Union hinaus.

Die Richtlinie kennt nur zwei Ausnahmen vom Grundsatz der Gleichbehandlung: Zum einen können die Mitgliedsstaaten vorsehen (Deutschland hat dies getan), dass eine Ungleichbehandlung aufgrund eines mit der »Rasse« oder der ethnischen Herkunft zusammenhängenden

Merkmals keine Diskriminierung darstellt, wenn das betreffende Merkmal aufgrund der Art einer bestimmten beruflichen Tätigkeit oder der Rahmenbedingungen ihrer Ausübung eine wesentliche und entscheidende berufliche Voraussetzung darstellt, es sich insofern um einen rechtmäßigen Zweck und um eine angemessene Anforderung handelt (Art. 4 RL 2000/43/EG). Zum anderen hindert die Richtlinie die Mitgliedsstaaten nicht daran, zur Gewährleistung der vollen Gleichstellung in der Praxis sog. Positive Maßnahmen beizubehalten oder zu beschließen, mit denen Benachteiligungen aufgrund der »Rasse« oder ethnischen Herkunft verhindert oder ausgeglichen werden (Art. 5 RL 2000/43/EG).

Neben dem eigentlichen Verbot der Diskriminierung enthält die Richtlinie wichtige Vorkehrungen zu dessen Durchsetzung: Dazu gehört zunächst der Rechtsschutz der Betroffenen – an dem Antidiskriminierungsverbände sich beteiligen dürfen (Art. 7 RL 2000/43/EG) –, eine Regelung zur Erleichterung der Beweislast (Art. 8 RL 2000/43/EG), Vorschriften zum Schutz vor Viktimisierung (Art. 9 RL 2000/43/EG) sowie die Errichtung einer mit der Förderung der Gleichbehandlung befassten Stelle (Art. 13 RL 2000/43/EG).

2.2. Das Allgemeine Gleichbehandlungsgesetz (AGG)

Seit dem 18. August 2006 verbietet das Allgemeine Gleichbehandlungsgesetz (AGG) – in Umsetzung der Antirassismus- und weiterer Antidiskriminierungsrichtlinien – in Deutschland Diskriminierungen »aus Gründen der Rasse oder wegen der ethnischen Herkunft, des Geschlechts, der Religion oder Weltanschauung, einer Behinderung, des Alters oder der sexuellen Identität« auch und gerade zwischen Privaten. Es gewährleistet in Deutschland erstmals einen über das Arbeitsrecht und einzelne Diskriminierungsgründe hinausgehenden einfachgesetzlichen Schutz vor Diskriminierungen. Den Vorgaben des Unionsrechts entsprechend ist jedoch nicht jede Ungleichbehandlung verboten: Abhängig von Lebensbereich und Diskriminirungsgrund enthält das AGG eine Reihe von Ausnahmen und sog. Rechtfertigungsgründen.

Ein umfassender Schutz besteht im Bereich des *Arbeitslebens* und gilt hier von der Bewerbung über die Einstellung, die Beförderung, die Arbeitsbedingungen (also z. B. die Höhe des Einkommens) bis zur Kündigung. Darüber hinaus wird auch die »Vorbereitung« auf eine Berufstätigkeit erfasst (z. B. Bewerbungsverfahren, Praktika, Berufsberatung). Über § 24 AGG gelten die Diskriminierungsverbote des AGG auch für BeamtInnen und RichterInnen. Im Bereich des Arbeitslebens kann eine unterschiedliche Behandlung aufgrund aller im AGG genannten Merkmale lediglich dann zulässig sein, wenn das Merkmal wegen der Art der auszuübenden Tätigkeit oder der Bedingungen ihrer Ausübung eine wesentliche und entscheidende berufliche Anforderung darstellt (§ 8 AGG). Wie bereits oben erläutert, werden die strengen Voraussetzungen dieses Rechtfertigungsgrundes nur selten gegeben sein. In Betracht kommen Tätigkeiten im Bereich der Interessenvertretung oder Beratung für bestimmte, diskriminierungsgefährdete Gruppen (z. B. Frauen, Homosexuelle, MigrantInnen).

Für die Beschäftigung durch Religionsgemeinschaften und die ihnen zugeordneten Einrichtungen (z. B. Caritas oder Diakonie) oder durch Vereinigungen, die sich die Pflege einer Religion oder Weltanschauung zur Aufgabe gemacht haben (z. B. Koranschulen oder anthroposophische Schulen), enthält § 9 AGG Spezialregelungen: So wird für Ungleichbehandlungen wegen der Religion und Weltanschauung das Ethos der Religions- und Weltanschauungsgemeinschaft als Maßstab für die beruflichen Anforderungen nach § 8 AGG anerkannt. Auch hier kommt es nach zutreffender Auffassung aber auf die Art der Tätigkeit an. So wird eine Ungleichbehandlung bei Tätigkeiten, die die Verkündung oder Vermittlung des Glaubens oder der Weltanschauung zum Inhalt haben, eher gerechtfertigt sein als bei einer Arbeit als GärtnerIn in der Gemeinde. Die genannten Organisationen können von den für sie arbeitenden Personen darüber hinaus verlangen, dass sie sich loyal und aufrichtig verhalten.

Ungleichbehandlungen wegen des *Alters* können darüber hinaus auch dann zulässig sein, wenn sie objektiv und angemessen, durch ein legitimes Ziel gerechtfertigt sowie die Mittel zur Erreichung dieses Ziels angemessen bzw. erforderlich sind (§ 10 AGG). Das Gesetz nennt beispielhaft verschiedene sozialpolitische Ziele, wie etwa Integrationsmaßnahmen für jüngere oder ältere ArbeitnehmerInnen.

Auch außerhalb des Arbeitslebens beim Sozialschutz (z. B. Gesundheitsdiensten), bei sozialen Vergünstigungen (z. B. Sozialhilfe), bei der Bildung oder beim Zugang zu Gütern und Dienstleistungen ist der Schutz vor Diskriminierung nicht für alle Merkmale gleich. Er weist darüber hinaus Lücken auf: Zum einen schützt das AGG die BürgerInnen in diesen Lebensbereichen nur vor Diskriminierungen untereinander. Eine § 24 AGG vergleichbare Regelung, die die Vorschriften des AGG auch auf das Verhältnis zwischen BürgerInnen und Staat anwendbar macht, fehlt. Gerade für Leistungen (und Diskriminierungen) in den Bereichen Sozialschutz, soziale Vergünstigungen und Bildung ist in Deutschland jedoch im Regelfall der Staat verantwortlich. Dies führt dazu, dass der Staat dort, wo er wie ein/e Private/r handelt, (auch) an das zivilrechtliche Diskriminierungsverbot des § 19 AGG und die daran anknüpfenden Regelungen zu dessen Durchsetzung gebunden ist – bei originär staatlichem Handeln (z. B. durch Verwaltungsakt) dagegen allein an Art. 3 Abs. 3 GG. Zum anderen gilt das Diskriminierungsverbot außerhalb des Arbeitslebens nicht für das Merkmal Weltanschauung.

Der intensivste Schutz besteht bei Diskriminierungen aus *rassistischen* Gründen oder wegen der *ethnischen* Herkunft (§ 19 Abs. 2 AGG). Hier werden alle Verträge über Güter und Dienstleistungen erfasst, die der Öffentlichkeit zur Verfügung stehen (z. B. Auslagen im Schaufenster, Anzeigen in Tageszeitungen oder im Internet). Diskriminierungen wegen des Geschlechts, der Religion, einer Behinderung, des Alters oder der sexuellen Identität werden dagegen außerhalb des Arbeitslebens nur erfasst, wenn es sich entweder um sog. Massengeschäfte (z. B. Einkauf im Supermarkt oder Restaurantbesuch) oder um Versicherungsverträge handelt (§ 19 Abs. 1 AGG).

Auch Ungleichbehandlungen im Rahmen von Massengeschäften und Versicherungsverträgen können – mit Ausnahme rassistischer Diskriminierungen – ausnahmsweise zulässig sein, wenn für die Ungleichbehandlung ein sachlicher Grund vorliegt (z. B. durch Altersgrenzen bei gefährlichen Sportarten, unterschiedliche Öffnungszeiten in Schwimmbädern für Männer und Frauen oder Preisnachlässe für SchülerInnen und Studierende). Dagegen dürfen Kosten im Zusammenhang mit Schwangerschaft und Mutterschaft spätestens seit 2013 nicht mehr zu unterschiedlichen Versicherungsprämien oder Leistungen führen.

Für die Durchsetzung des AGG kommt es entscheidend auf das Tätigwerden der Diskriminierungsopfer an: Im Arbeitsleben steht den Beschäftigten zunächst das Recht zu, sich bei einer von der/dem ArbeitgeberIn einzurichtenden Stelle zu beschweren (§ 13 AGG). Ergreift der/die ArbeitgeberIn keine oder offensichtlich ungeeignete Maßnahmen, um eine Belästigung oder sexuelle Belästigung zu unterbinden, sind die betroffenen Beschäftigten berechtigt, ihre Tätigkeit ohne Verlust des Arbeitsentgelts einzustellen (§ 14 AGG). Das AGG schließt den Anspruch auf Begründung eines Arbeitsverhältnisses ausdrücklich aus, eröffnet mit § 15 AGG aber Ansprüche auf Schadensersatz und Entschädigung, die nach den europarechtlichen Vorgaben verhältnismäßig und abschreckend sein müssen. Schließlich ist auf das sog. Maßregelungsverbot hinzuweisen, wonach der oder die ArbeitgeberIn die Beschäftigten nicht wegen der Inanspruchnahme ihrer Rechte benachteiligen darf (§ 16 AGG).

Außerhalb des Arbeitslebens beschränken sich die Reaktionsmöglichkeiten auf § 21 AGG: Auch hier bestehen Ansprüche auf Schadensersatz und Entschädigung, darüber hinaus auf Beseitigung der Beeinträchtigung und Unterlassung.

Zu den umstrittensten Vorschriften des AGG gehört die Regelung der Beweislast in § 22 AGG: Die Vorschrift modifiziert die Grundregeln des deutschen Prozessrechts, wonach jede Partei die Voraussetzungen der Normen, auf die sie sich beruft, zu beweisen hat. Da dies Betroffenen im Hinblick auf die Frage, ob die Diskriminierung gerade wegen eines geschützten Merkmals erfolgt ist (und z. B. nicht aufgrund der schlechteren Qualifikation), in aller Regel nicht möglich ist, enthält das AGG eine Beweiserleichterung. Danach hat derjenige, der sich auf eine Diskriminierung beruft, lediglich »Indizien« zu beweisen, die eine Diskriminierung wegen eines geschützten Merkmals vermuten lassen. Eine von Gerichten inzwischen anerkannte Möglichkeit zum Nachweis von Diskriminierungen bilden sog. »Testings«. Hier werden etwa Diskotheken, die im Verdacht stehen, eine diskriminierende Einlasspraxis zu betreiben, gezielt von Gruppen aufgesucht, die sich z. B. im Hinblick auf ihre ethnische Herkunft unterscheiden, so dass eventuelle Schutzbehauptungen (»geschlossene Veranstaltung«) auf ihren Wahrheitsgehalt hin getestet werden können. Gelingt dies, »kippt« die Beweislast und die andere Partei hat nun den Beweis des Gegenteils zu erbringen. Sie muss entweder nachweisen, dass tatsächlich keine Ungleichbehandlung wegen eines geschützten Merkmals vorlag oder den Nachweis führen, dass die Ungleichbehandlung ausnahmsweise zulässig war. Dazu können z. B. die Schulung der MitarbeiterInnen und die Dokumentation eines diskriminierungsfreien Auswahlverfahrens hilfreich sein.

§ 23 AGG regelt schließlich die Unterstützung durch Antidiskriminierungsverbände. Sie dürfen Opfer von Diskriminierungen außergerichtlich beraten und vor Gericht in Verfahren ohne Anwaltszwang als Beistand auftreten. Die Unterstützung von Benachteiligten gehört auch zu den Aufgaben der Antidiskriminierungsstelle des Bundes (§§ 25–30 AGG).

3. Antidiskriminierungsrecht zwischen Anspruch und Wirklichkeit

3.1. Die Realität der Diskriminierung in Deutschland

Diesem rechtlichen Anspruch steht eine »Realität der Diskriminierung« gegenüber,[11] die sich gleichermaßen im privaten wie im öffentlichen Bereich nachweisen lässt: Die fünf Lebensbereiche, die im Rahmen einer (nicht repräsentativen) Online-Befragung zu subjektiv wahrgenommenen Diskriminierungen am häufigsten genannt wurden, waren »Ausbildung und Beruf«, »Geschäftsleben/Dienstleistungen«, »Ämter/Behörden«, »Schule/Universität« sowie Freizeit und sonstiger privater Lebensbereich.[12] Auch in der Beratungsstatistik von Antidiskriminierungsbüros und Beratungsstellen, die ihren Schwerpunkt im Bereich rassistischer Diskriminierung/Diskriminierung aufgrund der ethnischen Herkunft haben, zeigt sich, dass Diskriminierungserfahrungen in Schule und Universität sowie bei Ämtern und Behörden keine Seltenheit sind.

Der abschließende Befund der hier zitierten Studie lautet, dass die Diskriminierungsmerkmale Geschlecht, Alter und Behinderung – die insbesondere vor den Arbeitsgerichten mit jeweils ca. einem Drittel der AGG-Fälle dominieren – bei der Online-Umfrage sowie bei einer umfangreichen Medienanalyse nur eine ganz geringe Rolle gespielt haben; hier standen stattdessen die Merkmale ethnische Herkunft und Religion im Vordergrund. Von Diskriminierungen wegen der sexuellen Identität wird vor allem von Antidiskriminierungsverbänden und -stellen berichtet.[13] Die Rechtsprechung zum AGG stellt also kein repräsentatives Bild *der* Diskriminierung in Deutschland dar. Eine Erklärung könnten merkmalsspezifische Hürden bei der Mobilisierung des AGG sein, was die Bedeutung wirksamer Instrumenten zur Durchsetzung der Diskriminierungsverbote noch einmal unterstreicht.

3.2. Die Mobilisierung von Antidiskriminierungsrecht

Die rechtssoziologische Forschung hat einiges über die Faktoren in Erfahrung gebracht, von denen es abhängt, ob ein Gesetz befolgt und in Anspruch genommen wird. Dazu zählen insbesondere die Informiertheit über das Gesetz, die erwarteten Vor- und Nachteile bei (Nicht-)Befolgung bzw. (Nicht-)Inanspruchnahme und der Grad der normativen Abweichung von den Zielen des Gesetzes.[14]

Informiertheit: Während für die Befolgung des AGG die Kenntnisse der darin enthaltenen Ge- und Verbote genügen, setzt die Inanspruchnahme darüber hinaus Wissen und Fertigkeiten voraus, die den »Zugang zum Recht« eröffnen. Das AGG ist einer Mehrheit in der Bevölkerung unbekannt.[15] Noch weniger weit verbreitet sind Kenntnisse über Antidiskriminierungsstellen.[16]

Positive und negative Sanktionen: Ansprüche auf Ersatz des materiellen und immateriellen Schadens sind zugleich Anreiz für die Inanspruchnahme und – aus Sicht des Anspruchsgegners – die Befolgung des Gesetzes. Trotz der Vorgaben des Europarechts – wonach die Sanktionen »wirksam, verhältnismäßig und abschreckend« sein müssen – zeigen sich insbesondere deutsche Arbeitsgerichte (von denen ein Großteil der AGG-Verfahren bearbeitet wird) traditionell zurückhaltend bei Entschädigungszahlungen für Persönlichkeitsverletzungen. Darüber hinaus ist zu berücksichtigen, dass der Grad der Sanktionierungserwartung neben der erwarteten Schwere der Sanktion auch von deren Wahrscheinlichkeit abhängig ist, die im Fall von Diskriminierungen äußerst gering ist. Diskriminierungen bleiben dort, wo andere Gründe (z. B. die höhere Qualifikation der MitbewerberInnen) vorgeschoben werden, selbst den Betroffenen häufig verborgen; wohl auch Dank des AGG erfolgen sie selten(er) öffentlich und lassen sich (daher) vor Gericht trotz der Beweiserleichterung in § 22 AGG nur schwer nachweisen.

Normative Abweichung: Konkurrierende Normorientierungen führen zu Akzeptanzproblemen in der Bevölkerung und können sowohl die Befolgung als auch die Inanspruchnahme des Gesetzes negativ beeinflussen. Auch wenn die hinter dem AGG stehenden Absichten und Werte (»Gerechtigkeit gegen jedermann«; »Gleiche Chancen für alle«) mehrheitlich in der Bevölkerung geteilt werden, stimmten in einer Befragung von 2011 40 Prozent der Aussage »Antidiskriminierungspolitik halte ich für überflüssig« zu. Als in der Gesellschaft benachteiligt gelten in erster Linie die »sozial Schwachen«. Auf das AGG bezogen sind nur für Menschen mit Behinderung und Ältere mehr Befragte der Meinung, für sie sollte »mehr« und nicht »weniger« bzw. »nichts« getan werden. Am Ende dieser »Bilanz der Schutzwürdigkeit« stehen »Homosexuelle«, »Transsexuelle« und »Männer«.[17]

4. Konsequenzen
4.1. Das individuell-reaktive Modell
Zur Durchsetzung eines Verbots von Diskriminierung sind verschiedene Wege denkbar. Der Bundesgesetzgeber hat sich mit dem AGG für ein Regelungsmodell entschieden, das im Folgenden als individuell-reaktiv bezeichnet werden soll, und das von folgenden Voraussetzungen ausgeht: Die Geschädigten kümmern sich im Anschluss an eine erlittene Diskriminierung selbst um die Sanktionierung des »Täters«, indem sie Ansprüche auf Schadensersatz und Entschädigung geltend machen. Dies führt bei den Sanktionierten (und denen, die befürchten, sanktioniert zu werden) dazu, dass sie diskriminierende Verhaltensweisen in Zukunft unterlassen.[18] Macht die von einem Verstoß gegen die Diskriminierungsverbote (§ 7 oder 19 AGG) betroffene Person dagegen die Ansprüche auf Entschädigung und Schadensersatz (§ 15 oder § 21 AGG) aus welchen Gründen auch immer nicht geltend, kann die Diskriminierung – von wenigen Ausnahmen abgesehen (vgl. § 17 Abs. 2 AGG) – nicht sanktioniert werden.

Wie oben gezeigt wurde, sind die Gründe, aus denen Antidiskriminierungsrecht nicht mobilisiert wird, vielfältig. Zunächst muss ein diskriminierendes Verhalten als solches erkannt werden. Gerade sog. »verdeckte« Diskriminierungen, bei denen nicht offen auf ein bestimmtes Merkmal (z. B. die Hautfarbe) Bezug genommen wird, sondern andere Gründe (z. B. die angeblich geringere Qualifikation) vorgeschoben werden, bleiben (vermutlich) oft unentdeckt. Wird eine Diskriminierung als solche wahrgenommen, unterbleibt eine Inanspruchnahme des AGG gleichwohl, wenn es am Wissen darüber fehlt, dass Diskriminierungen gesetzlich verboten sind und wie man sich dagegen wehren kann. Auf diese Befunde muss Antidiskriminierungsrecht reagieren: Dazu gehört zunächst der Ausbau und die Erweiterung der Befugnisse der Antidiskriminierungsstelle des Bundes.

Sind die beschriebenen Hürden genommen und wird das Recht von der betroffenen Person mobilisiert, führt dies (natürlich) nicht automatisch zu einer Sanktionierung. Das gilt zunächst für die Fälle, in denen sich bei der Beratung oder vor Gericht herausstellt, dass kein Verstoß gegen das Diskriminierungsverbot vorlag – sei es, dass tatsächlich die Qualifikation ausschlaggebend war, sei es, dass die unterschiedliche Behandlung ausnahmsweise gerechtfertigt war. Eine Verurteilung kann jedoch auch an anderen, formalen Gründen scheitern: So sind Ansprüche auf Entschädigung und Schadensersatz nach dem AGG innerhalb einer Frist von zwei Monaten geltend zu machen (§ 15 Abs. 4 AGG; § 21 Abs. 5 AGG). Innerhalb dieser Zeit muss eine kompetente rechtliche Beratung gefunden und beurteilt werden, ob die erlittene Diskriminierung nachgewiesen werden kann. Denn trotz der Beweislastregelung in § 22 AGG – wonach die KlägerInnen »lediglich« Indizien beweisen müssen, die eine Diskriminierung vermuten lassen – weisen auch die anwaltlichen VertreterInnen der Beklagten darauf hin, dass die Anforderungen, die Gerichte an den Indizienbeweis einer Diskriminierung stellen, sehr hoch sind. Es sei daher unproblematisch möglich, eine Diskriminierung so zu tarnen, dass sie mit der gegenwärtigen Praxis der gerichtlichen Beweiswürdigung nicht aufgedeckt werden könne.[19]

Unter Berücksichtigung der Lebenswirklichkeit vieler diskriminierter Personen sollte die Frist auf sechs Monate verlängert werden. Ansprüche auf Schadensersatz und Entschädigung gegen den Staat sollten erst nach drei Jahren verjähren. Der bisherigen Praxis der Gerichte bei der Beweiswürdigung muss eine Reform des Antidiskriminierungsrechts Rechnung tragen. Auch wenn der EuGH inzwischen klargestellt hat, dass sich aus den Antidiskriminierungsrichtlinien grundsätzlich kein Auskunftsanspruch des abgelehnten Bewerbers über die Auswahlentscheidung ergibt,[20] stünde es dem deutschen Gesetzgeber frei, einen solchen Anspruch gesetzlich vorzusehen. Ist die beklagte Partei der Staat, sollte es für die Beweislastumkehr genügen, wenn die klagende Partei glaubhaft Tatsachen behauptet, die eine Diskriminierung vermuten lassen. In diesem Fall hätte dann die andere Partei die Beweislast dafür, dass kein Verstoß gegen das Diskriminierungsverbot vorgelegen hat.

Aus den dargestellten Gründen erreicht nur ein kleiner Teil der als solche wahrgenommenen Diskriminierungen die Gerichte. Zu der vor Inkrafttreten des AGG befürchteten Klageflut ist es nicht gekommen: Der Anteil der AGG-Verfahren an den Neueingängen bei den Arbeitsgerichten liegt damit bei weniger als zwei Promille. Dort, wo es zu einer Sanktionierung kommt, stimmen AnwältInnen auf Kläger- und Beklagtenseite darin überein, dass Gerichte auch bei der Bemessung von Schadensersatz und Entschädigung äußerst zurückhaltend sind.[21]

Es ist daher für die Zukunft klarzustellen, dass der Anspruch auf Schadensersatz und Entschädigung so zu bemessen ist, dass die Diskriminierung wirksam, abschreckend und verhältnismäßig sanktioniert wird. Dabei sind insbesondere die Schwere des Verstoßes und die Folgen für die diskriminierte Person zu berücksichtigen.

4.2. *Positive Maßnahmen*
Eine Weiterentwicklung des Antidiskriminierungsrechts sollte sich jedoch nicht darauf beschränken, das individuell-reaktive Modell des AGG zu verbessern; es sollte vielmehr einen Schritt weiter gehen, indem es das AGG durch sog. kollektiv-proaktive Regelungen ergänzt. Diese gehen über die Sanktionierung von Rechtsverstößen hinaus, in-

dem sie unabhängig von individuellen Klagen positive Verpflichtungen zu Gleichbehandlung bzw. Verwirklichung von Chancengleichheit schaffen. Proaktives Recht reagiert damit nicht auf Einzelfälle, sondern zielt auf die Veränderung kollektiver Prozesse. AdressatInnen dieses Regelungsmodells sind nicht in erster Linie Diskriminierte oder Diskriminierende, sondern Personen, die aufgrund ihrer institutionellen Stellung in der Lage sind, solche Strukturen zu beeinflussen.

Mit den Frauengleichstellungsgesetzen des Bundes und der Länder kennt das deutsche Recht bereits seit langem zielgruppenspezifische Fördermaßnahmen, deren Adressat in erster Linie die öffentliche Verwaltung ist. Dies gilt z. B. für Quotenregelungen und Gleichstellungspläne im öffentlichen Dienst oder die Wahl von Frauenvertreterinnen oder Gleichstellungsbeauftragten. Quoten und Beauftragte existieren darüber hinaus auf Bundes- und Länderebene auch zugunsten von Menschen mit Behinderung.

Mit den sog. Positiven Maßnahmen erlaubt § 5 AGG bereits Maßnahmen, durch die bestehende Nachteile aus rassistischen Gründen, wegen der ethnischen Herkunft, des Geschlechts, der Religion oder Weltanschauung, einer Behinderung, des Alters oder der sexuellen Identität verhindert oder ausgeglichen werden sollen. Damit können grundsätzlich auch zielgruppenübergreifende Maßnahmen der Verwaltung (z. B. beim Zugang zum öffentlichen Dienst) auf § 5 AGG gestützt werden. Anders als die oben genannten Gleichstellungsgesetze regelt das AGG jedoch lediglich die Zulässigkeit solcher Maßnahmen, verpflichtet aber weder Private noch die Verwaltung dazu, diese zu ergreifen.

Die Zulässigkeit von zielgruppenspezifischen und zielgruppenübergreifenden Maßnahmen, die ihrerseits zu einer unterschiedlichen Behandlung führen (z. B. Quotenregelungen), setzt nach § 5 AGG zunächst voraus, dass die Maßnahmen geeignet sind, die bestehenden Nachteile auszugleichen oder zukünftige Nachteile zu verhindern. An die Eignung sind dabei keine allzu hohen Anforderungen zu stellen. Es genügt, wenn der Ausgleich bzw. die Verhinderung der Nachteile zumindest wahrscheinlich ist. Wichtiger ist die Angemessenheit der ergriffenen Maßnahme, deren Beurteilung eine Abwägung zwischen dem Ausmaß der bestehenden Nachteile derer, die von der Maßnahme begünstigt werden (z. B. Frauen), und den nachteiligen Auswirkungen auf diejenigen, die aufgrund der Maßnahme zurückstehen müssen (z. B. Männer), erforderlich macht.

Am Beispiel der Quote hat die Rechtsprechung hier einige Leitlinien entwickelt: Selbst bei gleicher Qualifikation darf den Begünstigten kein absoluter Vorrang eingeräumt werden. Vielmehr muss im konkreten Einzelfall eine Beurteilung erfolgen, bei der die besondere persönliche Lage auch derjenigen berücksichtigt wird, die aufgrund der Maßnahme zurückstehen müssen. Bei der Abwägung ist sowohl die Art der beruflichen Position (z. B. Ausbildung vs. Beruf) als auch die Frage zu berücksichtigen, ob diese auf dem freien Markt zugänglich ist. Maßnahmen, die nach diesem Maßstab zulässig sind, sind auch mit dem Grundgesetz vereinbar. Art. 3 Abs. 3 Satz 1 GG verbietet zwar neben der Benachteiligung auch die Bevorzugung u. a. wegen des Geschlechts, der Herkunft oder der religiösen Anschauung, doch ist die Vorschrift im Einklang mit internationalem und europäischen Recht so zu interpretieren, dass sie sich nicht auf die Gewährleistung formaler Gleichheit beschränkt, sondern auf die Herstellung tatsächlicher Gleichstellung zielt.[22]

Insbesondere im Bereich der Verwaltung führt die Orientierung am vermeintlichen »Normalbürger« dazu, dass die Lebensrealitäten von Menschen, die wegen ihrer Behinderung, Herkunft, sexuellen Identität, Religion und Weltanschauung, ihres Geschlechts und Alters von der »Norm« abweichen, nicht ausreichend reflektiert werden. Hilfreich kann hier eine Diversity-Folgenabschätzung sein, wonach alle politischen, normgebenden und verwaltenden Maßnahmen daraufhin überprüft werden, ob sie sich z. B. mittelbar diskriminierend auswirken. Bei Einstellungen und Beförderungen – nicht nur, aber auch im öffentlichen Dienst – sollte bei der Beurteilung der Eignung, Befähigung und fachlichen Leistung die Diversity-Kompetenz der BewerberInnen berücksichtigt werden. Auf diese Weise könnten Strukturen und Machtverhältnisse aufgebrochen werden, die insbesondere in Führungspositionen zur Unterrepräsentanz bestimmter Gruppen und zur einseitigen Ausrichtung von Angeboten an bestimmte Gruppen geführt haben.

Aber auch private Unternehmen und Organisationen, die öffentliche Aufträge durchführen oder staatliche Leistungen (auf die kein Anspruch besteht) erhalten wollen, sollten zu positiven Maßnahmen verpflichtet werden. In Erweiterung der bisherigen Regelung in § 5 AGG müssten sie ab einem bestimmten Schwellenwert des Auftrags oder der Leistung zielgruppenspezifische oder zielgruppenübergreifende Maßnahmen zur Beseitigung bestehender Nachteile sowie zur Förderung von Chancengleichheit umsetzen und nachweisen.

Angesichts der beschriebenen Schwierigkeiten bei der Mobilisierung von Antidiskriminierungsrecht erscheint nur ein solches Diversity- bzw. Antidiskriminierungs-Mainstreaming in der Lage zu sein, strukturellen und institutionellen Rassismus auch in Deutschland wirksam zu bekämpfen. Dessen Existenz im Bildungsbereich und bei den Sicherheitsbehörden wurde jüngst durch den Bericht der Antidiskriminierungsstelle des Bundes zur »Diskriminierung im Bildungsbereich und im Arbeitsleben«[23] sowie durch den Abschlussbericht des NSU-Untersuchungsausschuss[24] eindrucksvoll belegt.

---

1 BVerfGE 63, 298, 303 (Sondervotum: Simon).
2 § 35 VerfHU (2005) »Die Universität wirkt Diskriminierungen entgegen und trägt bei der Wahrnehmung ihrer Aufgaben zum Abbau bestehender Nachteile insbesondere für die beschäftigten und studierenden Frauen bei. [...].«
Zum Diskriminierungsverbot in § 1 der geltenden VerfHU vgl. den Beitrag von Martin Heger, S. 346 ff.
3 Vgl. BVerfGE 6, 32, 36 f.
4 BVerfGE 80, 137, 152 ff.
5 Vgl. BVerfGE 8, 274; BVerfGE 95, 267.
6 Vgl. M. Mahlmann 2007: S. 48.

7 Zur Problematik des Begriffs »Rasse«, vgl. Cremer, Hendrik: »... und welcher ›Rasse‹ gehören Sie an?« Zur Problematik des Begriffs »Rasse« in der Gesetzgebung, Policy Paper No. 10. Deutsches Institut für Menschenrechte, 2. Auflage, Berlin 2009 (download unter http://www.institut-fuer-menschenrechte.de/de/themen/schutz-vor-rassismus/schwerpunkte/begriff-rasse.html); ders.: Ein Grundgesetz ohne »Rasse« – Vorschlag für eine Änderung von Artikel 3 Grundgesetz, Policy Paper No. 16. Deutsches Institut für Menschenrechte, Berlin 2010, (download unter http://www.institut-fuer-menschenrechte.de/fileadmin/user_upload/Publikationen/Policy_Paper/policy_paper_16_ein_grundgesetz_ohne_rasse.pdf – beide abgerufen am 14. 4. 2015).
8 Bundestagsdrucksache/BT-Drs. 12/8165 vom 28. 6. 1994: S. 28.
9 Landesarbeitsgericht Nürnberg, Az. 2 Sa 171/11, Urteil vom 5. 10. 2011.
10 Bundesarbeitsgericht, Az.: 8 AZR 705/08, Urteil vom 24. 9. 2009.
11 Vgl. Rottleuthner, Hubert / Mahlmann, Matthias: Diskriminierung in Deutschland. Vermutungen und Fakten, Baden-Baden (Nomos) 2011.
12 Dies. (Fn. 11), S. 171 f.
13 Dies. (Fn. 11), S. 469 f.
14 Vgl. Klose, Alexander: Wie wirkt Antidiskriminierungsrecht?, in: Cottier, Michelle / Estermann, Josef / Wrase, Michael (Hrsg.): Wie wirkt Recht? Baden-Baden (Nomos) 2010, S. 331–351.
15 Antidiskriminierungsstelle des Bundes (Hrsg.): Diskriminierung im Alltag. Wahrnehmung von Diskriminierung und Antidiskriminierungspolitik in unserer Gesellschaft, Baden-Baden (Nomos) 2008, S. 40.
16 European Union Agency for Fundamental Rights / Agentur der Europäischen Union für Grundrechte (Hrsg.): Erhebung der Europäischen Union zu Minderheiten und Diskriminierung (EU-MIDIS.). Bericht über die wichtigsten Ergebnisse, Luxemburg 2011, S. 220, 247 (download unter http://fra.europa.eu/sites/default/files/fra_uploads/663-FRA-2011_EU_MIDIS_DE.pdf – abgerufen am 14. 4. 2015).
17 Antidiskriminierungsstelle, a. a. O. (Fn. 11), S. 16, 20, 98.
18 Vgl. Klose, Alexander: Mehr Verbindlichkeit wagen – Positive Pflichten zu Positiven Maßnahmen, in: Heinrich Böll Stiftung (Hrsg.): Positive Maßnahmen. Von Antidiskriminierung zu Diversity, Berlin 2010, S. 40 ff. (download unter http://www.migration-boell.de/web/diversity/48_2632.asp – abgerufen am 14. 4. 2015).
19 Vgl. H. Rottleuthner / M. Mahlmann, a. a. O. (Fn. 10), S. 346.
20 EuGH Meister, Az.: C-415/10, Urteil vom 19. 4. 2012.
21 Vgl. H. Rottleuthner / M. Mahlmann, a. a. O. (Fn. 11), S. 335 ff., 346 ff.
22 Klose, Alexander: Gleichheit unter dem Grundgesetz, zusammen mit Michael Wrase, in: Foljanty, Lena / Lembke, Ulrike (Hrsg.): Feministische Rechtswissenschaft, 2. Auflage, Baden-Baden (Nomos) 2012, S. 89–108.
23 Antidiskriminierungsstelle des Bundes (Hrsg.): Diskriminierung im Bildungsbereich und im Arbeitsleben. Zweiter Gemeinsamer Bericht der Antidiskriminierungsstelle des Bundes und der in ihrem Zuständigkeitsbereich betroffenen Beauftragten der Bundesregierung und des Deutschen Bundestages, Berlin 2013.
24 Vgl. BT-Drs. 17/14600.

Silvan Schuster

Menschlichkeit – ein (ethisch-moralischer) Grundsatz neben Recht und Gesetz

*Der Hörsaal 2002 an der Humboldt-Universität zu Berlin**

Über die Einladung zur Abschiedsvorlesung zum Thema »Zwischen Himmel und Erde. Karl Marx über die Grundrechte in seiner Schrift ›Zur Judenfrage‹« von Frau Prof. Dr. jur. Rosemarie Will am 10. Juli 2014 im Hörsaal 2002 war ich als Absolvent der Humboldt-Universität zu Berlin und als Doktorand bei Frau Prof. Will sehr erfreut.

Mein Vater, Herr Dr. jur. Reinhard Schuster, war meinem Wunsch, mich zu begleiten, gerne gefolgt, gehört er doch zu der Studentengeneration von Frau Prof. Will, der auch auf mein Leben und meine berufliche Überzeugung grundlegend positiven Einfluss genommen hat.

Frau Prof. Will, mein Vater und unzählige Juristen und Kriminalisten haben im Hörsaal 2002 an der 1810 gegründeten Alma mater berolinensis ihre Studien begonnen und eine Vielzahl hervorragender Hochschullehrer erlebt, die auch zu DDR-Zeiten ihren Vorlesungen den Artikel 19 Abs. 2 der Verfassung der DDR zu Grunde legten, der als Gebot von allen staatlichen Organen, allen gesellschaftlichen Kräften und jedem einzelnen Bürger, die »[...] Achtung und [den] Schutz der Würde und Freiheit der Persönlichkeit [...]« forderte.[1]

Der humanistische Geist der Brüder Wilhelm und Alexander von Humboldt war auch für unzählige Juristen und Kriminalisten, die ihr Studium – an der nach den Brüdern am 8. Februar 1949 umbenannten Universität Berlin – erfolgreich absolvierten, zu spüren.[2] So haben Generationen von Juristen und Kriminalisten im Sinne von Wilhelm und Alexander von Humboldt studiert.

Mit der Wiedervereinigung der beiden deutschen Staaten mussten sich viele Absolventen der Sektionen Rechtswissenschaft und Kriminalistik neu orientieren; Frau Prof. Will gelang es, sich über die Humboldt-Universität hinaus einen Namen als Staats- und Verfassungsrechtlerin zu machen.

Mit der Aufnahme meines Studiums im Jahre 2000 an der Humboldt-Universität war eine neue Generation unter anderen gesellschaftlichen Verhältnissen in den Hörsaal 2002 eingezogen – eine Generation mit nicht weniger hohen Ansprüchen an Recht und Gesetz im Sinne der humanistischen Ideale.

Die bereits in den Vorlesungen von Frau Prof. Will und von vielen anderen hochverehrten Hochschullehrern geforderten Grundsätze an das Studium und an die spätere juristische Tätigkeit konnte ich verinnerlichen und als ehemaliger Rechtsanwalt, als Lehrbeauftragter der Hochschule für Wirtschaft und Recht Berlin, der Fachhochschule für öffentliche Verwaltung Nordrhein-Westfalen, der Fachhochschule des Bundes, Fachbereich Bundespolizei, als Polizeifachlehrer für Einsatzrecht und Öffentliches Dienstrecht und als Justitiar an der Bundespolizeiakademie umsetzen und den jungen angehenden Kommissaranwärterinnen und Kommissaranwärtern der Landespolizeien Berlin, Nordrhein-Westfalen und des Bundes, aber auch (zukünftigen) Führungskräften im Rahmen der Aus- und Fortbildung vermitteln.

Für mich war und ist wichtig, nicht nur die Grundrechte und -werte des Grundgesetzes, hieraus abgeleitete Prinzipien und Grundsätze, unter anderem den aus dem Rechtsstaatsprinzip abgeleiteten Grundsatz von Recht und Gesetz, nicht nur die in den Beamtengesetzen der Länder und des Bundes aufgestellten beamtenrechtlichen Pflichten, sondern auch selbst aufgestellte ethisch-moralische Grundwerte und Prinzipien in meiner sehr fachbezogenen Lehre als Polizeifachlehrer für Einsatzrecht und Öffentliches Dienstrecht darzustellen und zu diskutieren – »menschlich« zu agieren.

MENSCHLICHKEIT–EIN(ETHISCH-MORALISCHER)GRUNDSATZ

Der polizeiliche Nachwuchs muss die große Verantwortung eines Polizeivollzugsbeamten bei der Gewährleistung der öffentlichen Sicherheit und Ordnung erkennen und respektvoll mit dem Bürger und dem polizeilichen Gegenüber umgehen. Nicht nur die Grundsätze lernen, sondern auch begreifen und leben. Den Polizeiberuf nicht nur als Job, als Beruf, sondern als Berufung verstehen.

Meine Erfolge als ehemaliger Rechtsanwalt und Prozessvertreter vor Gericht sehe ich dem Umstand geschuldet, dass ich bei der Bewertung des Einzelfalls nicht nur die gesetzlichen Bestimmungen und die Vorschriften heranziehe, sondern den Einzelfall unter Beachtung der Persönlichkeit einer »menschlich« gerechten Lösung im Rahmen von Recht und Gesetz versuche zuzuführen. Derartige Fälle bespreche ich anonymisiert in der Lehre.

Als Schüler von Frau Prof. Will versuche ich sowohl in der Lehre als auch als Prozessvertreter stets höchste fachliche Maßstäbe zu erfüllen, halte Ehre und Würde meines Berufs stets aufrecht, sorge für ein Höchstmaß an Integrität und Fürsorge, erfülle die Aufgaben auf der Grundlage von Recht und Gesetz, aber auch auf der Grundlage von Tatsachen – in Übereinstimmung und unter Beachtung der beamtenrechtlichen Rechte und Pflichten.[3] Agiere frei von jeglichem unlauteren Einfluss, unbeeindruckt von Einzel-, Gruppen- und Medieninteressen, den Grundsatz der Gleichheit der Menschen vor dem Gesetz achtend, dabei jegliche Diskriminierung aus Geschlechts-, Rassen-, Sprach-, Religions- oder politischen und sexuellen Gründen vermeidend.[4] Im Gesamten halte ich es wohl mit dem französischen Schriftsteller Antoine de Saint-Exupéry (1900–1944). Er wählte in seinem Werk »Der kleine Prinz« mit Bedacht die Formulierung: »Es ist ganz einfach: Man sieht nur mit dem Herzen gut.«

Ob er damit auf die Menschlichkeit hinwies, bleibt der Interpretation dieses Werkes vorbehalten. Ich meine ja. Die Kombination zwischen Recht und Gesetz auf der einen Seite und der Menschlichkeit auf der anderen Seite ist eine Herausforderung an mich selbst, der ich mich täglich stelle.

Friedrich II. (Friedrich der Große 1712–1786), König von Preußen, schrieb 1752 in seinem Werk »Das Politische Testament von 1752«: »Die nützlichsten Bürgertugenden sind Menschlichkeit, Billigkeit, Tapferkeit, Wachsamkeit und Arbeitslust.«[5]

Menschlichkeit als preußische Tugend steht in seiner Formulierung an erster Stelle und verkörpert das Ziel, friedvoll und gütig, von Menschen- und Nächstenliebe getragen, Barmherzigkeit und Mitgefühl zu zeigen. Das Wort »Menschlichkeit« vereint mittelalterliche und christliche Tugenden und kann daher in seiner engen Bedeutung als jene Züge des Menschen, die – je nach Weltanschauung oder Religion – als richtig oder gut gelten, verstanden werden.

Dabei kann man über das Leben und Wirken des Preußenkönigs – auch als Kriegsherr – geteilter Meinung sein, dies soll hier nicht weiter vertieft werden.

Menschlichkeit oder Humanität ist zur Grundlage der unveräußerlichen Menschenrechte, des humanitären Völkerrechts und des positiven – von Menschen – gesetzten Rechts geworden.

In vielen demokratischen Staaten ist die Menschlichkeit oder Humanität in den Verfassungen oder Gesetzen fest verankert. Nach meiner Auffassung hat auch die Menschlichkeit einerseits im Grundgesetz u. a. in Art. 1 Abs. 1 GG und Art. 3 Abs. 1 GG Niederschlag gefunden, andererseits findet man den Grundgedanken der Menschlichkeit in vielen aus dem Grundgesetz abgeleiteten Grundsätzen wieder, auch wenn diese nicht mit Menschlichkeit überschrieben sind.

Unter anderem aus Art. 20 Abs. 3 GG wird – wie bereits beschrieben – das Rechtsstaatsprinzip und werden aus diesem weitergehende Prinzipien bzw. Grundsätze abgeleitet: Grundsatz der Recht- und Gesetzmäßigkeit des Verwaltungshandelns mit den Prinzipien Vorrang und Vorbehalt des Gesetzes, Grundsatz der Verhältnismäßigkeit,

MENSCHLICHKEIT – EIN (ETHISCH-MORALISCHER) GRUNDSATZ

Grundsatz der Ausübung des pflichtgemäßen Ermessens (bei Einräumung von Ermessen), Grundsatz von Treu und Glauben, Grundsatz der Gleichheit bzw. Gleichbehandlung und weitere.

In allen diesen exemplarisch aufgezählten Grundsätzen und Prinzipien findet man nach meiner Auffassung die Menschlichkeit wieder. Besonders bei der Ermessensausübung, bei der Prüfung der Zweckmäßigkeit, bei der Abwägung im Rahmen der Angemessenheit wird deutlich, dass auch der Exekutive die Möglichkeit gegeben wird, »menschlich« richtig zu agieren, Moral und Ethik neben Recht und Gesetz zu beachten. Hierbei ist es nach meiner Überzeugung nicht nur eine Möglichkeit, sondern gerade auch eine (ethisch-moralische) Verpflichtung. Gerade die Ausübung pflichtgemäßen Ermessens erfordert die Beachtung des Einzelfalls und die Herbeiführung einer im einzelnen Falle gerechten – also »menschlichen« Lösung.

So kann und muss man es als menschlich opportun auffassen, wenn die Polizei im Rahmen des unechten polizeilichen Notstandes gegen den polizeilichen Nichtstörer vorgeht, da eine ernsthafte Gefährdung von Leben, Leib, Gesundheit bei einem etwaigen Vorgehen gegen den Handlungsstörer zu befürchten ist.[6]

So kann es menschlich erforderlich sein, einen Prüfling, der seine Wiederholungsprüfung endgültig nicht bestanden hat und kraft Gesetzes entlassen ist, im konkreten Einzelfall eine erneute Möglichkeit der Prüfung zu geben, da ein Nichtbestehen um 0,3 Rangpunkte formal-juristisch prüfungsrechtlich Bestand hätte, jedoch niemand die Bestehens- von der Nichtbestehensgrenze in einer Dezimalstelle zu unterscheiden vermag.

So kann es menschlich erforderlich sein, bei einer Disziplinarklage auf Entfernung aus dem Dienst als Behördenvertreter die entscheidende Kammer des Verwaltungsgerichts auf einen Härtefall hinzuweisen, eine Übergangsbesoldung von fünfzig Prozent und von mehr als sechs Monaten gem. § 10 Abs. 1 S. 3 Bundesdisziplinargesetz zu beantragen.

So kann § 77 Abs. 1 S. 2 Bundesbeamtengesetz »nach den Umständen des Einzelfalls« eine menschliche Auslegung im Rahmen von Recht und Gesetz erfordern. Hier könnten noch weitere Beispiele aufgeführt werden, exemplarisch soll dies jedoch genügen.

Eine rechtliche Verpflichtung, menschlich agieren zu müssen, wird man wohl nicht herleiten können. Lediglich die Verinnerlichung von Ethik und Moral können zur Anwendung der Menschlichkeit im Rahmen von Recht und Gesetz respektive im Rahmen der Zweckmäßigkeitsprüfung im Widerspruchsverfahren führen.[7]

Pestalozzi (1746–1827) schrieb 1819 im hohen Alter: »Es gibt Fälle, in denen gesunder Menschenverstand und ein warmes Herz weiter sehen als ein hochgebildeter und berechnender Verstand.«

Die hoch interessante Abschiedsvorlesung von Frau Prof. Will im Hörsaal 2002 machte deutlich, wie kompliziert und aktuell rechtstheoretische und rechtsphilosophische Fragen – hier die Auseinandersetzung mit der Stellung der Juden in der Gesellschaft – sind; die Lösung der aktuellen Problemstellungen, u. a. zu den Religionen, Minderheiten und Migranten in der Bundesrepublik Deutschland erfordern für die Zukunft Menschen mit »hochgebildetem Verstand« und »warmen Herzen«.

Ich habe das von Frau Will als Universitätsprofessorin und langjährige Richterin am Verfassungsgericht des Landes Brandenburg, das von anderen Hochschullehrerinnen und -lehrern sowie das von geschätzten Polizeipraktikern vermittelte Wissen und die vermittelten Erfahrungswerte zur Grundlage meiner Lebensmaxime »Menschlichkeit – ein (ethisch-moralischer) Grundsatz neben Recht und Gesetz« erhoben. Dafür, sehr geehrte Frau Prof. Will, gebührt Ihnen mein herzliches Dankeschön – ich wünsche Ihnen ein Leben als Emeritus zur persönlichen Zufriedenheit und mit großer Lebensfreude!

MENSCHLICHKEIT – EIN (ETHISCH-MORALISCHER) GRUNDSATZ

* Dieser Artikel erhebt keinen Anspruch auf Wissenschaftlichkeit und gibt nur die persönliche Meinung des Autors wieder.
1 Vgl. die Unterscheidung Verfassungsanspruch und Verfassungswirklichkeit, in: Kloepfer, Verfassungsrecht, Band II, Grundrechte.
2 Vgl. zur Abschaffung der Sektion Kriminalistik an der Humboldt-Universität zu Berlin, in: Leonhardt/Schurich, Die Kriminalistik an der Berliner Universität, Aufstieg und Ende eines Lehrfachs, 1994.
3 Vordergründig und besonders zu schätzen ist hierbei das Recht und die Pflicht zur Remonstration, ferner die Beratungspflicht, die Pflicht nach Recht und Gesetz zu agieren; vgl. weitergehend Romann, Dissertation, Recht und die Pflicht zur Remonstration im Beamtenrecht.
4 Vgl. die Darstellung von selbst auferlegten ethisch-moralischen Pflichten, in: »Europäische Grundsätze betreffend Ethik Verhalten von Staatsanwälten ›Budapester Grundsätze‹«, angenommen durch die 6. Konferenz der Europäischen Generalstaatsanwälte, Budapest, 31. 5. 2005.
5 Vgl. Friedrich der Große, Das Politische Testament von 1752, S. 48.
6 Vgl. OVG Berlin-Brandenburg, Urteil vom 20. 11. 2008, Az. OVG 1 B 5.06, zitiert nach Juris.
7 Vgl. Wortlaut des § 68 Abs. 1 VwGO.

Volker Eick, Michael Plöse

Re-Monopolisierung des polizeilichen Blicks?

Zu BodyCams an Polizeiuniformen in den USA und der BRD

»Die zeitgemäße Ausrüstung im digitalen Zeitalter beinhaltet zumindest die Verfügbarkeit des Tasers für jede Einsatzkraft im Außendienst und eine BodyCam«, meint, nicht ganz uneigennützig, Horst G. Sandfort, der Generaldirektor von *Taser International* für Zentraleuropa (Sandfort 2014: 56). *Taser International* ist nicht nur Weltmarktführer beim Vertrieb von Elektroschockpistolen (Taser), sondern hält auch relevante Marktanteile bei *BodyCams*, den an Polizeiuniformen zum Einsatz kommenden Digitalkameras (Eick 2012; Plöse & Eick 2016a).

Die ersten *BodyCams* führte die dänische Polizei Anfang der 2000er Jahre ein, die schwedische Polizei zog wenig später nach und erlaubte auch gleich die Ausrüstung kommerzieller Sicherheitsdienste mit *BodyCams*. Seit 2005 haben auch britische Polizeien *BodyCams*, seit 2009 auch die Polizeien der Niederlande (Timan 2016),[1] 2013 folgten Frankreich, Belgien und Spanien (Coudert et al. 2015). Im Januar 2015 begann Norwegen mit Tests von *BodyCams* in Kombination mit Überwachungsdrohnen, Dänemark übergab im Juni 2015 *BodyCams* an das Kontrollpersonal des ÖPNV-Unternehmens *Movia*, in Finnland begannen Tests Ende 2015,[2] im März 2016 schließlich startete der Testbetrieb in Österreich.[3] Eine Umfrage von 2015 unter den im *European Network of Law Enforcement Technology Services* organisierten Polizeibehörden in zehn EU-Ländern ergab, dass 43 Prozent der befragten Organisationen derzeit *BodyCams* einsetzten (Custers & Vergouw 2015). In

Europa wird also – weitgehend unbeleckt von empirischer Evidenz – ein ganzer *BodyCam*-Teppich durch die politisch Verantwortlichen ausgerollt. So auch in Deutschland.

BodyCams in Deutschland

»In Deutschland«, weiß oben erwähnter Generaldirektor von *Taser International*, »ist zum Beispiel bei den Einsatzmitteln der Polizei zu beobachten, das[s] immer noch Dinge in der Diskussion stecken bleiben, obwohl weltweit Belege vorliegen, die beweisen, wie mit einer Umrüstung bei den Einsatzmitteln und einem Umdenken in Bezug auf Verwendung der Finanzmittel nicht nur ›gespart‹ werden kann, sondern gleichzeitig eine wirkungsvollere Einsatzfähigkeit, höhere Akzeptanz bei den Bürgern und Medien erreicht wird« (Sandfort 2014: 56). Ein vorwiegend sozialwissenschaftlich informierter Blick auf Deutschland und die USA zeigt, an diesem Satz ist so ziemlich alles (auch die Grammatik) falsch.

Recht(spo)li(tis)ch hatten wir uns mit der Einführung von *BodyCams* in Deutschland zuletzt Anfang 2016 auseinandergesetzt (Plöse & Eick 2016a, 2016b) und so mit Rosie Will die Frage gestellt, ›worüber reden wir hier eigentlich‹. Erste Erfahrungen lagen aus Hessen (Modell-

BodyCams bei deutschen Polizeien

im Einsatz (seit)	im Gesetzgebungsverfahren
Hessen (2013)	Nordrhein-Westfalen (2016)[a]
Rheinland-Pfalz (2015)	Sachsen-Anhalt (2016)[b]
Hamburg (2015)	Baden-Württemberg (2016)[c]
Saarland (2016)	Niedersachsen (2016)

in Planung (Beginn)	nicht geplant
Bremen (2016, Mai)	Berlin
Bayern (2016, Nov.)[d]	Mecklenburg-Vorpommern
Schleswig-Holstein (2016, Nov.)	Thüringen
Sachsen (2016)	

Quelle: eigene Recherchen; Stand: September 2016.

[a] Düsseldorf, Duisburg, Köln, Wuppertal, Siegen-Wittgenstein
[b] Halle, Magdeburg, Dessau
[c] Freiburg, Mannheim, Stuttgart
[d] München, Augsburg, Rosenheim, Regensburg

versuche seit Mai 2013; Gesetzesänderung im September 2015), Rheinland-Pfalz (April 2015-Juni 2016; Gesetzesänderung steht aus) und Hamburg (Gesetzesänderung im Januar 2015; Modellversuch seit Juni 2015) vor; das Saarland zog im Juni 2016 mit einer Gesetzesänderung und Pilotprojekten in Saarbrücken, Neunkirchen und Lebach nach (Bouillon 2016). Mittlerweile (seit Februar 2016) gibt es entsprechende Pilotprojekte auch bei der Bundespolizei in Köln, Düsseldorf, Dortmund, Stuttgart, Hamburg und München; einbezogen ist seit Juli 2016 auch der kommerzielle Sicherheitsdienst der Deutschen Bahn AG auf den innerstädtischen Bahnhöfen Berlins (Doll 2016). Lediglich die Bundesländer Berlin, Mecklenburg-Vorpommern und Thüringen legten bisher weder Pilotprojekte noch Gesetzesvorhaben auf (vgl. Tabelle).

Trotz dieser regen polizeilichen und innenministeriellen Aktivitäten stellt sich die Frage, ob der jeweilige Landesgesetzgeber überhaupt für die Normierung der polizeilichen *BodyCam*-Einsätze zuständig ist, denn immerhin erweist sich anhand der veröffentlichten Daten, dass es keineswegs vorrangig um polizeiliche Kriminalprävention, sondern vielmehr um polizeiliche Strafverfolgung geht (Plöse & Eick 2016a). Auch die wie Monstranzen (vor)getragenen Glaubenssätze zur Wirksamkeit von *BodyCams* dürfen, soweit überhaupt ernstzunehmende Evaluationen vorliegen, getrost bezweifelt werden (Plöse & Eick 2016a, 2016b).

BodyCams dienen nach Aussagen aus dem Polizeiapparat, von polizeigewerkschaftlich und innenpolitisch Verantwortlichen in Deutschland dazu, »Personen von Übergriffen auf Polizeibeamtinnen und -beamte abzuhalten«.[4] Diese als technische ›Nachrüstung‹ verkaufte Ausstattung der Polizeistreifen mit *BodyCams* wird auch in Gesetzestexten ausschließlich mit dem »Schutz von Vollzugsbediensteten oder Dritten gegen eine Gefahr für Leib oder Leben« gerechtfertigt.[5] Weil, so die Begründung, die »Aggressivität und Gewaltbereitschaft gegenüber der Polizei« in den letzten Jahren zugenommen habe und das ›polizeiliche Gegenüber‹ »tendenziös geschnittene Videos« von polizeilichen Maßnahmen ins Internet stelle, sei dringend ›Waffengleichheit‹ herzustellen. Der *BodyCam* wird dabei – in Polizeilyrik formuliert – gar eine »pädagogische Wirkung« zugeschrieben. Klar aber müsse immer sein: »Alleinige Zielrichtung ist die Verbesserung der Eigensicherung von Polizisten« – und nicht etwa eine Kontrolle von Polizeikräften im Einsatz zum Schutz von Bürgerinnen und Bürgern gegen Übergriffe (vgl. dazu Singelnstein & Puschke 2011).

BodyCams in den USA

Diese Phraseologie zur vermeintlichen Notwendigkeit von *BodyCams* für die deutsche Polizei unterscheidet sich kaum von der Terminologie, die in den USA unter der Überschrift ›War on Cops‹ zum Einsatz kommt (Mac Donald 2016). Auch in den USA wird – gegen jede empirische Evidenz – erklärt, die Gewalt gegen Polizeikräfte nehme beständig zu (Kolb 2014). Im Rahmen dieses ›Krieges‹ gilt auch den US-Polizeien die *BodyCam* als *das* Mittel der Wahl zur Re-Monopolisierung des polizeilichen Blicks (Wall & Linnemann 2014); das FBI etwa betrachtet unabhängige Videoaufnahmen von Polizeieinsätzen als gegen die innere Sicherheit gerichtet. FBI-Direktor Comey beklagt den »Ferguson-Effekt«, weil sich im »Zeitalter viraler Videos« Polizeikräfte »nicht mehr trauten, ihren Aufgaben nachzukommen« (zit. n. Schmidt & Apuzzo 2015).

Parallel dazu wird auch behauptet, *BodyCams* dienten höherer Transparenz, größerer Verantwortlichkeit bei Polizeieinsätzen und mithin dem Schutz der Bürgerinnen und Bürger.[6] Insbesondere nach der Erschießung des unbewaffneten Jugendlichen Michael Brown im August 2014 in Ferguson (Missouri) durch den Polizeibeamten Darren Wilson und der nachfolgenden Entscheidung der *Grand Jury*, den Beamten nicht anzuklagen, kam es zu Unruhen, in deren Folge die Debatte zum Einsatz von *BodyCams* erneut aufflammte (Mike 2014). Verantwortlich für diesen (auch in deutschsprachigen Medien als prominent dargestellten)

Diskurs ist vor allem eine leidlich geschichtsvergessene und technikaffine Koalition aus Bürger-, Menschenrechts- und Polizeiorganisationen.[7] Es ist diese *Wahrheitskommission*, die gemeinsam mit der Obama-Regierung die Verbreitung der *BodyCam* in den USA maßgeblich vorantreibt.

Die USA waren zwar nicht Vorreiter der technologischen Aufrüstung von Polizeieinheiten mit *BodyCams*, denn deren Einsatz begann dort erst 2008.[8] Mittlerweile aber wird dort die *BodyCam* bei knapp einem Drittel der rund 18 000 Polizeibehörden und 750 000 Polizeikräfte eingesetzt oder deren Einsatz vorbereitet, wie im Frühjahr 2016 geschätzt wurde (Sousa et al. 2016).[9] Damit führen die USA mittlerweile mit Blick auf die Verbreitung von polizeilichen *BodyCams*. Weltweit gelten sie Polizeiführungen und politisch Verantwortlichen als Allheilmittel gegen Gewalt durch *und* gegen Polizeikräfte. Diesem doppelten Glaubenssatz – in den USA hegten *BodyCams* Polizeigewalt ein, in Europa disziplinierten sie das ›polizeiliche Gegenüber‹ – stehen mit Stand 2016 knapp zwei Dutzend empirische Studien gegenüber, die bestenfalls ›widersprüchliche‹ Ergebnisse liefern und erheblichen methodischen Bedenken begegnen (Ariel et al. 2015, 2016; Bud 2016; Cubitt et al. 2016; Lum et al. 2015; Palmer 2016; Pang & Pavlou 2016; Plöse & Eick 2016b; Sousa et al. 2016).

Dennoch legte im Dezember 2014 US-Präsident Barack Obama ein Programm in Höhe von 75 Millionen US-Dollar auf, mit dem 50 000 weitere *BodyCam*-Systeme kofinanziert werden sollen. Möchtegern-Präsidentin Hillary Clinton ließ im April 2015 wissen, sie werde »sicherstellen, dass landesweit sämtliche Polizeidepartments *BodyCams* zur Verfügung haben werden, um den Kontakt zwischen *offices* [gemeint waren *officers*] auf Streife und Verdächtigen aufzuzeichnen«.[10]

Während es sich in Deutschland um rechtlich fragwürdig umgesetzte ›Angriffe‹ auf Demonstrationsfreiheit und Privatsphäre durch eine Lobby für *BodyCams* handelt, die damit auch einer weiteren Durchtechnisierung der Polizei das Wort redet, handelt es sich in den USA um eine

›Verteidigung‹ des Rechts auf ungestörte Fortsetzung von Lynchjustiz im uniformierten Gewand (Eick 2016). Mit anderen Worten, in beiden Ländern setzt sich der »technologische Angriff« (Hartmann 1981), in der irrigen Hoffnung auf eine Re-Monopolisierung des polizeilichen Blicks, weiter fort. Darüber reden wir recht eigentlich: In den USA muss sich die Polizei gegen ihre Alltagspraxis momentan verteidigen und will wieder in die Offensive kommen, in Deutschland soll proaktiv Protest pazifiziert und technologisch nachgerüstet werden (Steinke 2016). Das Mittel der Wahl in beiden Fällen: die *BodyCam*.

Gesichertes Wissen?
Bisher sind in den USA lediglich acht empirische Studien parallel zu Modellversuchen mit *BodyCams* (auch *Body-Worn Camera* oder *On-Officer Camera*) durchgeführt worden, darunter, mit einer Laufzeit von jeweils zwölf Monaten, in Rialto, Kalifornien (ab Februar 2012), Mesa Arizona (Oktober 2012), Phoenix, Arizona (April 2013), Orlando, Florida (März 2014)[11] und Las Vegas, Nevada (Dezember 2014). Bis auf die Studien in Phoenix und Las Vegas wurden sie – wie in Hessen, Hamburg und Rheinland-Pfalz – ausschließlich von der Polizei selbst durchgeführt, also nicht extern evaluiert.

Erstmals evaluiert wurde der Einsatz von *BodyCams* in Oakland (Kalifornien) 2011, als dort die *Bay Area Rapid Transit Police* (BART), eine Art BVG-Polizei der *Bay Area*, innerhalb von drei Wochen im Juni und Juli 2010 zwei Fahrgäste erschoss und einen dritten mit einem Taser verletzte. Bereits im Jahr davor war in der *Fruitvale Station* Oscar Grant von hinten durch einen BART-Beamten erschossen worden (Rainey 2015) – jeweils ohne *BodyCams*. Zwar gab es Filmaufnahmen, aber die Polizei konfiszierte unmittelbar sämtliche Smartphones von Passantinnen und Passanten, konnte die Veröffentlichung der Erschießung im Internet letztlich aber nicht verhindern (Wall & Linnemann 2014). In der Folge kam es jeweils zu massiven Protesten und Unruhen, die die Einsetzung einer Reformkommission zur Folge hatten, deren 25 Vorschläge auch den Einsatz von *BodyCams* umfassten.

In Rialto, wo 27 von 54 Polizeikräften mit *BodyCams* ausgestattet wurden, seien Gewalttätigkeiten durch die Polizei bei Kamerabegleitung um 60 Prozent (von 61 im Jahr 2011 auf 25 Übergriffe in 2013), die Zahl der Polizeibeschwerden um 88 Prozent (von 24 in 2011 auf drei in 2013) zurückgegangen (Farrar 2013; Ariel et al. 2015). In der Studie aus Mesa heißt es, es habe gegen die 50 Polizeikräfte mit *BodyCams* in den ersten acht Monaten der Studie nur acht Beschwerden gegeben, in der Kontrollgruppe aber 23; Polizeikräfte mit *BodyCam* haben mehr Verkehrskontrollen durchgeführt und 23,1 Prozent mehr Strafanzeigen wegen Ordnungswidrigkeiten geschrieben, aber weniger Fahrzeuge im Rahmen von *stop-and-frisk* angehalten (Ready & Young 2015). Auch in Phoenix gingen die Beschwerden gegen die Polizeikräfte mit *BodyCams* im Vergleich zum Kontrollzeitraum um 23 Prozent zurück und stiegen in der Kontrollgruppe um nahezu elf Prozent (White 2014: 21).

Allerdings ist unklar, wie diese Befunde zu bewerten sind, denn es wurde nicht ermittelt, bei wem – Polizei? ›Gegenüber‹? Beiden? – es zu Verhaltensänderungen gekommen ist. Ebenfalls bleibt unklar, warum – Eingeschüchtert? Angewidert? Gab es weitere Änderungen der Polizeieinsatztaktiken? – sich das Verhalten änderte. In Oakland etwa ist unklar, welche der 25 Maßnahmen, die dazu dienen sollten, den Kontakt zwischen Polizei und dem polizeilichen ›Gegenüber‹ aus polizeilicher Perspektive besser handhabbar zu machen, zu veränderten Verhaltensweisen führten. Wenn etwa, wie in Hessen und Bremen, vier oder drei und nicht zwei Polizeikräfte mit *BodyCams* auf Streife gehen oder, wie in Las Vegas, die Polizeikräfte mit und ohne *BodyCam* gemeinsam zum Einsatz fahren – und Kontrollgruppen gleich gar nicht vorgesehen sind –, dann bieten die so gewonnenen ›Ergebnisse‹ keinerlei echten Erkenntnisgewinn (Bohlmann 2016; Sousa et al. 2016; Zurawski 2016). Tatsächlich werde, so Ariel et al. (2016: 2), »zurzeit ein weltweit unkontrolliertes Sozialexperiment durchgeführt, bei dem – gestützt auf fiebrige öffentliche Debatten und Milliarden von Steuergeldern – belastbares sozialwissenschaftliches Wissen mit der Einführung dieser neuen Technologie kaum Schritt halten kann«.

Ungewisse Sicherheit?
Zudem treten regelmäßig Fälle auf, in denen Polizeikräfte unmittelbar vor (tödlichen) Polizeieinsätzen ihre Kameras ausschalten – in Oakland, Kalifornien innerhalb eines Jahres in 24 Fällen. In New Orleans, Louisiana wurde bei einer Prüfung von Polizeieinsätzen aus dem ersten Quartal 2014 festgestellt, dass von 145 Einsätzen nur 49 aufgezeichnet worden waren (Mateescu et al. 2015: 33–34). Andererseits scheint die behauptete abschreckende Wirkung der *BodyCams* auf Polizeigewalt begrenzt – der *Guardian* etwa spricht von »*trigger-happy*«,[12] von schießfreudigen Polizeikräften: Im November 2014 stirbt der unbewaffnete Dillon Taylor durch Polizeikugeln in Salt Lake City, Utah, was die *BodyCam* des Beamten aufzeichnet;[13] in Albuquerque, Neu Mexiko wird im Januar 2015 ein Wohnungsloser von zwei Polizeibeamte erschossen, während die *BodyCam* des einen Beamten noch läuft; im Juli 2015 ist das Opfer der unbewaffnete Samuel Dubos aus Cincinnati, Ohio;[14] im November 2015 wird der 6-jährige Jeremy Mardis in Marksville, Louisiana von der Polizei erschossen;[15] die Liste ließe sich ebenso fortsetzen, wie eine weitere mit den dazugehörigen Entscheidungen, die Beamten freizusprechen oder erst gar nicht anzuklagen (Schreiner 2015).

Bis vor wenigen Wochen ließen sich solche durch *BodyCams* dokumentierten ›Vorkommnisse‹ als bedauerliche, aber lediglich anekdotische Begebenheiten abtun. Entgegen der weitverbreiteten Annahme, eine möglichst weite Verbreitung von *BodyCams* innerhalb der Polizeibehörden trage zu mehr Verantwortlichkeit, Transparenz und einem besseren Verhältnis zwischen Polizei und ›Gegenüber‹ bei, zeigen nun aber zwei jüngere Studien, dass *BodyCams* zur Gewalteskalation beitragen.

Die Polizeibeamten um den Sozialwissenschaftler Ariel (Ariel et al. 2016) untersuchten den Einfluss von *Body-Cams* in zehn randomisierten kontrollierten Studien.[16] Die in acht Polizeieinheiten tätigen 2122 Polizeikräfte waren in sechs juristisch unterschiedlich organisierten Regionen tätig, in denen rund zwei Millionen Bürgerinnen und Bürger lebten. Entgegen der theoretischen Vorannahmen und gegen den vielfach bemühten ›gesunden Menschenverstand‹ waren die Polizeikräfte *mit BodyCam* bei Festnahmen nicht nur signifikant häufiger gewalttätig als ihre Kolleginnen und Kollegen aus den Kontrollgruppen, sondern sie wurden auch vergleichsweise häufiger angegriffen. Eine weitere Studie (Pang & Pavlou 2016) untersuchte den Einfluss von *BodyCams* auf die Entscheidung von Polizeikräften, auf ihr ›Gegenüber‹ zu schießen; auch diese Studie kam zu dem Ergebnis, dass *BodyCams* die Wahrscheinlichkeit des polizeilichen Schusswaffengebrauchs signifikant erhöhen.

Während Ariel und Kollegen (Ariel et al. 2016: 9) noch schreiben, »wir müssen die Hintergründe dieser Ergebnisse besser verstehen« und in diesem Sinne zur Vorsicht mahnen, überschreitet die *BodyCam* bereits den rein polizeilich-industriellen Komplex: In den USA tragen erste Schuldirektorinnen und -direktoren *BodyCams,* unter anderem in Schweden und Deutschland haben sich kommerzielle Sicherheitsdienste damit ausgerüstet, auch in der Immobilienbranche, im Handwerk, in der Zwangsvollstreckung und bei der Baustellenbegehung gehört der *BodyCam* eine rosige Zukunft (Levinson-Waldman 2015; Mims 2015). Nur den erklärten und unerklärten Zielen von Polizei und Politik dienen – das wird sie nicht.

Literatur
Ariel, B., W. A. Farrar, A. Sutherland (2015): The Effect of Police Body-Worn Cameras on Use of Force and Citizens' Complaints against the Police. In: *Journal of Quantitative Criminology*, 31(3): 509–535.

Ariel, B., A. Sutherland, D. Henstock, J. Young, P. Dover, J. Sykes, S. Magicks & R. Henderson (2016): Wearing Body Cameras Increase Assaults against Officers and does not Reduce Police Use of Force: Results from a Global Multi-site Experiment. In: *European Journal of Criminology*, doi: 10.1177/1477370816643734

Bohlmann, L. (2016): Startschuss für Test. In: *Weserreport*, 12.5.2016.

Bouillon, K. (2016): *Start des Pilotprojektes: Saar-Polizei jetzt mit Body-Cams ausgestattet* (Pressemitteilung v. 5.7.2016). Saarbrücken.

Bud, T. K. (2016): The Rise and Risks of Police Body-Worn Cameras in Canada. In: *Surveillance & Society*, 14(1): 117–121.

Coudert, F., D. Butin & D. Le Métayer (2015): Body-worn Cameras for Police Accountability: Opportunities and Risks. In: *Computer Law & Security Review*, 31(6): 749–762.

Cubitt, T. I. C., R. Lesic, G. L. Myers & R. Corry (2016): Body-worn Video: A Systematic Review of Literature. In: *Australian & New Zealand Journal of Criminology*, doi: 10.1177/0004865816638909.

Custers, B. & B. Vergouw (2015): Promising Policing Technologies: Experiences, Obstacles and Police Needs Regarding Law Enforcement Technologies. In: *Computer Law & Security Review*, 31(4): 518–526.

Doll, N. (2016): Bahn-Mitarbeiter filmen jetzt die Ausraster an Bahnhöfen. In: *Die Welt*, 14.7.2016.

Eick, V. (2012): Weiche Waffen für eine harte Zeit? Markt und Macht von Non-Lethal Weapons. In: *Kritische Justiz*, 45(1): 89–104.

Eick, V. (2016): I Wouldn't Start from Here. Rezension zu Cathy L. Schneider (2014): Police Power and Race Riots. Urban Unrest in Paris and New York. In: *sub\urban*, 4(1): 157–162.

Farrar, T. (2013): *Self-Awareness to Being Watched and Socially-Desirable Behavior: A Field Experiment on the Effect of Body-worn Cameras on Police Use-of-force*. Washington D. C.: Police Foundation.

Feldmann, M. (2016): Kaum noch gänzliche Ablehnung. Einsatz von Bodycams. In: *Berliner BehördenSpiegel*, 32(36): 38.

Hartmann, D. (1981): *Die Alternative: Leben als Sabotage*. Tübingen: IVA-Verlag Polke.

Jennings, W. G., L. A. Fridell & M. D. Lynch (2014): Cops and Cameras: Officer Perceptions of the Use of Body-Worn Cameras in Law Enforcement. In: *Journal of Criminal Justice*, 42(6): 549–556.

Kolb, M. (2014): Das Gerede vom Krieg gegen die Polizei, In: *Süddeutsche Zeitung*, 22. 12. 2014.

Levinson-Waldman, R. (2015): The Dystopian Danger of Police Body Cameras. In: *Popular Resistance*, 23. 8. 2015.

Lum, C., C. S. Koper, L. M. Merola, A. Scherer, & A. Reioux (2015): *Existing and Ongoing Body Worn Camera Research: Knowledge Gaps and Opportunities*. Fairfax, VA: Center for Evidence-Based Crime Policy, George Mason University.

Mac Donald, H. (2016): *The War on Cops. How the New Attack on Law and Order Makes Everyone Less Safe*. New York: Encounter Books.

Mateescu, A., A. Rosenblat & D. Boyd (2015): *Police Body-Worn Cameras*. New York: Data & Society Research Institute.

Mike, Q. (2014): Killing Michael Brown Has Made Darren Wilson a Millionaire. In: *Popular Resistance*, 10. 12. 2014.

Mims, C. (2015): Body Cameras for All: One Way to Avert Lawsuits. In: *Wall Street Journal*, 4. 1. 2015.

Moser, R. (2015): As If All the World Were Watching: Why Today's Law Enforcement Needs to Be Wearing Body Cameras. In: *Northern Illinois University Law Review*, 7(1): 1–28.

National Institute of Justice (2014): *Body-Worn Cameras for Criminal Justice. Market Survey Version 1.0.* Washington D. C.: U. S. Department of Justice.

Palmer, D. (2016): The Mythical Properties of Police Body-Worn Cameras: A Solution in the Search of a Problem. In: *Surveillance & Society,* 14(1): 138–144.

Pang, M.-S. & P. A. Pavlou (2016): *Armed with Technology: The Impact on Fatal Shootings by the Police (Fox School of Business Research Paper No. 16-020).* Temple University: Philadelphia.

PERF. Police Executive Research Forum (2014): *Implementing a Body-Worn Camera Program: Recommendations and Lessons Learned.* Washington, D. C.: PERF.

Plöse, M. & V. Eick (2016a): BodyCams an Polizeiuniformen. In: *Informationsbrief der Rechtsanwältinnen und Rechtsanwälte für Demokratie und Menschenrechte,* 37(112): 44–55.

Plöse, M. & V. Eick (2016b): Die BodyCam am RoboCop. In: *Grundrechte-Report 2016:* 57–61.

Rainey, K. W. (2015): *Testimony to the President's Task Force on 21st Century Policing.* Oakland: President's Task Force.

Ready, J. T. & J. T. N. Young (2015): The Impact of On-officer Video Cameras on Police-Citizen Contacts. In: *Journal of Experimental Criminology,* 11(3): 445–458.

Sandfort, H. G. (2014): Schwieriger Umstieg ins digitale Zeitalter? Herausforderungen an die Behörden für die innere Sicherheit. In: *Berliner BehördenSpiegel,* 30(37): 56.

Schmidt, M. S. & M. Apuzzo (2015): F. B. I. Chief Links Scrutiny of Police with Rise in Violent Crime. In: *New York Times,* 23. 10. 2015.

Schreiner, B. (2015): Police Body Cameras and Police Surveillance. In: *counterpunch,* 21. 4. 2015.

Singelnstein, T. & J. Puschke (2011): Polizei, Gewalt und das Strafrecht. Zu den Änderungen beim Widerstand gegen Vollstreckungsbeamte. In: *Neue Juristische Wochenschrift*, 64(48): 3473–3477.

Sousa, W. H., J. R. Coldren, Jr., D. Rodriguez & A. A. Braga (2016): Research on Body-Worn Cameras: Meeting the Challenges of Police Operations, Program Implementation, and Randomized Controlled Trial Designs. In: *Police Quarterly*, 19(3): 363–384.

Steinke, R. (2016): Bitte nicht rempeln. In: *Süddeutsche Zeitung*, 17. 6. 2016.

Wall, T. & T. Linnemann (2014): Staring down the State: Police Power, Visual Economies, and the ›War on Cameras‹. In: *Crime Media Culture*, 10(2): 133–149.

White, M. D. (2014): *Police Officer Body-Worn Cameras. Assessing the Evidence*. Washington D. C.: US Department of Justice.

Zurawski, N. (2016): *Stellungnahme zur Beratung Body-Cams (Drucksachen 18/3849 und 18/3885)*. Kiel: Landtag Schleswig-Holstein, Innen- und Rechtsausschuss.

---

1 Im Oktober 2015 stattete die Niederlande auch ihre Bahnpolizei mit *BodyCams* aus, Dutch Railways deploy Zepcams bodycams for railway guards, ZepCam.com, 8. 10. 2015.

2 Vgl. Zepcam video streaming technology deployed by Norwegian Search & Rescue teams, ZepCam.com, 11. 2. 2015; Danish transportation company uses bodycams against agressive passengers, ZepCam.com, 21. 6. 2015; Helsinki police testing body-mounted cameras, yle.fi, 2. 3. 2016.

3 Bodycams für Polizei: 20 Geräte in Testbetrieb, ORF, 7. 12. 2015; Österreichs Polizei erhält Bodycams, Der Standard, 29. 2. 2016.

4 Nachfolgend sämtlich zit. n. Plöse & Eick (2016b).

5 Vgl. § 14 Abs. 6 Satz 1 des Hessischen Gesetzes über die öffentliche Sicherheit und Ordnung (HSOG) in der Fassung des Gesetzes v. 15. 12. 2004 (GVBl. I: 444–449), jetzt neu gefasst durch Gesetz vom 28. 9. 2015 (GVBl. I: 346–358) sowie § 8 Abs. 5 Satz 1 Hamburger Gesetz über die Datenverarbeitung der Polizei (PolDvG HH) in der Neufassung durch Gesetz v. 30. 1. 2015 (HmbGVBl.: 21).

6 Die Gewerkschaft der Polizei lehnt den Einsatz zu diesem Zweck explizit ab, vgl. Gewerkschaft der Polizei Berlin, Gewerkschaftspolitischer Standpunkt zur Bodycam. Berlin o. D. [2014]: 2.

7 Zusammengefunden haben sich dort: *American Civil Liberties Union (ACLU)*, Center for Democracy and Technology (CDT), Constitution Project, International Association of Chiefs of Police (IACP), Leadership Conference on Civil and Human Rights (LCCHR), Legal Defense & Education Fund (NAACP), New York Civil Liberties Union

(NYCLU), Police Executive Research Forum (PERF).

8 In Kanada sind *BodyCams* seit 2012 im Polizeieinsatz (Bud 2016). Ebenfalls 2012 führte Australien *BodyCams* ein, vgl. Palmer (2016).

9 In den USA ergab eine Umfrage aus dem Jahr 2013 bei 500 Polizeiorganisationen, von denen 254 antworteten, dass 64 Polizeien *BodyCams* im Einsatz hatten (PERF 2014: 2), und unter den 100 bevölkerungsreichsten Städten der USA nutzten 41 der dortigen Polizeien *BodyCams*; 25 planten deren Kauf (Moser 2015).

10 Hillary Clinton calls for mandatory police body cameras, end ›era of mass incarceration‹, CNN, 29. 4. 2015.

11 In Orlando wurde nur nach der Akzeptanz der *BodyCams* bei der Polizei gefragt.

12 Body-camera footage shows police fatally shooting unarmed California teen, The Guardian, 13. 7. 2016.

13 Full Body-Cam Video Released In Utah Police Killing Of Dillon Taylor, copblock. org, 4. 6. 2015.

14 Investigation finished in police shooting in Cincinnati traffic stop, CNN, 21. 7. 2015.

15 Body Cameras and the Death of a 6-Year-Old Boy, The Atlantic, 7. 11. 2015.

16 Vgl. https://de.wikipedia.org/wiki/ Randomisierte_kontrollierte_Studie.

Kurt Graulich

Elemente der sogenannten Neuen Sicherheitsarchitektur der Bundesrepublik*

Die Entstehung der Sicherheitsarchitektur ist nicht zuletzt ein Produkt signifikanter Interaktionen im demokratischen Rechtsstaat. Teil dieses typischen Prozesses ist die Überprüfung von Gesetzen durch das Bundesverfassungsgericht. Rosi Will hat in diesem Zusammenhang einige Male am Rad der rechtsstaatlichen Entwicklung mitgedreht. Das betrifft ihren Anteil an der Verfassungsbeschwerde der Humanistischen Union gegen die Vorratsdatenspeicherung sowie Stellungnahmen für das Bundesverfassungsgericht, die sie auf Anforderung des Gerichts in den Verfahren über die Verfassungsmäßigkeit der Antiterrordatei und gegen die heimlichen Überwachungsvorschriften im Bundeskriminalamtsgesetz gefertigt hat. Es ist der Sache nicht angemessen, dabei in Kategorien von »Sieg« oder »Niederlage« zu sprechen. Aber es ist auch nicht unbescheiden, ihren Einsatz mit den beträchtlichen Korrekturen in Verbindung zu bringen, die das Gericht an den jeweils verfahrensgegenständlichen Gesetzen vorgenommen hat.

Als Schutzgut in sämtlichen deutschen Polizeigesetzen ist die öffentliche Sicherheit Ausgangspunkt für Maßnahmen der Gefahrenabwehr. In einem weiteren Verständnis begründet sie einen großen Teil der staatlichen und kommunalen Beiträge für ein friedliches Zusammenleben in der Gesellschaft. Die staatliche Gewalt in ihrer klassischen Dreiteilung verkörpert und gestaltet diejenigen Institutionen und Regeln, die dem Rechtsgüterschutz dienen. Ihre legislativen, judikativen und administrativen Elemente liegen nicht ein für alle Mal fest. Die Sicherheitsarchitektur der Bundesrepublik, von der hier die Rede sein soll, hat wiederholt markante Veränderungen erfahren. Sie betreffen die beteiligten Institutionen, ihre Aufgaben, die gesetzlichen Grundlagen und die Formen der Zusammenarbeit. Es genügt keinesfalls, die Entwicklungssprünge nur jeweils als Nach-Kriegszeit oder Nach-Vereinigungszeit zu begreifen, weil sich wirkungsmächtige andere Ursachen eingemischt haben, auf die zu reagieren war. Der Begriff »Neue Sicherheitsarchitektur« bezieht in zwei Richtungen Position. Er grenzt sich von einer gedachten »Alten Sicherheitsarchitektur« ab und er unternimmt es, den zu beschreibenden Zustand auch noch als gültig mindestens für eine mittlere Zukunft zu verstehen, sonst müsste besser ein Begriff gewählt werden, der für einen Übergang steht. Aber es darf gewagt werden, die angelegten Strukturen als vorläufig maßgeblich anzusehen. Ein wichtiger Sicherheitsbereich wird hier nur gestreift, weil sein normativer Befund lückenhaft ist, das ist die Überschneidung von polizeilicher und militärischer Sicherheit.

1. Entwicklungsstufen der Sicherheitsarchitektur unter dem Grundgesetz

Die Entwicklung der Sicherheitsarchitektur unter dem Grundgesetz (GG) lässt sich in fünf Stufen einteilen, die jeweils durch zeitgeschichtliche bzw. politische Entwicklungen gekennzeichnet sind.

Die erste Entwicklungsstufe (Nachkriegszeit) ist durch den verfassungsrechtlichen Rahmen des Grundgesetzes geprägt. Danach wurden Bundesgrenzschutzbehörden (heute Bundespolizei), Zentralstellen für das polizeiliche Auskunft- und Nachrichtenwesen, zur Sammlung von Unterlagen für Zwecke des Verfassungsschutzes und für die Kriminalpolizei vorgesehen (Art. 87 Abs. 1 Satz 2 GG), also das Bundeskriminalamt und – als Inlandsnachrichtendienst – das Bundesamt für Verfassungsschutz. Infolge des sog. Polizeibriefs der westlichen Alliierten wurde für das Verhältnis von Polizei und Nachrichtendienste das sog. Trennungsprinzip aufgestellt. Die Bundeswehr wurde 1956 nach Einführung der sog. Wehrverfassung (1955), insbesondere der Art. 87a ff. GG gegründet. In dasselbe

Jahr fällt die Überleitung der sog. Organisation Gehlen in den Bundesnachrichtendienst als Auslandsnachrichtendienst – abgeleitet aus der ausschließlichen Gesetzgebungskompetenz des Bundes für »die auswärtigen Angelegenheiten sowie die Verteidigung« (Art. 73 Nr. 1 GG). Die – nicht besonders umfangreichen – Justizeinrichtungen des Bundes werden ebenfalls durch das Grundgesetz vorgegeben (Art. 92 ff. GG). Ansonsten regelt der Bund die Verhältnisse der Justiz gesetzlich, überlässt den Justizaufbau nach personeller und sächlicher Ausstattung aber den Ländern.

Das Subsidiaritätsprinzip in der Bundesverfassung führte für sämtliche anderen Sicherheitseinrichtungen, insbesondere die Polizei und nichtpolizeilichen Gefahrenabwehrbehörden zur legislativen und administrativen Zuständigkeit der Länder, soweit nicht ausdrücklich dem Bund die Aufgaben durch das Grundgesetz zugewiesen wurden. Diese Entwicklung setzte sich nach dem 23. Mai 1949 mit dem – bereits 1945 bzw. 1946 begonnenen – Aufbau ländereigener staatlicher Polizeien und deren Abgrenzung von der – meist kommunalen – Ordnungsverwaltung fort. Damit entstand das auch heute noch charakteristische System der Polizei- und Ordnungsbehörden, in dem nach der Personalstärke die Länder und die kommunalen Verwaltungen den Ton angeben.

Die zweite Entwicklungsstufe der Sicherheitsarchitektur ist ein Produkt der Notstandgesetzgebung Ende der sechziger Jahre. Gesetzgeberisches Ziel war die Sicherung des Staates in Krisensituationen bei Naturkatastrophen, Aufständen oder Krieg. Regelungsort war u. a. das Siebzehnte Gesetz zur Ergänzung des Grundgesetzes [»Notstandsgesetze«] vom 24. Juni 1968 (BGBl. 1968 I, S. 709). Im Gegenzug erfolgte die Bekanntmachung der Erklärung der Drei Mächte vom 27. Mai 1968 zur Ablösung der alliierten Vorbehaltsrechte gemäß Artikel 5 Abs. 2 des Deutschlandvertrages (BGBl. I S. 714). Verfassungsrechtlich ragten die Neugestaltung von Art. 10 GG (zur Ermöglichung von Brief-, Post- und Telekommunikationsüberwachung), der

Amtshilfeformen in Art. 35 GG und die Regelungen über den Verteidigungsfall (Art. 115a ff. GG) heraus. In denselben Entstehungszusammenhang gehört aber auch das Gesetz zu Artikel 10 des Grundgesetzes vom 13. August 1968 (BGBl. I S. 949), welches die Befugnisse der deutschen Nachrichtendienste zu Eingriffen in das durch Art. 10 GG garantierte Brief-, Post- und Fernmeldegeheimnis regelt.[1]

Die dritte Entwicklungsstufe der Sicherheitsarchitektur steht im Zusammenhang mit dem innerdeutschen Terrorismus der sog. Rote Armee Fraktion (RAF), der Ende der sechziger Jahre begann und bis zum Jahr 1998 andauerte. Einen Höhepunkt erreichte er im sog. Deutschen Herbst des Jahres 1977. Bei den terroristischen Mordanschlägen und Entführungen in diesen Jahren zeigten sich Schwächen in den Befugnissen und der Zusammenarbeit von Sicherheitseinrichtungen. Die Reaktion darauf löste zahlreiche Gesetzgebungsakte sowie eine erhebliche personelle Ausweitung des BKA aus. Die Gesetzgebung lässt sich am konzentriertesten anhand des sog. Musterentwurfs eines einheitlichen Polizeigesetzes (MEPolG) verfolgen, mit dem seit 1977 die Bemühungen von Justiz- und Innenbehörden des Bundes und der Länder zur Novellierung von Polizei- sowie Straf- und Strafverfahrensrecht konzertiert wurden. Insbesondere die Zahl der sog. Standardbefugnisse der Polizeien wurde in dieser Zeit stark ausgeweitet. Verstärkt wurden diese Anstrengungen auch durch das Urteil des Bundesverfassungsgerichts zum Volkszählungsgesetz vom 15. Dezember 1983 (BVerfGE 65, 1): Die Entwicklung des sog. informationellen Selbstbestimmungsrechts machte zusätzliche Standardbefugnisse für Informationseingriffe durch die Polizeien erforderlich.

Die deutsche Vereinigung von 1990 führte zu einer vierten Entwicklungsstufe in der Sicherheitsarchitektur. Sie setzte umfangreiche Sicherheitskapazitäten frei, die zuvor Teil der sich gegenseitig bindenden Kräfte in der Block-Konfrontation des kalten Krieges gewesen waren; dies betrifft mindestens den Bundesgrenzschutz und die Nachrichtendienste. Die Aufgaben des Bundesgrenzschutzes als der größten Polizei des Bundes wurden nach Wegfall der innerdeutschen Grenze neu ausgerichtet: Er erhielt zahlreiche weitere Aufgaben über den traditionellen Grenzschutz hinaus; im Zeitpunkt der Vereinigung ging beispielsweise die Kompetenz für die Bahnpolizei auf dem Reichsbahngelände von der Transportpolizei der DDR auf den Bundesgrenzschutz über. Das Schengener Durchführungsübereinkommen (SDÜ), letztlich in Kraft gesetzt am 26. März 1995, führte zu einem Abbau der Kontrollen an den deutschen Außengrenzen und veränderte die Aufgabe des Bundesgrenzschutzes erneut wesentlich. Die Nachrichtendienstgesetze näherten sich mit der Unterscheidung von Aufgabenbeschreibungen und Befugnisnormen dem Vorbild des Polizeirechts an, wahrten aber weiterhin das Trennungsgebot, indem polizeiliche Befugnisse ausgeschlossen blieben. Insbesondere die Zuständigkeiten des Bundesnachrichtendienstes wurden substantiiert und auf die Aufklärung allgemein bestimmter Fallgruppen von Großkriminalität erstreckt, ohne allerdings in das Strafverfahrensrecht eingebunden zu werden.

Eine fünfte Entwicklungsstufe der Sicherheitsarchitektur lässt sich nach den Flugzeugattentaten des 11. Septembers 2001 und als Frucht der IT-Entwicklung erkennen. Quantität und Qualität der damit verbundenen Maßnahmen lassen es als gerechtfertigt erscheinen, von einer Neuen Sicherheitsarchitektur zu sprechen. Die maßgeblichen legislativen und administrativen Veränderungen sind nicht unmittelbare Reaktion auf das Twin-Towers Attentat in New York gewesen, stehen aber in der Folge der sich entwickelnden Auseinandersetzung mit Gefährdungen durch internationalen Terrorismus, die wiederum neben der allgemeinen IT-Entwicklung stattfindet. Der dadurch erreichte Entwicklungsstand soll Ausgangspunkt für die vorliegende Erörterung sein.

2. Relevante Gesetzgebungsakte des Bundes seit 9/11
Die Terroranschläge in New York und Washington lösten weltweit legislative Reaktionen aus. Vermutlich am

umfangreichsten in den USA als betroffenem Staat. Der US PATRIOT ACT[2] wurde am 25. Oktober 2001 vom Kongress verabschiedet und beeindruckt allein durch seinen Umfang von mehr als 400 Seiten Gesetzestext. Der Bundesgesetzgeber in Deutschland hat weniger abrupt als vielmehr kontinuierlich reagiert und mit mehr als 30, teilweise die Verfassung ändernden oder internationale Verträge ratifizierenden Gesetzen die Sicherheitsarchitektur umfassend verändert. Eine offizielle Zählung für den Kanon dieser speziellen Normgebung existiert nicht. Der Entstehungsgeschichte und ihrem Inhalt nach lassen sich aber – ohne Anspruch auf Vollständigkeit – die folgenden Gesetze des Bundes in diesen Kontext stellen:

1. Erstes Gesetz vom 7. Dezember 2001 zur Änderung des Vereinsgesetzes (sog. Sicherheitspaket I) (BGBl. I 2001 S. 3319)
2. Gesetz zur Finanzierung der Terrorbekämpfung vom 14. Dezember 2001 (BGBl. I 2001 S. 3436)
3. Terrorismusbekämpfungsgesetz (TBG) vom 11. Januar 2002 (sog. Sicherheitspaket II) (BGBl. 2002 S. 361)
4. Geldwäschebekämpfungsgesetz vom 14. August 2002 (BGBl. I 2002 S. 3105)
5. Vierunddreißigstes Strafrechtsänderungsgesetz vom 29. August 2002 (§ 129b StGB) (BGBl. I 2002 S. 3390)
6. Gesetz vom 11. Oktober 2002 zum internationalen Übereinkommen vom 15. Dezember 1997 zur Bekämpfung terroristischer Bombenanschläge (BGBl. II 2002 S. 2506)
7. Zweites Gesetz vom 7. Dezember 2003 zur Änderung des Zollverwaltungsgesetzes und anderer Gesetze (BGBl. I 2003 S. 2146)
8. Gesetz vom 24. Dezember 2003 zum internationalen Übereinkommen der Vereinten Nationen vom 9. Dezember 1999 zur Bekämpfung der Finanzierung des Terrorismus (BGBl. II 2003 S. 1923)

9. Gesetz vom 27. Dezember 2003 zur Umsetzung des EU-Rahmenbeschlusses des Rates vom 13. Juni 2002 zur Terrorismusbekämpfung und zur Änderung anderer Gesetze (BGBl. I 2003 S. 2836)
10. Gesetz vom 31. Dezember 2003 zur Änderung des internationalen Übereinkommens von 1974 zum Schutz des menschlichen Lebens auf See und zum Internationalen Code für die Gefahrenabwehr auf Schiffen und in Hafenanlagen (BGBl. II 2003 S. 2018)
11. Errichtung des Bundesamts für Bevölkerungsschutz und Katastrophenhilfe (BBK) im Geschäftsbereich des Bundesministeriums des Innern vom 1. Mai 2004 (BGBl. I 2004 S. 630)
12. Gesetz vom 27. Juli 2004 zu dem Abkommen vom 3. März 2003 zwischen der Regierung der Bundesrepublik Deutschland und der Regierung der Republik Türkei über die Zusammenarbeit bei der Bekämpfung von Straftaten mit erheblicher Bedeutung, insbesondere des Terrorismus und der Organisierten Kriminalität (BGBl. II 2004 S. 1570)
13. Gesetz vom 28. Juli 2004 zur Sicherung von Verkehrsleistungen (Verkehrsleistungsgesetz) (BGBl. I 2004 S. 1865)
14. Gesetz vom 8. Dezember 2004 zu dem Abkommen vom 7. April 2003 zwischen der Regierung der Bundesrepublik Deutschland und der Regierung der Tunesischen Republik über die Zusammenarbeit bei der Bekämpfung von Straftaten von erheblicher Bedeutung (BGBl. II 2004 S. 1570)
15. Errichtung des Gemeinsamen Terrorismusabwehrzentrums (GTAZ) am 14. Dezember 2004 durch Organisationserlass (unveröffentlicht)
16. Gesetz zur Neuregelung von Luftsicherheitsaufgaben vom 14. Januar 2005 (BGBl. I S. 78); § 14 Abs. 3 LuftSichG nichtig gem. Urteil des BVerfG v. 15. 2. 2006 (BVerfGE 115, 118)
17. Ausführungsgesetz vom 10. Juli 2006 zum

Prümer Vertrag und zum Ratsbeschluss Prüm über die Vertiefung der grenzüberschreitenden Zusammenarbeit, insbesondere zur Bekämpfung des Terrorismus, der grenzüberschreitenden Kriminalität und der illegalen Migration (BGBl. I S. 1458; 2007 II S. 857)
18. Gesetz vom 28. August 2006 zur Änderung des Grundgesetzes (Artikel 22, 23, 33, 52, 72, 73, 74, 74a, 75, 84, 85, 87c, 91a, 91b, 93, 98, 104a, 104b, 105, 107, 109, 125a, 125b, 125c, 143c) (BGBl. I 2006 S. 2034) – Gesetzgebungskompetenz des Bundes für die Abwehr von Gefahren des internationalen Terrorismus durch das BKA (Art. 73 Abs. 1 Nr. 9a GG)
19. Gesetz vom 30. Dezember 2006 zur Errichtung gemeinsamer Dateien von Polizeibehörden und Nachrichtendiensten des Bundes und der Länder (Gemeinsame-Dateien-Gesetz darunter das Anti-Terrorismus-Datei-Gesetz) (BGBl. I 2006 S. 3409)
20. Gesetz zur Ergänzung des Terrorismusbekämpfungsgesetzes (TBEG) vom 10. Januar 2007 (BGBl. I 2007 S. 2)
21. Zweites Gesetz vom 13. Dezember 2007 zur Änderung des Finanzverwaltungsgesetzes und anderer Gesetze (BGBl. I 2007 S. 2897)
22. Gesetz vom 29. Dezember 2007 zu dem Abkommen vom 26. Juli 2007 zwischen der EU und den USA über die Verarbeitung von Fluggastdatensätzen und deren Übermittlung durch die Fluggesellschaften an das United States Department of Homeland Security (PNR-Abkommen 2007) (BGBl. II 2007 S. 1978)
23. Gesetz vom 31. Dezember 2007 zur Neuregelung der Telekommunikationsüberwachung und anderer verdeckter Ermittlungsmaßnahmen sowie zur Umsetzung der Richtlinie 2006/24/EG (vgl. BGBl. 2007 S. 3198) – teilweise ausgesetzt durch Beschluss des BVerfG 1 BvR 256/08 vom 11. 3. 2008 und vom 28. 10. 2008 (BGBl. I 2008 S. 659 u. 1850)

24. Gesetz vom 4. August 2008 zu dem Abkommen vom 24. September 2005 zwischen der Regierung der Bundesrepublik Deutschland und der Regierung der Vereinigten Arabischen Emirate über die Zusammenarbeit im Sicherheitsbereich (BGBl. II 2008 S. 758)
25. Gesetz vom 20. August 2008 zur Ergänzung der Bekämpfung der Geldwäsche und der Terrorismusfinanzierung (Geldwäschebekämpfungsergänzungsgesetz) (BGBl. I 2008 S. 1690)
26. Gesetz vom 29. Oktober 2008 zu dem Abkommen vom 31. August 2006 zwischen der Regierung der Bundesrepublik Deutschland und der Regierung der Sozialistischen Republik Vietnam über die Zusammenarbeit bei der Bekämpfung von schwerwiegenden Straftaten und der Organisierten Kriminalität (BGBl. II 2008 S. 1182)
27. Gesetz vom 31. Dezember 2008 zur Abwehr von Gefahren des internationalen Terrorismus durch das Bundeskriminalamt (BGBl. I 2008 S. 3083)
28. Gesetz vom 6. Mai 2009 über den Zugang von Polizei- und Strafverfolgungsbehörden sowie Nachrichtendiensten zum Visa-Informationssystem (VIS-Zugangsgesetz – VISZG) (BGBl. I S. 1034; 2013 I S. 3212)
29. Gesetz vom 18. Juni 2009 über Personalausweise und den elektronischen Identitätsnachweis (Personalausweisgesetz – PAuswG) (BGBl. I S. 1346)
30. Gesetz vom 6. Juni 2009 zum Schengener Informationssystem der zweiten Generation (SIS-II-Gesetz) (BGBl. I S. 1226)
31. Gesetz vom 30. Juli 2009 zur Verfolgung der Vorbereitung von schweren staatsgefährdenden Gewalttaten (BGBl. I S. 2437)
32. Gesetz vom 14. August 2009 über das Bundesamt für Sicherheit in der Informationstechnik (BGBl. I S. 2821)

33. Gesetz vom 31. Juli 2009 zur Umsetzung des Beschlusses des Rates 2009/371/JI vom 6. April 2009 zur Errichtung des Europäischen Polizeiamts (Europol-Gesetz) (BGBl. I 2009 S. 2504)
34. Gesetz vom 20. August 2012 zur Verbesserung der Bekämpfung des Rechtsextremismus (RED-G) (BGBl. I 2012 S. 1798)
35. Gesetz vom 1. Juli 2013 zur Änderung des Telekommunikationsgesetzes und zur Neuregelung der Bestandsdatenauskunft (BGBl. I 2013 S. 1602)
36. Gesetz zur Erhöhung der Sicherheit informationstechnischer Systeme (IT-Sicherheitsgesetz) vom 17. Juli 2015 (BGBl. I 2015 S. 1324
37. Gesetz zur Verbesserung der Zusammenarbeit im Bereich des Verfassungsschutzes vom 17. November 2015 (BGBl. I 2015 S. 1938)
38. Entwurf der Fraktionen der CDU/CSU und SPD eines Gesetzes zur weiteren Fortentwicklung der parlamentarischen Kontrolle der Nachrichtendienste des Bundes vom 5. Juli 2016 (BT-Drs. 18/9040)
39. Entwurf der Fraktionen der CDU/CSU und SPD eines Gesetzes zur Ausland-Ausland-Fernmeldeaufklärung des Bundesnachrichtendienstes vom 5. Juli 2016 (BT-Drs. 18/9041)
40. Gesetz zum besseren Informationsaustausch bei der Bekämpfung des internationalen Terrorismus vom 26. Juli 2016 (BGBl. I 2016 S. 1818)

3. Institutionen des Bundes bzw. mit Beteiligung in der Sicherheitsarchitektur

Institutionell umfasst die Sicherheitsarchitektur des Bundes – soweit die militärische Verteidigung ausgeklammert bleibt – die Gefahrenabwehr und die Strafverfolgung. Dies umschließt Vollzugsdienste, aber auch eine relevante Zahl von Behörden mit wirtschaftlichen, aufsichtlichen, aufklärerischen und technischen Aufgaben, die nicht hinweg zu denkende Teile der öffentlichen Sicherheitsorganisation sind. Es ist nützlich, sich vorab einen umfassenderen Überblick über die daran beteiligten Personalstärken zu verschaffen. Die Übersicht schließt der besseren Verständlichkeit wegen auch vereinzelt Personalmengen der Länder sowie der Bundeswehr ein.

3.1. Generalbundesanwaltschaft

Der Generalbundesanwalt (GBA) übt nach § 142a Abs. 1 GVG in den zur Zuständigkeit von Oberlandesgerichten im ersten Rechtszug gehörenden Strafsachen gemäß § 120 Abs. 1 und 2 GVG das Amt der Staatsanwaltschaft auch bei diesen Gerichten aus. Können in den Fällen des § 120 Abs. 1 GVG die Beamten der Staatsanwaltschaft eines Landes und der GBA sich nicht darüber einigen, wer von ihnen die

Personalstärke von Sicherheitseinrichtungen des Bundes und der Länder (ohne Ordnungsverwaltung, Feuerwehren und Katastrophenschutz)
(ständige Mitarbeiter in Circa-Zahlen)

Polizei
  Beamte der Länderpolizeien ca. 220 000
  Beamte der Bundespolizei 40 000
  Bundeskriminalamt 5 000

Nachrichtendienste (ständige Mitarbeiter in Circa-Zahlen)
  Bundesamt für Verfassungsschutz 2 500
  Landesämter für Verfassungsschutz 2 500
  Militärischer Abschirmdienst 1 250
  Bundesnachrichtendienst 6 000

Aufsichtliche, wirtschaftliche und technisch-fachliche Dienste
  Zollkriminalamt 400
  Bundesanstalt für Finanzdienstleistungsaufsicht (BaFin) 2 400
  Bundesamt für Wirtschaft und Ausfuhrkontrolle (BAFA) 850
  Bundesnetzagentur 2 500
  Bundesamt für Sicherheit in der Informationstechnik (BSI) 400
  Bundeswehr 180 000

Justiz (ohne nichtrichterlichen Dienst und JVAen)
  Richterstellen 20 000
  Staatsanwaltsstellen 4 000

Summe **487 800**

Verfolgung zu übernehmen hat, so entscheidet der GBA. Aufgrund der abschließenden Aufzählung in § 120 Abs. 1 GVG besteht daher eine originäre Zuständigkeit, also eine unmittelbare Verfolgungskompetenz des GBA u. a. für die Verfolgung von Friedensverrat in den Fällen des § 80 StGB, von Hochverrat (§§ 81 bis 83 StGB), Landesverrat und Gefährdung der äußeren Sicherheit (§§ 94 bis 100a StGB), bei einem Angriff gegen Organe und Vertreter ausländischer Staaten (§ 102 StGB), bei einer Straftat gegen Verfassungsorgane in den Fällen der §§ 105, 106 StGB, bei Mitgliedschaft in einer terroristischen Vereinigung nach § 129a, auch in Verbindung mit § 129b Abs. 1 StGB sowie bei Straftaten nach dem Völkerstrafgesetzbuch. Eine generelle Zuständigkeit für die Verfolgung von strafbaren Handlungen mit terroristischem Hintergrund hat der GBA nicht. Bei der Behörde des Generalbundesanwalts sind rund 200 Mitarbeiter beschäftigt. Die staatsanwaltschaftlichen Aufgaben üben der Generalbundesanwalt, die Bundesanwälte, die Oberstaatsanwälte und Staatsanwälte beim Bundesgerichtshof sowie die wissenschaftlichen Mitarbeiter aus. Insgesamt gehören der Behörde rund 90 Staatsanwälte an.

3.2. *Polizei auf Bundesebene*
Nach der Kompetenzverteilung im Grundgesetz – Art. 30, 70 und 83 GG – liegt die Polizeihoheit bei den Ländern. Die Verfassung selbst macht davon zugunsten der Zuständigkeit des Bundes aber markante Ausnahmen. Nach Art. 73 Abs. 1 Nr. 5 GG hat der Bund die Gesetzgebungskompetenz für den Zoll- und Grenzschutz, nach Art. 73 Nr. 10 GG diejenige für die Wahrnehmung von Zusammenarbeitsaufgaben der Kriminalpolizei und nach Art. 87 Abs. 1 Satz 2 GG kann er eigene Einrichtungen von Bundesgrenzschutzbehörden und Zentralstellen für das polizeiliche Auskunfts- und Nachrichtenwesen sowie für die Kriminalpolizei schaffen. Hinzu kommen in der Staatspraxis eine Vielzahl von Annexkompetenzen. Durch die Föderalismusreform I ist außerdem im Jahr 2006 Art. 73 Abs. 1 Nr. 9a GG geschaffen worden, der den Bund in drei eng umgrenzten Fällen zur

»Abwehr von Gefahren des internationalen Terrorismus durch das Bundeskriminalamt« befugt. Auf Bundesebene lassen sich insgesamt fünf Gruppen von »Vollzugspolizeien« unterscheiden – allerdings mit sehr unterschiedlicher personeller Stärke und Bedeutung. Insgesamt sind dies das Bundeskriminalamt, die Bundespolizei, das Zollkriminalamt und der Inspekteur der Bereitschaftspolizeien der Länder. Auf die »Hausinspektion des Deutschen Bundestages« als Verkörperung der dem Bundestagspräsidenten zustehenden Polizeigewalt (Art. 40 Abs. 2 GG) wird wegen ihrer sehr spezifischen Bedeutung nicht weiter eingegangen.

3.2.1. Bundeskriminalamt

Das Bundeskriminalamt (BKA) ist eine und unterhält zuvorderst (§ 1 des Gesetzes über das Bundeskriminalamt – BKAG) zentrale Einrichtungen zur Zusammenarbeit in kriminalpolizeilichen Angelegenheiten. Es ist in Bezug auf die Länderpolizeien in vielfacher Hinsicht (§ 2 BKAG) Zentralstelle, verkörpert also neben der reinen Länder- oder Bundesverwaltung einen zusätzlich von der Verfassung anerkannten Typ der Bund-Länder-Zusammenarbeit. Es ist außerdem zuständig für die Internationale Zusammenarbeit (§ 3 BKAG), für bestimmte Fälle der Strafverfolgung (§ 4 BKAG) und für die Abwehr von Gefahren des internationalen Terrorismus (§ 4a BKAG). Außerdem obliegt ihm der Personenschutz für die Mitglieder der Verfassungsorgane und die Leitung des BKA (§ 5 BKAG) sowie in bestimmten Fällen der Zeugenschutz (§ 6 BKAG).

Die dem BKA ursprünglich zukommenden Befugnisse waren überschaubare Spezialitäten, die im weiteren Sinne zu seiner Zentralstellenfunktion passten. Die Regelung in Art. 73 Abs. 1 Nr. 9a GG wurde von Anfang an als eine Kompetenz des Bundes zur Regelung von Gesetzgebung und Verwaltung im Bereich der Abwehr von Gefahren des internationalen Terrorismus verstanden. Und der Bund hat am 25. Dezember 2008 (BGBl. I 2008 S. 3083) durch eine Novellierung des BKAG davon weitreichend Gebrauch gemacht. Das BKAG hat auf diese Weise zur Abwehr von Gefahren des internationalen Terrorismus mit den §§ 20a bis 20x einen umfassenden Katalog von Standardbefugnissen erhalten, der oftmals die vergleichbaren polizeirechtlichen Länderkataloge übertrifft. Dies gilt beispielsweise für § 20k BKAG (Verdeckter Eingriff in informationstechnische Systeme, sog. Online-Durchsuchung), der Grundlage für den Einsatz des sog. Bundestrojaners ist, aber auch für § 20l BKAG betreffend die Überwachung der Telekommunikation, § 20m BKAG betreffend die Erhebung von Telekommunikationsverkehrs- und Nutzungsdaten sowie § 20n BKAG über die Identifizierung und Lokalisierung von Mobilfunkkarten und -endgeräten. Mit der Ermächtigung zum Einsatz von heimlichen Überwachungsmaßnahmen verstärkt sich auch beim BKA eine Tendenz zur Annäherung an nachrichtendienstliche Aufklärungsinstrumente. Zwar unterscheiden sich weiterhin die polizeiliche – »konkrete Gefahr« – und die nachrichtendienstliche – »tatsächliche Anhaltspunkte« – Einschreitensschwelle. Aber der technologisch bedingten medialen Konvergenz folgt unübersehbar auch eine in der Arbeit der Sicherheitsbehörden, die bislang vom Trennungsgebot noch begrenzt wird.

Aufgrund der Zentralstellenfunktion des BKA betrifft ein erheblicher Teil seiner Tätigkeit den Umfang mit personenbezogenen Daten. Innerhalb der Polizeiarbeit der Bundesrepublik hat das BKA hier die umfassendsten Aufgaben, die sich nicht zuletzt aus der Datenübermittlung in den privaten sowie den öffentlichen nationalen, supra- und internationalen Raum ergeben. Zudem kann es Verbunddateien auch mit den nationalen Nachrichtendiensten einrichten (§ 9a BAKG). Rechtsschutz gegen solche Maßnahmen, die im BKAG durchweg als Eingriffe gekennzeichnet sind, besteht nur, wenn derjenige, in dessen Rechte eingegriffen wurde, auch über den Eingriff benachrichtigt wird. Die Benachrichtigungsregeln sind indes zurückhaltend formuliert (§ 15a BKAG bzgl. die nachträgliche Benachrichtigung über Ausschreibungen zur verdeckten Kontrolle im Schengener Informationssystem und § 20w BKAG für die nachträgliche Benachrichtigung bei verdeckten Datenerhebungen oder -nutzungen). Dies hält die Zahl der Verfahren um nachträglichen gerichtlichen Rechtsschutz niedrig.

3.2.2. Bundespolizei

Die Bundespolizei wurde 1951 als »Bundesgrenzschutz« gegründet. Der BGS war stark militärisch geprägt und hatte vorrangig die Aufgabe der Sicherung der innerdeutschen »Zonengrenze«. Durch die Notstandsgesetzgebung des Jahres 1968 und die Grundgesetzänderung im Jahre 1972 hat der BGS weitere polizeiliche Aufgaben in bestimmten Ausnahmesituationen erhalten, nämlich bei Naturkatastrophen, in besonders schweren Unglücksfällen, bei einer Gefahr für den Bestand der freiheitlich demokratischen Ordnung des Bundes sowie im Verteidigungsfall. Die Wiedervereinigung und der Wegfall der innereuropäischen Grenzen durch das Schengen-Abkommen haben zu einer grundsätzlichen Neubestimmung der Aufgaben des BGS geführt. 1992 sind ihm die Aufgaben der Bahnpolizei übertragen worden. Mit Wirkung vom 1. Juli 2005 erfolgte die Umbenennung des BGS in Bundespolizei.

Das Bundesverfassungsgericht (BVerfG) hat bereits vor einiger Zeit entschieden, dass der damalige BGS aus verfassungsrechtlichen Kompetenzgründen nicht zu einer allgemeinen, mit den Landespolizeien konkurrierenden Bundespolizei ausgebaut werden und damit sein Gepräge als Polizei mit begrenzten Aufgaben nicht verlieren dürfe (BVerfGE 97, 198). Die Bundespolizei ist positivrechtlich nach § 2 des Bundespolizeigesetzes (BPolG) für den Schutz der Grenzen zuständig, nach § 3 BPolG für den Schutz der Bahnanlagen der Eisenbahnen des Bundes und nach § 4 BPolG für den Schutz vor Angriffen auf die Sicherheit des Luftverkehrs auf zur Zeit 14 Großflughäfen. Sie kann nach § 4a BPolG auch an Bord deutscher Luftfahrzeuge eingesetzt werden. Die Bundespolizei kann nach § 5 BPolG Verfassungsorgane des Bundes schützen und bei ihren Aufgaben unterstützen. Sie hat auch nach § 6 BPolG bestimmte Aufgaben zur See. Auch kann sie nach § 8 BPolG für nichtmilitärische Auslandseinsätze verwendet werden.

Die im BPolG ebenfalls enthaltenen Befugnisnormen sind eng zugeschnitten auf die beschränkten Aufgaben der Bundespolizei. Diese Begrenzung steht aber in einem geradezu umgekehrten Verhältnis zu ihrer Mehrfunktionalität bei der Kooperation mit dem Zoll und mit den Landespolizeien (vgl. §§ 64 bis 68 BPolG). Die Bundespolizei hat zudem eine nicht zu überschätzende Bedeutung bei der Bekämpfung des Terrorismus oder benachbarter Phänomene bekommen. Das hängt zum einen mit den Schutzaufgaben betreffend Verkehrsanlagen und Regierungseinrichtungen zusammen, die bereits Ziel terroristischer Anschläge sowie einschlägiger versuchter Straftaten gewesen sind. Die Bundespolizei hat aber auch durch ihre Seeaufgaben und die Verwendung zu Spezialeinsätzen der GSG9 ein denkbar breites globales Aufgabenfeld. Hinzu kommen ihre sicherheitsfachliche Beratung und Ausbildungshilfe in vielen Ländern. Eine Schnittstelle zur nachrichtendienstlichen Arbeit weist die nach § 10 BPolG bestimmte Verwendung zur Unterstützung des Bundesamtes für Verfassungsschutz auf dem Gebiet der Funktechnik auf. Eine große Rolle spielt die BPolG auch beim internationalen Austausch personenbezogener Daten wie die Übermittlung von Fluggastdaten nach § 31a BPolG, die Übermittlung personenbezogener Daten an Mitgliedstaaten der Europäischen Union nach § 32a BPolG und der Verwendung von nach dem Rahmenbeschluss 2006/960/JI des Rates (über die Vereinfachung des Austauschs von Informationen zwischen Strafverfolgungsbehörden) übermittelten Daten nach § 33 a BPolG. Benachrichtigungspflichten gegenüber Betroffenen sind im Fall von Übermittlungen im BPolG nur rudimentäre geregelt und bedürfen deshalb aus Gründen der Verfassungskonformität der ergänzenden Heranziehung des BDSG.[3]

3.2.3. Zollkriminalamt

Das »Zollkriminalamt« (ZKA) trat 1992 an die Stelle des »Zollkriminalinstituts« und ist Ergebnis einer Änderung des Finanzverwaltungsgesetzes. Es handelt sich um eine Mittelbehörde im Geschäftsbereich des Bundesministeriums der Finanzen (BMF) mit Sitz in Köln. Aufgaben und Befugnisse ergeben sich aus dem Zollfahndungsdienstgesetz.[4] Das ZKA hat die Funktion einer Zentralstelle für den Zollfahndungsdienst und für das Auskunfts- und Nachrichtenwesen der Zollverwaltung. Das BVerfG hat mit seiner Entscheidung vom 3. März 2004 (BVerfGE 110, 33) die Ausgestaltung der präventiven Telekommunikations- und Postüberwachung durch das Zollkriminalamt in den §§ 39–41 AWG als mit Art. 10 GG unvereinbar erklärt. § 39 AWG ermächtigte das Zollkriminalamt unter bestimmten Voraussetzungen, das Brief-, Post- und Fernmeldegeheimnis zu beschränken, um Straftaten nach dem Außenwirtschaftsgesetz (AWG) oder dem Kriegswaffenkontrollgesetzt (KWKG) zu verhindern. Nach der Entscheidung des BVerfG trat am 28. Dezember 2004 das Gesetz zur Neuregelung der präventiven Telekommunikations- und Postüberwachung durch das Zollkriminalamt vom 21. Dezember 2004 (BGBl I S. 2603) in Kraft. Die präventive Telekommunikations- und Postüberwachung wurde nunmehr in den §§ 23a–23f. sowie §§ 45–47 ZFdG geregelt. Das ZFdG enthält in § 23c Abs. 8 ZFdG eine Bestimmung zur regelmäßigen Unterrichtung eines aus neun vom Deutschen Bundestag zu bestimmenden Abgeordneten bestehenden Gremiums durch das BMF. Diese Vorschrift enthält eine Berichtspflicht des Gremiums an den Bundestag zum Zwecke der Evaluierung. Die neuen Regelungen des ZFdG sind als unzulängliche Erfüllung der Maßgaben des BVerfG kritisiert worden.[5] Das BVerfG hat sich bislang einmal im Rahmen eines Nichtannahmebeschlusses der 1. Kammer des Ersten Senats vom 14. Februar 2007 (BVerfGK 10, 283–288) mit Verfassungsrechtsfragen zum ZFdG befasst. Eine Verfassungsbeschwerde gegen die Verlängerung der Befugnisse des ZKA zur präventiven Telekommunikations- und

Postüberwachung nach dem Zollfahndungsgesetz hat es dabei nicht zur Entscheidung angenommen.

3.2.4. Inspekteur der Bereitschaftspolizeien der Länder

Die Bereitschaftspolizeien der Länder umfassen ca. 16 300 Polizeivollzugsbeamte. Im Falle einer länderübergreifenden Naturkatastrophe (Art. 35 Abs. 3 GG), des Notstandes (Art. 91 Abs. 2 GG) und im Verteidigungsfall (Art. 115 f. Abs. 1 Nr. 2 GG) kann die Bundesregierung unter den in der Verfassung genannten Voraussetzungen die Bundespolizei und die Polizeien der Länder ihren Weisungen unterstellen. Bund und Länder haben auf Grund eines Verwaltungsabkommens »geschlossene Einheiten« aufgestellt, welche der Wahrnehmung dieser verfassungsmäßigen Aufgaben dienen. Durch Verwaltungsabkommen ist bestimmt, dass der BMI als seinen Beauftragten einen »Inspekteur der Bereitschaftspolizeien der Länder (IBPdL)« bestellt, dem als Polizeivollzugsbeamter des Bundes die Einsatzleitung im Falle der Unterstellung der Bereitschaftspolizei unter die Führung des Bundes obliegt. Seine Hauptaufgabe ist die regelmäßige Überprüfung der Einsatzfähigkeit der Bereitschaftspolizeien der Länder.

3.3. Nachrichtendienste

Für den Bund sind insgesamt drei Nachrichtendienste tätig, nämlich das Bundesamt für Verfassungsschutz (BfV), der Militärische Abschirmdienst (MAD) und der Bundesnachrichtendienst (BND). Begrifflich werden als Nachrichtendienste solche Einrichtungen bezeichnet, die Informationen beschaffen und auswerten, während Geheimdienste darüber hinaus aktive Maßnahmen unternehmen.

3.3.1. Dienste und ihre gesetzlichen Grundlagen
3.3.1.1. Bundesamt für Verfassungsschutz

Das Bundesamt für Verfassungsschutz (BfV) in Köln hat die Funktion einer Zentralstelle, der auf Länderebene weitere 16 Ämter für Verfassungsschutz funktionell zugeordnet sind. Sämtliche Verfassungsschutzbehörden zusammen beschäftigen ca. 5500 hauptamtliche Mitarbeiter. Das BfV ist eine Behörde im Bereich des BMI. Die Gesetzgebungskompetenz des Bundes für die Aufgaben des BfV ergeben sich aus Art. 73 Abs. 1 Nr. 10 lit. b GG »zum Schutz der freiheitlichen demokratischen Grundordnung, des Bestandes und der Sicherheit des Bundes oder eines Landes (Verfassungsschutz)« und Nr. 10 c) »zum Schutze gegen Bestrebungen im Bundesgebiet, die durch Anwendung von Gewalt oder darauf gerichtete Vorbereitungshandlungen auswärtige Belange der Bundesrepublik Deutschland gefährden«. Die entsprechende Einrichtungskompetenz des Bundes folgt aus Art. 87 Abs. 1 Satz 2 GG. Die einfachgesetzliche Grundlage für das BfV findet sich derzeit in dem häufig geänderten Gesetz über die Zusammenarbeit des Bundes und der Länder in Angelegenheiten des Verfassungsschutzes und über das Bundesamt für Verfassungsschutz (Bundesverfassungsschutzgesetz – BVerfSchG) vom 20. Dezember 1990 (BGBl. I S. 2954, 2970).

Nach § 3 Abs. 1 BVerfSchG wird das BfV tätig zur Sammlung und Auswertung von Informationen über verfassungsfeindliche Bestrebungen, über nachrichtendienstliche Tätigkeiten für fremde Mächte, über Bestrebungen, die durch Gewaltanwendung auswärtige Belange der Bundesrepublik gefährden sowie über Bestrebungen im Inland, die gegen den Gedanken der Völkerverständigung, insbesondere gegen das friedliche Zusammenleben der Völker gerichtet sind. Ferner wirkt es mit bei der Sicherheitsüberprüfung von Personen, die Zugang zu geheimhaltungsbedürftigen Informationen haben oder erhalten sollen (§ 3 Abs. 2 Nr. 1 BVerfSchG) oder an sicherheitsempfindlichen Stellen von lebens- oder verteidigungswichtigen Einrichtungen beschäftigt sind oder werden sollen (§ 3 Abs. 2 Nr. 2 BVerfSchG).

3.3.1.2. *Bundesnachrichtendienst*

Der gegenwärtig noch überwiegend in Pullach bei München ansässige Bundesnachrichtendienst (BND) ist der Auslandsnachrichtendienst der Bundesrepublik Deutschland. Ein zweiter Dienstsitz befindet sich in Berlin, der als zukünftiger Hauptsitz vorgesehen ist. Er ist eine Behörde im Geschäftsbereich des Bundeskanzleramts. Die Gesetzgebungskompetenz des Bundes wird in Art. 73 Abs. 1 Nr. 1 GG gesehen, nämlich »die auswärtigen Angelegenheiten«. Die Einrichtungskompetenz liegt in Art. 87 Abs. 3 GG. Die einfachgesetzliche Grundlage für die Arbeit des BND liegt in dem häufig geänderten Gesetz über den Bundesnachrichtendienst (BNDG) vom 20. Dezember 1990 (BGBl. I S. 2954, 2979). Aufgabe des BND ist die Gewinnung von Erkenntnissen über das Ausland, die von außen- und sicherheitspolitischer Bedeutung für die Bundesrepublik Deutschland sind, deren Sammlung und Auswertung (§ 1 BNDG). Zu den Aufgaben des BND zählt die – in §§ 5 ff. G 10 geregelte – sog. Strategische Kontrolle. Strategische Kontrolle bedeutet, dass nicht die Telekommunikationsbeziehungen einer bestimmten Person, sondern internationale Telekommunikationsbeziehungen, soweit sie gebündelt übertragen werden, nach Maßgabe einer Quote insgesamt kontrolliert werden. Aus einer großen Menge verschiedenster Gesprächsverbindungen werden einzelne ausgewertet, die sich hierfür aufgrund spezifischer Merkmale qualifizieren.[6]

Kompliziert und letztlich noch nicht konkordant durch den Gesetzgeber gelöst ist die dem BND zugewiesene Rolle bei der Aufklärung und Bekämpfung bestimmter Bereiche der Großkriminalität. Nach der Rechtsprechung des BVerfG ist es dem Bund nicht etwa verwehrt, aus Erkenntnissen über das Ausland, die er unter Inspruchnahme seiner Kompetenz aus Art. 73 Nr. 1 GG gewonnen hat, gesetzgeberische Konsequenzen innenpolitischer Art zu ziehen, sofern er dafür eine eigene Zuständigkeit besitzt. Im Grenzbereich zur Verbrechensbekämpfung ist aber von Belang, dass Art. 73 Nr. 10 GG dem Bund bestimmte und zugleich begrenzte Gesetzgebungskompetenzen für die Zusammenarbeit zwischen Bund und Ländern im Bereich der Kriminalpolizei, für die Einrichtung eines Bundeskriminalpolizeiamtes sowie für die internationale Verbrechensbekämpfung zuweist. Darunter ist nicht die Bekämpfung internationaler Verbrechen, sondern die internationale Bekämpfung von Verbrechen, also etwa die Zusammenarbeit deutscher mit ausländischen Stellen in kriminalpolizeilichen Fragen, zu verstehen.[7] Jedenfalls müssen die entsprechenden Regelungen, damit sie auf die Gesetzgebungskompetenz aus Art. 73 Nr. 1 GG gestützt werden können, in einen Regelungs- und Verwendungszusammenhang eingebettet sein, der auf die Auslandsaufklärung bezogen ist. Dagegen berechtigt Art. 73 Nr. 1 GG den Bundesgesetzgeber nicht dazu, dem Bundesnachrichtendienst Befugnisse einzuräumen, die auf die Verhütung, Verhinderung oder Verfolgung von Straftaten als solche gerichtet sind. Das schließt Parallelen und Überschneidungen in den verschiedenen Beobachtungs- und Informationsbereichen nicht aus, solange sich die durch die Kompetenzverteilung abgegrenzten Aufgaben- und Tätigkeitsfelder der verschiedenen Stellen nicht vermischen.[8] Die kohärente Verbindung mit dem in der StPO geregelten Strafverfahren darf in diesem Zusammenhang als weiterhin nicht existent betrachtet werden.[9]

3.3.1.3. *Militärischer Abschirmdienst*
Der Militärische Abschirmdienst (MAD) hat zur Sicherung der Einsatzbereitschaft der Bundeswehr beizutragen. In diesem Bereich nimmt er Aufgaben einer Verfassungsschutzbehörde wahr. Die Zusammenarbeit mit dem BfV ist eng. Der Sitz des MAD ist ebenfalls Köln. Er gehört als Dienststelle zum Geschäftsbereich des Bundesministeriums der Verteidigung (BMVg). Die Gesetzgebungskompetenz des Bundes für den MAD wird aus Art. 73 Abs. 1 Nr. 1 GG abgeleitet, die Einrichtungskompetenz aus Art. 87a Abs. 1 GG. Die einfachgesetzliche Grundlage findet sich in dem häufig geänderten Gesetz über den militärischen Abschirmdienst (MADG) vom 20. Dezember 1990 (BGBl. I S. 2954, 2977).

Der MAD ist zuständig für die Sammlung und Auswertung von Informationen, insbesondere von Auskünften,

Nachrichten und Unterlagen über Bestrebungen, die sich gegen die freiheitlich demokratische Grundordnung, den Bestand oder die Sicherheit des Bundes oder eines Landes richten (§ 1 Abs. 1 Satz 1 Nr. 1 MADG) sowie über sicherheitsgefährdende oder geheimdienstliche Tätigkeiten im Geltungsbereich dieses Gesetzes für eine fremde Macht (§ 1 Abs. 1 Satz 1 Nr. 2 MADG), wenn sich diese Bestrebungen oder Tätigkeiten gegen Person Dienststellen oder Einrichtungen im Geschäftsbereich des BMVg oder Einrichtungen in diesem Geschäftsbereich richten und von Personen ausgehen oder ausgehen sollen, die diesem Geschäftsbereich angehören oder in ihm tätig sind. Er ist nicht für die Auslandsaufklärung zuständig, selbst wenn die Bundeswehr im Ausland eingesetzt wird; insofern bleibt es bei der Zuständigkeit des BND.

3.3.2. Weitere gesetzliche Regelungen
3.3.2.1. Gesetz zu Art. 10 GG

Die bereits erwähnte sog. strategische Kontrolle darf nach § 5 Abs. 1 G 10 auf Antrag des BND mit Zustimmung der G 10-Kommission zur Sammlung von Nachrichten über Sachverhalte angeordnet werden, deren Kenntnis notwendig ist, um verschiedenen Gefahren rechtzeitig zu erkennen und solchen Gefahren vorzubeugen, nämlich (Nr. 1.) eines bewaffneten Angriffs auf die Bundesrepublik Deutschland, (Nr. 2.) der Begehung internationaler terroristischer Anschläge mit unmittelbarem Bezug zur Bundesrepublik Deutschland, (Nr. 3.) der internationalen Verbreitung von Kriegswaffen etc., (Nr. 4.) der unbefugten Verbringung von Betäubungsmitteln in nicht geringer Menge etc., (Nr. 5.) der Beeinträchtigung der Geldwertstabilität im Euro-Währungsraum durch im Ausland begangene Geldfälschungen, (Nr. 6.) der international organisierten Geldwäsche in Fällen von erheblicher Bedeutung und (Nr. 7.) des gewerbsmäßig oder bandenmäßig organisierten Einschleusens von ausländischen Personen in das Gebiet der Europäischen Union in Fällen von erheblicher Bedeutung mit Bezug zur Bundesrepublik Deutschland (Buchst. a) bei unmittelbarem Bezug zu den Gefahrenbereichen nach Nr. 1. bis 3. oder (Buchst. b) in Fällen, in denen eine erhebliche Anzahl geschleuster Personen betroffen ist, insbesondere wenn durch die Art der Schleusung von einer Gefahr für ihr Leib oder Leben auszugehen ist, oder (Buchst. c) in Fällen von unmittelbarer oder mittelbarer Unterstützung oder Duldung durch ausländische öffentliche Stellen.

Mit Zustimmung der G 10-Kommission ordnete das Bundesministerium des Innern (BMI) beispielsweise im Jahr 2010 zu drei Gefahrenbereichen G 10-Maßnahmen an, die zur Erfassung von insgesamt 213 als nachrichtendienstlich relevant eingestuften Telekommunikationsverkehren führten.[10]

3.3.2.2. Terrorismusbekämpfungsgesetz (TBG)

Das Terrorismusbekämpfungsgesetz vom 9. Januar 2002 (BGBl. I S. 361, 3142) war ein Artikelgesetz und steht noch im Reaktionszusammenhang mit den Anschlägen in den USA im Jahr 2001. Anliegen war es, in einem breiten strategischen Ansatz Regelungen zu treffen, die dazu beitragen sollten, terroristische Strukturen besser aufzuklären, den Terrorismus im Vorfeld abzuwehren und die Bevölkerung zu schützen. Dazu wurden u. a. das BVerfSchG, das MADG, das BNDG, das G 10 und das SÜG geändert sowie die Datenerhebung des BKA als Zentralstelle befristet vereinfacht. Durch das TBG von 2002 haben BfV und MAD die Aufgabe erhalten, Bestrebungen, die sich gegen den Gedanken der Völkerverständigung und insbesondere gegen das friedliche Zusammenleben der Völker richten, zu beobachten (§ 3 Abs. 1 Nr. 4 BVerfSchG). Diese Aufgabenbeschreibung begegnet Fragen nach der gesetzlichen Bestimmtheit.

Mit § 8 Abs. 8 BVerfSchG, § 10 Abs. 3 MADG, § 8 Abs. 3a BNDG erhielten BfV, MAD und BND eine Anzahl neuer Auskunftsbefugnisse gegenüber Telekommunikations- und Teledienst-Unternehmen über Verbindungs- und Nutzungsdaten. Nach § 8 Abs. 5 BVerfSchG und § 2 Abs. 1a BNDG konnten BfV und BND zusätzlich Auskünfte von Banken über Konten verlangen. Das BfV hat gem. § 8 Abs. 7 BVerfSchG ein Auskunftsrecht gegenüber der Post zu Postfächern und sonstigen Umständen des Postverkehrs sowie gegenüber Luftfahrtunternehmen erhalten. Erlaubt wurde den Diensten außerdem der Einsatz sog. IMSI-Catcher, um damit Standort, Geräte- und Kartenummern zu Mobiltelefon-Anschlüssen zu ermitteln (§ 9 Abs. 4 BVerfSchG, § 5 MADG und § 3 Satz 2 BNDG). Das Bundesamt für Migration und Flüchtlinge (BAMF) hat die Aufgabe erhalten, von sich aus in erweitertem Umfang Informationen an das BfV zu übermitteln (§ 18 Abs. 1a BVerfSchG). Die »Sicherheitsüberprüfung zum Sabotageschutz« in militärischen Sicherheitsbereichen und sicherheitsempfindlichen Stellen in lebens- oder verteidigungswichtigen Einrichtungen wurde geschaffen. Und schließlich wurde die sog. »Büroerklärung« durch das BKA vereinfacht; wenn das BKA als Zentralstelle zu Auswertungszwecken vorhandene Erkenntnisse ergänzen muss, kann es auch bei nicht-polizeilichen Stellen anfragen, ohne sich – wie dies zuvor erforderlich war – zunächst an andere Polizeibehörden wenden zu müssen (§ 7 Abs. 2 BKAG).

3.3.2.3. Terrorismusbekämpfungsergänzungsgesetz (TBEG)

Das TBEG von 2007 verlängerte weitgehend die durch das TBG geschaffenen befristeten Befugnisse um fünf Jahre, erweiterte sie aber auch. Die bei den Aufgaben nach § 3 Abs. 1 Nr. 2 bis 4 BVerfSchG gewährten Befugnisse werden auch für die Aufgaben nach § 3 Abs. 1 Nr. 1 BVerfSchG eingeräumt, aber auf volksverhetzende und militante Bestrebungen beschränkt. Weiterhin gliederte das TBEG beispielsweise innerhalb des BVerfSchG die Befugnisse in § 8 Abs. 5 bis 12 BVerfSchG aus und versetzte sie in den neu geschaffenen § 8a BVerfSchG. Dabei wurden sie auch erweitert durch sog. Verfahrensvereinfachungen z. B. bei der Abfrage von Postbestandsdaten oder Auskünften von Luftfahrtunternehmen. Die Informationsrechte des BfV wurden durch § 8a Abs. 1 BVerfSchG auf Bestandsdaten

von Nutzern von Telediensten und die Standortkennung
von mobilen Anschlüssen unabhängig von einer Verbindung (§ 8a Abs. 2 Nr. 4 BVerfSchG) erweitert. Im MADG
und BNDG kam es zu vergleichbaren Änderungen wie hinsichtlich des BVerfSchG. Durch das TBEG dürfen Nachrichtendienste Auskünfte zu Fahrzeug- und Halterdaten aus
den Zentralen Fahrzeugregistern automatisiert abrufen.
Die Nachrichtendienste erhielten die Ausschreibungsmöglichkeiten nach dem Schengener Durchführungsübereinkommen. Die bisherige Befugnis zur zollamtlichen Sicherstellung bei Geldwäscheverdacht wurde auf Fälle des
Terrorismusfinanzierungsverdachts übertragen.

3.3.2.4. Gemeinsame-Dateien-Gesetz
Das Gemeinsame-Dateien-Gesetz vom 22. Dezember 2006
(BGBl I S. 3409) enthält insbesondere in seinem Art. 1 das
Antiterrordateigesetz – ATDG. Danach wird unter funktioneller Leitung des BKA eine gemeinsame und standardisierte zentrale Antiterrordatei geschaffen, die von BKA,
Bundespolizeidirektion, BfV, MAD, Verfassungsschutzämtern und Kriminalämtern der Länder, BND und Zollkriminalamt geführt wird. Außer Personen- und Sachdateien
werden auch sog. Projektdateien ermöglicht. Die genannten Dienste verfügten bereits zuvor über jeweils einzelne Ermächtigungen zur Erhebung von Daten und deren
Speicherung in eigenen Dateien, nicht aber die Befugnis
für gemeinsame Dateien. Das ATDG schaffte damit die
Grundlage für Verbunddateien von Polizeien und Nachrichtendiensten. Das BVerfG hat mit Urteil vom 24. April 2013
(BVerfGE 133, 277) Teile dieses Gesetzes für mit der Verfassung unvereinbar erklärt.[11] Nach der Entscheidung des
BVerfG ist die Errichtung der Antiterrordatei als Verbunddatei verschiedener Sicherheitsbehörden zur Bekämpfung
des internationalen Terrorismus, die im Kern auf die Informationsanbahnung beschränkt ist und eine Nutzung der
Daten zur operativen Aufgabenwahrnehmung nur in dringenden Ausnahmefällen vorsieht, in ihren Grundstrukturen mit der Verfassung vereinbar (Leitsatz 1). Regelungen,

die den Austausch von Daten der Polizeibehörden und Nachrichtendienste ermöglichen, unterliegen hinsichtlich des Grundrechts auf informationelle Selbstbestimmung gesteigerten verfassungsrechtlichen Anforderungen. Aus den Grundrechten folgt ein informationelles Trennungsprinzip, das diesen Austausch nur ausnahmsweise zulässt (LS 2). Eine Verbunddatei zwischen Sicherheitsbehörden wie die Antiterrordatei bedarf hinsichtlich der zu erfassenden Daten und ihrer Nutzungsmöglichkeiten einer hinreichend bestimmten und dem Übermaßverbot entsprechenden gesetzlichen Ausgestaltung. Das Antiterrordateigesetz genügt dem nicht vollständig, nämlich hinsichtlich der Bestimmung der beteiligten Behörden, der Reichweite der als terrorismusnah erfassten Personen, der Einbeziehung von Kontaktpersonen, der Nutzung von verdeckt bereitgestellten erweiterten Grunddaten, der Konkretisierungsbefugnis der Sicherheitsbehörden für die zu speichernden Daten und der Gewährleistung einer wirksamen Aufsicht (LS 3). Die uneingeschränkte Einbeziehung von Daten in die Antiterrordatei, die durch Eingriffe in das Brief- und Fernmeldegeheimnis und das Recht auf Unverletzlichkeit der Wohnung erhoben wurden, verletzt Art. 10 Abs. 1 und Art. 13 Abs. 1 GG (LS 4).

3.3.2.5. *Gemeinsame-Dateien-Gesetz*

Als Folge der Erkenntnisse im NSU-Untersuchungsausschuss des Deutschen Bundestages wurde das Gesetz zur Verbesserung der Zusammenarbeit im Bereich des Verfassungsschutzes vom 17. November 2015 (BGBl. I 2015, S. 1938 ff.) erlassen. Es soll das Zusammenwirken der Verfassungsschutzbehörden von Bund und Ländern durch Koordinierung seitens des BfV verbessern (§ 5 Abs. 3 BVerfSchG) und stärkt dessen Zentralstellenfunktion (§ 5 Abs. 1 Nr. 2 BVerfSchG). Ferner müssen alle relevanten Informationen zwischen den Verfassungsschutzbehörden ausgetauscht werden (§ 6 Abs. 1 BVerfSchG). Um im Verfassungsschutzverbund ein einheitliches Verständnis über den Relevanzbegriff herzustellen, ist ein Abstimmungsmechanismus in § 5 Abs. 3 Nr. 3 BVerfSchG vorgesehen. Schließlich ist der V-Leute-Einsatz durch §§ 9a und 9b BVerfSchG gesetzlich – neu – geregelt worden.

3.3.2.6. *Entwurf eines Gesetzes zur weiteren Fortentwicklung der parlamentarischen Kontrolle der Nachrichtendienste des Bundes*

Die Koalitionsfraktionen von CDU/CSU und SPD im Deutschen Bundestag haben am 5. Juli 2016 einen Gesetzesentwurf vorgelegt, mit dem die Arbeitsweise des Parlamentarischen Kontrollgremiums nach Art. 45d GG gestärkt werden soll (BT-Drs. 18/6040). Mit dem Entwurf soll sichergestellt werden, dass die im PKGrG angelegten umfangreichen Kontrollrechte durch das Gremium intensiver, koordinierter und kontinuierlicher wahrgenommen werden können. Auch soll die Arbeit der weiteren gesetzlich verankerten Gremien mit Kontrollfunktion für die Tätigkeit der Nachrichtendienste, namentlich die der G 10-Kommission (§ 15 G 10) und des Vertrauensgremiums (§ 10a BHO), stärker mit der Tätigkeit des Parlamentarischen Kontrollgremiums verknüpft werden. Zu diesem Zweck soll u. a. das Amt einer bzw. eines »Ständigen Bevollmächtigten des Parlamentarischen Kontrollgremiums« geschaffen werden.

3.3.2.7. *Entwurf eines Gesetzes zur Ausland-Ausland-Fernmeldeaufklärung des Bundesnachrichtendienstes*

Außerdem haben die Koalitionsfraktionen von CDU/CSU und SPD im Deutschen Bundestag am 5. Juli 2016 einen Gesetzesentwurf vorgelegt, durch den der gesetzliche Auftrag des BND für die strategische Fernmeldeaufklärung von Ausländerinnen und Ausländern im Ausland vom Inland aus (sogenannte »Ausland-Ausland-Fernmeldeaufklärung«) normativiert werden soll (BT-Drs. 18/6041). Der BND stützt sich bislang bei der Durchführung der Ausland-Ausland-Fernmeldeaufklärung auf § 1 Absatz 2 des BND-Gesetzes (BNDG). Als Konsequenz aus der jüngeren rechtspolitischen Debatte sollen im Interesse der Rechtssicherheit – nicht zuletzt für die mit der Aufgabe der strategischen Fernmeldeaufklärung betrauten Mitarbeiterinnen und Mitarbeiter des BND – die bestehende Rechtslage präzisiert und spezielle rechtliche Grundlagen für die Ausland-Ausland-Fernmeldeaufklärung sowie eine diesbezügliche Kooperation mit ausländischen öffentlichen Stellen anderer Staaten geschaffen werden. Auch die gemeinsame Datenhaltung mit ausländischen öffentlichen Stellen soll auf eine spezielle Rechtsgrundlage gestellt werden. Der Gesetzesentwurf ergreift zudem die Gelegenheit, das BNDG vollständig neu zu fassen.

3.4. Sonstige Anstalten, Ämter und Regierungseinrichtungen des Bundes mit Sicherheitsaufgaben

Wichtige Teile der Sicherheitsarchitektur betreffen aufsichtliche, wirtschaftliche und technische Behörden. Die Bekämpfung von Geldwäsche oder die Unterbindung des unerlaubten Exports von Kriegswaffen oder waffenfähigen Gegenständen kann nur mit Hilfe der für Finanzdienstleistung und Exportkontrolle zuständigen Dienststellen gelingen. Die digitale Infrastruktur hat strategischen Wert und dementsprechend auch ihr Schutz; dieser kann nur durch Einschaltung technisch dafür präparierter staatlicher Einrichtungen geleistet werden.

3.4.1. Bundesanstalt für Finanzdienstleistungsaufsicht

Die Bundesanstalt für Finanzdienstleistungsaufsicht (BaFin) in Frankfurt a. M. wurde am 1. Mai 2002 als Nachfolgeinstitution des BAKred (ehemaliges Bundesaufsichtsamt für das Kreditwesen), des BAWe (Bundesaufsichtsamt für den Wertpapierhandel) und des BAV (Bundesaufsichtsamt für das Versicherungswesen) auf der Grundlage des Gesetzes über die integrierte Finanzdienstleistungsaufsicht (FinDAG) vom 22. April 2002 gegründet. Sie unterliegt gemäß § 2 FinDAG der Rechts- und Fachaufsicht des Bundesministeriums der Finanzen. Sie ist eine bundesunmittelbare, rechtsfähige Anstalt des öffentlichen Rechts (§ 1 Abs. 1 FinDAG) und Teil der Bundesverwaltung. Die BaFin hat einen

Doppelsitz in der Bundesstadt Bonn und in Frankfurt am Main. Die maßgeblichen gesetzlichen Grundlagen für die unterschiedlichen Aufsichtsbereiche finden sich im Kreditwesengesetz (KWG), im Versicherungsaufsichtsgesetz (VAG) und im Wertpapierhandelsgesetz (WpHG).

Die BaFin spielt eine wichtige Rolle bei der Überwachung illegaler Geldströme oder des Einsatzes von Geldmitteln für illegale Zwecke. Sie hat eine Schlüsselstellung inne zwischen den Sicherheitsbehörden von Bund und Ländern, in der Justiz, der Polizei und bei den Nachrichtendiensten, soweit es um Auskünfte über Geldflüsse von Kreditinstituten in Deutschland geht. Dies lässt sich anhand der Regelung in § 23c KWG über den Zugriff auf Kontenstammdaten zeigen. Die Regelung ist in Bezug auf Kontenstammdaten vergleichbar denjenigen Zugriffsnormen in §§ 112 ff. TKG über den Abruf von Kundendaten. Sie verfügt aber auch über weitreichende Zugriffsnormen im Bereich des Wertpapierhandels, wie sich insbesondere an § 16b WpHG zeigt. Nach dieser Regelung kann sie von bestimmten Unternehmungen die Aufbewahrung von Telekommunikationsverbindungsdaten verlangen. Bei § 16b WpHG handelt es sich um eine Zugriffsnorm im Bereich der Telekommunikationsfreiheit. In ihr ist im Unterschied zur Vorratsdatenspeicherung in den aufgehobenen §§ 113a, 113b TKG das sog. quick freeze-Verfahren verwirklicht.

3.4.2. Bundesamt für Wirtschaft und Ausfuhrkontrolle

Das Bundesamt für Wirtschaft und Ausfuhrkontrolle (BAFA) in Eschborn ist eine Bundesoberbehörde im Geschäftsbereich des Bundesministeriums für Wirtschaft und Energie (BMWi). In den Bereichen Außenwirtschaft, Wirtschaftsförderung und Energie nimmt es wichtige administrative Aufgaben des Bundes wahr. Eine Kernaufgabe des Amtes ist die im Bereich Außenwirtschaft angesiedelte Ausfuhrkontrolle. Eingebunden in die Exportkontrollpolitik der Bundesregierung wirkt das BAFA als Genehmigungsbehörde in enger Kooperation mit anderen Bundesbehörden an einem komplexen Exportkontrollsystem mit. Die

Ausfuhrkontrollen orientieren sich im Rahmen internationaler und gesetzlicher Verpflichtungen am Sicherheitsbedürfnis und am außenpolitischen Interesse der Bundesrepublik Deutschland. Zu den außenwirtschaftlich relevanten Aufgaben des BAFA gehört zudem die Durchführung der im Rahmen der gemeinsamen Handelspolitik der Europäischen Union getroffenen Einfuhrregelungen.

Rechtsgrundlagen für den Export von Kriegswaffen und sonstigen Rüstungsgütern sind das Kriegswaffenkontrollgesetz (KrWaffKontrG), das Außenwirtschaftsgesetz (AWG) und die Außenwirtschaftsverordnung (AWV). Für die Erteilung von Genehmigungen im Zusammenhang mit Kriegswaffen ist die Bundesregierung zuständig. Abgesehen von den Bereichen Bundeswehr, Zollgrenzdienst und Behörden für die Aufrechterhaltung der öffentlichen Sicherheit wurde die Befugnis zur Erteilung von Genehmigungen auf das BMWi übertragen. Es entscheidet über Anträge auf Ausfuhren von Kriegswaffen im Benehmen mit dem Auswärtigen Amt und dem Bundesministerium der Verteidigung. Für sonstige Rüstungsgüter ist das BAFA zuständige Genehmigungsbehörde. Rechtsgrundlagen für die Ausfuhr von Dual-Use-Gütern (Güter, die sowohl zivil als auch militärisch verwendet werden können) ist die EG-Dual-Use-Verordnung (Verordnung (EG) Nr. 1334/2000 vom 22. Juni 2000), ergänzt durch die nationalen Regelungen des AWG und der AWV.

3.4.3. Bundesnetzagentur

Die Bundesnetzagentur für Elektrizität, Gas, Telekommunikation, Post und Eisenbahnen ist eine selbständige Bundesoberbehörde im Geschäftsbereich des BMWi mit Sitz in Bonn. Seit dem 13. Juli 2005 ist die Regulierungsbehörde für Telekommunikation und Post, die aus dem Bundesministerium für Post und Telekommunikation (BMPT) und dem Bundesamt für Post und Telekommunikation (BAPT) hervorging, umbenannt in Bundesnetzagentur. Der Funktion nach ist sie in den genannten Bereichen nationale Regulierungsbehörde. Sie ist außerdem Wurzelbehörde nach dem Signaturgesetz. Die Bundesnetzagentur hat die Aufgabe, durch Liberalisierung und Deregulierung für die weitere Entwicklung auf dem Elektrizitäts-, Gas-, Telekommunikations-, Post- und seit dem 1. Januar 2006 auch auf dem Eisenbahninfrastrukturmarkt zu sorgen. Zur Durchsetzung der Regulierungsziele ist sie mit wirksamen Verfahren und Instrumenten ausgestattet worden, die auch Informations- und Untersuchungsrechte sowie abgestufte Sanktionsmöglichkeiten einschließen. Die Entscheidungen der Bundesnetzagentur basieren auf dem Telekommunikationsgesetz, dem Postgesetz und dem Energiewirtschaftsgesetz und sind rechtlich überprüfbar.

Vorliegend interessieren die sicherheitsrelevanten Befugnisse zur technischen Regulierung und zur Implementierung der Telekommunikationsüberwachung durch die Bundesnetzagentur. Durch § 110 TKG i. V. m. der Telekommunikationsüberwachungsverordnung wird die Bundesnetzagentur zur Umsetzung von Überwachungsmaßnahmen und die Erteilung von Auskünften befugt und technisch in Lage versetzt. Neben der telekommunikationstechnischen Vorbereitung von Überwachungsmaßnahmen spielt die sog. Bestandsdatenauskunft im Geschäftsaufkommen der BNetzA eine große Rolle. Durch § 112 TKG wird ein automatisiertes Verfahren zur Erteilung von Auskünften aus den nach § 111 TKG gespeicherten Daten geschaffen. Danach haben Anbieter, die Telekommunikationsdienste für die Öffentlichkeit erbringen, die von § 111 TKG erfassten Daten nach Maßgabe einer die technischen Details regelnden Rechtsverordnung (vgl. § 112 Abs. 3 TKG) so bereit zu stellen, dass sie von der Bundesnetzagentur ohne Kenntnisnahme der Anbieter abgerufen werden können (§ 112 Abs. 1 TKG). Dabei ist auch die Möglichkeit eines Datenabrufs unter Verwendung unvollständiger Abfragedaten oder die Suche mittels einer Ähnlichenfunktion zu gewährleisten. Die Bundesnetzagentur hat diese Datensätze auf Ersuchen näher bezeichneter Behörden im automatisierten Verfahren abzurufen und diesen zu übermitteln (vgl. § 112 Abs. 4 TKG). Zu den berechtigten Behörden gehören insbesondere die Strafverfolgungsbehörden, die

Polizeivollzugsbehörden des Bundes und der Länder für Zwecke der Gefahrenabwehr, das Zollkriminalamt, die Verfassungsschutzbehörden des Bundes und der Länder, der Militärische Abschirmdienst und der Bundesnachrichtendienst, Notrufabfragestellen, die Bundesanstalt für Finanzdienstleistungsaufsicht sowie Behörden der Zollverwaltung für Zwecke der Schwarzarbeitsbekämpfung (vgl. § 112 Abs. 2 TKG). Die Auskünfte werden jederzeit erteilt, soweit sie zur Erfüllung der gesetzlichen Aufgaben erforderlich sind und die Ersuchen an die Bundesnetzagentur im automatisierten Verfahren vorgelegt werden (vgl. § 112 Abs. 2 a. E. TKG). Die Verantwortung für die Zulässigkeit der Übermittlung tragen die ersuchenden Behörden; die Bundesnetzagentur prüft diese nur, wenn ein besonderer Anlass besteht (§ 112 Abs. 4 Satz 2 und 3 TKG). Durch den Beschluss des BVerfG über die Bestandsdatenauskunft ist klar gestellt, dass der Gesetzgeber bei der Einrichtung eines Auskunftsverfahrens sowohl Rechtsgrundlagen für die Übermittlung, als auch für den Abruf von Daten schaffen muss (sog. Doppeltürenmodell nach BVerfG[12]). Dem ist der Bundesgesetzgeber mit dem Gesetz zur Änderung des Telekommunikationsgesetzes und zur Neuregelung der Bestandsdatenauskunft vom 20. Juni 2013 (BGBl. I 2013 S. 1602) für den Bereich des Bundes nachgekommen.

3.4.4. Bundesamt für Sicherheit in der Informationstechnik

Das Bundesamt für Sicherheit in der Informationstechnik (BSI) ist eine in der Bundesstadt Bonn ansässige zivile obere Bundesbehörde im Geschäftsbereich des Bundesministeriums des Innern (BMI), die für Fragen der IT-Sicherheit zuständig ist. Das BSI wurde 1991 durch das einschlägige Errichtungsgesetz vom 17. Dezember 1990 (BGBl. I 1990 S. 2834) gegründet. Es ging aus der Zentralstelle für Sicherheit in der Informationstechnik (ZSI) hervor, deren Vorgängerbehörde die dem BND unterstellte Zentralstelle für das Chiffrierwesen (ZfCh) war. Das BSI gibt das IT-Grundschutzhandbuch heraus, das Empfehlungen für Standardschutzmaßnahmen für typische IT-Systeme mit normalem Schutzbedarf enthält. In diesem Handbuch werden nicht nur technische, sondern auch organisatorische, personelle und infrastrukturelle Maßnahmen erörtert.

Das BSI ist die zentrale Zertifizierungsstelle für die Sicherheit von IT-Systemen in Deutschland (Computer- und Datensicherheit, Datenschutz). Prüfung und Zertifizierung ist möglich in Bezug auf die Standards des IT-Grundschutzhandbuchs, des Grünbuchs, ITSEC und den Common Criteria. Die Information Technology Security Evaluation Criteria (ITSEC; deutsch etwa: Kriterien für die Bewertung der Sicherheit von Informationstechnologie) ist ein europäischer Standard für die Bewertung und Zertifizierung von Software und Computersystemen in Hinblick auf ihre Funktionalität und Vertrauenswürdigkeit bezüglich der Daten- und Computersicherheit. Der Standard wurde 1991 von der Europäischen Kommission veröffentlicht; er ist inhaltlich stark an den älteren deutschen Standard ITSK angelehnt und bietet somit eine differenziertere Einteilung als das amerikanische Orange Book (TCSEC). Die ITSEC- und TCSEC-Standards wurden in dem internationalen Standard Common Criteria vereinigt. In Deutschland erfolgt die Zertifizierung nach ITSEC durch das BSI. Bewertet wird nach der Information Technology Security Evaluation Methodology (ITSEM; deutsch etwa: Methode für die Bewertung der Sicherheit von Informationstechnologie).

Durch das BSI-Gesetz vom 14. August 2009 (BGBl. I S. 2821), geändert durch Art. 3 Abs. 7 des Gesetzes vom 7. August 2013 (BGBl. I S. 3154), wurden die Zuständigkeiten und Befugnisse des BSI erweitert. Das Gesetzesvorhaben ging davon aus, dass die Bedeutung der Informations- und Kommunikationstechnologie (IKT) für die Funktionsfähigkeit des Gemeinwesens stark zugenommen habe. Ohne funktionierende IKT-Infrastrukturen sei die Versorgung mit Energie oder Wasser gefährdet, fielen wichtige Infrastrukturen wie z. B. Verkehrsmittel oder bargeldlose Zahlungswege von der Ladenkasse bis zur Rentenzahlung aus.¹³ Angriffe auf IKT-Infrastrukturen könnten auch Unfälle mit unmittelbaren Auswirkungen auf Leben und Gesundheit vieler Menschen auslösen, z. B. durch gezieltes Umgehen von eingebauten Sicherheitsmaßnahmen. Schwachstellen in IKT-Infrastrukturen würden auch zur Wirtschafts-, Industrie und Forschungsspionage genutzt, mit unmittelbaren Auswirkungen auf den Wohlstand und letztlich die innere Sicherheit des Landes. Die Sicherheit der Informationstechnik (IT) sei damit ein wesentlicher Bestandteil der inneren und äußeren Sicherheit der Bundesrepublik Deutschland. Deshalb sollten – qua Gesetz – dem BSI Befugnisse eingeräumt werden, technische Vorgaben für die Sicherung der Informationstechnik in der Bundesverwaltung zu machen und Maßnahmen umzusetzen, um Gefahren für die Sicherheit der Informationstechnik des Bundes abzuwehren. Als zentrale Meldestelle für IT-Sicherheit sammelte das BSI Informationen über Sicherheitslücken und neue Angriffsmuster, wertet diese aus und gibt Informationen und Warnungen an die betroffenen Stellen oder die Öffentlichkeit weiter. Zu diesem Zweck wurde auch § 109 Abs. 2 TKG dahin gehend geändert, dass die Bundesnetzagentur ermächtigt wurde, im Benehmen mit dem BSI einen Katalog von Sicherheitsanforderungen für das Betreiben von Telekommunikations- und Datenverarbeitungssystem zu erstellen und nach Anhörung der Hersteller und Betreiber von Telekommunikationsanlagen zu veröffentlichen, der als Grundlage für die nach § 109 Abs. 3 TKG von den Unternehmen zu erstellenden Sicherheitskonzepten dienen soll.¹⁴

Mit dem Gesetz vom 17. Juli 2015 zur Erhöhung der Sicherheit informationstechnischer Systeme (IT-Sicherheitsgesetz) (BGBl. I 2015 S. 1324) soll eine signifikante Verbesserung der Sicherheit informationstechnischer Systeme (IT-Sicherheit) in Deutschland erreicht werden. Die Neuregelungen dienen dazu, den Schutz der Systeme im Hinblick auf die Schutzgüter der IT-Sicherheit (Verfügbarkeit, Integrität, Vertraulichkeit und Authentizität) zu verbessern, um den aktuellen und zukünftigen Gefährdungen der

IT-Sicherheit wirksam begegnen zu können. Insbesondere Betreiber sogenannter Kritischer Infrastrukturen sind wegen der weitreichenden gesellschaftlichen Folgen, die ein Ausfall oder eine Beeinträchtigung ihrer Infrastrukturen nach sich ziehen kann, und ihrer insoweit besonderen Verantwortung für das Gemeinwohl zu verpflichten, ein Mindestniveau an IT-Sicherheit einzuhalten und dem BSI IT-Sicherheitsvorfälle zu melden. Die beim BSI zusammenlaufenden Informationen werden ausgewertet und den Betreibern Kritischer Infrastrukturen zur Verbesserung des Schutzes ihrer Infrastrukturen schnellstmöglich zur Verfügung gestellt.

3.5. *Koordinierende Dienststellen und Plattformen*
Darin sind die Analysespezialisten des BKA und des BfV zentral zusammengeführt, um Informationen über den internationalen Terrorismus zu analysieren und auszutauschen. Zu diesem Zweck hat das BKA an seinem Standort Berlin ein »Polizeiliches Informations- und Analysezentrum« (PIAZ) für den Bereich des islamischen Terrorismus eingerichtet. Darin sind die Polizeien der Länder durch Verbindungsbeamte vertreten. Parallel zum PIAZ wurde als Dienststelle des BfV ein »Nachrichtendienstliches Informations- und Analysezentrum« (NIAZ) am gleichen Standort eingerichtete, an dem ausschließlich die Nachrichtendienste beteiligt sind.

3.5.1. Bundessicherheitsrat
Die Gründung des Bundessicherheitsrates (BSR) geht auf einen Kabinettsbeschluss vom 6. Oktober 1955 zurück. Seine Aufgaben und Bedeutung variierten im Laufe der Jahrzehnte. Seit dem Koalitionsvertrag von 1998 hat das Gremium seine ursprüngliche Aufgabe der Koordinierung der deutschen Sicherheitspolitik zurückerhalten. Im selben Zusammenhang wurde die Erstattung eines jährlichen Rüstungsexportberichts durch die Bundesregierung beschlossen, der seit 1999 jeweils einmal im Jahr erschienen ist. Entsprechend der wieder erhaltenen Aufgabe fanden

Beratungen über Reaktionen nach den Anschlägen vom 11. September 2001 durch den BSR statt. Die Aufgabenbestimmung aus dem Jahre 1998 ist auch von der anschließenden Großen Koalition im Bund beibehalten worden.

Der BSR ist ein Kabinettsausschuss der Bundesregierung, zu dessen Kernaufgaben die Genehmigung von Rüstungsexporten, die Koordinierung deutscher Sicherheitspolitik und die Diskussion und Abstimmung ihrer strategischen Ausrichtung gehören. Kabinettsausschüsse werden weder im Grundgesetz noch in der Geschäftsordnung der Bundesregierung ausdrücklich erwähnt. Neben dem BSR gibt es derzeit zwei weitere Kabinettsausschüsse, nämlich »Wirtschaft« und »Neue Länder«. Sedes materiae des BSR ist einerseits Art. 26 Abs. 2 GG, wonach Kriegswaffen nur mit Genehmigung der Bundesregierung hergestellt, befördert und in Verkehr gebracht werden dürfen. Andererseits ergibt sich seine Existenz aus der Organisationsgewalt der Bundesregierung. Sachlich ist der BSR dem Gesamtkabinett zugeordnet und nicht etwa dem BMVg. Da es sich bei den Kabinettsausschüssen um ständige Einrichtungen der Bundesregierung handelt, unterfällt ihre Tätigkeit nicht der Diskontinuität; deshalb hat die amtierende Bundesregierung mitgeteilt, dass der »Bundessicherheitsrat natürlich weiterhin eingerichtet bleibt«.

Seine Beratungen finden in unregelmäßigen Abständen statt und sind geheim. Der BSR hat neun Mitglieder, nämlich den Chef des Bundeskanzleramtes, die Bundesminister des Auswärtigen, der Verteidigung, der Finanzen, des Inneren, der Justiz und den Bundesminister für Wirtschaft. Der BSR fasst seine Beschlüsse grundsätzlich in der Form von Empfehlungen an das Gesamtkabinett. Ein Entscheidungsrecht im Hinblick auf die Bundesregierung steht dem BSR nicht zu, sondern nur in den vom Kabinett ausdrücklich delegierten Fällen. Derzeit entscheidet der BSR anscheinend lediglich im Bereich des Rüstungsexport abschließend.

3.5.2. Gemeinsames Terrorismus Abwehrzentrum

Quer zum Schema des Behördenaufbaus steht seit dem 14. Dezember 2004 das »Gemeinsame Terrorismusabwehrzentrum« (GTAZ). Das auf der Liegenschaft des BKA in Berlin-Treptow unter der zentralen Führung des BKA und des BfV arbeitende GTAZ ist Plattform für die Zusammenarbeit von 40 Behörden des Bundes und der Länder. Darunter befinden sich über die genannten Behörden hinaus der BND sowie die jeweils 16 LKA und LAfV.[15] Nach dem Willen der IMK ist es ein zentrales Lage- und Analysezentrum. Das BKA hat an seinem Standort in Berlin ein Polizeiliches Informations- und Analysezentrum (PIAZ) für den Bereich des islamistischen Terrorismus eingerichtet. Parallel dazu wurde beim BfV ein Nachrichtendienstliches Informations- und Analysezentrum (NIAZ) – ausschließlich unter Beteiligung von Nachrichtendiensten geschaffen. Im GTAZ werden die Analysespezialisten zentral zusammengeführt.[16] Die einzelnen Informationszentren sind räumlich und inhaltlich getrennt. Jeder an einem Informations- und Analysezentrum beteiligte Verbindungsbeamte hat ausschließlich direkten Zugriff auf die Daten seiner Entsendebehörde.[17] Das GTAZ wird organisationsrechtlich als Netzwerk eingeordnet.[18] Ob die Übermittlungsregelungen in den Sicherheitsgesetzen die im GTAZ unternommenen gemeinsamen Datenverarbeitungen tragen, ist angezweifelt worden, hängt aber letztlich an der Einhaltung der gesetzlichen Befugnis im Einzelfall. Ein gewichtiger Einwand gegen die Arbeit des GTAZ liegt derzeit in der inkonsistenten Kontrolle des Netzwerks, denn die jeweils geübte Kontrolle der einzelnen beteiligten Behörden kann nicht das in der Zusammenarbeit liegende Spezifische erfassen.[19]

3.5.3. Gemeinsames Internetzentrum

Anfang 2007 wurde das Gemeinsame Internet-Zentrum (GIZ) in Berlin eingerichtet, um das Internet systematisch auszuwerten. GIZ und GTAZ sind auf der Liegenschaft am Treptower Park in Berlin in unterschiedlichen Gebäuden untergebracht. Somit besteht eine räumliche Trennung zwischen den beiden Zentren.[20] Das GIZ ist keine Untergliederung des GTAZ, sondern eine eigenständige Zusammenarbeitsplattform der am GIZ beteiligten Behörden. Der Informationsaustausch zwischen den am GIZ und den am GTAZ beteiligten Behörden erfolgt anlassbezogen im Rahmen der täglichen Lagebesprechungen sowie ggf. weiterer Arbeitsgruppen des GTAZ unter Berücksichtigung der geltenden Übermittlungsvorschriften.[21] Das Gemeinsame Internetzentrum (GIZ) ermöglicht eine enge Zusammenarbeit der beteiligten Behörden und führt die jeweiligen sprachlichen, technischen und fachlichen Kompetenzen der beteiligten Behörden zusammen. Die Behörden arbeiten jedoch selbstständig auf der Grundlage ihres jeweiligen eigenen gesetzlichen Auftrags. Das GIZ stellt mithin keine Behörde dar, sondern eine Zusammenarbeitsplattform zur Bekämpfung des islamistischen Terrorismus im Internet.[22] Dort arbeiten – nach dem Vorbild des Gemeinsamen Terrorismusabwehrzentrums (GTAZ) – Vertreter des Bundesamtes für Verfassungsschutz, des Bundeskriminalamtes, des Bundesnachrichtendienstes, des Amtes für den Militärischen Abschirmdienst sowie der Generalbundesanwaltschaft eng zusammen. Die Geschäftsführung im GIZ obliegt seit der Aufnahme des Wirkbetriebs im Januar 2007 dem BfV.[23]

3.5.4. Gemeinsames Analyse- und Strategiezentrum illegale Migration

Das Bundesministerium des Innern hat das Gemeinsame Analyse- und Strategiezentrum illegale Migration (GASIM) in Abstimmung mit dem Bundeskanzleramt, dem Auswärtigen Amt und dem Bundesministerium der Finanzen als behördenübergreifendes Informations- und Kooperationszentrum initiiert. Aufgaben des Zentrums sind die Sammlung aller verfügbaren Erkenntnisse auf dem Gebiet der illegalen Migration, deren Auswertung und Analyse, die Erstellung von Lagebildern, die internationale Zusammenarbeit, die Analyse von Zusammenhängen der illegalen Migration mit allgemeiner und organisierter Kriminalität, illegaler Beschäftigung und Missbrauch von Sozialleistungen, die Initiierung und Unterstützung von Ermittlungsverfahren sowie der Aufbau und die Wahrnehmung einer Frühwarnfunktion. Zuständigkeiten und Befugnisse der einzelnen Behörden und Stellen werden durch die Einrichtung des GASIM nicht verändert. Der Informationsaustausch zwischen den beteiligten Behörden und Stellen erfolgt auf der Grundlage der geltenden Übermittlungsvorschriften. Die Polizeien und das Bundesamt für Verfassungsschutz sind gesetzlich zur Informationsübermittlung verpflichtet (§§ 18 bis 20 des Bundesverfassungsschutzgesetzes).[24] Bestehende rechtliche Rahmenbedingungen und Zuständigkeiten werden nicht verändert.[25]

3.5.5. Nationales Cyber-Abwehrzentrum

Das Nationale Cyber-Abwehrzentrum (NCAZ) wurde als gemeinsame Plattform zum schnellen Informationsaustausch und zur besseren Koordinierung von Schutz- und Abwehrmaßnahmen gegen IT-Sicherheitsvorfälle errichtet. Unter der Federführung des Bundesamtes für Sicherheit in der Informationstechnik (BSI) und direkter Beteiligung des Bundesamtes für Verfassungsschutz (BfV) und des Bundesamtes für Bevölkerungsschutz und Katastrophenhilfe (BBK) hat das Cyber-Abwehrzentrum bereits am 1. April 2011 seine Arbeit aufgenommen. Die drei Behörden stellen gemeinsam die zehn festen Mitarbeiter des Cyber-Abwehrzentrums. Seit 2014 wirken auch das Bundeskriminalamt (BKA), die Bundespolizei (BPol), das Zollkriminalamt (ZKA), der Bundesnachrichtendienst (BND) sowie die Bundeswehr als assoziierte Behörden mit. Das Cyber-Abwehrzentrum ist Bestandteil der vom Bundesministerium des Innern erarbeiteten Cyber-Sicherheitsstrategie für Deutschland, die von der Bundesregierung am 23. Februar 2011 beschlossen wurde. Das Cyber-Abwehrzentrum hat zur Aufgabe, IT-Sicherheitsvorfälle schnell und umfassend zu bewerten und abgestimmte Handlungsempfehlungen zu erarbeiten. Dazu werden unter anderem Informationen über Schwachstellen in IT-Produkten ausgetauscht sowie IT-Vorfälle, Verwundbarkeiten und Angriffsformen analysiert. Alle beteiligten Behörden arbeiten dabei unter Beibehaltung ihrer bisherigen gesetzlichen Befugnisse.[26]

4. Verfassungsrechtliche Anforderungen an die zukünftige Sicherheitsarchitektur

Die Betrachtungen haben den militärischen Bereich ausgeklammert. Dies hat nicht zuletzt seinen Grund darin, dass die Bundeswehr bislang über kein Einsatz-Gesetz verfügt und es daher – unterhalb der Verfassung – am normativen Substrat für eine solche Betrachtung weitgehend fehlt. Dies wird vermutlich so nicht bleiben, denn das Thema ist ungeachtet eines konkreten politischen Wollens auf dem Tisch, seitdem das Plenum des BVerfG die Verwendung spezifisch militärischer Waffen bei Einsätzen der Streitkräfte nach Art. 35 Abs. 2 S. 2, Abs. 3 GG nicht grundsätzlich ausgeschlossen hat, wenngleich Einsätze aber nur unter engen Voraussetzungen zulässig sind, so dass insbesondere die strikten Begrenzungen für Kampfeinsätze der Streitkräfte in inneren Auseinandersetzungen nach Art. 87 a Abs. 4 GG nicht unterlaufen werden können.

Konkreter erkennbar sind die verfassungsrechtlichen Anforderungen an sämtliche bereits vorhandenen polizeilichen und nachrichtendienstlichen Sicherheitsgesetze infolge des Urteils des BVerfG vom 20. April 2016 (1 BvR 966/09, 1 BvR 1140/09) zu den heimlichen Überwachungsbefugnissen im BKAG, nämlich Wohnraumüberwachungen, Online-Durchsuchungen, Telekommunikationsüberwachungen, Telekommunikationsverkehrsdatenerhebungen und Überwachungen außerhalb von Wohnungen mit besonderen Mitteln der Datenerhebung. In dem Urteil werden – abgeleitet vom verfassungsrechtlichen Verhältnismäßigkeitsgrundsatz – umfangreiche Nachbesserungen innerhalb von zwei Jahren verlangt. Die verfassungsgerichtliche Maßgabe bezieht sich formal zwar nur auf das BKAG. In der Konsequenz müssen aber auch die Polizeigesetze der Länder und die Nachrichtendienstgesetze von Bund und Ländern in den Novellierungsprozess einbezogen werden. Dies ist auch Frucht der stattgefundenen Konvergenz der Sicherheitsgesetze (Polizeiliche Gefahrenabwehr mit heimlichen Überwachungsmaßnahmen Anm. zu BVerfG, Urt. v. 20. April 2016 – 1 BvR 966/09, 1 BvR 1140/09 – zum BKAG, in KriPoZ 2016, 75, 81). Die einschlägigen Befugnisse verlangen demnach besondere Regelungen zum Schutz des Kernbereichs privater Lebensgestaltung sowie einen Schutz von Berufsgeheimnisträgern; sie unterliegen Anforderungen an Transparenz, individuellen Rechtsschutz und aufsichtliche Kontrolle und müssen mit Löschungspflichten bezüglich der erhobenen Daten flankiert sein (BVerfG, Urteil vom 20. April 2016 – 1 BvR 966/09, 1 BvR 1140/09 –, Rn. 103). Anforderungen an die Nutzung und Übermittlung staatlich erhobener Daten in diesen Fällen richten sich außerdem nach den Grundsätzen der Zweckbindung und Zweckänderung (BVerfG a. a. O. Rn. 276). Dies gilt verstärkt bei der Übermittlung von Daten an staatliche Stellen im Ausland (BVerfG a. a. O. Rn. 324).

---

* Das Manuskript wurde im August 2016 abgeschlossen.
1 Die Reichweite eines Teils der Regelung zum Einsatz der Bundeswehr in polizeilicher Amtshilfe ist durch die Plenarentscheidung des Bundesverfassungsgerichts vom 3. 7. 2012 zu Art. 35 Abs. 2 Satz 2, Abs. 3 GG deutlich geworden. Die Verwendung spezifisch militärischer Waffen ist danach bei Einsätzen der Streitkräfte nach Art. 35 Abs. 2 S. 2, Abs. 3 GG nicht grundsätzlich ausgeschlossen. Einsätze sind aber nur unter engen Voraussetzungen zulässig, so dass insbesondere die strikten Begrenzungen für Kampfeinsätze der Streitkräfte in inneren Auseinandersetzungen nach Art. 87a Abs. 4 GG nicht unterlaufen werden können (BVerfG, Beschluss vom 3. 7. 2012, – 2 PBvU 1/11 –, BVerfGE 132, 1–39, Rn. 24). Eine einfachgesetzliche Umsetzung dieser verfassungsrechtlichen Vorgaben findet sich u. a. im Bundespolizeigesetz (§ 7 BPolG) mit den dort geregelten Aufgaben im Notstands- und Verteidigungsfall.
2 Apronym für Uniting and Strengthening America by Providing Appropriate Tools Required to Intercept and Obstruct Terrorism Act of 2001.
3 Vgl. Arzt, in: Schenke/Graulich/Ruthig, Sicherheitsrecht des Bundes, München 2014, BPolG § 37 Rn. 17.
4 »Gesetz über das Zollkriminalamt und die Zollfahndungsämter – Zollfahndungsdienstgesetz (ZdFG)«, das als Art. 1 des »Gesetzes zur Neuregelung des Zollfahndungsdienstes – Zollfahndungsneuregelungsgesetz« ergangen ist.
5 Vgl. Roggan, Die Novelle des Zollfahndungsdienstgesetzes – Legislative Probleme mit dem Schutz des Kernbereichs privater Lebensgestaltung, in: NVwZ 2007, S. 1239.
6 Dabei handelt es sich um Suchbegriffe, die den in § 5 Abs. 1 G 10 genannten Gefahrenbereichen zugeordnet werden können, in denen dem

BND Überwachungskompetenzen zukommen. »Die Suchbegriffe dürfen keine Identifizierungsmerkmale enthalten, die zu einer gezielten Erfassung bestimmter Telekommunikationsanschlüsse führen oder den Kernbereich der privaten Lebensgestaltung betreffen. Dies gilt nicht für Telekommunikationsanschlüsse im Ausland, sofern ausgeschlossen werden kann, dass Anschlüsse, deren Inhaber oder regelmäßige Nutzer deutsche Staatsangehörige sind, gezielt erfasst werden« (BT-Drs. 17/8639 vom 10. 2. 2012, S. 6).
7 BVerfG, Urteil vom 14. 7. 1999, – 1 BvR 2226/94 –, – 1 BvR 2420/95 –, – 1 BvR 2437/95 –, BVerfGE 100, 313–403, Rn. 201.
8 BVerfG, Urteil vom 14. 7. 1999, 1 BvR 2226/94, 1 BvR 2420/95, 1 BvR 2437/95, BVerfGE 100, 313–403 Rn. 202.
9 Vgl. Graulich, Terrorismus und Terrorismusbekämpfung – Folgt der Auflösung der rechtlichen Angriffsform die Auflösung der rechtlichen Verteidigungsform?, in: Graulich/Simon, Terrorismus und Rechtsstaatlichkeit, Berlin 2007, S. 409 f.
10 Vgl. m. w. Einzelheiten zur Vergabe von Suchbegriffen und der Treffer-Erfassung BT-Drs. 17/8639 S. 6 ff.; zur verwaltungsgerichtlichen Überprüfung dieser Maßnahme vgl. BVerwG, Urteil vom 28. 5. 2014, – 6 A 1/13 –, juris.
11 Vgl. Arzt, in: Schenke/Graulich/Ruthig, a. a. O. (Fn. 3), ATDG, Vorbemerkung.
12 Vgl. BVerfG, Beschluss vom 24. 1. 2012, – 1 BvR 1299/05 –, BVerfGE 130, 151–212.
13 Vgl. BT-Drs. 16/11967.
14 Im Einzelnen vgl. Buchberger, in: Schenke/Graulich/Ruthig, a. a. O. (Fn. 3), BSIG.
15 Burgi, in: v.Mangoldt/Klein, GG Art. 87 Rn. 51.
16 Würz, Die Zusammenarbeit der (Bundes-)Sicherheitsbehörden im Phänomenbereich islamistischer Terrorismus – Das gemeinsame Terrorismusabwehrzentrum Berlin-Treptow, in: Kriminalistik 2005, S. 10.
17 Niclas-Frederic Weisser, Das Gemeinsame Terrorismusabwehrzentrum (GTAZ) – Rechtsprobleme, Rechtsform und Rechtsgrundlage, in: NVwZ 2011, S. 143.
18 M. w. N. Graulich in Schenke/Graulich/Ruthig, a. a. O. (Fn. 3), BKAG § 2 Rn. 19.
19 Vgl. Graulich, ebd., Rn. 18.
20 BT-Drs. 17/5557 S. 3.
21 Ebd., S. 3.
22 Ebd., S. 1.
23 Graulich, in: Schenke/Graulich/Ruthig, a. a. O. (Fn. 3) BKAG § 21 Rn. 21 ff.
24 BT-Drs. 16/2420, S. 2.
25 Graulich, in: Schenke/Graulich/Ruthig, a. a. O. (Fn. 3) BKAG § 23 ff.
26 Ders., in: Schenke/Graulich/Ruthig, a. a. O. (Fn. 3), BKAG § 2 Rn. 25 ff.

Martin Plohmann

Individualsanktionen des UN-Sicherheitsrates auf dem Prüfstand der EMRK

Das Kammer-Urteil des EGMR im Fall Al-Dulimi ./. Schweiz

A. Einführung*

Es ist keine neue Erkenntnis, dass der Bereich der Grund- und Menschenrechte, sowohl was deren Schutz als auch Gefährdungen anbelangt, über eine internationale Dimension verfügt. Zunehmend relevant werden dabei Maßnahmen, die ihren Ursprung in Resolutionen des Sicherheitsrats der Vereinten Nationen (UN) haben. Unter dem Stichwort der gezielten Sanktionen (»*targeted sanctions*«) gegenüber Individuen hat dies spätestens seit den Urteilen des EuGH in der Rechtssache Kadi eine verstärkte Aufmerksamkeit erfahren.[1] Insbesondere angesichts fehlender Rechtsschutzmöglichkeiten sind diese Individualsanktionen immer häufiger auf Kritik aus menschenrechtlicher Sicht gestoßen. Daher stellt sich die Frage, ob und unter welchen Bedingungen eine dezentrale Kontrolle von Sicherheitsratsresolutionen bzw. deren staatlichen Umsetzungsmaßnahmen durch nationale und regionale Gerichte möglich ist.

Das Urteil des Europäischen Gerichtshofs für Menschenrechte (EGMR) im Fall Al-Dulimi und Montana Management Inc. gegen die Schweiz (im Folgenden: Al-Dulimi) vom 26. November 2013 gibt Anlass zu untersuchen, wie sich der EGMR zu dieser Problemlage positioniert.

Der nachstehende Beitrag geht daher der Frage nach, wie der EGMR in dieser Entscheidung und mit Blick auf seine frühere Rechtsprechung mit Maßnahmen von Staaten umgeht, die diese zur Umsetzung von Sicherheitsratsresolutionen vornehmen.

Nach einer kurzen Beschreibung der tatsächlichen Hintergründe im Fall Al-Dulimi (*unter B.*) wird untersucht, unter welchen Bedingungen, d. h. *ob* der EGMR eine Kontrolle ausübt, was insbesondere anhand der Frage zu beurteilen ist, inwieweit die Artikel 103, 25 UN-Charta (UNC)[2] ein Hindernis für die Kontrollausübung durch den EGMR darstellen (*unter C.*). Danach wird erörtert, anhand welcher Prüfungsmaßstäbe, d. h. *wie* der EGMR eine Kontrolle ausübt (*unter D.*) bevor abschließend eine Gesamtbetrachtung erfolgt (*unter E.*).

B. Der Sachverhalt im Fall Al-Dulimi

Im Nachgang des militärischen Eingreifens einiger westlicher Staaten im Irak 2003 forderte der Sicherheitsrat mit Res. 1483 (2003) alle Staaten auf, Vermögenswerte der ehemaligen irakischen Regierung um Saddam Hussein und anderer hochrangiger Regimevertreter zu sperren und diese unverzüglich an den Entwicklungsfonds für den Irak weiterzuleiten.[3] Zudem schuf er mit Res. 1518 (2003) einen Sanktionsausschuss zur Erfassung der Verantwortlichen des ehemaligen irakischen Regimes. In der Folge wurden der irakische Staatsangehörige Herr Al-Dulimi – angeblich Finanzmanager der irakischen Geheimdienste unter Saddam Hussein – sowie das Unternehmen Montana Management Inc., dessen Geschäftsführer Al-Dulimi ist, auf die Liste der zu sanktionierenden Personen gesetzt.[4] Diese Maßnahmen setzte der schweizerische Bundesrat 2004 durch eine Verordnung um, bevor schließlich das schweizerische Wirtschaftsdepartement 2006 die Einziehung des Vermögens Al-Dulimis sowie von Montana Management Inc. anordnete.[5]

Alle Bemühungen Al-Dulimis hiergegen blieben erfolglos, sowohl vor dem schweizerischen Bundesgericht[6] als auch vor dem Sanktionsausschuss im Rahmen des vom Sicherheitsrat mit Res. 1730 (2006) geschaffenen Verfahrens.[7]

C. Begründung der Kontrolle durch den EGMR – Art. 25, 103 UNC als Hindernis der Kontrollausübung?

In seinem Urteil vom 26. November 2013 stellte eine Kammer des EGMR einen Verstoß gegen das Menschenrecht auf ein faires Verfahren (Art. 6 I EMRK) fest. Zentraler Kritikpunkt der Sondervoten der Richter Lorenzen, Raimondi und Jočiené einerseits sowie des Richters Sajó andererseits im Fall Al-Dulimi waren die Bestimmungen in den Artikeln 103 und 25 UNC[8], wonach die Mitgliedstaaten sich einerseits verpflichten, die Beschlüsse des Sicherheitsrates im Einklang mit der Charta anzunehmen und durchzuführen (Art. 25 UNC) und wonach andererseits die Verpflichtungen aus der Charta Vorrang haben gegenüber den Pflichten der Mitgliedstaaten aus anderen internationalen Übereinkünften (Art. 103 UNC). Ganz überwiegend anerkannt ist dabei, dass auch Sicherheitsratsresolutionen von dieser Vorrangwirkung profitieren.

Da eine menschenrechtliche Überprüfung von Maßnahmen zur Umsetzung von Sicherheitsratsresolutionen potentiell zur Ungültigerklärung der Umsetzungsmaßnahmen, und damit zur Nichtbeachtung der Resolutionen, führen könnte, bilden diese Normen den Kern der Diskussion über die Zulässigkeit einer dezentralen Überprüfung. Gespalten sind dabei sowohl die Literatur als auch die Staatenpraxis.

I. Die Position des EGMR allgemein

Anders als das schweizerische Bundesgericht, das eine Überprüfung der Umsetzungsmaßnahmen unter Verweis auf Art. 103 UNC sowie insbesondere den *effet utile* des Art. 25 UNC ablehnte, bejaht der EGMR im Ergebnis eine Kontrollbefugnis. Dabei äußert er sich jedoch nicht ausdrücklich zur Vorrangproblematik.[9] Gleichwohl ist anzunehmen, dass die nachstehenden Ausführungen angesichts ihrer Stellung im Urteil implizit zur Vorrangfrage Position beziehen.

Einerseits stützt sich der EGMR auf Art. 1 EMRK. Demgemäß seien die Staaten für alle ihre Handlungen verantwortlich, gleichwohl ob sie dem nationalen Recht oder völkerrechtlichen Verpflichtungen entspringen, unterscheidet Art. 1 EMRK doch nicht zwischen verschiedenen Typen von Normen oder Maßnahmen,[10] gewährt also offenbar auch keine Sonderstellung für Pflichten aus der UN-Charta (Art. 103 UNC). Andererseits betont der EGMR jedoch, dass die EMRK gemäß Art. 31 III c WVK[11] im Einklang mit den allgemeinen Prinzipien des Völkerrechts auszulegen sei.[12] Die Uneindeutigkeit dieser beiden Aussagen löst der EGMR angesichts der letztlich erfolgenden Verurteilung der Schweiz konkludent zugunsten eines Vorrangs der EMRK gegenüber Beschlüssen des Sicherheitsrats.

Nachstehend werden diese Aussagen einer kritischen Würdigung unterzogen, zunächst hinsichtlich der vom EGMR vorgebrachten Herleitung einer Überprüfungsbefugnis sowie alternativer Herleitungsmöglichkeiten (*unter II.*). Anschließend wird die Entscheidung in die bisherige Rechtsprechungslinie eingeordnet (*unter III.*).

II. Herleitung einer Überprüfungsbefugnis
1. Position des EGMR: Herleitung nur aus der EMRK
Indem das für eine Überprüfung offenbar tragende Argument in Art. 1 EMRK wurzelt, löst der EGMR die Vorrangproblematik ausschließlich unter Rückgriff auf die EMRK – eine Herleitung aus dem übrigen Völkerrecht, insbesondere dem Recht der UN heraus, unterbleibt, was Anlass zu Kritik gibt.

Zwar legt der EGMR Bestimmungen der UN-Charta nicht verbindlich aus; gleichwohl bedient auch er sich bisweilen einer Auslegung von Charta-Normen, um einen Ausgleich mit der EMRK herbeizuführen.[13] Angesichts dessen ist die von ihm gewählte Herleitung aufgrund der folgenden Erwägungen zu bedauern. Erstens befördert sie eine weitere, dogmatisch untermauerte Fragmentierung des Völkerrechts.[14] Zweitens belässt sie die Staaten nach wie vor in einem Dilemma, können diese dem Sicherheitsrat die EMRK dogmatisch doch nur schwerlich als Argument für eine Nichtbefolgung entgegenhalten und bleiben daher weiterhin zur Resolutionsumsetzung verpflichtet. Drittens ist die EMRK, obwohl bisweilen als »Verfassungsinstrument«[15] bezeichnet, keine autonome Rechtsordnung, sondern, wie Art. 103 UNC, unmittelbarer Bestandteil des Völkerrechts. Damit unterscheidet sie sich gerade von der nationalen und der Unionsrechtsordnung, sodass eine Übernahme der »nach innen« gerichteten dualistischen Argumentationslinien des EuGH[16] oder jener von nationalen Gerichten[17] durch den EGMR kaum möglich ist.

Schließlich ist die gewählte Herleitung verwunderlich, nimmt der EGMR doch selbst ausdrücklich Bezug auf Art. 31 III c WVK[18], womit eine Argumentation jenseits der EMRK bereits angedeutet – später jedoch nicht vollzogen wird.

Hätte sich dem EGMR eine argumentative Alternative zu Art. 1 EMRK geboten?

2. Herleitung jenseits der EMRK

Grenzen des Vorrangs gemäß Art. 103, 25 UNC, die im Ergebnis eine dezentrale Überprüfung von Umsetzungsmaßnahmen zulassen, werden im Schrifttum auch außerhalb der EMRK hergeleitet.

So kann bereits Art. 25 Hs. 2 UNC dahingehend verstanden werden, dass er die Mitgliedstaaten nur verpflichtet, Sicherheitsratsbeschlüsse durchzuführen, die im Einklang mit der UN-Charta stehen (»*in accordance with the present Charter*«) – hierzu gehören auch die Menschenrechte, Art. 1 III UNC – wohingegen chartawidrige Beschlüsse weder von der Befolgungspflicht nach Art. 25 UNC noch von der Vorrangwirkung des Art. 103 UNC umfasst wären[19], sodass die Nichtbefolgung einer Resolution durch einen Staat infolge einer dezentralen gerichtlichen Überprüfung ggf. nicht gegen Art. 25, 103 UNC verstieße; damit stünde Art. 25 UNC im Einklang mit Art. 2 V UNC, wonach die Mitgliedstaaten den UN Beistand leisten bei jeder Maßnahme, die die Organisation in Übereinstimmung mit der Charta ergreift.[20]

Zwar könnte dem entgegengehalten werden, dass von der materiellen Rechtslage nicht automatisch auf eine

Kompetenz zur Feststellung selbiger zu schließen ist[21] sowie, dass sich Art. 25 UNC gemäß dessen authentischem französischen Wortlaut[22] durchaus als lediglich auf die *Mitgliedstaaten* bezogen verstehen lässt[23], zumal unter systematischen Erwägungen dem Sicherheitsrat Grenzen eventuell nur aus Art. 24 II UNC, nicht auch aus Art. 25 UNC gezogen werden sollen[24]. Bei letzterer Auffassung würde sich Art. 25 UNC jedoch in der selbstredenden Aussage erschöpfen, dass die Mitgliedstaaten an die Charta gebunden sind und erschiene somit redundant.[25]

Angesichts dieser Unklarheit wäre eine auf Sicherheitsratsbeschlüsse angelegte Auslegung von Art. 25 Hs. 2 UNC[26] durch den EGMR daher jedenfalls vertretbar.

Zudem geht aus Art. 1 I, III UNC hervor, dass die Menschenrechte nicht kategorisch dem Ziel der Friedenssicherung untergeordnet sind.[27] Systematisch zeigt sich überdies, dass nach Art. 24 II UNC auch der Sicherheitsrat an die Grundsätze der UN, die nach Art. 1 III UNC auch die Menschenrechte einschließen, gebunden ist.[28] Auch ist in den letzten Jahrzehnten gerade im Kontext der UN ein stetiger Bedeutungsanstieg der Menschenrechte – dazu gehören nicht zuletzt verfahrensrechtliche Rechtsschutzgarantien[29] – zu verzeichnen.[30]

Sollen die auch im UN-Kontext stetig bedeutsamer gewordenen Menschenrechte jedoch nicht praktisch wirkungslos werden und damit ihre Förderung auf UN-Ebene widersprüchlich erscheinen lassen, so ist eine gerichtliche Kontrolle der Einhaltung der Menschenrechte unerlässlich, bedürfen aus teleologischer Sicht doch gerade die Menschenrechte einer Kontrolle der Exekutive (hier: des Sicherheitsrates) durch die Gerichte[31]. Dies gilt umso mehr, als es durch die in den vergangenen Jahren stetig gewachsene Wahrnehmung von Befugnissen des Sicherheitsrates[32] jedenfalls zu einer größeren Bedrohungslage für den Menschenrechtsschutz gekommen ist,[33] wenn man das bestehende Sanktionswesen nicht gar als *ultra vires* bezeichnen möchte[34]. Eine menschenrechtliche Überprüfung ist daher erforderlich. Soweit eine solche jedoch angesichts bestehender Rechtsschutzlücken auf UN-Ebene (noch) nicht besteht, kann sie nur dezentral erfolgen.[35]

Angesichts der Effektivität und hohen Bedeutung von Sicherheitsratsresolutionen für das System der kollektiven Sicherheit sowie der grundsätzlichen Vermutung ihrer Rechtmäßigkeit[36] kann eine solche dezentrale Kontrolle indes nur als *ultima ratio* zeitlich und inhaltlich begrenzt bei offensichtlichen und schwerwiegenden Menschenrechtsverstößen erfolgen, solange eine effektive zentrale Überprüfung nicht besteht.[37]

Diese Voraussetzungen wären im Fall Al-Dulimi indes erfüllt: Weder Res. 1483 (2003) noch das hier einschlägige Löschungsverfahren über eine Koordinierungsstelle nach Res. 1730 (2006) ermöglichen eine unabhängige Sanktionsüberprüfung, was offenkundig nicht Art. 6 I EMRK genügt[38]. Auch stellen Rechtsschutzgarantien wie Art. 6 I EMRK fraglos grundlegende Menschenrechte dar,[39] sodass deren gänzliche Nichtgewährung einen schwerwiegenden Menschenrechtsverstoß darstellt, was noch dadurch verstärkt wird, dass sie bisweilen zum *ius cogens* gerechnet werden[40]. Zudem hat Al-Dulimi erfolglos das Verfahren gemäß Res. 1730 (2006) durchlaufen;[41] weitere Foren auf UN-Ebene stehen ihm nicht offen.[42]

Damit käme als *ultima ratio* nur eine dezentrale Kontrolle in Betracht.

Aus alldem ergibt sich, dass die Herleitung einer dezentralen Überprüfungsbefugnis jenseits der EMRK generell möglich ist und auch im Fall Al-Dulimi gangbar gewesen wäre, sodass sich dem EGMR jedenfalls eine gut vertretbare Alternative zu der von ihm gewählten EMRK-bezogenen Herleitung geboten hätte.

III. Einordnung der Entscheidung in die frühere Rechtsprechung

Nachdem im vorangegangenen Abschnitt die Entscheidung im Fall Al-Dulimi isoliert betrachtet wurde, soll nun untersucht werden, wie sich der EGMR in seiner früheren Rechtsprechung zur Frage des Vorrangs nach Art. 103 UNC positioniert hat, um so eine Einordnung des aktuellen Urteils zu ermöglichen.

1. Bosphorus und Behrami

Früher trat der EGMR bei potentiellen Konflikten mit Sicherheitsratsbeschlüssen weniger selbstbewusst auf, als dies im Al-Dulimi-Urteil geschah. Im Fall Bosphorus wurde dieser Konflikt gänzlich ausgespart und lediglich eine Positionierung zum EG-Recht vorgenommen[43].[44]

Im Behrami-Urteil hat der EGMR eine Überprüfung von staatlichen Maßnahmen am Maßstab der EMRK ausgeschlossen,[45] wenn sie durch Resolutionen des Sicherheitsrats gedeckt waren und damit womöglich implizit sogar einen Vorrang der Resolutionen gegenüber der EMRK anerkannt.[46] Hierzu bezieht der EGMR nun in Al-Dulimi mit seiner auf Art. 1 EMRK gestützten Argumentation eine diametral entgegengesetzte Position, wenn er im Ergebnis von einem Vorrang der EMRK ausgeht.

Da das Al-Dulimi-Urteil weder eine ausdrückliche Rechtsprechungsänderung noch eine Abgrenzung gegenüber der Behrami-Entscheidung vornimmt, stehen beide in unaufgelöstem Widerspruch zueinander.

2. Al-Jedda

Auch das Urteil Al-Jedda, in dem der EGMR einen auf harmonisierende Auslegung von Sicherheitsratsresolutionen und EMRK bedachten Ansatz zur Konfliktvermeidung verfolgte[47], weist in eine andere Richtung als die Entscheidung Al-Dulimi.

Zum einen erscheint es zweifelhaft, ob der EGMR in Al-Jedda den Vorrang der UN-Charta anerkannt hat.[48] Zum anderen ließe sich zwar ein gewisses Aufbegehren des EGMR gegen den Sicherheitsrat darin erkennen, dass der EGMR in Al-Jedda faktisch Art. 103 UNC nur für Verpflichtungen der Staaten – nicht schon für bloße *Autorisierungen* des Sicherheitsrates – für relevant erachtet.[49] Gleichwohl darf nicht übersehen werden, dass sich der EGMR in Al-Jedda ausdrücklich dahingehend rückversichert, dass kein Konflikt zwischen EMRK und Sicherheitsratsresolution bestehe[50]. Bedenkt man, dass er sich in Al-Dulimi der Frage, ob ein Konflikt besteht, überhaupt nicht annimmt, lässt sich auch dem Al-Jedda-Urteil noch wesentlich mehr Respekt seitens des EGMR für die Belange des Sicherheitsrates entnehmen als dies aktuell der Fall ist.

3. Nada

Im Urteil Nada sprach der EGMR lediglich vom »verbindlichen Charakter« der Sicherheitsratsbeschlüsse, ließ jedoch – anders als in der Literatur erwartet[51] – die Vorrangfrage (Art. 103 UNC) (bei Art. 8 EMRK) ausdrücklich offen.[52]

Anders entschied er bei der Prüfung von Art. 13 EMRK. Hier stellte der EGMR unter Verweis auf das EuGH-Urteil Kadi I fest, dass das UN-Recht eine Überprüfung durch die nationalen Stellen hinsichtlich der »internen Rechtmäßigkeit« von Umsetzungsmaßnahmen nicht verbiete.[53] Auch hier lässt sich jedoch bezweifeln, ob der EGMR tatsächlich eine Aussage zum Vorrang (Art. 103 UNC) traf, betonte er doch, dass die einschlägige Sicherheitsratsresolution eine Überprüfung durch nationale Stellen nicht verbiete,[54] sodass kein Konflikt bestehe.

Ganz anders im Fall Al-Dulimi: Eine Feststellung, dass kein Konflikt zwischen Resolution und EMRK besteht, unterbleibt ebenso wie der Hinweis, die fragliche Sicherheitsratsresolution verbiete eine Überprüfung nicht. Letzteres erschien ohnehin bereits im Fall Nada äußerst zweifelhaft. Denn jene Resolutionen forderten die Umsetzung ohne Rücksicht auf andere völkerrechtliche (d. h. auch menschenrechtliche) Verpflichtungen[55] und die in den Resolutionen aufgezählten Ausnahmetatbestände der Sanktionierungspflicht – *e contrario* – können als abschließend angesehen werden.[56]

Verglichen mit dem Nada-Urteil ist die insofern schweigsame Entscheidung Al-Dulimi daher aufrichtiger hinsichtlich der Gestattung einer dezentralen Überprüfung durch den Sicherheitsrat.

Zu kritisieren ist jedoch, dass sie einer ausdrücklichen Befassung mit der Vorrangproblematik gänzlich aus dem Weg geht. Ist ein solches Vorgehen in der Logik des Nada-Urteils noch verständlich gewesen – der EGMR behauptete dort, die Schweiz habe über einen Umsetzungsspielraum verfügt[57] (womit keine Konfliktsituation mit den Resolutionen bestehe) – so wäre eine ausdrückliche Positionierung in Al-Dulimi umso mehr zu erwarten gewesen, da der EGMR hier einräumt, dass die Schweiz über keinerlei Umsetzungsspielraum verfügt habe.[58]

Bemerkenswert ist überdies der Unterschied bei der Herleitung einer Überprüfungskompetenz durch den EGMR: der Gerichtshof geht in Al-Dulimi, anders als in Nada, nicht länger den Umweg eines dualistischen Verweises auf das – im Kern jüngst bestätigte[59] – Kadi I-Urteil[60], sondern bezieht sich vielmehr unmittelbar auf Art. 1 EMRK, um eine Überprüfbarkeit der Umsetzungsmaßnahmen zu begründen.[61]

4. Zwischenergebnis

In der Gesamtschau lässt sich daher ein zunehmend selbstbewusst auftretender EGMR erkennen, wobei das Urteil Al-Dulimi den vorläufigen Höhepunkt dieser Rechtsprechungsentwicklung markiert:[62] Weder wiederholt er den in Behrami faktisch anerkannten Vorrang der Sicherheitsratsresolutionen noch den in Al-Jedda und Nada jedenfalls formal verfolgten, auf Konfliktvermeidung abzielenden Ansatz, sondern spricht sich stattdessen konkludent für einen Vorrang der EMRK aus.

Ob er sich künftig auch *ausdrücklich* zur Frage des Vorrangs äußern wird, bleibt indes abzuwarten.

D. Ausgestaltung der Kontrolle durch den EGMR

Während im vorstehenden Abschnitt der Frage nachgegangen wurde, *ob* der EGMR eine Kontrolle von Umsetzungsmaßnahmen ausübt, untersucht das folgende Kapitel, mit welchem Maßstab und Ergebnis, d. h. *wie* diese Kontrolle erfolgt.

I. Prüfungsmaßstab

Bemüht um einen Ausgleich zwischen der durch Übertragung von staatlichen Hoheitsrechten auf internationale Organisationen verstärkten zwischenstaatlichen Kooperation einerseits und dem Ziel, eine »Flucht in internationale Organisationen« durch die Staaten andererseits zu verhindern, verringert der EGMR seine Kontrolldichte für staatliche Maßnahmen, die der Umsetzung von Vorgaben internationaler Organisationen dienen. Er vermutet, dass die getroffenen Maßnahmen mit der EMRK vereinbar sind, wenn, erstens, der Staat über keinen Umsetzungsspielraum verfügt (*unter 1.*), zweitens, die internationale Organisation einen der EMRK gleichwertigen Grundrechtsschutz bietet (*unter 2.*) und dieser, drittens, im Einzelfall nicht offensichtlich defizitär ist.[63] Diese im Urteil Bosphorus für die EG aufgestellten Grundsätze hat der EGMR im Urteil Al-Dulimi bestätigt und nunmehr erstmals auf die UN angewendet.[64]

1. Kein staatlicher Umsetzungsspielraum

Vorliegend hat der EGMR einen Spielraum der Schweiz bei der Umsetzung von Res. 1483 (2003) verneint und den Sachverhalt ausdrücklich von jenem im Fall Nada abgegrenzt[65], bei dem der EGMR annahm, dass die Schweiz über einen begrenzten, aber dennoch bestehenden Spielraum verfügt habe.[66] Wiewohl dem EGMR im Ergebnis darin zuzustimmen ist, dass die Schweiz über keinerlei Umsetzungsspielraum verfügte[67], ist davon auszugehen, dass bereits in Nada kein Umsetzungsspielraum bestand,[68] allein schon um die in der in Nada einschlägigen Res. 1390 (2002) vorgesehenen abschließenden Ausnahmen von den Sanktionen nicht redundant erscheinen zu lassen.[69] Die in seiner Nada-Entscheidung verwendeten Argumente für die Bejahung eines Umsetzungsspielraums und mithin der Verfolgung eines auf harmonisierenden Ausgleich zwischen EMRK und Sicherheitsrat bedachten Modells, *mutatis mutandis*, hätten sich auch auf den Fall Al-Dulimi übertragen lassen. Der EGMR tut dies in seiner aktuellen Entscheidung gleichwohl nicht. Dies kann als weiterer Beleg dafür angesehen werden, dass der EGMR zunehmend selbstbewusst die Menschenrechte der EMRK gegenüber dem Sanktionsregime des Sicherheitsrates zu verteidigen weiß.

2. Anwendung der Bosphorus-Kriterien auf die UN

Der EGMR hat einen der EMRK gleichwertigen Schutz des UN-Sanktionswesens im Urteil Al-Dulimi ausdrücklich verneint, sodass eine uneingeschränkte Kontrolle am Maßstab der EMRK erfolgt.[70] Dies, da nicht einmal die Ombudsstelle für das Al-Qaida-Sanktionsregime[71] menschenrechtliche Rechtsschutzstandards erfülle; mangels Ombudsstelle könne das vorliegende Sanktionsregime der Res. 1483 (2003) daher erst recht keinen gleichwertigen Schutz bieten, da dieses lediglich das Löschungsverfahren über eine Koordinierungsstelle nach Res. 1730 (2006) vorsieht.[72]

Dieser Befund überrascht wenig und entspricht der einhelligen Ansicht des Schrifttums[73] wie auch der übrigen Judikatur[74].

Durch Übertragung des Kriteriums des gleichwertigen Schutzes auf das UN-Sanktionswesen schreibt der EGMR seine im Urteil Bosphorus ausgeformte Rechtsprechungslinie fort.[75] Erstaunlich ist jedoch, mit welcher Leichtigkeit er dabei seine frühere Entscheidung Behrami beiseitelegt, in der er eine Übertragung der Bosphorus-Kriterien von der EG auf die UN ablehnte, da diese sich in ihrer Natur grundlegend unterschieden. Von einer solchen »grundlegenden Unterscheidung« möchte der EGMR in Al-Dulimi nichts mehr wissen, was viel über seine gewandelte Haltung gegenüber dem Sicherheitsrat aussagt.

Der Einschätzung des Al-Dulimi-Urteils, wonach der EGMR eine Übertragung seiner Bosphorus-Rechtsprechung auf die UN »nie ausgeschlossen« habe,[76] kann angesichts dieser Einordnung daher nicht uneingeschränkt zugestimmt werden.

Insgesamt ist die Übertragung der Bosphorus-Kriterien auf das UN-Sanktionswesen jedoch zu begrüßen.[77] Zum einen greifen Sinn und Zweck dieser Rechtsprechungslinie sowohl für die EU als auch die UN.[78] Zudem führt die Übertragung zu einem einheitlichen Schutzniveau unabhängig davon, ob die Staaten UN- oder EU-indizierte Verpflichtungen erfüllen.[79] Auch überzeugt die für den EGMR offenbar tragende Erwägung, die Bosphorus-Kriterien anzuwenden, weil die Schweiz über keinen Umsetzungsspielraum verfügte,[80] womit er faktisch jenen Literaturstimmen eine Absage erteilt, die gemutmaßt hatten, der EGMR könne seine Bosphorus-Rechtsprechung auf Maßnahmen ausweiten wollen, bei denen die Konventionsstaaten ein *Ermessen* ausfüllen[81].[82]

Schließlich ist in dem gewählten Vorgehen durchaus eine Kooperationsbereitschaft des EGMR gegenüber dem Sicherheitsrat erkennbar. Dies wird insbesondere bei einem Vergleich mit der Kadi-Rechtsprechung deutlich. In jener fordert der EuGH eine »grundsätzlich umfassende Kontrolle«[83], ohne dabei eine Absenkung der Kontrolldichte ausdrücklich in Aussicht zu stellen. Anders der EGMR, der klarstellt, dass er seine Kontrolldichte bei Bestehen eines gleichwertigen Schutzes zurücknehmen und lediglich prüfen würde, ob der von den UN gewährte Schutz im Einzelfall offensichtlich defizitär wäre;[84] er erkennt somit an, dass das Erfordernis eines mit der EMRK identischen Schutzniveaus auf UN-Ebene den Interessen internationaler Kooperation zuwiderliefe.[85]

Obgleich seiner derzeitig vermeintlich harschen Einstellung gegenüber dem UN-Sanktionsregime zeigt der EGMR daher den Weg hin zu einem künftig verstärkten Kooperationsverhältnis auf.

II. Inhaltliche Prüfung: Verstoß gegen Art. 6 I EMRK

Mangels gleichwertigen Schutzes auf UN-Ebene prüft der EGMR die schweizerischen Maßnahmen uneingeschränkt am Maßstab der EMRK und stellt wenig überraschend einen Verstoß gegen das von Art. 6 I EMRK geschützte Recht auf ein faires Verfahren fest, da sich das schweizerische Bundesgericht geweigert hatte, sich in der Sache mit dem Vorbringen Al-Dulimis auseinanderzusetzen.[86]

Im Rahmen seiner im Ergebnis überzeugenden Verhältnismäßigkeitsprüfung betont der EGMR einerseits, dass die vorliegende Resolution keine Reaktion auf eine imminente Terrorismusbedrohung sei.[87] Andererseits unterstreicht er das vorliegend hohe Eingriffsgewicht, da das Vermögen Al-Dulimis offenbar bereits 1990 eingefroren wurde.[88] Zwar prüft der EGMR nur eine Verletzung von Art. 6 I EMRK und nicht ein materielles Freiheitsrecht wie die Eigentumsgarantie; dennoch ist ihm insoweit zuzustimmen, dass die fehlende Möglichkeit der gerichtlichen Überprüfung angesichts der langen zeitlichen Dauer der Sanktionen umso schwerer wiegt.

Insgesamt schließt er indes keinesfalls aus, dass in Umsetzung von Sicherheitsratsresolutionen ergangene Maßnahmen gerechtfertigt werden könnten[89] und erkennt an, dass das Ziel der Erhaltung des Weltfriedens ein legitimer Zweck für Grundrechtseingriffe ist.[90] Auch dies belegt, dass der EGMR eine Kooperation mit dem Sanktionsregime keinesfalls ausschlägt – vorausgesetzt, grundlegende Verfahrensgarantien werden eingehalten.

E. Gesamtbetrachtung, Fortgang und Ausblick
Trotz mancher Kritik im Einzelnen ist das Urteil Al-Dulimi im Ergebnis zu begrüßen.

So hat der EGMR zwar die Möglichkeit verstreichen lassen, ausdrücklich zum Verhältnis von EMRK und UN-Charta, insbesondere zu Art. 103 UNC, Stellung zu beziehen. Ebenso zu bedauern ist, dass er auf eine das UN-Recht vermehrt in den Blick nehmende Herleitung seiner Kontrollbefugnis verzichtet, was kritisch im Lichte der übergreifenden Fragestellung der Fragmentierung des Völkerrechts[91] gesehen werden kann. Bemerkenswert ist zudem, dass der EGMR durch Übertragung seiner Bosphorus-Rechtsprechung auf die UN deren Sonderstellung gegenüber anderen internationalen Organisationen aufgibt.

Andererseits trägt der EGMR mit der Bejahung seiner Kontrollbefugnis zu einer Stärkung des Menschenrechtsschutzes bei. Zudem ist die Entscheidung dogmatisch bisweilen überzeugender als die Vorgängerrechtsprechung, etwa bei der Verneinung eines Umsetzungsspielraums für die Schweiz.

Auch zeigt sich der EGMR angesichts der durch Übertragung seiner Bosphorus-Rechtsprechung auf die UN in Aussicht gestellten verminderten Kontrolldichte kooperationsbereit mit dem UN-System. Dies wird umso mehr deutlich, wenn der EGMR eine Überprüfung von Sanktionsumsetzungsmaßnahmen durch nationale Gerichte verlangt, »solange« (»*tant qu[e]*«) eine effektive und unabhängige Überprüfung auf UN-Ebene nicht besteht.[92]. Ob dies letztlich zu einer Verbesserung des UN-Menschenrechtsschutzes führt, bleibt abzuwarten.[93]

Unklar ist indes, weshalb der EGMR sich mit dem Urteil Al-Dulimi bereits ein Jahr nach dem Nada-Urteil neu positioniert. Ob es allein an der komplett veränderten Richterbank lag, ist zweifelhaft. Zu bedenken ist vielmehr, dass das Urteil Al-Dulimi mit 4:3 Stimmen denkbar knapp erging und letztlich sogar 4 von 7 Richtern im Ergebnis – zumal im Kern aus ähnlichen Erwägungen – *gegen* eine Verurteilung der Schweiz votierten. Eine Mehrheit für eine Verurteilung wurzelt allein darin, dass die Richter Lorenzen, Raimondi und Jočiené einen Verstoß von Art. 6 I EMRK zwar ablehnten, die Zulässigkeit der Beschwerde jedoch bejahten; demgegenüber votierte Richter Sajó genau umgekehrt und verneinte die Zulässigkeit, nahm aber einen Verstoß von Art. 6 I EMRK an.[94]

Obwohl die Schweiz die von der Kammer ursprünglich selbst vorgeschlagene Abgabe der Rechtssache an die Große Kammer (Art. 30 EMRK) zunächst abgelehnt hatte,[95] holte sie diesen Antrag mit Blick auf die für sie unbefriedigende Kammerentscheidung nach (Art. 43 EMRK). In ihrem Urteil vom 21. Juni 2016[96] bestätigte die Große Kammer mehrheitlich die Kammer-Entscheidung aus dem Jahr 2013. Sie hielt fest, dass die Schweiz mit dem Sperren der Vermögenswerte Al-Dulimis gegen das Recht auf ein faires Verfahren (Art. 6 I EMRK) verstoßen habe. Die fragliche Irak-Resolution habe es der Schweiz nicht ausdrücklich verboten, die angeordneten Sanktionen zu überprüfen, weswegen ihr eine Harmonisierung der unterschiedlichen völkerrechtlichen Verpflichtungen möglich gewesen wäre. So hätte die Schweiz dem Beschwerdeführer zumindest die Möglichkeit einräumen müssen, Beweismittel vorzubringen, die belegen, dass sein Name willkürlich auf der Sanktionsliste aufgeführt wurde.[97]

Trotz der im Einzelnen bestehenden Unterschiede zwischen den Entscheidungen von Kammer und Großer Kammer – etwa zum Bestehen eines Umsetzungsspielraums für die Schweiz oder zur Frage der Beschränkung der gerichtlichen Kontrolldichte auf eine Willkürprüfung – bleibt festzustellen, dass der EGMR im Laufe der vergangenen Jahre zunehmend selbstbewusst gegenüber Vorgaben von Sicherheitsratsresolutionen aufgetreten ist. Verneinte er noch im Fall Behrami eine Zurechnung zu den Staaten und vermied so jedwede Überprüfung, favorisierte er anschließend in Al-Jedda und Nada eine Harmonisierung zwischen Sicherheitsratsresolutionen und EMRK. Diese Entwicklung fand ihren Höhepunkt in der Kammer-Entscheidung im Fall Al-Dulimi, in der der EGMR die Zurechnung bejaht, eine harmonisierende Auslegung mangels Spielraum jedoch ablehnt und so eine volle Überprüfung am Maßstab der EMRK vornimmt. Auch wenn die Große Kammer nunmehr einen Spielraum der Schweiz bei der Umsetzung der Sicherheitsresolution annimmt, lässt sich resümieren, dass der EGMR in mutigerer Weise als bisher seine Rolle als Garant der Menschenrechte in Europa wahrnimmt[98], sodass die gezielten Sanktionen der UN als die »schwarzen Löcher des Völkerrechts«[99] jedenfalls für den Rechtsraum der EMRK Einhegung erfahren haben.

---

* Dieser Beitrag stellt die stark gekürzte (einschließlich des vielfachen Verzichts auf Fußnoten) und leicht aktualisierte Fassung einer ausführlicheren Untersuchung (Stand: April 2014) dar, die der Verfasser auf Nachfrage gern zur Verfügung stellt (martin.plohmann@rewi.hu-berlin.de).

1 Vgl. EuGH, Kadi I, Rs. C-402/05 P u.a, Slg. 2008 I-6351 sowie jüngst EuGH, Kadi II, verb. Rs. C-584/10 P, C-593/10 P, C-595/10 P, Urt. vom 18. 7. 2013, noch nicht in der Entscheidungssammlung veröffentlicht.
2 UNCIO, Bd. 15, S. 335.
3 Ziff. 23 Res. 1483 (2003).

4 EGMR, Al-Dulimi, Nr. 5809/08, Rn. 10, 16 f.; Hinweis: sämtliche zitierte EGMR-Urteile sind online verfügbar unter http://hudoc.echr.coe.int.
5 Ebd., Rn. 19, 28.
6 Bundesgericht, ILDC 1200 (CH 2008), Rn. 10.1.
7 EGMR, Al-Dulimi, Nr. 5809/08, Rn. 39.
8 EGMR, Al-Dulimi, Nr. 5809/08, S. 69–71, 65.
9 Auch unterlässt er ein Eingehen auf Bedenken gegen eine dezentrale Überprüfung.
10 EGMR, Al-Dulimi, Nr. 5809/08, Rn. 111.
11 UNTS 1155, 331.
12 EGMR, Al-Dulimi, Nr. 5809/08, Rn. 112.
13 Vgl. etwa die Aussagen zu Art. 1 III, 24 II UNC in EGMR, Al-Jedda, Nr. 27021/08, Rn. 102.
14 Zu negativen Folgen einer Fragmentierung: ILC, UN-Dok. A/CN.4/L.682, Rn. 8, 15.
15 EGMR, Bosphorus, Nr. 45036/98, Rn. 156.
16 Jüngst EuGH, Kadi II, Rs. C-584/10 P u. a., Urt. v. 18. 7. 2013, noch nicht in amtl. Slg., Rn. 66; EuGH, Kadi I, Rs. C-402/05 P u. a., Slg. 2008 I-6351, Rn. 316.
17 VK, Oberster Gerichtshof, Ahmed, ILDC 1534 (UK 2010), Lord Hope, Rn. 76, 81, der das Grundrechtsproblem in eines der Gewaltenteilung umformuliert, formal jedoch weiterhin den Vorrang nach Art. 103 UNC ausdrücklich anerkennt, ebd., Rn. 71; für weitere »dualistische« Urteile, siehe *Tzanakopoulos*, Domestic Court Reactions to UN Security Council Sanctions, in: Reinisch, August (Hrsg.), Challenging Acts of International Organizations before National Courts, Oxford University Press, Oxford, 2010, S. 54–76 (S. 65 ff., 73).
18 Vgl. EGMR, Al-Dulimi, Nr. 5809/08, Rn. 112.
19 Vgl. ILC, UN-Dok. A/CN.4/L.682, Rn. 331; *De Wet/Nollkaemper*, Review of Security Council Decisions by National Courts, in: GYIL, 2002, S. 166–202 (186 f.); *Thallinger*, Sense and Sensibility of the Human Rights Obligations of the United Nations Security Council, in: ZaöRV, 2007, S. 1015–1040 (1028).

20 Insgesamt *De Wet/Nollkaemper*, GYIL 2002, S. 186 f.; *Schilling*, Die »neue Weltordnung« und die Souveränität der Mitglieder der Vereinten Nationen, in: AVR 1995, S. 67–106 (94 ff.); *Francioni*, The Right of Access to Justice to Challenge the Security Council's Targeted Sanctions: After-thoughts on Kadi, in: Fastenrath, Ulrich et al. (Hrsg.), From Bilateralism to Community Interest – Essays in Honour of Judge Bruno Simma, Oxford University Press, Oxford, 2011, S. 908–922 (918 f.).
21 Vgl. zudem *Delbrück*, Art. 25, in: Simma, Bruno et al. (Hrsg.), The Charter of the United Nations – a Commentary, 2. Auflage, Bd. 1, Oxford University Press, Oxford, 2002, Rn. 18; *Stein/von Buttlar*, Völkerrecht, 13. Auflage, Franz Vahlen, München, 2012, Rn. 891 f.
22 Vgl. Art. 111 UNC.
23 »(...) d'appliquer les décisions du Conseil de sécurité conformément à la présente Charte« ; vgl. auch *Suy/Angelet*, Art. 25, in: Cot, Jean-Pierre/Pellet, Alain/Forteau, Mathias (Hrsg.), La Charte des Nations Unies – Commentaire article par article, 3. Auflage, Bd I, Economica, Paris, 2005, S. 916.
24 *Peters*, Art. 25, in: Simma, Bruno et al. (Hrsg.), The Charter of the United Nations – a Commentary, 3. Auflage, Bd II, Oxford University Press, Oxford, 2012, Rn. 59.
25 *Tzanakopoulos*, Disobeying the Security Council – Countermeasures against Wrongful Sanctions, Oxford University Press, Oxford, 2011, S. 164 f.
26 Dieser Position neigt eventuell auch der IGH zu, vgl. IGH, Namibia, ICJ Rep. 1971, S. 16, Rn. 115 f.; hierauf hinweisend *Peters* (Fn. 24), Rn. 56.
27 Zu Letzterem *Payandeh*, Rechtskontrolle des UN-Sicherheitsrates durch staatliche und überstaatliche Gerichte, in: ZaöRV 2006, S. 41–71 (59 f.); *Milanovic*, Norm Conflict in International Law: Whither Human Rights?, in: Duke Journal of Comparative and International Law, 2009, S. 69–131 (99).
28 Dazu *De Wet/Nollkaemper*, GYIL 2002, S. 171; *Van Ginkel*, The Practice of the United Nations in Combating Terrorism from 1946 to 2008 – Questions of

Legality and Legitimacy, Intersentia, Antwerpen, 2010, S. 121 ff.; *Peters* (Fn. 25) Rn. 109 ff.; *Akande*, The Security Council and Human Rights: What is the role of Art. 103 of the Charter?, in: EJIL Talk!, 30. 3. 2009, online verfügbar unter: http://www.ejiltalk.org/the-security-council-and-human-rights-what-is-the-role-of-art-103-of-the-charter/ (6. 3. 2014).

29 Vgl. etwa Art. 14 IPbpR (UNTS 999, 171) und Art. 8, 10 AEMR (UNYB 1948-49, 535).

30 Vgl. nur die im Rahmen der UN abgeschlossenen »Pakte« von 1966 (IPbpR bzw. IPwskR) sowie die AEMR, auf die auch die Präambel der *EMRK* ausdrücklich verweist, sodass der EGMR hier ggf. eine Verknüpfung von UN-basiertem Recht und EMRK hätte vornehmen können.

31 Zu Letzterem *Doswald-Beck*, Human Rights in Times of Conflict and Terrorism, Oxford University Press, Oxford, 2011, S. 158.

32 *Reinisch*, Verfahrensrechtliche Aspekte der Rechtskontrolle von Organen der Staatengemeinschaft, in: Hofmann, Rainer et al. (Hrsg.), Die Rechtskontrolle von Organen der Staatengemeinschaft: Vielfalt der Gerichte – Einheit des Prozessrechts?, C. F. Müller, Heidelberg, 2007, S. 43-92 (82); allgemein *Krisch*, Introduction to Chapter VII: The General Framework, in: Simma, Bruno et al. (Hrsg.), The Charter of the United Nations – a Commentary, 3. Auflage, Band II, Oxford University Press, Oxford, 2012, Rn. 10.

33 Das historische Argument, die *Gründer*staaten haben den UN-Mitgliedern kein Verfahrensrecht zur Geltendmachung der materiellen Bindungen des Sicherheitsrats hinzufügen wollen (so *Stein/ von Buttlar* (Fn. 22), Rn. 891 f.) muss angesichts dieser Fortentwicklung der Charta relativiert werden.

34 UN-Sonderberichterstatter Scheinin zufolge handle der Sicherheitsrat derzeit im Rahmen des Sanktionsregimes nach Res. 1267 (1999) *ultra vires*, UN-Dok. A/65/258, Rn. 57.

35 Vgl. *Payandeh*, ZaöRV 2006, S. 58-62; *Peters* (Fn. 24), Rn. 172; ähnlich *Biehler*, Individuelle Sanktionen der Vereinten Nationen und Grundrechte, in: AVR 2003, S. 169-181 (180 f.).

36 Zu Letzterem vgl. IGH, Certain Expenses, ICJ Rep. 1962, S. 151, 168; *Suy/Angelet* (Fn. 23), S. 918.

37 Vgl. *Peters* (Fn. 25), Rn. 172, 174; *Payandeh*, ZaöRV 2006, S. 62; *Kokott/ Sobotta*, The Kadi Case – Constitutional Core Values and International Law – Finding the Balance?, in: European Journal of International Law, 2012, S. 1015-1024 (1018); *Keller/Fischer*, The UN Anti-terror Sanctions Regime under Pressure, in: Human Rights Law Review, 2009, S. 257-266 (262); *De Wet/Nollkaemper*, GYIL 2002, S. 184 f.; UN-Sonderberichterstatter Scheinin, UN-Dok. A/65/258, Rn. 58.

38 Vgl. auch EuGH, Kadi I, Rs. C-402/05 P u. a., Slg. 2008 I-6351, Rn. 322.

39 Ebenso der EGMR selbst: EGMR, Al-Dulimi, Nr. 5809/08, Rn. 131.

40 *Schmahl*, Effektiver Rechtsschutz gegen »targeted sanctions« des UN-Sicherheitsrats?, in: Europarecht, 2006, S. 566-576 (573); *Orakhelashvili*, The Impact of Peremptory Norms on the Interpretation and Application of United Nations Security Council Resolutions, in: European Journal of International Law, 2005, S. 59-88 (65 f.); Menschenrechtsausschuss, Allgemeiner Kommentar Nr. 29, UN-Dok. CCPR/C/21/Rev.1/Add.11, Rn. 11, 16; *De Wet/Nollkaemper*, GYIL 2002, S. 183 f.; *Van Ginkel* (Fn. 28), S. 122; *Gill*, Legal and some political limitations on the power of the UN Security Council to exercise its enforcement powers under Chapter VII of the Charter, in: Netherlands Yearbook of International Law, 1995, S. 33-138 (79); kritisch hingegen die Sondervoten Sajós und Lorenzens (EGMR, Al-Dulimi, Nr. 5809/08, S. 67, 71); Schweiz, Bundesgericht, Al-Dulimi, ILDC 1200 (CH 2008), Rn. 8.2.; *Guggisberg*, The Nada Case before the ECtHR: a new milestone in the European debate on Security Council targeted sanctions and human rights obligations, in: Croatian Yearbook of European Law and Policy, 2012, S. 411-435 (419); *Schulte*, Der Schutz individueller Rechte gegen Terrorlisten – internationale, europäische und nationale Menschenrechtsstandards

im Spannungsverhältnis zwischen effektiver Terrorismusbekämpfung und notwendigem Individualrechtsschutz, Nomos, Baden-Baden, 2010, S. 272 f.; *Peters*, Targeted Sanctions after Affaire Al-Dulimi et Montana Management Inc. c. Suisse: Is There a Way Out of the Catch-22 for UN Members?, in: EJIL Talk!, 4. 12. 2013, online verfügbar unter: http://www.ejiltalk.org/targeted-sanctions-after-affaire-al-dulimi-et-montana-management-inc-c-suisse-is-there-a-way-out-of-thecatch-22-for-un-members/ (26. 2. 2014); ebenfalls ohne Erwähnung: ILC, YBILC 2001, Bd. II, Teil 2, S. 112 f.

41 EGMR, Al-Dulimi, Nr. 5809/08, Rn. 39; zum Erfordernis, vor Ausübung einer dezentralen Kontrolle zunächst alle UN-Verfahren auszuschöpfen, *De Wet/Nollkaemper*, GYIL 2002, S. 198; *Kokott/Sobotta*, EJIL 2012, S. 1022; *von Arnauld*, Der Weg zu einem »Solange 1½« – Die Umsetzung der gezielten UN-Sanktionen durch die EU nach Einrichtung der Ombudsstelle – europäische oder globale rule of law?, in: Europarecht, 2013, S. 236–247 (245).

42 Insbesondere besteht hier keine Ombudsstelle, vgl. EGMR, Al-Dulimi, Nr. 5809/08, Rn. 120.

43 Vgl. EGMR, Bosphorus, Nr. 45036/98, Rn. 135 ff. Eine Individualisierung der zu Sanktionierenden erfolgte hier (anders als im Fall Al-Dulimi) erst bei der Resolutionsumsetzung (vgl. Ziff. 24 Res. 820 (1993)), sodass ein Konflikt hier auch weniger offensichtlich bestand als im Fall Al-Dulimi.

44 Lediglich das Sondervotum Ress' ließe sich womöglich als Aussage zugunsten eines Vorrangs der EMRK auch gegenüber der UN-Charta deuten, vgl. EGMR, Bosphorus, Nr. 45036/98, S. 57, Rn. 5.

45 EGMR, Behrami, Nr. 71412/01, Rn. 149.

46 Für diese Lesart auch VK, Oberster Gerichtshof, Ahmed, ILDC 1534 (UK 2010), Lord Phillips, Rn. 98; *Guggisberg*, CYELP 2012, S. 421; *De Sena/Vitucci*, The European Courts and the Security Council: Between Dédoublement Fonctionnel and Balancing of Values, in: European Journal of International Law, 2009, S. 193–228 (193 f.); ferner *De Jesús Butler*, Securing Human Rights in the Face of International Integration, in: International and Comparative Law Quarterly, 2011, S. 125–165 (152); a. A. *Österdahl*, Defer and rule: The relationship between the EU, the European Convention on Human Rights and the UN, in: Uppsala Faculty of Law Working Paper 2012, 5, online verfügbar unter: http://www.jur.uu.se/LinkClick.aspx?fileticket=jG7FR7EeX7Y%3D&tabid=5502&language=sv-SE (26. 2. 2014), S. 16 sowie offenbar das Sondervotum Lorenzens, vgl. EGMR, Al-Dulimi, Nr. 5809/08, S. 69 und *Milanovic*, DJCIL 2009, S. 86.

47 Vgl. EGMR, Al-Jedda, Nr. 27021/08, Rn. 102.

48 A. A. *Eckes/Hollenberg*, Reconciling different legal spheres in theory and practice: pluralism and constitutionalism in the cases of Al-Jedda, Ahmed and Nada, in: Maastricht Journal, 2013, S. 220–242, online verfügbar unter: http://www.maastrichtjournal.eu/pdf_file/ITS/MJ_20_02_0220.pdf (26. 2. 2014), S. 236; *Zgonec-Rožej*, Al-Jedda v. United Kingdom, Application No. 27021/08, in: American Journal of International Law, 2012, S. 830–836 (835); *De Wet*, From Kadi to Nada: Judicial Techniques Favouring Human Rights over United Nations Security Council Sanctions, in: Chinese Journal of International Law, 2013, S. 787–807 (802); ferner *Paulus/Leiß*, Art. 103, in: Simma, Bruno et al. (Hrsg.), The Charter of the United Nations – a Commentary, 3. Auflage, Bd II, Oxford University Press, Oxford, 2012, Rn. 44; differenzierend *Österdahl* (Fn. 47), S. 26. Zwar verlangt der EGMR in Al-Jedda, dass Konflikte durch eine harmonisierende Auslegung von Sicherheitsratsresolutionen und EMRK vermieden werden sollen, sagt jedoch nicht was passiert, falls eine solche Harmonisierung einmal nicht möglich sein sollte (vgl. EGMR, Al-Jedda, Nr. 27021/08, Rn. 102). Indem der EGMR den Konventionsstaaten einen Spielraum bei der Umsetzung von Sicherheitsratsresolutionen aufzeigt (ebd., Rn. 104 f., 109) vermeidet er gerade eine Konfliktsituation bzw. eine Aussage zur Vorrangfrage (jedenfalls im Ergebnis ebenso *Milanovic*, Al-Skeini and Al-Jedda in Strasbourg, in:

European Journal of International Law, 2012, S. 121–139 (138); *Thienel*, Nada v. Switzerland: The ECtHR Does Not Pull a Kadi (But Mandates It for Domestic Law), 12. 9. 2012, online verfügbar unter: https://invisiblecollege.weblog.leidenuniv.nl/2012/09/12/nada-v-switzerland-the-ecthr-does-not-pu/ (5. 3. 2014)), was angesichts des offenen Wortlauts der einschlägigen Sicherheitsratsresolution 1546 (2004) auch nachvollziehbar ist (vgl. auch das Sondervotums Poalelungis, der, anders als die Mehrheit, ausdrücklich den Vorrang nach Art. 103 UNC anerkennt, EGMR, Al-Jedda, Nr. 27021/08, S. 64 f.).
49 Anders VK, House of Lords, Al-Jedda, ILDC 832 (UK 2007), Rn. 33; zu Letzterem vgl. *Milanovic*, EJIL 2012, S. 135.
50 EGMR, Al-Jedda, Nr. 27021/08, Rn. 109.
51 Vgl. *Tzanakopoulos*, Collective Security and Human Rights, in: De Wet, Erika/Vidmar, Jure (Hrsg.), Hierarchy in International Law – The Place of Human Rights, Oxford University Press, Oxford, 2012, S. 42–70 (61); *Zgonec-Rožej* (Fn. 48), S. 835 f.
52 EGMR, Nada, Nr. 10593/08, Rn. 195–197.
53 Ebd., Rn. 212.
54 Ebd.
55 Vgl. etwa Ziff. 7 Res. 1267 (1999).
56 Schließlich bleibt unklar, wie die Aussagen des EGMR in Nada – die Resolutionen schlössen eine dezentrale Überprüfung nicht aus, seien jedoch andererseits von den Konventionsstaaten zu beachten (zu Letzterem EGMR, Nada, Nr. 10593/08, Rn. 195) – widerspruchslos miteinander in Einklang gebracht werden können, impliziert doch die Möglichkeit der Überprüfung von Umsetzungsmaßnahmen deren eventuelle Ungültigerklärung, was im Ergebnis einer Nichtbefolgung der Resolution gleichkäme.
57 EGMR, Nada, Nr. 10593/08, Rn. 180.
58 EGMR, Al-Dulimi, Nr. 5809/08, Rn. 117.
59 EuGH, Kadi II, Rs. C-584/10 u. a., Urt. v. 18. 7. 2013, noch nicht in der Entscheidungssammlung veröffentlicht, Rn. 66.
60 EGMR, Nada, Nr. 10593/08, Rn. 212.
61 EGMR, Al-Dulimi, Nr. 5809/08, Rn. 111.
62 Vgl. auch den Umstand, dass das Al-Dulimi-Urteil an keiner Stelle den »verbindlichen Charakter« der Sicherheitsratsresolutionen auch nur erwähnt, wohingegen dies im Nada-Urteil mehrfach betont wird, vgl. EGMR, Nada, Nr. 10593/08, Rn. 195, 196.
63 EGMR, Bosphorus, Nr. 45036/98, Rn. 155–157.
64 EGMR, Al-Dulimi, Nr. 5809/08, Rn. 114–117.
65 EGMR, Al-Dulimi, Nr. 5809/08, Rn. 117.
66 EGMR, Nada, Nr. 10593/08, Rn. 180.
67 So auch die, soweit ersichtlich, einhellige Meinung der Literatur, vgl. *Peters* (Fn. 40); *Hollenberg*, Al-Dulimi UN Sanctions Judgmenet, in: ECHR Blog, 16. 12. 2013, online verfügbar unter: http://echrblog.blogspot.de/2013/12/al-dulimi-un-sanctions-judgment.html (26. 2. 2014); *Steinbeis*, EMRK kann zum Völkerrechtsbruch zwingen, in: Verfassungsblog, 26. 11. 2013, online verfügbar unter: http://www.verfassungsblog.de/de/europaeische-menschenrechtskonvention-kann-zum-voelkerrechtsbruch-zwingen/#.Uw3Ezs6IQmB (26. 2. 2014).
68 So im Ergebnis auch die Sondervoten Bratzas, Nicolaous, Yudkivskas und Malinvernis, vgl. EGMR, Nada, Nr. 10593/08, S. 65, 70; Schweiz, Bundesgericht, Nada, ILDC 461 (CH 2007), Rn. 8.1; kritisch auch die Literatur, vgl. *Platon*, Kadi à Strasbourg: la Cour EDH refuse d'appliquer la présomption Bosphorus aux mesures nationales d'exécution des sanctions ciblées onusiennes, in: Journal d'Actualité des Droits Européens, 4. 2. 2014, online verfügbar unter: http://jade.u-bordeaux4.fr/?q=node/695 (26. 2. 2014); *Österdahl* (Fn. 48), S. 31; *Willems*, The European Court of Human Rights on the UN Individual Counter-Terrorist Sanctions Regime: Safeguarding Convention Rights and Harmonising Conflicting Norms in *Nada v. Switzerland*, in: Nordic Journal of International Law, 2014, S. 39–60 (56 f.); *Meyer*, Der Fall Nada vor dem EGMR: Nichts Neues zur Normhierarchie zwischen UN-Recht und EMRK? – Besprechung zu EGMR HRRS 2013 Nr. 224 (Nada v. Schweiz), in: Höchstrichterliche Rechtsprechung

im Strafrecht, 2013, S. 79–85 (83 f.); *Tzanakopoulos* (Fn. 51), S. 61.
69 Anders EGMR, Nada, Nr. 10593/08, Rn. 177. Vgl. jedoch Ziff. 2 b Res. 1390 (2002), wonach im Übrigen »nur« der Sanktionsausschuss (nicht die Mitgliedstaaten) und überdies auch nur im Einzelfall Ausnahmen von der Sanktionspflicht festlegen darf. Ein Umsetzungsspielraum bestand somit weder in persönlicher, zeitlicher noch sachlicher Hinsicht, vgl. Ziff. 2 a Res. 1390 (2002), Ziff. 7 Res. 1267 (1999) und *e contrario* Ziff. 1 c Res. 1373 (2001).
70 EGMR, Al-Dulimi, Nr. 5809/08, Rn. 121 f.
71 Vgl. UN-Dok. S/RES/1989 (2011).
72 EGMR, Al-Dulimi, Nr. 5809/08, Rn. 118–120.
73 Vgl. *Platon* (Fn. 68); *Francioni* (Fn. 20), S. 917; *Guggisberg*, CYELP 2012, S. 428; *Doswald-Beck* (Fn. 31), S. 158; *Zgonec-Rožej*, Kafka, Sisyphus, and Bin Laden: Challenging the Al Qaida and Taliban Sanctions Regime, in: Essex Human Rights Review, 2011, S. 69–101, online verfügbar unter: http://projects.essex.ac.uk/ehrr/V8N1/Zgonec-Rozej.pdf (25. 3. 2014), S. 82.
74 Vgl. EuGH, Kadi II, Rs. C-584/10 P u. a., Urt. v. 18. 7. 2013, noch nicht in der Entscheidungssammlung veröffentlicht, Rn. 133; EuGH, Kadi I, Rs. C-402/05 P u. a., Slg. 2008, I-6351, Rn. 322 ff.; Sondervotum Malinvernis, EGMR, Nada, Nr. 10593/08, S. 76, Rn. 23; Sondervotum Lorenzens, EGMR, Al-Dulimi, Nr. 5809/08, S. 72.
75 Vgl. EGMR, Bosphorus, Nr. 45036/98, Rn. 154–157.
76 EGMR, Al-Dulimi, Nr. 5809/08, Rn. 116.
77 Allgemein (ohne Bezug auf das Urteil Al-Dulimi) für eine Übertragung vgl. auch *Doswald-Beck* (Fn. 31), S. 158; *Finck*, L'application de sanctions individuelles du Conseil de Sécurité des Nations unies devant la Cour européenne des droits de l'homme – Cour eur. dr. h., Gde Ch., arrêt Nada c. Suisse, 12 septembre 2012, in: Revue trimestrielle des droits de l'homme, 2013, S. 457–476 (S. 470); *Wolfrum*, Judicial Control of Security Council Decisions, in: Institut de Droit International, Annuaire 2013, Tokyo-Sitzung, erster Entwurf vom 18. 7. 2013, online verfügbar unter: http://www.idi-iil.org/idiE/annuaireE/2013/Question1_Wolfrum.pdf (27. 2. 2014), S. 58; ferner *Guggisberg*, CYELP 2012, S. 434; kritisch jedoch *Hollenberg* (Fn. 67).
78 Die Anwendung der Bosphorus-Kriterien soll die Konventionsstaaten vor einem Dilemma zwischen der Einhaltung der EMRK einerseits und der Erfüllung von seitens einer internationalen Organisation vorgegebenen Pflichten andererseits bewahren, vgl. insoweit zutreffend EGMR, Al-Dulimi, Nr. 5809/08, Rn. 116.
79 Ähnlich *Peters/Altwicker*, Europäische Menschenrechtskonvention, 2. Auflage, C. H. Beck, München, 2012, § 2, Rn. 29.
80 EGMR, Al-Dulimi, Nr. 5809/08, Rn. 117.
81 *Janik*, Die EMRK und internationale Organisationen – Ausdehnung und Restriktion der *equivalent protection*-Formel in der neuen Rechtsprechung des EGMR, in: Zeitschrift für ausländisches öffentliches Recht und Völkerrecht, 2010, S. 127–179 (175).
82 Ein Absenken der Kontrolldichte bei solchen Maßnahmen wäre auch nicht einzusehen, besteht die Logik der Bosphorus-Rechtsprechung doch gerade darin, die aus der zwischenstaatlichen Zusammenarbeit resultierenden *Pflichten* – aber eben auch nur jene – bei Anwendung der EMRK zu berücksichtigen (vgl. EGMR, Bosphorus, Nr. 45036/98, Rn. 157, 154).
83 EuGH, Kadi II, Rs. C-584/10 P u. a., Urt. v. 18. 7. 2013, noch nicht in der Entscheidungssammlung veröffentlicht., Rn. 68; EuGH, Kadi I, Rs. C-402/05 P u. a., Slg. 2008, I-6351, Rn. 326.
84 Zwar ist die Herausbildung eines gleichwertigen Schutzes beim derzeitigen Stand der UN jedenfalls zweifelhaft (kritisch auch *Hollenberg* (Fn. 67)), sodass eine Übertragung der Bosphorus-Kriterien auf jene als unrealistisch bezeichnet werden könnte. Insbesondere besteht, anders als zur Zeit der Entscheidung Solange I des BVerfG (BVerfGE 37, 271) – die dem Erfordernis eines »gleichwertigen Schutzes« in Al-Dulimi ähnelt – auf UN-Ebene keine unabhängige Instanz, die, wie seinerzeit der EuGH, aus eigener Kraft zu einer Stärkung der Grundrechte beitragen könnte. Gleichwohl haben u. a. die Kadi-Entscheidungen

von EuGH und EuG gezeigt, dass dezentral ausgeübter Druck auch auf UN-Ebene zu einer Verbesserung des Grundrechtsschutzes führen kann (vgl. die Einführung und Aufwertung der Ombudsstelle: S/RES/1904 (2009), S/RES/1989 (2011)).
85 Vgl. EGMR, Bosphorus, Nr. 45036/98, Rn. 155 f.
86 EGMR, Al-Dulimi, Nr. 5809/08, Rn. 129, 134 f.
87 Vielmehr bezwecke Res. 1483 (2003) u. a. die Wiederherstellung der Autonomie und Souveränität der irakischen Regierung, vgl. ebd., Rn. 130.
88 EGMR, Al-Dulimi, Nr. 5809/08, Rn. 131. Unklar bleibt indes, was der EGMR damit meint, dass »differenziertere und gezieltere Maßnahmen« mit einer effektiven Resolutionsumsetzung eher vereinbar gewesen seien (EGMR, Al-Dulimi, Nr. 5809/08, Rn. 130). Sollte er hiermit zum Ausdruck bringen, dass *geeignetere* Maßnahmen der Exekutive verfügbar gewesen seien, so wäre dies einerseits angesichts des breiten Ermessensspielraums des Sicherheitsrats bei der Auswahl seiner Mittel (vgl. ICTY, Tadic, ILM 1996, S. 44, Rn. 32; *Stein/von Buttlar* (Fn. 21), Rn. 879) bedenklich und andererseits im Rahmen der Prüfung von Art. 6 I EMRK ein zweifelhafter Anknüpfungspunkt, geht es hier doch um die Prüfungsverweigerung des schweizerischen Bundes*gerichts*.
89 Vgl. EGMR, Al-Dulimi, Nr. 5809/08, Rn. 131.
90 Vgl. ebd., Rn. 127 f.
91 Dazu generell ILC, UN-Dok. A/CN.4/L.682.
92 EGMR, Al-Dulimi, Nr. 5809/08, Rn. 134. Dies erinnert an die Solange-Entscheidungen des BVerfG, BVerfGE 37, 271; 73, 339; vgl. auch BVerfG, Maastricht, BVerfGE 89, 155, 175 (»Kooperationsverhältnis«).
93 Die Ombudsstelle erwähnt das Al-Dulimi-Urteil in ihrem aktuellen Bericht, indes ohne weitere Kommentierung, vgl. UN-Dok. S/2014/73, Rn. 22.
94 Vgl. EGMR, Al-Dulimi, Nr. 5809/08, S. 65, 69.
95 Ebd., Rn. 9.
96 EGMR, Urteil der Großen Kammer vom 21. 6. 2016, BeschwerdeNr. 5.809/08, Al-Dulimi und Montana Management Inc. vs. Schweiz. Insgesamt gaben sieben Richter_innen eine »concurring opinion« – also eine im Ergebnis zustimmende Mindermeinung – ab. Die Englische Version ist abzurufen unter: http://hudoc.echr.coe.int/eng?i=001-164515 (1. 9. 2016).
97 Eine Würdigung der Entscheidung der Großen Kammer muss aus zeitlichen und Platzgründen späteren Untersuchungen vorbehalten bleiben.
98 Vgl. die Forderung Richter Malinvernis, EGMR, Nada, Nr. 10593/08, S. 74, Rn. 20.
99 *Kocher*, Terrorlisten: die schwarzen Löcher des Völkerrechts, Promedia, Wien, 2011, S. 7 ff.

Dominik Düsterhaus

Der EuGH und die Vorratsdatenspeicherung
Eine späte Genugtuung

Ich habe Frau Will noch nicht darauf angesprochen, könnte mir aber durchaus vorstellen, dass sie bei der Lektüre der jüngsten Luxemburger Datenschutzurteile an das geflügelte Wort von der Macht der Idee denkt, deren Zeit gekommen ist. Und in der Tat darf sich jeder seinen eigenen Reim darauf machen, warum der Gerichtshof der Europäischen Union (EuGH) im Jahre 2014 nicht nur *Googles* Datensammelwut in die Schranken des Unionsrechts weist, sondern auch, mit fünfjähriger Verspätung, die Richtlinie über die Vorratsdatenspeicherung zerreißt und sich damit zum Garanten des Datenschutzes in Europa aufschwingt, nachdem Frau Will den Europarichtern 2009 noch vorwerfen musste, die Gültigkeit der Vorratsdatenspeicherung mit »Taschenspielertricks« zu bejahen.

Zur Erinnerung: Der EuGH hatte damals eine Nichtigkeitsklage Irlands mit der Begründung abgewiesen, dass die Richtlinie 2006/24/EG zu Recht auf die Binnenmarktkompetenz nach Artikel 95 Vertrag zur Gründung der Europäischen Gemeinschaft (EGV) gestützt worden sei und nicht etwa, wie von Irland vorgetragen, in Form einer Maßnahme der strafrechtlichen Zusammenarbeit gemäß Titel VI des EU-Vertrags hätte erlassen werden müssen. Dass wenig später das Bundesverfassungsgericht zwar die deutschen Umsetzungsvorschriften für nichtig erklärt, die Gültigkeit der Richtlinie aber nicht problematisiert hat, ist allseits bekannt und bedarf keiner vertieften Ausführungen. Das persönliche Engagement Frau Wills in diesem Zusammenhang wird an anderer Stelle gebührend gewürdigt.

Stattdessen möchte ich das Urteil des EuGH vom 8. April 2014 in den verbundenen Rechtssachen *Digital*

Rights Ireland und Seitlinger zum Anlass nehmen, am Beispiel der Vorratsdatenspeicherung die Notwendigkeit und Grenzen des richterlichen Dialogs im Europäischen Grundrechtsverbund aufzuzeigen.

Ich war an keinem der Verfahren beteiligt. Mein persönliches Interesse an ihrem Ausgang und die Idee zum vorliegenden Beitrag liegen vielmehr darin begründet, dass ich Anfang 2006 noch als wissenschaftlicher Mitarbeiter von Frau Prof. Will ein Gutachten zur europarechtlichen Vereinbarkeit der Richtlinie 2006/24/EG erstellt habe, dessen Ergebnisse ich im Rahmen dieser Festgabe feierlich in den Giftschrank der irrigen Rechtsmeinungen verbannen möchte.

Damals irrte ich gleich zweifach. Zum einen hielt ich, im Einklang mit der vorherigen Rechtsprechung des EuGH und der überwiegenden Lehrmeinung, die Richtlinie für formell rechtswidrig. Wie später von Irland in seiner Nichtigkeitsklage geltend gemacht, sah ich die schwerpunktmäßig der Strafverfolgung dienenden Vorschriften nicht von der Binnenmarktkompetenz gedeckt. Nachdem der EuGH dies aber 2009 ausdrücklich und in seinem jüngsten Urteil noch einmal implizit bejaht hat, bin ich nun eines Besseren belehrt.

Zum anderen gelangte ich unter Würdigung der einschlägigen Rechtsprechung des Europäischen Gerichtshofs für Menschenrechte (EGMR) und ihrer Rezeption durch den EuGH zu dem Ergebnis, dass die Feststellung eines Grundrechtsverstoßes durch die Luxemburger Richter nicht zu erwarten sei. Als Hintertürchen ließ ich die Möglichkeit offen, dass der EuGH zukünftig die Intensität seiner Prüfung der einschlägigen Grundrechte erhöhen und so einen Verstoß feststellen könne.

Durch dieses Hintertürchen gehe ich heute gerne. Denn auf Antrag des irischen High Court of Justice und des österreichischen Verfassungsgerichtshofs im Verfahren der Vorabentscheidung nach Artikel 267 des Vertrages über die Arbeitsweise der europäischen Union (AEUV) hat der EuGH die Ungültigkeit der Richtlinie festgestellt.

Das am 8. April 2014 ergangene Urteil ist ein Lehrstück der Grundrechtsprüfung und der Beweis, dass der EuGH seiner in den letzten Jahren offensiver vertretenen Rolle als oberster Richter im europäischen Grundrechteverbund gerecht werden kann.

Der EuGH stellt einen Verstoß gegen die Grundrechte auf Schutz des Privatlebens und der Kommunikation (Art. 7 der EU-Grundrechtecharta) und auf Schutz der personenbezogenen Daten fest (Art. 8 der Charta).

Zunächst zur Frage des Eingriffs. Der Gerichtshof erkennt, dass die Verpflichtung zur Vorratsspeicherung der umfassend gesammelten profilaffinen Daten und der Zugang der Behörden zu ihnen einen besonders schwerwiegenden Eingriff in die Grundrechte darstellt. Auch könne der Umstand, dass die Vorratsspeicherung der Daten und ihre spätere Nutzung ohne Information der Betroffenen vorgenommen werden, ihnen das Gefühl geben, dass ihr Privatleben Gegenstand einer ständigen Überwachung ist.

Die Rechtfertigung dieses Eingriffs prüft der Gerichtshof schulmäßig anhand von Art. 52 Abs. 1 der Charta und stellt dabei zunächst fest, dass die gesetzlich vorgeschriebene Datenvorratsspeicherung nicht geeignet ist, den Wesensgehalt der Grundrechte auf Achtung des Privatlebens und auf Schutz personenbezogener Daten anzutasten. Die Richtlinie gestatte nämlich nicht die Kenntnisnahme des Inhalts elektronischer Kommunikation als solchen und gebiete insofern die Einhaltung des Datenschutzes und der Datensicherheit. Die Vorratsspeicherung der Daten zur etwaigen Weiterleitung an die zuständigen nationalen Behörden diene auch dem Gemeinwohl, und zwar der Bekämpfung schwerer Kriminalität.

Allerdings habe der Unionsgesetzgeber beim Erlass der Richtlinie über die Vorratsdatenspeicherung die Grenzen der Verhältnismäßigkeit überschritten. Denn die von der Richtlinie vorgeschriebene Vorratsspeicherung stelle einen Grundrechtseingriff von großem Ausmaß und besonderer Schwere dar, ohne dass die Richtlinie gewährleiste, dass sich der Eingriff tatsächlich auf das absolut Notwendige beschränkt.

Erstens erstrecke sich die Richtlinie nämlich generell auf sämtliche Personen, elektronische Kommunikationsmittel und Verkehrsdaten, ohne irgendeine Differenzierung, Einschränkung oder Ausnahme anhand des Ziels der Bekämpfung schwerer Straftaten vorzusehen.

Zweitens sehe die Richtlinie kein objektives Kriterium vor, das es ermögliche, den Zugang der zuständigen nationalen Behörden zu den Daten und deren Nutzung zwecks Verhütung, Feststellung oder strafrechtlicher Verfolgung zu gestalten und insbesondere auf hinreichend schwere Straftaten zu beschränken. Auch unterliege der Zugang zu den Daten keiner vorherigen Kontrolle durch ein Gericht oder eine unabhängige Verwaltungsstelle.

Drittens schreibe die Richtlinie eine Dauer der Vorratsspeicherung der Daten von mindestens sechs Monaten vor, ohne dass eine Unterscheidung zwischen den Datenkategorien anhand der betroffenen Personen oder nach Maßgabe des etwaigen Nutzens der Daten für das verfolgte Ziel getroffen werde. Der pauschale Fristrahmen von mindestens sechs und höchstens 24 Monaten gewährleiste nicht, dass die Speicherung auf das absolut Notwendige beschränkt wird. Schließlich biete die Richtlinie auch keine hinreichenden Garantien gegen Missbrauch und schreibe auch keine Speicherung der Daten im Unionsgebiet vor, wodurch eine Überwachung des Datenschutzes und der Datensicherheit durch eine unabhängige Stelle nicht gewährleistet sei.

Welche Folgen hat dieser Verstoß gegen die Grundrechtecharta? Obwohl der EuGH die Richtlinie im Vorabentscheidungsverfahren nicht für nichtig erklären konnte, ist die von ihm festgestellte Ungültigkeit in ihren Folgen doch vergleichbar und wirkt auf den Erlasszeitpunkt der Richtlinie zurück. Der EuGH hat nämlich davon abgesehen, die Wirkungen der Ungültigkeitsfeststellung in entsprechender Anwendung von Artikel 264 Abs. 2 AEUV auszusetzen, wie Generalanwalt Cruz Villalón vorgeschlagen hatte.

Dies war deswegen von besonderem Interesse, weil die EU-Kommission auf Umsetzungsprobleme mehrerer Mitgliedstaaten bereits mit Vertragsverletzungsverfahren reagiert hatte, in deren Rahmen sich betroffene Staaten nicht mit dem Einwand der vermeintlichen Ungültigkeit verteidigen können. Griechenland, Irland, Österreich und Schweden sind vom Gerichtshof bereits wegen Verstößen gegen die Pflicht zur Umsetzung der Richtlinie 2006/24/ EG verurteilt worden. Die Nichtbefolgung eines solchen Urteils hat dem Königreich Schweden sogar eine Geldstrafe von 3 Millionen Euro eingebrockt. Deutschland schließlich sollte nach Ansicht der Kommission ein Zwangsgeld in Höhe von 300 000 Euro pro Tag auferlegt werden, zahlbar bis zur Mitteilung der nach dem 2. März 2010 neu zu erlassenden Umsetzungsvorschriften. Trotz politischer Absichtserklärungen der Bundesregierung schien eine entsprechende Gesetzgebung aber bis zuletzt in weiter Ferne, eine kostspielige Verurteilung drohte. Dieses Damoklesschwert hat die Kommission nun aber eingesteckt und in Anbetracht der vom EuGH festgestellten Ungültigkeit der Richtlinie ihre Klage im Juni 2014 zurückgenommen.

Ende gut, alles gut? Eher nicht. Zum einen lässt sich die jahrelange anlasslose Datenspeicherung nicht ungeschehen machen und in welcher Form die – vom Gerichtshof im Grundsatz zugelassene – Vorratsdatenspeicherung erneut europaweit verbindlich wird, bleibt abzuwarten. Auch gelten die entsprechenden mitgliedstaatlichen Vorschriften erst einmal fort. Zum anderen wirft die schier unendliche Geschichte der EU-Vorratsdatenspeicherung die Frage auf, ob hier der Grundrechtsdialog der nationalen und europäischen Gerichte wirklich funktioniert hat.

Nachdem bereits im Juli 2007 die deutsche Generalanwältin Juliane Kokott in der Rechtssache *Promusicae* inzident die Frage der Grundrechtskonformität verdachtsloser Vorratsdatenspeicherung aufgeworfen hatte, hielt es der EuGH im Jahre 2009 nicht für möglich, die Richtlinie im Zuge der Nichtigkeitsklage Irlands entsprechend zu prüfen. Obwohl die den Antrag Irlands als Streithelferin unterstützende Slowakei die Grundrechtsproblematik in das Verfahren eingeführt hatte, hielt der Gerichtshof eine materielle Prüfung für *ultra petita*. Die von Irland erhobene Klage habe sich allein auf die Wahl der Rechtsgrundlage und nicht auf eine eventuelle Verletzung der Grundrechte bezogen.

Somit war die Frage eines möglichen Grundrechtsverstoßes weiter offen. Sie blieb es auch nach dem Urteil des Bundesverfassungsgerichts, da dieses die Wirksamkeit der Richtlinie 2006/24/EG für nicht entscheidungserheblich hielt und von einer Vorlage an den EuGH absah.

Die Richtlinie belasse der Bundesrepublik einen weiten Entscheidungsspielraum und könne ohne Verstoß gegen die deutschen Grundrechte umgesetzt werden. Das Grundgesetz verbiete eine solche Speicherung nicht unter allen Umständen. Vielmehr könne sie auch unabhängig von einem etwaigen Vorrang des Unionsrechts nach den Maßgaben des Grundgesetzes zulässig angeordnet werden. Eine Prüfung der angegriffenen Vorschriften insgesamt am Maßstab der deutschen Grundrechte gerate damit nicht in Konflikt mit der Richtlinie 2006/24/EG, so dass es auf deren Wirksamkeit und Vorrang nicht ankomme.

Doch lässt sich die unionsrechtliche Determinierung der Vorratsdatenspeicherung mit dem Hinweis auf deren grundsätzliche verfassungsrechtliche Zulässigkeit in Frage stellen? Vielleicht hätte das Bundesverfassungsgericht stattdessen bereits 2010 über seinen Schatten springen und den EuGH um Vorabentscheidung ersuchen sollen. Seine minutiöse Analyse der grundrechtswidrigen Speicherungswut hätte die Luxemburger Richter vermutlich nicht weniger überzeugt als die nun maßgeblichen Argumente der irischen und österreichischen Kollegen. Auch sei daran erinnert, dass der EuGH nicht erst im Jahre 2014 von der mächtigen Idee des Datenschutzes betört wurde, sondern beispielsweise schon am 9. November 2010 in *Schecke und Eifert* eine pauschale Pflicht zur Veröffentlichung von Informationen über die Empfänger von Agrarbeihilfen für mit der Grundrechtecharta unvereinbar befunden hat. Dass der EuGH auch insoweit trotz entsprechender Anregung durch das VG Wiesbaden keine Prüfung der Richtlinie 2006/24/EG vornehmen musste, ist eine andere Frage. *Worüber wir eigentlich reden* sollten, ist die Bereitschaft der Gerichte in Europa zum offenen und rechtzeitigen Dialog über einen wirksamen Schutz der Grundrechte.

Eric Töpfer

Verheddert im Netz der DNA-Datenbanken

Prüm und die Mythen der Interoperabilität*

»Datenschutz ist schön, aber in Krisenzeiten hat Sicherheit Vorrang«, variierte Innenminister Thomas de Maizière nach den Anschlägen von Brüssel das bekannte Motto vom Datenschutz als Täterschutz und forderte eine bessere Vernetzung von »Datentöpfen«.[1] Zwei Wochen später legte die EU-Kommission ihre Mitteilung »Solidere und intelligentere Informationssysteme für das Grenzmanagement und mehr Sicherheit« vor, die wieder einmal die Fragmentierung, Komplexität und Mängel der bestehenden Informationsarchitektur im europäischen »Raum der Freiheit, der Sicherheit und des Rechts« beklagt und das seit dem Haager Programm von 2004 bekannte Mantra von der Notwendigkeit wiederholt, die Systeme interoperabel und die Informationen verfügbar zu machen, damit »etwaige Verbindungen zwischen Datenfragmenten« erkannt werden können.[2]

Nachdem sich die EU mit dem Haager Programm zumindest im Feld der Strafverfolgung eigentlich von der Schaffung neuer zentraler Systeme verabschiedet hatte, diskutiert die Kommission nun ernsthaft die Einrichtung eines gemeinsamen Datenspeichers für die verschiedenen Systeme, um der Fragmentierung ein Ende zu bereiten: »Der gemeinsame Datenspeicher würde es im Bedarfsfall ermöglichen, bestehende Verbindungen zu ermitteln und durch die Kombination von in unterschiedlichen Informationssystemen gespeicherten Datenelementen ein Gesamtbild entstehen zu lassen. Die derzeitigen Informationslücken, die insbesondere Grenzschutz- und Polizeibeamten nur ein lückenhaftes Gesamtbild ermöglichen, würden auf diese Weise beseitigt.«[3]

Dass die Informatisierung von Polizei jedoch kein geschmierter, linearer Prozess ist, sondern es sich dabei um die äußerst ambivalente Entwicklung heterogener soziotechnischer Netzwerke handelt, der Dysfunktionalität und Ineffizienz inhärent sind, hat der Politikwissenschaftler Stephan Heinrich bereits am deutschen Beispiel gezeigt. Heinrich argumentiert daher, dass es notwendig sei, jenseits der üblichen und wichtigen normativen Diskussion über die rechtliche Zulässigkeit von polizeilichem Technikeinsatz auch seine Implementierung und die Realfunktionen zu betrachten, um ein besseres Verständnis seiner gesellschaftlichen Implikationen zu gewinnen.[4] Vor dem Hintergrund der aktuellen europäischen Pläne versucht der vorliegende Beitrag eben dies für ein Projekt der europäischen Innenpolitik, dessen zentrales Anliegen die »Interoperabilität« von Informationssystemen ist: Nachgezeichnet wird die Geschichte der europaweiten Vernetzung der nationalen forensischen DNA-Register, die durch den Vertrag von Prüm angestoßen wurde. An ihrem Beispiel soll illustriert werden, wie mit dem Glauben an die Wirksamkeit der grenzüberschreitenden Verfügbarmachung von Daten Politik gemacht wird, sich das technokratische Versprechen bei näherem Hinsehen jedoch als Mythos entpuppt.

Vom Prümer Vertrag der Sieben ...
Es war Innenminister Otto Schily, der die Verhandlungen über den Vertrag von Prüm und seine technische Umsetzung im Februar 2003 angestoßen hatte.[5] Bereits sechs Jahre früher hatte der EU-Ministerrat erstmals über die »Schaffung eines Netzes kompatibler nationaler DNS-Datenbanken« nachgedacht,[6] und nur ein Jahr vor Schilys Initiative hatten die acht mächtigsten Industrienationen auf einem G8-Gipfel der Innen- und Justizminister in ihren »Empfehlungen zur Bekämpfung der Organisierten Kriminalität« u. a. die Verbesserung des Informationsaustausches sowie die Einrichtung von nationalen und internationalen DNA-Datenbanken auf die globale innenpolitische Agenda gesetzt.[7]

Unterschrieben wurde der Vertrag von Prüm schließlich am 27. Mai 2005 in dem gleichnamigen Luftkurort in der Eifel. Nachdem Deutschland anfangs nur mit Österreich und den drei Benelux-Staaten verhandelt hatte, waren in letzter Minute noch Frankreich und Spanien auf den Zug mit aufgesprungen,[8] so dass letztlich sieben Minister ihre Unterschriften unter den »Vertrag über die Vertiefung der grenzüberschreitenden Zusammenarbeit, insbesondere zur Bekämpfung des Terrorismus, der grenzüberschreitenden Kriminalität und der illegalen Migration« setzten. Wie der Name anzeigt, geht es in dem Vertrag um weit mehr als um die Vernetzung nationaler DNA-Datenbanken. Neben dem Abruf und Abgleich von DNA-Profilen wird auch die Vernetzung von Fingerabdruck-Datenbanken und Fahrzeugregistern geregelt. Außerdem vereinbart wurden der Austausch von Informationen zur Terrorismusbekämpfung sowie die gegenseitige Unterstützung bei der Ausbildung von »Sky Marshalls«, die Einrichtung eines Netzwerkes von Dokumentenberatern, die gegenseitige Hilfe bei Großveranstaltungen oder Katastrophenfällen und gemeinsame bi-nationale Streifen in Grenzgebieten.

In Kraft trat der Vertrag am 1. November 2006 – zuerst in Österreich und Spanien, wo die Ratifikation durch die Parlamente kaum mehr als ein Jahr gedauert hatte. Die übrigen Länder folgten bis Mai 2008 – zuletzt die Niederlande. Doch noch während der Ratifikationsprozess in den ursprünglichen Vertragsstaaten andauerte, begann Schilys Nachfolger, Wolfgang Schäuble entsprechend Artikel 51 des Vertrages um Beitrittskandidaten unter anderen EU-Mitgliedstaaten zu werben. Erfolg hatte er damit letztlich bei sieben Staaten, die den Vertrag zum Teil schon ratifiziert hatten, bevor man in den Niederlanden soweit war.

... bis zu den Beschlüssen der EU

Schäubles Vorgehen war ein offener Affront gegen die EU-Kommission. Mit dem Haager Programm hatte der Europäische Rat im November 2004 das »Prinzip der Verfügbarkeit« erklärt und die Umsetzung eines »innovativen

Konzeptes« für den grenzüberschreitenden Datenaustausch bis zum 1. Januar 2008 angemahnt, das nicht länger auf zentrale EU-System setzt, sondern die nationalen Polizeidatenbanken für den gegenseitigen Zugriff öffnet.[9] Waren die bisherigen EU-Initiativen im Bereich des Informationsaustausches auf die Bekämpfung von Terrorismus und Organisierte Kriminalität beschränkt, ging es nun um Informationen zum Zweck der Verhütung und Verfolgung von Straftaten im allgemeinen. Entsprechend dieser Vorgaben des Rats hatte die Kommission bereits im Oktober 2005 einen Vorschlag für einen »Rahmenbeschluss für den Austausch von Informationen nach dem Grundsatz der Verfügbarkeit« vorgelegt, der auch den Online-Zugriff auf DNA-Profile vorsah, aber zum Ausgleich parallel einen Rahmenbeschluss zum Datenschutz in der Polizei- und Justizkooperation anstrebte.[10] Schäuble fürchtete, dass die informationelle Integration durch langwierige Verhandlungen zur Harmonisierung des Datenschutzes blockiert werden könnte und setzte daher auf eine Entkoppelung der Prozesse. Auf einem exklusiven Treffen der Innenminister der sechs größten EU-Staaten erklärten diese im März 2006, dass die zügige Umsetzung des Prinzips der Verfügbarkeit nicht von einer Einigung auf Datenschutz-Regeln abhängen dürfe und regten an, dass das »vielversprechende Modell des Prümer Vertrages« schnellst möglich auf EU-Ebene geprüft werden solle.[11]

Mit der kritischen Masse von willigen Beitrittskandidaten im Rücken nutzte Schäuble die deutsche Präsidentschaft im Rat der EU im ersten Halbjahr 2007, um die Europäisierung des Prüm-Modells zu forcieren. Auf dem Ministerratstreffen am 12. und 13. Juni 2007 verkündete man die politische Einigung auf die Überführung wesentlicher Teile des Vertrages in den Rechtsrahmen der EU.[12] In den folgenden Monaten wurden die Details ausgehandelt. Am 23. Juni 2008 wurden dann die Ratsbeschlüsse 2008/615/JI und 2008/616/JI – quasi als Äquivalent zum Prümer Vertrag und dem Abkommen zu seiner technischen Umsetzung von Dezember 2006 – verabschiedet.

Mit wenigen Ausnahmen wurden die Bestimmungen des Prümer Vertrages inhaltsgleich in die Beschlüsse übernommen. Damit folgte die Entwicklung um den Vertrag von Prüm dem Vorbild des Schengener Abkommens, mit dem eine kleine Gruppe von Staaten unter deutscher Führung Standards für die Vertiefung der grenzüberschreitenden Polizeizusammenarbeit in nahezu der gesamten EU setzen konnte.

Auf der Wartebank – die Harmonisierung des Datenschutzes

Jenseits der europapolitischen Schelte am selbstherrlichen Vorgehen der Prüm-Vertragsstaaten wurden der Vertrag und seine Überführung in den europäischen Rechtsrahmen auch wegen der unzureichenden öffentlichen Diskussion und den fragwürdigen Datenschutzstandards kritisiert. Zwar war das Europaparlament bei der Überführung des Vertrages von Prüm in EU-Recht konsultiert worden, aber mitentscheiden durfte es in der Zeit vor Inkrafttreten des Lissabon-Vertrages in Fragen der Polizeikooperation noch nicht. So blieben die Kritiker angesichts der Übermacht der Exekutiven marginalisiert und die – insbesondere datenschutzrechtlichen – Bedenken waren leicht zu ignorieren.[13]

Entsprechend enthalten Vertrag und Ratsbeschluss jeweils eigene Kapitel zu Datenschutzbestimmungen, die eine strikte Zweckbindung der Datenbankabrufe, Datensicherheit und umfassende Protokollierungspflichten vorsehen. Aber an vielen Stellen wird letztlich auf innerstaatliches Recht verwiesen. Doch das Niveau eben dieses innerstaatlichen Rechts hatte sich lediglich an der mehr als 30 Jahre alten Datenschutzkonvention des Europarates von 1981 und an der nur unverbindlichen Empfehlung R (87) 15 für die Anwendung der Konvention im Polizeibereich von 1987 zu orientieren. Zudem obliegt die Bewertung darüber, ob die Bestimmungen der Datenschutzkapitel umgesetzt sind, einem Ministerkomitee der Vertragsstaaten bzw. dem Rat der EU, also den Exekutiven.

In den Verhandlungen wurde weder die Forderung aufgegriffen, den gegenseitigen Zugriff auf die DNA-Datenbanken auf Fälle schwerer Kriminalität zu begrenzen, noch wurden die Rechte von Betroffenen einheitlich definiert. Auch der Wunsch der Datenschützer, an der Überprüfung des angemessenen Datenschutzniveaus in den teilnehmenden Staaten beteiligt zu werden, wurde überhört.[14] Angesichts der deutlichen Defizite nannte der damalige Europäische Datenschutzbeauftragte den EU-weiten Informationsaustausch im Mai 2008 einen »Alptraum«.[15]

Die Hoffnungen, dass ein Datenschutzrecht der EU für den Polizeibereich Abhilfe schaffen könnte, erwiesen sich lange Zeit als trügerisch. Der Rahmenbeschluss 2008/977/JI von November 2008 regulierte nur den grenzüberschreitenden Transfer der Daten, ließ aber die nationale Datenerhebung und -verarbeitung unberührt; zudem klammerte er die bis dato verabschiedeten Übereinkünfte zum europäischen Datenaustausch – also auch die Prüm-Beschlüsse – aus und räumte den jeweiligen datenschutzrechtlichen Vorschriften Vorrang ein.[16] Auch die neue Richtlinie (EU) 2016/680 über den Datenschutz bei Polizei und Strafjustiz lässt das bestehende Unionsrecht unangetastet.[17] Allerdings gilt die Richtlinie nun auch für die innerstaatliche Datenverarbeitung durch Polizei und Strafjustiz und legt u. a. einen besonderen Schutz genetischer Daten fest, deren Verarbeitung nur zulässig sein soll, »wenn sie unbedingt erforderlich ist und vorbehaltlich geeigneter Garantien für die Rechte und Freiheiten der betroffenen Person erfolgt«.[18] Ob und welche Konsequenzen sich daraus für den Prüm-Verbund ergeben, z. B. indem die sehr unterschiedlichen nationalen Vorschriften zur Erhebung von »genetischen Fingerabdrücken« grundrechtsfreundlich angeglichen werden, werden die nächsten Jahre zeigen. Bis Mai 2018 haben die Mitgliedstaaten Zeit, den neuen Rechtsrahmen in nationales Recht umzusetzen.

Massenhafter DNA-Abgleich

Anders als die Vernetzung der Fingerabdruck-Datenbanken und Fahrzeugregister, die auch präventiv-polizeilichen Zwecken bzw. sogar der grenzüberschreitenden Verfolgung von Verkehrsordnungswidrigkeiten dienen, zielt der automatisierte Austausch von DNA-Profilen unter dem Prüm-Regime ausschließlich auf Strafverfolgung. Allerdings geht es dabei nicht – wie bei Fingerabdrücken sowie Fahrzeug- und Halterdaten – nur um den Abruf und Vergleich von Profilen im Einzelfall, sondern auch um den automatisierten Abgleich des gesamten Datenbankbestandes: »Die Mitgliedstaaten gleichen im gegenseitigen Einvernehmen über ihre nationalen Kontaktstellen die DNA-Profile ihrer offenen Spuren zur Verfolgung von Straftaten mit allen DNA-Profilen aus Fundstellendatensätzen der anderen nationalen DNA-Analyse-Dateien ab. Die Übermittlung und der Abgleich erfolgen automatisiert«, heißt es in Artikel 4 des Prüm-Beschlusses 2008/615/JI. Der Zugriff auf die biometrischen Daten findet im sogenannten Treffer/Kein-Treffer-Verfahren statt, d.h. es wird nur auf eine Indexdatenbank zugegriffen, die keine Informationen enthält, durch die die Betroffenen unmittelbar identifiziert werden können. Kommt es zu einem »Treffer« – einer Übereinstimmung von DNA-Profilen – wird der Fundstellendatensatz »unverzüglich« an das anfragende Land geschickt. Vermittelt wird der automatisierte Austausch der DNA-Profile durch zentrale »nationale Kontaktstellen«, wie z.B. das Bundeskriminalamt. Weitere Informationen zu Personen, von denen ein DNA-Profil stammt, können dann über diese Kontaktstellen mithilfe der Referenzdaten des Fundstellendatensatzes angefragt werden.

Auch wenn Interpol mit seinem »DNA Gateway« seit 2002 eine Plattform für die Abfrage von DNA-Profilen betreibt, in der im Oktober 2015 mehr als 158 000 Datensätzen aus 73 Ländern erfasst waren,[19] war es Prüm, das den internationalen Austausch von DNA-Profilen revolutionierte und ihn auf industriellen Maßstab brachte: Anders als bei Interpol, wohin die Länder nur äußerst selektiv Daten weitergeben, nämlich dann, wenn ein internationaler Bezug vermutet wird, sind alle teilnehmenden Staaten unter dem Prüm-Regime verpflichtet, nationale forensische DNA-Datenbanken zu unterhalten und diese Datenbanken weitestgehend für den automatisierten Online-Zugriff zu öffnen. Nicht wenige EU-Länder begannen erst aufgrund von Prüm mit dem Aufbau zentraler DNA-Register, so z. B. Italien, Griechenland, Irland oder Malta.[20]

Schleppende Umsetzung
Zum Auftakt der technischen Vernetzung glichen Deutschland und Österreich ihre DNA-Datenbanken ab, nachdem beide Staaten am 5. Dezember 2006 das Prüm-Durchführungsübereinkommen unterzeichnet hatten. Weitere Verbindungen folgten, und eigentlich sollte die Vernetzung laut Art. 36 des Ratsbeschlusses 2008/615/JI bis zum 26. August 2011 abgeschlossen sein. Doch steckt der Teufel im Detail. Mitglied des Prüm-Netzwerkes zu werden, ist ein komplexer Prozess: Nationales Recht ist anzupassen und die zentralen Kontaktstellen sind zu benennen. Mitunter müssen die abzufragenden Datenbanken erst eingerichtet und an das gesicherte TESTA-Netzwerk angeschlossen werden. Die Einhaltung des vereinbarten Minimal-Datenschutzniveaus ist sicherzustellen. Suchkapazitäten müssen geklärt und technische Spezifikationen erfüllt werden. Fragebögen müssen beantworten und Testläufe erfolgreich durchgeführt worden sein. Schließlich ist eine Vor-Ort-Evaluation zu bestehen, bevor schlussendlich der Ministerrat der EU einstimmig beschließen muss, dass ein Mitgliedstaat mit dem automatisierten Datenaustausch starten kann. So wundert es nicht, dass zum Stichtag am 26. August 2011 nur zwölf von 27 EU-Mitgliedstaaten überhaupt DNA-Profile mit anderen Mitgliedstaaten abglichen.[21] Entsprechend musste die EU-Kommission in einem Bericht zur Umsetzung der Prüm-Beschlüsse Ende 2011 einräumen, dass die gesteckten Ziele »überambitioniert« waren.[22]

Die Gründe für die schleppende Vernetzung waren vielfältig: Schwierigkeiten, politische Mehrheiten für die Anpassung des nationalen Rechts an die Vorgaben von Prüm zu mobilisieren; Kompetenzstreitigkeiten zwischen Behörden bei der Benennung der Nationalen Kontaktstelle; Ärger bei organisationsinternen Neustrukturierungen, die aus der Internationalisierung resultieren sowie personelle und finanzielle Engpässe. Die größte Herausforderung scheinen aber technische Probleme gewesen zu sein: Hard- oder Software erwiesen sich als inkompatibel oder der Anschluss ans TESTA-Netzwerk gelang nicht reibungslos; mitunter mussten existierende Systeme komplett abgelöst werden. Durchschnittlich soll der Beitritt zum Prüm-DNA-Verbund knapp zwei Millionen Euro gekostet haben.[23] In Ländern, die vor 2008 keine nationale DNA-Datenbank betrieben, dürften die Kosten deutlich höher gelegen haben. Abhilfe schaffen sollten finanzielle Hilfen durch die Europäische Kommission, die bis Ende 2012 knapp 17 Millionen Euro für die Umsetzung der Prüm-Beschlüsse bereitstellte,[24] sowie technische Unterstützung durch Europol und das deutsche Bundeskriminalamt.

Die Bemühungen waren zumindest teilweise erfolgreich: Mitte 2016 waren 22 der 28 EU-Mitgliedstaaten am Prüm-Verbund beteiligt. Nur Dänemark, Griechenland, Großbritannien, Irland, Italien und Kroatien beteiligten sich (noch) nicht.[25] Jedoch ist es längst nicht so, dass jedes Land Zugriff auf die DNA-Datenbanken aller anderen Partner hat. Die Spinnen im Netz des Prüm-Verbundes sind gegenwärtig die Niederlande und Österreich, die beide zu 21 bzw. 20 anderen Ländern Verbindungen haben. Deutschland hingegen tauscht nur mit 15 anderen Ländern DNA-Profile aus und Belgien sogar nur mit Frankreich und den Niederlanden.[26] Angesichts dessen versucht die Kommission seit Januar 2016 die besonders säumigen Mitgliedstaaten auf Spur zu bringen und droht mit der Einleitung von Vertragsverletzungsverfahren.[27]

Lückenhafte Erfolgsbilanz
Der aktuellste Überblick über die Bilanz des gigantischen Unterfangens liegt für das Jahr 2015 vor. Obwohl die Zah-

len nicht immer aktuell sind und mitunter deutliche Inkonsistenzen aufweisen, sind sie doch Indikator für die Größenordnung und die Nutzung des Prüm-Verbundes: Zwischen den 22 am Verbund teilnehmenden Ländern, die Ende 2015 zusammen knapp 6,5 Millionen DNA-Profile in ihren Datenbanken gespeichert hatten, sollen im 2015 mehr als 1,3 Millionen DNA-Profile zum Abgleich an andere Mitgliedstaaten übermittelt worden sein. Offensichtlich variiert die Praxis der Mitgliedstaaten enorm: Zwei Drittel der Abgleiche wurden laut Statistik allein durch Österreich und Deutschland initiiert. Insgesamt wurden 66 270 »Treffer« gezählt.[28] Allerdings handelt es sich dabei keineswegs immer um »Treffer« einer offenen Spur mit dem DNA-Profil einer bekannten Person. Anders als es der Wortlaut von Art. 4 des Prüm-Beschlusses vorsieht, gleichen die Kontaktstellen nämlich sowohl ihre Spuren- als auch ihre Personen-DNA-Datensätze miteinander ab. Nur etwa 40 000 »Treffer« bezogen sich auf die Übereinstimmung zwischen einer offenen Spur und dem DNA-Profil einer bekannten Person; die restlichen »Treffer« waren allein auf die Tatsache zurückzuführen, dass es Übereinstimmungen zwischen den Datensätzen bereits bekannter Personen gab oder es sich um »Spur-Spur-Treffer« handelte.

Mehr allerdings geben die offiziellen Zahlen auch nicht her – kein Hinweis auf die Relevanz für Ermittlungsverfahren oder die Schwere der Delikte. Die Diskussion um »aussagekräftige« Statistiken führt die EU-Kommission gegen Widerstände aus den Mitgliedstaaten. Gerne würde sie auch Angaben zum »Follow up« sammeln, um zu erfahren, wie viele »Treffer« denn bei Strafermittlung wirksam werden, um so für zukünftige Verhandlungen mit dem Parlament gerüstet zu sein, falls die Weiterentwicklung der Prüm-Beschlüsse einmal auf die Tagesordnung kommt. Doch die Mitgliedstaaten zieren sich mit dem Hinweis auf den hohen Verwaltungsaufwand, entsprechende Daten zu erheben, obwohl Brüssel zwischenzeitlich sogar Kompensationszahlungen für die administrative Mehrarbeit angeboten hat.[29]

Dabei ist die Frage nach dem »Follow up« entscheidend. Denn die Reaktion auf das Ersuchen um die Information, welche Person zu einem Datenbank-»Treffer« gehört, konnte in der Vergangenheit mitunter Monate dauern. Daher ist die EU schon länger darum bemüht, auch diesen Informationsaustausch zu beschleunigen und hatte mit der »Schwedischen Initiative«, dem Rahmenbeschluss 2006/960/JI, im Dezember 2006 verbindliche Fristen von maximal 14 Tagen vorgegeben. Die Umsetzung dieser Vorgaben in nationales Recht verzögerte sich allerdings in vielen EU-Mitgliedstaaten erheblich. Bis Ende 2010 waren nur zwei Drittel der Mitgliedstaaten den Vorgaben gefolgt, obwohl als Frist Dezember 2008 gesetzt war [30] – und mindestens Luxemburg war noch Mitte 2016 säumig.[31] Zudem stellen sich erhebliche Probleme bei der praktischen Umsetzung der Vorgaben, zu deren Ursachen Personalmangel oder die fehlende bzw. unzureichende Standardisierung von Datenformaten gehört, die ein automatisierte Übermittlung unmöglich machen. Auch scheinen ungezielte Rundum-Abfrage in allen Prüm-Ländern und die Tendenz, jede Abfrage als »dringlich« zu markieren, zu gewissen Ermüdungserscheinungen geführt zu haben.[32] Doch selbst dort, wo die »Schwedische Initiative« etabliert ist, gibt sie nicht notwendigerweise auch die Wege des Informationsaustauschs vor. Viele Beamte nutzen andere Kanäle, insbesondere über Interpol, so dass die gelebte Vielfalt an Übermittlungsverfahren ein weiterer Faktor für Verzögerungen ist und nicht zuletzt auch die Schwierigkeiten erklärt, Informationen über den alltäglichen Informationsaustausch statistisch zu erfassen.[33]

Aktuell kein Interesse besteht auch an der Art der Delikte, die mittels Prümer DNA-Abgleich verfolgt werden. Nur aus der ersten Bilanz des deutschen Datenabgleichs mit Österreich, Spanien und Luxemburg von Dezember 2007 ist bekannt, dass von den damals 2330 »Treffern« mehr als 86 Prozent (2005 Treffer) auf Eigentumsdelikte wie Diebstahl oder Betrug entfielen, knapp zehn Prozent (227 Treffer) im Zusammenhang mit Gewaltdelikten oder gemeingefährlichen Straftaten standen und nicht einmal zwei Prozent (40 Treffer) auf Straftaten gegen das Leben oder die sexuelle Selbstbestimmung entfielen.[34] Und so lässt sich nur informiert spekulieren, dass der quantitative kriminalistische Nutzen des DNA-Abgleichs im Rahmen der Prümer allen spektakulären Erfolgsmeldungen zum Trotz auch heute noch im Bereich der Eigentumskriminalität liegen wird.

Zufallstreffer
Problematisch ist der Begriff »Treffer« jedoch vor allem, da die alljährliche statistische Bilanz auch Übereinstimmungen von DNA-Profilen mitzählt, die nicht von identischen Personen stammen. Der Anhang zum Ratsbeschlusses 2008/616/JI, der die technischen Details der Umsetzung des Prüm-Beschlusses ausführt, definiert die Regeln für den Austausch von DNA-Daten wie folgt: Übermittelte DNA-Profile müssen mindestens sechs der sieben DNA-Abschnitte (»Loci«) enthalten, die das alte »European Standard Set of Loci« (ESS) beinhaltet. Zusätzlich können sie je nach Verfügbarkeit weitere Loci – erlaubt sind insgesamt 24 – oder Leerfelder enthalten. Zwar wird empfohlen »alle verfügbaren Allele in der Indexdatenbank für DNA-Profile zu speichern und für die Suche und den Abgleich zu verwenden«, um die Treffergenauigkeit zu erhöhen. Allerdings gilt bereits die Übereinstimmung von sechs Loci als »Treffer«.[35]

Doch mit der wachsenden Zahl der Mitglieder im Prüm-Netzwerk wächst das Risiko von »false positives«, den sogenannten »Zufallstreffern«. So wurde z. B. vor dem Auftakt des deutsch-niederländischen Massenabgleichs von DNA-Profilen im Sommer 2008 aufgrund statistischer Erwägungen mit 190 solcher falschen Treffer gerechnet.[36] Zahlen zur tatsächlichen Bilanz wurden nie veröffentlicht, und die Bundesregierung behauptet, dass hierzu keine Statistiken geführt würden.[37] Vor dem Hintergrund der sich abzeichnenden Schwierigkeiten empfahl die »Arbeitsgruppe Informationsaustausch« des Rates der EU, »dass die nationalen DNA-Experten der anfragenden Mitgliedstaaten eine zusätzliche Prüfung solch möglicher Treffer vornehmen sollen, bevor sie das Ergebnis an andere Polizei- oder Justizbehörden übermitteln. Es gelte, die Balance zu wahren zwischen der Bereitstellung von Ermittlungshilfen für die Strafverfolgung, die das Ziel des Prümer Datenaustausches war, und der Vermeidung unnötigen Aufwandes bei der Nachverfolgung falscher Treffer.«[38]

Bekannt ist das Problem schon lange. Bereits 2005 diskutierten Netzwerke europäischer Forensiker auf einem gemeinsamen Treffen die Möglichkeit den ESS aus dem Jahr 2001 um weitere Loci zu erweitern.[39] Nachdem auf einem Treffen im Jahr 2008 eine Einigung erzielt werden konnte, den ESS um fünf Loci zu erweitern und eine entsprechende Vorlage erstellt worden war, verabschiedete der Ministerrat im November 2009 eine entsprechende Entschließung. Allerdings handelt es sich dabei im Gegensatz zu Beschlüssen des Rates nur um unverbindliches »soft law«, mit dem den EU-Mitgliedstaaten lediglich empfohlen wird, »den neuen Europäischen Standardsatz so bald wie möglich, spätestens jedoch 24 Monate nach der Annahme dieser Entschließung, anzuwenden«.[40]

Umgangen wurde damit eine Änderung der Prüm-Beschlüsse, die insbesondere nach Inkrafttreten des Lissabon-Vertrages und der neuen Mitspracherechte des Europaparlamentes im Bereich der Polizeikooperation politisch kaum durchsetzbar schien. Die niederländische Delegation in der »Arbeitsgruppe Informationsaustausch« behauptete zwar in einer Note vom Juni 2010, dass die Prüm-Beschlüsse ausdrücklich zur Umsetzung eines neuen ESS verpflichten.[41] In der deutschen Version des bemühten Rechtsaktes heißt es allerdings: »Jeder Mitgliedstaat sollte, so bald wie praktisch möglich, die Loci eines neuen ESS, der von der EU übernommen wurde, einführen.«[42] Keine Muss-, sondern eine Soll-Vorschrift, die sich zudem an der praktischen Realisierbarkeit orientiert. Und eben hier liegt der Haken, da die Anpassung der nationalen Infrastruktur an den neuen ESS zumindest bei einigen Mitgliedstaaten mit erheblichem technischem und finanziellem Aufwand verbunden wäre.

Auf Initiative Europols gelang 2013 die weitgehende Anpassung der technischen Infrastruktur auf den neuen ESS, und auch biotechnologischen Unternehmen reagierten schnell und brachten neue Analyse-Kits auf den Markt. Gleichwohl entsprechen auch weiterhin viele der gespeicherten DNA-Profile nicht dem neuen ESS. Zum einen lassen sich mitunter nur Teilabschnitte aus DNA-Spuren extrahieren und zum anderen haben Länder, die vergleichsweise früh DNA-Datenbanken eingerichtet haben, noch zahlreiche Profile gespeichert, die mit mittlerweile überholten Analyse-Kits generiert wurden, so dass weniger als die 12 ESS-Loci erfasst sind.[43] Über Deutschland wird z. B. berichtet, dass auch 2015 noch mehr als 50 Prozent der beim BKA gespeicherten DNA-Profile nicht mehr als acht Loci zählten.[44]

Insbesondere Großbritannien, in dessen DNA-Datenbanken mehr als 4,7 Millionen DNA-Profile gespeichert sind, scheute sich angesichts der absehbaren Umstellungskosten lange dem Prüm-Verbund beizutreten. London verwies mit Bezug auf seine aus dem Lissabon-Vertrag erwachsenen Sonderrechte für den Bereich der EU-Polizeikooperation darauf, dass die Prüm-Beschlüsse nicht auf seiner »Opt-In«-Liste stünden, man aber prüfe, welcher Aufwand nötig wäre, um dem DNA-Datenbank-Verbund beizutreten.[45] Im Januar 2016 schließlich teilte London seinen Beitrittswunsch offiziell mit [46] – motiviert auch durch die Aussicht, damit polizeilichen Zugriff auf die in Eurodac gespeicherten Fingerabdrücke von Asylsuchenden zu erhalten.[47]

Dass die Pläne durch den »Brexit« nun obsolet geworden sind, ist unwahrscheinlich angesichts der alarmistischen Warnungen vor drohenden Unsicherheiten im Fall eines Ausscheidens aus der europäischen Polizeikooperation. Vermutlich wird die Beteiligung an Prüm im Rahmen der immer variabler werdenden Geometrie Europas Teil des großen Gesamtpakets sein, das in den kommenden Jahren zwischen London und Brüssel ausgehandelt werden wird. Zusätzlich wird inzwischen auch das europäische Polizeiamt Europol als künftiger Partner im Prüm-Verbund gehandelt. Allen Widrigkeiten zum Trotz ist der Wille zum Ausbau des Informationsaustauschs ungebrochen.

Fazit
Mit dem Begriff des »technologischen Momentums« beschrieb der Technikhistoriker Thomas P. Hughes Technisierungsprozesse, die, einmal in Schwung gebracht von einem Netzwerk interessierter Akteure, kaum mehr zu bremsen sind.[48] Die Schaffung und Erweiterung des Prüm-Verbundes wurde – wie nicht wenige andere Instrumente im Feld der europäischen Innenpolitik – von einer kerneuropäischen Staatengruppe unter Führung Deutschlands vorangetrieben, dessen Polizeien zugleich auch zu den stärksten Nutzern der neuen Möglichkeiten gehören. Dass sich die Versprechungen und Erwartungen an die multilaterale Vernetzung nationaler DNA-Datenbanken allerdings erfüllt haben und im Verhältnis zu den grundrechtlichen und ökonomischen Kosten stehen, ist fraglich. Jenseits der von Befürwortern der Vernetzung gerne bemühten spektakulären Einzelfälle, in denen Prüm-Abfragen dazu beitragen konnten, schwere Verbrechen mit grenzüberschreitenden Bezügen aufzuklären, entziehen sich die Wirkung und der Nutzen des gigantischen Apparates einer sinnvollen Evaluation. Weder ist bekannt, in welchem Ausmaß DNA-Abfragen über die Prüm-Kanäle bei welchen strafrechtlichen Ermittlungen ausschlaggebend waren, noch weiß man, wie viele falsch-positive »Zufallstreffer« in der Bilanz zu Buche schlagen. Fest steht jedoch, dass nicht nur die technische Realisierung, sondern auch die alltägliche Praxis des Informationsaustausches erhebliche Ressourcen bindet, wodurch sich unter anderem erklärt, warum die Umsetzung der ambitionierten Pläne, insbesondere in den wirtschaftsschwachen Staaten der europäischen Peripherie trotz aller Hilfen aus Brüssel auf

erhebliche Widerstände stößt. Dabei hakt es nicht nur bei der technischen Anbindung an den Verbund, sondern auch bei der Bearbeitung von Abfragen zu Zusatzinformationen zu eventuellen »Treffern«. Dass es keine harmonisierten Regeln für das »follow up«-Verfahren gibt, trägt sein Übriges dazu bei, dass die verantwortlichen Stellen auf Anfragen entsprechend ihrer eigenen Prioritäten reagieren.

Anders als durch die politischen Versprechen suggeriert, ist Prüm nicht das effektive Instrument zur technokratischen Lösung des »Problems« grenzüberschreitender Kriminalität. Vielmehr handelt es sich um eine komplexe und heterogene sozio-technische Konstellation, eine »Assemblage«, deren Entwicklung immer wieder neue Probleme generiert. Dass nur ein exklusiver Kreis von Fachleuten aus IT und Forensik in europäischen Expertengremien nach Antworten auf diese Probleme sucht, um die Stabilität und Funktionsfähigkeit dieser Assemblage zu gewährleisten, ohne sich jedoch über deren tatsächliche Funktion wirklich im Klaren zu sein oder die lokale Umsetzung überprüfen zu können, demonstriert, dass die Netzwerke des europäischen Informationsaustauschs sich nicht nur in wachsendem Maße der politischen Kontrolle entziehen, sondern auch der Steuerung durch die Verwaltung selbst.

Vor diesem Hintergrund ist es umso problematischer, dass die EU-Kommission für die vertiefte Diskussion der eingangs skizzierten Pläne für die Verbesserung des Datenaustauschs erneut auf eine technokratische Lösung setzt: Beraten werden sollen die Optionen in den kommenden Monaten und Jahren in einer neu eingesetzten Expertengruppe »Informationssysteme und Interoperabilität«, die im kleinen Kreis wohl die zentralen Weichen für die künftige IT-Architektur stellen wird.[49] Vielmehr geboten wäre eine umfassende und selbstkritische Bestandsaufnahme unter Einbeziehung einer breiten Öffentlichkeit, deren Ausgangspunkt das Eingeständnis sein müsste, dass die angestrebte lückenlose Kontrolle über die soziale Wirklichkeit – je nach Standpunkt – eine Utopie bzw. Dystopie, die Gefahren einer schleichenden und ungewollten Entkernung von Freiheitsrechten durch unkontrollierbare Informatisierungsprozesse jedoch durchaus sehr real sind.

* Bei diesem Beitrag handelt es sich um eine aktualisierte und erweiterte Fassung des Artikels »Prüm und das europäische DNA-Netz«, in: Genethisches Netzwerk (Hg.): Identität auf Vorrat. Zur Kritik der DNA-Sammelwut. Berlin: Assoziation A, S. 79–86. Er gibt ausschließlich die persönliche Auffassung des Autors wieder.
1 Interview in den Tagesthemen vom 22. 3. 2015. http://www.tagesschau.de/inland/de-maiziere-interview-107.html (1. 8. 2016).
2 Europäische Kommission (2016): COM(2016) 205 final, 6. 4. 2016, S. 4.
3 Ebda., S. 21.
4 Heinrich, S. (2007): Innere Sicherheit und neue Informations- und Kommunikationstechnologien. Veränderungen des Politikfeldes zwischen institutionellen Faktoren, Akteursorientierungen und technologischen Entwicklungen. Münster: LIT Verlag (Hamburger Studien zur Kriminologie und Kriminalpolitik, 42), S. 379 ff.
5 Niemeier, M./Zerbst, P. (2007): Der Vertrag von Prüm – vertiefte grenzüberschreitende Zusammenarbeit zur Kriminalitätsbekämpfung in der EU. Die Überführung des Vertrages von Prüm in den Rechtsrahmen der EU. In: ERA-Forum, Jg. 8, Nr. 7 (Dezember 2007), S. 535–547 (537).
6 Rat der Europäischen Union (1997): Entschließung des Rates vom 9 . Juni 1997 über den Austausch von DNS-Analyseergebnissen, Amtsblatt der EG C 193/2 v. 24. 6. 1997, S. 3.
7 G8 Recommendations on Transnational Crime, 13./14. 5. 2002, Mont-Tremblant. http://epe.lac-bac.gc.ca/100/206/301/faitc-aecic/G8/2013-06-06/webcast.in ternational.gc.ca/cpc/bci/temp/G8-1/www.canadainternational.gc.ca/g8/ministerials-ministerielles/2002/transnational_crime-criminalite_transnationale-lang=eng.aspx.html (13. 5. 2014).
8 Hager, K. (2006): The Prüm Treaty. In: Maximising the Opportunities for Sharing DNA Information across Europe. Seminar Report, London: Home Office, S. 23–25.
9 Rat der Europäischen Union (2004): Haager Programm zur Stärkung von Freiheit, Sicherheit und Recht in der Europäischen Union, Mitteilung des Rates 2005/C 53/01, Amtsblatt der EU C 53/1, 3. 3. 2005, S. 7.
10 Europäische Kommission (2005): KOM (2005) 490 endgültig, 12. 10. 2005.
11 House of Lords European Union Committee (2006): Behind Closed Doors. The Meeting of the G6 Interior Ministers at Heiligendamm. Report with Evidence, London: Stationary Office, S. 27.
12 EU-Ratsdokument 10232/1/07, 8. 6. 2007.
13 Vgl. Guild, E./Geyer, P. (2006): Getting local. Schengen, Prüm and the dancing procession of Echternach Three paces forward and two back for EU police and judicial cooperation in criminal matters. Centre for European Policy Studies (CEPS Commentaries). http://aei.pitt.edu/11629/1/1411.pdf (1. 8. 2016).
14 Vgl. u. a. Schaar, P. (2006): Datenaustausch und Datenschutz im Vertrag von Prüm. In: DuD. Datenschutz und Datensicherheit, Jg. 30, Nr. 11 (November 2006), S. 691–693.
15 Krempl, S. (2008): EU-Datenschützer tadelt Schäubles Polizei-Superdatenbank. In: heise.de, 15. 5. 2008. https://heise.de/-207975 (15. 7. 2016).
16 Art. 28 Rahmenbeschluss 2008/977/JI des Rates vom 27. 11. 2008.
17 Art. 60 Richtlinie (EU) 2016/680 des Europäischen Parlaments und des Rates vom 27. 4. 2016.
18 Art. 10 Rahmenbeschluss 2008/977/JI.
19 Interpol: Forensics – DNA. http://www.interpol.int/INTERPOL-expertise/Forensics/DNA (15. 7. 2016).
20 Prainsack, B./Toom, V. (2010): The Prüm Regime. Situated Dis/Empowerment in

Transnational DNA Profile Exchange. In: British Journal of Criminology, Jg. 50 Nr. 6, S. 1117–1135 (1121).
21 EU-Ratsdokument 6077/7/11, 12. 9. 2011.
22 EU-Ratsdokument 17761/11, 5. 12. 2011.
23 EU-Ratsdokument 14918/10, 19. 10. 2010.
24 Europäische Kommission (2012): COM(2012) 732 final, S. 5.
25 EU-Ratsdokument 5017/4/16, 7. 6. 2016, Annex 3, S. 11 ff.
26 EU-Ratsdokument 5017/4/16, 7. 6. 2016, Annex 3, S. 16.
27 Europäische Kommission (2016): COM(2016) 205 final. Brüssel, S. 11.
28 EU-Ratsdokument 5129/16, 10. 3. 2016, S. 6 ff. In der Aufstellung fehlen allerdings Zahlen zu Frankreich, das mit mehr als drei Millionen gespeicherten DNA-Profilen die größte Datenbank im Prüm-Verbund hat.
29 EU-Ratsdokument 14568/13, 10. 10. 2013.
30 Europäische Kommission (2011): SEC(2011) 593 final, 15. 5. 2011.
31 EU-Ratsdokument 9236/16, 24. 6. 2016, S. 6.
32 Doherty, R. et al. (2015): Study on the implementation of the European Information Exchange Model (EIXM) for strengthening law enforcement cooperation. Final report. European Commission, S. 28 ff.
33 Ebda., S. 41 ff.
34 Vgl. Töpfer, E. (2008): Binnenmarkt für forensische DNA-Profile. In: Gen-ethischer Informationsdienst, Heft 191, S. 14–19 (18). Weniger detailliert aufgeschlüsselte Zahlen finden sich für September 2009 in BT-Drs. 16/14150, 22. 10. 2009, S. 4.
35 Beschluss 2008/616/JI des Rates vom 23. 6. 2008, Amtsblatt der EU L 210/20 ff., 6. 8. 2008. »Allele« sind die Zahlenpaare zur Bestimmung der individuellen Basensequenzvariation eines bestimmten DNA-Abschnitts (»Locus«), die als numerische Daten in den DNA-Datenbanken gespeichert werden.
36 van der Beek, K.: Exchange of DNA-profiles by the Treaty of Prüm. Presented at DNA Data Exchange in Europe conference, June 5–6, 2008. http://www.dna-conference.eu/ppt/Van%20der%20Beek.pdf (22. 3. 2011).
37 BT-Drs. 16/14150, 22. 10. 2009.
38 EU-Ratsdokument 8505/09, 15. 4. 2009.
39 Gill, P. et al.: The Evolution of DNA Databases – Recommendations for new European STR loci. In: Forensic Science, 156 (2006), S. 242–244.
40 Amtsblatt der EU C 296/1, 5. 12. 2009.
41 EU-Ratsdokument 11084/10, 16. 6. 2010.
42 § 1.1 in Kapitel 1 des Anhangs zum Ratsbeschluss 2008/616/JI.
43 ENSFI DNA Working Group (2016): DNA database management. Review and recommendations, S. 10. http://www.enfsi.eu/sites/default/files/documents/final_version_enfsi_2016_document_on_dna-database_management_0.pdf (4. 8. 2016).
44 Home Office (2015): Prüm business and implementation case. London, S. 51. https://www.gov.uk/government/uploads/system/uploads/attachment_data/file/480129/prum_business_and_implementation_case.pdf (12. 8. 2016).
45 EU-Ratsdokument 5124/3/14, 26. 5. 2014, S. 16.
46 EU-Ratsdokument 9831/1/16, 23. 6. 2016, S. 3.
47 Laut der neuen Eurodac-Verordnung von 2013 darf die Datenbank durch Polizei und Strafverfolgungsbehörden erst dann abgefragt werden, wenn zuvor erfolglos nationale Fingerabdruckdatenbanken, der Prüm-Verbund und das Visa-Informationssystem konsultiert wurden.
48 Hughes, T. P. (1993): Networks of power. Electrification in Western society, 1880–1930. Baltimore.: Johns Hopkins University Press.
49 Die Gruppe unter Vorsitz des Leitenden Beamten der Generaldirektion Inneres soll sich aus jeweils ein bis zwei Vertretern nationaler Behörden sowie der EU-Agenturen eu-LISA, Frontex, Europol, EASO, Grundrechteagentur und dem Koordinator für die Terrorismusbekämpfung zusammensetzen. Vgl. Europäische Kommission (2016): C(2016) 3780 final, 17. 6. 2016.

Forschung und Lehre

Docking Station							C. Haarmann

»Es stimmt auf jeden Fall, dass mit Frau Will eine Frau die juristische Fakultät verlässt, ohne die so manche Themen und Denkansätze dort einfach keinen Platz gefunden hätten.«

Lars Winkler, Verlagsjurist, bis 2011 im arbeitskreis kritischer juristinnen und juristen an der Humboldt-Universität zu Berlin (akj-berlin).

»Rosi Will war eine Vertrauensdozentin im allerbesten Sinne. Nicht nur, weil man sich auf sie verlassen und sich stets vertrauensvoll an sie wenden konnte. Sondern auch und gerade, weil sie umgekehrt selbst großes Vertrauen in ihre Stipendiaten hatte, dies stets vermittelte und einem so den Rücken stärkte, auch wenn man auf unkonventionellen Wegen unterwegs war. Wenngleich unsere Treffen nicht sehr häufig waren, hat sie meine Promotionsphase auf diese Weise doch nachhaltig geprägt.«

Dr. Tobias Singelnstein, ehemaliger Promotionsstipendiat der Hans-Böckler-Stiftung, heute Jouniorprofessor für Strafrecht und Strafverfahrensrecht an der Freien Universität Berlin.

Hermann Klenner

Nach-Denken über Frankreichs Menschenrechte der Bürger von 1789 samt deren Folgen

Abgesehen von der gemeinsamen Teilnahme an einer kleinen, vorsichtig vorantastenden Nachwende-Zusammenkunft am Chiemsee (mit Besuch natürlich der Herreninsel wegen der Grundgesetz-Vorgeburt) sind sich die hier zu ästimierende Emerita und der sie honorierende Emeritus persönlich eher selten begegnet, thematisch allerdings immer wieder. In ihrer (gemeinsam mit H.-J. Will) verfassten Dissertation »Studien zum Kampf der Arbeiterklasse um soziale Grundrechte im Kapitalismus« von 1977 teilten die beiden Autoren (auf S. III) mit, dass ihnen für die schöpferische Anwendung der Lehren der Klassiker des Marxismus-Leninismus bei der Herausarbeitung der marxistisch-leninistischen Grundrechtstheorie Hermann Klenners »Studien über die Grundrechte«, Berlin 1974, »Ansporn und Vorbild« gewesen seien, und (auf S. 17) signalisierten sie ihre von Klenner abweichende Auffassung über die Bedeutung der marxschen Unterscheidung zwischen der Produktions- und der Zirkulationssphäre im Kapitalismus für die Grundrechtsproblematik. Klenner wiederum deutete später in seiner Monographie »Marxismus und Menschenrechte« (Berlin 1982, S. 112) an, dass er Wills Auffassung, wonach der Kampf der Arbeiterklasse um die Erhaltung und Erweiterung der bürgerlichen Grundrechte vor allem das Ziel habe, die subjektiven Voraussetzungen für die sozialistische Revolution herauszubilden (so S. 51 ihrer Dissertation), für zu einseitig halte. Und das Thema von Wills nunmehriger Abschiedsvorlesung lautet: »Karl Marx über die Grundrechte in seiner Schrift ›Zur Judenfrage‹«, worüber zuvor auch Klenner publiziert hatte (Historisierende Rechtsphilosophie, Freiburg 2009, S. 459–469: »Über Klasseninteressen und subjektive Rechte, anlässlich Marxens ›Judenfrage‹«). – Nicht verschwiegen werden darf, dass sich Rosemarie Will als Nachwende-Dekanin beim neugewählten Rector Magnificus Heinrich Fink dafür einsetzte, dass dem Schreiber dieser Zeilen wegen gewesener Unbill schließlich eine Honorarprofessur zugesprochen wurde.

Die Nationalversammlung und der Druck von unten
Zurückgeworfen in den Realkapitalismus, wie wir sind, ist es von besonderem Reiz, sich aufs Neue des Sinngehalts desjenigen Dokuments zu vergewissern, das einst den begonnenen Sieg der bürgerlichen Gesellschaft – und damit des Kapitalismus! – in ganz Europa juristisch reflektierte und zugleich initiierte. Die am 26. August 1789 von den Repräsentanten des französischen Volkes, der sich als verfassunggebend deklarierenden Nationalversammlung in Versailles, feierlich verkündete *Déclaration des droits de l'homme et du citoyen* hatte in ihrer Präambel behauptet, dass die Unkenntnis, das Vergessen oder die Missachtung dieser Menschenrechte die alleinigen Ursachen des Unglücks der Allgemeinheit und der Verderbtheit der Regierungen seien. Nicht dürften also die überkommenen Verhältnisse lediglich fortgeschrieben und nicht dürfte der offenbarte Willen eines Gottes bloß nachbuchstabiert werden. Vielmehr gelte es, das Homo-homini-lupus-Gegeneinander der Menschen durch ihr Homo-homini-homo-Miteinander zu überwinden. Mittels der eingeborenen Vernunft aller Menschen müsse eine ihren übereinstimmenden Interessen gemäße Gesellschaft etabliert werden. Der Sieg des Bürgertums als Menschheitsfortschritt.

Kein anderes juristisches Dokument hat so viele erfüllte – aber auch nichterfüllte! – Erwartungen ausgelöst als diese Menschen- und Bürgerrechtserklärung. Was immer sie an Aspirationen und Illusionen entfachte, jedenfalls kündigte sie nichts Geringeres an als den Sieg der bürgerlichen über die feudale Welt. Zunächst in Frankreich. Dort war die überkommene Gesellschafts- und Staatsform, das *Ancien Régime,* durch die Willkürgewalt der Krone (pouvoir arbitraire), durch die Feudalität grundlegender Gesellschaftsverhältnisse sowie durch die Ungleichheit der Stände charakterisiert: Obgleich ihnen die direkte politische Gewalt seit Ludwig XIV. entglitten war, hatten die etwa 350 000 Angehörigen des Adels als (formal) Zweiter Stand infolge ihrer ökonomischen (und indirekten politischen) Macht in der sozialen Hierarchie tatsächlich den ersten Rang inne; sie waren die in der Monarchie herrschende Klasse. Die etwa 130 000 Mitglieder des katholischen Klerus mit ihren politischen wie ökonomischen Vorrechten, vor allem aber infolge ihrer ideologischen Macht, bildeten den (formal) Ersten Stand, wobei die hohe Geistlichkeit mit etwa 4000 Personen ohnehin dem Adel entstammte. Der »schäbige« Rest der Nation mit seinen 26 Millionen Menschen, annähernd 97 Prozent der Bevölkerung: Besitzende wie Besitzlose, Arbeitende wie Ausbeutende, Aufklärer wie Analphabeten, bildeten den Dritten Stand.

Inspiriert von den Aufklärungsdenkern, insbesondere von Rousseau – er zuerst habe die Menschenrechte gefordert, hieß es auf Festplakaten jener Jahre in Paris –, sekundiert von Jefferson, Sklavenhalter zwar, aber hauptsächlicher Autor der US-amerikanischen Unabhängigkeitserklärung von 1776 (mit der bekannten Behauptung, »that all men are endowed by their Creator with certain unalienable Rights, that among these are Life, Liberty and the pursuit of Happiness«) und nun US-Botschafter in Frankreich, war es unverkennbar der Druck von Unten, der schließlich von der Nationalversammlung, zu deren Deputierten weder Bauern noch Handwerker noch Arbeiter zählten, die Menschenrechtserklärung erzwang. Der bedeutende deutsche Pädagoge (später, wie Klopstock und Schiller, Ehrenbürger Frankreichs) Joachim H. Campe, begleitet von Wilhelm von Humboldt, bemerkte in seinen Briefen aus Paris mit Erstaunen, »dass ein Straßenklub von Wasserträgern und Pöbel sich einen der Entwürfe der Menschenrechtserklärung vorlesen ließ«. (Ähnliches berichtet übrigens Heinrich Heine aus dem Paris von 1840.) Die Hungerrevolten in mehreren Provinzen, die Bauernunruhen und -aufstände, die Manufakturerstürmungen durch Arbeiter, der Sturm auf die Bastille, die Bildung einer Bürgermiliz in Paris, der Zug der dortigen Frauen (der »Fischweiber«) nach Versailles, die Beschwerdehefte allüberall im Lande, die Munizipalrevolten, die Erhebung der Mulatten auf Haiti, die Broschürenflut ebenso wie die Intelligenz mit ihrem Einfluss auf die Gedankenwelt der anderen hatten den Umsturz vorangetrieben. Die Annahme wie der Inhalt der Menschen- und Bürgerrechtserklärung signalisierten nur den beginnenden Sieg des Volkes über das Alte Regime.

Der Gleichklang von Freiheit, Gleichheit, Eigentum – oder: Das Verhältnis von Menschen- und Bürgerrechten

Auch wenn diese nicht als transformatorisch, sondern als revolutionär gedachte Menschen- und Bürgerrechtserklärung von 1789, über deren siebzehn Artikel die Nationalversammlung eine ganze Woche lang Stück für Stück verhandelt und abgestimmt hatte, ebenso wenig wie den Beginn so auch nicht die Ergebnisse der Revolution verursachte, so gehörte sie jedenfalls zu den unentbehrlichen Bedingungen all der kommenden Erfolge auf dem Fortschrittsweg der Gesellschaft in Frankreich. Von diesen Erfolgen seien wenigstens genannt: die »vollständige Vernichtung des Feudalwesens«, die Annullierung auch der Adelstitel, die Nationalisierung der Kirchenländereien, die Aufhebung der Klöster, die Beseitigung der Binnenzölle und der Zünfte, die Gewährung voller Bürgerrechte an die etwa 50 000 Juden, die Abschaffung der »Sklaverei der Neger in allen Kolonien«, die Suspendierung und schließlich die Entsorgung des Königtums, sowie die Errichtung der Republik.

Mit ihrem normierten Gleichklang von Freiheit, Gleichheit, Eigentum – »Liberté, Egalité, Fraternité« lautete der Wahlspruch von Frankreichs Republik erst seit 1848 (vgl. *La conquête des droits de l'homme. Textes fondamentaux*, Paris 1988, S. 83) – war diese Menschen- und Bürgerrechtserklärung, die übrigens auch heute noch offizieller Bestandteil der geltenden französischen Staatsverfassung ist, zunächst eine Kriegserklärung gegen Feudalismus und Absolutismus. Sie war aber weit mehr. Sie war nicht bloß destruktiv gemeint, sie enthielt auch einen konstruktiven Plan, einen »Katechismus der Neuen Ordnung«, um Walter Markov zu zitieren. Und überdies war sie keine bloße *Bürger*rechtserklärung, sondern trat als im wörtlichen Sinne *Menschen*rechtserklärung mit dem Anspruch auf, die Maßstäbe für eine der Natur nicht nur der Franzosen, sondern eines jeden Menschen gemäße Gemeinschaft zu enthalten. Ein Gesellschaftszustand war visiert und postuliert, bei dem jegliche Herrschaft von Menschen über Menschen nur mit deren Zustimmung erfolgt, und die dann durch Gewaltentrennung, Gesetzlichkeit, Rechenschaftspflicht aller Beamten, Religions-, Gedanken-, Meinungs- und Eigentumsfreiheit für jeden Einzelnen ein Leben in Sicherheit ermöglicht, ja garantiert. Keinerlei Staatsraison, sondern nur legalisierte Menschenvernunft rechtfertige Gewalthandlungen. Gegen die Unterdrückung von Menschenrechten durch den Staat sei allerdings Widerstand berechtigt; in Artikel 35 der jakobinischen Menschenrechtserklärung von 1793 wurde in diesem Fall sogar der Aufstand des Volkes zum heiligsten seiner Rechte und zur höchsten seiner Pflichten erklärt. Volkssouveränität in allerbester Aufklärungsmanier als Identität von Regierenden und Regierten zu begreifen, hatte von vornherein eine internationale Dimension. So interpretierte Robespierre die Menschenrechtserklärung als eine Zusammenstellung universaler Rechtsgrundsätze, geschaffen, »um auf alle Völker angewandt zu werden«, und ein Konventsdekret von 1792 bewilligte namens der französischen Nation allen anderen Völkern, die ihre Freiheit wiederzuerlangen versuchen, Hilfe und Bruderschaft.

Seit der Verkündung dieser Gesetzestafel in französischer Sprache, verständlich jedoch allen, die es wirklich wissen wollten, waren Feudalismus, Adelsherrschaft samt -titel, Absolutismus und Staatsreligion in ganz Europa nicht mehr rational legitimierbar, wenn auch damals nahezu überall, teilweise sogar noch bis heute legal. So wenn etwa Polens Verfassung von 1791 in ihren ersten beiden Artikeln den Katholizismus als Staatsreligion und die Vorrechte des Adels festschrieb, oder die Bayerische Verfassung von 1818 (§ II,1) die Person des Königs für heilig und die Preußische Verfassung von 1850 (Art. 43) den mit einer Fülle von Sonderrechten ausgestatteten Monarchen für unverletzlich verklärte, oder die von 22 Potentaten beschlossene Verfassung des Deutschen Reiches von 1871 mit einem (laut ihrem Art. 11) zu einer Kriegserklärung befugten Kaiser an der Spitze, der es 1914 auch tat. Und noch in der deutschen Gegenwart steht die grundgesetzlich via Weimarer Verfassung vorgesehene Trennung von Kirche und Staat finanziell gesehen im Himmel: Dank der sich aus den Säkularisierungsvorgängen von 1803 via Art. 140 Grundgesetz sowie Hitlers Konkordat mit dem Vatikan von 1933 ergebenden Verpflichtungen werden die christlichen Kirchen und Fakultäten Jahr für Jahr durch Milliardensummen vom Steuerzahler gleich welchen Glaubens oder Unglaubens gesponsert. Der Wettiner Adel ließ sich erst kürzlich für einstige Entprivatisierungen der von ihnen zwar nicht geschaffenen, aber angeeigneten Reichtümer entschädigen. Und liest man den seit 2009 verbindlichen Lissabonner Vertrag über die Europäische Union, stellt man schon am Präambelbeginn verblüfft fest, dass unter den zwölf Staatsoberhäuptern, die ursprünglich beschlossen haben, eine Europäische Union zu gründen, nicht weniger als die Hälfte ihre Funktion, ihres »edlen« Blutes wegen, dem Erbrecht verdankten, und nicht einer Wahl der Untertanen.

Aber das alles ist nicht der springende Punkt. Von Anfang an ist es einigen Intellektuellen, dann aber und vor allem der Arbeiter- und der Frauenbewegung zu verdanken, dass das entgegen ihrem Wortlaut nur *kontingentiert* Menschliche der Menschen- und Bürgerrechtserklärung von 1789 offenbar wurde. Bloß vier Monate, nachdem Frankreichs Nationalversammlung diese Erklärung »unter dem Schutz des höchsten Wesens« mit der Forderung versehen hatte, dass sie auch von der gesetzgebenden Gewalt zu respektieren sei, wurde von eben dieser Nationalversammlung als der nunmehr gesetzgebenden Gewalt das Stimmrecht bei Parlamentswahlen nur der »Aristokratie des Geldes«, und nur insoweit diese männlich war, zugebilligt. So entpuppten sich die angeblich unveräußerlichen gleichen Rechte eines/einer jeden noch in ihrem Geburtsjahr als Männerrechte wie als Klassenrechte. Insofern bekundet ausgerechnet der letzte ihrer 17 Artikel, wonach das Eigentum ein unverletzliches, ja geheiligtes Recht (»un droit inviolable et sacré«) sei, dass diese Bürgerrechtserklärung von 1789 eben nicht nur eine Menschen-, sondern auch eine Bourgeoiserklärung war.

Bedingungen für Menschenrechte

Die Organisatorin des Frauenclubs »Société populaire des femmes« Olympe de Gouges lieferte bereits 1791 mit den genau siebzehn ausformulierten Artikeln einer »Erklärung der Rechte der Frau und Bürgerin« den Gegenentwurf zu den auch im Original siebzehn Artikeln der offiziellen »Erklärung der Rechte der Menschen und der Bürger«. Und Mary Wollstonecraft initiierte ein Jahr danach mit ihrer unter dem Titel »Rettung der Rechte des Weibes« sofort ins Deutsche übersetzten Streitschrift den neuzeitlichen, nicht männerfeindlich, sondern menschenfreundlich gemeinten Feminismus, den sie mit einer scharfen Kritik an den Eigentumsverhältnissen paarte: »the demon of property has ever been at hand to encroach on the sacred rights of men«. Ein weiteres Jahr später hieß es im zornigen Manifest des Priesters Jacques Roux, dass Freiheit und Gleichheit leerer Wahn blieben, solange der Reiche den Armen auszuhungern das Recht habe. Und in seinem Manifest der Plebejer von 1795 erklärte Gracchus Babeuf kurz und bündig die ganze bürgerliche Gesellschaft wegen der ihr immanenten Klassengegensätze für eine »Spitzbubengesellschaft«.

Hingegen waren die Vorläufer des späteren »Bundes der Kommunisten« – wie sich aus dem jeweiligen Art. 3 der

Statuten des »Bundes der Geächteten« von 1834/35 und des »Bundes der Gerechten« von 1838 ergibt – der Ansicht, dass die bürgerlich-revolutionären Menschenrechtserklärungen von 1789/93 bereits das genuine Programm für einen Sozialismus/Kommunismus enthielten. Und lässt sich nicht Artikel 34 der jakobinischen Menschenrechtserklärung, wonach die Gesamtheit der Gesellschaft für unterdrückt zu halten sei, wenn auch nur ein einziges ihrer Mitglieder unterdrückt werde (»il y a oppression contre le corps social, lorsqu'un seul de ses membres est opprimé«), wie eine Vorwegnahme des vielzitierten Satzes aus dem Kommunistischen Manifest von 1848 lesen, dass an die Stelle der alten bürgerlichen Gesellschaft eine Assoziation treten werde, »worin die freie Entwicklung eines jeden die Bedingung für die freie Entwicklung aller ist« (MEW 4/482)?

Dieser seines Erachtens Fehlorientierung setzte Marx nun seine Erkenntnis entgegen, dass es unmöglich sei, die Gesellschaft auf einer Basis rekonstituieren zu wollen, die selbst nur der »verschönerte Schatten dieser Gesellschaft« sei. Um mit der Ausbeutung, Unterdrückung und Verdummung des Menschen durch den Menschen radikal zu brechen und das Grundprinzip einer sozialistischen Gesellschaft, »die volle und freie Entwicklung jedes Individuums« (MEGA II/5, S. 477), durchzusetzen, bedürfe es statt einer partiellen einer universellen, einer wirklich *menschlichen* Emanzipation; ohne eine Vergesellschaftung des Produktionsmitteleigentums wie des Staates gebe es keine wirklich gleiche Freiheit aller Menschen.

Menschenrechte! Trotz alledem.
Ist aber mit dieser »*Kapital*«-Erkenntnis von Marx der Stab über die bürgerliche Menschenrechtserklärung von 1789 gebrochen? Ist diese Deklaration zwar gutgemeint, aber wegen des tatsächlichen Klassencharakters der in ihr proklamierten Freiheits- und Gleichheitsrechte – Marx/Engels hatten sie gelegentlich als in »Brüderlichkeit eingewickelte Bourgeoisinteressen« diffamiert (MEGA I/10,

S. 486) – nur noch wert, als ideologisches Gepäck kapitalistischer Privateigentümergesellschaften bloßgestellt zu werden?

Nichts wäre verkehrter als das. Gewiss haben die Menschen- und Bürgerrechtserklärungen ihren Beitrag zur Durchkapitalisierung der Weltgesellschaft geleistet. Gewiss hat die in nahezu allen postfeudalen Staaten (bis hin zu Art. 3 I unseres Grundgesetzes) postulierte Gleichheit aller Menschen *vor* dem Gesetz deren Ungleichheit *unter* dem Gesetz konsolidiert und zugleich kaschiert. Gewiss haben die für alle gleich geltenden Bürgerrechte dazu beigetragen, dass die durch die strukturellen Machtverhältnisse tatsächlich Unterdrückten sich nicht für Unterdrückte, sondern für vor allem Aufstiegsberechtigte halten. Gewiss verführen solche Grundrechte mit fast logischer Zwangsgewalt auch zu einer opportunistischen Bereitschaft für eine Anpassung an die jeweils kleineren Übel, die von den Herrschenden nur zu gern den anderen auferlegt werden und die dann in einer Mittäterschaft enden, wenn etwa die Menschenrechte zu »Instrumenten außenpolitischer Konfliktbereinigung« umgemünzt werden, um sie für angeblich »humanitäre Interventionen« zu missbrauchen. Für den Missbrauch der Menschenrechte sind aber weder diese noch erst recht nicht diejenigen verantwortlich, die genau diese Rechte brauchen, um den Kampf gegen die auf Imperium und Imperialismus hinauslaufende »Neue Weltordnung« organisiert und halbwegs legal führen zu können.

In den die *Déclaration des droits de l'homme et du citoyen* von 1789 weiterführenden Menschen- und Bürgerrechten, wie sie in der *Universal Declaration of Human Rights* vom 10. Dezember 1948 mit internationalen Geltungsanspruch versehen wurden (Art. 28: »Everyone is entitled to a social and international order in which the rights and freedoms set forth in this Declaration can be fully realized«), sind nämlich Maßstäbe enthalten – gleiches Recht eines/einer jeden auf freie Entfaltung ihrer/ seiner Persönlichkeit, auf Meinungs-, Glaubens-, Presse-,

Vereinigungs- und Demonstrationsfreiheit, Recht auf ein Leben in auch sozialer Sicherheit, Recht auf Arbeit und auf Bildung, Eigentum, Demokratie und Gesetzlichkeit voran –, ohne die es kein menschenwürdiges Leben des Einzelnen, keine Entwicklung der Arbeiter- und der Frauenbewegung, ja keine Vorwärtsentwicklung der Gesellschaft als Ganzes gibt. Das gilt ohne Einschränkung auch dann, wenn diese Bürgerrechte unter den Bedingungen politischer, ökonomischer und medialer Klassenherrschaft ausgeübt werden müssen, wie es doch Praxis ist, seitdem die bürgerliche Gesellschaft existiert. Das hat sich unübersehbar in den mehr als zwei Jahrhunderten seit ihrer klassischen Verkündung in Frankreichs Großer Revolution gezeigt, besonders natürlich in den nur teilweise hinter uns liegenden oligarchischen, diktatorischen oder gar faschistischen Herrschaftsformen kapitalistischer Verhältnisse; leider aber auch in den gescheiterten europäischen Frühsozialismen, in denen der Fortschritt nicht als Einheit von Diskontinuität *und* Kontinuität begriffen, und die Bürgerrechte statt als Maß der Macht mehr als deren Mittel missverstanden und missbraucht wurden. Und gegenwärtig sind wir Zeitgenossen von Aggressionskriegen mit sich anschließender Permanenzbesetzung anderer Länder unter Vasallenmithilfe unseres eigenen Staates zuhauf. Dabei wird mit Waffenexporten, Invasionen samt Foltermethoden operiert und international ferngesteuert gemordet. Die im Ergebnis des Zweiten Weltkrieges völkerrechtlich verbindlich gemachten Menschenrechte werden medial umgedeutet und bleiben auf der Strecke.

Menschen- und Bürgerrechten eignet allerdings kein Mechanismus ihrer Selbstverwirklichung. Ihre Legalität ist keine hinreichende Bedingung für ihre Realität. Ihre Verletzungen sind, anders als die Autoren von 1789 zunächst dachten, nicht durch ihr Unbekanntsein verursacht, sondern durch die als Staatsräson der Gewalthabenden ausgegebene Interessenstruktur der wirklichen Machthaber. Diese aufzudecken und dann begreiflich zu machen, dass es der Gehorsam der Gehorchenden ist, der den Machthabern ihre Machtausübung ermöglicht, dürfte der gegenwärtig wichtigste Beitrag für eine den Erfordernissen der Gegenwart gemäße Menschenrechtspolitik sein.

Karl Georg Zinn

Vom 18. zum 21. Jahrhundert

Über Verdrängung im national-ökonomischen Denken

Die zentrale Idee der klassischen und neoklassischen Wirtschaftslehre, nämlich die Vorstellung, dass die freie Konkurrenz ein gesamtwirtschaftliches Gleichgewicht hervorbrächte, entstand im 18. Jahrhundert. Die physiokratische Schule behauptete, es gäbe einen prinzipiellen Unterschied zwischen der positiven Wirtschaftsordnung (ordre positif) und der natürlichen Ordnung (ordre naturel). Die Entfaltung der natürlichen Ordnung würde von staatlichen Eingriffen verhindert, weshalb die naturgemäße Wirtschaftspolitik gerade durch ihr Nichtvorhandensein charakterisiert sei. Deshalb das originär physiokratische Laissez-faire-Postulat, das von den klassischen Ökonomen übernommen wurde und bis in die Gegenwart als Grundbekenntnis des orthodoxen Wirtschaftsliberalismus fortlebt. Die Rede von der natürlichen Ordnung – bei Adam Smith: »System der natürlichen Freiheit« – entfaltet selbstverständlich Suggestionskraft, und der Kultus der Marktanbetung, der sich als Heilslehre von den »effizienten Märkten« darbietet, würde unzulässig verharmlost, wenn er nur als eine metaphorische Floskel beeindruckte.

Ideen werden erfunden – die Realität wird entdeckt
Die Idee der natürlichen Ordnung wird von ihren Verfechtern jedoch nicht als das begriffen, was sie ist, eben als eine Idee, als ein kreativer Einfall, als eine rein gedankliche Konstruktion, sondern die Idee der natürlichen Ordnung wird als eine wissenschaftliche Entdeckung – analog zur Entdeckung von Naturgesetzen – ausgegeben. In der historischen Realität hat es zwar noch nie eine natürliche

Ordnung im vorstehenden Sinn gegeben, aber diese empirische Falsifikation des klassisch-neoklassischen Gleichgewichtsdogmas hat der theologischen Ökonomik nicht den Garaus gemacht. Vielmehr wird an der Idee der natürlichen Ordnung und am Gleichgewichtsglauben festgehalten, und in krassem Widerspruch zur Empirie wird der natürlichen Ordnung attestiert, dass sie verwirklicht werden könnte. Das ist Metaphysik – schlechte Metaphysik, weil sie den Menschen schadet. Die Gleichgewichtstheorie kann auf eine zentrale Doktrin verdichtet werden – auf das nach Jean Baptiste Say (1767–1832) benannte »Saysche Theorem«: Jedes Angebot schafft sich seine Nachfrage. Endogene Krisen bzw. gesamtwirtschaftliche Überproduktion sind mit diesem Theorem unvereinbar und werden deshalb von seinen Anhängern prinzipiell ausgeschlossen. Alle faktischen Krisen müssen von jenem Standpunkt aus betrachtet als exogen verursacht interpretiert werden – nicht zuletzt als Folge von »marktwidriger« Lohnpolitik und überhaupt »zu wenig« Marktwirtschaft.

Die Idee der natürlichen Ordnung kann ihre Verwandtschaft mit einer anderen metaphysischen Idee aus dem 18. Jahrhundert nicht verbergen – dem Fortschrittsglauben. Diese Verwandtschaft erschöpft sich nicht in der Gemeinsamkeit der metaphysischen Dogmatik, sondern sowohl die Anhänger der natürlichen Ordnung als auch die Fortschrittsgläubigen waren bemüht, ihre quasi theologische Weltsicht durch wissenschaftlich und säkular erscheinende Theorien – gegebenenfalls bis hin zur mathematischen Formalisierung – aufzuwölben. Die Versuche, dem Fortschritt eine theoretische Staffage zu verpassen, schlugen sich unter anderem in dem Dreistadiengesetz von Turgot, über St. Simon und Comte und der geschichtsmetaphysischen Hegel-Marx-Teleologie nieder und setzen sich trivialisiert in der schier unauslöschlichen Erwartung endlosen Wachstums und der Illusion einer grenzenlosen Problemlösungsfähigkeit technischer Innovationen fort. Es liegt nahe, den Fortschrittsglauben vom zukünftigen Standpunkt des »Jahres 2979 alter Zeitrechnung« kommentieren zu lassen, wie es dem leider völlig unzulänglich bekannten österreichischen Satiriker Gerhard Amanshauser (1928–2008) aus der Feder floss, als er sein *Wörterbuch der Schlachten* verfasste: »Ideologien. Verschiedenartige Einbildungen, mit denen sich die Gehirne der Urzeit über ihre Niederlage im technischen und kommerziellen Betrieb hinwegsetzen wollten. Das Gemeinsame aller I. lag im Fortschrittsglauben zur Zeit der Verelendung: eine Kompensationsleistung des Gehirns.«

Kritik an einer herrschenden Lehre ist nun mal auch Kritik an den Herrschenden
Das Gleichgewichtsdogma stand spätestens seit Beginn des 19. Jahrhunderts in der Kritik, und Autoren wie Pierre de Boisguilbert (1646–1714) und Bernard Mandeville (1670–1733) hatten mit ihren theoretischen Begründungen der Nachfrageabhängigkeit von Beschäftigung und Wachstum die spätere Kritik am Sayschen Theorem bereits vorweggenommen. Doch diese frühen »Nachfragetheoretiker« gerieten außerhalb der – heute an den wirtschaftswissenschaftlichen Fakultäten kaum noch vertretenen – ökonomischen Theoriegeschichte faktisch in Vergessenheit.

Die Kritik an der Zentralthese der Gleichgewichtstheoretiker, dass sich jedes Angebot seine Nachfrage schaffe, keimte unter dem Eindruck der historischen Krisenerfahrungen bereits seit dem zweiten Jahrzehnt des 19. Jahrhunderts. Es waren jedoch nicht allein frühe Sozialisten, die sich zu Wort meldeten, sondern treue Anhänger des Adam Smith wie Thomas Robert Malthus (1766–1834), Simonde de Sismondi (1773–1842) und sogar der späte David Ricardo (1772–1823) rückten vom Sayschen Theorem ab. Doch eine Befragung unter jüngeren akademisch ausgebildeten Ökonomen der Gegenwart wird wohl wenige Kenntnisse zu diesen »klassischen« Renegaten des Gleichgewichtsglaubens zum Vorschein bringen. Insbesondere Malthus wird ausschließlich in seiner bevölkerungstheoretischen Lehre (zuerst 1798) rezipiert – und nicht zuletzt von »links« bis heute heftig befehdet. Seine Kontroverse mit Ricardo und seine »Principles of political economy« (1820) blieben überschattet vom demografischen Pessimismus, dessen wahren Kern als triftig anzuerkennen, gerade heute wieder als »politisch unkorrekt« in schlechtem Ansehen steht.

Bekanntlich, um die hier zutreffende Allerweltsformel zu verwenden, wurden die Gleichgewichtstheorie und mit ihr das Saysche Theorem im 20. Jahrhundert zeitweilig als lächerlicher Aberglaube aus dem Verkehr gezogen. John Maynard Keynes (1883-1946) erwies sich als der erfolgreichste Umstürzler, und seine als Hauptwerk wahrgenommene *Allgemeine Theorie der Beschäftigung, des Zinses und des Geldes* (1936) schien zeitweilig als eine neue Bibel der Ökonomie der alten des Adam Smith den Rang streitig zu machen. Vielleicht hätte Smith wie jene seiner zu Renegaten gewordenen Anhänger selbst Zweifel an seiner ökonomischen Harmoniemetaphysik bekommen, hätte er das vom Industriekapitalismus gesteigerte Massenelend noch erlebt, aber er war bereits 1790 ins Grab gesunken, also eine knappe Generation bevor die industriekapitalistischen Krisen und die neuen industriellen Ausbeutungspraktiken empirisch klar vor Augen traten. Freilich mussten die bürgerlichen Fortschrittsideologen des 18. Jahrhunderts und ihre nachfolgenden nationalökonomischen Adepten ihrer festlichen Zukunftsfreude zuliebe schon früh ihre Fähigkeit zur Verdrängung störender Einwände einüben. Denn der – nach Ansicht vieler Sekundärautoren – bedeutendste der französischen Aufklärer, Jean-Jacques Rousseau (1712-1778), hatte mit seinen beiden zivilisationskritischen Frühschriften von 1851 und 1854 der Menschheit eine üble Prognose gestellt. Was dann der Industriekapitalismus an menschenverachtenden Praktiken hervorbrachte, kann als historisch-empirische Bestätigung der Rousseauschen Voraussicht gewertet werden. Und dass die kolonialistischen Massenmorde, die beiden Weltkriege, der Holocaust und weitere Gräuel nur ganz »zufällig« von industriekapitalistischen Systemen über die Menschheit gebracht wurden, wird sich schwer beweisen lassen. Der berühmte und gefeierte Rousseau wird allerdings bis heute kaum in seiner Zivilisationskritik ernst genommen, sondern dieser Aspekt wird bevorzugt mit der auf Voltaires böswilligem Spott zurückgehenden Formel »Zurück zu Natur« ironisiert. Selbst Marx und Engels machten es sich recht einfach, Rousseau pauschal den *bürgerlichen* Aufklärern zu subsumieren, ohne Rousseaus radikales Gleichheitsdenken als Vorwegnahme des Sozialismus zu würdigen und anzuerkennen, dass Rousseau der einzige unter den französischen Philosophen seines Jahrhunderts war, der sich konsequent für die »kleinen Leute« eingesetzt und uneingeschränkt jede Art von Sklaverei attackiert hat.

Wie viele Menschen sind mit nachhaltiger Existenz auf der Erde vereinbar?
Die Thematisierung der globalen Demografie war gerade als politisch unkorrekt eingeordnet worden, und die aktuelle Wachstumskritik windet sich, wenn die Frage gestellt wird, ob der weitere Anstieg der Weltbevölkerung nicht unabdingbar Wachstum verlangt. Die Vorstellung, die aus der Bevölkerungsexpansion resultierenden (Versorgungs-) Probleme ließen sich »irgendwie« verteilungspolitisch lösen, erscheint inzwischen wohl doch als naiv. Wäre es der Volksrepublik China möglich gewesen, einige Hundert Millionen Menschen innerhalb von einer Generation aus der Armut zu holen, ohne die im »Westen« viel geschmähte chinesische Bevölkerungspolitik? In den reichen, hoch entwickelten Ländern ist Wachstum in der Tat überflüssig und trägt kaum noch zur Wohlstandssteigerung bei. Doch in diesen Ländern leben gerade mal knapp 17 Prozent der Weltbevölkerung, die etwa 54 Prozent des globalen Bruttoinlandsprodukts (BIP) verbrauchen. Dagegen entfällt auf die »Unterste Milliarde« in Paul Colliers Formulierung, nämlich auf die 18 Prozent der Weltbevölkerung in den ärmsten Ländern, gerade mal drei Prozent des globalen BIP. Es wird also unabdingbar um eine *Kombination* aus Wachstum und massiver globaler Umverteilung

gehen, wenn die demografisch bedingte Katastrophenkonstellation bewältig werden soll.

Wenn die heutige Wachstumskritik, die viele Argumente für sich anführen kann, auf *das* Hauptproblem zugespitzt wird, so dürfte weitgehend darin Übereinstimmung bestehen, dass es sich um die *ökologische* Überlebensfrage handelt. Wachstum erschöpft die natürlichen Ressourcen, zerstört die Umwelt, reduziert die Biodiversität usw. Deshalb sind alle wohlhabenden Volkswirtschaften der lebenden und künftigen Menschheit gegenüber quasi moralisch verpflichtet, ihre Probleme ohne weiteres Wachstum zu lösen, und das bedeutet, die Verteilungsungleichheit in den Mittelpunkt aller Reformen zu stellen. Was auf der Erde überhaupt noch an Wachstum verantwortet werden kann, muss auf die Überwindung der bittersten Armut und des menschlichen Elends konzentriert werden. Doch damit nicht genug, es sollte auch die alte Frage beantwortet werden, ob und wie dem Bevölkerungsanstieg sinnvoll begegnet werden kann. John Stuart Mill (1806–1873) hatte das Problem – nach Malthus – im 19. Jahrhundert klar erkannt. Zu Beginn des 20. Jahrhunderts wies Knut Wicksell (1851–1926) darauf hin, dass mit dem Bevölkerungswachstum zwar immer mehr Löffel an die Menschheit verteilt werden, dass aber der Topf mit Brei, aus dem sie löffeln, also die Erde, unverändert bleibt – und allmählich geleert wird. Anfang der 1920er Jahre focht John Maynard Keynes mit William Beveridge (1879–1963) eine Kontroverse über Sinn und Notwendigkeit einer globalen Bevölkerungspolitik aus, und Keynes zog sich den Vorwurf zu, neomalthusianische Ansichten zu vertreten und die Problemlösungsfähigkeit des technischen Fortschritts zu gering zu veranschlagen. Nach dem Zweiten Weltkrieg galt der afrikanische Kontinent als zukunftsträchtig. Wachstum und Wohlstand wurden ihm in Aussicht gestellt. An das kommende demografische Problem dachten dabei nur wenige so wie der Kultursoziologe Alfred Weber (1868–1958), der in dem kurzen Text »Soziologisches zur Gegenwartslage« von 1952 eindringlich vor einer die Menschheit in die Katastrophe stürzenden Bevölkerungsentwicklung warnte. Die Katastrophe ist zwar längst eingetreten. Wer nicht oder allenfalls ein klein wenig indirekt betroffen ist, neigt aber nicht mal zu einem hilflosen Achselzucken, sondern wiegt sich im Fortschrittsglauben. Die Geschichte geht weiter, so wie sie etwa nach der pandemischen Pest im 14. Jahrhundert weiter ging, nachdem ein Drittel oder gar die Hälfte der Westeuropäer der Seuche zum Opfer gefallen war. Außer der jüdischen Bevölkerung ging es den Überlebenden nach dem Abebben der Epidemie materiell mehrere Generationen lang weit besser, denn die Katastrophe hatte »nur« Menschen vernichtet; ihr Sachvermögen blieb erhalten.

Die reichen Volkswirtschaften sollten heute ihre Probleme ohne Wachstum lösen. Wie kann das gehen? Der kapitalistische Akkumulationszwang scheint unabänderlich und treibt zum Wachstum. Der Schein trügt. Denn wir Reichen befinden uns ja bereits in einer anhaltenden Stagnation. Das wurde jüngst, im November 2013 auf der wissenschaftlichen Jahreskonferenz des Internationalen Währungsfonds, von Larry Summers, einem nicht ganz unprominenten Harvard-Ökonomen und US-Finanzpolitiker, verkündet. John Maynard Keynes allerdings hatte für die hoch entwickelten Volkswirtschaften bereits 1943 klipp und klar prognostiziert, dass sie unweigerlich auf eine Stagnation zulaufen werden. Es gehört zu den großen Verdrängungsleistungen der Nationalökonomen der vergangenen 70 Jahre, die Langfristanalyse von Keynes schlicht nicht zur Kenntnis genommen zu haben. Das Erstaunen, das diese Feststellung hervorrufen mag, belegt, dass die Keynessche Stagnationsprognose – ähnlich den frühesten Kritiken am Sayschen Theorem aus den ersten Jahrzehnten des 19. Jahrhunderts – zu sperrig für die herrschenden Produktionsverhältnisse und ihre herrschende Lehre war und immer noch ist. Doch wenn Keynes Recht behält, bedarf es keiner aktiven Wachstumsbegrenzung in den altindustrialisierten Volkswirtschaften. Wachstum ist nicht (mehr) machbar – außer durch Rüstung und andere Arten der Verschwendung der knapper werdenden Ressourcen. Die voluntaristischen Wachstumsanhänger wollen gewiss nicht, müssen aber vor den Bewegungsgesetzen des Kapitalismus schließlich doch kapitulieren – und werden wahrscheinlich ihr Heil in einer Art neufeudalistischen Zukunft zu finden hoffen.

Gerhard Stuby

Mit dem Bruch der belgischen Neutralität begann der Erste Weltkrieg

Wegen eins Fetzens Papier will Großbritannien in den Krieg ziehen? So fragte Reichskanzler Theobald von Bethmann-Hollweg den britischen Botschafter Sir Edward Goschen, als dieser ihm das britische Ultimatum vom 3. August 1914 darlegte. Bethmann-Hollweg meinte mit dem Fetzen Papier die Garantie der belgischen Neutralität. In England wurde diese Bemerkung als Beleg deutschen »Hunnentums« gewertet, dem völkerrechtliche Bedenken fremd seien.

1919 erfolgte die Antwort. In Art. 231 des Versailler Vertrages von 1919 »erklären die alliierten und assoziierten Regierungen und Deutschland erkennt an, daß Deutschland und seine Verbündeten als Urheber aller Verluste und aller Schäden verantwortlich sind«. In der Weimarer Epoche sprach man vom »Schandparagraphen«. Er war die rechtliche Grundlage für die Reparationen, und was noch bedeutender ist, für die vorgesehenen Sanktionen, falls Deutschland zahlungsunwillig oder zahlungsunfähig sein sollte. Kein Völkerrechtler von Rang und Namen konnte sich dieser Auseinandersetzung entziehen. Anderthalb Jahrzehnte waren die zuständigen Referate des Auswärtigen Amtes (AA) damit beschäftigt, die Folgen des Versailler Vertrages zu mildern (z. B. durch Schiedsverträge mit neutralen Staaten), auszuhebeln (wie im Vertrag von Rapallo), zu relativieren (wie im Vertrag von Locarno). Hitler glaubte, seine militärische Macht reiche aus, um den Vertrag von Versailles ganz zu beseitigen.

Typisch für die deutsche Sicht dürfte die Ansicht von Franz v. Liszt und Max Fleischmann gewesen sein, die 1925 in dem damals führenden Völkerrechtslehrbuch vertreten wurde:

DER BEGINN DES ERSTEN WELTKRIEGS

»Den äußeren Anlaß zu dem Weltkrieg gab die Ermordung des österreichischen Thronfolgers und seiner Gattin am 23. Juni zu Sarajewo. Da die österreichische Note (befristete Demarche) an Serbien vom 23. Juli, das den Mord vorbereitet und gefördert hatte, ohne befriedigende Antwort blieb, erklärte Österreich am 28. Juli den Krieg an Serbien. Die Bemühungen, den Krieg zu lokalisieren, waren vergeblich. Das englische Kabinett, in dessen Händen die Entscheidung über Krieg und Frieden ruhte, ließ dem Schicksal seinen Lauf. Die Mobilisierung der sämtlichen russischen Streitkräfte zwang das Deutsche Reich zur Kriegserklärung an Rußland (1. August), und am 3. August erklärte der deutsche Botschafter in Paris, daß Frankreich durch Eröffnung der Feindseligkeiten das Deutsche Reich in Kriegszustand versetzt habe. Und als Deutschland, um einem französischen Überfall von Belgien aus zuvorzukommen, seine Truppen in Luxemburg und Belgien einrücken ließ, führte dies zu einer Kriegserklärung Belgiens und Englands an das Deutsche Reich.«

In dieser Schilderung finden sich alle oft gelesenen und gehörten deutschen Denkmuster: der Deutschland aufgezwungene Krieg, das vom »listigen Albion« in die französisch-russische Zange genommen wird, die Provokation Serbiens gegenüber dem treuen Bundesgenossen Österreich-Ungarn – die Tat der Attentäter ist selbstverständlich ein Staatsakt Serbiens –, das mehrmalige großzügige Abwarten Österreichs, die vergeblichen – gemeint deutschen – Bemühungen zur Lokalisierung des Krieges, der Zwang zur Kriegserklärung nach der russischen Generalmobilisierung, das in den Kriegszustand Versetzen durch Frankreich wegen angeblicher Grenzverletzungen am 3. August, und dann letztlich der als Prävention bezeichnete Bruch der belgischen Neutralität durch Deutschland, den England als Vorwand zur Kriegserklärung an Deutschland nutzte.

Die Wiedergabe der heftigen Diskussion um die Fischer-Thesen soll hier nicht versucht werden. Trotz aller Relativierungen der letzten Zeit (Clark, Münkler u.a) dürfte im Kern unbestritten sein, dass vom aufgezwungenen Krieg bestenfalls als einem deutschen zwangsneurotischen Phänomen gesprochen werden kann. Dass diese Vorstellungen gerade wegen ihrer Irrealität nicht weniger, sondern eher stärker geschichtswirksam gewesen sind, zeigt die gegenwärtige Debatte. Die damalige politische Führung in Deutschland, getragen von der Repräsentanz der politischen und wirtschaftlichen Eliten, suchte den Krieg als Befreiungsschlag einer drohenden Einkreisung darzustellen. Ob subjektiv überzeugt, bleibe dahingestellt, hier bestehen noch Kontroversen, nicht jedoch darüber, dass der Angriff auf deutscher Seite geplant war mit dem Ziel, die kontinentale Hegemonie zu erlangen und in den Kreis der Weltmächte als vierte neben Großbritannien, Frankreich und Russland einzuziehen. Im Nachhinein, auch dies ein Ergebnis der Fischer-Debatte, stellt dieser Krieg sich als vierter, diesmal gescheiterter Versuch nach drei erfolgreichen Aktionen – 1864, 1866 und 1870 – heraus, den labilen Status quo des Gleichgewichts der Großmächte gewaltsam aufzukündigen. 1939 sollte ein fünfter noch fataler folgen.

Der »Schlieffenplan«, ein kalkuliertes Risiko!
Sechs Wochen sollte die Kampfdauer betragen. Die Grundzüge des »Schlieffenplans« waren durch Alfred v. Schlieffen, Chef des Preußischen Generalstabes, 1892 erstellt worden. Später war er zwar angepasst und abgewandelt worden, in seinen wesentlichen Grundzügen, vor allem in den wichtigen völkerrechtlichen Details, blieb er jedoch bis 1914 erhalten. Er war die Matrix, die zuvor mit dem Auswärtigen Amt abgesprochen worden war. Seine Kernpunkte sollen skizziert werden. Sieben deutsche Armeen (1,6 Millionen Mann) sollten im Westen angreifen. Der

Schutz der Ostgrenze blieb, in der Hoffnung auf eine lange russische Mobilmachung, einer einzigen Armee und dem österreichisch-ungarischen Verbündeten anvertraut. Das Westheer sollte die stark befestigte französische Ostgrenze umgehen und so das gesamte französische Heer, das grenznah im französischen Festungsgürtel vermutet wurde, in seinem Aufmarschgebiet einkesseln und vernichten. Frankreich würde dann weitgehend wehrlos sein und das Gros der deutschen Truppen umgehend zur Unterstützung der Österreicher gegen die Russen an die Ostfront geworfen werden. Das Konzept hatte einige utopische Schwachstellen. In den Reihen des Generalstabes und auch des AA bestand von Anfang an ein breiter Konsens darüber, dass der Bruch der belgischen Neutralität notwendig und vertretbar sei.

Schon im Mai 1900 richtete Schlieffen selbst durch einen Mittelsmann eine vertrauliche Anfrage an Holstein, Bismarcks abtrünnigen Schüler und inzwischen graue Eminenz im AA, dass der Generalstab beabsichtige, sich durch bestehende internationale Abmachungen im Falle eines Zweifrontenkrieges nicht einengen zu lassen. Holstein, sicherlich im Bewusstsein der Tragweite seiner Antwort, erwiderte: »Wenn der Chef des Generalstabs und vollends eine strategische Autorität wie Schlieffen eine solche Maßnahme für erforderlich« halte, sei es »die Pflicht des Diplomaten, sich auf sie einzustellen und sie auf die mögliche Weise vorzubereiten.« Nicht nur das Versäumnis, auf den Bruch bestehender völkerrechtlicher Abkommen hinzuweisen, ist hier das Skandalon. Fataler noch ist der Verzicht, auf mögliche politische Folgen eines solchen Bruches einzugehen und sie mit den erwarteten militärischen Vorteilen abzuwägen.

Hätte die Oberste Heeresleitung (OHL) 1914 beim AA angefragt – Holstein war 1906 ausgeschieden – wäre die Antwort, ausgearbeitet von der zuständigen Rechtsabteilung des AA, nicht anders ausgefallen. In Den Haag 1899 und mehr noch 1907 entzog sich das Deutsche Reich allen internationalen Abmachungen, die das Überraschungsmoment, auf dem der »Schlieffenplan« basierte, hätten einschränken können. Es gab sich aber den Anschein, die belgische Neutralität respektieren zu wollen.

Hinsichtlich der Neutralität war die Situation eindeutig. Der Krieg erzeugte nach dem Stand des damaligen Völkerrechts nicht nur ein Rechtsverhältnis zwischen den Kriegführenden, sondern auch ein solches zwischen den Kriegführenden und den nicht am Kriege beteiligten Mächten. Für die neutralen Mächte ist der Krieg eine res inter alios acta (eine unter anderen ausgehandelte Angelegenheit). Hieraus erwächst der Anspruch der Neutralen, von den Feindseligkeiten unberührt zu bleiben, gleichzeitig die Verpflichtung, weder unmittelbar noch mittelbar sich an ihnen zu beteiligen, insgesamt eine wichtige Beschränkung des Krieges. Auf den verschiedenen Konferenzen der Großmächte: Paris 1856, den Haager Konferenzen 1899/1907 und der Londoner Konferenz 1909 waren umfassende Regelungen über Neutralität sowohl im Land- als auch im Seekrieg erarbeitet worden.

Die Neutralisierung Belgiens erfolgte erstmals durch Vertrag vom 15. November 1831, dann durch die an dessen Stelle tretenden Verträge mit Belgien und den Niederlanden vom 18. April 1839. Gedacht war diese Neutralisierung zunächst als Bollwerk gegen französische Angliederungsgelüste. Als Pufferstaat sollte Belgien die Interessen Englands und Preußens gegenüber Frankreich gewährleisten. Ähnlich verhielt es sich mit Luxemburg, dessen Neutralisierung durch den Londoner Vertrag zwischen den Großmächten (mit Einschluss Italiens), Belgien und den Niederlanden vom 11. Mai 1867 vereinbart wurde. Das Deutsche Reich hatte diese Vereinbarungen immer wieder bestätigt.

Während der Haager Konferenz 1907 wurde bei der Diskussion über die Rechte und Pflichten der Neutralen im Landkrieg im ersten Artikel der Konvention V ausdrücklich festgelegt: »Das Territorium der Neutralen Mächte ist unverletzlich.« Marschall von Bieberstein, Staatssekretär des AA und erster deutscher Delegierter, empfahl wegen des allgemeinen Konferenzklimas die Annahme dieser Regelung. Reichskanzler v. Bülow schloss sich an: »Jeder deutsche Schritt [würde] sehr gefährlich sein, der so ausgelegt werden könnte, als ob wir die Neutralität von Belgien eintretendenfalls nicht respektieren wollten. Dasselbe gilt für die Schweiz und Luxemburg.«

Die deutschen Fallplanungen im Kontext des »Schlieffenplans« waren diesem Verhalten aber gerade entgegengesetzt. Sicherlich, auch andere Großmächte wie England, Frankreich und die USA waren nicht frei davon, Völkerrecht zu brechen oder seine Interpretation taktisch zu instrumentalisieren. Auch für sie war Völkerrecht oft eine Opportunitätsfrage. Das zynische Verhalten des Deutschen Reiches, Kriegsvorbereitungen konkret zu planen und gleichzeitig durch Friedenspropaganda zu vernebeln, unterlief aber das übliche Maß des zwischen Großmächten üblichen Standards. Den Bruch völkerrechtlicher Abmachungen schon in der Phase ihres Zustandekommens ins militärische Kalkül einzuplanen, hätten sich die alliierten Mächte wegen ihrer inneren »öffentlichen« Meinung nicht erlauben können. Und genau dies sollte in Zukunft die entscheidende Differenz zu Deutschland darstellen.

Inzwischen hatte sich die Stoßrichtung der Neutralität geändert. Sie war aus englischer Sicht jetzt stärker gegen das »seelüsterne« Deutschland (Flottenrüstung) zu richten, denn England war an einer zumindest neutralen vorgelagerten Küste interessiert. Daher fanden die französischen Befürchtungen hinsichtlich des deutschen Drucks auf seine offene Nordflanke gerade in England Verständnis. Hätte Deutschland den Neutralitätsvertrag als Rechtsnachfolger Preußens jetzt gekündigt oder in irgendeiner Weise zu verstehen gegeben, die Neutralitätsverpflichtung beiseite zu schieben, wäre nicht nur Frankreich provoziert worden, sondern auch England. Da der Flottenaufbau nach den Plänen des Admirals Tirpitz noch nicht abgeschlossen war, wäre ein solches Verhalten zu riskant gewesen. Die immer wieder zur Schau gestellte positive Einstellung zur Frage der belgischen und luxemburgischen Neutralität wurde als unabdingbare Voraussetzung begriffen, die eigentlichen militärstrategischen Absichten zu verschleiern. Wie sollte sonst das Überraschungsmoment gesichert werden, das den harten Kern der militärischen Planungen ausmachte? Aber auch innenpolitische Rücksichten zwangen zu dieser bewussten Irreführung. Die Sozialdemokraten waren nur für einen Verteidigungskrieg zu gewinnen. Daher hatte die deutsche Regierung wiederholt den Fortbestand der belgischen Neutralisation anerkannt.

Es war zu offensichtlich, dass eine schnelle Besetzung Belgiens, wie sie im »Schlieffenplan« vorgesehen war, rechtswidrig sein würde. Das musste Reichskanzler Bethmann-Hollweg in seiner Rede vor dem Reichstag am 4. August 1914 nach den erfolgten Kriegserklärungen eingestehen. Gleichzeitig setzte die deutsche Seite darauf, dass die Alliierten die Neutralität respektieren würden, denn dies war die Voraussetzung des kalkulierten Überraschungsmoments, auf dem der »Schlieffenplan« basierte. Ohne diese Überraschung, die dem Gegner die Vorbereitungszeit nehmen sollte – später sprach man von Blitzkriegstrategie –, wäre der Plan zahnlos gewesen. Die eigenen militärischen Maßnahmen (Mobilmachung) mussten also der gegnerischen Aktivität an Schnelligkeit überlegen und vor allem die diplomatischen Vorbereitungen (Hinzögerungstaktiken, aber auch Ultimaten und Kriegserklärung) genau auf das Überraschungsmoment abgestellt sein.

Einschränkung der Gewaltanwendung
Es galt zwar grundsätzlich das so genannte jus ad bellum, also das Recht eines jeden Staates, souverän darüber zu bestimmen, ob und wann er einen Krieg beginnen würde. Allerdings war dieses Recht durch ein Netz von bilateralen und multilateralen Verträgen so sehr eingeschränkt, dass man letztlich nur noch von einem ultima-ratio-Recht sprechen konnte. Erst dann, wenn ein Staat alle Möglichkeiten friedlicher Streiterledigung erschöpft hatte, durfte er zum Mittel der Gewalt greifen. Diese Regelungen, wie

sie vor allem auf der zweiten Haager Konferenz ausgebaut werden konnten, waren ein bedeutsamer Fortschritt der Friedensbewegung, die besonders stark in den anglo-amerikanischen Ländern hervortrat. Völlig die kriegerische Gewaltanwendung aus den zwischenstaatlichen Beziehungen zu verdrängen, das Ziel dieser Friedensbewegung, war nicht gelungen. Es sollte erst mit dem Briand-Kellogg-Pakt 1928 möglich werden. Damals hätte es der Außenpolitik auch solcher Großmächte wie England, Frankreich und den USA entgegenstanden. Gewaltanwendung hielten sie ebenfalls für notwendig, wenn auch eingeschränkt durch die erwähnten Prinzipien der ultima ratio und der Verhältnismäßigkeit. Vor allem die USA propagierten diese Prinzipien, die in den Bryan-Verträgen ausformuliert worden waren. Durch ein ausgeklügeltes System von Untersuchungsverfahren, Vermittlungs- und Vergleichsvorschlägen, die der erlaubten Gewaltanwendung vorgeschaltet waren und von einer neutralen Instanz durchgeführt wurden, sollte eine cooling-off-Phase (Abkühlung) den Gewaltausbruch minimieren oder ganz überflüssig machen. Großmächte wie England und die USA, diese zudem in einer besonders günstigen geostrategischen Verteidigungssituation (Insellage), und mit Einschränkungen (wegen Elsass-Lothringen) auch Frankreich, setzten in erster Linie auf politische Mittel zum Ausbau ihrer Machtpositionen. Wenn Gewaltanwendung notwendig wurde, so waren sie nicht auf das Überraschungsmoment angewiesen. Sie hatten effektive kombinierte See- und Landstreitkräfte, die auf einem weit vorgeschobenen Glacis operierten. Zudem waren ihre politischen Herrschaftsstrukturen auf öffentliche Legitimation ausgerichtet, insbesondere beim Einsatz kriegerischer Mittel. Das erforderte ihre sparsame und möglichst subsidiäre Handhabung.

Das galt bis zu einem gewissen Grade auch für das autokratische System des Kaiserreiches. Musste ein über zwei Millionen Mann umfassendes Heer mobil gemacht werden, konnte die Sozialdemokratie mit einem hohen Stimmenanteil bei den Reichstagswahlen nicht umgangen werden. Die Reichstagswahlen vom Januar 1912 hatten zu einem Sieg der »Linksparteien« geführt. 1917 befürchtete man ihre absolute Mehrheit. Während der zweiten Haager Konferenz 1907 spielte dieser Gesichtspunkt noch keine entscheidende Rolle. Rücksichtnahmen auf innenpolitische Einflüsse wurden von der deutschen Diplomatie eher als »Ausdruck von Dekadenz des internationalen Systems« insgesamt interpretiert. 1914 war man auf den »Burgfrieden« mit den Sozialdemokraten angewiesen. Der vorgesehene Waffengang musste ihnen gegenüber als Verteidigungskrieg dargestellt werden. Es war also nachzuweisen, dass alle friedlichen Mittel von der deutschen Diplomatie ausgeschöpft worden waren und man nunmehr ultima ratione gezwungen sei, kriegerisch vorzugehen. Bekanntlich ist dies der damaligen Führung des Kaiserreiches in erstaunlich erfolgreicher Weise gelungen. Nur eine als »radikal und unbelehrbar« angesehene linke Absplitterung der Sozialdemokratie unter Führung von Karl Liebknecht und Rosa Luxemburg ließ sich nicht von solchen Argumenten überzeugen.

Die ablehnende Haltung der deutschen Diplomatie auf den Haager Konferenzen gegenüber einem weiteren Ausbau des friedlichen Streiterledigungssystems hatte die Mehrheit der Sozialdemokratie zu diesem Zeitpunkt längst verdrängt. Damals war die deutsche Diplomatie beim Vortrag ihrer Ablehnungsgründe recht differenziert vorgegangen. Die bramarbasierenden Bemerkungen des Kanzlers v. Bülow von der »freien Hand für die Politik« oder des Kaisers, sich mehr auf sein Schwert als auf irgendwelche Schiedsgerichtsinstanzen zu verlassen, hatten eher Seltenheitswert. Sie waren im inneren Zirkel typisch, nicht im öffentlichen Gebrauch. Hinzu kam, dass bei den sich überschlagenden Ereignissen der Julikrise nicht alle Einzelheiten in die deutsche Öffentlichkeit drangen, was bei dem fehlenden Parlamentarismus und der unter dem Damokles-Schwert der Zensur schwebenden Presse kein Wunder war. Die Führung der SPD war also leicht zu manipulieren. Auch ohne dass überhaupt ein Versuch einer schiedlichen Lösung von deutscher Seite vorgewiesen werden musste, wie es völkerrechtlich geboten gewesen wäre, konnte eine Situation höchster Bedrohung behauptet werden, die alle Mittel der Abwehr erforderte, auch die der ultima ratio.

Am Anfang stand der Bruch der Neutralität Belgiens, von Deutscher Seite als Kavaliersdelikt betrachtet, von den »zivilisierten« Nationen als Aufkündigung jeglicher Einordnung in ein vorher vereinbartes Vertragssystem. Der Eintritt Großbritannien in den Krieg war eine logische Folgerung, die »Deutscher Geist« nicht nachvollziehen konnte. Diplomaten und Militärs erlagen einer kriegsentscheidenden strategischen Fehleinschätzung. Die ersten Kriegsverbrechen beim Niederkämpfen der von den Belgiern zäh verteidigten Neutralität muss sich das Deutsche Reich ebenfalls anlasten.

Literatur
Canfora, Luciano, August 1914 oder: Macht man Krieg wegen eines Attentats? Köln 2006.
Clark, Christopher, Die Schlafwandler. Wie Europa in den Ersten Weltkrieg zog, 8. Aufl. München 2013.
Deutschland im Ersten Weltkrieg 1897/98–1917. Von einem Autorenkollektiv unter Leitung von Fritz Klein, 9. Bd., Berlin (Ost) 1972.
Düllfer, Jost, Regeln gegen den Krieg? Die Haager Friedenskonferenzen 1899 und 1907 in der internationalen Politik, Berlin, Frankfurt a. M., Wien 1981.
Geiss, Immanuel, Der lange Weg in die Katastrophe. Die Vorgeschichte des Ersten Weltkrieges 1815–1914, 2. Aufl. München 1991.
Hankel, Gerd, Leipziger Prozesse. Deutsche Kriegsverbrechen und ihre strafrechtliche Verfolgung nach dem Ersten Weltkrieg, Hamburg 2003.
Liszt, Franz v., Das Völkerrecht. Bearbeitet von Max Fleischmann, Berlin 1925.
Münkler, Herfried, Der Große Krieg. Die Welt 1914–1918, Berlin 2013.

Paech, Norman, Stuby, Gerhard, Völkerrecht und Machtpolitik in den internationalen Beziehungen. Hamburg 2013.

Ritter, Gerhard, Der Schlieffenplan. Kritik eines Mythos, München 1956.

Stuby, Gerhard, Vom »Kronjuristen« zum »Kronzeugen«. Friedrich Wilhelm Gaus: ein Leben im Auswärtigen Amt der Wilhelmstraße, Hamburg 2008.

Wehler, Hans-Ulrich, Deutsche Gesellschaftsgeschichte 1848–1914, 3. Band, München 1995.

Tobias Herbst

Warum Kelsen so oft missverstanden wird

Meine folgenden Überlegungen zu Hans Kelsen und seiner in dem Werk *Reine Rechtslehre* entfalteten gleichnamigen Theorie knüpfen an ein Gespräch mit Rosemarie Will an, das sich einige Tage nach der Rede Papst Benedikts XVI. im September 2011 im Deutschen Bundestag zufällig ergeben hatte. In dem Gespräch wunderten wir uns über die Bemerkungen, die der Papst über Hans Kelsen gemacht hatte: Kelsen habe, so sinngemäß der Papst, in seinem Spätwerk den Dualismus von Sein und Sollen aufgegeben. Diese These des Papstes ist unhaltbar; Horst Dreier hat dazu das Nötige in JZ 2011, S. 1151 ff. gesagt.

Ich nehme dieses päpstliche Missverständnis zum Anlass, auf einer allgemeineren Ebene nach Gründen dafür zu suchen, dass Kelsens Lehre missverstanden wird. Denn sie wird nach meinem Eindruck oft missverstanden; ich habe den Verdacht, dass manche heftige wissenschaftliche Kontroverse, in die Kelsen verwickelt war (so etwa die mit Georg Jellinek über den Staatsbegriff), und manche Kritik, die an seiner Lehre geäußert wird, zu einem nicht unwesentlichen Teil auf Missverständnissen beruhen.

Der am häufigsten zu hörende Vorwurf an Kelsen geht in die Richtung, dass seine Reine Rechtslehre ein bloßer inhaltsleerer Formalismus sei und dem Begriff und Phänomen des Rechts wie auch des Staates nicht gerecht werde. In der Tat: Zunächst erscheint es merkwürdig und dem »Recht« als Begriff und Phänomen nicht angemessen, wenn Kelsen Rechtsnormen als Sanktionsnormen betrachtet, deren Geltung allein darauf beruht, dass sie von einer Instanz gesetzt werden, die durch eine übergeordnete Rechtsnorm dazu ermächtigt ist. Auf den Inhalt der Normen kommt es für ihre Qualifikation als Rechtsnormen nach Kelsen nicht an; auch Normen, die in einem

Unrechtsregime gesetzt werden, sind nach Kelsen Recht, wenn nur die Ermächtigungsregeln eingehalten werden. Diese völlige Loslösung des Rechtsbegriffs von einer materiell verstandenen Rechtsstaatlichkeit irritiert zumindest und scheint das Recht auf unangenehme Weise inhaltlich zu neutralisieren. Besonders heftige Kritik hat auch Kelsens Theoriebaustein der »Grundnorm« auf sich gezogen: Sie wird von Kelsen als Hypothese bzw. als Fiktion vorausgesetzt und hat zum Inhalt, dass sie die Geltung der Verfassung in einem Staat anordnet und damit die Kaskade von stufenweisen Rechtsetzungsermächtigungen in Gang setzt, die dann von der Verfassung etwa über Parlamentsgesetze und Rechtsverordnungen bis zu Verwaltungsakten und Gerichtsurteilen reicht. Von einer solchen Grundnorm hatte man vor Kelsen in Theorie und Praxis des Rechts nichts gehört; ihre Existenz anzunehmen erscheint willkürlich und auch widersprüchlich (die Geltung dieser Norm beruht entgegen Kelsens sonstigen theoretischen Annahmen gerade nicht auf einer Ermächtigung), und man fragt sich, ob sich hinter der Grundnorm nicht doch eine moralische Rechtsbefolgungspflicht verbirgt, was im Widerspruch zu der von Kelsen nachdrücklich postulierten Trennung von Recht und Moral stehen würde. Politologische und juristische Intuition stößt sich darüber hinaus auch vehement an Kelsens Gleichsetzung von Staat und Recht: Der Staat wird in seiner Theorie nicht etwa mit Hilfe der bekannten Elemente Gebiet, Volk und Herrschaft bestimmt und auch nicht über die Staatsorgane definiert; vielmehr ist nach Kelsen der Staat *identisch* mit dem Recht, so dass der Staat neben dem Recht als eigenständiger Begriff und eigenständiges Phänomen vollkommen verschwindet.

Dass diese Merkwürdigkeiten in Kelsens Theorie zur Kritik herausfordern, liegt nahe. Allerdings muss diese Kritik berücksichtigen, welches *Erkenntnisinteresse* Kelsen überhaupt verfolgt – und das geschieht nach meinem Eindruck viel zu selten. Kelsen geht es um eine besondere Art von Rechtswissenschaft: eine methodenbewusste und methodisch reine Rechtswissenschaft, deren Erkenntnisgegenstand das rechtliche Sollen als solches ist und die aufgrund ihrer Methodenreinheit besondere Erkenntnisgewissheit verspricht. Kelsens Erkenntnisansatz fügt sich in eine Strömung ein, die im ersten Drittel des vorigen Jahrhunderts in Wien, also zu der Zeit und an dem Ort, an dem seine Theorie entstand, auch andere (Geistes-) Wissenschaften erfasste wie etwa die Philosophie oder die Mathematik.

Ein zentrales Mittel dieser Strömung, um Methodenreinheit und Erkenntnisgewissheit zu gewinnen, ist die Beschränkung des Erkenntnisgegenstandes: Als mögliche Erkenntnisgegenstände werden nur noch solche Aussagen oder Phänomene zugelassen, für deren Wahrheitsgehalt bzw. Existenz sich klare und eindeutige Kriterien formulieren lassen; hierbei rücken insbesondere die Möglichkeiten und Grenzen der Sprache und die Logik in den Vordergrund. In gewisser Weise versuchte man dabei, das Erfolgsrezept der Naturwissenschaften auch für den Bereich der Geisteswissenschaften fruchtbar zu machen: Die vor allem seit dem 17. Jahrhundert zu verzeichnenden Erfolge der Physik etwa beruhen maßgeblich auf dem Grundgedanken des Experiments; dieses zeichnet sich gerade dadurch aus, dass die Vielfalt von nicht reproduzierbaren Umwelteinflüssen so weit wie möglich reduziert wird, so dass in reproduzierbarer Weise nur noch diejenigen physikalischen Größen interagieren, für die man sich interessiert – die Untersuchung der Gesetze des freien Falls etwa führt nur im Vakuum zu reproduzierbaren Ergebnissen. Die Beschränkung des Erkenntnisgegenstandes führt auf diese Weise zu einer Steigerung der Erkenntnisgewissheit.

Auch Kelsens Reine Rechtslehre verfolgt diesen Ansatz: Das Recht als Begriff und Phänomen wird reduziert auf einige wenige Merkmale, die möglichst einfach definiert werden und deren Wechselwirkungen möglichst klaren Regeln folgen. Kelsen verwendet in seiner Theorie einen stark idealisierten Rechtsbegriff. In dieser Begrifflichkeit kommt er dann – bei allen Problemen, die im Detail bestehen und zu Diskussionen innerhalb der Theorie führen –

zu Aussagen, die wohl gerade wegen ihrer theorieimmanenten Erkenntnisgewissheit so große Anziehungskraft auf die Anhänger seiner Lehre ausüben.

Wegen der dargestellten Beschränkung des Erkenntnisgegenstandes in der Reinen Rechtslehre geht eine Kritik an Kelsen fehl, die ihm etwa vorwirft, er rehabilitiere auch nationalsozialistisches Unrecht, indem er es in seiner Theorie als »Recht« betrachte. Kelsen geht es in seiner Reinen Rechtslehre nicht um eine moralische Bewertung von Rechtsnormen, sondern um die Aufklärung der Strukturen von Rechtsordnungen. Was das Recht im Nationalsozialismus angeht, so mag man etwa in Anbetracht des undurchsichtigen Nebeneinanders von Partei und Staat in diesem System starke Zweifel daran haben, ob die Reine Rechtslehre eine adäquate Beschreibung der Struktur des Rechts im NS-Staat ermöglicht, und eine solche Kritik würde Kelsens Theorie treffen, weil sie mit seinem Erkenntnisanspruch korrespondiert; ihm eine Aufwertung des NS-Rechts vorzuwerfen, geht aber fehl und beruht auf einem Missverständnis seines Theorieansatzes.

Aus demselben Grund geht die erwähnte Kritik an Kelsens Grundnorm fehl. Es ist nicht Kelsens Anliegen, mit der Grundnorm eine allgemeine Rechtsbefolgungspflicht zu postulieren. Die Grundnorm ist vielmehr eine Konsequenz der von Kelsen in seiner Theorie vorgenommenen Beschränkungen: Weil die Geltung einer Norm nach Kelsens Ansatz immer von der Normsetzungsermächtigung durch eine übergeordnete Norm abgeleitet werden muss, bedarf es zur Beendigung eines andernfalls unendlichen Regresses einer »Grundnorm« als konstruktivem Schlussstein der Theorie. Problematisch ist daher nicht die Grundnorm als solche, sondern allenfalls Kelsens Annahme, dass die Geltung einer Norm immer auf eine übergeordnete Norm zurückgeht (in der Tat kann man bezweifeln, dass die Reine Rechtslehre die Kategorie der Normgeltung ausreichend erschließt).

Was schließlich den Staatsbegriff angeht: Die Gleichsetzung von Staat und Recht widerspricht zwar allem, was seit der Antike über den Staat geschrieben worden war, aber auch sie ist innerhalb der Theorie als Folge der vorgenommenen Beschränkungen des Erkenntnisgegenstandes konsequent, denn Kelsen interessiert sich für die staatlichen Stellen innerhalb der Reinen Rechtslehre nur in ihrer Funktion als Rechtsetzungsorgane. Dass er auch eine andere Perspektive einnehmen kann, zeigt sich etwa in seiner Demokratieschrift (*Vom Wesen und Wert der Demokratie*).

Missverständnisse in Bezug auf Kelsens Reine Rechtslehre lassen sich also vermeiden, indem der beschränkte Erkenntnisgegenstand dieser Theorie bedacht wird. Die Theorie macht Aussagen über Strukturen eines Rechts, das bestimmte, in der Theorie definierte Eigenschaften hat. Erkenntnisgewissheit und überhaupt ein Erkenntnisinteresse bestehen für Kelsen nur innerhalb dieser Grenzen seiner Theorie. Aussagen, die diese Grenzen überschreiten, etwa über Interdependenzen des Rechts mit Moral, Gesellschaft oder Institutionen, sind nicht anschlussfähig an Aussagen, die die Theorie macht, und taugen daher nicht für direkte Kritik an der Theorie. Allenfalls kann indirekt gerade die fehlende Anschlussfähigkeit der Theorie und damit der Umfang der von Kelsen vorgenommenen Beschränkungen kritisiert werden.

Auch bei der Kritik an diesen Beschränkungen in Kelsens Reiner Rechtslehre ist aber Sorgfalt und genaues Hinsehen geboten. Dass Kelsen etwa soziologische oder moralische Aspekte aus dieser Theorie ausblendet, bedeutet nicht, dass er Wechselwirkungen von sozialen oder moralischen Faktoren mit dem Recht abstreitet; er lehnt ihre Einbeziehung in die Reine Rechtslehre vielmehr deswegen ab, weil dies die »Reinheit«, also methodische Stringenz und Erkenntnisgewissheit der Lehre zerstören würde. Dieses Vorgehen hat freilich zur Folge, dass sich die auf diese Weise abgesicherte Erkenntnis über das Recht, so wie es Kelsen definiert, von dem Phänomen »Recht«, wie es von der Praxis und auch von anderen Wissenschaftszweigen wahrgenommen wird, entfernt. Das kann man nun Kelsen genauso viel oder genauso wenig zum Vorwurf machen, wie man einem Mathematiker vorwerfen kann, dass seine komplexe und wohldurchdachte Theorie sich von den Phänomenen der realen Welt entfernt. (Kelsens Erkenntnisinteresse in der Reinen Rechtslehre scheint mir in der Tat eher dem eines Mathematikers als dem etwa eines Astronomen zu ähneln.)

Aus meinen Ausführungen sollte deutlich geworden sein: Kelsens Reine Rechtslehre ist nicht *die* Rechtswissenschaft und kann es aufgrund der Beschränkung ihres Erkenntnisgegenstandes auch nicht sein. Auch die Rechtsphilosophie, die Rechtssoziologie oder die Rechtsdogmatik sind Disziplinen, die das Recht wissenschaftlich untersuchen; sie sind ebenfalls erkenntnisbringende Zweige der Rechtswissenschaft, die freilich mit anderen Methoden und auch mit anderen Erwartungen an die Erkenntnisgewissheit arbeiten als die Reine Rechtslehre. Kelsen war in diesem Punkt wohl anderer Meinung und hielt die Reine Rechtslehre für die einzig mögliche Art *wissenschaftlicher* Beschäftigung mit dem Recht. Seine von dieser Überzeugung herrührenden bisweilen harschen und apodiktischen Äußerungen über das Recht und die Rechtswissenschaft mögen die Entstehung von Missverständnissen, wie sie Gegenstand meiner Ausführungen waren, befördert haben.

Rainer Schröder

Ich und Karl Marx

Der Titel ist nicht ohne Ironie gewählt. Es ist also ein sehr subjektiver Text. Die Lektüre von marxistischen Werken und gar Originalen von Karl Marx gehörte für Jura-Studenten in der Bundesrepublik in den 1960er und 1970er Jahren durchaus nicht zum Üblichen. Abgesehen von den revolutionären Gruppen an den Universitäten, deren Mitglieder nun ergraut nach einem langen Marsch durch die Institutionen in Rente gehen, las man den Autor eigentlich nicht.

›Normale‹ Studenten befassten sich mit diesem »Gottsei-bei-uns« der Bonner Republik nur in Ausnahmefällen. In manchen Studentengruppen wurde Marx mit großer Ernsthaftigkeit studiert. In extremen Gruppen war auch die »Kapital«-Schulung an der Tagesordnung, doch hielt sich die Beteiligung von Juristinnen und Juristen an diesen Seminaren sehr in Grenzen. Auf die Frage kritischer Jurastudenten in der Bischofsstadt Münster, wo ich studierte:»Kommilitone, hast Du schon die neue Ausgabe der Roten Fahne gelesen?« konnte ich wahrheitsgemäß mit »nein« antworten. Von anderen Studenten wurden die Zeitungsanbieter beschieden: »Geh doch nach drüben!« Drüben war übrigens dort, wo wir heute akademisch arbeiten.[1]

Ich und Marx und meine Doktorarbeit
Rechtsphilosophen und politisch Interessierte kamen mit Marx natürlich in Berührung. Als Rechtshistoriker-Lehrling in Münster habe ich mich nur ganz außerordentlich selten mit diesen Texten befasst. Spannender wurde es bei meiner Dissertation, die ich bei Rudolf Gmür in Münster begann und bei Sten Gagnér[2] in München vollendete. Die Arbeit hatte eine Problemstellung aus der Zeit der BGB-Entstehung zum Gegenstand.[3]

In einem 30-seitigen, kaum zu entziffernden Text hatte sich der Verfasser des Erbrechtsentwurfs des BGB, Gottfried (später Ritter von) Schmitt (1827-1908), zu Beginn seiner Ausführungen mit der Frage auseinandergesetzt, ob man das Erbrecht abschaffen oder reformieren wolle. Dieser Text hatte meine ganze Aufmerksamkeit geweckt, denn schon die Fragestellung erschien mir in den Jahren 1876 bis 1880 für einen bürgerlichen Autor absurd zu sein, so absurd wie sie es in den 60er Jahren des 20. Jahrhunderts erneut war. Der Erbrechtsredaktor Schmitt, ein typischer Einser-Jurist[4] und bayerischer Ministerialrat, referierte zwar die Argumente der verabscheuungswürdigen Gegner des Erbrechts. Er dachte natürlich nicht daran, diesen Forderungen vieler Autoren des 19. Jahrhunderts nachzukommen. Aber als redlicher bayerischer Jurist stellte er die Diskussion dar, und so fing ich als junger Doktorand Feuer. Es war ein Spiel, eine Diskussion zwischen Jura, Ökonomik und Philosophie. Konsequent las ich die einzelnen Texte der Frühsozialisten, der frühen Kommunisten, darunter natürlich das Kommunistische Manifest, Lassalle und die sozialistischen Parteiprogramme. Ich studierte die Debatten auf dem Internationalen Arbeiterkongress in Basel 1869 und vertiefte mich in Diskussionen der Zeit, etwa aus dem Zusammenhang mit der »Paulskirchenverfassung«, wo auch von Einschränkungen des Erbrechts die Rede war. Hinzu kamen Darstellungen der bürgerlichen Linken, etwa von Robert Blum (1807-1848) und Carl Ferdinand Julius Fröbel[5] (1805-1893) sowie weiterer Vertreter einer Einschränkung des Erbrechts zwischen 1842 und 1877, zu denen auch dezidiert liberale Autoren, wie Johann Caspar Bluntschli[6] (1808-1881) und Karl Ludwig Theodor Brater (1819-1869), gehörten. Alle, ausnahmslos, befassten sich mit der Berechtigung oder der Begründung des Erbrechts. Und wenn das Erbrecht schon gesetzt war, dann wollten nicht wenige seine Einschränkung. Zumindest stritten die Autoren, ob der Testierfreiheit der Vorzug vor dem Familienerbrecht zu gewähren sei und wie weit die Testierfreiheit reichen solle oder ob im Zweifel der Familie im Todesfall der Vorrang gebühre.

Das wirklich Erstaunliche an dieser Diskussion des 19. Jahrhunderts war aber dies: Nicht nur die linken und sozialistischen Autoren diskutierten, sozusagen die üblichen Verdächtigen, sondern auch bedeutende Ökonomen, wie Adolph Wagner[7] (1835–1917) und Adolph Samter[8] (1824–1883), später Gustav Schmoller[9] (1838–1917), herausragende Rechtsphilosophen und Ökonomen. Sie waren teilweise Mitglieder des Vereins für Socialpolitik und bürgerliche Liberale, wie die Herausgeber des Staatslexikons. Die Frage wurde so ernstgenommen, dass ihre Umsetzung in die politische Praxis kurz bevorzustehen schien.

Eine Vielzahl von Autoren diskutierte sehr radikal, ob man das Erbrecht vollständig abschaffen solle. Bürgerlich-Liberale dachten eher an eine Einschränkung des Erbrechts, mancher, ja auch mancher Liberale, diskutierte, ob man mit den so gewonnenen Mitteln die soziale Frage lösen könne. Nicht nur Politiker und Ökonomen, sondern auch Rechtsphilosophen nahmen natürlich zu den Fragen Stellung. Alle bekannten Rechtsphilosophen des 19. Jahrhunderts, wie Leopold Warnkönig[10] (1794–1866) und Heinrich Ahrens[11] (1808–1874), aber auch die heute weniger bekannten, wie Karl David August Röder[12] (1806–1879), Gustav Friedrich Gaertner[13] (1807–1841) und Ferdinand Walther[14] (1794–1874), setzten sich mit dem Erbrecht auseinander. Vielen ging die Forderung nach der Abschaffung des Erbrechts zu weit, aber immerhin diskutierte man mit großer Intensität die Legitimation des Erbrechts, so wie man schon in der Aufklärung und aufklärerischen Philosophie die Legitimation des Privateigentums diskutiert hatte. Juristische Institutionen sind immer dann begründungsbedürftig, wenn sie nicht mehr selbstverständlich sind, und offenbar war das Erbrecht in eine solche Legitimationskrise geraten.

Das Erbrecht – so war also die allgemeine Meinung – sei zu begründen. Es sei zwar bei allen Zivilisationen üblich, doch ergebe sich aus der sozialen Situation, der Ungleichverteilung der Vermögen, ein gewisser Legitimationsdruck, der selbst in die BGB-Diskussionen durchschlug.

Nicht selten finden sich in diesem Kontext Argumentationen zur sozialen Frage und zur Eigentumsfrage. Für jüngere Naturrechtler, von denen ich nur Heinrich Ahrens[15] nennen will, bildeten Eigentum und Erbrecht zentrale Institutionen, die es zu diskutieren und zu legitimieren galt. Das Naturrecht und die Rechtsphilosophie waren politisch geblieben oder geworden.

Das Kommunistische Manifest von 1848 mit seiner Forderung nach Abschaffung des Erbrechts stand also nicht allein. Sein Punkt 3 forderte radikaler als die meisten anderen »Abschaffung des Erbrechts« – ohne Wenn und Aber. Zwar klang manches in der Begründung differenzierter, doch war die Forderung politisch in der Welt.

Die geistigen Nachfolger von Marx, die Akteure der Russischen Revolution, machten damit 1918 Ernst. Sie schafften das Erbrecht ab.[16] Es soll die ironische Folge dieser Tatsache gewesen sein, dass es den Staatskommissaren angeblich nie gelang, die angefallenen Erbschaften einzuziehen. Das Erbe, das ja ausschließlich der Staat erhalten sollte, war sozusagen frei und bereits verteilt. Freunde, Kollegen, Verwandte und Nachbarn griffen da herzhaft zu. Diese Geschichte wird, zumal von West-Autoren, verschiedentlich nicht ohne Schmunzeln erzählt und mit dem Schmunzeln, da sehe man wieder die Überlegenheit des Kapitalismus und die Menschenverachtung des sowjetischen Kommunismus, der eben vom inzwischen toten Marx ferngesteuert schien.[17]

Die bürgerlichen Parteien in Deutschland, etwa um 1900 und im Rahmen der BGB-Entstehung, lehnten natürlich jede Forderung nach Änderungen im Erbrecht ab. Man diskutierte zwar die Legitimation des Familienerbrechts einerseits und die des gewillkürten Erbrechts andererseits, wollte sich aber nicht zu einer ernsthaften Reform verstehen.

Gottfried Schmitt und andere verstiegen sich gar zu der Behauptung, die Testierfreiheit gewährleiste den Zusammenhalt der Familie besonders gut, denn ungehorsame Kinder könne der pater familias ja bequem von der Erbfolge ausschließen.[18] Ein höherer Grad von väterlicher Autorität und des Gehorsams der Kinder sei damit garantiert. Das sei schließlich auch im Interesse des Staates, dessen Keimzelle nun einmal die Familie bilde.

Auch die Forderung nach Erbschaftssteuer war vielen ein sozialistisches Schreckgespenst und wurde daher von Anfang an heftig bekämpft. Dass die Erbschaftssteuer dann im Zuge der Tirpitzschen Flottenpolitik 1906 eingeführt wurde, um, ähnlich wie die Sektsteuer[19], das Flottenprogramm zu finanzieren,[20] ist ein Witz der Weltgeschichte. Weder die Sektsteuer noch die Erbschaftssteuer sind bis heute abgeschafft. Eben noch als Untergang des Staates, ja des Abendlandes perhorresziert, geriet die Einschränkung des Erbrechts nun zur Allzweckwaffe gegen das perfide Albion.

Die Diskussion um eine Staatsbeteiligung am Erbrecht ist immer wieder aktuell, gerade auch heute. Sei es, um die Staatsaufgaben zu finanzieren, sei es, um die ungleiche Vermögensverteilung in den einzelnen kapitalistischen Staaten zu nivellieren.

Zurück zum Helden der Geschichte: Es war zwar nicht Karl Marx, der als erster die Forderungen erhob, sondern Henri de St.-Simon (1760–1825) und seine ›St.-Simonisten‹ und etwa Pierre-Joseph Proudhon (1809–1865), die sie schon in den 20er Jahren des 19. Jahrhunderts diskutiert hatten.[21] Doch das von Marx zusammen mit seinem Freund Friedrich Engels (1820–1895) verfasste Kommunistische Manifest entfaltete hier größte Wirkung. Das Erbrecht war unter Verdacht, die ungleiche Vermögensverteilung zu zementieren und das sei in Anbetracht der sozialen Frage unerhört; da müsse sozialpolitisch eingeschritten werden. Die darin liegende Enteignung post mortem sei nicht nur hinzunehmen, sondern geradezu geboten. Später allerdings änderte Marx seine Meinung.[22] Die Erbschaftssteuer sei ein wünschenswertes Übergangsphänomen: »Wie jede andere bürgerliche Gesetzgebung sind die Erbschaftsgesetze nicht die Ursache, sondern die Wirkung, die juristische Folge der bestehenden ökonomischen

Organisation der Gesellschaft, die auf das Privateigentum in den Mitteln der Produktion begründet ist, d. h. Land, Rohmaterial, Maschinen usw.«[23] In der Tat.

Mit allergrößtem Staunen habe ich in den 1970er Jahren diese Stellungnahmen aus dem 19. Jahrhundert gelesen und meine Dissertation: »Abschaffung oder Reform des Erbrechts?« betitelt. Leider fehlte im Druck später das Fragezeichen. Daher wurde der Titel – so wurde mir erzählt – mehrfach missverstanden. Was als Zitat gedacht war, mit Fragezeichen und einem sperrigen Untertitel, wurde mir als meine Meinung und Kritik am gegenwärtigen Erbrechtssystem der Bundesrepublik unterstellt. »Ist der Kerl ein Marxist?« soll da ein Mitglied einer Berufungskommission gefragt haben. Meine Bewerbung an dieser und jener Fakultät war daher nicht besonders erfolgreich.

Horst Schröder indes, den ich auf dem Bielefelder Rechtshistorikertag kennengelernt hatte, nahm aufgrund der Dissertation freundlichen Kontakt zu mir auf. Ich übergab ihm meine Dissertation und er übersandte Materialen zur Rechtsgeschichte in der DDR. Schon vor der Wende konnte seine Arbeit über Savigny im Lang Verlag[24] erscheinen und wurde ernsthaft besprochen und zugleich kritisch rezensiert.

Heute diskutiert man – sozusagen alle Jahre wieder – erneut über die große Vermögensungleichheit der Bürger. Die Zahlen sind dramatisch: »Die reichsten zehn Prozent der Deutschen besitzen ... fast 60 Prozent des gesamten Nettohaushaltsvermögens.«[25] Also glaubt mancher, erneut zur Vermögensabschöpfung durch Beschneidung des vererbbaren Vermögens greifen zu müssen; wahlweise zur drastischen Anhebung der Erbschaftssteuer. Die Argumente sind immer dieselben. Da hat sich nicht viel geändert.

Ich und Marx und das Alpmann-Skriptum »Rechtsgeschichte«

Am Ende meines Studiums war ich unter die begeisterten Rechtshistoriker gegangen. Nichts erschien mir wichtiger.

Das Eigentümer-Besitzer-Verhältnis, der Rückerwerb vom Nichtberechtigten, die Abgrenzung des Diebstahls vom Betrug oder die praktische Konkordanz der Grundrechte: alles Nebensächlichkeiten. Aber Friedrich Carl von Savigny (1779–1861) und Anton Friedrich Justus Thibaut (1772–1840), die Germanenrechte, die Rezeption, die Entstehung des ›echten Strafrechts‹ oder die Einführung der Folter als Beweismittel in den Strafprozess: das waren Fragen, über die es sich nach Meinung des Jungjuristen lohnte nachzudenken. Der göttliche Savigny war des Schweißes der Edlen wert. Aber soweit ich auch blickte, es gab nach meiner Meinung kein geeignetes Lehrwerk für Studenten. Zwar hatte Rudolf Gmür (1912–2002) sprachlich vollendete Skripte für seine Studenten herausgegeben, doch im Überschwang oder mit einer gewissen Hybris, die auf Torheit beruhte, glaubte ich, ich könne es besser machen. Und so entstand das Lehrwerk, das heute nach fast 40 Jahren in der 10. Auflage 2015 existiert. Während ich bei normalen juristischen Verlagen über eine telefonische Anfrage mit prompter Ablehnung nicht hinauskam, meinte einer meiner juristischen Lehrer, der Repetitor Josef Alpmann, in seiner unnachahmlich westfälischen Art: »Rechtsfreund, dann machen Sie doch mal. Nur Mut. Wenn es gut ist, nehmen wir es ab.«

Und ich schrieb frisch und wieder stolperte ich über Marx. Mein Hausgott Savigny[26] war nämlich vom jungen Marx in wenigen Worten angegriffen worden. Immerhin hatte Marx ab 1836 an der Friedrich-Wilhelms-Universität zu Berlin studiert und beim Meister die Pandekten gehört.[27] Savignys historische schulbildende Ansicht beruhte auf dem Gedanken, dass (zumindest bürgerliches) Recht nicht willkürlich gesetzt werden könne, sondern dass es durch innere stillwirkende Kräfte im Volke hervorgebracht werden müsse. Eine schwer verständliche Passage, in der Savigny m. E. den historischen Probierstein anlegt, um zwischen den Rechtssätzen, den Regeln zu unterscheiden, die sich im Laufe der Geschichte bewährt hatten und denen, die als Abgestorbenes davon abzusondern seien.

Savigny verlangte also das Studium der Rechtsgeschichte,[28] vornehmlich des römischen Rechts, für ihn der Idealfall einer Rechtsordnung. Konsequent studierte man an unserer Universität im 19. Jahrhundert fast nur römisches Recht und wurde im Ersten Staatsexamen darin geprüft.[29]

Und Marx? In der Rheinischen Zeitung ließ er die Luft aus solchen theoretischen Konstrukten. Ob in bewusstem oder unbewusstem Fehlverständnis meinte der junge Frechdachs, es sei dem Schiffer nicht zuzumuten, auf der Quelle des Stromes zu fahren.[30] Ein Missverständnis oder ein Unverständnis von Savignys Position gewiss, aber eine herrliche Polemik gegen den politisch reaktionären Olympier und gegen das Unpraktische seiner Ansicht; obwohl – so viel zur Verteidigung – Savigny nicht wollte, dass bei den gerichtlichen Fällen der Richter bis zu den römischen Quellen zurückschauen sollte. Und gegen Gesetzgebung allgemein war er auch nicht. Es gab ja Gesetze, in Preußen das ALR, die dem Meister freilich nicht sehr gefielen. Nach der berühmten Anekdote im Brief an seinen Schwager Clemens Brentano (1778–1842) ein Werk, das in »Inhalt und Form eine Sudeley« darstelle.[31]

Wurde diese Kritik von Marx an Savigny[32] aufgegriffen? Ich bin nicht sicher, ob die Rechtswissenschaftler den Journalisten wahrnahmen.

Noch einmal trat Marx im Skriptum Rechtsgeschichte auf, nämlich mit seinem Plädoyer gegen die Bestrafung der Holzdiebe. Das Sammeln von Fallholz für die Feuerung war ein Recht aus der Allmende; dem gemeinschaftlichen Eigentum oder Nutzungsrecht an gemeindlichen Einrichtungen wie dem Gemeindewald, den Teichen, heute den Almen; im Grunde war dieses Gemeinschaftsrecht ein Recht der Dorfbewohner, die kein Grundeigentum hatten, der ärmeren Leute. Als die Allmende aufgelöst wurde, man könnte sagen privatisiert und alle ehemaligen Allmendegrundstücke individuellen Eigentümern zugeschlagen waren, wurde aus einem selbstverständlichen Recht der Dorfbewohner eine Straftat. Nun sah Marx das nicht unter dem straftheoretischen Aspekt des »labeling approach«, als Ausdruck der Definitionsmacht der Herrschenden, doch in der Sache hatte er völlig Recht.

Mit Vergnügen habe ich solche Texte des frühen Marx gelesen, sein Hauptwerk »Das Kapital« hingegen äußerst selektiv. Ich sah darin manches, das die Ökonomen seiner Zeit diskutierten, fühlte mich aber nicht informiert genug, dazu Stellung zu nehmen. Wie bei Savigny ist es nicht klug, sich mit den Gralshütern des Heiligen auseinanderzusetzen. Auch wenn man Überzeugendes, gar Kritisches, vorzutragen weiß, werden diese erklären, man habe den (jeweiligen) Heiligen gewiss nicht richtig verstanden.

Ich und Marx in den Gebäuden der Humboldt-Uni

Man könnte mit der Feuerbach-These im Foyer des Hauptgebäudes anfangen, die die Besucher erheitert und verwirrt. Erheitert, weil sie auf einer banalen Ebene so offenkundig zustimmenswert erscheint; verwirrt, weil unklar erscheint, was denn das Marxistische daran sein soll. Lokal und gebäudegeschichtlich ist sie sicher erhaltenswert, worüber wir in der Fakultät nicht einer Meinung waren. Heute werden die Zweifel in einer kleinen Tafel am (heraldisch) rechten unteren Rand zusammengefasst.

Nachdem die Marx-Engels-Köpfe von der Stirnseite des Marx-Engels-Auditoriums, des heutigen Audimax, entfernt worden waren, blieben noch die sozialistischen Heiligenbildchen der Glasfenster im Foyer des Audimax im Hauptgebäude sowie die Trinität Marx/Engels/Lenin in den Fenstern der »Kommode«, direkt im juristischen Seminar über dem Bebelplatz. Unser geschätzter Kollege Michael Kloepfer wollte die Versetzung der Fenster in das historische Museum mit einer nicht zur Reife gelangten Initiative gegen das ›Lernen unter Lenin‹ erreichen; doch er und wir scheiterten. So hat unsere Fakultät wohl als einzige in Deutschland ein Portrait des politischen Ideologen Lenin im juristischen Seminar. Die Studierenden lernen also unter dem Portrait einer Person, die zwar in dieser Bibliothek gearbeitet, deren Handeln aber millionenfachen Tod zur Folge hatte.

Von der Tafel am Eingang unseres Gebäudes zum Bebelplatz, dem Platz der Bücherverbrennung, ganz zu schweigen:

»Auf diesem Platz vernichtete nazistischer Ungeist
die besten Werke der deutschen und der Weltliteratur.
Die faschistische Bücherverbrennung vom 10. Mai
1933 sei ewige Mahnung, wachsam zu sein gegen
Imperialismus und Krieg.« (10. Mai 1983).

Die Kritik an der Bücherverbrennung ist in keiner Weise zu kritisieren. Aber es ist fragwürdig, dass sie durch die DDR erfolgte, die nur deshalb oppositionelle Bücher nicht verbrennen musste, weil sie bereits deren Erscheinen mittels scharfer Zensur verhinderte.

Doch wir erinnern auch an das Alte Palais, das in das heutige Fakultätsgebäude (Unter den Linden 9) integriert ist. Wir erinnern an Wilhelm I., den die DDR den Kartätschenprinzen nannte, mit dem Arbeitszimmer des Kaisers (heute Raum E 25 bzw. 213) mit der schönen Pergola zum Bebelplatz hin. Die Büsten von Wilhelm I. und Friedrich II. stehen im Gebäude. Auch das ist ein Teil der deutschen Geschichte.

Doch zurück zu Marx, hier dem grünen Marx. So nannte man das Bild, das meinen ersten Lehrstuhl im Hauptgebäude der Uni neben dem Hörsaal 2002 schmückte. Es war ein merkwürdiges Gefühl für die Mitarbeiter, in den unangemessen großen Raum (er hatte sicher 80 qm) einzuziehen. Er war das Sitzungszimmer der SED-Kreisleitung. Das Bild gefiel mir. Wolfgang Frankenstein (1918–2010), ein bedeutender Künstler, hatte das große Werk geschaffen. Eines Tages war es zu meiner Verblüffung abgehängt; wer das veranlasste, ist nicht mehr festzustellen. Es ruht heute im Magazin der Kustodie.

Ich und Marx und das Recht der DDR
Direkt nach dem »Dritten Reich« gelang es weder den Juristen noch den Rechtshistorikern, sich profunde mit dem

Recht der Diktatur auseinanderzusetzen. Das hat sich im Lauf der Zeit sehr geändert. Die Zahl rechtshistorischer Publikationen zum »Dritten Reich« ist Legion.[33] Hingegen begann die Publikationstätigkeit zur DDR bereits kurz nach dem Ende des Systems; auch die Zahl dieser Publikationen steigt fortwährend. Systemkritiker, Opfer, Politiker und Wissenschaftler schreiben und recherchieren. Für beide Systeme war und ist interessant, welche Rolle das Recht bei der Etablierung und Stabilisierung der diktatorischen Strukturen gespielt hatte – das ist eine strukturelle Frage, die unabhängig ist vom unterschiedlichen Schweregrad der Diktaturen. Im Kern trifft das die Frage nach der Rolle und Verantwortung von Juristen in einer (diktatorischen) Gesellschaft: eine ohne Zweifel schwierige Frage. Denn Diktaturen werden üblicherweise mit Hilfe von Gewalt errichtet, sei es die Gewalt der SA oder die der Sowjetarmee. Daneben gibt es immer den Aspekt der Machtübergabe, der freiwilligen Beteiligung der Politik und der Bürger an der Errichtung der Diktatur. Das darf man nicht kleinreden, auch wenn diese Beteiligung sehr unterschiedlich ausfallen konnte. Aber das Recht spielt früher oder später immer eine Rolle und Juristen tragen regelmäßig Mitverantwortung für die Etablierung und Stabilisierung der Systeme.

Die generellen Fragen sind vielleicht etwas zu groß für Rechtshistoriker und für diese kleine Abhandlung. Als Zivilrechtler hatte mich für beide Regimes die Frage interessiert, wie Zivilrecht unter den veränderten Bedingungen funktionieren konnte.[34]

Im unvergleichlich gewalttätigen »Dritten Reich« finden sich Rassismus, Führerprinzip und Herrschaft der Partei (Diemuth Majer) im Recht, auch im Zivilrecht, wieder; Bernd Rüthers hat unnachahmlich die Beteiligung der Juristen an den Veränderungen des Zivilrechts in seinem 1968 erschienenen Werk »Die unbegrenzte Auslegung« nachgewiesen.

Für die DDR mussten Fragen und Ansätze natürlich anders sein.[35] Um das (Zivil-) Rechtssystem zu begreifen, nicht das gesamte Justiz- und Unterdrückungssystem, war es unabdingbar, die marxistischen Grundlagen zu verstehen.[36] Und damit landeten das Team des DFG-Projekts »Zivilrechtskultur der DDR« und ich wieder bei Marx, dem Klassiker, auf den sich alle beriefen. Also schien es mir nötig, sich etwas gründlicher mit Marxismus und Recht auseinanderzusetzen, um das Zivilrecht zu verstehen; Marxismus also als Basisideologie des DDR-Rechts. Basis ist in diesem Zusammenhang ein ganz falscher Begriff, denn nach seinen Ausführungen in der Kritik der politischen Ökonomie von 1858 stufte Marx das Recht als Überbauphänomen ein, auf der materiellen Basis ruhend. Stalin stellte freilich in ›seinen‹ Linguistik-Briefen diesen Gedanken auf den Kopf (oder auf die Füße?): auch der Überbau könne produktiv sein; und das war er dann in der DDR auch.

In zwei Publikationen bin ich dieser Frage nachgegangen, wohlwissend, dass man den hohen Ansprüchen der Erforscher des wahren Marxismus nicht gerecht werden kann.[37]

Die Ansprüche der intellektuellen Vertreter der DDR-Rechtswissenschaft kann man als nicht-gelernter Marxist kaum befriedigen – was übrigens nicht polemisch gemeint ist. Man muss bedenken, dass es zum Beispiel an der Humboldt-Universität eine Fakultät/Sektion Marxismus-Leninismus gab, die sich mit nichts anderem befasste. Diese Sektion war die Philosophie, die sich mit philosophischen Fragen und solchen der Geschichte und der Gesellschaft befasste, freilich jeweils sub specie des Marxismus. Die Ideologie trug den Staat, und sie war so wichtig, dass man die Fakultät und deren Lehrinhalte auf das Stärkste überwachte. Bis zu 50 Prozent der Professoren, Assistenten und Mitarbeiter dieser Fakultät sollen direkt oder indirekt für die Staatssicherheit gearbeitet haben oder als Spitzel tätig gewesen sein.[38] Die Zahl ist unsicher. Die Akten sind vielfach vernichtet und die Beteiligten haben ihr Möglichstes getan, um die Fakten zu verschleiern.

Die strenge Überwachung der »Kaderschmiede« auch in ideologischen Fragen folgte der Logik des Systems. Die ideologische Überwachung erinnert an die hl. Inquisition, die sich heute anders nennt. Bricht, um nur ein Beispiel zu nennen, die Lehre von der Wiederauferstehung weg, was bleibt dann von der Kirche? Die Abweichungen zu bekämpfen, ist hier so nötig wie beim hl. Karl. Die Inquisition bringt niemanden mehr auf den Scheiterhaufen und die Geheimpolizei, der Staatssicherheitsdienst, bringt niemanden mehr um die Karriere oder gar ins Gefängnis.

In der juristischen Praxis spielte Marx nur eine geringe Rolle.[39] Auch in der Praxis kam es zu marxistischer Argumentation; eigentlich zur Argumentation mit marxistischen Versatzstücken, die man vor sich hertrug wie der Priester die Monstranz in der Prozession.[40] Auf den Wahrheitsgehalt oder die Richtigkeit kam es hier wie dort nicht an, sondern auf den demonstrativen Charakter, die politische Unangreifbarkeit. Auch das soll hier nicht das Thema sein.

Ähnliches gilt für Zivilurteile, in denen Marxistisches nur in Ausnahmefällen zitiert wird. Immer dann natürlich, wenn es prinzipiell wurde, konnten marxistische Versatzstücke erscheinen, also eher in Urteilen des Obergerichtes als in solchen der Instanzgerichte.[41] In den Fällen mit politischem Kontext bezogen sich die Gerichte eher auf die Verfassungen der DDR oder die Prinzipien des Marxismus-Leninismus als direkt auf die ideologischen Überväter.[42] Ähnliches gilt allgemein für das Zivilrecht in der DDR.[43]

In und neben diesem Forschungsprojekt promovierten Projektmitarbeiter, aber auch nicht wenig andere bei mir über das Recht in der DDR.[44] Auch hier spielte die Realität des Rechts und der Rechtswissenschaft in der DDR eine große Rolle; allein vertiefte Bezugnahmen der DDR-Akteure auf Marx fanden sich m. E. nicht häufig.[45] Aber das war ja in der politischen, wirtschaftlichen und sonstigen Praxis der DDR auch nicht der Fall – oder täusche ich mich? Auch in den Interviews mit 26 Juristen/innen aus der DDR, und zwar Praktikern wie Theoretikern, kam Marx eigentlich nicht vor.[46] An Akademien und in Festreden wurde Marx regelmäßig erwähnt; das gilt auch für Vorworte von Dissertationen, aber das ist ein ganz anderes Kapitel. Man kann zur Wissenschaftsgeschichte der Fakultät viel bei Will[47] selbst und auch bei Markovits[48] in den Jubiläumsbänden zum 200-jährigen Universitätsjubiläum 2010 nachlesen.

Untersuchenswert sind natürlich Dissertationen zum DDR-Recht.[49] Es waren insgesamt 448. Das Wort ›Marx‹ kommt in den Titeln nicht vor. Die marxistischen Grundlagen finden in weniger Fällen als gedacht Erwähnung. Der Klassenkampf erscheint gleichfalls selten, eine Arbeit sei aus gegebenem Anlass erwähnt.[50] Gelegentlich finden sich Arbeiten zum Systemvergleich; die allermeisten Werke sind eher technisch-juristischer Natur, freilich auf der Basis des sozialistischen Staates. Keine Arbeit stellt die Grundlagen in Frage; das zu erwarten, wäre absurd. Kleibert differenziert die Dissertationsthemen nach Fächern: So finden sich im Bereich »Grundlagen des Rechts« 39 Dissertationen, die zum überwiegenden Teil Fragen des 20. Jahrhunderts behandeln. 22 Dissertationen haben das Rechtssystem der BRD im Fokus. Die dogmatischen Dissertationen sind demgegenüber in der Mehrzahl: So werden etwa 140 zivilrechtliche Dissertationen veröffentlicht, 33 zum Arbeitsrecht, 59 zum Wirtschaftsrecht, 52 zum Öffentlichen Recht und 51 zum Strafrecht. Weitere 42 Dissertationen finden sich in den Gebieten Kriminologie und Kriminalistik.[51]

Die insgesamt wohl wenig geliebten Vorlesungen zum Marxismus sind natürlich zu erwähnen. Sie machten zwischen 10 und 30 Prozent aller Vorlesungen der juristischen Fakultät aus.[52] Ein Maximum lag 1958/59 mit 46,5 Stunden zu 90 Vorlesungsstunden insgesamt. Ab etwa 1963/64 sank die Zahl auf 16 von 93, um sich dann bis 1967/68 bei ca. 12 Stunden einzupendeln.

Schluss

Der Titel war also nicht ohne Ironie gewählt. Das wäre den verehrten Lesern ohne den Hinweis am Anfang nicht aufgefallen... Allein, es geht ja nicht um Marx, den wahren oder echten Marx. Wer könnte schon behaupten, er habe den hochverehrten oder weniger geschätzten Autor wirklich verstanden. In gewisser Weise stellt diese Festgabe eine Bilanz dar zu einem Teil meiner wissenschaftlichen Tätigkeit an der Humboldt-Universität zu Berlin. Das Übermaß an peinlichen Eigenzitaten hängt gleichfalls damit zusammen.[53]

Seitdem ich wissenschaftlich als Rechtshistoriker tätig bin, vor allem bei meiner Tätigkeit hier an der Humboldt-Universität seit 1993, bin ich aber immer wieder über Marx gestolpert.

Während die Kollegen aus der DDR in der Schule und im Studium Marx studierten, blieb das den Schülern und Studenten aus dem Westen erspart. Die Professoren der Humboldt-Universität aus dem Osten stellten überwiegend ihre Befassung mit Marx spätestens mit der Wende ein. Ironischerweise begannen einige derer, die aus dem Westen zuwanderten, sich von da ab dem Recht im Sozialismus (und Marx) zuzuwenden.

Dies mit leichter Hand zu schildern, war die Absicht.

1 Rainer Schröder, Die Geschichte der Juristischen Fakultät zwischen 1810 und 1945, in: Stefan Grundmann, Michael Kloepfer, Christoph G. Paulus, Rainer Schröder, Gerhard Werle (Hrsg.), Festschrift 200 Jahre Juristische Fakultät der Humboldt-Universität zu Berlin. Geschichte, Gegenwart und Zukunft, Berlin/New York 2010, S. 3–114.
2 Michael Kunze, Das Mansardenseminar, in: Maximiliane Kriechbaum (Hrsg.), Festschrift für Sten Gagnér zum 3. März 1996, Ebelsbach 1996, S. 396 ff.
3 Abschaffung oder Reform des Erbrechts? Die Begründung einer Entscheidung des BGB-Gesetzgebers im Kontext sozialer, ökonomischer und philosophischer Zeitströmungen (= Münchener Universitätsschriften, Abhandlungen zur rechtswissenschaftlichen Grundlagenforschung 46), Ebelsbach 1981.
4 Einser-Jurist: Seit den Zeiten von Montgelas wurde nach französischem, letztlich chinesischem Vorbild den Kandidaten mitgeteilt, an wievielter Stelle man das Examen bestanden hatte. Die Platzziffer war also wichtiger als die Note, denn bis heute richtet sich die Einstellung bei Behörden und Gerichten prinzipiell nach dieser Ziffer. Ein hartes, aber sehr faires Verfahren. Ludwig Thoma, das bayerische Urvieh, meinte, die Platzziffer würde dem Bayerischen Juristen noch am Grabe nachgesungen.
5 Philip Erbentraut, Radikaldemokratisches Denken im Vormärz: zur Aktualität der Parteientheorie Julius Fröbels, in: MIP, 2008/09, S. 5 ff.

6 Johann Caspar Bluntschli, Gesammelte Kleine Schriften, Bd. I, Nördlingen, 1879, S. 238.
7 Katharina Hoppe, Eigentum, Erbrecht und Vertragsrecht – Die Reformvorstellungen des Nationalökonomen Adolph Wagner (1835–1917), Berliner Juristische Universitätsschriften, Grundlagen des Rechts, Bd. 26, Berlin 2003.
8 Vgl. Jens Beckert, Unverdientes Vermögen. Soziologie des Erbrechts, Köln, 2004, S. 73 ff.
9 Vgl. Gustav Schmoller, Grundriss der Allgemeinen Volkswirtschaftslehre, Bd. I, Leipzig, 1900, S. 385 ff.
10 Adolph Warnkönig, Historische Darstellung des französischen Erbrechts, Basel, 1847.
11 Heinrich Ahrens, Das Naturrecht oder die Rechtsphilosophie nach ihrem gegenwärtigen Zustande, Wien, 1846, S. 45 ff.
12 Karl August David Röder, Grundzüge des Naturrechts oder die Rechtsfilosofie, Heidelberg, 1846, S. 108 ff.
13 Vgl.: Schröder, 1981 (Fn. 3), S. 399 ff.
14 Ferdinand Walter, Naturrecht und Politik im Lichte der Gegenwart, Bonn, 1863.
15 Ahrens, 1846, a. a. O.
16 Schröder, 1981 (Fn. 3), S. 202 ff.; Heinrich Freund, Das Zivilrecht Sowjetrußlands, Mannheim-Berlin-Leipzig 1924.
17 Eine knappe Zusammenfassung der Diskussion um das Erbrecht lieferte Jens Beckert vor einiger Zeit im Cicero: Ist Erben fair?, in: http://www.cicero.de/kapital/ist-erben-fair/38068, zuletzt abgerufen am 21. 5. 2015.
18 Schröder, 1981 (Fn. 3), S. 7 ff.
19 Gesetz vom 1. Juli 1902; Reichstagsprotokoll Nr. 614; vgl. http://www.reichstagsprotokolle.de/Blatt_k10_bsb00002804_00709.html.
20 Max Troll, Dieter Gebel, Marc Jülicher: Erbschaftsteuer- und Schenkungssteuergesetz, 2009, Einführung Rdn. 61-63.
21 Beckert, a. a. O., S. 287 ff.; Schröder, 1981 (Fn. 3), S. 27 ff.
22 Karl Marx, Bericht des Generalrats über das Erbrecht, in: Der Vorbote Nr. 10 1869, zit. n. MEW Bd. 16, 6. Aufl. 1975, unveränderter Nachdruck der 1. Aufl. 1962, Berlin/DDR, S. 367-369; vgl. http://www.mlwerke.de/me/me16/me16_367.htm, zuletzt abgerufen am 21. 5. 2015.
23 Karl Marx/Friedrich Engels – Werke, (Karl) Dietz Verlag, Berlin, Bd. 16, 6. Aufl. 1975, unveränderter Nachdruck der 1. Aufl. 1962, Berlin/DDR, S. 367.
24 Horst Schröder, Friedrich Karl von Savigny. Geschichte und Rechtsdenken beim Übergang vom Feudalismus zum Kapitalismus in Deutschland, Rechtshistorische Reihe, Frankfurt/M. 1984.
25 Vgl. OECD-Studie: 10 Prozent der Deutschen besitzen 60 Prozent des Vermögens, SpiegelOnline vom 21. 5. 2015, www.spiegel.de/wirtschaft/soziales/-a-1034911.html, zuletzt abgerufen am 21. 5. 2015.
26 Schröder, Rechtswissenschaft, Rechtsstudium und Rechtspraxis, in: Geschichte der Universität Unter den Linden 1810–2010; Bd. 4, Genese der Disziplinen. Konstitution der Universität, hrsg. von Heinz-Elmar Tenorth, Berlin 2010, S. 123-147.
27 Schröder, Fn. 26, S. 124; Norman Levine, Marx's Discourse with Hegel, New York, 2012, S. 112 ff.
28 Schröder, Fn. 26, Tabellen S. 139 f.
29 Schröder, Über das unpraktische Rechtsstudium – Ein nicht unpolemischer historischer Streifzug, in: Liber amicorum für Klaus Mock zum 70. Geburtstag am 9. August 2009, hrsg. v. Christian Armbrüster, Gerold Bezzenberger, Raimund Körner und Walter L. Rust, Köln 2009, S. 263-278.
30 Karl Marx, Das philosophische Manifest der historischen Rechtsschule (geschrieben April bis Anfang August 1842). »Die historische Schule hat das Quellenstudium zu ihrem Schib[b]oleth gemacht, sie hat ihre Quellenliebhaberei bis zu dem Extrem gesteigert, daß sie den Schiffer anmutet, nicht auf dem Strome, sondern auf seiner Quelle zu fahren, [kursiv vom Verf., R. S.] sie wird es billig finden, daß wir auf *ihre Quelle* zurückgehen, auf *Hugos Naturrecht. Ihre Philosophie* geht ihrer Entwickelung *voraus,* man wird daher in ihrer Entwickelung selbst vergeblich

nach Philosophie suchen.« Karl Marx/ Friedrich Engels – Werke, (Karl) Dietz Verlag, Berlin, Bd. 1., Berlin/DDR 1976, S. 78-85. http://www.mlwerke.de/me/me01/me01_078.htm, zuletzt abgerufen am 20. 5. 2015.

31 Vgl. Stephan Meder, Rechtsgeschichte: Eine Einführung, Köln 2011, S. 283.

32 Schröder (Hrsg.): Zivilrechtskultur der DDR, 4 Bde., (Zeitgeschichtliche Forschungen 2/1, 2/2, 2/3), Berlin 1999, 2000, 2001; Zivilrechtskultur der DDR, Bd. 4: Vom Inkasso- zum Feierabendprozess – Der DDR-Zivilprozess, in: Zeitgeschichtliche Forschungen 2/4, Berlin 2008.

33 Schröder, Die Bewältigung des Dritten Reiches durch die Rechtsgeschichte, in: Rechtsgeschichte in den beiden deutschen Staaten (1988-1990). Beispiele, Parallelen, Positionen, hrsg. von Heinz Mohnhaupt, Frankfurt a. M. 1991, S. 604-647.

34 Schröder, »... aber im Zivilrecht sind die Richter standhaft geblieben.« Die Urteile des OLG Celle im Dritten Reich, Baden-Baden 1988.

35 Schröder (Hrsg.), 1999, 2000, 2001 und 2008 (Fn. 32).

36 Marxismus und Recht am Beispiel des Zivilrechts in der DDR, in: Wirkungen europäischer Rechtskultur (Festschrift für Karl Kroeschell zum 70. Geburtstag), hrsg. v. Gerhard Kobler und Hermann Nehlsen, München 1997, S. 1155-1181.

37 Schröder, Marxismus und Recht in der DDR, in: Volker Gerhard, Marxismus: Versuch einer Bilanz, Magdeburg 2001, S. 219-248.

38 Thomas Raiser, Schicksalsjahre einer Universität. Die strukturelle und personelle Neuordnung der Humboldt-Universität zu Berlin 1989 bis 1994, Berlin 1998; Guntolf Herzberg, Abhängigkeit und Verstrickung, Berlin 1996; Hanna Labrenz-Weiß, Die Beziehungen zwischen Staatssicherheit, SED und den akademischen Leitungsgremien an der Humboldt-Universität zu Berlin, in: German Studies Review, Vol. 17, Totalitäre Herrschaft – totalitäres Erbe, 1994, S. 131-145; Wolfgang Templin, »Aufbruch und Abwicklung«: Kein Problem mit Denkverboten, http://www.tagesspiegel.de/politik/aufbruch-und-abwicklung-kein-problem-mit-denkverboten/202126.html, zuletzt abgerufen am 21. 5. 2015; Rainer Eckert, Die Humboldt-Universität zwischen Stasiverstrickung und friedlicher Revolution, http://www.horch-und-guck.info/hug/archiv/2000-2003/heft-31/03104-eckert/, zuletzt abgerufen am 21. 5. 2014; Amory Burchard, Geschah den Ostprofessoren Unrecht?, http://www.tagesspiegel.de/wissen/die-wendezeit-an-der-humboldt-uni versitaet-geschah-den-ostprofessoren-unrecht/9437574.html, zuletzt abgerufen am 21. 5. 2015; Staatssicherheit an der Berliner Humboldt-Universität: Totalitäre Verstrickung und zögernde Auseinandersetzung (mit Rainer Eckert), in: Die totalitäre Herrschaft der SED. Wirklichkeit und Nachwirkungen, Wolfgang-Uwe Friedrich (Hrsg.), München 1998, S. 67-80.

39 Keine Erwähnung etwa bei den 26 Zeitzeugen in Schröder (Hrsg.): Die DDR-Ziviljustiz im Gespräch – 26 Zeitzeugeninterviews, Frankfurt a. M. 2008.

40 Schröder, Zivilrechtskultur der DDR, Bd. 4: Vom Inkasso- zum Feierabendprozess – Der DDR-Zivilprozess, in: Zeitgeschichtliche Forschungen 2/4, Berlin 2008; ders., Vom Inkasso- zum Feierabendprozess – Der DDR-Zivilprozess – Datensammlung, Berlin 2008.

41 Schröder, Das ZGB der DDR von 1976 verglichen mit dem Entwurf des Volksgesetzbuchs der Nationalsozialisten von 1942, in: Das Zivilgesetzbuch der DDR vom 19. Juni 1975, hrsg. von Jörn Eckert und Hans Hattenhauer, Goldbach 1995, S. 31-71.

42 Hans-Peter Haferkamp, Begründungsverhalten des Reichsgerichts zwischen 1933 und 1945 in Zivilsachen verglichen mit Entscheidungen des Obersten Gerichts der DDR vor 1958, in: Rainer Schröder (Hrsg.), Zivilrechtskultur der DDR 2 (= Zeitgeschichtliche Forschungen 2/1), Berlin 2000, S. 15-50.

43 Das Zivilrecht an der Juristischen Fakultät 1850-1945, in: Geschichte der Universität Unter den Linden 1810-2010: Praxis ihrer Disziplinen. Bd. 5: Transformation der Wissens-

ordnung, hrsg. v. Heinz-Elmar Tenorth, Berlin 2010, S. 151–172.
44 Dissertationen mit Themen zur DDR (erschienen größtenteils in den Berliner Juristischen Universitätsschriften, Abteilung Grundlagen) Gerber, Stefan: Zur Ausbildung der Diplomjuristen an der Hochschule des MfS (Juristische Hochschule Potsdams), Berlin 2000.

Graf, Kristina: Das Vermögensgesetz und das Neubauerneigentum: Annäherung an ein fremdes Recht, Berlin 2004.

Harder, Guido: Das verliehene Nutzungsrecht – Herausbildung und Entwicklung eines Rechtsinstituts des DDR-Bodenrechts, Berlin 1998.

Höfling, Sebastian: Vom Tropfen sozialen Öls zum Hebel des Fortschritts. Die Entstehung der Arbeitsrechtswissenschaft und ihre Entwicklung in den zwei deutschen Diktaturen im Spiegel der Promotionen der Berliner Universität Unter den Linden, Berlin 2014.

Kästner, Anette: Eingaben im Zivilrecht der DDR, Eine Untersuchung von Eingaben zu mietrechtlichen Ansprüchen aus den Jahren 1986 und 1987, Berlin 2006.

Knauf, Verena: Die Zivilentscheidungen des Obersten Gerichts der DDR von 1950–1958: Veröffentlichungspraxis und Begründungskultur, Berlin 2007.

Riedel-Krekeler, Anne-Luise: Die Rehabilitierung von DDR-Heimkindern nach dem Strafrechtlichen Rehabilitierungsgesetz, Berlin 2014.

Kurze, Dietmar: Sozialistische Betriebe und Institutionen als Verklagte im DDR-Zivilprozess, Berlin 2005.

Masuch, Christina: Doppelstaat DDR, Eine Untersuchung anhand der Verfolgungsgeschichte der Zeugen Jehovas in der SBZ/DDR 1945–1990, Berlin 2009.

Middendorf, Stefan: Recht auf Arbeit in der DDR: Von den theoretischen Grundlagen bis zu den Berufsverboten für Ausreisewillige, Berlin 2000.

Mierau, Johannes: Die juristischen Abschluss- und Diplomprüfungen in der SBZ/DDR, Ein Einblick in die Juristenausbildung im Sozialismus, Frankfurt am Main 2001.

Mollnau, Marcus: Die Bodenrechtsentwicklung in der SBZ/DDR anhand der Akten des zentralen Parteiarchivs der SED, Berlin 2000.

Reich, Torsten: Die Erforschung der objektiven Wahrheit. Zivilprozessualer Wandel in der DDR, Berlin 2004.

Rosskopf, Annette: Friedrich Karl Kaul – Anwalt im geteilten Deutschland (1906–1981), Berlin 2002.

Seifert, Ulrike: Gesundheit staatlich verordnet. Das Arzt-Patienten-Verhältnis im Spiegel sozialistischen Zivilrechtsdenkens in der DDR, Berlin 2009.

Thaetner, Thomas: Die Zwangsvollstreckung in der DDR, Berlin 2003.

Thiemrodt, Petra: Die Entstehung des Staatshaftungsgesetzes der DDR. Eine Untersuchung auf der Grundlage von Materialien der DDR-Gesetzgebungsorgane mit zeitgeschichtlichen Bezügen, Frankfurt am Main [u. a.] 2005.

Voigt, Matthias: Staats- und rechtswissenschaftliche Forschungsplanung zwischen II. und III. Sozialistischer Hochschulreform. Anspruch und Wirklichkeit am Beispiel der Juristischen Fakultät der Humboldt-Universität zu Berlin, Hamburg 2013.

Wilhelm, Marion: Wir sind Kinder unserer Zeit: Qualitative Analyse narrativer Interviews von Justizjuristen der DDR, Berlin 2002.

Windmüller, Joachim: Ohne Zwang kann der Humanismus nicht existieren... – »Asoziale« in der DDR, Frankfurt am Main [u. a.] 2006.

Wiedenfels, Uta: Das Vermögensgesetz – Restitution im Zeitenwandel (Gutachten liegen vor; erscheint in der Fakultätsreihe).

Booß, Christian: Rechtsanwälte in der späten DDR (in Arbeit).
45 Inga Markovits, Gerechtigkeit in Lüritz. Eine ostdeutsche Rechtsgeschichte. C. H. Beck Verlag, München 2006; dies., Die Abwicklung. Ein Tagebuch zum Ende der DDR-Justiz, München 1993.
46 Schröder (Hrsg.): Die DDR-Ziviljustiz im Gespräch – 26 Zeitzeugeninterviews, Frankfurt a. M. 2008.

47 Rosemarie Will, Die Juristische Fakultät in der DDR, in: Festschrift 200 Jahre Juristische Fakultät der Humboldt-Universität zu Berlin, Geschichte, Gegenwart und Zukunft, hrsg. von Stefan Grundmann, Michael Kloepfer, Christoph G. Paulus, Rainer Schröder, Gerhard Werle, Berlin 2010, S. 798–847.

48 Markovits, Die Juristische Fakultät im Sozialismus, in: Geschichte der Universität Unter den Linden 1810–2010, hrsg. von Heinz-Elmar Tenorth, Berlin 2010, Bd. 6, S. 91–135 (= Hrsg.: Geschichte der Universität Unter den Linden, 1810 bis 2010, 6 Bde. Berlin 2010–2012).

49 Die Dissertationen an der Juristischen Fakultät der Friedrich-Wilhelms-Universität zu Berlin von 1810–1900, in: Rainer Schröder, Angela Klopsch, Kristin Kleibert (Hrsg.), Die Berliner Juristische Fakultät und ihre Wissenschaftsgeschichte von 1810 bis 2010, Berlin 2011, Anhang in der beigefügten CD-ROM (›Datenträger‹), Abschnitt A 3: Liste der Dissertationen in der DDR.

50 Rosemarie und Hans-Jürgen Will, Studien zum Kampf der Arbeiterklasse um soziale Grundrechte im Kapitalismus unter besonderer Berücksichtigung der BRD, Dissertation 1977; Buchveröffentlichung: Studie zum Kampf der Arbeiterklasse um soziale Grundrechte im Kapitalismus. Dargestellt am Beispiel des Kampfes der deutschen Arbeiterklasse im Kapitalismus um die Rechte auf Arbeit, Bildung, Mitbestimmung, Koalition und Streik, Humboldt-Universität zu Berlin, 1977.

51 Die Dissertationen an der Juristischen Fakultät der Friedrich-Wilhelms-Universität zu Berlin von 1810–1900, in: Rainer Schröder, Angela Klopsch, Kristin Kleibert (Hrsg.), Die Berliner Juristische Fakultät und ihre Wissenschaftsgeschichte von 1810 bis 2010, Berlin 2011; speziell zur DDR vgl. Kristin Kleibert, Die Dissertationen an der Juristischen Fakultät der Humboldt Universität zu Berlin von 1949 bis 1990, in: Ebda. S. 143–164; vgl. weiter Rainer Schröder, Angela Klopsch, Der juristische Doktortitel, HFR 4/2012, S. 1 ff.

52 Adis Mataruga, Die Hochschullehrer der DDR und ihre Vorlesungen, in: Die Berliner Juristische Fakultät und ihre Wissenschaftsgeschichte von 1810 bis 2010, (wie Fn. 47), S. 281–296; vor allem die Tabellen und Grafiken in der beigefügten CD-ROM (›Datenträger‹) Abschnitt D: Lehrveranstaltungen, hier Grafiken 21, Verhältnis SWS gesamt zu SWS Marxismus-Leninismus 1946 – 1968.

53 Martin Morlock, Der Text hinter dem Text. Intertextualität im Text in: Verfassung im Diskurs der Welt. Liber Amicorum für Peter Häberle, Tübingen 2004, S. 93–136, 119 f.

Helmut Glück

Philologische Bemerkungen zum Reisen und einigen Verben auf *-eln* und *-ern*

Rosemarie Will (im folgenden: RW) hat eine große Passion, das Reisen. Diese Passion stammt wahrscheinlich aus DDR-Zeiten, als das Reisen oft eher in der Phantasie als auf Erden stattfinden musste.

Das Wort *reisen* ist älter als die deutsche Sprache. Das neuhochdeutsche (nhd.) Verb *reisen* ist desubstantivisch gebildet, also vom Substantiv *Reise* abgeleitet. Letzteres geht über mittelhochdeutsch (mhd.) *reise* auf althochdeutsch (ahd.) *reisa* zurück, dem der (rekonstruierte) gemeingermanische Verbstamm **reis-a* ›aufgehen, sich erheben‹ zugrundeliegt (vgl. neuengl. *to rise*). Dieser Stamm liegt auch einigen Verben zugrunde, die in verschiedenen älteren germanischen Sprachstufen ›niederfallen, stürzen‹ bedeuten, was womöglich auf Risiken hinweist, die man beim Reisen eingeht. Sie alle beruhen auf dem Stamm **rei-*, der zu indogerman. **or-* gehört und in lat. *oriri* ›sich erheben‹ und griech. *órnymai* ›ich erhebe mich‹ belegt ist. Zum Reisen, das wäre der sprachhistorisch wie sachlich klare Befund, muss man sich erheben, aus den Puschen kommen, ins Freie gehen. Dass man später stehend, sitzend oder liegend, in Eisenbahnen, Flugzeugen oder Kraftfahrzeugen, reisen können würde, konnten die Indogermanen noch nicht ahnen.[1]

Auf mhd. *reise* geht die Substantivierung *Reisiger* zurück, die auf dem Adjektiv *reisec, reisic* ›beritten‹ beruht. Es bezeichnete einen Reiter auf einem Kriegszug, denn mhd. *reise* hatte vor allem diese militärische Bedeutung.[2] Sie ist auch in der Bildung *Reisläufer* präsent, die seit dem 16. Jahrhundert einen Söldner bezeichnete, der in einem Landsknechtsheer seinem Broterwerb nachging.[3] Das *Reislaufen* war insbesondere in der deutschsprachigen

Schweiz ein verbreitetes Handwerk. Bis heute erhaltene Reste dieser Tradition sind die Schweizergarde des Papstes und die Fremdenlegionen einiger Länder, z. B. Frankreichs. Beide Wortbildungen, *Reisiger* wie *Reislaufen*, sind heute archaisch. Es gibt Dutzende von Substantivkomposita mit *Reise-* als Erstglied, die wir übergehen, weil sie in jedem Wörterbuch nachgeschlagen werden können und wir uns hier mit Verben befassen wollen. Ein einziges Substantivkompositum soll erwähnt werden, das (archaische) Wort »Reiseteufel, m. 1) *personificierte reisesucht, gebildet wie* spielteufel, schnapsteufel: vom reiseteufel besessen sein. 2) *reisende teufel*: hie wird der bapst mir einreden durch seine schreimeuler und reisteufel Luther 7, 283.«[4] Man darf davon ausgehen, dass RW auf ihren vielen Reisen solche Reiseteufel kennengelernt hat.

Doch nun zu den Verben. Es gibt eine ganze Reihe von Präfixverben[5] und Partikelverben[6] mit *reisen* als Basis. Das maßgebliche rückläufige Wörterbuch führt folgende Bildungen auf (die ich nicht näher kommentiere):

abreisen, bereisen, wegreisen, durchreisen, nachreisen, zurückreisen, heimreisen, umreisen, herumreisen, anreisen, hinreisen, einreisen, verreisen, hin- und herreisen, umherreisen, hierherreisen, weiterreisen, ausreisen, mitreisen, fortreisen (Muthmann 2001, 587 f.).

Auf Reisen ist es nützlich, fremde Sprachen zu beherrschen oder sich, wenigstens notdürftig, eine fremde Sprache *radebrechen* zu können.[7] Dieses Verb geht auf einen Terminus der mittelalterlichen Rechtspflege zurück, nämlich das Rädern. Bei der Vollstreckung dieser Körperstrafe wurden einem Delinquenten die Gliedmaßen derart gebrochen, dass man ihn zwischen die Speichen eines Rades ›flechten‹ konnte. Die hier vorliegende Metapher dürfte darauf beruhen, dass eine geradebrechte Sprache Zuhörern körperliche Pein zufügen kann.

Sprachennamen sind häufig Ableitungen von Ethnonymen (Volksbezeichnungen) auf *–isch*, z. B. *russisch, fin-*

nisch, schwedisch. Das gilt auch für Bezeichnungen von Dialekten, z. B. *sächsisch, fränkisch, schwäbisch*; hier sorgt das Suffix *-isch* dafür, dass die Wortstämme *Sachse, Franke, Schwabe* umgelautet werden.

Auf Reisen ist es, wie gesagt, von Nutzen, die jeweilige(n) Landessprache(n) zu beherrschen. Wer also in Russland reist, sollte Russisch können, in China sind Kenntnisse des Chinesischen von Nutzen. Wenn man wenig oder nicht versteht, kann man das mit der Wendung *das kommt mir spanisch vor* ausdrücken. Die Meinung, es reiche heutzutage, sich auf Englisch verständigen zu können, wurde vielfach empirisch widerlegt. Da RW inzwischen alle Erdteile bereist hat bis auf den antarktischen Kontinent, kann sie davon vielsprachig singen.

Beim Sprechen einer fremden Sprache kommt es vor, dass ein Akzent begleitend dazutritt. Es gibt, beispielsweise, einen französischen Akzent im Deutschen, ebenso einen deutschen Akzent im Französischen. Ein durchschnittlicher Muttersprachler des Deutschen kann Amerikaner, Engländer, Franzosen, Türken und Slawen an ihrem Akzent im Deutschen voneinander unterscheiden. In Süddeutschland gilt das wohl auch für die Italiener, im Nordwesten für die Niederländer und die Flamen, im Norden für die Dänen und die Schweden. Dieses Sprechen mit Akzent gibt es auch innerhalb des Sprachgebiets, nämlich regionale, dialektale Färbungen beim Sprechen des Hochdeutschen. Zur Bezeichnung eines solchen dialektalen Akzents gibt es einige Verben mit dem Suffix *-eln*. Der Wortstamm ist die (umgelautete) Bezeichnung des jeweiligen Volksstamms, nämlich der Schwaben, der Sachsen und der Franken: *schwäbeln*[8], *sächseln*[9], *fränkeln*; *fränkeln* hat im Rheinfränkischen die weitere Bedeutung ›sich krank fühlen, krank umhergehen‹ mit den Ableitungen die *Fränkelerei*, dat *Gefränkel*.[10] RW stammt zwar aus Kamenz, sächselt aber nicht (mehr). Anders sind die Verben *jüdeln/jiddeln* ›mit jiddischem Akzent sprechen‹, *mauscheln* ›mit jiddischem Akzent sprechen‹[11] und *böhmakeln* ›mit tschechischem Akzent sprechen‹ zu beurteilen. *Jüdeln/jiddeln* ist von der Volksbezeichnung *Jude* abgeleitet; es ist im wesentlich historisch. *Jüdeln/jiddeln* bezeichnete das Deutschsprechen mit jiddischem Akzent und war auch schon vor der nationalsozialistischen Verfolgung oft diskriminierend gemeint. Aber nicht nur: das Wiener Kabarett der Zwischenkriegszeit erhob das Jiddeln zu einer Kunstform, die nach dem Krieg von Könnern wie Helmut Qualtinger, Fritz Muliar und Georg Kreisler wiederbelebt wurde. Für *mauscheln* (zu *Moische* ›Moses‹) gilt im wesentlichen dasselbe, doch erlebte dieses Verb seit den späten 1960er Jahren eine neue Verbreitung, ohne dass seine antisemitische Tradition weiterhin eine Rolle gespielt hätte.[12]

Böhmakeln ist ein österreichisches Verb, das österreichisches Deutsch, namentlich das Wienerische, in tschechischem Munde bezeichnet. Es beruht auf dem Wortstamm *böhm-* und dem slavischen Suffix *-ak*, das in Wien auch in anderen Wortbildungen vorkommt, z. B. *Feschak* ›fesche Person‹, *fesch* von engl. *fashionable*. Ein denkbares *polakeln ›mit polnischem Akzent sprechen‹ ist nicht belegt.

Daneben stehen Ableitungen auf *-ern*, die auf Bewohnerbezeichnungen beruhten, nämlich *berlinern* und *hamburgern* ›Berliner (Hamburger) Lokaldialekt sprechen; mit Berliner (Hamburger) Akzent sprechen‹. Sie scheinen isoliert zu sein; es gibt kein *münchnern, *stuttgartern oder *kölnern. Im Köln spricht man Kölsch, in München und Stuttgart hochdeutsch mit dialektaler Färbung, und es gibt keine Verben, die diese Sprachweisen bezeichneten. Auch für das Niederdeutsche (Plattdeutsche) gibt es kein solches Verb; *(schuh)platteln* ist nicht einschlägig, und *snacken*, *küren* und andre Verben, die ausdrücken, dass ein niederdeutscher Dialekt gesprochen wird, haben andere Stämme. Auch das Frankfurter Mittelhessisch wird mit einem speziellen Verb bezeichnet, nämlich *babbeln*.

Im Wienerischen gibt es das Verb *tschechern*, das ›trinken‹ bedeutet. Es beruht auf dem Substantiv *Tschecherl* ›Beisl, kleine Kneipe‹, das nicht auf dem Ethnonym

Tscheche beruht, sondern auf jidd. *schejchor, schejcher* ›Bier‹.[13] Im Alemannischen gab es das Verb *serben*, ›welken, hinsiechen, hinschwinden, abnehmen, langsam absterben‹ mit der diminutiven Ableitung *serbeln* ›kränkeln‹ die mit dem Ethnonym *Serbe* nicht zu tun haben. Sie gehen zurück auf ahd. *serawên, serwên* ›tabescere, languere, marcere, arescere‹.[14] *Holländern* ist ein Fachwort: »1. (Buchbinderei) Blätter od. Bogen zu einzelnen Faszikeln zusammenheften u. die Fadenenden durch den hinten aufgeleimten Buchrücken festhalten[...]. 2. (veraltend) Zu zweit mit verschränkten Armen Schlittschuh laufen u. dabei Bogen fahren.«[15] *Nassauern* ist ein umgangssprachlicher Ausdruck für ›schnorren, auf Kosten anderer leben.‹ Das Verb *wienern* schließlich hat nichts mit dem Wienerischen zu tun. Es geht auf den Wiener Putzkalk zurück, der im 19. Jahrhundert die Raumpflege in deutschen Sprachraum prägte.[16]

Ganz ohne Wortbildungssuffixe ist das Verb *deutschen* gebildet, das im älteren Deutsch dem Grimmschen Wörterbuch zufolge ›verdeutschen, ausdeutschen, bedeutschen‹ bedeutete.[17] Davon hat sich ›verdeutschen‹ in der Bedeutung ›übersetzen‹ erhalten. Auch im Jiddischen bedeutet *taitschen* ›übersetzen, erklären‹. Weiterhin gab es das Adjektiv *daitschmerisch* ›quasi-deutsch, eingedeutscht jiddisch (verächtlich über die Assimilationssprache)‹.[18] Auch die Bildung *deutscheln* ist belegt.[19]

Im älteren Deutsch hatte *deutschen* also die Bedeutung ›erklären, auslegen, verständlich machen‹ ohne einen Bezug auf eine andere Sprache.[20] Diese Bedeutung hat sich nicht erhalten, ebensowenig eine weitere, nämlich ›sich wie ein Deutscher anstellen, deutsches Wesen annehmen‹.[21] In dieser Bedeutung wurde das Verb noch von Goethe verwendet:

Und wer franzet oder brittet
italiänert oder teutschet
einer will nur wie der andre
was die Eigenliebe heischet (zit nach DW, ebd.).

Hier kommen gleich drei weitere Verben vor, die von Ethnonymen[22] abgeleitet sind: *franzen* ist eine Augenblicksbildung, die auf einer Variante des Stammes *frank-* beruht, die in der Bewohnerbezeichnung *Franzos-* und vielen Komposita vorkommt, z. B. *Franzbranntwein*. *Franzen* ist allerdings als Substantiv gut belegt, nämlich als Kurzform von *Franzosenkrankheit* ›morbus gallicus, Syphilis‹.[23] *Britten* beruht auf dem Ethnonym *Brite*; Goethe schreibt es mit doppeltem *t*, um anzuzeigen, dass ein Silbengelenk vorliegt (und der Vokal kurz zu sprechen ist). Auch *italiänern* ist nach diesem Muster gebildet. Der akzenttragende Vokal in *Italien* ist bereits in der Bewohnerbezeichnung *Italiäner* umgelautet und seines Akzents beraubt (die Schreibungen *Italiener, italienisch* sind rezent).

Zu den Verben auf *-eln* wurde viel geforscht.[24] Sie sind bereits im Althochdeutschen belegt; das Suffix hatte dort die Form *-il-ôn* oder *al-ôn.*, z. B *grubilôn* ›grübeln‹ zu *graban* ›graben‹, *scutilôn* ›schütteln‹ zu *scuttan* ›schütten‹.[25] Ein Teil der nhd. Verben auf *-eln* ist der diminutiv-iterativen Aktionsart zuzurechnen. Sie drückt aus, »dass sich der im Verbstamm ausgedrückte Vorgang oder Zustand regelmäßig, aber mit zeitlichen Unterbrechungen und geringer Intensität wiederholt«.[26] Beispiele dafür sind *falten – fälteln, lachen – lächeln, husten – hüsteln*. Auch Adjektive können als Basen dienen, z. B. *fremdeln, frömmeln*. Nicht einschlägig sind Ableitungen von Basen, die ihrerseits das Affix oder Pseudoaffix *-el* schon enthalten, z. B. *pöbeln* < *Pöbel*, *hänseln* < *Hänsel*[27], *bündeln* < *Bündel*. Martina Rolland hat ermittelt, dass im Nhd. 1548 Verben dieser Bildungsweise existieren, unter denen sich 919 Komposita und Präfixbildungen befinden.[28]

Die akzentbezeichnenden Verben wie *sächseln* sind zwar diminuierend, aber nicht iterativ. Sie drücken aus, dass die jeweilige Sprechart im Deutschen einen Dialekt oder eine andere Sprache als Muttersprache des Sprechers erkennbar ist, aber nur mit »geringer Intensität« durchscheint, namentlich im Phonetischen. Eine Person, die sächselt, spricht eben nicht Sächsisch, sondern verständliches Hochdeutsch mit sächsischer Färbung in Lautung und Intonation, ein Franzose, der französelt, spricht Deutsch mit Akzent: »Gallos male imitari, nachäffen«,[29] »ein wenig/in der Art eines Franzosen usw. [sc. deutsch] sprechen«.[30] Das *Fremdeln* soll wenigsten im Vorbeigehen erwähn werden. Es beruht auf dem Adjektiv *fremd* und hat kein Simplex **fremden* neben sich. Auf Reisen ist es hinderlich, und RW leidet erfreulicherweise nicht unter dieser Form der Kontaktscheue.

Es ist nicht viel, was ich über das Reisen zusammentragen konnte, denn ich wollte mich auf die Verben beschränken. Es ist kein Wunder, dass wir dabei (im Sprachlichen) nicht weit über die Landesgrenzen hinausgekommen sind – schließlich habe ich mich auf das Deutsche und die Wortbildungen beschränkt, die in RWs Muttersprache auf der Grundlage von Bezeichnungen für Länder, Provinzen, Orte und ihre Bewohner existieren.

Zitierte Literatur
Althaus, Hans Peter, Mauscheln. Ein Wort als Waffe. Berlin, New York 2002.
DudenWB Das große Wörterbuch der deutschen Sprache in 10 Bänden. 3. völlig neu bearbeitete und erweiterte Auflage. Herausgegeben vom Wissenschaftlichen Rat der Dudenredaktion. Mannheim u. a. 1999.
Duden Grammatik. 8. Auflage. Mannheim, Wien, Zürich 2009.
DW Deutsches Wörterbuch von Jacob und Wilhelm Grimm. Leipzig 1854 ff.
Eisenberg, Peter, Grundriss der deutschen Grammatik. Bd. 1. Das Wort. 3. Auflage. Stuttgart, Weimar 2006.
Fleischer, Wolfgang/Barz, Irmhild, Wortbildung der deutschen Gegenwartssprache. 2. durchgesehene Auflage. Tübingen 1995.
Metzler Lexikon Sprache. Hg. von Helmut Glück. 4. Auflage. Stuttgart, Weimar 2010.

Muthmann, Gustav, Rückläufiges deutsches Wörterbuch. Handbuch der Wortausgänge im Deutschen mit Beachtung der Wort- und Lautstruktur. 3. überarbeitete und erweiterte Auflage. Tübingen 2001.
Paul, Hermann, Deutsche Grammatik, Bd. V. Wortbildungslehre. 1920. 3. Auflage. Halle/Saale 1957.
Rheinisches Wörterbuch online. Trier 2002–2014. http://woerterbuchnetz.de/RhWB/?lemid=RF05468 (abgerufen am 12.8.2014).
Rolland, Martina, Die diminutiv-iterative Aktionsart im Deutschen. Unveröff. Diplomarbeit, Univ. Bamberg 1997.
Wehle, Peter, Sprechen sie Wienerisch? Von Adaxl bis Zwutschkerl. Erweiterte und bearbeitete Neuausgabe. Wien, Heidelberg 1980.
Weinrich, Harald, Textgrammatik der deutschen Sprache. 2. revidierte Auflage. Hildesheim, Zürich, New York 2003.
Wolf, Siegmund A., Jiddisches Wörterbuch mit Leseproben. 2. durchgesehene Auflage. Hamburg 1991.

1 Etymologische Angaben nach Kluge/Seebold 2011, S. 756. Weitere Details in DW Bd. 14, 1893, Sp. 731.
2 DW Bd. 14, 1893, Sp. 718–723.
3 Kluge/Seebold 2011, S. 756.
4 DW Bd. 14, 1893, Sp. 742.
5 Das sind Verben mit einem Präfix, das in den konjugierten Formen stabil links von Verbstamm verharrt, z. B. *bereisen*, *verreisen*.
6 Das sind Verben, bei denen die Verbpartikel in den konjugierten Formen nach rechts ans Ende des Satzes versetzt wird, z. B. *Rosi reist fort, heim, umher*.
7 Kluge/Seebold 2011, S. 741.
8 Zur Wortgeschichte vgl. Althaus 2002, S. 260–262.
9 Zur Wortgeschichte vgl. Althaus 2002, S. 262 f.
10 Rheinisches Wörterbuch online, 2014.
11 Zur Wortgeschichte vgl. Althaus 2002, S. 266–271.
12 Dem Verb *mauscheln* hat Althaus (2002) ein ganzes Buch gewidmet.
13 Wehle 1980, S. 276.
14 DW Bd. 16, 1905, Sp. 621.
15 DudenWB Bd. 4, S. 1854.
16 Kluge/Seebold 2011.
17 DW Bd. 2, 1860, Sp. 1050 f.
18 Wolf 1991, 100, S. 183.
19 Althaus 2002, S. 260, 264 f.
20 DW Bd. 2, 1860, Sp. 1051.
21 DW Bd. 2, 1860, Sp. 1051.
22 Ethnonyme sind Namen von Völkern, Völkerschaften, Stämmen und anderen Großgruppen.
23 DW Bd. 4, 1878, Sp. 60.
24 Fleischer/Barz 1995, S. 310; Rolland 1997; Althaus 2002, S. 253 f., 260–263, 271, 336; Weinrich 2003, S. 1071 f.; Eisenberg 2006, S. 271 f.; Duden Grammatik 2009, S. 708 f.
25 Paul 1920/1957, S. 120 f.
26 Metzler Lexikon Sprache, 2010, S. 152.
27 Vgl. dazu Althaus 2002, S. 254 f., 336.
28 Rolland 1997, S. 44.
29 DW Bd. 4, 1878, Sp. 2.
30 Fleischer/Barz 1995, S. 310.

Elena Gricenko

Zwischen zwei Systemen

*Ein Beitrag zum deutsch-russischen Rechtsvergleich**

Es war ein Zeichen der Kontinuität, dass Rosemarie Will ihr Forschungssemester des Studienjahres 2009/2010 in Russland verbrachte. Die Forschungsreise nach Russland hatte eine Vorgeschichte: Das wissenschaftliche Interesse von Frau Will an der Transformation des sozialistischen politischen Systems und an den neuen Entwicklungen im russischen Staats- und Verwaltungsrecht hatte tiefe Wurzeln. Im Jahr 1979/1980 kam Frau Will zum ersten Mal als promovierte DDR-Rechtswissenschaftlerin für einen Studienaufenthalt in die Sowjetunion. Dabei konnte sie nicht nur ihre russischen Sprachkenntnisse vertiefen, sondern lernte auch den sowjetischen Staat und sein Recht im damaligen Alltag kennen.

Nach dem Scheitern des sozialistischen Systems und dem Zerfall der Sowjetunion und der darauffolgenden deutschen Wiedervereinigung wurden die Kenntnisse von beiden Rechts- und Staatsmodellen interessant und besonders stark nachgefragt. Rosemarie Will hat bei der sehr schnellen Übernahme des westdeutschen Rechts im Beitrittsgebiet mitgewirkt und konnte die dabei erworbenen Kenntnisse für den Aufbau der neuen Verfassungsordnung und der Verfassungsgerichtsbarkeit in den osteuropäischen Transformationsländern nutzbar machen. In bester Erinnerung ist mir ihr Vortrag auf dem Forum der Verfassungsrechtsprechung 2005 in Moskau. Das Forum war den politischen Rechten und Freiheiten und den freien Wahlen gewidmet. Als engagierte Staatsrechtlerin und Verfassungsrichterin des Brandenburgischen Verfassungsgerichtes präsentierte Frau Professorin Will vor den Experten und Verfassungsrichtern aus osteuropäischen Ländern das deutsche Beispiel der Verfassungsgerichtsbarkeit auf den beiden Ebenen, der des Bundes und der der Bundesländer und die Entscheidungen des Bundesverfassungsgerichts und der Verfassungsgerichte der Bundesländer zu Wahlrechtsstreitigkeiten.[1]

Von dieser Zeit an bin ich mit Frau Rosemarie Will im wissenschaftlichen und freundschaftlichen Kontakt. Wir arbeiten an aktuellen rechtsvergleichenden Fragen des öffentlichen Rechts zusammen.

Unsere Kooperation erreichte ihren Höhepunkt in der Zeit des Forschungsaufenthaltes von Frau Will in Russland im Studienjahr 2009/2010, als sie auf Einladung der Staatlichen Universität St. Petersburg als Gastwissenschaftlerin an den Lehrstuhl für Staats- und Verwaltungsrecht kam, um das von der DFG geförderte Projekt »Rechtsschutzmöglichkeiten kommunaler Subjekte in Russland und Deutschland« abzuschließen. Dieses Projekt ist zu unserem gemeinsamen Projekt geworden und hat zu einer fruchtbaren Kooperation geführt, deren Ergebnisse in einer Reihe gemeinsamer Publikationen ihren Ausdruck gefunden haben – sowohl auf Deutsch[2] als auch auf Russisch. Unser russischer Beitrag zum Thema »Das Recht auf die kommunale Selbstverwaltung als Objekt des Rechtsschutzes in Russland und Deutschland« (veröffentlicht in der Zeitschrift »Izvestiia vuzov. Pravovedenie«, No 6/2010, S. 14–26) ist dem deutschen Fachpublikum bislang noch nicht bekannt. Einige Erkenntnisse davon möchte ich in dieser Festgabe den deutschen Lesern präsentieren.

1. Einführung

Russland und Deutschland sagen von sich selbst, ein demokratisches und föderales, dem kontinentalen Rechtssystem angehörendes Verfassungsmodell zu haben. Sie sehen in der Verfassungsgerichtsbarkeit eine Garantie für das Prinzip des Vorranges der Verfassung. Sowohl in Russland als auch in Deutschland ist die untere Ebene der öffentlichen Gewalt nach dem Prinzip der kommunalen/örtlichen Selbstverwaltung aufgebaut. Sowohl Deutschland als auch Russland erkennen die Geltung von Rechtsprinzipien und Rechtsgarantien der *Europäischen Charta der kommunalen Selbstverwaltung* (im Folgenden: die Charta) an.[3] Die Charta sieht einen allgemeinen Standard für den Aufbau der kommunalen Selbstverwaltung vor. In der Charta wird die kommunale/örtliche Selbstverwaltung nicht nur als eine objektive Rechtskategorie verstanden, nach deren Prinzipien die unterste Ebene der staatlichen bzw. öffentlichen Gewalt zu gestalten sei, sondern die Charta begreift kommunale/örtliche Selbstverwaltung auch als eigenständiges durchsetzbares Recht. Art. 11 der Charta befasst sich mit dem Recht auf gerichtlichen Rechtsschutz für kommunale Subjekte (Gebietskörperschaften und ihre Organe), um die ungehinderte Ausübung ihrer Zuständigkeiten so durchzusetzen, wie sie in der jeweiligen Verfassung der Mitgliedsstaaten und deren innerstaatlichen Rechtsvorschriften festgelegt sind. Die Charta fordert damit die Mitgliedsstaaten auf, Rechtsschutzgarantien für den öffentlich-rechtlichen Verfassungsstatus von kommunalen Gebietskörperschaften zu regeln.

In *Deutschland* wird das Recht von Gemeinden und Gemeindeverbänden auf gerichtlichen Rechtsschutz gegen die Eingriffe anderer Rechtssubjekte in der Regel als Teil der institutionellen Garantie der in Art. 28 Abs. 2 Grundgesetz (GG) festgelegten kommunalen Selbstverwaltung angesehen.[4] Die Gewährleistung des Rechtsschutzes der kommunalen Selbstverwaltung fällt sowohl in die Kompetenz des Bundes als auch in die Kompetenz der Länder – je nachdem, wer nach der Kompetenzordnung des Grundgesetzes für die Regelung und die Organisation des Gerichtssystems zuständig ist. Der Bund hat gem. Art. 28 Abs. 3 GG zu gewährleisten, dass die Organisation und Ausübung der Staatsgewalt in den Ländern der institutionellen Selbstverwaltungsgarantie der Kommunen gem. Art. 28 Abs. 2 GG entspricht.

Die Verfassung der *Russischen Föderation* (VerfRF) garantiert die örtliche Selbstverwaltung und regelt das Recht auf gerichtlichen Rechtsschutz in Art. 133 VerfRF, freilich ohne es zu konkretisieren. Zur Konkretisierung des Rechts auf Rechtsschutz nach Art. 133 VerfRF muss allerdings geklärt werden, in welchem Verhältnis das Recht auf gerichtlichen Rechtsschutz nach Art. 133 VerfRF zu dem Recht eines Einzelnen auf gerichtlichen Schutz seiner Rechte und Freiheiten nach Art. 46 VerfRF steht. Wer ist als Träger des Rechtes auf örtliche Selbstverwaltung beschwerdeberechtigt? Die Beantwortung der Frage nach dem Träger dieses Rechts entscheidet darüber, wer bei Verletzungen des örtlichen Selbstverwaltungsrechtes berechtigt ist, gerichtlichen Rechtsschutz zu beanspruchen. Die Verfassung muss diesbezüglich konkretisiert werden. Die dazu in den russischen Gesetzen und von der Rechtsprechung vorgenommenen Konkretisierungen sind weder eindeutig noch widerspruchsfrei. Deshalb wird hier versucht, dieses Problem im Lichte der deutschen Erfahrungen einer Lösung zu zuführen.

2. Gerichtlicher Rechtsschutz des Rechtes auf kommunale Selbstverwaltung in Deutschland

Kommunen werden in Deutschland als Bestandteil des Staates verstanden.[5] Diese Stellung ergibt sich aus der systematischen Auslegung von Art. 28 Abs. 2 GG im zweiten Abschnitt des Grundgesetzes, der überschrieben ist mit »Der Bund und die Länder«. Das Grundgesetz versteht die Kommunen als Teil organisierter Staatlichkeit und nicht als natürliche Fortsetzung der Kontinuitätslinie »Individuen – Gemeinschaft«. So jedenfalls hat das deutsche Bundesverfassungsgericht (BVerfG) die Kommunen in ständiger Rechtsprechung von Beginn an als Teil der Staatsorganisation verstanden und das Recht auf kommunale Selbstverwaltung vom Bereich individueller, grundrechtlicher Freiheiten abgegrenzt. Nach Auffassung des BVerfG sind Gemeinden und Gemeindeverbände Bestandteil der Bundesländer;[6] auch sei das Recht auf kommunale Selbstverwaltung nach Sinn und Zweck des Art. 28 Abs. 2 GG nicht als grundrechtliche Gewährleistung auszulegen.[7]

Als Träger des Rechtes auf kommunale Selbstverwaltung gehören Kommunen nach Art. 20 Abs. 3 GG der Exekutive an. Im System der dualistischen Bundesstaatlichkeit (Bund/Länder) fallen Kommunen ins System der Länderverwaltung[8]. Sie führen staatliche Verwaltungsaufgaben aber nicht nur als eigene Angelegenheiten unmittelbar aus; sie bilden vielmehr auch den Kern der mittelbaren Staatsverwaltung.

Neben eigenen Angelegenheiten[9] nehmen Gemeinden also auch »fremde« staatliche Angelegenheiten[10] wahr, die auf sie übertragen wurden. Die deutsche kommunale Verwaltung spielt daher eine Doppelrolle: Einerseits ist sie Bestandteil der durch die Länder aufgebauten Staatlichkeit und andererseits stellt sie eine dezentralisierte, demokratische Verwaltung mit einer eigenen Legitimation dar, die die Bürgernähe der Staatsgewalt, ihre Transparenz, Flexibilität und Dynamik gewährleistet.

Art. 28 Abs. 2 GG gewährleistet das Recht der Gemeinden, »alle Angelegenheiten der örtlichen Gemeinschaft im Rahmen der Gesetze in eigener Verantwortung zu regeln«. Somit stellen die oben genannten Regelungen des Grundgesetzes nicht nur die Anerkennung der kommunalen Selbstverwaltung als objektives Verfassungsprinzip sicher, sondern sie gewähren den Rechtsträgern einen eigenständigen Rechtsstatus.[11] Jede einzelne Kommune kann grundsätzlich die Einhaltung der Rechtsgarantien aus Art. 28 Abs. 2 GG fordern.[12] Diese Forderung kann sich den Umständen des Einzelfalles entsprechend in einer Reihe von prozessualen Ansprüchen niederschlagen: Unterlassungs-, Beseitigungs-, Teilhabe- und gegebenenfalls Erfüllungsansprüche.

Der gerichtliche Rechtsschutz kommunaler Rechtsträger folgt unmittelbar aus der materiell-rechtlichen Norm des Art. 28 Abs. 2 des GG.[13] Diese Rechtsgarantie der kommunalen Selbstverwaltung wird durch Festlegung von zusätzlichen Rechtsgarantien in den Verfassungen der Länder konkretisiert und ergänzt.

Auf prozessrechtlicher Ebene werden diese Rechte von

Gemeinden aus Art. 28 Abs. 2 GG ähnlich den subjektiven Rechten von Privatpersonen behandelt (§§ 40, 42 Abs. 2 VwGO).[14]

Im deutschen Schrifttum[15] werden Inhalt und Grenzen des Rechts auf Selbstverwaltung der Gemeinden durch *sechs Hoheitsrechte* beschrieben, die den Wesensgehalt (den Kern) des Rechtes auf kommunale Selbstverwaltung ausmachen: *Die Gebietshoheit* meint die Ausdehnung der Jurisdiktion auf alle Personen und Gegenstände, die sich auf dem Gemeindegebiet befinden, sowie die Befugnis, bezüglich dieser Personen und Gegenstände rechtserhebliche Handlungen im Rahmen der Gesetze vorzunehmen (Territorialprinzip).[16] Teil dieses Prinzips ist die *Planungshoheit*, die in der Befugnis zum Ausdruck kommt, das Gemeindegebiet selbst zu strukturieren und zu gestalten, sowie die Gebietsentwicklung selbständig zu bestimmen. Die *Rechtssetzungs- oder Satzungshoheit* gestattet eigene rechtliche Regelungen im Rahmen der Gesetze.[17] Das Recht, notwendige Beamte und Gemeindemitarbeiter einzustellen, also Personal auszuwählen und zu verteilen, folgt aus der *Personalhoheit* der Gemeinde.[18] Das Recht, einen internen Verwaltungsaufbau selbständig zu bilden, folgt aus der *Organisationshoheit*.[19] Schließlich gewährt die ausdrücklich in Art. 28 Abs. 2 S. 3 GG aufgeführte *Finanzhoheit* den Gemeinden das Recht auf eigenverantwortliche Einnahmen- und Ausgabenwirtschaft einschließlich der selbständigen Haushaltsführung und Vermögensverwaltung.[20]

Zum Rechtsschutz der verfassungsrechtlichen Garantie der kommunalen Selbstverwaltung ist für kommunale Körperschaften der Rechtsweg an die Verfassungs- und Verwaltungsgerichte des Bundes und der Länder eröffnet.[21] Allerdings sind Gemeinden (wie bereits oben ausgeführt) keine selbständigen Träger von Grundrechten, denn sie werden als Bestandteil der Verwaltung angesehen.[22] Somit unterscheidet sich die Verfassungsgarantie der kommunalen Selbstverwaltung prinzipiell von den Grundrechtsgarantien. Diese Schlussfolgerung hat besonders

Bedeutung für den Rechtsschutz der Eigentumsrechte von Kommunen: Dieser kann nicht auf Art. 14 GG gestützt werden. Bereits im Sasbach-Beschluss vom 8. Juli 1982 stellte das BVerfG fest: Selbst in den Fällen der Wahrnehmung von Aufgaben durch Gemeinden stehe ihnen kein Rechtsschutz aus der Eigentumsgarantie aus Art. 14 Abs. 1 GG zu.[23] Wenn eine Gemeinde bei wirtschaftlicher Betätigung privatrechtlich handele, befinde sie sich regelmäßig außerhalb des Rahmens ihres Aufgabenkreises und sei somit weniger schutzwürdig.[24]

Etwas anderes gilt lediglich für die Auslegung der Gewährleistung des Rechts auf einen gesetzlichen Richter gemäß Art. 101 Abs. 2 GG und des Anspruchs auf rechtliches Gehör gemäß Art. 103 Abs. 1 GG.[25] Das BVerfG erkennt die Rechte aus den Art. 101 Abs. 2, Art. 103 Ab. 1 GG nicht als subjektive Rechte an, sondern bewertet sie als objektive Prozessmaximen, die in jedem Gerichtsverfahren Anwendung finden und die für jeden zugänglich sind, der entsprechend der prozessualen Regelungen parteifähig oder anderweitig von dem Gerichtsverfahren betroffen ist.[26]

Darüber hinaus können sich Kommunen im Rahmen des Rechtsschutzes bei Verletzungen des Rechtes auf kommunale Selbstverwaltung auf das *Willkürverbot* berufen, wenn ein Eingriff in den Schutzbereich der betroffenen Selbstverwaltungsgarantie vorliegt.[27] Trotz der in diesem Fall fehlenden Geltung der Grundrechtsberechtigung für juristische Personen des öffentlichen Rechts gilt der Gleichheitsgrundsatz als ein Element des objektivrechtlichen Gerechtigkeitsgrundsatzes und somit des Rechtsstaatsprinzips[28] nicht nur in Bezug auf den einzelnen Bürger, sondern auch im Verhältnis der öffentlich-rechtlichen Hoheitsträger untereinander.[29]

3. Gerichtlicher Rechtsschutz des Rechts auf örtliche Selbstverwaltung in Russland
3.1. Rechtsnatur der örtlichen Selbstverwaltung
In der Verfassung der Russischen Föderation (VerfRF) wird die örtliche Selbstverwaltung als ein objektiver Rechts-

grundsatz des Aufbaus der öffentlichen Gewalt[30] auf der örtlichen/kommunalen Ebene angesehen. Allerdings wird nach Art. 12 VerfRF die Selbständigkeit der örtlichen Selbstverwaltung lediglich *im Rahmen ihrer Befugnisse* gewährleistet. Insoweit bedarf es einer weiteren Konkretisierung der Befugnisse der örtlichen Selbstverwaltung durch den Gesetzgeber. Hierin liegt ein wesentlicher Unterschied zwischen dem Recht auf örtliche Selbstverwaltung und den individuellen Freiheitsrechten.

Aber die Verfassung der Russischen Föderation überlässt die Konkretisierung des normativen Gehaltes des Instituts der örtlichen Selbstverwaltung nicht einfach dem Gesetzgeber, sondern konkretisiert ihn im 8. Kapitel (Art. 130-133 VerfRF) z. T. auch bereits selbst. Dabei wird die örtliche Selbstverwaltung als eine Form der Volksgewalt und eine besondere Art der öffentlichen Gewalt, aber nicht als Staatsgewalt beschrieben.[31] Begründet wird dies damit, dass die örtliche Selbstverwaltung sowohl Macht- als auch gesellschaftliche Ansätze in sich vereinige. Infolgedessen werden die Organe der örtlichen Selbstverwaltung nicht als Teil des Systems der Staatsgewaltorgane angesehen (Art. 12 VerfRF).

Die weitere gesetzliche Regelung der allgemeinen Rechtsgrundsätze für die Organisation der örtlichen Selbstverwaltung fällt gemäß Art. 72 Abs. 1 lit. n VerfRF in die gemeinsame Zuständigkeit der Russischen Föderation und ihrer Föderationssubjekte. Die Föderation ist für die Verabschiedung des Gesetzes zuständig, das die oben erwähnten Rechtsgrundsätze und Grenzen zur weiteren Regelung der örtlichen Selbstverwaltung auf der Ebene der Föderationssubjekte festlegt (Art. 76 Abs. 2 VerfRF). Das föderale Gesetz vom 6. Oktober 2003 Nr. 131-FG »Über die allgemeinen Prinzipien des Aufbaus der örtlichen Selbstverwaltung der Russischen Föderation« (ÖSVwGRF)[32] legt detailliert diese allgemeinen Rechtsgrundsätze fest und lässt die Regelungskompetenzen der Föderationssubjekte im Bereich der örtlichen Selbstverwaltung nur unter dem Vorbehalt dieses föderalen Gesetzes zu (Art. 6 ÖSVwGRF).

Es wird darüber gestritten, ob die vom föderalen Gesetzgeber geschaffene Regelung abschließend ist oder nicht.

In dieser Regelung wird die örtliche Selbstverwaltung als eine sehr spezifische Art der öffentlichen Gewalt ausgestaltet, welche verschiedene organisatorische Elemente vereint. Das hat keine Entsprechung zum Recht auf kommunale Selbstverwaltung, so wie es im Grundgesetz und in der Europäischen Charta gewährleistet wird. In der russischen Verfassung wird die örtliche Selbstverwaltung sowohl als Mittel zur Lösung der Angelegenheiten von örtlicher Bedeutung durch die Bevölkerung behandelt, als auch als Recht der Bürger, die örtliche Selbstverwaltung in Form der direkten und indirekten Demokratie auszuüben. Das Recht auf örtliche Selbstverwaltung wird damit gleichzeitig als ein individuelles Bürgerrecht und als ein kollektives Recht der territorial organisierten Bevölkerung, der örtlichen Gemeinschaft verstanden. Daraus folgen unterschiedliche Antworten auf die Frage, wer Träger des Rechts auf örtliche Selbstverwaltung ist. Dies können sowohl ein einzelner Bürger als auch die Bevölkerung von städtischen und ländlichen Siedlungen und von anderen Siedlungsgebieten der örtlichen Selbstverwaltung sein, sowie ein kommunales Gebilde (eine Kommune) (муниципальное образование) oder ein Organ der örtlichen Selbstverwaltung.

3.2. Ist das Recht auf örtliche Selbstverwaltung ein individuelles, subjektives Recht?

Obwohl die Vorstellung, die örtliche Selbstverwaltung sei ein subjektives, individuelles Bürgerrecht, nur zum Teil dem Prinzip der örtlichen Selbstverwaltung gemäß Art. 12 VerfRF entspricht, ist diese Auslegung sowohl in der verfassungsrechtlichen Lehre als auch in der Rechtsprechung verbreitet.

Die Vertreter dieser Auffassung sehen als die eigentliche Grundlage des kollektiven Rechts auf örtliche Selbstverwaltung ein subjektives, individuelles Recht von Bürgern auf Teilnahme an der örtlichen Selbstverwaltung an.³³ Nach dieser Interpretation ist der Rechtsweg für einen einzelnen Bürger im Namen einer ganzen Gemeinschaft (Bevölkerung) für den gerichtlichen Rechtsschutz des Rechts auf örtliche Selbstverwaltung eröffnet. Dazu finden sich auch gesetzliche Regelungen. Gemäß Art. 44 Abs. 7 ÖSVwGRF kann eine Klage gegen die Zurückweisung der staatlichen Registrierung der Satzung einer Kommune sowohl durch Organe der örtlichen Selbstverwaltung als auch durch jeden einzelnen Bürger erhoben werden.

Hinzu kommt, dass das Verfassungsgericht der Russischen Föderation im Kursk-Urteil die zulässigen Beschränkungen der örtlichen Selbstverwaltung auch am Maßstab der Grundrechte misst und die Grenzen, die für Grundrechtseinschränkungen nach Art. 55 Abs. 3 VerfRF gelten, auf Einschränkungen des Rechtes auf örtliche Selbstverwaltung überträgt[34]. Dies ist geschehen, obwohl das Recht auf örtliche Selbstverwaltung nicht in Kapitel 2 der Verfassung der Russischen Föderation bei den Rechten und Freiheiten des Menschen und Bürgers geregelt ist, sondern die verfassungsrechtliche Konkretisierung des Rechtes auf örtliche Selbstverwaltung im 8. Kapitels der VerfRF erfolgt. Aber auch das ÖSVwGRF konkretisiert die Teilnahme am Aufbau und der Ausübung der örtlichen Gewalt als subjektives Grundrecht und bezeichnet das Recht auf Selbstverwaltung als Recht der Bürger der Russischen Föderation auf Verwirklichung und Teilnahme an der örtlichen Selbstverwaltung (Art. 3 Abs. 1 und 2 ÖSVwGRF).

Beim Schutz dieser Rechte geht das Verfassungsgericht davon aus, dass sowohl entsprechende subjektive Verfassungsrechte (z. B. das Wahlrecht) als auch das Recht der Bürger auf die örtliche Selbstverwaltung berührt sind.[35] Diese Ansicht ist ebenso in der Rechtsprechung anderer Gerichte verbreitet.[36]

Die Probleme dieser Auslegung des Rechtes auf örtliche Selbstverwaltung liegen auf der Hand. Der Inhalt des Rechts auf örtliche Selbstverwaltung wird unbegründet ausgeweitet und unbestimmt. Ihm werden die subjektiven Teilnahmerechte an der öffentlichen Machtausübung hinzugefügt, die eine eigenständige verfassungsrechtliche Bedeutung haben und dem gerichtlichen Rechtsschutz im Rahmen des allgemeinen verfassungsrechtlichen Menschen- und Bürgerrechtsstatus unterliegen. Auf diese Weise gewinnt das Recht auf örtliche Selbstverwaltung keine eigenständigen Konturen.

Diese Vorgehensweise bestimmt am Ende weder die Natur noch den Inhalt des Rechts auf örtliche Selbstverwaltung, weil sie es vermeidet, ein selbständiges Schutzgut zu bestimmen.

3.3. Das Recht auf Verwirklichung der örtlichen Selbstverwaltung als ein Recht der Bevölkerung

In der Rechtsprechung des Verfassungsgerichtes[37] wird das Recht auf die örtliche Selbstverwaltung auch als ein Recht der Bevölkerung anerkannt. Diese Ansicht lässt sich hinsichtlich des Trägers des Rechts auf örtliche Selbstverwaltung als die in der Literatur herrschende Meinung bezeichnen.[38]

Dazu muss aber der Begriff der Bevölkerung als Träger des Rechts auf örtliche Selbstverwaltung geklärt werden, weil sonst unklar bleibt, wer im Namen der Bevölkerung berechtigt ist, den Schutz des Selbstverwaltungsrechts einzufordern: Jeder einzelne Bürger als Mitglied der Gemeinschaft oder ausschließlich Organe der örtlichen Selbstverwaltung als deren »gesetzliche Vertreter«? Oder sind beide Varianten möglich? Im letzteren Fall besteht aber die Gefahr der Kollision und des Wiederstreitens von Positionen.

Man kann sich vorstellen, dass für die Ausgestaltung des Rechts auf örtliche Selbstverwaltung und vor allem für seinen gerichtlichen Schutz nicht einfach die Bevölkerung als eine Vereinigung der Bürger, die dauerhaft oder überwiegend in dem jeweiligen Gebiet leben, von rechtlicher Bedeutung ist, sondern auch eine juristisch organisierte Gemeinschaft. In diesem Zusammenhang wird das Recht der Bevölkerung auf örtliche Selbstverwaltung im

ÖSVwGRF vor allem als das Recht und die Pflicht gestaltet, ein kommunales Gebilde (Kommune) zu gründen. Es ist dabei eine sozial-territoriale Gemeinschaft, ein territoriales Kollektiv, das innerhalb der gesetzlich bestimmten territorialen Grenzen des jeweiligen Föderationssubjektes organisiert ist. Folglich sind, im Falle der Verletzung der Rechte der Bevölkerung auf örtliche Selbstverwaltung die kraft kommunaler Satzung zuständigen Organe der örtlichen Selbstverwaltung befugt, im Namen des gesamten territorial organisierten Kollektivs Rechtsschutz einzufordern. Die Legitimation eines kommunalen Gebildes als eines territorialen Zusammenschlusses von Bürgern, vertreten durch dessen Organe, gegen Verletzungen des Rechtes der Bevölkerung auf örtliche Selbstverwaltung rechtlich vorzugehen, wurde durch das Verfassungsgericht der Russischen Föderation in dem oben genannten Zlobin-Khnaev-Urteil 2002 bestätigt. Neben einzelne Bürgern können danach auch die Kommunen Verfassungsbeschwerde wegen Verstößen gegen das Verfassungsrecht auf örtliche Selbstverwaltung durch ein Gesetz erheben.

3.4. Besonderheiten des rechtlichen Status von Organen der örtlichen Selbstverwaltung

Nicht wenige Probleme in der russischen Gesetzgebung und Rechtspraxis entstehen bei der Bestimmung des Verhältnisses der Rechtsfähigkeit von Kommunen und ihren Organen. Die Organe der örtlichen Selbstverwaltung können rechtsgeschäftlich u. a. im eigenen Namen und in eigenem Interesse handeln. Dies kann zu ernsthaften Konflikten und Missverständnissen führen, weil nicht immer geklärt werden kann, was unter dem »eigenen Interesse« eines Organs zu verstehen ist. Darüber hinaus sind im ÖSVwGRF eine Reihe von Regelungen enthalten, in denen gerade Organe der örtlichen Selbstverwaltung und nicht Kommunen als Subjekte der entstehenden Rechtsverhältnisse genannt werden. Dies ist nicht immer nachvollziehbar und führt in manchen Fällen zu Verwirrung bei der Bestimmung des Rechtsträgers innerhalb dieser Verhältnisse.

Eine nicht weniger komplizierte Lage ergibt sich bei Prozessbeziehungen. Bemerkenswert sind die Regelungen der Wirtschaftsprozessordnung (WPO) der Russischen Föderation vom 24. Juli 2002 Nr. 95-FG, die unter den Aufgaben des Gerichtsverfahrens von Wirtschaftsgerichten den Schutz von Rechten und gesetzmäßigen Interessen im Bereich der unternehmerischen oder anderweitigen wirtschaftlichen Tätigkeit ausdrücklich Kommunen, aber auch einzelne Organe und Amtsträger der örtlichen Selbstverwaltung nennt.[39] Dabei wird offensichtlich vermutet, dass Kommunen, deren Organe und Amtsträger einen unterschiedlichen prozessualen Status sowie keine übereinstimmenden, sondern voneinander abweichende Rechte und gesetzesrelevante Interessen haben können. Daher können Privatpersonen, juristische Personen und andere wirtschaftlich handelnde Subjekte Klagen auf Zahlung von Geldmitteln aus dem Haushalt eines kommunalen Gebildes oder aus der Privatisierung von Sachen des kommunalen Vermögens gegen die jeweiligen Organe des kommunalen Gebildes (Ausschüsse der Vermögensverwaltung, Finanzverwaltungen) richten. In diesem Zusammenhang kommt es öfter vor, dass mehrere Organe als Beklagte oder teilweise als Beklagte und beigeladene Dritte auftreten. Die Kommunen werden in solchen Fällen entweder als Beklagte oder als beigeladene Dritte geladen. In einer Rechtssache, die eine Forderung aus einem kommunalen Vertrag auf Zahlung aus dem kommunalen Haushalt betraf, wurden neben der kommunalen Anstalt »Wohlfahrts- und Verkehrsverwaltung der Stadtverwaltung Ischewsk«, die diesen Vertrag abgeschlossen hatte, die Finanzverwaltung Ischewsk und die Kommune »Stadt Ischewsk« als Beklagte einbezogen.[40]

Es erscheint erforderlich, die bis jetzt in der föderalen Gesetzgebung nicht immer nachvollziehbare Gleichsetzung von Kommunen und einzelnen Organen der örtlichen Selbstverwaltung zu beseitigen.

4. Zusammenfassung

Bei der Untersuchung des Rechtsstatus kommunaler Subjekte (Körperschaften und deren Organen und Amtsträgern) in Deutschland und Russland aus vergleichender Perspektive kann man die folgenden wesentlichen Unterschiede feststellen:

1. Kommunen und deren Organe werden gemäß der russischen Verfassung als eine außerhalb des Staatsgewaltsystems stehende öffentliche, aber nicht staatliche Gewalt betrachtet, während Gemeinden und Gemeindeverbände in Deutschland als mittelbare Länderverwaltung anerkannt und in die Staatsorganisation integriert sind.
2. In Russland werden Angelegenheiten des kommunalen Selbstverwaltungsaufbaus vor allem im föderalen Gesetz geregelt. In Deutschland steht diese Kompetenz vollständig den Ländern zu.
3. In Deutschland stellt das Recht auf kommunale Selbstverwaltung kein subjektives Grundrecht dar, aber eine institutionelle Garantie mit entsprechenden Rechtsschutzmöglichkeiten. In Russland ist das Recht auf kommunale Selbstverwaltung zwar in der Verfassung nicht unmittelbar inhaltlich ausgestaltet, aber es wird aus dem objektiv-rechtlichen Prinzip der örtlichen Selbstverwaltung abgeleitet. Die Eigenständigkeit der örtlichen Selbstverwaltung wird innerhalb der Grenzen der festgelegten Befugnisse anerkannt.
4. In Russland und Deutschland wird die Frage nach dem Träger des Rechts auf Ausübung der kommunalen/örtlichen Selbstverwaltung unterschiedlich beantwortet. Während in Deutschland nur die Gemeinden selbst einschließlich ihrer Verbände in ihrer Eigenschaft als kommunale, territoriale Körperschaften Träger dieses Rechtes sind, werden in Russland mehrere Rechtsträger des Rechtes auf prozessuale Durchsetzung der örtlichen Selbstverwaltung anerkannt.

Wenn man die Erfahrung in beiden Staaten kritisch betrachtet, lässt sich feststellen, dass es in Russland erforderlich erscheint, die bestehende Unklarheit hinsichtlich der Frage nach dem tauglichen Träger des Rechtes auf örtliche Selbstverwaltung zu beseitigen. Es ist notwendig, das Recht auf örtliche Selbstverwaltung von Rechten auf Teilnahme an der örtlichen Selbstverwaltung abzugrenzen, den kollektiven Charakter des Rechtes auf örtliche Selbstverwaltung anzuerkennen, dessen Träger ein kommunales Gebilde (eine Kommune) ist. Die Kommune handelt nicht nur als eine territorial aufgebaute Gemeinschaft, sondern auch als eine selbständige öffentlich-rechtliche Körperschaft. Die Verfassung der Russischen Föderation lässt ein solches Verständnis des Trägers des Rechtes auf örtliche Selbstverwaltung zu. Gerade über kommunale Gebilde (Kommunen) erfolgt die Institutionalisierung der örtlichen Selbstverwaltung. Aus Art. 133 VerfRF folgt, dass das Recht auf örtliche Selbstverwaltung ein selbständiges, abgrenzbares Schutzgut hat. Im Unterschied zum Jedermannsrecht auf gerichtlichen Rechtsschutz aus Art. 46 VerfRF hat es eine besondere verfassungsrechtliche Grundlage, die in Art. 133 VerfRF festgelegt ist. Diese Abgrenzung zwischen Bürgerrechten auf Teilnahme an der örtlichen Selbstverwaltung und Rechten der Kommunen als besondere kommunale Subjekte hat praktische Bedeutung.

Erstens ermöglicht sie, dass der Inhalt des Rechtes der Kommunen auf Selbstverwaltung (der Umfang der materiell-rechtlichen Forderungen, die daraus folgen) adäquat festgestellt werden kann.

Zweitens ermöglicht sie festzustellen, wer im Falle einer Verletzung des Rechts auf örtliche Selbstverwaltung aktiv legitimiert ist.

Und drittens ermöglicht sie die Auswahl und weitergehende Ausarbeitung adäquater Mittel des gerichtlichen Schutzes der Rechte auf örtliche Selbstverwaltung.

* Die Übersetzung dieses teilweise in russisch verfassten Beitrags besorgte *Anna Saenko*.

1 Вилль Р. Практика конституционных судов Германии по избирательным делам // Политические права и свободные выборы. Сборник докладов. М.: Институт права и публичной политики, 2005, С.132–152 [R. Will, Entscheidungen der deutschen Verfassungsgerichte der Länder zum Wahlrecht, in; Politische Rechte und freie Wahlen. Sammelband von Vorträgen, Moskau: Institut des Rechtes und der öffentlichen Politik, 2005. S. 132–152].

2 Elena Gritsenko/Rosemarie Will, Der verfassungsgerichtliche Rechtsschutz kommunaler Subjekte in Russland: Prozessuale Aspekte aus rechtsvergleichender Sicht, in: Jahrbuch für Ostrecht. 1. Halbband, München 2013, S. 11–25; Rosemarie Will/Elena Gritsenko, Rechtsschutzmöglichkeiten kommunaler Subjekte in Russland und Deutschland, Hamburg 2013 (http://www.verlagdrkovac.de/978-3-8300-7159-4.htm).

3 Im Rahmen der Anerkennung von den Normen der völkerrechtlichen Verträge geht Russland Deutschland voran: die Rechtsnormen eines internationalen Abkommens wie der Charta haben Gesetzesvorrang vor nationalen Gesetzen (Art. 15 Abs. 4 der Verfassung der Russischen Föderation, im Folgenden: VerfRF). Das deutsche Grundgesetz erkennt den Gesetzesvorrang nur für die allgemeinen Regeln des Völkerrechts an; die Charta, die durch einfaches Gesetz ratifiziert wurde, wird in ihrer Rechtswirkung einem föderalen Gesetz gleichgestellt (Art. 25 GG).

4 Vgl. z. B. Stern, in: Bonner Kommentar, Bd. 4, Art. 28, Rn. 66.

5 Schmidt-Aßmann/Röhl, in: Schmidt-Aßmann/Schoch, Besonderes Verwaltungsrecht, 14. Aufl., München 2008, 1. Kap. Rn. 8.

6 BVerfG, Urteil vom 18. 7. 1967, BVerfGE 22, 180 (203); Urteil vom 4. 3. 1975, BVerfGE 39, 96 (109); BVerfG, Urteil vom 31. 10. 1990, BVerfGE 83, 363 (375); Beschluss vom 7. 2. 1991, BVerfGE 86, 148 (215); Beschluss vom 18. 10. 1994, DVBl, 1995, 286 (287).

7 BVerfG, Beschluss vom 4. 4. 1978, BVerfGE 48, 64 (79); Beschluss vom 6. 10. 1981, BVerfGE 58, 177 (189).

8 Wolff/Bachof/Stober/Kluth, Verwaltungsrecht II, München 2010, § 96 Rn. 46.

9 Seewald, in: Steiner, Besonderes Verwaltungsrecht, 8. Aufl., Heidelberg 2006, Kommunalrecht, Rn. 97.

10 Ebda., Rn. 117.

11 Vgl. Schmidt-Aßmann/Röhl, a. a. O. (Fn. 5), 1. Kap. Rn. 24.

12 Wolff/Bachof/Stober/Kluth, a. a. O. (Fn. 8), § 96 Rn. 57.

13 Schmidt-Aßmann/Röhl, a. a. O. (Fn. 5), 1. Kap. Rn. 24.

14 Ebda.

15 Ebda., Kap. 1 Rn. 23.

16 Wolff/Bachof/Stober/Kluth, a. a. O. (Fn. 8), § 96 Rn. 670, 69.

17 Seewald, a. a. O. (Fn. 9), Rn. 73 ff.

18 Ebda. Rn. 64.

19 Ebda. Rn. 89.

20 Ebda. Rn. 65.

21 Wolff/Bachof/Stober/Kluth, a. a. O. (Fn. 8), § 96 Rn. 57.

22 Seewald, a. a. O. (Fn. 9), Rn. 92 ff.

23 BVerfG, Beschluss vom 8. 7. 1982, BVerfGE 61, 82 (103 f.).

24 Ebda., 105 ff., 108.

25 Vgl. BVerfG, Urteil vom 16. 1. 1957, BVerfGE 6, 45 (49 f.); Beschluss vom 3. 10. 1961, BVerfGE 13, 132 (139 f.).

26 BVerfG, Beschluss vom 23. 7. 1982, BVerfGE 61, 82 (104).

27 Zu dieser Einschränkung vgl. BVerfG, Beschluss vom 23. 9. 1994, NVwZ 1995, S. 370 (371); Beschluss vom 18. 10. 1994, DVBl. 1995, 286 (290); Beschluss vom 7. 1. 1999, DVBl. 1999, S. 697 (699).

28 So BVerfG, Beschluss vom 21. 5. 1968, BVerfGE 23, 353 (372 f.); Beschluss vom 4. 2. 1969, BVerfGE 25, 198 (205); Beschluss vom 24. 6. 1969, BVerfGE 26, 228 (244); Beschluss vom 7. 10. 1980, BVerfGE 56, 298 (313); vgl. auch Beschluss vom 3. 11. 1981, NVwZ 1982, S. 95 ff.

29 BVerfG, Beschluss vom 7. 2. 1991, BVerfGE 83, 363 (393); vgl. auch Beschluss vom 23. 6. 1987, BVerfGE 76, 107 (119); Beschluss vom 18. 10. 1994, DVBl. 1995, 286 (290); Beschluss vom 26. 10. 1994, BVerfGE 91, 228 (244).

30 Zwischen den öffentlichen und staatlichen Gewalt wird in der russischen Verfassung unterschieden.

31 Vgl. Постановление Конституционного Суда Российской Федерации от 24 января 1997 г. № 1-П по делу о проверке конституционности Закона Удмуртской Республики от 17 апреля 1996 г. »О системе органов государственной власти в Удмуртской Республике« // СЗ РФ. 1997. № 5. Ст. 708 [Urteil des Verfassungsgerichtes der Russischen Föderation vom 24. 1. 1997 Nr. 1-P in der Sache der Überprüfung der Verfassungsmäßigkeit eines Gesetzes der Republik Udmurtien vom 17. 4. 1996 »Über das System der Staatsorgane der Republik Udmurtuien«] (im Folgenden Udmurtien-Urteil).

32 Федеральный закон от 6 октября 2003 г. № 131-ФЗ »Об общих принципах организации местного самоуправления в Российской Федерации« (Российская газета. 2003. 8 окт.).

33 Vgl. z. B. Четвернин В. А. Принципы Конституции, определяющие организацию государственной власти. 1.4.7: Местное самоуправление // Конституция Российской Федерации: Проблем. коммент. / отв. ред. В. А. Четвернин. М., 1997, С. 99–100 [Tschetwernin W. A., Verfassungsgrundsätze zur Bestimmung des Staatsverwaltungsaufbaus, Örtliche Selbstverwaltung]; Бондарь Н. С. Права человека и местное самоуправление в Российской Федерации. Автореф. дис. ... д. ю. н. Саратов, 1997, С. 25 [Bondar' N. S. Menschenrechte und örtliche Selbstverwaltung in der Russischen Föderation].

34 Абз. 3 и 4 мотивировочной части Постановления Конституционного Суда РФ от 30 ноября 2000 г. № 15-П »По делу о проверке конституционности отдельных положений Устава (Основного Закона) Курской области в редакции Закона Курской области от 22 марта 1999 года »О внесении изменений и дополнений в Устав (Основной Закон) Курской области« (СЗ РФ. 2000. № 50. Ст. 4943) [Urteil des Verfassungsgerichts der Russischen Föderation vom 30. 11. 2000 Nr. 15-P in der Sache der Überprüfung der Verfassungsmäßigkeit einiger Bestimmungen des Statuts (Grundgesetzes) der Oblast Kursk in der Fassung des Oblastgesetzes vom 22. 3. 1999, Punkt 3 Abs. 3 und 4 der Entscheidungsgründe] (im Folgenden Kursk-Urteil).

35 So wurde in einer Reihe von Rechtsstreitigkeiten im Zusammenhang mit Gesetzesregelungen zur Verlängerung und Kürzung von Amtsperioden einzelner Organe der örtlichen Selbstverwaltung sowohl auf Verletzungen der Verfassungsrechte auf Teilnahme an staatlichen Aufgaben als auch auf die kommunale Selbstverwaltungsausübung sowie auf passives und aktives Wahlrecht abgestellt. (vgl. z. B.: Определение Конституционного Суда РФ от 12 июля 2005 г. № 309-О // Вестник Конституционного Суда Российской Федерации. 2006. № 1 [VerfG RF: Beschluss v. 12. 7. 2005 Nr. 309-O]; Определение Конституционного Суда РФ от 08 апреля 2010 г. № 440-О-О // Вестник Конституционного Суда Российской Федерации. 2010. № 5 [VerfG RF: Beschl. v. 8. 4. 2010 Nr. 440-O-O].

36 Nach der Auffassung des Obersten Gerichtes der Russischen Föderation verletzt die rechtswidrige Zusammensetzung des Vertretungsorgans einer Kommune das Recht der Bürger auf Verwirklichung der örtlichen Selbstverwaltung und das aktive und passive Wahlrecht. Vgl.: Определения Верховного Суда РФ от 14 января 2009 г. №4-Г08-46 (Web: www.vsrf.ru/stor_pdf.php?id=251782); от от 4 февраля 2009 г. № 35-Г08-17 (Web: http://www.vsrf.ru/stor_pdf.php?id=256346) от 18 февраля 2009 г. № 14-Г09-3//СПС »КонсультантПлюс« / Судебная практика / Решения высших судов (Web: http://sudepra.ru/vs_vas/70860/) [Oberstes Gericht der RF: Beschl. v. 14. 1. 2009 Nr. 4-G08-46, v. 4. 2. 2009 Nr. 35-G08-17, v. 18. 2. 2009 Nr. 14-G09-3].

37 Vgl. z. B. П. 3 мотивировочной части Постановления Конституционного Суда РФ от 2 апреля 2002 г. № 7-П в связи с жалобами заявителей А. Г. Злобина и Ю. А. Хнаева« // Вестник Конституционного Суда РФ. 2002. № 3 [VerfG RF: Urteil v. 2. 4. 2002 Nr. 7-P, Punkt 3 der Entscheidungsgründe über die Verfassungsbeschwerden des Herrn Zlobin und Herrn Khanaev] (in der Folge — Zlobin-Khnaev-Urteil).

38 Vgl. z.B: Шугрина Е. С. Судебная защита местного самоуправления. М., 2010 [Schugrina E. S., Gerichtlicher Rechtsschutz der örtlichen Selbstverwaltung].

39 Vgl. St.2 P.1 Арбитражный процессуальный кодекс РФ // СЗ РФ. 2002. № 30. Ст. 3012 [Art. 2 Punkt 1 der Wirtschaftsprozessordnung der RF v. 24. 7. 2002 Nr. 95-FZ].

40 Определение Высшего Арбитражного Суда РФ от 25 ноября 2010 г. № ВАС-15234/10 по делу № А71-14512/2009 »Об отказе в передаче дела в Президиум Высшего Арбитражного Суда Российской Федерации« // СПС »КонсультантПлюс« / Судебная практика / Решения высших судов (Web: http://sudepra.ru/vs_vas/3127/) [Beschluss des Obersten Wirtschaftsgerichtes der RF v. 25. 11. 2010, Nr. WAS-15234/10, AZ.: A 71-14512/2009].

Michael Kämper-van den Boogaart

Vom Beruf des Brotgelehrten in unserer Zeit

Employability als Studiendoktrin

Mit ihrem Namen partizipiert die Humboldt-Universität zu Berlin in besonderer Weise an jenem Mythos, der insbesondere mit der 100-Jahr-Feier der Berliner Universität und den gelegentlich dieses Geburtstagsfests wiederveröffentlichten Gründungsdokumenten der modernen Universität auf den Weg gebracht wurde. Angesichts dieser in Festrhetoriken in Anschlag gebrachten idealistischen Selbstwahrnehmung liegt es besonders auf der Hand, in einer Art von institutionshistorischer Versicherung auf eine hochschulpolitische Diskussion zu reagieren, die in den letzten Jahren immer wieder aufflackerte. Hierbei geht es um die Frage, ob die zeitgenössische Ausrichtung der Universität an volkswirtschaftlichen Fragen einer Sicherung des Humankapitals im globalen Wettbewerb, an Fragen des Zusammenhangs von Studienabschlüssen und Employability, an der metrischen Erfassung des Studienoutcome – an messbaren Kompetenzen etc. – die eingestandenermaßen unabgegoltene Idee der Universität verrät, für die in unzähligen Festreden das Wort von den Bildungsidealen Humboldts bemüht wird – dies eine Gepflogenheit, die auch in der Juristischen Fakultät, und dies vielleicht im Kontrast zur Law School, bezeugt werden kann.

Analog zu diesen nicht selten kulturkritisch getönten Debatten greife ich den idealistischen Negativtopos des *Brotstudiums* bzw. des *Brotgelehrten* heraus: Ein Topos, der insofern eine Renaissance erlebt, als er oftmals als spöttische Übersetzung von Employability in Anschlag gebracht wird. Dabei möchte ich die These motivieren, dass eine curriculare Ausrichtung der Universität an Erfordernissen internationaler Arbeitsmärkte eben nicht notwendig jene Orientierungen perpetuiert, die im 18. und 19. Jahrhundert als Brotstudium inkriminiert wurden. Gleichwohl soll eingeräumt werden, dass insbesondere die Praxis der Bologna-Reformen, aber auch Aspekte der europäischen Förderpolitik einem Bewusstsein zuspielen, dessen utilitaristischer Kern die kritische Erinnerung an die Ideen der idealistischen Aufklärung lohnend erscheinen lässt.

Brotstudium
Zunächst zum historischen Begriff des *Brotstudiums*, der seine diskursiven Wurzeln in jener Polemik gegen den Philister findet, die in der deutschen Romantik omnipräsent war und später von Nietzsche aufs Neue konturiert wurde. Vom Dichter der Verse der deutschen Nationalhymne, Hoffmann von Fallersleben, stammt ein Poem, das 1842 den Titel »Brotstudium« trägt:

Brotstudium

[...]

Was macht der Bruder Studio
Drei ganzer Jahre lang?
Er lebt nach seinem Animo
Und ziemlich ohne Zwang.
Er hört nach Vorschrift dies und das,
Und weiß davon doch selten was,
Doch schmiert er fleißig nach und schmiert,
Was der Professor ihm dictiert.

Der Herr Professor hat dociert,
Das heißt: er hat dictiert,
Der Studio hat nachgeschmiert,
Das heißt: er hat's capiert.
Ist das Collegium nun aus,
Trägt er die Weisheit flink nach Haus,
Und sieht das Heft nie wieder an,
Weil er's ja selbst nicht lesen kann.

> Und sind die sechs Semester um,
> Was hat er prositiert?
> Er hörte manch Kollegium
> Und hat nun ausstudiert.
> Nun fragt ihn mal, den Matador!
> Er ist noch dümmer als zuvor,
> Doch hat er nun einmal studiert,
> Weil's auf dem Bogen steht testiert.[1]

Die ironiesatten Verse Fallerslebens exponieren, was der Diskurs über das falsche Studieren konnotiert. Der Brotstudent verkennt den probaten Modus universitärer Wissensaneignung, indem er das sichernde Kopieren als ein Kapieren missversteht, während doch das angemessene Verstehen eben keine mentale Abschrift des Gehörten darstellt, sondern einen konstruktiven Vorgang abgibt. Interessant ist meines Erachtens, dass diese Spottverse nicht primär auf den Gegensatz zwischen hehrer Wissenschaft und zweckgerichteter Ausbildung zielen, sondern primär die Sinn- oder Profitlosigkeit ambitionsarmen Studierens an den Pranger stellen. Die Investition von Zeit – die Rede ist von sechs Semestern – geht im Falle des Kommilitonen Studio eben nicht auf. Der Examinierte verlässt die Institution zwar mit einem akademischen Titel, ist aber den ernsthaften Prüfungen des Lebens nicht gewachsen, sondern »noch dümmer als zuvor«. Der Brotstudent verkörpert demnach nicht denjenigen, der im eigenen Interesse die reine Wissenschaft verrät und das zirkulierende Wissen nach professionellen Verwertungsaspekten selektiert, sondern jemanden, den es nach Nützlichkeitsgesichtspunkten von der Universität eigentlich zu exmatrikulieren gälte.

Diese Sicht findet sich auch in anderen Dokumenten desselben Diskurses. Des Philosophen Schelling verdienstvolle »Vorlesungen über die Methode des akademischen Studiums« aus dem Jahr 1802[2] greifen zwar die Dichotomie zwischen reiner und unreiner Wissenschaft auf, doch dementieren sie letztlich diese Unterscheidung:

»Man hat den Ekelnamen der Brotwissenschaften allgemein denjenigen gegeben, welche unmittelbarer als andere zum Gebrauch des Lebens dienen. Aber keine Wissenschaft verdient an sich diese Benennung. Wer die Philosophie oder Mathematik als Mittel behandelt, für den ist sie so gut bloßes Brotstudium, als die Rechtsgelehrsamkeit oder Medizin für denjenigen, der kein höheres Interesse für sie hat als das der Nützlichkeit für ihn selbst« (27).

Dementiert wird, dass die Disziplinierung des Wissenschaftswissens sich der Kategorie der Lebensnützlichkeit bedienen kann, da diese Kategorie per se allen Wissenschaften fernstehe, solange es sich je um Wissenschaften handele. Stattdessen wird ein unsachgemäßer Zugriff auf das Wissenschaftswissen fokussiert, für den erneut das Stichwort vom Brotstudium fällt. Zwar spielt Schelling ein höheres Interesse gegenüber dem Gedanken an persönlichen Nutzen aus, indem er den falschen Studierhabitus moniert. Im gegebenen Kontext ist interessanter, dass aber letztlich auch er darauf abhebt, dass die niederen Intentionen nicht nur unzureichend glamourös sind, sondern im Resultat zu Fehlinvestitionen führen. Gerade das Ergebnisorientierte führe nämlich dazu, dass das nachhaltig Entscheidende nicht gelernt werde:

»Der Zweck alles Brotstudium ist, daß man die bloßen Resultate kennen lernt, entweder mit gänzlicher Vernachlässigung der Gründe, oder daß man auch diese nur um eines äußeren Zwecks willen, z. B. um bei angeordneten Prüfungen notdürftige Rechenschaft geben zu können, historisch kennen lernt« (27).

Mit der Fixierung auf die Forschungsresultate geht im inkriminierten Studierhabitus ein notorisches Desinteresse an erkenntniskonstitutiven Fragen und Interessen einher, methodologische Probleme werden narkotisiert oder bestenfalls in Abfragewissen übersetzt, das mit dem Zweck der Prüfung seine Erfüllung findet, um dann vergessen werden zu können. Die Fixierung auf die besonderen Ergebnisse und die Verdrängung des Allgemeinen als uninteressanter Kontext registriert Schelling letztlich als Qualifikationsdefizit. Der Absolvent dieses Habitustyps sei entgegen seiner eigenen Intentionen eben nicht disponiert, den kognitiven Herausforderungen seiner professionellen Praxis nachhaltig gerecht zu werden. Was er nicht vermag, ist – analog zum Kopisten Fallerslebens – eine selbständige Generierung probaten Wissens. Wo die angelernten Einzelheiten nicht oder nicht mehr relevant sind, versage seine Qualifikation:

> »Der Brotgelehrte dagegen ist anschauungslos, er kann sich im vorkommenden Falle nichts konstruieren, selbsttätig zusammensetzen, und da er im Lernen doch nicht auf alle möglichen Fälle vorbereitet werden konnte, so ist er in den meisten von seinem Wissen verlassen« (27).

Dieses Qualifikationsdefizit, das heute als eine unzureichende Vorbereitung auf die Zumutungen permanenten Weiterlernens betrachtet werden könnte, führt nach Schelling in gesellschaftlicher bzw. volkswirtschaftlicher Perspektive zu noch prekäreren Effekten. Der Brotgelehrte macht nicht allein schlapp, wenn es um notwendige Innovationen oder um Urteilsfindungen in neuen Situationen geht, da ihm das gelernte Besondere hier nicht weiterhilft. »Er kann nicht fortschreiten«, wie Schelling sagt. Aus dieser falschem Lernen geschuldeten Unfähigkeit resultierten zudem Ressentiments und Abwehrreflexe, sobald er mit neuartigen Erfahrungen konfrontiert werde:

> »Deswegen ist er der geschworene Feind jeder echten Entdeckung, die im allgemeinen gemacht wird, jeder Idee, weil er sie nicht faßt, jeder wirklichen Wahrheit, die ihn in seiner Ruhe stört. Vergißt er sich noch überdies so weit, sich dagegen aufzulehnen, so benimmt er

sich entweder auf die bekannte ungeschickte Art, das Neue nach Prinzipien und Ansichten zu beurteilen, die jenes eben in Ansprüche nimmt, mit Gründen oder gar Auktoritäten zu streiten, die in dem vorhergehenden Zustand der Wissenschaft etwa gelten konnten; oder es bleiben ihm im Gefühl seiner Nichtigkeit nur Schmähungen oder die Waffen der Verleumdung übrig, zu denen er sich innerlich berechtigt fühlt, weil jede neue Entdeckung wirklich ein persönlicher Angriff auf ihn ist« (28).

Die vielleicht wirkungsvollste, jedenfalls gegenwärtig am meisten zitierte Volte gegen die Brotgelehrten lieferte vor Schelling und Fallersleben Friedrich Schiller in seiner Jenaer Antrittsvorlesung »Was heißt und zu welchem Ende studiert man Universalgeschichte?«[3]. Schillers rhetorische Intention ist hier evident. Mit seiner Kontrastierung der philosophischen Köpfe und der Brotgelehrten versucht er seine akademischen Zuhörer auf seine Seite zu ziehen und seinen Prämissen eines engagierten Studiums Attraktivität zu verleihen. Dass Schiller in seiner Initialvorlesung karikiert, was, empirisch betrachtet, die Mehrheit des studentischen Auditoriums geprägt haben dürfte, soll mich hier nicht interessieren. Wichtig ist mir, dass er bereits, Schelling ähnlich, in den Blick nimmt, dass der Habitus des Brotstudenten letztlich zu Kränkungserlebnissen und narzißtischen Verletzungen führt, die ihrerseits für den gesellschaftlichen Fortschritt, für Reformen und Innovationen, Bürden darstellen.

»Jede Erweiterung seiner Brotwissenschaft beunruhigt ihn, weil sie ihm neue Arbeit zusendet oder die vergangene unnütz macht; jede wichtige Neuerung schreckt ihn auf, denn sie zerbricht die alte Schulform, die er sich so mühsam zu eigen machte, sie setzt ihn in Gefahr, die ganze Arbeit seines vorigen Lebens zu verlieren. Wer hat über Reformatoren mehr geschrieen als der Haufe der Brodgelehrten?

Wer hält den Fortgang nützlicher Revolutionen im Reich des Wissens mehr auf, als eben diese? (...) kein unversöhnlicherer Feind, kein neidischerer Amtsgehilfe, kein bereitwilligerer Ketzermacher als der Brotgelehrte. Je weniger seine Kenntnisse *durch sich selbst* ihn belohnen, desto größere Vergeltung heischt er von außen; für das Verdienst der Handarbeiter und das Verdienst der Geister hat er nur einen Maßstab, *die Mühe*. Darum hört man niemand über Undank mehr klagen, als den Brotgelehrten; nicht bei seinen Gedankenschätzen sucht er seinen Lohn, seinen Lohn erwartet er von fremder Anerkennung, von Ehrenstellen, von Versorgung. Schlägt ihm dieses fehl, wer ist unglücklicher als der Brotgelehrte? Er hat umsonst gelebt, gewagt, gearbeitet; er hat umsonst nach Wahrheit geforscht, wenn sich Wahrheit für ihn nicht in Gold, in Zeitungslob, in Fürstengunst verwandelt« (750 f.).

Schillers Psychologie des Brotgelehrten zeichnet das Bild eines letztlich bedrohlichen Zeitgenossen, eines militanten Reaktionärs, der sich angesichts einer sich verändernden Welt um die Früchte seiner lustlosen und mühseligen Investitionen betrogen sieht und mithin aggressiv zum Widerstand gegen alle Neuerungen bläst, die seine Kenntnisse anachronistisch werden lassen. Der Zeitgenosse, den Schiller phänotypisch ins Auge fasst, präludiert späteren Studien über den autoritären Charakter, einen Typus der angstbesetzten Außensteuerung und latenten Gefahr. Die psychische Ausstattung, die Schiller dem Brotstudenten als Alumnus unterstellt, ist erkennbar eine Barriere auf dem Weg zu jener Mündigkeit, die den Fokus der Aufklärungsphilosophie darstellt und die postulierte Bedingung gesellschaftlichen Fortschritts markiert.

Ich habe diese – vielleicht etwas umständlich anmutende – Spurensuche inszeniert, um deutlich werden zu lassen, dass das historische Dispositiv des Brotgelehrten nicht als Programm eines professorsorientierten Studiums zu verstehen ist. Dass die skizzierte Konstruktion ihrerseits von starken Annahmen, namentlich über die Idee der Wissenschaft, abhängig ist, blieb hierbei ausgespart. Wichtig ist mir vielmehr, dass die Idee der Universität, wie sie Humboldt, Schleiermacher oder Fichte auf den Weg bringen, mit dem Verdikt über das Brotstudium mitnichten alle Verantwortung für die professionelle Verwertung des Studiums bestreitet. Vielmehr zielt die Formel einer Bildung durch Wissenschaft darauf, einen Studiertypus zu vermeiden, dem mit der Fähigkeit, wissenschaftlich eigenständig zu denken, eine Disposition mangelt, die von elementarer Bedeutung für die kognitive Bewältigung einer sich ändernden Welt ist. Gerade weil die Wissenschaft, Humboldt zufolge, ein offener Prozess ist und diesem Faktum auch administrativ entsprochen werden muss, gerade weil nämlich »die Wissenschaft als etwas noch nicht ganz Gefundenes und nie ganz Aufzufindendes zu betrachten, und unablässig sie als solche zu suchen« ist (Humboldt)[4], entspricht der ihr adäquate Wissens- und Denkerwerb den kognitiven Erfordernissen einer sich beständig wandelnden Welt.

Employability: Bildung als Humankapital
Solche Erfordernisse lassen sich durchaus auch in Relation zu jenem Konzept von Employability setzen, das zu Beginn der 2000er Jahre den Hintergrund für die Überlegungen zu einer Neujustierung des europäischen Hochschulraums absteckte. So heißt es im Prager Kommuniqué zur Spezifikation der Ziele des Bologna-Prozesses:

> »Lebensbegleitendes Lernen ist ein wichtiges
> Element des europäischen Hochschulraums. In einem
> zukünftigen Europa, das sich auf eine wissensbasierte
> Gesellschaft und Wirtschaft stützt, sind Strategien
> für das lebensbegleitende Lernen notwendig, um den
> Herausforderungen des Wettbewerbs und der Nutzung
> neuer Technologien gerecht zu werden und um die

soziale Kohäsion, Chancengleichheit und Lebensqualität zu verbessern.«[5]

Die Stichworte »lebenslanges oder lebensbegleitendes Lernen« und »Wissensgesellschaft« – so die gebräuchlichen deutschen Termini – sind kaum mehr wegzudenkende Elemente eines beunruhigten öffentlichen Diskurses, der das volkswirtschaftliche Interesse an Bildungspolitik umreißt und dessen Prämissen etwa die folgende These enthält:

> »Es ist zu verzeichnen, dass deren Lebenszyklen und somit die Zeitspanne zwischen Erfindung und kommerzieller Anwendung kürzer werden. Der damit einhergehende beschleunigte Wertschöpfungsprozess erfordert von Hochschulabsolvierenden ein hohes Maß an Wissen [...]. Mit der zunehmenden Kurzlebigkeit geht eine Fragmentierung und Spezialisierung des Wissens einher. In diesem Kontext steigt einerseits die Bedeutung von Spezialkenntnissen, andererseits aber auch die Fähigkeit, Aufgaben ganzheitlich und selbstorganisiert zu lösen.«[6]

Dass solche Diagnosen, die erkennbar auch therapeutische Perspektiven aufzumachen trachten, Ambiguitäten implizieren, die keineswegs eine einfache Ableitung bildungspolitischer Maßnahmen erlauben, sei hier nur am Rande registriert. Eine Rolle spielten entsprechende Irritationen etwa bei dem informellen OECD-Ministertreffen »Fostering Skills and Employability Through Education« 2013 in der Türkei[7], als thematisiert wurde, dass sich zuweilen Bildungsinvestitionen nicht gebührend auszahlen, sofern Arbeitslosenzahlen als Erfolgsindikatoren in Anschlag gebracht werden. Dass jedenfalls die gelegentlich kursierende Auffassung trügen kann, hohe Bildungstitel schützten vor Erwerbslosigkeit, muss auch eine OECD-Studie einräumen:

> »When the total population is divided into the three standard labour market groups – i. e. employed,

unemployed and inactive – the average proficiency in literacy among employed adults is generally higher than that among unemployed and inactive adults.[...] However, the differences in proficiency are surprisingly small. Across the OECD countries/ economies that participated in the Survey of Adult Skills, the average literacy score of employed adults is about 11 score points higher (about 4 %) than that of unemployed adults, which, in turn, is almost identical to that of inactive adults.«[8]

Nimmt man allein den Zusammenhang von empirisch validiertem Bildungsgrad und registrierter Arbeitslosigkeit, zeigen sich im internationalen Vergleich erhebliche Differenzen.

Diese Konstellation, die sehr schlichten Annahmen der Humankapitaltheorie zu widersprechen scheint, wird erwartungsgemäß mit regionalspezifischen Entwicklungen der Jugendarbeitslosigkeit begründet – als letztlich krisenbedingtes Handicap, überhaupt auf den Arbeitsmarkt zu gelangen. Erwähnt sei lediglich, dass Daten wie die zitierten in Deutschland nicht selten als Argument für das nationale duale System genutzt werden. Abgesehen von besagten Differenzen zwischen Employability und Beschäftigung werden in dem von der OECD massiv gestützten Diskurs zur volkswirtschaftlich notwendigen Maximierung des Humankapitals auf der Subjektseite Dispositionen als – individiduell wie volkswirtschaftlich – vorteilhaft ausgewiesen, die die kognitiv-emotionalen Fähigkeiten betreffen, sich lebenslang auf Lernprozesse einzulassen, mithin auch auf die Notwendigkeit, defizitäres Wissen zugunsten eines elaborierten Wissens zu verlernen. (Dies ja eine der Kränkungen für den Brotstudenten). In diesem Zusammenhang kommt es gar zu dem ideologisch geladenen, jedenfalls hoch normativen Begriff eines erfolgreichen Alterns, das natürlich nicht allein im Progredieren von Lebenszeit aufgeht. Noch einmal die OECD:

»Research suggests that cognitive skills continue to be malleable during adulthood (OECD, 2007), and that individual behaviours and practices can work against decline. Both theory and evidence suggest that cognitive skills can be developed, maintained or lost over a lifetime, depending on the interplay between the negative effects of ageing (Smith and Marsiske, 1997) and the positive effects of behaviours and practices (Reder, 1994). Research has suggested that about one in three elderly people can be considered 'successful agers' – a concept that includes maintaining cognitive and physical functioning into old age (see Depp and Jeste, 2006). From a public policy perspective, it is important to identify the factors and conditions that may relate to successful ageing, including the continued development and maintenance of key information-processing skills.«[9]

Humboldts Employability

Ich lasse wiederum die Chance verstreichen, an Foucault[10] anzuknüpfen und zu einer Kritik an der Expansion humankapitalistischer Perspektiven auf die Lebenswelt anzusetzen. Stattdessen will ich die Stoßrichtung der OECD kritiklos aufgreifen, um an die historischen Verdikte zum Habitus des Brotstudenten anzuschließen. Im Prinzip nämlich ließe sich der von Schiller und anderen in den Blick genommene Sozialcharakter des Brotgelehrten im Lebenslauf als eine Disposition zum erfolglosen Altern, zum *successless ageing* umstilisieren. Der physisch gereifte Brotgelehrte wäre eben jene Figur, die das Umlernen wegen ansonsten vergeblicher Investitionen narrhaft verweigert und der auch nicht jene Haltung erworben hat, mit der das Um- oder Verlernen biographisch positiv konnotiert werden kann.[11]

Solch positive Besetzung fällt nämlich dann leichter, wenn man zu jenem Typ von Langzeitstudenten geworden ist, für den der Privatgelehrte Wilhelm von Humboldt mit seinen vielseitigen Interessen ein andekdotisches Beispiel abgibt. Demnach ließe sich sagen, dass kurioserweise die Orientierung der Universität auf die Entwicklung von Employability-Kompetenzen zu einer Rückbesinnung auf moderne Gründungsideen, und zu einer Reinterpretation der Formel *Bildung durch Wissenschaft* nötigt. Von *Re*interpretation ist zu sprechen, da sich ein schlicht epigonaler Rückgriff schon deswegen verbietet, weil sich die Begleitumstände des Studiums zwischen 1810 und 2014 extrem verändert haben. Um nur einen Faktor zu nennen: Im Jahre 1810 hatten es 256 Studenten mit 52 Professoren zu tun, heute sind rund 33 000 Studierende an der HU registriert, für die 419 Professuren und rund 2000 Wissenschaftliche Mitarbeiter*innen zur Verfügung stehen. Für diese Konstellation hat sich in Deutschland die problematische Bezeichnung Massenuniversität etabliert.

Für die hochschulpolitischen Akteure stellt sich die Frage, wie man unter diesen Bedingungen und angesichts eines komplexen Gefüges aus juridischen und materiellen Restriktionen besagte Bildung durch Wissenschaft ermöglichen kann.

War für Humboldt die Differenz zwischen Gymnasium als einem Ort der hierarchischen Wissensvermittlung und der neuen Universität als Sphäre interaktiver Wissensgenerierung scharf zu ziehen, so haben wir es heute durch die Umsetzung des Bologna-Prozesses mit Tendenzen zu tun, ebendiese Differenz einzutrüben bzw. das Studium zu verschulen. Durchaus im Sinne einer hintergründigen Förderung von Employability sind deswegen Anstrengungen zu bewerten, solchen Tendenzen zu begegnen. Dies geschieht, indem die Hochschule Gelegenheiten zu einem forschenden Studieren oder Lernen von Beginn an implementiert und fördert. Dabei ist eine Interaktion mit professionellen Praxen keinesfalls zu negieren, wenn sie wie im Fall der Humboldt Law Clinics darauf ausgerichtet ist, praktische Interventionserfahrungen reflexiv in das juristische Fachstudium zu transferieren, mithin den Übergang von wissenschaftlichem Studium und professioneller Praxis explorativ zu antizipieren.

Abschließend sei noch ein weiterer Traditionstopos aufgegriffen: Humboldts Vision einer wissenschaftlichen Existenz in Einsamkeit und Freiheit. In diese Vision eingegangen ist das Postulat einer Freiheit der Forschung und einer entsprechenden Zurückhaltung des Staates. Das bekannte Argument: Der Staat bedarf seiner Entwicklung willen einer blühenden Wissenschaft; Wissenschaft aber könne *als* Wissenschaft nur dann ihre Kraft entfalten, wenn die Gesellschaft sie Wissenschaft sein, mithin unbeeinflusst lässt. Wenn dieses Argument auch heute noch gilt, dann auch für die Interaktion zwischen Wirtschaft und Wissenschaft. Oder in den Worten des Bildungswissenschaftlers Jürgen Oelkers aus dessen Vortrag über »Die Bedeutung von Hochschulbildung für Wirtschaft und Gesellschaft«:

»(...) von der Wissenschaft werden Beiträge zur Lösung von Problemen erwartet, die die Wissenschaft zum Teil selbst definieren kann. Hier liegt das Zusammenspiel von Bedeutung und Nutzen, wobei allerdings die Freiheit der Forschung vorausgesetzt ist.

Wer die Freiheit der Forschung beeinträchtigt, ist dumm, weil sowohl gute Probleme als auch gute Lösungen nicht zustande kommen. Man nennt das die ›Stuyvesant-Forschung‹. Rauchen war lange Jahrzehnte harmlos, aber nur weil die Tabakindustrie das so wollte.«[12]

---

1 August Heinrich Hoffmann von Fallersleben: Deutsche Lieder aus der Schweiz. Berliner Ausgabe. Hrsg. v. Michael Holzinger. North Charleston (USA) 2013, 46 f.

2 Zit. n. Friedrich Wilhelm Joseph Schelling: Vorlesungen über die Methode des akademischen Studiums. Berliner Ausgabe. Edition Holzinger (nach der Ausgabe: Schelling: Werke. Auswahl in drei Bänden. Hrsg. v. Otto Weiß. Leipzig: 1907). North Charleston (USA): 2013.

3 Zit. n. Friedrich Schiller: Sämtliche Werke. Hrsg. v. Gerhard Fricke u. Herbert G. Göpfert. Bd. 5. München 1980.

4 Wilhelm von Humboldt: Über die innere und äussere Organisation der höheren wissenschaftlichen Anstalten in Berlin. In: Wilhelm von Humboldt: Werke IV. Hrsg. v. Andreas Flitner u. Klaus Giel. Darmstadt 2010, 255–266, 257.

5 Auf dem Wege zum europäischen Hochschulraum, Kommuniqué des Treffens der europäischen Hochschulministerinnen und Hochschulminister am 19. 5. 2001 in Prag, Internet: https://www.hrk.de/fileadmin/redaktion/

hrk/02-Dokumente/02-03-Studium/02-03-01-Studium-Studienreform/Bologna_Dokumente/Prag_kommunique_2001.pdf (1. 9. 2016).

6 Claudia Wiepcke: Employability als Querschnittsansatz der Hochschulausbildung. Ein Spannungsfeld zwischen Gesellschaft, Unternehmen und Studierenden. Institut für Gesellschaftswissenschaften der Pädagogischen Hochschule Schwäbisch Gmünd 2010, S. 11, Internet: http://www.ph-gmuend.de/fileadmin/redakteure/ph-hauptseite/redakteure/daten/download/einrichtungen/fakultaet_II/institut_gesellschaftswissenschaften/Schriftenreihe_Nr-2_Wiepcke_2010_05.pdf (1. 9. 2016).

7 OECD 2013: Fostering Relevant Skills an Employability Through Education. Issues for Discussion, Istanbul 2.–3. October 2013, Internet: https://www.oecd.org/site/eduimm/Issues%20for%20Discussion.pdf (1. 9. 2016).

8 OECD 2016: Skills Matter: Further Results from the Survey of Adult Skills, Internet: http://www.oecd-ilibrary.org/docserver/download/8716011e.pdf?expires=1474887929&id=id&accname=guest&checksum=FF6A5498DDD14820821060BB4DCDD91C (1. 9. 2016).

9 OECD Skills Outlook 2013, First Results from the Survey of Adult Skills: First Results from the Survey of Adult Skills.

10 Michel Foucault: Kritik des Regierens. Schriften zur Politik. Frankfurt/M 2010, 177 ff.

11 Vgl. Michael Kämper-van den Boogaart/Steffen Martus/Carlos Spoerhase: Entproblematisieren: Überlegungen zur Vermittelbarkeit von Forschungswissen, zur Vermittlung von »falschem« Wissen und zur Funktion literaturwissenschaftlicher Terminologie. In: Zs. f. Germanistik XXI 1/2011, 8–24.

12 Jürgen Oelkers: Die Bedeutung von Hochschulbildung für Wirtschaft und Gesellschaft. (Vortrag auf dem LUSTAT-Meeting am 29. 9. 2010 in Luzern, S. 10). Internet: http://www.ife.uzh.ch/dam/jcr:00000000-4a53-efca-ffff-ffffe8d0af9c/LuzernLustatdef.pdf (1. 9. 2016).

Ulrich Brand

Bedingungen und Möglichkeiten kritischer Wissenschaft*

Wir erleben in den letzten Jahrzehnten eine enorme Aufwertung von wissenschaftlichem und technologischem Wissen, die einhergeht mit der Ent- oder Abwertung anderer Wissensformen, etwa des Erfahrungswissens. Das hat Auswirkungen auf die institutionellen Formen wie Inhalte der Wissensproduktion.

Dazu kommt, dass das formelle Wissenschaftssystem systematisch umgebaut wird. Hinter dem Leitbild eines »Europas des Wissens« steht das Ziel – das wird in der aktuellen Krise und der damit einhergehenden Austeritätspolitik eher noch verstärkt –, die EU zum weltweit wettbewerbsfähigsten wissensbasierten Raum zu machen. In Forschung und Lehre an den Hochschulen nimmt damit die Orientierung an herzustellender Wettbewerbsfähigkeit zu; das, was Torsten Bultmann die »standortgerechte Dienstleistungshochschule« nennt. Dies betrifft vor allem die Natur- und Technikwissenschaften, aber auch die Gesellschafts- und Geisteswissenschaften, allen voran die Wirtschaftswissenschaften. Hier spielen Kennzahlen wie Drittmittelforschung, die Anzahl guter und sehr guter Studierender, Publikationen, impact-Faktoren und anderes eine Rolle. Dabei gibt es weiterhin große Unterschiede in den wissenschaftlichen Kulturen – das angelsächsische System als »Vorbild« dieses Prozesses hat naturgemäß weniger Anpassungsbedarf – und politisch-institutionellen Settings. Das seit 2014 geltende Forschungsrahmenprogramm »Horizon 2020« ist ein eindrucksvoller Beleg dieser Orientierung.

In einer pointierten Analyse vom Oktober 2010 hat Bruno Frey die jüngeren Entwicklungen treffend zusammengefasst.[1] Angesichts der »rankings mania« gehe es immer weniger um inhaltliche Substanz, sondern um einen quantitativ messbaren Output, nämlich Zitationen, mit dem eine Qualitätsvermutung einhergeht. Diese Messungen haben Auswirkungen auf Berufungen, Forschungsgelder und die Evaluation von wissenschaftlichen Einrichtungen. Die Arbeitsteilung im wissenschaftlichen Produktionsprozess – Frey argumentiert vor dem Hintergrund der Wirtschaftswissenschaften – führe dazu, dass die genannten AutorInnen eines Textes gar keinen Überblick mehr darüber haben, was sie eigentlich publizieren. Und der verschärfte globale wissenschaftliche Wettbewerb erzeuge einen hohen Publikationsdruck, was Rückwirkungen auf die Wahl des Forschungsgegenstandes hat: Er muss rasch bearbeitbar und publizierbar sein, es wird auf bestehende Daten zurückgegriffen und jüngere WissenschaftlerInnen werden ganz taktisch zur Zusammenarbeit mit Etablierten angehalten, damit sie eher in hochrangigen Zeitschriften publizieren können.

Mindestens genauso wichtig wie diese innerwissenschaftliche Tendenz ist jedoch die gesellschaftliche. Obwohl es zu einer Aufwertung von Wissen und in den Natur- und Technikwissenschaften zu beeindruckenden (teilweise kaum mehr kontrollierbaren) Innovationen kommt, geht das nicht unbedingt mit einer höheren Reflexionsfähigkeit der Gesellschaft über ihre vielfach problematischen Entwicklungen einher. Vielmehr nehmen Prozesse der sozialen Polarisierung, sozial-ökologische Probleme, ein Rückbau der Demokratie und vieles mehr auf nationaler, auf europäischer und auf internationaler Ebene eher deutlich zu.

Innerhalb dieser Konstellation, der zunehmenden gesellschaftlichen Probleme und des gar nicht oder nur selektiv expansiven öffentlichen Wissenschaftssystems – Letzteres ist der Unterschied zu den 1970er Jahren –, verschlechtern sich die Bedingungen kritischer Wissenschaft nochmals. Der Generationswechsel an den Hochschulen führte, trotz erfreulicher Ausnahmen, zu einem Herausdrängen der kritischen Wissenschaft, wobei die einzelnen

Wissenschaftsfelder unterschiedlich strukturiert sind; in der Geographie oder im Sozialwesen scheinen derzeit kritische WissenschaftlerInnen eher unterzukommen als in der Politikwissenschaft, von der Wirtschaftswissenschaft ganz zu schweigen.

Im Einzelfall hat das Herausdrängen mit innerinstitutionellen Faktoren und konkreten Auseinandersetzungen zu tun. Kritische WissenschaftlerInnen gingen in vielen Bereichen bei Neuberufungen nicht immer glücklich vor, wurden oft genug auch offen bekämpft. Und dennoch ist dies eingebettet in eine allgemeine Entwicklung: Es ist ein gesellschaftliches Klima entstanden, in dem Kritik mit Feuilleton oder Herummäkeln gleichgesetzt wird. Der innerwissenschaftliche Modus der Auseinandersetzung besteht darin, dass kritische Ansätze ignoriert, als »überholt« abgetan oder lächerlich gemacht werden (mal aus begründeter Ablehnung, mal aus Opportunismus mit nur einer vagen Ahnung von dem, was kritisiert wird).

Was sind vor diesem Hintergrund die Dilemmata und Spielräume kritischer Wissenschaft?

Es sei betont: Wissenschaftliche Praxis – und insbesondere die kritische – erschöpft sich nicht in akademischer und öffentlich finanzierter Tätigkeit. Wissenschaft wird in Unternehmen, aber auch an Forschungsinstituten, in Verbänden, staatlichen Stellen, politischen Stiftungen und anderen Organisationen betrieben oder von Menschen und Kollektiven, die sich materiell anderweitig reproduzieren, außerhalb oder nur lose verbunden mit dieser Reproduktionsarbeit. Meine Erfahrungs- und Reflexionsperspektive ist jedoch die eines Hochschullehrers in den Sozialwissenschaften an einer Universität.

Kritische **Wissenschaft**

Es bedarf der stetigen Auseinandersetzung darüber, was die inhaltlichen und organisatorischen Ansprüche an kritische Wissenschaft sind. Kritik ist keine fixe Wahrheit, sondern ein Modus von Denken und Handeln, bei dem es auch um inhaltlich verbindliches Wissen geht. Ich möchte nur einige Aspekte nennen, um ein (Selbst-)Verständnis zu skizzieren, das wahrscheinlich nicht von allen geteilt wird und das selbstredend in der Praxis schwierig zu realisieren ist.

Kritische Wissenschaft steht nicht außerhalb der Gesellschaft, sondern ist Teil von ihr, sie erforscht Probleme und ihre Ursachen sowie gesellschaftliche Alternativen oder macht selbst Vorschläge für Alternativen und trägt so zu gesellschaftlicher Entwicklung bei. Sie ist zwar angesichts der bestehenden innerwissenschaftlichen Kräftekonstellationen nicht besonders stark – obwohl das, wie angedeutet, von Fach zu Fach unterschiedlich ist –, sollte sich aber in der Selbstwahrnehmung auch nicht marginalisieren.

Sie ist problemorientierte Wissenschaft, und dies umso mehr angesichts der sich anhäufenden Probleme und krisenhaften Entwicklungen, aber nicht unbedingt eine problemlösungsorientierte. Das impliziert die Frage, wie in den konkreten theoretischen und empirischen Arbeiten und in der Forschungskooperation die vielfältigen Probleme in gesellschaftlichen Zusammenhängen gedacht und erforscht werden können. Denn die analytische Parzellierung in der Wissenschaft und das Ausblenden von Problemursachen ist ja selbst ein Herrschaftsmodus, der mit Anerkennung, Mitteln, Stellen, Nachwuchsförderung einhergeht und mit vielen gesellschaftlichen Interessen kompatibel ist.

Gegen den Formalismus vieler Mainstream-Ansätze versucht kritische Wissenschaft die historischen Gewordenheiten und Erfahrungen in den Blick zu nehmen; versucht sich auch und gerade wegen des Zusammenhangs der vielfältigen gesellschaftlichen Probleme und ihrer Komplexität inter- und transdisziplinär. Sie intendiert, für neue Probleme und Perspektiven offen zu bleiben (aktuell etwa im Bereich Migration und postkoloniale Ansätze). Dazu bedarf es einer Reflexion und Fortentwicklung der Begriffe, Theorien und Methoden, mit denen wir arbeiten. In diesem Sinne ist kritische Wissenschaft immer auch Wissenschafts(selbst-)kritik.

Kritische Wissenschaft ist, das macht sie vielen so verdächtig, herrschaftskritisch und nonkonformistisch. Sie ist, in welch gebrochener Form auch immer, dem gesellschaftlichen Projekt von Mündigkeit, Freiheit und Selbstbestimmung verpflichtet, also der Schaffung von Verhältnissen, in denen gemäß der gesellschaftlichen Möglichkeiten die Bedürfnisse aller befriedigt werden. In diesem Sinne ist sie keine Ordnungs-, sondern Befreiungswissenschaft. Und sie erforscht – in Zeiten der sozial-ökologischen Krise notwendiger als je zuvor – nicht nur die Produktivität und Destruktivität der herrschenden Lebensweisen, sondern auch die Möglichkeiten ihres grundlegenden Umbaus.

Ein anderer Aspekt ist die kritisch-solidarische Bezugnahme auf vom Anspruch her progressive gesellschaftliche und politische Akteure wie soziale Bewegungen, Nichtregierungsorganisationen, Teile von und Menschen in Stiftungen, Medien, Parteien, Gewerkschaften, aber auch staatlichen Stellen. Wissenschaftliche und vor allem theoretische Innovationen werden meist von gesellschaftlichen Bewegungen her und in Konflikten initiiert – von 1968 über die neuen sozialen Bewegungen bis zu den jüngsten anti-neoliberalen Protesten und der Globalisierungskritik. Das geht einher mit einer Bezugnahme auf marginalisiertes und herrschaftskritisches Alltagswissen. Damit will kritische Wissenschaft auch einen Beitrag leisten, um die oft frustrierenden Erfahrungen von herrschaftskritischen Praxen zu reflektieren.

Ein letzter Aspekt dieser schematischen Skizze: Kritische Wissenschaft beansprucht, die Bedingungen, unter denen wissenschaftlich gearbeitet wird, zu berücksichtigen und gegebenenfalls zu verändern. Denn Wissenschaft und handelnde WissenschaftlerInnen sind Teil einer herrschaftlichen gesellschaftlichen Arbeitsteilung, die in der Regel (nicht immer!) Menschen mehr oder weniger abgesichert und planbar für bestimmte Tätigkeiten die Mittel bereitstellt. Daher gibt es eben auch Konkurrenz, Karrierestress, Ängste, Scheitern. Damit offen umzugehen, was häufig nicht gelingt, ist Teil eines nicht nur intellektuell neugierigen und anspruchsvollen, sondern auch sozial solidarischen Umfeldes und überlokaler Netzwerke.

Die Skizze soll andeuten, dass kritische Wissenschaft tendenziell immer am Rand steht, mal weniger (in den 1970er und 1980er Jahren), mal mehr (heute). Das ist eine anzuerkennende Konstellation, in der Strategien entwickelt und Auseinandersetzungen geführt werden müssen, zumal es ja keine klar umrissene »kritische Wissenschafts-Community« gibt. Kenntnis und Reflexion des Handlungsterrains können dabei helfen.

Lehr-Lern-Verhältnisse
An den Hochschulen wird weiterhin ein verbindlicher Wissenskanon (der ja nicht nur aus kritischem Wissen besteht) vermittelt und weiterentwickelt. Daher bleiben die Hochschulen ein wichtiges Feld der gesellschaftlichen Auseinandersetzungen. Wenn an vielen Orten kaum noch oder gar keine kritischen Inhalte (mehr) angeboten werden, sollten wir das – neben den vielen anderen Orten und Initiativen – eben an jenen Hochschulorten, an denen das der Fall ist, umso ernster nehmen.

Eine der größten Pressionen der aktuellen Entwicklungen ist die systematische Abwertung von Lehre. Die postulierten wissenschaftlichen Prioritäten werden, entgegen der alltäglichen Praxis, auf die Forschung gesetzt. In der Berufungspolitik spielt Lehre weiterhin eine deutlich untergeordnete Rolle. Diese Unterordnung zeigt sich auch daran, dass in Deutschland in die erste Runde der Exzellenzinitiative für Forschung 1,9 Milliarden Euro flossen, für die Exzellenzinitiative für Lehre (von Stifterverband und Kulturministerkonferenz initiiert) gerade mal 10 Millionen. Gleichwohl wird auf den wissenschaftspolitischen Konferenzen und in Statements rauf und runter betont, wie wichtig der Zusammenhang von Forschung und Lehre angeblich sei.

Dazu kommen organisatorische Neuerungen wie die Bologna-induzierte Modularisierung der Lehre. Diese geht zweifellos mit einer Gefahr der Verschulung und Verflachung von Prozessen der Wissensaneignung einher, da für produktive Umwege und intellektuelle Suchprozesse zunehmend die Zeit fehlt. Andererseits bietet die Restrukturierung – wenn sie reflektiert umgesetzt wird – auch die Chance einer größeren Motivation gerade der Studierenden mit anfangs weniger Motivation und weniger guten Studienbedingungen, wenn sie von Beginn an ein strukturiertes Studium vorfinden.[2] Wichtig wird es werden, dass die Bachelor- und Masterstrukturen zeitlich geöffnet werden, dass also auch länger als vorgegeben studiert werden kann; zumal es ja zunehmend Teilzeitstudierende gibt, was nicht per se schlecht ist, aber offenbar der Hochschulverwaltung ein Dorn im Auge ist.

Ein für mich motivierendes Leitbild in den Lehr-Lern-Verhältnissen ist jenes, an den Universitäten Menschen zu »non-konformistischen Intellektuellen« (Max Horkheimer) auszubilden, sie also in einem angeleiteten und dennoch möglichst selbstbestimmten Studium in die Lage zu versetzen, in ihren konkreten Praxen auch außerhalb der Universitäten – und das betrifft ja die allermeisten der Studierenden – jeweils kritisch reflektierend agieren zu können. Dafür sind aber die vorherrschenden Lehrformen, Seminargrößen und die Modularisierung in der Tat oft ungeeignet. Die Erfahrungen müssen aufgearbeitet, die Formen verändert werden; was ja mitunter bereits geschieht.

Dabei ist gerade aus einer herrschaftskritisch-emanzipatorischen Perspektive weiterhin und gegen alle gesellschaftlichen Bilder von der »Überschwemmung« der Universitäten und den vielen »Studienabbrechern« darauf zu insistieren, dass (Hochschul-)Bildung nicht nur für die Individuen selbst wichtig ist oder zumindest sein kann, sondern auch für die Absicherung oder Veränderung der Sozialstruktur, da im Zugang zum Bildungssystem wie auch in den Inhalten von Bildung über praktische Gesellschaftsveränderung in die eine oder andere Richtung mit entschieden wird. Das zeigt sich in den Diskussionen um Studiengebühren wie auch um die Begrenzung des Hochschulzugangs, der in Ländern mit derart konservativen Bildungssystemen wie in Deutschland oder Österreich sehr selektiv wirkt bzw. wirken würde. Insofern sind die steigenden Studierendenzahlen erfreulich, auch wenn »die« Studierenden keineswegs idealisiert werden sollten und die gesellschaftlichen Norm- und individuellen Aufstiegsvorstellungen wichtig sind. Entscheidend ist jedoch, den Studierenden nicht-repressiv die Möglichkeit zur Reflexion darüber zu geben, ob sie überhaupt und genau dieses Fach studieren wollen und ob es Sinn macht, selbstbewusst und begründet eine Studienrichtung oder ein Studium zu beenden. Das hat Konsequenzen für die Gestaltung der Lehre, um die konkret gerungen werden muss.

Eine aus meiner Sicht aktuelle und dringende Aufgabe kritischer Wissenschaft besteht darin, den Erfahrungsaustausch zwischen Lehrenden und mit Studierenden über geeignete Lehr-Lern-Verhältnisse, für die es ja kein Patentrezept gibt, und verbindliche Inhalte in den je spezifischen Fächern zu fördern.[3] Das sollte auch über die eigene Institution hinaus geschehen.

Infrastrukturarbeit
Eine Praxis, die im üblichen Forschung-Lehre-Panorama oft untergeht – und Verwaltung macht eh niemand gerne bzw. dafür gibt es andere Menschen in der wissenschaftlichen Arbeitsteilung –, erachte ich als wichtig für kritische Wissenschaft: Ich nenne sie behelfsmäßig Infrastrukturarbeit. Damit ist in der Tat zunächst die oft zeitintensive Gestaltung des eigenen Arbeitsumfeldes gemeint, etwa das oft zähe Ringen um transparente Prozesse auch unter Bedingungen wenig demokratischer Verfasstheit. Dazu kommen Aufgaben im wissenschaftlichen Feld, bei denen immer wieder entschieden werden muss, ob sie übernommen werden sollen. In Fachverbänden und -gremien zu agieren, bei Zeitschriften mitzuarbeiten oder Schwerpunkthefte herauszugeben, Workshops oder Kongresse auszurichten, Dissertationsbetreuungen zu übernehmen und vieles mehr.

In diesem Bereich geht, soweit ich das überblicken kann, die kritische Wissenschafts-Community im deutschsprachigen Raum unkoordiniert vor. Natürlich ist nicht alles koordinierbar, die Zusammenhänge sind unübersichtlich und zuvorderst entlang der Fächer strukturiert. WissenschaftlerInnen haben in einzelnen Bereichen ihre mehr oder weniger gut entwickelten eigenen Strukturen. Dennoch könnte es in wichtigen Fragen zu mehr Erfahrungsaustausch, Verständigung und abgestimmtem Agieren kommen.

Infrastrukturarbeit wird auch wichtiger, da Wissenschaft wahrscheinlich stärker als bisher in kombinierten akademisch/nicht-akademischen Netzwerken stattfinden wird. Das ist Ausdruck sich verändernder Bedingungen. Immer mehr WissenschaftlerInnen arbeiten prekär, suchen aber Anbindung an die Universität als Lehrbeauftragte, LektorInnen oder in Drittmittelprojekten. Dies kann produktiv sein, denn es schützt vor einem akademischen Tunnelblick und integriert andere Perspektiven und Erfahrungen in die wissenschaftliche Debatte. Zu diskutieren wären die Möglichkeiten sich verstetigender Diskussions- und sogar Arbeitszusammenhänge, welche gegen die Prekarisierung vieler WissenschaftlerInnen angehen könnten. Hier könnte ein Erfahrungsaustausch lohnen, aber auch ein gemeinsames Agieren gegen die Prekarisierung innerhalb der Wissenschaft, wie es aktuell mit dem Templiner Manifest[4] unternommen wird.

Die Etablierung bzw. Aufrechterhaltung von akademisch/nicht-akademischen Netzwerken sollte gerade nicht nur den prekär Beschäftigten aufgebürdet werden. Netzwerke kritischer Wissenschaft und die Reflexion der eigenen Praxis können zudem davor bewahren, umstandslos in bestimmte Fallen zu treten: das akademische Distinktionsspiel um der Distinktion Willen mitzumachen, beim Mainstream um Anerkennung zu buhlen, aber auch, den Kritikbegriff zu einer unhinterfragten und bequemen Selbstbezeichnung werden zu lassen. Netzwerke und Austausch können auch vor dem meines Erachtens großen

Fehler bewahren, dass wir uns als »Flaschenpost« verstehen. Wir haben heute nicht die Verhältnisse der 1950er und beginnenden 1960er Jahre, in denen kritisches Denken und emanzipatorische Politik angefeindet und desavouiert, teilweise sogar mit Ausschluss bestraft wurden.

Vermutung: Fehlende Aufbrüche
Kritische Wissenschaft hat in ihrer Dynamik wie andere gesellschaftliche Praxen auch etwas damit zu tun, ob die handelnden AkteurInnen den Eindruck haben, dass ihr Agieren im wissenschaftlichen Feld und auf die Gesellschaft bezogen einen Unterschied macht. Etwas emphatischer ausgedrückt: Ob »wir an uns glauben«. Den Eindruck habe ich, von vielen Ausnahmen abgesehen, für die kritische Wissenschaft insgesamt nicht. Die begonnenen und keineswegs einfachen Diskussionen darüber und was strategische Konsequenzen wären, etwa im Rahmen der Assoziation für kritische Gesellschaftsforschung (AkG), sind abgebrochen. Als anderes Beispiel könnte man den wissenschaftlichen Beirat von Attac nehmen. Es ist uns nicht gelungen, und das sage ich ohne Schuldzuweisung (oder wenn, dann wäre bei mir als langjährigem Koordinator zuerst das Versagen zu suchen), unserem individuellen und kollektiven Tun über die vielen kleinen und wichtigen Initiativen hinaus eine umfassendere Ausrichtung zu geben. In der Kooperation mit KollegInnen aus natur-, ingenieurs- und wirtschaftswissenschaftlichen Fächern im Bereich soziale Ökologie habe ich eben diesen Eindruck – dass es ihnen gesellschaftlich um etwas geht.

Ich meine das nicht als voluntaristische Willensbekundung. Solch ein Handlungsdispositiv, demzufolge es um »etwas« geht, lässt sich nicht herbeischreiben. Das ist ein komplexer Sachverhalt, der mit realistischen Einschätzungen von wissenschaftlichen und gesellschaftspolitischen Konstellationen und angemessenen Strategien, mit viel Aufwand und positiven Erfahrungen einhergeht. Fragen der Prekarisierung können hier nicht ausgeblendet werden, weshalb die Diskussion nicht nur von materiell abgesicherten WissenschaftlerInnen geführt werden kann. Meiner Erfahrung nach werden solche Diskussionen aber kaum geführt, und wenn sie begonnen werden, werden sie rasch mit dem Hinweis auf Kontexte und »Früher« verunmöglicht. Das neoliberale TINA-Prinzip (»there is no alternative« – es gibt keine Alternative), gegen das wir allerorten anschreiben, scheint doch irgendwie wirksam zu sein.

Ein Teil des Problems ist, dass die akademische und damit auch die kritische akademische Wissenschaft heute strukturell in ihrer Beschleunigung und den ja nicht zu leugnenden Anforderungen mehr denn je Probleme hat, sich auf andere (wissenschaftliche wie nicht-wissenschaftliche) Wissensformen einzulassen und ihnen mit Respekt zu begegnen. Die systematische Abwertung anderer Wissensformen und -inhalte wird implizit mitgetragen.

Notwendig wäre unter anderem ein regelmäßiger und systematischer Austausch jener, die sich einer heterogenen und immer wieder zu bestimmenden kritischen Wissenschaft zuordnen. Es fehlt ein ganz »klassischer«, in den gebotenen Abständen stattfindender, gut organisierter Kongress im deutschsprachigen Raum, bei dem WissenschaftlerInnen aus den unterschiedlichsten Disziplinen ihre Arbeiten den interessierten KollegInnen präsentieren, mit ihnen diskutieren, sich kennen und schätzen lernen und sich über solch einen Kongress hinaus in kleinerem oder größeren Rahmen austauschen. Solch ein Kongress sollte auch einen allgemeinen Rahmen bieten, um sich über allgemeine Anliegen und Probleme kritischer Wissenschaft auszutauschen.

---

* Bei dem Beitrag handelt es sich um eine aktualisierte und gekürzte Fassung des gleichnamigen Aufsatzes, der im Dezember 2010 in der spw – Zeitschrift für sozialistische Politik und Wirtschaft, Nr. 181, 6/2010, S. 36–43, erschienen ist.

1 Bruno S. Frey: Withering Academia?, CESifo Working Paper No. 3209, Category 2: Public Choice, Oktober 2010, download: http://www.cesifo-group.de/DocDL/cesifo1_wp3209.pdf (abgerufen am 14.4.2015).

2 In der Lehre vor der Diplomarbeit (und spezifisch in Wien vor dem arbeitsintensiven und empirieorientierten »Forschungspraktikum«, in dem die Studierenden leichter zu motivieren sind) verwende ich ein etwas handgestricktes Modell: Dass nämlich etwa

ein Drittel der Studierenden motiviert sind, ein Drittel motivierbar und ein Drittel die Lehrveranstaltung aus ihrer Sicht machen »müssen«. Das erste Drittel ist wunderbar, um das zweite kämpfe ich zu Beginn des Seminars, um die Leute zu motivieren, und das dritte Drittel ist mir egal, da spielen wir uns gegenseitig Ernsthaftigkeit und Interesse aneinander mehr oder weniger professionell vor.

3 Eine meiner eigentümlichsten Erfahrungen der ersten Jahre in Wien war, dass es während der dynamischen Proteste im Herbst 2009 (die Lehrveranstaltungen liefen weiter) zwar eine Unmenge an Aktivitäten, aber meines Wissens keine Interventionen von Studierenden in Seminaren gab, um die Frage aufzuwerfen und uns kollektiv reflektieren zu lassen, was wir hier eigentlich machen, was das Setting, die Inhalte, die Didaktik sind.

4 Templiner Manifest vom September 2010: www.templiner-manifest.de (abgerufen am 15. 4. 2015).

Stefan Martini

Angriff auf das System

*Wie Blogs die deutschsprachige Rechtswissenschaft verändern können**

Die deutsche Rechtswissenschaft ist systemverliebt. Dies hat systemische Gründe – Recht ist auf Struktur, Kohärenz und Konsistenz angewiesen, um seine gesellschaftlichen Funktionen erfüllen zu können – und trifft mehr oder weniger auf jede Rechtsordnung zu. Systematik schlägt sich dementsprechend immer sowohl in der Praxis als auch der Reflexion des Rechts nieder. Darauf ruht sich die deutsche bzw. deutschsprachige Rechtswissenschaft jedoch nicht aus: Gerade im globalen Vergleich wirkt sie allzu formbewusst und auf vollendete Uber[1]-Systematik versessen.

Selbst damit nicht genug: Schier aufgrund ihrer Größe und Eingespieltheit zeichnet die deutsche Rechtswissenschaft – eher strukturell als in ihren Themen – eine hohe Trägheit und Selbstgenügsamkeit aus. Mit einem Störfaktor medialen Ungehorsams hat sie jedoch lange nicht gerechnet: den Blogs. Diese digitalen Gespenster gehen um in der deutschen Rechtswissenschaftslandschaft. Mit ihren Horroreigenschaften Spontaneität, Subjektivität, Informalität, Vergänglichkeit und Kürze sollten sie jede/n umtreiben, der/m die guten alten Qualitäten deutscher Rechtswissenschaft noch etwas bedeuten.

1. Blog Moon Rising
Lange Zeit ließen sich juristische Blogs freilich schlicht ignorieren. Noch heute hinkt die deutsche juridigitale Landschaft der angelsächsischen um Längen hinterher.[2] Während drüben viele Professor/innen personalisierte oder Gruppen-Blogs mit riesiger Folgschaft und gar

finanziellem Erfolg betreiben, ist die Dichte rechtswissenschaftlicher Blogs hierzulande beschämend gering. Abgesehen von Marketingblogs von Anwälten sind individuelle Blogs eine Seltenheit (wie z. B. der *rsozblog* des Emeritus *Klaus F. Röhl*).

»Ursprünglich« galten sog. *weblogs* als lose Abfolge von digitalen Kalenderblatt- und Tagebucheinträgen. Diesem Originalideal werden Blogs wie z. B. das millionenfach geklickte U. S.-amerikanische *instapundit* gerecht, indem sie wie auf einem Ticker Fundstücke aus dem Internet posten und gelegentlich Geschehnisse spontan kommentieren. An solchen Blogs fehlt es im deutschsprachigen Raum weitgehend. Am nächsten kommt dem Ideal die Kolumne des *Verfassungsblog*, die durch Kommentare des Journalisten Maximilian Steinbeis zu verfassungspolitischen Ereignissen wie zumeist Urteilen gepflegt wird (s. auch jüngst monothematisch und nur berichtend *derasylrechtsblog*). Die Steinbeis'schen Kommentare sind aktuell, juristisch *und* politisch und weisen eine unnachahmliche Handschrift auf. In ihnen pulsiert die liberale Haltung eines digitalen Polemos; sie intervenieren und streben nicht primär nach wissenschaftlicher Wahrheit.

Die bekanntesten rechts*wissenschaftlich*en Blogs verstehen sich demgegenüber als Portale und digitale Diskursplattformen.[3] Dies trifft auf Blogs von nachwuchswissenschaftlichen Redaktionen wie *JuWissBlog* und *Völkerrechtsblog*, aber auch auf die Rubrik »In der Debatte« des *Verfassungsblog* zu. Ein gewisser Anspruch auf schnelle Reaktionszeit ist vorhanden, allerdings erinnern nur das Layout, fehlende Nachweise und die Wortbegrenzung an den Archetyp des Weblogs. Die redaktionelle Arbeit, das in der Regel vorgenommene *Peer Review* und der Duktus des Stimmengewirrs lassen diese Blogs jedoch eher als einen digitalen Avatar einer juristischen Zeitschrift bzw. Zeitung erscheinen.[4] Diskurskonventionen legt man eben nicht sofort ab, wenn ein neues Format auf der Bildfläche erscheint.

Trotz dieser Einschränkungen werden Blogs für den

deutschen juristischen Diskurs immer relevanter. Anzahl und Diversität an Blogs, Autor/innen und Leser/innen wachsen auf dem relativ niedrigen Niveau kontinuierlich. Dass sie fast nichts kosten, fast keine Expertise im Programmieren voraussetzen und häufig größere Reichweite erzielen als Zeitschriftenaufsätze, trägt zum Wachstum bei. Vor allem scheint die Schammauer durchbrochen: Erzählt man, einen spannenden Blogeintrag gelesen oder geschrieben zu haben, hat man keine soziale Ausgrenzung zu fürchten. Dies ist nicht trivial, da nur das kein Hochziehen der Augenbraue auslöst, was bei den Konsekrationsinstanzen[5] des Diskurses bereits Anerkennung gefunden hat. Dafür gibt es mittelbare, aber untrügliche Anzeichen: Juristische Blogposts werden mittlerweile als Autoritäten zitiert.[6] Eigene Blogveröffentlichungen werden in Publikationsverzeichnisse aufgenommen. Anstatt das NJW-Editorial oder die Rubrik »Staat und Recht« bei der F.A.Z. zu bestücken, wählen Professor/innen immer häufiger die Verbreitung über Blogs.

Eine sich verselbständigende Dynamik juristischer Blogs ist live zu beobachten. Kommentare unter Blogeinträgen fachen Debatten an, die ausschließlich im Netz stattfinden. Mit Hyperlinks verweisen Texte im Netz aufeinander, steigern die Taktung des juristischen Gesprächs und produzieren ständig Bedarf an neuen digitalen Inhalten. Auch medienübergreifend reagieren Autor/innen im Netz auf Gedrucktes und umgekehrt. Neue Formate wie Buchforen und Online-Symposien[7] adaptieren Wissenschaftsbegegnungen aus dem analogen Universum. Expertenkarrieren können von Blogs aus, da man schnell entdeckt wird, leichter und früher gestartet werden. Zudem untersucht ein Forschungsprojekt am *Verfassungsblog*, wie sich Wissenschaftskommunikation durch juristisches Bloggen verändert, und betreibt damit schon während des ersten deutschsprachigen Bloghypes Metareflexion. All diese Entwicklungen befördern sich, seitdem die kritische Masse erreicht wurde, gegenseitig und haben Blogs in den Verwertungszyklus der Rechtswissenschaft gehoben.

2. Systemsymptome

Um die Charakteristika von Blogs auf eine Formel zu bringen: Das strukturell Schriftliche des gewohnten Diskurses wird vermündlicht; Blogs nähern sich oralen Kommunikationskonventionen an. *Von Angesicht zu Angesicht platzt es aus einem/r heraus*: Blogposts sind schnell geschrieben und veröffentlicht. Dass man sich eventuell korrigieren muss, ist einkalkuliert. *Wer spricht, wird gehört*: Der juristische Diskurs kann sich schlechter abschotten, wenn er online stattfindet. In Beiträgen über den Rundfunkbeitrag finden sich nicht zufällig Anfragen juristischer Laien, wie man sich gegen die Abgabe konkret wehren könne. *Zuhören stellt die Geduld auf die Probe*: Blogbeiträge sind daher in der Regel kurz und präparieren eine prägnante These heraus. *Jede/r hat eine Stimme*: Blogbeiträge sind aus der Warte eines Ichs geschrieben und kennen keine stilistischen und inhaltlichen Begrenzungen. *Das Echo trägt weiter, aber erstirbt*: Blogs schreien auf und reagieren zumeist schnell auf Aktuelles; dies garantiert – v. a. durch das »Teilen« in sozialen Netzwerken, dem Flurfunk des Internet – maximale Verbreitung und Aufmerksamkeit im Moment. Morgen erscheint schon der nächste Post und lässt den von heute in der Spalte gnadenlos nach unten rutschen, bis er im Archiv verschwindet. Trotz ewiger Auffindbarkeit sind Blogbeiträge schnell wieder vergessen.[8]

Der Status Quo systematischer Rechtswissenschaft deutscher Provenienz sieht anders aus. Schriftlichkeit ist hier noch im formellen Sinne schriftlich. Stilistisch wie inhaltlich wird Objektivität gepflegt. Die erste Person Singular ist verpönt; Passiv-, Partizipial- und Relativkonstruktionen hegen ewige Wahrheiten ein. Wenn nur Endgültiges verkündet werden kann, sind Erkenntnisfortschritte rar (trotzdem wird zu viel publiziert). Dass die Rechtsordnung vollständig zu sein habe, spiegelt sich in rechtswissenschaftlichen Texten. Man studiere studentische Hausarbeiten und Inhaltsverzeichnisse (nicht nur) von Qualifikationsschriften: Statt eines individuellen und methodisch angeleiteten Zugriffs findet man häufig den in die zehnte Gliederungsebene ausdifferenzierten und brav repetierten Status quo.

Wie kommt es, dass die deutsche Rechtswissenschaft diesen selbst auferlegten Idealen folgt? Wie in einem guten Rundbogen stützen sich hier viele Teile gegenseitig. Institutionell wird die Universität immer noch als Hort der Wahrheit geschätzt. Das hierarchische Lehrstuhlsystem bestärkt diese gesellschaftliche Aufgabenteilung inneruniversitär. Überdies sind weiterhin zwei dicke Monographien notwendig, um in den Zirkel der Wissenschaft (und die Vereinigung Deutscher Staatsrechtslehrer) endgültig aufgenommen zu werden. Sie sorgen allein aufgrund ihrer Bedeutung für spätere Berufungen und des zeitlichen Aufwands dafür, dass tradierte Strukturen vererbt werden. Textformen wie Kommentare, Lehr- und Handbücher, die Vollständigkeit, Überblick und Konsistenz beanspruchen, überschwemmen den Büchermarkt. Ganz am Anfang gibt die Ausbildung rund um das Staatsexamen die Ideale deutscher Rechtswissenschaft an alle kommenden Jurist/innen weiter. In der Praxis der Rechtswissenschaft schreiben sich überdies philosophische, intellektuelle und rechtliche Traditionen fort. Die Vernunftbauten idealistischer Philosophie kann man in juristischer Prinzipien- und Systembildung wiederfinden. An die Arbeit der Pandektisten erinnert es, wenn immer wieder gern etwas in einem Allgemeinen Teil vor die Klammer gezogen wird. Die Fokussierung des *Civil Law* auf Normen trifft man im Maßstäbeteil von Entscheidungen des Bundesverfassungsgerichts. Das System wacht.

3. Broken Windows

Das System wird angegriffen. Die digitale Mündlichkeit der Blogs fordert die Gewohnheit und Gewissheit der Rechtswissenschaft heraus, sich an Objektivität und Vollständigkeit zu orientieren.

Aber möglicherweise passiert nichts. Möglicherweise ist das Potential von Blogs, die Rechtswissenschaft zu ändern, überschätzt. Vielleicht handelt es sich um eine mediale Modeerscheinung, die wie andere Trends (Rechtsinformatik), Kommunikationsmedien (Fax) und Datenträger (Minidiscs) wieder verschwindet – oder im digitalen Strom untergeht und die Grundfesten unseres eingefahrenen Diskurses nicht zu erschüttern vermag.

Diese Voraussage wird eintreffen, wenn Blogs nur ein zusätzliches Veröffentlichungsformat ohne eigenständige Funktion bleiben. Dann denkt und schreibt man wie eh und je – und quetscht einen Blogbeitrag dazwischen, um mit einer Zweitverwertung auf sich aufmerksam zu machen oder wenn man keine Zeit hat, ein Thema näher auszuforschen. Es bleibt beim Alten – und dafür gibt es einige Anzeichen in deutschen Blogtexten –, wenn abgesehen von quantitativen Entwicklungen die tradierten Denk-, Begründungs- und Stilschemata weiter dominieren. Sich von Journalismus und Feuilletonismus auch im Blogschreiben abgrenzen zu müssen, gehört dazu. Intellektuelle Muster, die sich bewährt haben, spiegeln sich dann in den Texten wider, gleich welcher Verbreitungswege sie sich bedienen. Ein Artikel im komplett online angesiedelten *German Law Journal* unterscheidet sich beispielsweise nicht *per se* von einem Beitrag in einer juristischen Zeitschrift gedruckter Art.

Die ersten Fenster der Objektivität und Vollständigkeit sind jedoch bereits zerbrochen. Blogs haben zumindest das Potential, den juristischen Kiez in einen Mini-Strudel der Veränderung zu reißen. So hat es Folgen für das eigene Vorgehen, entscheidet man sich, im Blogformat zu schreiben. Mit tausend Wörtern (einer verbreiteten, dem Anspruch nach geübten Begrenzung in Blogbeiträgen) lässt sich keine Universaltheorie bauen, keine Rechtsordnung umfassend durchwalken. Außerdem lässt sich ein Blogpost nicht schreiben wie eine Klausur, ein Zeitschriftenaufsatz oder ein Kapitel einer Monographie. Zitierkarusselle und für den Gedankengang irrelevante Exkurse lassen sich nicht in Fußnoten unterbringen; Hyperlinks zu anderen Internetquellen übernehmen die Funktion von Nachweisen und blättern den juristischen Diskurs auf:

Argumentationen werden im Nachvollzug sprung- und bruchstückhaft. Nicht zuletzt ist die Konkurrenz im Netz zu anderen digitalen Formaten, die nur einen Klick entfernt sind, zu beachten: Man muss ein Leseerlebnis bieten oder der Tab wird geschlossen. Die durchschnittliche Verweildauer auf Internetseiten ist extrem kurz.

Diese blogstrukturellen Einschränkungen sind eher in der Lage, eine umfassende Kettenreaktion auszulösen als dies philosophische Universalprojekte beanspruchten (z. B. Systemtheorie und Dekonstruktivismus) – auch wenn ihre Auswirkungen wenig weitreichend sein mögen. Ob jemand bloggt, wird nicht über die Karriere entscheiden. Ein komplexes rechtliches oder theoretisches Problem gründlich durchzuarbeiten, wird weiterhin erfordern, lange Texte zu schreiben, die unter anderem darstellen, wie man sich mit dem Stand des Diskurses auseinandergesetzt hat.

Dennoch kann man sich medialen Bedingungen und Gewohnheiten nicht mehr entziehen, wenn sie regulär und dominant werden. Spätestens die nächsten Generationen werden selbstverständlich wissenschaftlich digital kommunizieren.[9] Die in Blogs akzeptablen stilistischen Freiheiten, die Konzentration auf einen zentralen Gedanken, die Vorläufigkeit und Ausschnitthaftigkeit von Erkenntnissen und Argumentationen, können in der Breite in neue Denkgewohnheiten umschlagen. Das Rhizom der Poststrukturalisten könnte sich am ehesten in der Verknüpfung von digitalen und digitalisierten Texten bilden, unter denen auch Blogs sein werden. Dies setzt voraus, dass die Digitalisierung rechtlicher und rechtswissenschaftlicher Texte voranschreitet, diese verfügbar werden und vor allem die Zahl an Einzelkämpfer/innen- oder Gruppenblogs ansteigt. Erst letztere kehren die Blogeigenheiten in reiner Form heraus.

Strukturell würde der Wandel durch Blogs, wenn er auf das Gedruckte und die alten Formen überspringt. Man wird es an auf das Wesentliche reduzierten Fußnoten sehen, an originellen Gliederungen, an distinkten Gedankenlinien, an stilistischer Heterogenität. Warum sollen nicht auch essayistischere und thetischere Formen des Begründens standesgemäß sein? Noch greifbarer wäre der Einfluss von Blogs, wenn sie in Verwertungsketten einbrächen. Bestimmte Formate wie Tagungsreporte, Urteilsanmerkungen, Gefälligkeitsrezensionen und sonstige Berichte neuer Gesetzesänderungen u. Ä., die teilweise nur der Darstellung dienen, dass etwas geschehen ist und ansonsten Publikationsverzeichnisse aufblähen, könnten schlicht überflüssig werden. Blogs würden eine neue Arbeitsteilung in der Wissenschaft einführen, die danach differenziert, wie aktuell, wie komplex ein Vorhaben ist und in welchem Überlegungsintervall man sich befindet.

Gleichzeitig könnten wir bewusster beziehungsweise aufrichtiger damit umgehen, dass Forschung und rechtliche Aussagen stets auch politisiert und subjektiviert sind. Erkenntnis- und Wahrheitsanspruch müssen nicht leiden, wenn wir nicht blindlings alle vorstellbaren Dimensionen und Skalen eines Themas ausleuchten. So merkwürdig das klingt: Vielleicht bringen uns Fingerübungen in Blogs dazu, uns stattdessen sinnvolleren Problemen, Fragen und Widersprüchen zu widmen. Mehr Witz im romantischen Sinne schadete sowohl digitalen als auch analogen Formaten von Wissenschaft nicht.

4. Blog oder nicht Blog, das ist nicht die Frage

Solange sie nicht gänzlich verabschiedet werden, stellt es keinen größeren Verlust dar, Objektivitäts- und Vollständigkeitsideale wenigstens aufzubrechen. Rationalität – ein hehres und höheres Ziel, begründbar zu überzeugen – lässt sich auch auf andere Weise anstreben. Ob allerdings Blogs und die Normalität des Umgangs mit ihnen diesen Wandel mit auslösen oder lediglich ein Symptom einer ohnehin stattfindenden Verunsicherung durch Transnationalität, Digitalität und Transdisziplinarität bilden,[10] ist für die Wirkungen letztlich gleich. Wir werden es an den Formen, Stilen und Inhalten künftiger Texte sehen – nicht nur in Blogs.

* Der Autor ist Mitbegründer des JuWiss-Blog. Ich danke *Hannah Birkenkötter* und *Tina Winter* für wertvolle Kritik. Auf viele, vor allem digitale Nachweise wird hier im Sinne der Lesbarkeit verzichtet.

1 In der englischen Sprache in Mode gekommenes Präfix für Steigerungen jeglicher Art, http://de.urbandictionary.com/define.php?term=uber (abgerufen am 22.11.2016).

2 S. *Hannah Birkenkötter/Maximilian Steinbeis*, Rechtswissenschaftliche Blogs in Deutschland, Jura 2015, S. 23 ff.

3 S. *Patrick Dunleavy*, Shorter, better, faster, free: Blogging changes the nature of academic research, not just how it is communicated, http://blogs.lse.ac.uk/impactofsocialsciences/2014/12/28/shorter-better-faster-free/, 28.12.2014 (abgerufen am 22.11.2016), zur Vielfalt wissenschaftlicher Blogs.

4 S. die englischsprachigen Blogs *EJIL:Talk!* und *I·CONnect*, die jeweils an Zeitschriften angegliedert sind. Die deutschsprachige *Legal Tribune Online* (LTO) ist ohne Bloglayout als digitale Tageszeitung aufgebaut, allerdings als Teil eines kommerziellen Serviceportals.

5 S. für das literarische Feld *Pierre Bourdieu*, Die Regeln der Kunst, 1999, S. 354.

6 Während sie in Onlinetexten als Hyperlinks auf den Text gelegt werden können und damit den Text höchstens farblich ändern, aber ansonsten nichts hinzufügen, lässt ihre Zitierästhetik in gedruckten Werken zu wünschen übrig.

7 Zum Beispiel *Jakob Huber*, Buchforum zu Thomas Pikettys »Das Kapital im 21. Jahrhundert«, 7.10.2014 bis 18.11.2014, http://www.theorieblog.de/index.php/tag/piketty-buchforum/ (abgerufen am 22.11.2016); für ein Online-Symposium *Isabel Feichtner/Markus Krajewski*, Investitionsschutz im TTIP in der Kritik, 17.4.2014 bis 27.5.2014, http://www.verfassungsblog.de/category/schwerpunkte/investitionsschutz-im-ttip-in-der-kritik/ (abgerufen am 22.11.2016).

8 Nicht nur dazu *Maximilian Steinbeis*, www.verfassungsblog.de/fuenf-gemeinplaetze-zu-rechtswissenschaftlichen-blogs-und-von-ihnen-zu-halten-ist/, 18.6.2014 (abgerufen am 22.11.2016).

9 S. auch *Hannah Birkenkötter*, Interview mit Oreste Pollicino, 29.12.2014, Verfassungsblog, http://www.verfassungsblog.de/something-mind-changed-became-something-different-interview-oreste-pollicino-co-founder-diritti-comparati/ (abgerufen am 22.11.2016).

10 S. nur *Andreas v. Arnauld*, Öffnung der öffentlich-rechtlichen Methode durch Internationalität und Interdisziplinarität, VVDStRL 74 (2015) (i. E.); *Gerald F. Davis*, Why Do We Still Have Journals, Administrative Science Quarterly 59 (2014), S. 193 ff.

Sophie Baumann

Plädoyer für ein demokratisches Jurastudium

Was sind emanzipatorische Perspektiven auf Studienreformen? Seit Jahren ranken sich zahllose Debatten um eine Reform des Jurastudiums: Mehr Selektion, Effizienz, Praxisbezug und Internationalisierung sollen her. Studentische Stimmen bleiben oft am Rand der Diskussionen und werden schnell überhört. In universitären Gremien sind die Studierenden unterrepräsentiert und viele grundlegende Entscheidungen fallen bereits außerhalb der Uni und ihren Gremien. Diese organisatorische Weichenstellung äußert sich auch inhaltlich in der gesamten Wissensstruktur der Rechtswissenschaft – also bei den Fragen, wie und von wem juristisches Wissen gesetzt wird. Um das aufzubrechen, braucht es einerseits eine demokratische Aushandlung der gelehrten Inhalte, in der auch eine studentische Perspektive teilnimmt. Andererseits eine Wissenschaftsfreiheit für Student*innen, die deren Ansichten in juristischen Diskussionen zulässt.

Das heißt, Studierende nicht nur als Leistungsempfänger*innen von Studieninhalten einzusortieren, sondern selbstbestimmtes wissenschaftliches Arbeiten anzuerkennen und vom aktuellen Prüfungsbild abzurücken, das Gerechtigkeit in der Unselbstständigkeit der konstruierten Aufgabenbearbeitung verortet. Juristische Fakultäten sollten ihre Studierenden als Anstoßgeber*innen Ernst nehmen, indem sie es zulassen, dass aktuelle gesellschaftliche Debatten Raum finden, ohne lediglich von professoraler Seite als Lehrinhalte vorgebracht zu werden. Dazu gehört es, Möglichkeiten zu schaffen, eigene Themen und Reaktionen auf Diskussionsstränge einbringen zu können. Jura hat immer mit seinen historischen Schatten zu kämpfen, und die lassen sich nur zerstreuen, wenn sie ständig von Leuten infrage gestellt werden, die sich noch nicht zu sehr im juristischen Unterholz verloren haben, diesem fein verästelten unübersichtlichen Argumentationsgefüge, in dem Fragen nur noch auf eine bestimmte Weise gestellt werden können. Juristerei sollte das Dilettantische schätzen lernen: als notwendiges Moment, um überkommene Traditionen immer wieder zu überwinden und Anknüpfungspunkte für realitätsbezogene Diskussionen zu suchen. Das juristische Wissen, von unhinterfragten Autoritäten gestaltet, in Herrschaftsverhältnissen gewachsen, teils noch aus dem Kaiserreich stammend, muss durch eine demokratisch organisierte Bildung zur Diskussion freigegeben werden.

Ein demokratischer Prozess muss Privilegien entgegen wirken, soziale Verhältnisse reflektieren und sozusagen verflüssigen. Und es bedarf zunächst unbestimmter Räume, die die Beteiligten selbstbestimmt gestalten können. Zwar sind demokratisierende Prozesse vielgestaltig und vorläufig. Sie beginnen aber alle damit, dass sich ihre Beteiligten gegenseitig zuhören. Um emanzipatorisch zu sein, müssen sie sich jeder Exklusivität entledigen. Sie bleiben dabei sicherlich experimentell und unfertig und sind in erster Linie Forderungen, die Student*innen selbst erkämpfen müssen.

Deswegen:

gegen die Eliten!
Die Zugänglichkeit des Studiums ist Voraussetzung für eine kritische, breite Jurist*innenschaft, die sich nicht mit der Bewahrung hergebrachten Rechts zufrieden gibt. Reformdiskussionen um Bachelor/Master-Modelle schneiden an diesem Punkt schlecht ab, wenn sie sich mit zusätzlichen Zugangshürden zufrieden geben.

weg vom Examen!
Die Jurastudent*in ist eine unter vielen. Eine Stärke des Studiums liegt in der möglichen Diskussion von Rechts-

entwicklungen und -auswirkungen auf Augenhöhe. Dahinter bleibt es zurück, wenn es vornehmlich auf ein Examen hinführt, das für einen konstruierten Einzelfall nach Gerechtigkeit und Wahrheit sucht. Die Befähigung zum richterlichen Urteilen eignet sich nicht als universitäres Hauptziel. Die Uni sollte ihre Räume nutzen, sich miteinander über Recht und seine Vermittlung auseinanderzusetzen. Wissenschaft kommt zu spät und für die meisten überhaupt nicht, wenn ihr erst in einer Promotionszeit Platz eingeräumt wird.

_wider die Prüfungslogik!
Scheitern ist selten Thema der Studienreformen – es wird trotz wachsender Anforderungen weniger als bedenkliche Folge selektiver Studienverläufe diskutiert, denn als persönliches Versagen. Obwohl die Voraussetzungen im und beim Zugang zum Studium in den letzten Jahren verschärft werden, wird dieser strukturelle Druck nicht bezüglich seiner Ausschlusswirkung problematisiert. Studentisches Scheitern wird vielmehr als individuelle Bauchlandung gewertet, die dann irrtümlicherweise lediglich die exklusive Qualität der Norm unterstreicht. Und damit findet sich eines der Hauptmankos aus studentischer Sicht überhaupt nicht in der Diskussionen um Veränderung wieder. Dabei ist klar: Ein Studium, das seine Beteiligten in ihrer eigenen Wissenschaftlichkeit ernst nimmt, gesteht ihnen Wahlfreiheiten und eigene Themensetzung zu und sieht Prüfungsleistungen nicht nur darin, eine Fallkonstellation abzufragen, in der riesige Lernstoffmassen zusammengefasst sind. In Klausuren als zentralen Prüfungsmomenten bleiben Entwicklungen und Veränderungen des Wissens sowie große Teile der studentischen Beschäftigung mit Recht unsichtbar. Sie eignen sich daher weitgehend nicht als Schicksalsentscheidungen über den weiteren Verbleib an der Uni. Prüfungssituationen werden häufig mit dem Argument gestaltet, Übungssituationen für die Examensvorbeitung zu schaffen. Dafür sind Klausurenkurse und Wiederholungsmöglichkeiten aber viel sinnvoller. Die ju-

ristischen Fakultäten sollten neue Möglichkeiten finden, ihre Student*innen kennenzulernen und sich mit deren juristischen Herangehensweisen zu befassen.

_ohne Wahrheit!

Wenn Studieninhalte in feingliedrigen, unübersichtlichen Argumentationssträngen verschwimmen, verlieren sie ihre Substanz und werden unverständlich. Selbstverständlich gewordene Ansichten, wie sie das Recht beinhaltet, können nur vorläufige, fragmentarische Ergebnisse sozialer Auseinandersetzungen sein und müssen sich inhaltlich immer wieder in der Diskussion bewähren. Jura erhält seine Substanz erst durch den Bezug zur Wirklichkeit. Wie der aussieht, ist Teil demokratischer Aushandlung. Wenn Recht aus seinem Geltungsanspruch eigene Wahrheiten ableitet, geht es der eigenen Normativität auf den Leim.

_in die hinterste Ecke!

Eine demokratische Fakultät muss sich dem Leben stellen und das Recht, als nur eine Art Konflikte zu strukturieren, immer wieder in die hinterste Ecke des Werkzeugkastens verbannen. Vor der Anwendung von Paragraphen steht die Frage, wie sich Streitigkeiten durch juristische Auseinandersetzungen verändern und was für Folgen Gesetzgebung oder Gerichtsprozesse für die Beteiligten mit sich bringen. Ein Herauskramen rechtlicher Instrumente ist nicht immer sinnvoll und erfordert eine Diskussion um die Zielsetzung. Die juristische Fakultät bleibt so offen für die Inhalte anderer Fächer und befähigt sich, die Funktionsweisen von Recht zu diskutieren.

_paritätische Selbstverwaltung!

Wer Meinung üblicherweise nach ihrer Wichtigkeit gliedert, wird seine Schwierigkeiten damit haben, sich auf Augenhöhe zu begegnen. Übung ist trotzdem nie verkehrt.

selbstbestimmtes Lernen!
Selbstbestimmung beim Lernen heißt eigene Planung des Studienverlaufs sowie inhaltliche und strukturelle Teilhabe am Fakultätsgeschehen. Es heißt auch, Fehler machen zu können, die Beschränktheit des eigenen Horizonts zu sehen und den Raum zu haben, sich mit seinem Umfeld auseinanderzusetzen, und zwar in einem sozialen Miteinander, in dem die Beteiligten sich gegenseitig als Herausforderung und Bereicherung begreifen statt als Konkurrenz.

Hans Lühmann

Rechtswirklichkeit und Rechtsetzung in der Juristenausbildung

Das Beispiel der Gewährleistung des Existenzminimums in der Grundsicherung für Arbeitsuchende

Was sind Kriterien für gute Absolventen einer juristischen universitären Ausbildung und welchen Beitrag kann eine juristische Fakultät leisten? Die Beantwortung der Fragen kann einerseits beim Bild eines Juristen, seines Wirkens im demokratischen Rechtsstaat und möglichen Aufgaben für Individualrechtsschutz und Gerechtigkeit ansetzen. Freilich ist auch viel Empathie und Emotion dabei, geht es doch auch um die Entkräftung mancher literarisch verarbeiteter Vorlagen, dass »gute« Juristen »von mäßigem Verstand« (Ludwig Thoma) sind, und um die Bekräftigung, dass Juristen einem wichtigen Berufsstand angehören. Andererseits könnten auch die wohl lange Tradition einer alten Debatte mit wandelnden Inhalten zur Reform der Juristenausbildung in Deutschland, die Etappen der Reformdiskussion sowie die heutigen Möglichkeiten von juristischen Fakultäten in dieser Ausbildung thematisiert werden. Dieser Ansatz schließt dann auch die »Perspektiven der Rechtswissenschaft in Deutschland« bis hin zu gleichnamigen Empfehlungen des Wissenschaftsrates vom November 2012 ein, die u. a. im Rahmen des rechtswissenschaftlichen Studiums auch auf »Rechtsgestaltungskompetenzen« und eine »Akzentverschiebung von spezialistischem Anwendungswissen auf ein übergreifendes Wissen über die fachlichen und außerfachlichen Kontexte« verweisen.

Diese Argumentationslinien können und sollen jedoch an dieser Stelle nicht weiter verfolgt werden, zumal hierzu nicht wenig zu lesen ist. Vielmehr soll von einem konkreten Projekt an der Juristischen Fakultät der Humboldt-Universität berichtet werden, welches der humboldtschen Tradition folgend theoretische Erkenntnisse zur Gesetzgebung und die Praxis der Wirkungen juristischer Rechtsanwendung verbinden soll. Gegenstand dieses Projektes ist die Darstellung und Analyse aktueller Gesetzgebungsprojekte auf Bundes- oder Landesebene in Lehrveranstaltungen mit einer begrenzten Anzahl interessierter Studenten (unter 30) höherer Semester. Der Prozess der Rechtsschöpfung wird in unterschiedlichen rechtlichen und außerrechtlichen – insbesondere rechtspolitischen, kulturellen und finanziellen – Kontexten reflektiert. Dieses Projekt haben Frau Kollegin Will und der Verfasser seit einigen Jahren an der Juristischen Fakultät ausgerichtet. Ziel dieses Projektes ist, einerseits unterschiedliche Dimensionen der Rechtsetzung und soziale, politische oder auch finanzielle Rahmenbedingungen für geltende Normenwerke deutlich und andererseits diese Dimensionen in konkreten Rechtsschöpfungen der Gegenwart für die Studenten nacherlebbar zu machen. Im Rahmen geblockter Lehrveranstaltungen erhalten interessierte Studenten die Möglichkeit, über einen jungen Rechtsbereich zu diskutieren, den sie in ihrer juristischen Ausbildung kaum behandelt haben, dessen unterschiedliche sozialen, politischen, kulturellen und nicht zuletzt finanziellen Aspekte in der öffentlichen Diskussion allgegenwärtig sind: der Grundsicherung für Arbeitsuchende.

Die Grundsicherung für Arbeitsuchende als taugliches Referenzgebiet für Aspekte der Rechtswirklichkeit und Rechtsetzung
Ein lehrreiches, für eine rationale und »gute« Gesetzgebung weniger positives Referenzgebiet in der aktuellen Sozialentwicklung stellen die gesetzlichen Regelungen zur Grundsicherung für Arbeitsuchende und ihre Anwendung in der Umsetzung dar. Immerhin geht es um

- die berufliche und soziale Integration von über 6 Millionen Leistungsempfängern,
- die Ausgabe von öffentlichen Mitteln in Höhe von ca. 55 Milliarden Euro jährlich auf Bundes-, Landes- und Kommunalebene,
- die Anwendung der Regelungen durch über 80 000 Beschäftigte im öffentlichen Dienst,
- staatliches Handeln einer sozialen Massenverwaltung in über 400 Kreisen und kreisfreien Städten durch die Jobcenter.

Als »Hartz IV« im öffentlichen Sprachgebrauch denunziert, im spröden Juristendeutsch als Grundsicherung für Arbeitsuchende im Sozialgesetzbuch Teil II (SGB II) geregelt, unterlag dieses zum Jahr 2005 eingeführte Transfersystem einem stetigen rechtlichen Wandel. Die hohe Dynamik im Rechtsbereich der Grundsicherung für Arbeitsuchende zeigt sich in Folgendem:

- Der Wortumfang im SGB II hat sich nahezu verdoppelt.
- Fast alle zwei Monate erfolgten Änderungen am Gesetzestext für die seit 1. Januar 2005 gezahlten Transferleistungen (knapp 60 gesetzliche Änderungen).
- Die Sozialgerichte stöhnen über die hohe Anzahl der Verfahren zum SGB II.
- Das Bundesverfassungsgericht hatte sich in einer relativ hohen Entscheidungsdichte mit unterschiedlichen verfassungsrechtlichen Fragestellungen auseinanderzusetzen. Eine Entscheidung setzte den Ausgangspunkt für eine Änderung im Grundgesetz (Art. 91e GG) und eine maßgebliche Reform der Organisation, eine andere hat eine maßgebliche Änderung der Berechnung für Leistungen zur Sicherung des Lebensunterhalts (Regelsatz) eingeläutet.

Außerrechtliche und rechtliche Aspekte der Gesetzgebung zum SGB II

Von Anfang an war die Zusammenführung von Arbeitslosen- und Sozialhilfe in der Grundsicherung für Arbeitsuchende von unterschiedlichen politischen, sozialen, finanziellen und verwaltungsorganisatorischen Dimensionen geprägt. Sie wird als »größte« Sozialreform in Deutschland nach 1945 bewertet, gefeiert oder abgelehnt. Der aktivierende Sozialstaat ist Leitgedanke und Schlüsselbegriff. Fern ab von aktuellen politischen Diskursen zwischen »Armut per Gesetz« und »spätrömischer Dekadenz« werden im Projekt sozialpolitische Streitlinien aufgezeigt und soziale Wirkungen dieses steuerfinanzierten Transfersystems hin zu einer »Grundsicherung« umrissen. Immerhin ist die Rechtswirklichkeit ein Spiegel der Konkretisierung nicht nur sozialer Werte der Gesellschaft, sondern grundlegender Aspekte der Freiheit, Gleichheit und Menschenwürde. Grundrechte wie die *Gewährleistung des Existenzminimums* werden weniger aus der grundrechtsdogmatischen Perspektive beleuchtet. Es geht also beispielsweise weniger um die Analyse und Bewertung der rechtlich bestimmten konkreten Höhe von Geldleistungen zur Sicherung des Lebensunterhalts in Form des Regelsatzes. Im Mittelpunkt stehen die realen Wirkungen dieser normativen Vorgaben, wenn beispielsweise im Regelsatz auch Kosten für Gebühren für Ausweise zur Erhöhung der Geldleistung berücksichtigt werden und damit die Geldleistungen erhöht werden, andererseits dann aber Regelungen zur Gebührenbefreiung bei der Ausstellung amtlicher Dokumente aufgehoben werden. Die Erhöhung des Regelsatzes schmilzt dann im Einzelfall auf Null.

Die Gesetzgeber manifestieren im SGB II ein bestimmtes *Menschenbild*. Ausgangspunkt sind freie, verantwortungsbewusste Menschen, die für sich und solidarisch für andere für den Lebensunterhalt sorgen und hierbei Unterstützung benötigen. Wie kann dieses Menschenbild umgesetzt werden, wenn in der Öffentlichkeit eine negative Stigmatisierung derjenigen erfolgt, die von ihren Rechtsansprüchen Gebrauch machen? Immerhin ist im Gesetzestext seit 2011 nicht mehr von Hilfebedürftigen, sondern Leistungsberechtigten die Rede. Ist dieses Menschenbild nicht bereits dann erheblich relativiert, wenn die Einrichtung eines Außendienstes zur Bekämpfung von Leistungsmissbrauch oder Sanktionen bei Pflichtverletzungen, z. B. bei Meldeversäumnissen, vorgesehen sind? Konfliktpotentiale zwischen der Verteilung steuerfinanzierten Leistungen und der dabei zu beachtenden Menschenwürde im Einzelfall einerseits und einer starken Reglementierung und Kontingentierung der Lebensführung der Leistungsberechtigten anderseits werden deutlich.

Indizien *symbolischer Gesetzgebung* etwa im Zusammenhang mit dem normierten Prinzip der Einheit von Fördern und Fordern können ausgemacht werden. Das Förderlatein scheint in vielen Einzelfällen das Ende erreicht zu haben, wenn im Falle von seit vielen Jahren im Leistungsbezug Stehenden die vorgesehene, aber ungenügend umgesetzte »ganzheitliche und umfassende Betreuung und Unterstützung bei der Eingliederung in Arbeit« zu keinem Erfolg führt. Auch stellt sich die Frage, welche Förderung im Rahmen der Grundsicherung für Arbeitsuchende noch erfolgen kann, wenn Leistungsberechtigte bereits einer Tätigkeit im Rahmen sozialversicherungspflichtiger Beschäftigung in Vollzeit nachgehen, das Einkommen aber dennoch unter dem sozioökonomischen Existenzminimum verbleibt.

Eine wesentliche Komponente in der Grundsicherung für Arbeitsuchende ist *das finanziell Machbare*. Die Erkenntnis, dass der aktivierende Sozialstaat nur die Finanzmittel für Transferleistungen ausgeben könne, die er z. B. über Steuereinahmen eingenommen hat, verkommt zur Binsenweisheit, wenn der in Gesetzgebungsverfahren oft erhobene politische Einwand der Bestimmung von Geldleistungen nach aktueller Kassenlage des Bundeshaushaltes nicht entkräftet werden kann. Immerhin, jährlich werden im Zusammenhang mit der Grundsicherung für Arbeitsuchende ca. 55 Milliarden Euro umgesetzt. Diese Summe ist auch für ein »reiches« Gemeinwesen nicht gering. Ist jedoch der konkrete Mitteleinsatz zwischen Zweckkosten und Verwaltungskosten, zwischen konsumtiven Leistungen und Kosten für Arbeitsmarktmaßnahmen sinnvoll? Hinzu kommt das komplexe Geflecht von Finanzbeziehungen zwischen Bund, Ländern und Kommunen, das eine ständige Verteilungsdebatte etwa zur Höhe der Bundesbeteiligung bei den Kosten für Unterkunft und Heizung der kommunalen Grundsicherungsträger hervorruft.

Einzelbeispiele aus der Änderungsgesetzgebung zum SGB II
Diesem eher allgemeinen Teil zu rechtlichen und außerrechtlichen Aspekten schließen sich im Projekt Erörterungen und Analysen zu konkreten abgeschlossenen, laufenden oder geplanten Gesetzgebungsverfahren an, die im Zusammenhang mit Fragen der Grundsicherung für Arbeitsuchende stehen. Gesetzgebungstechnisch können beispielsweise Impulsgeber für Änderungen erkannt oder Besonderheiten der konkreten Verfahren (informelle Expertenrunden oder »Omnibusverfahren«, »unechter Einigungsvorschlag« des Vermittlungsausschusses) benannt werden. Im Mittelpunkt dieser Sicht auf konkrete Gesetzgebungsakte stehen:
_ die Neuorganisation der Grundsicherungsverwaltung im Jahr 2010 mit den besonderen organisatorischen Stilblüten einer verfassungsfesten Verankerung der Mischverwaltung in Art. 91e GG,
_ die keineswegs abgeschlossene normative Bestimmung der Regelsätze und
_ Leistungserweiterungen im Rahmen des Bildungs- und Teilhabepakets.

Aktuelle Bezüge zur sozialen Wirklichkeit – wie etwa die EU-Einwanderung nach Deutschland oder die Flüchtlingsproblematik und mögliche SGB-II-Ansprüche; enorm ansteigende Strompreise und deren inadäquate Berücksichtigung bei der jährlichen Dynamisierung der Regelsätze oder soziale Folgen einer Sanktionierung bei Pflichtverletzungen der Leistungsberechtigten – können her- und dargestellt werden.

Fazit

Die bisherigen Erfahrungen mit diesem Projekt zeigen, dass ein großer Wissensbedarf bei den Studenten zu den konkreten Zusammenhängen zwischen aktuellen Gesetzgebungsverläufen, geltenden Regelungen und außerrechtlichen Rahmenbedingungen für die Rechtsetzung besteht. Dieser Wissensbedarf erhöht sich, wenn vor dem Hintergrund sozialer Erfahrungen der Teilnehmer am Projekt auch Aspekte der eigenen Lebensführung – studentisches Existenzminimum, angemessener Wohnraum – zur Sprache kommen. Paradox erscheint, dass gerade die Abkehr von rechtsdogmatischen Zugängen der Auslegung von Regelungen im SGB II hin zu einer prozeduralen und kontextbezogenen Sichtweise auf Gesetzgebungsverläufe tiefere Einsichten zu Fragen des Grundrechtsschutzes, des Finanzverfassungs- oder des Staatsorganisationsrechts vermittelt. Jedenfalls ist es eine gute Bestätigung dieses Projektes, wenn die teilnehmenden Studenten nach diesen Wochenendveranstaltungen den Zuwachs an Erkenntnissen zur Rechtswirklichkeit und Rechtsetzung auch als Gewinn für das Verständnis rechtsdogmatischer Zusammenhänge begreifen und die Tätigkeit eines Juristen nicht nur auf die Streitbeilegung mit rechtsdogmatischen Rüstzeug verengen.

Julja Altermann

Was wäre, wenn?

Auszug aus einer ungeschriebenen Dissertation

Was wäre, wenn? Diese Frage stellt man sich im Laufe seines Lebens häufig und in den unterschiedlichsten Situationen. Als Jurist begegnet man der Fragestellung zudem gelegentlich im Bereich der hypothetischen Kausalität. Ich für meinen Teil halte mich eigentlich lieber an das Faktische. Aber hier und heute stelle ich die Frage nach dem »Was wäre, wenn« nun doch einmal – nämlich in Bezug auf die Frage, *was wohl gewesen wäre, wenn* ich während meiner Zeit am Lehrstuhl von Frau Prof. Will eine Promotion geschrieben hätte. Tatsächlich habe ich es nicht getan, aus verschiedenen Gründen. Und tatsächlich frage ich mich gelegentlich, ob ich es nicht doch hätte tun sollen.

Hätte ich es getan, so wäre da wohl zunächst die Frage aufgetaucht, mit welchem Thema sich eine solche Dissertation wohl beschäftigt hätte. Nun wäre das wohl noch ein leichterer Teil der Übung gewesen. Schon im Studium habe ich mich mit Fragen der Rentenversicherung, auch in Bezug auf die Überleitung der DDR-Renten in das System der heutigen Deutschen Rentenversicherung, befasst. Da auch Frau Will auf diesem Gebiet tätig war, hätte es wohl sehr nahe gelegen, das Thema der Dissertation hier anzusiedeln.

In der Folge hätte ich wohl Stunden um Stunden in der Bibliothek zugebracht bei der Suche nach geeigneter Literatur, da ich selbstverständlich mein Literaturverzeichnis nicht allein mit den Schriften meiner Doktormutter hätte bestücken können.

In dieser Zeit wäre mein Kaffeekonsum mit Sicherheit enorm gestiegen; mit unmittelbaren (negativen) Auswirkungen zum einen auf mein vegetatives Nervensystem, zum anderen auf meine finanzielle Situation, da der Kaffee im Tim's bekanntlich zwar geschmacklich nicht zu beanstanden, aber eben auch nicht ganz preiswert ist. Auf der anderen Seite hätte das womöglich den Vorteil gehabt, dass ich mich insgesamt mehr im Universitätsgebäude aufgehalten und somit gerade in den Wintermonaten Heizkosten gespart hätte. Ich wäre allerdings auch einige Jahre später (dazu sogleich) in das Berufsleben eingestiegen. Zudem hätte ich möglicherweise die Anschaffung eines neuen Personalausweises getätigt, um vor der Welt jederzeit Beweis für die von mir vollbrachte wissenschaftliche Leistung antreten zu können. In dem mir hier vorgegebenen Rahmen ist eine abschließende Betrachtung der wirtschaftlichen Auswirkungen eines Promotionsvorhabens auf mein Leben wohl weder möglich noch auch im Interesse des geneigten Lesers.

Bleibt als Zwischenergebnis festzuhalten, dass der Einfluss eines Promotionsvorhabens auf meine gesamtwirtschaftliche Situation einer größeren Studie vorbehalten bleiben muss.

Bekanntermaßen dauern rechtswissenschaftliche Dissertationen zwischen zwei und fünf Jahren, Ausreißer in die eine oder andere Richtung ausgenommen. Bei Zugrundelegung einer durchschnittlichen Begabung, einer durchschnittlichen Arbeitsdisziplin und eines mittelmäßigen elterlicherseits ausgeübten Zeitdrucks wäre also von einer Bewältigung des Vorhabens binnen dreier Jahre auszugehen. Ich wäre mithin heute drei Jahre älter, hätte dafür aber auf meinem Namensschild am Büro zwei zusätzliche Buchstaben.

Der hypothetischen Kausalität im Bezug auf meinen Lebenslauf sei hiermit aber Genüge getan, nunmehr stellt sich die Frage, was wohl in einer solchen Dissertation (beispielhaft) gestanden hätte. Ich stelle mir eine recht allgemein gehaltene Arbeit vor, die verfassungsrechtliche Bezüge aufgezeigt und sicherlich auch eine Rechtsprechungsübersicht beinhaltet hätte. Nach einer meinem Schreibstil entsprechenden schwungvollen Einleitung zum Rentensystem im Allgemeinen und den heutigen Problemen aufgrund der demographischen Entwicklung hätte ich möglicherweise einen kurzen Überblick über die Rechtsprechungsentwicklung zur Frage des verfassungsrechtlichen Schutzes der Renten gegeben. Dieser hätte sich – freilich vor der kritischen Würdigung durch die Doktormutter – möglicherweise so gelesen*:

Bis zur bundesverfassungsgerichtlichen Anerkennung des Eigentumsschutzes auch für Rentenanwartschaften war es ein weiter Weg, an dessen Ende aber immerhin eine Entscheidung stand, in der der Eigentumscharakter dieser Rechtspositionen nicht nur zum ersten Mal ausdrücklich anerkannt wurde, sondern die auch eine erste genauere Definition des Schutzobjektes lieferte.

Ausgehend von dem Punkt, dass nur private Vermögensrechte den Schutz des Art. 14 GG genießen könnten, war eine Einbeziehung subjektiv-öffentlicher Rechte in den Eigentumsschutz vom Bundesverfassungsgericht zunächst strikt abgelehnt worden. Doch schon bald entwickelten sich differenziertere Ansätze. So wurde bereits wenige Jahre später angenommen, dass zumindest bestimmte subjektiv-öffentliche Rechte in den Schutzbereich einbezogen werden müssten. Dies wurde vom Bundesverfassungsgericht zum Beispiel für geboten erachtet, wenn dem Einzelnen eine Rechtsposition zukam, die derjenigen eines Eigentümers so ähnlich war, dass ihre ersatzlose Entziehung unter verfassungsrechtlichen Gesichtspunkten nicht mehr hinnehmbar wäre, oder wenn das subjektiv-öffentliche Recht durch eigene Leistung des Einzelnen erworben worden war.

An diese Erwägungen knüpfte das Bundesverfassungsgericht an, als es in seiner Entscheidung vom 28. Februar 1980 zur Verfassungsmäßigkeit des Versorgungsausgleichs zum ersten Mal auch sozialversicherungsrechtliche Ansprüche dem Schutz des

Art. 14 GG unterstellte. Dort definierte es die Rentenanwartschaft als

»(...) Rechtsposition der Versicherten nach Begründung des Rentenversicherungsverhältnisses, die bei Erfüllung weiterer Voraussetzungen, etwa des Ablaufs der Wartezeit und des Eintritts des Versicherungsfalls, zum Vollrecht erstarken kann (Rentenanwartschaft)«.

Diese Wende in der Rechtsprechung war eingeläutet worden durch ein Sondervotum der Richterin Rupp-von Brünneck zu einer Entscheidung aus dem Jahre 1971. Das Bundesverfassungsgericht kam damit erstmalig Forderungen nach, die in der Lehre, aber auch seitens des Bundessozialgerichts und des Bundesgerichtshofes schon längere Zeit laut geworden waren.

Das Bundesverfassungsgericht stützte seine Entscheidung vor allem auf das Argument, dass den Rentenanwartschaften der Schutz des Art. 14 GG zukommen müsse, weil sie Funktionen erfüllen, deren Schutz genau die Aufgabe der grundrechtlichen Eigentumsgarantie sei. Diese solidarisch getragene Form der Daseinsvorsorge sei für weite Teile der Bevölkerung an die Stelle privater Sicherung getreten. In der Tat lassen die in der Zwangsversicherung zu zahlenden Beiträge dem Versicherten in der Regel wenig finanziellen Spielraum für eine eigene, parallel geführte Altersvorsorge. Gerade weil dem Versicherten aber die Möglichkeit einer eigenen Vorsorge quasi genommen wird, ist das, was an deren Stelle tritt, aus seiner Sicht umso schutzwürdiger und -bedürftiger. Die Eigentumsgarantie des Grundgesetzes soll dem Einzelnen einen »Freiheitsraum im vermögensrechtlichen Bereich« gewähren, weshalb nicht dasjenige von ihr ausgenommen werden kann, was heute diese Funktion für die Mehrheit der Bürger erfüllt.

Außerdem kommt der gesetzlichen Rente schon nach dem Willen des Gesetzgebers eine Lohnersatzfunktion zu. Der Lohn ist es aber gerade, der für den Arbeitnehmer in den Zeiten aktiven Erwerbs die Grundlage zur eigenverantwortlichen Lebensgestaltung bildet. Somit muss sein nach Beendigung des Erwerbslebens staatlich gewährtes Substitut denselben grundrechtlichen Schutz erfahren. Ein Ausschluss der Rentenansprüche aus Art. 14 GG allein aufgrund ihrer speziellen Ausgestaltung wäre also unbillig.

Was wäre, wenn ich tatsächlich eine Promotion geschrieben hätte? *Vielleicht* läse sie sich so, wie das soeben Ausgeführte. *Vielleicht* auch nicht, weil ich unter der wohlwollend-kritischen Ägide von Frau Will einen anderen, weniger blumigen Schreibstil entwickelt hätte.

Die Welt wäre sicher keine andere, hätte ich diese Promotion wirklich verfasst. Aber *ich* wäre es sicherlich. Damit meine ich natürlich nicht nur den Umstand, dass ich mindestens drei Kilo mehr wiegen würde, da ich länger in den Genuss der hervorragenden Kochkünste von Frau Will gekommen wäre, sondern vor allem mich als Juristin, die unter dem Einfluss meiner Doktormutter (möglicherweise und hoffentlich) interessante Dinge zur Frage des Deutschen Rentenversicherungssystems beigetragen hätte. Diesen Verlust wird die Menschheit wohl kommentarlos (weil unwissend) verkraften – ich selbst werde sicher bei der einen oder anderen Gelegenheit noch der Frage nachhängen: *Was wäre, wenn ...?*

---

* Der besseren Lesbarkeit halber habe ich im Folgenden auf die Wiedergabe der in meiner nicht verfassten tatsächlichen Dissertation fraglos unzähligen Fußnoten verzichtet.

Dagmar Schnürer

»Das Demokratieproblem, das wir haben«

Deutschland seit der Wiedervereinigung – Analysen und Perspektiven

Das letzte Seminar als ordentliche Professorin an der Humboldt-Universität zu Berlin gab Frau Will im Juni 2014. Unter der Überschrift »Deutschland seit der Wiedervereinigung« wurden das Entstehen und die dann folgenden Entwicklungslinien der neuen Bundesrepublik aus rechtlicher Perspektive nachvollzogen und diskutiert. Dabei waren es vor allem die Auswirkungen der Europäischen Union und der Globalisierung, denen das Seminar in den Diskussionen nachspürte und fragte, wo sie uns hinführen werden. Ich habe Teile des Seminars aufgenommen und möchte einige Ausführungen von Frau Will, die ich mir in Zukunft immer wieder ins Gedächtnis rufen möchte, wiedergeben. Es handelt sich um Transskripte meiner Tonaufnahmen.

Einleitung

Die erste Vorlesung die ich 2011 im Rahmen meines Zweitstudiums der Rechtswissenschaft an der Humboldt-Universität besuchte, war »Staatsorganisationsrecht« bei Frau Prof. Will im ersten Stock des Ostflügels des Hauptgebäudes Unter den Linden, Raum 2002. Die engen knarrenden Holzklappbänke waren voll besetzt, ich fand nur noch auf dem Boden Platz. Es war der Raum, wie ich drei Jahre später bei ihrer Abschiedsvorlesung erfuhr, in dem Frau Will ihrerseits 1969 ihr Studium der Rechtswissenschaft begonnen hatte, in der DDR. Was mich erwartete, war anders als die Vorlesungen, die danach kommen sollten. Langsam und bedacht vermittelte uns Frau Will den Aufbau und die rechtliche Funktionsweise der Bundesrepublik Deutschland anhand des Grundgesetzes. Keine Pointen, keine Anekdoten lenkten von dem Thema der Veranstaltung ab (nur als es um das Bundesverfassungsgericht ging, gestattete sie sich, aus eigenen Erfahrungen der Jahre 1993–1995 zu plaudern). Bei den ausschließlich männlichen Kollegen, deren Vorlesungen ich in den drei folgenden Studienjahren besuchte, reichten die Ablenkungen von fragwürdigen Erzählungen aus dem persönlichen Alltag und Lebenslauf bis zur Beleidigung Studierender. Frau Will konzentrierte sich auf die zu behandelnden Inhalte und deren Aufscheinen in aktuellen politischen Ereignissen und Debatten. Sie hörte den Redebeiträgen der Studierenden genau zu, moderierte sie mühelos und gewinnbringend, so dass Diskussionen nicht zerfaserten.

2014 wählte ich als letztes Seminar im Rahmen meines Studiums das Abschlussseminar Frau Wills, das sie gemeinsam mit Prof. em. Bernhard Schlink leitete und das in Binz auf Rügen stattfand. Was mich in jener ersten Vorlesung 2011 beeindruckt hatte, die wache und scharf analysierende Einbeziehung der aktuellen politischen Vorgänge, wurde in der konzentrierten Atmosphäre des Seminars erneut zu einem Erlebnis, gepaart mit einem ausdifferenzierten historischen Wissen, das die Vorgänge seit 1945 in Ost und West auch in Einzelheiten präsent hatte.

Die Wende 1989 – eine Revolution?
Zu Anfang stand die Frage, ob die Ereignisse von 1989/1990 als Revolution zu bezeichnen seien oder nicht. War der Umbruch von 1989 die erste erfolgreiche Revolution in der deutschen Geschichte?

Die vorgebrachte These, es handle sich nicht um eine Revolution, sondern um einen durch den Niedergang der Wirtschaft und den Exodus der Arbeitskräfte erfolgten Zusammenbruch, ließ Frau Will nicht stehen:

> In Bezug auf die DDR und das Ende der DDR handelt es sich um eine Revolution, denn wir haben den Wechsel der Verfassungsordnung. Die DDR hatte eine

> klar kommunistisch strukturierte Verfassung mit der Aufhebung des Privateigentums, der Verhinderung einer Opposition und freier Wahlen und der Verankerung der führenden Rolle der SED. Das sind klare Verfassungsprinzipien, die aufgehoben und ersetzt wurden durch andere, die des Grundgesetzes.

Daraufhin fragte ein Student: Also wäre auch eine militärische Intervention von außen, die zu einer neuen Verfassung führt, eine Revolution?

> Unter Umständen ja.

Aber müssten nicht die Akteure der Revolution aus den Reihen der Revolutionierenden kommen? Der Umbau der Verfassungsordnung wurde stattdessen von west- und ostdeutschen Politikern vollzogen, nicht von denen, die auf die Straße gegangen waren.

> Es haben freie Wahlen in der DDR stattgefunden mit einer Volkskammer, die sich auf den besonderen Weg der Wiedervereinigung voll eingelassen hat. Insofern gab es das Hervorbringen von Akteuren in der DDR, die dann politisch gehandelt haben.
> Ich kann verstehen, dass man die Revolution positiver besetzen will, als mit einem rein qualitativen Umbruch, wie ich ihn jetzt als objektives Kriterium für eine Revolution festhalten würde. Aber ich denke, historisch gibt es das relativ häufig und ich sehe keinen wirklichen Grund an der Stelle zu sagen, dann ist es keine Revolution.

Wenn es in der DDR nach den Wahlen Akteure gab, bleibt die Frage, in welchen Punkten sie Einfluss auf die Umgestaltung der Gesellschaft genommen haben, abgesehen davon, dass sie ihr Ja zur Wiedervereinigung gaben.

Natürlich ist das ein Problem, das Zusammenfallen des gesellschaftlichen Umbruchs mit der Wiedervereinigung. Das hat dazu geführt, dass das Gesellschaftssystem in der DDR eins zu eins nach dem Modell der Bundesrepublik errichtet worden ist. Die Überleitung, die wir durch den Einigungsvertrag hatten, ist natürlich zu den Konditionen der alten Bundesrepublik erfolgt, das ist sicher unstreitig. Aber ich denke, es ist eine große Illusion zu glauben, dass dies im Volk nicht mehrheitsfähig gewesen wäre. Als am 18. März 1990 gewählt wurde, war klar, für welchen Weg man sich entscheidet und es ist in dieser Wahl mit ganz überwältigender Mehrheit so entschieden worden.

Europa als zwangsläufiger Prozess?
Beim Thema Europa wurde deutlich, dass für Frau Will das Mitdenken überraschender Wendungen stets präsent zu sein scheint, während dies vielleicht vor allem diejenigen, die noch keinen Umbruch (bzw. keine Revolution) erlebt haben, gerne ausblenden. So waren die meisten Diskutierenden der Meinung, Europa gehöre quasi zwangsläufig zusammen und müsse das Zusammenwachsen nur noch durch identitätsstiftende Maßnahmen festigen. Frau Will jedoch argumentierte, historische Prozesse seien nicht unumkehrbar oder unaufhaltsam, Geschichte sei nicht determiniert. Es gäbe Rückschläge und immer die Möglichkeit des Untergangs, des Überwältigtwerdens von außen oder des Zerfalls von innen. Für das einigermaßen verlässliche Zusammenwachsen Europas seien deshalb konkrete Aktionen gefragt:

> Die Beobachtung des historischen Prozesses zeigt, dass das Gefühl, etwas Gemeinsames zu sein, erst aus Aktionen folgt, die man macht und eine Folge von Dingen ist, die man lebt, die man zusammen veranstaltet. Von daher müssten wir uns überlegen, was uns jetzt in Europa zusammentreibt, welche

Handlungen uns abgefordert sind, über die wir dann ein Gefühl von Zusammengehörigkeit erreichen, von dem wir denken, dass es nicht mehr auflösbar ist.

Frau Will forderte uns auf, genau hinzuschauen, was die Gegebenheiten sind und was daraus, streng rational, zu folgen hätte oder was genau die Folgen eines Ereignisses gewesen sind und was nicht. Zum Beispiel in Bezug auf das Verhältnis der Bundesrepublik zur Europäischen Union, mit Blick auf die Situation in Griechenland, wo die Entschuldung des Landes den Finanzmärkten hilft, nicht aber den Menschen vor Ort:

> Man kann jetzt die Tatsache, dass Europa als gemeinsamer *Wirtschaftsraum* entstanden ist geißeln, aber man kann das auch der Betrachtung zugrunde legen und fragen, ist das unabwendbar und was folgt daraus?
> Wogegen ich anrede, ist so eine Idealisierung: Wir machen da was, wir haben ein Projekt, wir brauchen ein Wir-Gefühl. Stattdessen ist zu akzeptieren, dass wir als Deutsche nicht ohne einen größeren Wirtschaftsraum existieren und es ist zu fragen, was daraus folgt.
> Ich glaube, dass es Rationalitäten eines gemeinsamen Marktes und Wirtschaftens gibt, die so weit reichen, dass man den Partner, den anderen, nicht zugrunde richtet. So wie der Kapitalismus gelernt hat, dass er den Arbeitstag nicht beliebig ausdehnen kann, liegt es in der Logik von Wirtschaftspartnern, dass man den anderen nicht so weit zu Boden drückt, dass er nicht mehr existiert. Das haben wir im Rahmen des nationalen Wirtschaftens gelernt.
> Jetzt glauben wir plötzlich, das gelte nicht mehr, man könne den anderen kaputtspielen. Ich finde es erstaunlich, dass wir das nicht als Erfahrungswert realisieren. Auch Bismarck hatte begriffen, dass es soziale Sicherungssysteme braucht und hat sie einge-

führt. Warum will man jetzt unter diesen Erkenntnisstand, den wir national haben, zurück? Weil wir plötzlich ein größeres Spielfeld haben? Das rennt sich zu Tode und natürlich können wir damit abstürzen. Also es gibt schon etwas, das wir gemeinsam verarbeiten und realisieren müssen.

Ein Denken, wie es Bismarck bei der Einführung der sozialen Sicherungssysteme in Deutschland an den Tag gelegt hatte, brauchen wir auch für Europa. Wenn wir nicht aus Zusammenbrüchen lernen wollen, müssen wir auf das historisch Verfügbare zurückgreifen.

Unser Systemdefizit
Anhand der Entwicklung des bundesdeutschen Sozialstaats innerhalb der letzten 25 Jahre arbeitete Frau Will ein Defizit unseres demokratischen Systems heraus und die Veränderungen, die notwendig wären:

> Dass die Welt sich globalisiert hat, ist ein zu konstatierender Punkt und das bedeutet unterm Strich, dass das Kapital sich globalisiert hat. Der Staat und das Recht haben in unterschiedlichen Nationalstaaten gelernt, wie sie damit umzugehen haben. Es ist immer die Frage gestellt worden: Wie kann Kapitalismus demokratisch sein?
>
> Einerseits dieses Wirtschaften, das über die Erde rennt, sich in die letzten Winkel verteilt, dabei die Steuerschlupflöcher ausnutzt und die Staaten zu Schuldenstaaten macht, wodurch sie die benötigten Sozialsysteme nicht mehr finanzieren können. Wie kriegt man die Leute zum Steuerzahlen? Wo ist die Staatsorganisation – sage ich jetzt mal, aber ich meine das durchaus global –, die das zuwege bringt? Das ist der Punkt. Der wird am deutlichsten beim Sozialstaat in der Globalisierung.
>
> Aber wir haben auch ein Demokratieproblem: Warum sind wir nicht in der Lage, das zu machen, was

der New Deal gemacht hat? Warum schauen wir zu, wie der deutsche Sozialstaat unter diesen Druck gerät? Das ist die Frage und ich denke, da müssen wir auch Antworten finden. Ob das jetzt über die Protestbewegung läuft, dass wir ein Subjekt brauchen, das dies erzwingt – ich denke, viel schöner wäre, wir würden damit klar kommen, zu sagen: Wie stellen wir diese organisatorischen Mechanismen her, die das ermöglichen? Und hier fehlen die Antworten, finde ich.

Ohne Utopie in die Zukunft?
Was wäre eine funktionierende Alternative zu unserem jetzigen Gesellschaftssystem des liberalen Kapitalismus? Diese Frage stand am Ende des Seminars. Die am Seminar Teilnehmenden hatten sich dafür ausgesprochen, dass eine stärkere Regulierung des Wirtschaftens, also des Kapitalismus, wichtig wäre, um die Interessen der Allgemeinheit vor den wirtschaftlichen Interessen einer Minderheit zu schützen. Frau Will arbeitete heraus, warum dieser Wunsch womöglich eine Illusion darstelle, da seit John Locke Demokratie und Kapitalismus so eng miteinander verbunden seien, dass es schwerlich ein alternatives Demokratiemodell gebe, das nicht Gefahr liefe, totalitär zu werden:

> Die Trennung von Staat und Gesellschaft, also dass das Individuum bestimmt, wie es mit seiner Freiheit umgeht und der Staat in diese Freiheit nur nach bestimmten Maßstäben, die wir in der Grundrechte-Dogmatik entwickelt haben, eingreifen darf, diese Trennung muss mit der Verfassungsordnung in die Welt kommen und kann nicht aufgehoben werden, ohne dass das System als Ganzes wieder zerstört wird.
>
> Die Frage ist, wo ist die Grenze, wo zerstören wir individuelle Freiheit. Und da wird das System sagen, in dem Moment, wo ich die innovativen Fähigkeiten aufhebe, die die bürgerliche Gesellschaft, also der Kapitalismus hat. Wir können uns

»DAS DEMOKRATIEPROBLEM, DAS WIR HABEN«

sicherlich darüber einigen, dass totalitäre Systeme das machen und damit diesen Effekt von Freiheit und Individualität aus der Gesellschaft entfernen. Das ist ein wesentlicher Grund dafür, dass die DDR untergegangen ist.

Die Frage ist, wie Sie diese Balance halten, wie Sie nicht zu weit reingehen in die Grundvoraussetzungen des Systems und zugleich das verwirklichen, was hier immer gefordert wird: eine Umverteilung, eine gesellschaftliche Bestimmung dessen, was tatsächlich zu passieren hat, wenn gewirtschaftet wird.

Ich denke, das ist ein wesentlicher Punkt, über den man sich klar sein muss. Und ich denke, das ist das Demokratieproblem, das wir haben.

Wir haben noch kein Mittel gegen die starken und lebenswichtigen Interessen des kapitalistischen Wirtschaftens gefunden, das auf Dauer die Herstellung der Interessen der Allgemeinheit unter Aufrechterhaltung sozialstaatlicher Errungenschaften usw. sicherstellt. Die kapitalistische Gesellschaft hat den Systemwettbewerb gewonnen, Punkt. Und nicht ohne Grund. Das scheint mir evident zu sein. Und die Frage ist, wenn wir uns dem zuwenden, was ist da möglich? Haben wir tatsächlich diese Fähigkeiten, von denen Sie offensichtlich alle träumen, dass wir Formen von Demokratie, von Bildung eines Allgemeinwillens möglichst verfassungsfest installieren, damit das den Vorstellungen entsprechend funktioniert.

Ich denke, unsere Fähigkeiten, den Kapitalismus dauerhaft zu kontrollieren, sind begrenzt. Es gibt immer wieder den Ausbruch der Wirtschaft und das liegt auch am Zurückzucken davor, tatsächlich zuzugreifen und zu sagen: Du darfst das jetzt nicht, wir lassen das nicht zu. Weil dahinter die Gefahr lauert, dass systemische Störungen verursacht werden.

Ich denke, wir machen uns Illusionen über unsere Fähigkeiten, das Allgemeininteresse in diesem

System dauerhaft fixieren zu können. Wir behaupten das einfach, wir glauben an die unsichtbare Hand, letztlich.

Nachbemerkung
Die einzige »Ost-Professorin« der Fakultät vermittelte mir den analytisch schärfsten Blick auf das West-System. Das System, dessen Aufbau und juristische Konstruktion sie sich ab ihrem vierzigsten Lebensjahr auf Lehrniveau aneignete und in den Vorlesungen mit seinen Stärken und Schwächen verdeutlichte. Ein großes Geschenk für ein West-Kind wie mich, ein Kohl-Kind, dem dieses träge Lebensgefühl der ewigen Geborgenheit in Reichtum und gleichmäßigem Fortgang den Blick verstellt.

Bernhard Schlink

Deutschland, Deutschland

1.

Die zwei Deutschlands, die es von 1949 bis 1990 gab, waren nicht die ersten Deutschlands der Geschichte, die nebeneinander bestanden. Im 18. Jahrhundert entstand Deutschland neben dem Heiligen Römischen Reich Deutscher Nation als Kulturnation. Im 19. Jahrhundert entstand es neben dem Deutschen Bund als politische Nation, von den einen als klein- und von den anderen als großdeutsche Nation ersehnt, ehe Deutschland im Deutschen Reich Gestalt gewann. Im 20. Jahrhundert waren nach dem Ersten Weltkrieg das Deutsche Reich und Österreich zwei Deutschlands, die zusammenwollten, aber nicht zusammendurften, und manche, die mit dem zeitgenössischen Deutschland haderten, träumten vom geheimen oder ewigen Deutschland.

Diese deutschen Nebeneinander waren keine Last, unter der die Deutschen wirklich gelitten hätten. Welches Leid Teilung bringen kann, zeigen die Geschichten Polens, der Kurden und Koreas. Zumal der Vergleich mit der koreanischen Teilung macht deutlich, wie gnädig das deutsche Teilungsschicksal nach dem zweiten Weltkrieg war. Korea, wo bereits die japanische Besatzung auf die Zerstörung der koreanischen Identität gezielt hatte, wurde von einem unerbittlichen und grausamen Bürgerkrieg verwüstet und zerrissen, ehe Nord und Süd in einem kalten Bürgerkrieg erstarrten, der keinerlei Gemeinsamkeit erlaubte und erlaubt. In Deutschland war der kalte Krieg zwischen Ost und West zwar auch ein kalter Bürgerkrieg zwischen den Westdeutschen in der Bundesrepublik Deutschland und den Ostdeutschen in der DDR. Aber er hatte nichts von dem Hass des zunächst heißen und dann kalten Bürgerkriegs in Korea. Den Westdeutschen war immer klar, dass nicht die Ostdeutschen die Gegner waren, sondern deren

Regime, das sein Entstehen und seinen Erhalt der Sowjetunion verdankte. Die Teilung war eine Folge der Niederlage, und wie die Niederlage als Strafe getragen werden musste und konnte, musste und konnte auch die Teilung getragen werden.

Die deutsche Teilung ließ die menschlichen, kulturellen, wissenschaftlichen und kirchlichen Verbindungen auch nie abreißen. Bis zum Bau der Mauer am 13. August 1961 war die Grenze zwischen beiden Deutschlands leicht zu überwinden, und auch danach gelang denen, die es wirklich und beharrlich wollten, die Ausreise oder Flucht aus der DDR. Die DDR hat sich nicht hermetisch gegen den Westen abgeschottet. Sie hätte es auch nicht gekonnt, wenn sie es gewollt hätte. Die gemeinsame Verantwortung der Alliierten für Berlin bedeutete, dass Ostberlin für die westlichen Alliierten und auch für die Westdeutschen zugänglich blieb. Durch Besuche, die das Regime erlaubte, durch Kontakte, die Berlin ermöglichte, durch Begegnungen von Familien und Freunden aus Ost und West in Rumänien, Bulgarien und der Tschechoslowakei und durch Radio und Fernsehen war Westdeutschland für die Ostdeutschen stets präsent. Mit dem Grundlagenvertrag, den die Bundesrepublik Deutschland und die DDR 1973 schlossen und in dem sie sich wechselseitig anerkannten, wurde dies alles auch auf eine verlässliche Grundlage gestellt. Danach gewann die deutsche Teilung eine Normalität, mit der die Deutschen in beiden Teilen leben konnten.

Es schien sogar möglich, die nächsten Generationen würden mit einer Fortdauer der deutschen Teilung das Interesse an der deutschen Wiedervereinigung verlieren. Über die junge Generation der Südkoreaner lässt sich lesen, ihr Wunsch nach einer Wiedervereinigung mit Nordkorea werde immer schwächer, weil deren Kosten den südkoreanischen Wohlstand ruinieren würden. Allerdings stellt die Geschichte einen nicht vor die Wahl zwischen wohlstandswahrender Teilung und wohlstandsgefährdender Wiedervereinigung. Wenn die Grenzen sich öffnen, wenn die Mauern fallen, geraten die Menschen in

Bewegung; die Ostdeutschen wollten nach Westdeutschland und an dessen Freiheit und Wohlstand teilhaben, und die Menschenfluten waren nur zu bremsen, indem die Lebensverhältnisse angeglichen und auch in Ostdeutschland Freiheit und Wohlstand geschaffen wurden. Wird Wiedervereinigung erst einmal möglich, setzt sie sich durch wie eine Naturgewalt.

2.
Auch wenn sie über lange Zeit nur ein Traum zu sein scheint. Anfang der 1980er Jahre hielt ich in Bonn als junger Professor erstmals die Vorlesung über Staatsorganisationsrecht, zu der auch ein Abschnitt über die Rechtslage Deutschlands gehörte, d. h. über die Frage, ob das Deutsche Reich untergegangen war, wenn nicht mit der bedingungslosen Kapitulation, dann mit der Teilung, oder ob es weiter existierte und welcher rechtlichen Natur das Verhältnis zwischen der Bundesrepublik Deutschland und der DDR war, einer völkerrechtlichen oder einer staatsrechtlichen. Ich ließ durchblicken, dass ich die Teilung für vorübergehend und die Wiedervereinigung für gewiss hielt. Nach der Vorlesung kamen Studenten und Studentinnen zu mir und fragten mich ungläubig, ob das mein Ernst sei, ob ich wirklich erwartete, dass Deutschland eines Tages wieder vereinigt würde. Ich versicherte es ihnen, und sie hielten mich für einen Phantasten.

Warum war ich so sicher? Ein Grund war die Familie. Mein Vater war Theologe, Pfarrer und Professor, und die geistige Welt, in der ich aufwuchs, war die Welt der Reformation, die Welt Luthers und Bachs, die ihre Orte im Osten Deutschlands hatte, in Wittenberg und Eisenach, Leipzig und Halle. Diese Welt war meine Welt, diese Orte waren meine Orte ebenso wie Heidelberg, die Stadt im Westen Deutschlands, in der ich aufwuchs.

Ein weiterer Grund war meine Liebe zur Geschichte, in meiner Kindheit von meinem Großvater, einem wunderbaren Geschichten- und Geschichteerzähler, geweckt. Zeigte nicht die Geschichte, dass Völker auch nach Jahrzehnten oder sogar Jahrhunderten der Unterdrückung und Teilung schließlich wieder zu Einheit und Selbständigkeit finden? Lebt nicht die Seele eines Volkes in seiner Sprache und die Seele eines geteilten Volkes unteilbar in seiner ungeteilten und unteilbaren Sprache?

Ein letzter Grund war das Erlebnis Ostberlins wie auch Ostdeutschlands. Als ich in den 1960er Jahren in Westberlin studierte, war ich oft in Ostberlin und lernte dort Studenten und Studentinnen kennen, mit denen der Umgang ebenso vertraut und freundschaftlich war wie der Umgang mit meinen Westberliner Kommilitonen und Kommilitoninnen. In den 1970er Jahren habe ich mit einer Freundin, die 1965 aus der DDR geflohen war, eine Reise durch die DDR gemacht, und so kritisch sie, die es in der DDR nicht mehr ausgehalten hatte, die DDR sah, so selbstverständlich war uns beiden, dass dieses Land mit seinen Menschen und Städten und Landschaften ebenso unser Deutschland war wie die Bundesrepublik Deutschland. In den 1980er Jahren ließ mein Sohn, wie dies Kinder gerne tun, einen Luftballon mit seiner Adresse in den Himmel steigen und bekam nach einer Woche einen Brief von einem gleichaltrigen Mädchen aus der DDR, wohin der Luftballon seinen Weg gefunden hatte. Es entstand eine Brieffreundschaft, und eines Tages wurden mein Sohn und ich eingeladen, die Familie des Mädchens im Harz zu besuchen. Auch mein zwölfjähriger Sohn empfand, dass dort ebenso Deutschland war wie bei uns zu Hause.

Willy Brandt hat nach der Wiedervereinigung über die beiden Teile Deutschlands gesagt, dass zusammenwächst, was zusammengehört. So war es, und so ist es. Bei allen Schwierigkeiten, die das Zusammenwachsen zu bewältigen hatte und bis heute zu bewältigen hat, besteht kein Zweifel, dass es gelingt, weil die beiden Teile Deutschlands zusammengehören.

3.
Die Schwierigkeiten waren und sind nicht gering. Auf die ersten Monaten nach dem Fall der Mauer, in denen die

Deutschen aus dem Osten und die Deutschen aus dem Westen sich wieder frei begegnen konnten und das mit einer überwältigenden Freude aneinander, Neugier aufeinander und Offenheit füreinander taten, als erlebten sie einen Liebesfrühling, folgte ein Umschlag der Stimmung in Skepsis, Argwohn und Ablehnung. Verantwortlich dafür war der Westen bzw. waren die Berater, Betreuer, Experten aus dem Westen, die meinten, alles besser zu wissen und besser zu können, die im Osten nichts lobens- und erhaltenswert fanden, die mit Geld alles kaufen und reparieren und verbessern wollten und zugleich darüber klagten, dass der Westen so viel Geld in die kaputte Infrastruktur, kaputte Industrie, kaputten Ausbildungs-, Bildungs- und Wissenschaftseinrichtungen des Ostens stecken musste, und die leicht damit bei der Hand waren, für die Mitarbeit im System als Funktionär, Bürokrat, Militär oder Spitzel Strafen zu fordern und schließlich auch zu verhängen. Respekt des überlegenen Westens gegenüber dem unterlegenen Osten war von äußerster Wichtigkeit; ihn schuldig zu bleiben, war das größte Versäumnis des Westens. Dabei waren es nicht nur die, die dem System als Mitarbeiter und Anhänger verbunden waren, die sich durch die Arroganz des Westens entwertet fühlten. Auch denen, die das System abgelehnt hatten, war in der Welt der DDR dieses und jenes lieb und teuer geworden, hatte sie stolz gemacht, hatte ihnen Selbstbewusstsein und Selbstwert gegeben. Man kann nicht in einer Welt leben, ohne ihr etwas abzugewinnen, das einem das Leben akzeptabel macht. Wird es, wie von den Westdeutschen bei den Ostdeutschen, nicht anerkannt und gewürdigt, dann wird dies als Abwertung erlebt.

In meiner Generation der heute Sechzig- bis Siebzigjährigen und auch in der nachfolgenden Generation gibt es unter den Ostdeutschen viele, die in der DDR Karriere gemacht und Arbeit und Erfolg hatten und seit der Wiedervereinigung ohne Erfolg und oft auch ohne Arbeit blieben. Nur wenige von ihnen trauern der DDR nach; sie wissen, dass die DDR nicht weiterbestehen konnte und untergehen musste. Aber wie die DDR nichts mehr wert ist, sind auch ihre Arbeit und ihre Erfolge, ist auch ihr Leben in der DDR nichts mehr wert. Im wiedervereinigten Deutschland und seiner Arbeits- und Wirtschaftswelt, seinen politischen und gesellschaftlichen Institutionen sind sie nicht angekommen, haben sie keinen Platz gefunden. Sie leiden keine Not; das soziale Netz fängt sie auf. Sie lehnen das wiedervereinigte Deutschland nicht eigentlich ab, begegnen ihm aber mit Ressentiment. Immer wieder tragen ihre Kinder das diffuse Ressentiment weiter; so leicht sich Kinder von starken Eltern emanzipieren, so schwer emanzipieren sie sich von schwachen Eltern, denen sie in Mitgefühl verbunden sind.

Manchmal hat das Entwertungsschicksal nicht nur einzelne Menschen, sondern ganze Regionen getroffen, in denen die Industrien der DDR untergegangen sind und die Landwirtschaft umstrukturiert wurde und sich kaum noch Arbeit findet. Dann prägt das Ressentiment die ganze Region und wird zum Nährboden für Intoleranz, Ausländerfeindlichkeit und Rechtsradikalismus.

Aber die Vergangenheit der DDR bleibt nicht nur im Ressentiment gegenwärtig. Manchmal ist sie auch Inspiration für eine andere soziale Kultur und einen anderen politischen Stil. Unter den Ostdeutschen meiner und der nachfolgenden Generation, die nach der Wiedervereinigung Arbeit fanden und Erfolg hatten, sind viele nicht einfach ebenso geworden wie die Westdeutschen. Sie leben in der Bundesrepublik Deutschland und freuen sich, wenn deren Fußballmannschaft die Weltmeisterschaft gewinnt. Aber sie sind Ost- und nicht Westdeutsche und bestehen auf ihrer eigenen und anderen Identität. In dem Wert, den sie auf soziale Sicherheit wie auch auf das Leben im Familien- und Freundeskreis legen, finden sich Spuren dessen, was schon den Bürgerinnen und Bürgern der DDR wichtig war. Sie begegnen dem politischen System und den politischen Parteien mit mehr Kritik und der Forderung nach mehr Direktheit und Offenheit. Sie sind skeptisch gegenüber dem globalen Kapitalismus. Auch hier knüpfen die

Kinder an die Erfahrungen und Erwartungen ihrer Eltern an. In einem meiner letzten Seminare sagte eine Studentin mit Zustimmung anderer Studenten und Studentinnen, für das Deutschland, das immer kapitalistischer, sozial immer ungerechter, politisch immer verkrusteter werde, hätten ihre Eltern 1989 nicht Revolution gemacht.

4.

Birgt diese Nachwirkung der deutschen Teilung Potential? Wie die Entstehung Deutschlands als Kulturnation neben dem Heiligen Römischen Reich Deutscher Nation und als politische Nation neben dem Deutschen Bund auf die Freiheits- und Einheitsbestrebungen des 19. Jahrhunderts und die Reichsgründung vorauswirkten? Oder wie in manchen Träumen der 1920er Jahre von einem anderen, besseren Deutschland die Niederlage des Ersten Weltkriegs, die Abspaltung deutscher Gebiete und die Teilung Deutschlands in Deutsches Reich und Österreich nachwirkten?

Nein, nicht so. Aber auf ähnliche und gleichwohl andere Weise belebend, ermutigend, verändernd? Ein neuer, anderer deutscher Nationalismus, wie er historisch als Voraus- und Nachwirkung der Teilungen entstanden ist, wird nicht wieder entstehen. Aber wie steht es mit einem neuen, anderen Sozialismus? Einem Traum, in dem das, was in der DDR versucht wurde und gescheitert ist, anders und besser versucht wird und gelingt?

Jedenfalls ist vorstellbar, dass eine nächste Generation im Rückblick auf die jüngste deutsche Teilung Fragen zu stellen beginnt. War zwangsläufig, dass der Sozialismus der DDR gescheitert ist? Wann und warum schlug der große Enthusiasmus, mit dem er begonnen wurde, in Enttäuschung und Ablehnung um? Hätte der Sozialismus der DDR ohne die Niederlage, die Reparationen, den Kalten Krieg, das Werben und die Verlockungen der Bundesrepublik Deutschland gelingen können? Hätte er sich besser organisieren können, großzügiger, freiheitlicher, effizienter? Könnte er heute mit elektronischer Hilfe die Steuerungen leisten, die er damals mit menschlicher Kraft nicht leisten konnte? Stimmt, dass der Mensch sich letztlich für das allgemeine nicht interessiert, sondern nur sein eigenes will, sich nur für das eigene einsetzt, nur für das eigene arbeitet? Oder greift die Dichotomie von allgemeinem und eigenem zu kurz und kann der Mensch das allgemeine als eigenes und das eigene als allgemeines erfahren? Kann der Sozialismus der DDR, obschon gescheitert, geltend machen, immerhin die Dritte Welt nicht so ausgebeutet zu haben wie der Kapitalismus der Bundesrepublik Deutschland? Keine Zweidrittelgesellschaft gewesen zu sein? Mehr soziale Gerechtigkeit hergestellt, mehr soziale Mobilität gekannt, mehr Zugang zu Kultur eröffnet zu haben? Und wenn es so war – waren die Defizite der Preis für die Errungenschaften, oder wären die Errungenschaften auch ohne die Defizite zu haben gewesen? Wie kann Eigentum neu gedacht und neu gestaltet werden? Hätte in der heutigen Welt des globalen Kapitalismus Sozialismus in einem Land eine Chance?

Und vorstellbar ist, dass aus diesen und weiteren Fragen und den Antworten, die auf die Fragen gefunden werden, das Bild eines neuen, anderen Sozialismus entsteht. Dass ein einsamer Forscher an einem Tisch in einer Bibliothek oder eine Gruppe in einem Institut oder ein Verbund im Netz ein Modell entwickelt und vielleicht sogar einen Weg aufzeigt, wie das Modell getestet werden und wachsen und sich verändern und bewähren kann.

5.
Nachdem die Mauer gefallen war, schien für einen Moment alles möglich: dass die DDR aus dem revolutionären Aufbruch des Herbstes 1989 mit einem politischen und staatlichen Gestaltungswillen hervorgeht, mit dem sie für sich bleibt, wie Österreich für sich ist, dass sie sich nach einer Zeit des Übergangs mit der Bunderepublik Deutschland zu einem Deutschland mit neuer Verfassung vereint und dass sie der Bundesrepublik Deutschland beitritt. Im erfolgten Beitritt schien das emanzipatorische Anliegen des revolutionären Aufbruchs in ein nationales verkehrt

und damit verloren; die, die in der DDR für das emanzipatorische Anliegen gekämpft und in der Bundesrepublik Deutschland den Kampf mit Bewunderung und Engagement begleitet hatten, haben den Beitritt oft als verpasste Chance einer neuen Verfassung betrauert.

Demgegenüber gilt nicht nur, dass die Deutschen in der DDR, die revolutionär aufgebrochen waren, im Fortgang der Ereignisse das emanzipatorische Anliegen im nationalen aufgehoben sahen und daher den Beitritt wollten, wie die Volkskammerwahl des Frühlings 1990 zeigte. Es gilt auch, dass eine neue Verfassung auf die Herausforderungen, denen der emanzipatorische Anspruch heute begegnet, überhaupt nicht angemessen reagiert hätte. Nicht weil die politischen Kräfte, die eine neue Verfassung gegeben hätten, zu konservativ gewesen wären – zwar wären sie konservativ gewesen, aber die anderen hätten auf die Herausforderungen nicht besser reagiert. Denn die Herausforderungen wurden noch gar nicht gesehen.

Es wurde nicht gesehen, dass das Ende des Kalten Kriegs den Kapitalismus so entfesseln würde, wie es ihn entfesselt hat. In der in Ost und West zweigeteilten Welt musste sich der Kapitalismus des Westens gegenüber dem Sozialismus des Ostens bewähren und beweisen, dass er, was dieser konnte, auch konnte. Solange es die Alternative des Ostens gab, war der Westen herausgefordert, Wirtschaft und Finanzen so zu regulieren, dass der Wohlstand für alle wuchs, Gewinne maßvoll blieben und Ausbeutung vermieden wurde, soziale Gerechtigkeit zu schaffen, jedermann Bildungschancen zu eröffnen und Kultur jedermann zugänglich zu machen. Solange es den Sozialismus des Ostens als Alternative gab, war der Kapitalismus des Westens gebändigt. Mit dem Wegfall der Alternative hat er sich gewandelt.

Globalisierung nicht als Schicksal, sondern als Entscheidung, die Ökonomisierung des europäischen Projekts ohne politische und soziale Balance, Wettbewerb nicht nur von Unternehmen, sondern von Staaten in der Europäischen Union, Deregulierung der Märkte, Privatisierung öffentlicher Leistungen, Einrichtungen und Räume, Digitalisierung, die Veränderung des Verhältnisses zwischen Privat und Öffentlich, die Ökonomisierung von Bildung und Kultur, die Spreizung der sozialen Schere – dies, was den Kapitalismus entfesselt hat, am Laufen hält und zum Problem macht, sind die Herausforderungen, denen eine neue Verfassung zu begegnen hätte und denen Verfassunggebung nach dem Fall der Mauer nicht hätte begegnen können, weil sie nicht gesehen wurden. Ob sie hätten gesehen werden können, ist eine müßige Frage.

6.

Eine Emeritierung ist ein Abschied, selbst wenn man der Universität durch gelegentliche Seminare, die Betreuung letzter Doktoranden und Doktorandinnen und Kontakte mit Kollegen und Kolleginnen noch verbunden bleibt. Ein Abschied ist ein Moment des Rückblicks – des Rückblicks im Zorn und in Trauer und in Freude.

Ich verstehe, wenn sich beim Rückblick in die Freude über die Wiedervereinigung die Trauer darüber mischt, dass nach der Wiedervereinigung weder Deutschland noch die deutsche Universität noch auch nur die Humboldt-Universität zu Berlin neu erfunden wurden. Ich selbst habe manchmal mit diesem gemischten Gefühl zurückgeblickt. Ich tue es nicht mehr. Nach der Wiedervereinigung war fürs Neuerfinden einfach nicht die rechte Zeit. Aber vielleicht kommt die rechte Zeit noch, in Nachwirkung der Wiedervereinigung und alles dessen, was das Ende des Kalten Kriegs zwischen Ost und West ausgelöst hat, gesucht und gefunden und gestaltet von den nächsten Generationen. War die junge Generation im Seminar über Deutschland nach der Wiedervereinigung nicht eine Generation auf der Suche, manchmal unbeholfen, unerfahren, unkonzentriert, aber voller guten Willens, die Welt nicht einfach ihren kapitalistischen Lauf nehmen zu lassen? Macht diese junge Generation nicht Hoffnung?

Epilog

Guten Flug! C. Haarmann

»Die Hölle der Lebenden ist nicht etwas, das erst noch kommen wird. Wenn es eine gibt, ist es die, die schon da ist, die Hölle, in der wir jeden Tag leben, die wir durch unser Zusammensein bilden. Es gibt zwei Arten, nicht unter ihr zu leiden. Die erste fällt vielen leicht: die Hölle zu akzeptieren und so sehr Teil von ihr zu werden, daß man sie nicht mehr sieht. Die zweite ist riskant und verlangt ständige Aufmerksamkeit und Lernbereitschaft: zu suchen und erkennen zu lernen, wer und was inmitten der Hölle nicht Hölle ist, und ihm Dauer und Raum zu geben.«

Italo Calvino, Die unsichtbaren Städte, in der Übersetzung von Burkhart Kroeber; zugedacht von Anna Lösch.

Rosemarie Will

Zwischen Himmel und Erde

Karl Marx über die Grundrechte in seiner Schrift »Zur Judenfrage«*

1. Warum Marx?

Spätestens seit 2008, mit dem Ausbruch der weltweiten Finanzkrise, hat Marx wieder Konjunktur. Inzwischen ist es auch für den Mainstream schick geworden, die seit den 80er Jahren weltweit dominierende neoliberale Ideologie und ihr normatives Gerüst mit Hilfe wiederentdeckter marxistischer Thesen zu kritisieren[1]. Gestatten Sie mir dennoch zu erklären, warum ich einen Marxtext und ausgerechnet den »Zur Judenfrage« zum Thema gewählt habe.

Als Studentin der Rechtswissenschaft in der DDR musste ich mein juristisches Fachstudium, wie alle DDR-Studenten, mit dem sogenannten Studium des Marxismus-Leninismus beginnen. Was als politische Indoktrination gedacht war, hatte auch den Effekt, Originaltexte von Marx lesen zu müssen. Im Fach marxistisch-leninistische Philosophie waren dies bei den Juristen vornehmlich die Frühschriften, ausgenommen die ökonomisch-philosophischen Manuskripte, in der politischen Ökonomie der erste Band des »Kapitals«. Selbst als dann das Studium der Staats- und Rechtstheorie begann, las man vor allem sogenannte Klassikertexte. Unter den Marxtexten war es »Der 18. Brumaire des Luis Bonaparte«, an dem man sich die Zähne ausbiss. So zu Marx gezwungen, war ich naiv genug, diese Texte ernst zu nehmen – ich war jemand, der sie eifrig las und diese Texte verstehen wollte. Auf die intellektuelle Mühsal folgte eine intellektuelle Begeisterung, die lange angehalten hat. Bevor Sie mir vorhalten können, das klinge wie eine Erzählung über das richtige Leben im falschen, gestehe ich auch noch ein, dass daraus bei mir sogar eine theoretische Prägung geworden ist, von der ich weiß, dass sie leicht als eine kommunistische Deformation zu denunzieren ist. Dies wissend habe ich mich gleichwohl entschlossen, heute zu meinem akademischen Abschied noch einmal an meinen Anfang zurückzukehren.

Dass es unter den Schriften von Marx seine Schrift »Zur Judenfrage« ist, die ich zum Thema gewählt habe, hat einen inhaltlichen, einen sentimentalen und einen theoretischen Grund. Der inhaltliche Grund liegt darin, dass Marx in dieser Schrift die großen Menschenrechtserklärungen der Amerikaner und der Franzosen des 18. Jahrhunderts analysiert. Das Sentimentale an meiner Themenwahl beginnt damit, dass ich schon nach meinem ersten Studienjahr die Judenfrage zum Thema meiner studentischen Hausarbeit erwählt habe. Die Arbeit ist nicht mehr auffindbar, mein anhaltendes Interesse aber war geweckt. Spuren davon lassen sich in meiner gemeinsam mit Hans-Jürgen Will verfassten Dissertation verfolgen[2]. Diese beginnt mit einer sperrigen und ziemlich orthodoxen und affirmativen Wiedergabe der Aussagen von Marx und Engels zur Stellung der Persönlichkeit und der Grundrechte im Kapitalismus. Die zentralen Aussagen aus der Judenfrage stehen dabei am Anfang. Beim Wiederlesen war ich erstaunt und peinlich berührt über so viel Gläubigkeit. Aber in den Schlussfolgerungen zu diesem Abschnitt fand ich das, wonach ich unbewusst gesucht hatte. Dort stand, dass Hermann Klenner, den wir im Vorwort mit seinen Studien zu den Grundrechten[3] zu unserem Vorbild erklärt hatten, nicht recht habe. Klenner hatte aus seiner Marxanalyse geschlussfolgert, dass Marx nicht nur die Genese von Freiheit, Gleichheit und Eigentum aufgezeigt habe, sondern auch den oberflächlichen, weder Mensch noch Gesellschaft berührenden Charakter der bürgerlichen Grundrechte nachgewiesen habe[4]. Dem widersprachen wir; bürgerliche Grundrechte würden sehr wohl Menschen und Gesellschaft im Kern berühren, weil sie den Kapitalismus erst ermöglichten. Unsere Begründung dafür war rein ökonomistisch, ganz fixiert auf die Marx'schen Aussagen zu

An- und Verkauf der Ware Arbeitskraft. Wären wir aufgewachsen mit der Marxrezeption der Kritischen Theorie hätten wir vielleicht geschrieben, dass Grundrechte und bürgerliche Gesellschaft gleich ursprünglich sind, dass ihr unlösbarer Zusammenhang in der Ermöglichung kapitalistischen Wirtschaftens liege.[5] Sentimentalerweise möchte ich nun für diese These ein Begräbnis veranstalten. Es soll, so der Wunsch, ein befreiendes Begräbnis[6] – oder paradoxer – ein fröhliches und entspanntes Begräbnis werden. Befreiend ist es, nun – 25 Jahre nach dem Ende der Wirkungsgeschichte des Marxismus im kommunistischen Weltsystem –, die damit zusammenhängenden Irrtümer zu Grabe tragen. Um noch einmal am offenen Grab auf eine faszinierende Leiche zu blicken, von der wir viel, aber noch nicht alles wissen, der wir nun aber befreit und entspannt, so wie es unserer Begräbniskultur entspricht, die Achtung widerfahren lassen, von der wir meinen, dass wir sie ihr schulden, um uns damit an das für uns selbst Wichtige von ihr zu erinnern. So wie wir uns von Anfängen verzaubern lassen, sollten uns Abschiede wahrhaftiger und gerechter machen.

Damit bin ich beim theoretischen Grund meiner Themenwahl. Nun, nachdem das Gespenst des Kommunismus nicht mehr umzugehen scheint, sind wir nicht an das Ende der Geschichte[7] gelangt, sondern hoffentlich endlich an das Ende des irrsinnigen Kampfes der Systeme. Mit dem Siegeszug der modernen Gesellschaft in der Welt scheint alles wieder auf Anfang gestellt zu sein. Die Sinn- und Gerechtigkeitsfragen unserer Welt können nicht mehr in der Konkurrenz um das bessere System entschieden werden. Wir sind plötzlich Marx näher, als vielen von uns lieb ist. Seine Fragen stellen sich wieder neu, als drängende Fragen eines global agierenden Kapitalismus. Wir streiten wieder über die grundlegenden strukturellen Mechanismen der heutigen modernen Gesellschaft, suchen ihre – Anatomie, ihre Bewegungswidersprüche, ihre Rationalitäten und Irrationalitäten zu ergründen und schauen dabei auf Marx zurück. Das kommunistische System musste erst untergehen, damit wir frei von gängigen Antikommunismen auf Marx als denjenigen Theoretiker der modernen Gesellschaft schauen können, der sie umfassend kritisiert hat. In diesem Sinne sind heute alle, wie Derrida es kurz sagte, seine Erben um unserer eigenen Zukunft willen[8]. Als Juristin interessiert mich hier heute, ob es ein verwertbares marxistisches Erbe in Bezug auf die Grundrechtstheorie gibt. Dass die Schrift »Zur Judenfrage« dabei den Ausgangs- und zentralen Angelpunkt bildet, liegt daran, dass es diejenige unter den Marx'schen Schriften ist, in der er sich am ausführlichsten mit den Menschenrechten beschäftigt hat.

Dazu werde ich die Schrift zuerst in einen theoriehistorischen und biographischen Kontext einordnen (2.). Anschließend stelle ich Ihnen drei Thesen vor, die Marx meines Erachtens in der Judenfrage zur Grundrechtstheorie aufgestellt hat. Ich werde sie jeweils erläutern, um dann ihre Aktualität, Relevanz und ihre Grenzen zu bestimmen (3.).

2. Der theoriehistorische und biographische Kontext von Marx' Schrift »Zur Judenfrage«

Im Juristenlexikon, herausgegeben von Michael Stolleis[9], in welchem die berühmtesten unserer Kollegen von der Antike bis zum 20. Jahrhundert vorgestellt werden, wird auch Karl Marx aufgeführt. Walter Paul beschreibt ihn dort[10] als Philosophen des sozialen Zeitalters[11], als Begründer des Marxismus[12], als Kritiker des Kapitalismus und Verkünder des Sozialismus, der als Jurist begann und in dessen Werk Recht ein wiederkehrendes und zugleich eigentümliches Thema ist. Das Eigentümliche seiner Behandlung von Recht hatte Marx selbst 1859 im Vorwort der Kritik der Politischen Ökonomie darin gesehen, dass für ihn »die bürgerliche Gesellschaft die Grundlage der Rechts- und Staatsformen bildet« und »die Anatomie der bürgerlichen Gesellschaft in der politischen Ökonomie zu suchen sei.«[13] Bereits in seinen frühen Arbeiten setzt er sich dazu mit der Hegel'schen Rechtsphilosophie und der herrschenden Schuljurisprudenz auseinander. Zu diesen Frühschriften gehört sein Artikel »Zur Judenfrage«. Veröffentlicht wurde dieser 1844 in der ersten und einzigen Ausgabe der von Ruge und Marx gemeinsam herausgegebenen Deutsch-Französischen Jahrbücher[14], zusammen mit der Einleitung der Kritik der Hegel'schen Rechtsphilosophie. Marx hat ihn als 25-Jähriger von August bis Dezember 1843 in Kreuznach geschrieben. 1839 hatte Marx sein juristisches Studium in Berlin abgeschlossen, 1841 wurde er in Jena in Abwesenheit mit einer Arbeit zur *Differenz der demokritischen und epikureischen Naturphilosophie* zum Doktor der Philosophie promoviert. Sein ursprünglicher Plan, dem väterlichen Wunsch folgend eine Professur zu erlangen, scheiterte. Er scheiterte, weil sein akademischer Lehrer und Förderer Eduard Gans während seines Studiums an der Berliner Fakultät 1839 überraschend im Alter von 41 Jahren verstorben war. Sein Plan B, zusammen mit seinem Freund Bruno Bauer nach Bonn zu gehen und sich dort bei ihm zu habilitieren, scheiterte an der Entlassung Bruno Bauers als Privatdozent aus politischen Gründen[15]. Nachdem mit Bauer einer der führenden Linkshegelianer aus dem akademischen Betrieb entfernt worden war, schloss sich auch für Marx die Tür zu einer professoralen Karriere. Statt sich an der Bonner Fakultät zu habilitieren, wurde Marx Journalist. Seit dem 1. Januar 1842 Redakteur der Rheinischen Zeitung, die er ab dem 15. Oktober leitete, griff er mit seinen Artikeln in die zentralen politischen Debatten des Vormärzes zugunsten des rheinischen Bürgertums ein. Damit errang er die Anerkennung seiner bürgerlichen Förderer und erregte zugleich den Zorn der preußischen Staatsbürokratie. Die Rheinische Zeitung wurde daraufhin nicht nur den Zensurbestimmungen der Karlsbader Beschlüsse, die für das Pressewesen insgesamt galten, unterworfen, sondern sie erhielt einen Spezialzensor und musste jede Ausgabe in zweiter Instanz dem Kölner Regierungspräsidium vorlegen. Marx unterlief gezielt und systematisch diese doppelte Zensur, sodass das Erscheinen der

Zeitung zum 1. April 1843 untersagt wurde und Marx seine Stellung verlor.

Angesichts dessen müsste man annehmen, Marx befände sich 1843 in Kreuznach an einem Tiefpunkt seines Lebens. Das Gegenteil ist der Fall. Nach allen Zeugnissen ist die Zeit in Kreuznach eine seiner glücklichsten und produktivsten. Er kann endlich am 12. Juli Jenny von Westphalen heiraten und ihm gelingt in Kreuznach der Durchbruch in der Auseinandersetzung mit der Hegel'schen Rechtsphilosophie, um die er lange gerungen hatte: Er schreibt seine Kritik des Hegel'schen Staatsrechts. Diese – zu seinen Lebzeiten nicht veröffentlichte – Arbeit geht der Judenfrage voran und ist der Durchbruch zu einem eigenständigen Umgang mit dem Hegel'schen System der Logik. In der Einleitung zur Kritik der Hegel'schen Rechtsphilosophie, die zusammen mit der Judenfrage in den Deutsch-Französischen Jahrbüchern erscheint, präsentiert Marx die Quintessenz der neu gewonnen Erkenntnisse aus der Auseinandersetzung mit Hegel. Es ist wichtig zu verstehen, dass Marx diesen Durchbruch erzielte, unmittelbar bevor er die Judenfrage schrieb. Den äußeren Anlass, sich mit der Judenfrage zu beschäftigen, bildete die Rezension von zwei Schriften[16] seines Freundes und Mentors[17] Bruno Bauer zur Judenfrage. Bruno Bauer, einer der Bedeutendsten in der Gruppe der Junghegelianer, welcher sich Marx während seines Berliner Studiums angeschlossen hatte, behandelt in seinen Schriften zur Judenfrage das Problem, wie und unter welchen Voraussetzungen die Juden in Deutschland emanzipiert werden können. Die Marx'sche Rezension dieser Schriften ist damit Teil des linkshegelianischen Diskurses. Anders als in der Kritik des Hegel'schen Staatsrechtes ringt Marx in der Judenfrage also nicht direkt mit Hegel, sondern mit Freunden und Verbündeten aus dem linkshegelianischen Lager und nur mittelbar mit Hegel'schen Positionen. Hegel, der 1831 51-jährig starb, war zu diesem Zeitpunkt der in Deutschland anerkannteste Philosoph, er galt als derjenige, der nach Kant die deutsche Aufklärungsphilosophie vollendet hatte. Seine Anhänger und Nachfolger, die sich in das Lager der »Alt- oder Rechtshegelianer« auf der einen Seite und das Lager der »Neu- oder Lingshegelianer« auf der anderen Seite aufgespalten hatten, kämpften gegeneinander um das Hegel'sche Erbe, das heißt um die Deutungshoheit über das Hegel'sche Werk. Mit seinem Eintritt in den berühmten »Doktorclub« war Marx Teil des linkshegelianischen Führungszirkels geworden und war dort auch Bruno Bauer begegnet. Während die Althegelianer im akademischen Betrieb etabliert waren, auch weithin das gesellschaftlich Etablierte vertraten und vor allem den preußischen Staat mit seiner konstitutionellen Monarchie für das an sich Vernünftige hielten, waren die Junghegelianer Rebellen. Sie interpretierten Hegel als Anleitung zur politischen Veränderung und waren überwiegend Anhänger einer deutschen Revolution und Republik nach französischem Vorbild. Fast durchgehend blieb ihnen eine universitäre Karriere versagt. Die meisten von ihnen hatten nicht mehr direkt bei Hegel, sondern bei Eduard Gans das Hegel'sche Werk studiert. Eduard Gans war 1833 an die Berliner Fakultät gegen den Widerstand Savignys berufen worden, der sich nicht zu fein war, bei dieser Gelegenheit mit dem Hinweis auf Gans' jüdische Herkunft zu argumentieren[18]. Gans, obwohl er selbst zu den Rechtshegelianern zählte[19], hat durch seine Art der Lehre des Hegel'schen Werkes entscheidend zur Herausbildung der linkshegelianischen Interpretation beigetragen[20]. In seinem Abschlusszeugnis, ausgestellt am 30. März 1841, bescheinigt Gans dem Absolventen Karl Marx, dass er das allgemeine Preußische Landrecht und das Kriminalrecht bei ihm studiert habe, und bewertet ihn jeweils mit »ausgezeichnet, fleißig«[21]. Wichtiger aber als die auf dem Zeugnis bewerteten Vorlesungen war für die Herausbildung der Eigentümlichkeit des Marx'schen Umgangs mit dem Recht die von Gans gehaltene Vorlesung zum Naturrecht[22]. In dieser Vorlesung trug Gans nach der Gliederung der Hegel'schen Rechtsphilosophie das Hegel'sche Werk vor und bereitete durch scheinbar geringfügige Korrekturen den Boden für das linkshegelianische Verständnis[23]. Dieses Hegelstudium bei Gans wurde begleitet von permanenten junghegelianischen Debatten, die auch darauf gerichtet waren, Hegel zu übertrumpfen, indem man ihn widerlegte. In diesen Debatten der 40er Jahre des 19. Jahrhunderts sind nahezu alle Spielarten aller möglichen kritischen Theorien der modernen Gesellschaft durchgespielt worden.[24] Nach Habermas verharren wir »bis heute in der Bewusstseinslage, die die Junghegelianer, indem sie sich von Hegel und der Philosophie überhaupt distanzierten, herbeigeführt haben«.[25] Und auch Carl Schmitt zählt die linkshegelianischen Debatten zu den »Uran-Bergwerken der Geistesgeschichte«[26]. Erst mit ihrer Hilfe konnte Marx seine eignen kritischen gesellschaftstheoretischen Auffassungen ausbilden.

Das gilt für den Materialismus Ludwig Feuerbachs, ebenso für die vernunftkritische Position Max Stirners. Auch die Position Bruno Bauers zur jüdischen Emanzipation gehört dazu. In der Auseinandersetzung mit dem Feuerbach'schen Materialismus, der vernunftkritischen Position von Max Stirner und den Staats- und Emanzipationsvorstellungen von Bauer gelang es Marx, den objektiven Idealismus Hegels zu überwinden und den eigenen Ansatz zu entwickeln.

1843/44 war die sogenannte Judenfrage eine der großen politischen Streitfragen in ganz Europa, sie betraf unmittelbar die Geltung der Menschenrechte, konkret die Frage, ob zu den Menschen, die nach der amerikanischen Unabhängigkeitserklärung und der französischen Erklärung der Menschen- und Bürgerrechte gleich und frei an Rechten geboren worden waren, auch die Juden zählen sollten. Oder anders, ob mit »alle Menschen« auch die Juden gemeint waren.[27] Nach Jahrhunderten der Ausgrenzung und Verfolgung von Juden wurde durch die Aufklärung seit dem 18. Jahrhundert anders als bei den Frauen und den farbigen Menschen die Frage gestellt, wie diesbezüglich mit den Juden umzugehen sei. Seitdem bezeichnete man die jüdischen Emanzipationsprobleme als »Judenfrage« oder »Judensache«. Folgt man Reinhard Rürup, war die Judenfrage bis etwa 1860 ein Synonym für Judenemanzipation und erst danach, endgültig nach der rechtlichen Gleichstellung der Juden 1871 in Deutschland, gelang es den nationalistischen Kräften, die Bezeichnung »Judenfrage« antisemitisch zu besetzen.[28]

Im Deutschland des Vormärzes von 1843, das sich erst auf der Zielgeraden zum Versuch einer bürgerlichen Revolution befand, von der wir wissen, dass sie scheiterte, gab es weder moderne Verfassungen mit Grund- und Menschenrechten aller Bürger noch eine jüdische Emanzipation. Auch Karl Marx selbst war das Produkt dieser historischen Umstände. 1818 in Trier als preußischer Staatsbürger geboren, musste sein Vater Heinrich Marx 1819 seine jüdische Religionszugehörigkeit aufgeben, um weiter als Rechtsanwalt arbeiten zu können. Er konvertierte zum Protestantismus[29] und ließ seinen Sohn 1824 taufen. Dass der Vater von Marx überhaupt Rechtsanwalt werden konnte, verdankte er dem Umstand, dass Trier von den Franzosen erobert und 1797 förmlich in die französische Republik eingegliedert wurde. Heinrich Marx konnte Jura studieren, aber nach Napoleons Niederlage in der Völkerschlacht zu Leipzig 1813 kam Trier zu Preußen und wurde dann durch den Wiener Kongress 1815 zusammen mit dem größten Teil der westlich des Rheins gelegenen deutschen Staaten dem Königreich Preußen zugesprochen. Das Judenedikt des preußischen Staatskanzlers Hardenberg von 1812, das auch in Preußen den Juden die freie Wahl des Wohnsitzes und der Beschäftigung zugestand, klammerte die Zulassung zu den Staatsämtern aus. Der Beschluss der preußischen Regierung, sie nicht zuzulassen, galt auch für den als Anwalt tätigen Heinrich Marx.

In diesem historischen Kontext behandeln Bruno Bauer und der 25-jährige Karl Marx die Judenfrage. Marx beginnt seine Rezension damit zu fragen, welche Emanzipation die Juden begehren, und antwortet, es sei die *staatsbürgerliche*, die *politische* Emanzipation. In seinem Aufsatz zur Judenfrage beschreibt er durchgängig den Fortschritt, den

Inhalt und die Grenzen der politischen Emanzipation, um zugleich festzustellen, es komme aber darauf an, über die politische Emanzipation hinaus die allgemeine, menschliche Emanzipation zu verwirklichen. Der Grundvorwurf an Bauer lautet, »daß er das *Verhältnis der politischen Emanzipation zur menschlichen Emanzipation* nicht untersucht und daher Bedingungen stellt, welche nur aus einer unkritischen Verwechslung der politischen Emanzipation mit der allgemein menschlichen erklärlich sind.« Die Judenfrage löst sich für Marx, indem die Juden zusammen mit allen Menschen politisch emanzipiert werden, worunter er verstand, dass auch für sie die durch die bürgerliche Revolution proklamierten Menschen- und Staatsbürgerrechte gelten sollten.

Obwohl Marx die politische Emanzipation der Juden uneingeschränkt bejaht und fordert, wird ihm wegen des zweiten Teils seiner Rezension häufig eine antisemitische Haltung vorgehalten[30]. In diesem Teil fragt Marx mit Bauer nach dem weltlichen Grund des Judentums und antwortet, es sei das »*praktische* Bedürfnis, der *Eigennutz*«. Mit dieser Beschreibung des »Judentums« scheint Marx populäre Vorurteile zu bedienen, obwohl er betont, dass der »Schacher« in gleicher Weise grundlegend für das Christentum sei. Er schreibt: »Das *praktische Bedürfnis, der Egoismus* ist das Prinzip der *bürgerlichen Gesellschaft* und tritt rein als solches hervor, sobald die bürgerliche Gesellschaft den politischen Staat vollständig aus sich herausgeboren. Der Gott des *praktischen Bedürfnisses und Eigennutzes* ist das Geld.«[31]

Um diese Chiffre vom Eigennutz des Juden, die der Jude nach Marx aber mit dem Christen teilt[32], richtig einordnen zu können, ist es meines Erachtens wichtig zu wissen, dass die Kritik der Macht des Geldes, welche Marx in der Judenfrage übt, sein noch fehlendes Verständnis des Kapitalismus ersetzen muss. Erst nach der Judenfrage, beginnend mit den zu Lebzeiten unveröffentlichten Ökonomisch-philosophischen Manuskripten aus dem Jahre 1844 untersucht Marx die Ökonomie der bürgerlichen Gesellschaft gründlicher und erst dann bedarf es des noch in der Judenfrage benutzten Bildes vom Eigennutz des Juden nicht mehr.

3. Thesen

3.1. Zu These 1
3.1.1. These 1: Die Säkularisierungsthese
Erst die bürgerliche Revolution und die Durchsetzung der bürgerlichen Gesellschaft mittels der Menschen- und Bürgerrechte schaffen die Voraussetzungen dafür, dass sich alle Menschen – auch die Juden – politisch emanzipieren können. Das Menschenrecht der Religionsfreiheit schafft die Religionen nicht ab, sondern macht sie zur Privatsache. Dazu muss sich der Staat von den Religionen trennen und sie gleich behandeln.

3.1.2. Erläuterung durch Marx
Politische Emanzipation setzt nach Marx die revolutionäre Überwindung der feudalen Ständegesellschaft voraus. Nicht der einzelne Mensch müsse sich von seiner Religion emanzipieren, es sei vielmehr der Staat, der sich von der Religion emanzipieren muss. »Die *politische* Emanzipation des Juden, des Christen, überhaupt des *religiösen* Menschen, ist die *Emanzipation* des Staats vom Judentum, vom Christentum, überhaupt von der *Religion*«, schreibt Marx: »Als *Staat* emanzipiert sich der Staat von der Religion, indem er sich von der *Staatsreligion* emanzipiert, d. h., indem der Staat als Staat keine Religion bekennt«[33]. Unter Berufung auf Beaumont, Tocqueville und Hamilton stellt er fest, Nordamerika sei vorzugsweise das Land der Religiosität, dennoch »gibt es weder eine Staatsreligion, noch eine offizielle Religion der Mehrheit, noch den Vorrang eines Kults über den anderen. Der Staat befaßt sich mit keinem der Kulte.« Gleichwohl »glaubt man in den Vereinigten Staaten nicht, daß ein Mensch ohne Religion ein anständiger Mensch sein könnte«[34]. »Der *Staat*

kann sich also von der Religion emanzipiert haben, sogar wenn die *überwiegende Mehrzahl* noch religiös ist. Und die überwiegende Mehrzahl hört dadurch nicht auf, religiös zu sein, daß sie *privatim religiös* ist«[35]. Marx zeigt: »Die politische Emanzipation von der Religion läßt die Religion bestehn, wenn auch keine privilegierte Religion«[36]. Der Mensch selbst emanzipiert sich *politisch* von der Religion, »indem er sie aus dem öffentlichen Recht in das Privatrecht verbannt«[37].

3.1.3. Relevanz, Aktualität und Grenzen

Indem Marx auf der Anwendung der Menschenrechte auch gegenüber den Juden besteht, wendet er sich gegen eine Begrenzung der politischen Emanzipation aus religiösen Gründen und liefert damit ein erstes, auch über die religiösen Gründe hinaus verwendbares Argumentationsmuster gegen deren Einengung. Aber nicht darin liegt die Bedeutung seiner Säkularisierungsthese. Dass die Grundrechte auch für die Juden gelten sollen, ist eine Forderung, die Marx mit einer Vielzahl seiner aufgeklärten Zeitgenossen teilt. Das Besondere seiner These, ihre Relevanz, liegt darin, dass Marx die geforderte politische Emanzipation der Juden konsequent mit der Durchsetzung der bürgerlichen Gesellschaft und der zu ihr gehörenden Menschenrechte verknüpft. Indem er die Judenemanzipation zum notwendigen Bestandteil der Säkularisierung der modernen Gesellschaft erklärt, als deren wesentliche Momente er die Trennung des politischen Staates von den Religionen und die durch das Menschenrecht der Religionsfreiheit geschützte Selbstbestimmung über die eigene Religion beschreibt, gelingt ihm die Vollendung der durch die Aufklärungsphilosophie, vor allem von Hobbes und Locke, in Gang gesetzten Theoriebildung über die Verweltlichung staatlicher Macht. Dieses Säkularisierungsverständnis stellt nicht vordergründig auf einen Bedeutungsverlust von Religionen ab, wie es in soziologischen Säkularisierungstheorien[38] geschieht. Ebenso wenig wird ein konkreter historischer Schritt zur Unterordnung geistlicher

Macht unter die eines weltlichen Staates beschrieben, wie es der Begriff der Säkularisation für die Enteignung von Kirchengütern zu Gunsten des Staates tut. Bei Marx ist Säkularisierung dies alles nicht. Er bestimmt sie vielmehr als ein notwendiges normatives Element jeder bürgerlichen Gesellschaft mit zwei sich bedingenden Seiten: der Neutralität des Staates gegenüber den Religionen zum einen und der menschenrechtlich geschützten individuellen Selbstbestimmung über die eigene Religion andererseits.

Seine These ist immer dort aktuell, wo die Religionsausübung nicht als ein Menschenrecht gewährleistet wird, der Staat sich nicht zu den Religionen neutral verhält und die von den Menschen gelebten Religionen und Weltanschauungen ungleich behandelt werden. Geht man von diesem Inhalt der Säkularisierungsthese bei Marx aus, wird klar, dass sie auch heute noch im deutschen Religionsverfassungsrecht eine umkämpfte Position ist[39]. Auch die deutsche Gesellschaft muss, angesichts des drohenden Verlustes ihrer christlichen Mehrheit und der damit einhergehenden religiösen und weltanschaulichen Pluralisierung, den politischen Umgang mit nichtchristlichen Religionen und areligiösen Weltanschauungen immer wieder neu lernen.[40]

Wenn ich es richtig sehe, hat den Umstand, dass Marx die Theorie der Säkularisierung in seiner Schrift Zur Judenfrage vollendet, in der deutschen Staatsrechtslehre nur Ernst Wolfgang Böckenförde ausdrücklich gewürdigt. Viele deutsche Staatsrechtslehrer befinden sich nach wie vor noch auf dem Weg zu der von Marx formulierten Einsicht. In Böckenfördes Schrift über »Die Entstehung des Staates als Vorgang der Säkularisation«[41] – jene Schrift mit seinem viel zitierten Diktum, dass »der freiheitliche, säkularisierte Staat« von Voraussetzungen lebt, »die er selbst nicht garantieren kann,«[42] – heißt es ausdrücklich mit Bezug auf die Judenfrage von Marx: Marx habe den strukturellen Zusammenhang zwischen der Religionsfreiheit als Menschenrecht und der Neutralität des Staates »mit großer Deutlichkeit gesehen«[43]. Dies hat Böckenförde 2006 angesichts unseres gegenwärtigen Streites zum Umgang mit dem Islam wiederholt.[44] Freigabe der Religion durch den Staat bedeute, »wie Karl Marx frühzeitig erkannt« habe, dass die Religion »vom Staat her gesehen in den Bereich der Gesellschaft verbannt wird«, sodass der Staat »folglich kein christlicher, muslimischer oder von einer anderen Religion geprägter Staat sein kann«[45]. Anders als bei Böckenförde ist bei Marx die Säkularisierung aber nicht Voraussetzung für die Entstehung des modernen Staates und der modernen Gesellschaft. Bei ihm ist es umgekehrt: Es ist die Durchsetzung der modernen Gesellschaft, die nach Marx zur Vollendung der Säkularisierung und damit auch zur Vollendung der politischen Emanzipation führt. Für Marx ist die Herausbildung und die Durchsetzung der bürgerlichen Gesellschaft die Ursache für die Säkularisation. Dies heißt für Marx auch, dass jede unvollendete Säkularisierung nicht nur die politische Emanzipation unvollendet lässt, sondern auch indiziert, dass die Bürgerlichkeit des Staates und seines Rechtes noch nicht vollendet ist. Auch bei Marx lebt der Staat von Voraussetzungen, die er selbst nicht garantieren kann, nur sind dies anders als bei Böckenförde nicht die gelebten Religionen und Weltanschauungen seiner Bürger, sondern die gesellschaftlichen Verhältnisse, in denen die Menschen arbeiten und produzieren. Von diesen hängen – so Marx – die Staats- und Rechtsformen primär ab.

Zu dieser Einsicht kommt Marx nicht trotz, sondern wegen seiner Religionskritik. Seine Säkularisierungsthese in der Judenfrage ist die Anwendung der unmittelbar zuvor bei der Kritik des Hegelschen Staatsrechts gewonnenen Erkenntnisse. In der Zusammenfassung dieser Einsichten, wie sie in der Einleitung zur Kritik der Hegelschen Rechtsphilosophie nachgelesen werden können, hat er einen seiner bekanntesten religionskritischen Sätze formuliert: Religion sei »das Opium des Volkes«. Der Satz ist inspiriert von Bruno Bauer, der von einem »opiumartigen Einfluss« aller Religionen auf das menschliche Selbstbewusstsein ausgeht[46]. Bei Marx dient der Satz dazu, ein Programm zu formulieren. Es heißt anschließend : »Die Aufhebung der Religion als des illusorischen Glücks des Volkes ist die Forderung seines wirklichen Glücks (...), ist die Forderung, einen Zustand aufzuheben der der Illusion bedarf.«[47] Damit fordert Marx nicht etwa das Verbot von Religionen, sondern er formuliert ein politisches Programm, mit dem er die Kritik des Himmels in die Kritik der Erde verwandeln will. Die gesellschaftlichen Zustände, die der religiösen Illusionen bedürfen, sollen so verändert werden, dass man in ihnen ohne diese Illusion leben kann. Er formuliert damit ein theoretisches Konzept der Kritik des Rechts und der philosophischen Theologie, das sich gegen Hegel richtet und mit dessen Hilfe er seine eigene Gesellschaftstheorie gewinnen will.

Geschichte verläuft nach Hegel vernünftig im Bewusstsein der Freiheit; sie sei die zunehmende Selbstbewusstwerdung des absoluten Geistes. »Nur die Einsicht kann den Geist mit der Weltgeschichte versöhnen, dass das, was geschehen ist und alle Tage geschieht, nicht nur nicht ohne Gott, sondern wesentlich das Werk seiner selbst ist.« So hatte es Hegel in seiner Vorlesung über die Philosophie[47a] der Geschichte vorgetragen. Die von Marx betriebene Materialisierung des Religionsbegriffes wird so zur Voraussetzung dafür, den Hegel'schen absoluten Geist aus der Geschichte der menschlichen Gesellschaft verbannen zu können. Marx kritisiert, dass Hegel das Verhältnis der bürgerlichen Gesellschaft zum Staat so bestimmt, dass er die Idee, den Geist, zum Subjekt macht.[48] Darin sieht Marx das ganze Mysterium der Rechtsphilosophie und der Hegel'schen Philosophie überhaupt[49]. Er folgt damit zunächst der Religionskritik Ludwig Feuerbachs. Dieser hatte die religiöse Welt als Widerschein der menschlichen Welt anthropologisch erklärt. Marx vertauscht aber nicht nur die Vorzeichen, sondern löst auch die von Hegel behauptete Identität von Wirklichkeit und Vernunft auf. Dieser hat in § 258 der Grundlinien der Philosophie des Rechts den Staat noch zum an und für sich Vernünftigen erklärt. Marx muss nun, nachdem er den Hegel'schen

Geist aus der Gesellschaft und ihrer Geschichte verbannt hat, erklären, wodurch der Hegel'sche Geist ersetzt werden soll, da er dabei bleiben will, die Geschichte der Gesellschaft als historische Entwicklung rational zu erklären. Dazu sucht er den Grund für das Vernünftige in der Gesellschaft selbst. Bereits als Redakteur der Rheinischen Zeitung hatte er am 10. Juli 1842 geschrieben: »Man müsse den Staat nicht aus der Vernunft des Individuums, sondern aus der *Vernunft der Gesellschaft* konstruieren.« Was meint er damit?

Der junge Marx setzt gegen Hegel nicht nur auf die politische Revolution, sondern vor allem auf die Verfassung »als freies Produkt der Menschen«[50]. »Wie die Religion nicht den Menschen, sondern wie der Mensch die Religion schafft,« schreibt er, »so schafft die Verfassung nicht das Volk, sondern das Volk die Verfassung«[51]. Wozu er ansetzt und was ihm von hier an Schritt für Schritt gelingt, ist die materialistische Erklärung gesellschaftlicher Entwicklung. Das macht ihn zum Klassiker der modernen Sozialphilosophie. So ist denn auch mit Luhmann festzustellen, dass »die Negation einer gesellschaftsexternen Geistigkeit, eines transzendentalen Bewußtseins, das sich selbst die Gesellschaft erklärt«, mit Marx unbedingt zu bewahren ist[52]. Heute scheint dies kaum noch strittig zu sein. Dies gilt jedoch nur, solange man dies nicht mit der dazu gehörigen Säkularisierungsthese verbindet, denn dann ist es mit der Klassizität vorbei und wir sind mitten in den aktuellen staatskirchenrechtlichen Debatten.

Die Grenzen der Säkularisierungsthese von Marx liegen nicht in ihr selbst, sondern in der durch Marx vorgenommenen Begrenzung dessen, was durch Säkularisierung und politische Emanzipation erreicht werden kann. Für Marx ist die durch die Säkularisierung erreichbare politische Emanzipation so eng, dass man sofort daran gehen muss, sie zu überwinden, um die tatsächliche Emanzipation zu erreichen. Auch schon beim jungen Marx endet die Kritik der Religion mit der Lehre, dass der Mensch das höchste Wesen für den Menschen sei, und dem daraus gewonnenen kategorischen Imperativ, alle Verhältnisse umzuwerfen, »in denen der Mensch ein erniedrigtes, ein geknechtetes, ein verlassenes, ein verächtliches Wesen ist.«[53] Davon handeln die nächsten zwei Thesen.

3.2. Zu These 2
3.2.1. These 2: Die Unterscheidung von Staat und Gesellschaft – Der Mensch als Staatsbürger und Bourgeois
Mit der Durchsetzung der bürgerlichen Gesellschaft werden Staat und Gesellschaft voneinander getrennt. Der Mensch wird als Mitglied der bürgerlichen Gesellschaft ein unabhängiges, egoistisches Individuum (Bourgeois) und soll andererseits als Staatsbürger (Citoyen) als eine moralische Person bei der Bestimmung des Gemeinwohls mitwirken. Weil die Sphäre, in welcher der Mensch sich als Gemeinwesen verhält, der Sphäre, in welcher er sich als Teilwesen verhält, untergeordnet wird, sichern die Grundrechte vor allem die bürgerlichen Eigentumsverhältnisse und kann der Staat nicht demokratisch funktionieren.

3.2.2. Erläuterung durch Marx
»Die Konstitution des politischen Staats und die Auflösung der bürgerlichen Gesellschaft in unabhängige Individuen ... vollzieht sich in einem und demselben Akte«[54], stellt Marx fest und folgert: Die politische Emanzipation sei »die Reduktion des Menschen, einerseits auf das Mitglied der bürgerlichen Gesellschaft, auf das egoistische unabhängige Individuum, andrerseits auf den *Staatsbürger*, auf die moralische Person«[55]. Deshalb seien die *droits de l'homme*, die Menschenrechte, von den *droits du citoyen*, von den Staatsbürgerrechten zu unterscheiden. Marx behauptet, »nicht der Mensch als citoyen, sondern der Mensch als bourgeois« werde in der bürgerlichen Gesellschaft »für den *eigentlichen* und *wahren* Menschen genommen«[56]. Die durch die politische Emanzipation gewonnene Freiheit sei »die Freiheit des Menschen als isolierter auf sich zurückgezogener Monade.«[57] Sie basiere

nicht »auf der Verbindung des Menschen mit dem Menschen, sondern vielmehr auf der Absonderung des Menschen von dem Menschen.«[58]

Dennoch erscheint es ihm rätselhaft, »daß ein Volk, welches eben beginnt, sich zu befreien, (...) daß ein solches Volk die Berechtigung des egoistischen, vom Mitmenschen und vom Gemeinwesen abgesonderten Menschen feierlich proklamiert«, dass »der citoyen zum Diener des egoistischen homme«[59] erklärt wird und »die Sphäre, in welcher der Mensch sich als Gemeinwesen verhält, unter die Sphäre, in welcher er sich als Teilwesen verhält, degradiert«[60].

Die praktische Nutzanwendung der durch die Menschenrechte gewonnenen Freiheit sei »das Menschenrecht des *Privateigentums*«[61]. Es ermögliche, »willkürlich (à son gré), ohne Beziehung auf andre Menschen, unabhängig von der Gesellschaft, sein Vermögen zu genießen und über dasselbe zu disponieren«[62]. Es sei »das Recht des Eigennutzes«[63]. Kein Menschenrecht geht nach Marx »über den egoistischen Menschen hinaus, über den Menschen, wie er Mitglied der bürgerlichen Gesellschaft«[64] ist.

Auch die Gleichheit sichere nur, »daß jeder Mensch gleichmäßig als solche auf sich ruhende Monade betrachtet wird«[65]. Dies gelte ebenso für die in Artikel 8 der französischen Verfassung von 1793 garantierte Sicherheit.[66] Sie garantiere die Erhaltung der Person und der Eigentumsrechte und sei »die *Versicherung* ihres Egoismus«[67].

Im Staat dagegen, behauptet Marx, sei der Mensch »das imaginäre Glied einer eingebildeten Souveränität«[68], sei er »seines wirklichen individuellen Lebens beraubt und mit einer unwirklichen Allgemeinheit erfüllt«[69]. Der Mensch führe ein Doppelleben, »ein himmlisches und ein irdisches Leben, das Leben im politischen Gemeinwesen, worin er sich als Gemeinwesen gilt, und das Leben in der bürgerlichen Gesellschaft, worin er als Privatmensch tätig ist, die andern Menschen als Mittel betrachtet, sich selbst zum Mittel herabwürdigt und zum Spielball fremder Mächte wird.«[70] Und der Staat verhalte »sich ebenso spiritualistisch zur bürgerlichen Gesellschaft wie der Himmel zur

Erde.«[71] Dies folge aus der *weltlichen* Spaltung zwischen dem *politischen* Staat und der *bürgerlichen Gesellschaft*.

3.2.3. Relevanz, Aktualität und Grenzen

Indem Marx die Trennung zwischen dem politischen Staat und der bürgerlichen Gesellschaft und die damit einhergehende Unterordnung des Staates und der Menschenrechte unter die Funktionsmechanismen der bürgerlichen Gesellschaft beschreibt und diese sogleich heftig kritisiert, liefert er nicht nur eine Beschreibung des bürgerlichen Sozialmodells[72], sondern er zielt mit seiner radikalen Kritik daran zugleich auf dessen Lebensnerv. Die Relevanz seiner These liegt in beidem, in seiner Beschreibung der bürgerlichen Gesellschaft und in ihrer Kritik. Die Begrenztheit seiner These liegt in dem von ihm konstatierten unüberbrückbaren Wiederspruch zwischen dem Bourgeois und dem Citoyen. Marx sieht keine demokratischen oder sozialstaatlichen Lösungen für diese Widersprüche im bürgerlichen System, sondern er folgert, dass das System als Ganzes aufgehoben werden muss.

Dass in der Moderne der politische Staat und die bürgerliche Gesellschaft zu unterscheiden sind, hat Marx von Hegel gelernt und in sein Kapitalismusbild übernommen[73]. Bereits Hegel hatte, folgt man Eduard Gans[74], mit den vorangehenden naturrechtlichen Vertragskonstruktionen zur Erklärung des Staates und des Rechts in seiner Rechtsphilosophie gebrochen. Hegel hatte stattdessen den Gesellschaftsbegriff in seine Naturrechtslehre eingeführt[75]. Zwar hatten bereits Hobbes und Locke von der »civil society« gesprochen, diese aber nicht näher bestimmt und sie auch nicht wie Hegel vom Staat unterschieden[76]. Die Gesellschaft, die Hegel in seiner Rechtsphilosophie begrifflich zu fassen sucht, setzt sich bei ihm zusammen aus Personen, von denen jede auf ihren eigenen Vorteil bedacht ist. Jeder wird in Hegels Beschreibung von Bedürfnissen bestimmt, die mit dem Zwange der Naturnotwendigkeit nach Befriedigung verlangen, bei der aber jeder einzelne auf den anderen angewiesen ist, um seine Bedürfnisse zu leben. Die so beschriebene Gesellschaft wird bei Hegel nicht, wie das in den klassischen Naturrechtslehren vor ihm geschieht, im Staat aufgelöst, sondern die Gesellschaft bleibt bei Hegel vom Staat unterschieden. Der Abschnitt über die bürgerliche Gesellschaft beginnt mit der Feststellung, dass sie sich zum Staat im Verhältnis der Differenz befindet.[77] Diese Differenz zwischen Staat und Gesellschaft ersetzt bei Hegel das Vertragsmodell, in dem die Konstruktionen des Naturrechts vor ihm endeten. Marx folgt Hegel darin, dass anders als in der feudalen Ständegesellschaft in der modernen Gesellschaft Staat und Recht getrennte Sphären bilden.

Darin stimmen Marx und Hegel überein. Während Hegel aber in den Verbänden diejenigen Institutionen sieht, die den Egoismus der bürgerlichen Gesellschaft mit dem Gemeinschaftsgeist des Staates vermitteln können, kritisiert Marx dies als Versuch, das Heilmittel zur Überwindung der Trennung in den politischen Institutionen einer idealisierten Version der preußischen konstitutionellen Monarchie zu finden. Bei dieser politischen Kritik aber bleibt es nicht, Marx nimmt eine folgenreiche Korrektur der Hegel'schen normativen Annahmen über die moderne Gesellschaft vor. Aus der Differenz von Staat und Gesellschaft folgert er die Unterordnung des politischen Staates und seines Rechtes unter die Bedürfnisse der bürgerlichen Gesellschaft und ihrer Produktionsweise. Deshalb identifiziert er den Bourgeois als den wahren Menschen der bürgerlichen Gesellschaft, beschreibt er den Citoyen als den Diener des Bourgeois und sieht er die wesentliche Funktion der Grundrechte in der Sicherung des Eigentums. Das hat er später nach seiner ökonomischen Analyse der bürgerlichen Gesellschaft keineswegs korrigiert, sondern weiter ausführlich begründet. Während Hegel, so wie wir heute auch, behauptet, dass die moderne Gesellschaft so eingerichtet werden kann, dass der Individualismus und Egoismus der bürgerlichen Gesellschaft die Bildung und Durchsetzung von Gemeinwohlinteressen nicht verunmögliche, bestreitet Marx die Fähigkeiten des politischen Staates zur Bildung und Durchsetzung von Gemeinwohlinteressen gegen die individuellen, egoistischen Interessen des Privateigentümers.

Der Streit darüber, ob aus der Differenz zwischen Staat und Gesellschaft tatsächlich die Unterordnung des politischen Staates und seines Rechtes unter die Bedürfnisse der bürgerlichen Gesellschaft folgt, hat meines Erachtens bis heute eine grundsätzliche Bedeutung. Einerseits gehen wir meines Erachtens in unseren Verfassungsvorstellungen davon aus, andererseits bestreiten wir aber auch eine solche Unterordnung. Meines Erachtens ist die These von der Unterordnung des Politischen, Staatlichen unter die realen Bedürfnisse der Gesellschaft und der in ihr handelnden Individuen fest in der Verfassungstheorie und der herrschenden Grundrechtsdogmatik verankert. Das Grundgesetz unterscheidet wie jede moderne Verfassung den grundrechtsberechtigten Menschen und Bürger vom grundrechtsgebundenen bzw. grundrechtsverpflichteten Staat. Während staatliches Handeln immer demokratisch legitimiert werden muss, ist der Grundrechtsträger prinzipiell frei in der Wahl seiner Handlungsoptionen und muss sie auch nicht begründen. In diesem Sinne ist, wie Böckenförde es formuliert hat, die Unterscheidung von Staat und Gesellschaft die Bedingung individueller Freiheit in der modernen Gesellschaft[78]. In diesem Verfassungsverständnis ist aber nicht nur die Freiheit zur Selbstbestimmung des Individuums aufgehoben, sondern auch die mit dem bürgerlichen Gesellschaftsmodell verbundene Gerechtigkeitsvorstellung. Die gleiche individuelle Freiheit zur Selbstbestimmung, die die ungehinderte Verfolgung von Eigeninteressen verbürgt, soll zugleich, gelenkt von der unsichtbaren Hand[79], die Sicherung des Gemeinwohls verbürgen und damit Gerechtigkeit herstellen. Diese Gerechtigkeitsvorstellung tritt bis heute vor allem im Verständnis von Gleichheitsrechten entgegen, die nicht als Teilhaberechte, sondern als Rechte auf die gleichen Freiheiten verstanden werden. Diese verfassungstheoretische Form der Unterscheidung von Staat und Gesellschaft ist nicht, wie immer wieder behauptet wird, deshalb obsolet, weil sie sich einseitig am demokratiedefizitären bürgerlichen Rechtsstaatsmodell des 19. Jahrhunderts orientiert. Sie ist vielmehr bis heute in den verfassungsrechtlichen Bindungen des demokratischen Gesetzgebers aufgehoben. Der demokratische Gesetzgeber ist in unserem Verständnis durch die in den Grundrechten verbürgte individuelle Freiheit begrenzt. Die grundrechtliche Freiheit als individuelle Selbstbestimmung ist durch eine Mehrheitsentscheidung gerade nicht aufhebbar, sondern der Gesetzgeber ist am Maßstab dieser Freiheit kontrollierbar und korrigierbar. Der dabei anzuwendende Maßstab ist das Problem. Wo nehmen wir diesen Maßstab her, wie gewinnen wir ihn? Darauf geben wir bekanntlich unterschiedliche Antworten. Zum einen gehen wir entweder stillschweigend oder explizit von den der Verfassung vorausliegenden Menschen- und Gesellschaftsbildern aus, die wir im Freiheitsverständnis miteinander verbinden und die dann auf unsere Gerechtigkeitsvorstellungen durchschlagen. Dabei geht es nicht einfach nur darum, dass der Staat, das heißt unsere Staatsvorstellung zum Argument für die Rechtsgestaltung wird, es geht um unser Menschen- und Gesellschaftsbild schlechthin. Andererseits versuchen wir Menschen- und Gesellschaftsbilder und damit verbundene Freiheitsvorstellungen als A-priori-Argumente aus unserer juristischen Argumentation zu verbannen. Da beides auf Grenzen stößt, bleibt dieser Konflikt aber virulent, meist in seiner klassischen Form als Streit zwischen naturrechtlichen und rechtspositivistischen Argumentationsweisen. Die Marx'sche Argumentation zu den Menschenrechten als »Rechte des egoistischen Menschen« liegt meines Erachtens quer dazu. Marx gewinnt diese Behauptung nicht anhand eines A-priori-Argumentes über den begrifflichen Inhalt von Freiheit, wenn Freiheit als das Recht der Individuen definiert wird, ohne Einschränkung durch andere zu handeln. Er verweist stattdessen auf die Verwirklichungsbedingungen von individuell selbstbestimmter Freiheit in einer, wie er später sagt, kapitalistischen Gesellschaft. Im

Kontext einer solchen Gesellschaft, in der partikulare ökonomische Interessen einander gegenüberstehen und ein zwar nicht uneingeschränkter, jedoch immer allgegenwärtiger Wettbewerb herrscht, verschmilzt der Egoismus untrennbar mit der Art von Freiheit, die individuelle, subjektive Menschenrechte garantieren soll. Auch wenn wir bestreiten, dass die Menschenrechte den egoistischen Atomismus beinhalten, müssen wir Marx darin Recht geben, dass zwischen dem egoistischen Atomismus und den Menschenrechten mindestens eine Wahlverwandtschaft besteht, die Frage ist, ob diese Verbindung eine notwendige und unauflösliche Verbindung ist.

Marx hat früh, auch wieder von Hegel vermittelt, über Eduard Gans gelernt, dass die Verwirklichung der Menschen- und Bürgerrechte strukturell Defizite bei denen produziert, denen es an den Voraussetzungen für einen selbstbestimmten Freiheitsgebrauch ermangelt. Er sah bereits 1842/43, als es noch darum ging, die bürgerliche Revolution und die politische Emanzipation durch die Bürger und Menschenrechte für Deutschland zu fordern, dass die gleiche Freiheit zum Recht des Stärkeren wird, das sich nicht etwa nur auf persönliche Tüchtigkeit und Verdienst, sondern vor allem auf Besitz und Eigentum gründet. Anders als sein Zeitgenosse Lorenz von Stein, der ebenso wie Marx ein Hegelianer war, hat er daran keine sozialstaatlichen Forderungen geknüpft oder gar selbst entwickelt. Er hat solche Zeit seines Lebens grundsätzlich abgelehnt und statt dessen die Demokratiefähigkeit des bürgerlichen Staates bestritten.

Die Antwort der gegenwärtigen Rechtsphilosophie auf diesen Einwand lautet in der Regel, dass im modernen Verfassungsstaat durch die Menschenrechte die Teilnahme des Einzelnen an der politischen Machtausübung gleichrangig zu seinem Recht auf individuelle Selbstbestimmung verankert sei. Der Einzelne könne und müsse zugleich Autor und Adressat des Rechts sein. Das ist eine Kantische Antwort, die zum Beispiel Jürgen Habermas in gleicher Weise wie John Rawls gibt. Es bleibt in diesen Antworten natürlich bei der Differenz von Staat und Gesellschaft, aber der politische Staat wird nicht dem ökonomischen Mechanismus des Wirtschaftens der Gesellschaft untergeordnet. Der Bourgeois kann sich danach in den Citoyen verwandeln. Diese Vorstellung wird angesichts der gegenwärtigen Krise des kapitalistischen Systems auf eine harte Probe gestellt. In der derzeitigen Phase der Globalisierung sehen sich die Nationalstaaten und auch die Europäische Union einem weltweit agierenden Kapitalismus gegenüber, der sich aus den konstitutionellen Fesseln des Nationalstaates befreit hat. Aus der staatlich und sozialstaatlich eingebetteten ökonomischen Macht sind ökonomisch eingebettete Staaten geworden, wie es zum Beispiel Wolfgang Streeck beschrieben hat[80]. Vor allem deshalb hat Marx mit seiner These von der Unterordnung des politischen Staates unter die Bedürfnisse einer kapitalistischen Gesellschaft gegenwärtig Konjunktur. Jürgen Habermas zum Beispiel, der seine Rechtsphilosophie von Marx weg hin zu Kant zu einer Legitimationstheorie entwickelt hat, räumt einen Ergänzungs- bzw. sogar Korrekturbedarf ein. Er hatte Anfang der Siebziger Jahre zusammen mit Claus Offe unter dem Eindruck der damals vorherrschenden Keynesianischen Steuerungstheorie angenommen, dass sich wirtschaftliche Krisen in kulturelle Widersprüche des Kapitalismus verwandeln werden und sich in der Gestalt einer Legitimationskrise äußern würden[81]. Angesichts der gegenwärtigen internationalen Banken- und Schuldenkrise räumte er ein, dass wir heute keiner Legitimations-, wohl aber einer handfesten Wirtschaftskrise gegenüberstehen, und spricht vom Elend der nationalstaatlichen Fragmentierung in einer kapitalistisch integrierten Weltgesellschaft. Ihm geht es dabei, so wie Marx, nicht einfach um die Bewältigung der aktuellen Krise des Kapitalismus, sondern vielmehr um den Nachweis, dass die moderne Gesellschaft auch angesichts eines global agierenden Kapitalismus demokratiefähig ist. Um Marx mit seiner These von der Unterordnung des Citoyens unter den Bourgeois ins Unrecht zu setzen, müsse genau dieser Beweis erbracht werden. Solange er noch aussteht, bleibt Marx mit seiner These aktuell.

3.3. Zu These 3

3.3.1. These 3: Menschliche Emanzipation jenseits von Staat und Grundrechten

Erst wenn der Mensch seine eigenen Kräfte als gesellschaftliche Kräfte erkannt und organisiert hat und daher die gesellschaftliche Kraft nicht mehr in der Gestalt der politischen Kraft von sich trennt, erst dann ist die menschliche Emanzipation vollbracht.

3.3.2. Erläuterungen durch Marx

Um die Grenzen der politischen Emanzipation zu sprengen, um die allgemeine menschliche Emanzipation zu erreichen, müsse der wirkliche, der individuelle Mensch, »in seinem empirischen Leben, in seiner individuellen Arbeit, in seinen individuellen Verhältnissen, *Gattungswesen*« werden. Der Staat hebe zwar »den Unterschied der Geburt, des Standes, der Bildung, der Beschäftigung in seiner Weise auf« und erkläre sie für unpolitische Unterschiede; nichtsdestoweniger aber lasse der Staat »das Privateigentum, die Bildung, die Beschäftigung auf ihre Weise, (...) wirken«. Er sei weit davon entfernt, diese faktischen Unterschiede aufzuheben. Es sei vielmehr so, konstatiert Marx, der Staat existiere nur unter ihrer Voraussetzung. Vor allem aber sei »das Privateigentum nicht nur nicht aufgehoben, sondern sogar vorausgesetzt.«

3.3.3. Relevanz, Aktualität und Grenzen

Während Marx die Voraussetzungen und Vorzüge der politischen Emanzipation in der modernen Gesellschaft als Sozialphilosoph von heute aus gesehen in klassischer Weise kritisch beschreibt, ist seine These zur allgemeinen menschlichen Emanzipation bereits in seiner Schrift zur Judenfrage fokussiert auf nur eine Bedingung, auf die Aufhebung des Privateigentums. Wenig später 1848 schreiben Marx und Engels selbst im kommunistischen Manifest, dass »die Kommunisten ihre Theorie in dem einen Ausdruck: Aufhebung des Privateigentums, zusammenfassen«[82] können. Die Relevanz dieser These liegt mithin darin, dass sie die Kernforderung der kommunistischen Bewegung ist. Denkt man den Zusammenbruch des kommunistischen Weltsystems 1989/91 als empirische Probe auf die zu Grunde gelegte Idee, ist sie vor allem auch deshalb aktuell geblieben. Ist die These von der allgemeinen menschlichen Emanzipation, die nur durch die Aufhebung des Privateigentums erreicht werden kann, ursächlich für diesen Zusammenbruch und darüber hinaus mittelbar für alle im Namen der kommunistischen Bewegung begangenen Verbrechen? Die Antwort, die ich darauf in meiner Antrittsvorlesung gegeben habe, lautete »Ja«[83] und dabei wird es auch heute bleiben.

Zunächst kurz etwas zu der weit verbreiteten Annahme, dass das, was Marx mit Aufhebung des Privateigentums gemeint habe, nichts mit dem tun hat, was in den realen Ländern des kommunistischen Weltsystems passiert ist.

Marx und Engels haben im kommunistischen Manifest ausdrücklich klargestellt, dass es nicht um die Abschaffung des Eigentums überhaupt geht, sondern um die Abschaffung des bürgerlichen Eigentums. Dies sollte die Aufhebung der Klassengegensätze und der Ausbeutung bewirken und war verbunden mit der Vorstellung, dass man dazu auch das bürgerliche Recht abschaffen müsse. »Streitet nicht mit uns«, schrieben sie, »indem ihr an euren bürgerlichen Vorstellungen von Freiheit (...) usw. die Abschaffung des bürgerlichen Eigentums messt«. »Eure Ideen selbst sind die Erzeugnisse der bürgerlichen Produktions- und Eigentumsverhältnisse, wie euer Recht nur der zum Gesetz erhobene Wille eurer Klasse ist, ein Wille, dessen Inhalt gegeben ist in den materiellen Lebensbedingungen eurer Klasse«[84]. Das bürgerliche Recht, die durch die Grundrechte gewährleistete Freiheit verschwindet danach zusammen mit seiner Grundlage, dem bürgerlichen Privateigentum. Dabei stellen sich Marx und Engels die

Aufhebung des Privateigentums keineswegs hegelianisch, sondern vielmehr despotisch vor. 1848 im kommunistischen Manifest heißt es ausdrücklich, der Staat solle dazu benutzt werden, der Bourgeoisie nach und nach alles Kapital zu entreißen, alle Produktionsinstrumente in den Händen des Staates, das heißt des als herrschende Klasse organisierten Proletariats, zu zentralisieren und die Masse der Produktionskräfte möglichst schnell zu vermehren.[85] Die Verstaatlichung des Eigentums ist also nicht erst eine Erfindung Lenins und Stalins gewesen. Das kann auch nicht mit dem Einwand entkräftet werden, dass Marx und Engels sich vorgestellt haben, dass an »die Stelle der alten bürgerlichen Gesellschaft mit ihren Klassen und Klassengegensätzen (...) eine Assoziation« treten soll, »worin die freie Entwicklung eines jeden die Bedingung für die freie Entwicklung aller ist«[86]. Weder Marx noch anderen kommunistischen Theoretikern ist es gelungen aufzuzeigen, welche neuen Rechtsformen an die Stelle einer modernen Ordnung treten könnten, um jene Assoziation, in der die freie Entwicklung eines jeden die Bedingung für die freie Entwicklung aller ist, zum Funktionieren zu bringen. Auch im ökonomischen Alterswerk von Marx wird die Idee von der Aufhebung des Privateigentums in keiner Weise relativiert. Ebenso wenig führt die in der Kritik des Gothaer Programms von 1875 enthaltene Skizze zu den Perioden der kommunistischen Gesellschaft diesbezüglich weiter. Der Plan des jungen Marx, der Kritik der Ökonomie eine Kritik des Rechts der Moral, Politik usw. folgen zu lassen, ist unausgeführt. Von daher bleiben wir verwiesen auf die zu konstatierenden Tatsachen aus der Realität kommunistischer Bewegungen. Diese lehren uns unbestreitbar, dass es keinen Weg gibt, die Grenzen der politischen Emanzipation, so wie sie Marx in der Judenfrage beschrieben hat, dadurch zu beseitigen, dass man das tut, was er fordert, »das Privateigentum aufzuheben«. Wir sind nach dem Untergang des Kommunismus belehrt, dass wir damit einen Entwicklungsweg in Freiheit beenden. Zudem ist die von Marx beschriebene politische Emanzipation mit ihrer Durchsetzung der bürgerlichen Gesellschaft über eine Grundrechtsordnung vielerorts eine noch nicht gelöste Aufgabe der Gegenwart. Wer dabei aber Staat und Recht eingeschlossen die Menschenrechte aufheben will, wegen der Grenzen der politischen Emanzipation, treibt die Emanzipation nicht voran, sondern befördert den gesellschaftlichen Rückschritt. Politische Emanzipation ist nicht hintergehbar.

4. Zusammenfassung

Ich wollte ein entspanntes Begräbnis zu Marx veranstalten. Dazu habe ich drei Thesen aus seiner Schrift zur Judenfrage vorgestellt, um deren Relevanz, Aktualität und Grenzen zu erörtern.

Mit seiner ersten These über die Säkularisierung wollte ich Ihnen Marx nahe bringen als Klassiker der modernen Sozialphilosophie, dessen Säkularisierungsthese bis heute nicht nur keiner Korrektur, sondern vielmehr der Durchsetzung bedarf.

In seiner zweiten These über die Unterordnung des Staates unter die Gesellschaft führte der Mensch ein Doppelleben, »ein himmlisches und ein irdisches Leben, das Leben im politischen Gemeinwesen, worin er sich als Gemeinwesen gilt, und das Leben in der bürgerlichen Gesellschaft, worin er als Privatmensch tätig ist, die andern Menschen als Mittel betrachtet, sich selbst zum Mittel herabwürdigt und zum Spielball fremder Mächte wird.«[87] Mit dieser These hat Marx nicht nur eine Beschreibung der bürgerlichen Gesellschaft gegeben, sondern zugleich zu einer Fundamentalkritik angesetzt, deren endgültige Wiederlegung noch aussteht. Sie wird erst erbracht sein, wenn auch der globale Kapitalismus demokratisch funktioniert.

Seine dritte These zur Überwindung der Grenzen der politischen Emanzipation durch die Aufhebung der Menschenrechte ist endgültig widerlegt. Sowohl die politische Emanzipation als auch die dazugehörigen Menschenrechte sind nicht hintergehbar.

Nachdem ich Sie so lange mit diesen drei Thesen traktiert habe, gibt es nun auch noch einen letzten Wunsch. Eines meiner großen Perestroika-Erlebnisse war, dass ich das Buch »Leben und Schicksal« von Wassili Grossmann las. Es wurde unter Gorbatschow zum ersten Mal in der Sowjetunion veröffentlich. Grossmann hatte es in den fünfziger Jahren geschrieben, das Manuskript war aber vom KGB beschlagnahmt worden und in der Lubjanka verschwunden. Davon hörend habe ich mir eine deutsche Fassung besorgt und war monatelang überwältigt. In der Manier von Leo Tolstois »Krieg und Frieden« erzählt Grossmann in »Leben und Schicksal« die Geschichte des 2. Weltkrieges. Sein Roman wurde für mich zur Erzählung über das 20. Jahrhundert schlechthin. Um mein Erkenntnisglück zu teilen, habe ich Freunden und Bekannten davon erzählt und angefangen, sie mit dem Buch zu beschenken. Jahre später kam einer der so beschenkten zu mir und beschenkte mich mit Grossmanns Buch. Die FAZ hatte es, nachdem es 2007 in einer neuen deutschen Übersetzung erschienen war, zum Buch des Jahres gekürt. Nun glaubte auch mein Bekannter an das Besondere von Leben und Schicksal. Damals war ich sauer und habe auf das Geschenk arrogant reagiert. Heute nun hoffe ich, dass Jüngere des Weges kommen und mir sagen, Frau Will, haben Sie eigentlich schon Marx' Schrift »Zur Judenfrage« gelesen?

---

* Abschiedsvorlesung vom 10. Juli 2014, gehalten im Raum 2002 des Hauptgebäudes der Humboldt-Universität zu Berlin, Unter den Linden 6; abgedruckt unter gleichem Namen in: Marx-Engels-Jahrbuch 2014, hrsg. von der Internationalen Marx-Engels-Stiftung, Berlin (de Gruyter Akademie Forschung) 2015, S. 7–31; Abdruck mit freundlicher Genehmigung der Redaktion.

1 Als Beispiel dafür kann für Deutschland auf die Kontroverse zu Wolfgang Streecks Buch »Gekaufte Zeit: Die vertagte Krise des demokratischen Kapitalismus« (Suhrkamp, Berlin, 2013) verwiesen werden. Siehe in: Blätter für deutsche und internationale Politik (Hrsg.), Demokratie oder Kapitalismus?, Europa in der Krise, Blätter Verlagsgesellschaft, Berlin, 2013. International ist die Diskussion um Thomas Pikettys Buch »Capital in The Twenty First Century« ein herausragendes Beispiel dafür.

2 Will, Rosemarie/Will, Hans-Jürgen, Studien zum Kampf der Arbeiterklasse um soziale Grundrechte im Kapitalismus, unter besonderer Berücksichtigung der BRD, 1977.

3 Ebd., Vorbemerkungen, Abschnitt III.

4 Ebd., S. 17.

5 So z. B. Grimm, Dieter, Bürgerlichkeit im Recht, in: ders., Recht und Staat der bürgerlichen Gesellschaft, 1987, S. 11 ff.

6 Die Idee, beim Rückblick auf Marx ein befreiendes Begräbnis zu veranstalten, habe ich von Horst Bredekamp, der ein solches in der Ringvorlesung »Marxismus – Versuch einer Bilanz« veranstaltete. Siehe Bredekamp, Horst, Die kunsthistorische Metaphorik der politischen Ökonomie, in: Gerhardt, Volker (Hrsg.), Marxismus – Versuch einer Bilanz, 2001, S. 269 ff.

7 So Francis Fukuyama 1992 in seinem bekannten Buch »Das Ende der Geschichte« (*The End of History and the Last Man*).

8 Derrida, Jacques, Marx' Gespenster: Der verschuldete Staat, die Trauerarbeit und die neue Internationale, Taschenbuchausgabe 2004, S. 81.

9 Stolleis, Michael, Juristen, Ein biographisches Lexikon, von der Antike bis zum 20. Jahrhundert, München, 1995.

10 Vgl. ebd., W. Paul, Karl Marx, S. 412 f.

11 Dazu aktuell Jaeggi, Rahel/Loick, Daniel (Hrsg.), Nach Marx – Philosophie, Kritik, Praxis, 2013; Henning, Christoph, Philosophie nach Marx: 100 Jahre Marxrezeption und die normative Sozialphilosophie der Gegenwart in der Kritik, 2005.

12 Vgl. Arndt, Andreas, Karl Marx, Versuch über den Zusammenhang seiner Theorie, Akademieverlag, 2012; Iorio, Marco, Einführung in die Theorien von Karl Marx, Berlin/Boston, 2012.

13 Marx-Engels-Werke (MEW), Bd. 13, S. 8 f.

14 Die verwendeten Zitate aus dem Aufsatz folgen dem Nachdruck des Aufsatzes in Karl Marx/Friedrich Engels – Werke, Karl Dietz Verlag, Berlin, Band 1, Berlin/DDR, 1976, S. 347–377.

15 Bruno Bauer wurden wegen seiner Rolle bei der sogenannten Welcker-Serenade die *venia legendi* entzogen. Karl Theodor Welcker, Staatsrechtlehrer in Bonn, bei dem auch Marx zu Beginn seines Studiums gehört hatte, war als badischer Oppositionsführer zu einer Agitationsreise nach Berlin gekommen. Liberale Bewunderer und Anhänger hatten eine in ganz Deutschland beachtete politische Demonstration organisiert, bei der sie Welcker eine Serenade darbrachten. Bauer hatte nicht nur bei der Organisation der Serenade mitgewirkt, er hatte darüber hinaus beim anschließenden Festessen mit Welcker eine gezielte linkshegelianische Provokation begangen, die ihn seine Dozentur kostete.

16 Bruno Bauer hatte eine Schrift mit dem Titel »Die Judenfrage« in Braunschweig 1843 veröffentlicht. Eine weitere mit dem Titel »Die Fähigkeit der heutigen Juden und Christen frei zu werden« war ebenfalls 1843 von Georg Herwegh in Zürich und Winterthur herausgegeben worden. Beide rezensiert Marx in seiner Schrift.

17 Marx kannte Bruno Bauer seit seinem Studium 1837 in Berlin. Bruno Bauer war zu dieser Zeit der führende theoretische Kopf der Junghegelianer, denen sich Marx als Student in Berlin angeschlossen hatte. Er hatte Bauer bewundert und sich während seines Studiums, vor allem aber bei der Erstellung seiner Doktorarbeit bereitwillig von ihm theoretisch führen und beraten lassen. Im Berliner Kreis der Junghegelianer galten Bauer und Marx als so eng verbunden, dass viele glaubten, Marx habe an einer besonders provokanten religionspolitischen Schrift von Bauer (»Die Posaune des Jüngsten Gerichts über Hegel den Atheisten und Antichristen. Ein Ultimatum« (Leipzig 1841)) mitgewirkt. Erst 1844 mit der Schrift »Die Heilige Familie, oder Kritik der kritischen Kritik. Gegen Bruno Bauer und Consorten« löst sich Marx theoretisch und auch menschlich von Bruno Bauer.

18 Vgl., Braun, Johann, Eduard Gans (1797–1839), Ein homo politicus zwischen Hegel und Savigny, in: Heinrichs, H. et al. (Hrsg.), Deutsche Juristen jüdischer Herkunft, München, 1993, S. 45–57; Waszek, Norbert, Eduard Gans (1797–1839): Hegelianer – Jude – Europäer, Texte und Dokumente, Frankfurt a. M./Bern/New York/Paris, 1991.

19 Essbach, Wolfgang, Die Junghegelianer: Soziologie einer Intellektuellengruppe, München, 1988.

20 Vgl. Riedel, Manfred, Eduard Gans als Schüler Hegels, Zur politischen

Auslegung der Rechtsphilosophie, revidierte Fassung des (in: Natur und Geschichte, Karl Löwith zum 70. Geburtstag, Stuttgart, 1967, S. 257–237 erschienenen) Aufsatzes; Schröder, Horst, Zum Gedenken an Eduard Gans, Festrede zum 125. Todestages von Eduard Gans, vorgetragen anlässlich einer Veranstaltung der Juristischen Fakultät der Humboldt-Universität, in: Staat und Recht 1964, S. 1413 ff.

21 Marx/Engels Gesamtausgabe, Erste Abteilung Bd. 1, Marx: Werke und Schriften bis Anfang 1844 nebst Briefen und Dokumenten, zweiter Halbband Jugendarbeiten/Nachträge Briefe und Dokumente, Berlin, 1929, S. 247 f., Nr. 35 Abgangszeugnis der Universität Berlin für Marx, Berlin 1841 März 30.

22 Der vollständige Titel der Vorlesung lautet: »Naturrecht oder Rechtsphilosophie in Verbindung mit Universalrechtsgeschichte«.

23 Manfred Riedel: Eduard Gans als Schüler Hegels. Zur politischen Auslegung der Rechtsphilosophie. In: Rivista di Filosofia. Nr. 68. 1977, S. 234–253. Revidierte Fassung des Aufsatzes in: Natur und Geschichte. Karl Löwith zum 70. Geburtstag. Hrsg. von Hermann Braun und Manfred Riedel. Stuttgart 1967. S. 257–273; Horst Schröder: Zum Gedenken an Eduard Gans. (Zum 125. Todestag des Berliner Rechtswissenschaftlers.) In: Staat und Recht. Jg. 13. 1964, S. 1413–1423.

24 Die umfassendste Darstellung des linkshegelianischen Diskussionszusammenhanges findet sich in: Eßbach, Wolfgang, Die Junghegelianer: Soziologie einer Intellektuellengruppe, München, 1988.

25 Habermas, Jürgen, Der philosophische Diskurs der Moderne, 12 Vorlesungen, Frankfurt a. M., 1985, S. 67.

26 Schmitt, Carl, Ex Capivitate Salus, Köln, 1950, S. 81.

27 Nach dem Sieg der Französischen Revolution und der Erklärung der Menschen- und Bürgerrechte von 1789 hatte die Französische Nationalversammlung unter dem Titel *la question sur les juifs* darüber diskutiert, ob auch die Juden zu den gesetzlich gleichgestellten Bürgern Frankreichs gehören sollten. Die Nationalversammlung hat die Entscheidung darüber nach stürmischen Debatten mehrfach vertagt. Sie befasste sich am 23. und 24. 12. 1789 erstmals ergebnislos mit dem Thema. Auch eine Petition der Gemeinde Paris zur Judenfrage im Februar 1790 war zunächst nicht erfolgreich, sondern führte nur zur erneuten Vertagung. Drei weitere Anläufe zur Judenfrage in der Nationalversammlung brachten nur bescheidene Zugeständnisse und immer wieder Vertagungen. Erst am 27. 9. 1791 gelang der Durchbruch: Per revolutionärem Erlass (»décret révolutionnaire«) verlieh die Nationalversammlung den Juden die aktiven Bürgerrechte (»droits actifs du citoyen«).

28 Rürup, Reinhard, Emanzipation und Antisemitismus: Studien zur »Judenfrage« der Bürgerlichen Gesellschaft, in: Kritische Studien zur Geschichtswissenschaft, hrsg. v. Berding, Helmut/Kocka, Jürgen/Schröder, Hans-Christoph, Bd. 15, Göttingen, 1975; im Überblick im Vorwort S. 7 ff.

29 Eine ausführliche Darstellung dazu bei Sperber, Jonathan, Karl Marx: Sein Leben und sein Jahrhundert, dt. Ausgabe 2013.

30 Als aktuellstes Beispiel einer Kontroverse zum Antisemitismus von Karl Marx unter ausdrücklicher Einbeziehung seiner Schrift »Zur Judenfrage« siehe Brumlik, Micha, Karl Marx, Judenfeind der Gesinnung, nicht der Tat, in: Blätter für deutsche und internationale Politik, 7/2014, S. 113–120 und dagegen Brunkhorst, Hauke, Die falsch gestellte Frage, War Marx Antisemit? In: Blätter für deutsche und internationale Politik, 8/2014, S. 110–118.

31 Marx, Karl, Zur Judenfrage, in: Karl Marx/Friedrich Engels – Werke, Karl Dietz Verlag, Berlin, Bd. 1, Berlin/DDR, 1976, S. 374.

32 Ebd.

33 A. a. O., S. 353.

34 Zitiert durch Marx, Karl, Zur Judenfrage, in: Karl Marx/Friedrich Engels – Werke, Karl Dietz Verlag, Berlin, Bd. 1, Berlin/DDR, 1976, S. 352.

35 Marx, Karl, Zur Judenfrage, in: Karl Marx/Friedrich Engels – Werke, Karl

Dietz Verlag, Berlin, Bd. 1, Berlin/DDR, 1976, S. 353.
36 A. a. O., S. 361.
37 A. a. O., S. 356.
38 Zum Beispiel Brown, Wendy, Wie säkular ist Marx?, in: Jaeggi, Rahel/ Loick, Daniel (Hrsg.), Nach Marx – Philosophie, Kritik, Praxis, Suhrkamp Verlag Berlin, 2. Auflage, 2014, S. 255.
39 Für strikte Trennung etwa Renck, Ludwig, BayVBl. 1999, S. 70, 74; Fischer, Erwin, Trennung von Staat und Kirche – Die Gefährdung der Religionsfreiheit in der Bundesrepublik, München, 1964, S. 32; für eine christliche Vorprägung der Säkularität des Grundgesetzes etwa Isensee, Integration mit Migrationshintergrund, in: JZ 2010, S. 317, 321; für eine kooperative Trennung Böckenförde, Ernst-Wolfgang, Der säkularisierte Staat, 2007, S. 35; Hennig, Wiebke, Muslimische Gemeinschaften im Religionsverfassungsrecht, Baden-Baden 2010, S. 81, Jeand'Heur, Bernd/ Korioth, Stefan, Staatskirchenrecht, 2000, Rn. 40.
40 Zu statistischen Verschiebungen der religiösen Landschaft in Deutschland vgl. Daten aus dem Internetangebot des Religionswissenschaftlichen Medien- und Informationsdienstes e. V. unter: http://www.remid.de/statistik. Zu den Konsequenzen aus theologischer Sicht siehe Graf, Friedrich Wilhelm, Wiederkehr der Götter, München, 2004, S. 58 ff.; aus der Rechtsprechung des Bundesverfassungsgerichts richtungsweisend BVerfGE 108, 282 ff. (Kopftuch) und BVerfGE 93, 1 ff. (Kruzifix). Im Hinblick auf das Religionsverfassungsrecht im Zusammentreffen mit dem Islam Percin, Kompatibilität des säkularen Staates mit dem Islam, Berlin, 2013.
41 Ernst-Wolfgang Böckenförde, Der säkularisierte Staat, Sein Charakter, seine Probleme im 21. Jahrhundert, Carl Friedrich von Siemens Stiftung, München 2007.
42 Ebd., S. 71.
43 Ebd., S. 65.
44 Ebd., S. 14.
45 Ebd., S. 14.
46 Bauer, Bruno, Feldzüge der reinen Kritik, herausgegeben von Saß, Hans-Martin, Frankfurt (Main), 1968, S. 9.
47 Marx, Karl, Zur Kritik der Hegelschen Rechtsphilosophie, Einleitung, in: Karl Marx/Friedrich Engels – Werke, Karl Dietz Verlag, Berlin, Bd. 1, Berlin/DDR, 1976, S. 379.
47a Georg Wilhelm Friedrich Hegel, Werke in 20 Bänden, hrsg. von E.Moldenhauer/ K. M. Michel, Band XI: Berliner Schriften 1818-1831, Frankfurt (Suhrkamp), 1970, S. 540.
48 Marx, Karl, Zur Kritik der Hegelschen Rechtsphilosophie, Kritik des Hegelschen Staatsrechts, in: Karl Marx/ Friedrich Engels – Werke, Karl Dietz Verlag, Berlin, Bd. 1, Berlin/DDR, 1976, S. 209.
49 Ebd., S. 208.
50 Ebd., S. 231.
51 Ebd., S. 231.
52 Luhmann, Niklas, Soziologische Aufklärung, 2. Aufsätze zur Theorie der Gesellschaft, 2009, S. 101.
53 Marx, Karl, Zur Kritik der Hegelschen Rechtsphilosophie, Einleitung, in: Karl Marx/Friedrich Engels – Werke, Karl Dietz Verlag, Berlin, Bd. 1, Berlin/DDR, 1976, S. 385.
54 Marx, Karl, Zur Judenfrage, in: Karl Marx/Friedrich Engels – Werke, Karl Dietz Verlag, Berlin, Bd. 1, Berlin/DDR, 1976, S. 369.
55 Ebd., S. 370.
56 Ebd., S. 366.
57 Ebd., S. 365.
58 Ebd., S. 365.
59 Ebd., S. 366.
60 Ebd., S. 366.
61 Ebd., S. 365.
62 Ebd., S. 365.
63 Ebd., S. 365.
64 Ebd., S. 365.
65 Ebd., S. 365.
66 Übersetzung aus: Franz, Günther, Staatsverfassungen, Darmstadt, 1975, S. 373 ff.
67 Marx, Karl, Zur Judenfrage, in: Karl Marx/Friedrich Engels – Werke, Karl Dietz Verlag, Berlin, Bd. 1, Berlin/DDR, 1976, S. 366.
68 Ebd., S. 355.
69 Ebd., S. 355.
70 Ebd., S. 355.
71 Ebd., S. 355.
72 Böckenförde, Ernst-Wolfgang, Die verfassungstheoretische Unterscheidung

von Staat und Gesellschaft als Bedingung der individuellen Freiheit, in: ders. (Hrsg.), Staat, Gesellschaft, Freiheit, Studien zur Staatstheorie und zum Verfassungsrecht, Suhrkamp Verlag, Frankfurt am Main, 1976, S. 152 ff.
73 Riedel, Manfred, Materialien zu Hegels Rechtsphilosophie, Bd. 2, 1975, S. 70, 302.
74 Ebd., S. 239.
75 Vgl. Vogel, Paul, Hegels Gesellschaftsbegriff, Berlin, 1925.
76 Hegel hat in den »Grundlinien der Philosophie des Rechts« den zweiten Abschnitt des Dritten Teiles der Rechtsphilosophie mit den Worten »die bürgerliche Gesellschaft« überschrieben und der sich anschließende dritte Abschnitt des Dritten Teiles handelte vom Staat.
77 Siehe Fn. 73.
78 Böckenförde, Ernst-Wolfgang, Staat, Nation, Europa, 1999, S. 11, 18.
79 Smith, Adam, Der Wohlstand der Nationen, London, 1776.
80 Siehe Fn. 1.
81 Habermas, Jürgen, Demokratie oder Kapitalismus? Vom Elend der nationalstaatlichen Fragmentierung in einer kapitalistisch integrierten Weltgesellschaft, in: Blätter für deutsche und internationale Politik, 5/2013, S. 59–70.
82 Marx, Karl/Engels, Friedrich, Manifest der Kommunistischen Partei, in: Karl Marx/Friedrich Engels – Werke, Karl Dietz Verlag, Berlin, Bd. 4, Berlin/DDR, 6. Auflage, 1972, S. 475.
83 Will, Rosemarie, Eigentumstransformation unter dem Grundgesetz, Antrittsvorlesung vom 29. 6. 1995 (http://edoc.hu-berlin.de/humboldt-vl/will-rosemarie/PDF/Will.pdf).
84 Marx, Karl/Engels, Friedrich, Manifest der Kommunistischen Partei, in: Karl Marx/Friedrich Engels – Werke, Karl Dietz Verlag, Berlin, Bd. 4, Berlin/DDR, 6. Auflage, 1972, S. 477.
85 A. a. O., S. 481.
86 Ebd., S. 482.
87 Marx, Karl, Zur Judenfrage, in: Karl Marx/Friedrich Engels – Werke, Karl Dietz Verlag, Berlin, Bd. 1, Berlin/DDR, 1976, S. 355.

Anhang

Lebenslauf von Rosemarie Will

Geb. am 25. August 1949 in Bernsdorf (Sachsen),
geschieden, 2 Kinder

1968	Abitur in Kamenz
1969–1973	Studium der Rechtswissenschaft an der Humboldt-Universität zu Berlin
1973–1979	Forschungsstipendium und Assistenz an der Humboldt-Universität zu Berlin
1977	Promotion
1979/1980	Studienaufenthalt in der Sowjetunion an der Universität Lwów (Lemberg)
1980–1983	Arbeit an der Akademie der Wissenschaften der DDR im Institut für Staats- und Rechtstheorie
1983	Habilitation an der Humboldt-Universität zu Berlin
1984	Berufung als Hochschuldozentin an die Humboldt-Universität zu Berlin
1988/90	Mitarbeit am Projekt »Moderner Sozialismus« zusammen mit M. Brie, D. Segert und R. Land
Sept. 1989	Berufung als ordentliche Professorin für Staatsrecht
1989/90	Mitarbeit an der Verfassung des Runden Tisches
1990–1993	Dekanin des Fachbereichs Rechtswissenschaft der Humboldt-Universität zu Berlin, Mitglied des Akademischen Senats und des Konzils; im Auftrage des Konzils Leitung der Statutenkommission der Humboldt-Universität zu Berlin
seit 1991	Mitherausgeberin der »Blätter für deutsche und internationale Politik«
seit 1991	Mitglied der Humanistischen Union

LEBENSLAUF

seit 1993	Professorin für Öffentliches Recht, Staatslehre und Rechtstheorie im Fachbereich Rechtswissenschaft der Humboldt-Universität zu Berlin
1993–1995	Arbeit als wissenschaftliche Mitarbeiterin am Bundesverfassungsgericht im Dezernat von Prof. Dr. Grimm
seit 1994	Mitglied der SPD
1996–2006	Verfassungsrichterin des Landes Brandenburg
seit 1996	Mitglied der Grundwertekommission der SPD
1997/1998	Forschungsfreijahr, Gastaufenthalt an der Juristischen Fakultät der Universität Basel
2005–2013	Bundesvorsitzende der Humanistichen Union
2010	Forschungsaufenthalt an der Juristischen Fakultät der Staatlichen Universität Sankt Petersburg, DFG-Projekt
seit Oktober 2014	im Ruhestand

Bibliographie von Rosemarie Will

I. Wissenschaftliche Schriften

zusammen mit Will, Hans-Jürgen: Zur Problematik sozial-ökonomischer Grundrechte in den Klassenauseinandersetzungen in der BRD. 1973 (Diplomarbeit, HU Berlin 1973)

zusammen mit Will, Hans-Jürgen: Studien zum Kampf der Arbeiterklasse um soziale Grundrechte im Kapitalismus, unter besonderer Berücksichtigung der BRD. 1977 (Dissertation A, HU Berlin 1977)

Studie über die Rolle des Staates in der politischen Organisation der sozialistischen Gesellschaft. 1983 (Dissertation B, HU Berlin 1983)

zusammen mit Frank, Norbert u. a.: Zur Wirksamkeit der Rechtsanwendung in ihrer Abhängigkeit von sozialistischer Demokratie und Gesetzlichkeit, in: Rechtsanwendung und Wirksamkeit des Rechts, Berichte der Humboldt-Universität zu Berlin, Nr. 17/1984, S. 31 ff.

zusammen mit Quilitzsch, Gerd und Segert, Dieter: Interessenwidersprüche und politisches System. Uwe-Jens Heuer zum 60. Geburtstag, Staat und Recht, Heft 8/1987, S. 655 ff.

Georg Lukács zur sozialistischen Demokratie, in: *Mollnau, K. A.* (Hrsg.), Einheit von Geschichte, System und Kritik in der Staats- und Rechtstheorie, Geburtstagskolloquium für Karl-Heinz-Schöneburg, Teil 2, Berlin 1989, S. 228 ff.

Rechtsstaatlichkeit als Moment demokratischer politischer Machtausübung, Deutsche Zeitschrift für Philosophie, Heft 9/1989, S. 801 ff.

zusammen mit Brie, Michael u. a.: Sozialismus in der Diskussion: Studie zur Gesellschaftsstrategie. Dietz, Berlin 1989

Betrifft: Forschungsprofilierung Rechtssoziologie, Zeitschrift für Rechtssoziologie, Heft 1/1990, S. 2 ff.

Zu Elementen eines soziologischen Staatsbegriffs als Voraussetzung für empirische Arbeit auf dem Gebiet des Staatsrechts, in: *Hoffmann-Riem, Wolfgang* (Hrsg.), Rechtssoziologie in der Deutschen Demokratischen Republik und in der Bundesrepublik Deutschland, Baden-Baden 1990, S. 316 ff.

zusammen mit Land, Rainer/Segert, Dieter/Wallraf, Wolfram: Texte zu Politik, Staat, Recht. Sozialismus in der Diskussion, Forschungsprojekt Sozialismustheorie. Humboldt-Universität zu Berlin, Berlin 1990, S. 9 ff.

zusammen mit Land, Rainer: Aufbruch in die Zukunft. Junge Wissenschaftler zu Gesellschaft und Erziehung, Berlin 1990

Der politische Umbruch in der DDR und die Verfassungsgerichtsbarkeit, in: Autorenkollektiv unter der Leitung von Rosemarie Will: Verfassungsgerichte wozu?, Staatsverlag der DDR, Berlin, 1990, S. 9 ff.

zusammen mit Will, Hans-Jürgen: Die Verfassungsfrage in der DDR auf dem Weg zur deutschen Einheit, Kritische Vierteljahresschrift für Gesetzgebung und Rechtswissenschaft, Heft 2/1990, S. 157 ff.

Der verfassungs- und völkerrechtliche Weg zur Deutschen Einheit. Eine Stellungnahme. in: Rechtssysteme in der DDR und Bundesrepublik, Loccumer Protokolle Nr. 32/1990, S. 33 ff.

Freiheit und Unabhängigkeit des juristischen Denkens dauerhaft sichern, Neue Justiz, Heft 7/1990, S. 278 ff.

zusammen mit Will, Hans-Jürgen: Verfassungsrechtliche Diskussion in der DDR auf dem Wege zu einem vereinigten Deutschland, Politik und Kultur, Heft 6/1990, S. 3 ff.

Die Grundrechtsgewährleistungen und die staatsorganisationsrechtlichen Regelungen der neuen Verfassungen im Vergleich, Kritische Vierteljahresschrift für Gesetzgebung und Rechtswissenschaft Heft 4/1993, S. 467 f.

Plebiszitäre Elemente und Verfassungsdiskussion –
Kurzthesen und Gliederung, in: *Klein, Eckart* (Hrsg.),
Verfassungsentwicklung in Deutschland nach der
Wiedervereinigung, Duncker & Humblot, Berlin 1994,
S. 81 ff.

Verfassungsrechtliche Fragen künftiger schulgesetzlicher
Regelungen zum LER-Unterricht und zum
konfessionellen Religions-Weltanschauungsunterricht
im Land Brandenburg, schriftliche Stellungnahme zur
öffentlichen Anhörung im Landtag Brandenburg und
mündlicher Vortrag, September 1995

Was bleibt? Für Dr. Friedrich Tech aus Anlass seiner
Emeritierung, in: *Will, Rosemarie* (Hrsg.), Rechtswissenschaft in der DDR – Was wird von ihr bleiben?
Pro Universitate Verlag, Sinzheim 1995, S. 9 ff. (siehe
auch Besprechung von *Hennig Baumeister* in: Osteuropa 2/1996, S. 185 ff.)

Grundrechte und Steuern, Neue Justiz 1995, S. 506 ff.

Die neue Berliner Verfassung, Neue Justiz 1995, S. 626 ff.

Die DDR-Rechtsanwälte, das Bundesverfassungsgericht
und die juristische Aufarbeitung der kommunistischen
Vergangenheit, Neue Justiz 1996, S. 177 ff.

Ankunft im deutschen Rechtsstaat. Wie erfahren
Ostdeutsche den Rechtsstaat im vereinigten Deutschland? in: *Engler, Wolfgang* und *Guggenberger, Bernd*
(Hrsg.), Einsprüche, Kritik der politischen Tagesordnung, Berlin 1996, S. 128 ff.

Eigentumstransformation unter dem Grundgesetz
(Antrittsvorlesung Juni 1995); hrsg. durch die
Präsidentin der Humboldt-Universität zu Berlin,
Prof. Dr. *Marlis Dürkop*, Berlin 1996, auch in: Berliner
Debatte Initial Heft 4/1996

German Unification and the Reform of Abortion Law,
Cardozo Women's Law Journal 1996, Volume 3,
Number 2, S. 399

Die Erfahrungen von Ost-Frauen mit dem Rechts-
system der Bundesrepublik und die feministische
Rechtstheorie, in: *Ellwein, Thomas/Hesse, Joachim
Jens* (Hrsg.): Jahrbuch zur Staats- und Verwaltungs-
wissenschaft 9/1996, S. 75 ff.
Die rechtliche Situation in der Ost-Zone und in der
jungen DDR, in: *Schröder, Rainer* (Hrsg.): 8. Mai 1945
– Befreiung oder Kapitulation, Berliner Juristische
Universitätsschriften, Grundlage des Rechts, Band 4,
Berlin 1997, S. 71 ff.
Das LPG-Altschulden-Urteil des Bundesverfassungs-
gerichts, Neue Justiz 1997, S. 338 ff.
Das Bundesverfassungsgericht und der Elitenwechsel in
Ostdeutschland, Neue Justiz 1997, S. 513 ff.
Vergangenheitsbewältigung durch Recht – die
Umwandlung der Arbeits- und Sozialordnung
(Buchbesprechung zu dem VI. Bericht unter den
Abschlußberichten der KPSW »Die Umwandlung der
Arbeits- und Sozialordnung«), Berliner Journal für
Soziologie 1997, S. 499 ff.
Juristinnen in der DDR, in: *Deutscher Juristinnenbund e. V.*
(Hrsg.), Juristinnen in Deutschland. Die Zeit von 1900
bis 1998, 3. Aufl., Baden-Baden 1998, S. 41 ff.
Das Grundgesetz und die Einführung des Unterrichts-
faches »Lebenskunde – Ethik – Religionskunde«
(LER) im Land Brandenburg, in: *Verfassungsgericht
des Landes Brandenburg* (Hrsg.), Verfassung und
Verfassungsgerichtsbarkeit auf Landesebene. Beiträge
zur Verfassungsstaatlichkeit in den Bundesländern,
Nomos, Baden-Baden 1998, S. 131 ff.
Die Eigentumsordnung der DDR, in: *Bender, Gerd/Falk,
Ulrich* (Hrsg.), Recht im Sozialismus, Analysen zur
Normdurchsetzung in osteuropäischen Nachkriegs-
gesellschaften (1944/45-1989), Band 1, Enteignung,
Frankfurt a. M. 1999, S. 117 ff.
Der Osten und das Grundgesetz, Neue Justiz 1999,
S. 225 ff.

Rente als Eigentum – die »Ostrenten-Entscheidungen«
des Bundesverfassungsgerichts, Neue Justiz 1999,
S. 337 ff.

Die deutsche Wiedervereinigung und das Grundgesetz
– Die Verfassung als Maßstab für die ostdeutsche
Systemtransformation, in: *Hesse, Joachim Jens/
Schuppert, Gunnar Folke/Harms, Katharina*
(Hrsg.), Verfassungsrecht und Verfassungspolitik
in Umbruchsituationen – Zur Rolle des Rechts in
staatlichen Transformationsprozessen in Europa,
Nomos, Baden-Baden, 1999, S. 117 ff.

Das Bundesverfassungsgericht und die Wiedervereinigung, Neue Justiz 2000, S. 520 ff.

Bundesverfassungsgericht und Wiedervereinigung.
in: *Albers, Marion/Heine, Manfred/Seyfarth, Georg*
(Hrsg.): Beobachten – Entscheiden – Gestalten,
Symposium zum Ausscheiden von Dieter Grimm aus
dem Bundesverfassungsgericht. Duncker & Humblot,
Berlin 2000, S. 111 ff.

Kann man die Theorie des Kommunismus in dem
Ausdruck: »Aufhebung des Privateigentums« –
zusammenfassen?, in: *Gerhardt, Volker* (Hrsg.)
Marxismus – Versuch einer Bilanz«. Scriptum-Verlag,
Magdeburg 2001, S. 193 ff.

Grundrechte der Europäischen Union: Ein Grundrechtsstatut der EU oder eine europäische Verfassung!, in:
Müller-Heidelberg, Till u. a. (Hrsg.), Grundrechte-Report
2001 – Zur Lage der Bürger- und Menschenrechte in
Deutschland, Frankfurt a. M. 2001, S. 194 ff.

Ist zur demokratischen Legitimation der EU eine
europäische Verfassung nötig?, in: *Rosa-Luxemburg-
Stiftung* (Hrsg.): Zur Zukunft der Europäischen Union
– die demokratische Dimension, Berlin 2001

Das Bundesverfassungsgericht auf Abwegen? Zum
Vergleichsvorschlag um das Unterrichtsfach LER in
Brandenburg, in: *Müller-Heidelberg, Till* u. a. (Hrsg),
Grundrechte-Report 2002 – Zur Lage der Bürger- und
Menschenrechte in Deutschland. Rowohlt, Reinbek bei
Hamburg 2002, S. 111 ff.

Karlsruhe und die Berliner Republik, Blätter für deutsche und internationale Politik, Heft 2/2003, S. 188 ff.

10 Jahre Kommunalverfassungsbeschwerde in Brandenburg, Das Landesverfassungsgericht als Hüter der kommunalen Selbstverwaltung, in: *Knippel, Wolfgang* (Hrsg.), Verfassungsgerichtsbarkeit im Land Brandenburg, Festgabe zum 10jährigen Bestehen des Verfassungsgerichts des Landes Brandenburg, Sonderdruck, Nomos-Verlag, Baden-Baden 2003, S. 195 ff.

Die juristische Verbindlichkeit von Patientenverfügungen, humanismus aktuell, Humanes Leben bis zuletzt, Heft 14, Frühjahr 2004, S. 77 ff.

Christus oder Kant – der Glaubenskrieg um die Menschenwürde, Blätter für deutsche und internationale Politik, Heft 10/2004, S. 1228 ff.

Die Praxis der deutschen Verfassungsgerichte in Wahlprüfungsverfahren, Sravnitelnoe konstitutsionnoe obozrenie, Heft 1/2005, S. 73 ff.

Die Praxis der Verfassungsgerichte Deutschlands bei der Wahlprüfung, in: *Institut für Recht und Öffentliche Politik* (Hrsg.), Politische Rechte und freie Wahlen – Sammelband der Aufsätze Moskau 2005, S. 132 ff.

Die Menschenwürde: Zwischen Versprechen und Überforderung, in: *Roggan, Fredrik* (Hrsg.): Mit Recht für Menschenwürde und Verfassungsstaat – Festgabe für Dr. Burkhard Hirsch, BWV, Berlin 2006, S. 29 ff.

Die Lufthoheit der Grundrechte, Blätter für deutsche und internationale Politik, Heft 4/2006, S. 389 ff.

Das Recht auf einen menschenwürdigen Tod, Sterbehilfe und Patientenverfügung als grundrechtliche Freiheit zur Selbstbestimmung, vorgänge – Zeitschrift für Bürgerrechte und Gesellschaftspolitik, Nr. 175, September 2006, S. 43 ff.

Das absolute Folterverbot gilt auch bei der internationalen Terrorismusbekämpfung, in: *Müller-Heidelberg, Till* u. a. (Hrsg.), Grundrechte-Report 2007 – Zur Lage der Bürger- und Menschenrechte in Deutschland. Fischer, Frankfurt a. M. 2007, S. 26 ff.

Für die Legalisierung von Sterbehilfe und Patientenverfügung, in: *Heinrich-Böll-Stiftung* (Hrsg.), Die
Freiheit zu sterben, Selbstbestimmung durch Sterbehilfe und Patientenverfügungen, Berlin 2007, S. 15 ff.

Was ist Religion im modernen Verfassungsstaat,
humanismus aktuell, Humanismus u.»Böckenförde-
Diktum«, Heft 22, 2008, S. 29 ff.

Gefährdung der Menschenrechte durch Religionen,
in: Jahrbuch der Menschenrechte 2009 – Religionsfreiheit, Böhlau Verlag, Wien/Köln/Weimar 2009,
S. 209 ff.

Die Freiheitsrechte des Grundgesetzes sichern, in:
Schiffmann, Dieter (Hrsg.), Grundrechte – Ver-
fügungsmasse staatlicher Sicherheitspolitik, Zum
Spannungsverhältnis von Sicherheitsbedürfnissen und
Freiheitsrechten – Hambacher Disput 22. November
2008, Landeszentrale für Politische Bildung Rheinland-Pfalz 2009, S. 40 ff.

Einleitung – Der 11. September 2001 und seine Folgen
(gemeinsam mit Werner Koep-Kerstin), in: *Humanistische Union & Gustav Heinemann-Initiative*
(Hrsg.), Graubuch Innere Sicherheit. Die schleichende
Demontage des Rechtsstaates nach dem 11. September
2001. Eine gemeinsame Bestandsaufnahme, Berlin
2009, S. 5 ff.

Kein Grundrechtsschutz für Handybenutzer?
(Kommentar zu IMSI-Catcher und stille SMS), in:
Humanistische Union & Gustav Heinemann-Initiative
(Hrsg.), Graubuch Innere Sicherheit. Die schleichende
Demontage des Rechtsstaates nach dem 11. September
2001. Eine gemeinsame Bestandsaufnahme, Berlin
2009, S. 100 ff.

Das neue Sicherheitsdenken (Kommentar zum Luftsicherheitsgesetz), in: *Humanistische Union & Gustav
Heinemann-Initiative* (Hrsg.), Graubuch Innere
Sicherheit. Die schleichende Demontage des Rechtsstaates nach dem 11. September 2001. Eine gemeinsame Bestandsaufnahme, Berlin 2009, S. 111 ff.

Die juristische Fakultät in der DDR, in: *Grundmann, Stefan/Kloepfer, Michael/Paulus, Christoph G./ Schröder, Rainer/Werle, Gerhard* (Hrsg.), Festschrift 200 Jahre Juristische Fakultät der Humboldt-Universität zu Berlin. De Gruyter, Berlin u. a. 2010, S. 797 ff.

Kein Ende der Vorratsdatenspeicherung, in: *Müller-Heidelberg, Till* u. a. (Hrsg.): Grundrechte-Report 2011 – Zur Lage der Bürger- und Menschenrechte in Deutschland. Fischer, Frankfurt a. M. 2011, S. 46 ff.

Religionen – Weltanschauungen – Grundrechte, Einleitung, in: *Will, Rosemarie* (Hrsg.), Dritte Berliner Gespräche über das Verhältnis von Staat, Religion und Weltanschauung. Books on Demand, Norderstedt/ Berlin 2011, S. 7 ff.

Bedeutung der Menschenwürde in der Rechtsprechung, Aus Politik und Zeitgeschichte 35–36/2011, S. 8 ff.

Personalpolitik im öffentlichen Dienst des Landes Brandenburg am Beispiel des personellen Umbruchs im Bereich der Richter und Staatsanwälte, Gutachten an die Enquete-Kommission (EK 5/1) des Brandenburgischen Landtags, 2011/2012

Der Gesetzesentwurf der Humanistischen Union zum Thema Sterbehilfe, in: *Heinrich-Böll-Stiftung* (Hrsg.): Selbstbestimmung am Lebensende. Nachdenken über assistierten Suizid und aktive Sterbehilfe [Wirtschaft und Soziales Bd. 10], Berlin 2012, S. 10 ff.

The German Rechtsstaat in a Time of Right-Wing Terror, in: *Institute for Peace Research and Security Policy at the University of Hamburg/IFSH* (Hrsg.), OSCE Yearbook 2012, Nomos, Baden-Baden 2013, S. 165 ff.

Der deutsche Rechtsstaat in Zeiten des rechtsextremen Terrors, in: *Institut für Friedensforschung und Sicherheitspolitik an der Universität Hamburg/IFSH* (Hrsg.), OSZE-Jahrbuch 2012, Nomos, Baden-Baden 2013, S. 183 ff.

zusammen mit Gritsenko, Elena: Rechtsschutzmöglichkeiten kommunaler Subjekte in Russland und Deutschland, Dr. Kovac Verlag, Hamburg 2013

»Informelle Zusammenarbeit ist lockerer.« Ein Gespräch mit Hansjörg Geiger, vorgänge Nr. 201/202, Juli 2013, S. 29 ff.

Das Bundesverfassungsgericht und die Anti-Terror-Datei, vorgänge Nr. 201/202, Juli 2013, S. 102 ff.

zusammen mit Gritsenko, Elena: Der verfassungsgerichtliche Rechtsschutz kommunaler Subjekte in Russland: Prozessuale Aspekte aus rechtsvergleichender Sicht, in: Jahrbuch für Ostrecht, Band 54 (2013), 1. Halbband, S. 11

Schwimmunterricht als Integrationsveranstaltung, vorgänge Nr. 203, Dezember 2013, S. 85 ff.

Zur aktuellen Lage des Religionsverfassungsrechts in Deutschland, Fragen an Christoph Möllers und Hermann Weber, vorgänge Nr. 203, Dezember 2013, S. 5 ff.

Verfassungsbeschwerden gegen Namensschilder für Brandenburger Polizist_innen, vorgänge Nr. 204, Dezember 2013, S. 71 ff.

Deutsche Dilemmata im juristischen Umgang mit der Menschenwürde, in: *Alguacil, Jorge/Gutiérrez, Ignacio* (Hrsg.): Constitución: Norma y Realidad – Teoría constitucional para Antonio López Pina (Sein und Sollen der Verfassung – Verfassungslehre für Antonio López Pina), Madrid 2014, S. 131 ff.

Der EuGH erweitert die Anwendung der Grundrechtscharta, in: *Müller-Heidelberg, Till* u. a. (Hrsg.), Grundrechte-Report 2014 – Zur Lage der Bürger- und Menschenrechte in Deutschland. Fischer, Frankfurt a. M. 2014, S. 173 ff.

Der automatisierte Datenaustausch zwischen Polizei und Nachrichtendiensten im Urteil des Bundesverfassungsgerichts zum Antiterrordateigesetz, in: *Poscher, Ralf/Wolter, Henner/Nolte, Jakob* (Hrsg.), Festschrift für Bernhard Schlink zum 70. Geburtstag, C. F. Müller, Heidelberg 2014, S. 429 ff.

Massenüberwachung oder automatisches Filtern? Ein Streitgespräch zur Überwachungspraxis des BND (mit Kurt Graulich und Martin Kutscha), vorgänge Nr. 206/207, November 2014, S. 22 ff.

»Sterbehilfe ist ein Thema, das nicht irgendwelche Minderheiten betrifft.« Gespräch mit Thomas Fischer, Vorsitzender Richter am Bundesgerichtshof, vorgänge Nr. 210/211, September 2015, S. 105 ff.

Das berufsrechtliche Verbot des ärztlich assistierten Suizides. Seine verfassungsrechtliche Bewertung und die aktuelle Gesetzgebungsdebatte, vorgänge Nr. 210/211, September 2015, S. 111 ff.

Ein schlechtes Gesetz, das mit dem Strafrecht gegen die Selbstbestimmung am Lebensende vorgeht, vorgänge Nr. 212, Dezember 2015, S. 52 ff.

Zur Bedeutung des nationalen Schutzregimes für transnationale Kooperationen des BND. Fragen an Kurt Graulich, vorgänge Nr. 213, April 2016, S. 140 ff.

Selbstbestimmt am Lebensende. Für ein aufgeklärtes Konzept der Sterbehilfe, Blätter für deutsche und internationale Politik, Heft 2/2016, S. 105 ff.

Das Verbot der geschäftsmäßigen Suizidhilfe, eine verfassungswidrige Grundrechtseinschränkung, in: *Müller-Heidelberg, Till* u. a. (Hrsg.), Grundrechte-Report 2016 – Zur Lage der Bürger- und Menschenrechte in Deutschland, Frankfurt a. M. 2016, S. 48 ff.

Ein Verstoß gegen die ethische Neutralität des Strafrechts, Stellungnahme zur Strafbarkeit der geschäftsmäßigen Förderung der Selbsttötung (Auszüge), vorgänge Nr. 215, Oktober 2016, S. 109 ff.

II. Nichtwissenschaftliche Publikationen und Interviews

Das Bewusstsein, in einem kleinen Land gelebt zu haben. in: VDJ 1990, S. 8

Staats- und Rechtswissenschaft vor großer Herausforderung, in: Staat und Recht 1990, Heft 1, S. 30 (Umfrage unter Staats- und Rechtswissenschaftlern)

zusammen mit *Will, Hans-Jürgen*, Was wird aus uns werden?, Konzeptionen für einen modernen Sozialismus (3), in: Sonntag 3, 21. Januar 1990, S. 8

zusammen mit *Fischer, Peter/Kirchner, Peter/Rotstein, Siegmund/Scheel, Heinrich/Azzola, Axel*, Erklärung zur Deutschen Frage, 2.2.1990

Die Humboldt-Universität im vereinigten Berlin, in: Hochschule Ost, Heft 1, Oktober 1990 und in: Das Hochschulwesen Heft 1/1992, S. 21 f.

Verfassung und deutscher Einigungsprozess, Zum Entwurf des Runden Tisches, in: BZ, 1991

Interview Will, Rosemarie/Vereinigung Demokratischer Juristinnen und Juristen in der Bundesrepublik Deutschland und Berlin (West) e. V., Forum 1991

Erwartungen an eine rechtsstaatliche Justiz, Vortrag auf der Tagung »Rechtskultur im vereinten Deutschland« der Ev. Akademie Bad Boll, Protokolle dieser Tagung, 1991

»Viele Westler sind wahrnehmungsunfähig«, Interview in der taz vom 18.2.1991 über die Abwicklung

Auch gesellschaftliche Verhältnisse regeln, in: Das Parlament, Nr. 9 vom 22.2.1991

Bericht über den verfassungspolitischen Kongress der SPD am 15. und 16.3.1991 in Bonn vom 2.4.1991

Abgewickelt – die ostdeutschen Universitäten im vereinigten Deutschland, Mitteilungen der Humanistischen Union Nr. 135, September 1991, S. 36 ff.

Will, Rosemarie (Mithrsg.), Bericht über die Arbeit der Struktur- und Berufungskommission und Strukturplan für den Fachbereich Rechtswissenschaft der Humboldt-Universität zu Berlin, 1993

Buchbesprechung zu *Rössler, Beate* (Hrsg.), Quotierung und Gerechtigkeit. Eine moralphilosophische Kontroverse, Reihe »Theorie und Gesellschaft«, Band 29, 1993, Mitteilungen der Humanistischen Union Nr. 146, Juni 1994, S. 59 ff.

Wie halten wir es mit dem Osten?, Mitteilungen der Humanistischen Union Nr. 147, September 1994, S. 68 ff.

Die Revolution ist vorbei! Kollektive Verdächtigung und exemplarische Strafen für die DDR-Intelligenz sind unnötig. Die Geschichte soll historisch aufgearbeitet werden, nicht juristisch. Plädoyer für eine Amnestie, Wochenpost Nr. 9/1995, S. 8 f.

Es geht weiter im Streit um die Kruzifix-Entscheidung des Bundesverfassungsgericht, Mitteilungen der Humanistischen Union Nr. 152, Dezember 1995, S. 91 ff.

»Was macht die Kirche in der Schule?«, Verfassungsrechtliche Fragen des LER im Lande Brandenburg, in: Beilage zu den Mitteilungen der Humanistischen Union Nr. 155, September 1996

»Frau im Wandel« – Interview in: ad rem 1/1997

»Der lebendige Teil des Friedhofs« – Kritik zum Projekt Juristisches Theater an der HU zu Berlin, UnAufgefordert Januar 1997, S. 35

Sondervotum zum Urteil des Landesverfassungsgerichts Brandenburg vom 18. 6. 1998 (Az. 27/97, Horno-Entscheidung)

Systemwechsel im Sauseschritt, Der Beitritt des Ostens oder was ist passiert, als die Eigentumsverhältnisse der DDR mit Artikel 14 konfrontiert wurden, in: Frankfurter Rundschau von Pfingsten 1999

»Wir haben uns nicht wiedervereinigt, wir sind beigetreten«, Berliner Zeitung-Magazin, Zum 50. Jahrestag des GG, Mai 1999

Sondervotum zum Urteil des Landesverfassungsgerichts Brandenburg vom 30. 6. 1999 (Az. 3/98, Datenerhebungs- und -verarbeitungsbefugnisse im Brandenburgischen Polizeigesetz)

Die Grundrechte in der Verfassungsordnung der DDR, in: *Artinger, Kai* (Hrsg.), Die Grundrechte im Spiegel des Plakats, Schriften des Deutschen Historischen Museums. Berlin 2000

Brauchen wir eine neue Patientenverfügung?, Mitteilungen der Humanistischen Union Nr. 184, Januar 2004, S. 2 ff.

»Multireligiös«, Interview mit Prof. Dr. Rosemarie Will, in: zitty, 25/2004

Oskar Lafontaines Äußerungen zur Folter. Offener Brief an die Parteivorstände von WASG und PDS, Mitteilungen der Humanistischen Union Nr. 190, August 2005, S. 7

Der europäische Haftbefehl, Karlsruhe und die Europäische Union, Mitteilungen der Humanistischen Union Nr. 190, August 2005, S. 4 ff.

Bürgerrechtsarbeit in Zeiten der großen Koalition, Mitteilungen der Humanistischen Union Nr. 191, Dezember 2005, S. 1 f.

Das absolute Folterverbot muss auch bei der internationalen Terrorismusbekämpfung gelten, Mitteilungen der Humanistischen Union Nr. 192, März 2006, S. 10 ff.

Vorschlag zur Neuregelung des § 216 Strafgesetzbuch, Mitteilungen der Humanistischen Union Nr. 192, März 2006, S. 17 ff.

»In meinem Trabant mit den Westwagen um die Wette gefahren«, Eine juristische Fakultät in den Mühlen der Zeit, Interview, in: das freischüßler, Ausgabe 14 | 2006, S. 18 ff.

Stellungnahme der Humanistischen Union zum »Gesetz zum Vertrag des Landes Berlin mit der Evangelischen Kirche Berlin-Brandenburg-schlesische Oberlausitz« (Drs. 15/4764) vom 9. 6. 2006

zusammen mit *Roggan, Fredrik* u. a.: Stellungnahme der Humanistischen Union zum Referentenentwurf eines »Gesetz zur Neuregelung der Telekommunikationsüberwachung und anderer verdeckter Ermittlungsmaßnahmen sowie zur Umsetzung der Richtlinie 2006/24/EG« vom 27. November 2006

Karlsruhe versagt Grundrechts-Schutz beim IMSI-Catcher. Verfassungsbeschwerde der Humanistischen Union gescheitert, Mitteilungen der Humanistischen Union Nr. 195, Dezember 2006, S. 12 ff.

Sterbehilfe und Patientenverfügung als grundrechtliche Freiheiten, Zur aktuellen Diskussion um die Verbindlichkeit von Patientenverfügungen, Mitteilungen der Humanistischen Union Nr. 195, Dezember 2006, S. 16 ff.

Das Ende des Trennungsgebotes für Nachrichtendienste und Polizei. Anti-Terror-Datei verstößt gegen Trennungsgebot und Recht auf informationelle Selbstbestimmung, Mitteilungen der Humanistischen Union Nr. 195, Dezember 2006, S. 1 ff.

Unschuldig gespeichert, Wie die Antiterrordatei den Rechtsstaat aushöhlt, in: Kulturaustausch – Zeitschrift für internationale Perspektiven, Ausgabe III/2007, S. 32 ff.

Die gesetzliche Regelung der Patientenverfügung: Stern- oder Geisterstunde des Parlaments?, Mitteilungen der Humanistischen Union Nr. 196, April 2007, S. 12 ff.

Vorschlag zur gesetzlichen Regelung von Patientenverfügung und Sterbehilfe, Mitteilungen der Humanistischen Union Nr. 197, Juli 2007, S. 7

Weyrauch, Martina/Will, Rosemarie (Hrsg.): Religionen – Weltanschauungen – Grundrechte. Dritte Berliner Gespräche über das Verhältnis von Staat, Religion und Weltanschauung. Protokolle der Brandenburgischen Landeszentrale für politische Bildung, Potsdam 2008

Patientenverfügung der Humanistischen Union (Formularvordruck und Erläuterungen), Neufassung: Berlin 2008

Humanismus – eine selbstständige Weltanschauung, in: diesSEITS – Zeitschrift des Humanistischen Verbandes, Nr. 82, März 2008, S. 22 ff.

Humanismus als Weltanschauung? (Rede zum 15. Jahrestag des HVD), Mitteilungen der Humanistischen Union Nr. 200, April 2008, S. 16 f.

»Will I ever be free?«, Interview im prager frühling –
  Magazin für Freiheit und Sozialismus – im Mai 2008
Erster Versuch der gesetzlichen Regelung von Patienten-
  verfügungen. Gesetzgebungsverfahren auf der Kippe –
  was kann die Humanistische Union tun?, Mitteilungen
  der Humanistischen Union Nr. 201, Juli 2008, S. 15 ff.
Datenschutz ins Grundgesetz?, Mitteilungen der Huma-
  nistischen Union Nr. 203, Dezember 2008, S. 6 f.
Was lange währt, wird endlich gut? Erstes Gesetz zur
  Patientenverfügung endlich da. Einsatz der Huma-
  nistischen Union hat sich gelohnt, Mitteilungen der
  Humanistischen Union Nr. 205/206, September 2009,
  S. 14 ff.
»Ohne Respekt für Freiheit«, in: Neues Deutschland,
  12./13. September 2009
Sonntagsschutz als Schutz kollektiver Religions-
  ausübung? Zu einer Fehlentscheidung des
  Bundesverfassungsgerichts, Mitteilungen der Huma-
  nistischen Union Nr. 207, Dezember 2009, S. 25
Will, Rosemarie (Hrsg.): Die Privilegien der Kirchen
  und das Grundgesetz. 4. Berliner Gespräche über das
  Verhältnis von Staat, Religion und Weltanschauung
  (22./23. Januar 2010), Berlin 2010
»Hier wächst zusammen, was nicht zusammen gehört.«
  Rede zur Demonstration »Freiheit statt Angst 2010«,
  Mitteilungen der Humanistischen Union Nr. 210,
  Oktober 2010, S. 1 f.
Stellungnahme zur Anhörung des Ausschusses für
  Menschenrechte und humanitäre Hilfe zum Thema
  »Religionsfreiheit und europäische Identität« vom
  22. 10. 2010
Ein Virus namens Angst, Mitteilungen der Huma-
  nistischen Union Nr. 211, Dezember 2010, S. 1
zusammen mit *Gimbal, Anke/Röwekamp, Marion*:
  »Juristinnen in der DDR«, Wanderausstellung und
  Katalog, Berlin 2011

Die PID als Bürgerrechtsfrage, Plädoyer für eine liberale Positionierung der HU zur Präimplantationsdiagnostik, Mitteilungen der Humanistischen Union Nr. 212, März 2011, S. 8 ff.

Der Fall Modrow, Ein Film von Rosemarie Will, Gesamtlänge: 87 Minuten, Produktion & Drehbuch: Rosemarie Will unter Mitarbeit von Karoline Kleinert, Kamera: Magda Greßmann, Schnitt: Karoline Kleinert, Premiere Mai 2011

Die Zukunft erinnern. Zum fünfzigsten Jahrestag der Gründung der Humanistischen Union am 26. August 1961, vorgänge Nr. 194, Juni 2011, S. 4 ff.

Die Evaluation als Bürgerrechtsfrage, 10 Jahre nach 9/11 fehlt noch immer eine nüchterne Bilanz der Terrorismusgesetzgebung, Mitteilungen der Humanistischen Union Nr. 214, Oktober 2011, S. 1 ff.

Der Gesetzesentwurf der Humanistischen Union zum Thema Sterbehilfe. In: Selbstbestimmung am Lebensende – Nachdenken über assistierten Suizid und aktive Sterbehilfe. Hrsg. von Heinrich-Böll-Stiftung (Schriften zu Wirtschaft & Soziales, Bd. 10), Berlin, März 2012

Stellungnahme der Humanistischen Union zum Referentenentwurf eines Gesetzes zur Strafbarkeit der gewerbsmäßigen Förderung der Selbsttötung vom 30. 5. 2012

Knabenbeschneidung und Bürgerrechte, Ansätze für eine Positionsbestimmung der Humanistischen Union, Mitteilungen der Humanistischen Union Nr. 217, Juli 2012, S. 1 ff.

Humanistische Union verteidigt das Trennungsgebot im Informationszeitalter, Anhörung des Bundesverfassungsgerichts zur Antiterrordatei, Mitteilungen der Humanistischen Union Nr. 218/219, Dezember 2012, S. 1 ff.

Gesetzentwurf zur Suizidbeihilfe auf dem Prüfstand der Experten, Mitteilungen der Humanistischen Union Nr. 218/219, Dezember 2012, S. 10

Stellungnahme der Humanistischen Union zur Verfassungsbeschwerde 1 BvR 2354/13 (Übermittlungsvorschriften im BVerfSchG) vom 1. September 2014

»Mein Ende gehört mir!« - Konferenzbericht, Mitteilungen der Humanistischen Union Nr. 224, Oktober 2014, S. 10 ff.

Stellungnahme der Humanistischen Union zu den Verfassungsbeschwerden 2 BvR 2347/15 u. a. gegen das Gesetz zur Strafbarkeit der geschäftsmäßigen Förderung der Selbsttötung vom 29. September 2016

III. Unveröffentlichtes

Aktivierung der Bürgergesellschaft-Partizipation, 2000

IV. Mitarbeit an Gesetzesprojekten

Neue Verfassung der DDR, ausgearbeitet von einer Arbeitsgruppe des Runden Tisches, Berlin 1990

Verfassung der DDR, Leitung einer Arbeitsgruppe im Auftrage des Ministerpräsidenten und des Justizministers der DDR, Berlin 1990

Gesetz vom 21. Februar 1990 über Vereinigungen (Vereinigungsgesetz), GBl. Teil I, Nr. 10, S. 75

Selbstbestimmung am Lebensende. Gesetzentwurf zur Stärkung des Selbstbestimmungsrechts kranker und sterbewilliger Menschen. Vorgelegt von der Humanistischen Union Berlin, April 2009

Mitwirkendenverzeichnis

Hartmut Aden, Prof. Dr. iur. (Jg. 1964), studierte Rechts- und Politikwissenschaften sowie französische Literatur in Hannover, Göttingen und an der EHESS Paris. Er ist seit 2009 Professor für Öffentliches Recht, Europarecht, Politik- und Verwaltungswissenschaft an der Hochschule für Wirtschaft und Recht Berlin. Er befasst sich mit Schnittstellenfragen zwischen Recht, Politik und Verwaltung, insbesondere auf den Themenfeldern Menschenrechte, Polizei, Sicherheit, Datenschutz, Umwelt und Finanzkontrolle. Er ist langjähriges Mitglied der Humanistischen Union und seit 2014, u. a. zusammen mit Rosemarie Will, Redaktionsmitglied der Zeitschrift *vorgänge*.

Julia Altermann studierte Rechtswissenschaft in Berlin und Paris. Nach dem Referendariat in Berlin und einer kurzen Tätigkeit als Rechtsanwältin ist sie seit 2014 Richterin am Sozialgericht Berlin.

Tatjana Ansbach, Dr. habil. (Jg. 1948). Nach dem Studium der Rechtswissenschaft an der Humboldt-Universität zu Berlin – gemeinsam mit Rosemarie Will –, der Promotion und Habilitation auf dem Gebiet des Völkerrechts an der Karl-Marx-Universität Leipzig wurde sie 1990 als Dozentin an die Humboldt-Universität zu Berlin berufen. Von 1998 bis 2013 war sie Rechtsanwältin mit dem Spezialgebiet Ausländer- und Asylrecht.

Theodora D. Antoniou, Prof. Dr. iur. (Jg. 1957), studierte Rechtswissenschaft in Athen. Von 1980 bis 1985 absolvierte sie ein Postgraduiertenstudium an der Julius-Maximilians-Universität Würzburg, das sie mit der Promotion abschloss. Von 1986 bis 1989 arbeite sie als wissenschaftliche Mitarbeiterin am Institut für Prozessrecht an der Juristischen Fakultät der Universität Athen. 1991 wurde sie dort zunächst Dozentin und ist seit 2011 Professorin für Verfassungsrecht. Seit 2001 ist sie zudem als Rechtsanwältin am Obersten Gerichtshof in Athen tätig. In den Jahren 1995 und 2001 war sie als Stipendiatin der Alexander von Humboldt-Stiftung an der Juristischen Fakultät der Humboldt-Universität zu Berlin. 2003 hat sie gemeinsam mit Rosemarie Will ein Seminar in Berlin und Athen veranstaltet.

Jörg Arnold, Dr. jur. habil. (Jg. 1957). Nach dem Studium der Rechtswissenschaft an der Humboldt-Universität zu Berlin, der Promotion 1986 und der Habilitation 1989 war er Wissenschaftlicher Oberassistent und in der DDR auch als Richter und wissenschaftlicher Mitarbeiter in der Justiz tätig. Seit 1991 ist er Wissenschaftler am Max-Planck-Institut für ausländisches und internationales Strafrecht in Freiburg im Breisgau und seit 2005 Honorarprofessor an der Westfälischen Wilhelms-Universität Münster.

Susanne Baer, Prof. Dr. iur. (Jg. 1964), studierte von 1983 bis 1988 Rechts- und Politikwissenschaft an der Freien Universität Berlin. 1988 legte sie das Erste und 1991 das Zweite Staatsexamen ab. 1993 erhielt sie den Master of Laws an der University of Michigan Law School. Sie wurde 1995 bei Spiros Simitis und Erhard Denninger promoviert und habilitierte sich 2000 bei Alexander Blankenagel und Bernhard Schlink. 1999 war sie zunächst Gastprofessorin an der neugegründeten Staatswissenschaftlichen Fakultät der Universität Erfurt, sodann von 2001 bis 2002 Vertretungsprofessorin für Öffentliches Recht an der Universität Bielefeld. Seit 2002 ist sie Professorin für Öffentliches Recht und Geschlechterstudien an der Juristischen Fakultät der Humboldt-Universität zu Berlin. An der Humboldt-Universität zu Berlin leitete sie von 2003 bis 2010 das Gender-Kompetenz-Zentrum, war von 2005 bis 2006 Vizepräsidentin für Studium und Internationales sowie von 2009 bis 2011 Studiendekanin der Juristischen Fakultät. 2008 gründete sie dort das Institut für interdisziplinäre Rechtsforschung – Law and Society Institute (LSI), das im Sommersemester 2009 mit der Humanistischen Union eine Ringvorlesung zum Thema »60 Jahre Grundgesetz« veranstaltete. Seit 2010 ist sie Mitglied des Ersten Senats des Bundesverfassungsgerichts. S. B. erhielt zahlreiche Ehrungen, darunter 2009 eine James-W.-Cook-Global-Law-Professur an der University of Michigan Law School und dort 2014 die Ehrendoktorwürde, 2012 die Caroline-von-Humboldt-Professur, und wurde 2014 an der Nationaluniversität Taiwan zur Weng Yueh-Sheng Chair Professorin ernannt. S. B. gehört dem wissenschaftlichen Beirat der Peer-Review-Fachzeitschrift *Gender* an und ist Redaktionsmitglied der *STREIT – feministische Rechtszeitschrift*.

Hana Barashed (Jg. 1992) studiert Rechtswissenschaft an der Humboldt-Universität zu Berlin, war von 2013 bis 2015 als Referentin im Referent_innenRat der Humboldt-Universität zu Berlin tätig und ist im arbeitskreis kritischer juristinnen und juristen (akj-berlin) aktiv.

Dietlind Baumann (Jg. 1950) wuchs in einer kinderreichen Arbeiterfamilie auf. Dieser soziale Status förderte in der DDR ihre schulische und berufliche Entwicklung. Nach dem Abitur 1969 erhielt sie noch im gleichen Jahr einen Studienplatz an der Sektion Rechtswissenschaft der Humboldt-Universität zu Berlin, wo sie gemeinsam mit Rosemarie Will studierte. Nach erfolgreichem Abschluss bereitete sie sich im Staatlichen Notariat Grevesmühlen als Notarassistentin auf das Amt einer Notarin vor. Mit Wirkung vom 1. April 1975 wurde sie zur Notarin berufen. Im Oktober 1985 übernahm sie die Leitung des Staatlichen Notariats Bergen auf Rügen. Die Wiedervereinigung beider deutscher Staaten im Oktober 1990 führte – wie im Einigungsvertrag vorgesehen – zur Schließung der Staatlichen Notariate und zur Einführung des freien Notariats. D. B. erhielt ab 1. Oktober 1990 die Zulassung als Notarin in eigener Praxis. Sie übergab ihr Amt am 1. April 2016 ihrer Nachfolgerin. Als Rosemarie Will die Wanderausstellung des DJB »Juristinnen in der DDR« konzipierte, die am 23. September 2011 im Landgericht Potsdam eröffnet wurde, bezog sie D. B. als Juristin der dritten Generation in diese Arbeit ein.

Sophie Baumann (Jg. 1989) studierte von 2009 bis 2015 Rechtswissenschaft an der Humboldt-Universität zu Berlin, war dort in der studentischen und akademischen Selbstverwaltung, zuvor in der bayerischen Schüler_innenvertretung aktiv. Sie engagiert sich u. a. im arbeitskreis kritischer juristinnen und juristen (akj-berlin) sowie als Mitköchin in der solidarischen Bewegungsversorgung.

Hans-Ernst Böttcher (Jg. 1944) war ab 1974 in Bremen als Richter am Amtsgericht, ab 1984 am Hanseatischen Oberlandesgericht und von 1991 bis 2009 als Präsident des Landgerichts in Lübeck tätig. Von 1980 bis 1983 war er Wissenschaftlicher Mitarbeiter am Bundesverfassungsgericht, von 1988 bis 1990 zum Bremer Senator für Finanzen und 1990/91 zur Bremer Landesvertretung in Bonn abgeordnet. Ab 1974 war er Lehrbeauftragter und Praxisausbilder in der reformierten Bremer Juristenausbildung, von 1979 bis 1991 stellv. Mitglied des Staatsgerichtshofs Bremen. Seit 1973 ist er Mitglied von ötv/ver. di und in der Redaktion der Fachgruppenzeitschrift *Verdikt* engagiert. Er ist Mitglied der Humanistischen Union, Mitgründer der Europäischen Richtervereinigung MEDEL (Europäische Richter für Demokratie und Grundrechte) sowie Mitgründer des Forums Justizgeschichte e. V., dessen Vorstand er langjährig angehörte, sowie Vorsitzender der Jury zur Verleihung des Richard-Schmid-Preises. Seit den 1990er Jahren führten ihn zahlreiche internationale Missionen nach Mittel- und Osteuropa, wo er sich an der kollegialen Hilfe beim Aufbau einer demokratischen und rechtsstaatlichen Justiz beteiligte.

Ulrich Brand, Prof. Dr. (Jg. 1967). Nach dem Studium der Betriebswirtschaft an der Berufsakademie Ravensburg (Diplom 1989), der Politikwissenschaft und Volkswirtschaftslehre in Frankfurt a. M., Berlin und Buenos Aires (Diplom 1996) folgten im Jahr 2000 die Promotion und 2006 die Habilitation. Ab 2000 war er Wissenschaftlicher Mitarbeiter in einem von der VW-Stiftung finanzierten Projekt zu internationaler Umwelt- und Ressourcenpolitik und ab 2001 als wissenschaftlicher Assistent für »Globalisierung & Politik« am Fachbereich Gesellschaftswissenschaften der Universität Kassel tätig. Es folgten längere Forschungsaufenthalte in den USA, Mexiko und Kanada sowie Lehrtätigkeiten an den Universitäten Frankfurt a. M. und Kassel, an der Rutgers University New Jersey, an der Hochschule Bremen und an der Universität Wien, wo er seit 2007 eine Professur für Internationale Politik inne hat. U. B. ist Mitherausgeber der *Blätter für deutsche und internationale Politik*, Mitglied im wissenschaftlichen Beirat von Attac und war von 2011 bis 2013 sachverständiges Mitglied der Enquete-Kommission »Wachstum, Wohlstand, Lebensqualität« des Deutschen Bundestages.

Jakub Brukwicki, Dr. iur. (Jg. 1989), studierte von 2008 bis 2012 Rechtswissenschaft an der Humboldt-Universität zu Berlin. Während des Studiums lernte er Frau Will in der Vorlesung zum Staatsorganisationsrecht und im Schwerpunkt »Staat und Verwaltung im Wandel« kennen. Nach dem Ersten Staatsexamen promovierte er von 2013 bis 2015 bei ihr und arbeitete als wissenschaftlicher Mitarbeiter in der Kanzlei Malmendier Partners. Seit August 2015 ist er Rechtsreferendar am Kammergericht Berlin.

Dieter Deiseroth, Dr. jur. (Jg. 1950), war nach dem Studium der Rechtswissenschaft, Soziologie und Politikwissenschaft von 1977 bis 1983 Wissenschaftlicher Mitarbeiter an der Universität Gießen und Rechtsanwalt, und seit 1983 Richter am Verwaltungsgericht Düsseldorf. Von 1989 bis 1991 war er als wissenschaftlicher Mitarbeiter zum Bundesverfassungsgericht nach Karlsruhe abgeordnet. Danach war er Richter am Oberverwaltungsgericht des Landes NRW in Münster und anschließend Referatsleiter bei der Datenschutzbehörde Nordrhein-Westfalen. 2001 zum Richter am Bundesverwaltungsgericht gewählt, war er dort bis 2015 tätig. Ehrenamtlich ist er seit Jahren Mitglied der wissenschaftlichen Beiräte der IALANA, der IPPNW, des Forums Justizgeschichte sowie der Humanistischen Union/Gustav Heinemann-Inititative. Seit 1999 gehört er der Jury zur Vergabe des Whistleblower-Preises an.

Dominik Düsterhaus (Jg. 1975) ist Rechtsreferent am Gerichtshof der Europäischen Union. Er war von 2004 bei 2006 Wissenschaftlicher Mitarbeiter bei Rosemarie Will. Anschließend Pressereferent und Rechts- und Sprachsachverständiger am EuGH, sowie Mitglied des juristischen Dienstes der Europäischen Kommission. Er ist Lehrbeauftragter für Internationales Privatrecht an den Universitäten von Lille (UCL) und Nancy (Lorraine).

Volker Eick, Dipl. Pol. (Jg. 1963), war nach dem Studium der Politikwissenschaft an der Freien Universität Berlin Wissenschaftlicher Mitarbeiter u. a. an der Goethe Universität Frankfurt a. M., der Universität Bremen und der Humboldt-Universität zu Berlin. Seit 2013 ist er Wissenschaftlicher Mitarbeiter beim Republikanischen Anwältinnen- und Anwälteverein (RAV). Er veröffentlicht u. a. zu Polizeipolitik, zur Kommerzialisierung von Sicherheit und zu Workfare.

Frank Eveslage, Dr. oec. (Jg. 1950), studierte Wirtschaft an der Humboldt-Universität zu Berlin und war dort zunächst als wissenschaftlicher Assistent tätig. Ab 1978 war er Stadtbezirksrat für Finanzen in Ber-

MITWIRKENDENVERZEICHNIS

lin-Marzahn, 1984 wechselte er in das Ministerium für Hoch- und Fachschulwesen der DDR. Nach der Wende war er Leiter der Haushaltsabteilung der Humboldt-Universität zu Berlin, bis 2012 deren Vizepräsident für Haushalt, Personal und Technik. Seit 2014 befindet er sich im Ruhestand.

Ulrich Finckh (Jg. 1927) ist Pfarrer i. R. und Publizist. Von 1971 bis 2003 war er Vorsitzender der Zentralstelle Kriegsdienstverweigerung und von 1974 bis 2004 Mitglied im Beirat für den Zivildienst des jeweils zuständigen Bundesministeriums. Seit 1971 ist er Mitglied im Vorstand des Sozialen Friedensdienstes Bremen. Er war 1977 Mitbegründer der Gustav Heinemann-Initiative und zeitweise deren Vorstandsmitglied. Finckh erhielt für seinen unermüdlichen Einsatz bei der Beratung und Unterstützung von Kriegsdienstverweigerern 1984 den Fritz-Bauer-Preis der Humanistischen Union, deren Beirat er heute angehört.

Thomas Flint, Dr. iur. (Jg. 1966), studierte von 1989 bis 1993 Rechtswissenschaft an der Humboldt-Universität zu Berlin, wo er noch zu DDR-Zeiten bei Rosemarie Will Vorlesungen hörte. Nach der Wende war er ihre erste studentische Hilfskraft und begleite sie sowohl als Dekanin als auch bei ihrer Lehrstuhlarbeit. Von 1994 bis 1999 war er Wissenschaftlicher Mitarbeiter bei Bernhard Schlink, wechselte 1999 als wissenschaftlicher Mitarbeiter von Jutta Limbach an das Bundesverfassungsgericht. Seit 2001 ist er Richter in der Sozialgerichtsbarkeit, seit 2013 Richter am Bundessozialgericht sowie Lehrbeauftragter an der Universität Hamburg.

Jan Freigang, Dr. iur. (Jg. 1975), studierte Rechtswissenschaft und französisches Recht an der Universität des Saarlandes und an der Université Paris I Panthéon-Sorbonne, wo er 1999 die Maîtrise en Droit ablegte. Nach seinem ersten Staatsexamen erwarb er einen Master of Science im Regulierungsrecht an der London School of Economics and Political Science (2001) und absolvierte sein Referendariat und das zweite Staatsexamen in Berlin. Von 2001 bis 2004 arbeitete er am Lehrstuhl von Rosemarie Will und promovierte bei ihr zur Privatisierung, Liberalisierung und Regulierung der Wasserwirtschaft. Nach kurzer Tätigkeit als Rechtsanwalt trat er 2004 in den Auswärtigen Dienst ein. Seitdem hat er in verschiedenen Referaten des Auswärtigen Amtes in Berlin, an der Botschaft Buenos Aires und an der EU-Delegation in Tel Aviv gearbeitet. Seit 2016 ist er politischer Berater des EU-Sonderbeauftragten für Nahost.

Thomas Fritsche, Dr. iur. (Jg. 1987), studierte Rechtswissenschaft an der Humboldt-Universität zu Berlin. Er arbeitete ab 2008 zunächst als studentischer und nach seinem ersten Examen (2012) bis zu ihrer Emeritierung als wissenschaftlicher Mitarbeiter am Lehrstuhl von Rosemarie Will, wo er zum Kulturbegriff im Religionsverfassungsrecht promoviert wurde. Seit 2016 ist er Rechtsanwalt in Berlin.

Eva Fuchslocher (Jg. 1977) studierte Kulturwissenschaft, Europäische Ethnologie und Soziologie an der Humboldt-Universität zu Berlin. Von 2003 bis 2009 war sie dort in der akademischen Selbstverwaltung aktiv, u. a. als studentisches Mitglied in der Kommission für Lehre und Studium, der Kommission zur Fakultätsneugliederung und der Verfassungskommission. 2006 bis 2009 arbeitete sie an der studentischen Umfrage zur Studierbarkeit an der Humboldt-Universität zu Berlin mit und war von 2010 bis 2014 Mitglied des Universitätskuratoriums. Sie publiziert zu wissenschaftlichen, feministischen und hochschulpolitischen Themen sowie in Begleitbänden zu Ausstellungen. Sie promovierte zu Religion und Nationenbildung in Georgien und der Ukraine und ist Ausstellungskuratorin. Rosemarie Will lernte sie als Gremienmitglied und als Vertrauensdozentin der Hans-Böckler-Stiftung kennen.

Volker Gerloff (Jg. 1976) studierte Rechtswissenschaft an der Humboldt-Universität

MITWIRKENDENVERZEICHNIS

zu Berlin, wo er im arbeitskreis kritischer juristinnen und juristen (akj-berlin) aktiv war. Seit 2005 ist er als Rechtsanwalt mit den Schwerpunkten Sozial- und Verwaltungsrecht in Berlin tätig. Er gehörte von 2014 bis 2015 dem Bundesvorstand der Vereinigung Demokratischer Juristinnen und Juristen (VDJ) an.

Anke Gimbal, Ass. jur. (Jg. 1963). Nach dem Studium der Phys. Geografie/Geoökologie (Diplom 1991) und Rechtswissenschaft in Mainz war sie Wissenschaftliche Mitarbeiterin am Institut für Politikwissenschaft der Universität Mainz, dann Redakteurin bei der Zeitschrift *Internationale Politik* in Bonn, später Wissenschaftliche Mitarbeiterin im Öffentlichen Recht an der Universität Bielefeld. Seit 2000 beim Deutschen Juristinnenbund e. V. (djb) ist sie seit 2002 dessen Geschäftsführerin in Berlin.

Helmut Glück, Prof. Dr. (Jg. 1949), studierte Slavistik, Germanistik und Nordistik in Tübingen und Bochum. Er war Wissenschaftlicher Assistent an der Universität Osnabrück und Lektor an der Ain Shams-Universität Kairo. Von 1991 bis 2015 war er Professor für Deutsche Sprachwissenschaft und Deutsch als Fremdsprache an der Universität Bamberg. Er nahm Forschungsaufenthalte und Gastdozenturen in Québec, Montréal, Kairo, Casablanca, Tbilissi, Urbino, Olmütz/Olomouc, Aarhus, Mexico D. F., Tallinn und Helsinki wahr. Seine Arbeitsschwerpunkte sind: Geschichte des Deutschen als Fremdsprache, Schrift und Schriftlichkeit, linguistische Terminologie und Lexikographie.

Kurt Graulich, Dr. iur. (Jg. 1949), studierte von 1968 bis 1973 Rechtswissenschaft an der Johann Wolfgang Goethe-Universität in Frankfurt a. M., wo er 1983 promoviert wurde. Nach Erster (1973) und Zweiter Juristischer Staatsprüfung (1976) arbeitete er von 1976 bis 1978 als Staatsanwalt in Darmstadt, anschließend in der Staatskanzlei in Wiesbaden, ab 1985 als Richter am Verwaltungsgericht in Frankfurt, als Vorsitzender Richter am Verwaltungsgericht Frankfurt und von 1991 bis 1999 als Personalreferent für den richterlichen und staatsanwaltschaftlichen Dienst im Hessischen Justizministerium. Von 1999 bis 2015 war er Richter am 6. Senat des Bundesverwaltungsgerichts und dort mit dem Polizei- und Ordnungsrecht, dem Recht der Nachrichtendienste sowie dem Waffen-, Telekommunikations-, Schul-, Hochschul- und Rundfunkrecht befasst. Er unterrichtete viele Jahre in der juristischen Aus- und Weiterbildung, an verschiedenen Hochschulen und war seit 2006 Lehrbeauftragter am Lehrstuhl von Rosemarie Will.

Elena Gricenko, Prof. Dr. iur. (Jg. 1960), studierte Rechtswissenschaft an der Irkutsker Staatsuniversität, wechselte dann an die Leningrader Staatsuniversität, wo sie 1986 promovierte und sich 2002 habilitierte. Seit 2003 ist sie in St. Petersburg Professorin für Staats- und Verwaltungsrecht. Sie ist durch ihre wissenschaftlichen Werke im Bereich der Rechtsvergleichung, vor allem des deutschen und russischen Rechts, sowie des Staats- und Verwaltungsrechts bekannt und nahm mehrfach als Expertin an deutsch-russischen und europäischen Projekten von TACIS, GTZ und DAAD teil.

Dieter Grimm, Prof. Dr. iur. (Jg. 1937), studierte Rechtswissenschaft und Politikwissenschaft an den Universitäten Frankfurt am Main, Freiburg im Breisgau sowie an der Freien Universität Berlin. Das Erste Staatsexamen legte er 1962 in Frankfurt ab. Anschließend begann er seine Referendarausbildung, die er durch Studien an der Pariser Sorbonne und der Harvard-Universität unterbrach. In Harvard erwarb er 1965 den Master of Laws (LL. M.). Nach einer kurzen Tätigkeit bei der Anwaltskanzlei Ropes & Gray in Boston nahm er seine Referendarausbildung wieder auf und schloss sie 1967 mit dem Zweiten Staatsexamen ab. 1971 wurde er in Frankfurt am Main promoviert und 1979 dort für die Fächer Deutsches und ausländisches Öffentliches Recht, Rechts- und Verfassungsgeschichte der Neuzeit und Rechtstheorie

MITWIRKENDENVERZEICHNIS

habilitiert. Während dieser Zeit war D. G. beim Max-Planck-Institut für europäische Rechtsgeschichte in Frankfurt am Main beschäftigt. Ab 1973 übte er zugleich Lehrtätigkeiten an den Universitäten Frankfurt und Trier aus. Von 1979 lehrte er bis 1999 an der Universität Bielefeld. Von 1984 bis 1990 war er Direktor des dortigen Zentrums für interdisziplinäre Forschung. Von 1987 bis 1999 war er im 1. Senat Richter des Bundesverfassungsgerichts. Im Jahre 2000 wechselte er an die Humboldt-Universität zu Berlin, wo er 2005 emeritiert wurde. Von Oktober 2001 bis März 2007 war er zugleich Rektor des Wissenschaftskollegs zu Berlin. Im Jahr 1999 wurde D. G. mit dem Großen Verdienstkreuz mit Stern und Schulterband des Verdienstordens der Bundesrepublik Deutschland ausgezeichnet. Seit 2005 ist er außerordentliches Mitglied der Berlin-Brandenburgischen Akademie der Wissenschaften. 2008 verlieh ihm die University of Toronto, 2009 die Georg-August-Universität Göttingen die Ehrendoktorwürde.

Ján Gronský, JUDr. RSDr. Dipl.Ing. CSsc. (Recht, Soziologie, Volkswirtschaft – Jg. 1928), studierte in Prag, wo er ab 1950 Assistent an der Hochschule für Volkswirtschaft war. 1952 wechselte er als Oberassistent an die Juristische Fakultät der Karls-Universität (Staatsrecht). Nach der Habilitation 1965 (Staatsrecht, Verfassungsrecht, Rechtsgeschichte) war er Inhaber des Lehrstuhls für Verfassungsrecht an der Karls-Universität Prag. 2014 wurde er emeritiert. Gegenwärtig ist er mit einer Tetralogie »Kommentierte Dokumente der Verfassungsgeschichte der Tschechoslowakei« (1914–1992) befasst.

Horst Groschopp, Dr. habil. (Jg. 1949), Kulturwissenschaftler, Freier Autor, ist gelernter Dreher. 1968 machte er das Abitur an der Arbeiter- und Bauernfakultät der Bergakademie Freiberg, studierte von 1968 bis 1971 Kulturwissenschaft an der Humboldt-Universität zu Berlin und war danach bis 1996 am dortigen Institut für Kulturwissenschaft tätig, wo er u. a. zur Kulturgeschichte der deutschen Freidenker und des Humanismus forschte. Von 1997 bis 2014 arbeitete er als Direktor der Humanistischen Akademie Berlin-Brandenburg und von 2006 bis 2014 auch als Direktor der Humanistischen Akademie Deutschland. Er war Gründungsvorsitzender des Humanistischen Verbandes Berlin-Brandenburg (1999 bis 2001) und gehörte 12 Jahre lang dem Bundesvorstand/Bundespräsidium des Humanistischen Verbandes Deutschlands an (1994 bis 2014), dessen Bundesvorsitzender/Präsident er von 2003 bis 2009 war.

Ignacio Gutiérrez Gutiérrez, Prof. Dr. (Jg. 1964), ist seit 1996 Professor für Verfassungsrecht an der spanischen Fern-Universität UNED (Madrid). Er war Stipendiat der Alexander von Humboldt-Stiftung bei Dieter Grimm und des Max-Planck-Instituts für europäische Rechtsgeschichte bei Michael Stolleis. Zurzeit ist er vor allem mit den Veränderungen der Verfassungslehre im Kontext der Globalisierung beschäftigt.

Franz-Josef Hanke (Jg. 1955) ist freier Journalist. Er studierte Rechtswissenschaft in Marburg. Er engagierte und engagiert sich in zahlreichen Vereinen und Initiativen, u. a. bei den hessischen Grünen, im Deutschen Verein der Blinden und Sehbehinderten, in der Deutschen Journalistinnen- und Journalisten-Union in ver.di sowie dem Verkehrsclub Deutschland. Seit 1982 ist er Mitglied der Humanistischen Union, deren Bundesvorstand er von 2005 bis 2009 unter dem Vorsitz von Rosemarie Will angehörte.

Florian Havemann (Jg. 1952) ist Autor und Maler. Von 1999 bis 2009 war er Richter am Verfassungsgericht des Landes Brandenburg.

Martin Heger, Prof. Dr. iur. (Jg. 1968), studierte ab 1990 Rechtswissenschaft an der Universität Tübingen. Das Erste Juristische Staatsexamen legte er 1994, das Zweite 1996 ab. Von 1997 bis 2005 war er Assistent am Lehrstuhl von Kristian Kühl. Seine

MITWIRKENDENVERZEICHNIS

Promotion erfolgte 2002. Die Arbeit wurde 2003 mit dem Promotionspreis der Universität Tübingen ausgezeichnet. Drei Jahre später habilitierte er sich in Tübingen und erwarb die venia legendi für die Fächer Strafrecht, Strafprozessrecht, europäisches und internationales Strafrecht sowie neuere Rechtsgeschichte. Nach einer Lehrstuhlvertretung an der Universität Regensburg hat er seit November 2005 den Lehrstuhl für Strafrecht, Strafprozessrecht, europäisches Strafrecht und neuere Rechtsgeschichte an der Humboldt-Universität zu Berlin inne. Von 2008 bis 2010 war er Direktor des Berliner James-Goldschmidt-Instituts für Kriminalwissenschaften und Juristische Zeitgeschichte. Seit 2008 ist er zudem Direktor des Franz-von-Liszt-Instituts für Internationales Strafrecht. 2008 kandidierte er auf der Liste von Rosemarie Will für den Akademischen Senat und das Konzil, dessen Vorsitz er von 2012 bis 2015 inne hatte. In den Jahren 2011/12 leitete er die Kommission zur Überarbeitung der Verfassung der Humboldt-Universität zu Berlin und ist seit 2013 stellvertretender Vorsitzender der Berliner Wissenschaftlichen Gesellschaft (BWG).

Tobias Herbst, Priv.-Doz. Dr. iur. (Jg. 1963). Nach dem Studium der Rechtswissenschaft und dem Referendariat in Würzburg, der Promotion und der Habilitation jeweils an der Humboldt-Universität zu Berlin nahm und nimmt er Lehrstuhlvertretungen in Augsburg, Bielefeld, Frankfurt am Main, an der Humboldt-Universität zu Berlin und in Bremen wahr.

Enno Hinz (Jg. 1990) studierte Rechtswissenschaft, Deutsche Literatur und Europäische Ethnologie an der Humboldt-Universität zu Berlin. Er ist Mitgründer des inski Verlags, war zwischenzeitlich Mitglied der studentischen und akademischen Selbstverwaltung und ist im arbeitskreis kritischer juristinnen und juristen (akj-berlin) aktiv.

Hasso Hofmann, Prof. Dr. jur. (Jg. 1934), studierte Rechtswissenschaft und Philosophie in Heidelberg, München und Erlangen, promovierte dort 1964 mit einer entwicklungsgeschichtlichen Kritik der Arbeiten Carl Schmitts und schloss 1970 seine Habilitation über die Begriffsgeschichte der »Repräsentation« ab. Ab 1976 war er Professor für Rechtsphilosophie, Staats- und Verwaltungsrecht an der Universität Würzburg, 1992 wechselte er an die Humboldt-Universität zu Berlin, deren Vizepräsident er 1993/94 war. Bis zu seiner Emeritierung 2002 war er Inhaber des Lehrstuhls für öffentliches Recht, Rechts- und Staatsphilosophie. Bis heute ist er Mitglied der Bayerischen und der Berlin-Brandenburgischen Akademie der Wissenschaften.

Phillip Hofmeister (Jg. 1984) arbeitet als Buchgestalter und Hersteller. 2005 begann er ein Studium der Rechtswissenschaft an der Universität Potsdam, bevor er sich 2008 zusammen mit der Lektorin Katharina Stauder als »Hofmeister Stauder. Büchermacher« selbstständig machte, um Lektorat, Gestaltung und Produktionsvorbereitung aus einer Hand anzubieten. Er ist im arbeitskreis kritischer juristinnen und juristen (akj-berlin) aktiv und besorgte, neben der Realisation der Ausstellungen der Historischen Kommission des Studierendenparlaments der Humboldt-Universität zu Berlin zum Universitätsjubiläum 2010 sowie zum 80. Jahrestag der Bücherverbrennung 2013, nun auch Satz und Layout dieses Buches.

Anna-Bettina Kaiser, Prof. Dr. iur. (Jg. 1976), studierte Rechtswissenschaft an der Albert-Ludwigs-Universität in Freiburg im Breisgau und an der Universität Cambridge. Von 2004 bis 2010 war sie Wissenschaftliche Assistentin an der Rechtswissenschaftlichen Fakultät der Universität Freiburg im Breisgau. Nach der Promotion 2007 war sie ab 2010 Juniorprofessorin für Öffentliches Recht an der Humboldt-Universität zu Berlin. Seit 2014 ist sie dort Professorin für Öffentliches Recht und Grundlagen des Rechts.

MITWIRKENDENVERZEICHNIS

Wolfgang Kaleck (Jg. 1960) ist Rechtsanwalt in Berlin, von 1999 bis 2007 war er Vorsitzender des Republikanischen Anwältinnen- und Anwältevereins (RAV). Er gründete 2007 das European Center for Constitutional and Human Rights e. V. (ECCHR) und ist dessen Generalsekretär.

Michael Kämper-van den Boogaart, Prof. Dr. phil. (Jg. 1955), studierte von 1976 bis 1982 Deutsch und Geschichte für das höhere Lehramt in Köln und Hamburg. Nach dem Referendariat und einem zweijährigen DAAD-Lektorat an der University of Manchester war er ab 1986 zunächst als Lehrer an verschiedenen Schulen in Hamburg sowie als freier Lektor beim NDR tätig. 1990 wurde er mit einem literaturwissenschaftlichen Thema an der Universität Hamburg promoviert und war bis zu seiner Habilitation 1997 Wissenschaftlicher Assistent an der Universität Lüneburg. Seit 1997 ist er Professor für Neuere deutsche Literatur und Fachdidaktik Deutsch an der Humboldt-Universität zu Berlin. Er publiziert zu literatur- und kulturwissenschaftlichen Themen, zur Literaturdidaktik, Fach- und Bildungsgeschichte. Seit 2002 ist er zunächst Prodekan, dann Dekan sowie Mitglied des Akademischen Senats. Hier und in anderen hochschulpolitischen Gremien kreuzten sich seine Wege mit Rosemarie Will. Von 2011 bis 2016 war er Vizepräsident für Studium und Internationales der Humboldt-Universität zu Berlin.

Udo Kauß, Dr. phil. (Jg. 1946), ist Verlagsbuchhändler und Rechtsanwalt in Freiburg. Er ist wie Rosemarie Will aktives Mitglied in der Humanistischen Union. Von 1983 bis 1987 war er im Bundesvorstand, seit 2006 ist er im Landesvorstand Baden-Württemberg aktiv. Er ist Mitherausgeber der Zeitschrift Bürgerrechte & Polizei/CILIP.

Helga Killinger (Jg. 1937) absolvierte nach dem Abitur 1958 eine Ausbildung zur Elektro-Ingenieurassistentin in München. In diesem Beruf war sie einige Jahre tätig. Nach der Geburt eines Sohnes fand sie Kontakt zur Humanistischen Union und zu einem Kindergarten, den die Humanistische Union zur gemeinsamen Erziehung von Kindern mit und ohne Handicap gegründet hatte. Nach einer öffentlichen Rede zur Abschaffung des § 218 StGB wurde sie 1975 Geschäftsführerin der Humanistischen Union. Dort arbeitete sie bis zu ihrem Ruhestand 1997 vor allem zu innenpolitischen Themen. Mit Rosemarie Will, die seit 1991 dem Bundesvorstand angehört, verbinden sie seitdem freundschaftliche Kontakte.

Wolfgang Killinger (Jg. 1936) studierte in Hamburg Elektrotechnik. Seit 1965 ist er Mitglied der Humanistischen Union und seit 1972 im Vorstand des Regionalverbands München-Südbayern aktiv. Er engagiert sich für den Datenschutz, die Trennung von Kirche und Staat, die Rechte von Ausländer_innen, den Schutz der Privatsphäre vor der »Inneren Sicherheit«, die Informationsfreiheit sowie die Verhinderung von CETA und TTIP.

Hermann Klenner, Prof. Dr. jur. (Jg. 1926), studierte ab 1946 Rechtswissenschaft in Halle und Leipzig. Ab 1951 nahm er eine Dozentur an der Juristischen Fakultät der Humboldt-Universität zu Berlin für die Fächer Theorie des Staates und des Rechts wahr, promovierte dort 1952 und wurde 1956 Professor und Prodekan der Juristischen Fakultät. Im Zuge der Babelsberger Konferenz wurde er 1958 seiner Professur enthoben, war zunächst als Bürgermeister, dann an der Hochschule für Ökonomie in Berlin-Karlshorst tätig. 1968 wechselte er an die Akademie der Wissenschaften, nicht ohne erneut Restriktionen ausgesetzt zu sein. Von 1984 bis 1986 war er Leiter der DDR-Delegation bei der UN-Menschenrechtskonferenz und von 1967 bis 1987 Mitglied im Präsidium der Internationalen Vereinigung für Rechts- und Sozialphilosophie. Von 1990 war er auf Initiative von Rosemarie Will bis zu seiner Emeritierung 1992 Honorarprofessor an der Juristischen Fakultät der Humboldt-Universität zu Berlin. Er ist Mitglied der Leibniz-Sozietät und

MITWIRKENDENVERZEICHNIS

Herausgeber der *Schriftenreihe zur rechtswissenschaftlichen Grundlagenforschung*.

Alexander Klose (Jg. 1975) ist Jurist und Rechtssoziologe. Er studierte Rechtswissenschaft an der Freien Universität Berlin und arbeitete dort als wissenschaftlicher Mitarbeiter am Institut für Rechtssoziologie und Rechtstatsachenforschung. Von 2009 bis 2010 war er wissenschaftlicher Geschäftsführer des Instituts für interdisziplinäre Rechtsforschung an der Humboldt-Universität zu Berlin und lernte dort Rosemarie Will kennen. 2010 gründete er das Büro für Recht und Wissenschaft, das Akteure aus Politik, Wirtschaft und Zivilgesellschaft in rechtlichen und rechtspolitischen Fragen berät. Seit 2012 arbeitet er neben seiner selbständigen Tätigkeit als Fraktionsreferent für Recht, Demokratie, Verbraucher- und Naturschutz, Migration und Flucht im Abgeordnetenhaus von Berlin.

Wolfgang Knippel, Dr. iur. (Jg. 1953), Vorsitzender Richter am Verwaltungsgericht in Potsdam, Vizepräsident des Verfassungsgerichts des Landes Brandenburg von 1993 bis 2009.

Helmut Kramer, Dr. iur. (Jg. 1930), studierte ab 1949 zunächst an der Hochschule für Wirtschaft, Politik und Arbeit in Wilhelmshaven-Rüstersiel, wechselte dann nach Göttingen, wo er ein Studium der Geschichte, Germanistik und Kunstgeschichte aufnahm, das er 1950 zugunsten eines Jurastudiums in Freiburg aufgab, wo er 1967 bei Ernst Rudolf Huber zum Recht der Fraktionen im Frankfurter Paulskirchenparlament promoviert wurde. Ab 1962 war er zunächst als Staatsanwalt und Landgerichtsrat tätig. 1972 wurde er Vorsitzender Richter am Landgericht, ab 1975 war er bis zu seiner Pensionierung 1995 Richter am OLG Braunschweig. Von 1984 bis 1989 nahm er eine Vertretungsprofessur an der Universität Oldenburg wahr. Seit Beginn seiner beruflichen Tätigkeit beschäftigte er sich mit der Aufarbeitung der Justiz während des Nationalsozialismus. Neben zahlreichen Veröffentlichungen zur juristischen Zeitgeschichte führte er zunächst für das Land Niedersachsen an der niedersächsischen Justizakademie Tagungen zur Justiz während des NS-Staates durch und erreichte, dass diese Tagungen zur juristischen Zeitgeschichte ab 1983 zum festen Programmpunkt der Deutschen Richterakademie wurden. Er ergänzte dieses Angebot nach 1990 durch Rechtsvergleichungen mit der DDR-Justiz und kam hier mit Rosemarie Will in Austausch, die ihm 2010 als Vorsitzende der Humanistischen Union den Fritz-Bauer-Preis überreichte. Um der Aufarbeitung der Justizvergangenheit ein dauerhaftes Forum in der Justiz, Wissenschaft und Öffentlichkeit zu geben, gründete er 1999 den Verein Forum Justizgeschichte, dessen Vorsitzender er bis 2006 war. Er setzte sich für die Errichtung der Gedenkstätte Wolfenbüttel ein, in der von 1937 bis 1945 mindestens 750 Menschen hingerichtet wurden, und erreichte nach langem Prozessieren bis hin zum BVerfG schließlich 2008 die Aufhebung des 1935 in erster Linie gegen die Berufsausübung jüdischer Juristen geschaffenen Rechtsberatungsgesetzes. Für sein Engagement erhielt er zahlreiche Auszeichnungen, u. a. den Hans-Litten-Preis, den Fritz-Bauer-Preis und den Werner-Holtfort-Preis.

Michael Kuhn (Jg. 1981) studierte Rechtswissenschaft an der Universität Passau, der University of Wales, Cardiff und der Humboldt-Universität zu Berlin. Im Anschluss absolvierte er das Rechtsreferendariat am Kammergericht Berlin. Nach seinem zweiten Staatsexamen war er bis zur Emeritierung von Rosemarie Will Wissenschaftlicher Mitarbeiter an ihrem Lehrstuhl und promoviert bei ihr. Nach der Tätigkeit am Lehrstuhl war er als Rechtsanwalt in Berlin tätig und arbeitet seit 2016 als Referent beim Bundeszentralamt für Steuern in Berlin.

Mechthild Küpper (Jg. 1954) war nach dem Studium der Geschichte und der Germanistik an der Freien Universität Berlin Redakteurin bei der Berliner *tageszei-*

tung und dem *Tagesspiegel*, anschließend bei der *Wochenpost* und der *Süddeutschen Zeitung*. Seit 1999 ist sie Korrespondentin der *Frankfurter Allgemeinen Zeitung* für Berlin und seit 2004 auch für das Land Brandenburg.

Martin Kutscha, Prof. Dr. iur. (Jg. 1948), lehrte bis Herbst 2013 Staats- und Verwaltungsrecht an der Hochschule für Wirtschaft und Recht in Berlin. Er engagiert sich seit 2013 gemeinsam mit Rosemarie Will im Bundesvorstand der Humanistischen Union und publiziert zu Verfassungs- und Grundrechtsfragen.

Rainer Land, Dr. sc. oec. (Jg. 1952), studierte Philosophie und Wirtschaftswissenschaften an der Humboldt-Universität zu Berlin. Seit 1992 ist er Redakteur der Zeitschrift *Berliner Debatte Initial*. Seit den 1980er Jahren arbeitet er an »Bausteinen zu einer evolutorischen Theorie der Moderne«. Seit 2000 ist er in diversen empirischen und theoretischen Projekten am selbst gegründeten Thünen-Institut e. V. in Bollewick tätig.

Klaus Lederer, Dr. iur. (Jg. 1974), studierte Rechtswissenschaft an der Humboldt-Universität zu Berlin. Seit 2003 ist er Mitglied des Berliner Abgeordnetenhauses und Sprecher der Linksfraktion für Recht, Verfassung und Verbraucherschutz. Seit 2005 war er Landesvorsitzender der PDS, seit 2007 ist er Landesvorsitzender der Partei DIE LINKE. Nach den Landeswahlen in Berlin ist er im November 2016 von der rot-rot-grünen Koalition als Senator für Kultur designiert worden. Er nahm Lehraufträge zum öffentlichen Wirtschaftsrecht und zu Fragen der Regulierung wahr und publiziert auch in diesem Bereich.

Kai von Lewinski, Prof. Dr. jur. (Jg. 1970), studierte Rechtswissenschaft und später auch Geschichte in Heidelberg, Berlin (Freie Universität) und Freiburg im Breisgau, wo er im Jahr 2000 mit einer rechtsgeschichtlichen Arbeit promoviert wurde. Anschließend war er als Rechtsanwalt in einer internationalen Wirtschaftskanzlei zuerst in Frankfurt a. M. und dann in Berlin im Bereich des Datenschutz- und Computerrechts tätig. Ab 2002 war er Wissenschaftlicher Mitarbeiter an der Juristischen Fakultät der Humboldt-Universität zu Berlin. Nach der Habilitation 2010 in Berlin ist er seit 2014 Inhaber des Lehrstuhls für Öffentliches Recht, Medien- und Informationsrecht an der Juristischen Fakultät der Universität Passau.

Doris Liebscher, LL. M. Eur (Jg. 1974), studierte Rechtswissenschaft in Leipzig und Madrid und engagierte sich neben dem Studium gegen Rassismus und Neonazismus in Sachsen. 2005 gründete sie das unabhängige Antidiskriminierungsbüro Leipzig mit. Seit 2012 ist sie Wissenschaftliche Mitarbeiterin der Humboldt Law Clinic Grund- und Menschenrechte an der Juristischen Fakultät der Humboldt-Universität zu Berlin.

Antonio López-Pina, Prof. Dr. (Jg. 1937), ist ordentlicher Professor für Verfassungsrecht am Jean Monnet Lehrstuhl für europäische Rechtskultur der Universidad Complutense Madrid. Ein Post-graduate Studium und verschiedene Forschungsaufenthalte führten ihn an die Universität München, die Freie Universität Berlin, an die Sorbonne Paris, nach Michigan und nach Harvard. Er war Humboldt-Stipendiat, Senator, von 1977 bis 1979 Mitglied des Verfassungsausschusses an der spanischen verfassungsgebenden Versammlung und von 1983 bis 1991 Staatsrat (Consejo de Estado). 1998 erhielt er das Bundesverdienstkreuz. Rosemarie Will lernte er 1990 bei der konstitutiven Sitzung des Kuratoriums für einen demokratisch verfassten Bund deutscher Länder im Reichstag kennen. Er hält bis heute engen fachlichen und persönlichen Kontakt zu ihr.

Sven Lüders (Jg. 1973) studierte nach einer Ausbildung zum Elektromonteur mit Abitur von 1993 bis 2000 Soziologie an der Freien Universität Berlin. Nach einem Stipendium der Berlin-Brandenburgischen Akademie der Wissenschaften ist er seit

2004 als Geschäftsführer der Humanistischen Union tätig, davon neun Jahre unter dem Vorsitz von Rosemarie Will.

Hans Lühmann, Priv.-Doz. Dr. jur. (Jg. 1961), war nach Abschluss des Studiums für Staats- und Rechtswissenschaften als Dipl.-Jur. von 1985 bis 2003 in der rechtswissenschaftlichen Forschung zuletzt an der Humboldt-Universität zu Berlin tätig. 1990 wurde er mit einer Arbeit über die Staatshaftung in der DDR promoviert. Er legte im Jahr 1994 die Zweite Juristische Staatsprüfung am Kammergericht Berlin ab und habilitierte sich 2003 im öffentlichen Recht. Im Jahr 2008 trat er in den Dienst der Landesregierung Nordrhein-Westfalens und ist seitdem u. a. für die rechtlichen Grundlagen der Grundsicherung für Arbeitsuchende (SGB II) zuständig. Mit Rosemarie Will verbinden sich viele gemeinsame Überlegungen bereits vor der deutschen Einigung wie zu Fragen des Rechtsstaates oder des gerichtlichen Verwaltungsrechtsschutzes in der DDR.

Herbert Mandelartz, Dr. jur. (Jg. 1948), war nach Abschluss seiner juristischen Ausbildung und der Promotion bei Ernst-Wolfgang Böckenförde mehrere Jahre als Verwaltungsrichter und danach im Innenministerium des Saarlandes (u. a. von 1996 bis 1999 als Staatssekretär) sowie im Presse- und Informationsamt der Bundesregierung (u. a. von 2002 bis 2006 als Stellvertretender Chef) tätig. Seit der Versetzung in den einstweiligen Ruhestand ist er u. a. Lehrbeauftragter an der Juristischen Fakultät der Humboldt-Universität zu Berlin und war dort bis zu ihrer Emeritierung an den Lehrstuhl von Rosemarie Will angebunden. Jetzt arbeitet er mit ihr in der Redaktion der Zeitschrift *vorgänge* der Humanistischen Union zusammen.

Inga Markovits, Prof. Dr. iur. (Jg. 1937), unterrichtet Rechtsvergleichung und Familienrecht an der University of Texas in Austin. Zurzeit arbeitet sie an einer Geschichte der juristischen Fakultät der Humboldt-Universität zu Berlin in den DDR-Jahren, in der es um die unsichere Gratwanderung von Juristen zwischen Macht und Recht geht.

Stefan Martini (Jg. 1979) studierte an der Humboldt-Universität zu Berlin sowie der ELTE Budapest Rechtswissenschaft, Soziologie und Neuere deutsche Literatur. Bei Andreas von Arnauld war er zunächst in Hamburg, dann in Münster Wissenschaftlicher Mitarbeiter. Nach dem Abschluss des Referendariats am Kammergericht Berlin ist er derzeit am Walther-Schücking-Institut für Internationales Recht an der Christian-Albrechts-Universität zu Kiel tätig. Er ist Mitbegründer des JuWissBlog (juwiss.de).

Leonardo Martins, Prof. Dr. iur. (Jg. 1971), studierte von 1991 bis 1994 Rechtswissenschaft sowie Sprachwissenschaft und Philosophie an der Universidade de São Paulo. 1997 erwarb er den Magister legum (LL. M.) an der Juristischen Fakultät der Humboldt-Universität zu Berlin und wurde hier 2001 mit einer medienrechtlichen Arbeit zu Grundrechtskollisionen bei Rosemarie Will promoviert. Bis 2012 war er weiterhin an der Humboldt-Universität zu Berlin als Dozent im Programm »Fremdsprachiges Rechtsstudium« für brasilianisches Recht tätig. Nach der Promotion war er zunächst Hochschuldozent an der Universidade Bandeirante in São Paulo-SP, wo er auch für das Goethe-Institut arbeitete. Nach einem Forschungsaufenthalt als DAAD-Fellow am Hans-Bredow-Institut für Medienforschung an der Universität Hamburg 2004 erhielt er zunächst eine Vertretungsprofessur an der Bundesuniversität von Mato Grosso do Sul (UFMS), bevor er ab 2005 dort, seit 2008 an der Bundesuniversität von Rio Grande do Norte (UFRN) als ordentlicher Professor berufen wurde. Gefördert als Stipendiat u. a. der Alexander von Humboldt-Stiftung und des DAAD, führen ihn seine Forschungsaufenthalte immer wieder zurück an die Humboldt-Universität nach Berlin.

MITWIRKENDENVERZEICHNIS

Marie Melior (Jg. 1986) studierte Rechtswissenschaft an der Humboldt-Universität zu Berlin und war dort im arbeitskreis kritischer juristinnen und juristen (akj-berlin) aktiv. Von 2009 bis 2011 war sie als Referentin für das Politische Mandat und Datenschutz Mitglied im Referent_innenRat der Humboldt-Universität zu Berlin, im Studierendenparlament sowie bis 2013 in der Historischen Kommission der Verfassten Studierendenschaft in Berlin (HisKomStuPaHU). Gegenwärtig ist sie Referendarin am Kammergericht Berlin.

Hans Meyer, Prof. Dr. iur. (Jg. 1933), studierte in Freiburg, München und Bonn Rechtswissenschaft und legte sein Referendarexamen 1957 in Köln ab. Anschließend war er Assistent bei Ernst Friesenhahn in Bonn und zugleich Generalsekretär des Deutschen Juristentages. 1967 wurde er mit einer Arbeit über die Finanzverfassung der Gemeinden promoviert. 1970 habilitierte er sich mit der Arbeit »Wahlsystem und Verfassungsordnung«. Von 1970 bis 1976 gehörte er dem Wissenschaftsrat an und war stellvertretender Vorsitzender der Wissenschaftlichen Kommission. 1974 übernahm er die Professur für Staats-, Verwaltungs- und Finanzrecht an der Johann Wolfgang Goethe-Universität in Frankfurt a. M. Gleich nach der Wende kam Hans Meyer als Gastvortragender an die Humboldt-Universität zu Berlin und baute von 1990 bis 1993 als Vorsitzender der Struktur- und Berufungskommission die Juristische Fakultät zu einer Einrichtung mit namhaften Wissenschaftlerinnen und Wissenschaftlern auf. 1993 verlieh ihm die Humboldt-Universität zu Berlin die Ehrendoktorwürde. Von 1996 bis 2000 war er deren Präsident. 2001 wurde er emeritiert. Durch seine maßgebliche Mitgestaltung an den Reformprozessen in den Hochschulen profilierte er sich zu einem der führenden Hochschulreformer. Er wird von Regierungen, Parlamenten und Gerichten vielfach als Gutachter u. a. auf den Gebieten des Wahl- und Parlamentsrechts, der Staatsorganisation, des Finanz-, des Allgemeinen Verwaltungs-, des Kommunal- und Baurechts beauftragt.

Till Müller-Heidelberg, Dr. jur. (Jg. 1944), ist Rechtsanwalt, Beiratsmitglied der Humanistischen Union und Gründungsmitglied der IALANA (International Association of Lawyers Against Nuclear Arms). Er arbeitete mit Rosemarie Will über viele Jahre gemeinsam im Bundesvorstand der Humanistischen Union, die er von 1995 bis 2003 leitete, sowie derzeit in der Redaktion des jährlich erscheinenden *Grundrechte-Reports* zusammen.

Ralf Oberndörfer (Jg. 1965) ist Volljurist und Rechtshistoriker. Er studierte Rechtswissenschaft an der Freien Universität Berlin und war von 1994 bis 2009 Rechercheur und Projektleiter für die Yad Vashem Archives, Israel. Seit 1999 übte er Lehrtätigkeiten für verschiedene Landesjustizverwaltungen im Bereich Rechtsgeschichte aus und arbeitete seit 2008 an verschiedenen Ausstellungsprojekten der Historischen Kommission der Verfassten Studierendenschaft in Berlin (HisKomStuPaHU) mit. Seit 2009 hat er einen Lehrauftrag an der Fachhochschule der Polizei des Landes Brandenburg in Polizeigeschichte und ist seit 2015 Vorsitzender des Forums Justizgeschichte e. V. Schwerpunkte seiner Arbeit sind die Ursachen und Wirkungsweisen von Antisemitismus, die Justiz im Nationalsozialismus, die strafrechtliche Ahndung von NS-Verbrechen nach 1945 sowie die Aufarbeitung der Vergangenheit.

Jörg Pache, MA (Jg. 1975), studierte Geschichtswissenschaften und Soziologie an der Humboldt-Universität zu Berlin, war dort in der studentischen und akademischen Selbstverwaltung engagiert und wirkte maßgeblich an den von Rosemarie Will unterstützten alternativen Ausstellungsprojekten der Historischen Kommission der Verfassten Studierendenschaft in Berlin (HisKomStuPaHU) zum Universitätsjubiläum 2010 und zum 80. Jahrestag der Bücherverbrennung 2013 mit. Er forscht und publiziert als freier Historiker

MITWIRKENDENVERZEICHNIS

und ist seit 2015 wissenschaftlicher Mitarbeiter der Stiftung Brandenburgische Gedenkstätten.

Matthias Peitsch (Jg. 1985) studierte Rechtswissenschaft in Heidelberg, Leiden (NL) und an der Humboldt-Universität zu Berlin. Dort war er aktiv im arbeitskreis kristischer juristinnen und juristen (akj-berlin) und in der Historischen Kommission der Verfassten Studierendenschaften in Berlin (HisKomStuPaHU). Nach dem Referendariat ist er seit 2014 Doktorand zu Fragen marxistischer Rechtskritik an der Universität Bremen.

Andrea de Petris, PhD (Jg. 1969), ist Assistenzprofessor für ausländisches öffentliches Recht an der Universität LUISS – G. Carli, Rom. Von 1988 bis 1996 studierte er Politikwissenschaften an der »La Sapienza« Universität Rom, und promovierte dort von 1998 bis 2002 mit einer Arbeit zur Frage der direkten Demokratie in der deutschen Verfassungsgeschichte. Gefördert u. a. durch Programme des DAAD und Erasmus, führten ihn Praktika und Forschungsaufenthalte nach Brüssel, an deutsche Universitäten (Regensburg, Düsseldorf, Hildesheim), nach Spanien (Granada) und 2010 an die Humboldt-Universität zu Berlin, wo er am Lehrstuhl von Rosemarie Will zu dem Thema »Der Entwurf der Verfassung des Runden Tisches der DDR 1989–1990« forschte. Als Fulbright Research Fellow war er an der University of California tätig, anschließend Mitglied zahlreicher Forschungsgruppen u. a. des von der europäischen Kommission geförderten Projekts zur Korruptionsforschung in der EU. Seine Lehrtätigkeit beschränkte sich nicht auf Italien; so war er auch Dozent an deutschen Hochschulen, vor allem an der Heinrich-Heine-Universität in Düsseldorf, ferner in Augsburg, an der Fernuniversität Hagen sowie an der Humboldt-Universität zu Berlin und an der Freien Universität Berlin.

Martin Plohmann (Jg. 1988) studierte Internationale Beziehungen in Dresden und Nizza sowie Rechtswissenschaft an der Humboldt-Universität zu Berlin. Von 2012 bis 2014 arbeitete er als studentischer Mitarbeiter bei Rosemarie Will. Seit Oktober 2016 ist er Wissenschaftlicher Mitarbeiter bei Anna-Bettina Kaiser an der Juristischen Fakultät der Humboldt-Universität zu Berlin.

Michael Plöse (Jg. 1979) studierte Rechts- und Sozialwissenschaften an der Humboldt-Universität zu Berlin, wo er 2006 das erste Staatsexamen ablegte. Während des Studiums und als Promovend war er in verschiedenen Gremien der studentischen und akademischen Selbstverwaltung sowie im arbeitskreis kritischer juristinnen und juristen (akj-berlin) aktiv. Er begegnete Rosemarie Will zunächst in der Vorlesung für Allgemeines Verwaltungsrecht und wenige Wochen später als Mitglied des Akademischen Senats. Mit ihr gemeinsam gehörte er verschiedenen Reformkommissionen an, die sich mit den Satzungen der akademischen Gremien beschäftigten; ferner der Kommission für Forschung und wissenschaftlichen Nachwuchs sowie dem Autor_innenkreis eines bisher unvollendeten Hochschulrechtskommentars. Seit 2007 ist er Lehrbeauftragter für Staats- und Verwaltungsrecht an der Juristischen Fakultät der Humboldt-Universität zu Berlin und seit 2010 an der Hochschule für Wirtschaft und Recht Berlin (HWR). 2011 begann er mit einem Stipendium der Hans-Böckler-Stiftung eine Promotion am Lehrstuhl von Rosemarie Will, wo er ab 2013 bis zu ihrer Emeritierung Wissenschaftlicher Mitarbeiter war. Gegenwärtig ist er Referendar am Kammergericht Berlin.

Jörg Pohle, Diplom-Informatiker (Jg. 1979), studierte Rechts- und Politikwissenschaften sowie Informatik an der Humboldt-Universität zu Berlin und war während des Studiums Mitglied der studentischen und akademischen Selbstverwaltung sowie im arbeitskreis kritischer juristinnen und juristen (akj-berlin) aktiv. Nach dem Studium war er Wissenschaftlicher Mitarbeiter bei Wolfgang Coy und Ingolf Pernice und

MITWIRKENDENVERZEICHNIS

forscht jetzt am Alexander von Humboldt Institut für Internet und Gesellschaft zur »Global Privacy Governance«.

Heribert Prantl, Prof. Dr. jur. (Jg. 1953), studierte ab 1974 Philosophie, Geschichte und Rechtswissenschaft in München, Tübingen sowie Regensburg, wo er 1979 das erste, 1981 das zweite Staatsexamen ablegte. Er war dort wissenschaftlicher Mitarbeiter und absolvierte eine studienbegleitende Journalistenausbildung. 1982 wurde er mit einer preisgekrönten Arbeit promoviert. Nach kurzzeitiger Tätigkeit als Rechtsanwalt arbeitete er von 1981 bis 1987 als Richter an verschiedenen bayerischen Amts- und Landgerichten sowie als Staatsanwalt, bevor er 1988 als Redakteur und Kommentator zur *Süddeutschen Zeitung* wechselte. Dort ist er seit 1995 Ressortleiter Innenpolitik und seit 2011 Mitglied der Chefredaktion für Innenpolitik. Unmittelbar nach der Wende begegnete er anlässlich einer Akademietagung Rosemarie Will. Er interessierte sich für Wende- und Bürgerrechtsthemen, was beide thematisch verband. H. P. ist seit 2002 Lehrbeauftragter an der Fakultät für Rechtswissenschaft der Universität Bielefeld, die ihm 2010 die Honorarprofessur verlieh, ferner Dozent an den Journalistenschulen in Hamburg und München.

Laura Redmer (Jg. 1992) studiert Rechtswissenschaft an der Humboldt-Universität zu Berlin. Sie ist im arbeitskreis kritischer juristinnen und juristen (akj-berlin) aktiv und seit 2014 als Referentin für das Politische Mandat und Datenschutz im Referent_innenRat der Humboldt-Universität zu Berlin tätig.

Fredrik Roggan, Prof. Dr. iur. (Jg. 1971), studierte Rechtswissenschaft an der Universität Bremen, wo er 1996 bis 1999 als wissenschaftlicher Mitarbeiter tätig war. Nach der Promotion im Jahr 2000 war er von 2003 bis 2008 Rechtsanwalt in Berlin. Er arbeitete viele Jahre mit Rosemarie Will im Bundesvorstand der Humanistischen Union zusammen und war während ihres Vorsitzes über vier Jahre lang ihr Stellvertreter. Er ist Professor für Strafrecht an der Fachhochschule der Polizei des Landes Brandenburg.

Jürgen Roth, MA Politologe (Jg. 1956), ist Mitglied im Beirat der Humanistischen Union, in deren Bundesvorstand er viele Jahre aktiv war. Er ist Vorstand der Deutschen Gesellschaft für Informationsfreiheit und arbeitet heute als Referent bei der Bundesbeauftragten für den Datenschutz und die Informationsfreiheit.

Hubert Rottleuthner, Prof. Dr. phil. (Jg. 1944), studierte Rechtswissenschaft, Philosophie und Soziologie in Frankfurt a. M. und war von 1975 bis 2012 Professor für Rechtsphilosophie und Rechtssoziologie an der Freien Universität Berlin, dort Leiter des Instituts für Rechtssoziologie und Rechtstatsachenforschung. Außerdem ist er Honorarprofessor an der Johann Wolfgang Goethe-Universität Frankfurt a. M. Er veröffentlicht u. a. in den Bereichen der empirischen Rechtssoziologie (vor allem der Justizforschung und des Antidiskriminierungsrechts), der juristischen Zeitgeschichte (Recht und Nationalsozialismus, Recht in der DDR), der Rechtstheorie und Rechtsphilosophie (Grundlagen des Rechts, Ungerechtigkeiten etc.).

Marion Röwekamp, Dr. phil. hist., Volljuristin (Jg. 1974), studierte Geschichte und Rechtswissenschaft in Heidelberg, München und Berlin. Seit 2000 absolvierte sie Forschungsaufenthalte in den USA (Columbia University, Mount Holyoke College, Harvard University) und Mexiko (Colegio de México, UNAM). Sie ist habilitiert und lehrt am Lateinamerika Institut der Freie Universität Berlin. Sie ist Mitglied des Deutschen Juristinnenbundes und veröffentlicht zu den Themen Gender und Rechtsgeschichte, Exil, Gedächtnis und Identität in Mexiko.

Anna Saenko (Jg. 1984) studierte zunächst Rechtswissenschaft, Fremdsprachen und juristische deutsch-russische Fachübersetzung an der Moskauer Staatlichen Linguistischen Universität (MGLU). 2007 kam sie unter zehn DAAD-Stipendiaten aus Russland an die Humboldt-Universität zu Berlin, wo sie zunächst ein LL. M.-Studium absolvierte und 2014 ihr Erstes Staatsexamen ablegte. Nach Beschäftigungen als russische Volljuristin in internationalen Kanzleien und Mitarbeiterin am Lehrstuhl für Öffentliches und Russisches Recht von Alexander Blankenagel an der Juristischen Fakultät der Humboldt-Universität zu Berlin ist sie zur Zeit Referendarin beim Kammergericht Berlin.

Bernd Schilfert, Dr. oec. (Jg. 1955), studierte an der Humboldt-Universität zu Berlin Wirtschaftsgeschichte und promovierte dort über die Berliner Handelshochschule. Bis zur Wende war er u. a. am Institut für Wissenschaftstheorie, Geschichte und Organisation der Wissenschaft der Akademie der Wissenschaften der DDR tätig. Seit dieser Zeit beschäftigt er sich mit Fragen der historischen Innovationsforschung und der Rolle Gottlob Johann Christian Kunths und Christian Peter Wilhelm Beuths sowie der demokratischen und sozialen Kultur in Berlin. 1989 war er Mitbegründer des Runden Tischs und des Hochschulpolitischen Rates an der Humboldt-Unitversität zu Berlin. Noch heute ist er langjähriges Mitglied der Entwicklungsplanungs- und der Standortentwicklungskommission sowie der Historischen Kommission der Verfassten Studierendenschaft in Berlin (HisKomStuPaHU).

Bernhard Schlink, Prof. Dr. (Jg. 1944), studierte Rechtswissenschaft an der Universität Heidelberg und an der Freien Universität Berlin. 1975 wurde er in Heidelberg promoviert. 1981 habilitierte er sich bei Ernst-Wolfgang Böckenförde in Freiburg mit einer Arbeit über »Die Amtshilfe«. Von 1982 bis 1991 war er Professor für Öffentliches Recht an der Universität Bonn und von 1991 bis 1992 Professor für Öffentliches Recht, Sozialrecht und Rechtsphilosophie an der Johann Wolfgang Goethe-Universität Frankfurt a. M. Seit 1992 hatte er bis 2009 an der Humboldt-Universität zu Berlin einen Lehrstuhl für Öffentliches Recht und Rechtsphilosophie inne. Von 1987 bis 2006 war er Richter am Verfassungsgerichtshof für das Land Nordrhein-Westfalen in Münster. Zwischen Dezember 1989 und April 1990 arbeitete er als Berater am Verfassungsentwurf des Zentralen Runden Tisches der DDR mit. Seit 1993 ist er Gastprofessor an der Benjamin N. Cardozo School of Law in New York und seit 2009 Honorary Fellow am St. Anne's College in Oxford. Darüber hinaus ist er als Roman- und Kriminalautor tätig und schrieb internationale Bestseller, von denen »Der Vorleser« in über 50 Sprachen übersetzt wurde.

Dagmar Schnürer (Jg. 1972) studierte Philosophie und Theaterwissenschaft an der Humboldt-Universität zu Berlin. Anschließend arbeitete sie als Kulturjournalistin, Featureautorin und Hörspieldramaturgin beim SWR. Von 2011 bis 2016 studierte sie Rechtswissenschaft an der Humboldt-Universität zu Berlin, wo sie sich im arbeitskreis kritischer juristinnen und juristen (akj-berlin) engagierte. Seit Mai 2016 ist sie Referendarin beim Oberlandesgericht Brandenburg.

Volkmar Schöneburg, Dr. jur. (Jg. 1958), studierte von 1977 bis 1984 Rechtswissenschaft an der Humboldt-Universität zu Berlin, wo er 1987 promoviert wurde. Anschließend war er als wissenschaftlicher Mitarbeiter am Zentralinstitut für Philosophie der Akademie der Wissenschaften der DDR tätig. Nach dessen Abwicklung kehrte er 1991 an die Juristische Fakultät der Humboldt-Universität zu Berlin zurück und wurde Wissenschaftlicher Mitarbeiter am strafrechtlichen Lehrstuhl von Detlef Krauß. Ab 1996 zunächst als Rechtsanwalt tätig, folgte er 2006 Rosemarie Will als Verfassungsrichter des Landes Brandenburg nach. Von 2009 bis 2013 war er Minister der Justiz des Landes Brandenburg. Seit 2014 ist er Abgeordneter des brandenburgischen Landtages.

Rainer Schröder, Prof. Dr. iur. (Jg. 1947), nahm nach dem Schulbesuch ein Studium der Rechtswissenschaft, Betriebswirtschaftslehre und Geschichte auf. 1971 legte er in Münster das Erste und 1976 in München das Zweite Juristische Staatsexamen ab. 1979 wurde er an der Ludwig-Maximilians-Universität München promoviert. Nach der Habilitation 1985, ebenfalls in München, übernahm er zunächst eine Lehrstuhlvertretung in Tübingen und war anschließend Professor in Hannover und Bayreuth. 1993 wurde er an die Humboldt-Universität zu Berlin berufen, wo er den Lehrstuhl für Bürgerliches Recht, privates Bau- und Immobilienrecht sowie neuere und neueste Rechtsgeschichte innehatte. Zu seinen Forschungsschwerpunkten zählten die neuere Sozial- und Rechtsgeschichte, die vergleichende Diktaturforschung und das Privatrecht. Er war ständiger Gastprofessor an der Universität Panthéon-Assas in Paris. R. S. war Geschäftsführender Vorstand des Instituts für Notarrecht, gehörte dem Vorstand des Instituts für Deutsches und Internationales Baurecht der Juristischen Fakultät der Humboldt-Universität zu Berlin an und war Mitglied des wissenschaftlichen Beirats der Fondation pour le Droit Continental – Civil law initiative. Am 17. Januar 2016 verstarb er unerwartet.

Hans-Eberhard Schultz (Jg. 1943) studierte Rechtswissenschaft in Bonn sowie (West-)Berlin und legte auch das Staatsexamen für das Lehramt ab. Nach dem Studium war er Dozent an der Pädagogischen Hochschule Berlin und der Universität Oldenburg. Seit 1978 arbeitete als Rechtsanwalt zunächst in Bremen, seit 2008 nur noch im Berliner Haus der Demokratie und Menschenrechte, wo er als Vorstandsmitglied der Internationalen Liga für Menschenrechte auch Rosemarie Will begegnete. In seiner anwaltlichen Praxis ist er vor allem mit Klagen vor dem EGMR befasst.

Silvan Schuster (Jg. 1980) studierte von 2000 bis 2004 Rechtswissenschaft an der Humboldt-Universität zu Berlin. Er war dann Rechtsanwalt in Düsseldorf und lehrte bzw. lehrt als Dozent für polizeiliches Einsatzrecht in Berlin, Duisburg und Lübeck. Er war Justitiar der Bundespolizei und arbeitet derzeit im Bundesministerium des Innern.

Jana Schütze, Dr. rer. nat. (Jg. 1971), studierte Physik und Sozialwissenschaften an der Humboldt-Universität zu Berlin. Dort war sie vielfältig und vielseitig in der studentischen und akademischen Selbstverwaltung aktiv. Anschließend war sie als wissenschaftliche Mitarbeiterin am Institut für Biologie der Humboldt-Universität zu Berlin, später am Max-Delbrück-Centrum für Molekulare Medizin Berlin-Buch und am Institut für Forschungsinformation und Qualitätssicherung in Bonn und Berlin tätig. Aktuell arbeitet sie in der Abteilung Hochschulen der Berliner Landesregierung.

Hans-Peter Schwintowski, Prof. Dr. (Jg. 1947), nahm nach der Schulausbildung, dem Grundwehrdienst und einer Tätigkeit als Berufsschullehrer 1973 das Studium der Rechtswissenschaft an der Universität Göttingen auf. Das Erste Staatsexamen legte er 1978, das Zweite 1980 jeweils in Celle ab. Anschließend war er am Lehrstuhl von Ulrich Immenga in Göttingen tätig, wo er 1982 promoviert wurde und sich 1986 habilitierte. Nach Lehrstuhlvertretungen u. a. in Bielefeld und Passau sowie Tätigkeiten an den Universitäten Würzburg und Passau hatte er seit 1993 einen Lehrstuhl für Bürgerliches Recht, Handelsrecht, Wirtschaftsrecht sowie Europarecht an der Humboldt-Universität zu Berlin inne. Rosemarie Will, die damals als Dekanin für die Fakultät mit ihm über die Berufung verhandelte, überzeugte ihn von der Notwendigkeit, den Ruf in historisch ungewöhnlicher Zeit anzunehmen. Er legt Wert darauf, zu betonen, dass er ihr bis heute zutiefst dafür dankbar ist, dass sie ihm, stellvertretend für die gesamte Fakultät, diese sein ganzes Leben verändernde und prägende Entscheidung ermöglicht hat. 2013 wurde er emeritiert. Er war Sachverständiger in verschiedenen Gesetzgebungsverfahren und Mitglied der vom Bundesministerium der Justiz eingesetzten Kommission zur

Reform des Versicherungsvertragsrechts. Er ist Herausgeber der Zeitschrift des Instituts für Energie- und Wettbewerbsrecht in der Kommunalen Wirtschaft e. V. (EweRK), Mitherausgeber der Zeitschrift *Verbraucher und Recht* (VuR) sowie des »Praxiskommentars zum Versicherungsvertragsrecht« und des »Handbuchs zum Energiehandel«.

Dieter Segert, Prof. Dr. sc. phil. (Jg. 1952), studierte Philosophie an der Humboldt-Universität zu Berlin und an der Lomonossow-Universität Moskau. Von 1978 bis 1998 war als wissenschaftlicher Mitarbeiter und Professor an der Humboldt-Universität zu Berlin tätig, wo er 1989 die Politikwissenschaft in der DDR (u. a. mit Rosemarie Will) mitbegründete. Von 1998 bis 2001 war er an der Karls-Universität Prag als Gastprofessor, danach in Bonn als Mitarbeiter der Bundeszentrale für Politische Bildung tätig. Seit 2005 ist er Professor für Politikwissenschaft (Osteuropastudien) an der Universität Wien.

Elke Steven, Dr. phil. (Jg. 1955), Soziologin und Journalistin, Referentin beim Komitee für Grundrechte und Demokratie. Sie engagiert sich gemeinsam mit Rosemarie Will in der Redaktion des »Grundrechte-Reports«, der von zahlreichen Bürgerrechtsorganisationen gemeinsam herausgegeben wird, und publiziert u. a. zu Demonstrationsrecht, Demonstrationsbeobachtungen, »Innerer Sicherheit«, Friedenspolitik, elektronischer Gesundheitskarte und Gesundheitssystem.

Gerhard Stuby, Prof. Dr. iur. (Jg. 1934), studierte Philosophie und Rechtswissenschaft an den Universitäten Trier, München, Grenoble und Freiburg, wo er 1963 promovierte. Nach Assistententätigkeiten dort und in Mannheim sowie einer Lehrstuhlvertretung in Marburg folgte er 1971 dem Ruf auf eine Professur für öffentliches Recht und wissenschaftliche Politik an der Universität Bremen, deren Konrektor er von 1974 bis 1976 war. Seit 2000 befindet er sich im Ruhestand. Seit über vierzig Jahren gehört er dem Herausgeber-Kreis der *Blätter für deutsche und internationale Politik* an, seit der Wende gemeinsam mit Rosemarie Will. Er war Gründungsmitglied der Vereinigung Demokratischer Juristinnen und Juristen (VDJ), beteiligte sich an Menschenrechtsdelegationen in Lateinamerika und Palästina und an der Ausarbeitung der einstufigen Juristenausbildung in Bremen.

Heinz-Elmar Tenorth, Prof. Dr. phil. (Jg. 1944), studierte Geschichte, Germanistik und Sozialkunde, Philosophie und Pädagogik in Bochum und Würzburg, wo er 1970 auch das Staatsexamen für das höhere Lehramt ablegte und 1975 im Fach Pädagogik promovierte. Von 1978 bis 1991 war er Professor für Wissenschaftstheorie und Methodologie der Erziehungswissenschaft in Frankfurt a. M., anschließend bis 2011 Professor für Historische Erziehungswissenschaft an der Humboldt-Universität zu Berlin. Dort war er auch Mitglied in Senat und Konzil, Dekan der Philosophischen Fakultät IV und von 2000 bis 2005 Vizepräsident für Lehre und Studium. Er veröffentlicht zu Theorie und Geschichte der Erziehung, ist Mitherausgeber der sechsbändigen Geschichte der Universität Unter den Linden und in vielen Wissenschafts- und bildungspolitischen Institutionen aktiv.

Charlotte Thieme (Jg. 1987) studierte Rechtswissenschaft zunächst in Leipzig und ab 2009 an der Humboldt-Universität zu Berlin. Dort war sie im arbeitskreis kritischer juristinnen und juristen (akj-berlin) sowie als Juristin zu Fluss bei freimeuter e. V. aktiv. Von 2011 bis 2013 war sie Referentin für das Politische Mandat und Datenschutz im Referent_innenRat der Humboldt-Universität zu Berlin sowie studentisches Mitglied im Akademischen Senat und Konzil. Seit 2015 ist sie Referendarin am Landgericht Neuruppin.

Eric Töpfer, Dipl.-Pol. (Jg. 1970), studierte Politikwissenschaft an der Freien Universität Berlin. Von 2001 bis 2010 war er Wissenschaftlicher Mitarbeiter am Zentrum

MITWIRKENDENVERZEICHNIS

Technik und Gesellschaft der Technischen Universität Berlin und von 2010 bis 2012 freiberuflicher Mitarbeiter der britischen Bürgerrechtsorganisation Statewatch. Seit 2012 ist er Wissenschaftlicher Mitarbeiter am Deutschen Institut für Menschenrechte. Er lernte Rosemarie Will beim Bundesverfassungsgericht anlässlich der mündlichen Anhörung zum Antiterrordateigesetz kennen.

Sven Vollrath, MDg. Dr. phil. (Jg. 1970), studierte Geschichte, Politikwissenschaften und Germanistik an der Humboldt-Universität zu Berlin. Dort lernte er Rosemarie Will im Wendejahr 1989/90 im Rahmen ihres universitären Engagements für ein neues Statut der Universität sowie in der Gremienarbeit und ihrer Tätigkeit als Dekanin der Juristischen Fakultät kennen. Nach Abschluss des Studiums arbeitet er seit 1999 in der Verwaltung des Deutschen Bundestages, zunächst als Persönlicher Referent, dann als Leiter des Büros des Bundestagspräsidenten. Von 2005 war er Referatsleiter, seit 2013 ist er Leiter der Unterabteilung Europa.

Christian Waldhoff, Prof. Dr. iur. (Jg. 1965), studierte Rechtswissenschaft in Bayreuth, Fribourg/Schweiz, München und Speyer. Von 1994 bis 2000 war er Wissenschaftlicher Assistent an der Juristischen Fakultät der Universität München. Nach der Promotion 1996 und der Habilitation 2002 war er von 2003 bis 2012 Inhaber eines Lehrstuhls für Öffentliches Recht an der Rechts- und Staatswissenschaftlichen Fakultät der Universität Bonn und Direktor des Kirchenrechtlichen Instituts. Von 2010 bis 2012 war er zugleich stellvertretender Direktor des Käte-Hamburger-Kollegs »Recht als Kultur«. Seit April 2012 ist er Inhaber eines Lehrstuhls für Öffentliches Recht und Finanzrecht an der Juristischen Fakultät der Humboldt-Universität zu Berlin.

Jan Wernicke, Ass. iur. (Jg. 1978), war zunächst Beamter in der Berliner Steuerverwaltung. Dann studierte er Rechtswissenschaft an der Humboldt-Universität zu Berlin, wo er von 2006 bis 2009 als studentischer Mitarbeiter das Sekretariat des Lehrstuhls von Rosemarie Will leitete. Nach seinem Zweiten Staatsexamen war er im Flüchtlingsmanagement beim Aufbau des neuen Landesamtes für Flüchtlingsangelegenheiten tätig. Seit 2016 ist er Juristischer Referent bei der Deutschen Steuer-Gewerkschaft in Berlin.

Julian Zado, Dr. iur. (Jg. 1984), studierte Rechtswissenschaft an der Humboldt-Universität zu Berlin und lernte dort Rosemarie Will im Schwerpunktstudium »Staat und Verwaltung im Wandel« kennen. Anschließend war er von 2009 bis 2013 ihr Wissenschaftlicher Mitarbeiter am Lehrstuhl und promovierte auch in dieser Zeit bei ihr. Nach einer Station als Pressesprecher des Bundesministers der Justiz und für Verbraucherschutz arbeitet er heute als Richter am Amtsgericht Tiergarten.

Karl Georg Zinn, Prof. Dr. (Jg. 1939), ist em. Hochschullehrer der Volkswirtschaftslehre. Er studierte Wirtschafts- und Sozialwissenschaften in Frankfurt a. M., Freiburg und an der Johannes-Gutenberg-Universität Mainz, wo er 1965 promoviert wurde und sich 1969 habilitierte. Von 1970 bis 2004 war er Professor für Volkswirtschaftslehre an der Rheinisch-Westfälischen Technischen Hochschule Aachen mit den Arbeitsschwerpunkten Außenwirtschaft und Geschichte der politischen Ökonomie. Er gehört dem Beirat der Humanistischen Union an.

Über die Fotografien

Die acht Hauptkapitel werden von Fotografien eingeleitet. Sie wurden alle von der Fotografin Claudia Haarmann aufgenommen:
Seite 21, Verwandlung IV (2012)
Seite 31, Verwandlung XI (2014)
Seite 217, Im Abgang unscharf (2014)
Seite 355, Vorhang! (2014)
Seite 499, Verwandlung X (2014)
Seite 627, Wasserspaziergang (2014)
Seite 829, Docking Station (2014)
Seite 987, Guten Flug! (2014)
© Claudia Haarmann. Alle Rechte vorbehalten.

Bei den abgebildeten Fotografien handelt es sich ausschließlich um Wasserspiegelungen des ehemaligen Staatsratsgebäudes der DDR am Kupfergraben (Abbildungen auf den Seiten 21, 31, 217, 355, 499 und 987) und des damaligen Innenministeriums der BRD an der Spree (Abbildungen auf den Seiten 627 und 829). Die Aufnahmen sind mit einer Digitalkamera entstanden. Es wurde keine nachträgliche Veränderung der Fotografien mit Hilfe von Bildbearbeitungsprogrammen vorgenommen. Weitere Informationen siehe: www.fotografie-claudia-haarmann.de